铁路供电运行安全与技术研究

（2018 版）

李志锋　主　编
董叶青　副主编

中南大學出版社
www.csupress.com.cn
·长 沙·

图书在版编目（C I P）数据

铁路供电运行安全与技术研究：2018 版／李志锋主编. --长沙：中南大学出版社，2018.10
ISBN 978-7-5487-3156-6

Ⅰ.①铁… Ⅱ.①李… Ⅲ.①电气化铁道—供电—运行—安全技术—研究—中国 Ⅳ.①U223.8

中国版本图书馆 CIP 数据核字(2018)第 095849 号

铁路供电运行安全与技术研究

(2018 版)

主　编　李志锋
副主编　董叶青

□责任编辑　刘　辉
□责任印制　易红卫
□出版发行　中南大学出版社
社址：长沙市麓山南路　　邮编：410083
发行科电话：0731-88876770　　传真：0731-88710482
□印　　装　北京金特印刷有限公司

□开　　本　889×1194　1/16　□印张 46.5　□字数 1570 千字
□版　　次　2018 年 10 月第 1 版　□2018 年 10 月第 1 次印刷
□书　　号　ISBN 978-7-5487-3156-6
□定　　价　600.00 元

编 委 会

参编单位续：

中国铁路济南局集团有限公司供电处
中国铁路上海局集团有限公司供电处
中国铁路南昌局集团有限公司供电处
中国铁路广州局集团有限公司公司供电处
中国铁路南宁局集团有限公司供电处
中国铁路成都局集团有限公司供电处
中国铁路兰州局集团有限公司供电处
中国铁路乌鲁木齐局集团有限公司供电处
中国铁路青藏铁路集团有限公司供电部
朔黄铁路发展有限责任公司
中铁第一勘察设计院集团有限公司电化处
中铁第二勘察设计院集团有限公司电化电信处
中铁第五勘察设计院集团有限公司电化院
中铁工程设计咨询集团有限公司电化院
中铁建电气化设计研究院有限公司
中铁电气化铁路运营管理有限公司
中铁电气化局集团有限公司

序

截至2017年底，我国铁路营业里程突破12.7万公里，高速铁路运营里程达到2.5万公里，电气化铁路营业里程达到8.7万公里，约占总营业里程的68.2%，电力牵引完成运输任务的比重占80%以上，供电在铁路运输安全生产中的作用越来越突出。

随着电气化铁路在国内铁路总里程的占比逐渐加大，以及大规模的高速铁路集中建设投产，确保电气化铁路的安全对整个铁路网的安全运营至关重要。目前，电气化铁路安全技术水平的进一步提高，供电专业管理的进一步规范，高铁供电安全管理的不断强化，设备运行质量的不断提升，使得中国铁路供电系统在打造安全优质高效供电网方面取得了大量的工作经验和重要成果。

为了配合全路供电工作会议精神，全力打造安全、优质、高效的供电网，规范管理、提升质量、推进标准化建设、改进生产过程控制、加强检测体系建设、完善快速应急机制、强化专业管理责任、提高基层专业队伍快速解决问题的能力，全面推动供电工作整体发展，使供电管理向更高水平迈进，中国铁路总公司运输局工电部、世界轨道交通发展研究会、《世界轨道交通》杂志在《铁路供电运行安全与技术研究》(2014版)和(2016版)的基础上，继续联合编制《铁路供电运行安全与技术研究(2018版)》，旨在连续集中交流我国铁路供电系统在技术创新、管理创新、技术装备现代化、信息管理现代化、运营维护安全体系方面取得的最新成果，交流行业在运营维护、检测监测、安全管理、科学体系等方面的经验，汇集科研、设计、建设、施工、装备制造、运营维护等单位的智慧，鼎力支持和积极配合中国铁路供电系统的健康发展。

《铁路供电运行安全与技术研究(2018版)》继续立足实用性、前瞻性、资料性、创新性，补充全路供电系统新近完成的探索以及在接触网、电力、供电、安全管理等方面提出了众多进一步优化的观点、解决方案及研究成果，为运营一线提供直接参考。

本书的出版，是全路电气化供电系统工作方式的一种创新。我们打破了以往的工作传统，发动全路供电系统的专家来解决实际工作中存在的问题，将“用户主导创新”的理念真正贯穿到整个供电工作中。在本书的编写过程中，全路供电系统各个单位既是问题的提出者，又是其他兄弟单位所遇到问题的解决者，这种互动，对全路供电系统今后的工作有着十分良好的示范作用。

本书探索的这种铁路技术创新方法的新模式，无论对于总公司供电部门来说，还是对于铁路局集团公司供电处、供电段以及设计、施工和装备制造单位来说，都是一种有益的交流方式。技术的创新，其实是一个供需双方相互作用的结果。

我们希望通过本书的编纂和出版，启发行业对供电工作中存在问题的探讨，促进整个系统供电工作水平的提高，进而促进全路供电系统向更安全、优质、高效的方向发展。

中国铁路总公司工电部副主任

2018年5月

前 言

《铁路供电运行安全与技术研究(2018 版)》是由中国铁路总公司工电部与世界轨道交通发展研究会共同编纂，为全铁路供电系统提供行业相关技术问题的解决方案以及研究项目的成果汇编。《铁路供电运行安全与技术研究(2014 版)》编纂工作从 2014 年 8 月开始第一版的文集内容收集、审核、编辑，一直到(2016 版)和(2018 版)的出版，得到了全路供电系统和中国铁路总公司原运输局供电部的高度重视和大力支持，为铁路供电行业提供了技术研究和探讨的重要参考，也为大家的成果汇集提供了重要平台。

为了继续汇集全行业的技术探讨和研究成果，我们继续征集了《铁路供电运行安全与技术研究(2018 版)》，经由世界轨道交通发展研究会和中南大学出版社的编辑加工，最终集结成书。

本书汇集了来自哈尔滨铁路局集团公司供电处、沈阳铁路局集团公司供电处、北京铁路局集团公司供电处、太原铁路局集团公司供电处、呼和浩特铁路局集团公司供电处、郑州铁路局集团公司供电处、武汉铁路局集团公司供电处、西安铁路局集团公司供电处、济南铁路局集团公司供电处、上海铁路局集团公司供电处、南昌铁路局集团公司供电处、广州铁路(集团)公司供电处、南宁铁路局集团公司供电处、成都铁路局集团公司供电处、兰州铁路局集团公司供电处等 15 家铁路局集团公司下属供电处、供电段以及朔黄铁路等运营单位的研究成果，有来自中铁第一勘察设计院集团有限公司、中铁第二勘察设计院集团有限公司、中铁第五勘察设计院集团有限公司、中铁工程设计咨询集团有限公司等设计院，以及中铁电气化局集团等电气化铁路运维单位积极参与，共征集了 200 多篇论文，涵盖了当前供电系统中运营、设计、维护、管理、设备等方面存在的诸多问题，具有很强的研究和实际运维中应用的重要意义。

论文提交后，经过专家的评审和编辑工作，最终从提交的近 200 多篇论文中进行了精选和编辑，最终选定了 162 篇论文汇集成书。

编辑出版《铁路供电运行安全与技术研究(2018 版)》的目的是为了配合全路供电系统的中心工作，全力打造安全、优质、高效的供电网，规范管理、提升质量、推进标准化建设、改进生产过程控制、加强检测体系建设、完善快速应急机制、强化专业管理责任、提高基层专业队伍快速解决问题的能力，全面推动供电工作整体发展，使供电管理向更高水平迈进。

《铁路供电运行安全与技术研究(2018 版)》旨在集中交流我国铁路供电系统近年来在技术创新、管理创新、技术装备现代化、运营维护安全体系方面取得的最新成果和思考，交流行业在运营、维护、安全管理、科学体系方面的经验，汇集研究、设计、建设、施工、装备制造、运营维护等单位的智慧，鼎力支持和积极配合中国铁路供电系统的健康发展，打造安全、优质、高效的中国铁路供电网。

《铁路供电运行安全与技术研究(2018 版)》的主要内容有安全风险管理、供电专业管理规范化、高铁供电安全管理、设备运行质量、季节性工作、检测监测技术应用和应急处置等，分为接触网、变电、电力、安全管理等几个部分。本书出版后，将有针对性地发行到国家铁路局集团公司、中国铁路总公司供电部门及相关单位，全国 18 个铁路局集团公司供电处、供电段、运营维护单位，铁路电气化设计、建设、咨询、研究等单位，往届“全路供电工作会议”“中国铁路电气化技术与装备交流会”参会代表。

我们相信,《铁路供电运行安全与技术研究(2018 版)》是各铁路局集团公司供电处、供电段、运营维护单位、设计部门对照问题、发现问题的一本专业参考，更是供电系统内运营、设计、工程、装备等不同单位相互交流的一个平台。

本书的出版，要感谢中国铁路总公司、铁路局集团有限公司、设计院等单位的供电专家为本书提供了研究成果，感谢所有参与审核、编辑的专家们，他们从专业、技术、运营等诸多角度，秉持着认真负责的严谨态度，对所有论文提出了修改建议和审核意见，还要感谢世界轨道交通发展研究会、《世界轨道交通》杂志和中南大学出版社的编辑们，他们从研究成果邀约、文章收集、专家审核沟通、编辑、排版设计等方面做了大量的辛勤工作。有我们大家的积极参与,《铁路供电运行安全与技术研究(2018 版)》图书才能保质保量地与广大读者见面。在此，对参与工作的专家们表示衷心的感谢!

由于此书的内容涉及面广，审核及编纂工作量大，可能存在疏漏，请大家指点，提出宝贵意见，我们将在今后的工作中进一步修正和提升。

编　者

2018 年 5 月

目 录

第一篇 安全管理

第二篇 变 电

第三篇 电 力

第四篇 接触网

第五篇 其 他

第一篇

安 全 管 理

供电系统施工安全管理主要问题及对策

谭贵宾

（中国铁路南宁局集团有限公司供电处，高级工程师）

摘　要：通过对南宁局供电系统施工安全管理工作存在主要问题进行分析，反思问题原因根源，并从完善规章体系、加强现场管控、提高技术管理等方面提出针对性解决对策，指导今后供电系统的施工安全管理工作。

关键词：供电系统；施工安全；解决对策

1　引言

随着南宁局管内新建高铁线路陆续开通及既有线路电气化改造工作的推进，供电设备剧增，且由于处于建设热潮期，供电施工及维修作业数量也同步剧增，供电施工安全管理方面问题突出，特别是2016年8月份以来，南宁局陆续发生了2起一般C类事故及2起人身死亡的一般B类事故，对其供电系统造成了严重的打击，分析近几年供电系统施工安全管理工作，存在诸多问题，需要我们反思和解决。

2　主要问题及原因分析

2.1　规章体系不健全

随着高速铁路的开通，设备管理标准、施工管理规范、作业标准等都发生了很大变化，但在规章体系建设上，供电系统明显滞后，较多施工（维修）管理的规章和制度存在漏、缺，细化不够，不明确，不清晰，可操作性差，从而导致现场作业无章可循。2016年10月开始，供电处对全局供电系统各专业的规章和规范性文件进行了一次梳理，涉及的182项规章和规范性文件，有40项规章和规范性文件需进一步细化和完善，有些规章条文过于模糊笼统，执行时可左可右，现场无法正确执行，特别是对上级规章的一些原则性条文，没有制定具体实施细则，导致现场作业时错误执行并可能导致严重后果。如“10.25”事故涉及的“铁运〔1999〕103号”部令中第66条中关于隔离开关的操作提及的“在供电回路中无断路器时，允许使用隔离开关进行……电容电流不超过5A的无负荷线路的操作。”的原则性规定，由于路局层面未制定具体实施细则，造成供电系统较多人员对条文错误理解，不能掌握条文中的禁止性要求，并长期在现场作业时错误执行，导致事故发生；再如“V”停作业防感应电的措施，目前南宁局相关的规章也不够细化和明确，并且有漏项。

2.2　规章落实有差距

据现场调研，供电系统大多数管理人员、作业人员不了解、不掌握规章，图省事，嫌麻烦，不严格执行规章，一切凭“经验”干。要严格执行规章，前提必须是相关管理人员和作业人员要熟悉和掌握规章，但从多次事故的分析情况和日常检查、规章考试情况看，供电系统较多人员对规章并不熟悉，很多人只满足于对规章条文的背诵，不清楚和理解规章条文的具体含义和要求，“知其然，不知其所以然”情况较为普遍，甚至有不少人由于日常不重视对规章的学习，根本不掌握、不熟悉规章条文。如2016年7月举办的全局供电系统电力线路工技能竞赛，全局3个供电段共计24名选手参加竞赛，在理论（以电力规章为主要内容）考试环节，成绩非常不理想，90分以上3人，80~89分8人，其余选手均为79分以下，最低分者只考了57分，参加竞赛的选手尚且如此，其他职工的情况可想而知；又如同年的12月20日，供电处对全局供电车间主任（业务科室科长）及主管段长进行了一次专业规章抽考，考前一个月就通知相关人员做好复习和考试准备，但从考试结果看，成绩也不太理想，参加考试人员41人，达到及格线90分及以上人员仅20人，80~89分17人，80分以下4人，最低者76分。这两次考试的结果，可基本反映供电系统管理人员、现场作业人员对规章的熟悉和掌握情况。另外，在作业现场，为图省事，不严格执行规章最后导致事故发生的情况也较为普遍，分析 2018 年南昆客专“8.15”一般 C 类事故，关于人员及物品进出高铁线路栅栏门的相关要求，在《南宁铁路局高速铁路线路防护栅栏管理办法》中有明确规定，但现场作业人员并没有严格执行相关规定，进栅栏门时，对用于作信号防护的手电筒进行了登记，但工作结束出栅栏门时未清点销记，物品归放入材料库时，材料员也未按要求进行清点，本可有多次机会避免事故发生，但由于相关规章要求未得到有效执行，事故还是发生了。

分析规章学习和执行有差距的主要原因，一是规章的学习氛围不浓厚，从上而下，未能形成“人人学规章，一切以规章办事”的氛围，特别是一些管理人员，不以身作则带头学规章、执行规章；二是规章培训有差距，规章培训计划制定不严谨，计划执行的可操作性差，在培训方法、方式上没有针对性的措施，培训效果差，特别是针对近几年新入职职工较多的情况，没有针对性、有效的培训措施，相应的培训考核机制不完善；三是干部带班、跟班履责不到位，一些干部由于对规章不熟悉或好人主义严重，带班或跟班时，未能及时发现和制止现场作业的违章行为，导致一些“小而广”的违章行为在现场大行其道，有些甚至作为所谓的“经验”备受推崇。

2.3　技术管理不到位

(1)基础资料不准确。从处、段到车间、工区，较多基础资料存在漏、缺或不准确，接触网的“一杆一档”、牵引变电所的“一台一档”等都存在错、漏、缺的情况，因在建设介入期，不注意收集现场设备的相关资料，后期资料库的建立往往以设计图或施工图为准，但由于施工期间，施工单位根据现场实际情况，施工时会对施工设计的要求进行微调或变更，纯粹建立在施工图上的资料库并不十分准确；另外，因当前是建设密集期，特别是柳州、南宁南、桂林等枢纽地段，设备改造和变化频繁，供电范围和供电方式发生变化快，相关基础资料更新不及时，导致施工计划提报错误较多，部分停电施工计划提报时，作业范围甚至超出停电范围，存在重大人身安全隐患，如 8 月 18 日南宁供电段在南广线桂平至平南南配合工务段进行设备检查的维修计划，提报的作业范围超出了停电范围近 9 km。

(2)施工组织方案编制和审核不严格，施工方案编制错漏多，制定的安全措施不全或可操作性差，施工组织方案编制前，现场勘察人员对施工现场勘察不认真、不仔细，没有结合设备示意图并对照现场实际设备情况对初步施工方案进行分析，对影响供电设备安全或人身安全的风险源研判也不足，造成最后形成的施工组织方案错、漏、缺，安全措施也是千篇一律，针对性差，在审核施工组织方案环节，各级管理人员更多地也只是履行程序，施工组织方案的错、漏、缺问题并没有得到及时发现并纠正，例如一些涉及过渡施工的组织方案，相关过渡方案或过渡图未纳入施工组织方案。

2.4　现场作业安全卡控不到位

(1)工作票制度落实不到位，近期抽查了包括电力、接触网、变电所等专业的 35 张工作票，发现有 8 张工作票在工作票签发人资质认定、作业内容和范围确定、安全措施制定、作业人员安全等级核定等方面在一定程度上存在问题，最突出的例子就是南宁供电段“9.9”事故，当日工作票由不具备开票资格的助理工程师唐某(南宁南检修车间电缆检测班组电气试验工，变电安全等级：二级)开具，其在未通知副工长莫某的情况下，利用其户名开具工作票，且擅自通过邮件发给南宁南变电工区。

(2)作业分工预备会质量差，作业分工预备会是保证现场作业有序开展和作业安全的关键环节，预备会质量的高低是直接影响到作业的效率和安全能否可控的重要因素，通过召开分工预备会，可使参加作业的人员清楚明白当次作业的内容、停电范围和自己需要做的工作及安全卡控措施等，从而保证作业有序、安全可控，但从近期参加几次施工作业分工预备会情况看，效果并不理想，如 2018 年 3 月 22 日参加的来宾北网工区天窗作业分工预备会，工作领导人拿着工作票对着 13 名作业人员照本宣科，布置作业任务，宣读安全措施，既不画出作业范围设备示意图，也无法对照示意图详细说明作业范围和采取安全防护的地点，会后抽问了几名参加作业的人员，他们对当次作业的相关要求和安全措施并不太清楚和掌握，类似情况在供电系统是比较普遍的。

(3)现场安全措施采取不到位，安全失管失控，南宁供电段 2016 年“10.25”作业人员死亡事故就是一个突出的例子，分析该事故，从工作票签发到调度指挥到现场安全卡控，都存在严重问题。工作票签发层面，签发人在 10 月 22 日签发工作票时，对 25 日能够参加作业的人员动态情况不清楚，导致 24 日晚在召开分工预备会时，原定的 11 名作业人员有 5 人被调出，调进 2 人，工作票中也未考虑如果大坡村站分断装置远动操作失效的应对措施；调度指挥层面，8 月 1 日新调入的实习调度员在发布调度命令时，带班调度员未旁站监控，调度员对现场设备情况没有掌握并违反程序联络现场人员；作业现场层面，小组负责人对误听的调度命令不复诵、不核实，盲目指挥作业人员登杆操作，工作许可组负责人虽然知道大坡村站分断装置远动操作失效，但却不向调度人员申请安排人员前去手动操作分断，任凭调度人员错误指挥等，一系列的严重错误导致了事故的发生。

3　对策

分析供电系统在施工安全管理上存在的诸多问题，下一步如何整改和纠正是我们重点反思和需要解决的问题。

3.1　完善和健全安全规章体系

(1)组织专业人员重新梳理目前供电系统各专业的规章和规范性文件，重点是通过梳理各项规章和规范性文件，找出规章和规范性文件中易产生歧义和不明确的条文，以“简明、实用、有效”为原则，重新释义并进行明确，使其更具可操作性，提高其对作业现场安全的指导性。

(2)对既有规章和规范性文件中漏、缺的内容进行补充和完善，对需进一步细化的内容重新细化，删除一些表述模糊或不具可操作性的条文，对需要整合的规章和规范性文件进行整合，减少规章数目和条文，有利于各级人员熟记和掌握规章。该项工作从 2016 年 10 月份开始，接触网、电力、变电、轨道车、远动等专业已组织处、段两级专业人员 30 人对各专业计 182 项规章和规范性文件进行重新梳理，梳理出 40 项规章和规范性文件的 156 条需细化、补充和修订，近期将陆续重新发文。

3.2　加强规章培训及现场执行

(1)培养人人学规章、执行规章的良好氛围，特别是各级管理干部带着学规章、严格执行规章，处、段层面每年要定期开展规章考试，供电处层面负责车间主任、科长及以上人员的规章考试，供电段层面负责科级以下管理人员及职工的规章考试工作。

(2)在培训方法、方式上要进行改进，要选出一些对规章比较熟悉和参与规章制定的人员给参培人员授课，要使参培的人员不但了解规章相关条文的内容，还要掌握规章条文有关规定的来龙去脉，以保证在现场执行的准确性，特别是对当前供电系统新入职人员较多的情况，要有针对性、有效的培训措施。在供电段层面，还可定期举行一些规章的竞赛，通过正激励的措施促使全体职工积极学习规章、掌握规章、严格执行规章。梳理出一些现场经常使用到的规章条文，作为必知必会的内容，制成小册子，发放给每一个职工，让职工常记常读，入脑入心。

(3)细化“红线”管理，各专业结合本专业的实际情况，细化本专业“红线”内容，对违反“红线”的职工小则经济惩罚，大则离岗再培训，要让踩“红线”的人员感受到切肤之痛。

(4)完善干部现场带班、跟班考核制度，切实发挥干部现场带班、跟班的作用，有效遏制现场“小而广”违章行为大行其道的现象。

3.3　完善技术管理工作

当前各供电段技术人员现场经验不足、业务素质较低，以南宁供电段为例，在车间及技术科岗位的 100 名技术人员中，中级 15 人，占 15%，初级 85 人，占 85%；3 年及以下工龄的 41 人，占 41%，3 年(不含)至 5 年(含)工龄的 12 人，占 12%，5 年以上工龄的 47 人，占 47%，钦州供电段类似情况更加突出。针对这种情况，一是要加强技术人员的业务培训，通过内部培训和送外培训等方式，尽快提高他们的业务水平，特别是对现场经验不足的人员，要量化他们在各个阶段跟班写实要求，以增强他们对现场设备的了解和现场作业要求的了解；二是做好新线建设提前介入工作，从初步设计、施工设计阶段，就要指定专人跟踪和介入，在建设阶段，要成立较强的介入队伍同步介入，收集现场原始资料，以保证基础资料库齐全、准确，对既有设备改造过程的变化，要及时更新相关技术资料和台账，保证基础资料与现场设备高度一致；三是加强施工组织方案的编制和审核工作，要改变现场勘察往往仅依赖工区的现状，段、车间技术人员要提早介入，施工组织方案的编制要保证方案可行、措施完善、关键点和风险卡控点突出和明确，各级管理人员对施工组织方案审核要细致，对较大的施工和维修作业，要由主管段领导组织召开方案会审会。

3.4 强化现场作业安全

(1)接触网、电力、变电等专业要对工作票的格式和填写要求重新梳理和完善，并明确工作票开具的相关要求，工作票开具后，各级人员要认真审核，逐项核对，以保证要工作票环节不出差错。

(2)切实开好分工预备会，结合全局标准化车间工作的开展，完善分工预备会召开场所的一些硬件条件，要求每次分工预备会都必须对照设备示意图来布置和讲解，并提问当次作业关键人员如驻站防护员、现场防护人员、作业车司机等，掌握其对作业内容、停电范围、防护要求等的熟悉情况，以保证作业安全可控。

(3)工作领导人在作业过程中要认真履行职责，除做好工作安排外，要加强对各岗位作业人员开展作业情况进行巡视检查，对发现的违章行为要坚决制止，宁可作业效率低一些，也要保证安全措施得到有效落实，坚决杜绝为图快图省事，从而简化作业流程，并可能导致事故发生的情况。

(4)增配现场作业视频监控仪，对每次作业情况进行视频录像，各供电段组织专业人员抽查分析现场作业情况，对违章行为进行通报、考核。

(5)强化干部带班、跟班履责力度，特别是要结合当前供电系统修程修制改革进度，优化作业组织方式，推进集中修，对较大型或复杂的作业，以车间为单位组织，由车间管理干部作为工作领导人来开展。

4 结束语

供电系统施工安全管理问题较多，本文只是对一些较突出的问题进行了初步的分析，提出了一些不太成熟的对策，希望供电系统各级人员痛定思痛，深刻吸取往年几起事故的教训，合力共为，切实解决好供电系统在施工安全管理方面存在的各种问题，保证供电安全可控。

谈高速铁路电力机车或动车组停于接触网分相无电区的救援方案

王 涛

(中国铁路北京局集团有限公司石家庄供电段)

摘 要：简明扼要地介绍了京广高铁线(京郑段)及石太客运专线关节式电分相结构，详解了电力机车或动车组因故障停于接触网分相无电区后的救援方案，阐明了供电调度端的指挥、操作方案，为快速对电力机车或动车组进行救援，恢复高速铁路正常行车秩序提供了参考。

关键词：京广高铁；石太客专；电力机车或动车组；分相无电区；救援方案

1 京广高铁及石太客专关节式电分相结构

京广高铁线(原京石武客专)北京西至郑州东区段采用六跨式带中性段的锚段关节式两断口空气间隙电分相。接触网系统按满足最高运营速度350 km/h设计，无电区长度一般为20 m，中性区段长度一般为190 m，电分相立面及平面结构如图1所示。

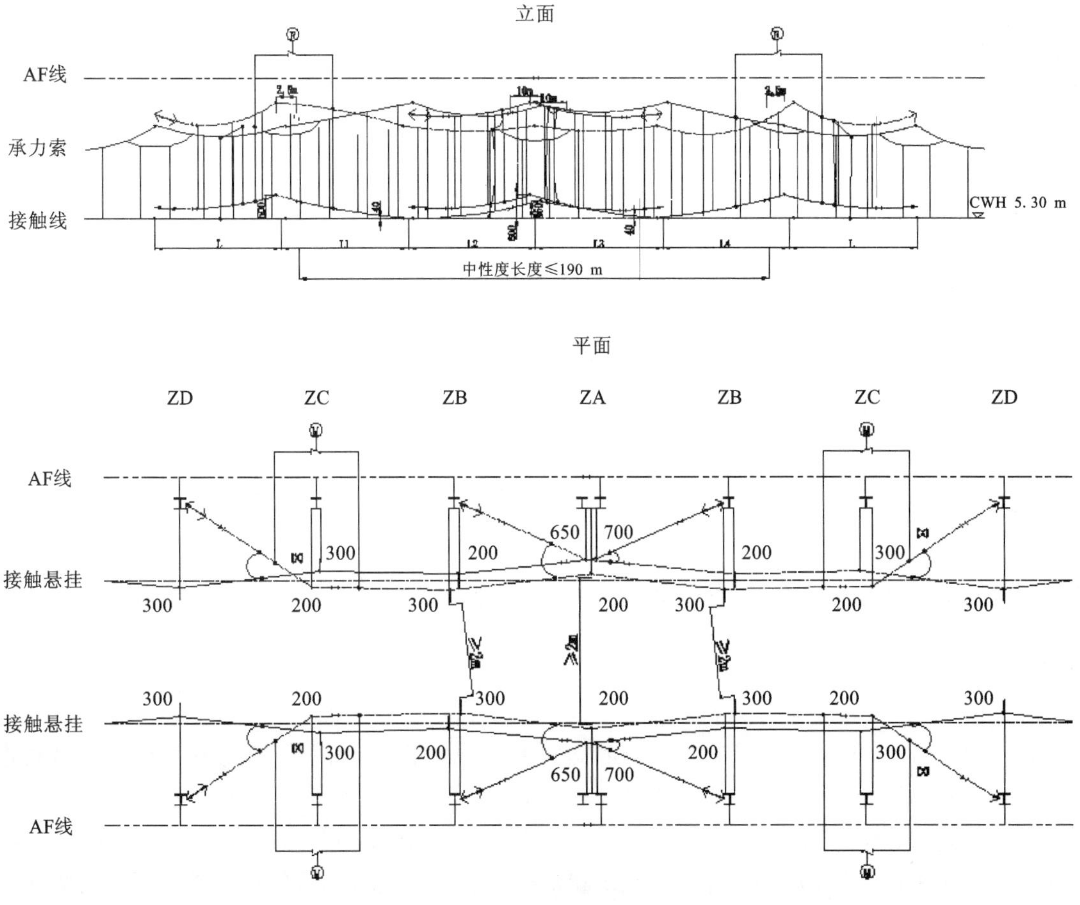

图1 电分相立面及平面结构

石太客运专线石家庄至太原区段采用八跨式三断口空气间隙绝缘的关节式电分相。接触网系统按满足最高运营速度250 km/h、双弓同时运行(间距不小于190 m)要求设计，无电区长度一般为100 m，中性区段长度一般为 284 m，电分相立面及平面结构如图 2 所示。

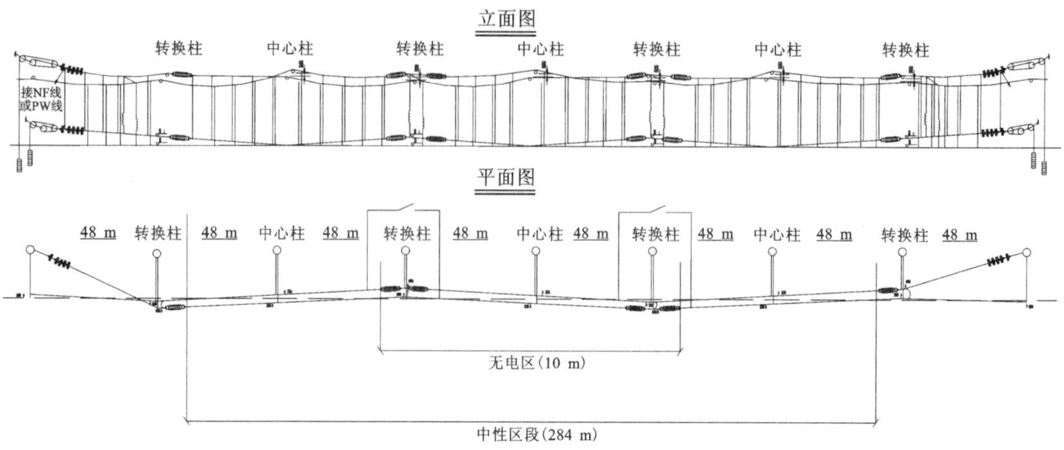

图 2　电分相立面及平面结构图

2　救援原则

一是京广高铁、石太客专接触网隔离开关均在不带负荷的情况下分合；二是线路接触网隔离开关额定电压为27.5 kV，要求相邻的上下行接触网必须为同相电，保证接触网上下行并联开关的绝对安全；三是要求分段绝缘器两侧必须为同相电且禁止长时对地耐压，尤其在雾、雨、雪等恶劣天气下，应尽量缩短其对地的耐压时间，保证分段绝缘器绝对安全；四是京广高铁及石太客专行车密度大，应急情况下供电方式一旦改变，必须满足正常的运行需要。

3　电力机车或动车组因故障停在京广高铁六跨式两断口分相无电区后的救援方案

首先由行调通知分相两侧供电臂内所有电力机车和动车组全部降弓，电调操作上下行两供电臂退出并联，救援停电范围内确保无受电弓取流。其次由电调将电力机车或动车组运行方向后方供电臂停电，闭合电力机车或动车组运行方向前方隔离开关，通知行调令司机前行驶出分相后降弓，再由电调将分相内已闭合的隔离开关打开，后方供电臂恢复送电，恢复正常的运行方式后通知电调令司机前行。

当远动无法对隔离开关进行操作时，电调应及时通知相关工区到现场手动操作开关分合。当电力机车或动车组无法通过隔离开关分合操作使其驶出分相时，应及时请求救援。

4　电力机车或动车组因故障停在石太客专八跨式三断口分相无电区后的救援方案

三断口分相中性区设置有两架隔离开关，当电力机车或动车组因故障停在三断口分相无电区后，为缩小救援时的停电范围，可以在只闭合其中一架隔离开关的情况下，向分相的部分接触网无电区送电，对电力机车或动车组进行救援，但必须由司机确认受电弓的具体位置，方可根据具体情况实施救援方案。

首先由行调通知分相两侧供电臂内所有电力机车和动车组全部降弓，电调操作上下行两供电臂退出并联，救援停电范围内确保无受电弓取流。其次由司机确认升弓受电弓对应的接触网杆号，电调确认相对于分相中心柱的位置，并以此中心柱为界，分别采取以下三种救援方案。

方案一：当受电弓越过此中心柱时，电调闭合列车运行前方的分相隔离开关，电调操作完毕后通知行调令司机升弓前行。待机车或动车组受电弓驶出分相范围后，司机停车降弓，然后由电调远动打开此隔离开关，供电设备恢复正常后令司机升弓前行。

方案二：当受电弓没有越过此中心柱时，电调闭合来车方向的隔离开关，电调操作完毕后通知行调令司机核实有电后，司机向后退行至惰性距离允许通过分相范围后停车降弓，由电调远动断开此隔离开关，供电设备恢复正常后，电调再通知行调令司机按断合标指示升弓前行。

方案三：当受电弓位于此中心柱时，电调通知司机换弓，再按上述方案一或方案二执行。

电力机车或动车组可通过前后弓更换，驶出分相无电区，受电弓更换后，也应以上述方案一、方案二确定位置后，再采取相应措施。当远动无法对隔离开关进行操作时，电调应及时通知相关工区到现场手动操作开关分合。当电力机车或动车组无法通过隔离开关分合操作使其驶出分相时，应及时请求救援。

浅谈牵引供电跳闸原因查找及排除

李 铁 王 超

(中国铁路北京局集团有限公司天津供电段天津高铁车间，业务指导、助理工程师)

摘　要：众所周知，电气化铁路不间断供电是确保电气化铁路运输秩序的基本条件，但往往在设备的运行过程中，接触网的设备隐患、故障或外界原因(雷电等)都能引起保护装置的跳闸，直接威胁着牵引供电设备的安全运行。而一旦保护装置发生跳闸时，供电专业技术人员往往不在现场，对于故障点的位置、跳闸原因、设备损毁情况都一无所知，所以如何迅速地通过保护装置跳闸报文以及其他信息区对接触网线路故障的分析，迅速判断出跳闸发生的原因，并且将故障对设备、运输的影响降至最低，是我们专业技术人员的一项重要工作。

关键词：跳闸；故障；保护装置

0 引言

牵引供电系统作为特殊的变配电系统，面临着结构复杂、运行条件差、故障多的现状，作为电力机车的血液，牵引变电所馈线电压稳定、畅通是重中之重。但由于车流密度大、设备老化、隐患、故障或外界原因等都会造成断路器的跳闸，其直接威胁着牵引供电设备的安全运行。所以，快速地组织对牵引供电跳闸原因的查找排除，找到跳闸真实原因所在，对消除设备隐患、指导事故抢修具有重要意义。

1 跳闸概况

自 2014 年至 2017 年间，我单位高速铁路接触网共发生跳闸事件 69 件，其中因雷击造成的跳闸有 17 件，集中于 7、8、9 月雷雨季节；因鸟害发生的跳闸有 9 件，集中于春夏季节；因异物造成的跳闸有 11 件；因机车故障造成的跳闸有 19 件；因外部环境造成的跳闸有 13 件，如图 1 所示。

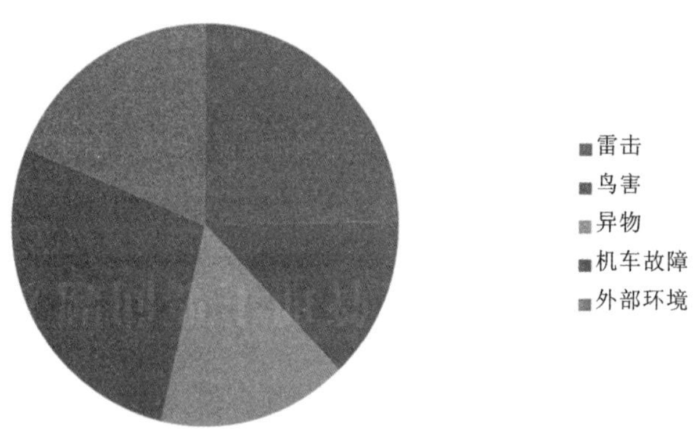

图 1　跳闸统计

牵引供电跳闸是牵引供电设备运行状态不良的直接体现，设备隐患、故障或外界原因造成的跳闸，直接威胁着牵引供电设备的安全运行。所以快速地组织对牵引供电跳闸原因的查找排除，通过对跳闸保护报文和现场实际故障点的分析，结合多年的牵引供电设备运行管理经验，找到跳闸真实原因所在，对消除设备隐患、指导事故抢修具有重要意义。

2　查找方法

2.1　巡视牵引变电所、接触网设备

一旦跳闸，变电所值守人员应该对跳闸供电臂进行巡查，尤其对主导电回路设备线夹、避雷器、断路器、隔离开关以及保护测控盘柜等设备重点巡视，通过现场巡视可排除保护误动引起的跳闸。而接触网工区人员应结合保护装置跳闸报文，对接触网设备巡视，重点巡视有没有鸟窝、放电闪络严重或树木侵限、上跨桥有没有漏水、车站货场隔离开关以及分段绝缘器有没有放电烧毁等情况。对于未找出故障点的故障跳闸可利用检修天窗对故障点范围的设备登车检查。

2.2　加强联系

在巡查变电所同时，供电调度及时通过列车调度，了解跳闸供电臂内电力机车状况，以及机车所在位置的接触网设备状态，同时通过车站值班员了解站内接触网设备有无异常。如异常响声、光电现象。若反馈信息中无异常状况，则让电力机车降弓后进行强送电，以此判别是机车或是供电设备原因引起跳闸，减小排查范围。

2.3　分析保护动作数据

1）电力机车带电过分相，具有以下特征。

（1）相邻两个所两条馈线断路器几乎同时跳闸；

（2）保护动作类型不一样，顺机车方向，已通过的馈线保护为电流出口，机车前方的馈线保护为距离保护出口；

（3）当在变电所附近分相处发生机车带电过分相时，其数据特点为电阻值较大、电抗值较小为负值、阻抗角接近360°、故障测距接近0 km；

（4）电压值较高，为20 kV以上；

（5）根据馈线保护是否重合成功可以判断机车运行方向，若一条馈线重合失败，另一条馈线重合成功，则机车运行方向为重合失败的馈线向重合成功的馈线方向前进。

2）过负荷引起的过电流跳闸，数据特点如下。

（1）馈线仅有过电流保护出口；

（2）故障母线电压较高，一般在20 kV以上，故障电流略大于馈线过电流保护定值；

（3）三次谐波电流一般占故障电流的10%以上；

（4）阻抗角在5°～20°之间；

（5）馈线过流保护定值均大于主变过负荷定值（归算至次边），一般来说，在馈线过电流保护动作之前，主变过负荷保护已启动，在主变过负荷启动后的馈线过流保护跳闸一般为过负荷原因。

3）发生金属性短路故障，数据特点如下。

（1）故障电流较大，电压较小；

（2）阻抗角接近线路阻抗75°。同时，每一次跳闸后，应将跳闸数据与历史上该开关跳闸数据进行分析对比，尤其是故障测距接近的跳闸，可以基本确定线路上面存在问题，应对该故测区段进行重点巡视或扩大到整个供电臂进行巡视，必要时天窗停电上网重点检查。

2.4　隔离开关

对不易发现的隐性故障跳闸，可拉开绝缘锚段关节的隔离开关分段试送电，排查故障这种方法虽然时间长但很有效。拉开隔离开关前，必须确认绝缘锚段关节技术状态良好。

例：如图2所示，若供电臂V设备故障，原因查找困难，则先按二分法断开GK_2，对Ⅰ、Ⅱ段进行强送电，若失败则该段故障，若成功则Ⅲ、Ⅳ段故障。对前一种情况，先断开GK_1，对Ⅰ段强送电，若失败则该段故障，若成功则Ⅱ段故障；对后一种情况，先合上GK_2，断开GK_3，对Ⅰ、Ⅱ、Ⅲ段强送电，若失败则Ⅳ段故障，若成功则Ⅲ段故障。在拉隔离开关强送电过程中，应有供电专业人员在被送电区段注意接触网设备状态，对有关信息（异常声、光、电现象）及时反馈并确定故障点。

2.5　加强联控工作

机务原因引起的跳闸占据比例较大，从乘务员手中取得第一手资料，对查找跳闸原因帮助很大。比方

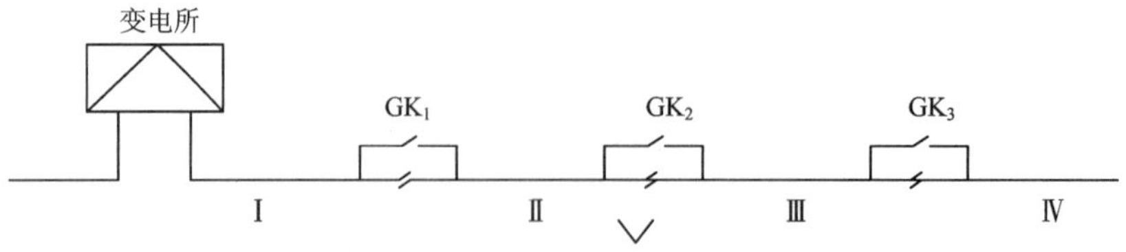

图 2 供电示意图

说，机车所处位置的接触网或车顶上有异物、机车绝缘子闪烙或击穿、机车内部故障等，机车司机都可以在第一时间反馈信息。特别是设在电力机务段内的机供联控人员，对回库机车及时检查，通过机车顶部绝缘、受电弓等异常状态，结合跳闸时间、区段可查找跳闸原因。同时，联控人员监督机车出库质量保证机车无病上线，减少了机车原因引起的跳闸。

2.6 根据跳闸情况确定巡视重点

1. 重合失败及试送电失败情况

牵引变电所跳闸，重合和强送均不成功，可能由于接触网或供电线路断线接地、绝缘子击穿、隔离开关处于接地状态下的分段绝缘器击穿、隔离开关引线脱落或断线、较严重的弓网故障、机车故障、吸流变压器短路。

因此牵引供电运营维护管理部门要建立台账，做好危树地段、隔离开关、避雷器、跨越接触网线路等关键设备的统计工作；同时做好季节性工作，如春季砍树削枝、雨季及冬季加强隧道桥梁巡视等，以降低外界原因引起的跳闸。

2. 跳闸重合后一段时间又跳闸情况

牵引变电所断路器跳闸重合成功，过一段时间又跳闸，可能是由于接触网或电力机车绝缘部件闪络、货车绑扎绳等松脱、列车超限、树木与接触网放电、接触网与接地部分距离不够(如跨线桥内带电部分与冰柱放电)、接触网断线但未落地和弓网故障等原因造成。

3. 根据季节性特点确定巡视重点

查找故障应根据季节和设备所处的环境有针对性地进行。例如大雾、阴雨及雨雪交加时，易发生绝缘闪络故障，应重点查找隧道及污秽严重的处所；另外，牵引变电所跳闸重合成功，一般是由于绝缘部件瞬时闪络、电击人身或动物等原因。

3 结束语

总之，电气化铁路牵引供电设备专业管理人员必须对跳闸引起高度重视，组织好各方人员加强跳闸原因查找，吸取以往查找跳闸原因工作中的经验教训，多方收集信息，随时掌握设备的运行状况，分头安排落实，总是能找到跳闸原因。只有将引起跳闸的隐患及时发现，快速找到跳闸故障，才能准确地对牵引供电设备隐患进行处理，故障迅速排除，才能有效地提高铁路的运输效率和经济效益。

牵引变电所“一日作业标准化”与安全风险管理过程卡控

高嘉玉

（中国铁路兰州局集团有限公司银川供电段）

摘　要： 推行铁路安全风险管理，是对原有安全管理的传承和加强，是铁路安全工作在新时期的完善、创新和发展。必须坚持从管理源头上解决安全风险控制问题，而现场作业过程控制更是安全风险预防卡控的关键环节。明确牵引变电所“一日作业标准化”与作业流程，落实执行“标准化”，防患于未然，使本岗位作业安全生产有序可控。

关键词： 标准化；安全风险；交接班作业；倒闸作业；设备巡视

2011 年“7. 23”甬温线特大铁路事故发生后，国内乃至国际对中国铁路行业倍加关注，中国铁路急需建立完善有效的安全管理体系扭转被动局面。在诸多背景下，中国铁路总公司党组推出了铁路安全风险管理。全面推行安全风险管理是实现铁路科学发展、安全发展的战略举措，是解决铁路安全突出问题的迫切需要，是提升全员、全过程安全控制能力的有效途径。

1　安全风险管理与“一日作业标准化”

安全风险管理和传统安全管理从管理理念上讲，都是强调“安全第一、预防为主、综合治理”，安全风险管理更强调树立责任意识、问题意识和风险意识，强化超前防范、风险控制，抓好过程控制，着力于构建安全管理的专业技术管理和保障机制。一是全面掌控生产过程中的安全风险；二是加强“全员、全方位、全过程、全时段”的安全风险管理；三是把安全生产标准化建设作为实现安全风险全过程控制的重要手段；四是加强重点安全风险的过程控制。

近年来，兰州铁路局一直坚持强化牵引变电所“一日作业标准化”的落实执行就是在贯彻安全风险管理的过程控制，执行好“标准化”操作就是对安全风险源的有效卡控，就是对本岗位有效的安全风险“四预”管理的具体落实。目前我局牵引变电所普遍执行的十项基本工作制度，有牵引变电所值班制度、交接班制度、巡视制度、倒闸作业制度、安全防护制度、工作票制度、验电接地制度、要令/消令制度、自检/互检制度、开工/收工制度。以下着重就牵引变电所交接班制度、倒闸作业制度、巡视制度这三项“一日作业”进行“标准化”解析，对执行流程、注意事项、要点、标准进行全面分解。

2　“一日作业标准化”项点分析

2.1　交接班制度标准化

2.1.1　交接班流程

交接班人员穿好工作服、绝缘鞋、戴好安全帽开始交接。

（1）交班人员事先整理各种资料、记录簿，检查应交的物件是否齐全，室内是否整洁等，做好下一班接班后的相关准备工作。

（2）接班人员携带望远镜、各机构箱和端子箱门钥匙、巡视牌等必要的工具。

（3）开始交接班。

（4）交班值班员主持，交待、汇报本班所内的运行情况及工作过程。

（5）技术资料记录检查交接。

（6）工具备品检查交接。

（7）设备巡视检查交接。

（8）交接结束。

2.1.2　注意事项

(1)在下列情况下不得进行交接班：接班人喝酒或身体状态不佳时；处理故障时；倒闸操作未告段落时；正在办理工作票时。交接班手续未结束前，一切工作由交班人员负责。

(2)交班工作必须做到“五清”“四交接”，即看清、讲清、问清、查清、点清，站队交接、图板交接、现场交接、实物交接。

(3)在巡视检查中若发现异常情况时，交班人员可根据具体情况进行处理，同时向调度进行汇报。

(4)交接班内容一律以记录和现场交接清楚为准，凡遗漏应交代的事情，由交班者负责；凡未接清听明白的事项，由接班者负责；交接班双方没有认真履行交接班手续的，则双方都负有责任。

2.1.3　交接班检查项目

(1)系统运行方式及运行方式变动时间和原因。

(2)设备异常运行及故障事故处理情况。

(3)设备的停送电及继电保护方式或定值的变更情况。

(4)设备检修及缺陷处理情况。

(5)工作票接地线及安全用具使用情况。

(6)各种记录簿、资料、图纸及钥匙和有关材料工具的收存保管情况。

(7)介绍主变及馈线的负荷情况。

(8)核对控制盘开关位置指示是否与设备实际运行状态相符。

(9)上级布置的工作及收到的通知及学习情况。

(10)本班尚未完成需接班值班人员继续做的工作及有关注意事项。

(11)对所内设备进行巡视检查交接。

2.1.4　交接班检查重点

(1)对照运行日志显示运行方式；对照模拟盘及监控主机主接线图。

(2)运行日志异常记载；查看设备缺陷记录；查看设备跳闸记录。

(3)倒闸作业命令记录；查看保护装置整定记录；核对保护装置运行。

(4)查看运行日志中设备检修；设备检修记录填写与验收；缺陷记录缺陷处理。

(5)查看工作票；清点安全用具数量；安全用具的检测。

(6)查看图纸资料是否齐全；钥匙保管到位；工具仪表清点与检查。

(7)查看运行日志相关数据；若有过负荷则查看主变过负荷记录。

(8)信号指示与实际正常；转换开关位置正确；保护装置及定值区运行正常。

(9)文件是否按时收集及登记；传达上级通知、要求、工作安排等。

(10)倒闸作业；工作票的办理；故障处理；其他工作(如填报运行分析等)。

(11)严格按照《牵引变电所巡视制度》及《运行检修规程》执行。

2.2　倒闸作业制度标准化

严格执行“三准、二清、一稳”。三准：操作卡片看得准；设备编号对得准；操作位置站得准。二清：唱票指位清；复诵回示清。一稳：操作开关稳。

标准化倒闸程序：

(1)接令；(2)模拟操作；(3)断路器倒闸操作；(4)馈线验电；(5)隔离开关倒闸操作；(6)消令。

2.2.1　“接令”标准化

严格执行停送电倒闸接令时值班员与助理值班员监控互控“呼唤应答”制度。

(1)工作标准。

确认馈线无负荷；值班员受令复诵，助理值班员协助确认；供电调度员确认无误后，给予命令编号和批准时间。

(2)操作要领。

值班员和助理值班员坐在控制桌前；值班员手持供电调度电话(或使用调度系统操作)，接令复诵并记录。

(3)注意事项。

值班员和助理值班员不得做与工作无关的事情；值班员在接令过程中必须严肃认真，正确记录；值班员接令复诵声音洪亮，吐字清晰；助理值班员协助确认值班员所填写的倒闸作业命令记录内容，发现错误，及时提出。

2.2.2　“模拟操作”标准化

严格执行倒闸前模拟操作、值班员监护助理值班员操作的规定。

(1)工作标准。

模拟操作时必须两人同时进行；值班员手持操作卡片监护助理值班员在模拟盘上模拟操作。

(2)操作要领。

值班员和助理值班员共同站在模拟盘前；两人共同确认所需模拟操作的设备位置；值班员一手持操作卡片，一手指准设备。

(3)注意事项。

值班员在模拟前必须向助理值班员讲清倒闸作业的目的和内容；助理值班员检查验电器、绝缘靴、绝缘手套绝缘是否良好，同时准备好其他倒闸工具；值班员和助理值班员均要穿绝缘靴戴安全帽，助理值班员戴绝缘手套；值班员和助理值班员呼唤应答时，均要声音洪亮，吐字清晰。

2.2.3　“断路器倒闸操作”标准化

(1)工作标准。

值班员和助理值班员共同校对设备位置；值班员手持操作卡片并监护，助理值班员操作。

(2)操作要领。

值班员站在助理值班员的左侧，共同站在所需操作设备位置前；操作中必须严格执行“三准、二清、一稳”；值班员一手持操作卡片一手操作设备；操作完毕后，助理值班员悬挂正确的标示牌。

(3)注意事项。

倒闸时不得谈论与倒闸无关的话题。

2.2.4　“馈线验电”标准化

严格执行停送电验电制度，严禁臆测。

(1)工作标准。

共同确认断路器位置，值班员监护，助理值班员在室外馈线穿墙套管处验明无电。

(2)操作要领。

助理值班员在验电时，必须将验电器测试头顶部金属部位与被试设备裸露部位接触。

(3)注意事项。

值班员监护，助理值班员必须戴绝缘手套；助理值班员试验验电器，将验电器在有电的设备上试验，确认良好方准使用；如遇暴雨天气，严禁在室外用验电器验电。

2.2.5　“隔离开关倒闸操作”标准化

隔离开关的倒闸操作要迅速准确，中途不得停留和发生冲击。禁止带负荷进行隔离开关的倒闸作业和在接地闸刀闭合的状态下强行闭合主闸刀。

(1)工作标准。

值班员和助理值班员共同校对设备位置；值班员手持操作卡片并监护，助理值班员操作；先闭合主闸刀，后闭合接地闸刀。

(2)操作要领。

助理值班员在闭合接地闸刀时，一手抬起闭锁杆，一手闭合接地闸刀(或进行加挂地线)并加锁。

(3)注意事项。

值班员监护，助理值班员必须戴绝缘手套；助理值班员闭合接地闸刀时，身体的其他部位不得触及操作机构。

2.4.6　“消令”标准化

严格执行停送电倒闸消令时值班员与助理值班员监控互控制度。

(1)工作标准。

值班员向供电调度员消令并记录，助理值班员协助确认消令时间；至此，倒闸作业方可结束。

(2)操作要领。

值班员与助理值班员共同确认设备位置正确，再由值班员向供电调度员消令。

(3)注意事项。

值班员与助理值班员共同确认设备位置正确，加锁挂牌齐全。

2.3 巡视“五定”制度标准化

2.3.1 定巡视周期

规定变电值班人员固定巡视时间为08:00、14:00、22:00，所内负责人每周要组织值班人员进行一次夜间熄灯巡视，下列情况进行特殊巡视，增加巡视次数。

(1)设备过负荷或负荷显著增加时；

(2)设备经过大修、改造或长期停用后重新投入系统运行及新安装的设备加入系统运行时；

(3)遇有雾、雪、大风、雷雨等恶劣天气，事故跳闸和设备运行中有异常情况时；

(4)设备缺陷近期有发展趋势时；

(5)法定节假日及上级通知有重要供电任务期间。

2.3.2 定巡视检查的基本要求方法

(1)通过观察粘贴在变、配电设备导电接点的测温片判定接点发热程度，对于室外电压等级较高、位于高处的接点用望远镜进行观察；

(2)借助于雪天和细雨天气观测设备发热情况；

(3)借助于日光和雨后检查户外设备瓷件的裂纹情况；

(4)气温突然升高或降低时检查设备的油位及设备有无渗油现象；

(5)根据设备带电运行所产生的电震声音分析设备的运行状态；

(6)通过设备内部发热、放电、绝缘击穿、绝缘烧损等所产生的气味分析鉴别设备的缺陷程度。

2.3.3 定一般巡视检查主要侧重项目

(1)设备运行方式；

(2)二次控制电源开关，连片的投、退位置；

(3)信号指示情况；

(4)表计指示情况；

(5)设备外部状态(清洁程度、引线松紧、引线连接、气味及音响情况)；

(6)设备检修完毕后安全措施的采取及恢复情况。

2.3.4 定特殊情况下巡视检查重点

(1)严寒季节应重点检查充油设备油位是否过低，充气设备气压是否过低，导线驰度是否过紧，瓷瓶有无积雪结冰、管道冻裂、硅橡胶绝缘子及电缆头是否破裂。防鼠工作是否完善，加热装置工作是否正常。

(2)高温季节，重点检查充油设备油位是否过高，油温是否超过规定，充气设备气压是否超标，导线接头是否发热，通风冷却设备工作是否正常，干式变压器温度是否超标等。

(3)大风时重点检查户外设备、线条上有无搭挂杂物，导线有无振动及导线接头有无异常，导线间及导线与附近铁件的安全距离是否足够等。

(4)阴雨天气应检查端子箱积露、户内房屋渗漏情况。大雨时检查门窗是否关好，屋顶、墙壁有无渗漏水现象，电缆沟是否进水等。

(5)大雾、霜冻季节和污秽地区应重点检查设备瓷质绝缘部分的污秽程度，检查设备的瓷质绝缘有无放电、电晕等异常情况。

(6)雷击后，检查瓷瓶、套管有无闪络痕迹，检查避雷器的动作记录器并将动作情况填入《避雷器动作记录》中。

(7)事故后重点检查信号和继电保护的动作情况和故障记录仪的动作情况，检查导线有无烧伤、断股，设备的油位、油色、油压是否正常，断路器有无渗油、漏气，瓷瓶有无烧闪断裂等情况。

(8)高峰负荷时应重点检查变压器、线路负荷是否超过额定值，对过负荷设备应加强监视。当负荷电流超过 1000 A，并且持续时间超过 20 s 时，变电所要使用望远镜对设备电流接续点处进行观察。

(9)逢节假日、暑运、春运、过特运等特殊时期，车间、班组要加强对设备的巡视频次与质量，确保第一时间发现设备隐患，保证安全可靠供电。

2.3.5　定不同巡视时间的巡视重点

交接班巡视时，巡视检查项目必须全面进行。

班中巡视时，主要对设备运行音响、设备外部状态，各种表计及灯光的指示情况进行检查。对各种机构箱、端子箱则不再打开进行检查，对各种需启动试验检查的项目则不再进行启动检查。

3　结语

交接班作业、倒闸作业、设备巡视是牵引变电所十大工作制度中最重要最基本的一日作业项目，切实执行好“标准化”作业，是牵引变电所安全稳定运行的基本保障，也充分体现了安全风险管理之安全风险过程控制的运用。明确牵引变电所现场作业标准与作业流程，在日常作业中落实“标准化”，使本岗位作业安全生产有序可控，这是与推行铁路安全风险管理理念相一致的。建立“不按标准作业就是安全生产最大风险”的思想共识，增强严格执行规章制度和作业标准的自觉性，养成规范的安全行为习惯，都具有现实意义。

浅谈铁路安全管理

吕 哲

(中国铁路沈阳局集团有限公司长春供电段)

摘 要: 安全是企业的生命线，是运输生产永恒的主题。目前铁路运输安全存在的主要问题是安全管理思想观念陈旧；安全管理的手段和方法落后；安全基础管理工作纷繁繁复；政出多门，重复管理现象频出。运输安全管理必须以“科学精简，一以贯之”作为指导方针，抓好规章制度和作业标准化的落实。通过这种运输安全管理模式的运作使铁路运输步入一个安全有序、稳定高效的轨道，铁路运输才会具有更强的市场竞争力，才能更好地服务于人民、服务于国民经济建设。

关键词: 安全管理；铁路运输

近年来中国高铁的飞速发展，已越来越被国家和广大人民群众所关注，铁路以其他运输方式所无法比拟的优越性，在社会发展中发挥着重要的作用。正是因其作用的重要，铁路运输全过程的安全性就显得尤为突出，同时也是决定铁路跨越式发展能否成功的关键因素。由于整个运输过程是靠各部门联劳协作，人与设备在特定的环境中完成的，必然导致其安全的复杂性，所以安全成为了铁路运输各项工作的主题，安全管理也成了各级领导干部工作中的头等大事。

1 安全管理现状

1.1 不理解安全管理内涵

主要表现为四种现象。一是认为安全管理就是“口号”，一切管理不过就是活动宣传，主要体现为常态性开展各项安全活动，活动重叠活动，使原本应认真开展的活动丧失意义，基层站段疲于奔命地制定各项安排、汇报阶段总结、问题；二是认为安全管理就是“人情世故”，企业第一管理者本着“大事化小”“小事化了”的基本原则，出了问题不找根源，不定措施，以避免企业处罚、个人追责为根本目的，“托人情”“想对策”，具体体现为发生事故调查原因不清，事故定责不与站段交换意见，不向站段下发事故定责单；三是认为安全管理就是“打压棒喝”，企业管理者一味以清查问题为目的，不追根溯源，不听取不同意见，只强调单体问题整改，如同照本宣科，毫无意义；四是认为安全管理就是“无为而治”，安全结果靠运气说话，不思考，不分析，靠“烧香拜佛”过日子。

1.2 频繁调整生产布局

我国铁路经历了“剥离辅业”“客货分开”(后又复合)“撤销分局”“合并站、段”及“车间和班组生产力布局调整”等多次较为频繁的改革和变化。虽然促进了铁路运输的快速发展，提高了运输效能，但由于新组合站、段管理点线的拉长扩大，加上安全管理机构的撤并和管理人员的相对减少，削弱了现场安全监管能力。特别是一些管理部门未曾考虑周全的反反复复的改革——“撤了又设，设了又并，并了又分，分了又合，合了又迁”的调整变换，使职工人心浮动。安全管理工作一而再、再而三地在建制调整、条文修订、整章建制中折腾，增加了改革成本，带来了运输安全不稳定因素，人为增加了安全管理工作的难度。

1.3 安全管理队伍薄弱

主要表现为三种情况：一是能够从事安全管理的人员较少，即站段能够参与到一线生产的专业人员少之又少，而局处级管理部门要求的总结、报告又频繁反复，最终导致现场问题一堆，无人研究、解决。二是站段综合科室、党群部门以不专业为由，不参加现场作业，即使偶尔参与作业，也是不挂名、不负责，就是永远不学、不懂。这种管理形式的直接结果就是，一个基层站段三分之二的干部都不参与一线安全生产管理工作，根本谈不上“齐抓共管”。三是安全管理主体部门、领导人毫无管理能力。主要包括：①不掌握规章制度和管理要求。②无思考能力，靠基层部门总结、报告来制定安全管控措施。③跨行业监管检查，误读规章，不听意见。

1.4　规章制度泛滥

铁路进入跨越式的发展后，随着铁路部门的多次改革调整和大量新建、改建的铁路设施陆续投入运营，一些原有铁路法规和规章制度不适应现代铁路运输安全的问题也不断地显露出来。一是尽管近几年一些铁路法律、法规和规章制度几经修改，也还是跟不上铁路的变化形势，甚至有些规章制度印刷好还没有完全发到每个职工的手上，就又要修改里面的条文，造成职工作业无所适从。二是部分规章制度烦琐、内容陈旧。对基层站段有时会出现按章作业效率低、追求效率就违章的情况。很多规章制度只考虑了安全，却忽视了生产需要，没有从企业追求效益最大化的目标出发，单纯为了安全而制定制度。三是主管处室对于分管规章掌握不清，要从站段层面统计、报结果，以汇总制度代替管理部署，造成落实冲突。四是上层制定规章制度，由于关联部门相互缺乏沟通，落实上出现管理断层，如月度施工计划的审批，只能以大区段里程进行滚动作业，而供电作业除依照施工计划，还需要签发工作票，工作票签发作业里程要参照施工计划填写，这就产生了现场实际作业(小)与批准历程(大)不符的问题。

1.5　职工素质偏低

铁路运输安全不仅需要良好的管理体制和完善的法规制度，更需要高业务技能、遵章守纪的一线铁路职工以及能够一丝不苟执行规章制度的工作作风。翻开铁路交通事故的案例，事故的主要原因多数都是职工业务水平不足，劳动纪律涣散，有章不循。我国当前铁路职工总体素质不高的情况，决定了铁路现场职工的作业水平，他们主观上都能认识到安全在运输生产上的重要性，也都希望自己在工作中保安全不出事，深知出事故于公于私都无好处。可是在实际工作中，能自觉遵章守纪的并不多，在平常的工作中违章违纪现象更是时有发生。总的来说，主要有以下五种情况：一是在工作中抱着侥幸心理。认为执行规章太烦琐，束缚太多，在作业中简单马虎一点也无所谓，领导在场就认真按照作业标准操作，领导不在场就违章违纪、简化作业。二是凭着习惯作业。平时不认真学习，对规章不甚了解，有的因文化水平低而对规章一知半解，对非正常情况下的作业规定不清楚，遇到意外情况，也按平常的老习惯判断处理问题，最后出了事故只知其然而不知其所以然。三是工作不熟练，业务技能差，做事紧张忙乱，一旦碰到突发事件和非正常情况，就忘了规章，乱了作业顺序，造成失误，极易引发事故。四是作业中盲目求快，置规章制度于不顾，错误地认为“规章是死的，人是活的”，以蛮干为能事，随意简化作业，违章违纪，臆测行车，对安全运输生产构成威胁。五是心理失衡。有的人看到社会上某些垄断行业职工的高收入，对比自己铁路工作又苦又累的低收入，再加上不断上涨的物价给生活带来压力，使心灰意懒；有的人怀才不遇，工作情绪低落；有的人个人利益得不到满足，或是受到了不公平待遇，工作消极；有的受到了处分或被扣罚工资奖金，便心怀不满。他们上班无精打采，为泄怒气，工作马虎了事，将规章和劳动纪律抛之脑后。

2　关于做好安全管理落实的探讨

2.1　提高安全思想认识

针对当前铁路运输生产任务所面临的形势和要求以及本单位安全生产的实际情况，进行大力宣传教育、学习，使全体干部职工立足本职，清楚地认识到铁路安全的重要性。如基层站段定期开展安全警示教育，局、处组织站段到安全警示管进行讲解学习，在各类安全证件复审、新办中适当增加安全案例题目，都能有效地提升职工对安全生产工作的认知水平，使职工明白安全就是效益，安全是一切生产作业的前提。只有达成安全共识、落实安全要求、执行安全标准才能真正地“心悦诚服”，当前铁路生产作业不断产生的惯性违章问题才能从根本上杜绝，从规章制度上的“要我安全”转变成生产行动上的“我要安全”。

2.2　强化安全管理责任

安全生产责任制是企业岗位责任制的一个重要组成部分，是企业最基本的安全制度，是安全规章制度的核心。安全生产责任制的实质是“安全生产，人人有责”。为真正贯彻落实好此项工作，解决好重检查、轻落实的问题，使全体员工尽职尽责地做好各项工作。首先要强化领导负责制，明确高层管理者具体管控的事项要求，只有责任到人，权责清晰，才能确保命令、要求能够及时准确地下达。其次要强化逐级负责制，就是看具体工作、各项要求能否在要求时限内得到信息反馈，逐层传递过程中是否达到了既定要求、效果。最后要强化岗位负责制，也就是所有工作、整改问题的闭环管理，本着谁整改、谁负责的基本原则，追踪任务落实，对于落实工作中推诿扯皮、蒙混过关的人员要坚决执行倒追问责制度。安全管理责任的落实，重点在于“一体公心”，不能使制度责任因人而异，不会做、不能做、不想做、不敢做不能成为不落实工作的理由，只有秉承制度管理、就事论事的态度，安全管理责任才具有存在意义。

2.3 加强班组安全管理

班组是企业的细胞，是搞好安全生产的基础。因此，对安全生产来说，班组是开展安全工作的主要对象，一切安全管理工作必须紧紧围绕生产第一线进行，才能有效地控制事故。提高班组长的工作责任心是安全生产中的重要环节，只有抓好此项工作，对于班组长的选拔优中选优、公平公开，才能做到找对人、办成事，使安全管理工作紧紧围绕生产第一线展开，切实地解决问题。其次，班组的执行力、纪律性靠的不仅仅是工长的领导力，更要依靠团队良好的工作氛围，如何使班组能够人人管事，人人讲标准，人人守规程，是一个永远在路上的课题。只有从根本上关心关爱职工生活，持续进行遵章守纪的正向引导，才能使班组正能量不断累积，形成班组文化，铸就班组灵魂。

2.4 加强人员的安全教育培训力度，提高职工的业务素质

安全教育和培训是安全管理的重要工作，是全面提高职工安全知识、安全意识的重要手段，也是全面提高职工业务素质，使安全管理工作向纵深发展的关键。具体的实施办法为：一是根据社会的发展，企业的工作中心，合理地制订安全教育、培训计划，应包括各级专业技术人员的教育、培训及全员人员的安全教育；二是合理地制订安全教育培训的形式和方法，应围绕安全生产责任制进行“应知”“应会”内容的教育，不断更新知识教育；三是职教部门与技术部门要结合生产的实际情况，制订出全年职工安全教育、培训的提纲和班组业务学习资料，使之行之有序，重点突出；四是要充分利用现有条件，进行实地培训，要以培养职工的实作能力和非正常情况下的应急应变能力为重点，进一步提高教育、培训质量；五是要制订周密细致的考核制度，各级职能部门要经常对此项工作进行检查和指导，确保此项工作落到实处。对工作突出、成绩显著的班组，要给予适当的奖励，以此来强化职工的学习意识。要从正规性、严肃性、多样性、实用性向职工培训要结果，绝不能因循守旧、一成不变地走形式。

2.5 严格贯彻执行安全生产奖惩制度

表彰奖励先进，惩罚处理后进，是安全管理工作的重要手段，也是上级赋予安全管理部门的一项权力。实践证明，奖励是一种激励，惩罚既可教育本人，也能告诫他人。要想抓好此项工作就必须做到：一是制订全员、全面、全过程的符合实际生产标准情况的考核制度，使安全管理工作贯穿到每项工作的各个环节之中；二是将安全生产责任制与奖惩制度有机地结合起来，提高干部职工执行安全生产规章制度的自觉性；三是奖惩严明，在制度上一碗水端平，不偏不倚。要落实好安全生产的奖惩制度，就要依靠科学的大数据管理，将所有问题进行全面系统地收集、梳理、分类、比较，才能在落实奖惩工作中分清重点、找到问题根源，才能“对症下药”地整改问题，“切中时弊”地研判风险。

2.6 完善事故管理分析预测机制

事故管理是一个单位安全管理的一项非常重要的工作，加强记录管理，搞好事故管理工作，对提高企业安全管理水平、防止事故重复发生，具有非常重要的作用。它的作用可概括为以下几点：一是从事故的调查研究、统计和数据分析可以掌握事故的发生原因和规律，并针对安全生产工作中的薄弱环节，有的放矢地采取避免事故的对策；二是通过事故管理，可以为安全生产管理工作提供科学的依据；三是通过事故的调查和统计分析，可以使领导机构及时、准确、全面地掌握本系统的安全生产状况，发现问题，并及时做出正确的决策。

运输安全总体管理可归结为对人的安全管理，对设备的安全管理，对环境的安全管理和对作业的安全管理，所有这些管理工作对运输安全生产具有重要意义和保证作用。安全管理是一个无止境的课题，但是，只要始终坚持“科学精简，一以贯之”的管理主导方针，不断发展和完善站段安全管理体系，培养出一批懂业务、精管理、高素质的安全管理人员和基层作业人员，运输生产就会步入一个安全有序、稳定高效的轨道，铁路运输就会具有更强的市场竞争力，能更好地服务于人民、服务于国民经济建设。

新版普速接触网安规比照解读

吕　哲

（中国铁路沈阳局集团有限公司长春供电段 工程师）

摘　要：为做好《普速接触网安全工作规则》在现场生产中的落实执行，切实发挥规章保安全作用，对新版《普速接触网安全工作规则》进行比照解读。

关键词：普速铁路；接触网；安全工具；高空作业；停电作业；简介带电作业；防护员

《普速接触网安全工作规则》（以下简称《普速安规》）（铁总运〔2017〕25号）自2017年4月1日起实施，原铁道部下发的《接触网安全工作规程》（以下简称《安规》）（铁运〔2007〕69号）同时停止执行，为确保新版《普速安规》内容能够在站段层面落实，确保基层车间、班组能够切实掌握运用，对新版《普速安规》与旧版《安规》进行了以下比照解读。

变动1

新版《普速安规》第4条　本规程适用于工频、单相、25 kV交流，列车运行速度200 km/h以下铁路（仅运行动车组的线路除外）接触网的安全运行和检修工作。

旧版《安规》第1条　本规程适用于既有线工频、单相、25 kV交流及提速200～250 km/h接触网的运行和检修。

比照解读：新版《普速安规》在线路列车速度上做出了明确定义，即工频、单相、25 kV交流，列车运行速度200 km/h以下的铁路使用《普速安规》，200 km/h以上的铁路和200 km/h以下仅运行动车组列车使用《高速安规》。

变动2

新版《普速安规》第5条　普速铁路所有的接触网设备，自第一次受电开始即认定为带电设备。之后，接触网上的一切作业，均必须按本规则的规定严格执行。

旧版《安规》第4条　所有的接触网设备，自第一次受电开始即认定为带电设备。之后，接触网上的一切作业，均必须按本规程的规定严格执行。侵入建筑限界的接触网作业，必须在封锁的线路上进行。

比照解读：取消“侵入建筑限界的接触网作业，必须在封锁的线路上进行”内容，是为执行新版《普速安规》新增第十条做铺垫，具体解读内容详见变动6。

变动3

新版《普速安规》第6条　从事普速接触网运行和检修工作人员，实行安全等级制度。经过考试评定安全等级，取得《普速铁路安全合格证》之后（安全合格证格式和安全等级的规定，分别见附件1、2），方准参加与所取得的安全等级相适应的工作。每年定期按表1要求进行1次安全考试并签发《普速铁路供电安全合格证》。

旧版《安规》第5条　从事接触网作业的有关人员，必须实行安全等级制度。经过考试评定安全等级，取得安全合格证之后（安全合格证格式和安全等级的规定，分别见附录1、2），方准参加与所取得的安全等级相适应的接触网运行和检修工作。每年定期按下表进行年度安全考试和签发安全合格证。

比照解读：对安全合格证的样式进行了明确规范，普速施工作业，参加作业人员要携带《普速铁路供电安全合格证》；高速施工作业，参加作业人员要携带《高速铁路供电安全合格证》，两证不能替代使用。

变动 4

新版《普速安规》第 7 条　各单位除按第 6 条规定组织从事普速接触网运行和检修工作的有关现职人员每年进行一次安全等级考试外，对属于下列情况的人员，还应在上岗前进行安全等级考试：(1)开始参加普速铁路接触网工作的人员；(2)安全等级变更，仍从事接触网运行和检修工作的人员；(3)接触网供电方式改变时的检修工作人员；(4)接触网停电检修方式改变时的检修工作人员；(5)中断工作连续 6 个月以上仍继续担任接触网运行和检修工作的人员。

旧版《安规》第 6 条　各单位除按第 5 条规定组织从事接触网运行和检修工作的有关现职人员每年进行一次安全等级考试外，对属于下列情况的人员，还应在上岗前进行安全等级考试：(1)开始参加接触网工作的人员；(2)开始参加接触网间接带电工作的人员；(3)接触网供电方式改变时的检修工作人员；(4)接触网停电检修方式改变时的检修工作人员；(5)安全等级变更，仍从事接触网运行和检修工作的人员；(6)中断工作连续 6 个月以上仍继续担任接触网运行和检修工作的人员。

比照解读：取消了旧版《安规》上岗前进行安全等级考试第 2 项“开始参加接触网间接带电工作的人员”(与第 1 项要求重复)，并重新对岗前等级考试重要程度进行了明确排序。

变动 5

新版《普速安规》第 8 条　参加接触网作业人员应符合下列条件：(1)作业人员每 1 ~2 年进行一次身体检查，符合作业所要求的身体条件；(2)受过普速铁路接触网作业安全培训，考试合格并取得相应的安全等级；(3)熟悉触电急救方法；(4)职业健康体检合格。

旧版《安规》第 7 条　参加接触网作业人员应符合下列条件：(1)作业人员每两年进行一次身体检查，符合作业所要求的身体条件；(2)受过接触网作业培训，考试合格并取得相应的安全等级；(3)熟悉触电急救方法。

比照解读：对作业人员身体检查进行了加细要求，新版《普速安规》提出的每 1 ~2 年进行一次身体检查，本意应是在有条件的情况下应执行 1 年对作业人员进行一次身体检查。此外增加了职业健康体检合格要求，在组织职工进行职业健康体检时，要做好档案管理，对于体检状态不符合岗位要求的职工，要将名单及时交劳人科，劳人科要对不符合岗位作业人员及时进行调整调动。

变动 6

新版《普速安规》第 9 条　雷电时(在作业地点可见闪电或可闻雷声)禁止在接触网上进行作业。普速铁路在 160 km/h 以上区段且线间距小于 6.5 m 的线路上进行作业时，应办理邻线列车限速 160 km/h 及以下申请，得到车站值班员同意作业的签认后，方可作业。

旧版《安规》第 8 条　雷电时(在作业地点可见闪电或可闻雷声)禁止在接触网上进行作业。遇有雨、雪、雾或风力在 5 级及以上恶劣天气时，一般不进行 V 形天窗作业。若必须利用 V 形天窗进行检修和故障处理或事故抢修时，应增设接地线，并在加强监护的情况下方准作业。

比照解读：(1)取消旧版《安规》第 8 条“遇有雨、雪、雾或风力在 5 级及以上恶劣天气时，一般不进行 V 形天窗作业……”内容，不是说恶劣天气必须按作业计划执行 V 形天窗作业，而是再次强调工作领导人、工作组员在组织、执行作业中的责任，根据实际情况组织、停止现场作业(按新版《普速安规》第 28、29 条执行)。(2)新版《普速安规》第 9 条增加“普速铁路在 160 km/h 以上区段且线间距小于 6.5 m 的线路上进行作业时……”内容，主要强调组织作业时，必须掌握作业区段线间距及临线车速的情况。

变动 7

新版《普速安规》新增第 10 条　下列维修作业可在天窗点外进行，但严禁利用速度 160 km/h 及以上的列车与前一趟列车之间的间隔时间作业。(1)对接触网步行巡视、静态测量、测温等设备检查作业；(2)接触网打冰，处理鸟窝、异物；(3)在道床坡脚以外栅栏以内的标志安装及整修、基础整修、接地装置整修、支柱基坑开挖等不影响设备正常运行的作业。上述作业必须制订天窗点外维修作业计划，天窗点外维修作业计划由车间或段一级批准，具体审批程序由铁路局规定。上线作业时必须按规定登记，设置驻站联络员（以下简称联络员）、现场防护员，联系中断时必须停止作业。

新增条款解读：对可以在天窗点外进行的作业种类进行了明确区分，技术科要根据路局相关要求，制订《天窗点外维修作业计划》管理要求，列入《天窗点外维修作业计划》的作业，要按照接触网第三种工作票格式（远离作业）执行签发工作，安全科要将接触网第三种工作票纳入常态监管。

变动 8

新版《普速安规》第 12 条　在进行接触网作业时，作业组全体成员须穿戴有反光标识的防护服、安全帽。作业组有关人员应携带通信工具并确保联系畅通。在夜间、隧道内或光线不足处所进行接触网作业时，必须有足够的照明灯具。

比照解读：对施工中光显的防护、作业要求进行强调，车间做好执行，不得使用无反光标识或标识破损的防护服，照明光线不足情况下严禁组织作业。

变动 9

新版《普速安规》第 13 条　接触网步行巡视工作要求：(1)巡视不少于两人，其中一人的安全等级不低于三级；(2)巡视人员应携带望远镜和通信工具，一般情况下应面向来车方向；(3)任何情况下巡视，对接触网都必须以有电对待，巡视人员不得攀登支柱并时刻注意避让列车；(4)必须上道查看设备时，两人必须一人防护，一人上道检查。

旧版《安规》第 11 条　接触网的步行巡视工作要求：(1)巡视不少于两人，其中一人的安全等级不低于三级；(2)巡视人员应戴安全帽，穿防护服，携带望远镜和通信工具，夜间巡视还要有照明用具；(3)任何情况下巡视，对接触网都必须以有电对待，巡视人员不得攀登支柱并时刻注意避让列车；(4)在 160 ~ 200 km/h 区段巡视时，应事先告知供电调度，并在车站设置驻站联络员进行行车防护。在 200 km/h 以上区段，一般不进行步行巡视，必须进行巡视时，各铁路局制订具体办法。在 160 ~ 200 km/h 区段长大桥梁、隧道巡视时，比照 200 km/h 以上区段巡视办理。

比照解读：一是对于巡检走向进行了明确定义，车间要做好执行；二是对于巡检权限进行了放大，允许上道检查，但必须做好防护。

变动 10

新版《普速安规》第 17 条　事故抢修和遇有危及人身或设备安全的紧急情况，作业时可以不签发工作票，但必须有供电调度批准的作业命令，并由抢修负责人布置安全、防护措施。

新增解读：对抢修作业中采取的安全措施进行强调，明确第一责任人，高铁技术科要将此项点纳入抢修预案。

变动 11

新版《普速安规》第 19 条　工作票有效期不得超过 3 个工作日。

旧版《安规》第 18 条　第一、三种工作票有效期不得超过 3 个工作日。第二种工作票有效期不得超过 2 个工作日。

比照解读：更改了带电工作票有效期，车间执行时需注意。

变动 12

新版《普速安规》第 21 条　发票人一般应在作业 6 h 之前将工作票交给工作领导人。

旧版《安规》第 20 条　发票人一般应在工作的前一天将工作票交给工作领导人。

比照解读：缩短了发票人与工作领导人交接工作票时间，安全科要进一步细化工作票管理，由于原供电班组由三班制改成两班制，且配合作业多，导致现有工作票管理审核方法“工作票提前三天由车间传真到生产调度进行审核”执行中交接时间管理存在不合理现象，重新更改工作票传真复审要求：(1)车间仍执行工作票提前三天传真到生产调度进行传真复审的要求;(2)车间提前三天传真生产调度工作票中“交接时间,工作领导人可不签字”,只需发票人、车间审核人签字即可;(3)根据新版《普速安规》第 21 条要求,发票人一般应在 6 h 之前将工作票交给工作领导人,工作领导人可根据实际交接班情况进行时间填写并签字,如发现工作票错误,要及时指出更正上传调度,并做好情况说明;(4)工作票执行当天,工作领导人、驻站联络员携带工作票必须为工作领导人、发票人、车间审核人共同签字确认工作票。

变动 13

新版《普速安规》第 23 条　工作领导人应提前组织作业组成员(含作业车司机)召开工前预备会,宣讲工作票并进行作业分工、安全预想,将本次作业任务和安全措施逐项分解落实到人,并进行针对性安全提示。作业组成员有疑问时应及时提出,工作领导人组织答疑并确认无误。作业前,工作领导人应组织作业组成员列队点名,并确认作业安全用具准备充分、作业组人员身体及精神状态良好后,方准作业。作业完毕,工作领导人应组织召开收工会,对当日工作完成情况、存在的问题进行总结。

新增解读:一是新增开工前预备会(施工例会)、总结会内容,高铁技术科要根据要求更新施工例会、总结会程序及具体要求;二是明确指出工作领导人要对安全用具、作业组员状态进行检查,车间做好落实执行。

变动 14

新版《普速安规》第 24 条　新增更换火花间隙、检修支柱下部地线和避雷引下线等开路作业时,应使用短接线先行短接,设置短接线时不得影响轨道电路。雷、雨、雪、雾天气时,不得进行更换火花间隙、检修支柱下部地线和避雷引下线等作业。

新增解读:对接触网地面开路作业提出了具体要求、防护措施,各车间严格执行。

变动 15

新版《普速安规》第 26 条　工作票中要有针对 V 形停电触网检修作业的特殊性提出的安全措施。主要是:写明上行(下行)封锁及停电,下行(上行)未封锁及有电,人员机具和作业车平台旋转不得侵入下行(上行)限界的范围。

旧版《安规》第 24 条　工作票中要有针对 V 形停电触网检修作业的特殊性提出的安全措施。主要是:写明上行(下行)停电,下行(上行)有电,人员机具不得侵入下行(上行)限界。

比照解读:新增加需提示线路未封锁安全措施,请各车间在签发工作票时,在安全措施栏内进行填写。

变动 16

新版《普速安规》第 28 条　新增工作领导人在组织作业时,要做好下列事项:检查确认接触网设备送电及线路开通条件。

新增解读:明确工作领导人必须确认设备送电、线路开通情况,各车间做好执行。

变动 17

新版《普速安规》第 33 条　绝缘工具应按下列要求进行试验:绝缘工具的机、电性能发生损伤或对其怀疑时,应中断使用并及时进行相应的试验。

新增解读:对绝缘工具使用要求进行了提高,增加了应中断使用内容,车间要严格执行,决不允许使用破损、问题绝缘工具。(对绝缘工具怀疑包含安全试验标签脱落问题,此项要注意,不允许使用无试验标签的安全工具。)

变动 18

新版《普速安规》第 36 条　绝缘工具应存放在室内,室内要保持清洁、干燥、通风良好,并采取防潮措施。

删减解读：旧版《安规》要求绝缘工具要放在专用的工具室，由于部分车间、班组硬件设施无法达标，因此更改。

变动 19

新版《普速安规》第 38 条　凡在距离地（桥）面 2 m 及以上的处所进行的作业均称为高空作业。

旧版《安规》第 36 条　凡在距离地面 3 m 以上的处所进行的作业均称为高空作业。

比照解读：对高空作业高度范围重新进行定义界定。

变动 20

新版《普速安规》第 39 条　高空作业监护要求如下：作业人员及所携带的物件、作业工器具等与接触网带电部分距离小于 3 m 的远离作业，每个作业地点均要设有专人监护，其安全等级不低于四级。

新增解读：新增加了高空作业监护要求，各车间安排工作时，做好落实执行。

变动 21

新版《普速安规》第 43 条　冰、雪、霜、雨等天气条件下，接触网作业用的车梯、梯子、接触网作业车的爬梯和平台应有防滑措施。

新增解读：对恶劣天气工具、作业车防滑措施进行了明确要求，各车间做好落实，动力设备科对于接触网作业车平台防滑要拿出解决办法。

变动 22

新版《普速安规》第 44 条　攀登工具应在出库前检查状态良好，安全用具完好合格。攀登支柱前要核对支柱号，检查支柱状态，观察支柱上有无其他设备，选好攀登方向和条件。

新增解读：对攀登支柱前的工具检查、支柱号牌核对提出了明确要求，各车间做好传达，作业组员攀登支柱前必须对要求检查项点进行确认。

变动 23

新版《普速安规》第 46 条　接触网作业用的车梯和梯子必须符合下列要求：车梯的三个车轮采取可靠的绝缘措施。

旧版《安规》第 36 条　接触网作业用的车梯和梯子必须符合下列要求：在有轨道电路的区段上，车梯的车轮必须采取可靠的绝缘措施。

比照解读：各车间使用车梯作业，无论是否在有轨道电路区段，都必须保证车梯的三个车轮采取了可靠的绝缘措施。

变动 24

新版《普速安规》第 49 条　车梯负责人和推车梯人员，应时刻注意和保持车梯的稳定状态。当车梯在曲线上或遇大风时，对车梯要采取防止倾倒的措施；当外轨超高（≥125 mm）或风力五级以上时，未采取固定措施禁止登车梯作业；当车梯在大坡道上时，应采取防止滑移的措施；当车梯放在道床、路肩上或作业人员的重心超出工作台范围作业时，作业人员应将安全带系在接触网上；车梯在地面上推动时，工作台上不得有人停留。

新增解读：对梯车在特殊处所、天气下作业的固定措施提出了明确要求，各车间做好落实。

变动 25

新版《普速安规》第 50 条　为避让列车需将车梯暂时移至建筑限界以外时，要采取防止车梯倾倒的措施。当作业结束，车梯需要就地存放时，须稳固在建筑限界以外不影响瞭望信号的地方，并加锁或派人看守。

新增解读：对车梯存放管理提出了明确要求，各车间做好落实。重点看住外来施工单位，做好提醒提示。

变动 26

新版《普速安规》新增第 53 条　作业前接触网作业车司机应掌握作业范围和内容并进行安全预想，作业和运行过程中应注意力集中。

新增解读：新增内容重点强调接触网作业车司机要结合施工例会做好安全预想。

变动 27

新版《普速安规》新增第 54 条　接触网作业车分解作业，须提前明确每台车的作业范围，以及作业完毕后停留车列和运行连挂车辆的位置，工作领导人和司机应熟悉和掌握。接触网作业车进入封锁区间前及作业完毕返回车站时，司机应认真核对调度命令，确认信号，按规定联控。司机和工作领导人要根据调度命令及作业地点，拟定区间返回的时刻，并严格执行。

新增解读：新增内容重点强调施工例会中，要对每台作业车作业、走形经路、分解、联挂地点、时间一一进行确认，各车间重点掌握，在施工例会中做好落实。

变动 28

新版《普速安规》新增第 55 条　使用接触网作业车作业时，应指定作业平台操作负责人，作业平台不得超载。工作领导人必须确认地线接好后，方可允许作业人员登上接触网作业车的作业平台。作业车平台应设置随车等位线，在完成作业平台和工作对象设备等位措施后，方可触及和进行作业。

新增解读：新增内容一是再次强调使用接触网作业车作业必须指定平台操作负责人(完成平台操作后，可兼职进行作业)；二是明确指出作业车平台小地线属于随车等位线范围，绝不允许充当接地线使用。各车间做好掌握落实。

变动 29

新版《普速安规》新增第 56 条　人员上、下作业平台应征得作业平台操作负责人的同意。接触网作业车移动或作业平台升降、转向时，严禁人员上、下。V 形停电作业时，所有人员禁止从未封锁线路侧上、下作业车辆。作业平台应具有平台转向限位装置，作业前应将限位装置打至正确位置，作业平台严禁向未封锁的线路侧旋转。

旧版《安规》第 52 条　检修作业车移动或作业平台升降、转向时，严禁人员上、下。人员上、下作业平台应征得作业平台操作人或监护人同意。所有人员禁止从未封锁线路侧上、下作业车辆。

比照解读：一是缩小允许上、下作业平台授权者范围，只有平台操作负责人有许可权利；二是强调 V 形停电作业，作业前必须将限位装置打至正确位置，各车间做好落实执行。

变动 30

新版《普速安规》新增第 57 条　接触网作业车作业平台防护门关闭时应有闭锁 装置。作业中须锁闭好作业平台的防护门，作业完毕后及时放下防护栏杆。

新增解读：重点强调撤离接触网作业车平台时要对防护栅栏进行确认。

变动 31

新版《普速安规》新增第 58 条　外轨超高(≥125 mm)区段人员需在作业平台上作业时，作业平台应具有自动调平装置并开启调平功能。

新增解读：动力设备科对接触网作业车平台是否具有调平装置进行调查，组织车间平台操作人就如何开启平台调平功能进行培训

变动 32

新版《普速安规》第 64 条　停电作业时，作业人员（包括所持的机具、材 料、零部件等）与周围带电设备的距离不得小于下列规定：500 kV 为 6000 mm；330 kV 为 5000 mm；220 kV 为 3000 mm；110 kV 为 1500 mm；25 kV 和 35 kV 为 1000 mm；10 kV 及以下为 700 mm。

新增解读：新增距离要求，在从业人员劳动安全规定中早有带电距离要求，各车间做好传达落实。

变动 33

新版《普速安规》新增第 65 条　检修各种电缆及附件前应对电缆导体、铠装层及屏蔽层两端进行安全接地，并充分放电。当断开电缆导体、铠装层、屏蔽层以及检修隔离（负荷）开关、绝缘锚段关节、关节式分相、分段绝缘器、分相绝缘器时，应采取防止感应电及穿越电流人身伤害措施。

新增解读：一是对电缆检修接地、放电要求进行确认；二是强调采取防止感应电、穿越电流安全措施，按要求接挂接地线、短接线、等位线。各车间做好传达落实。

变动 34

新版《普速安规》新增第 66 条　不能采用 V 形作业进行的停电检修作业，须利用垂直作业方式，其地点应在接触网平面图上用红线框出，并注明禁止 V 形作业字样。

新增解读：此项要求已由高铁技术科进行落实，各车间结合设备改动做好图纸更新工作。

变动 35

新版《普速安规》新增第 67 条　各铁路局应制定接触网停电作业行车限制办法，防止电力机车（动车组）将电带入停电区段。

新增解读：职能科室、车间按照路局制定的接触网停电作业行车限制办法做好落实。

变动 36

新版《普速安规》第 68 条　进行 V 形停电作业应具备的条件：（1）一行接触网设备距离另一行接触网带电设备间的距离大于 2 m，困难时不小于 1.6 m。（2）一行接触网设备距离另一行通过的电力机车（动车）受电弓瞬时距离大于 2 m，困难时不小于 1.6 m。（3）上、下行或由不同馈线供电的设备间的分段绝缘器其主绝缘爬电距离不小于 1.6 m；分段绝缘器的空气绝缘间隙不应小于 300 mm。（4）上、下行或由不同馈线供电的横向分段绝缘子串，爬电距离不小于 1.6 m。（5）同一支柱（吊柱）上的设备由同一馈线供电。

旧版《安规》第 62 条　进行 V 形天窗作业应具备的条件：（1）上、下行接触网带电设备间的距离大于 2 m，困难时不小于 1.6 m。（2）上、下行接触网带电设备距下、上行电力机车受电弓瞬时距离大于 2 m，困难时不小于 1.6 m。（3）距上、下行或由不同馈线供电的设备间的分段绝缘器其主绝缘爬电距离不小于 1.2 m。（4）所有上、下行线间横向分段绝缘子串，爬电距离必须保证在 1.2 m 及以上，污染严重的区段要达到 1.6 m。（5）同一支柱上的设备由同一馈线供电。

比照解读：一是新增分段绝缘器的空气绝缘间隙距离要求；二是对横向分段绝缘子串更正爬电距离要求，由高铁技术科掌握。

变动 37

新版《普速安规》第 69 条　利用 V 形停电作业时，应遵守下列要求：4. 在变电所、分区所、AT 所处进行断开吸上线、电缆及其屏蔽层的检修时应采用垂直作业。5. 遇有雨、雪、大雾、重度霾、强风及以上恶劣天气时，一般不进行 V 形停电作业。遇有特殊情况需停电作业时，应增设接地线，并在加强监护的情况下方准作业。

比照解读：一是新增特殊处所进行断开电缆作业时应采用垂直作业；二是新增重度霾、强风及以上恶劣天气时一般不进行 V 形停电作业；恶劣天气时一般不进行 V 形停电作业，理解重点要放在恶劣天气无特别情况时不进行 V 形停电作业上，必须在确保人身安全情况下进行施工。各车间做好传达落实。

变动 38

新版《普速安规》新增第 70 条　120 km/h 以上区段且线间距小于 6.5 m 时，V 形停电作业一般不使用车梯和梯子。特殊情况下必须使用车梯或梯子作业时，应办理邻线列车限速 120 km/h 及以下限制条件后，方可上道作业。当列车通过时，应停止操作。

新增解读：对于车梯和梯子在 120 km/h 以上区段且线间距小于 6.5 m 时作业进行强调，明确要求。

变动 39

新版《普速安规》第 71 条　V 形停电作业接地线设置还应执行以下要求：一般情况下，接触悬挂和附加导线及同杆架设的供电线路均需停电并接地。但若只在接触悬挂部分作业，不侵入附加导线及同杆架设的其他供电线路的安全距离时，附加悬挂及同杆架设的其他供电线路可不接地，但须按有电对待并保持足够的安全距离。

新增解读：对停电后作业人员与未接地设备的安全距离进行强调，各车间做好落实。

变动 40

新版《普速安规》新增第 72 条　2 条及以上并行股道本线作业时相邻股道(线间距小于 6.5 m)接触网未停电，比照 V 形作业办法办理。

新增解读：强调站内作业特殊位置接触网未停电，比照 V 形作业办法办理。

变动 41

新版《普速安规》第 74 条　供电调度员在发布停电作业命令前，要做好下列工作：④进行接触网上网电缆、上网隔离(负荷)开关停电作业时，确认上网电缆在牵引变电所亭侧已接地。

旧版《安规》第 67 条　供电调度员在发布停电作业命令前，要做好下列工作：③确认有关馈电线断路器、开关及接触网开关均已断开，作业区段的接触网已经停电，方可发布停电作业命令。

对照解读：对上网点作业时上网电缆状态确认进行强调。

变动 42

新版《普速安规》第 78 条　使用验电器验电的有关规定：验电前自检良好后，现场检查确认声、光信号显示正常(有条件的，可在同等电压等级有电设备检查其性能)，然后再在停电设备上验电。

旧版《安规》第 71 条　使用验电器验电的有关规定：验电前自检良好后，先在同等电压等级有电设备检查其性能，确认声、光信号显示正常，然后方可在停电设备上验电。

对照解读：对验电器进行带电验电要求放宽，在作业本线封锁、停电命令同时下达等情况下，可不需执行在同等电压等级有电设备检查其性能的要求。

变动 43

新版《普速安规》第 80 条　接地线应可靠接在同一侧钢轨上，且不应跨接在钢轨绝缘两侧、道岔尖轨处。必须跨接在钢轨绝缘两侧时，应封锁线路。地线穿越或跨越股道时，必须采取绝缘防护措施。

旧版《安规》第 73 条　在有轨道电路的区段作业时，两组地线应接在同一侧钢轨上，且不应跨接在钢轨绝缘两侧。必须跨接在钢轨绝缘两侧时，应封闭线路。地线穿越钢轨时，必须采取绝缘措施。

对照解读：一是取消在有轨道电路的区段作业时地线应接在同一侧钢轨上，即任何地点(如客车厂线、货场线等)接挂接地线的作业都必须将地线接在同一侧钢轨上；二是增加了地线跨越股道必须采取绝缘防护措施的要求。

变动 44

新版《普速安规》第 81 条　在装设接地线时，先将接地线的一端接地；再将另一端与被停电的导体相连。拆除接地线时，其顺序相反。接地线要连接牢固，接触良好。装设接地线时，人体不得触及接地线，接好的接地线不得侵入未封锁线路的限界。作业范围内加挂的接地线不得影响正常作业。装设或拆除接地线时，操作人要借助于绝缘杆进行。绝缘要保持清洁、干燥。当作业内容不涉及正馈线、回流线（保护线），及其他停电线路及设备时，对这些不涉及的线路和设备可不装设接地线，但要按照有电对待，保持规定的安全距离。停电天窗时间内，使用接触网作业车或专用车辆进行接触网巡视或检测作业，可不装设接地线。未装设接地线时，禁止攀登平台、车顶和支柱。

新增解读：一是强调接好地线限界要求，车间重点注意站场股道内地线接挂完毕后状态，不得侵入临线（非电化股道）限界；二是提醒加挂地线接好后状态，接触网作业车作业时，加挂地线必须撩起防止侵入走行限界；三是强调停电后对于不加挂地线设备必须保持规定的安全距离；四是强调在不接挂地线情况下使用接触网作业车或专用车辆进行巡视或检测，禁止登平台、车顶、支柱。如使用接触网作业车或专用车辆进行巡视或检测进行登顶观察，必须严格执行接挂和加挂地线要求。

变动 45

新版《普速安规》第 83 条　接地线位置应处在停电范围之内，作业地点范围之外。在停电作业的接触网附近有平行带电的高压电力线路或接触网时，为防止感应电压，除按规定装设接地线外，还应增设接地线。

新增解读：此项增加内容已在 3 月 29 日下发的接触网工作票签发补充要求（长供电网安字 2017〔014〕号）进行具体要求，请各科室、车间参照解读。

变动 46

新版《普速安规》第 85 条　接地线拆除后，人员、机具必须与接触网设备保持规定的安全距离。作业车辆驶出封锁区间（站场进入指定位置后）或人员及机具撤离至铁路建筑限界以外后，方可申请取消行车封锁。

新增解读：一是强调拆除地线后，人员、机具与接触网设备保持安全距离；二是强调严格落实“三方控”要求，车辆作业组员未撤离线路严禁申请取消行车封锁。

变动 47

新版《普速安规》第 87 条　遇有雨、雪、重雾、霾等恶劣天气，或空气相对湿度大于 85% 时，一般不进行间接带电作业。

旧版《安规》第 80 条　遇有雨、雪、雾、气温在 −15 ~ 37℃之外、风力在 5 级及以上等恶劣天气或相对湿度大于 85% 时，不得进行间接带电作业。

比照解读：对间接带电作业天气情况进行强调。

变动 48

新版《普速安规》第 90 条　每次作业前，由工作领导人指定安全等级不低于三级的作业组成员作为要令人员向供电调度员申请作业命令。

旧版《安规》第 83 条　每个作业组作业前，由工作领导人指定安全等级不低于四级的作业组成员作为要令人员向供电调度申请作业命令。

比照解读：降低了间接带电作业驻站联络员安全等级要求。

变动 49

新版《普速安规》第 91 条　供电调度在发布间接带电作业命令前，要做好下列工作：②根据作业需求，撤除有关馈线断路器的重合闸。

新增解读：对供电调度发布间接带电作业命令新增了确认撤除断路器重合闸的要求。

变动 50

新版《普速安规》新增第 98 条　接触网倒闸作业执行一人操作、一人监护制度。

新增解读：对倒闸作业操作提出了明确要求。

变动 51

新版《普速安规》新增第 99 条　接触网隔离(负荷)开关的倒闸作业，具备远动功能的由供电调度员远动操作。不具备远动功能或远动功能失效时，由供电调度员发布倒闸命令，作业人员当地操作。

新增解读：明确接触网隔离(负荷)开关正常(远动)与非正常(当地)操作具体要求，各车间做好执行。

变动 52

新版《普速安规》新增第 100 条　远动操作时，供电调度员应通过调度端显示的遥信信号或视频监控对开关位置进行确认。现场有作业人员时，还应进行现场确认。远动系统异常时，禁止远动倒闸操作。遇开关位置信号异常时，应立即安排人员现场确认。

新增解读：对远动操作接触网隔离(负荷)开关确认环节进行明确，取消了执行作业时必须现场确认开关位置的要求(仅提醒有条件下要进行开关位置检查)，各车间做好执行。

变动 53

新版《普速安规》第 102 条　接触网作业人员进行隔离(负荷)开关倒闸时，必须有供电调度的命令；对车站、机务(折返)段、车辆段或路外厂矿等单位有权操作的隔离(负荷)开关，接触网作业人员在向供电调度申请倒闸命令之前，须向该站、段、厂、矿等单位主管负责人办理倒闸手续，并共同确认做好相应措施；对从接触网上引接的越级变压器的隔离开关，接触网作业人员在向供电调度申请倒闸命令之前，应确认二次侧不具备反送电条件(明显断开点或二次侧已接地)。

新增解读：在车站、机务(折返)段、车辆段或路外厂矿等有权操作的隔离(负荷)开关单位进行开关倒闸作业时，向供电调度申请倒闸命令之前，必须确认二次侧不具备反送电条件。

变动 54

新版《普速安规》第 103 条　在申请倒闸命令时，先由安全等级不低于三级的要令人向供电调度提出申请，供电调度员审查无误后发布倒闸命令；要令人受令复诵，供电调度员确认无误后，方可给命令编号和批准时间；每次倒闸作业，发令人将命令内容进行记录，受令人要填写“隔离(负荷)开关倒闸命令票”(格式见附件 8)。当倒闸作业造成供电范围及行车限制条件发生变化时，应提前办理相关手续后，方可发布倒闸命令。

新增解读：一是提醒驻站联络员做好“隔离(负荷)开关倒闸命令票”(格式见附件 8)填写，此项工作要纳入工作票月度送检管理，车间做好组织落实(此项工作我们一直没有落实)。二是提醒做好施工作业计划综合审核(是否存在交叉停电、垂直停电等问题)，做好安全措施，对于执行时人身、设备有重大安全隐患的施工作业，要及时申请取消。

变动 55

新版《普速安规》第 107 条　严禁带负荷进行隔离开关倒闸作业。严禁利用隔离(负荷)开关对故障线路进行试送电。隔离(负荷)开关可以开、合不超过 10 km(接触网延展公里) 线路的空载电流，超过时，应经过试验，并经铁路局批准。

新增解读：强调不允许使用隔离开关对故障线路进行试送电，各车间要重点掌握，未经主管段长同意不能执行上级错误指令。

变动 56

新版《普速安规》新增第 110 条进行接触网施工或维修作业时，应在车站(机务段、机务折返段、机车检修段、车辆段等）行车室设联络员，施工及维修地点设现场防护人员。要求如下：（1）联络员和现场防护人员应由指定的、安全等级不低于三级人员担任。（2）在车站行车室设联络员时，区间作业，联络员设在该区间相邻车站的行车室；车站作业，联络员设在本站行车室。在机务（折返）段、机车检修段、车辆段内进行作业时，应根据现场情况，联络员可设在机务（折返）段、机车检修段、车辆段行车室或车站行车室。（3）作业区段按照规定距离设置现场防护人员，防护人员担当行车防护同时可负责监护接触网停电接地线状态。防护人员不得侵入机车车辆限界。

新增解读：一是强调作业地点涉及区间时，必须执行临站设驻站联络员要求（重点提醒扶余供电车间）；二是在机务（折返）段、机车检修段、车辆段内进行作业时，除在相关车站设置联络员，还应在机务（折返）段、机车检修段、车辆段行车室或车站行车室设置联络员（重点提醒四平、长春、大修车间）。

变动 57

新版《普速安规》第 113 条　作业过程中，联络员、现场防护人员与工作领导人之间必须保持通信畅通并定时联系，确认通信良好。一旦联控通信中断，工作领导人应立即命令所有作业人员下道，撤至安全地带。不同作业组分别作业时，不准共用现场防护人员。在未设好防护前不得开始作业，在人员、机具未撤至安全地点前不准撤除防护。

新增解读：一是再次强调中断联系必须立即停止作业；二是提醒各车间防护员分为驻站防护员与现场防护员，不要在作业分工时填写行车防护员，现场防护员可以执行行车防护任务。

《接触网安全管理规则》是安全管理的总纲，是路局、处室、站段制订各项管理办法的根本依据，如何确保变更条款在执行中得到有效落实，对企业安全生产有着重要意义。由于个人的理解、解读能力存在差异，对于《普速安规》一些更改项点的解读、要求可能存在不合理情况，请批评指正。

浅谈管控中心管理职能及下步工作设想

田　孟

(中国铁路沈阳局集团有限公司锦州供电段管控中心)

摘　要: 本设计基于 GPRS 无线网络,设计出的接触网在线监测系统,可以对接触网张力进行实时监控,并在张力异常时发出报警信息。系统由三个部分组成:接触网线索张力传感测量、数据采集与发送、上位机服务器端,其中对张力采集模块、信号处理模块、太阳能供电模块、低功耗无线传输、GPRS 传输模块进行了详细的描述。还设计了一个分析显示数据的服务端,本系统可以实现随时查询张力信息,包括故障区间、故障时间、故障类型等的功能。研究成果可用于铁路局供电段对接触网张力的实时监测管理。

关键词: 接触网;张力;在线监测;GPRS

近年来,随着高速铁路的快速发展和社会对运营品质追求的不断提升,对供电设备的安全运行提出了更高要求。数字供电是沈局信息化管理信息系统的重要组成部分,它是一个满足铁路供电设备维护、运营管理、实时监控、决策分析的综合型信息系统。自 2016 年起,为加快信息化建设的步伐,根据路局“为主要运输生产站段全部建齐二级管控中心”的统一部署和供电处关于管控中心建设的具体要求,我段开始筹建管控中心,并于 2017 年 1 月 21 日正式成立。

按照供电处“充分利用既有资源、紧贴现场实际需求、强化分析过程管控、实现精细管理目标”的原则和各专业实际需求,由“安全管理、专业管理、应急抢修、综合管理”四大平台组成了含 20 个子系统、70 个模块,实现“标准化、规范化、常态化”的管理目标。

1　发挥信息化平台作用,实现“三步走”策略同步进行

第一步为促进安全管理与生产管理的深度融合,管好、用好信息化平台,把好数据录入至关重要,大数据应用的起步,编制说明书、操作手册等。做好应用前培训、应用中跟踪、与太格公司等有关人员沟通,不断完善数据。管理系统紧跟路局要求,按时间节点完成相应工作。第二步为网络基础设施安全和病毒防范。严格执行铁路总公司“五严禁”要求,在基础设施上,内部生产网、办公网、外部互联网的分离是网络结构建设的主要方向。在防病毒上,从全员提高防病毒意识入手,建立计算机的防病毒安全体系。第三步为强化基础工作,加强人才的培养。硬件维护管理,随着应用的增多,以硬件基础设施做后盾,需要不断地投入和更新;数据维护管理,需要不断地对管理人员、业务人员、专业人员进行全方位的培养,不断提高队伍的综合素质。

2　围绕突出风险防控,积极进行投资小、见效快的技术革新、发明创造

一是智能终端巡检。重新挑选网、电各一个区段,进行试点,取得经验全面推广。二是继续开发具有我段特色的应用小软件,如网络订餐、计算机网络保修、会议网络联网申请等软件。三是电力野外设备远程监控。我段自行研发 4G 远程无线监控系统,针对严重隐患处所、临近铁路线处所、外部侵害严重处所等进行实时监测,弥补了综合视频系统的不足。4G 远程无线监控系统作为综合视频系统的有力补充,能大幅度减轻人员压力,具有较高的性能价格比,为远程调度、实时监测、风险预判提供了重要的技术手段。现场主体施工和配合施工 48 h,固定式采用太阳能电子板供电,移动式加锂电池,夏天可持续 12 ~ 15 h,冬天可持续 8 ~ 10 h。在全局既有监控设备集中整合的基础上,对全局重点防洪处所、机辆运用及检修等作业区、供电变电所进行固定监控设备补强,并接入路局及基层单位管控中心,可实现全局生产职场的全覆盖监控。一机两用的 4G 远程无线监控系统应运而生。

装置一(如图 1 所示):主要用于重点地段、重点设备。采用移动 4G 技术,20 倍光学变焦摄像,利用蓄电池和太阳能电池板供电,安装在电力或接触网支柱上,在管控中心可实现对重点地段、重点设备 24 h 视频监控。

图 1 装置一

装置二(如图 2 所示):主要用于重点施工及故障抢修。采用移动 4G 技术,20 倍光学变焦摄像,利用锂电池供电,移动式三脚架。由施工监控人员针对作业任务设置在合适地点,在管控中心可实现实时视频监控。

图 2 装置二

技术数据:太阳能板,采用 N 型 110W 单晶硅电池板,阳光充足时转化率为 19% ~23%。蓄电池,采用 12V50AH 胶体电池,冬季最长离线供电时间为 12 ~18 h。摄像头,摄像头网络制式为全网通,均支持各运营商的 4G 网络(电信 + 移动 + 联通),支持有线连接和 WIFI 无线网络。采用独立直流供电 DC12V 支持宽电压 10.5 ~14.5 V,电流为 1.5 ~2A。摄像头像素约为 300W,分辨率不低于 1280 ×960,前后焦距在 6 ~22 mm 可调,夜视红外距离约为 80 m。摄像头最大支持 128G 扩展,支持回放和视频取回,64GTF 卡在主码流下录像时间最大为 142 h。电脑端、手机端同时在线观看的人数不限制,并发数不限制。支持定时开关机及远程维护,防雨雪级别为 IP67。服务器及平台软件全部架设于我段服务器上,不受第三方公司限制。支持支柱悬挂、地面支架等安装方式。流量卡,采用中国联通 4G 数据流量卡(此卡不限流量)。用主码流观看实时视频时每秒 56/kB 流量。用子码流观看实时视频时每秒 26/kB 流量。因摄像机为主动上线式,不查看视频时每 5 秒消耗 2 kB 通信流量。使用方式:将 4G 摄像机放置到指定位置后连通电源即可。该设备会在 30 s 内主动上线并在屏幕上显示图像。存在不足:电池续航能力较弱,冬季日照时间短,造成太阳能板吸光时间缩短,再加上光电转化损失率,最终导致蓄电池电量始终不足。蓄电池存储容量本身较小，再加上冬季电子不活跃，也是造成供电不足的重要原因。解决方案：增加太阳能板、增大蓄电池容量。

3 6C 设备提升运用效率，奖罚分明制度

1C：总公司综合检测车检测完成43 次，共计19300 km，发现超限数据201 处，其中158 处超限数据已复测完毕并及时处理。铁路局弓网检测车检测22 次，共计1935 km，发现缺陷103 处，剩余26 处超限数据正在处理之中。2C：通过对检测资料的分析，发现缺陷295 处，处理260 处，整改率为88.13%，剩余35 处正在处理之中。3C：借助沈阳段3C 装置对秦沈线接检测304 次，共计237120 km，发现缺陷59 处，处理缺陷31 处，剩余28 处正在处理之中。今年计划通过学习培训，提高自身业务水平；通过激励手段，促进工作积极性；通过分析能力考核，督促提高。对缺陷问题执行发现、跟踪、整改、奖惩闭环管理，对车间发现有质量问题进行奖励，鼓励车间发现问题的积极性，对车间发现的问题而6C 班组却没发现进行处罚，提高工作质量。

4 调度指挥执行"123"工作思路

即一坚持、二完善、三强化。一坚持，是坚持安全第一的思想不动摇，积极主动发挥调度承上启下的信息中枢功能。二完善，是完善调度机构设置和人员配备，满足调度工作的需求；完善各项管理制度。对现行的制度办法与管理体制不相适应的进行修订。三强化，是强化调度人员的思想教育，提高调度人员的责任感、使命感；强化调度人员的业务能力培养。重点是协调应变能力，在提高工作准确性和时效性上下功夫。一是每一个电话，都是调度工作的大事。二是处理好每一个事项，能体现调度人员的工作水平。三是做好每一项工作记录，做调度工作的有心人。四是以饱满的热情和文明的精神面貌投入到每一天的工作。做到这些就是一名基本合格的调度人员，强化了调度功能的充分发挥。加强自身建设，确保命令指挥的正确性、科学性。同时进一步树立调度指挥的严肃性，确保令行禁止，令行畅通，不折不扣。

5 强化对各类监控、监测、检测信息的共享，做好综合分析应用，提供数据参考

一是抽调人员组建，分专业进行培训。二是研究探索工作方式方法。三是建立健全各项管理办法，在实践中不断总结完善。建立健全现场监控机制，并计划逐步取代作业现场监控干部，以监控摄像为目的，保证现场人身安全，保证现场作业安全，保证高效完成现场作业任务。作业现场监控设备我段采用55 寸LCD(液晶电视)55 ×24 排列的电视墙，信号提供8 路输出，显示可任意组合排列，可实现对现场作业、外部施工、重点处所、牵引变电所、上跨桥、环监安监的远程监控，同时还配合自轮运转设备远程监控装置(轨道车)、4G 远程监控摄像头全方位地对动态作业进行监控，最终实现作业监控100%覆盖。在成立以来的短短四个月时间里(截至6 月20 日)，通过D309 设备远程监控、复视巡检、"三方控"录音检索、施工例会及录音检索、工作票检索、6C 视频巡检等方式共发现问题266 件，其中直接威胁到现场作业安全的问题24 件，共考核30 人次，其中离岗培训2 件，严重联挂考核问题4 件，一般联挂考核问题6 件，批评教育问题18 件。为了准确核实现场问题的真实性，以通知书形式为介质，给车间三天到现场核实信息的时间，核实确认后将信息传递到管控中心，对于不能在三天内进行销号的问题，进行登记存档，车间对此问题销号后再次通知管控中心对此问题进行彻底销号。2 月20 日至6 月20 日，期间每月所发通知书数量和问题汇总数量如图3 所示。

2 月20 日至6 月20 日，期间发现266 件问题按类型分类所占比例如图3 所示，其中设备管理问题73 件，鸟窝问题53 件，施工例会问题24 件，外部侵害问题23 件，"三方控"存在问题21 件，安全管理问题20 件，手电影像静态检车存在问题14 件，异物问题11 件，树木侵界9 件，两违问题8 件，绝缘工具问题6 件，工作票问题2 件，火灾和其他问题各1 件。在诸多问题中设备存在的缺陷问题有73 件，已经占到问题数量总数的27.44%，由于2 ~5 月份为鸟类繁殖多发期，鸟窝问题占到问题总数的19.92%，外部侵害和安全管理问题作为日常设备巡检(部分问题)和作业监控过程中发现的动态问题43 件，占问题总数的16.17%，"三方控"、手电影像静态检车及施工例会录音检索问题为静态问题，共计59 件，占问题总数的22.18%。

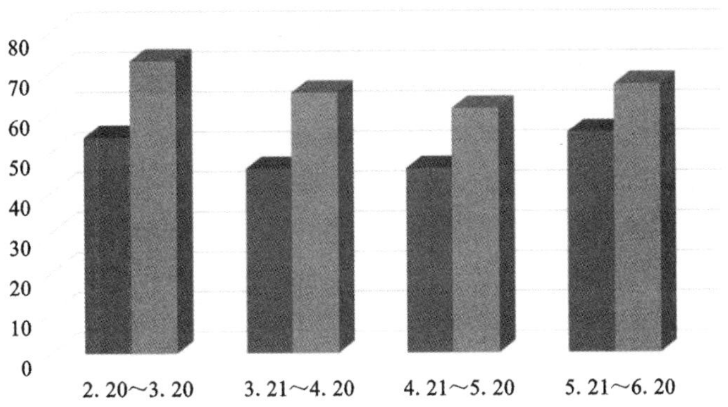

图 3　每月所发通知书数量和问题汇总数量

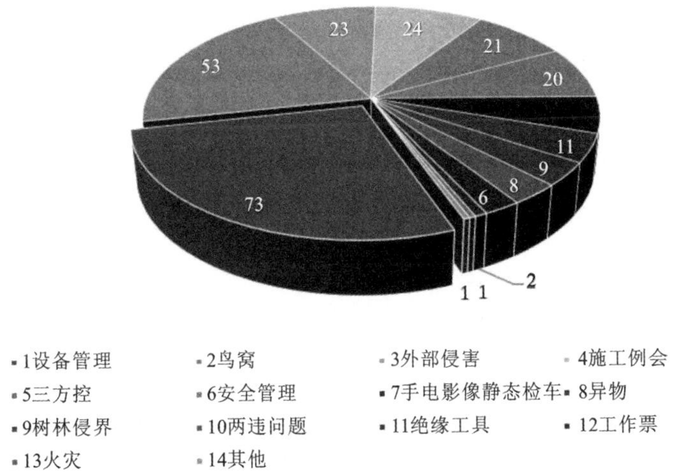

图 4　问题数量比例图

通过对管控中心的信息管理和数据积累，我们发现工作中还存在诸多不足，一是监控问题传递介质程序化管理。之前的监控问题都是人工编辑通知书以邮件形式发送到问题所在车间邮箱，好处在于监控问题修改灵活，沟通方便。缺点在于没有系统限制，时效性差；不能对当时反馈的未销号问题进行跟踪提醒、闭环管理；不能对录入问题形成系统分析，给职工对近期问题有倾向性指导数据。因此，计划开发一套基于监控问题通知书的软件，方便沟通车间与监控班组的平台，新程序既满足了原有监控通知书要求，也弥补了原有通知书的所有缺点，目前程序正在开发中，它的运用将进一步规范管控中心监控问题的管理，提供职工的工作效率。二是自主研发监控设备升级多元化。随着电气化铁路的快速发展，铁路沿线施工的不断增多，监控处所隐患繁多，加之恶劣天气下外部侵害的威胁，安全问题日益突出，且在铁路系统改制、人员不断优化配备的情况下，人力资源严重不足，监控无法全面覆盖，增设监控摄像头，拓宽监控视野成为我们 D309 的监控目标；研发职工绩效工资自动核算公示平台、建成各级干部履职自动分析监督一体化考核平台、利用一杆一挡和综合维修大数据、6C 检测结果，自动生成设备失修预警软件等。不断提高工作效率，探索工作新方法，增设平台建设，拓展对大数据的运用，我们永远在路上。

林、电矛盾法律风险

龚 俊

(中国铁路上海局集团有限公司合肥供电段六安供电车间)

摘 要: 随着铁路建设的快速发展,铁路供电设备安全的稳定性也越来越高,同时随着国家对“绿色家园”和“绿色生态”的倡导,林业建设也加快了发展,尤其是“退耕还林”政策的出台,使得在供电线路走廊下种植树木的情形也不断增多,严重威胁了铁路供电的安全运行,供电线路与林业的矛盾日益突出。如何解决好树木与供电线路安全的矛盾,是每个供电单位共同面临的难题。本文主要谈谈林、电矛盾所带来的法律风险及其防范措施。

关键词: 电力线路;林业;法律风险

1 铁路林、电矛盾现状概述

随着铁路的不断建设,铁路线路越来越长,铁路沿线的树木也不断增加。地方拥有着丰富的森林资源,发挥了森林蓄水保土、调节气候、改善环境和提供林产品的重大作用。但随着经济的发展,地方对铁路的需求也更为迫切,在铁路建设不断推进的同时,林木保护与供电线路间的矛盾也会更加凸显,势必会对供电单位的工作带来难题。

2 林、电矛盾法律风险

2.1 林木与电力线路相邻的法律风险

相邻关系指相互毗邻不动产的所有人或使用人,在行使占有、使用、收益、处分权利时发生的权利义务关系。根据不动产用益物权的法律特性,供电线路作为供电单位的不动产,与周边的林木形成了相邻关系。根据《电力设施保护条例》第十条明确规定,架空电力线路保护区即导线边线向外侧延伸所形成的两平行线内的区域,在一般地区各级电压导线的边线延伸距离如下:1 ~ 10 kV 5 m、35 ~ 110 kV 10 m、154 ~ 330 kV 15 m、500 kV 20 m,在厂矿、城镇等人口密集地区,架空电力线路保护区的区域可略小于上述规定。因此,不符合上述距离的林木,都会对供电线路安全运行带来隐患,树木一旦接触供电导线,势必会因短路造成大面积停电,造成列车停运,甚至会导致人身触电伤亡事故,使供电单位面临重大责任。

2.2 占用或征用林地的法律风险

《森林法》第十八条规定:“进行勘查、开采矿藏和各项建设工程,应当不占或者少占林地;必须占用或者征用林地的,经县级以上人民政府林业主管部门审核同意后,依照有关土地管理的法律、行政法规办理建设用地审批手续,并由用地单位依照国务院有关规定缴纳森林植被恢复费。”供电单位在供电线路建设中,应当依法办理占用或征用林地审批手续,否则,将会面临承担民事、行政甚至刑事责任的法律风险。

2.3 林木砍伐不当的法律风险

此类法律风险在供电企业对电力线路日常维护的工作中最为常见。国务院《铁路运输安全保护条例》规定:“铁路线路每侧路轨边沿外延 8 ~ 15 m 为铁路线路安全保护区,其中村镇居民居住区不少于 12 m,农田等其他区域不少于 15 m。在此范围内,任何单位和个人不得取土、修建、烧荒、放养牲畜、种植作物、倾倒垃圾和其他杂物。该保护区也是新植树木的禁牧区,由县绿委办、林业局设置保护标牌,暂封禁 3 年。”另《电力法》第五十三条规定:“任何单位和个人不得在依法划定的电力设施保护区内修建可能危及电力设施安全的建筑物、构筑物,不得种植可能危及电力设施安全的植物,不得堆放可能危及电力设施安全的物品。在依法划定电力设施保护区前已经种植的植物妨碍电力设施安全的,应当修剪或者砍伐”。但《森林法》第三十二条规定:“采伐林木必须申请采伐许可证,按许可证的规定进行采伐;农村居民采伐自留地和房前屋后个人所有的零星林木除外。国有林业企业事业单位、机关、团体、部队、学校和其他国有企业事业单位采伐林木，由所在地县级以上林业主管部门依照有关规定审核发放采伐许可证。”另，《森林法》第三条第二款还规定了滥砍树木所承担的民事赔偿、行政以及刑事责任。但在实际工作中，供电单位一味强调铁路运输安全，往往忽视了砍伐树木应履行的程序和应注意的问题。这样势必侵犯林木所有人的合法权益，将会面临承担相应法律责任的风险。

综上，《电力法》《铁路运输安全保护条例》中的电力法律、法规对供电线路建设、发展和安全保护作了明确规定；而《森林法》《森林法实施条例》等法律、法规对林业建设、采伐、保护等也作了明确规定。《电力法》和《森林法》的法律效力处于同一法律位阶，对各自适用和保护的客体规定各有侧重，导致两部门法在维护各自的利益时发生了矛盾和冲突，这也是部门利益均衡的结果。

3 林、电矛盾法律风险防范措施

林、电矛盾是一对较难处理的矛盾。供电单位是市场民事主体，不具有行政执法权；而林业部门是政府行政主管部门，具有强大的行政执法权。主体性质的不同，决定部门间对利益的追求与保护也有各自的出发点和落脚点。各供电单位应当结合本单位的实际情况，严格遵守相关政策、法律，处理好林、电双方的矛盾，有效地防范林、电矛盾带来的法律风险，主要体现在以下几个方面。

3.1 配合相关部门，科学规划供电线路

从源头上防止产生“线树矛盾”，依法规划好供电线路通道是重要保证。《电力设施保护条例》第二十三条明确规定：“电力管理部门应将经批准的电力设施新建、改建的规划和计划通知城乡建设规划部门，并划定保护区域。城乡规划部门应将电力设施的新建、改建或扩建规划和计划纳入城乡建设规划。”所以供电单位应加强与城乡规划部门的联系配合，两个部门要做到通力合作，就要站在大局上统筹规划，选择适宜位置，做到合理布局，既有利于铁路供电线路的建设，又能不占或少占林地，最大限度地避免之间的相互妨碍和干扰，努力实现铁路建设和绿化的和谐发展。

3.2 依法办理相关审批手续

供电单位应加强同林业主管部门的联系，建立工作联系长效机制。主动介绍电力行业的法律法规，及时通报电力线路保护工作中出现的新情况、新问题，争取林业部门的协助。按规定抓紧办理林木砍伐证，做好供电线路通道内林木的修剪、砍伐工作，杜绝因林木生长而造成电力线路事故的发生。新建、改建、扩建架空电力线路穿过林区时，认真按照国家有关规定到林业主管部门办理占用林地和采伐林木的有关审批手续，付给林木所有人一次性补偿费用，并与其签订不再在通道内种植林木的协议。

3.3 供电单位应加强学法、懂法、用法、宣传法的工作

供电企业要加强对《电力法》《森林法》以及相关配套规定的学习，努力提高法律意识。清楚其赋予我们的权利和义务，在实际工作中要求做到切实依法办事，不抱侥幸心理。对侵害供电线路安全的行为和现象要主张和行使自己的合法权益，并且严格依法履行相关手续。另外，还应加强法律宣传工作，大力宣传以使铁路沿线群众明白，在依法划定的供电线路保护区内，任何单位以及个人都不得种植危及电力设施安全的树木、竹子或高杆作物。供电单位对已划定的电力线路保护区域内新种植或再次生长的可能危及供电线路安全的树木应当予以砍伐，并不予支付林木补偿费、林地补偿费、植被恢复费等任何费用，使沿线群众打消在线路走廊内违法种树的念头，防患于未然。

浅谈加强卡控营业线(邻近)施工安全防护的思考

周 全

(中国铁路上海局集团有限公司合肥供电段淮北供电车间)

摘 要: 随着铁路建设步伐不断加快,营业线、邻近营业线施工处所越来越多,对确保营业线施工安全提出了更高的要求。然而,在施工现场施工过程中因施工单位为抢施工进度无施工协议、施工方案不完善、安全风险源点预测不到位、施工组织不力、现场作业安全防护制度不完善以及验收遗留问题整改不力等原因,都会对营业线施工安全带来安全隐患,有可能造成人身伤害甚致导致事故的扩大,从而危及人身及列车的安全运行。

关键词: 加强;施工;安全;管理

随着青阜、符夹及肖淮联络线电化开通改造进度的加快,施工单位搭设跨越架、接触网支柱、路基拓宽容易造成因安全距离不够配电室跳闸、电缆被挖出、挖断、敷设不规范、工艺不标准、专业管理存在缺失等问题。现就如何加强施工安全防护、减少因施工造成设备故障进行深度分析。

1 施工现场调查

(1)施工单位存在问题:协定安全协议不及时。如①中国铁建十六局集团有限公司符夹铁路2标铺架项目未及时与我段签订相应安全协议。②中铁十六局符夹铁路改造站前I标项目部在丁里－萧县区间15#－16#杆搭设毛竹架,未及时与我段签订相应安全协议。导致车间、班组不能及时掌握施工动态及施工现场安全隐患。

(2)施工单位上报施工计划不规范,导致安全防护失控。如:中国铁建十六局集团有限公司符夹铁路项目部自从2017年1月至今每月上报的安全监督计划现场勘查表没有经车间确认,不便于车间及时掌握施工单位的施工项目及施工处所。

(3)施工单位野蛮施工。施工单位抢工期、赶进度,违章蛮干加上工区防护不当,电力电缆被挖出甚至被挖断。

(4)段大修队施工不规范,施工管理存在缺陷。一是电缆路径选择不当,容易造成迁改过程中不能一次性迁改到位,而出现二次迁改。二是电缆中接头施工工艺不标准,施工过程中没有对电缆进行挖探沟且既有电力电缆埋设深度不够等原因,电缆被挖断。三是电缆标桩未埋设或埋设后毁坏未及时补齐,特别是电力电缆进入箱变等有限空间内没有做好安全警示标示。四是新建电缆标示牌未悬挂或悬挂后字迹不清楚。五是电力电缆施工过程中未穿防护管或穿防护管不标准。六是上杆防护管未设防火泥。

(5)供电车间存在问题。一是与施工单位沟通协调不及时。二是营业线施工安全防护不到位,有盲区。三是施工完毕后的电力设备维护不到位,未及时动态修改履历簿等。

2 现场典型案例(如图1～图4所示)

(1)毛竹架搭设典型案例一:2017年4月20日,车间检查发现中铁十六局符夹铁路改造站前I标项目部在丁里－萧县区间15#－16#杆(铁路中心里程K56+400)开始搭设毛竹架,但其存在以下问题:一是没有与上海段签订施工安全协议,擅自搭设,未严格按照邻近营业线施工安全管理相关文件规定进行施工。二是架体所处地形复杂,前期调查不充分,施工单位采取脚手架形式进行了防沉处理,但基础沉降不均,仍不能满足架体基础强度的要求。三是架体毛竹的选材不当,存在粗壮毛竹和老旧毛竹混合搭设的情况,不能满足承载力要求。四是架体基本成型后垂直度未能控制好,剪力撑设置不合理,防风强度差,向南侧轻微倾斜,现场施工负责人和供电工区现场检查人也未能及时发现并提出整改意见。五是在不能确定基础强度是否能满足承载要求的情况下,架体临时拉线设置不足,未按要求横距和纵距各3 m的设置拉线,将会导致大风天气架体倒塌。六是施工单位无现场看护人员，安全责任意识差，存在严重安全隐患，如图1、图2所示。

图1　未有拉线的毛竹架搭设

图2　整改后有拉线的毛竹架

（2）电缆接头箱选址不当典型案例二：2017年4月25日，车间检查发现大修队在淮北－岱河区间及濉溪－淮北区间进行线路迁改，因施工单位要求赶进度，要求继续迁改，实际施工现场又不满足迁改条件，容易造成电缆接头箱在迁改过程中不能一次性迁改到位，而出现二次迁改。如图3所示，目前该电缆接头箱距离水面不到1 m深，如果夏天大雨，此电缆接头箱会浸在水中，危及行车供电安全。如图4所示，此电缆接头箱是2016年迁改的，目前因路基拓宽，必须进行二次迁改，否则，将危及行车供电安全。

图3　淮北－岱河区间电缆接头箱

图4　濉溪－淮北区间电缆接头箱

（3）电缆路径选址不当典型案例三：2017年4月28日，车间检查发现大修队在淮北－岱河区间及濉溪－淮北区间进行线路迁改，因施工单位要求赶进度，要求继续迁改，实际施工现场又不满足迁改条件，容易造成迁改过程中不能一次性迁改到位，而出现二次迁改。同时出现电缆标桩埋设后毁坏，或未及时补齐，特别是电力电缆进入箱变等有限空间内未有做好安全警示标示的情况。另外出现新建电缆标示牌未悬挂或悬挂后字迹不清楚、电力电缆施工过程中未穿防护管或穿防护管不标准、上杆防护管未设防火泥等安全隐患，如图5、图6所示。

（4）施工单位不严格按照施工安全协议施工典型案例四：淮北供电车间5月13日检查发现，中铁四局集团有限公司淮萧客车联络线一分部在符夹线坡里站进行路基帮宽、桥涵及附属工程施工，严重违反了《上海铁路局营业线施工安全协议书》（2017－d－032续2016－d－202）有关规定：一是施工处所未见到段公布的5月份邻近营业线施工计划。二是施工前未与甲方淮北供电车间人员进行现场勘查，标定范围、确定设备防护措施，施工处所未按规定进行隔离防护并悬挂警告牌。擅自未对电力线路设备划定安全界限确定设备防护范围及防护措施、确定施工机械的安全界限，使用大型机械吊卸施工物资，严重威胁符夹线青龙山 - 夹河寨整个供电臂供电安全，影响符夹线行车安全的人身和设备安全隐患，如图 7 所示。为防止安全事故的发生，车间、班组加强盯控，确保此处安全事故的发生。如图 8 所示，电力工区人员加强现场卡控。

图 5　淮北 - 岱河区间放在轨边电缆

图 6　淮北 - 岱河区间护栏边施工电缆

图 7　中铁四局在坡里高铁站吊卸施工物资

图 8　电力人员在坡里高铁站现场检查

(5)经常过往重型车辆地段安全防护典型案例五：淮北供电车间 5 月 20 日检查发现，中铁二十四局符夹项目部在符夹线淮北站运送道砟，过往车辆最重超过百吨，此处未有钢板防护，车间营业线管理人员要求二十四局对该处电缆进行重新埋设并加钢板安全防护，对方起初不同意，车间联系施工单位主要负责人说明其不重新防护安全隐患的后果后，开始安排其单位相关人员进行每日六次的安全防护，确保此处供电设备安全运行。如图 9 所示，为二十四局在淮北站运道砟未防护路径。为防止安全事故的发生，车间、班组加强盯控，确保此处安全事故的防护。如图 10 所示，为二十四局在淮北站运道砟每日六次防护路径。

3　分析存在问题原因

(1)施工单位存在问题。一是施工单位站前与站后施工交底不明确，存在电力线路迁改不能一次到位的问题。二是现场施工中配合方案简单，个别施工部门施工方案过于笼统，小施工却用整个倒接迁改的大方案，没有具体到从某一具体点到具体施工内容风险源点等注意事项，存在“两张皮”现象。三是施工过程信息不畅通，安全管理防护不到位。青阜符夹线及肖淮高铁点多线长，施工部门心存侥幸，部分施工地段在动土施工时没有及时联系供电设备管理单位，最终导致迁改安全隐患遗留在施工现场。

图 9　二十四局在淮北站运道砟未防护路径

图 10　二十四局在淮北站运道砟已防护路径

(2)电力工区存在问题。一是设备包保人安全意识淡薄，不注重接火前及接火后的设备验收工作。每次配合大修队施工，不管具不具备接火条件，只要段里安排，就配合施工，不能及时对施工遗留问题缺项提出整改措施等等。二是个别设备包保人存在认为是段大修队施工造成的安全隐患，缺陷整改应由大修队整改的错误认识。三是个别设备包保人检查不到位，现场失控。未做好监督检查工作，未严格执行“一人一机”监护，未做好有隐蔽工程施工处所每天有专人进行全覆盖添乘检查工作，造成电力电缆挖断。四是个别设备包保人发现问题，对车间上报就算完成任务，不能认真盯控整改。五是个别工长营业线施工安全认识不到位。未能及时了解熟悉管内营业线施工设备的变化情况，对存在的风险源点没有进行风险研判，风险意识不强。

(3)车间层面存在问题。一是车间管理人员对营业线施工安全责任心不强，安全风险预测不到位，未能及时发现问题。二是巡视检查工作落而不实。对设备安全隐患情况不掌握，没有及时对检查发现的问题进行梳理、分析，未纳入问题库管理，未及时整改施工处所的设备安全隐患。

(4)大修队存在问题。未充分做好设备迁改路径可行性方案，对遗留现场安全隐患整改不及时。一是大修队在设备迁改前，未能及时与施工单位站前、站后及段相关职能科室、车间及时沟通协调，导致施工交底不规范，需要二次迁改。二是在青阜、符夹电化改造后的供电设备，特别是电缆标桩等安全防护标识，毁坏较多，未能及时补齐。

(5)段职能科室层面存在问题。迁改方案不完善有欠缺。整个青阜、符夹线电化迁改前，没有一套完整的迁改方案，职能科室对电力线路迁改前期调查不细致，对施工单位线路铺轨设计情况未掌握。由于前期未能与施工单位对接好，第一次迁改前调查工作不细，迁改后的线路仍然位于新增铺轨线路下方，还需二次迁改。

(6)结合部存在问题。安全隐患整治责任不清，沟通协调效果不明显。一是新敷设电力电缆标桩未埋设或既有电力电缆埋设后电缆标桩毁坏未及时补齐，有些电缆标桩在施工场所附近，被施工单位大型机械毁坏，在现场存在安全隐患而不能及时得到整治。二是电缆标识牌未悬挂或悬挂后字迹不清楚，整个电化迁改配合施工，新埋设电力电缆较多，许多地方未能及时悬挂标识牌，工区人员及时反映车间，车间也找到大修队，至今大修队未及时整改，把安全隐患留在了现场。三是电力电缆施工过程中未按照标注进行穿防护管，或因工期紧，部分地段敷设电缆未能够严格按照标准敷设防护管。四是部分上杆防护管未及时设防火泥。五是因施工区段较长且参加施工迁改班组较多，车间及大修队忙于现场作业，未及时对施工完毕后的电力设备履历簿进行修改。

4　整改措施

(1)从 5 月份开始，中铁二十四局符夹项目部及中铁十六局符夹项目部开始对整个符夹线进行跨越符路外电力迁改施工，作业内容主要是毛竹架搭设、拆除，电力线路过轨等，这是我们车间近期中间监督检查工作。我们车间应做好以下工作：一是对照施工标准检查发现问题后及时下发“禁止施工通知书”，并要求立即停止施工，制定整改措施后报合肥供电段职能科室，段审核通过后方可继续组织施工，否则暂停相应配合施工。二是督促施工单位对搭设毛竹架从新选址搭设，选用粗壮毛竹，增设剪力撑增加拉线数量以保证架体牢固，提高抗风能力。三是组织车间干部和工区工长、安全员学习搭设毛竹架相关知识，以及巡视时重点检查的项目和状态要求，及时消除安全隐患。

(2)职能科室严格做好青阜、符夹电化改造电力改迁验收整改及下一步设备迁改工作。一是建议段职能科室尽快组织关联部门、大修队、车间对青阜、符夹电化改造电力改迁设备组织验收，克服存在缺陷，保证供电线路质量。对验收发现问题，严格按要求整改到位，严禁盲目销号，认真确认整改完毕后，方可销号，坚决做到不接收不合格设备。二是全面梳理施工剩余工作量，认真排摸管内各类施工项目的进展情况，加强与施工单位的沟通联系，做好电缆施工前的专业指导。在进行施工勘查设计时，必须与站前、站后施工单位共同勘查，对接、规划电缆路径，尽量避免同沟敷设，埋设间距同时满足铁路电力设计规范的要求，避免出现二次迁改。

(3)车间严格按照施工前制定的施工方案配合大修队施工。供电车间严格按照段职能科室编制线路迁改方案，配合大修队进行架空线路迁改定位，架空线路路径选择、电缆路径选择、信号箱变选择等制定相应迁改施工方案配合大修队进行施工。

(4)加强施工过程控制。今后配合大修队施工时，每次项工程施工中都应严格执行《铁路电力安装标准》，使工程验收都能达到优良标准。每次作业结束在送电之前，严格按照《铁路电力工程施工质量验收标准》认真检查验收，主要检查立杆是否安装标准；电杆上面横担、绝缘子、避雷器接地线及隔离开关刀口等金具施工工艺；架空线路换位干倒接；电缆敷设深度、电缆路径标示牌、电缆头制作与安装及对需要处所相位、相序的确认与核对。送电之前需再次确认无误后方可送电。

(5)加强管内营业线(临近)施工安全防护。随着管内营业线施工处所不断增多，应加强对施工单位监督人员的检查、监督。重点检查施工部门有没有按照营业线施工安全协议施工，严格执行“一人一机”监护，重点是监督检查容易造成电力电缆挖断处所、大型机械在施工时有没有碰触导线的可能。车间严格按照段相应管理办法，每周一班组现场检查，不间断加强营业线施工巡视和添乘日常检查工作，隐蔽工程施工处所每天都有专人进行全覆盖添乘检查，以保证现场防护及施工不间断的盯控。

京广线 8.9 感应电伤害事故原因分析及预防

张胜利　郑云松

（中国铁路武汉局集团有限公司武汉供电段）

摘　要： 京广线咸宁供电车间咸宁接触网工班在横沟桥车站 10#支柱进行拆除绝缘锚段关节处负荷开关引线作业时，由于一系列违章导致一名职工受感应电触电死亡。文章对事故原因及感应电的原理进行了阐述并制定了针对性预防措施。

关键词： 接触网；感应电；地线；V 形天窗

1　事故概况

2011 年 8 月 9 日，咸宁供电车间咸宁接触网工班原计划在京广线山坡至横沟桥间上行 584# －586#支柱处（铁路公里标：K1277 +519 至 K1277 +579）安装绝缘套管。

8 时 20 分，咸宁接触网工班工长在审核上行停电作业计划时，认为该处绝缘套管已安装，便打电话向车间检测组成员申请变更当日作业计划，检测组成员接电话时却支支吾吾，未明确表态，接完电话后也没有立即向车间主任汇报。

8 点 30 分左右，班组召开本次作业的预想分工会，工长宣布当日原作业计划取消，变更计划为：横沟桥车站 8# －12#（铁路公里标：K1279 +230 至 K1279 +320）支柱处进行拆除负荷隔离开关引线作业。因当日工作领导人临时请假，发票人在工作票上变更工长为工作领导人，工长又违章指挥安排发票人按原工作票进行作业分工。

10 时 45 分，作业车出库。11 时 07 分，作业车到达横沟桥车站。12 时 40 分，作业车到达作业地点。

12 时 47 分，局供电调度员下达 53670#接触网停电作业命令。咸宁接触网工班开始进行作业，两端地线挂设人员分别在横沟桥站 8#及 12#接触线及回流线各挂设一根地线，共计 4 根。地线挂设完毕后，平台监控人员（由发票人担任）在非支接触线和平台栏杆之间挂上等位线，高空作业人员汪某、张某开始利用梯子进行登杆作业。工作领导人（即工长）在作业开始后便离开作业地点，独自去 300 m 作业区以外处理一处避雷器引线缺陷。汪某首先登杆进行负荷开关北端引线拆除作业，随后张某登杆进行负荷开关南端引线拆除作业。

13 时 10 分，汪某在引线完全拆除松开时大喊：有感应电！随后倒下，所系安全带将汪某悬挂在负荷开关角钢上。随后作业组成员现场展开抢救并快速送其至咸宁市咸安区人民医院，经抢救无效后死亡。

2　事故原因确定

经调查，造成此次事故的直接原因是：咸宁供电车间咸宁接触网工班在横沟桥车站 10#支柱进行拆除绝缘锚段关节处负荷开关引线作业时，未按标准接挂地线和等位线，将本应该接挂在横沟桥 2#、12#支柱上的接地线，接挂在了 8#、12#支柱上，且 2 组接地线接挂在绝缘锚段关节同一支接触悬挂上，同时等位线也未将两支接触悬挂短接，造成高空作业人员汪某在拆除隔离开关引线时被感应电电击，见图 1。

造成此次事故的主要原因是：咸宁供电车间咸宁接触网工班擅自变更施工作业计划，未重新开具工作票，也未召开施工预想会，并布置有针对性的安全措施。

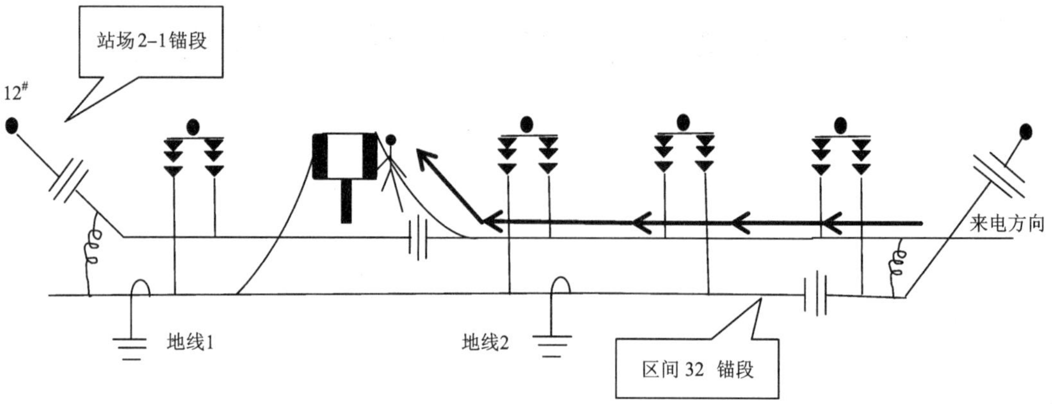

图 1 事故现场示意图

3 事故原因分析

3.1 技术原因分析

3.1.1 感应电的产生

通常讲的电磁感应电压，就是静电电压和磁感应电动势的几何和，其数值由下式确定：

感应电从理论上计算较为复杂，简言之，其大小主要取决于 4 个数值：①接触网电压；②牵引电流；③两线(停、带电)间距；④平行线(两线网)长度。通过邻线接触网电流越大，在停电线路上的感应电压越大。两线间距离越小、平行距离越长，产生的感应电压越大。

潮湿的空气如雨、雪、雾天，因电磁介质能力增强，加在停电线路上的感应电压也会增大。当出现大风天气时，线索的摆动，也会使停电线索在带电设备的电磁场中做切割磁力线运动增强，导致感应电压增大。

3.1.2 静电感应电压

在复线电化区段利用 V 型天窗作业时，由于一线带电，一线停电，带电的接触网对停电的接触网便会产生静电感应电压，其原理如图 2 所示。

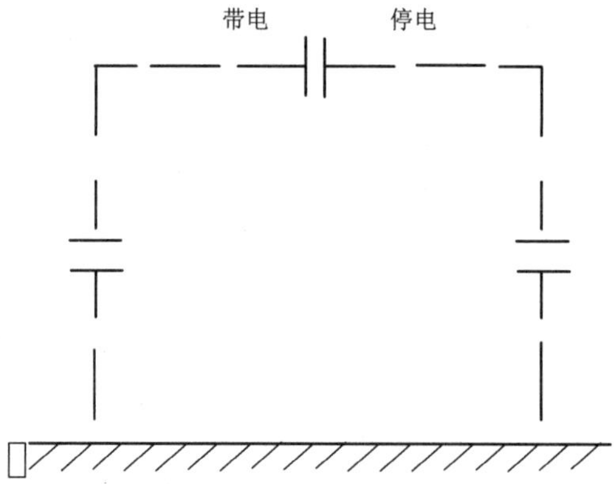

图 2 原理图

图中分别表示二线的对地电容，和二线间的电容。由于电荷的移动，带电网电容电流流入大地有两个途径：一是经直接入地，另一个是经过和入地。电容电流在停电网上产生的对地电压，即静电感应电压。

3.1.3 磁感应电动势

当在 V 形天窗时间停电作业时，接触网磁感应在邻线上造成的电动势称为磁感应电动势。由于磁感应电动势的方向是顺着导线的，故又称为纵向电动势。

磁感应电动势的数值在电化线路上是比较大的。在研究接触网对通信线路干扰问题时，有关部门曾做过如下试验：某一区段通信线路距离接触网平均 250 m，平行长度 18.3 km，接触网短路时，电流为 1140 A，实测通信线路上纵向电动势为 784 V。通过上述实例可知，当接触网在一线带电、一线停电的情况下，由于二线间距较小，因此，磁感应电动势的数值还是比较大的。所以，在接触网 V 型天窗作业时，存在的感应电也是很大的。

3.1.4　感应电的特点

在铁路牵引供电系统中，感应电的大小主要取决于接触网电压、牵引电流的大小以及上下行接触线的间距、平行长度和平行程度。带电接触线的对地电压、牵引电流越大，上下行接触线间距越小、平行程度越大、平行长度越长，其在停电接触线上产生的感应电压越高，感应电压较高，在停电接触线上未装设接地线时，其最大值出现在停电接触线两端。当一端接地后，接地端感应电压最小，未接地端感应电压最大。在停电接触线上装设接地线后，感应电压可降到人体安全电压以下，但并不为零，同时在接触线、接地线、钢轨、回流线中存在较大的感应电流。

感应电具有隐蔽性，当人体被感应电电击时，没有动作于跳闸的保护措施，不能在瞬间切断感应电流，其对人体造成的伤害甚至比高压电更严重。在本次事故中 2 支地线应该挂在该锚段关节两端的来电方向（即站场 2－1 锚段和区间 32 锚段各挂一根地线，高空作业点在两支地线中间），但是现场实际 2 支地线都挂在区间 32 锚段上，造成了站场 2－1 锚段的来电方向未有地线接地，从而使感应电从该方向传导至了高空作业人员处。

3.1.5　开口电压触电伤害的原因

V 形天窗停电作业时如果作业区发生开路，当人体串联于导电回路开口处，开口电压会直接加在人体上，导电回路中的感应电流会流过人体造成电击，如果未停电线路上有电力机车取流时，导电回路中就会产生感应电流与穿越电流的叠加，2 种电流的叠加（尤其是穿越电流）会给人体带来很大的危害，本次事故汪某就是在将负荷开关的引线拆除的一瞬间身体串联于导电回路开口处，感应电流流过人体造成了电击死亡。

3.1.6　旁路措施设置不正确

本次事故中接触线上的感应电流通过隔开北端引线→汪某→隔开托架→地线；第二个回路：隔开北端引线→汪某→隔开刀闸→隔开南端引线→2－1 锚段锚支→12#支柱处挂设的地线两支回路进入大地。第二个回路因开关引线断开后，致使锚段关节两工作支开口，未采取等电位措施，造成区间 32 锚段和站场 2－1#锚段中两工作支间的感应电流通过汪某身体。本次事故中等位线未正确挂设，在本次作业中应该将锚段关节内工作支与非工作支使用等位线进行短接，在拆除开关引线时（一般为两根引线）尤其是第二根时要使用等位线将引线断开的两端口进行短接形成旁路。而此次事故时作业组只是在非支接触线和平台栏杆之间挂上等位线，没有将工作支与非工作支使用等位线进行短接，在拆除开关引线时没有将引线断口使用等位线短接形成旁路，造成开口电压触电。

3.2　管理方面原因分析

3.2.1　施工等级管理缺失，车间组织生产无序

车间在组织拆除隔开引线的专项设备整治工作中存在以下问题：一是车间干部没有具体分工负责明确责任人，二是没有具体整治方案、计划安排，三是没有制订针对性的安全保证措施，四是没有严格执行段技术及工艺标准。从车间组织生产的源头上就存在极大的安全隐患，严重违背了由车间组织生产的原则，导致专项整治工作无车间组织、无系统计划、无施工方案、无安全措施。按照相关管理规定，拆除隔开引线属二级施工作业，车间主任、专业干部必须现场指挥卡控。但实际是车间主任、主管技术员均未到场安全卡控。

3.2.2　施工计划管理混乱，专业责任意识淡薄

本次事故反映出供电车间在编制周计划的过程中不调查、不审核的问题，把车间组织生产的权力下放到车间检测组。同时，按照《武汉铁路局行车设备天窗修实施细则》（武铁总〔2009〕89 号）第四章第十九条第三款规定：“因特殊情况及临时任务等需增加或变更维修天窗（包括 V 停、垂直、同步天窗）作业计划时，作业单位要提前一天报车务段（直属站），由车务站段协调解决。”从分析事故过程反映出，车间及班组显然

对此规定毫无了解，盲目认为只要停电单元、封锁区间不变，变更作业地点、内容也没有什么不妥。在此过程中，车间干部既不认真审核任务来源，也不严格确认是不是生产必须，擅自变更作业地点和内容，反映出车间管理人员责任意识淡薄，车间组织生产失控，专业管理素质不高等问题。

3.2.3 班组基础管理松散，工作领导人、班组骨干有章不依、有规不循

咸宁接触网工班工长唐某在当日工作领导人陈某请假后，发票人何某变更工长唐某担任当日作业的工作领导人，但工长唐某却违章指挥，安排发票人何某行使工作领导人的职责。变更作业后，既不安排发票人重新签发工作票，更没有根据新的作业内容制定针对性安全措施。作业开始后，工作领导人唐某又违章离开至距作业现场 300 m 处，处理避雷器地线螺栓松动。班长何某在接受工长唐某的临时安排时没有提出任何疑问，在本次作业中实际行使了工作领导人的职责，也没有对新的作业内容进行认真分析，更谈不上布置针对性的安全措施，以致在安排地线、等位线挂设位置上随意而为，造成隔离开关上的作业处所地线封闭不到位，等位线设置错误。座台要令人员黄某在作业计划变更后仍按作废工作票在横沟桥车站登记“运统 -46”，改变了作业具体里程，违反红线超越作业区违章蛮干，违反了《行规》《技规》的相关规定，给作业人员和轨道车安全运行埋下了重大隐患，致使违规变更的作业计划得以顺利实施。

3.2.4 安全学习制度形同虚设，干部、职工安全意识、业务素质普遍不高，对如何正确设置地线、等位线等防触电措施缺乏基本的了解。供电段安全科在五月中旬下发了《关于做好防止感应电侵害安全保障措施学习和考试工作的通知》(武供安通第 69 期)，并专门拟定了考试卷，但咸宁供电车间未按要求认真组织干部职工学习、领会，只是简单地布置了考试，并将考试卷上报段教育科走过场了事。在事故调查中，事故作业组全体成员(包括添乘干部)对其防止感应电侵害规定不清楚，措施不了解。二是表现在现场作业人员根本不知道该处作业正确的防感应电措施应该如何设置。其中：

(1)8#地线监护人、操作人只在绝缘锚段关节工作支定位器上挂设地线，非支接触悬挂来电方向没有采取接地保护措施，违反了原铁运〔2007〕69 号《接触网安全工作规程》第 74 条“当验明确已停电后，须立即在作业地点的两端和与作业地点相连、可能来电的停电设备上装设接地线……”的规定，致使锚段绝缘关节处所作业区感应电强度加大。

(2)高空作业人员何某、汪某、张某对本次作业的认识仅仅停留在机械拆除，对其中的电气连接一片茫然，尤其是对感应电的认识不足，仅仅只是在作业平台和接触悬挂之间挂设等位线，对关键处所负荷开关反而意识不到，致使当负荷开关引线拆除后，绝缘锚段关节两工作支形成开口，未加装等位线消除感应电，为事故的发生埋下了祸根。

3.2.5 专业干部包保、跟班作业流于形式，对专业基础管理、现场作业控制中的问题听之任之，对关键作业处所缺少警惕性、缺少风险意识，当天添乘跟班的干部对于班组的一系列违章发现不了、卡控不住，更无从谈起对现场安全关键点的掌握卡控、提醒和制止。

4 感应电的预防措施

(1)加强安全培训。在安全生产中，人既是保护的对象，又是实现安全生产的第一要素，人是事故的受害者，又往往是肇事者，职工必须经安全部门考核合格后才能上岗，同时应定期开展深度的安全业务培训，改变培训的方式和力度，采取以考代培以作代训加强针对现场实际情况的实作演练而不是重形式走过场纸上谈兵式的培训。组织职工尤其是新职人员学习感应电的原理和相关事故案例，使职工充分认识感应电的危害，要培养职工从内心里对事故伤害的惧怕、对规章制度的敬畏，将安全生产理念植入人心。

(2)合理装设接地线。按规定在变电所馈线隔离开关负荷侧、作业区段两端接触线、回流线上装设接地线，两端接地线间的距离应小于 1000 m，严禁在锚段关节内装设接地线，要求在关节两端(锚柱及其外端的支柱)装设接地线。

(3)在作业地点附近有与接触网平行架设的高压输电线 10 kV 电力贯通线，电力自闭线也需要增设接地线防止和消除其给接触网停电设备上的感应电压。天气状况不良的情况下应在梯车或轨道车作业平台与接触线间挂滑动地线，使其将人体短接。如果作业区段的架空地线距固定接地点较远时，应在架空地线接地点中间位置装设接地线。

(4)根据情况增设接地线或短接线。检修分相时，应在中性区增设接地线，消除中性区感应电。检修

绝缘锚段关节、关节式分相、分段绝缘器、纵向电连接、隔离开关、吸上线等设备时，应先使用短接线在原来连接部位进行连接，再进行设备检修作业，防止人体将电路开口短接。

(5)确保接地线状态良好且接地可靠。接地线一般用软铜绞线制作，截面积应大于25 mm^2，且用透明绝缘塑胶外皮包裹。接地操作前，需用钢丝刷对钢轨进行打磨，以减小接触电阻，然后将接地线夹与钢轨做可靠连接。

(6)加强计划管理严格执行工作票制度，严禁班组擅自变更作业计划、超范围作业、变更作业种类、作业地点、作业内容。接触网工作票是接触网作业的书面依据，当需要变更作业种类、作业地点、作业内容、需停电的设备、封锁或限行条件等要素之一时，必须废除原工作票，签发新的工作票。

(7)作业分工预想实行可视化(作业现场可视化、作业环境可视化、安全措施可视化)，从作业源头控制作业违章，防止将违章带到现场，结合作业现场的3G视频监控系统实时在线监控作业全过程，发现违章立即叫停。

5　结语

本文对8.9事故的原因及感应电原理进行了说明，从技术层面和管理层面对事故的原因进行了深度分析，透过事故的表面现象发现事故的本质，针对具体原因制定了预防措施以防止类似事故的再次发生。

浅谈供电段调度员在供电应急处置存在问题及对策

吴卫东

(中国铁路广州局集团有限公司深圳供电段调度值班室主任)

摘　要: 供电段调度员在故障应急处置中起到一个承上启下的关键作用。段调度员对故障信息处理不当将有可能直接影响到应急处置的顺利完成，而通过对段调度员在供电应急中存在问题的分析，提出应对措施，可以为供电段应急抢修管理工作提供借鉴。

关键词: 供电段调度员；应急处置；存在问题及对策

随着铁路的快速发展，对铁路供电设备的安全性、可靠性要求越来越高，高速高效完成各种供电应急处置已经成为当前铁路运输发展的迫切需要。供电段调度员在供电设备应急处置中负责各类指令的下达以及各种信息的收集，起到十分关键的承上启下作用。因此如何减少段调度员在供电应急处置中影响应急处置的问题，使得应急处置得当、高效，就显得尤为重要。

1　供电段调度员供电应急处置修存在的问题

1.1　调度员应对应急处置数量较大，应急事件部分环节容易发生遗漏

2016 年，深圳供电段调度共对 119 次接触网挂异物进行协助应急处置，平均 1 次/3 d；对广深线 49 次，京九线 22 次，杭深线 52 次，广深港 42 次，莞惠城际 7 次，总计 172 次跳闸进行处置，平均次/2 d；累计发送各类信息 1400 条，3.85 条/d；共接收集团调度命令 223 个，其中防洪 63 个，台风 23 个，雨雪 5 个，地震 2 个，轨道车应急出动 31 次。

调度员在整个紧张的应急处置过程中，存在相互交叉干扰的问题，部分环节容易发生漏汇报、漏通知、漏填写、漏记录、漏上报，从而容易造成应急处置指挥误判，耽误应急处置。

1.2　调度员对管内设备不够熟悉及故障判断能力不足

供电段调度员需要协助集团电调应急处置的类型众多，有变配电所跳闸、接触网故障、接触网(动机车)挂异物、动(机)车无网压停车、动(机)车跳主断、极端天气、山火等应急处置。供电应急处置每一次出现的表现形式均有不同，即使发生同一种类型的应急，其处置方法也不是固定不变的。应急处置过程中，处置人员要根据现场实际出现的不同情况采取不同的处置方法。

调度员一定程度上对设备不够熟悉，经验不足也导致对应急处置的方案措施的判断不够准确。收集故障信息时需要多次反复询问现场，一定程度上影响到现场处置工作。偶尔也会出现故障信息描述不准确、传递不准确情况，造成无法给段领导、相关科室提供准确的故障判断，也会在一定程度上影响到应急处置的快速完成。

1.3　调度员应急处置过程的信息传递不够流畅

应急处置时对关键人员信息收集不全面，没有大多数掌握工区参与应急处置人员的联系方式。很多时候，只记得工作领导人联系方式，而不清楚其他作业人员情况，导致在工作领导人手机信号出现问题或忙音时联系不到现场，无法实时了解现场具体情况，造成信息传递时间长、不畅通，应急处置工作被动。

京九、厦深线为维管线路，段调度员在应急处置中过度依赖维管车间调度。段调度各种指令下达、反馈、信息的收集没有直接与工区交互完成，更多时候是通过维管段调度中转，致使信息滞后，不能第一时间掌握现场信息。

1.4　调度员对行车知识认识不足，无法给应急人员提供有效支撑

调度员对使用动车进行应急处置的流程及环节不够熟悉。广深线应急处置过程中须执行行车限制卡要求。不掌握、不懂“运统 -46(含电子)”的具体填写，无法指导驻站联络员提前拟写好“运统 -46”部分内容，驻站联络员到现场才思考如何填写登记“运统 -46”，一定程度上影响了应急处置的时间。

1.5　调度员没有利用好辅助生产监控设备完成应急处置

段调度值班室现已有管内线路 SCADA 远动复式终端、线路及所亭综合视频，工区配备了应急抢险视频。应急处置时，段调度员虽能使用 SCADA 复式终端查阅跳闸情况，但是对系统的各项全面功能不能熟悉使用，无法全面了解故障情况。对装设在线路上或所亭的视频装置没有充分利用，应急处置时不能熟悉使用故障点附近的视频点对故障进行现场视频观察或过程的回看，从中发现设备发生故障的瞬间，并用于协助完成应急处置。现场作业人员不能规范使用抢修视频，现场处置及设备故障情况无法实时传送至段调度室，无法给领导决策层提供有效的指挥决策。

2　应急处置建议及对策

2.1　调度员将应急分类及流程处置，避免信息遗漏

调度将接触网故障(影响供电及行车)、变配电所跳闸、设备故障(不影响供电)、接触网挂异物、机车(动车)类、天气、外部环境等分类，规定每类应急处置时调度台应急处置的总负责人，如影响供电及行车的应急处置段调度主任必须到调度台上进行应急处置，其他类型应急处置由主任调度员或调度长在台上负责进行应急处置。

用不同颜色纸张分类编制应急处置流程表，影响供电及行车类为红色、变电所亭跳闸为橙色、异物类为黄色、机车类为紫色、天气类为粉色、外部环境类为蓝色。应急处置流程表列明调度值班室各台的明确分工，防止交叉影响或出现工作遗漏。应急处置时不同分工的调度员将过程及相关内容填写在同一张流程表中。调度员根据流程表逐项跟进应急处置，避免信息收集遗漏，避免应急处置信息错漏。

2.2　落实调度员下现场培训及历史故障应急处置学习

调度员实施准入制度和进行必要业务素质培训。调度员每月不少于 2 次下现场跟班学习，每周抄写相关规则制度不少于 5 条。每月进行一次抢修预案和应急处置业务考试。每次应急处置后，当班调度员需对本次应急处置过程进行分析，提出不少于三点可以提高的改进措施，在交接班及周月会时进行集中学习。对管内及某他站段历史故障应急处置事件制作成 PPT 课件，组织调度员学习，模拟应急处置桌面推演。通过多种手段不断增强调度员的业务技能，较好协助集团电调做好各项应急处置工作。

2.3　直击现场保证应急处置过程信息畅通

应急处置时段调度必须掌握现场负责人、驻站联络员、信息员等不少于 3 名以上的现场人员联系方式。处置过程中直接与现场负责人联系，第一时间了解现场信息。调度台上分别指定专人与现场负责人、段领导、科室、集团电调、车站联系，保证上、下信息畅通，时刻掌握现场情况。

京九、杭深两条维管线路应急处置过程中，段调度各种生产指令直接下达至工区，应急处置信息直接由工区反馈，消除所有信息都由维管车间调度中转的情况，杜绝维管线路应急处置信息滞后、不能第一时间掌握现场信息的情况。

2.4　调度员学习掌握行车业务知识，提前协助工区完成部分应急工作

日常中，段调度员加强行车知识，特别是“运统 -46”及“行车限制卡”方面的学习，一是熟悉掌握各条线别的行车限制卡内容及使用范围，做到应急处置时懂得使用；二是懂得填写模拟登记“运统 -46”及了解电子“运统 -46”的填写流程，收集车间电子“运统 -46”模板存档学习；三是在职教科每半年进行一次的“运统 -46(含电子运统 -46)”“行车限制卡”培训及考试中合格通过。

段调度与全段驻站联络员建立微信通信，收集驻站联络员在不同线路不同区段不同时间不同作业(含应急处置)填写“运统 -46(含电子运统 -46)”的内容并进行学习，不断提高调度员对“运统 -46(含电子运统 -46)”内容的认知。

当应急处置时，段调度员通过车站值班员或其他途径明确故障情况时，提前与驻站联络员联系，做好“运统 -46”填写内容的意见交换。如异物处置，因天气原因或绝缘距离不足，需要进行停电处置时，调度员需提前与集团调度、车站、应急工区联系确认需要停电、封锁的范围，拟填写“运统 -46”内容并通过微信或手机拍照的方式提前发给驻站联络员，驻站联络员在前往车站路上的时间空当中提前熟悉和核对内容，协助其到站后可以快速完成“运统 -46”填写，提高应急处置时效。

2.5 调度员充分利用各种生产辅助系统协助应急处置

调度员要熟悉掌握 SCADA 系统功能，遇突发情况能快速查阅系统并读取相关数据；对铁路综合视频进行分类汇总，罗列出重点处所，采用视频回放功能、图片抓拍技术，精准判断故障范围，压缩故障查找时间，提高应急处置能力；落实抢修视频装置的日常管理，规范视频装置使用要求，应急处置全过程使用供电抢修视频装置，对抢修出动、过程、完毕进行全程记录、上传，并设置专门联络人员，确保通信畅通，实时传达抢修指令。

3 结束语

进一步提高供电段调度员供电应急处置能力，是设备管理单位的一项重要而长期的工作，必须从完善基础资料和技术标准做起，从加强自身的理论知识、提高业务知识做起，通过不断提高段调度员应急处置能力和业务水平，有效指导现场应急处置工作，缩短故障延时，最大限度地保障铁路线路的安全畅通。

浅谈接触网抢修视频装置运用存在问题及对策

梁朝华

（中国铁路广州局集团有限公司深圳供电段调度值班室）

摘　要：随着铁路快速发展，对铁路供电设备的安全性、可靠性要求越来越高，保证供电设备安全、可靠地运用，不断提高对故障应急处置效率、缩短故障停时、最大限度降低行车影响，已经成为当前铁路运输发展的迫切需要。

关键词：抢修视频装置；供电；应急处置

0　引言

随着铁路快速发展，对铁路供电设备的安全性、可靠性要求越来越高，保证供电设备安全、可靠地运用，对故障应急处置效率提出了更高的要求。突发情况下，通过抢修视频装置准确实时掌握抢修现场状况，第一间协调保障资源以及对现场突发情况采取正确应对措施，实时传达抢修指令，快速恢复故障，缩短故障停时，最大限度降低行车影响变得尤为重要。广铁集团深圳供电段管内共有28台应急抢修视频装置，分别分布在杭深线、广深港、广深线、京九线、莞惠城际沿线网工区、应急值守点，覆盖率达到100%。深圳供电段抢修视频装置于2016年3月22日正式启用，主要用于故障抢修、异物处置、山火处置等方面，到现在(2017年9月10日)运行使用时间已有一年半多，下面笔者就广铁集团深圳供电段抢修视频装置运用状况进行了分析探讨。

1　抢修视频装置使用存在的问题

1.1　工区对抢修视频装置使用重视程度不够

(1)工区不能正确认识到抢修视频装置的作用和意义。深圳供电段接触网抢修视频装置于2016年3月22日正式启用，到现在(2017年9月20日)运行使用时间已有一年半多，但从目前的使用状况来看，大部分工区依然存在应急处置不带抢修视频装置或者只携带但没有使用的问题。

(2)工区对使用抢修视频装置存在抵触心理。部分职工把抢修视频装置当作一种负担，主观上认为多了一种装备就多了一种负担，不能正确认识到抢修视频在事后分析、调查、取证方面的重要意义，抢修视频装置使用频次低，作用发挥不明显。如2016年8月12日京九线龙川－佗城间K2101＋850、K2106＋650下行两处出现塌方处置未带抢修视频，段调度要求现场派人回工区拿抢修视频，并在回填K2101＋850接触网支柱基础时进行全程监控，但工区仍未按要求执行，反映出工区对抢修视频装置使用没有引起足够重视的问题。

1.2　抢修视频装置日常检查流于形式

(1)工区每周检查流于形式。抢修视频装置管理办法要求工区每周对抢修视频装置进行一次检查并记录在工区值班日志中，但部分工区只停留在外观、电量方面的检查上，个别工区甚至连系统都不登陆，就应付式地完成检查工作。

(2)段职能部门深入工区检查指导少。工区抢修视频装置使用情况，目前主要以调度室在每月安全质量分析会上的通报和在每季生产平推检查上的通报为主，相关职能科室深入工区指导检查少。

1.3　抢修视频装置使用培训走过场

(1)工区具备抢修负责人资质的人员不掌握抢修视频装置操作方法。如2016年12月1日C7128次广深线仙村－东莞Ⅰ线K52＋500处接触网挂有异物处置，仙村网工区虽然携带了抢修视频装置，但负责人不懂操作，处置过程既未连接调度端，也未进行本地单机录像，无法给事后的调查分析提供有效的取证依据。

(2)同一工区连续出现抢修视频装置使用不到位的现象。如 2017 年 3 月 31 日平湖南异物处置，深圳网工区就未能正确使用抢修视频，当天段调度指导了深圳网工区部分人员如何使用抢修视频；2017 年 4 月 17 日平湖南 1 场 2 道南头接触网异物处置，深圳网工区应急人员仍然不熟悉抢修视频操作方法，应急处置时未开启抢频装置数据开关，致使现场视频无法传至调度室，同类问题在同一工区重复出现。

1.4 抢修视频装置管理办法存在漏洞

(1)管理办法实用性不强。如管理办法未对视频装置使用过程进行规范，未明确视频装置拍摄角度、使用要求，造成在实际运用中，出现遮挡视频、视频方向错误、未全程录像等问题。

(2)管理办法未根据实际使用情况进行动态修订。如办法中要求工区值班人员(值守人员)每周一对手持机进行一次检查，但仅限于外观和设备外观情况、设备显示的电量及流量方面检查，造成工区“钻空子”，视频装置并无登陆操作记录。

1.5 4G 网络不稳定

深圳供电段抢修视频装置通过移动 4G 网络进行图像和视频传输，在边远山区、隧道等场所使用时，容易出现网络段信号不稳定，连接断断续续的情况，导致无法正常连接调度平台，无法实时远程监控。

1.6 抢修视频装置运用缺乏有效的监督和指导

车间未指定专人对抢修视频装置进行监督和指导。从 2016 年 3 月 22 日正式启用到 2017 年 5 月 2 日，段调度值班室在每月安全月度例会上通报抢修视频装置使用不当事件共计 22 起，平均每两个月就有 3 起抢修视频使用不当事件，暴露出车间疏于管理，未指定专人对此项工作进行督办跟进，日常检查管理不到位，缺乏有效的监督和指导等问题。

2 抢修视频装置运用建议及对策

2.1 明确主体责任。

(1)明确车间主任为抢修视频装置管理第一责任人，每月抽检工区具备抢修领导人资质的人员对抢修视频使用操作情况进行检查和指导，保证抢修视频装置使用工作落实到位。

(2)明确抢修视频装置携带人员。各工区要将抢修视频装置使用人，纳入每天的抢修分工单，明确责任，分清职责，段调度再对分工情况进行抽查，保证视频装置落实到人。

2.2 规范日常检查和使用

(1)工区应急视频要指定放在方便携带的位置，实行定置管理，确保每次应急出动都能携带应急视频；

(2)工区每周与段调度进行一次调试，检查数据连接状态、视频、语音通话质量，保证数据正常传输；

(3)工区每月的抢修演练必须开启抢修视频，并与段调度连接，全过程传输演练图像；

(4)遇故障应急抢修时，相关车间、工区的抢修工作领导人必须佩戴抢修视频装置(带 GPS 和语音视频记录功能)从接到抢修命令开始开机，对抢修出动、过程、完毕进行全程记录、上传，并设置专门联络人员，确保通信畅通，应用视频终端设备可全程同步观看抢修视频，确保抢修视频装置得到有效发挥；

(5)段调度每周一大交班、每月月度例会分别对工区视频装置调试、使用情况进行通报、分析，制定整改措施，明确整改时限，形成闭环管理。

2.3 车间对视频装置培训使用进行查漏补缺

(1)由车间主任牵头，对各工区具备抢修领导人资质的人员对抢修视频使用操作的掌握情况进行一次摸底排查，安排专人进行指导培训，保证工区技术骨干掌握使用方法；

(2)抢修视频装置使用过程中，段调度做好同步检查、实时指导，保证抢修视频装置达到最佳效果。

2.4 修订并完善抢修视频装置管理办法

(1)动态修订抢修视频装置管理办法。段调度室视频装置实际使用中存在问题，收集车间、工区意见，主动向发文科室提出修订意见和建议。

(2)加强信息沟通对接。针对抢修视频装置“用、管、修”分离管理的实际情况，段调度应主动与相关职能科室沟通、对接，反馈实际情况，主动牵头修订并完善抢修视频装置管理办法，进一步修订和规范抢修视频使用标准，保证办法和内容更加实用、可靠、有效、接地气。

2.5　做好本地单机录像事后分析

遇网络信号不好时，现场要做好本地单机录像，处置完毕后，一周内要将视频录像送至段调度室，调度室再通过视频回放对处置过程进行分析，工区视频录像保存时间不少于12个月。

2.6　做好分析总结

每次应急处置完毕后，车间主任当天须亲自对应急处置过程进行分析，查找抢修过程中存在的问题，逐一分析原因，主管领导要在交班会上与车间主任对话，深挖应急处置过程存在的问题，不断提高应急处置水平。

3　结束语

进一步提高应急处置能力，将故障时间压缩到最短，是设备管理单位的一项重要而长期的工作，是一项系统工程。全面、系统地正确认识到自身的不足，积极并充分利用科技手段，通过正确、全面的态度来认识抢修视频装置，充分依靠抢修视频装置来处理故障抢修，用准确的基础资料和技术标准、全面的理论知识、完备的预案和为运输服务的大安全意识，来指导故障抢修工作，全面提高抢修能力，缩短故障延时，最大限度地保障铁路线路的安全畅通。

接触网作业车调车事故的原因分析与对策

张新明

(中国铁路南昌局集团有限公司鹰潭供电段设备管理科)

摘　要: 作业车运行安全管控刻不容缓。明确严禁擅自变更作业范围、作业内容和改变作业车走行进路,认真执行十六字令,确认行车进路,严格落实关键人、车分析帮促制度,督促司乘人员认真坚持标准化作业;抓住标准化作业防止调车事故的“源头”。严格执行探头手比确认制度,逐架进行呼唤应答、手比确认;发挥“人防、技防、物防”三位一体保安全的重要作用,充分发挥GYK“三防”的作用,全方位卡控调车作业“一度停车”制度。

关键词: 作业车;调车事故;分析;对策

调车事故是接触网作业车行车安全的重要隐患,从2016年至今,全路已发生南昌局集团有限公司福州供电段“4.15”调车挤岔、成都局集团有限公司成都供电段“11.11”调车挤岔并脱轨、成都局集团有限公司成都供电段“7.14”撞土挡脱轨、武汉局集团有限公司信阳供电段“6.30” 轨道车脱轨等四起比较严重的典型事故,综合分析上述事故不难发现,作业车调车事故的原因主要有以下几点:

(1)行车安全预想不足。首先,作业负责人在车辆调车走行径路计划发生变更的情况下,没有意识到这是作业最大的安全风险源,没有采取现场督促和协助司乘人员共同做好车机联控、信号进路确认的风险卡控措施;其次,对“变化就是风险”的认识不足,随意变更车列编组和运行计划,行车安全措施未做针对性布置,未对调车作业信号确认等关键环节进行班前提醒和教育;再次,在轨道车组司机人员和车辆均调整的情况下,安排不清楚线路情况的管理人员添乘盯控,且未将当日车组运行计划送达班组,对于变化带来的风险防控出现了严重疏漏;最后,接触网工区分工会上对作业组织和行车安全预想不充分,制定的作业车走行路径计划时不详细、不科学,未考虑接送地线人员作业车走行路径,导致站场调车作业随意性大,从而增加了安全风险。

(2)作业标准化执行不力。首先,呼唤应答确认制度未落实,作业车副司机履责不到位,没有发现并制止司机的违章行为,动车前“十六字令”——彻底瞭望、确认信号、准确呼唤、手比眼看,现场均未有效落实执行,没有严格执行作业车司机、副司机二人共同确认信号制度,造成作业车冒进信号,挤坏道岔;其次,作业车司机凭日常经验调车,在未得到车站转线走行径路通知的情况下,臆测调车进路,直接将GYK装置的本务、重联模式进行了转换,潜意识认定要照老规矩行车,为事故发生埋下了隐患;再次,车机联控错呼错答,作业车司机与车站联控时,相互之间全部呼叫错误,值班员也未发现司机回复信息错误,致使司机驾驶作业车向错误方向行驶,作业车司机动车前也未确认信号,盲目进行联控复诵;最后,作业车司机对站场设备不熟悉,不清楚信号机(出发兼进路信号机)显示方式,未确认调车信号,臆测盲目动车,最终导致事故的发生。

(3)现场信息沟通相互失控。首先,工作领导人与作业车司机信息沟通不畅,行车安全风险倍增,班组作业负责人工前安全预想不足,组织不合理,在作业过程中,临时变更、增加作业车调车走行径路,未向作业车司乘人员讲清需途径的信号、道岔进路,作业车司机一味盲从,也不询问清楚作业车走行变化情况,不执行车机联控和进路确认的基本行车规章制度,从而造成事故的发生;其次,站内作业超范围运行,作业车司机、副司机在作业过程中未严格执行计划申报的作业车运行计划,临时改变作业车运行径路后又未与车站值班员(驻站联络员)进行联控调车;再次,作业组织受重生产轻安全思想影响,工区工作领导人在知道当天作业天窗时间受列车晚点大幅压缩,且现场暴雨天气不具备作业的条件下,擅自改变作业计划,安排驻站联络员联系车站变更作业车运行方式,冒着暴雨进行零小作业,承担了剧增的安全风险。

(4)现场应急处置指导不力。首先,违章蛮干,扩大了事故等级,作业车司机发现挤岔停车后,违反了规章制度的规定,擅自后退,且并未确认线路道岔开通情况,导致作业车脱轨掉道,增加了事故救援难度、扩大了事故等级，在挤岔后未按规定及时向车站进行报告，而是忙于起复自救，耽误和延长了救援时间；其次，作业车司机司乘人员控速不当，天气恶劣，能见度、瞭望距离不足，再加之是夜间作业，作业车司机应该控制车辆以随时能够停车的速度（不超过 20 km/h）运行，如果车辆运行速度控制在 20 km/h 以下，有可能将车辆停止避免事故发生，或者事故的损失可以降到最低限度；再次，现场添乘把关基本失效，工区工作领导人既然负责轨道车现场盯控，作为添乘管理干部应该着重在本务车上，但二人从出库至事故发生时均未在本务车上，也未与作业车司机共同确认信号或未对 GYK 操作等关键环节认真盯控，没有履行盯控责任。

针对上述原因，提出如下建议或措施：

（1）作业车运行安全管控刻不容缓。首先，严格执行维修（施工）组织有关规定，原则上作业现场要明确严禁擅自变更作业范围、作业内容和改变作业车走行进路，组织开好预想会、图示分工会，作业组全员必须掌握作业内容、作业范围和安全注意事项，会后值乘司机、副司机要对照站场图全面预想，掌握作业行车方式，掌握途经线路连接、信号和标志位置及其意义；其次，认真执行十六字令，切实做好“看不清就停，听不清就问，看准再喊，准确无误”等作业标准的执行，运行中值乘司机、副司机要加强瞭望，确认行车进路，进入新线、不熟悉线路等特殊地段时，要控速运行，做到宁错停、不盲行，作业期间移动必须听从工作领导人（或指定专人）的指挥，严禁臆测动车；再次，指导司机要掌握管内司机配班和作业车质量，做到心中有数、底数清楚，严格落实关键人、车分析帮促制度，加强添乘指导，应定期对指导司机掌握技术规章，管内人、车情况进行摸底考评，促进指导司机履责能力。

（2）盯住作业车运用管理质量。首先，要充分发挥运行控制设备、作业视频安全监控系统的行车监控作用，突出对出入库作业、调车作业、维修（施工）作业环节和 GYK 模式转换、控制解锁、调度命令输入等重要项点的检索分析，遏制超速行驶、提前转换模式和降级设置控制模式的行为，要按日深度分析 GYK 行车数据和作业车音视频数据，及时发现现场存在的问题，采取有效措施，帮促整治；其次，抓好防止调度命令错误引发事故、防止联控用语错误引发事故、防止线路有异物引发事故和防止路外伤的宣传教育，开展相关应急演练，切实提高作业车司机防止事故发生的本领和应急处置的能力；再次，进一步发挥激励作用，加强相关防止事故先进人物的典型宣传和“重奖、快奖”，督促司乘人员认真坚持标准化作业，促使工区工长主动作为、多方协调，包保干部严格履行盯控职责，充分调动作业车司机工作的积极性，主动发现行车安全隐患，按规定程序进行处置，形成众人合力保安全的良好局面。

（3）抓住标准化作业防止调车事故的“源头”。首先，针对出入库、调车作业过程中，车辆走行径路上的第一架调车信号机必须执行探头手比确认制度，对每一架调车信号机都必须由近及远，逐个进行呼唤应答、手比确认，杜绝看远不看近、确认不认真问题的发生；其次，作业车司机要严格按照车机联控标准用语和车站值班员进行联控，坚决执行先确认、后回复，动车必联控、不联控不动车的规定，作业车司机必须先对调车信号进行确认，无误后方可用电台回复车站值班员，防止车站错排进路情况下，发生误判、漏确认问题；再次，作业车在站内配合天窗作业首次动车时，作业车司机必须和车站值班员进行联控，在未得到回复时严禁动车，驻站联络员不得代传车站值班员与作业车司机之间的车机联控信息，严禁越权指挥作业车运行；最后，作业车在站内配合天窗作业、汛期封锁区间巡视作业、站内和区间同时封锁作业、途径非集中联锁道岔时，作业车司机必须对走行径路上的每一组道岔逐个进行呼唤应答、手比确认。

（4）发挥“人防、技防、物防”三位一体保安全的重要作用。首先，以防止事故为目标，组织作业车添乘干部把《接触网作业车添乘干部应知应会手册》学懂弄通，明确干部添乘检查作业车必须盯控的“车机联控、信号确认、GYK 模式转换、防溜作业、路外安全、网车配合”六个关键环节，行车添乘时必须对照检查盯控；其次，要严格按照段音视频、运监数据分析管理办法，重点对调车作业、站内施工、网车配合、多车连挂、区间折返、立岗瞭望、防溜设置、检查整备等关键作业环节加强分析，针对分析发现的问题要分类整理，制定切实可行的整改措施，督导相关人员立即整改，同样的问题重复发生的，要提级考核，并列为关键车组或关键人进行重点帮教；再次，充分发挥 GYK“三防”的作用，落实监控参数输入“三步走、双确认”的制度，学习借鉴其它单位在作业车运用安全管理方面好的做法和小改小革成果，并落实到安全管理工作当中；最后，排查整理 100 米及以内无岔区调车安全措施，防止作业车在无岔区调车作业时发生压绝缘、冒进等事故，明确作业车进入以上无岔区最大编组辆数、呼唤确认站界的时机等，切实保证无岔区调车作业安全。

(5)调车作业标准化全方位卡控。首先，调车作业时，正副司机必须坚持“不联控不动车”的调车原则，联控时用语要清晰准确，发现联控用语错误或联控不清时禁止动车，调车联控无误后，司机与副司机必须对调车径路进行“预想绘画”，明确调车作业中的关键处所及注意事项，共同掌握行车方向和要求，必须在调车信号开放和调车联控无误后，方可将 GYK 转入“调车作业模式”，调车作业必须严格执行“探头手比、呼唤确认”制度，第一调车信号瞭望距离不足 10 m 时二人要下车确认，调车作业必须认真落实“一度停车”制度，遇站界标、尽头线、库线大门内外红线处所时要按规定一度停车；其次，通过规范制动机的使用、平台紧急制动阀的应急演练等措施，防止在网车配合作业平台升起时发生车辆自动缓解并导致车辆溜逸，规范作业车平台操作人和司机的联系用语，多机作业时防止动车指令误听误动，对作业车平台机构各项功能进行全面检查，确保区位锁、制动紧急按钮、平台紧急按钮等安全键锁随时处于良好状态。

关于开展铁路沿线外部环境及安全隐患排查问题处置的思考

周　全

（中国铁路上海局集团有限公司合肥供电段淮北供电车间）

摘　要： 随着我国高铁建设步伐不断加快，对供电可靠性提出更高要求。但是，由于车间管内施工、设备外部环境、危树、新设备投入、人员技能业务素质以及结合部信息沟通等原因，如不提前研判处置，有可能造成人身伤亡事故甚至导致事故的扩大，从而危及人身及列车的安全运行。

关键词： 安全；风险；研判；问题；处置

进入 2017 年，铁路和地方高度重视铁路外部环境的整治工作，为落实安徽省综治办《关于加强路地协调健全市级护路组织机构的通知》（皖综治委铁护办〔2017〕1 号），段安全科于 2 月 14 日下发《合肥供电段关于开展铁路沿线外部环境及安全隐患排查的通知》，淮北供电车间立即行动，抓住契机，深入摸排管内供电线路沿线外部环境存在的安全隐患，进行摸底排查梳理并统计建档，检查发现存在影响安全供电的安全隐患问题 31 件。本着发现安全隐患必须整改销号的原则，车间不等不靠，及时进行安全隐患处置，积极与地方综治办负责人联系沟通，消除安全供电外部环境影响。具体排查问题处置深度分析如下。

1　青阜、符夹铁路沿线外部环境及安全隐患排查统计情况

自 2 月 14 日至 3 月 15 日，按照段通知要求对青阜、符夹铁路范围内 7 个重点检查内容进行安全隐患排查。

排查安全隐患问题统计

序号	1	2	3	4	5	备注（合计）
问题分类	违章建筑	危险杆塔	违章施工	违章堆放	危险树木	
问题数量/件	18	5	4	2	2	31

2　典型外部环境及安全隐患情况

2.1　违章建筑

本次安全排查违章建筑 18 件。其中，民房建筑 10 件，塑料大棚处 4 件（8 处），养殖场处 2 件。这些违章建筑大都是位于铁路电力线下方的违章建房（违章建房位置见附图），房屋建设过高，距高压线路较近，人员攀爬及高大物体通过易造成人身伤亡和财产损失。由于建筑物严重侵入铁路电力高压线路限界，违反了《中华人民共和国电力法》第五十三条“任何单位和个人不得在依法划定的电力设施保护区内修建可能危及电力设施安全的建筑物、构筑物”的规定，严重影响了青阜、符夹线铁路运输安全，并且可能危及当地居民的人身财产安全，具体典型问题是：

（1）符夹线（铁路里程 K7 +450）梨园 – 闸河贯通线 17# – 18#杆之间有民房在线路正下方。如果该挡距导线段落、居民修房子或用带有金属的绳索碰触导线，就会造成触电伤亡事故。现场图片如图 1 所示。

（2）符夹线（铁路里程 K13 +520）闸河 – 宋町贯通线 55# – 56#杆 50 m 内有 2 个养殖场。如果该挡距导线段落、居民修房子或用带有金属的绳索碰触导线，就会造成触电伤亡事故。现场图片如图 2 所示。

（3）符夹线（铁路里程 K20 +780）宋町 – 青龙山贯通线 36# – 38#杆线路下方有蔬菜大棚数座，距离铁路 40 ~ 50 m，如果遇到大风大雨，塑料薄膜被风刮起，碰到线条，就会导致所内跳闸，影响行车供电安全。现场图片如图 3 所示。

（4）青阜线（铁路里程 K70 +66）天齐庙 – 涡阳自闭线 68# – 69#杆下有长 15 m 宽 6 m 面积 90 m^2 的民

房在线路下方。如果遇到居民晒衣服或用带有金属的物品碰触导线，就会导致触电伤亡事故。现场图片如图 1 ~ 图 4 所示。

图 1　现场图片

图 2　现场图片

图 3　现场图片

图 4　现场图片

2.2　危险杆塔

本次安全排查危险杆塔问题 5 件。其中，地方通信杆 3 处，孤立电杆无杆号无名称 2 处。具体典型问题是：

(1) 符夹线(铁路里程 K19 + 600)宋町 - 青龙山贯通线 23#杆有地方通讯杆，其距离铁路 15 m，杆高 7 m，距离贯通杆 1 m。现场图片如图 5 所示。

(2) 符夹线(铁路里程 K52 + 150)坡里 - 丁里贯通线 22# - 23#杆有孤立电杆无杆号无名称。现场图片如图 5、图 6 所示。

图 5　现场图片

图 6　现场图片

2.3　违章施工

本次安全排查违章施工问题 4 件。其中，施工取土 2 处，施工堆土 2 处。具体典型问题是：

（1）符夹线（铁路里程 K54 +300）坡里 - 丁里贯通线 71#杆取土严重。现场图片如图 7 所示。

（2）符夹线（铁路里程 K57 +440）坡里 - 丁里贯通线 118#杆取土严重。现场图片如图 8 所示。

图 7　现场图片

图 8　现场图片

2.4　违章堆放

本次安全排查违章堆放问题 2 件。其中，梨园采石场 1 处，堆放煤矸石 1 处。具体典型问题是：

（1）符夹线（铁路里程 K7 +600）梨园 - 闸河贯通线 20# ~21#杆之间有采石场在电杆下方堆土。现场图片如图 9 所示。

（2）符夹线（铁路里程 K16 +010）闸河 - 宋町贯通线 79# ~82#杆间有料厂煤厂。现场图片如图 10 所示。

图 9　现场图片

图 10　现场图片

2.5　危险树木

本次安全排查危险树木问题 2 件。其中，一处是百善 - 临涣自闭线 39# ~43#有树苗苗圃，有大约 4100 多棵绿化树木，树高大约 8 m，部分最近的距铁路供电设备 2 m，目前已侵入铁路供电线路安全限界内，如果不及时迁移走，再过 1 ~2 年树枝将会碰触导线，对行车安全构成威胁，后果严重。另一处徐楼 - 百善自闭线 09# - 10#杆间为墓群，目前已侵入铁路供电线路安全限界内，严重影响到铁路运营安全，特别是遇到大风、暴雨等强对流天气时，树木的倒伏、断枝都将造成停电故障，甚至会造成铁路中断事故，造成人员伤亡和财产损失，后果严重。具体典型问题是：

（1）青阜线（铁路里程 K20 +880）百善 - 临涣自闭线 39# - 43#有树苗苗圃。现场图片如图 11 所示。

（2）青阜线（铁路里程 K8 +670）徐楼 - 百善自闭线 09# - 10#杆间为墓群，且高大树木较多。现场图片如图 12 所示。

图 11　现场图片

图 12　现场图片

3　存在安全隐患原因分析

3.1　路外人员存在安全隐患意识淡薄问题

从以上检查发现的五类问题来看，不论是当地百姓、地方厂矿企业还是外来施工单位，都对铁路设备管理单位警告不重视，对铁路安全警示标语视而不见，出现了违章建房、违章施工、违章种植苗圃、违章架设通信线、地方供电公司拆除旧线路未及时拆除既有杆塔等对铁路供电存在严重安全隐患的现象，危及行车供电安全。

3.2　“变化就是风险”的安全风险意识淡薄

随着肖淮高铁、青阜、符夹及铁路沿线周边城市建设步伐加快，车间、班组及工区包保人员“变化就是风险”的安全风险意识却仍然淡薄，导致了现场防护组织不力、安全防护制度不完善、安全风险预测不到位，发现安全隐患问题不能及时克服整治，最终导致施工单位取土、堆土问题的不断发生。

3.3　包保人巡视技表质量不高

从设备包保人日常设备巡视技表簿检查记录与本次对照检查标准发现的五类问题来看，班组日常巡视计表发现问题不全面、不及时，从侧面反映出设备包保人在日常巡视过程中，未能及时发现存在的安全隐患。认真分析其原因，一方面是巡视人员责任心不够，另一方面则是看惯了以上安全隐患也没有发生严重事故，认为设备运行状态及运行环境良好。同时也反映了车间、班组夜间巡视设备作用发挥不明显，没有对工区如何做好巡视工作起到指导帮助作用。

3.4　车间管理人员跟表质量不高

一是车间管理人员对月度“一站一区间”、班组工长日常跟表制度落而不实，管内设备安全责任心不强，安全风险预测不到位，未能及时发现安全隐患问题。二是巡视检查工作落而不实，缺乏敏感意识。对设备安全隐患情况不掌握，没有及时对检查发现的问题进行梳理、分析，未纳入问题库管理，未及时整改安全隐患。

3.5　段层面

一是职能科室对车间上报设备专项整治重视程度不够。有些安全隐患车间已上报，但设计费用较高，职能科室未能列入安全专项整治项目，导致一些隐患仍留在现场。二是职能科室对问题整改未能做到闭环管理。对一些安全隐患不是车间层面能够解决的，段职能科室只是发函或通过电话联系，最后不了了之。

4　存在问题

4.1　各类事故、故障教训吸取不深刻

总公司每发生一起事故都会下发相关安全通报，要求记名传达学习，同时对各类故障进行深度分析，但车间、班组仍未能够从中吸取深刻经验教训，反映出车间、工区都对可能发声的各类故障研判不到位，吸收教训不深刻，没有做到举一反三，安全责任意识有待加强。

4.2　设备巡检技表管理落实不力

一是车间、班组学习《合肥供电段关于公布〈合肥供电段供电设备包保管理及考核办法〉的通知》(合供技〔2016〕107号文)不深刻，执行不到位。二是工区包保人员安全风险意识淡薄，设备检修及日常巡视检查工作落实不到位，设备巡视质量不高。班组员工责任心不强。巡视线路质量仍停留在以往水平，不便于班组安排整治，对问题纳入班组问题库管理不重视。三是设备包保人员对所包保设备的重点及关键不够熟悉，设备包保有盲区。

4.3　车间干部月度“一站一区间”班组工长日常跟表制度落而不实，对管内供电设备环境掌握不够

对设备安全隐患情况不掌握，没有及时对检查发现的问题进行梳理、分析，未纳入班组的问题库中，班组问题库管理存在问题。

4.4　车间、班组问题整改不深入，浮于表面

一是车间、班组对检查发现问题管理重视不够，不能及时跟踪反馈设备安全隐患。二是各类安全生产检查及隐患排查活动流于形式，活动基本停留在车间层面。三是不能够深层次发现问题，检查发现问题存在盲区，导致故障也时常发生。

4.5　车间对预防安全隐患问题的发生指导力度不够

一是车间干部不能及时发现设备安全隐患情况，不能及时对检查发现的问题进行梳理、分析，车间对问题整改重视不够。二是对现场存在的安全隐患研判不到位，对整改过程及控制思考得较多、盯控得较少，给车间的安全管理带来了被动局面。

5　下步整改措施

(1)深刻吸取《合肥供电段关于合肥东供电车间“1.31”三十里铺站信号低压电缆故障的分析通报》(合供技函〔2017〕35号)经验教训。通过合肥东车间、工区在设备包保、设备日常巡视技表工作中的诸多突出问题，深刻剖析淮北供电车间、班组在设备包保、巡视技表工作中的问题，按照《合肥供电段关于公布〈合肥供电段供电设备包保管理及考核办法〉的通知》(合供技〔2016〕107号)要求，落实设备包保、巡视责任、巡视效果，提高巡视检查质量。

(2)迅速开展对铁路沿线外部环境及安全隐患排查发现的各类安全隐患问题的整治，闭环管理工作。一是违章建筑问题整改措施。段职能科室联系淮北市护路办、宿州市护路办及亳州市护路办尽快督促居民立即拆除违章建筑。在违章房屋未拆除前，采取有效的防护措施，告知该居民及附近居民，严禁人员攀登房顶，以免触电造成人身伤亡。假如地方居民不拆除违章建筑，建议段职能科室对违章建筑18处所上报安全专项整治项目进行迁改，由供电车间会同段职能科室进行架空线路改电力电缆安全专项整治，车间严格按照施工前制定的施工方案施工。二是危险杆塔问题整改措施。建议段职能科室尽快给设备管理单位发函，请设备管理单位抓紧迁改危险杆塔，实施前请与上海铁路局联系，我单位也将全力配合。三是违章施工问题整改措施。建议段经营开发部联系施工单位洽商电力线路迁改事宜，尽快消除该处的安全隐患。在电力线路迁改之前车间联系施工单位采取有效措施做好安全防护工作，禁止人员、机具靠近，防止发生触电安全事故。车间、班组严格按照营业线施工安全协议施工并要求进行检查，盯控施工单位整改，对检查发现问题施工单位不及时整改的，给施工单位下发《安全整改通知书》后报段安全科备案。四是违章堆放问题整改措施。建议段职能科室发函后联系淮北市护路办、宿州市护路办或亳州市护路办协同解决。五是危险树木问题整改措施。①对青阜线(铁路里程K20+880)百善－临涣自闭线39#－43#有树苗苗圃，建议段职能科室发函给蚌埠林管所尽快迁走，更换为矮株的灌木，消除供电安全隐患，以保证铁路行车运输安全畅通。②对青阜线(铁路里程K8+670)徐楼－百善自闭线09#－10#杆间墓群附近的高大树木处所，联系淮北市护路办协助对该线路上报专项整治进行迁改。

(3)自即日起，淮北供电车间严格按照安徽省综治办《关于加强路地协调健全市级护路组织机构的通知》(皖综治委铁护办〔2017〕1号)要求执行。一是对检查发现安全隐患班组及时整治，不能克服整治的，上报车间，车间进行整治；车间不能解决的，上报段职能科室。二是车间、班组严格按照段职能科室安排的设备整治计划，对外部环境不良的供电设备进行迁改、整治等，坚决做到发现问题及时整改，闭环整理。三是车间按照段职能科室安排，必要时及时与淮北市护路办、宿州市护路办及亳州市护路办联系青阜、符

夹铁路外部环境治理工作。

(4)车间、班组加强对路外人员(含施工人员)的供电安全宣传，防止损坏电力设备及人身事故的发生。对青阜、符夹线周边群众加强《安全生产法》《铁路法》和《条例》等法律、法规的宣传教育。对供电关键设备、关键处所如青龙山、涡阳站货场及公路两边易被撞电杆等处所加挂警示标示，同时对复杂情况及设备分布情况均以照片形式备案。

(5)加强对既有供电设备的外围运行环境日常巡视检查工作。一是设备包保人加大安全风险管理能力。设备包保人在巡视检查发现施工部门因施工堆土、取土、建房、施工等造成架空导线或杆高安全距离不够的临时安全防护工作，坚决做好铁路供电设备安全工作。二是设备包保人加强定期巡视力度，定期检查警示标示，发现毁坏及时补齐，发现安全隐患及时汇报。三是在安全保护区 15 m 范围内和电力杆塔周边 20 m范围内有安全隐患时，坚决做好各项防范工作，车间、班组应加强对铁路沿线危及铁路运输安全的非法违法行为的监管监控。保护铁路运输安全和人民生命财产安全。

(6)加强管内营业线(临近)施工安全防护。随着青阜、符夹电化改造，车间管内营业线施工处所不断增多，加强对施工单位监督人员检查、监督。重点检查施工部门有没有按照营业线施工安全协议施工，严格执行“一人一机”监护，重点是监督检查容易造成电力电缆挖断处所及大型机械在施工时有没有碰触导线的可能。车间严格按照段相应管理办法，每周一班组现场检查，不间断加强营业线施工巡视和添乘日常检查工作，关于隐蔽工程施工处所每天有专人进行全覆盖添乘检查，保证现场防护及施工不间断盯控。

第二篇

变　电

高普合建牵引变电所母线转接方案浅析

陈忠革

（中国铁路沈阳局集团有限公司阜新供电段）

摘　要： 随着高速铁路的快速发展，高速铁路和普速铁路牵引变电所合建已经成为当前的一个课题。文章结合现场实际，介绍了高普合建牵引变电所母线转接方案及施工过程中的注意项点，最后笔者提出了几点建议。

关键词： 牵引变电所；转线；高速；普速

0　引言

随着国民经济的迅速发展和科技的不断进步，既有电气化铁路已无法满足现有运输的要求，追求高速、重载已成为铁路部门改革的重要趋向，主要有：新建线路、增设复线、既有线提速、牵引变电所合建改造等。电气化铁路牵引变电所是电气化铁路的心脏，它的成功改造直接关系着铁路运输的正常运转，掌握牵引变电所既有及新建设备的运行方式、设备配置、接线原理等因素，制定相应的施工过渡方案是保障施工顺利进行的基石。

1　工程简介

新建盘营客专西四牵引变电所与既有沟海线西四牵引变电所临建，新引进两路220 kV三相电，既有外电源铁塔末端塔拆除不用，客专牵引变电所和普速牵引变电所共用室外母线，母线转接完毕后，新所与既有所220 kV侧电压互感器、压互隔开、避雷器共用。

新建西四牵引变电所临近既有所，对供电要求较高，不能间断供电，同时施工过程中需拆除既有所设备。本次转线涉及停电作业，牵引变电所在停电期间需改为单机运行模式，一定程度上降低了供电的可靠性，为将施工对行车造成的影响降到最低，施工前需做好充分的调查并确定施工方案。

如图1所示，(1)(2)为既有外电源架空线路，电压等级为220 kV，架空线高度为12～16 m。根据实地考察和设计图纸，既有牵引变电所外第一个外电源铁塔距离新建新所围墙为2 m。新建门架高度12 m，因距离外电源架空线路的安全距离不够，MJ3门架基础与既有所设备基础发生重叠，所以Ⅰ－C2、Ⅰ－A2、Ⅱ－C2、Ⅱ－A2母线无法施工；MJ3，zz5－zz8基础对应杆、支柱及横梁不能组立。

2　施工方案

施工需将进线(2)停电，进线(3)送电，进线(1)停电，进线(4)送电，并进行备自投试验等环节，下面介绍一下具体施工方案。

2.1　进线(2)停电施工内容

(1)停电前既有牵引变电所改为1B运行，停电后上级变电所对应回路验电挂接地线，安排专人去上级变电所，确认该回路已断电并挂地线。

(2)确认地线挂接完毕后，拆除从外电源铁塔至所内H型门架间的(2)号进线回路的架空线，拆除既有所进线(2)对应的压互隔开、电压互感器、避雷器。

(3)组立zz8、zz7。既有所计量柜电压互感器控制线接线，计量柜试验。

2.2　进线(3)送电施工内容

进线(3)送电至G1021上口，具体步骤为：送电前断开G1021→进线(3)送电→G1013闭合。

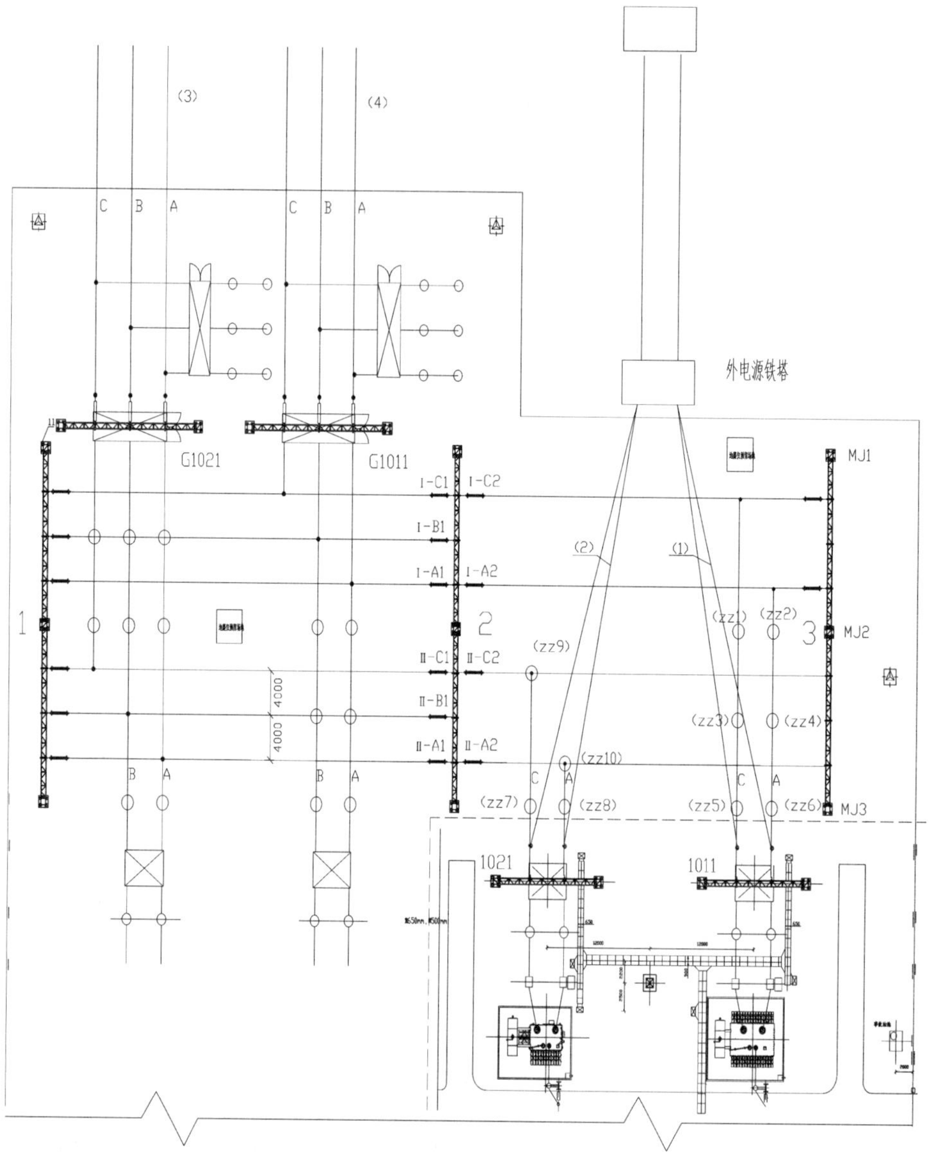

图1 西四高普牵引变电所合建设备简图

2.3 进线(1)申请2小时停电天窗施工内容

(1)拆除进线(1)的压互隔开、电压互感器。

(2)组立MJ3及MJ2与MJ3之间的横梁。

(3)挂接Ⅱ-C2、Ⅱ-A2;挂接母线至既有所2B回路的引下线。

(4)依次闭合G1021、1021、102,使2B带电运行。

2.4 进线(1)停电施工内容

(1)将新所电压互感器控制线接至计量柜,试验。

(2)拆除进线(1)对应的避雷器,支持绝缘子。

(3)组立zz5、zz6,连接1B回路对应的引下线,此时可以对既有所1B回路送电。

2.5 进线(4)送电施工内容

申请2 h天窗,进行新所与既有牵引变电所的备自投试验。至此,室外母线转接施工结束。

3　施工流程

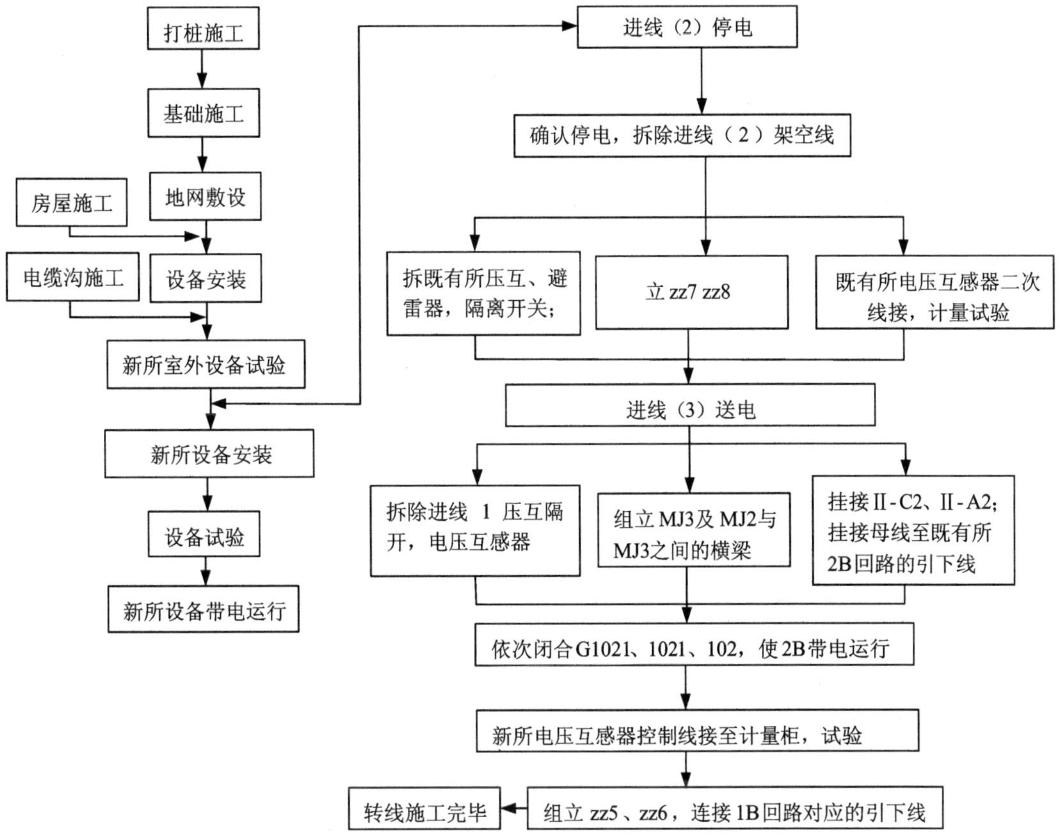

图 2　施工流程图

4　应急措施

(1) 为防止一路停电施工时，另一路设备也发生故障或外电源停电，拟采取越区供电准备，相应变电所、分区所做好应急准备。

(2) 1B 回路对应施工进行时，可将母线至 1B 进线门架上的引线先接好再进行地面作业，此时如果所内 2B 回路设备发生故障，该回路设备不能继续运行，可立即组织将 1B 回路的施工人员和机具撤场，恢复 1B 回路电源，保证机车运行。

(3) zz7、zz8 基础制作时，正常为 1B 回路运行，2B 回路停电施工。当 1B 回路设备故障时，撤除 2B 回路施工的人员和机械，恢复 2B 回路，保证机车运行。

5　施工特点

从上述施工方案可以看出，高普合建牵引变电所母线转线施工的特点是：

(1) 确保牵引变电所具备 2 路电源，如一侧回路故障，可立即停止施工，恢复本回路供电，确保行车安全。

(2) 充分利用牵引变电所的“天窗”时间，解决了因施工占用封锁时间的问题，缓解了施工与运输的冲突。

(3) 天窗时间较短，要合理安排施工，确保在天窗时间内完成。

据此，笔者建议：

(1) 充分利用天窗点时间，可分四组进行作业。第一组，吊车组立门架，螺孔就位后，带上螺帽，不拧紧。开始组立横梁，横梁螺栓穿孔后开始挂接母线。第二组，横梁螺栓穿孔后，母线挂接人员上横梁开始母线挂接，用紧线器一头拴在横梁，一头拴在绝缘子碗头，慢慢拉近，直至绝缘子上碗头与横梁上的球头挂环相连接。第三组，母线用紧线器拉紧后，2#进线回路引下线开始挂接。调整弧度。第四组，事先将电缆穿至对应位置，核对线号完毕，确认可以施工后接线，本次接线包括电压互感器接线及新所与既有牵引变电所之间的备自投控制电缆接线。

(2)转线过程中，施工部门要多与运营单位联系，避免今后在设备维护与运营方面的不利影响。

(3)施工中要仔细认真，每一步完成后都要进行细致检查，否则一个微小的疏忽，就会影响整个线路的行车安全，构成事故。

(4)要做好施工预想会及施工例会工作，并做好应急抢修预案。

6 结束语

高普合建牵引变电所母线转线施工中，要有可行的施工方案，以及处理施工和应急方面的能力，要加强施工单位与运营单位的协调合作，实现作业的简洁化、标准化，保证运行安全，同时要高效利用天窗，确保不影响行车。运营单位可利用此机会培养高素质的工程技术人员和熟练的技术工人，为今后既有牵引变电所带电改造过渡施工打下坚实的基础。

参考文献

[1] 雷小波. 铁路牵引变电所带电改造过渡技术浅析[J].

[2] 冉继光，唐珂，郑杰. 既有电气化铁路牵引变电所高压室不停电改造施工工法[J].

[3] Tae – Hyung Kim, Mehrdad Ehsani. Sensorless control of the BLDC motors from near – zero to high speed[J]. IEEE Transaction Power Electronics, 2004, 19(6): 1635 – 1645.

[4] 潘涤华. 如何确保既有牵引变电所施工期间的安全运行[J]. 企业家天地月刊, 2013(4).

列车过分相过电压谐波特性分析与智能识别

张新星

（中铁第五勘察设计院集团有限公司 电化通号设计处）

摘 要： 提高实测过电压信号识别率的关键是要提取具有区别性、稳定性和易操作性的特征量。针对列车过分相极易引发过电压这一现象，本文研究了列车过分相的过程以及过电压发生的机理，基于实测数据分析了列车运行过程中出现的过电压的频谱特征并提取了识别不同过电压的谐波特性的特征量，提出了一种基于谐波特性的新方法，可高效地区分过分相引发的过电压与非过分相引发的过电压，区分暂态过电压与铁磁谐振过电压，对研发列车过分相过电压识别系统有一定的参考意义。

关键词： 过分相；过电压特性；过电压识别；铁磁谐振；傅立叶变换

1 引言

列车过分相引起的过电压对车顶高压设备有着很大的危害，了解并掌握这些过电压产生的机理和特性是解决这一问题的关键。随着在线监测装置在行车记录中的应用，大量的过电压信号被自动检测和记录，但对过电压的分类和识别非常困难，常用的对电压或电流信号分类方法主要分为特征量提取和决策两个步骤。其中提取信号特征量尤为重要，特征量的准确与否将直接关系到分类的精度和效率。用于特征量提取的信号处理方法有均方根值法[1]、Fourier 变换[2]、S 变换[3]、dq 变换[4]、小波变换[5-7]、多重分形分析[8]。

杜林等结合小波变换和 Fourier 变换，从变换域中构造了 3 类比值特征量对实测铁磁谐振过电压信号进行分类识别[9]。何正友等从小波变换多尺度能量的统计分布和小波能量测度对单相接地短路、开关操作和电容投切等 5 种暂态电流信号进行了系统的仿真分析，发现这 2 类分布均具有一定的聚类能力[7]。司马文霞等应用 HHT 方法，计算得到过电压信号的瞬时幅值谱、边际谱和时频谱，并从中提取相应特征量识别空载变压器合闸、铁磁谐振和感应雷等 7 类实测过电压信号[10]。尽管这些用于特征量提取的方法取得了显著的成效，但以上研究都是针对电力系统中的各种过电压进行的信号特征提取，提取方法比较复杂，但在列车过分相过程中发生的过电压种类是十分有限的，所以提出一种更加简便的，专门用于列车运行过程中过电压分类和提取的方法是很有必要的。

本文基于实测数据，对列车过分相引起的过电压进行了分类，对所测得的大量过电压数据进行了频谱分析，得到了不同种类过电压的频率特性，从中提取了用于过电压识别的特征量，并提出了一种基于傅立叶变换的过电压信号识别方法。

2 过电压产生机理及分类

列车过分相示意图如图 1 所示。列车由左向右运行，在到达位置 1 前机车要完成退级和断主断操作，而后在 1 位置与中性线接触，在 2 位置进入无电区，在 3 位置与供电臂 B 接触，在 4 位置离开中性线，而后机车完成合主断操作。等高区中受电弓跨接中性线与供电臂，在无电区受电弓只与中性线相连。列车在经过 1、2、3、4 位置以及中性区位置时均可能有过电压现象产生。

（1）当列车经过位置 1 时，受电弓与中性线接触的瞬间，由于中性线上存在一定的感应电压，感应电压与 A 相供电臂的电压叠加可能形成一次过电压。

（2）列车在位置 2 时，受电弓与供电臂分离，类似电力系统中电容及电感负载的切断。此时线路拓扑结构会瞬间发生变化，电容、电感中存储的能量在新的电路结构中振荡，同样可能产生过电压。

（3）列车经过无电区段后，在位置 3 受电弓与 B 相供电臂接触，此时 B 相供电臂上的电压与中性线上的感应电压叠加，可能形成第三次过电压。

(4)在位置 4 受电弓与中性线分离，将中性线电路从牵引供电系统中切除，线路的拓扑结构会瞬间发生变化，此时可能产生第四次瞬态过电压。

从产生机理分析以上四次过电压均为暂态过电压，但其特点在于暂态过程一与暂态过程二间隔时间非常短，暂态过程三与暂态过程四间隔时间也非常短，所以从宏观上可能只能观察到产生了两次过电压。这点在实测数据中也可体现。

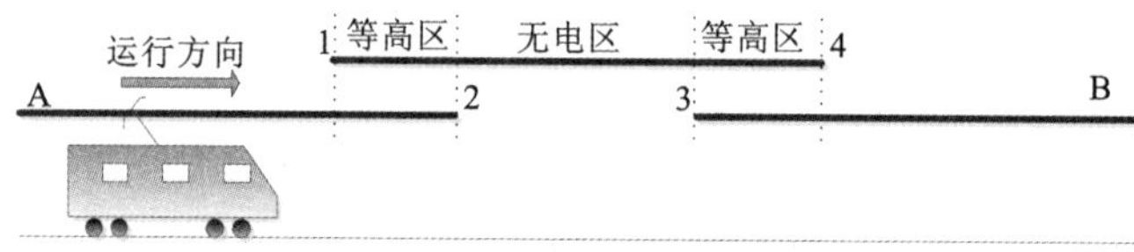

图 1　列车过分相示意图

高压互感器用于测量网压，其二次侧负荷阻抗很大，正常工作时接近于空载状态，而在空载状态下很容易发生铁磁谐振，在列车位置 1 和位置 2 产生的过电压激励下，高压互感器可能在饱和区和非饱和区发生周期性的振荡，从而发生铁磁谐振。

分析列车过分相过程，过电压可能发生在 1、2、3、4 位置以及 2、3 之间。按过电压产生的原因列车过分相过电压主要分为三类，一类是线路拓扑结构改变引发的过电压，一类是电压叠加引发的过电压，另一类为铁磁谐振过电压。按过电压性质来分，第一类与第二类均属于暂态过电压，第三类则属于铁磁谐振过电压。

3　离散傅立叶变换与谐波含量百分比

在对实测信号处理过程中主要用到了傅立叶变换，而信号的特征量提取主要用到谐波含量百分比。

任何周期信号，只要满足狄里赫利条件，都可以进行离散傅立叶变换，分解后的各次谐波的幅度和相位与频率的关系构成了周期性信号的幅度频谱特性和相位频谱特性。周期为 T_1 的信号 $f(t)$ 经过采样得到序列

$$X(k) = \sum_{n=0}^{N-1} x(n) e^{-j\frac{2\pi nk}{N}} \tag{1}$$

式中：$k = 0, \cdots, N-1$。

傅立叶变换后为一个复数，复数的模值与频率、相位角与频率分别表示幅频特性和相频特性。

谐波含量百分比为谐波有效值与信号总有效值之比，计算公式如下：

$$v_e = \sqrt{\sum_{i=M}^{N} V_i^2} \tag{2}$$

$$d = \frac{V_e}{V} \times 100\% \tag{3}$$

式中：V_e 为 M 到 N 次谐波的总有效值；V_i 为经过傅立叶分解后第 i 次谐波的有效值(i 为正整数)；d 为谐波含量百分比；V 为所测信号总有效值。

4　不同过电压信号的频率特性

4.1　过电压实测波形

为研究列车过分相过电压，在京广、沈山线对 HX_D3 型电力机车进行了跟踪测试。通过这次测试试验，得到了大量过电压数据。实测过程中采集到的过电压种类很多，有些过电压是由过分相引发的，有的却不是。其中非过分相过电压波形如图 2 所示，过分相过电压如图 3 所示。

4.2　不同过电压频率特性及特征量提取

考虑到不同类型过电压持续时间不同，暂态过电压持续时间较短，一般不超过 100 ms，而过分相引起

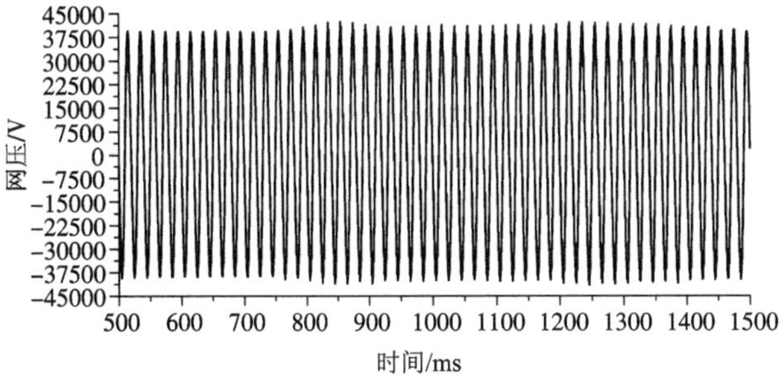

(a) 过电压波形1

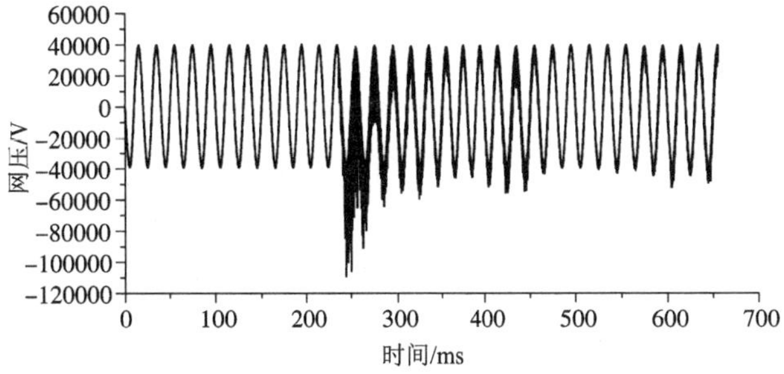

(b) 过电压波形2

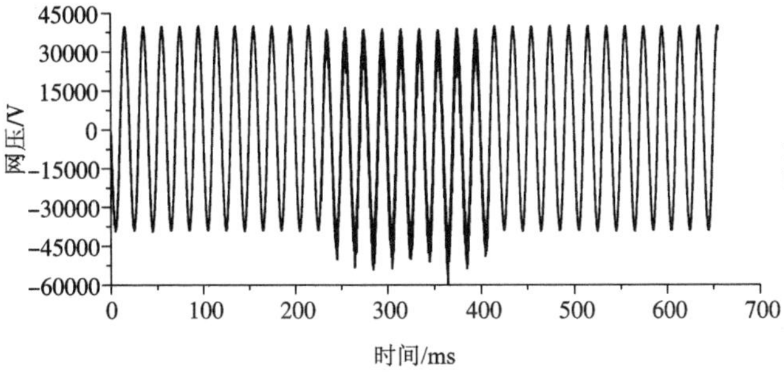

(c) 过电压波形3

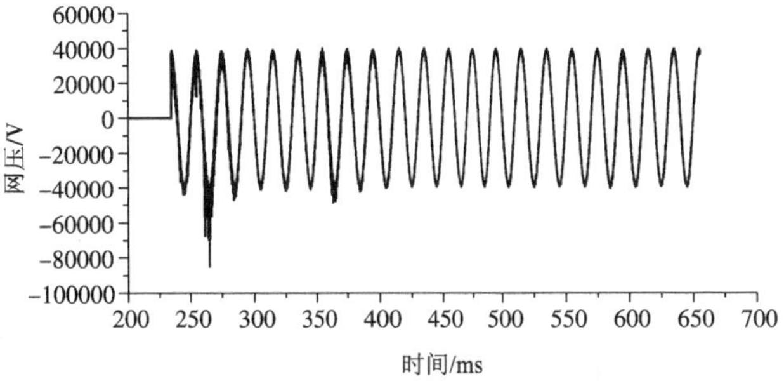

(d) 过电压波形4

图 2 非过分相引发过电压波形

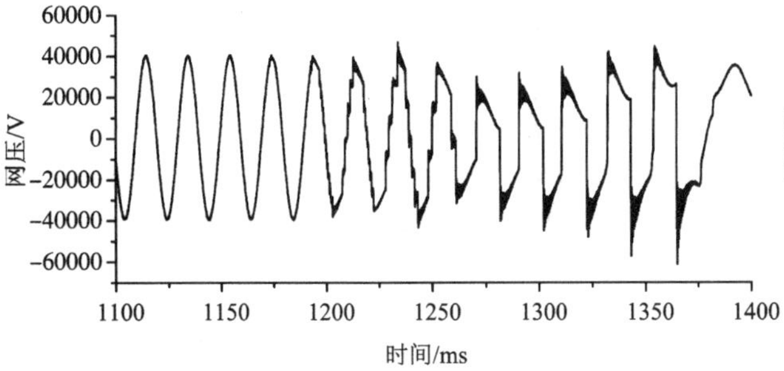

(a) 列车进入电分相时产生的过电压

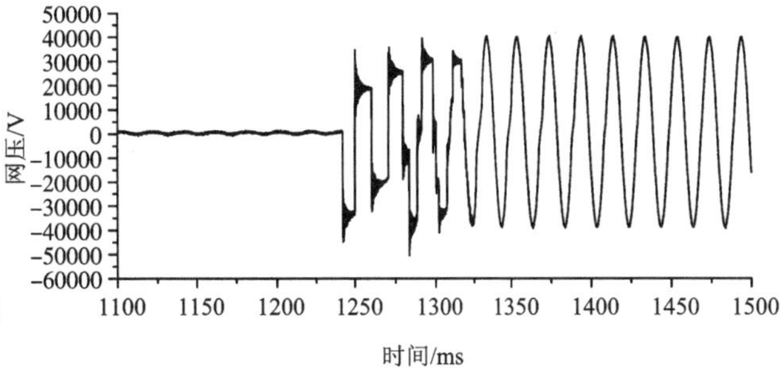

(b) 列车驶出电分相时产生的过电压

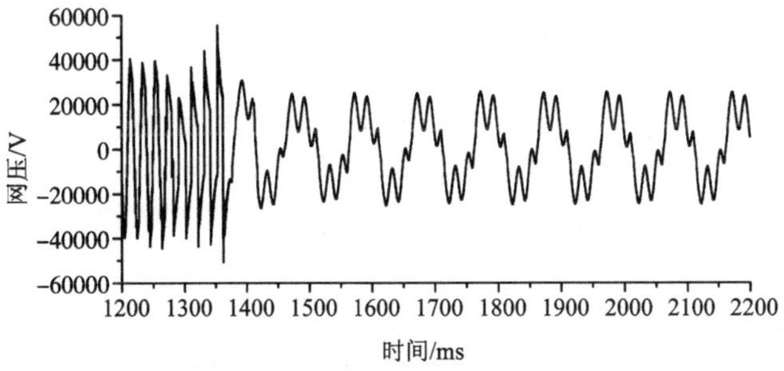

(c) 铁磁谐振过电压波形一

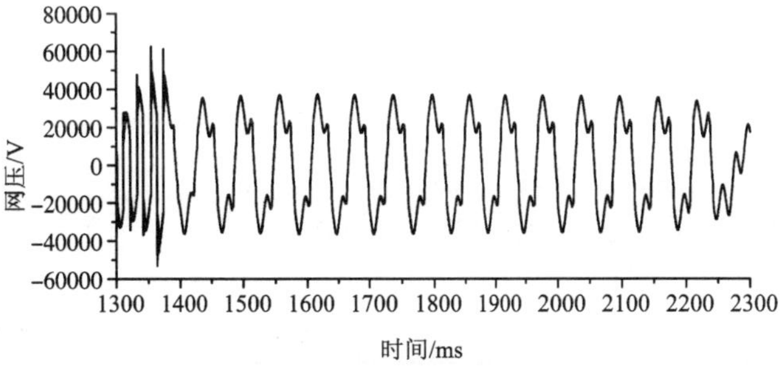

(d) 铁磁谐振过电压波形二

图 3 过分相引发过电压波形

的暂态过电压可能为两次过电压连在一起，故一般不超过 200 ms，从实测数据也可得到。铁磁谐振过电压持续时间较长，一旦发生持续时间从几个工频周期到列车出分相时长不等，综合考虑各种过分相过电压持续时间和波形特征，以过电压发生时刻为基准，选取 5 个工频周期，即 100 ms 为特征量计算区间，区间分配如图 4 所示。

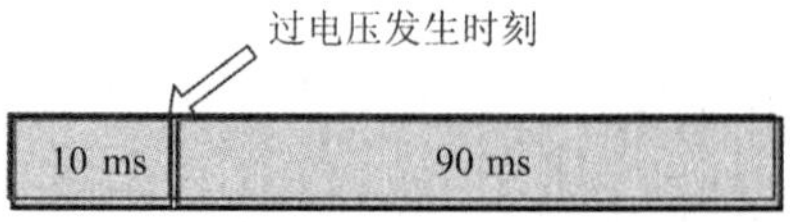

图 4　特征量计算时间区间划分

4.2.1　入分相、出分相暂态过电压特征量提取

观察图 2(c)、(d)可以看出列车入分相、出分相时产生的过电压波形基本一致。为了研究其频率特性需要对信号进行频谱分析。

对在所有入分相、出分相暂态过电压中随机抽取的 50 组数据进行了傅立叶分解，图 5(a)为其中一次过电压的谐波含量百分比柱形图。其中有效值大于 500 V 的谐波主要集中在 0 ~ 800 Hz，在 2700 ~ 2900 Hz 之间也有少量达到 500 V。对实测数据进行谐波含量统计，由于此类过电压主要能量为 50 Hz，800 ~ 2700 Hz 能量很小，统计过程中将 0 ~ 3000 Hz 谐波分为 0 ~ 50 Hz、50 Hz、60 ~ 800 Hz、2700 ~ 2900 Hz 来进行统计，对 50 组数据进行分解后，谐波含量百分比分布图如图 5(b)所示。

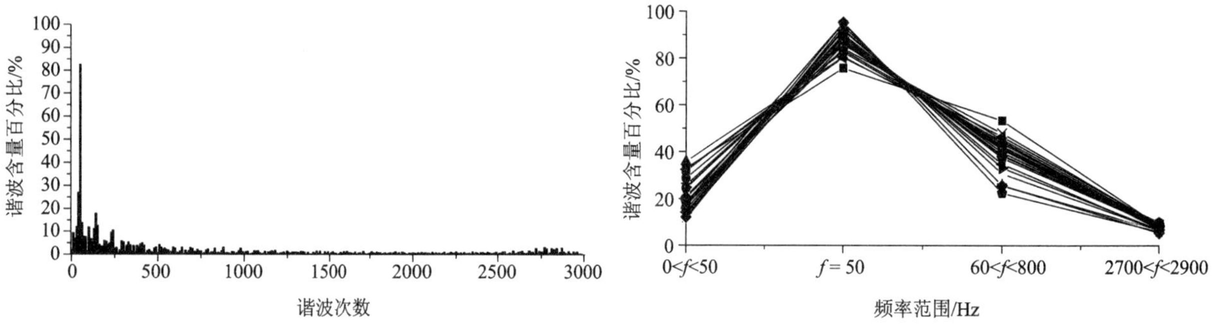

(a) 暂态过电压谐波含量百分比　　(b) 暂态过电压谐波含量百分比统计图

图 5　谐波含量百分比分布图

观察图 5(b)可以发现列车出、入分相产生的暂态过电压中的频谱规律较为明显。各频率段谐波有效值占比统计如表 1 所示。

表 1　过分相引发过电压谐波有效值占比统计表

频率范围/Hz	谐波含量百分比范围/%	频率范围/Hz	谐波含量百分比范围/%
0 ~ 50	11 ~ 35	50	75 ~ 95
60 ~ 800	15 ~ 53	2700 ~ 2900	5 ~ 10

对非过分相引发的过电压进行谐波含量统计，结果如图 6 所示，各频率段谐波有效值占比统计如表 2 所示。与过分相暂态过电压相比非过分相过电压在 60 ~ 800 Hz、2700 ~ 2900 Hz 谐波出处存在较大差异。所以可用这两个频率段的谐波含有率来区分暂态过电压是否为进出分相引发的过电压。

表 2　非过分相引发过电压谐波有效值占比统计表

频率范围/Hz	谐波含量百分比范围/%	频率范围/Hz	谐波含量百分比范围/%
0 ~ 50	1 ~ 40	50	85 ~ 100
60 ~ 800	0 ~ 9	2700 ~ 2900	0 ~ 1.5

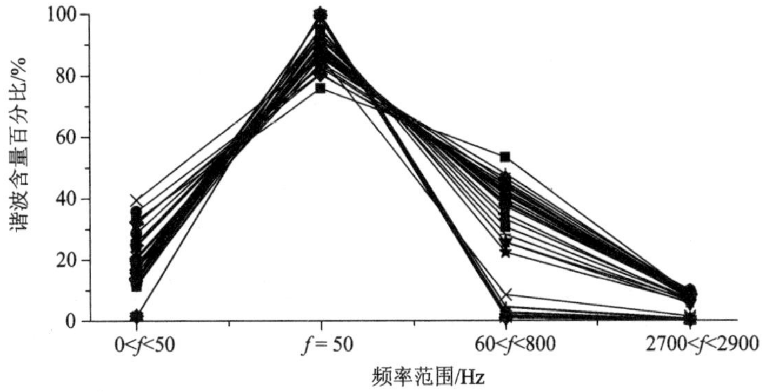

图 6　非过分相引发过电压谐波含量统计图

4.2.2　铁磁谐振过电压频率特性及特征量提取

在实测数据中发生铁磁谐振出现的两种情况如图 4－1(c)、4－1(d)所示，对图 4－1(c)所示波形进行频谱分析，分析结果如图 6 所示。对图 4－1(d)中的铁磁谐振进行频谱分析，分析结果如图 7 所示。观察柱状图可以发现铁磁谐振过电压中 50 Hz 谐波不是主要谐波，图 6 中谐波含量最大次数为 10 Hz，占总有效值的 91%。图 7 中谐波含量最大次数为 16.67 Hz，占总有效值的 96%。

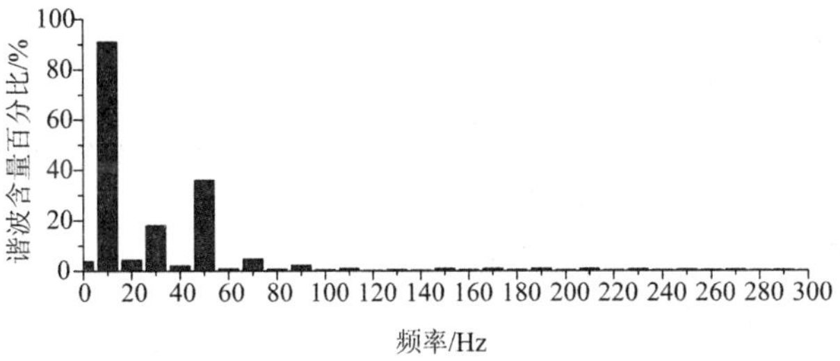

(a) 1/5工频铁磁谐振波形谐波含量百分比

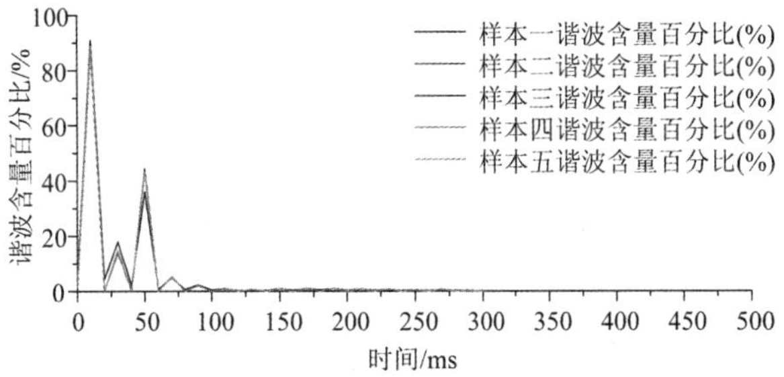

(b) 1/5工频铁磁谐振波形谐波含量百分比统计

图 7　铁磁谐振波形一谐波含量百分比

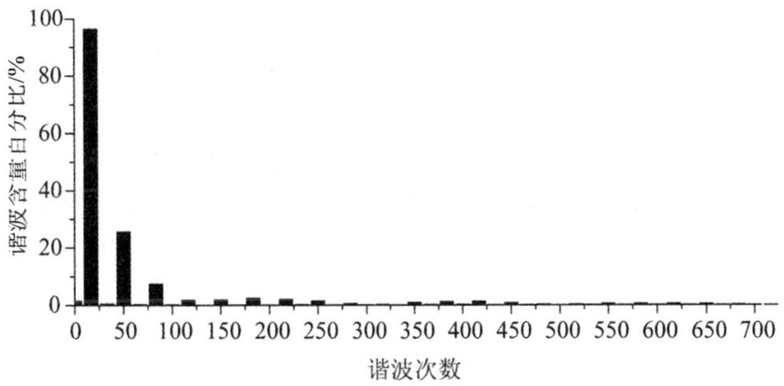

(a) 1/3工频铁磁谐振波形谐波含量百分比

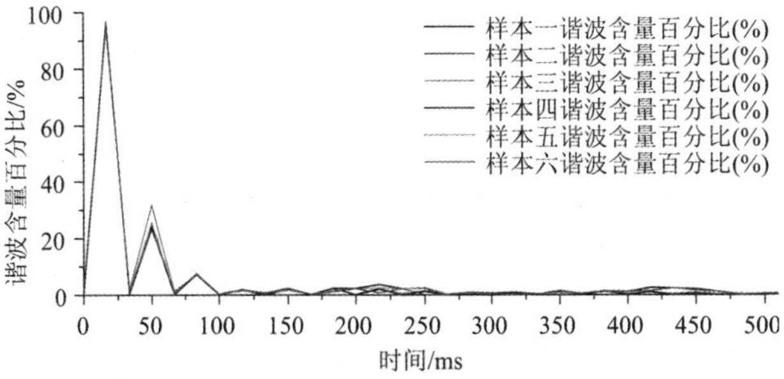

(b) 1/3工频铁磁谐振波形谐波含量百分比统计

图 8　铁磁谐振波形二谐波含量百分比

5　过电压识别流程

通过理论分析和实测统计，列车过分相时铁磁谐振的发生是以列车入分相时产生暂态过电压为基础的，故在判断列车过分相是否发生铁磁谐振过电压之前需先判断列车是否发生了暂态过电压。

首先判断过电压是否为列车出入分相产生的暂态过电压。对采集的过电压进行周期为 0.1 s 最高谐波为 3000 Hz 的傅立叶分解，而后判断 50 Hz 谐波含量是否为最大来判定是否为工频暂态过电压，若 50 Hz 谐波含量最大，则能判断出 60 ~ 800 Hz、2700 ~ 2900 Hz 的谐波含量百分比。若 60 ~ 800 Hz 谐波含量大于 25%，2700 ~ 2900 Hz 谐波含量介于 5% ~ 10% 之间，那么判定该过电压为进出分相时产生的暂态过电压，否则为非过分相产生的过电压。

在判定为过分相引发的暂态过电压后，因入分相引发的暂态过电压最长维持 200 ms，最短为 100 ms，故从过电压发生时刻起向后推 100 ms、120 ms、150 ms、200 ms 为起始点进行周期为 100 ms 的傅立叶分析，分析结果中若 50 Hz 谐波含量均为最大，则过分相过程没有发生铁磁谐振，若存在 50 Hz 谐波含量不是最大，且 10 Hz 谐波含量占 90% 以上的情况，则说明是发生频率为 10 Hz 的铁磁谐振。若 10 Hz 谐波含量不是最大，则对过电压信号做周期为 0.06s 的傅立叶变换，若 16.67 Hz 谐波含量占 90% 以上则说明发生了 50/3 Hz 的铁磁谐振。如果以上情况均不满足则此次过电压判定失败。

6 小结

本文从理论上说明了列车过分相过电压发生的过程，并对列车过分相引起过电压的原理及其波形特点进行了分析。通过对实测数据进行频谱分解，得到了列车过分相过电压与非过分相过电压的不同谐波特性，通过统计得到了识别列车出入分相时产生的过电压和铁磁谐振过电压的谐波特征量，提出了一种仅用 DFT 算法便可识别过分相过电压的方法。对研究列车过分相产生的过电压有一定的参考价值，对过电压信号的识别提供了新的思路。

参考文献

[1] Bollen M H J, Gu I Y H, Axelberg P G V, et al. Classification of underlying causes of power quality distrubances; deteministic versus statistical methods[J]. EURASIP Journal on Advances in Signal Processing, 2007(1): 172.

[2] Shibin Wang, Caixin Sun. Identifying the internal and external overvoltage of distribution networks based on fisher discriminate method[C] // 2006 International Conference on Power System Technology. Chongqing, China: [s. n.], 2006.

[3] 全惠敏，戴瑜兴. 基于 S 变换模矩阵的电能质量扰动信号检测与定位[J]. 电工技术学报，2007(8): 119 - 125.

[4] 王丽霞，何正友，载锋，等. 一种电能质量扰动信号的分层识别新方法[J]. 电力系统自动化，2009(24): 65 - 69.

[5] 张正根. 基于小波变换的高压输电线路雷击过电压识别方法研究[D]. 北京：华北电力大学. 2014.

[6] 杜林，郭良峰，司马文霞，等. 采用小波多分辨率能量分布分析电网过电压特征[J]. 高电压技术，2009(8): 1927 - 1932.

[7] 何正友，陈小勤. 基于多尺度能量统计和小波能量熵测度的电力暂态信号识别方法[J]. 中国电机工程学报，2006，26(10): 33 - 39.

[8] 刘凡，司马文霞，孙新，等. 多重分形在铁磁谐振过电压信号分析中的应用[J]. 中国电机工程学报，2006(18): 138 - 142.

[9] 杜林，李欣，高林，等. 采用 3 类特征参量比值法的铁磁谐振过电压识别[J]. 高电压技术，2011(9): 2241 - 2249.

[10] 司马文霞，王荆，杨庆，等. Hilbert - Huang 变换在电力系统过电压识别中的应用[J]. 高电压技术，2010(6): 1480 - 1486.

关于干式变压器能否更改组别使用的讨论

牛治明

（中国铁路北京局集团有限公司天津供电段）

摘　要：干式变压器在结构上与油浸式变压器有所区别。干式变压器没有油箱箱体，并且它的一次侧绕组的首、尾接头均引至外部，通过外部金属连杆能够很方便地进行不同方式的连接，从而可以实现不同型式及组别的变压器。本课题系统地讨论干式变压器能否更改连接型式及组别使用，如果可以，那么在什么情况下能够更改组别使用。

关键词：干式；变压器；更改；组别

1　问题的引出

工程管理车间工程项目负责人田洋同志在一次施工中，遇到了一个问题：新建箱式变电站的变压器型号为干式 D，yn11 型，容量为 315 kVA，电压比为 10/0.4 kV，替换一处双电源供电负荷中的一路电源使用。但原来的供电变压器为 Y，yn0 型，因用户负荷为重要的一级负荷，需要双电源互相倒路为其供电，倒路时有短时的并网需求，从而要求两路电源相序及相位必须一致。所以新建的箱式变电站内变压器也需要更换为 Y，yn0 型的变压器，当时工期很紧张，调换变压器需要一个较长的周期，故向我询问能否从干式变压器一次线圈的外部来更改接线，使变压器的型式组别改变，以达到使用要求。

2　问题的讨论

基于前面提出的问题，通过学习基础理论和查阅相关资料，我们先来简单了解一下变压器的结构及原理。变压器是利用电磁原理变换交流电压、电流和阻抗的器件，当初级线圈中通有交流电流通过时，铁芯中便产生交变磁通，使次级线圈中感应出电压（或电流）。变压器由铁芯和线圈组成，线圈有两个或两个以上的绕组，其中接电源的绕组叫初级线圈，其余的绕组叫次级线圈。

平时我们经常接触的三相干式电力变压器多数为 10 kV 的配电变压器，其一次侧（电源侧）和二次侧（负荷侧）各有三组线圈，它们的连接方式和极性（同异名端）的不同构成了不同的接线组别。Y，y 型的变压器是把一次和二次线圈连接成星型（线圈尾端相连），如低压侧中性线引出则形成了 Y，yn 型的变压器。通过改变一、二次线圈的极性（同异名端）和外部接线方式，可组成 2、4、6、8、10、12 点位共六种偶数组别。其中 2、6、10 点位的变压器是异名端输出，4、8、12 点位的变压器是同名端输出。同理，D，yn 型通过改变一、二次线圈极性和外部接线可接成 1、3、5、7、9、11 共六种奇数组别，其中点位为 1、5、9 的为异名端输出，3、7、11 点位的为同名端输出。对于干式变压器而言，其一次线圈的连接方式是在外部通过金属联杆完成的，而绕向则无法改变（生产变压器时已经绕好并浇注），故绕组的同异名端是不可以再更改的。

2.1　偶数组别的变压器更改组别使用情况的讨论

偶数组别的变压器，其一次、二次侧均为星型接线，即 Y，y 型。其中点位为 2、6、10 三个组别的变压器可通过倒换高压侧 A、B、C 三相的输入端来互相更改组别标号，达到上述三种组别变压器的可以互换使用。同理，点位为 4、8、12 三个组别的变压器也可以互换使用。但是标号为 2、6、10 的变压器不能更改成标号为 4、8、12 的变压器，原因是由于这两组变压器的一、二次绕组的极性不同。此时变压器的绕组连接型式没有变化，故其容量及输出电压也不会改变。

2.2　奇数组别的变压器更改组别使用情况的讨论

奇数组别的变压器，其一次侧和二次侧可分别接成 D 型和 Y 型（D，y 型或 Y，d 型），其中点位为 3、7、11 的变压器通过倒换高压侧三相接线可以互相更改上述三种组别的使用；同理，点位为 1、5、9 的变压器也可以互换使用。但是标号为 1、5、9 的变压器不能更改成标号为 3、7、11 的变压器，原因也是由于这两组变压器的一、二次绕组的极性不同。同样因为变压器的绕组连接方式没有改变，其容量和电压也不会改变。

上述 2.1 和 2.2 所讨论的情况不但适用于干式变压器，同样也适用于油浸变压器。

2.3 奇、偶数组别的变压器互相更改使用情况探讨

这是我们讨论的重点。在现场应用中，我们经常接触的 10 kV 电力变压器绝大多数是 Y，yn0 和 D，yn11 两种型号，我们只讨论这两种型的变压器。那么这两种组别的干式变压器能不能通过更改一次线圈的外部连接方式来代替使用呢？下面我们就来进行分析。

通过极性测试，Y，yn0 型的变压器与 D，yn11 型的变压器一、二次线圈的极性都是一致的，即变压器均为同名端输出。所以可以通过更改一次线圈的连接方式将 D，y 型的变压器更改成 Y，y 型的变压器，或者将 Y，y 型的变压器更改成 D，y 型的变压器，如图 1 所示。

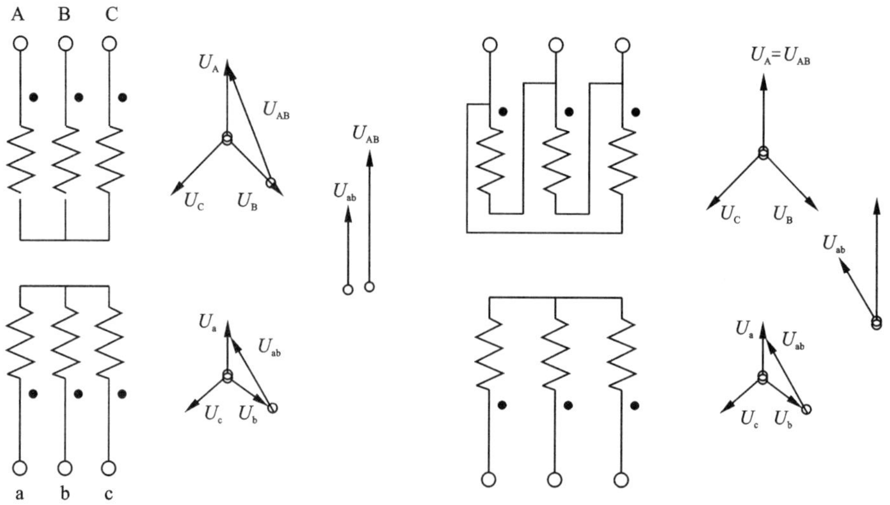

变压器Yyn0联结组　　变压器Dyn11联结组

图 1　变压器更改图

若将 D，y 型的变压器更改成 Y，y 型接线只需将干式变压器的一次各相线圈的首尾连接杆拆除，将各相绕组尾部(X、Y、Z)用联接杆短接即可。相反若将 Y，y 型的干式变压器更改成 D，y 接线则需要将各相绕组尾部短路连接杆拆下，将各相绕进行首尾相连(X－B，Y－C，Z－A)即可实现。

如果单从连接方式上来看，那么干式 Y，yn0 型的变压器和 D，yn11 型的变压器是可以通过更改外部连接互相变换的。那么接下来，我们要讨论改变连接方式后有哪些方面的影响。

3　改变连接方式后对变压器容量的影响

变压器额定容量一般指其视在容量，单位为 kVA。三相变压器的视在容量可用下列公式计算：

$$S=\sqrt{3}UI$$

上述公式中的电压和电流均为线电压和线电流。当变压器一次侧接成 Y 型时，流过线圈的相电流等于线电流，即 $I_{线}=I_{相}$；当变压器一次侧接成 D 型时，流过线圈的相电流等于线电流的 $1/\sqrt{3}$，即 $I_{线}=\sqrt{3}I_{相}$。若一台变压器的容量确定不变，使用的额定电压确定后，则可根据流过一次线圈的电流大小来确定使用相应截面的带漆皮绝缘铜线进行缠绕。若一次线圈接成 Y 型，则通过线圈的电流为额定线电流 I；若一次连接成 D 型，在线电流仍为 I 的情况下，则通过每相的电流为 $I/\sqrt{3}$。即此时的一次线圈可用较小截面的铜线缠绕，从而可以节省有色金属。

现举例进行说明，以前面提到的 315 kVA 的变压为例，其接线型式为 D，yn11。通过计算其一次侧额定线电流为 18.19A，每相线圈流过电流为 $18.19*1/\sqrt{3}=10.5$A。若将其一次接线更改为 Y 型的变压器，线电流减小到 10.5A，额定容量会变成原来的 $1/\sqrt{3}$，容量只能达到 182 kVA。相反，若一次为 Y 接的容量

为 315 kVA 的变压器，改为 D 接后，其容量会增大到原来的$\sqrt{3}$倍，额定容量能够达到 545 kVA，但绝缘要求会相应提高，后面再进行具体阐述。

4　改变连接方式后对变压器变比的影响

变压器的变比等于一次侧线电压与二次侧线电压的比值，我们最常用的变压器变比是 10/0.4 kV。由变压器基础理论知识可知，变压器的电压比还和变压器一、二次线圈的匝数之比相等。那么如果规定好变压器的变比后，二次侧接成 Y 型，那么一次线圈接成 Y 型和接成 D 型线圈匝数是否一样呢?

首先通过理论分析，接成 Y 型的一次侧接入 10 kV 供电系统中每相线圈承受 $10/\sqrt{3}$ kV 电压，即相电压 5.77 kV。而接成 D 型的一次侧接入 10 kV 供电系统中每相线圈承受线电压 10 kV。由此可知，同变比同容量的变压器二次线圈匝数相同的情况下，一次侧接成 Y 型的变压器匝数比接成 D 型的变压器匝数少，它们在数值上也是$\sqrt{3}$倍的关系。也可以这么认为，一次侧 D 接的变压器若改成 Y 接后，其变比值相应增大为原来的$\sqrt{3}$倍；而 Y 接改成 D 接，其变比值会减小为原来的 $1/\sqrt{3}$倍。

为了验证上述推理，我特地亲自做了试验进行验证：选一台厂房中备用 30 kVA 的 D，yn11 型的干式变压器，再使用挡(3 挡)测试其变比并记录。然后将变压器一次线圈连接成 Y 型，即变为 Y，yn0 型的变压器，再次测试其变比进行记录，发现测试结果与上述推理完全一致，如图 2 所示。

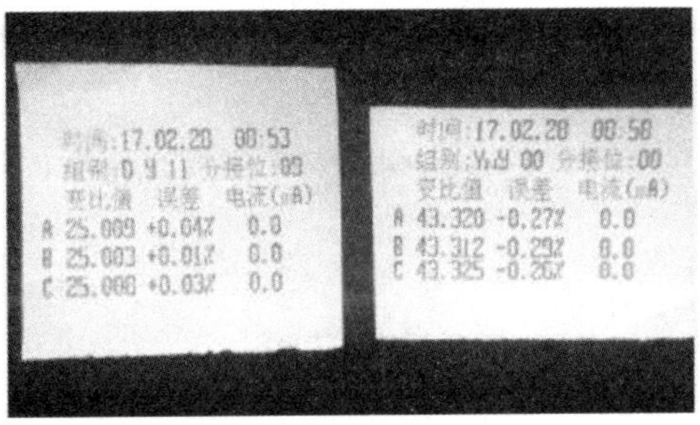

图 2　测试结果

5　变压器一次侧接成不同型式的绝缘要求

前面已经提到，当 10 kV 电压等级的干式变压器一次侧接成 Y 型时，每相线圈承受 5.77 kV 电压；当接成 D 型时，每相线圈则承受 10 kV 电压。所以对于这两种不同接线型式的变压器在绝缘方面的要求也不相同。变压器一次接成 D 型时要求的绝缘材料及强度更需可靠，才能达到使用要求。

6　结论

通过上述分析，我们对既已成型的干式变压器能否更改接线组别使用有了一个清楚的认识。干式变压器一次线圈虽然可以通过外部联接杆进行连接，能很方便地改变其接线形式，但是实际应用中却有以下几种情况需要注意。

(1)对于 Y，y 型的变压器，其中组别标号为 2、6、10 的这三种变压器通过改变电源相序的接线次序能够互相替用；标号为 4、8、12 的这三种同理也可以互相替用。但是这两组中的任何两个标号的变压器都不能互换使用。例如 12 点的变压器不能更改成 2、6、10 点的变压器使用。

(2)对于 D，y 型的变压器，其中组别标号为 1、5、9 的这三种变压器通过更改外电源相序的接线次序能够互相替用；标号为 3、7、11 的这三种同理也可以互相替用。但是这两组中的任何两个标号的变压器都不能互换使用。例如 11 点的变压器不能更改成 1、5、9 点的变压器使用。(上述两点同样适用于油浸变压器)

(3)Y，y 型 10/0.4 kV 的变压器不能更改成 D，y 型 10/0.4 kV 的变压器使用。原因如前述，容量虽然变大，但是电压比减小，二次电压升高，烧毁用电设备。而且变压器一次侧绝缘强度不符合要求，无法满足送电需求。

(4)D，y 型 10/0.4 kV 的变压器也不能更改成 Y，y 型 10/0.4 的变压器使用。原因是，改变型式后不但容量变小，而且电压比增大，即二次输出电压降低，无法为用户正常供电。(此条结论回答了上述田洋同志提出的问题)

我段除了有 10 kV 供电的系统外，还有从地方接引的 6 kV 供电系统。今天我们将所讨论的问题再扩展一下，就 10 kV 和 6 kV 等级的变压器是否可以经过更改组别替换使用进行推论总结。

(5)Y，yn0 型 10/0.4 kV 的干式变压器可以变换成 D，yn11 型 6/0.4 kV 的干式变压器使用，而且容量不会改变。原因是更改接线型式后，变压器变比值虽然变小了，但系统电压也变小了，而且它们变化的关系一样，都是$\sqrt{3}$倍的关系，所以二次电压仍然是 0.4 kV。同时，绝缘要求也是一样的，更改前后每相线圈都是承受着约 6 kV 左右的电压。容量上也不会改变，虽然一次系统电压低了，但是由于变压器一次侧接成 D 型后，线电流会增大，它们的变化幅度也都是$\sqrt{3}$倍的关系，故总容量未变。

(6)D，yn11 型 6/0.4 kV 的干式变压器可以变换成 Y，yn0 型 10/0.4 kV 的干式变压器使用。更改接线方式后，变压器的变比值变大为$\sqrt{3}$倍，但一次电压同时变大$\sqrt{3}$倍，所以二次电压仍然输出 0.4 kV。容量仍然不变，原因是改变接线方式后线电流变成相电流，减小为原来的$1/\sqrt{3}$倍，但系统线电压由原来的 6 kV 变为 10 kV，增大了$\sqrt{3}$倍，故总容量未变。更改接线方式前后的变压器每相线圈承受的电压均为 6 kV，对绝缘要求也没有任何变化。

上述(5)和(6)两条结论，对于现场变压器的灵活运用有一定的指导作用，在应急调整变压器的使用上可以遵循上述原则。

通过以上对干式变压器改变连接型式的深入探讨，希望能在今后的运行工作中为设备管理提供一些帮助。

参考文献

[1] 楚树章. 电力技术问答[M]. 北京：中国铁道出版社，2004.
[2] 吕俊霞. 干式变压器的现状与发展趋势[J]. 电器工业，2010(7).
[3] 肖运军. 干式变压器选型的探讨[J]. 新疆电力技术，2009(4).

浅谈隔离开关引线故障隐患防控措施

明 军[1] 李振华[2]

（中国铁路北京局集团有限公司天津供电段高速接触网技术科）

摘 要：通过对一起隔离开关引线故障进行分析，并结合平推验收检查中发现的相关问题，提出了针对隔离开关引线进行加固处理的对策措施，能有效降低设备故障的隐患，确保供电畅通和行车安全。

关键词：隔离开关；引线；加固处理

1 一起引线故障概况及问题分析

1.1 故障概况

2015 年 11 月，× ×局管内发生了一起打碰动车组车体受电弓的弓网故障。动车组在运行至某区间 770#支柱处时，受电弓挂上抽脱的接触网隔离开关引线，自动降弓后停车，经换升 2 位弓后开车，后续各次列车在故障区段降弓通过。经停电进行处理，列车恢复正常行车，期间影响动车组 11 列。770#接触网隔离开关一侧引线弛度较小，在低温状态下承力索向中锚方向移动，导致与承力索连接的隔离开关引线自设备线夹压接端口处抽脱，下垂后侵入受电弓动态包络线，列车通过时刮上受电弓，造成了此次打弓。

1.2 存在问题分析

1.2.1 安全风险意识不强

一是干部安全管理意识不强，未上升到高铁管理的专业化、精细化和标准化要求上来。二是对安全关键把控不严，未能发现隐性设备缺陷，造成了安全关键环节的失管失控。三是没有对巡视、检测、检修的数据进行综合性的分析，特别是对 2C 资料分析不到位。同时，对易发生问题的敏感程度不够，巡视人员对重点处所的巡视把控不到位。

1.2.2 设备巡视检修不到位

工区在巡视检查、2C 巡检分析、检修作业中均没有及时发现和处理隔离开关引线过紧、裕度不足的设备缺陷，暴露出工区日常检查检修不认真，2C 分析质量不高的问题，最终导致了事故的发生。

1.2.3 应急处置能力有待加强。

添乘人员到达现场后未能及时将现场情况反馈给电调，信息反馈不及时，导致调度不能确定降弓通过故障区段的范围。后续抢修人员准备工具材料时间长，延误了抢修时间，在应急处置过程中没有认真执行《高速铁路接触网故障抢修规则》，导致处置时间延长，影响高铁的正常运输秩序。

2 平推验收问题调查与研究

针对上述故障暴露出的问题，“高铁安全无小事”的意识没有树立，在行动上对潜在的作业风险缺乏深入的分析和研判，为吸取上述案例教训，避免类似事故的再次发生，在设备验收平推过程中，必须对隔离开关引线等重点设备处所进行严格检查。

2.1 压接式设备线夹及连接状态检查

重点检查压接式设备线夹型号与被连接的 T 线、F 线型号是否一致，其中 T 线采用 2 × JL/LB1A – 250 – 26/7 铝包钢芯铝绞线，F 线及并联开关跨越线均采用 JL/LB1A – 315 – 45/7 铝包钢芯铝绞线。在某分区所上网点处，型号为 315 的压接设备错误地与型号为 250 的绞线进行了压接，导致设备线夹与导线型号不匹配，存在安全隐患（如图 1、图 2 所示）。

2.2 检查线夹铜铝过渡面

在铜铝过渡设备线夹中，铝面较为粗糙，铜铝过渡面平滑、光亮，并且端部棱角清晰。铜铝直接连接会在接触面上产生电化腐蚀，导致接触电阻增大，引起异常发热现象。

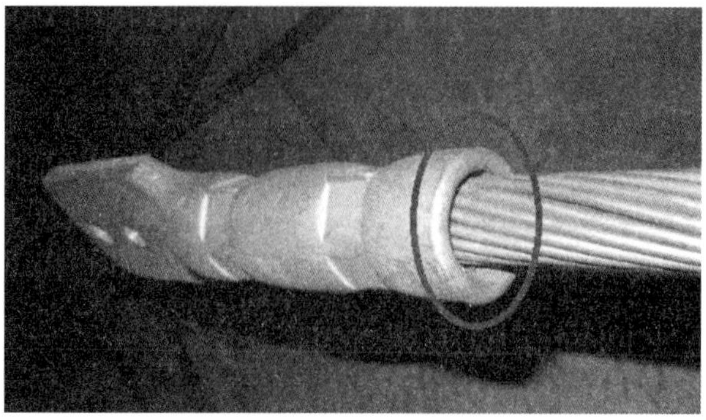

图1 设备线夹与绞线压接错误

图2 铜铝过渡设备线夹中的铝面与铜铝过渡面

2.3 检查压接式设备线夹与端子板连接情况

压接式设备线夹不应超出端子板外，应固定于端子板内侧，以增加接触面积与设备运行稳定性。

3 问题整改对策

对平推验收过程中发现的上述问题，要求施工单位进行整改，更正线夹与绞线型号匹配，对错误连接的线夹进行更换和重新压接，并增设附加线及并沟线夹，对开关引线进行加固处理。

3.1 对错误连接的线夹进行更换和重新压接

图3 设备线夹与开关端子板错误连接

对错误连接的线夹(如图3所示)进行更换和重新压接，确保设备线夹与导线型号匹配，同时仔细检查核对铜铝过渡面与端子板是否安装正确。

3.2 对T线上网加固处理

所需材料：250/125异径并沟线夹2个，125型铜涮锡压接式设备线夹1个，125型钢芯铝绞线0.9 m，螺栓(M12×60)1套。

加固方案：(1)准备125钢芯铝绞线约0.9 m，一端与125型压接式设备线夹进行压接。(2)125型压接式设备线夹与支持绝缘子端子板相连。(3)125钢芯铝绞线另一端通过异径并沟线夹与2根T线相连。并沟线夹螺栓紧固力矩为60 Nm。绞线末端留头50 mm，两线夹间距为一个线夹宽度(约36 mm)。

3.3 对F线上网加固处理

所需材料：315/125异径并沟线夹1个，125型铜涮锡压接式设备线夹1个，125铝绞线0.5 m，螺栓(M12×60)1套。

加固方案：(1)准备125钢芯铝绞线约0.5 m，一端与125型压接式设备线夹进行压接。(2)125型压接式设备线夹与支持绝缘子端子板相连。(3)125钢芯铝绞线另一端通过异径并沟线夹与F线相连。并沟线夹螺栓紧固力矩为60 Nm。绞线末端留头50 mm。

3.4　对开关引线至悬挂处所进行加固处理

所需材料：95/95铜并沟线夹2个，35铜压接式设备线夹2个，35软铜绞线0.5 m，螺栓(M12×60)1套。

加固方案：(1)准备35软铜绞线约0.5 m，两端分别与35型铜压接式设备线夹进行压接。(2)一端35型铜压接式设备线夹与支持绝缘子端子板相连。(3)将3根引线在合适位置(根据附加35软铜绞线长度选择)用两个95/95铜并沟线夹依次并接，两线夹相距为1个线夹宽度(约30 mm)。并沟线夹螺栓紧固力矩为44 Nm。(4)另一端35型铜压接式设备线夹与并沟线夹(靠近绝缘子端子排)螺栓连接。如图4所示。

图4　更正后整体安装图

4　故障隐患预防措施

4.1　强化专业技术管理

(1)针对现场检修需要，修订完善接触网检修作业指导书，重点明确隔离开关引线检修方法和检修工艺，有效消除检修盲区。(2)联系厂家研制专用检测设备检测线夹压接状态，解决因检测手段不足而无法检查设备状态的问题。

4.2　加强关键设备隐患排查

在后续的平推验收检查和设备巡查中，对隔离开关、避雷器等重点设备安装、压接形式和引线弛度进行全面排查整治，通过2C视频、现场步行巡视、添乘、上杆检查等形式，加强排查力度，发现问题隐患立即组织进行整改，防范类似事故再次发生。

4.3　提高应急抢修能力

(1)加强应急抢修演练，提高应急处置能力，制订抢修人员职责分工表，做到反应迅速，出动及时，措施得当，缩短故障延时。(2)加强信息沟通反馈，及时将现场情况等相关信息反馈至调度。(3)优化抢修方案，定期检查抢修料具，确保抢修料具和车辆处于热备状态，尽最大努力减少对运输的影响。

5　结束语

综上所述，对接触网重点设备隐患进行排查，避免设备故障，是保障铁路运输安全、高效的重要工作。因此，我们应当不断加强探索，采取各种有效手段，提高超前防范意识，构建铁路供电安全风险管理体系，科学运用技术手段，加强风险管理研判，实现供电系统“管理规范化、作业标准化，设备标准化”的目标，为接触网稳定运行提供可靠保障。

参考文献

[1] 于万聚.高速电气化铁道接触网[M].成都：西南交通大学出版社，2003：32－35.
[2] 董昭德，李志峰，吴积钦.高速铁路接触网知识技术[M].北京：中国铁道出版社，2014：291－299.

论三种非破坏性试验

杨　骋　高嘉玉

(中国铁路兰州局集团有限公司银川供电段)

摘　要： 本文论述了绝缘电阻试验、泄漏电流试验、介损测量这三种非破坏性试验的原理、特点、有效性和无效性、影响因素、测试相同点、试验结果的分析判断。

关键词： 试验；非破坏性；绝缘电阻；泄漏电流；介损测量

电气设备的绝缘缺陷来自三个途径，一是在厂房制造过程中遗留的缺陷；二是在运行中由于过电压、大气影响、机械力、热、化学等因素的作用发展起来的缺陷；第三是运输施工安装不当造成的缺陷。电气设备的绝缘缺陷靠绝缘试验来发现，试验分为破坏性试验和非破坏性试验，绝缘电阻测量、泄漏电流测量、介损试验属于非破坏性试验，在预防性试验中是电气设备绝缘试验的主要项目，其特点是试验电压较低，不损伤设备的绝缘。通过这些试验可发现电气设备内部隐藏的缺陷，以便在检修中加以消除，保证设备安全可靠地运行。

1　试验原理

1.1　绝缘电阻

由欧姆定律 $R=U/I$ 可得，在绝缘介质两端加上一个直流电压 U，测出流过介质的电流 I，就可计算出绝缘介质的电阻 R，用兆欧表测试介质的绝缘电阻就是根据这个原理进行的，流过介质的电流同时流经兆欧表线圈，该电流使兆欧表的指针偏转一个角度，把这个角度对应的弧长换算成用兆欧做单位的直流电阻，就是绝缘介质的绝缘电阻。

1.2　泄漏电流

由公式 $I=U/R$ 可得，在绝缘介质上加一直流电压 U，由于介质的电阻 R 一定，则通过其自身的泄漏电流 I 就可直接检测出来。这个电流就是通过介质的泄漏电流。泄漏电流通过电阻 R 会产生热消耗，如果把泄漏电流的大小限制在规定的范围内，绝缘体则不会在运行中过度发热，否则，产生的热量将导致电气设备绝缘一步步恶化。反之通过测出来的泄漏电流 I，也可计算出试品的绝缘电阻，例如测量出主变的一次侧泄漏电流为 5 μA，则主变一次对地的绝缘电阻为 $40000/5\times10^{-6}=8000\ \mu\Omega$。

1.3　介质损失

在介质上加一交流电压 U，则介质中流过的一部分电流为电容电流，它不消耗能量，称之为无功电流 I_C；另一部分电流则消耗在了介质本身的电阻上，还有一部分给带电质点提供位移和排列的能量，这两部分电流，称之为有功电流 I_r。理想的电介质带上电压后，流过其自身的电流为纯电容电流，它与电压成90°相角(图1)，而实际上这样的电介质并不存在，也就是说通过介质的电流总有一部分电流要做功被消耗掉，正因为存在有功电流，总电流与容性电流之间有一个小的夹角，这个小的夹角就是介质因数角，I_r/I_c(有功电流/无功电流)的比值就是介质损耗因数，$\tan\delta=I_r/I_c$(图2)。介损测试就是模拟设备在交流电压状态下电流造成的损失，如前所述有功电流会产生热量，热量会造成绝缘损伤，当设备内部有局部放电发生时，介质损耗较强烈，角度变大，介损值增大。

2　对绝缘缺陷测试的有效性

三种非破坏性试验都是判断电气设备的绝缘状况的，绝缘电阻测量能有效发现绝缘整体受潮、贯通性的缺陷、短路、接地、瓷件破裂，它不能发现未贯通的集中性缺陷、绝缘的整体老化、游离缺陷；泄漏电流测量能够发现绝缘受潮、劣化、局部损伤，不能发现未贯通的集中性缺陷、绝缘的整体老化、游离缺陷；介损能够发现绝缘分布性缺陷、整体受潮、普遍劣化、严重局部缺陷，不易发现大体积试品的集中缺陷。

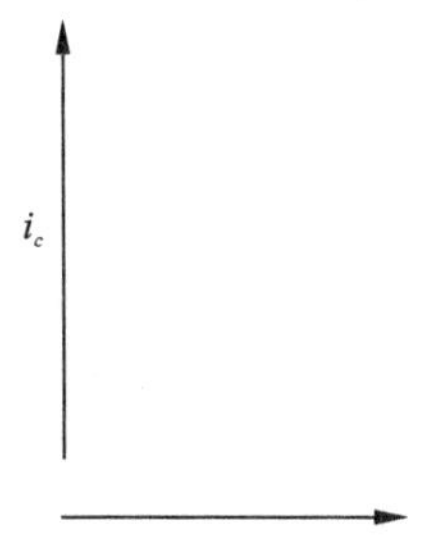

图 1　理想向量图

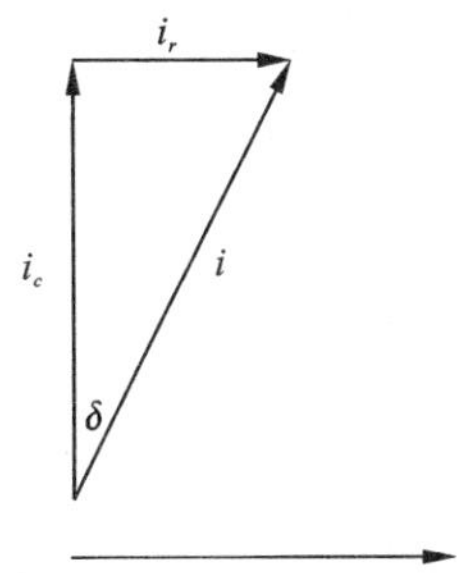

图 2　向量图

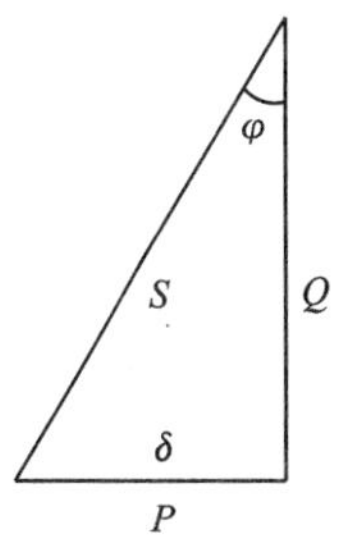

图 3　功率三角形

3　测试的对象

测量绝缘电阻的设备主要有避雷器、压互、流互、隔开、变压器、断路器、电容器、电抗器、电缆等一次设备；泄漏电流测量主要针对主变、110 kV 断路器、高压电缆；介损则主要针对主变、110 kV 流互、110 kV 压互、27.5 kV 压互。

4　测试电压

绝缘电阻测量有 5000 V、2500 V、1000 V、500 V 四种电压供选择，电压不连续可调；泄漏电流测量有 20000 V、40000 V 两种电压供选择，电压连续可调，可绘制曲线用以进一步分析；介损测量通常加 10000 V 电压，电压连续可调，可绘制曲线做进一步分析。

5　测试结果的温度换算

绝缘电阻测量一般换算到 75℃条件下：$R_{75}=R_t/K_t$；泄漏电流测量一般换算到 75℃条件下：$I_{75}=I_t/K_t$；介损一般换算到 20℃条件下：$\tan\delta_{20}=K_t\tan\delta$。

6　测试结果的影响因素

绝缘电阻随温度的升高而降低，随湿度的增大而降低；泄漏电流随温度的上升而增大，随湿度的增大而增大；介损随温度上升而增大，随湿度的增大而增大。

7　试验结果与容许标准

绝缘电阻测试结果不能小于一般的容许值；泄漏电流不能大于规程规定的容许值；介损不能大于规程规定的容许值。

8　测试温度要求

绝缘电阻测量、泄漏电流测量、介损试验均要求记录温度和湿度，并根据规程规定，试验应在良好的天气，且试品温度及周围环境温度一般不低于 +5℃的条件下进行。都能检测到试品主绝缘方面的整体受潮。对设备的某一部分，可进行分解试验。

9　曲线图

对同一个设备而言，良好绝缘的电阻和电流曲线夹于有缺陷的两个曲线中间。这为我们提供了另一种分析思路，我们可根据曲线图对结果进行进一步的分析比对。良好绝缘的曲线 1 有一段直线，就是说其伏安特性曲线为直线。因此，绘制伏安曲线是一种分析的好办法。良好绝缘 $\tan\delta=f(U)$ 曲线不随试验电压的增大而变化。有气隙和分层的绝缘 $\tan\delta=f(U)$ 线是一个闭合曲线。受潮绝缘其曲线则是开口的，具体见表 1 所示。

表 1 电阻电流对比曲线表

绝缘电阻	泄漏电流	介损
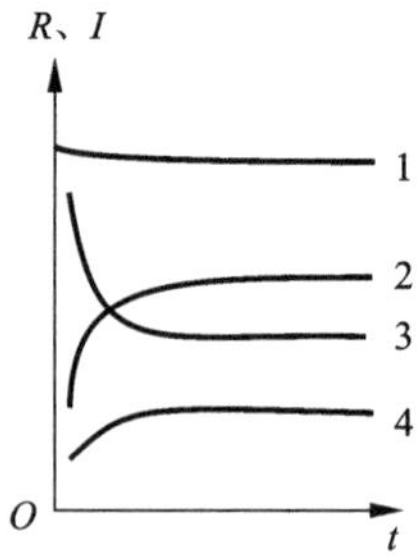 1、4 缺陷绝缘的电流、电阻曲线 2、3 良好绝缘的电阻、电流曲线	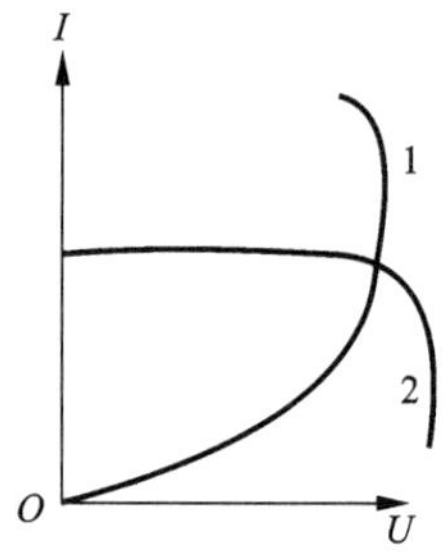 1. 电流曲线 2. 电阻曲线	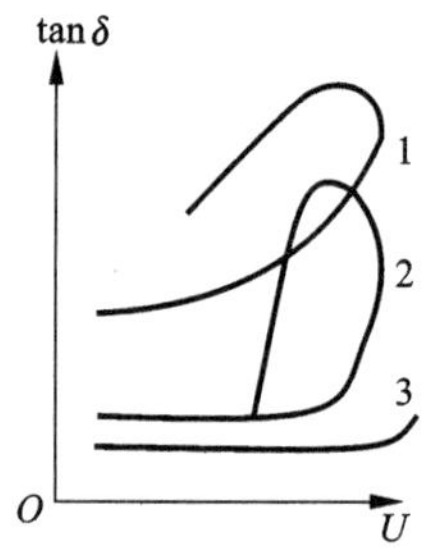 1. 受潮和劣化的绝缘 2. 有气隙和分层的绝缘 3. 良好干燥的绝缘

10 测试数据分析

三种非破坏性试验对绝缘介质的缺陷反映灵敏度各不相同，对试验结果不能孤立地、单独地做结论，须进行系统全面的分析比较，结合试验方法的有效性及试品的历史状况做出科学的判断。一般地说，如果电气设备的各项非破坏性试验结果都能符合《电力设备预防性试验规程》(以下简称《规程》)的规定，则认为该设备绝缘状况良好，但是，有些试验项目的测试结果往往在规程中不作详细的规定，比如说绝缘电阻，有的试验结果虽有规定，但试验结果在合格范围内出现了异常，即其增长率太快，相对于近期的试验结果变化较大，这时就要应用比较的方法进行综合性的分析判断才能得出正确的结论。

(1)首先把测试结果与最近的一次测试值相比对，无明显变化则正常。

牵引变电所电气设备每年都在做预防性试验，如果设备的绝缘在运行过程中没有什么变化，那么历次试验结果应当都比较接近，如果出现了差异则说明设备绝缘出现了异常。测试结果增长较快，应当找出原因，否则缺陷将一步步发展成为贯穿性缺陷。

(2)其次把测试结果与本设备出厂及历年试验结果相比较分析，即所谓的纵向比较法。把测试结果与同类型设备的试验结果相比较分析，即所谓的横向比较法。

同一类型的电气设备绝缘结构相同，在相同的运行和气候条件下，其测试结果应当是大致相同的，若相比较之后相差悬殊很大，则说明值悬殊大者绝缘有了异常，这时必须找出原因。

(3)把测试结果与同一设备不同相间的试验结果相比较。

相间设备基本上是同一厂家同一批次的设备，它们的绝缘情况相同，制造和出厂时间相差不大，如果把三相间设备试验结果进行比对，差异明显有异常者，则说明此设备可能存在缺陷。

(4)把测试结果与《规程》中规定的标准数值相比较。

《规程》中的标准是下限或上限允许值，若测量值超过了允许值，则说明试品有绝缘缺陷，要查出原因。

(5)结合本设备的结构特点及运行经历进行分析。

这就要求测试者对设备的结构和历史情况非常了解，既要了解设备的内部结构，又要了解绝缘介质的特性。

(6)对某项结果有疑问时要反复进行测试，直至找出原因为止，防止疏忽大意。

参考文献

[1] 何其光. 电力及牵引变电所[M]. 北京：中国铁道出版社，1994.
[2] 陈天翔. 电气试验[M]. 北京：中国电力出版社，2005.

浅谈牵引变电所馈线跳闸数据、波形与故障性质的关系

张建东　文斯良　苏春元

（中国铁路济南局集团有限公司济南维管段）

摘　要：根据近年牵引供电系统馈线跳闸原因，对跳闸时的故障数据及故障录波进行分类分析、归纳总结，找出故障数据的规律性，判定故障性质，以指导牵引供电设备故障分析。

关键词：故障数据；波形；故障性质

在牵引供电系统安全运行的过程中，线路上存在着各种不定因素会影响牵引变电所供电安全，造成牵引变电所馈线保护跳闸，若不能快速判断故障性质，及时排除设备故障，势必会中断行车安全。本文主要根据济南局管内京沪线、胶济线近年来各种故障情况的数据及波形进行分类分析、归纳总结，并根据故障数据的特点及故障的规律性，找出与故障性质存在的关系，以指导牵引供电设备故障分析，快速判断故障性质，以保证牵引变电所供电的可靠性。

1　过负荷故障

1.1　跳闸数据特点

（1）母线电压较高，一般在 20 kV 以上；馈线电流略大于馈线过电流保护定值。

（2）阻抗角在 0°～45°之间（交直型电力机车一般在 30°～45°之间，交直交型电力机车一般在 0°～30°之间，功率因数高的动车的阻抗角有时会出现在 30°～355°之间）。

（3）馈线仅有过电流保护启动。

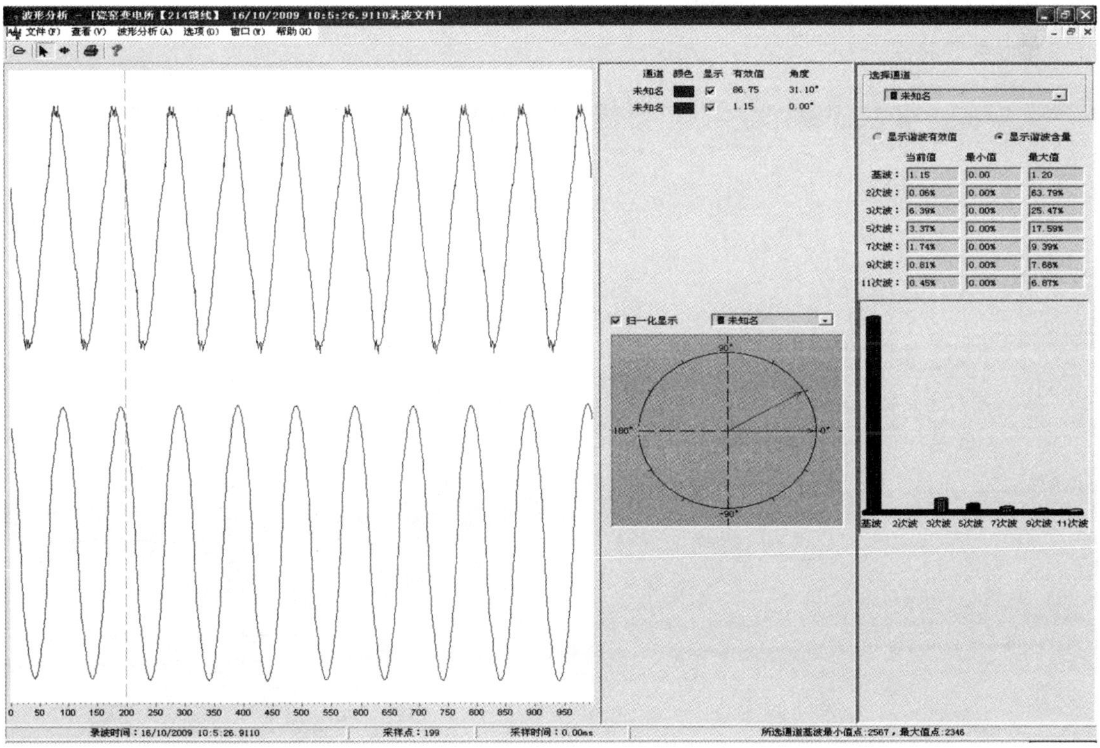

图 1　馈线过负荷故障录波图

1.2 波形数据特点

1.2.1 波形

(1)电压波形：无突变，保持正弦波，跳闸前后波形一致，持续平稳。

(2)电流波形：无突变，保持正弦波，跳闸前后波形一致，持续平稳。

1.2.2 数据

(1)电压瞬时值：波峰与波谷绝对值无变化，电压瞬时值随正弦波形呈周期性变化。

(2)电流瞬时值：波峰与波谷绝对值无变化，电流瞬时值随正弦波形呈周期性变化。

(3)电压有效值：无突变，持续保持平稳状态。

(4)电流有效值：无突变，持续保持平稳状态。

(5)阻抗角：无突变，持续保持平稳状态。

(6)二次谐波电压：无突变，保护启动前后含量均在 1% 以下，保持平稳状态。

(7)二次谐波电流：无突变，保护启动前后含量均在 1% 以下，保持平稳状态。

(8)奇次谐波电压：无突变，保护启动前后含量均在 5% 左右，保持平稳状态。

(9)奇次谐波电流：无突变，保护启动前后含量均在 5% 左右，保持平稳状态。

(10)一般机车谐波主要是 3、5、7 次谐波，动车谐波主要是高次谐波(一般在 50 次左右)，谐波含量根据机车而异。

2 过分相故障

2.1 跳闸数据特点

(1)母线电压较高，在 20 kV 以上；电流较高；顺机车运行方向，入分相的供电臂跳闸时阻抗角在 150° 左右，出分相的供电臂跳闸时阻抗角在 350° 左右。

(2)根据变电所换相连接设计原理，主变为 VV 设计的变电所，机车过分相跳闸主要发生在变电所分相处，对于主变为单相设计的变电所，机车过分相跳闸主要发生在分区所分相处。

(3)一般跳闸时为两供电臂同时跳闸，分相在分区所时两相邻变电所同行同方向供电臂同时跳闸，分相在变电所时则为变电所同行供电臂同时跳闸。

(4)入分相时供电臂在馈线电流保护范围内，出分相时供电臂在馈线电流及阻抗保护范围内。

2.2 波形数据特点

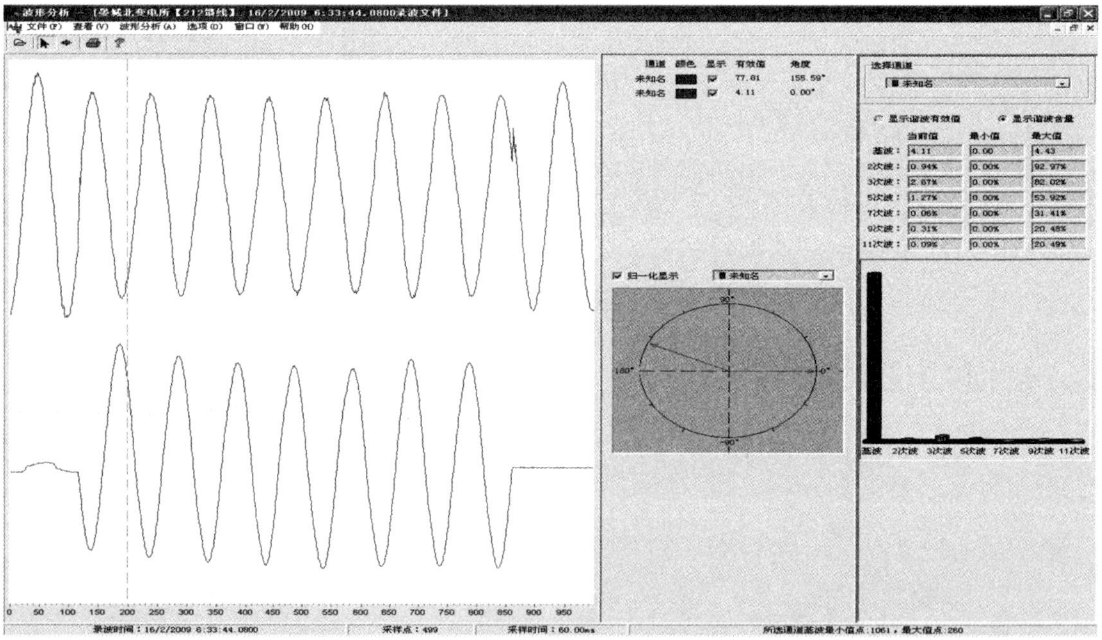

图 2 馈线入分相故障录波图

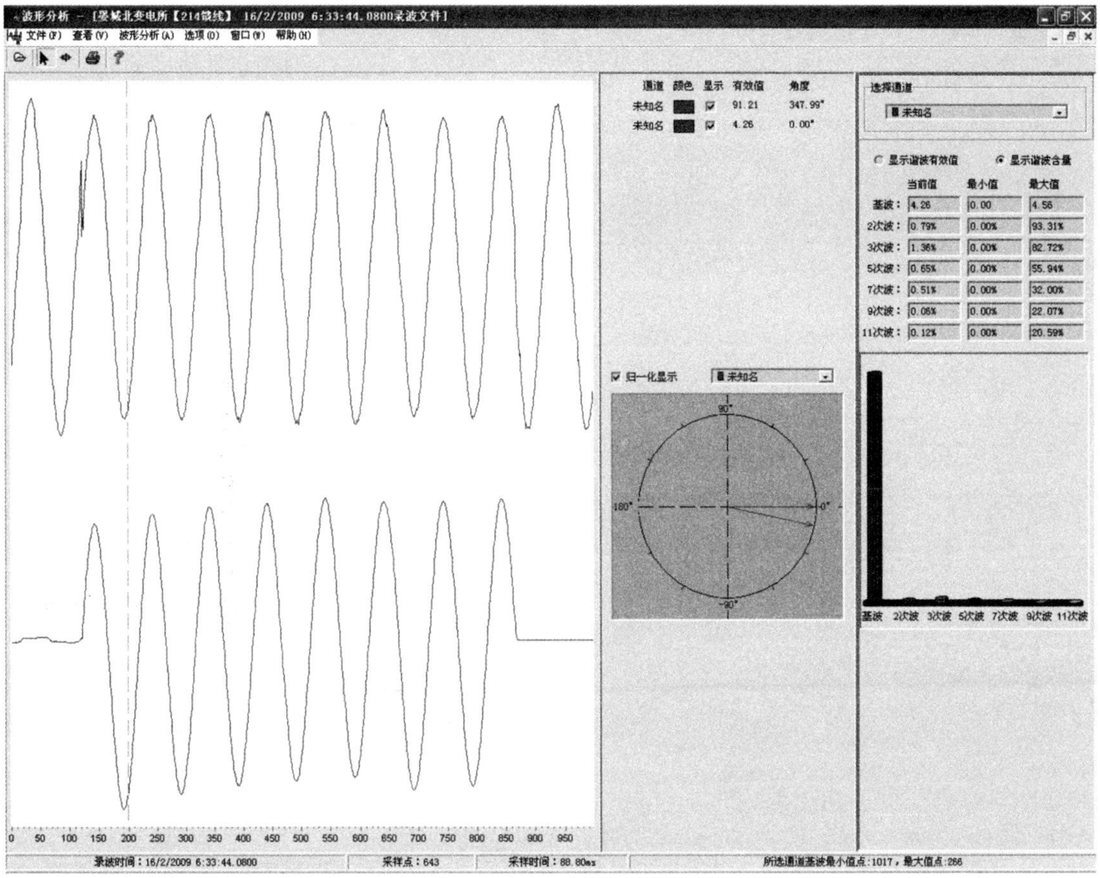

图3　馈线出分相故障录波图

2.2.1　波形

(1)电压波形：突变缩小，保持正弦波，持续平稳。

(2)电流波形：突变变大，保持正弦波，持续平稳。

2.2.2　数据

(1)电压瞬时值：波峰与波谷绝对值变小，电压瞬时值随波形呈周期性变化。

(2)电流瞬时值：波峰与波谷绝对值变大，电流瞬时值随波形呈周期性变化。

(3)电压有效值：突变降低，持续保持平稳状态。

(4)电流有效值：突变升高，持续保持平稳状态。

(5)阻抗角：突变，持续保持平稳状态。

(6)二次谐波电压：突变降低，启动一个周波后基本降至1%以下，并呈持续保持状态。

(7)二次谐波电流：突变降低，启动一个周波后基本降至1%以下，并呈持续保持状态。

(8)奇次谐波电压：突变降低，启动一个周波后基本降至5%左右，并呈持续保持状态。

(9)奇次谐波电流：突变降低，启动一个周波后基本降至1%左右，并呈持续保持状态。

3　雷击故障

3.1　跳闸数据特点

(1)母线电压低，故障电流高，阻抗角呈第一象限角，一般与接地故障角度相近。

(2)一般为电流速断保护动，保护启动至出口过程中有二次谐波闭锁和综合谐波抑制信息。

(3)在馈线电流、阻抗保护范围内。

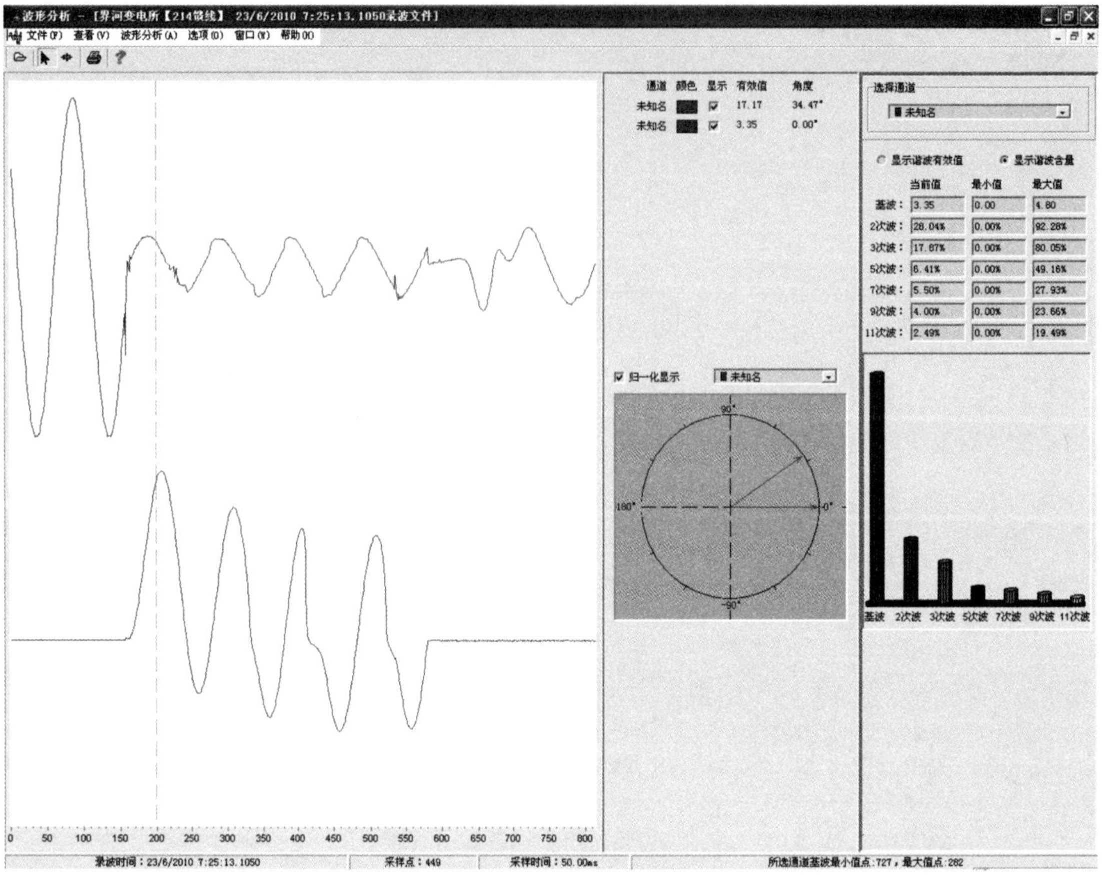

图4 馈线雷击故障故障录波图

3.2 波形数据特点

3.2.1 波形

(1)电压波形：突变缩小，波形有畸变现象。

(2)电流波形：突变变大，波形有畸变现象(前半周波时长明显长于后半周波时长)，且呈阶梯趋势(梯上或梯下)，严重时呈流互饱和状态的畸变现象。

3.2.2 数据

(1)电压瞬时值：波峰与波谷绝对值变小，电压瞬时值随波形变化。

(2)电流瞬时值：波峰与波谷绝对值变大，电流瞬时值随波形变化。

(3)电压有效值：突变降低，但持续波动状态。

(4)电流有效值：突变升高，但持续波动状态。

(5)阻抗角：突变，但持续波动状态。

(6)二次谐波电压：突变降低，但含量在50%至5%之间持续波动。

(7)二次谐波电流：突变降低，但含量在5%左右持续波动。

(8)奇次谐波电压：突变降低，但含量在40%至5%之间持续波动。

(9)奇次谐波电流：突变降低，但含量在5%左右持续波动。

4 接地故障

4.1 跳闸数据特点

(1)母线电压较小，故障电流较大，阻抗角在60°~80°之间。

(2)在馈线电流及阻抗保护范围内。

(3)在保护启动至出口过程中有电流综合谐波抑制信息。

4.2 波形数据特点

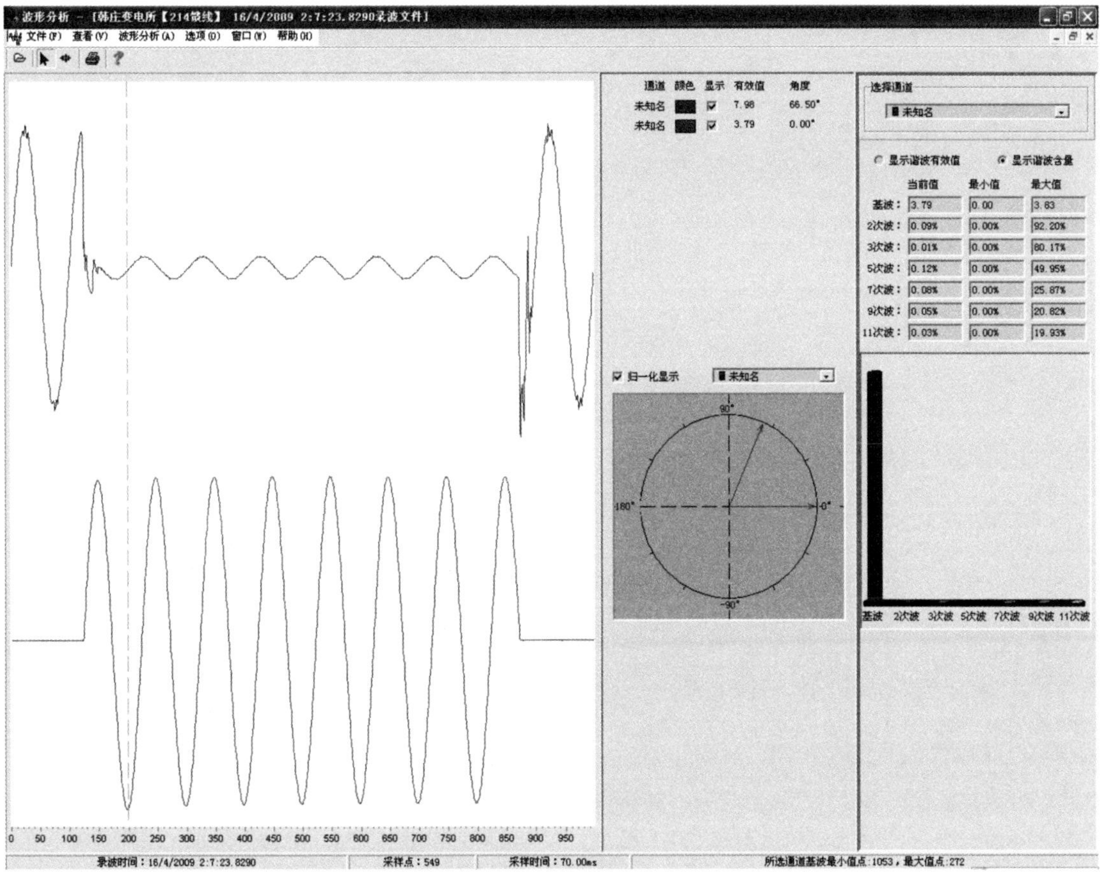

图 5 馈线接地故障故障录波图

4.2.1 波形

(1)电压波形：突变缩小，保持正弦波，持续平稳。

(2)电流波形：突变变大，保持正弦波，持续平稳。

4.2.2 数据

(1)电压瞬时值：波峰与波谷绝对值变小，电压瞬时值随波形呈周期性变化。

(2)电流瞬时值：波峰与波谷绝对值变大，电流瞬时值随波形呈周期性变化。

(3)电压有效值：突变降低，持续保持平稳状态。

(4)电流有效值：突变升高，持续保持平稳状态。

(5)阻抗角：突变，持续保持平稳状态。

(6)二次谐波电压：突变降低，启动一个周波后基本降至1%以下，并呈持续保持状态。

(7)二次谐波电流：突变降低，启动一个周波后基本降至1%以下，并呈持续保持状态。

(8)奇次谐波电压：突变降低，启动一个周波后基本降至1%以下，并呈持续保持状态。

(9)奇次谐波电流：突变降低，启动一个周波后基本降至1%以下，并呈持续保持状态。

5 机车故障

5.1 跳闸数据特点

(1)母线电压较小，故障电流较大，阻抗角呈第一象限角。

(2)在馈线电流及阻抗保护范围内。

(3)在保护启动至出口过程中有二次谐波闭锁信息。

5.2 波形数据特点

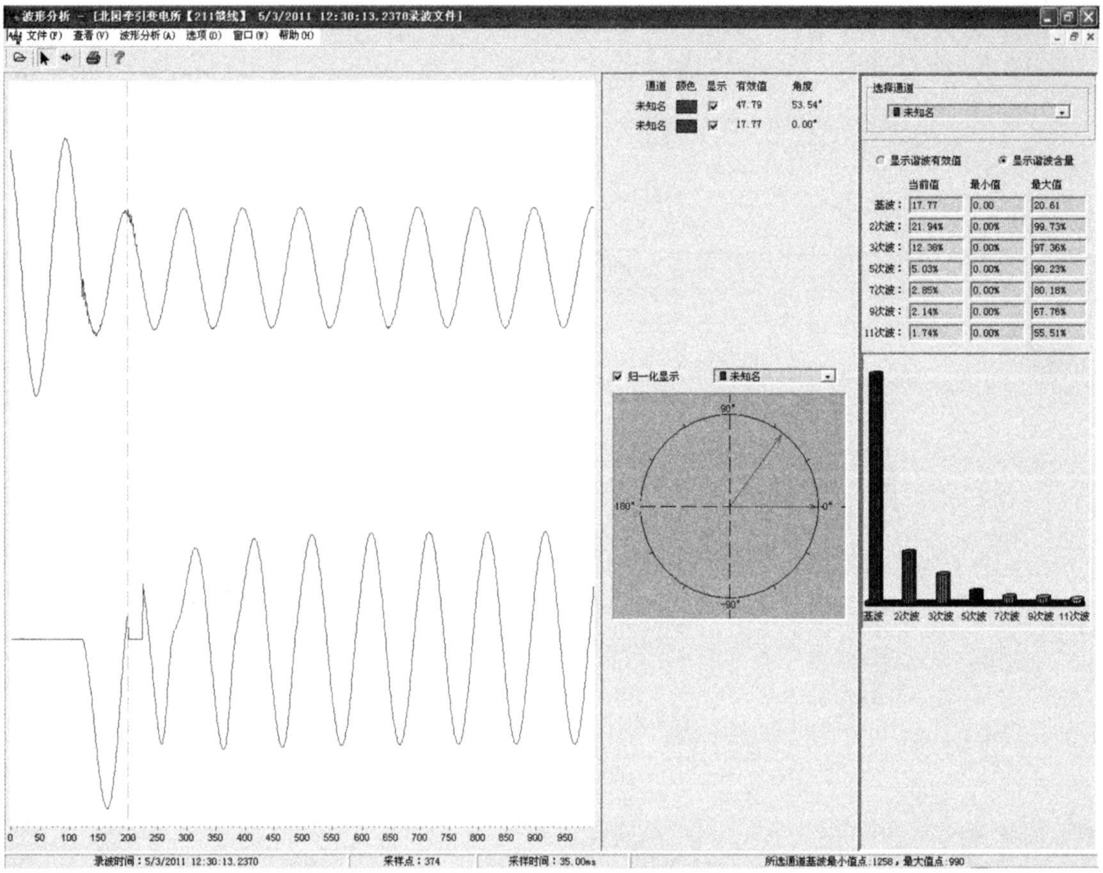

图 6 机车故障故障录波图

5.2.1 波形

(1)电压波形：突变缩小，保持正弦波，持续平稳。

(2)电流波形：突变变大，保持正弦波，持续平稳。

5.2.2 数据

(1)电压瞬时值：波峰与波谷绝对值变小，电压瞬时值随波形变化而变化。

(2)电流瞬时值：波峰与波谷绝对值变大，电流瞬时值随波形变化而变化。

(3)电压有效值：突变降低，持续保持平稳状态。

(4)电流有效值：突变升高，持续保持平稳状态。

(5)阻抗角：突变，持续保持平稳状态。

(6)二次谐波电压：突变降低，启动后迅速降至 1% 以下，并呈持续保持状态。

(7)二次谐波电流：突变降低，启动两个周波后基本降至 15% 左右，并逐渐下降至 1% 以下。

(8)奇次谐波电压：突变降低，启动后迅速降至 1% 以下，并呈持续保持状态。

(9)奇次谐波电流：突变降低，启动两个周波后基本降至 10% 左右，并逐渐下降至 1% 以下。

6 电弧放电故障

6.1 跳闸数据特点

(1)母线电压较小，故障电流也相对较小，超过过电流值保护定值但小于电流速断定值，阻抗角在 100°左右，呈第二项限角。

(2)一般为过电流保护出口，但在保护启动与出口过程中出现阻抗保护频繁启动与返回。

6.2 波形数据特点

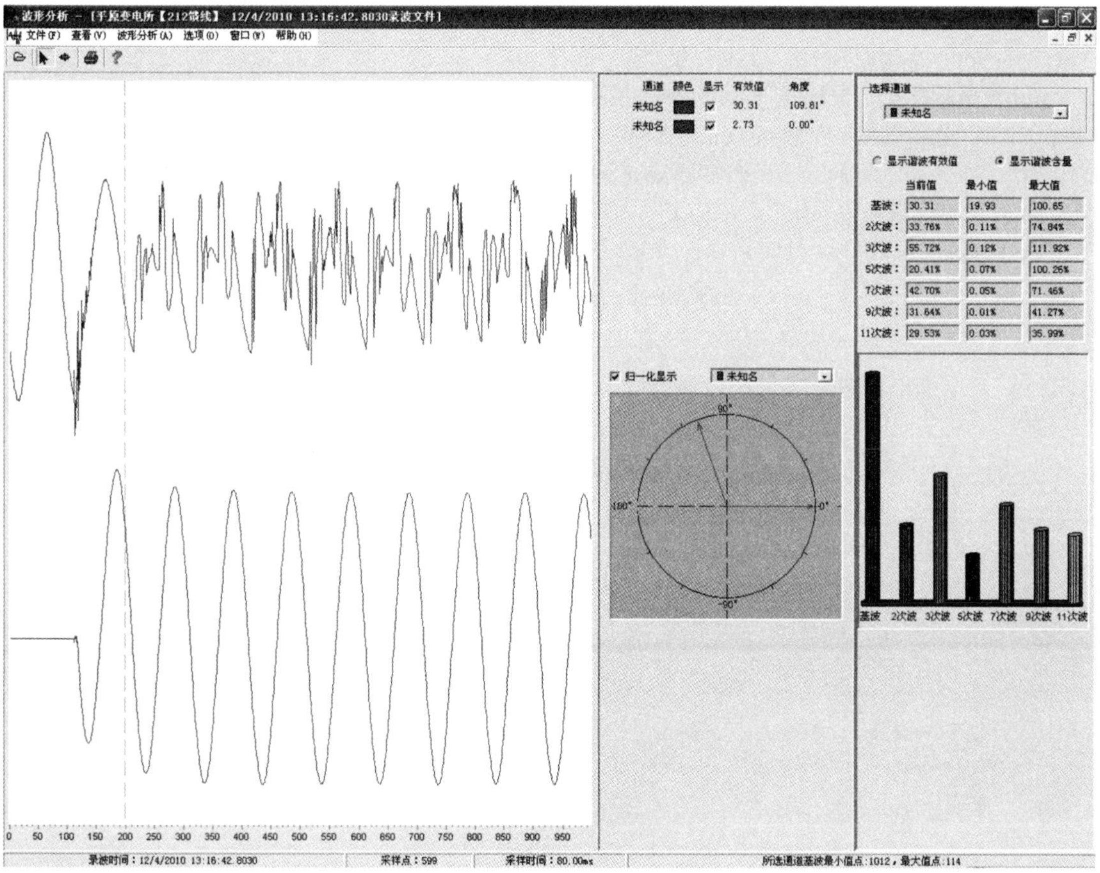

图7 电弧放电故障故障录波图

6.2.1 波形

(1)电压波形：突变缩小，波形发生畸变，呈非正弦波状态。

(2)电流波形：突变变大，保持正弦波，持续平稳。

6.2.2 数据

(1)电压瞬时值：波峰与波谷绝对值变小，电压瞬时值随波形发生波动和闪变。

(2)电流瞬时值：波峰与波谷绝对值变大，电流瞬时值随波形呈周期性变化。

(3)电压有效值：突变降低，随电压波形呈浮动状态。

(4)电流有效值：突变升高，持续保持平稳状态。

(5)阻抗角：持续变化，随时间变化在100°左右变化。

(6)二次谐波电压：突变上升，启动前含量较小，启动后含量升至50%以上，并随波形大幅度变化。

(7)二次谐波电流：突变降低，启动一个周波后基本降至1%以下，并呈持续保持状态。

(8)奇次谐波电压：突变上升，启动后含量迅速上升，3、5、7次含量超过70%以上，并随波形大幅度变化。

(9)奇次谐波电流：突变降低，启动一个周波后基本降至1%以下，并呈持续保持状态。

7 结束语

牵引供电系统是一个复杂的供电系统，为此，对牵引供电的故障需要做更加全面、系统的分析，以上提出的观点可供大家参考。同时也希望同行在工作中不断探索，不断总结经验。

参考文献

[1] 胡庆华. 牵引变电所跳闸原因分析及查找排除方法.
[2] TA21 型牵引变电所安全监控与综合自动化系统说明书.
[3] 李群湛, 连三级, 高仕斌. 高速铁路电气化工程[M]. 成都: 西南交通大学出版社, 2005.
[4] 费圣英, 肖开进, 鲁庭瑞, 等. 电力系统继电保护原理与实用技术[M]. 北京: 中国电力出版社, 2006.
[5] 廖自强, 余正海. 变电运行事故分析及处理[M]. 北京: 中国电力出版社, 2003.
[6] 朱声石. 高压线路继电保护原理与技术[M]. 北京: 中国电力出版社, 2005.

浅谈提高牵引变电设备质量的方向

文斯良　张建东

（中国铁路济南局集团有限公司济南维管段）

摘　要： 通过设备运行数据分析，设备质量主要由设计、施工、设备及运营四个阶段来保障，本文指出了各个阶段存在的问题，并提出了提升设备质量的建议。

关键词： 设计；施工；设备；问题；质量

随着电气化铁路的发展，电力机车大量运用，牵引供电系统在现代化铁路运输中，有着举足轻重的作用，牵引变电所设备的质量直接影响着铁路运输安全，为此，提高牵引供电设备质量成为保障设备安全稳定运行的根本任务，通过近年的设备运行情况分析，提高牵引变电设备质量主要从以下几个方面着手。

1　设计

设计是保证牵引变电设备质量的根本，不仅要考虑供电能力，同时也必须考虑设备的施工及后期的运行与检修，为此，必须从设计中进行统筹考虑，如在设计时未考虑完全，将会在后期运行时存在很大的隐患，且也非常不易处理。（数量精简适用）所以设计是提高设备质量的第一关，从设备运行经验分析设计主要容易出现的几个问题。

1.1　主接线

目前普速线各所主接线设计方式一般为直供和双T式，进线则主要采用带抽压装置和不带抽压装置的形式，如图1所示。

此装置在运行中只作用于自投检有压，与无抽压装置相比只是在逻辑程序上有所不同，而在设备上却多出2台隔离开关和2台电压互感器，直接增加了设备数量，间接地增加了设备检修压力和设备故障机率。

另外，为保证变电设备故障后第一时间送电，变电所均设有备用设备，但有部分变电所馈线在设计时，只有断路器有备用，而隔离开关却没有备用，如图2所示。

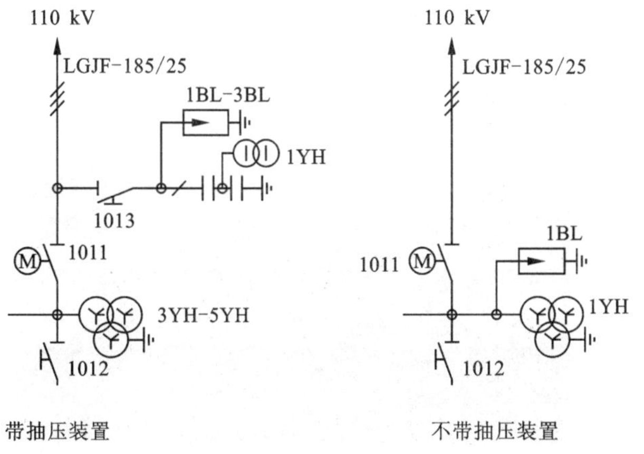

图1　主接线图

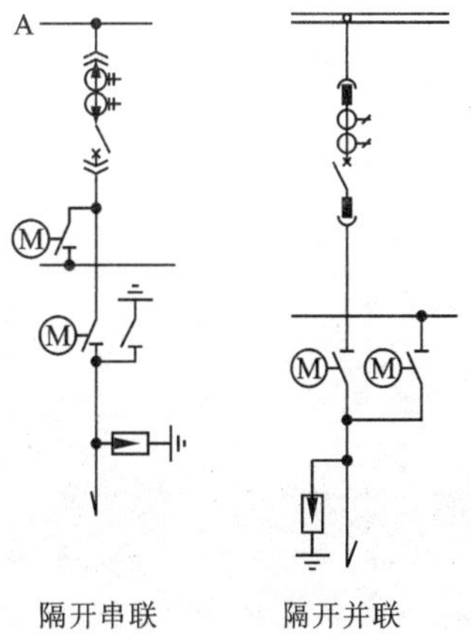

图2　馈线主接线图

从图2可以看出，当设计备用隔离开关串联时，此馈线只有备用断路器，主隔离开关则无备用，只有隔离开关并联时，才能体现备用隔离开关。

1.2 位置

牵引变电所一般建设在比较偏僻的地方，除了考虑供电问题，还应考虑运行后人员的值班问题，如道路、用水及办公。

另外，部分变电所建设时，其所内地势比周围低，如图 3 所示。

一到雨季期，雨水倒灌，造成所内场地设备及电缆沟积水，长期受雨水浸蚀将会引起地面出现下陷，设备出现故障，二次电缆接地等问题。

1.3 主导电回路

牵引变电所主导电回路在设计中主要存在三个方面的问题。

一是导线容量的问题。随着大功率机车运行，线路负荷大幅增加，变电所主回路电流增大，原设计的主变低压侧 2×240 的导线和馈线单 185 的导线已无法满足供电要求，造成导线频繁出现断股问题。

二是主导回路线夹的问题。在设计中使用的线夹均为螺栓式线夹，而这种线夹存在接触电阻大、容易松脱、不易检修等问题，而且容易烧线，存在很大的安全隐患，如图 4 所示。

图 3 变电所位置

图 4 馈线 T 形线夹连接

为此，在设计中必须考虑用预绞式线夹或压缩线夹来代替螺栓式线夹的方法，从根本上提高设备运行可靠性。

三是主导线接点的问题。在运行过程中，往往容易出现故障的就是在电气接续的位置，为此，设计导线连接时，应最小化减少电气接续点，如图 5 所示。

(a)耐张线夹引下线

(b)T 形线夹引下线

图 5 主导线接点问题图

通过图 5(a)与(b)对比，按照图 5(a)接线通过耐张线夹引下线的方式，一个所可减少 26 个电气接续点，占全所的 30%，大大减少了设备的隐患。

1.4　接地

牵引变电所的接地主要存在两方面的问题。一是变电所接地网的设计。普速线路变电所接地网仍采用扁钢做横向接地体，角钢做垂直接地体，而这种材料形成的接地网其防腐性能较差，特别是焊接的位置容易脱焊，使得接地网寿命较短，给设备带来安全隐患。二是变电所进线避雷线的设计。大部分变电所进线避雷线的连接在施工图中都没有体现，建设时由供电公司的施工人员施工，但怎么接入变电所也没明确标准，施工人员直接将避雷线通过“U”形环与变电所支柱相连，会造成设备在运行中出现放电烧伤，如图6所示。

图6　与避雷线连接的U形环

可见，当出现设计盲区时，将存在极大的设备安全隐患。

1.5　远动通道

在牵引变电设备故障统计中，其中50%的故障发生在远动通道上，主要是部分远动通道采用音频通道、64k数字通道，通道质量不稳定所导致的。另一种是2M的通道，京沪线远动通道采用双环网2M通道，其设备由4个协议转换器、2个路由器、4个路由器模块组成，设备组成数量多，其故障件数自然就多。但随着科技的进步，远动通道的逐步发展，电气化的远动通道开始采用2M的FE口形式，这种通道不仅运行稳定，分界明确，设备数量少，仅通过一根网线就能与所内远动管理机相连，而且故障处理简单、方便，因此，建议纳入日后牵引供电系统远动设计标准中。

1.6　标准化

目前，各路局均要求建设标准化变电所，如图7所示，而若将建设放在运管单位是比较难实施的，这主要涉及人员和资金的问题，为此，在设计初期要将此项目加入施工中，统筹考虑标准化变电所的建设标准，做到开通之日即标准化所亭建成之时。

图7　标准化变电所

2　施工

2.1　房建

房屋在施工中主要存在以下几个方面的问题。

(1)房屋渗漏水问题。此类问题是较为普遍的，特别是那些工期紧的地段，屋顶未按标准做防水处理，更没有做存水试验，容易造成到雨季屋顶渗水，有的直接滴在设备上，严重威胁着设备的运行(图 8)。

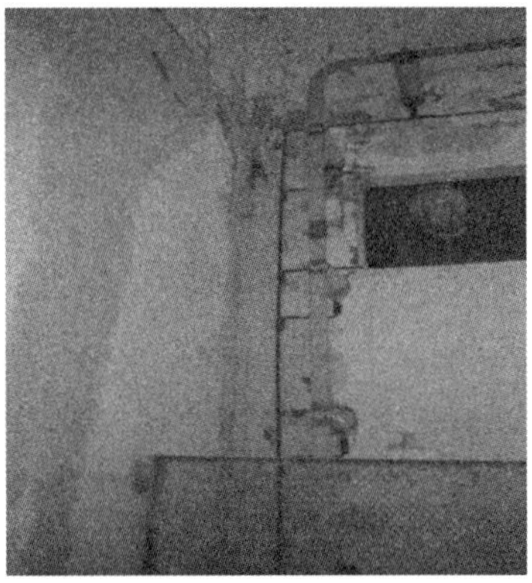
(a)雨水浸蚀的墙面

(b)雨水浸蚀的互感器

图 8　渗水问题图

(2)地面下陷。大部分变电所建设的地势是较高的，为此需对其地基进行垫层，而施工单位往往在垫层未完全夯实、地面未沉降的情况下对设备的基础及地面进行了硬化，雨季后地面就会出现下陷，造成设备故障(图 9)。

(3)电缆沟积水。施工单位在砌电缆沟时，未按要求做好防水，导致水从内侧壁渗漏，另外与集水井相通时，排水管较低，导致集水井的水倒灌至电缆沟内(图 10)。

图 9　地面下陷支柱倾斜

图 10　积水的电缆沟

2.2　光电缆敷设

在设备运行中，光、电缆的故障频频发生，其主要是光、电缆被挖断问题，其原因是施工单位未按照施工标准进行施工，未对光、电缆进行敷沙、盖砖，且埋深也达不到标准，有的地方直接外露，沿线的光、电缆走向标稀少，看不出光、电缆路径，给设备运行带来了极大的安全隐患。

2.3　高压电缆头

近几年随着高压电缆大量应用，高压电缆头的故障频繁发生，其主要原因有两点。

图 11　高压电缆头击穿

(1)电缆头在制作时由非专业人员制作。一般施工单位为节约成本自己制作，或时间紧任务重，厂家直接委托施工单位共同制作，而非专业人员制作的电缆因制作工艺标准达不到要求，造成设备送电后不到一年时间电缆头就先后击穿，有的直接一送电就击穿(图 11)。

(2)高压电缆头选型。原热缩式电缆头已淘汰，目前广泛使用预制式电缆头，因热缩式电缆头收缩固定后，温度变化引起的热胀冷缩不能与电缆同步呼吸，绝缘表面抱紧力不够，产生间隙，造成空气放电击穿；同时热缩式电缆头在半导端口的应力控制方法为应力管或应力控制带，它随着时间的推移，功能逐渐减退，容易造成半导端口附近击穿。

2.4　试验

牵引变电所在进行设备交接试验时，只注重设备单体试验，未对设备进行整本试验，如对于差动保护来说，六角图试验是检查变压器前后电流互感器的极性配合情况，防止主变差动保护误动的重要手段，而对电流互感器只做单体极性试验则无法证明其接线是否正确。

3　设备

3.1　产品适应性

牵引变电设备大部分安装在室外，其设备必须适应室外环境，导致设备面临两大问题。

(1)设备防腐的问题。对于普速的线路，其设备一般采用国产设备，而国产设备对于设备防腐的标准不高，设备防腐能力差，如变压器、隔离开关等铁件，甚至一些不锈钢螺栓因标准不够出现锈蚀，造成在设备检修任务中大半的精力都用于设备的除锈工作。

(2)设备防水的问题。在运行中设备防水的危害主要体现在变压器上，引起变压器保护误动，如瓦斯保护、压力保护、温度保护，另外是穿墙套管的防水，穿墙套管浸水后，其雨水通过穿墙套管进入高压室造成设备严重放电(图 12)；干式电流互感器一次侧渗水后造成高压侧两线圈短接，变比发生变化，差动保护误动(图 13)。

图 12　穿墙套管进水浸入高压室

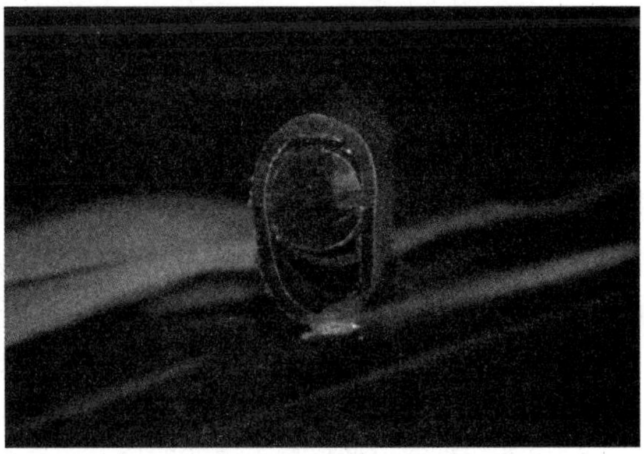

图 13　电流互感高压侧两线圈短接

3.2　产品设计

目前牵引供电设备设计上存在两个方面的问题：一是功能设计上存在不足。如隔离开关机构存在卡滞问题，造成隔离开关频繁拒动，断路器合闸回路中串入合闸闭锁电磁铁，造成闭锁电磁铁在长时间运行中屡次烧损，引起断路器合闸拒动。二是没有模块化设计。在设备运行中难免发生设备零部件损坏的问题，如断路器分合闸线圈，隔开接触器等，由于设计十分紧凑，在对其部件进行更换时，发现更换十分不易，不能快速地进行更换处理，缩短故障时间。

图 14　断路器机构

如图 14 所示为断路器机构，其分、合闸线圈，闭锁电磁铁及整流板在一起，其中某一个部件损坏均必须将其他几个一起拆除方能更换。

3.3 产品质量

牵引供电设备产品质量的好坏直接影响着设备运行安全，而设备质量问题一般经过几年的运行才会慢慢表现出来，如水泥支柱出现裂纹脱皮(图 15)、压互爆炸(图 16)等问题，而出现这种质量问题的设备生产厂家，一般都是刚进入铁路市场，没有运行经验数据，造成产品工艺、技术标准不高，质量达不到要求。

图 15 支柱裂纹

图 16 压互爆裂

4 运营

作为运营管理单位，提高设备质量主要依靠设备运行和检修。运行方面，通过设备巡视、测温、数据监测等手段来发现设备问题；检修方面，主要根据运行中反映出的问题，在设备停电后进行处理，如通过设备除锈、绝缘清扫、螺栓紧固、设备试验等手段来提高设备质量。

5 措施及建议

(1)设计单位应深入现场进行调查。一是防止闭门造车，从实际上掌握设备运行检修过程中的困难，从设计上解决设备运行后的问题；二是实时掌握新技术新设备的运用，从设计上对牵引供电设备检修以“周期检测、状态维修、限界值管理、寿命管理”的方向提供条件。

(2)施工单位要本着对工程终身负责的态度进行施工作业。一是全面提高施工人员的素质，熟练掌握设备施工工艺；二是熟知设备施工标准，严格按照标准进行施工。

(3)设备招标时应严格检查生产的资质，是否有设备进行牵引供电系统运行，用户反馈证明等，而不能一味地进行低价中标，造成设备本身是次品而影响牵引供电安全。

(4)设备运行管理单位要做好设备接管的准备。一是在设计初期与设计单位进行沟通交流，提出运行检修存在的问题，提高设备运行质量；二是在施工单位施工期间，要安排技术能力强的人员提前介入，从施工阶段盯控施工质量，使后期设备运行稳定；三是在设备送电前组织人员对设备进行一次平推整治，保证设备无缺陷送电。

(5)设备运行管理单位在接管后要做好后期设备的运行、检修及抢修工作，建立完善的管理体系，规定设备巡视、检测、检修、试验标准，对设备故障及试验数据进行分析，找出设备个性、倾向性、季节问题，制定有效的措施，提高设备运行质量，防止设备故障的发生。

6 结束语

牵引供电系统设备质量由多个方面构成，由设计、施工、设备、运营方共同保障，而运行的可靠性由设计、施工、设备三方面决定。设计是基础，施工是根本，设备是保障，运营是手段，只有坚持这种原则，牵引供电系统才可向前发展，其设备质量才会有质的提升，设备检修方针才有机会向“周期检测、状态维修、限界值管理、寿命管理”的方向迈进。

参考文献

[1] 陆燕荪，陆延昌. 中国电气工程大典：第 8 卷，电力系统工程[M]. 北京：中国电力出版社，2009.
[2] 陆燕荪，陆延昌. 中国电气工程大典：第 10 卷，输变电工程[M]. 北京：中国电力出版社，2009.
[3] 李群湛，连三级，高仕斌. 高速铁路电气化工程[M]. 成都：西南交通大学出版社，2005.
[4] 费圣英，肖开进，鲁庭瑞，等. 电力系统继电保护原理与实用技术[M]. 北京：中国电力出版社，2006.
[5] 张宝奇，高艳平. 我国电气化铁路接触网保护设计的一个基本问题. 郑州，2009.

铁路供电远动系统(SCADA)安全分析及解决措施

王红军

(中国铁路呼和浩特局集团有限公司供电处)

摘　要：本文结合既有供电远动系统(SCADA)特点，分析供电远动系统在调试人员、调度人员进行作业时存在的安全因素，从供电远动系统作业规范、功能卡控、管理措施、设备防护等方面，提出安全因素作业的解决方案及措施，增强供电远动系统的可靠性，提高作业人员的安全性。

关键词：供电远动系统；安全因素；调试作业；倒闸作业

0　引言

铁路供电远动系统(SCADA)作为铁路供电保障的重要生产系统，实现了供电调度员对各个变电所、分区所、开闭所的遥信、遥测、遥控、遥调的监视与控制，实现了变电配电所(亭)的有人值守或无人值班，实现了对电力、牵引供电设备按时、高效的维护。同时有利于调度员实时掌握供电设备的运行状态，指导供电调度员迅速有效地进行故障应急处理，对设备故障应急指挥起着至关重要的作用。因此，提高铁路供电远动系统安全运行和设备质量，对供电调度掌握设备运行和应急指挥尤为重要。

1　主要安全影响因素

从目前供电远动系统的运行分析来看，存在多种影响供电远动系统运行安全的因素。

(1)既有供电远动系统调度主站新增设备调试时，由于调试人员等因素，存在新增重要数据配置错误或与既有数据(如遥控点、IP 地址、厂站 ID)重复的风险。如果在调试过程中调试人员不能及时发现这些问题，则将可能发生现场既有供电设备在调试试验中被误合、误分、无法操作等事故，甚至危及现场作业人员安全和影响行车。

(2)目前，普速铁路供电调度员作业制度中规定须“一人操作，一人监护”，确保“送、亭”电倒闸作业的正确性；部分铁路局 1 个供电调度台设 1 名调度员，作业时由临台人员安全负责监护，但在日常实际作业中，经常存在着“一人确认，一人操作”事后补签记录的现象，存在着作业安全隐患，极有可能发生误操作，甚至危及现场人身安全、设备安全。

(3)供电远动系统应用软件维护方面，安全保障功能不完善，如重要配置数据、修改不能实现对比检索分析，不能定期自动备份，缺少相关的卡控措施等。

(4)供电远动系统缺少网络安全防护设备和相关功能，易受各种病毒攻击和网络风暴攻击。

2　主要安全因素解决方案和措施

2.1　调试人员作业安全措施

在既有供电远动系统调试过程中，主站与被控站调试人员要现场核对所有配置数据，尤其是可能导致既有设备正常运行的重要数据。在调试过程中，同一台设备一般先遥信、后遥测，再进行遥控操作，在遥控操作中按照主站调试人员先发开关分/合遥控预置(选择)命令，现场调试人员通过通信报文信息核对预置命令，主站调试人通过通信报文信息核对返校信息，当上下调试人员核对的报文信息与现场设备信息一致时，主站调试人员方可下发遥控执行命令。

2.2　供电调度员作业安全方案和措施

目前，铁路供电调度员通过供电远动系统每天都要进行大量的“接触网停送电”倒闸作业，如果在远动送电作业中发生误合闸，将会严重威胁现场接触网作业人员的人身安全，因此如何确保接触网作业人员的人身安全及行车设备安全，特别是防止误操作对作业人员的人身伤害，对供电远动系统来说非常重要。

(1)供电远动系统防止误操作，在规范供电调度员作业制度的同时，在供电远动操作系统中增加机控、机防功能，将调度人员作业制度等措施机器化，在供电远动操作系统中植入监护许可程序，并按现场作业性质的不同，进行分类授权，杜绝“一人确认，一人操作”现象的发生。

(2)在接触网停电检修作业中，经常存在同一供电臂有多组作业、嵌套作业等情况，并且夜间作业较多，同时各组作业时间长短不同，开始、结束时间又互相交叉，加之V型天窗在接触网停电过程中，供电调度员极有可能发生误送电。为了解决这个问题，采取了如下措施。

①在供电远动系统中利用供电臂与接触网供电示意图的对应关系，增加了供电臂馈线开关与该供电臂接触网的闭锁安全功能，在接触网供电示意图停电范围两端增加对接开关挂闭锁牌，显示作业编号，批准时间，作业命令，在馈线开关挂闭锁牌，按作业组分别挂牌，并且分别显示作业命令，每消除一个作业命令，就摘除相对应的闭锁牌，只有供电臂作业命令全部消除，闭锁牌全部摘除完毕时，供电调度方可向接触网送电。

②在供电远动系统中防止接触网误送电，建立馈线开关和供电臂之间的对应关系，当调度员进行远动分合闸操作时，通过检查供电臂是否有作业，以检查判断该开关是否进行分合闸操作。

③规范实施作业和批准流程，首先由调度人员根据施工计划，提前把作业内容输入供电远动系统中，由值班班长或者调度主任在系统中审核后再进行后续操作。

(3)供电远动系统供电调度员在作业时，采用双席位监督机制，在实行停送电操作时，由主席位操作员进行操作，备席位操作台执行允许操作后，主席位操作员才能执行相应的设备操作。

2.3　供电远动系统安全保障方案和措施

(1)在供电远动系统中增加对调度监管范围的动态划分功能，可对范围内每个监控信息点的监控权限进行灵活配置。可以设置各调度台的管辖范围，合理分配各调度台信息资源，在身份验证后，可灵活变更某一台或者多台调度工作站的监管工作。

(2)供电远动系统增加用户权限定义与审核功能，系统对各等级的运行管理人员进行角色级别设置，确定管理人员的管理范围，确保系统安全正常运行。角色等级可分为调度长、值班调度主任、调度员、数据库与应用软件维护管理等级别，并可以根据需要进行角色的进一步划分。

(3)供电远动系统配置口令系统功能模块，该模块采用个人账户和分级账户两种方式。除可对各等级的运行管理人员进行口令级别设置和检查外，还可为每个调度员设定个人账户，确定每个调度员的操作权限，并将调度员的登录时间、注销时间记录存档，以明确区分每个调度员的责任。口令系统基于整个系统的用户管理，用户及权限、口令等数据都要在数据库中经加密后保存。

(4)供电远动系统增加维护调试安全自检和纠错功能，对调试维护人员新配置的遥信、遥控、遥测数据进行系统保存和加载前，要以站点为单位检查配置数据的唯一性，防止数据重复或者出现错误。

2.4　系统安全防护措施

(1)普速供电系统一般无网络安全防护设备，所有设备完全暴露在供电远动系统的网络中，因此增加网络安全防护设备对供电远动系统的运行是非常必要的，本方案中主要增加防火墙设备、网闸、资源监控服务器、日志服务器、AAA认证服务器、备份服务器、病毒防护服务器、磁带机，以确保系统的网络安全、数据安全，实现与外界网络的物理隔离、防火墙隔离、入侵检测、访问控制、数据备份、安全审计、日志分析等系统功能。

(2)增加病毒防护服务器，安装网络防病毒软件，由病毒服务器向供电远动系统局域网络终端设备进行病毒软件的发布和病毒库的推送升级。

(3)增加置日志服务器对系统相关设备的日志信息，统一显示、分析并形成报表。

(4)增加AAA认证服务器对系统信息安全的安全认证审计功能，满足信息安全等级保护(三级)要求。

(5)增加备份服务器，按照三级系统备份周期的要求，设置备份策略，实现数据完全备份。

(6)增加防火墙&IPS入侵检测设备，对数据进行检测，通过模式匹配和异常检测、统计分析以及抗IDS/IPS逃逸等多种检测技术，防止蠕虫、木马、间谍软件、广告软件、缓冲区溢出、扫描、非法连接、SQL注入、XSS跨站脚本等多种攻击造成的侵害。通过向运维人员发出告警，及时做出应急响应。增加网闸设备，实现供电远动系统与外界网络的物理隔离，实现全防护功能，防护缓冲区溢出攻击，防恶意代码的攻击，有效地抵御 ping flood、syn flood、Dos 和 DDos 等攻击。

2.5 安全管理措施

供电远动系统作为铁路电力保障的重要系统，对系统的维护、使用和操作必须进行严格控制。

数据备份工作由专业管理员负责，严格控制移动存储介质，在使用 U 盘或其他即插即用存储设备时，一定要先进行扫描病毒的工作，确保无病毒再用。服务器上的重要资料，由管理员统一进行备份，除 ERP 每个工作日备份外，其他资料每周备份一次，将备份的资料分别存放在不同区域，以避免后患。

3 结束语

供电远动系统增加作业安全闭锁系统，增加班长、监护人、审核人分类授权功能，在远动停送电实现监护人授权许可后操作人方可操作，杜绝“一人确认，一人操作”现象的发生。同时，增加远动监护授权过程实现机控信息化管理，达到操作人、监护人及涉及班长参与倒闸作业信息的全程记录；用机控确保监护人员监护职责的发挥与责任划分，推动供电调度倒闸作业标准化的有效落实；采取多项安全卡控措施，提高作业的安全性，确保行车安全和作业人员的人身安全，有效防止因误操作而引起的人员伤亡、电气设备损坏等事故的发生。

参考文献

[1] 王建飞. 做好铁路安全管理工作的几点心得[J]. 商业文化(月刊), 2011(7).
[2] 陈亮，张德君. 铁路应急通信系统研究[J]. 数字技术与应用, 2011(7).
[3] 魏臻. 工业铁路智能调度系统的安全关键技术[C]//全国第 20 届计算机技术与应用学术会议, 2009.
[4] 任桂珍. 浅谈牵引供电 SCADA 系统的功用[C]//河南省第五届学术年会铁道分会场专集, 2009.
[5] 何晓峰，王钢，李海锋. 调度自动化系统增强型数据仓库平台构建及应用[J]. 电力系统自动化, 2008(4).
[6] 黄小红，王倩. 数据挖掘技术在高速铁路 SCADA 中的应用研究[C]//中国电气化铁路两万公里学术会议, 2005.

高压电缆故障原因及对策措施

金龙生

（中国铁路沈阳局集团有限公司锦州供电段秦沈电力车间）

摘　要： 随着电缆在普速、高速铁路供电系统的大量应用，电缆故障占电力设备故障的比例也逐年上升。通过对高压电缆故障发生的原因进行分析，就如何避免故障发生及其快速处理提出建议。

关键词： 电缆；故障；对策措施

电力线路有架空线路和电缆线路两种方式，架空线路结构简单、投资小、便于维护和故障查找及处理，而电缆线路运行可靠、不占地面空间、维护工作量少，电击可能性小。普速铁路高压电缆数量占高压电力线路数量比例约为10%，高速（高铁客专）铁路高压电缆数量占高压电力线路数量比例为80%以上，近年因交通运输、城乡快速发展建设的影响，架空线路改电缆处所增多，随着这一比例的逐年提高，电缆故障占电力设备故障的比例也逐年上升。

1　原因分析

对我段近年来高压电缆故障发生的原因进行分类，大致有以下几类：设计单位设计原因、电缆本身及附件质量原因、施工质量原因、运行管理原因。

1.1　设计原因

（1）设计标准低。特别重要处所的电源线、贯通（自闭）电缆、地形复杂以及电缆故障后不易恢复区段的电缆未设置备用电缆、备用通道（如管、涵）或未设计其他便于快速抢修的措施。例如电缆跨越公路、水渠等未设置备用管道或预留备用电缆，一旦发生电缆故障，很难对原有故障电缆进行恢复，迫使更改电缆路径或破除公路，不仅在恢复故障电缆上增加了困难而且提升了经济损失；另外配电所电源线、贯通（自闭）电缆未设计独立通道，多条电缆共用电缆通道或电缆簇拥复杂且相互之间安全距离不足或未有物理隔离，一旦一条电缆发生故障会直接影响其他运行电缆，致使扩大故障范围，造成重大经济损失；还有较长电缆中间头不采用电缆中间接头箱方式，有可能导致电缆中间接头防水材料选用不当、工艺不良、不按规程要求制作且长期埋入地下，绝缘受潮后引起故障，或是中间接头内绝缘胶膨胀而胀裂外壳、电缆护套引起故障等等。

（2）电力施工图设计简单。一般只给出电缆大致路径、数量表和参考标准图集，对特殊地段电缆设计要求未说明，导致在施工中不能着重考虑特殊地段电缆的敷设，降低了电缆敷设标准，为使用单位留下了隐患。

（3）长大电缆运行维护指导性文件、仿真实验资料缺失。

1.2　电缆本体及附件质量原因

厂家制造原因主要是产品质量有偏差，根据发生部位不同，又分为电缆本体原因和电缆接头附件原因。其中：

（1）电缆本体原因主要是绝缘老化，主要出现在电缆投入运行的后期，导致运行后期故障率大幅上升。电缆绝缘介质内部气隙在电场作用下产生游离使绝缘下降。当绝缘介质电离时，气隙中产生化学生产物，腐蚀绝缘层，从而造成绝缘程度下降。一般可引起绝缘过早老化的主要原因有：

①电缆选择型号不当，致使电缆长期在过压下故障。②电缆线路周围靠近热源，使电缆局部或整个电缆线路长期受热。③电缆工作在具有可能与电缆绝缘起不良反映的环境中。以上几点都有可能造成电缆绝缘过早老化。

（2）电缆附件一般由于受现场条件限制以及制作工艺的原因，绝缘带层间不可避免会有气隙或杂质，所以容易发生问题，但电缆终端或中间接头一般都出现在电缆绝缘屏蔽断口处，因为这里是电应力集中的部位，所以因制造原因导致电缆接头故障的原因有应力锥本体缺陷、绝缘胶带问题等，但影响电缆附件质量的因素却有很多方面，其中：①密封性能、防潮性能直接影响电缆附件的电气性能和使用寿命；②电缆附件也应该有足够的抗弯、抗震能力；③电缆附件的设计和选型也是重要的条件。

但随着交联聚乙烯电缆的广泛应用，其制造水平也日趋成熟，且电缆在出厂前都要进行一系列符合国家标准的试验，以符合出厂质量要求，不过一般在电缆生产过程中也容易出现绝缘偏心、绝缘屏蔽厚度不均匀、绝缘内有杂志、内外屏蔽有突起、交联度不均匀、电缆受潮、电缆金属护套密封不良等问题，这些问题，有的是在出厂前制造中就出现的，有的可能是在装盘运输过程中挤压造成的，比较严重的可能在竣工试验中或投运后不久即出现故障，大部分在电缆系统中以缺陷形式存在，对电缆长期安全运行造成了严重隐患。

1.3 施工质量原因

因为施工质量导致高压电缆故障的事例很多，主要原因有以下几个方面。

(1)施工现场环境条件差，施工过程中由于高压电缆绝缘暴露在空气中，绝缘层吸入水分，给安全运行留下了隐患。

(2)高压电缆中间接头或终端头施工工艺不高，施工中绝缘表面留有细小划痕或脏污，半导电颗粒和纱布上的沙粒嵌入绝缘中。

(3)未按规范要求施工或低标准施工，未按要求沿管、槽道敷设、铺沙盖砖(管、槽封堵)、分槽(沟)设置。

(4)电缆路径选择不合理，电缆路径被挤占，电缆被埋在永久建筑物下，电缆在排水沟或农田地等地方易遭外侵，留下隐患。

(5)施工过程中造成的电缆外皮损伤，未及时进行修补。

(6)单芯电缆未采用“品”字型敷设或三相全换位敷设方式，电缆护层保护器与电缆头连接线较长、未做绝缘处理等。

1.4 运行管理原因

电缆线路发生故障在运行管理方面也存在很多问题，其中：

(1)已超大修期，未逐年测量电缆绝缘电阻数据或数据不实，电缆绝缘性能下降而未及时更换的电缆易发生故障。

(2)电缆标桩、警示标志缺失，电缆路径不明确，宣传教育未做到位，导致易遭外部侵害。

(3)营业线施工监控不到位，电缆路径附近有开挖等施工，监控人员未履行责任。

(4)电缆基础管理弱化，数据台账不全。

(5)电缆易遭季节性破坏时，未做好防范措施。

以上原因造成的电缆故障的比例，运行管理占 58%，施工质量占 39%，电缆本体及附件质量占 2%，设计方面占 1%。其中运行管理外力破坏原因故障约占 87%，施工质量中中间接头或终端头施工质量原因故障约占 76%。

2 对策措施

电缆敷设方式一般采用直埋或电缆沟(槽、管)方式，其隐蔽性敷设方式和现有的故障探测技术手段决定了电缆一旦发生故障，一般难以快速准确地查找故障点，导致供电时间减缓恢复。因此，针对上述电缆故障发生的原因分析，今后应在设计、施工、运行管理等方面加以重视、解决，有针对性地提前采取措施加以预防，减少故障发生概率，提前做好故障易发点的预判，减少故障处理时间，确保供电安全。

2.1 加强与设计单位沟通

提早与设计单位联系沟通，根据设计规范及其相关文件说明，与段设备运行实际情况相结合，梳理汇总形成段电力电缆工程设计意见，在工程预可研阶段向设计单位合理提出。对特殊环境、复杂地形等电缆明确敷设标准，实现电缆沟槽化、同沟电缆应有物理隔离、尽可能取消电缆中间接头(改为电缆接头箱)、电缆标识牌准确、相序标识对应、过水沟电缆做好防护墙等。

2.2　全过程介入工程施工

安排有责任心的人员提前介入工程施工，并对介入人员进行培训，掌握设计文件内容及相关设计要求、电缆施工规范、安装标准和段相关要求。介入人员对重点处所、工艺及隐蔽工程发现的问题，要及时反馈，提出整改要求，并做好隐蔽工程影像留存。主要做到：

(1)施工前积极做好图纸审核，加强与设计人员的沟通，使电缆工程符合设计、规范要求。

(2)电缆工程与站前、站后工程工序是否协调，避免因工程工序协调不够造成敷设的电力电缆二次甚至多次变更路径，电缆受外力损伤或被埋在永久建筑物、栅栏、硬面土层下，给以后运行留下隐患。

(3)电力电缆工程自身及其他缆线、管道工程是否协调，避免不同电压等级、性能的电缆同沟、同槽、交叉敷设，安全距离不足，因一根电缆故障，损伤其他电缆，扩大故障影响面。

(4)电缆终端头、中间接头制作应严格在规定的气候、湿度条件下，按工艺标准进行，并由专业人士进行指导。

(5)按要求对电缆区段做好电缆标桩、电缆警示牌、电缆标识牌的设置，并加强对现场施工单位的监管，避免施工作业中开挖、打桩等工作对电缆造成损伤。

(6)对材料进行严格把关，并严格按照有关标准要求对电缆线路进行耐压试验，对不符合标准的电缆线路，严禁投入运行。

2.3　加强电缆运行管理

电缆故障产生的根源不是积患已久，就是管理不利，因此电缆的运行管理也是重中之重，所以加强电缆的运行管理应做到以下几点：

(1)细化电缆工程施工工艺要求，并严格按施工工艺标准、规范进行施工，加强对施工人员的培训及督促，提高电缆附件的安装质量等。

(2)补充电缆工程验收细则，特别是电缆竣工图纸要求，做到图与现场相符，并派专人妥善保管施工图纸及相应资料，以备查询。

(3)做好电缆日常巡视和恶劣天气后的巡视工作，其中包括电缆标示牌是否齐全；电缆周围土壤是否有下沉迹象；电缆有无外露；电力井井盖是否丢失；电缆井、隧道是否存在积水；电缆接头有无松动变形；电缆头有无过热、烧伤现象；电缆保护装置是否完好等。

(4)重视电缆标桩、标示设置工作及宣传教育工作，防止电缆受外部损坏，对重点施工处所、易遭外侵处所可采用视频监控装置对其进行实时监控。

(5)建立电缆台账及影像资料，记录逐年电缆绝缘数值，并定期进行分析，对电缆绝缘值逐年下降或不达标的电缆及时进行更换。

(6)施工中尽可能取消电缆中间接头，多采用电缆中间接头箱方式，减少中间接头存在的隐患。

(7)营业线施工区段的电缆，要向施工方交清电缆具体路径，并用白灰或警示旗等方式注明，施工时对电缆进行挖验，并在我方人员监护下方可进行施工。

(8)提升职工对电缆路径及电缆故障仪使用培训，购置精准电缆路径仪和电缆故障仪，方便现场快速查找故障点，减少抢修时间。

(9)确保车间电缆备品备件的储备，加强保管制度，每年核实备品备料情况，即用即补，并定期组织人员进行故障应急模拟演练。

(10)不断总结积累电缆运行维护、故障处理经验教训。

(11)提高新技术的应用及推广，其中包括光纤测温、接地电流在线监测、高压震荡波局放监测等。

3　结束语

电缆在普速、高速铁路中大量使用，如何预防电缆故障的发生，减少故障发生频次，缩短故障抢修时间，需要我们与其他各车间、各段勤沟通，互相学习，共同研讨，总结经验教训，提升抢修能力，掌握运行管理要求，这样才能确保铁路供电安全。

浅析铁路供电系统过电压所产生的原因及应对策略

史文斌　赵玉明

(中国铁路北京局集团有限公司天津供电段)

摘　要：牵引供电系统中绝缘事故频繁，尤其在电力机车快速通过关节式分相时更为突出。本文试图利用铁磁谐振的原理，以电力机车快速通过七跨式分相装置时的绝缘故障为突破口，探讨铁磁谐振过电压产生的原因及应采取的对策。

关键词：牵引供电系统；绝缘故障；关节式分相；铁磁谐振；过电压

伴随着铁路提速，机车过分相引起跳闸的故障频发，多次击穿电力机车支持绝缘子、放电间隙等设备，同时烧伤接触网导线、吊弦、承力索，对铁路运输造成了不利影响。其中以机车通过牵引变电所附近分相时烧伤最为严重，因短路点距离牵引变电所很近、短路电流大，其电动力、热效应等对牵引变电所主变压器、馈线断路器等设备危害很大。因此，找出故障原因，消除运行隐患极为迫切。

1　原因分析

1.1　故障现象及设备结构分析

1.1.1　牵引变电所

牵引变电所馈线断路器跳闸是由馈线保护动作引起的，而该保护动作是否正常就成为问题的关键之一。经试验分析，保护动作正常的条件如下：

(1)馈线保护动作时各种信号、指令正常。

(2)馈线保护启动故障测距指示故障距离正常(从接触网烧伤处、机车故障处、现场发现机顶电弧的公里标可以得到验证)。

(3)电流表每次测得的实际电流值较大(在 1200A 以上)，说明确实有短路电流存在。

(4)故障录波仪每次记录的短路电流、电压波形均表示馈线有短路存在。

(5)为了进一步说明问题，在该馈线加装了微机继电保护测试仪，跳闸时记录的短路电流、谐波、波形等与上述四条吻合。因此，完全可以排除继电保护误动。

(6)每次跳闸巡视时均没有异味，设备未有烧伤痕迹，值班人员也未听到短路电弧声，可以排除因变电设备引起的原因。

1.1.2　接触网

七跨式电分相装置通过工作支抬高过渡为非工作支、中性线降低过渡为工作支进行机车过相转换(出时相反)。由于轨道线路不好、机车晃动、接触导线摆动等原因造成机车受电弓频繁离线，机车电压互感器(变压器)失电又重新得电，相当于机车先切后合，这一过程可能重复多次，使电路瞬间产生多次过渡过程。

1.1.3　电力机车

部分机型的电力机车将电压互感器移在主断路器之前，其带电与否只与受电弓的升降有关，与机车断路器的开断则完全无关，而且电压互感器、变压器均是带铁芯的电感元件，在冲击电流下电感量呈非线性变化，使该电路的过渡过程不同于一般的电路变化。

1.1.4　供电系统

供电系统存在大量的集中参数和分布参数元件，其均以电阻、电感、电容的形式存在，尤其分布电容将空气作为介质，受气温、湿度、天气变化影响很大。事实上，上述跳闸与季节、天气都有一定的关联，而它往往是造成谐振的一个主要元件。

1.2 原因分析

1.2.1 原因归纳

从上面的排查可以总结出以下几点原因：

(1)电力机车的电压互感器、变压器是具有铁芯的铁磁元件；

(2)当机车通过关节式电分相装置时易形成多次分、合现象；

(3)供电系统的分布电容在季节、气候等变化下，其参数可变。

1.2.2 电路模型

由上述分析，可建立牵引供电系统谐振时的电路模型。

(1)将电力机车的变压器、电压互感器作为负载，它们是带铁芯的电感元件，在受到外界扰动时铁芯易饱和，成为变频元件，等效为X。假定其他元件在谐振前后均为线性元件。

(2)其他变压器，供电线路、接触网的电感等效在25 kV侧很小(50000 kVA牵引主变基频时每相等效电抗为1.3 Ω)，可以忽略。

(3)机车牵引负荷是一个变量，与研究的压互相比，电抗很小，可以忽略，假定过分相时机车负荷已降为零，其他机车等效则为与负荷成正比的可变电阻R。

(4)将受电弓在接触网分相过渡处形成多次分、合的现象等效为高频开关K_H。

(5)将供电系统的分布电容等效为一组可变电容C，牵引变电所的并电容等效为C_b，开关等效为K_C。

(6)将电源电势等效为E。利用等效电源定理，做出电气化铁路等效到25 kV侧的电路模型，如图1所示。

1.2.3 谐振原理

为了讨论电气化铁路铁磁谐振过电压，我们首先从上述等效电路(图1)开始。由于电路中有非线性的铁磁电感元件存在，特性曲线如图2所示，$UL=f(I)$，发生谐振时，回路不仅有基频，还有高频、分频谐波分量。我们先以基频为例，把谐振下的电压、电流仍看作正弦波，就可以用交流符号法进行求解。

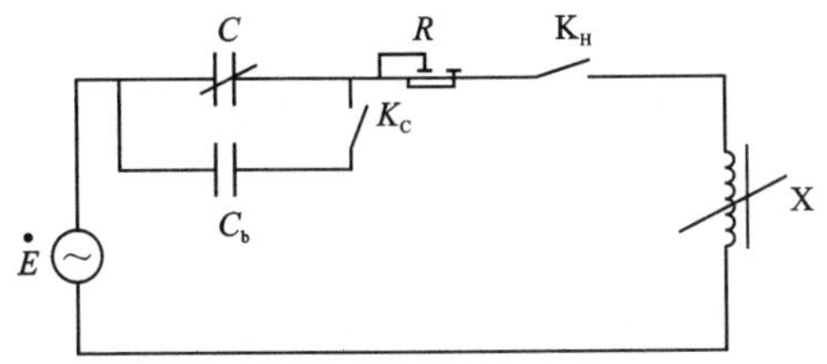

图1 电气铁路等效图

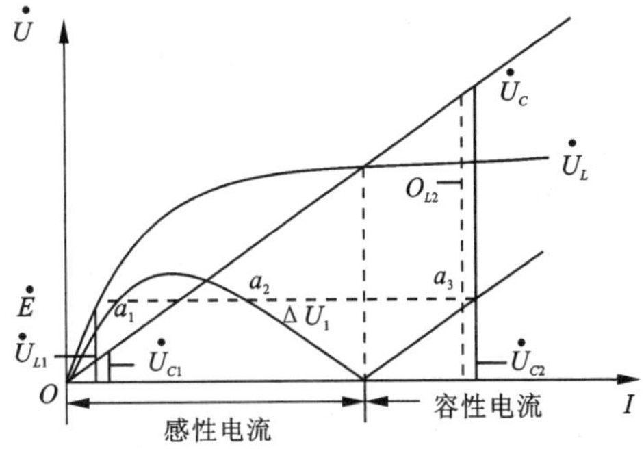

图2 谐振曲线图

因为电感上的电压和电容上的电压符号相反，且电容是线性的，即和IC的关系是一条直线，$UC=f(I)$。由图2可知，当$wL>1/wC$，即$UL>UC$时，电路中的电流呈感性；但随着电流的增大，铁芯饱和，电感降低，两条伏安特性相交，达到谐振点；电流再增加，$UC>UL$，电路中电流变为容性。由电路元件上的压降与电源电势的平衡关系可得$E=UL-UC$。以上平衡时可用电压降总和的绝对值ΔU来表示，即$E=\Delta U=|UL-UC|$，可做出ΔU与I的关系曲线$\Delta U=f(I)$，如图2所示。电势E与ΔU相交，就是满足上述方程的点。由图2可以看出，有a_1、a_2、a_3三个平衡点，但这三点并不都是稳定的。研究某一点是否稳定，可先假定回路中有一微小的扰动，分析此扰动是否能使回路脱离该点。例如a_1点，若回路中电流稍有增加，出现$\Delta U>E$，即电压降大于电势，则外加电势迫使回路电流减小，回到a_1点。反之，若回路电流稍有减小，出现$\Delta U<E$，电压降小于电势，则外加电势迫使回路电流增大，同样回到a_1点。因此a_1点是稳定的。用同样的方法分析a_2、a_3点，即可发现a_3点是稳定的，a_2点是不稳定的。

同时，从图2可以看出，当电势较小时，回路有两个可能的工作点a_1和a_3，而当E超过一定值以后，可能只有一个工作点。当有两个工作点时，若电源电势是逐渐上升的，则只能工作在非谐振工作点 a_1。为了能建立稳定的谐振点 a_3，回路必须经过强烈的扰动过程，这种经过过渡过程建立的谐振现象谓之为铁磁谐振的“激发”。而且一旦“激发”起来以后，谐振状态就可以保持很长时间，不会衰减，直至绝缘击穿、设备损坏，破坏了谐振条件为止。这里的激发因素就是等效的高频开关 KH。

以电压互感器为例。基频时，按照二次负荷 50% 计算，$S=10$ VA，所以 $X=250002/10=62.5$ MΩ，在扰动条件下，感抗将有从 62.5 MΩ 往小变化的趋势。牵引变电所并电容采用两串五并，基频时每组容抗 $Xc=636$ Ω。若忽略可变电容 Cb 和可变电阻 R，谐振前，62.5 MΩ > 636 Ω，即符合谐振条件 $wL>1/wC$，若在扰动条件下，某一时刻达到 $wL=1/wC$，电路将发生谐振。

实际上，由于铁磁元件的变频作用，即使防止了基波谐振，也可能产生高次谐波或分次谐波谐振。此类谐振机理非常复杂，目前只能做定性分析，却很难做出定量分析。根据过电压的特点对电路进行综合考虑后，先假定符合铁磁谐振条件，然后再破坏谐振条件。若过电压消失，说明假设条件正确，即先理论分析，再实践验证。

1.2.4 电气化铁路负荷的特点

由于单相负荷的特点，牵引供电系统正常的工作状态即处于可能谐振的状态，如严重的不同期操作(两条馈线上的机车不同时合闸或不同时有负荷)，非全相运行(一相馈线停电或无机车负荷)；而且扰动条件经常存在，如受电弓离线；机车的压互或变压器均是铁芯电感元件等。

1.2.5 对电力机车几种运行情况的综合分析

(1)电力机车断电过分相：当 SS4 型机车断电过分相时不会产生过电压(电压互感器接在主断路器后)，而 SS7 型机车要产生过电压，其根源是电压互感器接在主断路器之前。

(2)电力机车带电过分相(机车负荷降为零)：由于变压器、电压互感器相当于空载运行，在扰动条件下，均有可能产生铁磁谐振过电压。

(3)电力机车带电过分相(机车负荷未降为零)：有功负荷是阻尼振荡和限制谐振过电压的有利因素，根据铁磁谐振回路的损耗电阻小于临界电阻值的谐振条件，会产生谐振，但次数要明显减少。

综上所述，这种跳闸是在机车受电弓与接触网多次分、合的扰动条件下，电力机车的铁芯电感元件发生变化，与供电系统各参数在特定条件下匹配而发生铁磁(非线性)谐振过电压所引起的绝缘事故。

2 对策

要消除谐振过电压的根源，必须将电力机车、接触网、牵引变电所、轨道线路等作为一个大系统来加以研究，然后考虑其实现的必要性和可能性。

2.1 电力机车过电压

这类过电压是由接触网的特点、电力机车结构及运行本身存在的缺陷互相叠加而引起的，因此对机车进行改造，是目前现场投资小、见效快的最佳方案，本文推荐采取以下措施：

(1)将机车高压电压互感器的接线改在主断路器后，即与 SS4 型机车设计接线相同；

(2)机车司机必须严格执行操作规程且加装自动过分相装置，确保断电过分相；

(3)在电力机车设计、制造或现场改造时，应选用励磁特性较好的电磁式电压互感器，优先选用电容式电压互感器；

(4)在电压互感器的二次侧加装消谐电阻；

(5)采用跟随性好的受电弓，减少离线次数。

2.2 接触网

(1)在接触网分相的中性区加装阀型避雷器，一方面作为过电压的保护，另一方面利用阀型避雷器的并联电阻作为中性区累积电荷的放电通路，可以使机车进入中性区的过渡过电压初始值尽量降低；

(2)接触网参数符合规定，减少受电弓的离线次数。

参考文献

[1] 李群湛，贺建闽．牵引供电系统分析．西南交通大学．
[2] 贺威俊，简克良．电气化铁道供变电工程．西南交通大学．
[3] 邱毓昌，施围，张文元．高电压工程．西安交通大学．
[4] 李光琦．电力系统暂态分析．西安交通大学．
[5] 郑州铁路局宝鸡机务段编．韶山 4 型电力机车．
[6] 王永康．继电保护及自动装置．北京：中国铁道出版社．

关于远动系统安全稳定运行的思考

姚 圆

(中国铁路上海局集团有限公司合肥供电段阜阳检修车间)

摘 要: 铁路的高速发展,为中国社会的发展提供了动力。铁路安全稳定运行对供电的可靠性提出了更高的要求。当铁路供电设备发生故障时,如何快速地确定故障范围,判断故障原因,缩短故障处理时间就成为远动系统是否可靠的衡量标准。远动系统的可靠性关系着铁路供电的安全稳定。因此,安全稳定的远动系统是供电安全不可分割的一部分。

关键词: 铁路高速发展;远动系统;供电安全;可靠性

1 远动系统简介

远动系统主要是对电力运行状况的检测、监视以及对电力系统中运行参数和断路器投入状况的调节等。远动系统主要由三部分组成,即调度端、执行端和通信信道。调度端又叫控制端,产生遥控、遥调指令信息,接收被控端设备对象的遥测、遥信信息。执行端又叫被控端,接受调度端的遥控、遥调信息,产生遥测、遥信信息。通信信道的传输介质一般是同轴电缆或光纤。远动系统主要实现"四遥"功能,即遥测、遥信、遥调、遥控[1]。

2 远动系统常见故障

远动系统在运行过程中经常会出现一些故障,故障的原因多种多样,主要分为调度端的故障、执行端的故障和通信通道的故障。

2.1 调度端的故障

调度端的故障又分为硬件故障和软件故障。硬件故障包括协议转换器、交换机、路由器、网线、计算机硬件等故障。软件故障包括复示图与现场不匹配、软件版本、参数的定义、数据库、规约、IP、网关、子网掩码配置等故障。

2.2 执行端的故障

执行端的故障也可分为硬件故障和软件故障。常见的硬件故障包括电源板、CPU板、协转、串口服务器、互感器、辅助触点、出口继电器、UPS、电池、双电源切换等故障。软件故障包括软件版本、规约、IP、网关、子网掩码配置等故障。

2.3 通信信道故障

通信信道故障一般是传输网同轴电缆头氧化、虚接、开焊等。光纤的收发器在高温条件下不能稳定工作,尾纤遭到老鼠啃食等。还有常见的故障是同轴电缆的误码率过高,不能满足传输需求。

3 远动故障处理的一般方法

远动故障相对比较复杂,故障处理方法包括以下几种。

3.1 观察法

观察电源板、CPU板等指示灯运行是否正常,协转灯是否有告警,收发灯是否闪烁,设备运行中是否有异响,以及其他明显的故障现象。

3.2 测量法

测量设备的电流电压值以及辅助触点,可判断故障的原因,缩小故障排查范围。误码仪和光纤测试仪可以有效测量通道质量。

3.3　逐项排除法

根据故障现象，逐项排除，直到找出故障原因，常用替代法去排除非故障区段。比如调度复视系统 XX 箱变不通，先排除调度端和通道故障，最后再查装置本体故障。

3.4　综合分析法

综合分析法是建立在以上方法的基础上，快速有效地判断故障范围，对技术人员的专业素质和现场经验有一定的要求[2]。

4　远动系统日常巡视、检修、故障处理工作中出现的一些问题

4.1　远动工作协调部门多，协调难度大

远动设备维护、检修、故障处理等工作需要与各设备厂家、通信工区、电力工区、车间、技术科、调度科、物资部门协调沟通，经常会出现沟通不畅现象，材料备品备件到货速度慢。检修车间在全段的管辖范围大，设备多，生产任务比较重，车辆资源相对紧缺，远动设备的巡视、检修工作不能在短时间内全面覆盖，不能提前发现问题，只能被动地进行故障处理工作。

4.2　远动维护人员业务素质低

电力远动系统涉及的学科背景有：电力系统、计算机技术、网络技术、通信、自动化控制等等，它的基本理论和技术包括数据采集理论和技术、计算机原理、编码理论、数据传输原理、计算机网络技术、信息论以及电力系统运行状态的基本理论等。合肥供电段之前的远动维护工作由检修车间检修组担任。维护人员更多的靠经验更换部分零件，处理不了的则直接找厂家。远动组成立以后，维护人员以近年来的大学生为主，其学科背景和现场经验有限，造成业务素质不高。

4.3　远动箱变运行环境恶劣，夏季电子元件损坏非常严重

电力远动箱变大多数放置在铁路沿线，生产环境恶劣。夏季高温天气下，箱变温度可达到 80 摄氏度左右，RTU 芯片、UPS、双电源切换、协议转换器、串口服务器等设备损坏严重，甚至有少数箱变有漏水现象，设备运行环境堪忧。

4.4　远动缺陷和遗留问题多，设备严重老化

我段调度主站也出现过远动图形界面标示不统一，通信电缆老化，同轴电缆头氧化、虚接等问题。在已运行多年的远动设备中，技术资料很不规范，电子和纸质资料并不齐全。基于 2M 同轴电缆的传输网在电力故障发生时，RTU 与调度传输的数据量增大，通道容易发生阻塞，造成传输中断。箱变远动 RTU 设备老化严重，达到更新年限却未及时更换。

5　远动系统安全稳定运行的建议

5.1　创新远动机构设置

成立远动车间，优化人员结构，统筹规划全段远动巡视、检修、故障处理等工作，为远动稳定运行提供组织优势。远动车间方便协调调度主站和被控站的软件日常维护、状态监测、数据分析，并定期对供电远动系统功能进行校验，及时发现、协调处理供电远动系统的故障，保证系统正常使用

5.2　加强人员专业培训

为了打造一支远动设备维护的精英团队，段需要采取多种培训手段，定期组织远动从业人员进行专业化的培训，保证每名远动维护人员能熟悉掌握远动系统体系结构，拥有快速查找并排除故障的能力。

5.3　加强施工管理，做好远动新设备的调试和验收工作

在远动设备更新或者改造时，严控设备质量，淘汰设备质量不合格的厂家。重视调试和验收工作，确保远动设备的技术资料完备，且现场实际与技术资料相符。从源头上保证设备的可靠稳定运行。

5.3　加强各部门协调，紧盯设备缺陷问题整改

加强与通信段的沟通交流，及时发现和解决传输通道问题。对远动设备缺陷的发现、登记、上报、处理、销号等各环节实行闭环管理，相关科室应定期进行问题销号检查，使设备缺陷得以及时处理，严禁虚假销号，不了了之。

5.4 加强远动从业人员的自主创新能力，摆脱对厂家的依赖性，优化远动设备质量

电子设备的更新换代时间非常快，远动系统将会越来越智能化、自动化。远动从业人员应该加强自主创新，提出一些改进方案，为远动系统更加安全、稳定做出贡献。

6 结束语

随着铁路电力系统设备越来越多，安全、稳定、可靠的远动系统成为供电安全的必然要求。远动系统也将会越来越智能化、自动化，所以远动的管理和远动人员的技术水平已经不能满足于现状。在日常远动维护工作过程中，我们要善于积累和总结，积极创新，努力提高自身的专业技能，为远动设备稳定运行保驾护航。

参考文献

[1] 蒋宏林. 高速铁路电力远动技术的应用[J]. 工程技术研究, 2016(8): 46, 54.
[2] 王琦. 电网远动自动化系统常见故障和查找方法研究[J]. 黑龙江科技信息, 2017(10): 55.

平衡变压器差动保护误动作原因分析

余学林

（中国铁路上海局集团有限公司供电处）

摘　要：宁启铁路六合牵引所采用平衡变压器作为主变，在电气化改造四电验收过程中，机车热滑引起主变差动保护动作跳闸导致停电事故。对主变差动保护跳闸的经过和原因进行分析，对保护装置、差动电流回路以及主变本体等进行检查和确认，并对图纸进行审查，查明差动跳闸原因，并总结分析经验。本文首先对主变差动保护动作现象进行了概述，并分析了主变差动保护的基本原理，在此基础上又分析了主变差动误动作的具体案例，并得出了该跳闸事故的具体原因。

关键词：牵引所；平衡变压器；差动保护；误动作；电流互感器极性

1　引言

六合牵引所采用平衡变压器作为主变(额定容量 40 MVA)，为直供加回流的牵引供电方式。在牵引所投入运行过程中，在空载情况下未发生差动保护动作情况。在供电臂出现负载时，主变出现比率差动动作，牵引所跳闸。总结分析可能造成主变差动保护误动作的原因如表 1 所示。差动保护作为主变主保护对牵引所正常供电至关重要。如何提高高铁牵引供电系统的可靠性，以保证高铁的供电质量，确保其安全准点运营，已经成为铁路供电工作者丞待解决的问题。

表 1　主变差动保护误动原因

误动作来源	误动作性质
差动保护装置	特性匹配差错，如平衡系数修正错误等
电流互感器	电流互感器极性错误
差动二次接线	接线错误，主变高压侧流互二次接线需抵消一次接线角差，接线容易出错
二次回路	二次回路出现因绝缘损坏、接地、短路等导致保护误动作
不平衡电流	变压器励磁涌流、高低压侧流互型号不一致、区外故障中的非周期分量等
工作人员	工作人员在做继保试验时，回路错误导致加流位置错误

本文针对六合牵引所差动保护故障现象，根据故障报文分析差动保护误动作的原因，讨论电流互感器接反对差动保护的影响，并根据现场作业情况提出注意事项。

2　六合牵引所差动保护动作故障概况

六合牵引所连续发生了两起差动保护动作故障。12 月 20 日 21:46，六合牵引所 1 号主变比率差动保护动作，其故障报文如图 1 所示。主变备自投动作，切换至 2 号主变主用，1 号备用。

12 月 21 日 5:43，六合牵引所 2 号主变比率差动保护动作，其故障报文如图 2 所示。主变备自投动作，切回至 1 号主变主用，2 号备用。

按照故障查找的顺序，我们首先检查变压器本体，检查变压器油色、油温、油位、压力释放阀、防爆管等状态均正常。同时排除了值守人员操作失误和二次接线绝缘下降引起的保护动作的可能性。根据设计图纸，主变高低压侧流互极性都符合设计要求。与保护厂家沟通，初步怀疑差动保护平衡系数整定有误。后

1号主变差动保护测控装置-NSR691T:比率差动保护动作——故障报告 2015-12-20 21:46:56::551
比率差动保护动作
动作毫秒数:0

主变高侧A相电流IHa=0.15A	B相差动电流ICDb=0.06A	B相差动二次谐波=0.00A
主变高侧B相电流IHb=0.03A	C相差动电流ICDc=0.22A	C相差动二次谐波=0.00A
主变高侧C相电流IHc=0.10A	A相制动电流IZDa=0.14A	1#进线BC相电压UBC1=179.00V
低压侧A相电流ILa=0.10A	B相制动电流IZDb=0.02A	1#进线CA相电压UCA1=0.00V
低压侧B相电流ILb=0.00A	C相制动电流IZDc=0.10A	2#进线正序电压U2H1=359.30V
A相差动电流ICDa=0.30A	A相差动二次谐波=0.00A	2#进线负序电压U2H2=0.00V
		2#进线AB相电压UAB2=0.00V

图 1　1 号主变比率差动保护动作故障报文

2号主变差动保护测控装置-NSR691T:比率差动保护动作——故障报告 2015-12-21 05:43:22::494
比率差动保护动作
动作毫秒数:0

主变高侧A相电流IHa=0.04A	B相差动电流ICDb=0.30A	B相差动二次谐波=0.00A
主变高侧B相电流IHb=0.14A	C相差动电流ICDc=0.19A	C相差动二次谐波=0.01A
主变高侧C相电流IHc=0.09A	A相制动电流IZDa=0.04A	1#进线BC相电压UBC1=0.00V
低压侧A相电流ILa=0.00A	B相制动电流IZDb=0.14A	1#进线CA相电压UCA1=0.00V
低压侧B相电流ILb=0.10A	C相制动电流IZDc=0.09A	2#进线正序电压U2H1=0.00V
A相差动电流ICDa=0.09A	A相差动二次谐波=0.00A	2#进线负序电压U2H2=0.00V
		2#进线AB相电压UAB2=0.00V

图 2　2 号主变比率差动保护动作故障报文

通过故障报文数据分析，确定差动保护平衡系数整定正确，主变高低压侧流互一次、二次极性有一处极性取反，需调整。经过现场再确认，发现主变低压侧流互为装设在低压侧断路器手车上，设备厂家为了装设流互的方便，流互未按设计图纸安装，导致低压侧流互一次侧极性错误。经过改线，主变差动保护故障排除。

3　平衡变压器差动保护原理分析

差动保护作为变压器的主保护主要为防止变压器内部故障，是利用基尔霍夫电流定理工作的，其工作原理可以参照节点电流法，将变压器等效为一个节点，同一时刻，流进节点和流出节点电流相同，也就是变压器在正常运行时换算之后流进的电流和流出的电流相等，此时差动电流等于零，保护可靠不动作。

结合电流互感器的极性分析，当变压器正常工作或区外故障时，流入变压器的电流与流出电流(折算后电流)相等，若电流互感器极性正确，计算差电流为零，差动保护不动作；当变压器内部故障或区外故障时，流入变压器的电流与流出电流不相等，若两者差电流值超过整定值，主变差动保护动作。

3.1　平衡变压器差动保护原理

六合牵引所采用的是南瑞 NSR691T 电铁变压器差动保护装置，装置采集高压侧电流 I_A、I_B、I_C，低压侧电流 $\dot{I}_a$、$\dot{I}_b$，平衡系数 KPH，规定电流流向低压侧母线为其正方向，为实现高、低压测之间的差动电流平衡，电流由低压侧向高压侧平衡，平衡关系为：

$$\begin{bmatrix} I'_a \\ I'_b \\ I'_c \end{bmatrix} = KPH \times \begin{bmatrix} 1.366 & -0.366 \\ -0.366 & 1.366 \\ -1 & -1 \end{bmatrix} \begin{bmatrix} I_a \\ I_b \end{bmatrix} \tag{1}$$

其差动电流为：

$$\begin{aligned} I_{CDA} &= \left|\dot{I}_A - \dot{I}'_a\right| \\ I_{CDB} &= \left|\dot{I}_B - \dot{I}'_b\right| \\ I_{CDC} &= \left|\dot{I}_C - \dot{I}'_c\right| \end{aligned} \tag{2}$$

其制动电流为：

$$I_{ZDA}=\frac{1}{2}\left(\left|\dot{I}_{A}\right|+\left|\dot{I}'_{a}\right|\right)$$
$$I_{ZDB}=\frac{1}{2}\left(\left|\dot{I}_{B}\right|+\left|\dot{I}'_{b}\right|\right) \tag{3}$$
$$I_{ZDC}=\frac{1}{2}\left(\left|\dot{I}_{C}\right|+\left|\dot{I}'_{c}\right|\right)$$

主变差动保护设置差动速断保护和比率差动保护等功能，在此基础上增加附加制动特性区，增加差动保护的可靠性。其差动保护特性曲线如图 3 所示。

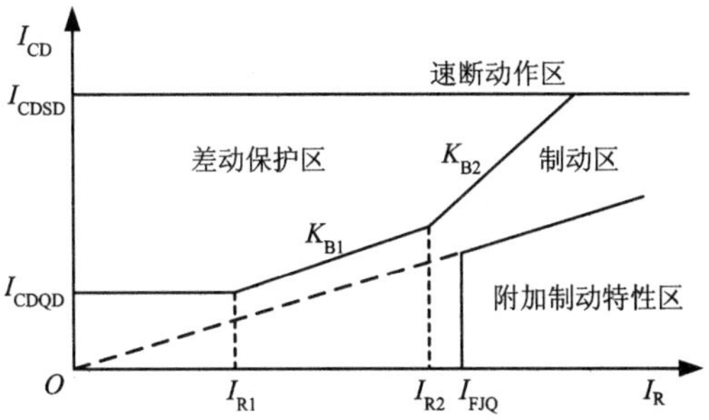

图 3　差动保护特性曲线

图 3 中：I_R 为制动电流，I_{CD}为差动电流，I_{ODQD}为差动启动电流，I_{CDSD}为差动速断启动电流，I_{FJQ}为附加制动电流，K_{B1}、K_{B2}为制动系数，I_{R1}、I_{R2}为拐点制动电流。当变压器内部存在严重故障，即检测各相差动电流大于 I_{CDSD}时，差动速断保护能够快速启动动作。其保护逻辑如图 4 所示。

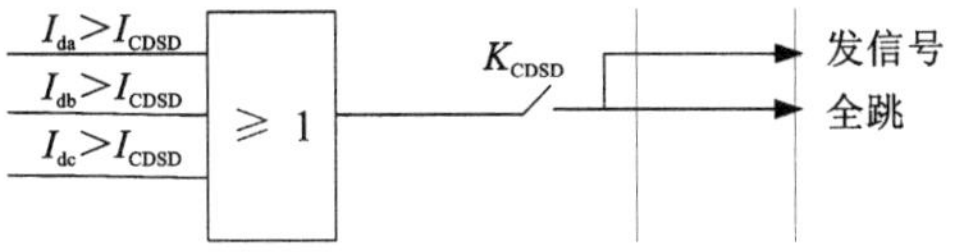

图 4　差动保护保护逻辑图

其整定原则为：

$$I_{CDSD}=1.2linrush\ \max$$

式中：*Iinrush* max 为最大励磁涌流，一般取 $I_{CDSD}=(5\sim6)Ie$。为了提高灵敏度，精确的定值可以通过主变空投试验后确定。

3.2　主变差动保护平衡系数 *KPH*

平衡变压器差动保护平衡系数 *KPH* 由主变高压侧额定电压 U_{eH}、低压侧额定电压 U_{eL}、高压侧电流互感器变比 N_H、低压侧电流互感器变比 N_L 决定，其高压侧流互采用二次三角形接法，低压侧流互采用二次侧星形接法。

$$KPH=\frac{U_{eL}\times N_L}{U_{eH}\times N_H}\times\sqrt{2} \tag{4}$$

4　六合牵引所差动保护故障分析

4.1　平衡系数整定核算

差动保护平衡系数主要用来平衡高低压侧电流在幅值比较上的差异。六合牵引所进线电压 U_{EH} 为 110 kV，低压侧电压 U_{eL}为 27.5 kV，高压侧流互变比为 500∶1，低压侧流互变比为 1500∶1，由式(4)可得，平衡系数 $KPH=\frac{27.5\times1500}{110\times500}\times\sqrt{2}=1.06$，查看定值，整定正确。

4.2 1号主变差动保护报文分析

六合牵引所主变差动保护相关定值如表2所示。

表2 主变差动保护定值

差动保护定值项	定值
差动速断保护差流定值	3.36A
比率差动保护 A、B、C 相起始差流定值	0.29A
比率差动保护 A、B、C 相制动定值 1	0.42A
比率差动保护 A、B、C 相制动定值 2	1.68A
附加稳定区启动制动电流	30A
附加稳定区闭锁差动延时	0.04s
平衡系数	1.06
高压侧 CT 一次额定值	0.5KA
低压侧 CT 一次额定值	1.5KA
CT 二次额定值	1.0A

六合牵引所第一次差动跳闸报文如图1所示，A 相差动电流 $I_{CDA}=0.30$ A 超过比率差动保护定值，比率差动保护动作。分析故障数据，由式(1)计算得，由低压侧向高压侧平衡电流为 $I'_a=0.145$A；由式(2)、(3)计算得，$I_{CDA}=0.005$ A，$I_{ZDA}=0.147$ A；此时高低压侧电流不应引起比率差动动作。对照表2定值，发现 I_{CDA}整定值与报文值出入较大。报文中 $I_{CDA}=0.30$ A，而两相电流数值相加时，$I_A+I'_a=0.295$A，与报文中数据基本相符，怀疑主变高低压侧流互有一侧极性错误。

4.3 2号主变差动保护报文分析

查看六合牵引所第二次差动跳闸报文如图2所示，B 相差动电流 $I_{CDB}=0.30$ A 超过比率差动保护定值，比率差动保护动作。再由式(1)计算得，由低压侧向高压侧平衡电流为 $I'_b=0.145$ A；由式(2)、(3)得，$I_{CDB}=0.005$ A，$I_{ZDB}=0.143$ A；此时高低压侧电流不能引起比率差动动作。同理，$I_B+I'_b=0.285$ A，与故障报文 B 相比率差动数据接近，同样怀疑主变高低压侧流互有一侧极性接反导致高低压侧电流叠加达到差动保护定值，保护动作。

4.4 电流互感器极性分析与校验

4.4.1 电流互感器极性分析

图5为六合牵引所流互电流输入回路原理图。

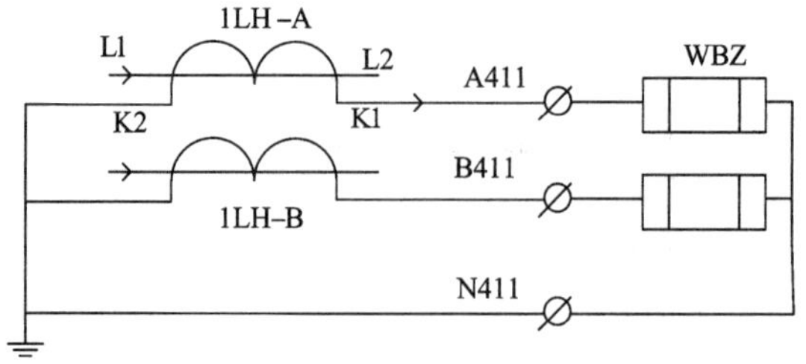

图5 六合牵引所流互电流输入回路原理图

在图5中，L1、L2 为电流互感器一次侧端子，K1、K2 为二次侧端子。规定在某一时刻，电流流进 1LH

一次侧 L1 端子和电流流出二次侧 K1 端子为同名端。电流的方向在电流互感器从 L1 端流进 L2 端，在二次侧从 K1 流出经过负载(保护装置)流进 K2 端。

为保证差动保护的可靠性，首先应正确对高低压侧二次侧电流进行矢量计算。若其中任何一组端子接反，将导致保护装置差动保护电流计算将高低压侧电流数值叠加，当超过差动保护定值时，差动保护会发生误动作。因此，在现场流互安装完毕后要正确校验接线，防止因接线错误导致流互极性出错引起差动保护误动作。

4.4.2　六合牵引所电流互感器校验

现场采用互感器校验仪对高低压侧流互的极性、误差、变比进行校验。经过现场确认，发现低压侧流互一次侧极性错误。设备厂家为了装设流互的方便，流互未按设计图纸安装，导致低压侧流互一次侧接线接反。经过调整低压侧流互一次侧极性，比率差动保护误动作故障得以解决。

宁启复线在进行四电验收的过程中，开展的继电保护试验无法排除流互极性错误，需要针对流互的极性进行专门的确认。六合牵引所在出现主变差动保护动作的情况下，由于主变低压侧断路器厂家未根据给定的设计图纸安装低压侧流互，而现场无法直观地反映流互一次反接的情况，最终导致机车热滑过程中出现差动保护误动作。

5　电流互感器现场注意事项

通过故障分析，得出电流互感器在运行过程中要注意极性不能接反，极性错误将会影响电流测量和计量，还会导致变压器差动保护误动或者拒动，影响继电保护选择性可靠性的作用，甚至会引起设备故障，扩大停电范围。

同时，在电流互感器运行过程中，运行维护人员在完成继保试验后要及时恢复二次接线，防止电流互感器二次回路开路，二次回路开路会导致电流互感器在电压的作用下击穿绕组，毁坏设备。日常维护过程中要检查端子接线有无松动，防止二次回路开路。

结论

本文首先对主变差动保护动作现象进行了概述，并分析了主变差动保护的基本原理，通过分析报文及现场校验确认了电流互感器极性接反是差动保护误动作故障的主要原因，排除故障后总结了电流互感器在运行过程中的注意事项。电流互感器的极性及二次接线关系到继电保护的可靠性和设备的安全稳定运行，各供电段运行维护部门要引起重视。

参考文献

[1] 宋奇吼，杨飏，童岩峰，等. 一种模糊电流预测控制算法在永磁同步电机矢量控制上的应用[J]. 微电机，2015，48(11)：81－84.

[2] 雷红梅，宋光文. 变电站电流互感器极性接法的探讨[J]. 电力系统保护与控制，2007，35(18)：78－81.

[3]蔡桂云，唐云. 变压器差动保护电流互感器二次回路断线闭锁分析[J]. 电力系统保护与控制，2001，29(8)：1－3.

[4]刘坚，曹俊岭，周兴飞. 变压器差动保护电流互感器二次绕组的接线方法[J]. 电工技术，2009(7)：14－15.

浅谈牵引变电所备自投装置检测方式改进研究

李伟伟　张　赟

(中铁电气化局集团有限公司南京维管段)

摘　要：分析了牵引供电变电所备自投保护功能检测方式的不足，介绍了一种在高压设备不停电情况下校验备自投程序的检测方法，说明了其工作原理、主要功能等。该备自投离线校验装置的使用，弥补了在牵引变电所备自投保护检测方式上的空白，进一步提高了牵引供电系统的供电可靠性。

关键词：备自投；检测方式；改进

0　引言

电气化铁路牵引变电设备投入运行后，需要按照周期进行检修和检测试验，确保变电设备工作状态良好。在实际运营维护中，由于电气化铁路运输要求牵引变电所持续不断地向馈线供电，个别变电设备停电检修时间较短，不具备理想的检修试验条件，特别是主变备自投保护装置自投功能，缺乏有效的检测手段，无法判断其工作状态。当遇有电源进线或所内主变故障时，有可能发生备自投不成功的情况，导致影响铁路供电事件的发生。

1　备自投保护工作原理

京沪线普速铁路符离集 - 常州之间的 25 座牵引所亭综合自动化设备主要为国电南自设备，本文以国电南自 WBT - 65A 为例进行说明。

装置自投方式由定值及对开入量进行编程决定，每一个动作逻辑的控制条件都可分为允许条件和闭锁条件两类，当允许条件满足而闭锁条件不满足时，自投动作出口。为了防止自投重复动作，在每次自投动作过程完成后自投闭锁 25 s；另外为了防止误动作，装置会在开机上电后 5 s 内闭锁自投逻辑。自投逻辑要求如图 1 所示。

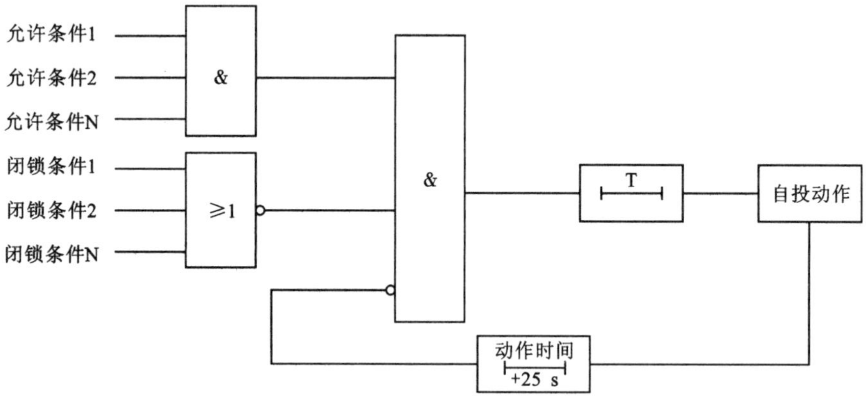

图 1　自投逻辑条件

2　自投保护启动类型

当运行系统发生故障后，自投保护装置会根据故障类型，启动对应的自投程序，一般分为运行进线故障和主变故障两种情况。

2.1　进线发生故障

当 110 kV 运行进线电压三相都低于定值，且 27.5 kV 母线电压都低于定值时，启动进线失压自投模块，其自投逻辑如图 2 所示。

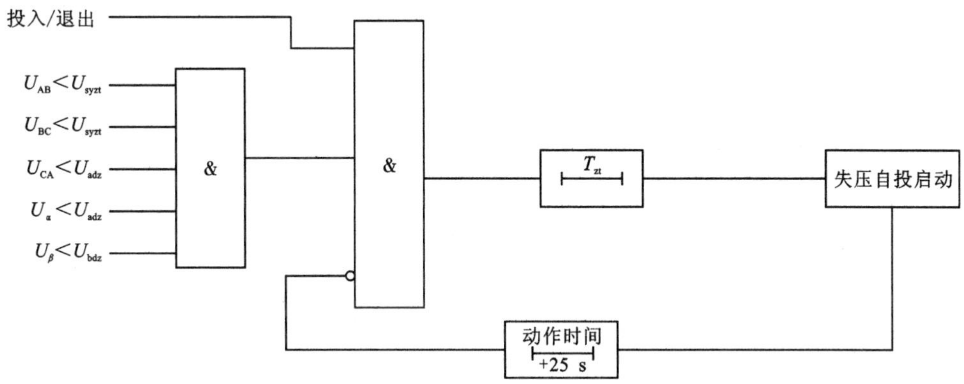

图 2 进线失压自投逻辑条件

2.2 主变发生故障

当主变故障跳闸，且运行进线有电压时，启动主变故障自投，其自投逻辑如图 3 所示。

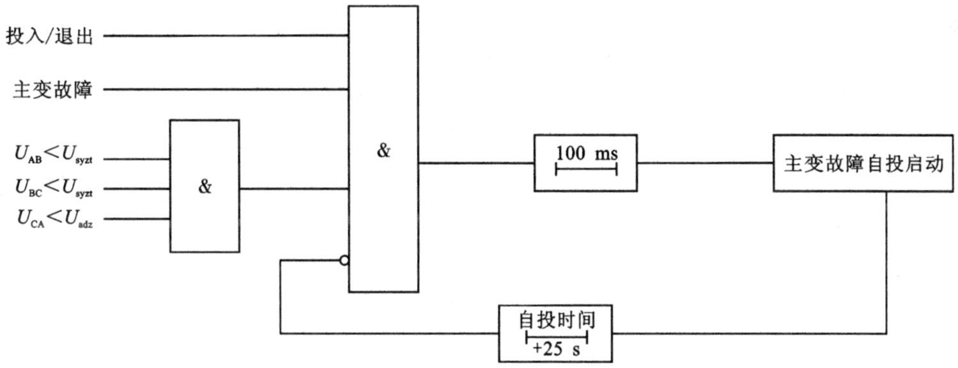

图 3 主变故障自投逻辑条件

3 运营管理中存在问题及应对措施

当牵引变电所运行系统发生进线失压、主变重瓦斯、压力释放、温度Ⅱ段故障时，自投保护装置根据不同的运行方式和自投逻辑控制，会得到不同的结果。常见 20 种自投方式如表 1 所示。

表 1 常见 20 种自投方式

运行方式	故障类型	逻辑控制字	直列优先	结果
1#进线 + 1#主变	主变故障	2#主变自投 投	是	2#进线 + 2#主变
	进线失压	2#进线自投 投		
2#进线 + 2#主变	主变故障	1#主变自投 投	是	1#进线 + 1#主变
	进线失压	1#进线自投 投		
1#进线 + 2#主变	主变故障	1#主变自投 投	是	1#进线 + 1#主变
	进线失压	2#进线自投 投		2#进线 + 2#主变
2#进线 + 1#主变	主变故障	2#主变自投 投	是	2#进线 + 2#主变
	进线失压	1#进线自投 投		1#进线 + 1#主变

续表 1

运行方式	故障类型	逻辑控制字	直列优先	结果
1#进线 + 1#主变	主变故障	2#主变自投　投	否	1#进线 + 2#主变
	进线失压	2#进线自投　投		2#进线 + 1#主变
2#进线 + 2#主变	主变故障	1#主变自投　投	否	2#进线 + 1#主变
	进线失压	1#进线自投　投		1#进线 + 2#主变
1#进线 + 2#主变	主变故障	1#主变自投　投	否	1#进线 + 1#主变
	进线失压	2#进线自投　投		2#进线 + 2#主变
2#进线 + 1#主变	主变故障	2#主变自投　投	否	2#进线 + 2#主变
	进线失压	1#进线自投　投		1#进线 + 1#主变
1#进线 + 1#主变（热备用方式）	主变故障	2#主变自投　投		2#进线 + 2#主变（热备用方式）
	进线失压	2#进线自投　投		
2#进线 + 2#主变（热备用方式）	主变故障	1#主变自投　投		1#进线 + 1#主变（热备用方式）
	进线失压	1#进线自投　投		

为确保备自投保护各项功能正常，至少需要进行 20 次模拟故障，用于检测自投功能。但在实际工作当中，因设备自身承受能力、铁路供电重要性等多方面原因的限制，现场并不具备检测试验条件。

3.1　连续倒换系统，对变压器绕组机械强度有一定损害

众所周知，每次冲击主变压器产生的励磁涌流，一般可达额定电流的 8 ~ 10 倍。若模拟 20 次故障，对所内主变压器而言，相当于每 1 台主变压器均要承受 10 次冲击试验。这种对主变压器多次连续合闸充电，造成大电流的多次冲击，会引起绕组间的机械力作用，可能会逐渐使其固定物松动；此外，励磁涌流有可能引起变压器的差动保护动作。因此，实际运营时在一次试验检测中多次模拟故障倒换系统是不太可能实现的。

3.2　受铁路运输供电影响，主变系统倒换作业时间短

进行自投保护检测时，由于进线或主变倒换，将同步导致所内馈出供电臂全部停电，停电范围广，对铁路运输影响较大，必须提报全所停电施工计划。一般来说，路局运输处批复此类计划时间较短，像京沪线这种繁忙干线，批复的计划时间为 10 min 左右。而每次主变系统倒换倒闸用时约 3 分钟，每次倒换后还要对设备进行检查，因此不能实现多次模拟故障倒换系统。

3.3　检测手段不足，无专用备自投装置功能检测仪器

自投保护动作能否正常，主要取决于启动条件和开关动作是否正常，当自投装置检测到相应的遥测和遥信信息后，执行下一步的倒闸，由于没有专用检测仪器，也缺乏有效的检测手段，不便于及时检测备自投装置的问题，致使备自投装置运行可靠性不高。

3.4　日常采取的应对措施

结合变电所系统倒换作业，逐步完成自投保护功能检测。根据年度设备检修任务，每年需对所内设备进行一次检修维护，因此会涉及到主、备用系统倒换工作。系统倒换一般有供电调度远程单控、整体程控操作或现场人员人为操作等，届时可向供电调度申请，由现场人员模拟进线或主变故障，触发备自投保护启动，既可以完成系统倒换作业，又可以检验 1 项备自投保护功能是否正常。由于受多方面因素影响，变电所系统倒换计划全年只能兑现 1 ~ 2 次，若要全面检测 20 种自投功能，需要的周期则较长，最少 10 年才能覆盖一次。

4　备自投保护检测方式改进应用

针对备自投保护检测周期长、依赖于实际倒闸的问题，本单位研发出了备自投离线效验装置，无需所内馈线停电，便可实现备自投功能测试，能全面、快速、准确地完成备自投功能检查，基本解决了备自投功

能检测中存在的困难，实现了备自投保护全面检测。

4.1　备自投离线校验装置主要原理

备自投离线校验装置主要将被测备自投保护装置接入试验仪器中，模拟提供各种电压及开关变位信息，通过模拟各种自投方式的开关动作，验证对应进线或主变故障时，被测装置自投保护能否正常启动。

4.2　备自投离线校验装置主要功能

能灵活绘制各种供电主接线图，输入四路进线电压、馈线电压，开出两路保护动作信号，模拟进线失压启动备自投、变压器故障启动备自投，实现上位机软件界面主接线图实时变位，自动生成自投装置操作对应的断路器、隔离开关动作报告，从而验证备自投保护功能是否正常。

由仪器模拟信号代替现场电压及开关位置信息，将备自投保护装置脱离运行状态，相关二次电压及开关遥信、遥控引入仪器。为确保安全，备自投保护装置工作电源、开关遥控电源可由仪器单独提供，与既有设备工作电源分离，如图4所示。

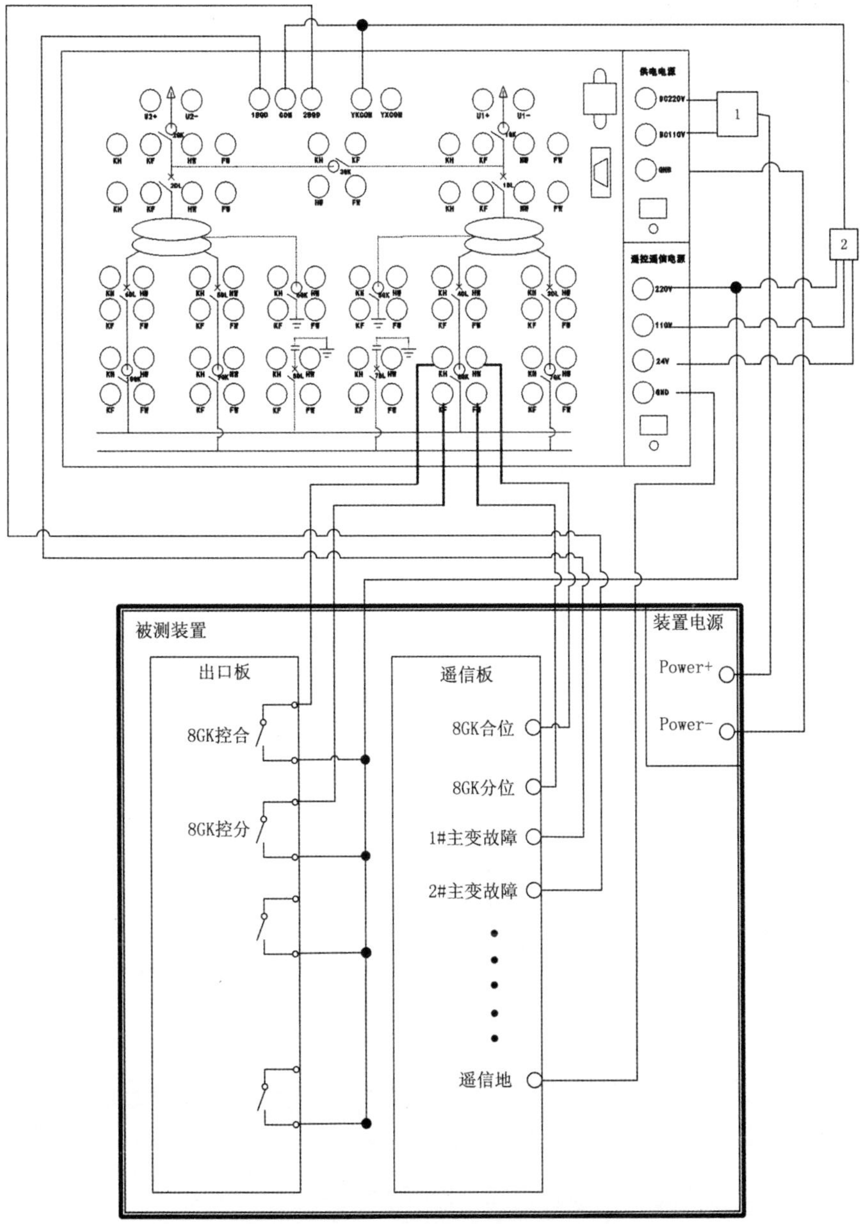

图4　备自投离线校验装置接线图

1 根据被测装置的供电电压选择，选择接220 VDC或者110 VDC；

2 根据被测装置遥信规格选择，选择接220 VDC、110 VDC或者24 VDC。

4.3 备自投离线校验装置应用效果

(1)该装置可在不影响接触网正常供电的情况下，对综自厂家保护装置的自投功能进行检测工作，减少了对铁路运输的影响。

(2)该装置可模拟变电所进线失压、主变故障，检查备自投采样、开入、开出等各种插件的工作状态，保证发生故障时备自投功能正常。

(3)该装置可在短时间内完成各种运行模式运行下备自投的动作逻辑功能检查，确保发生故障时备自投启动开关动作顺序正常。

5 结语

随着我国铁路电气化建设的不断发展，电力牵引将承担铁路的主要运输任务，为了确保牵引变电所的可靠供电，只有不断研究和完善铁路运营维护检修管理手段，不断创新设备检修检测方式，才能适应电气化铁路运营和维护事业的快速发展。

枢纽地区牵引变电所高压室设备小型集中修探讨

胡少雷[1] 姜占吉[2]

（1. 上海维管处；2. 杭州维管段）

摘 要： 目前铁路牵引变电所高压室设备检修需全所停电进行，实际作业过程中枢纽地区停电施工计划因涉及停电范围广，存在计划批复困难、时间较短等问题。实行牵引变电所高压室作业小型集中修能大大提高高压室内设备检修完成率，保证设备检修质量，确保供电设备稳定运行。

关键词： 枢纽；高压室设备；小型集中修

0 引言

枢纽地区牵引变电所由高压室配电设备向所属枢纽正线、到达场、出发场、动车所、机务段、下属开闭所等众多供电单元供电。由于供电馈线较多，所内高压室供电结构复杂，供电设备多，检修作业时间短，这种情况下要保证设备检修质量是较为困难的，而寻求一种新的检修组织模式就显得尤为重要。

1 目前检修模式面临的问题

1.1 高压室内设备数量多检修时间短

高压室母线及隔离开关需全所停电检修，但既有线全所停电施工计划批复时间短，且批复困难。以上海地区枢纽所亭南翔牵引变电所为例，变电所共向 21 个单元供电，高压室共有 8 台手动隔离开关，22 台电动隔离开关，168 个母线支持绝缘子，由于停电影响范围大，高压室设备停电检修批复时间计划为 40 min，但实际作业时间只有 30 min。

1.2 人员配置分析

变电检修车间是以管辖所亭数量进行折算配置的，以京沪线上海枢纽地区为例：配置上海检修小组一个，定员配置 8 人（含汽车司机 1 名），完成日常设备检修试验及应急处理，在检修枢纽所亭高压室设备检修时，由于时间短任务重，致使检修人员完成设备检修任务较为困难。

1.3 高压室内设备修程分析

高压室内主要设备的检修周期如表 1 所示。

表 1

序号	设备名称	小修	中修	大修	备注
1	单装互感器	1 年	5 ~ 10 年	15 ~ 20 年	系指单独装设的互感器
2	隔离开关	1 年	5 年	15 ~ 20 年	手动
3	隔离开关	半年	3 ~ 5 年	10 ~ 15 年	电动
4	高压母线	1 年	—	10 ~ 15 年	

2 高压室设备小型集中修可行性分析

2.1 客观存在的难以解决的问题

（1）牵引变电所高压室检修作业停电影响范围大，枢纽所亭检修计划批复困难，实际作业时间被压缩。

（2）牵引变电所高压室内变电设备数量较多且供电结构较为复杂，不利于人员作业。

2.2 针对存在问题的解决方法

(1)变电检修车间人员配置是按管辖所亭数量进行核定的，在全段范围内合理抽调符合高压室设备检修条件的检修人员、值守员人员。

(2)由于各检修车间管辖设备的配电安装方式不同，人员对高压室内设备的布局及结构掌握不清楚。例如，杭深线检修车间管辖所亭采用AT供电方式，所内设备均在室外高压场地，对高压室设备的配置及安装情况不熟悉。但通过合理组织培训，以及利用练兵场的训练，可以很快地满足高压室设备检修的条件。

(3)物料的配备可根据一个枢纽所亭正常开展高压室设备检修的数量进行配备。

采用小型集中修模式，从全段范围内符合参加检修条件的人员中合理抽调人员开展枢纽所亭全所停电检修任务，能提高检修天窗利用率，保证检修质量，因此小型集中修是保证高压室内设备安全、稳定、可靠运行的有效手段。

3 高压室设备小型集中修开展

3.1 细化设备检修计划提报

生产技术科根据需要，合理安排提报高压室检修施工计划，提报时统筹各检修车间施工计划的安排，尽可能避免施工计划时间发生冲突，保证每个高压室检修时均可以集中人员进行检修，且能够满足人员与设备的数量比例。

3.2 人员配置

由职教室、技术科根据需要，在全段范围内合理抽调符合高压室设备检修条件的检修人员、值守员人员，并安排相应课时进行理论及实作项目的培训。

3.3 检修物料配备

由检修车间根据计划，合理提报高压室检修工具、材料，满足高压室集中修配置(工具重点包含力矩扳手、备品备件等；材料重点包括工业酒精、抹布、螺栓等)，物资室根据计划及时配备。使集中修后勤工作得到保障。

3.4 标准化作业

3.4.1 作业前准备

(1)变电所人员结合日常巡视，利用红外成像测温仪及紫外测温仪对高压室内的母线、设备、支持绝缘子、穿墙套管等进行测温，并梳理出问题库。

(2)检修车间在检修前一天针对日常梳理的问题库及现场实际，对检修重点及检修任务进行方案预设，并形成高压室设备检修组织方案，上报技术科审核。

(3)根据检修方案提报工作票，确定作业人员、提前准备物料、备品备件等，保证人员及物料配备齐全。

(4)根据检修方案，提前2 h到达作业现场，召开可视化预想会，在预想会中重点布署安全风险点的卡控、检修设备重点及分工情况。

(5)作业人员根据分工情况及预想内容并结合现场实际，明确各小组检修思路与时间节点的把控。

(6)由于作业时间较短，为提高检修作业时间的利用率，将安全措施的办理结合现场情况进行分组，避免因安全措施办理时间过长而压缩检修作业时间。

3.4.2 作业中注意事项

(1)作业命令下达后，由工作领导人统一指挥，各组安全措施办理人员严格按照标准化作业程序进行安全措施的布置。

(2)工作领导人与值班员共同确认安全措施办理正确、完备后，及时组织开工作业。

(3)各组检修人员根据工前布署的检修思路开展检修作业，严格执行标准化作业程序。在作业中发现设备隐患或缺陷时，及时告知工作领导人，由工作领导人和现场盯岗干部共同结合现场情况及剩余作业时间商议处理方案，及时处置，保证检修作业不影响正常结束时间。

(4)工作领导人结合现场作业进度和要求完成时间随时结束作业。

(5)各组检修人员得到工作领导人结束作业命令后，要确认各设备恢复到检修前初始状态，及时退出高压分间并锁闭网栅门。

(6)各组安全措施办理人员及时到位，由工作领导人统一指挥，各组安全措施办理人员严格按照标准化作业程序进行安全措施的恢复。

(7)工作领导人与值班员共同确认安全措施恢复到位后，由值班员及时申请作业消令。

3.4.3　巩固措施

(1)由工作领导人组织召开作业收工会，安排人员及时现场记录各组人员作业过程中在安全、设备、作业组织、人员分工等方面存在的问题。

(2)针对收工会中问题的分析和讨论，制定相应更完善、更合理的措施，以便后期集中修中能及时避免，使高压室内设备小型集中修的开展更成熟。

(3)针对小型集中修开展过程中存在的不足，及时召开讨论交流会，由检修车间、技术科共同完善小型集中修模式。

(4)将高压室内母线支持绝缘子及各高压室分间进行编号利于作业开展，合理安排人员进行作业(图1)。

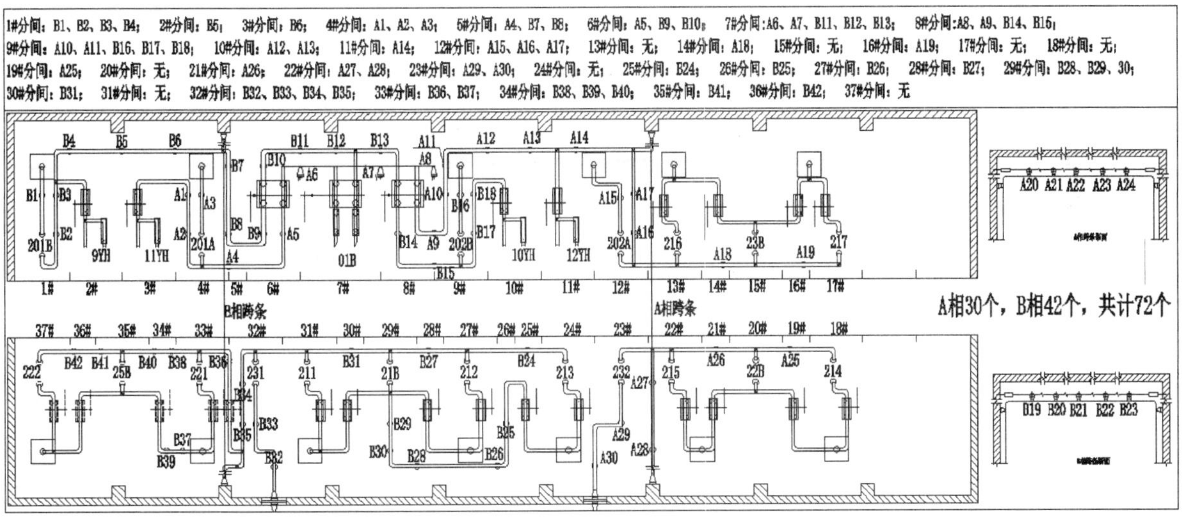

图1　高压室编号作用图

4　检修情况对比

以上海地区枢纽所亭南翔牵引变电所(图2)为例：一次高压室停电作业需检修设备120台，实际检修作业批复时间30 min。原检修模式10人参加作业，平均每人在计划时间内需检修12台设备，采用小型集

图2　牵引变电所

中修模式 20 人参加作业时，平均每人在有限的时间内检修 6 台设备，在同样的单位时间可大幅提高设备检修效率，更好地保证设备检修质量。

5 保证检修质量措施

(1)加强变电所人员日常测温管理，重点利用红外成像测温仪及紫外测温仪对高压室内母线、设备、支持绝缘子、穿墙套管等进行测温，并梳理出问题库，在检修作业中有针对性地进行检修。

(2)不断细化完善高压室设备检修作业指导书，积累经验总结问题。

(3)加强检修人员培训，专项安排针对高压室内重点检修部位相应理论及实作项目的培训。

(4)物料准备工器具保障。使用力矩扳手保证主导电回路各部连接处力矩达标，采用优质无纺布避免爬电，使用优质镀锌螺栓杜绝锈蚀。

6 结束语

通过牵引变电所高压室设备小型集中修作业，集中人、员、物料可切实有效地提高变电所高压室内设备检修效率，保证设备检修质量，确保供电设备安全可靠地供电。

参考文献

[1] 牵引变电所运行检修规程. 北京：中国铁道出版社，2013.

有关干式所用变常见故障与防范措施探讨

赵荣进

（中铁电气化局集团有限公司南京维管段）

摘　要：铁路牵引变电所所用变可靠运行是保证铁路供电运行可靠性的重要环节，本文从提高供电可靠性的基本措施出发，从日常作业中摸索出了提高所用变运行可靠性的一些具体防范措施，为整个供电可靠性的提高作出了贡献。

关键词：所用变；故障；防范措施

0 引言

在电气化铁路广泛应用条件下，所用变运行的可靠性就成为保证整条供电系统的重要部分之一，根据不同类型所用变特点、常见故障类型，从提高使用可靠性的基本措施出发，可摸索出加强所用变安全运行办法。（南京管段内）电气化铁路牵引变电所、开闭所等牵引变电设施一般采用两路所用电源，其中一路为10 kV，一路为27.5 kV所用变压器向所内交流用电设备供电。

早期所用变压器均采用油浸式变压器，室内油浸变压器对安装条件要求较高，设计规范要求油浸变压器外廊与变压器室四壁的最小净距为600 mm。而近年来干式变压器制造技术逐渐成熟，干式变压器不需要储油设施，全封闭型的干式变压器与室壁之间的距离没有严格限制，规程建议在防火要求较高的场所宜选用非油绝缘的变压器。目前大量使用的箱式分区所、开闭所和牵引变电所设备空间有限，干式变压器的优点可以得到充分体现，但在实际运行中，干式所用变压器故障率较高，已经引起多起故障，故障造成变压器自燃或爆炸等严重事故，造成了较大的经济损失和恶劣影响，也给电气化铁路安全运行带来了严重威胁。

1 干式变压器故障分析

1.1 干式所用变常见故障分类

（1）绕组故障：主要是器身中绕组及其绝缘物发生故障，表现在各部分绝缘老化，绕组受潮，绕组层间、匝间、相间、高低压绕组间发生接地、短路、击穿或烧毁故障等。

（2）铁芯故障：主要是铁芯组件中铁质夹件松动、固定不牢引起铁芯震颤和噪声、夹件损伤、铁芯叠片间绝缘老化；铁芯安装不规范使芯片叠装不良造成铁损增加、铁芯过热等。

（3）结构及附件故障：主要有分接连片连接螺栓松动导致接触不良或错位甚至脱落；温度计引线与线夹连接处老化，导致失去原有的机械强度使引线脱落、烧毁温度计等。

1.2 按故障的发生过程分类

（1）突发性故障：①由异常电压（外部过电压、内部过电压）引起的绝缘击穿。②外部短路事故引起的绕组变形、层间短路。③自然灾害，如地震、火灾等。

（2）长年累月逐渐扩展而形成的故障：①铁芯的绝缘不良即铁芯叠片之间绝缘不良、铁芯穿心螺栓的绝缘不良。②由外界的反复短路引起绕组的变形。③长时间过负荷运行引起绕组的变形，由于吸潮、游离放电引起绝缘材料老化。

1.3 干式所用变的故障和不正常工作情况

干式所用变是牵引供电系统中使用十分广泛的重要设备之一，它的故障将给供电的可靠性及系统的正常运行带来严重的影响。为了保证所用变的安全运行，防止将故障范围扩大，应按照所用变可能发生的任何故障，做好实质性防范措施。

所用变压器的故障有：单相线圈的匝间短路，线圈和铁芯之间绝缘破坏引起的接地短路，母排连接螺栓松动引起的闪络放电。当所用变外部出现故障时，由于线圈中将流过较大的短路电流，会使所用变压器温度上升，变压器长时间过负荷运行，亦能引起线圈的过热，它们都属于变压器的不正常运行情况。

1.4 典型案例

对某开闭所所用变运行中出现的故障原因进行了分析研究，从而总结出在今后的运行、检修过程中要做到的一些预防措施及注意事项。

1.5 故障的原因及处理

(1)问题描述。

2017 年 03 月某检修车间在分区所检修一台 27.5 kV 干式所用变，在进行直流电阻测试过程中，发现直流电阻阻值偏差较大，而后对该设备试验数据进行横向、纵向比较及分析，并确定此次试验数据不合格。检修人员对一、二次引线及分接开关的所有连接螺栓依次进行重新紧固，发现分接开关连片的链接螺栓在内部断裂，使其接触面积减少，造成直流电阻阻值偏高。

(2)处理经过。

检修人员首先对所有自用电变压器主导电回路连接螺栓进行检查，确保杜绝此类故障的发生。其次将原来的铜螺栓更换为机械强度较高的 M10 型不锈钢螺栓，并使用力矩扳手用 35Nm 的力矩进行紧固。

(3)原因总结。①材质问题：使用的铜螺栓比较脆，且没有经过特殊加工处理，容易断裂，应选用机械强度高、导电性能好的铜合金螺栓或不锈钢螺栓。②日常检修过程中的不规范操作问题：检修作业时并没有全部使用力矩扳手进行紧固，螺栓长时间受力不均匀导致机械强度下降。因此，在以后的检修过程中，紧固螺栓时必须根据螺栓质量选择适度的力矩扳手进行紧固。

1.6 防范措施

通过此次故障，认为对于所用变压器的分接开关在今后的运行中应注意以下几点：

(1)在对分接开关进行切换和检修前、后都必须测量其直流电阻阻值。使用过的分接开关接触部分可能有一些局部损伤，长期未使用的分接头表面则可能存在氧化或触头不清洁、镀层剥落、焊接脱落等现象，从而造成分接开关分接头的接触不良，接触电阻增大。因此在对分接开关进行切换和检修前、后都必须测量其直流电阻阻值，各相绕组电阻相间的差别不应大于三相平均值的 4%，线间差别不应大于三相平均值的 2%，且与变压器直阻数据的出厂试验报告比较无明显增大。

(2)改变所用变分接开关连接方式，增大接触面积，避免松脱和接触不良。

(3)通过此次故障的发生，认为所用变压器在平时的运行过程中，应加强巡视检查力度，在进行检修试验过程中，应严格遵守相关的规程、规章，确保变压器安全、经济、可靠地高效运行。

2 结束语

进入新世纪以来，铁路变配电行业将会有广阔的舞台供其发挥应有的作用，干式所用变压器的故障分析与状态维修及预防性试验将会是我国铁路牵引供电系统的重要环节，是变配电工作的重中之重。

参考文献

[1] TB 10080—2002 铁路电力牵引变电所所用电系统设计规范[S]. 北京：中国铁道出版社，2002：4.

[2] TB 10009—2005 铁路电力牵引供电设计规范[S]. 北京：中国铁道出版社，2005：18－19.

[3～5] 董其国. 变压器的故障与诊断[M]. 北京：中国电力出版社，2001.

牵引变电所二次防雷浅析

李　猛

（中国铁路沈阳局集团有限公司阜新供电段）

电气化铁路牵引变电所受雷害影响已成为当前的一个重大课题，受雷击影响变电所厅设备烧损现象频发，严重的甚至会造成全所瘫痪，对供电设备安全运行和运输秩序造成较大影响。

1　牵引变电所设备雷害现状

雷害对牵引变电所设备的影响基本都反应到了变电设备烧损上。通过对哈大高铁、秦沈客运专线、哈大线、沈山线多年运行经验的总结分析，牵引变电所因雷击或短路造成的设备故障主要有以下几方面。

1.1　网上隔离开关

网上隔离开关机构箱（包括整流器、分合闸接触器、二极管、电机、保险、分立安装 SPD）、网上隔离开关 RTU 板、所内保护屏网上隔离开关控制信号板、所内交流屏网上隔离开关供电馈出经常因雷击、短路冲击烧毁。另外网上隔离开关附近接触网发生短路，则短路电流入地时很容易击穿机构箱绝缘，造成高压入侵低压，电气化铁路供电系统雷击事故大部分来源于此。如 2012 年 7 月 2 日 7 时 50 分，哈大线金州二十里台站发生雷击事故，造成 B05 开关流互爆裂、站内 RTU 烧毁、5 个开关机构箱（包括电机）不同程度烧毁、B05SCI 信号端子箱烧焦、除 01 和 02 开关外其余开关埋地电缆烧毁、远动通道烧毁、所内跳闸，影响行车 2 个多 h。原因分析：由于雷击使 B05 流互闪络造成爆裂，从而导致并联导线和支柱连接，在跳闸前瞬间产生能量巨大的 27.5 kV 短路冲击，击穿机构箱绝缘后，用沿网上隔离开关的电源线、控制线入侵弱电系统，造成危害。

1.2　开关场隔离开关

户外进线、馈线隔离开关控制及信号回路因雷击损坏，尤其馈线隔离开关可能传导接触网短路电流，其机构箱损坏更为频繁。

1.3　电压互感器

电压互感器二次绕组因匝数少不能够有效传导一次侧的因雷击产生的高频杂波，会造成二次回路交流采样板、变送器损坏。

1.4　反击

牵引变电所地网不可避免地会遭受大电流的冲击，如不能及时泄放（流散）、均压、平衡就会造成地网局部地电位升高，产生电势差进而反击设备绝缘，超过设备绝缘耐受能力后将造成绝缘击穿，或直接损坏设备，或将高压瞬间引入地网，在保护动作前造成更大损失。

如 2012 年 6 月 14 日，秦沈线锦州南牵引变电所遭受雷击，造成一次侧 220 kV 侧电压互感器损坏、高压开关室所有设备烧毁、控制室所有设备烧毁、户外端子箱烧毁、主变端子箱烧毁、母线烧熔、电缆沟内电力电缆及控制电缆烧毁、地网多处熔断，损失惨重。原因分析：雷电流入侵地网，集中接地箱处地电位瞬间升高，回流箱移位，高压开关室断路器静触头绝缘子击穿，27.5 kV 入侵地网，主变切除前造成高压室短路冲击、控制室弱电系统反击、线缆烧毁。

1.5　交直流电源系统

交直流电源系统的整流模块、交流空开、中间继电器、各类检测单元等常因雷击损坏。

1.6　远动通道等其他功能回路

遭雷击后，通信管理机、远动管理机、协议转换器、视频接收器、室外视频监控云台、GPS 天线接口出现损坏或烧毁。

2　牵引变电所二次回路防雷建议

在完善的一次防雷系统基础上，二次回路的防雷措施可简要分为屏蔽措施、等电位连接措施、装设浪涌保护器(SPD)、集中安装。

2.1 屏蔽措施既法拉第笼屏蔽及二次线缆屏蔽

控制室及高压开关室均应结合房建工程做好法拉第笼屏蔽施工;二次回路电缆均应采用阻燃屏蔽电缆,屏蔽层应接地,屏蔽层内的感应环流可通过电缆护层保护器(FC)接地消除。屏蔽措施可以屏蔽 90% 以上的闪电感应。

2.2 等电位连接措施既设置等电位接地网

等电位接地网采用截面积不小于 100 mm^2 的裸铜排(缆)将控制室的交直流屏接地、测控屏接地、蓄电池接地、高压室断路器设备接地、开关场端子箱接地、一次设备机构箱接地进行可靠连接,各接地通过汇集线(汇流排)和等电位接地网连接。等电位接地网可以很好地抑制反击;增加集中接地装置可以大大降低大电流冲击。

2.3 装设浪涌保护器(SPD)

浪涌也称电涌,主要由雷电活动产生,通过空间电磁耦合或金属导体传导危害弱电系统。开关设备操作也会产生浪涌,既操作过电压或分、合闸冲击,装设 SPD 是很好的防护措施。SPD 既电涌保护器,分为电压开关型、限压型和组合型电涌保护器,通过合理选择 SPD 参数,组成串、并联防护电路、复合防护电路是有效的电涌防护方法。防护原则是不能影响被防护回路的正常运行,同时保护水平不能超过被防护对象的耐压水平。

2.4 集中式安装 SPD 的优点

集中式安装 SPD 可以根据防护对象的不同,设计相应 SPD 防护电路,集成于统一箱柜内,最大限度完成电磁兼容和防火设计,构成综合防雷箱(柜),实现二次回路防雷系统关键部分的可靠性、安全性和多功能性,经过哈大线、秦沈客运专线、沈山线多年的实际运行,防护效果明显,故障判断警示准确,安全可靠,运行维护方便快捷。具有以下优点:

(1)集中式安装可以防患火灾隐患。

(2)防雷等电位连接简化、分区清晰,便于检测、维护。

(3)可以实现智能化监视、检测、告警、动作、存储,提高可靠性。

(4)重要二次回路可以实现防雷保护,提高整个系统安全性。

(5)集中式安装可实现多功能性。

(6)可以简单有效地实现交流电源等回路多级防护。

(7)长接线残压可以消除。

3 二次回路集中式防雷方案

3.1 二次回路防雷系统框图(如图 1 所示)

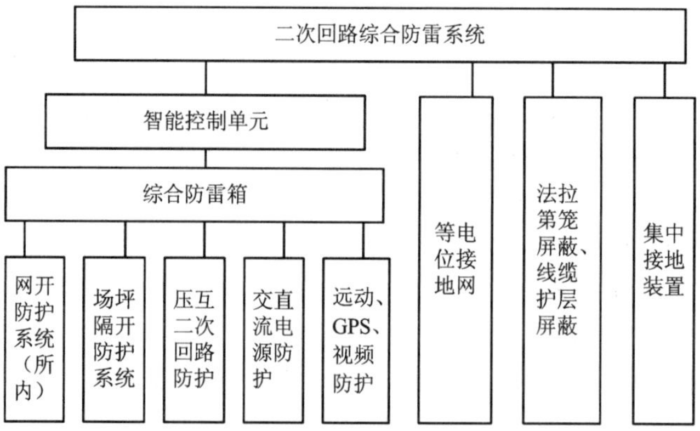

图 1 二次回路防雷系统框图

本文仅对综合防雷箱做详细介绍。

3.2　综合防雷箱

(1)网开防护系统(所内部分)。

防护对象：网开机构箱馈电电缆(电机整流、加热)，单个开关采用6~8芯电缆作为冗余，未使用芯线空置；控制电缆(已基本不用)或光纤，6芯电缆或1条光纤；平均每所8~10个网上隔离开关。

防护措施：交流(或直流)供电电缆芯线使用Ⅰ级试验开关型石墨SPD，冲击电流不小于12.5 kA，可以防护浪涌和短路冲击、气化脱扣、无工频续流影响；若有控制电缆则防护电路相同于交直流供电回路，若采用光纤控制，必须使用光纤接地器将光纤加强筋、屏蔽层可靠汇接于等电位汇集线上。

SPD接线：通过综合防雷箱端子排并联接线于交流屏网上隔离开关合闸、加热端子，或测控屏网上隔离开关控制端子，并联接线长度不大于1.5 m。

(2)压互二次回路防护。

防护对象：压互二次绕组非接地端；一次侧压互2台，27.5 kV压互2台；每台压互二次回路包括测量、保护、计量，共计4回路，则压互防护回路为16路。

防护措施：采用压敏电阻和放电间隙串联组合的复合防护电路，标称放电电流30 kA；放电间隙作为主防护通道，压敏电阻在工频波第一次过零时既阻断工频续流，快于保护动作的0.04 s，不会影响保护动作及测量、计量精度；间隙采用石墨型，气化脱扣，安全可靠；可防护雷电、操作过电压、重合闸冲击。

组合SPD接线：通过综合防雷箱端子排并联接线于测控屏端子排220 kV、27.5 kV测量、保护、计量电压端子。

(3)场坪隔开防护系统。

防护对象：一次侧2台电动隔离开关、27.5 kV侧8台电动隔离开关，每台开关直流电源回路2条、分合控制回路2条，共计4条。

防护措施：隔离开关二次电源回路、控制回路采用压敏电阻和放电间隙的组合型电涌保护器进行防护，正常状态保持断路状态，有浪涌冲击时低阻瞬态导通泄放，并通过压敏非线性元件在半波时间内截断工频续流。电压等级DC110 V、标称放电电流30 kA。

组合SPD接线：通过综合防雷箱端子排并联接线于测控屏端子排相应隔离开关控制、信号端子。

(4)交直流电源防护。

防护对象：交流屏交流总输入(含27.5 kV所用变输入和10 kV贯通线变压器输入)、交流屏的直流屏馈线出口、室外照明馈出、视频监控电源馈出、直流屏交流输入，除交流屏总输入为B级浪涌防护，其余均为C级，B级浪涌保护器的电压保护水平小于或等于2.5 kV，每一保护模式冲击电流值12.5 kA(Ⅰ级试验)，C级浪涌保护器采用Ⅱ级试验的标称放电电流值20 kA的SPD；统计得知，有2套B级SPD，12套C级SPD。

防护措施：(多级复合)采用B、C级限压型浪涌保护器对各交直流电源回路防护。

SPD接线：通过综合防雷箱端子排并联接线于交直流屏各输入、输出空开后端子，经计算接线可适当延长。

(5)远动通道、GPS天线、视频输入/输出接口。

采用相应接口类型、标称放电电流、电压保护水平、插入损耗的SPD，串接于回路中，可以采用单线接线柱连接、同类接口连接等方式接线。

3.3　综合防雷接口箱原理图(如图2所示)

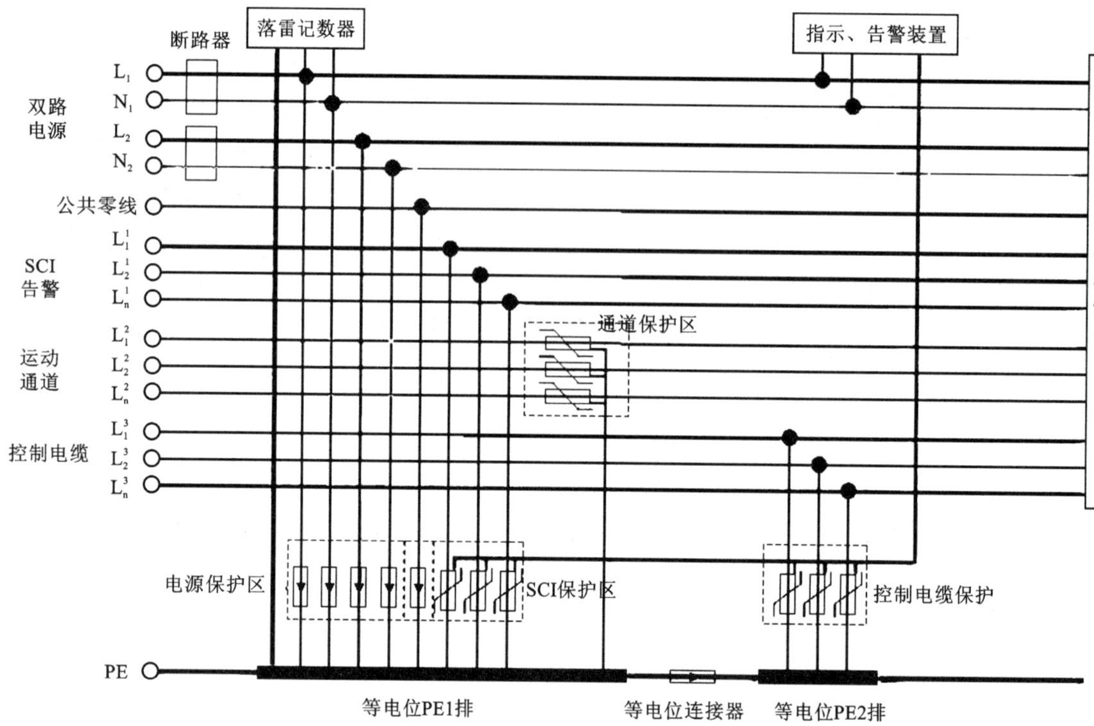

图 2 综合防雷接口箱原理图

4 防雷效果

通过对近几年哈大高铁、秦沈客运专线、哈大线、沈山线安装二次防雷系统的牵引变电所亭情况的调查，未发生过雷击损坏设备或空开跳闸等现象，确保了供电设备安全，同时大大减轻了人力，减少了运营开销。

5 建议

(1)在工程前期做好雷害调研，在设计上合理安装二次防雷设施，做到源头控制。

(2)根据运营需要对既有牵引变电所进行改造，安装二次防雷。

参考文献

[1] 于波. 雷害与过电压对牵引变电所二次保护设备的危害和防护设计.
[2] 伍贤仁. 浅谈铁路供电系统中的防雷技术.
[3] 刘鹏. 浅析牵引变电所接地防雷系统.
[4] 李普前. 牵引变电所馈线雷击引起主变差动保护误动分析.
[5] 席小燕. 浅谈牵引变电所集中接地.
[6] 杨卫红. 牵引变电所的防雷保护.
[7] 张先怡. GIS 牵引变电所馈线侧防雷分析.

高速铁路供电安全检测监测系统大数据综合应用平台

胡金东

（中国铁路南宁局集团有限公司供电处）

摘　要： 目前各铁路局6C设备基本配备，但6C检测数据只能单一汇总，未能有机关联各个C的子系统数据以及数据智能化分析，各个C的子系统数据关联只能通过人工进行查找，工作效率低。本文针对此问题，研发高速铁路供电安全检测监测系统大数据综合应用平台，实现检修计划制定、检测数据智能分析、缺陷综合整合、全流程闭环管理等功能，缩短分析周期，提高作业效率。

关键词： 6C系统；大数据；综合分析

1　引言

高速铁路的快速发展和运营品质的不断提升，对铁路牵引供电系统供电设备的安全运行提出了更高的要求。为确保动车组运营秩序和提高动车组的供电安全性、可靠性，各铁路局开始构建高铁供电安全检测监测系统（简称“6C系统”），主要目的是对高速铁路的牵引供电系统进行全方位、全覆盖的综合检测监测，包括对高速接触网悬挂参数和弓网运行参数的检测，对接触网悬挂、腕臂结构、附属线索和零部件的检测，对接触网参数的实时检测，对动车组受电弓滑板状态及接触网特殊断面和地点的实时监测，对接触网运行参数和供电设备参数的实时在线检测等。现阶段6C系统检测数据主要采用人工分析方式，劳动强度大、工作效率低，由于数据量庞大，造成分析周期长，不能及时分析发现一些较严重的设备缺陷及隐患，可能危及供电设备安全运行。同时各个C检测系统各成一系，相互独立，导致各C检测数据无法有机结合、综合分析，不能对将要发生故障的处所进行预判。

为改变6C系统检测数据分析现状，提高各个C检测数据的效率，及时发现隐患，保证供电设备安全运行，必须研发一套6C系统大数据综合应用平台，实现检测数据的智能分析及检测缺陷的有机整合，智能预判供电设备缺陷和故障，指导接触网设备维修。

2　系统设计

2.1　设计思路

6C系统大数据综合应用平台通过云同步服务器将各个C的检测数据进行集中存储，系统自动对接收的数据进行综合分析处理，自动分析检测的缺陷及故障并通过缩略图并发技术，以整改通知书的形式自动下发至缺陷所在车间、网工区，保证车间、网工区均可流畅地查看6C系统已处理完的故障数据，为及时有效地解决接触网缺陷及故障提供了有力的保证。在铁路供电系统检测规划时，站在建设智慧监控系统的高度，以“统一规划、统一标准、统一平台”的建设原则进行顶层设计，避免将来重复投资。在共享基础平台的基础上，对已有的分散监测、监测设备可形成信息交换的有机结合，从而避免各监测系统平台形成“孤岛”“烟囱”等现象，如图1所示。

2.2　系统构架

6C系统大数据综合应用平台主要包含三个部分内容，分别为数据云同步技术、检测数据综合智能分析技术以及图文并发技术。主要由局域网络设备、服务器设备、存储系统、网络安全设备、通信接口设备、检测HMI终端、维护及病毒防护终端、UPS、打印设备、大屏幕显示系统等硬件设备组成，如图2所示。

（1）云同步服务技术将供电段技术科、检测车间、网工区的日常6C系统检测数据进行综合同步，并且将各个C之间相应的数据进行有机整合、数据关联，通过智能专家分析系统对各个C检测数据进行缺陷、故障智能分析。

（2）综合智能分析技术系统自动分析发现设备缺陷或故障时，自动调用其他C的数据（数值类、高清图

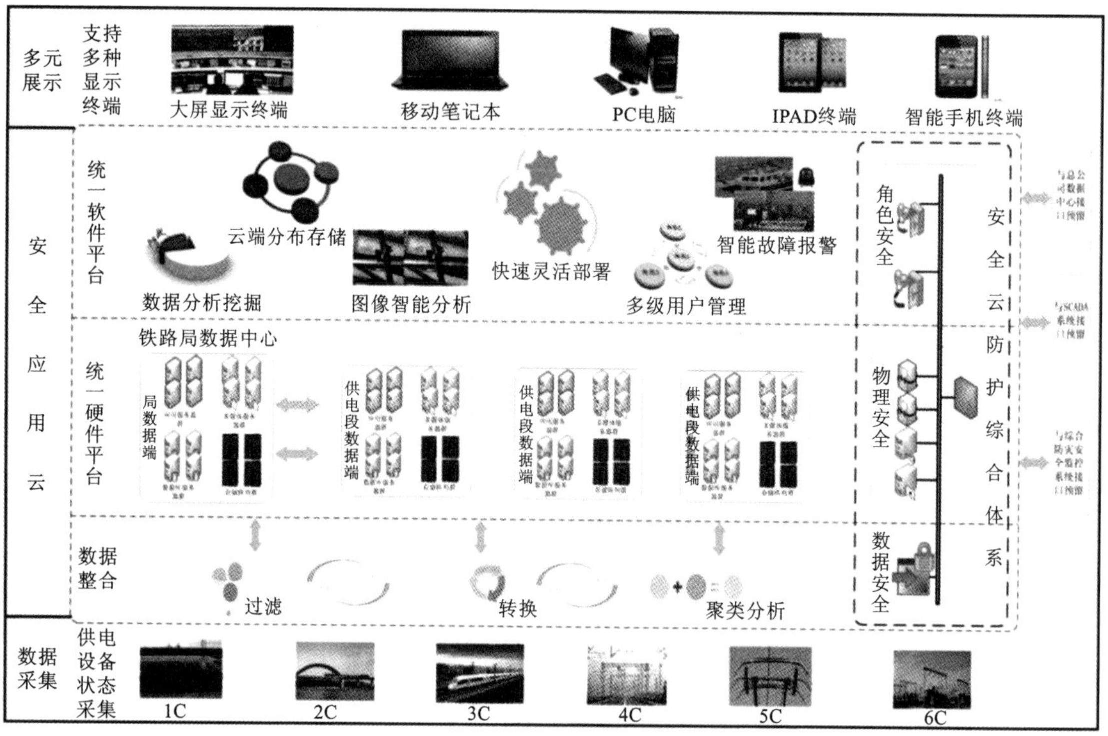

图 1　6C 系统大数据综合应用平台逻辑机构图

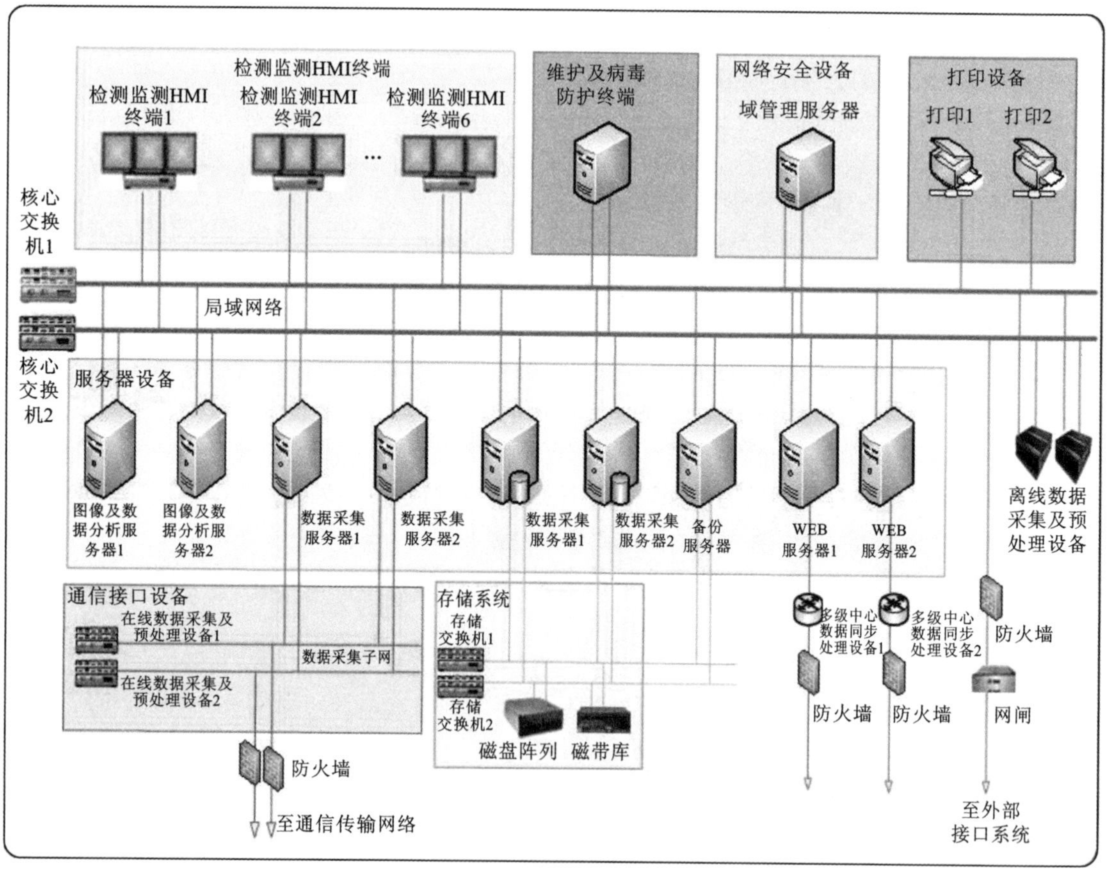

图 2　6C 系统大数据综合应用平台硬件结构

片类、热成像类等各类检测监测数据）对比，对发生设备故障或者有缺陷的供电设备进行一系列综合分析，判断该故障或者缺陷的成因。智能专家分析系统同时对各个 C 的检测数据变化情况进行监控，当数值、图像、热成像等检测数据发生变化时，系统自动对发生变化的处所进行分析，实现对供电设备运行状态的预警。

(3)图文并发技术将检测缺陷或故障下发至各个车间、班组，为各个车间、网工区提供供电设备指导维修依据。

2.3　系统软件

6C 系统大数据综合应用平台功能按照管理层、技术层、执行层设计，采用多层分布式架构设计，可以进行分布部署和扩充修改，并具有计划管理、数据处理、缺陷识别、缺陷管理等功能，如图 3 所示。系统功能如下。

(1)检测计划管理。

具有对供电段管辖范围内 6C 系统各装置检测计划的接收和制定、查看和批量导入等功能。

(2)数据接收及预处理。

具有接收离线检测监测数据的功能，可接受数据类型为 TXT、mdb、XML、JPG、MP4 等，具有对所接收的数据进行如下预处理的功能，包括：数据有效性检查及处理、数据分类索引建立、数据关联性处理、对不符合 6C 数据处理规范的数据进行标准化转化等功能。数据接口需符合《6C 系统综合数据处理中心暂行技术条件(TJ/GD 010—2014)》要求。

(3)数据分析及缺陷识别。

具有对预处理后的检测监测数据进行分析处理的功能，对识别后的缺陷能够进行缺陷标识及分类存储。能对 6C 各子系统的数据进行查询、浏览、播放、显示等操作，在播放显示过程中可在当前界面直接进行缺陷数据标注，生成缺陷报告并存入缺陷数据库。

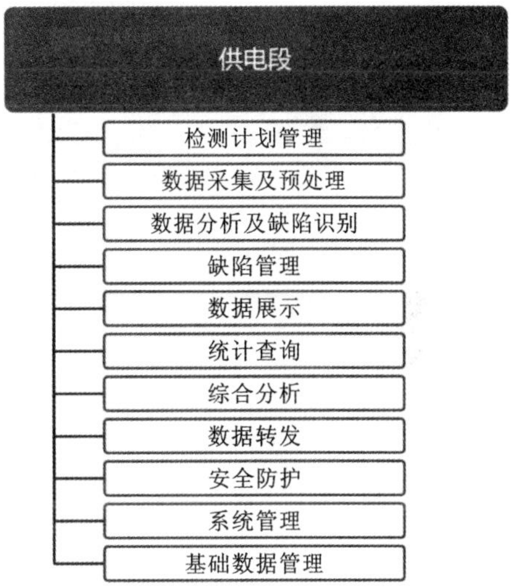

图 3　6C 系统大数据综合应用平台系统功能

(4)缺陷管理。

具有对供电段管辖范围内所发现的设备缺陷进行建档、通知、接收整治结果等功能。具体应包括但不限于以下功能：①能对缺陷数据库中的缺陷进行任意关键字条件组合查询，并将查询结果导出、打印。②根据需要批量导入缺陷库，自动识别相同的缺陷。③能提供缺陷的整个处理流程，以及处理过程中的流转信息，并提供整个缺陷的闭环处理操作。

(5)统计查询。

具有历史数据统计和查询的功能，可按时间段、车间/工区、线路/站场/区间、缺陷类型、缺陷状态等多种条件进行组合查询。

具有对供电段管内数据进行对比分析、数据挖掘等功能。可根据需求自定义查询条件，生成不同的报表。

(6)系统管理。

具有用户权限、角色权限、菜单管理、字典管理、日志记录等系统管理功能。

(7)基础数据管理。

具有与铁路总公司进行基础数据同步的功能，同时能够对南宁供电段管内自行定义的基础数据，包括基本组织结构、线路、站区间、基本设备类型、缺陷类别定义等数据进行集中管理。

3　实施效果

通过对 6C 系统大数据综合应用平台的研制，可快速、有效地对 6C 系统检测数据进行分析，及时发现缺陷、故障以及一些将要发生的故障，从而有效处理和预防供电设备缺陷及故障，减少缺陷故障率，降低供电设备故障对铁路运输的影响，登录界面如图 4 所示。

图 4　6C 系统大数据综合应用平台登录界面

3.1　简化工作流程，提升工作效率

以 2C 添乘任务为例，通过 6C 系统大数据综合应用平台制定柳南客专线路(上行)的 2C 检测任务，可通过任务短信第一时间发到检测人员手中。完成检测任务后，检测人员可将 2C 巡检视频上传至 6C 系统大数据综合应用平台实行网络共享，再由检测工区工长分配任务进行限时分析。发现缺陷后，标记、填写并保存下发、处理，如图 5 所示。

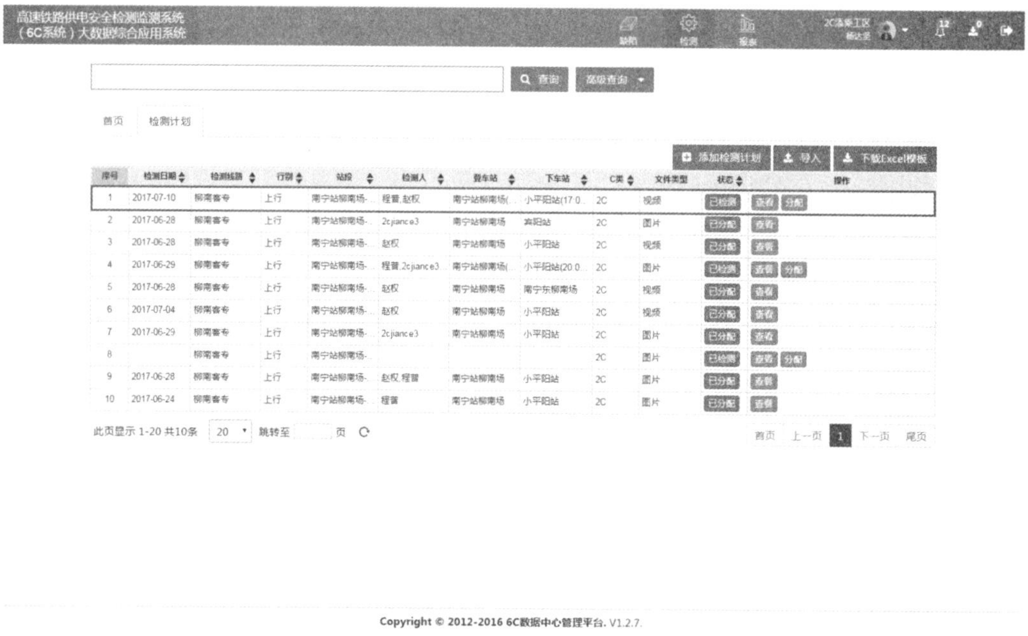

图 5　6C 系统大数据综合应用平台检测任务管理

3.2　规范化审核，缺陷闭环管理

通过 6C 系统大数据综合应用平台，进入系统点击“缺陷”查询功能，在缺陷查询页面点击“添加缺陷”

页面，可手动录入缺陷的基础信息、缺陷信息及上传缺陷图片，点击保存即可完成缺陷录入，经过工区、车间、技术科层层审核，填写缺陷等级和处理措施，对与实际情况不符的缺陷进行修改和调整，如图 6 所示。

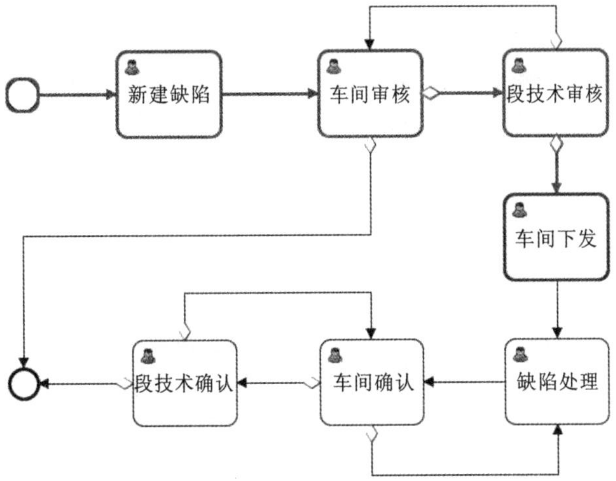

执行环节	执行人	开始时间	结束时间	备注	任务历时
新建缺陷	fenxi2c	2017-7-6 11:14:42	2017-7-6 11:14:42		
车间审核	检测车间技术员	2017-7-6 11:14:42	2017-7-6 11:23:36		8分54秒
段技术审核	段技术	2017-7-6 11:23:36	2017-7-6 12:08:17		44分41秒

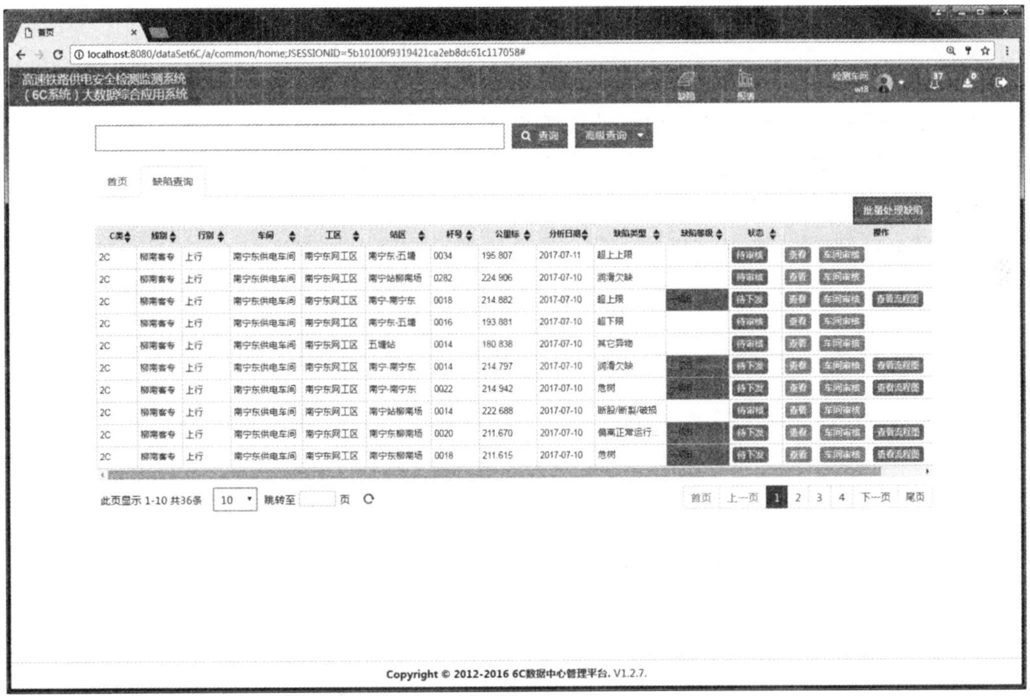

图 6　6C 系统大数据综合应用平台缺陷管理

3.3　大数据分析

对具体级别的的缺陷进行一系列综合分析(图 7)，横向比对上一次检测缺陷，纵向比对其他检测设备检测缺陷，综合判断、确定，提高检测缺陷的准确性。2017 年 7 月 10 日，检测发现柳南客专南宁东网工区管辖的某段频繁产生缺陷告警，6C 系统大数据综合应用平台将这些缺陷打包成通知书，直接下发至南宁东供电车间南宁东网工区统一处理，为接触网提供了设备维修依据。

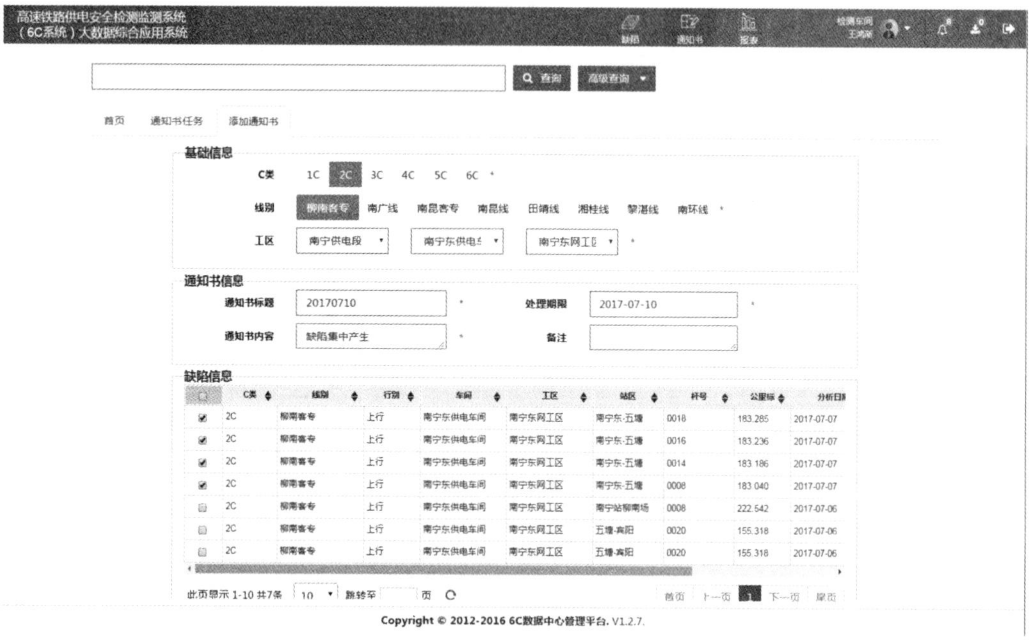

图 7 6C 系统大数据综合应用平台综合分析

4 结束语

6C 系统大数据综合应用平台实现了检测数据集中存储与处理，图像自动识别缺陷及定位，对故障缺陷自动下发，智能化数据分析与提示，各个检测装置数据建立相互关联等功能；并以大数据技术实现了数据实时同步、实时共享，具有高扩展、高开放性的功能和特性。该平台能有效提高缺陷及故障分析效率，缩短分析周期，解决人工分析周期过长、分析人员投入大、工作强度高的问题，并且能有效及时发现各类突发性故障及缺陷，防止故障及缺陷进一步扩大化，减少接触网故障对铁路运输的影响，可在全路推行。

贵广牵引变电所故障测距精度技术提升的探讨

张守谋　毛祖红

（中国铁建电气化局集团第五工程有限公司桂林供电维管段）

摘　要： 针对贵广线广西段接触网故障测距精度不高的现状，提出根据横联线电流比测距原理增加牵引所加装抗雷圈后对故测影响因素的修正计算公式，同时结合对历年接触网短路试验的故障测距数据的分析，提高线路单位电抗和抗雷圈阻抗准确度，减少抗雷圈及接触网单位电抗对故测的影响。该方法能有效提高贵广线牵引网故障测距的精度。

关键词： 贵广线；故障测距；精度；提升

1　引言

高铁牵引变电所综合自动化系统是高铁供电安全的核心设备，故障测距系统是其重要的组成部分。故障测距系统是第一时间反应供电设备故障点的系统，能为查找接触网故障点提供精确位置，以便快速处理故障和恢复供电。高铁牵引供电故障测距系统的好坏直接影响着高铁供电系统的故障处理和恢复供电速度。

高铁供电设备尤其是接触网设备属于露天无备用设备，其运行受外部天气环境的影响非常大，雷雨天气造成全路供电设备跳闸故障次数非常多。但是目前中国新开通运营的贵广线广西段高铁线路供电设备故障测距精度因受原理、设备、参数等各种原因影响，测距误差均未能达到准确提供故障点的要求。

贵广线广西段高铁南宁局管段 410 km 运营里程区段，自 2014 年 12 月 28 日开通后由中国铁建电气化局集团第五工程有限公司桂林供电维管段负责供电设备运营维管。贵广高铁南宁局管段地处广西，属亚热带季风气候区，雨季周期长且雨量大并伴随着大量强雷电。开通后接触网发生了 41 件次跳闸故障，但牵引变电所故障测距系统提供故障点数据非常不准确，导致故障查找困难加大，耗时大增，其中测距误差超过 500 m 共有 25 件次，误差率为 60.97%；找到故障点只有 16 件次，设备故障查找率为 39.02%。为解决故测系统准确测距问题，2016 年我段以贵广高铁南宁局管段的故障测距系统试验为契机，分析现行使用的故障测距系统的原理，结合贵广高铁全并联 AT 供电方式的特点，探讨高铁新线开通运营之初需要精确测量或明确哪些供电故测系统工作运行所必须的各种参数，以及如何快速确定接触网单位电抗经验值和站场股道对故障测距精度的影响，对高铁供电设备故测装置在供电设备发生故障跳闸后，提供满足精度要求的故障公里标，保证供电设备安全可靠运行，由此对高铁牵引变电所故障测距精度进行技术研究。

2　主要测距原理的比较

目前国内采用全并联 AT 供电方式的高铁，接触网故障测距原理普遍采用 AT 中性点吸上电流比原理（首选）、横联线电流比测距原理、上下行电流比测距原理以及电抗法测距原理。

AT 中性点吸上电流比——受到站场股道多少、大地泄漏、AT 漏抗、流互极性及故障点短路过渡阻抗的影响大，导致测距误差大。

横联线电流比测距——不受 AT 漏抗及故障点短路过渡阻抗的影响，测距精度高，但该原理未考虑 AT 所设置抗雷圈后的因素。

3　探讨的主要内容

因贵广故测装置系统设备中标厂家原先采用 AT 中性点吸上电流比测距原理，受到站场股道多少、大地泄漏、AT 漏抗、流互极性及故障点短路过渡阻抗的影响大，导致贵广高铁供电设备跳闸后故测装置提供的故障公里标与实际查找到的故障点误差非常大。

为提高现有故障测距装置的故测精度，我们重点探讨横联线电流比测距原理及在其计算公式中增加牵引所具有抗雷圈的修正计算公式。

另外，故测装置在高铁上实际运行时，需要依据高铁供电线路的实际情况，对故障测距装置中进行基础参数设置和录入，基础数据设置的精度也直接影响着故测装置运行精度。为此我们根据贵广高铁 2016 年接触网短路试验故障测距数据进行分析，进一步提高线路单位电抗和抗雷圈单位电抗计算数据的精度，精确测量高铁牵引变电所、AT 所、分区所公里标、上网供电线长度、接触网供电线长度；校对 PT(压互)、CT(流互)变比、流互极性；使设置的参数与实际参数更接近，以提高故测装置运行精度。

4 横联线电流比测距原理分析及参数的计算

1. 既有横联线电流比测距原理介绍

横联线电流指的是下行流向上行的馈线电流。横联线电流比指的是故障 AT 段距离变电所远端横联线电流比上故障 AT 段两端横联线电流之和的比值。在牵引变电所，不能通过 CT 获取横联线电流，但可以通过上下行馈线电流差的一半获取 $I_{HL0}=\dfrac{|\dot{I}_{T1}-\dot{I}_{F1}|-|\dot{I}_{T2}-\dot{I}_{F2}|}{2}$。在 AT 所和分区所，横联电流分别为

$$I_{HL1}=|\dot{I}_{T1}-\dot{I}_{F1}|,I_{HL2}=|\dot{I}_{T2}-\dot{I}_{F2}|$$

根据全并联 AT 牵引网 T－R，F－R，T－F 三种短路故障的电流分布图，可推导出适用于这三种故障情况下的测距公式为 $X=\dfrac{I_{HL(n+1)}}{I_{HLn}+I_{HL(n+1)}}\times D$。当使用横联线电流比测距原理时，找到供电臂上各所横联线电流的最大值和次大值，根据横联线电流最大值和次大值求横联线电流比，并求出故障距离。若变电所、AT 所和分区所的吸上电流小于 TF 型故障判断的电流整定值，即 $\max(|\dot{I}_{atSS}|,|\dot{I}_{atATP}|,|\dot{I}_{atSP}|)<I_{set}$，则为 TF 型故障。当发生 TF 型故障时，如横联线电流最大值在变电所处，则若 $|\dot{I}_{TF1}|>|\dot{I}_{TF2}|$，故障判别为下行方向，反之为上行方向；当在 AT 所或分区所处时，$-45°<\arg(\dot{U}_1,\dot{I}_{TF1})<135°$，判别为上行方向，反之为下行方向。当不是 TF 故障时，采用根据最大横联线电流处的 $\max(|\dot{I}_{T1}|,|\dot{I}_{F1}|,|\dot{I}_{T2}|,|\dot{I}_{F2}|)$，确定故障上、下行和 T、F 类型。

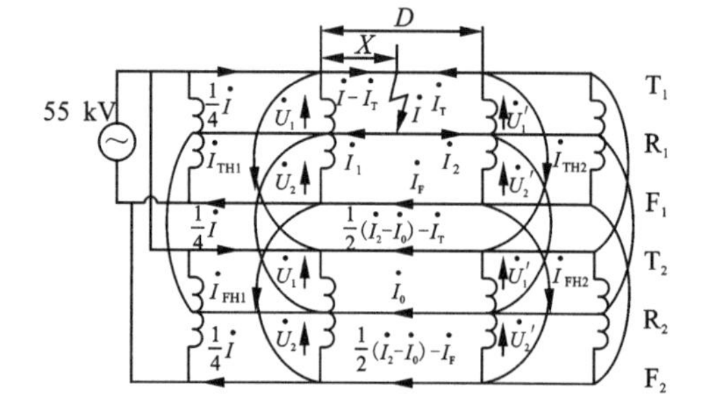

图 1 全并联 AT 供电 T－R 短路故障电流示意图

图 1 为全并联 AT 供电方式牵引网 T－R 短路故障电流分布图，假设 T 线、F 线及钢轨的单位自阻抗及互阻抗为 ZT、ZF、ZR、ZTF、ZTR、ZFR。在发生短路故障的网孔区段，上行和下行 T1 和 T2、F1 和 F2、R1 和 R2 分别形成了三个闭合回路。

可以列出三个回路电压方程。

$$\begin{cases}X(\dot{I}-\dot{I}T)ZT-(D-X)\dot{I}TZT-X\dot{I}_1ZTR+(D-X)\dot{I}_2ZTR-D\dot{I}FZTF= \\ D\Big[-(\dfrac{\dot{I}_2-\dot{I}_0}{2}-\dot{I}F)ZT-\dot{I}_0ZTR-(\dfrac{\dot{I}_2-\dot{I}_0}{2}-\dot{I}F)ZTF\Big]-\dot{I}_1XZR+ \\ (D-X)\dot{I}_2ZR+(\dot{I}-\dot{I}T)XZTR-(D-X)\dot{I}TZTR-D\dot{I}FZRF= \\ -D\Big[\dot{I}_0ZR+(\dfrac{\dot{I}_2-\dot{I}0}{2}-\dot{I}T)ZTR+(\dfrac{\dot{I}_2-\dot{I}0}{2}-\dot{I}F)ZRF\Big]-D\dot{I}FZF+ \\ X[(\dot{I}-\dot{I}T)ZTF-\dot{I}_1ZRF]+(D-X)(-\dot{I}TZTF+\dot{I}_2ZRF)= \\ D\Big[-(\dfrac{\dot{I}_2-\dot{I}0}{2}-\dot{I}F)ZF-(\dfrac{\dot{I}_2-\dot{I}_0}{2}-\dot{I}T)ZTF-\dot{I}_0ZRF\Big]\end{cases}$$

解方程组可得到 I_F、I_0、I_T。

$$\begin{cases} \dot{I}_F = \dfrac{1}{2}\,\dfrac{\dot{I}_2 - \dot{I}_0}{2} \\ \dot{I}_0 = \dfrac{X}{D}\dot{I} - \dot{I}_2 \\ \dot{I}_T = \dfrac{X}{2D}\dot{I} + \dfrac{1}{4}(\dot{I}_2 - \dot{I}_0) \end{cases}$$

由以上方程及故障孔网图可得横联线电流：

$$\begin{cases} \dot{I}_{TH1} = -\dfrac{1}{2}(\dot{I} - \dot{I}_T + \dfrac{\dot{I}_2 - \dot{I}_0}{2} - \dot{I}_T) = \dfrac{1}{2}\left[\dot{I} - \dfrac{X}{D}\dot{I} - \dfrac{1}{2}(\dot{I}_2 - \dot{I}_0) + \dfrac{1}{2}(\dot{I}_2 - \dot{I}_0)\right] = -\dfrac{D-X}{2D}\dot{I} \\ \dot{I}_{TH2} = -\dfrac{1}{2}(\dfrac{\dot{I}_2 - \dot{I}_0}{2} - \dot{I}_T - \dot{I}_T) = \dfrac{1}{2}\left[\dfrac{\dot{I}_2 - \dot{I}_0}{2} - \dfrac{X}{D}\dot{I} - \dfrac{1}{2}(\dot{I}_2 - \dot{I}_0)\right] = -\dfrac{X}{2D}\dot{I} \\ \dot{I}_{FH1} = \dot{I}_{FH2} = \dfrac{1}{2}\left[\dot{I}_F - (\dfrac{\dot{I}_2 - \dot{I}_0}{2} - \dot{I}_F)\right] = 0 \end{cases}$$

由上式可推导出横联电流比计算公式：

$$X = \left|\frac{\overset{\&}{I}_{FH2} - \overset{\&}{I}_{TH2}}{\overset{\&}{I}_{FH1} + \overset{\&}{I}_{FH2} - \overset{\&}{I}_{TH1} - \overset{\&}{I}_{TH2}}\right| D \Rightarrow X = \left|\frac{\dot{I}_{TH2}}{\dot{I}_{TH1} + \dot{I}_{TH2}}\right| D$$

由此可以得出结论：

(1) T－R 短路时，故障区段上、下行的当量等值 T 线电流及故障点前后侧横联线中的电流分别与短路电流 I 成比例关系，且在上述的推导过程中，并没有涉及 AT 漏抗、钢轨对地泄漏及故障点短路过渡阻抗因素，故其不受 AT 漏抗、钢轨对地泄漏及故障点短路过渡阻抗的影响。

(2) 当发生 T－R 短路故障时，可以利用故障区段当量等值电路中上、下行的 T 线电流或者故障点两侧横联线中的电流的比例关系，来进行故障点的标定，而且此两种方法均不受 AT 漏抗、钢轨对地泄漏及故障点短路过渡阻抗的影响

(3) 上述结论同样适用于 F－R、T－F 故障。

从横联线电流比原理的公式可以知道，测距距离的计算不受 AT 漏抗、钢轨对地泄漏及故障点短路过渡阻抗的影响，从原理上有较高的测距精度。

2. 加装抗雷圈后修正计算公式及原理介绍

根据横联线电流比原理公式分析，

$$X = \left|\frac{\dot{I}_{TH2}}{\dot{I}_{TH1} + \dot{I}_{TH2}}\right| D$$

公式中 D 表示故障 AT 区段的长度，如图 2 所示，$D = D0 + L1 + L2$ 或 $D = D1 + L2 + L3$，表示牵引所与 AT 所、分区所上网点之间的距离。并未考虑到牵引所、AT 所、分区所具有抗雷圈的因素。

为了解决牵引所、AT 所、分区所抗雷圈影响的问题，根据全并联 AT 供电 T－R 短路故障电流示意的网孔图，将所内的抗雷圈阻抗根据接触网单位电抗折算成等效的接触网长度，即折算成等效的 T 线、F 线、TF 线长度，抗雷圈等效长度计入故障 AT 区段的长度 D。

T 线故障时，优化横联线电流比原理公式（含抗雷圈等效长度）为：

$$X = \left|\frac{\dot{I}_{TH2}}{\dot{I}_{TH1} + \dot{I}_{TH2}}\right|(D + 2L_T) - L_T$$

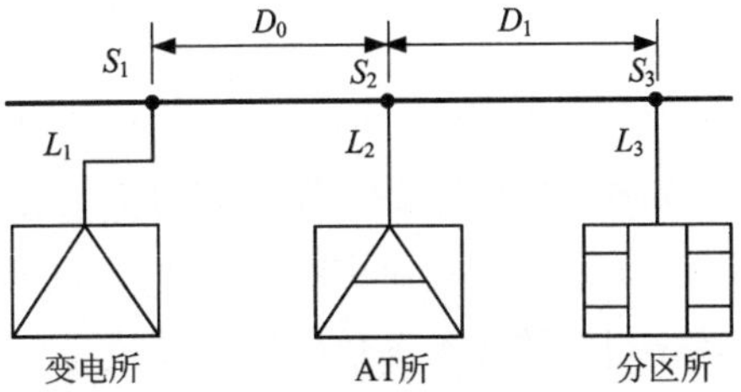

图 2　计算示意图

当 F 线或 T_F 线故障时，将上式中的 L_T 换为 L_F 或 L_{TF}，L_T 为抗雷圈等效 T 线长度，L_F 为抗雷圈等效 F 线长度，L_{TF} 为抗雷圈等效 TF 线长度。公式中 $2L_T$ 表示故障区段首端的 L_T 与故障区段末端的 L_T 之和，公式

中减去的 L_T 是故障区段首端的 L_T。

3. 参数的计算

抗雷圈等效线路长度计算公式如下：

$$L_T=\frac{Z_L}{Z_T/\sin\varphi}\quad L_F=\frac{Z_L}{Z_F/\sin\varphi}\quad L_{TF}=\frac{Z_L}{(Z_T/\sin\varphi+Z_F/\sin\varphi)/2}$$

式中：Z_L 为抗雷圈阻抗；Z_f 为 F 线单位电抗；Z_T 为 t 线单位电抗；$\sin\varphi$ 为线路阻抗角。

从优化后的公式来看，公式中已考虑了抗雷圈对故障测距精度的影响，提高了故障测距的准确性。但是优化后的横联线电流比公式中涉及线路单位电抗和抗雷圈阻抗的精度问题，根据以往故测装置设置使用的线路单位电抗和抗雷圈阻抗数据均为经验数据，准确度不高，若仍然依据以往单位电抗经验数据，将抗雷圈等效为线路长度，必将导致故障测距误差增大。

为了得到准确的线路单位电抗和抗雷圈阻抗值，根据同一区段接触网短路试验时的故障测距试验数据，采取根据实际故障点，结合优化后的横联线电流比测距原理公式倒推的方法取得线路单位电抗和抗雷圈阻抗值，从而得到准确的实际跳闸时的线路单位电抗和抗雷圈阻抗值。

计算线路单位电抗和抗雷圈阻抗值的公式如下，可采取根据同一区段不同故障点的数据求得线路单位电抗和抗雷圈阻抗值，也可求得多次线路单位电抗和抗雷圈阻抗值，取其平均值，效果更佳。

$$Z_T=Z_L\frac{2\left|\frac{\dot{I}_{TH2}}{\dot{I}_{TH1}+\dot{I}_{TH2}}\right|-1}{\left(X-D\left|\frac{\dot{I}_{TH2}}{\dot{I}_{TH1}+\dot{I}_{TH2}}\right|\right)\sin\varphi}$$

以上是为了能让故障点在故障区段的相对距离更准确，但是要使测距装置更精确的指示故障点公里标，还需要做好下述工作。

根据故障标定公式(T 线故障时)：

$$L=\sum_{i=0}^{n-1}Di+\left(\frac{I_{HL(n+1)}}{I_{HLn}+I_{HL(n+1)}}\times(D_n+L_T\times 2)-L_T\right)$$

说明：(1)当为 F、或 TF 故障时将上式中的 L_T 换为 L_F 或 L_{TF}。

(2)L_T 为抗雷圈等效 T 线长度，L_F 为抗雷圈等效 F 线长度，L_{TF}为抗雷圈等效 T_F 线长度。

(3)故障距离 L 的修正。当 $n=2$ 时，L 修正为 $L'=L-2\times L_2$。

参照如下变电所、AT 所、分区所简单示意图(如图 3 所示)。

(1)S_1、S_2、S_3 分别为变电所、AT 所、分区所上网点公里标。

(2)L_1、L_2、L_3 分别为变电所、AT 所、分区所供电线长度。

(3)第一 AT 段长度(D_0)为 $L_1+S_2-S_1+L_2$，第二 AT 段(D_1)长度(D_1)为 $L_2+S_3-S_2+L_3$

需注意故障点公里标计算：

(1)公里标方向为大里程(+)时，故障点公里标为 $S_1+(L-L_1)$。(L 为故障点相对距离)

(2)公里标方向为小里程(-)时，故障点公里标为 $S_1-(L-L_1)$。(L 为故障点相对距离)

根据以上故障标定计算，还需精确确定牵引变电所、AT 所、分区所公里标，确定各所上网供电线长度、接触网区段上网点之间长度，校对 PT(压互)、CT(流互)变比，流互极性，对故测系统装置参数的输入及核对。

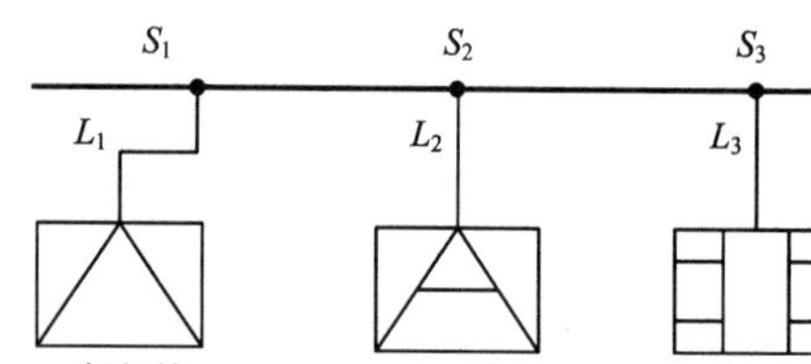

图 3　分区所简单示意图

通过优化后的横联线电流比测距原理公式、准确的单位电抗和抗雷圈阻抗值以及各基础参数的完善，便能达到较好的测距精度。

2016 年根据优化后的横联线电流比测距原理，我段对贵广高铁南宁局管段 410 km 运营里程全线牵引所各供电臂接触网进行了各类型短路试验。贵广高铁各牵引所故障测距试验数据如表 1 所示。

表1　试验数据表

	故障类型	变电所横联电流	AT所横联电流	分区所横联电流	横联比计算值	实际短路点	横联比测距结果	误差
3月15日潮田（贵阳方向）	TR短路第二段	22	365	1609	0.82	443.470	443.353	−0.117
	TF短路第二段	31	317	1763	0.85	443.468	443.193	−0.275
3月16日潮田（广州方向）	TR短路第二段	15	164	1802	0.92	497.977	498.192	0.215
	FR短路第一段	60	1985	123	0.06	484.21	484.192	−0.018
3月17日恭城（贵阳方向）	TR短路第二段	55	372	1972	0.84	498.741	498.591	−0.150
	FR短路第一段	266	2306	183	0.9	506.918	506.762	0.156
3月25日恭城（广州方向）	TR短路第一段	325	1519	无	0.82	528.046	527.911	−0.135
	FR短路第一段	272	1552	无	0.85	528.141	528.111	−0.030
3月19日两安（贵阳方向）	TR短路第二段	30	364	1705	0.82	531.981	531.856	−0.125
	FR短路第一段	293	2237	121	0.88	546.170	546.096	−0.074
3月20日两安（广州方向）	TR短路第二段	79	807	1243	0.61	571.658	571.104	−0.554
	TF短路第一段	166	2205	170	0.07	565.350	565.424	0.074
3月22日黄田（广州方向）	TR短路第二段	57	187	1243	0.87	616.561	616.501	−0.060
	FR短路第一段	276	1732	107	0.86	605.899	605.701	−0.198
3月24日丹竹（广州方向）	TR短路第二段	43	383	1693	0.82	666.864	667.122	0.258
	TF短路第一段	166	2196	141	0.93	656.183	656.132	−0.051

从上面的统计数据可以看出，在全并联AT供电运行方式下线路实际发生故障，采用优化后的横联线电流比测距原理，能达到较好的测距精度，使误差控制在500 m以内。

5　结束语

目前国内高铁接触网故障测距误差普遍较大，无法满足高铁供电设备运营生产、故障抢修及行车限速的要求。

故测系统提供准确的设备故障点公里标，能使高铁维管人员迅速依据故测装置提供的公里标找到故障点并分析判断出故障原因。

故测系统提供准确的设备故障点公里标，利于高铁维管人员快速准确地查找到高铁供电设备故障点，快速修复高铁故障供电设备，保证高铁供电设备为高铁动车不间断可靠供电；大大减轻了高铁供电设备故障后维管人员现场查找故障的劳动强度，也大大缩短了故障查找的时间，节省了供电设备故障后查找故障耗费的大量人力和物力。

精确的故障测距公里标，对于高铁供电设备发生的瞬时性故障，能使高铁供电设备维护人员迅速找到绝缘强度薄弱点的供电设备，并及时检修或更换存在隐患的绝缘子及危及安全供电的外部环境，从而避免形成高铁供电线路永久性故障，保障供电设备长期安全稳定运行。

精确的故障测距公里标，利于铁路局供电调度根据故测装置提供的准确的故测公里标，在准确的故障区段及时对高速运行的高铁动车限速，防止因故测公里标错误，导致高铁动车未限速而高速运行在故障区段，进而造成在设备故障区段因异物与高速运行的动车碰撞，再次发生危及行车及旅客安全的事故。

关于提高黔桂线故测精度的探讨

王向阳　马俊清　张　斌

(中国铁路南宁局集团有限公司柳州供电段)

摘　要: 针对黔桂线接触网故障测距精度不高的现状，提出将馈线抗雷线圈单独成段的方法，同时结合历年跳闸数据计算出接触网与大地间的等值自阻抗，减少大地回流、回流线对接触网单位电抗的影响，该方法能有效提高黔桂线牵引网故障测距的精度。

关键词: 黔桂线；故障测距；精度；提高

1 引言

黔桂线自2009 年初电气化扩能改造投入运行以来，一直存在故障测距精度偏低的问题，给区间限速以及故障排查带来了很大困难。因此实现接触网故障的精确定位，对准确限速、快速排查故障点，缩短故障停电时间具有重要意义。

黔桂线采用直供加回流的供电方式，故障测距基于整定在馈线保护装置中的电抗距离表，利用分段线性电抗逼近测距原理，通过故障时刻电抗进行故障距离的计算，目前电抗距离表按照馈线电流互感器内阻抗、供电线、接触网共分成3 段，由于采用设计院计算理论单位电抗整定，故障测距精度误差较大，因此本文提出了电抗距离表按照馈线抗雷线圈、供电线、接触网分成三段的方法进行故障测距的计算，同时统计分析历年跳闸数据计算出抗雷线圈、供电线、接触网的基础参数，以提高黔桂线牵引网故障测距精度。

2 故障测距基础参数的计算

2.1 供电线单位电抗的计算

黔桂线牵引变电所供电线规格为 LGJ—185/25，根据资料查找其单位电抗公式为:

$$x = 0.1445\lg(Deq/Ds) \tag{1}$$

工程计算中一般可近似取 $x = 0.4\ \Omega/km$。

2.2 接触网单位等值自电抗值计算

由于黔桂线采用直供加回流的供电方式，接触网单位电抗受大地回流、回流线互感的影响呈现非线性变化，考虑到开展短路试验的复杂性，本文假设接触网的单位电抗均匀分布，根据 Carson 理论，其线路模型如图 1 所示。

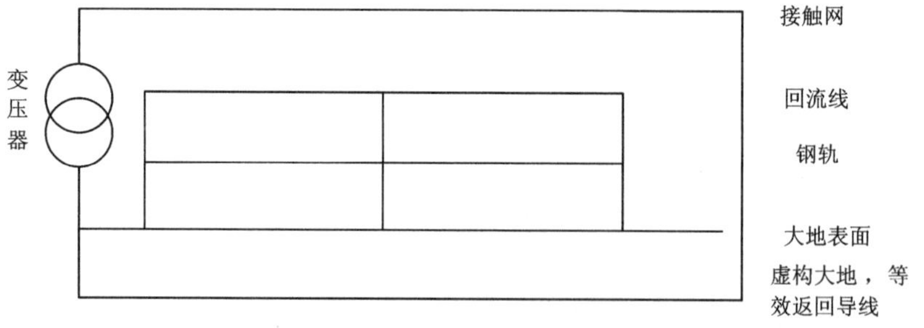

图1　直供加回流线路模型

查阅黔桂线初设文件可得表 1。

表 1　黔桂线接触网阻抗计算一览表(单位: Ω/km)

THJ − 95 + CTHA − 120 + LZGJ − 185 + P60		忽略回流线影响	考虑回流线影响
单线	等效阻抗	0.13383 + j0.427418	0.131215 + j0.375267
	计算阻抗($\cos\varphi = 0.8$)	0.364	0.33

由表 1 可知理论计算中接触网单位电抗为 0.375 Ω/km。2016 年对黔桂线牵引变电所馈线电抗距离表进行修正，将接触网单位电抗调整为 0.367 Ω/km。

统计分析黔桂线洛满变电所 4 次跳闸数据，其误差如表 2 所示。

表 2　黔桂线洛满牵引变电所跳闸统计表

序号	跳闸馈线	跳闸电抗/Ω	故障点	故测误差/km
1	211KX	5.37	K38 + 524	0.804
2		5.22	K38 + 790	0.850
3		7.79	K45 + 692	2.212
4		3.39	K33 + 200	0

根据以上跳闸数据选取误差较小的第 1 次和第 4 次可知两次接触网距离 $L_1 = 38.524 - 33.200 = 5.324$ km，两次跳闸电抗差值 $X_1 = 5.37 - 3.39 = 1.98$ Ω，则接触网单位等值自阻抗 $X = X_1/L_1 = 1.98/5.324 \approx 0.372$ Ω/km。

2.3　抗雷线圈等效电抗计算

根据 2.1 和 2.2 节内容可知供电线单位电抗为 0.4 Ω/km，接触网单位等值自阻抗为 0.372 Ω/km。由洛满牵引变电所 211KX 供电臂为 1.595 km，可计算出抗雷线圈等效电抗 $X_2 = 0.61$ Ω/km，因此其整定值如表 3 所示。

表 3　根据数据计算调整的电抗距离表

分段数	电抗值/Ω	距离/km
第一段	0.61	0
第二段	1.248	1.595
第三段	10.30	21.921

3　调整后的电抗距离表与原有参数故障测距精度的比较

按照以上整定电抗距离表参数可计算出表 2 中理论故障测距距离与实际故障点的误差，如表 4 所示。

表 4　利用修正参数计算出的误差

序号	跳闸馈线	跳闸电抗/Ω	故障点	现有参数故测误差/km	修改参数后故测误差/km
1	211KX	5.37	K38 + 524	0.804	0.008
2		5.22	K38 + 790	0.850	0.677
3		7.79	K45 + 692	2.212	0.670
4		3.39	K33 + 200	0	0.006

由表 4 可知利用修正后的参数能够大大提高故障测距精度，进一步论证此法的可行性。

4 基础数据通用性的论证

(1)2017 年 6 月 4 日黔桂线洛东牵引变电所 212KX 过电流、阻抗Ⅱ段保护动作，故障测距距离为 K78 +181，跳闸后利用馈线抗雷线圈、供电线、接触网基础参数计算出其公里标为 K79 +988，及时提供现场人员进行查找，发现在 K79 +880 处横向承力索悬瓶有放电痕迹，与计算出的公里标误差 0.108 km，与馈线保护装置报出的公里标相差 1.699 km，计算出的公里标精度提高 1.591 km。

(2)2017 年 3 月 10 日黔桂线泗亭牵引变电所 212KX 电流速断、阻抗Ⅰ段保护动作，故障测距距离为 K261 +415，跳闸后利用馈线抗雷线圈、供电线、接触网基础参数计算出其公里标为 K261 +848，及时提供现场人员进行查找，发现在 K262 +070 处一只死猫头鹰有电击烧伤痕迹，与计算出的公里标误差 0.222 km,与馈线保护装置报出的公里标相差 0.655 km，计算出的公里标精度提高 0.433 km。

(3)2016 年 4 月 12 日黔桂线都街牵引变电所 211KX 电流速断、阻抗Ⅰ段保护动作，故障测距距离为 K124 +915，跳闸后利用馈线抗雷线圈、供电线、接触网基础参数计算出其公里标为 K120 +762，及时提供现场人员进行查找，发现在 K120 +739 处腕臂绝缘子有电烧伤痕迹，与计算出的公里标误差 0.023 km，与馈线保护装置报出的公里标相差 4.176 km，计算出的公里标精度提高 4.153 km。

由以上跳闸数据可知 2.1 节、2.2 节、2.3 节中计算出的馈线抗雷线圈等效电抗、供电线单位电抗、接触网的单位等值自阻抗具有通用性。

5 结束语

随着我国电气化铁道的快速发展，对牵引供电专业提出了更高的要求，牵引供电设备的稳定，直接影响着运输生产秩序，因此当线路发生故障时，能够快速地定位故障点成为牵引供电设备安全运行的重要因素。通过将抗雷圈单独成段，利用历次跳闸数据进行参数的修正，能够大大提高故障测距精度，满足准确限速、快速排查故障点的要求，同时也能够提高设备管理单位劳效比。

参考文献

[1] 李群湛，贺建闽. 牵引供电系统分析[M]. 成都：西南交通大学出版社，2012.
[2] 于永源，杨绮雯. 电力系统分析[M]. 北京：中国电力出版社，2007.

牵引变电所智能模拟查询系统研制及应用

史 伟

（中国铁路北京局集团有限公司天津供电段）

摘 要： 牵引变电所智能模拟查询系统的基础为可视化管理。可视化管理是指利用 IT 系统，让管理者有效掌握所内信息，实现管理上的透明化与可视化，这样管理效果可以渗透到各个环节。本文详细介绍了该系统的组成及其工作原理，并指出该系统在使用过程中应注意的问题和应用效果。该系统的应用让变电所所内各项流程更加直观，使所内的信息实现可视化，并能得到更有效的传达，从而实现管理的透明化。

关键词： 牵引变电所；查询系统；可视化；模拟

1 引言

随着高铁铁路的建设开通，越来越多的高速铁路牵引变电所建设应用，而高速铁路牵引变电所现有的管理方式与普通运营线路的管理模式相同，但在高铁上运用原有的管理模式已显露出一定的弊端，如工作效率低、安全环节弱、规章制度落后等情况，原有模式已经不能满足高铁牵引变电所的需求，改进模式势在必行。一套基于可视化管理的牵引变电所智能模拟查询系统可以很好地解决实际需求。可视化管理是指利用 IT 系统，让管理者有效掌握所内信息，实现管理上的透明化与可视化，这样管理效果可以渗透到各个环节。可视化管理能让变电所所内各项流程更加直观，使所内的信息实现可视化，并能得到更有效的传达，从而实现管理的透明化。将需管理的对象用一目了然的方式来体现。

2 技术研究

2.1 系统构成

2.1.1 触摸屏信息查询系统硬件组成

整个触摸屏查询硬件系统包括触摸屏和网络链路两个部分。触摸屏主机采用基于浏览器、服务器（BS）体系架构，提供友好的人机界面，实现数据的输入和输出，完成操作人与后台的数据库交互过程。网络链路是实现牵引变电所触摸屏查询到系统后台的网络连接。

2.1.2 触摸屏信息智能查询系统软件组成

触摸屏信息查询系统主要由客户端、WEB 管理和接口软件和 SQL 数据库三部分组成。

触摸屏查询系统由操作人使用，操作人只需用手触摸屏幕上的图标，就可以得到相应的内容。在设计界面上遵循以下原则：合理的页面结构；良好的浏览导航；与牵引变电所特点吻合的创意设计；力求条理清晰、美观大方、使用简捷。在界面设计方面，根据信息源的不同分为静态页面。静态页面的信息内容直接来源于后台文件，静态指的就是平台内容“固定不变”。登陆界面如图 1 所示。

2.2 系统研究内容

（1）系统采用结构化设计，结构简捷，脉络清晰。加入大量视频、三维动画和背景音乐，把枯燥的查询变为富于艺术的享受。提供远程监控、管理功能，便于所有终端正常运行、及时维护。采用统一规划、参数化、模块化设计原则。此外，系统提供强大的容错能力，允许出现一些人为和硬件等造成的错误。

（2）系统模拟演练变电所内的牵引供电系统故障、违规操作等处理方式，使变电所值班人员掌握值班、巡视、倒闸、工作票办理、交接班、断路器事故跳闸处理（事故录波、故测装置调取）、故障处理、设备检修试验等标准化作业流程。

（3）系统模拟演练变电所内的牵引供电系统相关设备日常操作、各类参数设置，使学员能学习到各种保护设备的功能、原理、电气动作等知识。

图1　登录界面

(4)系统可培养变电所值班人员应急故障处理能力，使变电所值班人员掌握一、二次设备故障、短路、跳闸、备自投、自动重合闸、故障点标定等知识。

2.3　系统主要技术参数

(1)查找准确率 100%。

(2)触摸屏感应时间 <16 ms；透光率 >93%；触摸密度可达 4096 ×4096。

(3)屏幕尺寸 580 mm ×480 mm ×1430 mm。

3　系统功能特点

智能模拟查询系统具有如下特点。

(1)查询系统集变电设备相关图纸、变电专业规章制度、设备说明书、设备履历台账、巡视线路图等功能于一体，操作人只需用手触摸就可以了解到改所的任何资料。

(2)查询系统界面友好、美观，操作简便。没有复杂的操作，没有令人眼花缭乱的菜单，操作人只需轻轻触摸屏幕上的相应图标，就可轻松查询到所需信息。

(3)该系统具有模拟作业功能，根据所内情况不同，制作出不同的接线图操作界面，使操作人能在不影响设备使用的情况下，模拟变电所后台的所有操作。

4　实际应用

4.1　现场应用

为验证 “牵引变电所智能模拟查询系统” 是否符合现场作业的要求，能否为铁路安全、优质运行提供可靠保障，在现场测试应用并改进后，将定型后样机在天津供电段组织应用。牵引变电所智能模拟查询系统在津秦客专新兴村变电所进行现场应用。

在天津供电段津秦客专新兴村变电所使用“牵引变电所智能模拟查询系统”后，从效果看，该系统功能完全实现，达到设计要求。

4.2　应用结果

通过现场应用，发现该“牵引变电所智能模拟查询系统”具有如下特点，对现场应用帮助较大。

(1)查询系统集变电设备相关图纸、变电专业规章制度、设备说明书、设备履历台账、巡视线路图等功能于一体，变电所值班员只需用手触摸就可以了解到改所的任何资料。

(2)介于变电所值班员多为年龄偏大、计算机水平偏低的职工，查询系统界面美观，操作简便。没有复杂的操作，没有令人眼花缭乱的菜单，变电所值班员只需轻轻触摸屏幕上的相应图标，就可轻松查询到所需信息。

(3)该系统具有模拟作业功能，根据所内情况不同，制作出不同的接线图操作界面，使用户能在不影响设备使用的情况下，模拟变电所后台的所有操作。

5　结论

该系统所制作的可视化管理模式，在提高生产效率，维护设备、人身安全等方面发挥了积极的作用，我国铁路大发展的一项主要工作就是大力发展高速铁路和客运专线，使用可视化管理模式可大幅提高高铁变电所的设备稳定性，增强值班员的主观能动性，使其工作由被动转向主动，使变电值班员作业失误率降低。此外，该系统提高了日常工作效率，降低了所内资料的复杂程度，增强了所内整体管理水平，模拟操作系统也降低了作业人员作业中的出错率。

铁路供电远动系统存在的问题及如何管理

李明亮

(中国铁路济南局集团有限公司青岛供电段)

摘　要: 随着安全济铁、智慧济铁、品质济铁的全面建设，铁路供电远动系统的完善越来越迫切，应用远动技术，采用远动装置，是满足列车高速高效、安全正点的必然选择。铁路供电远动系统是确保牵引供电、电力设备安全可靠运行、迅速抢修故障、快速恢复送电的必要手段，是牵引供电、电力设备运行信息的主要来源，是行车安全的重要保证。然而，由于铁路基层机构调整、站段合并、人员变化、设备复杂多样等原因，造成牵引供电、电力远动系统的使用效果不是很理想，新旧问题并存，远动作用需要进一步发挥，远动管理需要进一步优化。以下就目前铁路牵引供电、电力远动系统存在的问题及如何管理进行探讨。

关键词: 远动系统；问题；加强管理

随着安全济铁、智慧济铁、品质济铁的全面建设，铁路供电远动系统的完善越来越迫切。应用远动技术，采用远动装置，是满足列车高速高效、安全正点的必然选择。铁路供电远动系统是确保牵引供电、电力设备安全可靠运行、迅速抢修故障、快速恢复送电的必要手段，是牵引供电、电力设备运行信息的主要来源，是行车安全的重要保证。然而，由于铁路基层机构调整、站段合并、人员变化、设备复杂多样等原因，造成牵引供电、电力远动系统的使用效果不是很理想，新旧问题并存，远动作用需要进一步发挥，远动管理需要进一步优化。以下就目前铁路牵引供电、电力远动系统存在的问题及如何管理进行探讨。

1　铁路供电远动系统管理存在的问题

(1)远动设备管理难度较大。由于远动系统采用了众多生产厂家的设备、安装时间不同、设备标准缺乏统一性、安装处所点散分布等原因，形成远动设备比较复杂、结构多样、通道环节问题较多、备品通用性差、软硬件设备变更改进次数多等问题，对远动设备的管理造成了一定的困难。

(2)运行、维护、管理相对薄弱。由于远动设备是比较先进的技术设备，针对性的运行维护项目和标准不是很完善和成熟，各项管理制度相对缺乏，现场运行维护不是非常到位。

(3)专业技术人员相对不足。由于远动技术是一门集通信技术、控制技术、计算机技术、微电子技术于一体的高新技术，对远动技术人才的综合素质要求很高。但专业人员的待遇相对偏低，造成远动专业人员相对不足，且技术人员的积极性不高，难以满足铁路基层安全运输高要求的需要。

(4)远动技术管理相对滞后。首先，技术资料不全，因为远动设备生产厂家多，各类产品说明书、原理图、安装接线图、外部回路接线图、远动通道路径图及软件备份等技术资料存在较大缺口。其次，缺乏针对性的设备修试项目和修试标准，现场修试程序、项目、标准需要进一步优化和提高。第三，远动故障抢修能力相对不强。远动故障抢修措施不完善，安全运行防范措施更待加强，自主快速修复的能力需要提高。

(5)检测机具和检修手段相对滞后。目前，铁路供电远动系统的检修手段和检测机具水平不高，缺少必要的硬件机具对现场设备进行测试和故障诊断。需要诸如笔记本电脑、远动系统检修试验台、远动室复视终端监控系统等。

(6)与相关部门协调比较困难。远动被控端设备分布点多、线长、分散，远动通道结构和通信形式多种多样，与各地区铁通部门和车务部门有着密切联系，需与外单位协同处理。部分线别电力远动通道仍是TMIS 通道，通道不稳定或人为把供电部门的远动网线插头拔掉，都会造成通道中断。2M 电力远动通道按照总公司分界使用光纤，箱变光纤终端盒分界，光纤连接端子 - 通信机械室通信机柜为通信段设备，但是在日常管理上，通信段认为光纤使用由供电部门管理。

2　加强铁路供电远动系统管理的措施

(1)开展针对性的技术培训，全面提升远动人员的水平。远动部门应积极组织干部职工参加铁路局和本单位举办的远动知识培训班，同时结合现有人员现状和设备实际开展针对性的技术培训和技能演练，对照设备进行实地学习，突出学习实用化，尽快提高职工专业水平和专业技能，提升技术人员解决问题的能力。

(2)配备精良的检测机具，全面提高检测手段。建议给远动部门配发笔记本电脑，有利于在现场对设备进行测试和详细诊断设备故障，以提高修试质量。此外，还应建立远动系统检修试验台和远动复视终端，以更新检修测试手段，提高维修效率和检修技能。

(3)建立完备的技术台账，全面提高远动设备管理水平。针对远动设备比较复杂的特点，应建立健全的设备登记台账、设备缺陷登记本、设备运行日志、有关测试记录、设备运行分析记录等设备管理方面的技术台账，为远动系统的可靠运行积累资料。

(4)健全各种技术资料，全面提高技术管理水平。针对每种设备，每个被控站都要建立详细完备的技术资料，为现场维护、检修人员提供技术支持。在远动管理部门和每个被控设备处所应配备设备技术说明书、原理图、安装接线图、外部回路接线图、远动通道路径图及相关部门的联系方式等，做好相关软件的备份工作和规范计算机的维护工作，以提高技术管理水平。

(5)做好相关部门的协调工作，全面提高远动工作效率。由于远动系统涉及生产厂家众多，并与铁通及车务部门联系较多，因此，要加强与各部门的联系和沟通，建立良好的合作关系，以提高远动系统工作效率。

(6)针对远动设备运行存在的问题，联系厂家，进一步改进，如针对 RTU 终端易死机问题，可增加 RTU 通道中断自动重启功能。

(7)完善各项管理制度，提高综合管理水平。由于远动是一门综合应用的技术，基础管理、技术管理相对比较薄弱，因此要进一步完善远动设备运行管理制度、安全作业制度、故障抢修制度、作业标准制度、故障处理应急机制和措施、技术人员激励机制等有关制度，形成“争做学习型职工，争当技术型人才”的良好氛围，努力达到人人懂原理、会操作、能维护、会管理，人人掌握巡视标准、检修工艺、故障处理技能的目标，充分发挥远动系统功能，确保铁路安全运行。

牵引变电所馈线跳闸分析与判断

岳学民

(中国铁路郑州局集团有限公司调度所)

摘　要：通过对牵引变电所馈线跳闸后的故障信息进行综合分析，研究总结了如何快速判断故障性质与范围。对电气化铁路牵引变电所馈线跳闸后尽快恢复供电具有指导性意义。

关键词：馈线跳闸；保护；分析；判断

随着我国电气化铁路的快速发展，列车运行速度和密度的不断增加，铁路运输对牵引供电系统安全性和稳定性的要求也越来越高。当供电线路发生故障时，变电所馈线断路器跳闸，接触网线路将停电，就会中断电力机车供电，打乱铁路行车秩序，影响运输。变电所馈线断路器跳闸后，如何根据跳闸信息综合分析、快速判断故障性质与范围，是尽快处理故障、快速恢复供电行车、减少供电事故对运输影响的关键因素。

当供电线路发生故障时，变电所馈线保护动作，断路器跳闸，牵引供电SCADA系统会发出实时故障报告，根据馈线保护动作情况，结合故障电流、故障电压、阻抗角、故标指示等数值，综合分析判断，基本可以确定接触网线路的故障性质及范围，就可以及时组织抢修人员有目的地进行故障点查找及进行事故抢修。

1　牵引变电所馈线保护

牵引变电所馈线保护装置是供电线路的大脑，能反映供电线路的故障和不正常运行状态，并能迅速地、有选择性地作用于断路器切除故障线路，从而保证无故障线路的正常运行，将事故限制在最小范围内。

牵引变电所馈线保护主要有电流速断保护、过电流保护、距离保护、电流增量保护。

1.1　阻抗(距离)保护

在馈线保护中一般采用距离保护作为主保护。

距离(阻抗)保护是反映故障点至保护安装处的距离，并根据距离的远近确定动作时间的一种保护装置。距离保护既反映被保护线路故障时电压的降低，又反映电流的升高，是反映线路阻抗下降而动作的保护。工作原理是利用保护安装处的电压、电流之比值与保护装置动作的整定值相比较的方法，来判断线路是否发生了故障，以及故障点至保护安装处的距离远近，并决定保护装置是否动作。

距离保护采用方向阻抗继电器时还可反映相角的变化，具有灵敏度高，保护范围及选择性不受系统运行方式的影响，动作迅速的特点。

一般在变电所供电臂上设三段距离保护，分区亭设上下两段距离保护。根据实际线路情况可选择阻抗特性为偏移平行四边形或阻抗四边形。

距离Ⅰ段保护本供电臂全长的85%左右。

距离Ⅱ段保护正常运行时为本供电臂全长范围以及越区供电方式下至相邻下一变电所首端电分相处。

1.2　高阻接地(电流增量)保护

距离保护主要保护线路的金属性短路，同时为了躲过线路的最大负荷，整定值一般较小。整定值要躲过馈线最低负荷阻抗，所以较小。而在实际运行中，当线路短路接地电阻较大，如存在过渡电阻或非金属性短路时，故障电流较低，接地电阻会较大，距离保护可能无法动作，降低了供电系统的可靠性。

高阻接地保护装置就是为了解决这一问题而设计的。通过比较短路和负荷两种状态可知，无论是在电力机车牵引运行状态还是在再生制动状态，负荷电流中均含有大量的高次谐波(三次谐波为主)，另外，当AT变投入或机车变压器投入时，产生的励磁涌流含有很高的二次谐波分量，而当线路发生短路故障时，故障电流基本是基波(正弦波)，并且在短路瞬间电流的增量很大。电流增量保护利用高次谐波抑制，二次谐波闭锁功能，并判断基波电流增量而动作，可以不受电力机车再生负荷的影响，作为距离保护的后备保护对高阻接地故障能起到较好的保护作用。该保护的主要缺点是动作时间较长。电流增量保护按照供电臂内一台电力机车最大启动电流进行整定。

该保护动作一般为供电线路发生非金属性接地故障。

如 2015 年 7 月汤阴变电所 213#馈线(汤鹤下行供电臂)跳闸，电流增量保护动作，重合成功，跳闸原因为路外施工使钢丝套松脱弹至汤鹤间下行 61#支柱定位点吊弦南侧瞬间短接接触网。

1.3　电流速断保护

当供电系统发生严重故障时，为消除近点阻抗保护动作死区，设置该保护，对重负荷线路可以选择低电压闭锁、二次谐波闭锁、谐波抑制特性。

电流速断保护按躲过最大运行方式下供电臂线路末端的金属性短路电流整定，动作电流整定值较大，同时要求快速动作，保护范围较小，大约保护整条供电臂首端的 25%，一般需要对电流速断保护的灵敏性进行校验。

电流速断保护动作时，一般是供电臂发生了变电所近端短路故障，这时故障电流较大，故障电压较低。

1.4　过电流保护

过电流保护一般作为馈线的后备保护，按躲过供电线路的最大负荷电流整定。

机车在线路上行驶时，负荷电流经常变化，即在任一电流值下运行的时间都很短。而故障电流只要一产生，就会一直持续到故障切除后才完结。因此根据电流持续时间的不同可以鉴别故障。根据这一原理采用过电流保护。

2　故障信息分析

不同的供电故障，会相应反映出不同的故障信息，快速从开关动作情况、保护动作类型、故标指示等故障信息中判断供电线路哪里发生了故障、发生了怎样的故障，是排除故障、恢复正常供电的关键环节。

2.1　根据馈线断路器动作情况判断

(1)同一变电所同一供电方向上下行同时跳闸，两个馈线跳闸故障报告基本一致，则可能发生上跨铁路电力线或其他高空金属物同时坠落在上下接触网上并造成接地。

如 2015 年 10 月，京广线薛店变电所 211#、212#(郑州南 - 薛店上下行供电臂)馈线同时跳闸，重合失败，211#馈线电压 25.19 kV，电流 898.8A；212#馈线电压 25.234 kV，电流 919.2A，故标指示 K686 + 409 (郑州南至小李庄 148#支柱附近)，跳闸原因为京广线郑州南站至上小李庄站间由于国家电网郑州供电公司在距京广线路 350 m 的 220 kV 上跨电力线施工时，避雷线断线搭落在了京广线上下行接触网上。

(2)同一变电所同行(上行或下行)断路器同时跳闸，两馈线故障信息基本相同，则可能发生机车带电闯该变电所分相。两相邻变电所同行(上行或下行)断路器同时跳闸，则可能为机车带电闯两所间分区亭处分相。

(3)变电所断路器跳闸后重合成功，馈线可能发生瞬时性接地故障，一般是恶劣天气条件下绝缘部件瞬时闪络、电击人或动物等。

(4)变电所断路器跳闸重合成功，过一段时间又跳闸，接触网线路可能发生断续接地故障，可能是接触网或电力机车绝缘部件闪络，货车绑扎绳等松脱，列车超限，树木与接触网放电、接触网与接地部分距离不够，接触网断线但未落地，弓网故障。

(5)变电所断路器跳闸，重合闸和试送均不成功，接触网线路可能发生永久性接地故障，可能由于接触网、正馈线或供电线断线接地、绝缘子击穿、隔离开关处于接地状态下的分段绝缘器击穿、隔离开关引线脱落或断线、较严重的弓网故障、机车故障等原因。

(6)变电所断路器连续跳闸，故标指示沿某电力列车运行方向而变化，可判定为该电力机车故障。

如 2016 年 8 月，焦柳线董庄变电所 211(董庄 - 北召店下行)馈线分别在 14:22、14:24、14:36 跳闸，均重合成功，故标指示分别为 14.3 km、9.6 km、3.2 km，当时线路相应位置有 X25215 次列车运行，经查确定，跳闸原因就是该次列车机车故障。

2.2 根据故障报告内容判断

变电所断路器跳闸后，结合故障报告内容如故障电压、故障电流、阻抗角等数据可以更确切地确定故障性质。

(1)故障报告表现为，电压低、电流较大、阻抗角一般在45°～75°之间，一般是线路发生接地故障。

(2)故障报告表现为，故障电压较高、电流较小、阻抗角在40°以下，故标指示数值超出供电范围，一般可以判断为过负荷。

(3)故障报告中谐波含量较大且出现二次谐波，则可能是机车内部故障。因为接触网线路发生短路故障时，故障电流基本是正弦波。

(4)机车闯分相。除了从相关断路器动作情况判断外，同时从故障报告数值看，故障电压较高、电流较大、阻抗角在0°附近，此时故标指示数据不正确。

(5)故障电流小，电压基本为零，且能重合成功，变电所发压互(PT)回路断线信号，可判定不是接触网线路故障，而是电压互感器回路断线。

(6)故障标定装置指示故障点在0值附近，则可能是变电所内部故障或供电线故障。

3 结束语

当变电所断路器跳闸后，根据断路器跳闸情况、保护动作情况、故障电流、故障电压、故标指示等故障信息，结合公务、机务、车站等各方面反馈的信息，以及故障地点的天气、温度、运行环境等因素，等各方面信息完整再综合判断，可以很快判断出故障地点、故障性质及大概原因，也就可以及时指导故障处理人员有目的地组织查找故障点及快速处理故障，可以更快地确定故障地点、原因，并及时处理，减少故障停电时间，迅速恢复供电，减少故障损失，及早恢复铁路运输正常秩序。

参考文献

[1] 铁运. [2009]39. 电气化铁路接触网故障抢修规则.
[2] 王永康. 继电保护及自动装置[M]. 北京：中国铁道出版社，2003.

牵引变电所亭应急操控系统研究

岳学民

（中国铁路郑州局集团有限公司调度所）

摘　要：针对供电 SCADA 系统稳定性不高，常因通信通道故障或通信设备故障而在调度端无法正常监控操作的问题，研制出牵引变电所亭应急操控系统。该系统独立于既有 SCADA 系统，能实现开关的遥控和部分遥测等简单远动功能，可以作为既有 SCADA 系统的有益补充，实现远动系统的备用，从而大大提高无人值班变电所亭的供电可靠性。该系统已经在郑州铁路局多个分区所投入运行，效果良好。

关键词：SCADA；应急操控；供电安全

随着我国电气化铁路的快速发展，牵引供电系统中的变电设备（牵引变电所、分区亭、开闭所、AT 所）数量大幅增加，但由于各供电单位都在进行劳动组织改革，优化人力资源配置，因此变电值班人员数量并没有同步增加，导致变电值班人员非常紧缺。而随着牵引供电系统中 SCADA 系统的广泛使用，实现了在调度端对供电设备远程数据的采集与监视控制，使得在各变电所、分区所、开闭所都具备了无人值班的条件。但 SCADA 系统功能多、设备多，导致系统的稳定性可靠性不高，常因通信通道故障或通信设备故障而无法正常使用，因此，我国大多数变电所亭未能实现无人值班。

在实际运用中，由于分区所设备的投入运行与否不影响接触网线路的正常供电，在人员数量严重紧缺的供电段，在投入供电 SCADA 系统后，分区亭最先实行了无人值班。但是当 SCADA 系统故障时，V 形天窗区段必须取消天窗检修，并且为了防止发生供电故障而可能需要越区供电，就必须紧急安排人员到分区亭值班。

为了提高安全供电的稳定性，提出了另一种远方操控分区亭开关的方法，研制出了应急操控系统。该系统将分区亭的开关遥控和部分遥测等简单功能移到供电调度端（或牵引变电所），可以作为既有 SCADA 系统的有益补充，实现远动系统的备用，从而大大提高无人值班分区亭的供电可靠性。

1　系统组成

该系统设计了主控站和被控站两套设备，在供电调度端（或牵引变电所）装设主控站设备，被控站 RTU 设备装设在各分区亭（图 1）。

主控站安装于供电调度端（或牵引变电所内），由触摸屏提供人机接口界面，操作软件界面与分区亭主接线图相同，供值班人员操作。操作命令、遥信信息等经过协议转换器、拨号调制解调器经铁路电话网络连接至被控站。

被控站安装于分区亭内，采用 PLC 采集各开关位置和接触网末端网压等遥信、遥测信息，并输出分合闸控制信号，经继电器板输出后连接至各个开关的分合闸控制回路，从而控制各个开关的分合。开关分合闸位置信息采集于测控盘上的红色信号灯信号。

该系统采用铁路拨号电话作为通信通道，完全独立于既有 SCADA 系统通信通道，可确保不受 SCADA 系统设备故障的影响，并且不对 SCADA 系统造成影响。

应急操控系统采用一个主控站负责多个被控站，但同一时间只能连接一个被控站的模式。

2　工作方法

当供电 SCADA 系统正常时，该系统处于断开连接状态，在整个牵引供电系统中不起作用。只有当现有的 SCADA 系统故障，并急需操作相关分区所开关或了解其开关位置、末端网压等情况时，才根据需要在调度端（或牵引变电所）使用触摸屏选择出相应的分区亭，并通过铁路电话拨号对其进行连接和操控。

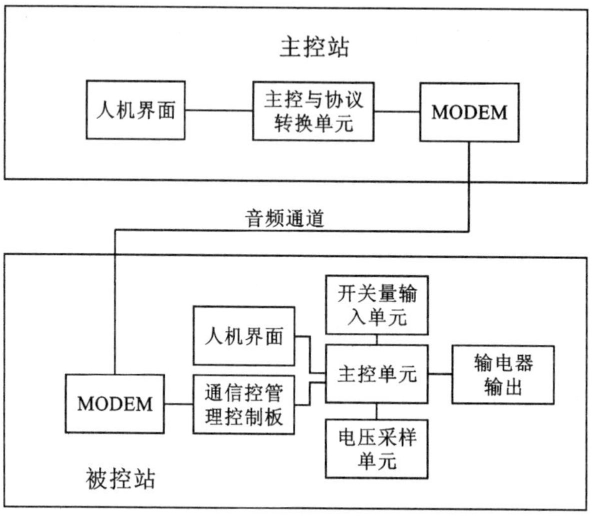

图 1　系统工作原理图

当使用该系统操作开关时，被控站所内的“当地/远方”转换继电器打开至“当地”位置。此时，即使SCADA 系统恢复正常，也无法操作该设备。当使用该系统操作开关时，操作信息在既有 SCADA 系统中显示为非远动操作。

操作完毕，通过应急操控系统位置信息确认其开关分合状态。

主控站对被控站的操作流程如图 2 所示。

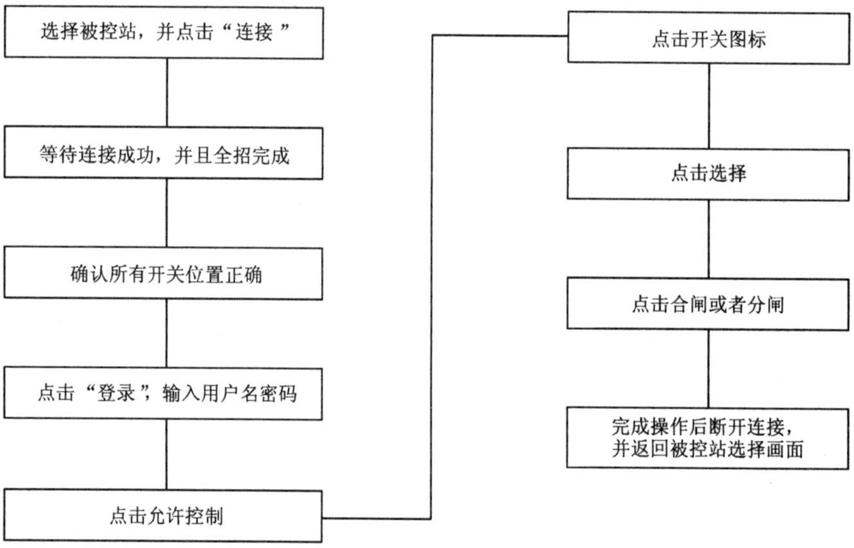

图 2　主控站对被控站的操作流程

3　安全保障措施

为防止操作开关出现各种类型的错误，从而影响安全供电的稳定可靠，该系统从以下两方面确保对被控设备的精准操作。

3.1　通信方面

该系统具有来电识别功能，可确保分区亭设备只接受特定号码的拨号连接，拒绝其他电话的拨号连接。拨号连接使用专用加密通信协议，可确保通信过程安全。该系统具有短信通知功能，当分区亭开关发生变位或出现事故、报警时，相关信息将自动发送到预先设置好的人员的手机上。

3.2　控制方面

所有开关分合操作采用4重串联接点闭锁(登录—允许控制—选择—分合)，且串联接点取自RTU不同插件，可防止因插件硬件故障导致的误分合。

4　系统主要优点

4.1　信息按需连接

系统平时处于断开连接状态，只有当发现有SCADA系统故障时，才根据需要进行连接。

4.2　操作简单可靠

系统只实现对开关位置查看、末端网压监视、开关分合控制等最重要的简单功能。避免复杂系统所导致的可靠性降低。

4.3　成本低

运行维护费用低。系统利用现有铁路电话进行通信，不需要架设开通专用通信通道，通道建设和运行费用基本为零。因系统功能简单，设备投资也很低廉。

5　结束语

牵引变电所亭应急操控系统作为供电远动系统的备用，具有操控和监视分区所设备的简单功能，有效解决了无人值守分区亭在SCADA系统发生故障时的后顾之忧，且该系统不需要架设专用通信通道，利用现有铁路电话通信，基本不需要通信通道建设和运行管理费用，设备投资较低。目前，该系统已经在郑州铁路局新乡、郑州供电段多个分区所投入运行，实现了相关分区所无人值守，有效解决了变电值班人员紧缺的问题，使用效果良好。

该系统也可以在牵引变电所、开闭所装设被控站设备，在供电调度端装设主控站设备，这样供电调度对牵引供电设备的监控操作的可靠性就大大增加，进而可实现牵引变电所、开闭所的无人值守，在极大节约人力劳动成本的同时提高安全供电的可靠性。

参考文献

[1] 苏庆新. 郑州供电段牵引变电设备运行故障研究[D]. 南昌：华东交通大学，2014.

[2] 李春生. 高压隔离开关在电力牵引供电系统中的应用研究[D]. 天津：天津工业大学，2012.

[3] 景德炎. 电气化铁路的负荷特性及电能质量[J]. 中国标准化，2010(12).

[4] 许航. 基于无线自组网技术的能源计量数据采集系统[J]. 计量与测试技术，2010.

[5] 刘家军，姚李孝，刘小勇，等. 基于牵引供电微机远动综合试验系统的设计与实现[J]. 电力系统保护与控制，2010.

高过载牵引变压器相关技术的研究

邓云川

(中铁二院工程集团有限责任公司)

摘　要：牵引变压器是牵引供电系统最为重要的电气设备之一，其运行的经济性与铁路部门电费支出密切关联、影响重大。本文提出通过提高牵引变压器的过载能力，研制高过载牵引变压器，使牵引变压器容量利用率趋于合理，以此改善运行经济性的技术方案。文章对高过载变压器相关技术和标准进行了介绍，提出了两种高过载牵引变压器技术方案。

关键词：牵引变压器；绝缘材料；经济性；技术方案

1　前言

电气化铁路牵引负荷受线路坡道、运输组织等因素影响，变化较为剧烈，普遍存在瞬时或短时负荷较大，平均负荷较小的现象。牵引变压器安装容量往往按照满足瞬时或短时负荷，并考虑一定过负荷倍数的方法确定。在实际运行中，由于牵引变压器并未结合牵引负荷特点，针对性地提高牵引变压器短时过载能力，导致牵引变压器安装容量较大、容量利用率较低、基本电费支出较高的不合理情况。

为了适应牵引负荷变化较为剧烈的特点，降低牵引变压器安装容量，减少运行基本电费支出，目前主要采取了以下措施：①研制并应用了单相接线、Vv 接线等容量利用率较高的牵引变压器；②按最大需量法确定变压器的基本电费。采用上述措施，一定程度上取得了较好的社会和经济效益，但是，并没有从根本上解决相关问题。根据铁路部门统计，目前，全国牵引变压器的平均容量利用率不到 20%，而对于变压器，当容量利用率为 30% ~70% 时，处于经济运行区，为 20% ~30% 或 70% ~100% 时，处于不良运行区，而低于 20% 时，处于最劣运行区，因此，牵引变压器的经济运行状况较差，负荷需求与容量配置匹配度较差，电费支出较多，很不合理。

牵引变压器的工作寿命取决于其绝缘系统，当绝缘达到寿命终点时，变压器将因绝缘介质的机械强度问题而发生故障。目前牵引变压器基本为油纸绝缘系统，变压器油作为绝缘和散热介质，充满油箱，通常采用燃点为 165℃的矿物油，绕组导体包绕绝缘纸，线圈对地间采用纸板绝缘。牵引变压器绝缘耐热等级为 A 级，长期最高工作温度为 105℃，最热点温度为 140℃。绝缘寿命的决定因素是绝缘的工作温度，也就是绝缘最热部分的工作温度，而最高温度由环境温度、绕组平均温升、绕组最高温度与平均温度间的梯度构成，目前，牵引变压器的绕组平均温升按 65K、顶层油温升按 55K 控制。

为了提高牵引变压器过负荷能力，可行的方案是改善牵引变压器绝缘材料的热性能，使其能在更高的温度下工作，同时寿命维持原有不变。

2　牵引变压器温升计算

任意负荷下，变压器绕组最热点温度都等于环境温度、顶层油温升加热点与顶层油温升之间的温度差：

$$\theta_h = \theta_a + \Delta\theta_{or}\left[\frac{1+RK^2}{1+R}\right]^x + Hg_r K^y$$

其中：θ_a 为环境温度；$\Delta\theta_{or}$ 为绕组顶部油温升；R 为损耗比；K 为变压器绕组负载率；x 为油的指数；y 为绕组指数；Hg_r 为热点对绕组顶部油的温差。根据某牵引变电所实测数据计算的牵引变压器温升(℃) 数据和曲线如表 1 所示。

表 1　实测数据计算牵引变压器温升图表

变电所		某牵引变电所		计算曲线
供电臂		左臂	右臂	
变压器顶层油对环境的温升/K	最大值	17.2	17.3	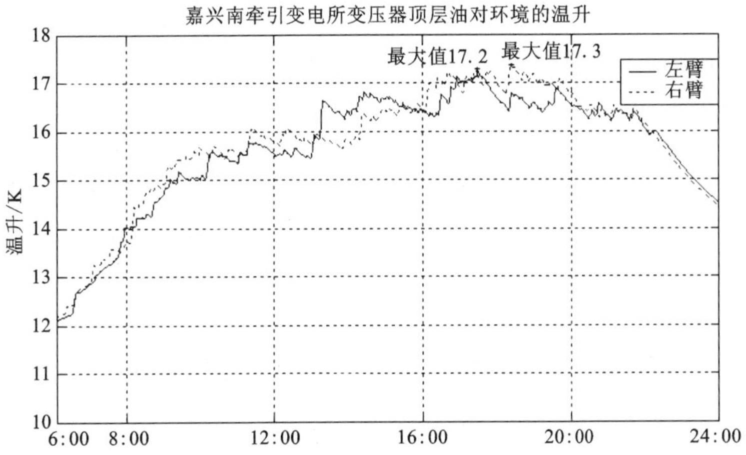
	平均值	13.7	13.8	
	4 min	17.2	17.3	
	5 min	17.2	17.3	
	20 min	17.1	17.2	
	高峰小时	17.1	17.1	
变压器绕组对顶层油的温升/K	最大值	9.7	8.2	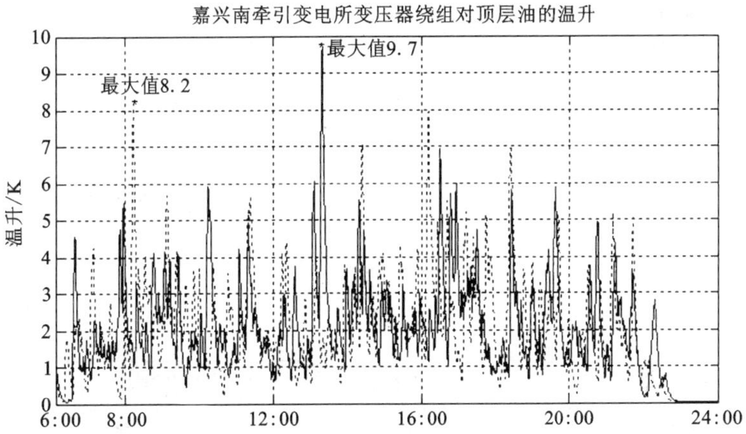
	平均值	1.5	1.5	
	4 min	8.7	7.1	
	5 min	8.4	6.8	
	20 min	5.7	4.9	
	高峰小时	3.8	3.7	
环境温度/℃		35		
变压器绕组最热点温度/℃	最大值	61.9	60.5	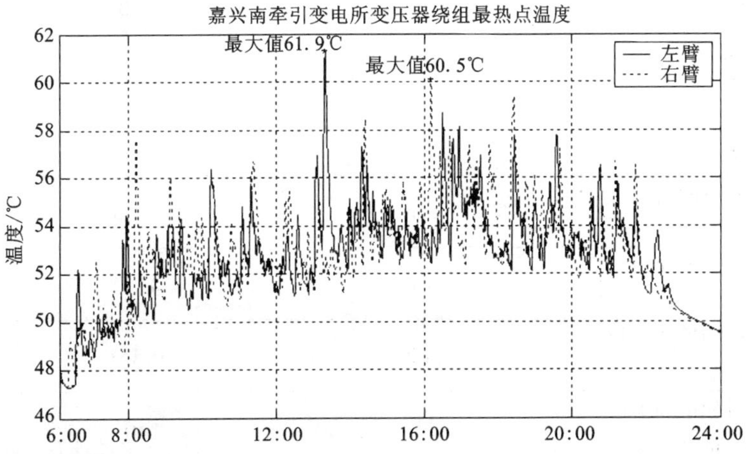
	平均值	50.2	50.3	
	4 min	60.9	59.4	
	5 min	60.6	59.1	
	20 min	57.8	57.1	
	高峰小时	55.9	55.8	

由计算的数据可以看出，牵引变压器顶层油温升、绕组最热点温升、最热点温度都远小于规定的允许值，牵引变压器的过负荷能力还存在较大的富裕。

3 牵引变压器绝缘材料

3.1 液体绝缘材料

变压器基本采用油作为液体绝缘材料，油在变压器中主要起三个作用，第一个作用是给各带电导体提供包围他们的绝缘介质，同时给设备内部的金属表面提供一个保护层，抑制金属表面的氧化等化学反应；第二个作用是作为散热介质，通过油的辐射、传导、对流将线圈和铁心局部温度较高的部件热量传递到周围环境；第三个作用是用于指示变压器的运行状态，通过分析变压器油的物理和化学状态可以得到变压器的诊断信息。

结合变压器油的作用，非常重要的性能要求有：(1)低黏度；(2)低倾点；(3)高闪点；(4)优良的化学稳定性；(5)很高的电气强度。不太重要的性能要求有：(1)高比热容；(2)高导热率；(3)很好的冲击强度；(4)很高的介电常数；(5)低溶解能力；(6)低密度；(7)好的熄弧性；(8)无毒；(9)环保性。

矿物油是目前性价比最高的变压器液体绝缘材料，因而得到了广泛采用。为了满足一些特殊场合的特殊需求，硅油、天然脂、合成脂等液体绝缘材料也被采用，不同液体绝缘材料性能指标如表 2 所示。

表 2 不同绝缘油特性指标表

名称	矿物油	硅油	合成酯	天然酯
基本成分	烃类的复杂混合物	二烷基硅聚合物	季戊四醇/四酯	植物提取天然酯
化学结构	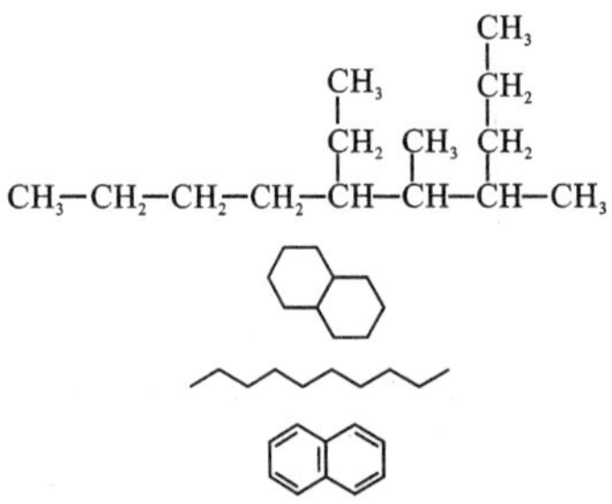	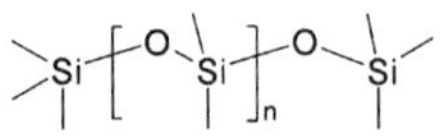	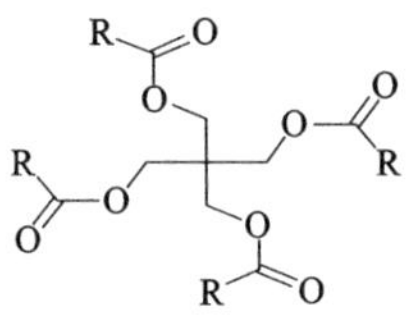	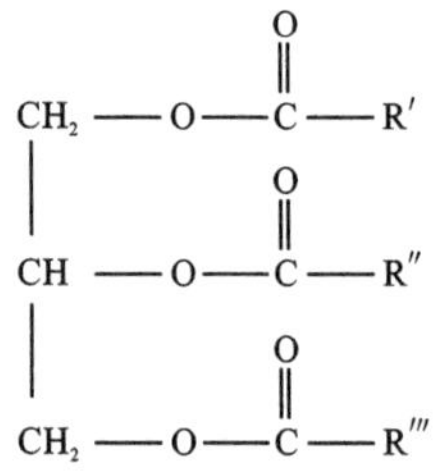
原料	从石油中提纯	化工生产	化工生产	植物提取
降解性	降解缓慢	不能降解	易于降解	易于降解
耐潮性	性能受湿度影响明显	性能受湿度影响明显	耐潮性非常好	耐潮性好
溶解度/ppm	55	220	2600	1100
闪点/℃	160	>300	>250	>300
燃点/℃	170	>350	>300	>350
防火等级	O	K	K	K
20℃时的密度/(g·mL^{-1})	0.88	0.96	0.97	0.83
20℃时的比热/(J·kg^{-1}·K^{-1})	1860	1510	1880	2000
20℃时的导热系数/(W·m^{-1}·K^{-1})	0.126	0.151	0.144	0.17
20℃时的运动黏度/(mm^2·s^{-1})	22	50	70	—
100℃时的运动黏度/(mm^2·s^{-1})	2.6	15	5.25	8.4
倾点/℃	-50	<-50	-60	-21
膨胀率/℃	0.00075	N/A	0.00075	—

续表 2

名称	矿物油	硅油	合成酯	天然酯
自燃温度/℃	280	435	438	—
击穿电压/kV	>70	50	>75	52
90℃时的介电损耗因子	<0.002	<0.001	<0.006	<3.0
20℃的介电常数	2.2	2.7	3.2	3.1
无烟/不易燃	差	差	优	优
环保性	差	差	优	优
耐湿性	非常低	低	非常高	高
氧化稳定性	抗氧化	抗氧化	抗氧化	不抗氧化

3.2　固体绝缘材料

高压变压器中的固体绝缘介质主要由包绕绕组导体的绝缘纸和绕组对地绝缘的纸板构成。油浸变压器中固体绝缘材料一直以纤维素为基础材料，目前，则以未漂白牛皮纸浆制作的纤维素纸和纸板为主。固体绝缘主要起三个作用：(1)绝缘；(2)机械强度；(3)耐热。主要的性能要求有：(1)具有高的绝缘强度；(2)介电参数与变压器油的介电常数接近；(3)低介电损耗因子；(4)不含导电粒子。

为了提高绝缘纸的延展性，20 世纪 70 年代开发了皱纹纸，后又开发了弹性更好的高伸长率的 CLUPAK 纸，为了提高热稳定性，通过在制造过程中添加稳定剂开发了耐高温纸，又称热改性纸。用于绝缘绕组导体和引线的纸品，不提供机械支撑。

绝缘纸板的一个主要作用是在短路过程中支撑绕组，纸板分为三种：压光纸板、预压纸板和造型纸板。

除了上面提到的固体绝缘材料外，杜邦公司还生产了一种聚酰芳胺绝缘纸—Nomex 纸，目前主要有 410 型和 910 型。410 型为 C 级耐热材料，910 型为 B 级耐热材料。

不同固体绝缘材料性能指标如表 3 所示。

表 3　不同固体绝缘材料特性指标表

材料		纤维素基纸	纤维素基热改性纸（丹尼森纸）	纤维素基纸板	聚酰芳胺 410	聚酰芳胺 356	聚酰芳胺 910
耐热等级/℃		105	120	105	220	155	130
20℃的介电常数		3.3~4.1	3.3~4.1	2.9~4.6	1.6~2.4	1.6~3.2	3.57
介电损耗因子	25℃	0.004	0.004	0.004	0.005	0.005	0.009
	100℃	0.01	0.01	0.01	0.005	0.005	0.016
吸湿性/%		7.0	7.0	7.0	5.0		
密度/(g·cm⁻³)		0.97~1.2	0.97~1.2	0.8~1.35	0.72~0.8	0.55~0.73	0.9~1.1
抗拉强度	纵向/(N·cm⁻¹)	64	890		65	37	70
	横向/(N·cm⁻¹)	28	/		32	18	17
伸长率	纵向/%	2	15		11	7	2.2
	横向/%	5	/		8	6	6.9
撕裂强度	纵向/N	/	/		/	10	0.44
	横向/N	0.5	/		/	6.3	0.7
击穿电压/(kV·mm⁻¹)		8.5	9.8		22	11	90

4 采用高温绝缘材料的液浸式变压器

4.1 相关标准

绝缘材料经历了百年的发展，高温固体绝缘材料应用于从导线瓷漆和缠带到垫块、撑条和结构支撑件的各种变压器绝缘件，高温液体绝缘材料也已经使用了几十年。目前，他们的使用量和使用范围正迅速增加，变压器通过采用高温绝缘材料，达到了重量轻、容量密度大、防火能力强、寿命长等目的。为了规范采用高温绝缘材料的液浸式变压器的设计和应用，国际电工委员会制定并颁布了 IEC/TS 60076 - 14：2009《电力变压器 第 14 部分：采用高温绝缘材料的液浸式变压器的设计和应用》国际标准，而国内则引用 IEC 标准，制定并颁布了 GB/Z 1094.14—2011《电力变压器 第 14 部分：采用高温绝缘材料的液浸式变压器的设计和应用》国家标准。

4.2 绝缘系统分类

GB/Z 1094.14 根据不同的高温固体绝缘材料与高温液体材料组合，提出了 4 种变压器绝缘系统：局部混合绝缘系统、半混合绝缘系统、混合绝缘系统和均匀绝缘系统。

局部混合绝缘系统指位于绕组热点区域内的紧贴绕组导线的绝缘(包括绕组导线绝缘和如有必要时，与该区域中导线接触的垫块、撑条和纸筒)采用高温固体绝缘材料，而在绕组其余部分和其他温度低的区域中用耐热等级为 105 限值的绝缘材料能满足要求时，在这些范围内便使用纤维素材料的绝缘系统。半混合绝缘系统指仅在导线绝缘中采用高温绝缘材料的绝缘系统。混合绝缘系统指所有紧贴绕组导线(裸的或有绝缘)的绝缘(包括导线绝缘和直接与绕组接触的垫块、撑条和纸筒)均采用高温固体材料，仅在温度低的区域中用耐热等级为 105 限值的绝缘材料能满足要求时，在这些范围内便使用纤维素材料的绝缘系统。均匀绝缘系统指所有高于常规绝缘系统温度的区域都使用高温固体绝缘，同时还使用高温液体绝缘的绝缘系统。

对于前 3 种绝缘系统，变压器的最高运行温度由液体绝缘材料控制，根据 GB1094.2(IEC60076.2)，变压器的顶层油温升为 60K，按此控制条件，GB/Z1094.14 给出了前 3 种绝缘系统及常规绝缘系统的温升限值如表 4 所示，最高过载温度限值如表 5 所示。

表 4 顶层油温升为 60K 时温升限值

最高温升限值				
项目	绝缘系统			
	常规	局部混合	半混合	混合
最低的高温固体绝缘耐热等级/℃	不适用	130	120	155
顶层液体温升/K	60	60	60	60
绕组平均温升/K	65	65	75	95
常规固体绝缘热点温升/K	78	78	78	78
高温固体绝缘热点温升/K	不适用	110	90	130

表 5 最高过载温度限值

最高温升限值				
项目	绝缘系统			
	常规	局部混合	半混合	混合
最低的高温固体绝缘耐热等级/℃	不适用	130	120	155
正常负载周期下的最高顶层液体温度/℃	105	105	105	105
长期急救负载下的最高顶层液体温度/℃	115	115	115	115

续表 5

最高温升限值				
项目	绝缘系统			
	常规	局部混合	半混合	混合
正常负载周期下的最高常规热点温度/℃	120	120	120	120
长期急救负载下的最高常规热点温度/℃	140	140	140	140
正常负载周期下的最高高温绝缘热点温度/℃	不适用	150	130	170
长期负载周期下的最高高温绝缘热点温度/℃	不适用	180	150	200

可以看出，采用高温固体绝缘材料后，按变压器顶层油温升控制，热点温升可以增加 12～52K、最热点工作温度可以提高 10～50K，对应变压器的过负荷能力，大致可以提高 25%。

对于第 4 种均匀高温绝缘系统，其温升限值如表 6 所示，最高过载温度限值如表 7 所示。

表 6　均匀高温绝缘系统温升限值

最高温升限值						
项目	酯油或相当的油			硅油或相当的油		
最低的高温固体绝缘耐热等级/℃	130	155	180	155	180	200
顶层液体温升/K	80	80	80	100	100	100
绕组平均温升/K	85	100	115	100	115	125
热点温升/K	110	135	160	135	160	180

表 7　最高过载温度限值

最高温升限值						
项目	酯油或相当的油			硅油或相当的油		
最低的高温固体绝缘耐热等级/℃	130	155	180	155	180	200
正常负载周期下的最高顶层液体温度/℃	130	130	130	155	155	155
长期急救负载下的最高顶层液体温度/℃	140	140	140	170	170	170
正常负载周期下的最高常规热点温度/℃	150	175	200	175	200	220
长期急救负载下的最高常规热点温度/℃	170	200	230	200	230	255

可以看出，采用高温固体和液体绝缘材料后，热点温升可以增加 32～102K，最热点工作温度可以提高 10～80K，对应变压器的过负荷能力，大致可以提高 57%。

5　高过载牵引变压器

结合牵引变压器的具体技术需求，提出两种高过载牵引变压器方案，即分别采用半混合绝缘系统和均匀绝缘系统相关技术。

5.1　半混合绝缘系统

合理考虑牵引变压器内温度场的实际情况，按照温度分布合理使用不同耐温等级的绝缘材料，构成一个半混合绝缘系统，液体绝缘材料采用常规矿物油，在运行温度高于常规温度的绕组中的导线绝缘采用高温固体绝缘材料—NOMEX 纸，即仅在某些绕组或所有绕组中的导线绝缘采用高温材料，而其余所有绝缘材料均是常规绝缘材料。

采用该方案的 110 kV 16 +16MVA Vv 接线牵引变压器高低压绕组各部位的相对温度分布如图 1 所示。该方案可以使牵引变压器提高一个容量等级使用，即 16 +16MVA 可以满足常规 20 +20MVA 牵引变压器负荷需求。

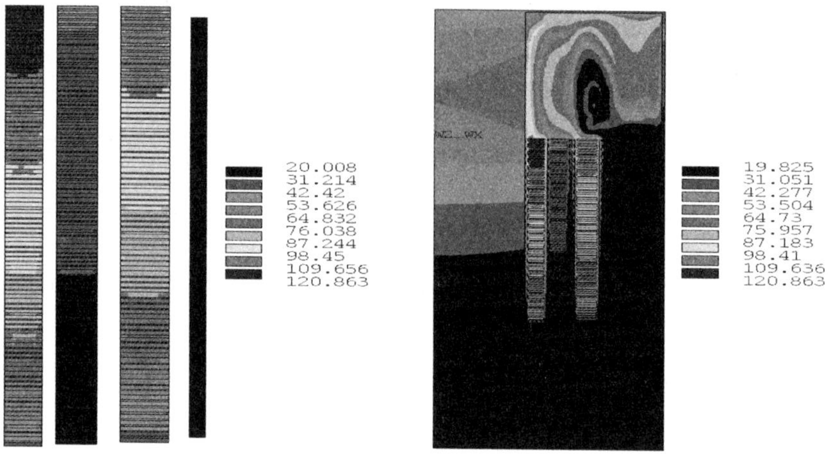

图 1　高过载牵引变压器高低压绕组各部位的相对温度分布图

5.2　均匀绝缘系统

所有高于常规绝缘系统温度的区域都使用高温固体绝缘—NOMEX 纸，考虑合成脂具有生物降解性、低热膨胀系数、良好的导热特性、高击穿强度、受湿度影响小、高燃点、与变压器其他绝缘材料相互兼容等特点，具有较好的环保性和经济性，因此考虑液体绝缘材料采用合成脂油。值得一提的是，合成脂由于高燃点、自熄灭、溶水性好、可生物降解等特点，在欧美大量应用于地下变电站中。该方案温升限值如表 8 所示。

表 8　均匀绝缘系统牵引变压器温升限值表

最高温升限值		
项目	合成脂	
	NOMEX910	NOMEX356 或 410
最低的高温固体绝缘耐热等级/℃	B 级/130	F 级/155
顶层液体温升/K	80	100
绕组平均温升/K	85	100
绕组热点温升/K	95	110
铁心、邮箱及结构表面/K	80	100
热点温升/K	110	160

采用该方案牵引变压器的过负荷能力能够提高 1.5 ~2 倍。

6　结束语

20 世纪 90 年代电气化铁路行业内曾研制过高过载低阻抗平衡牵引变压器，但由于经济性较差、缺乏标准支撑等原因，未能推广采用。近 20 年后，随着技术的发展、相关标准的颁布，有必要重新审视相关技术，根据不同线路牵引负荷的特点，结合经济性和环保性等要求，差异化地制定技术方案，经济有效地解决牵引变压器经济运行较差、容量利用率较低、不合理电费支出较多的问题。

参考文献

[1] 希思科特. 变压器实用技术大全[M]. 王晓莺，译. 北京：机械工业出版社，2004.
[2] 谢毓城. 电力变压器手册[M]. 北京：机械工业出版社，2005.
[3] 麦克莱曼. 变压器与电感器设计手册[M]. 龚绍文，译. 北京：中国电力出版社，2009.
[4] 姚志松，姚磊. 新型节能变压器选用、运行与维修[M]. 北京：中国电力出版社，2010.
[5] 姚志松，姚磊. 变压器节能方法与技术改造应用实例[M]. 北京：中国电力出版社，2009.
[6] 哈洛. 电力变压器工程[M]. 保定天威保变电气股份有限公司，译. 北京：机械工业出版社，2016.
[7] IEC/TS 60076 - 14：2009　电力变压器 第 14 部分：采用高温绝缘材料的液浸式变压器的设计和应用.
[8] GB/Z 1094. 14 - 2011　电力变压器 第 14 部分：采用高温绝缘材料的液浸式变压器的设计和应用.
[9] 李良威，邓云川，高宏，等. 基于实测数据的客运专线牵引变压器容量及寿命分析研究[C]//第六届电能质量国际研讨会. 2012.

关于复线直供区段牵引供电系统保护定值设置方式的探讨与应用

刘 永

(中国铁路兰州局集团有限公司供电处)

摘 要:本文对复线直供区段牵引变电所、分区所保护定值设置方式进行探讨,并结合实际应用情况进行分析,为牵引供电技术管理人员提供了一定的参考和借鉴。

关键词:牵引;供电;定值;设置

0 引言

牵引供电系统直供区段随着复线的大量投入运营,因牵引变电所保护整定值与分区所保护整定值设置不当,往往会在上行或下行供电臂发生接地短路故障时,造成上、下行供电臂同时跳闸的问题发生,由此牵引变电所与分区所保护整定值的匹配问题就显得尤为突出,本文对存在的问题结合实际中的应用分析探讨如下。

1 直供复线区段牵引变电所与分区所保护定值整定方式

包兰线惠农至银川区段复线改造完毕,为确保分区所能有效投入运行,以提高牵引供电系统的供电能力,在实际应用中对牵引变电所与分区所保护定值按照以下方式进行了整定设置。

1.1 牵引变电所保护定值设置方式

以银川牵引变电所银川至暖泉上、下行供电臂为例。

(1)银川至暖泉上、下行供电臂相关参数。

①正线悬挂采用 JTM-95+CTSH120;回流线采用 LBGLJ-185,正线线路间距 5000 mm,供电臂单位阻抗 0.37 Ω/km,线路阻抗角 70.5°,供电臂长度 27.918 km。

②银川至暖泉上、下行供电臂银川牵引变电所馈线断路器流互变比为 1250/5A,馈线最大负荷电流为 1000A,最低母线电压为 21 kV。线路总阻抗折算至二次侧为 9.39Ω。

(2)银川至暖泉上、下行供电臂保护定值整定情况。

银川至暖泉上、下行供电臂投入了阻抗Ⅰ段、阻抗Ⅱ段、阻抗Ⅲ段、电流速断、高阻Ⅰ段保护,各保护定值整定方式如下:

①阻抗Ⅰ段保护。

阻抗Ⅰ段整定保护范围为该供电臂全长的 70%,即 $0.7\times9.39\times\sin(70.5°)$,电抗 X 计算整定为 6.20 Ω,动作时限整定为 0.1 s。

②阻抗Ⅱ段保护。

阻抗Ⅱ段整定保护范围为该供电臂全长的 150%,即 $1.5\times9.39\times\sin(70.5°)$,电抗 X 计算整定为 13.29 Ω,动作时限整定为 0.2 s。

③阻抗Ⅲ段保护。

阻抗Ⅲ段整定保护范围为该供电臂全长的 300%,即 $3\times9.39\times\sin(70.5°)$,电抗 X 计算整定为 26.57 Ω,动作时限整定为 0.5 s。

④阻抗保护整定电阻。

阻抗保护负荷整定电阻三段采用相同定值,R 计算整定为 8.95 Ω。

⑤电流速断保护。

依据历年发生跳闸时采集的故障参数,银川至暖泉供电臂在变电所出口近端接地短路时采集的短路电流为6800A，在供电臂末端发生接地短路时采集的短路电流为2250A。将电流速断保护范围设置为保护供电臂全长的60%，电流速断定值整定为16A，对应一次侧为4000A，动作时限整定为0.1 s。

⑥高阻Ⅰ段保护。

高阻Ⅰ段保护定值整定为2.5A，对应一次侧为625A，动作时限整定为0.5 s。

⑦重合闸动作时间整定为2 s。

1.2　分区所保护定值设置方式

(1)银川至暖泉供电臂对应暖泉分区所参数。

暖泉分区所断路器流互变比为800/5A，最大负荷电流为578A，最低母线电压为21 kV。线路总阻抗折算至分区所二次侧为6.01Ω。

(2)暖泉分区所银川方向断路器保护定值整定情况。

暖泉分区所投入了低压过电流、阻抗Ⅰ段、阻抗Ⅱ段、高阻Ⅱ段保护，各保护定值整定方式如下：

①低压过电流保护。

低压过电流定值整定为1.3倍的最大负荷电流，即1.3×578=751A，换算到二次侧为4.7A，低压闭锁值整定为85 V，动作时限整定为0.1 s。

②阻抗Ⅰ段保护。

阻抗Ⅰ段整定保护范围为该供电臂全长的150%，即1.5×6.01×sin(70.5°)，电抗 X 计算整定为8.5Ω，动作时限整定为0.1 s。阻抗Ⅰ段设置为反方向。

③阻抗Ⅱ段保护。

阻抗Ⅱ段保护定值电抗 X 整定值与阻抗Ⅰ段相同，动作时限与阻抗Ⅰ段相同。阻抗Ⅱ段设置为正方向。

④阻抗保护整定电阻。

阻抗保护负荷整定电阻两段采用相同定值，R 计算整定为9.91Ω。

⑤高阻Ⅱ段保护

高阻Ⅱ段保护定值整定为3A，对应一次侧为480A，动作时限整定为0.3 s。

⑥重合闸动作时间整定为3 s。

2　牵引变电所馈线与分区所采用此种定值配置方式动作配合关系

2.1　银川至暖泉供电臂故障点示意简图

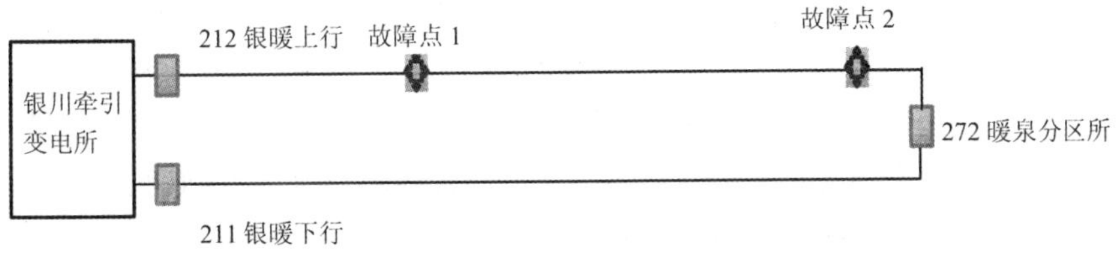

图1　故障点示意简图

2.2　银川牵引变电所及暖泉分区所各保护的保护范围及动作时限

(1)银川牵引变电所212、211银暖上、下行馈线阻抗Ⅰ段保护供电臂全长的70%，动作时限为0.1 s；电流速断保护供电臂全长的60%，动作时限为0.1 s；阻抗Ⅱ段保护供电臂全长的150%，动作时限为0.2 s；阻抗Ⅲ段保护供电臂全长的300%，动作时限为0.5 s；高阻Ⅰ段保护定值对应一次侧动作电流为625A，动作时限为0.5 s。

(2)暖泉分区所272断路器阻抗Ⅰ段、阻抗Ⅱ段保护供电臂全长的150%，动作时限为0.1 s；低压过电流保护定值对应一次侧动作电流为751A，动作时限为0.1 s；高阻Ⅱ段保护定值对应一次侧动作电流为480A，动作时限为0.3 s。

2.3 故障点 1 发生接地短路故障时牵引变电所与分区所各保护间的动作关系

故障点 1 距离银川变电所为银川至暖泉供电臂长度的 30%。该点发生故障时各保护动作情况如下:

(1)在故障点 1 发生接地短路故障时,银川牵引变电所 212 银暖上行供电臂阻抗Ⅰ段、电流速断保护会先动作将 212 断路器跳开,同时暖泉分区所 272 断路器阻抗保护会动作将 272 断路器跳开(低压过流保护将视流经 272 断路器的电流大小而选择是否动作),由此完成了故障点 1 处接地故障的切除隔离。

(2)在故障点 1 情况下,银川牵引变电所 211 银暖下行供电臂因阻抗Ⅰ段、电流速断设置的保护范围保护不到故障点 1 处,因此阻抗Ⅰ段、电流速断将不会动作。在阻抗Ⅱ段、阻抗Ⅲ段、高阻Ⅰ段保护时限到达前,暖泉分区所 272 断路器已提前将银暖下行与故障点 1 间的电气联系进行了切断隔离,因此阻抗Ⅱ段、阻抗Ⅲ段、高阻Ⅰ段保护也不会动作,由此将不会发生在 212 银暖上行供电臂发生故障时,造成银暖下行供电臂同时跳闸的问题。

2.4 故障点 2 发生接地短路故障时牵引变电所与分区所各保护间的动作关系

故障点 2 距离银川牵引变电所为银川至暖泉供电臂长度的 90%。该点发生故障时各保护动作情况如下:

(1)在故障点 2 发生故障时,暖泉分区所 272 断路器阻抗保护、低压过流保护会先动作将 272 断路器跳开,此时银川至暖泉 212 与 211 上、下供电臂将解列。在分区所 272 断路器断开后,故障点仍然存在,因 212 银暖上行供电臂阻抗Ⅰ段、电流速断保护范围有限,212 馈线阻抗Ⅱ段保护在延时到达后将会动作跳开 212 断路器,将故障点完全切除。

(2)在故障点 2 情况下,银川牵引变电所 211 银暖下行供电臂因阻抗Ⅰ段、电流速断设置的保护范围保护不到故障点 2 处,因此阻抗Ⅰ段、电流速断保护将不会动作。在阻抗Ⅱ段、阻抗Ⅲ段、高阻Ⅰ段保护时限到达前,暖泉分区所 272 断路器已提前将银暖下行供电臂与故障点 2 间的电气联系进行了切断隔离,因此阻抗Ⅱ段、阻抗Ⅲ段、高阻Ⅰ段保护也不会动作,由此将不会在 212 银暖上行供电臂发生故障时,造成银暖下行供电臂同时跳闸的问题。

2.5 高阻接地问题

如在故障点 1、2 处发生高阻接地故障,在阻抗及电流速断、过电流保护均拒动的情况下,暖泉分区所 272 断路器高阻Ⅱ段保护在延时 0.3 s 后动作跳开 272 断路器,从而完成银暖上、下行供电臂间的解列。在延时 0.5 s 后银暖 212 馈线断路器高阻Ⅰ段保护动作跳开 212 断路器,从而完成了故障点的切除。

2.6 重合闸动作问题

银暖上、下行供电臂 212、211 断路器设置的重合闸动作时限为 2 s;暖泉分区所 272 断路器设置的重合闸动作时限为 3 s,并需在检测到银暖上、下行供电臂同时有电压的情况下才允许重合。

在故障点 1、故障点 2 发生故障银暖上行供电臂 212 馈线断路器及分区所 272 断路器分别跳开后,212 馈线断路器将在 2 s 重合一次,如重合成功,272 断路器在检测到上、下行供电臂分别有电压后,将在 3 s 进行重合,由此恢复上、下行供电臂正常并联的运行方式。如 212 重合失败,272 断路器只能检测到下行供电臂有电压,因此不会进行重合,从而避免了分区所处再次带故障重合闸的问题。

2.7 解决了越区供电时需调整保护定值的问题

在越区供电时银川至暖泉供电臂上、下行将解列运行,212、211 馈线断路器阻抗Ⅲ段保护范围为供电臂全长的 300%,即保护的供电臂线路长度为 83.754 km,银川至暖泉供电臂加相邻石嘴山至暖泉供电臂总长为 62.375 km,设置的阻抗Ⅲ段保护定值可满足越区供电时的保护要求。通过投入 212、211 馈线断路器阻抗Ⅲ段保护,能有效解决越区供电时需调整保护装置保护定值的问题。

3 需注意的事项

(1)在牵引供电系统容量发生变化时,如主变增容或地方电力系统增容,供电臂末端短路电流会随之增大,有可能达到馈线保护设置的电流速断值,此种情况下发生故障时将会造成上、下行供电臂同时跳闸。如发现系统容量发生变化,需对馈线电流速断保护定值重新进行校核。

(2)在复线区段如牵引供电系统容量较大,而容量较大的牵引变电所有一方向馈线的上、下行供电臂又非常短,此时因供电臂末端短路电流非常大,如采用分段及时差配合配置保护的方式,在供电臂末端发生短路时，因短路电流过大、切除时间较长，将会对系统造成较大影响，此种情况下建议将该供电臂解列运行。

(3)在进行定值计算校核时，供电臂首、末端短路电流采集较为困难，还需在日常运营过程中进行积累整理，以确保定值校核的准确性和可靠性。

4　结语

自惠农至银川区段牵引变电所及分区所保护定值按照上述方式计算整定后，在接触网供电臂发生接地短路故障时，牵引变电所及分区所断路器均能按照上述逻辑可靠动作，避免发生一线接地短路造成邻线同时跳闸及保护误动的问题。有效解决了电气化复线直供区段因保护整定值设置不合理，在发生故障时上、下行供电臂同时跳闸的问题，同时解决了在越区供电时频繁调整保护定值的问题。此种保护定值计算及整定方式对复线电气化铁路保护定值整定计算有一定的借鉴意义。

参考文献

[1] 潘启敬. 牵引供电系统继电保护. 2版[M]. 北京：中国铁道出版社，1993.

牵引变电所馈线跳闸后故障的判断与查找

刘海洲

(中国铁路郑州局集团有限公司调度所)

摘　要：本文从供电调度员的角度出发，结合实际跳闸案例，对牵引变电所馈线跳闸后的故障判断与查找方法进行了分析。对于供电调度员在事故中故障的判断与查找具有一定的指导意义。

关键词：供电调度员；故障；判断；查找

0　引言

接触网是电气化铁路重要的行车设备，是向电力机车、电动车组等移动设备安全可靠供电的特殊输电线路，一旦故障停电，将直接影响行车秩序[1]。设备发生故障后，判断故障性质与查找故障地点是事故抢修的先决条件，而查找故障点往往耗时较长，找到故障点后处理时间则相对较短。牵引变电所馈线跳闸后，供电调度员应迅速判断故障性质，尽快查找故障点，缩短故障延时，恢复供电行车。

1　故障的判断方法

1.1　根据馈线跳闸后，重合闸动作情况，判断故障类型

1.1.1　重合和试送均失败

可能是由于接触网或供电线断线接地，绝缘子击穿，隔离开关处于接地状态下的分段绝缘器击穿，隔离开关引线脱落或断线，较严重的弓网故障，机车故障等。

2016 年 8 月 16 日 7:37，郑州北变电所 217 跳闸，距离 I 段保护动作，重合失败，电压 11600 V，电流 4590A，故障测距 5.18 km。7:46 试送电失败，8:51—9:18 经抢修后恢复送电。故障原因：中原 - 铁炉间 1 号支柱的隔离开关绝缘子击穿。

1.1.2　重合成功

一般是绝缘部件瞬时闪络、电击人或动物等。

2015 年 3 月 1 日 15:53，长垣变电所 212 跳闸，距离 I 段保护动作，重合成功，电压 3547 V，电流 3980A，故障测距 1.26 km。故障原因：长垣站 6 道东头 K82 +060 田野侧小孩爬上棚车顶部被电伤。

1.1.3　重合成功过一段时间又跳闸

可能是由于接触网或电力机车绝缘部件闪络，货车绑扎绳等松脱，列车超限，树木与接触网放电、接触网与接地部分距离不够，接触网断线但未落地，弓网故障等。

2017 年 1 月 8 日 23:40—23:49，广武变电所 212 连续 5 次跳闸，均为距离 I 段保护动作，重合成功。天气：大雾。跳闸参数如下。

第一次跳闸：23:40，电压 11602 V，电流 3868A，故障测距 6.8 km。

第二次跳闸：23:42，电压 13519 V，电流 3417A，故障测距 9.33 km。

第三次跳闸：23:43，电压 14946 V，电流 3088A，故障测距 11.44 km。

第四次跳闸：23:47，电压 16854 V，电流 2589A，故障测距 16 km。

第五次跳闸：23:49，电压 17943 V，电流 2323A，故障测距 19.6 km。

故障原因：郑州机务段 SS8 - 088 牵引 K280 次，电力机车绝缘子闪络。

1.2　根据故障报文信息判断

(1)电压低(17000 V 以下)，电流较大(1000A 以上)，阻抗角在 45° ~ 75°之间。可能为金属性接地。

2015 年 2 月 24 日 2:53，获嘉变电所 214 跳闸，电流速断保护动作，重合失败，电压 13780 V，电流 2305A，故障测距 15.417 km，阻抗角 66.70°，天气：大雾。故障原因：狮子营至修武间上行 216 号支柱

K37 +470 处棒式绝缘子击穿。

(2)电压较高(20000 V 以上)，电流较小(1000A 左右)，阻抗角在 40°以下，故障测距数值超出供电范围，一般可以判断为过负荷。

2017 年 3 月 2 日 9：27 草店变电所 213 跳闸，阻抗 II 段保护动作，重合成功，电压 20977 V，电流 1288A，电阻 14.16 Ω，电抗 9.97Ω，阻抗角 29.5°，故障测距 19.94 km。故障原因：过负荷。跳闸时草店－北召店下行供电臂共有货车 4 列，分别为 SS4－497 牵引 X28015 次、HX2C－73 牵引 X28521 次、HX2C－83 牵引 X16021 次、SS4－337 牵引 X24101 次。

(3)电压较高(20000 V 以上)，电流较大(2000A 左右)，阻抗角在 0°附近，则可能为机车带电过分相。

(4)跳闸报告中谐波含量较大且出现二次谐波，则可能为机车内部故障。

(5)故障电流小，电压为零，且能重合成功，变电所出现电压(PT)回路断线信号，可判定为电压回路断线。

1.3　根据供电臂开关跳闸的不同现象判断故障类型

(1)上下行同时跳闸，两条馈线跳闸报告基本一致，则可能发生上跨电力线或其他高空金属物同时坠落在上下行接触网上并接地。

(2)同所同行(上行或下行)同时跳闸(阻抗角根据各所情况分析)，则可能为机车带电闯该变电所分相。

(3)两相邻所同行(上行或下行)同时跳闸(阻抗角根据各所情况分析)，则可能为机车带电闯两所间分区亭处分相。

(4)连续跳闸，故障测距沿某电力列车运行方向变化，可判定为机车故障。

2017 年 7 月 8 日 23 时 17 分，巩义变电所 214 跳闸，电流速断，阻抗 I 段保护动作，重合成功，电压 6179 V，电流 4202A，阻抗 1.43Ω，阻抗角 59.4°，故障测距 2.96 km(巩义－黑石关上行 K642 +840)。

同日 23 时 42 分，巩义变电所 214 第二次跳闸，电流速断，阻抗 I 段保护动作，重合成功，电压5693 V，电流 4627A，阻抗 1.18Ω，阻抗角 55.4°，故障测距 2.21 km(巩义－黑石关上行 K642 +90)。故障原因：西安机务段 HXD3D0455 牵引 K558 次在巩义－黑石关上行机车故障。

2　故障的查找方法

2.1　巡视所内馈线处设备，查找所内故障点

供电调度员要对馈线跳闸的参数进行认真分析，同时指挥变电所值班员对所内相关设备进行巡视检查，发现异常情况及时处理。

2.2　重点参考故障标定装置显示的故标数据查找

通过多年的运行情况，故障测距装置已比较成熟，根据技术部门提供的分析资料，当发生金属接地故障时，测距的误差在正负 500 m 范围以内；发生非金属接地故障时，其测距误差在 3000 m 以内。所以供电调度员在指挥查找故障点时，要以故障测距的数据为主要参考，组织工区人员首先赶往故障测距两侧 3000 m范围内进行查找。

2.3　供电调度员应加强与行车调度员联系，根据其他部门的信息反馈快速查找

发生馈线跳闸故障后，供电调度员应及时联系列车调度员，询问其他部门有无异常反应，掌握故障供电臂内的电力机车型号、数量、所处位置等信息。当跳闸重合失败时，在没有相应供电臂有关故障信息的情况下，为排除因电力机车短路接地等故障跳闸，供电调度员可通过列车调度员通知所在供电臂上的电力机车降下受电弓后，进行一次试送电。以此判断是否由机车或供电设备引起跳闸，快速查找定位可能的故障点，减少排查范围。

2.3.1　根据机车司机反映的情况

电力机车所处位置的接触网或车顶上有异物、机车绝缘子闪络或机车内部故障等，机车乘务员都会在第一时间反馈信息。

2015 年 6 月 16 日 4:17，巩义变电所 214 跳闸，阻抗 I 段保护动作，重合失败，电压 16960 V，电流 2345A，故障测距 18.35 km。故障原因：机车 HXD3－781 牵引 X41036 次在偃师站上行 K658 +250 处，高压

互感器击穿。

2.3.2 根据工务、电务、车站人员反映情况

工务、电务施工、巡道、维修、车站值班员外勤作业时，因为靠近线路，往往会注意到接触网设备火花放电、放炮等特殊现象，同样也会注意到异物、倒树、断线等异常情况。

2017 年 8 月 9 日 18:30，焦作变电所 214 跳闸，电流增量保护动作，重合失败。电压 23100 V，电流 1612A，故障测距 17.33 km。柏山站值班员汇报龙源电厂专用线故障，通过断开专用线隔离开关切除故障点后，送电成功。

2.4 根据气候条件、设备所处的环境有针对性地进行查找

雾天、小雨、冬末春初的雨雪易造成绝缘部件闪络，特别容易造成电力机车受电弓支持绝缘子闪络，大风则会刮倒树木引起接触网事故。在隧道区段，由于接触线高度较低，还容易发生列车因货物超限、货车绑扎绳松脱引起的馈线跳闸，同时容易发生鸟害，甚至发生山上落石砸坏接触网、塌方引起的事故，夏季容易发生水害，冬季容易发生隧道结冰烧断承力索等。

2014 年 3 月 31 日 1:16，长治北开闭所 264 跳闸，阻抗Ⅰ、Ⅱ段保护动作，重合失败，电压 8734 V，电流 1884A，故障测距 4.17 km，天气：小雨。故障原因：潞宝专用线 27 号支柱悬式绝缘子击穿。

2.5 追查原因不明的跳闸

每次跳闸总是存在一定的设备隐患，对于暂时原因不明的跳闸，供电调度员应积极查找跳闸原因，消除设备隐患，确保牵引供电设备正常运行。

3 总结

供电调度员是牵引供电设备故障处理的直接指挥者，每次牵引供电设备发生故障都是对供电调度员能力的一次检验。能够迅速判断故障性质，查找故障点，是故障处理的重要前提条件。只有尽快完成这个条件，才能组织接触网工区以最快的速度排除故障，恢复供电行车，最大限度地减少对铁路运输的影响。

参考文献

[1] 电气化铁路接触网故障抢修规则. 铁运〔2009〕39 号[Z], 2009.
[2] 李永萍. 浅谈牵引供电事故的抢修与调度指挥[J]. 科技情报开发与经济, 2007(18): 277.

电气化铁路数字化牵引变电所工程实施方案研究

楚振宇

（中铁工程设计咨询集团有限公司）

摘　要： 数字化牵引变电所是牵引供电系统从常规走向智能的必由之路，在提高信息共享性、互操作性、完善保护功能、降低电磁干扰等方面优势明显。本文依托山西中南部通道铁路重载试验段王家庄牵引变电所、北甘泉AT所和壶关AT分区所，对数字化牵引变电所的工程实施方案进行了深入研究，从系统构成、设备选型、总平面布置、保护配置等方面进行了分析，结合工程实际系统确定了详细工程实施方案，并成功投入运行，从而为数字化牵引变电所和智能牵引供电系统正式进入工程应用奠定了坚实的基础。

关键词： 数字化牵引变电所；实施方案；保护

1　引言

牵引变电所是电气化铁路牵引供电系统的核心设施，其数字化是牵引供电系统从常规走向智能的必由之路[1]。继成功开展牵引变电设备单元智能化试验后，依托我国第一条30t轴重重载铁路——山西中南部通道铁路试验段，铁路总公司组织开展了数字化牵引变电所技术的工程应用研究，为数字化牵引变电所和智能牵引供电系统真正进入工程应用奠定了坚实的基础。

2　数字化牵引变电所技术方案

2.1　数字化方案

随着电网电压等级的不断提高，传统牵引变电所综合自动化系统暴露出越来越多的问题，如装置之间相对独立、缺乏整体的协调和功能优化、数据信息不共享、二次接线和系统扩展复杂、保护功能不完善、易受电磁干扰等，已经不能满足安全运行的需要。

数字化牵引变电所是在传统牵引变电所综合自动化系统的基础上发展而来的，它由智能化一次设备（电子式互感器、智能化开关等）和网络化二次设备分层（过程层、间隔层、站控层）构建，建立在IEC61850通信规约基础上，能够实现牵引变电所内和所间智能电气设备间的信息共享和互操作。

与采用常规综合自动化系统的传统牵引变电所相比，数字化牵引变电所具有以下特征。

(1)采用基于IEC61850系列的通信规约，包括综合自动化系统和一次设备数字化接口后均采用基于IEC61850系列的通信规约，大大增强了牵引变电所中的设备间的互操作性和可扩展性。

(2)采用数字化一次设备，包括采用直接数字输出的电子式互感器、智能化变压器、断路器以及传统设备就地数字化，克服了传统电磁互感器易饱和、精度差等缺点，增大了电气量的动态测量范围并提高了测量精度，同时大幅减少了一次设备和综合自动化系统之间的金属电缆连接，采用光纤连接大幅降低了电磁干扰。

(3)采用网络化信息传输方式，采样值采用网络方式通过高速通信网络进行传输，通过快速信息共享提高了保护实时性和选择性，完善了牵引供电系统保护功能。

2.2　系统设计

数字化牵引变电所采用“三层两网”的结构，即三层为站控层、间隔层、过程层，两网为间隔层网络和过程层网络；站控层监控系统和间隔层保护测控装置之间通过间隔层网络连接，间隔层保护测控装置和过程层一次设备之间通过过程层网络连接[2~5]。总体组成如图1所示。

站控层主要由当地监控主机、远动通信单元、时钟同步系统组成，间隔层由保护、测控装置组成，过程层由一次设备和智能组件组成。在站控层设置网络分析记录仪，其在分析记录报文的同时，还具备全所网络后备保护的功能。

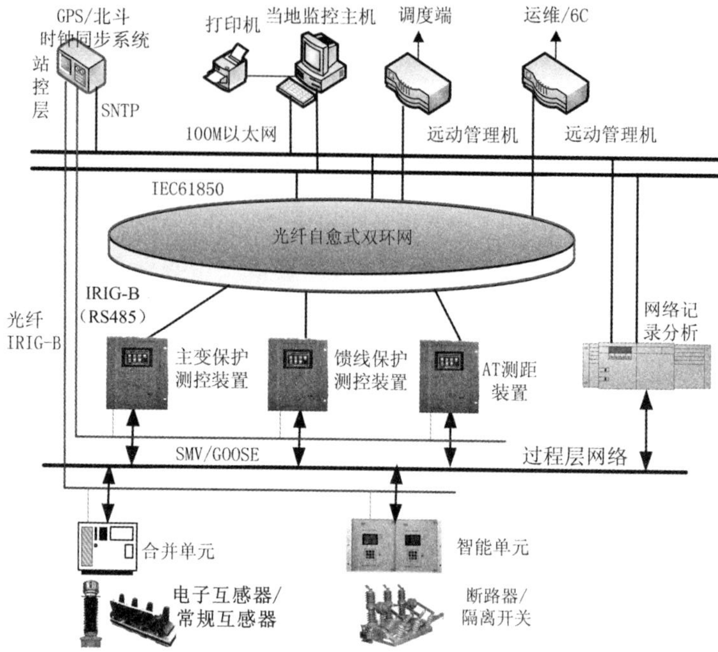

图 1　数字化牵引变电所保护测控系统示意图

3　工程实施方案

3.1　总体实施方案

山西中南部通道铁路试验段全长约 92 km，采用全并联 AT 供电方式，设置王家庄、沙峪 AT 牵引变电所 2 座，AT 分区所 2 座，AT 所 4 座。全并联 AT 供电方式供电臂是电气化铁道运行方式最为复杂多样的供电臂，保护配合相对困难；为准确标定故障位置，需要综合计算整个供电臂上牵引变电所、AT 所和 AT 分区所的电流分布数据；最能充分体现数字化牵引变电所广域测控保护、互操作性等特点。

由于试验段要先于正线开通一年以上且仅有 2 座牵引变电所，任何 1 座牵引变电所都有可能在相邻所退出运行时承担整个试验段的牵引供电。而数字化牵引变电所又是首次进入正式工程应用，运行经验和维护经验不足。因此实施方案必须既确保我国 30t 轴重系列重载试验的顺利进行，又能同时兼顾工程供电的可靠性和科学研究的完整性。

经综合考虑，设计单位提出以王家庄牵引变电所 + 北甘泉 AT 所 + 壶关 AT 分区所的一个完整 AT 供电臂作为数字化试验平台；王家庄牵引变电所采用数字化综合自动化系统和常规综合自动化系统双重配置，北甘泉 AT 所、壶关 AT 分区所采用数字化综合自动化系统。该配置方案在铁总技术方案评审会上得到了与会专家的一致认可并付诸实施。

3.2　设备选择

试验段各牵引变电设施中，220 kV 和 2 × 27.5 kV 变电设备均采用常规电气设备、户外敞开式中式布置方式，因此主要采用常规电气设备就地数字化方式。

为了全面充分地对数字化牵引变电所进行验证，王家庄牵引变电所 220 kV 侧增设了电子式电流互感器和电子式电压互感器接入数字化综合自动化系统，2 × 27.5 kV 侧增设常规互感器就地数字化后接入智能组件；北甘泉 AT 所和壶关 AT 分区所采用常规电气设备和常规互感器就地数字化接入数字化综合自动化系统；北甘泉 AT 所增设了 27.5 kV 电子式电流互感器和电子式电压互感器；壶关 AT 分区所连接相邻供电臂，保留常规故障测距装置并接入数字化综自系统。

3.3　平面布置

王家庄牵引变电所 220 kV 变电设备和各所 2 × 27.5 kV 变电设备均采用室外布置，因此各间隔智能组件均采用室外柜式布置，数字化综合自动化系统采用集中组屏方式在控制室安装。

220 kV电子式电流互感器与常规电流互感器串联布置，220 kV电子式电压互感器与常规电压互感器并联布置；2 ×27.5 kV 侧互感器采用同杆架设，既保证了两套综合自动化系统之间的相对独立性，又节约了场地。

4　功能提升

4.1　保护配置

数字化牵引变电所的保护测控装置功能按照常规综合自动化系统进行配置，控制功能通过间隔层设置开关逻辑闭锁实现，并在此基础上来提升保护测控功能。变压器保护和馈线保护采用“直采直跳”方式，变压器本体保护则采用电缆跳闸方式保证系统的速动性和可靠性。所有保护测控装置都要设置网络化保护通信接口，用于按照以供电臂为单元的网络化保护通信。

4.2　站域保护测控功能

传统的电气化铁道牵引变电所和开闭所综合自动化系统在27.5 kV 侧母线处不设置母线保护，开闭所进线不设置电流速断保护，因而当母线发生短路故障时，只有依靠延时0.7s左右的后备保护跳闸切除故障，而电气设备要承受较长时间的短路电流冲击，对设备安全造成威胁[6]。

同时，牵引变电所首端分相处和牵引变电所之间发生相间短路时，受短路时的电压、电流、阻抗关系影响，常规综合自动化系统不能迅速切断故障[7]。

基于 IEC61850 的数字化综合自动化系统可将电压、电流等信息迅速发布到过程层网络，经网络分析记录单元，分析出故障类型后通过网络发布跳闸命令，即采用“网采网跳”方式迅速切除故障。

4.3　广域保护测控功能

全并联 AT 供电方式供电臂中部和末端并联，常规运行中在牵引网发生短路时难以准确区分故障，上下行同时跳闸，扩大了停电范围[8]。数字化牵引变电所、AT 所和 AT 分区所的综合自动化系统通过专用光纤通道采用 GOOSE 方式直接通信，从而迅速判断故障行别，对应断路器跳闸，缩小停电范围，最大限度地减少对运输的影响。

5　结论

本文依托山西中南部通道铁路试验段对数字化牵引变电所的工程应用进行了深入研究，在系统实施方案、设备选型、平面布置、功能提升等方面从工程实施角度进行了综合技术分析，在保证整所运行的安全性和可靠性的基础上，不仅满足了各项科研试验需要、实现了功能提升，又满足了我国首条30 t 轴重重载铁路在山西中南部铁路通道试验段的运行要求。数字化牵引变电所自投运以来运行良好，为智能牵引供电系统进入工程应用奠定了坚实的基础。

参考文献

[1] 周建. 基于数字化技术的牵引变电所自动化的研究[J]. 电气化铁道，2006(s1)：206 –210.

[2] 童晓阳，李岗，陈德明，等. 采用 IEC61850 的变电站间隔层 IED 软件设计方案[J]. 电力系统自动化，2006，30(14)：54 –57.

[3] 王继来. 牵引变电所数字化系统技术方案的研究[J]. 电气化铁道，2010(3)：22 –25.

[4] 李玲. 数字化变电站合并单元软件设计与实现[D]. 成都：西南交通大学，2013.

[5]高翔. 数字化变电站应用技术[M].北京：中国电力出版社，2008.

[6] 楚振宇，周晓东，张涛. 电气化铁路短距离 AT 供电线路的保护整定[J]. 电力系统保护与控制，2000，28(1)：33 –34.

[7] 张长梅，楚振宇. 牵引变电所相间短路保护及其分析[J].铁道学报，2006，28(5)：83 –89.

[8] 何祥照，等. AT 供电几点保护配置及整定计算[J]. 电气化铁道，2014，增刊：36 –41.

牵引供电调度如何把控调度工作中的安全

康利红

（中国铁路郑州局集团有限公司调度所）

摘　要： 牵引供电调度是保障铁路运输安全的重要参与者，随着电气化和高速铁路的飞速发展，供电调度工作的安全浮出水面，越来越多地引起重视。无论从日常维修作业还是事故情况下的应急处理方面，它都关系到铁路的优质供电和运输的畅通。本文从牵引供电调度的安全入手，对如何在工作中把“安全第一”的思想贯彻到底，提高工作责任感、使命感，遵章守纪，杜绝人为事故做出探讨。

关键词： 供电调度；安全运行；事故预想；防范能力

供电调度是运输调度系统的重要组成部分，是供电设备安全运行、改善供电质量、快速抢修供电故障的指挥中心。随着铁路高速发展的需要，供电调度在铁路运输中的作用日益彰显，供电调度如何把控日常工作中的安全也越来越引起各方面的重视。

1　供电调度员必备的条件

供电调度员应具备从事供电专业不少于 2 年的工作经历，身体健康，初任年龄一般不超过 35 岁，对具有高级职称、丰富专业知识和实践工作经验者可适当放宽要求，应树立为运输服务的观念和全局意识，具备指挥决策的素质和独立处理问题的能力，具有相应的技术理论、专业知识和大专及以上专业文化程度，掌握相应的操作技能，熟悉牵引供电、电力设备的运行、检修及故障处置等业务。供电调度员在上岗之前必须经过培训、实习，通过考核并取得供电调度员资格证后，方能担当供电调度工作，从调度员招聘源头把握调度员素质，为以后顺利开展供电调度指挥工作打下坚实基础。

2　主观因素在供电调度安全运行中的重要性

首先，要从思想上理解并重视“安全”的重要性，“安全大于天”绝不是喊喊口号而已，而是要付之于行动的。思想上重视就要求我们牢固树立“安全第一”的思想，以此为工作导向和宗旨，开展条件允许、力所能及的工作。增强工作的责任意识，坚持参加各种安全活动，学习相关系统的事故通报，分析讨论事故的原因并从中吸取教训，避免因人为原因造成的事故。2013 年 6 月 13 日，太焦线长治站集中修天窗时间，发生的一起电力机车闯入已停电区段的 C19 事故，主要原因就是思想上没有意识到“安全”的重要性，惯性作业，以为无所谓，没有设想一旦接触网工开始作业，将会危及人身安全的严重后果。

其次，要严格按规办事，杜绝盲目和主观臆测。纵观各种调度事故，大多是没有严格执行规章制度造成的，比如《牵引变电所安全规程》第三十二条规定：“严禁带负荷进行隔离开关的倒闸作业和在接地闸刀闭合的状态下强行闭合主闸刀”，但违反规定者屡见不鲜，比如太焦线晋城变电所某值班员在 110 kV 进线隔离开关接地刀闸闭合的情况下强行闭合主闸刀，致使地方电力跳闸，甚至引起市区内大面积停电，造成了极大的损失和不良影响。所以，我们在日常工作中要以各种规章为行动指南，自觉贯彻执行规章制度，遵守调度纪律，防微杜渐，做到不盲目不臆测。

3　全局观念的重要性

随着铁路的高速发展，调度集中已成为趋势，各工种调度要具有全局观念，团结协作、意见统一、严谨负责地为运输服务。在工作中要下级服从上级，局部服从全局，每个环节各个工种及调度与班组之间需要密切配合，人与人之间要良好沟通，不推诿指责，不独断专行，按章有序地指挥。利用休息时间下现场熟悉人员、设备、线路，从思想上和感情上拉近人与人之间的距离，对现场提出的建议要认真对待，组织同班会共同学习相互交流，探讨贴近实际的运行方案，消除安全隐患。

4　日常工作中安全的把控

(1)要做好交接班工作，接班人员应按规定至少提前15 min到岗，认真阅读值班日志，至少阅读之前两个班次的日志；核对SCADA系统，应与实际运行方式相符，掌握设备运行状态；查阅核对接触网、牵引变电所作业命令及倒闸记录，掌握接班后的工作情况。交班人员应在下班前30 min做好准备，填好交接班记录，梳理应交接的事项，如运行设备的变化、故障情况、运行和检修班组的申请和要求、图纸资料和通话工具的变更等。

(2)工作中，要坚守岗位，不做与值班无关的事。认真审核每一条接触网和变电的维修、施工日计划，严格把关作业中的安全措施，积极与行车调度联系，完成每日工作计划。

①严把停送电关。供电调度最日常的工作莫过于停送电，但供电调度员要深知其中的责任，一个小小的鼠标关系到铁路的有序运输，关系到自己工作的前途，关系到设备和人身的安全。因此我们首先要做到的是要认真填写《停送电联系簿》，特别是停电供电臂、作业地点公里标、轨道车运行径路等关键信息必须准确无误。按照现考核办法，出现错误未执行是二级违章，造成错误执行是一级违章，引起严重后果则无法想象。其次是停送电电话确认和纸质签认制度必须坚决执行，要声音洪亮、口齿清晰，并二次确认，确保信息沟通准确无误。再次是非正常情况下，涉及停送电范围、行车组织方案等安全关键问题，必须反复确认，进行调度电话录音处理。最后是在综合天窗供电作业不用轨道车区段，提醒行调不要实施调车作业或放行路用列车，搞好工作互控。

②要求我们对每一条调度命令的下达都要慎之又慎，在发布命令和通知时应先将命令和通知的内容填写在相应记录中，认真审核，确认无误后方可发出。在执行倒闸时，主值调度员要和操作调度员执行一人操作一人监护制度，核对倒闸命令，手指眼看，确保准确无误。停送电时要和行车调度紧密联系，严格执行总公司、铁路局和调度所下达的停送电卡控制度，明确自己岗位的安全红线，把安全红线当作职业底线，不可触碰、不可逾越！

③相邻调度台之间、相邻局的衔接处以及与地方电业局之间有作业需要配合时要加强联系，互相确认，不得简化作业程序。

5　工作中要做到知行合一

调度工作牵扯到供电设备运行中的方方面面，是供电设备安全运行、改善供电质量、快速抢修供电故障的指挥中心。不光要求调度员对所有有关的规章烂熟于心，还要求调度员能做到知行合一，而不是只会纸上谈兵。所以供电调度员平时要多熟悉管内设备的改造和变化，及时下现场了解，带着疑问找答案，尤其是大的站场，为能跟上运输能力的发展，设备变化较快，又是铁路枢纽，调度员要及时走入现场，和现场技术人员探讨新设备的变化及安全运行的注意事项。比如2017年8月9日新月线焦作变电所214断路器跳闸，重合失败，原因是河南焦作龙源电厂铁路专用线8 m×25 m彩钢瓦车棚棚顶掀起，吹落至25 m外的接触网上引起的，因为知道龙源电厂和新月正线之间有分段隔离开关，当班供电调度员果断下令断开分段隔离开关，切除故障点，恢复正线运行，将故障影响降到了最小，如果不熟悉现场设备构造，则势必会扩大事故影响。

变电设备在不停地改造中，如变电所综合自动化的改造、断路器和隔离开关的更换、变压器的增容等，这要求我们要及时跟踪并深入现场，必要时请专家老师授课学习。否则工作中凭想象和臆测，容易为安全供电和有序运输埋下隐患，甚至直接导致事故的发生。

对设备的熟悉加上对规章的运用，会让调度员工作起来提高效率，保证安全，得心应手。

6　调度台的各种资料要完备且及时更新

资料对于调度员来说就相当于武器对于士兵，每一个电调台，对于自己管内的设备，资料要齐全完整，以备调度员随时查阅。资料可以是纸质版也可以是电子版，但要求必须和现场设备一致，设备改造完毕，要及时向供电部门索要最新资料。供电调度员空闲之余，要认真查阅图纸资料，对有疑问的地方要向现场技术人员及时沟通，不留死角地了解管辖内设备状况，对设备做到动态、及时的洞悉。

各类规章、文件等也要及时更新。时代在发展，很多规章、文件不能适应高速铁路的要求，而且随着实际工作和事故中不断总结出的经验、教训，也要生成实用的规章或者文件，这些规章文件都要及时记名传达给每一个调度员，调度台要有纸质版或者电子版的资料，供调度员随时学习和领会其中精髓，指导日常的工作。

7 注重事故预想、防范及应急能力的培养

工作之余或工作之中，供电调度员要学习各个供电口曾发生的事故，分析原因，结合自己的工作，总结经验，做好事故的预想与防范；也可以针对当时的天气、供电运行方式和当班的主要工作，提前做好事故预想和应对措施 。例如当某个变电所单电源供电时，我们要做好越区供电的预想、越区不成功的预想、当越区供电时馈线断路器跳闸的预想、恢复正常供电时具体的工作步骤等。定期进行培训、练功比武、实作操练等，加强应急能力的培养，锻炼事故情况下忙而不乱、沉着冷静、快速决断的能力，并对优秀的调度员适当给予奖励，激起大家学习的积极性，形成良好的学习氛围，全面提高调度员的业务技能和心理素质。在这方面，郑州铁路局调度所每个季度举办的擂台赛以及一年一度的技术大比武就很好地锻炼了调度员的心理素质、业务素质、应急能力等。只有在安全形势稳定的时候时刻保持警醒，才能在事故发生时保持从容。

2016 年 12 月，在郑州铁路局调度所成立了“郑州铁路局应急指挥中心”，对供电调度以及列车调度进行多次应急处理的事故演练，演练事故情况下各工种尤其是供电调度和列车调度两大工种的应急反应能力、应急配合能力等，“中心”为供电调度的安全指挥提供了强有力的后盾，极大地调动了学习的积极性。

总之，作为一名供电调度员，为了调度工作的安全，除了不可抗拒的外因之外，从内因上只要思想上高度重视，行动中认真执行，大多数事故都是可以防止和避免的。希望我们供电调度员都能圆满地完成任职内的工作，为铁路运输尽一份的自己力量。

参考文献

[1] 普速铁路供电调度规则. 铁运〔2012〕286.
[2] 郑州铁路局供电调度规则实施细则.
[3] 郑铁供〔2012〕352 关于公布《普速铁路牵引供电设备故障抢修应急预案》的通知. 郑州铁路局.
[4] 铁总运〔2017〕25 号关于印发《普速铁路接触网安全工作规则》. 中国铁路总公司.
[5] 牵引变电所安全工作规程. 中国铁道出版社.
[6] 牵引供电规程与规则. 中国铁道出版社.
[7] 郑铁安〔2017〕84 号郑州铁路局安全红线管理办法.

高速铁路牵引供电系统 6C 系统运用现状分析及前景展望

王　辉

（中国铁路广州局集团有限公司广州供电段）

摘　要：为确保高速电气化铁路供电的安全性、可靠性，对牵引供电系统的性能和运行安全性提出了更高的要求。提高牵引供电系统可靠性和性能需要从系统理论、系统设计、系统检测监测装备水平、运营维护水平、人员素质提升等多个方面提供全方位的保障。因此，中国铁路总公司构建了高速铁路供电安全检测监测系统（6C 系统）统一信息交互平台，实现了系统中各组成部分的信息共享，对高速铁路的牵引供电系统进行全方位、全覆盖的综合检测监测并研究分析，提升高速牵引供电系统性能和可靠性具有重要意义。

关键词：高速电气化铁路；6C 系统；牵引供电

0　引言

随着我国高速铁路的快速发展和运营品质的需求，对高速铁路牵引供电系统供电设备的安全运行提出了更高的要求，先进的检测技术和现代化的检测设备是提高牵引供电系统维修质量的保证，是实现电气化铁路状态检测和状态维修的重要手段。为确保高速铁路动车组运营秩序，提高动车组的供电安全性、可靠性，应构建高速铁路供电安全检测监测系统（6C 系统）[1]。其目的是对高速铁路的牵引供电系统进行全方位、全覆盖的综合检测监测，主要功能包括对高速接触网悬挂参数和弓网运行参数的检测，对接触网悬挂、腕臂结构、附属线索和零部件的检测，对接触网参数的实时检测，对动车组受电弓滑板状态及接触网特殊断面和地点的实时监测，对接触网运行参数和供电设备参数的实时在线检测等。初步解决了供电设备运（运行）、检（维修）难分的矛盾，为高速铁路"集中修"和"精测精修"提供了技术支持。

1　6C 系统简介

高速铁路供电安全检测监测系统（6C 系统）的技术性能和功能是在充分考虑高速铁路供电设备运行检测和监测的需要的基础上，为确保高速铁路动车组运营秩序，提高动车组的供电安全性、可靠性而提出的。其目的是对高速铁路的牵引供电系统进行全方位、全覆盖的综合检测监测，主要功能包括对高速接触网悬挂参数和弓网运行参数的检测、对动车组受电弓滑板状态及接触网特殊断面和地点的实时监测、对供电设备参数的实时在线检测等。表 1 显示了 6C 系统的主要功能。由表 1 可见，6C 系统已基本实现牵引供电系统从接触网到变电所，从定点检测到移动检测，从接触式参数到非接触式视频的全方位牵引供电系统运行信息的全覆盖。

表 1　高速牵引供电 6C 系统主要功能

6C 系统	主要功能
高速弓网综合检测装置（1C）	综合检测车对接触网参数和弓网运行状态进行线路实速检测，主要检测参数有：弓网接触力、接触网网压、接触线高度、接触线动态拉出值、接触线硬点、弓网离线火花等
接触网安全巡检装置（2C）	接触网安全巡检系统车载接触网视频巡检系统指采用便携式视频采集装置，对接触网的状态进行视频采集，分析接触悬挂部件技术状态
车载接触网运行状态检测装置（3C）	在运营的动车组上加装接触网检测设备，以实现高铁接触网状态的动态检测
接触网悬挂状态检测监测装置（4C）	安装在接触网作业车或专用车辆上上，对接触网悬挂系统的零部件实施高精度成像检测，在检测数据的自动识别与分析的基础上，形成维修建议，指导接触网故障隐患的消缺

续表 1

6C 系统	主要功能
受电弓滑板监测装置(5C)	在高速铁路的车站、车站咽喉区和动车段出入库线安装视频监视装置，监测运营动车组受电弓滑板的技术状态
接触网及供电设备地面监测装置（6C）	为监测接触网及供电设备运行状态，在接触网的特殊断面(定位点、锚段关节、线岔、隧道内、桥梁处)及供电设备处设置地面监测系统，监测接触网的张力、振动、抬升量、线索温度、补偿位移及供电设备运行状态参数，指导接触网及供电设备的维护

2　6C 系统建设过程

高速铁路供电安全检测监测系统(6C 系统)技术性能和功能要充分考虑高速铁路供电设备运行检测和监测的需要。所采用的技术和设备应建立在我国铁路现有的成熟技术装备的基础上，兼顾正在研发的技术装备，同时考虑技术发展的可能性。所以 6C 系统的建设应分阶段实施。

初期阶段，对已有的分散检测、监测设备进行功能完善、技术集成，形成分层分布式结构，使之成为具有综合处理功能的安全检测与监控平台。

近期可对各装置进行数据集中、信息共享，有机融合数字化和可视化的检测信息，指导全路高速铁路供电设备的日常维护和维修。

远期可通过各装置的数据库进行综合分析、专家诊断，最终成为具有开放式设计构架，软件、硬件均遵循国际国内标准，并能兼容接入其他智能检测、监测设备的一套技术先进、功能完善的系统，使之成为全路高速铁路供电设备安全运行的技术保障。

3　广州供电段 6C 系统运用现状分析

广州供电段通过不断的努力和发展，在硬件和软件上完成了 6C 系统的组建和运用，但是在投入运用和使用上还存在不规范性、系统性等问题，其接入示意图如图 1 所示。广州供电段目前系统用户涉及接触网动态检测室、11 个下属车间，共计用户数 142 个，并发在线用户数 20 个左右。2016 年综合分析共发现缺陷 1516 个，其中 A 类 44 个，B 类 262 个，C 类 1210 个。

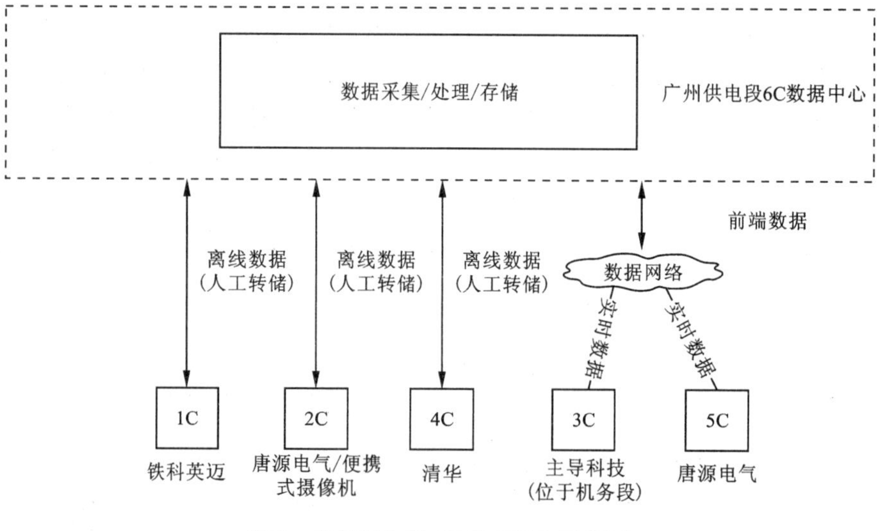

图 1　广州供电段 6C 装置接入示意图

3.1　6C 系统运行情况

1C、4C 检测计划由总公司、供电处统一安排，3C、5C、6C 数据为实时传输，所以我段检测计划安排重点为 2C 运用。每月根据设备运行特点和季节性工作要求下达检测计划，车间按照“定线路、定时间、定车次、定人员、定设备”的要求进行添乘检测工作。

其中1C采用历史对比分析方式：将超限数据列入问题库，下发通知书要求车间复核、整治，倾向性数据列入下次对比，掌握设备的变化规律；2C采用模块分析：将接触网分成补偿、开关、避雷、腕臂、附加悬挂、接触悬挂、外部环境等模块，方便快速准确地查找缺陷；3C已经与主导科技的地面软件进行了对接，实现了超限数据实时传送至6C数据中心，强化结合机制管理：每天查看系统，分析动态超限数据，并严格落实联动联控工作机制，保持与车辆部门的信息沟通；4C采用专人专项分析；5C已经与唐源公司的地面软件进行了对接，实现了监测点处受电弓滑板的监测数据实时传送至6C数据中心；综合分析以接触网设备为基础，综合分析1C至6C的检测计划、动态监测数据、缺陷及其处置进度，掌握各个设备的当前运行状态及其变化趋势，为预防检修提供数据支撑，以保障接触网运行安全。功能上主要分为统计查询和综合分析两大部分[6]。

统计查询功能根据时间段、供电段/车间/工区、线路/站场/区间、缺陷类型、缺陷状态、几何参数、缺陷来源(1C－6C)、杆号进行缺陷信息及处置情况跟踪查询。

综合分析能对2C、4C检测计划覆盖率、车间计划执行率进行统计分析，通过缺陷类型、缺陷发生位置、缺陷发生时间、产生缺陷的设备类型等多种维度对缺陷及超限数据进行统计。

3.2　6C系统运行成效

我段充分发挥6C综合分析在供电检测、监测的技术手段优势，积极探索运检修分离的组织模式，优化传统的巡视、测量、修前调查、缺陷处理、应急处置等方面的操作方式，使我段在预判设备运行趋势，超前发现隐患问题，指导一线检修生产，保障现场设备安全上取得了以下几点成效：

(1)6C数据中心系统提供了一套整合的数据采集、处理与展示平台，具备完整的业务流程。

(2)规避当前各个6C装置或子系统相互独立、信息不能共享、操作界面各自为政的弊端，缺陷分析员已经不用在不同的多套系统之间来回切换。

(3)使用6C数据中心系统，使得分析缺陷、缺陷登记的环节更加简洁，不用再使用以前的excel来进行缺陷记录，提高了工作效率。

(4)通过6C数据中心系统，让历史信息(缺陷问题、通知书等)的查询高效准确，不用再像以前一样需要翻阅大量的纸质资料。

(5)系统的使用让6C业务流程的管理更加规范，6C分析站能随时获知每一个下发通知书的整改过程和实时情况，有效控制车间的整改时间和整改通过率。

(6)6C数据中心系统提供的各式报表图表，极大地减轻了6C分析站月报、季报、年报的统计分析工作。

(7)系统的缺陷信息综合展示功能，能有效地辅助分析员进行缺陷的识别，为缺陷有效识别提供数据支撑。

3.3　存在的问题与建议

3.3.1　存在的问题

(1)接触网一杆一档基础数据库的建立与接口问题。一杆一档数据是6C进行数据分析和组织的基础，借6C系统的建设梳理或完善，若已有一杆一档数据管理系统，则可通过程序接口实现自动数据调用，或手动导入已有基础数据，若无一杆一档数据管理系统，则需自建。

(2)智能图像识别的问题。智能图像识别有难度，但这是未来发展的一个方向、一种趋势，其不应该阻碍6C系统的应用推广。在特定条件、特定线路下，局部进行杆号识别、4C固定区段下的部分缺陷自动识别试验。智能图像识别存在效率和准确性的矛盾，由于样本数据不够多，未来需要积累更多的缺陷库，以供机器学习和模式训练。

(3)6C系统各设备的维护和管理问题。随着6C系统的推广，6C装置的应用将会越来越广泛，但是对装置设备而言，需要进行全面的维护和管理，使其保持良好的性能，满足我们的要求。因此，我们需要转变依靠厂家来维护的观念，提高我们自己职工的维护水平。

3.3.2　几点建议

(1)增加6C装置加装，增加补偿装置监控、远动隔开监控、电缆头温度监测、绝缘子劣化监测等6C供电监控设备。

(2)提高数据的网络传递，加强网络建设，增加网络带宽，各C检测的海量图像数据回传中心，通过网络下发检测数据(含图片、视频)，提高检测实效性。

(3)开展6C应用培训，定期开展6C应用培训工作，相互交流学习，不断强化段、车间、班组6C数据管理人员的业务素质和分析能力。

4 6C系统展望

我国高速铁路技术水平已步入世界先进行列，在带动铁路“走出去”，推动国家“一带一路”战略工作过程中，取得了突出成绩；随着路网规模的进一步扩大、运输方式的改革，铁路基础设施检测监测系统的作用越来越大，借助于检测监测技术对于提高供电设备的维修水平，改变传统的维修方式，科学高效地完成供电设备的维修任务，提高供电设备检修质量至关重要。

中国铁路总公司提出的高速铁路供电安全检测监测系统(6C系统)为全路牵引供电系统信息交互和共享提供了可能。以6C系统为核心，通过扩展6C系统的交互范围，可极大地增强整体系统能力，构建起牵引供电统一的信息交互平台，最终可实现以设计、科研、运维、培训为一体的数据共享体系，为全面保障牵引供电系统安全运行能力提供可靠的支撑[2]。6C系统机遇与挑战并存，愿各位同仁能够把握时机，发奋图强，刻苦钻研，在供电系统的改革与发展过程中一展身手，一鸣惊人！

参考文献

[1] 陈国，刘志刚. 浅谈高速检测列车的弓网检测技术[J]. 机电工程技术，2008(05).
[2] 侯卫星，刘刚，康熊. 0号告诉综合检测车[M]. 北京：中国铁道出版社，2012.
[3] 中华人民共和国中国铁路总公司. 高速铁路综合检测装置(1C)暂行技术条件[S]. 中国铁路总公司运输局，2014.
[4] 中华人民共和国中国铁路总公司. 受电弓滑板监测装置(5C)暂行技术条件[S]. 中国铁路总公司运输局，2014.
[5] 中华人民共和国中国铁路总公司. 接触网及供电设备地面监测装置(6C)暂行技术条件[S]. 中国铁路总公司运输局，2014.
[6] 中华人民共和国中国铁路总公司. 6C系统综合数据处理中心暂行技术条件[S]. 中国铁路总公司运输局，2014.
[7] 中华人民共和国中国铁路总公司. 接触网安全巡检装置(2C)暂行技术条件[S]. 中国铁路总公司运输局，2014.
[8] 中华人民共和国中国铁路总公司. 车载接触网运行状态检测装置(3C)暂行技术条件[S]. 中国铁路总公司运输局，2014.
[9] 中华人民共和国中国铁路总公司. 接触网悬挂状态检测监测装置(4C)暂行技术条件[S]. 中国铁路总公司运输局，2014.

高速铁路牵引变电所 220 kV 干式电流互感器介质损耗值在线监测研究

邓建峰

（中国铁路郑州局集团有限公司新乡供电段）

摘　要：为了解决离线预防性试验监测京广高铁牵引变电所 220 kV 干式电流互感器存在的诸多问题，依据绝缘介损的物理模型，采用过零监测比较法，设计一套 220 kV 干式电流互感器实时在线监测装置。在设计过程中，认真分析了电流传感器、高次谐波、过零比较器失调电压和零漂以及环境温湿度等因素对 tanδ 值测量精度的影响，并针对影响精度的不同因素，提出了相应的技术改进措施。现场运行情况表明，装置实时在线监测 tanδ 值结果与设备离线实测结果完全吻合，且运行稳定，工作可靠，能满足现场运行的要求。

关键词：220 kV 干式电流互感器；在线监测；介损；测量准确度；过零检测比较法

0　引言

郑州铁路局新乡供电段管辖的石武高铁牵引变电所，自 2012 年 6 月开始带电运行至今，卫辉、鹤壁东、新集 3 个牵引变电所 220 kV 干式电流互感器先后发生了 3 次事故，特别是 2013 年 7 月 19 日 16 时，鹤壁东变电所电流互感器 1LH・C 相二次绕组绝缘击穿的事故，造成京广高铁鹤壁至安阳间供电中断，给石武高铁的安全运营带来了严重影响。针对这种干式电流互感器的结构，按照目前干式电流互感器常规的离线监测方法，该型电流互感器所有的试验项目都合格，却发生了运行中的 220 kV 干式电流互感器绝缘击穿事故，说明现有的离线监测手段无法检测到该型电流互感器内部绝缘放电现象。如何及时、准确、迅速地判断干式电流互感器的运行状态，确保高铁供电安全，做到防患于未然，需要寻找一种新的方法，实现对高速铁路牵引变电所 220 kV 干式电流互感器运行状态的实时在线监测[1-2]。

1　绝缘介损在线监测原理

电气设备绝缘介损 tanδ 值是检测设备绝缘受潮、劣化等状态的重要指标，是“高速铁路牵引变电所运行检修规程”[3]（铁运总〔2015〕48 号）规定的预防性绝缘试验主要项目之一。图 1 为绝缘介损 tanδ 值的等值电路与相量图。

根据图 1(a)等值电路，可以得到绝缘介损 tanδ 值数学表达式：

$$\tan\delta=\frac{I_R}{I_C}=\frac{U/R_F}{\omega UC_F}=\frac{1}{\omega R_F C_F} \tag{1}$$

按照图 1(b)所示电压 U 和电流 I 的矢量关系，还可以得到：

$$\tan\delta=\tan\left(\frac{\pi}{2}-\varphi\right) \tag{2}$$

式中：φ 为电压矢量 U 和电流矢量 I 之间的夹角，即功率因数角。

尽管绝缘介损因数 tanδ 数值很小，测试相当困难，但是，上述计算表达式从理论上提供了一种通过测量电压 U 和电流 I 的之间的功率因数角

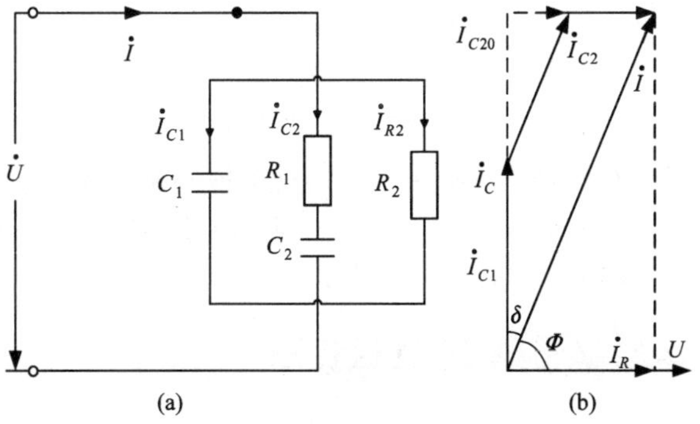

图 1　绝缘介损 tanδ 值的等值电路与相量图

φ 来获取 $\tan\delta$ 的途径。

按照上述理论，可通过计算加在绝缘介质上的两个正弦信号过零时的时间差值来求出信号的相位差，进而得到介质损耗值，如图 2 所示。

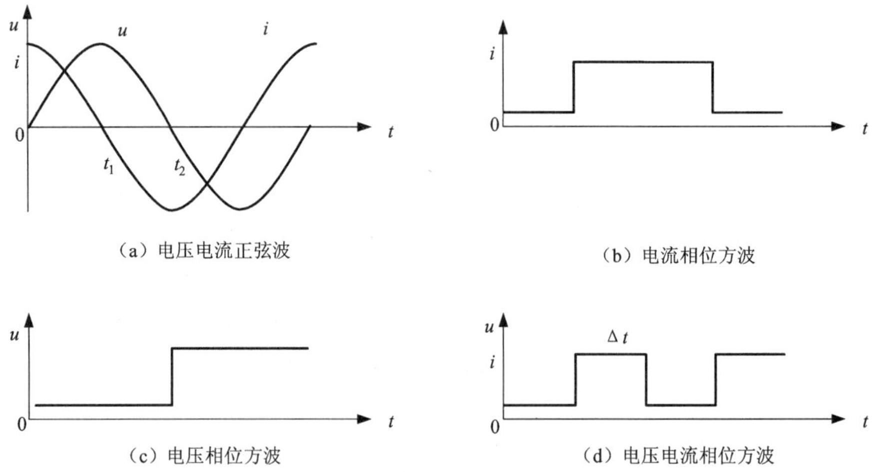

图 2　过零比较法原理图

过零比较法是最早应用数字化技术对绝缘介损值进行测量较为成功的一种方法[4]，主要原理是对施加到绝缘介质上的电压 U 及电流 I 的过零时刻 t_1、t_2 值进行比较，二者的相位差表达式为：

$$\varphi = 2\pi(t_2 - t_1)/T \tag{3}$$

式中：T 为周期。从而求得介损角

$$\delta = \frac{\pi}{2} - \varphi \tag{4}$$

如图 2(a)所示，加在绝缘介质上的原始电压、电流信号间存在一个相位差，如能通过采样电路采集到如图 2(b)所示的电流信号的过零点以及如图 2(c)所示的电压信号的过零点，就能通过数字逻辑电路得到如图 2(d)所示的宽度为 Δt 的方波信号。方波信号的宽度反映了电流及电压信号的相位差，测量出脉冲宽度 Δt，即可求得介质损耗值 $\tan\delta$，其表达式为：

$$\tan\delta = \tan\left(\frac{\pi}{2} - \varphi\right) = \cos\varphi = \cos\frac{2\pi\Delta t}{T} \tag{5}$$

该测量方法具有线性好、分辨率高、误差小、易数字化的优点，但是由于存在着谐波分量，电压、电流的过零点可能会发生改变，导致信号过零点偏移而存在测量误差。影响因素主要有谐波的频率、畸变率、初相角及温度，其中波形畸变和温度引起的零线漂移导致信号过零点偏移最为严重，在一定程度上限制了该方法的应用[5]。上述测量方法存在的弊端，可通过滤波移相电路和双向过零检测技术消除。

干式电流互感器内部存在放电隐患时，必然会产生绝缘体温度升高、泄漏电流增加、$\tan\delta$ 值急剧变化等物理特征，利用上述绝缘介损在线监测原理，设计一套在线监测装置，采用高精度的微电流传感器提取干式电流互感器内部放电引起的绝缘体温度变化、泄漏电流等技术参数，运用数学方法进行数据处理及逻辑诊断，就可实现对 220 kV 干式电流互感器运行状态的实时在线监测，从而方便技术人员跟踪管理，及时采取应急措施，保证高铁供电安全可靠。

2　在线监测系统总体设计

设计的 220 kV 电流互感器绝缘在线监测系统原理图如图 3 所示。现场测量与处理单元接收的信号主要来自母线 TV 信号变换器、泄漏电流传感器、绝缘材料内部温度传感器，经信号调理电路处理后，传送到数字电路模块、控制显示、报警等电路。其中 TV 信号变换器为纯阻性，产生的 TV 电压信号作为监测信号的相位基准参考值；电流信号是运用精密的泄漏电流传感器测量 220 kV 干式电流互感器绝缘末屏的泄漏电流；绝缘材料温度信号则来自预埋在 220 kV 干式电流互感器绝缘材料中的三个不同位置的温度传感器。电压、电流和温度信号经过调理电路后实现了模拟信号的放大、滤波，其作用是消除高次谐波干扰，将模拟信号放大到高速数据采集模块（A/D）采样的最佳范围。数字电路模块实现数据的采集、计算、存储等功能，是整个在线监测系统处理单元的核心。显示电路在液晶显示屏上显示当前介损、泄漏电流、绝缘电容、绝缘材料温度的大小，当在线监测装置监测到上述监测值超过设定的安全阀值时会发出报警声音。现场测量与处理单元计算得到的监测数据通过 RS485 接口上传。

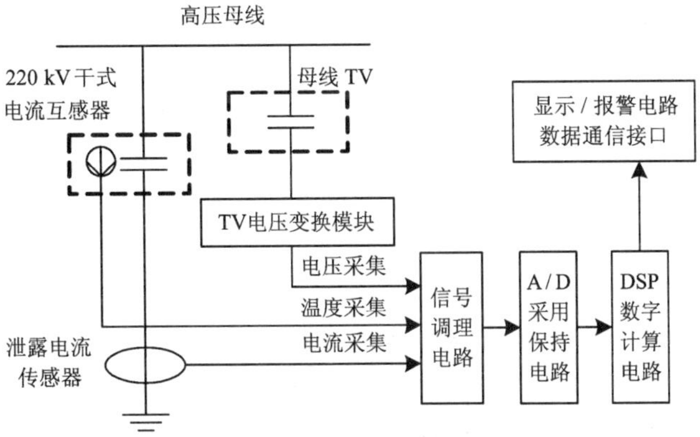

图 3　220 kV 电流互感器在线监测装置原理图

3　影响测量精度的关键技术及其解决方法

3.1　末屏微电流信号的精确提取

在线监测系统主要通过监测绝缘泄漏电流的大小来判断 220 kV 干式流互内部的放电情况，因此，泄漏电流传感器的性能对测量容性设备介质损耗的精度和可靠性至关重要[6-7]。为保证信号的取样和电气设备的运行安全，泄漏电流传感器一般采用穿芯结构，但如电流互感器（CT）、电压互感器（PT）这类的电气设备，它们自身的泄漏电流均在 mA 级，数值很小，传统的无源传感器根本无法保证相位变换误差的精确度、稳定性，难以满足在线测量要求。采用有源零磁通技术来提高小电流检测精度是最好方案。

为解决此问题，设计时可选用电磁式穿芯小电流传感器。电流传感器的铁芯要选用损耗小、起始导磁率高的坡莫合金，为了能够实现对铁芯全自动补偿，还要采用独特的深度负反馈技术，使铁芯在理想的零磁通状态下工作测[8-9]。工程使用表明，这种穿芯结构（孔径 25 mm）传感器的设计不仅更能保证被测电气设备的安全运行，而且能够准确检测 100 μA ~ 700 mA 的工频电流，相位变换误差也小于 0.01°，基本上不需要任何修改或校正。而且，它具有极好的电磁场抗干扰能力和温度特性，互换性极强，完全能满足高速铁路牵引变电所在复杂的电磁环境下设备取样的精确度。

3.2　谐波的治理

过零点的测量是过零比较法测量介质损耗角的关键，要求极高，波形畸变对测量精度的影响也极大。由于电力系统中各种非线性元件以及牵引负荷电力机车的影响，牵引变电所 3 次及以上高次谐波的含量丰富，这些谐波将导致电流波形发生畸变的问题，使电流过零点产生漂移，从而影响 $\tan\delta$ 的测量结果。

为解决高次谐波会导致电流波形发生畸变的问题，可设计一个三阶的低通滤波器，低通滤波器的截止频率设定为 50 Hz，可过滤掉电网上的谐波，但滤波器会引起相移误差。相角测量准确度对 $\tan\delta$ 的测量结果影响极大，为达到更好的相频特性，可在滤波电路前加移相电路，以保证电流波形经过滤波移相电路后，相位不发生改变。具体电路如图 4 所示。

硬件滤波可以将大量高次谐波滤除，但滤波之后信号波形依然有一定含量的低次谐波，硬件很难用滤波的方法将基波准确分离，可在软件算法上采用高精度 FFT 算法对波形进行处理。由于其内在的正交性，FFT 算法可以精确地从畸变波形中提取出基波信号，计算速度也很快。

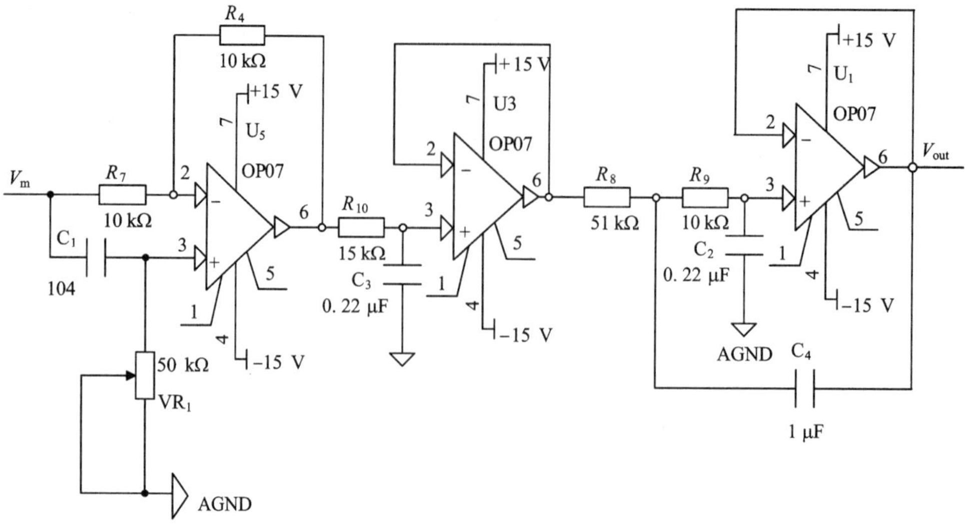

图 4 滤波移相电路

图 5 所示为设计的在线监测装置现场运行时滤波前后的信号波形。图 5(a)所示为滤波前的信号波形,图 5(b)所示为滤波后的信号波形。

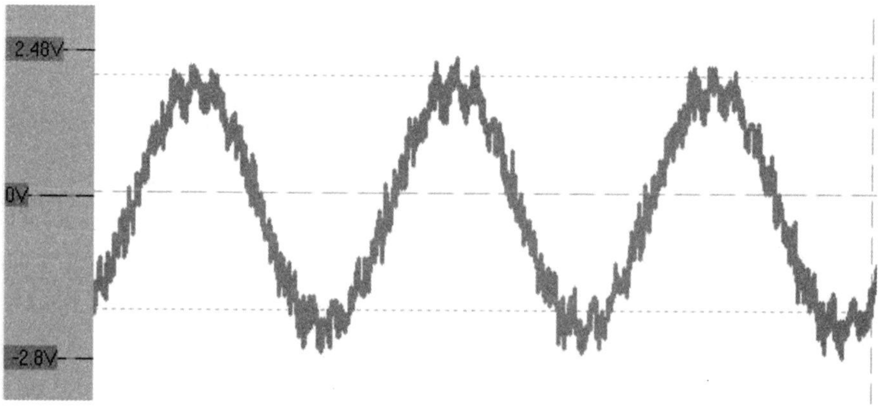

(a) 滤波前的信号波形

(b) 滤波后的信号波形

图 5 在线监测装置现场运行时滤波前后的信号波形

3.3 过零比较器失调电压和零漂的克服

在线监测设备一般都采取室外安装,较大的温差以及其他一些因素引起的直流分量会引起过零比较器的失调电压及零漂,从而严重影响 $\tan\delta$ 的测量精度,可采用双向过零检测技术来克服零漂的影响。在软件设计中，假设温漂使信号零线上移，如果用正向过零检测，则两个信号的过零时间差 Δt 会变小；如果用负向过零检测，则两个信号的过零时间差 Δt 会变大，取两者平均值则可使测量值更接近于真实值[10-11]。图6所示为在线监测装置现场运行时电压、电流相位方波。

黑红色方波是电流相位波形，灰色为电压相位波形，图6所示为装置现场运行示波器记录下的一个周期的波形，Δt_1 为负向过零监测时刻差，Δt_2 为正向过零监测时刻差。由绝缘介损过零比较监测原理，得介损计算式为：

$$\tan\delta = \tan\left(\frac{\pi}{2} - \varphi\right) = \cos\frac{\pi(\Delta t_1 + \Delta t_2)}{T} \quad (6)$$

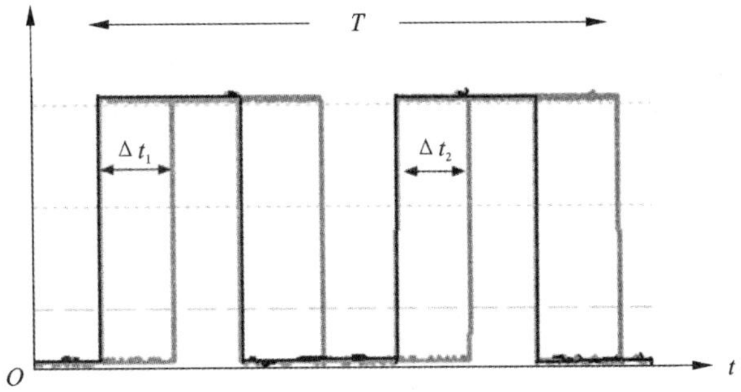

图6　装置现场运行时电压、电流相位方波

最后，考虑到在线监测装置长期在户外工作，装置运行的温湿度会影响数据测量、传输和计算的准确性，可在装置内部安装温湿度控制器，对试品周围环境的温湿度进行实时监测，当现场温湿度过低或过高时，启动加/散热装置，保证监测装置运行在一个相对恒定的温度中，提高数据测量的可靠性和准确性。装置成品设计时，由于通常现场监测设备所处的电磁环境都相当恶劣，因此，需将电路板封闭在金属壳内，以有效屏蔽外部电磁干扰的影响。

4　干式电流互感器 tanδ 实时在线监测情况

按照上述220 kV 干式电流互感器监测原理以及要解决的影响测量精度的关键技术，我们成功地研制了一套绝缘在线监测装置。目前，该装置已经在京广高铁鹤壁东牵引变电所运行，实现了对运行220 kV 干式电流互感器的实时监测。为验证在线监测数据，我们使用 QS1 双臂电桥对离线的220 kV 干式电流互感器 tanδ 进行了测试，两组测量数据如表1所示。

表1　在线监测 tanδ 值与离线实测值比较/%

序号	停电实测值	在线装置测量值	相对误差
1	0.21	0.212	0.95
2	0.24	0.237	1.25
3	0.20	0.199	0.50
4	0.21	0.209	0.48
均值	0.215	0.214	0.795

由表1可知，在线监测装置测量的 tanδ 值与离线实测的 tanδ 值的最大相对误差为1.25%，平均相对误差为0.795%，如此小的误差完全可以用在线装置代替试验仪器，实现对220 kV 干式电流互感器运行状态的实时在线监测。

5　结语

本文针对高铁牵引变电所220 kV 干式电流互感器常规预防性监测手段无法检测到其内部绝缘放电的现象，结合绝缘介损在线监测原理，设计了220 kV 干式电流互感器 tanδ 实时在线监测方案，并研制了一套绝缘在线监测装置。该装置主要采用过零检测比较法来测量 CT 绝缘介损变化，监测装置硬件则采用了高精度传感器、温度传感器等数字电路设计，消除了影响在线监测系统装置准确度的各种因素，保证在任何干扰下都能实时、准确地监测220 kV 干式电流互感器的 tanδ 值。研制的在线监测装置在京广高铁鹤壁东牵引变电所投入运行以来，性能稳定，监测精度高，在线监测结果与实测结果完全吻合。

参考文献

[1] 徐长宝，庄晨，蒋宏图.智能变电站二次设备状态监测技术研究[J]. 电力系统保护与控制，2015，43(7)：127－131.

[2] 董爽，李天云，王永，等. 在线检测介质损耗角的矩阵束方法[J]. 电工技术学报，2015，30 (18)：229－236.

[3] 中国铁道总公司. 高速铁路牵引变电所运行检修规程[M]. 北京：中国铁道出版社 2015.

[4] 马为民，吴维韩. 便携式数字介质损耗测量仪的研究[J]. 高电压技术. 1996，22(1)：92－95.

[5] 崔恒斌，冯晓云，林轩，等.车网耦合下高速铁路牵引网谐波谐振特性研究[J].电工技术学报，2013，28(9)：54－64.

[6] 李振华，李红斌，张秋雁，等. 一种高压电子式电流互感器在线校验系统[J].电工技术学报，2014，29(7)：229－236.

[7] 靳继勇. 电容型电气设备介质损耗在线监测装置系统的设计[J]. 电气应用，2012，31(12)：58.

[8] 周末，王果，常文寰.适用电气化铁路的三相两臂混合有源补偿研究[J].电力系统保护与控制，2015，43 (13)：100－104.

[9] 王奇，刘志刚，白玮莉，等. 基于 PSCAD/EMTDC 的牵引供电系统仿真模型研究[J]. 电力系统保护与控制，2009，37(16)：35－40.

[10] 张民，何正友，高仕斌.不同负荷模型下高速铁路牵引供电系统谐波谐振敏感度分析[J]. 电力系统保护与控制，2015，43(20)：21－28.

[11] 刘家军，姚李孝，刘小勇，等. 基于牵引供电微机远动综合试验系统的设计与实现[J]. 电力系统保护与控制，2010，38 (16)：116－118.

重症监护型热像系统对于牵引变电所的应用

付剑侠

（中国铁路郑州局集团有限公司洛阳供电段）

摘　要：牵引变电所作为牵引供电系统的关键一环，其运行情况直接关系到整个牵引供电系统的安全稳定。导致牵引变电所供电设备故障的因素有很多，但是几乎所有供电设备在绝缘性故障发生前都会引起本体或者局部温度的上升，进而加速绝缘性能下降，直至导致供电设备出现异常缺陷，及时准确地判断供电设备的运行温度是保障供电设备可靠运行的重要条件。因此，对铁路系统牵引变电所不稳定电流进行状态监测具有十分重要的意义。本文选用重症监护型热像系统，设计了一套实时监测远程报警的测温系统，很好地解决了牵引变电所重点关注设备的实时监测问题。

关键词：供电；变电所；测温；连续测温；趋势曲线；有效性

1　现状与背景

1.1　设计依据

在铁路供电系统，当发现了隐患设备后，是否立即停电检修是个令人犹豫的问题，我们都希望能进一步确定缺陷的性质。目标的表面温度场一直在随负荷变化，常规热像仪都只能拍摄和记录单幅的红外图片（可分析数据），对一个时间瞬间的供电设备温度分布进行分析；运行人员在现场拍摄监测的工作量极大；即便这样，常规热像仪得到的瞬态温度也常常无法对变化状态的设备进行精确定性和定量，常规热像仪的使用和效果非常局限。设备的运行情况和缺陷程度需要长时间的连续监测来获得。采用连续型红外监测仪对设备进行连续监测分析，全面无遗漏地诊断设备的运行情况和缺陷程度，能在早期发现主导电回路隐患，提升牵引供电系统安全运行水平。

1.2　主要设计原则

正常运行的供电设备，由于电流、电压的作用会产生发热，这种发热，主要包括电流效应引起的发热（反映在载流供电设备中）和电压效应引起的发热（反映设备内部损耗的变化）。当出现隐患设备时，特别是电压制热型和综合制热型的缺陷类型，很难发现设备故障的根源。供电设备出现故障以后，若不及早诊断和排除，这些故障就会逐渐发展演变，并最终恶化而形成事故。从目前的事故统计和调查分析来看，常规现场采集装备大都需要派出人员现场拍摄监测，但这样工作量极大。采用连续拍摄和监测的重症监护型热像系统，将有助于发现供电设备的疑难缺陷，提高管理工作的效率，从而进一步保障供电的安全性；生成反应连续监测完整过程的温度时间趋势曲线；可根据温度时间趋势曲线选择特征点，来获得特征点时刻的单幅特征红外数据图片；或截取一段连续的红外图像，进行详细分析，并自动获取数据、生成报告。其操作极为简单，大大地降低了运行人员的工作量，提升了红外监测的有效性。

1.3　设计水平

动态红外仪器会对供电主设备进行一个运行周期的监视，从而获得其在不同负荷、不同环境下的运行状态，进而为设备管理工作提供有效的依据。重症监护型热像系统可以对主设备进行全天候监视，即使在太阳暴晒、风吹雨打等各种恶劣的环境中，都能够长时间地稳定工作。当我们获得了设备运行状态后，可以作为故障判断的依据，凡是与状态不相符合的设备，都可采取重点监视措施。重症监护型热像系统的采用并结合设备负荷参数，是对供电主设备进行长期监视最为有效的手段之一。

2 技术方案

(1)用三角架等架设 S 系列热像连续监测仪。

(2)电源连接，可使用 S 系列热像连续监测仪的专用电池箱(12 V、24H，防水防暴晒)供电，也可使用 220 V电源箱(防水防暴晒)外接 220 V 来供电。

(3)连接操作屏，对准监测设备；进行红外图像的调焦、发送对象手机号码输入、基准图像配准；操作完毕，拔除操作屏即开始连续监测。

图 1 仪器设备图

适用于对故障设备等进行连续的监测，支持定时或根据设定阈值发送短信给预定手机；并同时将红外数据流存储在内置硬盘中。

图 2 支持定时或根据设定阈值发送短信给预定手机

由于布点灵活，拍摄的角度更为灵活，一台可灵活在多个变电所中使用，利用率非常高。当所监测的供电设备出现温度异常时，可通过内置的 GPRS 模块自动对用户手机等发送温度数据的报警信息；也可对连续监测获得的温度数据定时无线发送到用户手机等；并可同时在热像连续监测仪中连续记录动态温度数据流，以便后续再次分析。

3 应用实例

对隐患设备实现了连续的有效温度监视(如重要设备的电流致热隐患)。

2017 年 07 月 19 日，巩义南牵引变电所值守人员在现场巡视时，发现现场有一 T 接线夹测温贴片(80℃型)变色，但是不确定设备是否存在异常情况，用常规热成像测温仪多次测温，但未见异常值。

巩义南牵引变电所 T 接线夹测温贴片变色，利用常规红外测温设备不能获得运行温度最高值，也不能对该点设备是否发热进行定性。同时由于高铁动车组取流时，供电设备的温度会极速上升，而不取流时，设备与现场环境温度差不多，这样普通的红外热像仪在获取现在设备温度的时候，是间断的、不稳定的红外图片，这样就会导致我们对现场设备温度发展趋势不了解，而利用重症监护型热像系统对连接部位进行监测，可获取 24 h 测据。

使用重症监护型热像系统从中午12时30分到第二天下午14时34分，对该T接线夹进行定点连续监测，来获得T接线夹的温度随负荷、时间变化的趋势关系(如图3所示)。

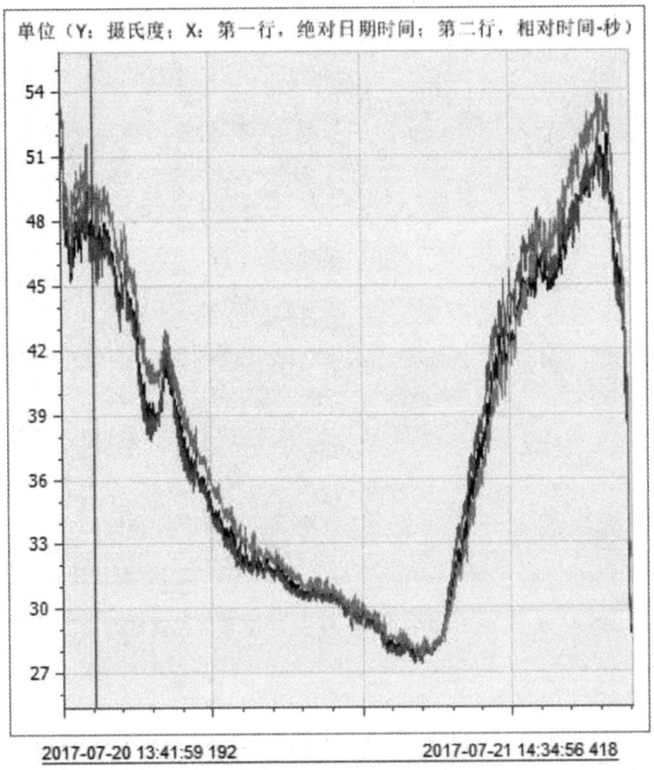

蓝色曲线为RO_1分析框最高温度随时间变化温度趋势曲线
绿色曲线为RO_2分析框最高温度随时间变化温度趋势曲线
黄色曲线为RO_3分析框最高温度随时间变化温度趋势曲线

图3　温度随时间变化表

阶段一：12:30—5:08，T接线夹温度平缓下降，波动趋势一致。

阶段二：5:08—14:34，T接线夹温度平缓上升，波动趋势一致。

总结：7月20日至7月21日对T接线夹进行了为期26 h的实时监控，该设备温度最高达到51.1℃，其他接头温度与T接线夹温度基本一致，根据《带电设备红外诊断应用规范》(DL/T 664—2016)规定，线夹和接头为中心的热点不明显，热点温度最高51.1℃，属正常设备。

红外状态截图：

状态一：2017年07月20日12:31，达到最高温度值51.1℃，天气多云。

状态二：2017年07月21日05:08分达到最低温度值28.0℃，天气多云。

对于疑似有缺陷或者非常关注的重点设备，进行长期监视是最佳的手段，能得到设备工作情况下的连续温度变化趋势曲线，通过对设备温度趋势的分析，来发现发热表象下的隐患实质。案例中通过连续监测的手段，掌握了设备随时间、负荷运行的信息量，可以完整得到隐患设备的变化规律以及严重程度，从而为确定最佳检修时间提供全面严谨的数据依据。

采用连续拍摄和监测的重症监护型热像系统对疑似隐患设备和重点设备进行连续的监测，详细无遗漏地记录设备的运行情况。整个过程无需派专人进行24 h值守，仪器灵活布控，防护等级高，能在恶劣环境下长时间连续工作，能极大地减轻供电生产运行单位的工作量，提高工作效率。

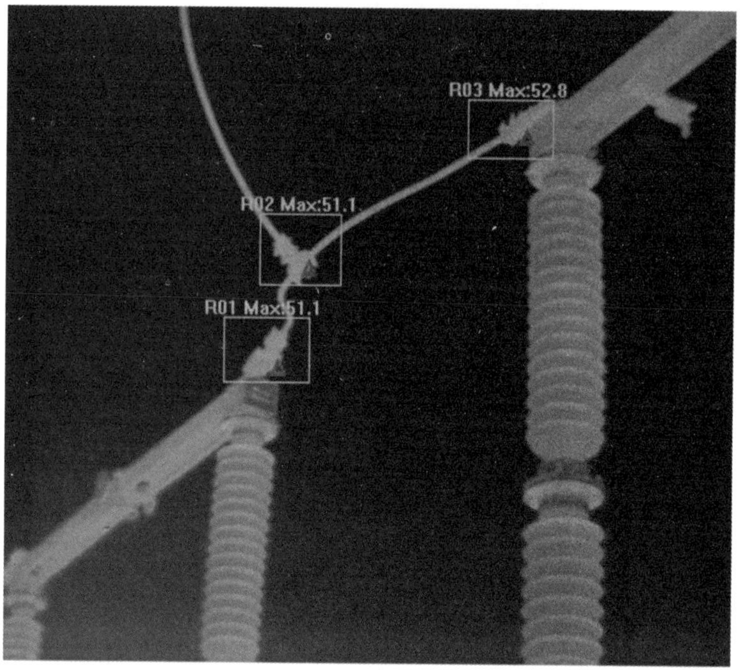

图4　7 月 20 日中午 12 点 31 分测点温度最高红外截图

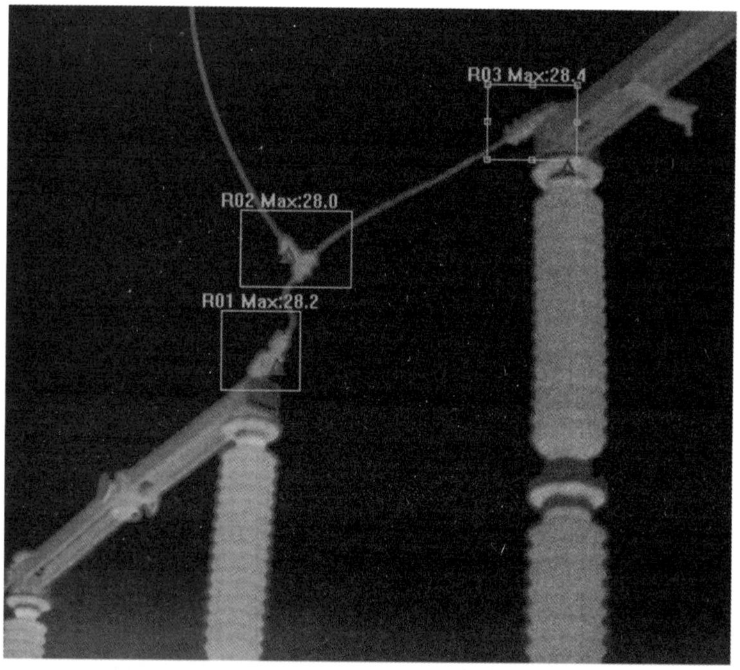

图5　7 月 21 日凌晨 5 点 08 分测点温度最低红外截图

4　重症监护热像系统在铁路供电的主要应用意义

(1)是连续拍摄和监测方式可以获取供电主设备的运行状态。采用动态红外仪器对供电主设备进行一个运行周期的监视，从而获得其在不同负荷、不同环境下的运行规律，进而为设备管理工作提供有效的依据。

(2)是对隐患设备和重点设备实现的连续的有效温度监视。对隐患设备和重点设备进行连续监测，获得设备的温度曲线，从而对设备进行准确的定性。

(3)是对于微小温差的超精确判断。通过密集的采样海量数据的时间趋势分析方法，对微小温差的辨别能力和直观程度有了质的提高，并通过海量数据的积分方式很好地去除了温度数值漂移量的影响，提高了对微小温差设备缺陷判断的精准度。另一方面，减轻了人员的工作量，后期可针对供电设备发热性质和缺陷程度的不同，合理安排检修，节省人力资源。在减少事故发生的同时，提高了经济效益。

5 对重症监护型热像系统在铁路行业应用大数据管理的应用前景

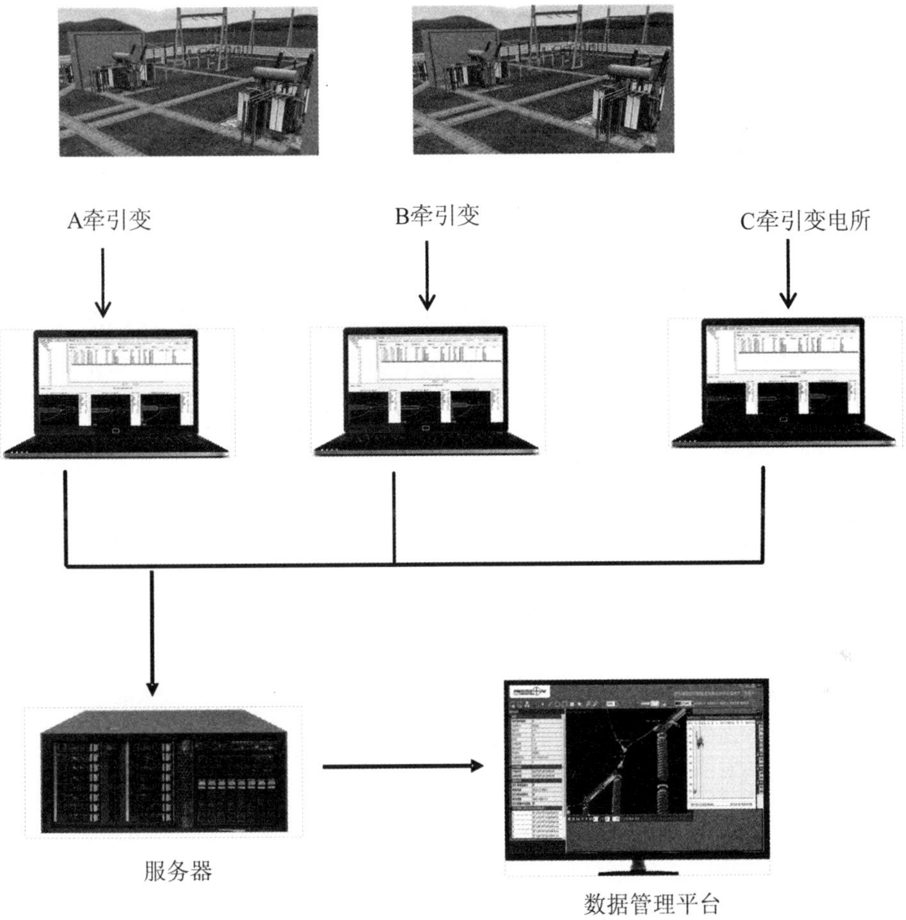

图6 大数据管理应用图

多机型机车混跑线路的高次谐波分析与抑制

傅　祺　张丕富

(中国铁路成都局集团有限公司供电处)

摘　要：多机型机车混跑线路频繁出现网侧谐波过电压、过电压造成机车自动断电，机车车载电容、车载互感器损坏，变电所内电容器组损坏等事故现象。测试分析发现多机型机车混跑线路 27.5 kV 侧两相电压均发生严重畸变，以 17、19、21 次等高次谐波为主要成分，对牵引供电设备以及机车的安全运行造成了安全隐患。要彻底解决这个问题，必须采取抑制手段。

关键词：高次谐波；分析；抑制

1　引言

目前，我国投入使用的高速动车组和电力机车包括 CRH1、CRH2、CRH3、CRH5、CRH380A、CRH380B、CRH380C、HXD 系列等，同时传统的交直型机车仍然大量存在，运行列车型号与种类较多，同一条线路上可能出现多种类型的机车。多机型机车混跑线路频繁出现网侧谐波过电压、过电压造成机车自动断电，机车车载电容、车载互感器器损坏，变电所内电容器组损坏等事故现象。这就需要我们专题研究多机型机车混跑线路高次谐波对电能质量的影响与抑制措施。

2　多机型混跑线路谐波测试数据分析

成遂渝动车径路是我局最繁忙的动车线路，目前该线路的值乘机车种类繁多，有 CRH2、CRH380A、HXD 系列，还有传统的交直型机车，是比较典型的多机车型机混跑线路，机车自动断电等事故故障频发，我们以此线为范本进行了测试和研究。

2013 年 9 月—11 月，选取成都供电段管辖内的大英和新积金两个变电所进行电能质量现场测试。本次电能质量测试主要记录了牵引变压器原边的三相进线电压和电流，牵引变压器次边的二相母线电压以及各馈线电流，基于相关国标定量评估分析其谐波电能质量。

大英变电所 110 kV 侧三相电压总谐波畸变率统计如表 1 所示。

表 1　变电所的 110 kV 侧三相电压总畸变率统计值

变电所名称		95% 概率值	最大值
大英	A 相	2.8347	6.3583
	B 相	2.4431	4.7184
	C 相	2.2252	5.5908

从表 1 可以看出，大英变电所原边三相的谐波畸变率(95% 概率值)均大于 2%，不满足国标要求。

大英牵引变电所 27.5 kV 侧 a 相、b 相电压全天总谐波畸变率如图 1 所示。

由图 1 可知，a 相和 b 相在某些时段电压总谐波畸变率均出现过较高情况，a 相全天总谐波电压畸变率最大值为 25.61%，b 相全天电压总谐波畸变率最大值为 35.54%，均造成电压严重畸变。

a 相电压各次谐波电压含量最大值以及 95% 概率大值分别如图 2 和图 3 所示。

b 相电压各次谐波电压含量最大值以及 95% 概率大值分别如图 4 和图 5 所示。

由图 2 ~ 5 可知，a 相、b 相谐波电压中，均为 17、19、21 次高次谐波占主要成分，远高于其他次数，且 19 次谐波电压含量最高。

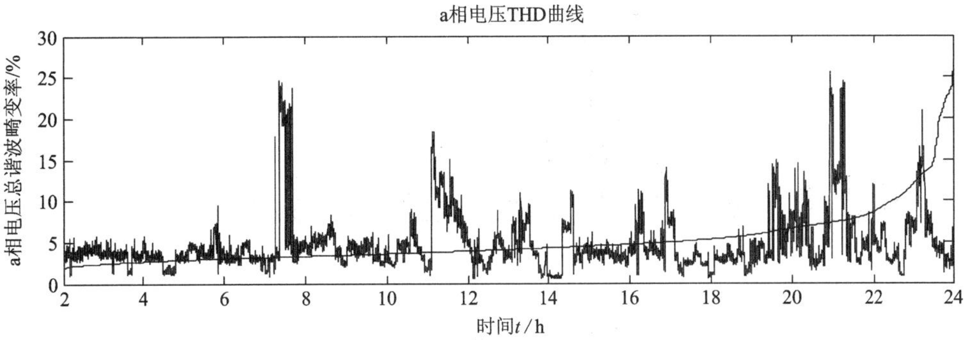

（a）相电压

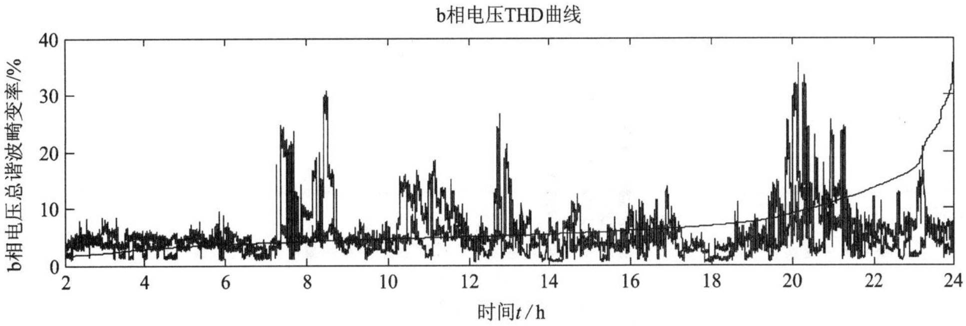

（b）相电压

图1　27.5 kV 侧两相电压总谐波畸变率

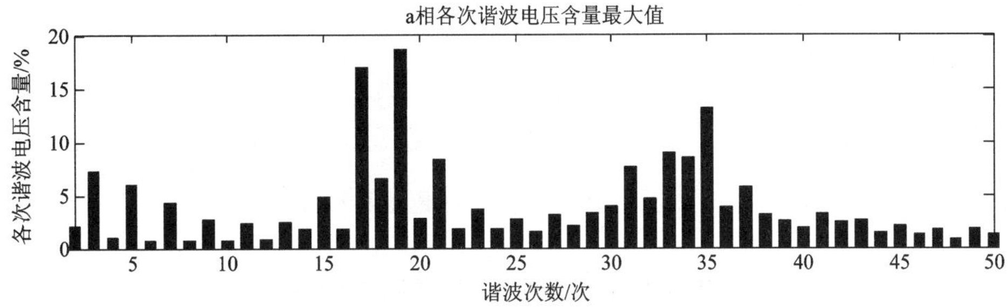

图2　a 相电压各次谐波电压含量最大值

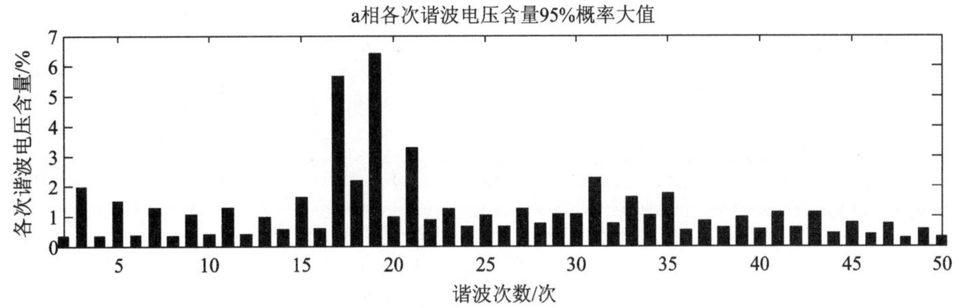

图3　a 相电压各次谐波电压含量 95%概率大值

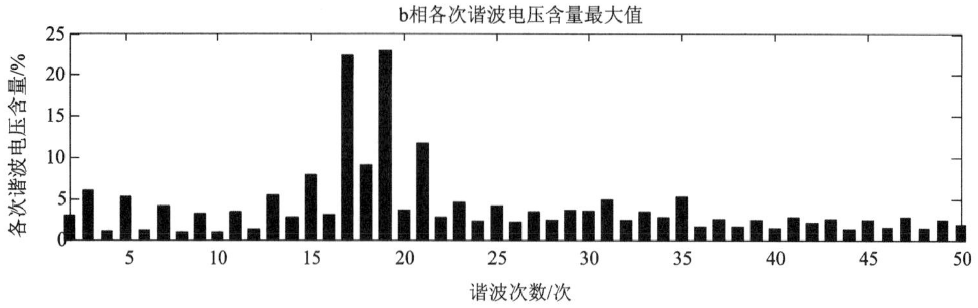

图 4　b 相电压各次谐波电压含量最大值

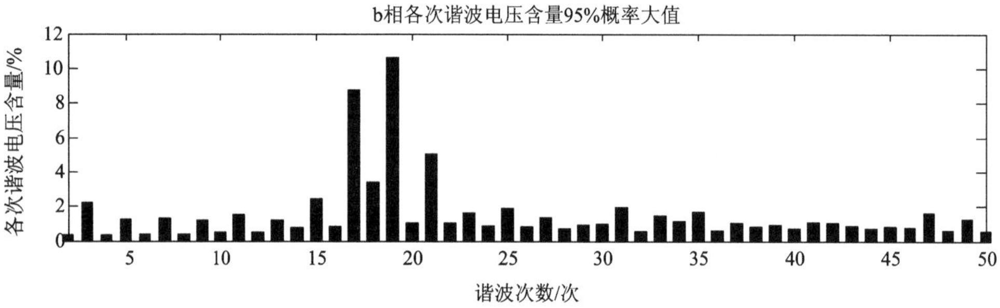

图 5　b 相电压各次谐波电压含量 95%概率大值

大英变电所 27.5 kV 侧 b 相的 212 馈线和 213 馈线电流各次谐波含有率如图 6 和图 7 所示。

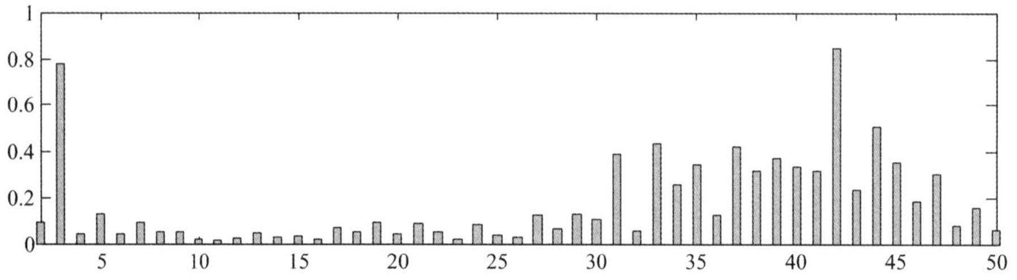

图 6　212 馈线电流为 400A 时各次谐波电流含有率

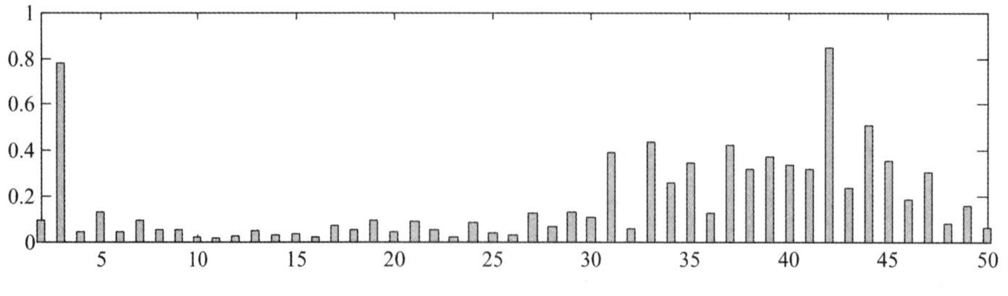

图 7　213 馈线电流为 200A 时各次谐波电流含有率

由图 6、图 7 可以看出，212 馈线电流中 17、19、21、31、35、41、45 次谐波电流含量高于其他次数的谐波电流，17 次谐波电压含量最高。而 213 馈线电流中 31 ~47 次等高次谐波含量较为明显。

对新积金变电所的测试数据进行分析，结果与大英变电所的大体相似：a 相和 b 相电压在某些时段总谐波畸变率均出现较高情况，a 相全天总谐波电压畸变率最大值为 26.60%，b 相全天电压总谐波畸变率最大值为 34.48%，均造成电压严重畸变。a 相、b 相谐波电压中，15、17、19、21 次高次谐波占主要成分，远高于其他次数，17 次谐波电压含量最高。

综上所述，经过测试分析，我们可以得到以下结论。

(1)大英、新积金变电所 27.5 kV 侧两相电压均发生严重畸变，尤其是 17、19、21 次等高次谐波为主要成分，对牵引供电设备以及机车的安全运行造成安全隐患，高次谐波通过牵引变压器渗透到 110 kV 侧。

(2)大英、新积金牵引变电所区段内，17、19、21 次谐波均发生放大现象，造成情况的原因可能是两个变电所牵引网的自然谐振频率在这几次谐波频率附近，机车产生的高次谐波电流与牵引网引发了谐振和高次谐波放大。

网侧谐波过电压、过电压造成机车自动断电，机车车载电容、车载互感器损坏，变电所内电容器组的损坏等事故现象的原因与多机型混跑线路谐波畸变、放大直接相关。

3　多机型混跑线路高次谐波的影响

高次谐波对牵引供电系统电力、电子设备造成了重大的影响。高次谐波在牵引网中发生高次谐波谐振时，会造成较严重的过电压过电流，严重影响列车的安全运行。

电容、电感以及干式互感器对高次谐波电压耐受较差，频繁经受高次谐波电压会缩短电气设备寿命，容易造成电气设备绝缘击穿。

谐振引起的过电压还可能导致氧化锌避雷器的损坏。无间隙氧化锌避雷器的过电压耐受能力有限，如果选用氧化锌避雷器的直流电压偏低，在过电压的作用下连续动作，最终会发生损坏。

对于变压器来说，铁芯产生热损耗，特别是涡流损耗较大，在变压器绕组中有谐波电流，在铁芯中感应磁通，产生铁损发热，造成变压器尤其是干式变压器使用寿命缩短，更易发生设备绝缘击穿。

在电力机车中，谐波过电流、过电压超过机车整定值，会造成机车自动断电，在特殊位置甚至可能发生坡停，严重影响行车。高次谐波过电压、过电流对机车整流降压回路的电子元器件损伤也很大，易造成机车车载电容、车载互感器损坏。

4　多机型混跑线路高次谐波抑制措施

高次谐波对多机型混跑线路的种种损害不仅可能造成行车中断，还会产生牵引变电所、机车设备烧损的恶劣后果，要彻底解决这个问题，可以采取以下几种措施。

(1)由供电、机务和车辆部门联合研究，对混跑线路进行车型限制，避免出现谐波叠加和放大。

(2)在机车上加装车载滤波装置，抑制谐波影响。

(3)在供电臂首端和末端装设一、二阶高通滤波装置，消除谐波影响。目前有在牵引网供电臂末端加二阶阻尼滤波器，在牵引变电所供电臂首端加装一阶阻尼滤波器等多种方式在研究试运行中。我局也在深入研究各种解决方案。

在方案成熟投入使用前，我们在运行管理中可以采用以下措施减少高次谐波对行车造成的影响。

(1)调整主变压器档位，保证变电所内母线空载电压不超过 27.5 kV，降低电压峰值。

(2)调整运行方式：调整分区亭运行和接触网上下行联络隔离开关运行方式以改变牵引网参数，避免牵引网自然谐波频率与机车谐波发生重合，造成谐振和高次谐波放大。

(3)多机型混跑线路干式互感器等易受谐波损坏的设备在设计时应考虑谐波因素，在技术规格书中提出更高的谐波耐受要求，如干式电压互感器，可以提高品质因数。

(4)当发生网侧谐波过流、过压导致机车自动断电，送电不成功的情况时，供电调度应果断要求供电臂所有机车降弓，必要时倒替进线回路，改变系统参数后，再逐一升弓放行。

牵引变电所跳闸参数的接触网线路故障性质初探

张丕富　潘正府

(中国铁路成都局集团有限公司达州供电段)

摘　要: 当接触网线路或牵引变电所内发生故障时，综合自动化系统通过判断，给出故障参数及相应公里标，但对具体故障性质无法作出较为准确的判断，不利于故障位置的快速查找及抢修工区材料人员的准备。本文通过管内不同的实际跳闸数据及其所对应实际故障性质的分析，总结出基本规律，形成了故障数据的电流、电压、阻抗角等不同参数的故障性质结论，便于指导现场快速查找故障点及性质，从而缩短应急处置时间，利于接触网抢修，使铁路运输尽快恢复正常。

关键词: 短路跳闸参数；接触网；线路阻抗角；故障性质

1　接触网的常见故障

由于接触网设备是露天建设的，受到大自然恶劣天气的影响侵害、设备本身使用寿命、维护不善等原因均会导致给接触网供电的牵引变电所跳闸。一般情况下，引起牵引变电所馈线跳闸的原因有以下几种：一是大雾、大风、大雪、雷雨、冻雨等恶劣天气造成的绝缘闪络，避雷器爆炸，分段绝缘器的烧伤，带电设备对跨线桥的放电，异物、倒树侵界，上跨电力线路断线等；二是气温急剧变化引起的接触网引线、电联接、供电线、加强线、上跨桥下设备对地绝缘距离减少放电或过紧拉开关、避雷器等设备使补偿装置、线岔卡滞、悬挂交叉处产生摩擦放电现象；三是在晴朗的天气条件下，飞鸟、蛇等动物引起绝缘距离不够，接触网线路的薄弱设备如线岔、锚段关节、分段绝缘器、器件式分相等引发的弓网故障，以及外单位施工作业引发的故障；四是过负荷或机车带电过分相，绝缘部闪络，列车超限，货物绑扎绳松脱，或动物、人攀爬车顶。

2　跳闸参数数据及所对应的故障性质分析

结合跳闸参数以及以往经验，我们可以大致地把牵引变电所跳闸分为两类：过负荷跳闸和短路跳闸。下面通过实例来说明并阐述如何根据参数对过负荷跳闸及短路跳闸进行简单识别。

2.1　过负荷数据特征

电压不低于 70%，应不低于 20 kV，电流在 1000A 左右，阻抗角小于 50°。

2014 年 06 月 18 日 06 时 19 分，XX 变电所 232 馈线断路器(XX 臂)跳闸，电流速断动作跳闸，重合成功。具体参数：$L=4.22$ km、$U=24453$ V、$I=849$ A、$Z=28.72\Omega\angle 4.6°$电抗 $=2.3\Omega$；当时供电臂上有 2 列接车同时运行；2014 年 06 月 19 日 08 时 30 分，XX 变电所 211 馈线断路器(XX 臂)跳闸，电流速断动作跳闸，重合成功。具体参数：$L=3.18$ km、$U=24059$ V、$I=844$A、$Z=28.46\Omega\angle 2.6°$电抗 $=1.28\Omega$，有 3 列车运行。

从这两次跳闸数据上来看，电流均小于 1000A，电压均大于 20 kV，跳闸角度均不大，虽故探距离在供电臂范围内，但也可初步判断为过负荷跳闸。但段管内采用不同的保护装置，其故障探测距离就会有不同，交大许继保护装置过负荷会出现超过臂长的情况，但南自和磁海保护装置不会出现上述情况。

2.2　短路跳闸数据特征

电流大于 1000A，电压低于 70%，故探仪显示距离在臂长范围内。根据不同的情况可分为以下四种情况。

2.2.1　金属性短路故障

当线路上的设备因短路发生拉弧或放电现象时，由于弧光电阻的产生，导致阻抗角变小，同时电流急剧增大。

XX变电所2017年2月27日跳闸，参数：$U=7.96$，$I=3445$，$Z=2.24$，角度＝52.3。跳闸原因：隔离开关拉弧。

XX变电所2017年4月08日跳闸，参数：$U=10.43$，$I=2919$，$Z=3.47$，角度＝47.2。跳闸原因：绝缘子放电闪络。

XX变电所2017年9月10日跳闸，参数：$U=4.631$，$I=3516$，$Z=0.51$，角度＝22.8.2。跳闸原因：绝缘间隙不够(见表1所示)。

表1　金属性短路故障表

所别	时间	电压/V	电流/A	阻抗/Ω	角度/°	备注
XX变电所	2015.10.13	17.72	1663	10.32	65.9	纯金属性接地
XX变电所	2015.11.07	17.44	1756	9.6	66.8	纯金属性接地
XX变电所	2016.04.10	17.23	1722	9.66	65.9	纯金属性接地

由此可见，金属性短路电压在电压较低、电流较大时，角度与线路阻抗角接近。其角度与线路阻抗角基本一致：普速铁路接触网线路阻抗角一般在65°左右；高速铁路接触网线路阻抗角一般在75°左右。但短路接地过程中，发生拉弧、放电现象时，会导致阻抗角变小，变小的程度根据实际情况而定。

2.2.2　雷击引起短路故障

雷击导致的跳闸如表2所示。

表2　雷击跳闸统计表

所别	时间	电压/V	电流/A	阻抗/Ω	角度/°
XX变电所	2015.06.24	7.63	3556	2.08	52.2
XX变电所	2017.04.08	10.43	2919	3.47	47.2
XX变电所	2017.07.19	8.78	3664	2.33	17.8

恶劣天气给牵引供电设备的稳定运行带来了极大的隐患，段管内因雷击导致的跳闸每年均不少。根据表2可以看出，由于雷击导致的跳闸，从参数看，电压在10 kV左右，电流较大在3 kA，阻抗在5 Ω以下，阻抗角变化较大。故单纯地从参数上来看，判断雷击的原因较为困难，还需要结合故障区段的天气原因进行分析。

2.2.3　异物引起的短路故障

表3　异物短路故障统计表

所别	时间	电压/V	电流/A	阻抗/Ω	角度/°	备注
XX变电所	2015.05.20	2.13	1079	0.54	60	薄膜
XX变电所	2015.07.04	18.08	1885	9.28	26.9	飞鸟
XX变电所	2016.06.29	8.98	2598	3.37	56.7	飞鸟
XX变电所	2016.07.18	11.45	2761	4	56.9	蛇
XX变电所	2016.08.03	12.08	2224	5.23	57.7	倒树
XX变电所	2016.09.19	9.53	3766	2.43	16.2	飞鸟
XX变电所	2016.10.13	4	4012	0.98	58.9	树木侵界
XX变电所	2017.03.29	4.73	3771	1.21	52.4	飞鸟
XX变电所	2017.05.19	12.17	2309	5.12	44.8	气球
XX变电所	2017.07.07	13.6	1457	5.26	50.2	倒树

根据表 3 可以看出，线路上的异物大致可以分为树木、小动物、其他异物三类。因倒树或树木侵界导致的牵引变电所馈线跳闸，电压低但仍在 10 kV 以上，电流较大，在 2 kA 以上，阻抗为5Ω，阻抗角在 58°左右。因飞鸟、蛇等小动物导致的牵引变电所跳闸，电压变化范围较大，电流大，在 2 kA 左右，阻抗在 3 Ω，阻抗角在 55°左右。因薄膜、风筝、气球等其他异物导致的跳闸，与一般短路故障性质相符，电压低电流大，阻抗及阻抗角大小应根据实际情况而定。

2.2.4 因电力机车导致的跳闸

(1)2015 年 8 月 29 日 19 时 51 分，蓬安变电所安营上 214QF 电流增量动作，重合成功。原因：4 机车重联升弓。

参数：$U=23.49$，$I=1477$，$Z=15.9$，角度 =353.14。

(2)2015 年 8 月 29 日 19 时 51 分，蓬安变电所安耳上 212QF 电流增量动作，重合成功。原因：4 机车重联升弓。

参数：$U=23.00$，$I=1166$，$Z=19.73$，角度 =163.14。

(3)2015 年 8 月 29 日 20 时 09 分，蓬安变电所安营上 214QF 电流增量动作，重合成功。原因：4 机车重联升弓。

参数：$U=22.20$，$I=668$，$Z=39.77$，角度 =350.06。

(4)2015 年 8 月 29 日 20 时 09 分，八庙变电所庙营上 212QF 电流增量动作，重合成功。原因：4 机车重联升弓。

参数：$U=24.30$，$I=668$，$Z=36.37$，角度 =140.34。

(5)电力机车高压故障(见表 4)。

表 4 电力机车高压故障表

所别	时间	电压/V	电流/A	阻抗/Ω	角度/°
五桥变电所	2016.01.06	13.092	2970	4.41	65.5
五桥变电所	2016.01.06	12.996	2980	4.35	66.2
五桥变电所	2016.01.06	12.867	2980	4.3	66.4

由机车原因导致的跳闸，电压与接触网额定电压相差不大，电流较小，但是阻抗值大，阻抗角变化幅度大。当电力机车高压发生故障时与金属性短路接地故障类似，更多的是因司机操作及机车异常取流所致。

3 结论

综合牵引变电所馈线跳闸情况来看，异物侵界、接触网线路设备绝缘闪络为管内牵引变电所馈线跳闸的主要原因，恶劣天气下雷击电力机车也是造成馈线跳闸的重要原因，因过负荷导致的馈线跳闸情况也时有发生。

当牵引变电所馈线发生跳闸时，根据跳闸参数并结合故测装置指示地点的天气进行分析，能大大缩短故障查找时间。根据论述并结合牵引变电所跳闸参数的分析，可以得出：

(1)牵引变电所馈线断路器因供电臂类机车异常取流或机车数量过多引起的过负荷跳闸，电压在 20 ~ 25 kV，电流在 1000A 左右，阻抗在 20Ω 左右，阻抗角在 15°以下；电力机车受电弓损坏或绝缘损坏导致的牵引变电所馈线跳闸，电压降低至 10 kV 以下，电流增大至 2000A 左右，阻抗减小，阻抗角增大。

(2)因接触网线路设备绝缘闪络导致的跳闸，多为金属性接地故障，管内各线有微小差异，其电压在 10 kV以上，电流在 2000A 左右，阻抗在 10 Ω 左右，角度在 66°左右。

(3)因异物侵界引起的牵引变电所馈线断路器跳闸，则会因为异物的种类不同，导致参数变化很大。通常来讲，异物为蛇时阻抗角度在 60°左右，异物为鸟时阻抗角度在 50°左右，异物为彩条布、风筝等时角度在 40°左右。

（4）因恶劣天气下雷击所导致的牵引变电所馈线断路器跳闸，电压在 10 kV 左右，电流变化范围大约在 1500～3000A，阻抗角在 50～60°范围内变化。

（5）绝缘间隙不足放电导致的跳闸，过渡电阻较大，电压较低一般在 10 kV 左右，电流较大，为 2000～4000A，阻抗角在 20～30°之间，一般在 25°左右。

以上是根据对段管内牵引变电所馈线断路器跳闸参数进行综合分析得出的结论，但是实际的牵引变电所馈线断路器跳闸原因往往很复杂，我们并不能依据以上结论来断定某原因就是某次跳闸的实际原因。

导致牵引变电所馈线断路器跳闸的原因多种多样，而不同原因导致的跳闸参数类型也有所不同。但是根据经验，我们能在众多的跳闸信息中吸取对我们有利的东西，加以提炼得出经验，并以此来为我们在以后的故障处置中进行指导和验证。

总而言之，跳闸参数分析不但要结合电流、电压、阻抗角、天气、阻抗值电抗值、该供电臂单位电抗、跳闸故探显示周边环境等多方面因素，还要利用综合视频、作业人员现场巡视检查等手段进行综合考虑。不能简单地生搬硬套电流、电压、角度来判断故障性质。

综合自动化系统在电气化铁路的发展和应用

廖　赟

(中国铁路成都局集团有限公司供电处)

摘　要：综合自动化系统采用了微机保护来代替常规的继电保护屏，改变了常规的继电保护装置不能与外界通信的缺陷，通过变电站各种设备间相互交换信息、数据共享，实现对变电站运行进行自动监视、管理、协调和控制，提高了变电站保护和控制性能，使变电所运行更为可靠，改善和提高了电网的控制水平。本文主要就目前电气化铁路变电所综合自动化系统的发展、特点进行了介绍，以及对国外的综合自动化系统、IEC61850 规约也进行了初步的分析介绍，最后对电气化铁路牵引供电综合自动化系统存在的问题及发展方向进行了分析探讨，并提出了数字变电站将是综合自动化系统的发展方向。

关键词：牵引供电；综合自动化系统；IEC61850；数字变电站

1　综合自动化系统概述

随着国民经济的飞速发展，电气化铁路的建设和改造方兴未艾。几乎所有的牵引变电所改造和新建都采用了综合自动化系统。什么是综合自动化系统呢? 即利用多台微型计算机和大规模集成电路组成的自动化系统代替了常规的测量和监视仪表，代替常规的控制屏、中央信号系统和远动屏，用微机保护来代替常规的继电保护屏，改变了常规的继电保护装置不能与外界通信的缺陷。通过变电站各种设备间相互交换信息、数据共享，实现对变电站运行进行自动监视、管理、协调和控制，提高了变电站保护和控制性能，使变电站运行更为可靠，改善和提高了电网的控制水平。同时也使变电站设计更加合理、布局更加紧凑、运行更加安全可靠。

2　综合自动化系统的应用

2.1　设备特点

变电站综合自动化系统自 2000 年以来，一直是我国电气化铁路的热点之一。它既是电气化铁路建设的需要也是市场的需要。近几年来我国变电站综合自动化技术，主要是采用国内自行开发研制的系统，在技术和数量上都有显著的发展。

目前电气化铁路工程实际当中，主要有国电南自、交大许继、天津凯发、成都磁海等厂家生产。结构大体相同，都是采用分层分布结构(见图 1)。

由间隔层(保护测控单元)、网络层(通信管理机)、站级层(当地监控单元)组成。保护测控采用高能 DSP 芯片构成的处理系统，通信管理机采用嵌入式操作系统或 Linux 系统(支持双机运行，实际中一般采用单机)，当地监控单元采用工控机加组态软件，间隔层网络采用光纤通信(CAN、Lonworks 或以太网)，站级层一般都是采用以太网通信方式。

从结构层次上看，整个变电站设备可以分为 3 个层次，即处理层、间隔层和变电站层。分层分布式结构的综合自动化系统一般都趋向合理，抗干扰能力强，运行稳定特点。

2.2　存在的缺点

变电站综合自动化系统在使用中完全满足当前继电保护、控制以及远动功能，但也存在一些不足，兼容性、互换性以及系统功能还不能充分发挥出来，没有达到真正的综合自动化。

(1)不同产品的接口问题。

接口是综合自动化系统中非常重要而又长期以来未能得到妥善解决的问题之一，包括 RTU、保护、小电流接地装置、故障录波、无功装置等与通信控制器、通信控制器与主站、通信控制器与模拟盘等设备之

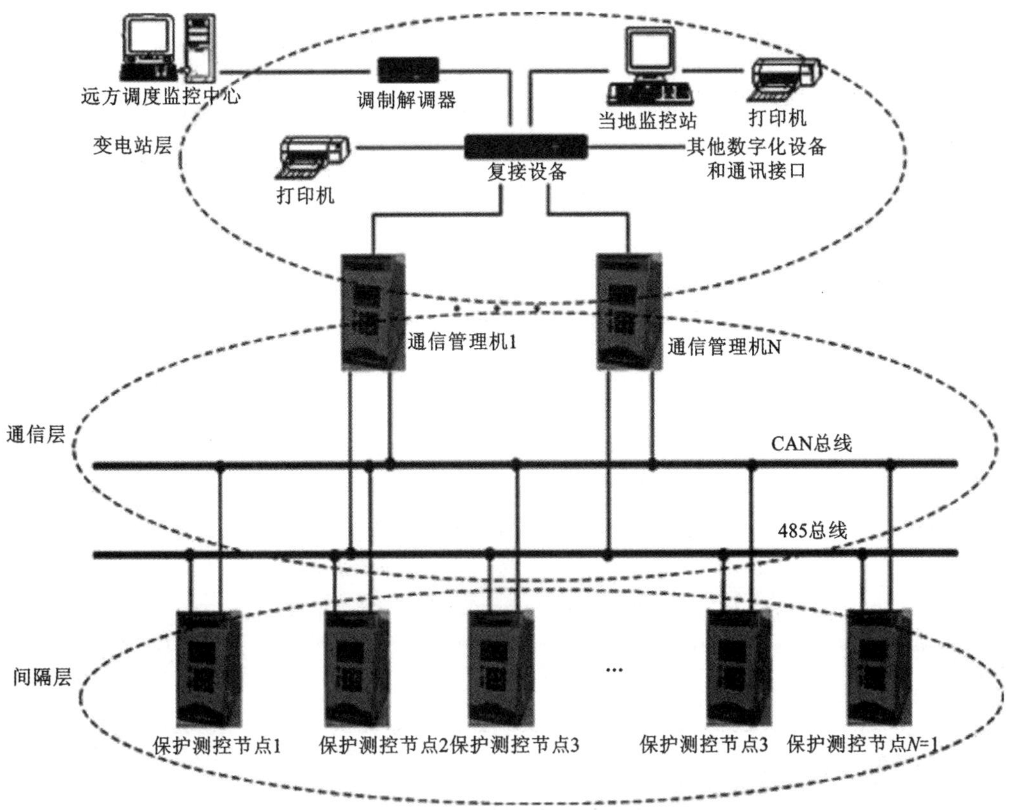

图1　厂站综合自动化系统结构简图

间的通信。这些不同厂家的产品要在数据接口方面沟通，需花费软件人员很大的精力去协调数据格式、通信规约等问题。当不同厂家的产品、种类很多时，问题会很严重。

(2)规约、网络选择问题。

变电站和调度中心之间的传输规约。目前国内各个地方情况不统一，变电站和调度中心之间的信息传输采用各种形式的规约，如 CDT、SC－1801、101、103、104 等。

虽然目前大力推广在变电站和控制中心之间使用 101、104 规约，在变电站内部使用 103 规约，电能量计量计费系统使用 102 规约，但不同厂家设备工作在同一规约下也存在互联问题，很难达到真正的互联互通。

(3)开放性问题。

变电站综合自动化系统应能实现不同厂家生产的设备的互操作性(互换性)；系统应能包容变电站自动化技术新的发展要求；还必须考虑和支持变电站运行功能的要求。而现有的变电站综合自动化系统却不能满足这样的要求，各厂家的设备之间接口困难，甚至不能连接，从而造成各厂家各自为政，重复开发，浪费了大量的财力物力。

3　国外综合自动化系统的发展现状

20 世纪 70 年代末 80 年代初，国外就开始了对于 ISA 技术(保护网络资源免受病毒、黑客的入侵和未经授权的访问类似防火墙)的研究，这是由于电网规模不断扩大，要求电网及变电站的控制和保护系统运行必须安全、可靠、经济。因此，各级调度中心需要更多的信息，以便及时掌握电网及变电站的运行情况。同时，采用无人值班管理模式，进行远方控制，减少人为误操作的可能性，提高运行可靠性，降低变电站的造价和运行维护费用。

随着微处理器技术、计算机网络技术和数字通信技术的发展，人们可以利用现代先进的技术和设备来组成一个自动化的控制和保护系统，改变传统的二次设备模式，做到设备简化，信息共享，从而减少变电站的造价和运行维护费用。世界发达国家率先研制出成熟系统，并推广应用，大大提高了变电站管理的自动化水平，实现电力系统的安全、可靠、经济运行。

随着综合自动化系统的广泛使用，其问题也日渐突出，各厂家的通信方式不能完全互联互通，即使同一家的单元设备间也不能完全实现互联互通和资源共享。于是就有了 IEC61850 通信规约的出现，随着 IEC61850 通信规约的出现，基于其之上的才可以真正称得上综合自动化系统(或称数字变电站)。

3.1 IEC－61850 规约的特点

IEC－61850 将变电站通信体系分为 3 层：变电站层、间隔层、过程层。在变电站层和间隔层之间的网络采用抽象通信服务接口映射到制造报文规范(MMS)、传输控制协议/网际协议(TCP/IP)以太网或光纤网。在间隔层和过程层之间的网络采用单点向多点的单向传输以太网。变电站内的智能电子设备(IED，测控单元和继电保护)均采用统一的协议，通过网络进行信息交换。

3.2 IEC－61850 规约的优点

IEC61850 规约与以往的 IEC60870－5 不同，不仅仅是一个 IED 的通信规约，而且是 IED 产品的信息模型标准，是对 IED 产品设计的变革，也是为了满足 IED 成为网络的一个节点的设想。随着计算机互联网的深入发展，通过 Internet 互隧各级自动化系统已是必然，也为基于嵌入式 WEB 服务器的设备配置管理技术提供了良好的条件。

IEC61850 解决了变电站自动化系统产品的互操作性和协议转换问题。采用该标准还可使变电站自动化设备具有自描述、自诊断和即插即用(Plug and Play)的特性，极大地方便了不同厂家 IED 的系统集成，降低了变电站自动化系统的工程费用。

IEC61850 规约在信息的丰富、信息共享、实时性方面得到了解决，为分布式自动化功能的实现奠定了基础，也使得 IED 工作透明度大大提高。

IEC61850 规约采用了抽象通信服务接口(ACSI)的概念，它与具体的网络独立。IEC61850 根据电力生产的特点和要求，归纳出电力系统所需要的信息传输要求，抽象通信服务接口。这样，随着网络技术的发展，通过映射就可以替换。抽象接口脱离目前已有的通信协议，可以更适应于将来技术进步的情况。

4 综合自动化系统的未来发展趋势

4.1 变电站综合自动化系统管理的优化

变电站综合自动化系统的建设，使得继电保护、远动、计量、变电运行等各专业相互渗透，传统的技术分工、专业管理已经不能适应变电站综合自动化技术的发展，变电站远动与保护专业虽然有明确的专业设备划分，但其内部联系已经成为了一个不可分割的整体，一旦有设备缺陷均需要两个专业同时到达现场检查分析。有时会发生推诿责任的情况，造成极大的人力资源浪费，而且两专业衔接部分的许多缺陷问题成为了“两不管地带”，不利于开展工作。

在专业管理上，变电站综合自动化设备的运行、检修、检测，尤其是远动系统的实时性、遥测精度、遥信变位响应速度、信号复归和事故总信号等问题仍需要规范和加强；对传动试验及通道联测的实现、软件资料备份等问题提出了新的课题内容。

在解决好现行的变电站综合自动化系统管理体制和技术标准等问题的同时，还要培养出一批高素质的专业队伍。

目前，变电站综合自动化系统绝大部分设备的维护都要依靠厂家，在专业管理上几乎没有专业队伍，出了设备缺陷即通知相应的厂家来处理，从而造成缺陷处理不及时等一系列问题。

要想维护、管理好变电站综合自动化系统，需成立一支专业化的队伍，培养出一批能跨学科的复合型人才，加宽相关专业之间的了解和学习。

4.2 未来发展方向——数字变电站

随着 IEC－61850 规约在国内研究的进行，目前业内有数字化变电站产品，实际就是基于 IEC－61850 规约和光电传感器技术充分利用其数字信息共享完成变电站自动化功能。其结构图如图 2 所示。

过程层完成对高压设备监控参数的数字化和接受来自 IED 的数字信息完成对高压设备的操作，主要分为以下两部分：(1)采用光电电流互感器、光电电压互感器完成对高电压和大电流信号的转换，该转换线

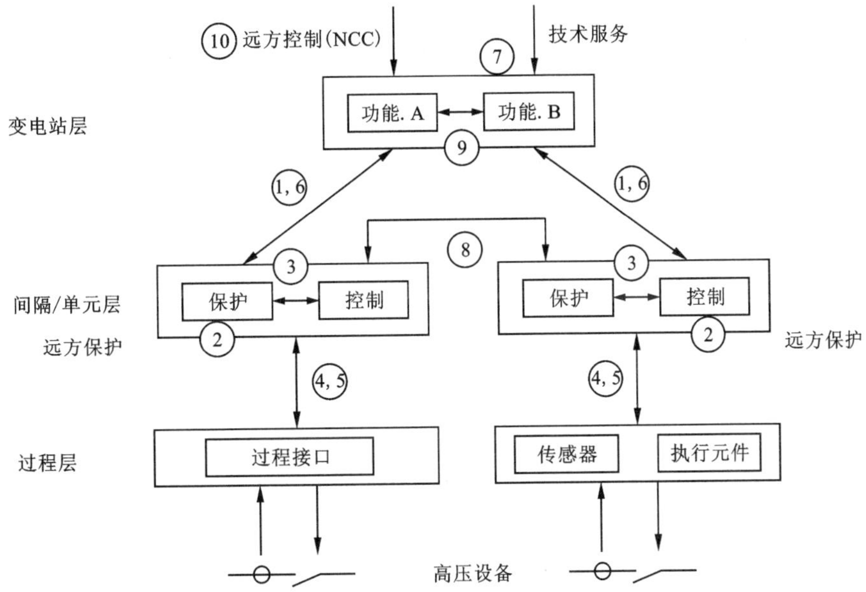

图 2　变电站结构图

性度好、抗干扰能力强、体积小、成本适中，转换完的模拟信号经模数转换(也可以采用合并单元同步采集多路模拟量)按 IEC－61850－9 标准传输至 IED；(2)检测高压设备的温度、压力、密度、绝缘、机械特性以及工作状态等数据也完成操作控制的执行和驱动。

间隔层完成变电站的保护、控制、操作防误闭锁、测量、计量、对一次和二次设备监视、与变电站层和过程层通信、数据分析统计等功能，网络采用双以千兆太网光线介质。

变电站层与以前的变电站自动化不同，不再需要管理单元就可以直接连到调度，本站电站层的主要任务是人机界面，可以完成间隔层数据显示、存储历史数据库、在线编程完成全站操作闭锁控制功能、操作、打印、报警、图像、声音等多媒体功能，也可以完成对间隔层、过程层诸设备的在线维护、在线组态、在线修改参数等功能。

4.3　数字化变电站技术在电气化铁路的意义

随着铁路的快速发展，可靠性要求越来越高，保证供电质量和电力调度自动化可靠性越来越重要，采用 IEC－61850 规约的数字变电站与调度无缝的连接且信息量完全、信息实时、信息可靠性高，这样能更好地提高调度的性能。

采用统一的 IEC－61850 规约使 IED 自我描述，便于变电站自动化的建设、调试、检修、扩建以及不同厂家的互联，降低变电站综合建设使用费用。

过程总线和变电站总线的双以太网通信结构不仅提高了通信的实时性和可靠性，也减少了复杂的电力电缆接线及使用继电器带来的不可靠，也有利于可靠地实现数字式的全站操作连锁和完成新的分布式功能。

4.4　实现铁路数字化变电站的探讨

数字化变电站是一个多学科、跨专业的前沿课题，与之相配套的外围技术也在进一步地成熟稳定或不断地升级。基于 IEC－61850 规约的数字化变电站的推广，需要电气化铁路的设计者、使用者、制造商的齐心协力才能逐步完成。

铁路变配电所运检一体化管理模式的研究

何　飞

(中国铁路成都局集团有限公司供电处)

摘　要：随着铁路建设的迅速发展，新投用变配电所迅猛增长，人员需求矛盾极为突出，铁路变配电所逐步从有人值班向无人值班有人值守、无人值班过渡。本文分析了既有管理模式存在的问题，采用“一体化“管理思维，优化了运检一体化管理组织构架，对监控、检修一体化管理进行了详细研讨，提出了无人值班变配电所建设渐次推进的顺序、技术条件、应急人员配置等原则，有利于提高专业管理水平和劳动效率，达到提质增效的管理目标。

关键词：铁路变配电所运检；一体化；管理模式

1　问题的提出

铁路供电系统分牵引供电系统和电力供电系统，通常由变(配)电所、输电线路和负荷三部分组成。目前变配电所的运行维护主要根据专业特点，实行检修、运行分开的组织架构(见图 1)。

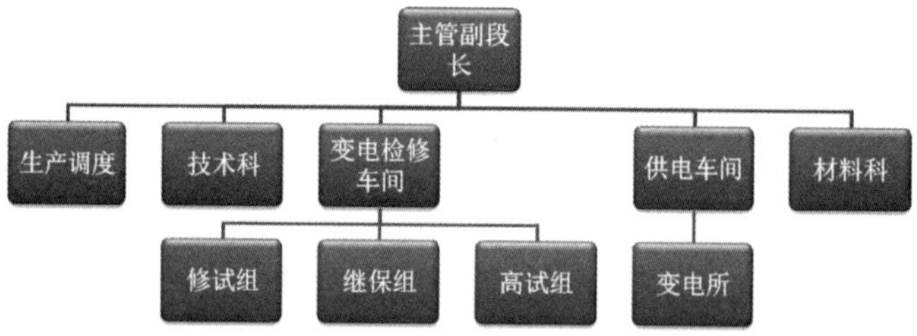

图 1　铁路供电系统

该管理模式存在先天的管理缺陷：一是变电所需配备值班人员承担值班和设备日常保养工作，导致人员配置多，“小而广”作业多，作业质效低下；二是专业管理力量分散，结合部多，专业管理薄弱。

随着铁路建设的迅速发展，新投用变配电所迅猛增长，人员需求矛盾极为突出，变配电所逐步从有人值班向无人值班有人值守、无人值班过渡。现场凸显出许多问题：日常运行、保养维护能力越来越薄弱，失修失管的现象普遍发生；变配电检修车间管辖范围越来越大，检修管理也是捉襟见肘；没有针对班组的承修能力进行差异化维修管理。

因此，迫切需要通过加强顶层设计，统筹资源、综合协调，对现有运行管理模式进行优化。既要结合铁路供电的特点，最大程度地提高应急状态下的紧急处置能力，又要将运行管理工作重心从值班、巡视转向设备状态管理和维护，构建一种适应铁路运输高效可靠供电、体现“一体化”管理思维的管理模式。

2　如何构建运检一体化管理模式

运检一体化管理模式就是运用“一体化”管理思维，构建“管理、运行、检修”三位一体的专业化生产工作组织模式，充分利用有限的人力资源、物质资源，重组现场操作、设备巡查、运行类维护和维护类检修业务，提高管理、作业效率，来达到提质增效的管理目标。

2.1　运检一体化管理模式的组织架构

按照“专业化、精细化和集约化”的原则，按一体化管理思路，通过调整优化生产布局，理顺管理架构，整合各相关优势资源，实行垂直化、运检合一的组织架构(见图 2)。

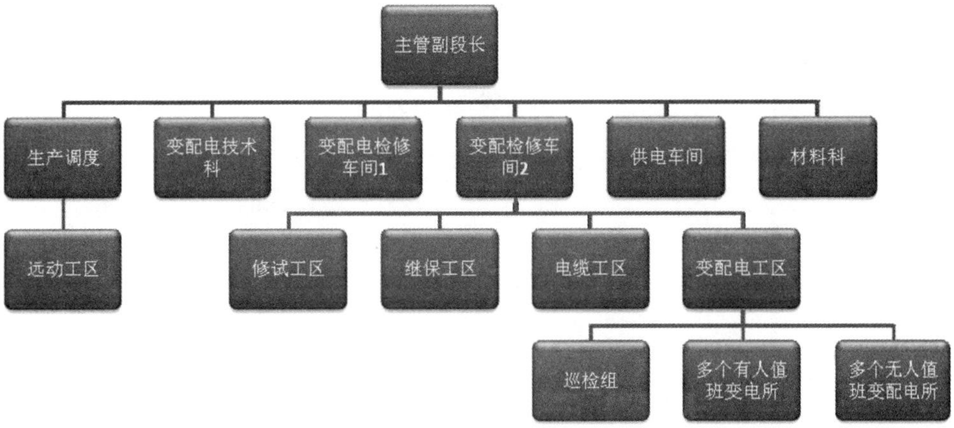

图 2　组织架构

主要变化在于：

(1)成立变配电技术科。强化专业管理，统筹协调，建立完善运检管理的常态工作机制，组织开展设备运行、检修、隐患排查治理工作，及时分析设备缺陷，制定预防措施，督促消除设备缺陷。

(2)整合各供电段既有变配电检修车间和原供电车间变配电所的运行、保养职能，按管辖范围成立变配电车间(含一个中心级变配电检修车间)，实现"运检合一"管理。变配电检修车间设置原则为：管辖半径不宜超过 200 km，满足周期检测、定期检修等检修检测能力，承担车间级集中修任务；中心级变配电检修车间还应具有电气设备交接或型式试验、大型检修检测装备等检修检测能力，承担段级集中修任务。

(3)变配电车间按区域成立变配电工区，变配电检修工区设置原则为：管辖范围不宜超过 10 个变配电所。每个变配电工区增设一个巡检组，负责运行类维护、定期巡查和应急值守工作。

车间所在地设修试工区、继电保护工区和电缆工区等专业化维修班组，管辖半径超过 300 km 的变配电车间，可异地增设变配电检修工区。

(4)在调度车间设立远动设备工区，加强远动通道维护管理，提升应急处置能力。

2.2　建立完善三级 SCADA 监控体系，推进调监一体化管理

铁路供电系统均设置了较完善的 SCADA 远动管理系统，以牵引供电 SCADA 系统为例，当变电所实行无人值班后，实时监测、远动操作职能主要由供电调度员承担。实际工作中，由于管辖范围大，设备多，而值班调度人员的精力有限，很难有足够精力处理各类异常信息，埋下安全隐患。

因此，需要完善相应的三级 SCADA 监控体系。

一是从系统建设上，需要在供电段调度车间、变电检修车间设复示终端(图 3 所示)，并配备相应的 SCADA 分析员。

二是从管理机制上，建立以局供电调度、供电段调度车间、变电检修车间三位一体的调监一体化管理机制，明晰各级 SCADA 分析员职责、标准和管理流程，对供电调度员相关监控职能进行分解、设置冗余环节进行补位，形成当值供电调度员实时分析、供电段专职 SCADA 分析员准实时分析、变配电车间定期分析的集中监控信息分析三级管控机制。调度车间设置的专职 SCADA 分析员，要 24 h 实时监测 SCADA 远动系统，及时与局供电调度、变电检修车间相互传递相关信息。

三是从缺陷管理上，要建立 SCADA 系统告警信息筛查、处理、消号、通报机制，缺陷要实行分级管理。

A 类(危急缺陷)：设备或建筑物发生了直接威胁安全运行并需立即处理的缺陷，否则，随时可能造成设备损坏、人身伤亡、大面积停电、火灾等事故；处理时限不超过 24 h。

B 类(严重缺陷)：对人身或设备有严重威胁，暂时尚能坚持运行但需尽快处理的缺陷。处理时限一般不超过 1 周，最多不超过 1 个月，消除前须加强监视；继电保护及安全自动装置严重缺陷处理时限不超过 72 h。

C 类(一般缺陷)：上述危急、严重缺陷以外的设备缺陷，指性质一般，情况较轻，对安全运行影响不大

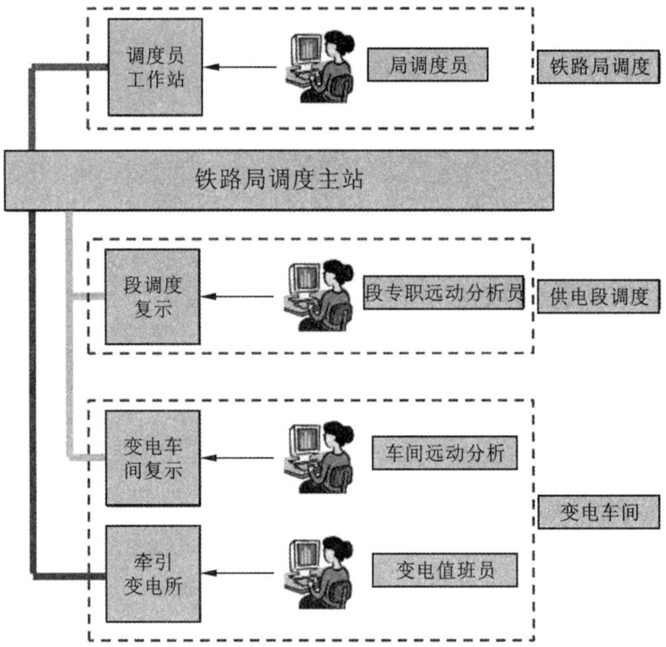

图 3 调监一体化管理

的缺陷。原则上应尽快安排处理，对于需要设备停电处理的，最长不超过一个检修周期。

四是从软件设计上，要逐步协调 SCADA 软件厂家，对系统数据进行二次开发，最终使 SCADA 远动系统与生产管理系统深度融合。

2.3 建立项目分级制度，推行检修一体化管理

检修一体化管理就是按照“分级管理、差异化维修”的原则，重整设备巡查、运行类维护和维护类检修业务，以段、车间、班组组成三位一体的维修组织模式。

(1)以《设备产品维护说明书》为依据，对照《检规》《电气设备试验标准》等规范，梳理设备巡查、运行类维护、维护类检修项目、内容和标准。合理确定检修周期，原则上在每三年开展一次全面检查。

(2)结合班组承修能力的不同，对每个检修项点从复杂程度、技术难度、作业规模、检修周期等方面综合分析，确定检修级别，可分 A、B、C 三级。一般地，A 级检修项目按段级集中修组织，B 级检修项目按车间级集中修组织，C 级检修项目按班组级集中修组织。

(3)变配电车间要作为检修组织的主体，在生产组织方式上集中人员、材料、机具，大力推进段级、车间集中修，提高检修安全、质量和效率，减少“小而广”作业。

3 实行运检一体管理模式的人力资源保障

运检一体化管理模式必然涉及人员的优化调整和统筹平衡。要大力加强无人值班建设，通过挖掘内部潜力，推动变配电值班员向检修维护人员和其他岗位分流转移，保证人力资源的集约化使用，解决结构性缺员矛盾，最大程度地提高安全效益、作业效率和队伍整体素质，这既是推进运检一体化管理模式的内生动力也是其人力资源的重要来源。

3.1 变配电所无人值班的技术条件

(1)要选用维护工作量小，可靠性高的一次、二次设备，接地系统状态良好。其中，所内应采用具有远动终端功能的综合自动化系统，其具备与所内其他设备接口功能，以及实现操作开关设备、采集数据及远动通道自检的远程监控等功能。

(2)要采用先进的组网结构，选择主备双通道，满足不间断通信的可靠通信通道和所内通信系统。

(3)要建立完善的供电远动系统，实现调度自动化。

(4)应设置视频监控、环境温湿度监控、烟感、水位、门禁探测器等安全监控系统，监控信息要上传至

远方监控中心，实现远程监控。

3.2　变配电所人员配备

变配电所值班形式分有人值班、无人值班有人值守和无人值班无人值守等几种。铁路变配电所无人值班建设要按照“调整结构，应急得当，有序推进”的原则，结合既有人员结构状况、铁路供电用户重要程度与应急处置需要，配合变配电所检修、远动维护、运行监控分析力量，合理配置应急值守人员。

(1)要坚持先一般后重点原则。先电力配电所后牵引变电所，先区段变电所后枢纽变电所，先普速变电所后高速变电所。

(2)要做好应急人员安排。对大型枢纽站区的大型变配电所应安排人员技术性留守；高铁、动车径路的牵引变电所宜安排人员技术性留守或季节性驻守，其他具备条件的变配电所应实行无人值班。技术性留守主要完成异常情况下的临时处理和事故发生后的现场检查处理，缩短枢纽变电站异常及事故情况下的处理时间。

(3)偏远变配电所可安排少人看守。

(4)实行无人值班无人值守的变配电工区，要安排远程监控人员昼夜值班，不少于 2 人，抢修车程(含轨道车)宜控制在 40 min 以内。

4　结束语

铁路变配电所的无人值班建设由于具有先进的自动化水平、良好的经济效益等特点，必将成为今后铁路变配电所运维管理发展趋势。供电段必须深化、细化运检一体化管理，建立职责明确、分工合理、行之有效的管理制度，全面提升供电安全运行保障水平。

参考文献

[1]《高速铁路电力管理规则》(铁总运〔2015〕49 号)
[2]《国家电网公司无人值守变电站运维管理规定》(国网运检 302－2014)
[3]《高速铁路牵引变电所安全工作规则》(铁总运〔2015〕48 号)
[4]《高速铁路牵引变电所安全工作规则》(铁总运〔2015〕50 号

一起接触网分相隔离开关引线接错的原因分析

李卫民　张吉斌

(中国铁路太原局集团有限公司侯马北供电段)

摘　要： 通过对一起接触网故障跳闸应急处置中发现的典型隐患的分析，总结出接触网竣工验收的重要性。

关键词： 分相；接触网隔离开关；隐患

0　引言

瓦日线与既有南同蒲线在辛堡站交叉，即瓦日线和南同蒲线均通过辛堡站。为实现瓦日线开通后辛堡站内正常供电，按照设计需在辛堡站内南同蒲线正线上下行各增加关节式分相 1 处。在接触网施工改造期间，由于施工人员工作失误，导致分相隔离开关引线位置安装错误，隔离开关全部闭合后电路不能导通，影响正常供电。

1　问题的发现

南同蒲线采用 AT 供电方式，分区所开环运行。2014 年 8 月 23 日，南同蒲线辛堡站至赵城站区间发生 F 线故障，临北变电所 211 保护跳闸后重合闸失败，成为永久性故障。为实现快速恢复供电，供电调度指挥撤除临北变电所 211 馈线正馈线，实施直供方式供电。但是在撤除正馈线后，辛堡站至赵城站区间接触线也无电。故障供电臂如图 1 所示。

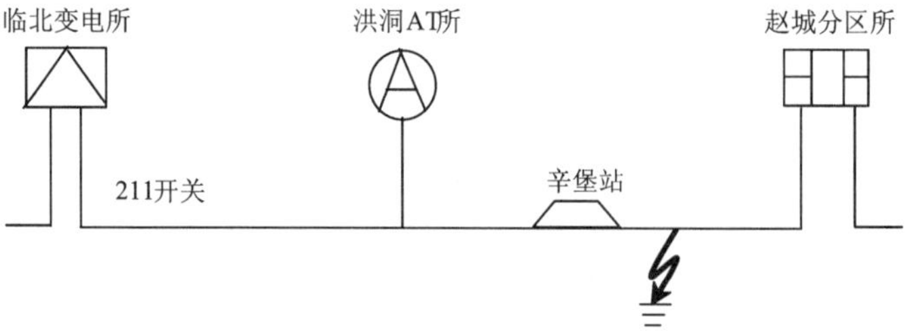

图 1　故障供电臂示意图

当时瓦日线尚未开通，辛堡站改造后的关节式分相处于越区状态，即分相接触网隔离开关处于合闸位置。

在查找故障的过程中，发现辛堡站改造后的关节式分相中有一台接触网隔离开关引线接线错误，导致临北变电所 211 馈线供过来的接触线电源没有通过该分相通至赵城分区所末端。

2　关节式分相接线

该处接触网分相采用八跨三断口关节式分相，分相处设置 3 台单级接触网隔离开关。正常供电时 3 台开关处于分闸位置，隔离分相两侧的不同电源；越区供电时 3 台开关处于合闸位置，导通分相两侧的接触网电路，实现越区供电。

2.1　正确接线

图 2 为一组八跨三断口关节式分相接线示意图。辛堡站改造时就使用了这种结构的分相。

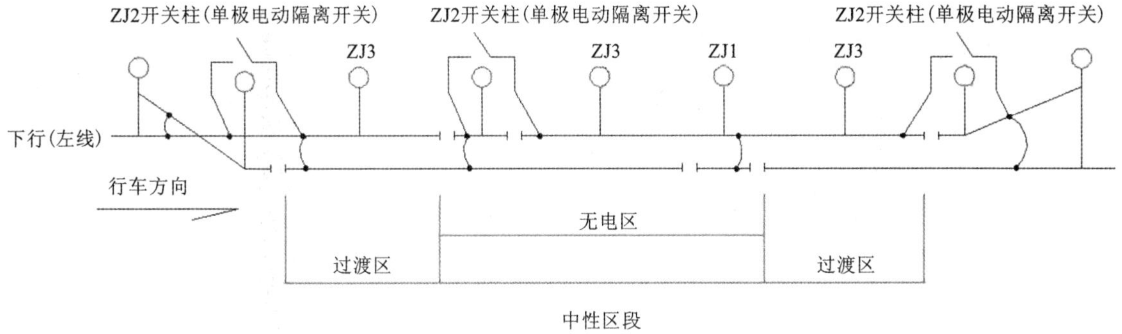

图 2 八跨三断口关节式分相正确接线示意图

由图 2 可以看出，当 3 个 ZJ2 开关柱上的 3 台单级电动隔离开关在分闸位置时，可以正确地实现相邻两相电源的有效隔离。当 3 个 ZJ2 开关柱上的 3 台单级电动隔离开关闭合后，可以正确地导通分相两侧的接触网电路，实现越区供电。

2.2 错误接线

图 3 为辛堡站改造时，八跨三断口关节式分相错误接线示意图。

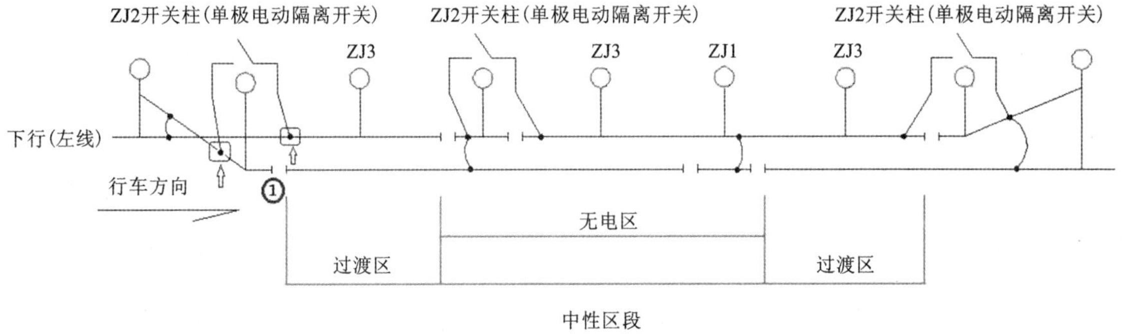

图 3 辛堡站八跨三断口关节式分相错误接线示意图

由图 3 可以看出，施工人员错把左侧第一个接触网隔离开关的引线接反了，两侧引线虽然也分别接入了不同的两个锚段接触线，但没有跨越相应的①号电分段，导致在该隔离开关合闸位置时不能短路电分段，造成分相越区供电功能失效。

所以，在图 3 的接线中，当 3 个 ZJ2 开关柱上的 3 台单级电动隔离开关分闸位置时，可以正确地实现相邻两相电源的有效隔离。而当 3 个 ZJ2 开关柱上的单级电动隔离开关闭合后，由于左侧第一个隔离开关没有把①号电分段短路，电分段继续实施分段绝缘功能，越区功能失效。

3 疑问及分析

为什么正常供电时辛堡站至赵城站间接触网上有电呢？分析如下：

(1)南同蒲线采用 AT 供电方式。辛堡站至赵城分区所供电示意图如图 4 所示。图中分相接触网隔离开关 1 由于接线错误，虽在合闸位置，但实际功效还是分闸，所以按分闸位置示意。

(2)如图 4 所示，正常供电时，辛堡站至赵城分区所间接触网上的电源是从正馈线 F 经过赵城分区所自耦变压器 3AT 的线圈变化过来的，即 F 线通过自藕变反送电至 T 线，这时，电力机车可以正常从接触网上获取电流。

(3)如图 5 所示，当发生正馈线永久故障后，在退出正馈线及各所 AT 变运行后、实施直供供电时，辛堡站分相至赵城分区所间接触网电源消失，成为无电区，问题终于暴露。

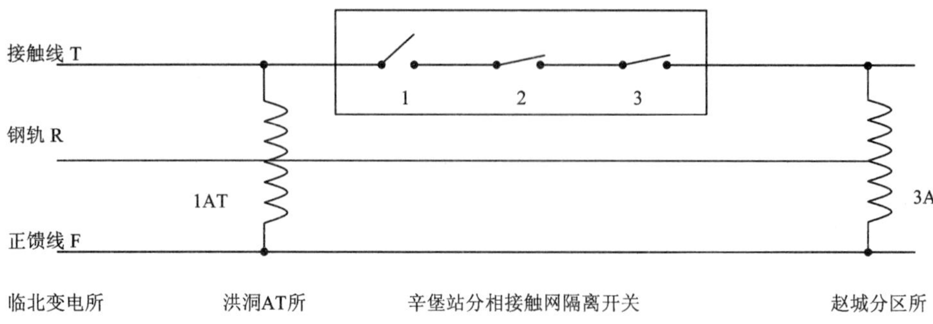

图 4 辛堡站模拟分相供电示意图

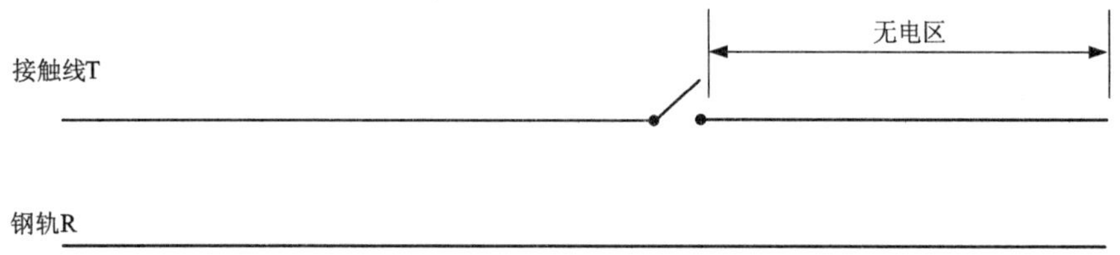

图 5 直供供电示意图

4 措施

(1)在接触网改造施工中加强介入和监管，在施工第一现场防止接线错误等问题的发生。

(2)接触网施工完毕后要严格进行验收，除观感验收外，更应进行各种供电方式下的回路导通性试验，防止接触网隔离开关引线接错导致的隔离开关功能失效、隔离开关分合闸时引发短路故障、安全距离不足、上下行错误等问题的发生。

(3)接触网投入运行后及时检查确认，通过检查变电所电量历史曲线、实时电流电压等电量数据，及时发现异常取流，再进一步现场检查确认。

(4)牵引变电所应经常对运行数据进行检查、分析，通过机车取流情况及时发现现场一二次设备接线隐患。

(5)优化供电方式，实现分区所闭环供电。

5 结论

接触网关节式分相种类繁多、结构复杂，由于工作支与非工作支接触线上下交错，同时接触网隔离开关引线、吊弦、电连接线、等位线等线索较多，而接触网隔离开关引线等线索一旦接错，很难直观地用肉眼发现。所以，加强接触网关节式分相施工监管和竣工验收，及时发现施工遗留的隐患，应作为一项重要工作来对待。

重载铁路牵引变电所接地网故障分析与探讨

李学山

（中国铁路太原局集团有限公司大同西供电段）

摘　要：北同蒲线作为大秦铁路煤炭运输来源的重载铁路线，在西煤东送中具有重要作用。近年来，随着运量的不断增加，牵引电流也在不断增加，作为牵引电流通路的回流系统中流过的电流也在增大。接地网作为牵引回流系统的一部分，如果存在薄弱环节，大电流情况下很可能发生损坏，一旦发现处理不及时，将导致严重的牵引变电所设备故障。为此本文针对北同蒲线某牵引变电所发生的一起接地网故障，对牵引变电所接地网故障进行了分析和探讨，提出了解决方案。

关键词：重载铁路；牵引变电所；接地网；故障

0　引言

近年来，大秦铁路年运量不断增加，单元重载列车从1万t发展到2.1万t。特别是2014年4月份单列运载重量3万t的重载列车在大秦铁路试验成功，标志着我国铁路迈入了国际重载铁路的先进行列。运量的飙升，使得牵引供电电流也在不断增大，对牵引供电设备的考验也更加严峻。接地网在牵引供电系统中具有重要的作用，由于牵引变电所接地网是埋设在地下的设备，日常无法监控到其运行状态，因此当出现故障时将对工作人员和牵引供电设备造成极大的危害。引起接地网故障的原因主要有设计原因、施工原因、土壤腐蚀、电流过大等。当系统发生接地短路故障时，接地网的局部电位差或接地网本身电位异常抬升，不但会威胁人身安全，还会造成二次设备的绝缘破坏，引起测控、保护设备误动或拒动，扩大事故范围。因此，保证牵引变电所接地网设备状态良好对牵引供电系统运行安全极为重要。

1　牵引供电系统接地回流特点

1.1　接地网的材质

牵引变电所接地网的材料要求具有较强的耐腐蚀性能、能满足长期通过大电流的需要。目前牵引变电所接地网使用材料主要有镀锌钢材、铜包钢和铜接地网。镀锌钢材成本低、机械强度高，有利于施工，但是防腐效果相对较差；铜包钢是双金属复合材料，既有钢的高强度，又具有铜材料的导电性与耐腐蚀性；铜材导电性能好，具有很强的耐腐蚀力，因此铜接地网的寿命较长，但是机械强度低，尤其是垂直接地体施工时要先进行钻孔，再把接地体插入孔中进行回填土。铜材料工程造价比较高。当接地体截面相同时，铜材热稳定性较好。同等热稳定性能时，钢接地体所需的截面积为铜材的3倍。实际应用中，采用铜包钢绞线作为接地极时，耐腐蚀性相对较弱。早先的牵引变电所负荷小，接地网多采用钢材。近年来新建或改建的牵引变电所由于重载和高速的需要，一般采用铜接地极，对于接地电流不太大的变电所，也有采用铜包钢接地极的。

1.2　牵引电流回流方式

牵引供电系统中，牵引电流从牵引变压器二次侧供到接触网上，电力机车从接触网上获取电流，然后通过钢轨和回流线（直供+回流方式）流回到牵引变电所。理想状态下，牵引回流应该全部经过钢轨－扼流变－吸上线－回流线的通路回到牵引变电所主变压器。但是由于钢轨与大地之间不是全部绝缘的，所以钢轨中的电流一部分会流到大地，通过牵引变电所的接地网吸收，接地网中吸收的电流和钢轨回流汇集到变电所的集中回流箱中，再引回到牵引变压器，形成一个完整的牵引电流闭合通路。

2　故障经过

2014年5月29日，北同蒲线XX牵引变电所值班人员在巡视设备时，发现处于备用状态的#1主变底部外壳上有一个螺栓有放电痕迹(图 1)，放电螺栓部位温度可达 80℃。经测量，#1 主变本体接地处接地导体流过电流达 150A，#1 主变端子箱的电缆保护管监测到最高温度超过 100℃、电流超过 300A。进一步检查发现，#1 主变附近电缆沟内接地扁钢多处发热，通过电流在 100A 以上。随后开挖#1 主变附近接地网，发现接地网出现多处严重腐蚀(图 2)，而接地网地回流引入集中回流箱焊接点两侧的地网导线已烧断(图 3)，造成地回流不畅。

图 1　#1 主变底部外壳螺栓有放电痕迹

图 2　接地网严重腐蚀烧断

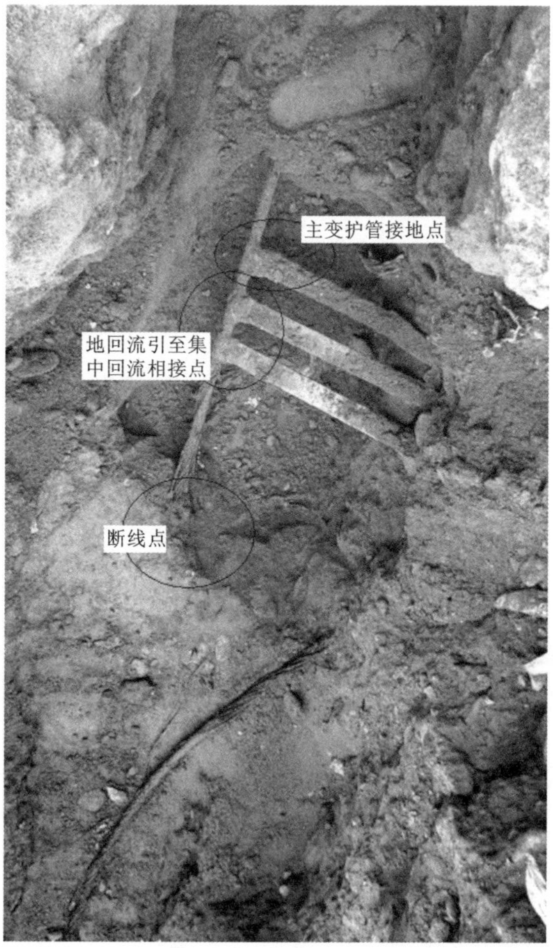

图 3　引入集中回流箱焊接点两侧地网导线烧断

3　原因分析

由于#1 主变附属设备的电缆保护管接地端接在地回流引线接点旁边的接地网上，该电缆保护管在主变底座上固定，地回流通过#1 主变接地端返回到回流箱，导致电流流经的主变固定螺栓部位发热。开挖后发现接地网其他部位也存在不同程度的腐蚀、断股现象。

3.1　接地网结构问题

从图 4 可看出，该牵引变电所接地网中地回流引入集中回流箱的 2 根铜排并联接在同一条接地网导线上，地回流电流全部从一根地网导线中流回集中接地箱，施工的不合理导致接地网局部电流过大。

3.2　接地网材质问题

该牵引变电所接地网水平接地极采用 185 mm^2 铜包钢绞线，垂直接地极采用了铜包钢接地棒。由于铜包钢的导流性能比纯铜差，且耐腐蚀性差，长时间敷设在地下，受土壤和电流腐蚀，容易出现散股、断股等现象，这会导致导线氧化面积增加、电阻增大、导流性能下降，从而加速导线的氧化腐蚀，大电流时导线薄弱部位会被烧断。

3.3　接地网腐蚀问题

接地体的腐蚀形式主要有化学腐蚀和电腐蚀。牵引变电所回流长时间流经接地网，会加剧接地网电腐蚀，使得接地网接地电阻变大甚至超标，缩短接地网的使用寿命。该牵引变电所建设位置原来是农田，地表下积累有大量化肥等物质，土壤腐蚀性较强，从而加剧了接地网导线的腐蚀速度和腐蚀程度。

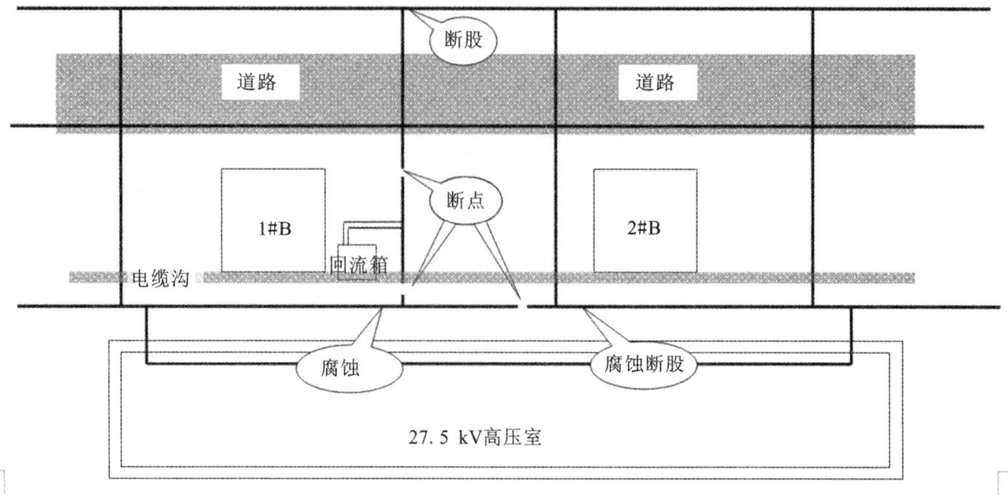

图 4　主变回流箱附近接地网结构示意图

3.4　牵引回流系统不合理

该牵引变电所馈线所供的专用线较多，部分专用线没有架设回流线，导致该区段的牵引电流大部分从接地网中流回变电所，致使变电所地回流电流较大。一般牵引变电所地回流与轨回流的数值比例为 1:2 或 1:3，而该牵引变电所监测显示地回流和轨回流数值基本相同，地回流最大值超过 1000A，已超 185 mm^2 铜绞线的允许载流量(25℃下 645A)。

4　采取的措施

针对该牵引变电所接地网故障情况，采取了以下改进措施。

4.1　补强接地网

由于牵引变电所接地网整体改造周期较长，一般需要一个月左右，因此需要对发生故障的接地网采取临时补强措施。该牵引变电所采取的临时措施是对接地网进行局部补强(图 5)，新增接地极 3 处，利用铜接地导线对断点进行临时接通恢复，增加引至回流箱的回流导线数。采取临时措施后，监测到地回流通路中的接地网导线及焊接点的最高温度为 26℃。原先的发热部位及通过的大电流消失，故障情况得到了明显缓解。

4.2　改善牵引系统回流

介于该牵引变电所接地网导线出现大面积腐蚀、断股，局部导线断裂的现象，提出了以下改进措施：一是在牵引变电所接地网引入主变集中回流箱附近适当增加垂直接地极的数量；二是避免从接地网同一位置引入集中回流箱，将引至集中回流箱的导线分别从不同节点的接地网上引接(图 5)；三是为牵引变电所馈线上没有设置回流线的专用线增加回流线，以增加变电所轨回流数值，减小地回流数值，减轻接地网的负担。

4.3　合理选用接地极材质

铜接地体的耐腐性显著优于钢接地体和铜包钢接地体，且抗化学腐蚀和电腐蚀性强。为了保证接地网的耐腐蚀性，在该牵引变电所接地网整体整治中，选用了纯铜接地极(水平接地极采用铜板，垂直接地极采用铜管)。铜在土壤中的腐蚀速度是钢材的 1/50～1/10，在氧化作用下的表面会产生附着性极强的铜绿(氧化物)，能够对内部的铜进行很好的保护，阻断进一步的腐蚀。将牵引变电所接地极更换为纯铜材料后，延长了接地网使用寿命。

4.4　采用科学的施工工艺

铜接地体连接方式主要有铜银焊连接法、压接线夹连接法、螺栓连接法和放热焊接连接法。经过比选，在该牵引变电所接地网整体更换铜接地极时，采取了放热焊接连接法。其原理是通过铝与氧化铜的热

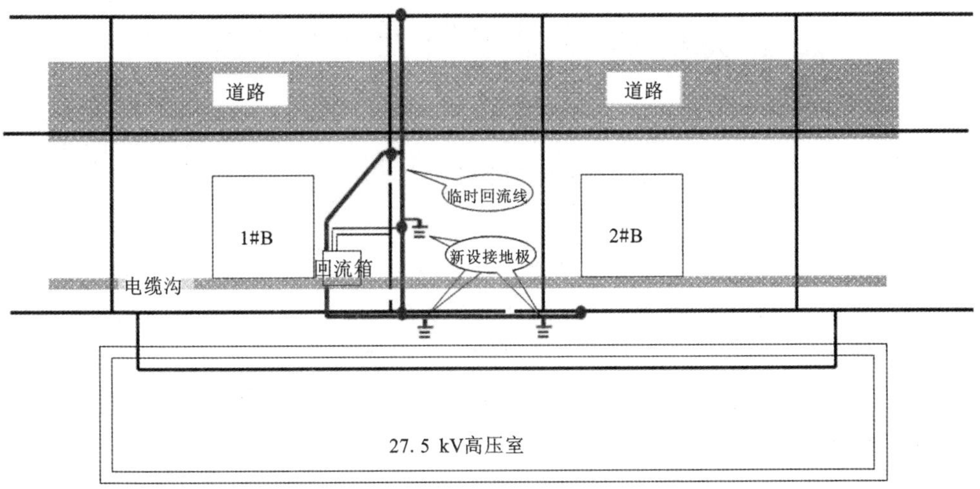

图5 接地网局部补强示意图

化学反应产生液态高温铜和氧化铝的残渣，并利用放热反应所产生的高温实现高性能电气熔接，每个焊点的焊接过程仅需数秒，被焊接的铜接地极之间端部即融化形成永久性的分子合成。熔接完成后，焊接点和接地极导体成为了不可分割的一个整体。经测试，焊接处的导体电阻值接近于零，完全满足接地极导电的要求。

4.5 加强日常管理

针对这件牵引变电所接地网故障，从管理角度制定了如下措施：一是日常加强对轨、地回流运行数据的监控，发现地回流经常大于轨回流或某回流无数值等异常现象，应及时查明原因并处理；二是在大负荷时对设备接地线的焊接点、紧固点进行测温，观察有无放电烧伤痕迹；三是在牵引变电所集中回流箱内的电气接点处贴测温片，每日监控轨、地回流母线和连接点的温度；四是预防性试验时对牵引变电所接地网的接地电阻进行测量。

5 结束语

本文通过对北同蒲线牵引变电所接地网故障具体事例进行分析探讨，得出引起接地网故障的原因主要有设计、施工、土壤腐蚀、电流过大等因素的结论，并提出了针对性的解决方案。通过科学设计牵引网系统回流方式、合理选用接地极材质、采用科学的施工工艺、强化日常管理等方式，能有效保证变电所接地网的安全运行。对于重载铁路牵引变电所，接地网采用纯铜接地极和放热焊接方式，更有利于牵引回流的畅通和接地极的耐腐蚀性，对延长接地网使用寿命，保证牵引供电系统运行安全具有重要的意义。

参考文献

[1] 曾宪林. 变电站接地网故障的诊断研究[D]. 北京：北京交通大学，2012.
[2] 崔凯. 电气化铁路牵引变电所中回流装置存在的不足与应对办法[J]. 电子制作，2013(9)：211.
[3] 张焕林. 电气化铁路牵引变电所接地网敷设接地问题探讨[J]. 中国新技术新产品，2013(18)：68.
[4] 郑修斌. 牵引变电所铜接地网与钢接地网的比较[J]. 供变电，2011(6)：15－18.
[5] 李章锁. 浅谈牵引变电所接地网材质选择与施工[J]. 河北企业，2011(11)：79－80.

关于实现牵引变电所无人化的思考

孙兴虎

(中国铁路太原局集团有限公司太原供电段)

摘 要： 本文结合牵引变电所现实运行情况，从变电所动作元件质量、供电设备自动化程度、远动系统细化功能、调度人员素质要求等方面，详细分析了制约变电所实现无人化发展的因素，并提出了改进的方法，得出了目前条件下实现牵引变电所无人化运行模式为时尚早的结论。为推进变电所发展起到了修桥铺路的作用，对变电所运行决策、设计理念和技术改进具有一定的参考价值。

关键词： 变电所；无人化

随着电气化铁路的发展，综合自动化功能增强，远动、视频技术日渐成熟，实现牵引变电所无人值班已经初具规模。经过详细思考，我个人认为还有以下因素，制约着变电所无人化的彻底实现。

1 变电所断路器隔离开关动作质量有待提高

对变电所高压设备的操作，最终落实到了断路器、隔离开关的分合闸上。目前，变电所断路器、隔离开关远动操作拒动，隔离开关分合闸不到位等各种异常情况时有发生。2017年1月至6月，太原供电段牵引供电远方操作异常情况有15例，其中，隔离开关11例，本体故障10例；断路器4例，本体故障3例。隔离开关本体的故障是远动操作异常的主要原因。

1.1 隔离开关辅助接点的影响

根据隔离开关辅助接点在二次回路的作用，它应该正确反映主刀闸的两种工作状态。主刀闸合闸到位时，常开接点闭合、常闭接点打开；主刀闸分闸到位时，常开接点打开、常闭接点闭合。主刀闸由合闸到分闸或由分闸到合闸的过程中，辅助接点不应该切换。在运行检修中发现，某些线路的隔离开关辅助接点存在着两种缺陷。一种现象是辅助接点与主刀闸位置不一致，现场调整后工作情况不能保持稳定。另一种现象是辅助接点切换时间不正确。主刀闸稍有分、合闸操作，辅助接点就发生切换。

1.1.1 隔离开关辅助接点直接影响分合闸操作到位

在隔离开关合闸控制回路中串联有隔离开关常闭辅助接点，如果在隔离开关合闸没有到位之前，常闭辅助接点提前打开，合闸接触器就会失电，停止合闸操作，使隔离开关处于合闸与分闸的中间状态。分闸控制回路串联有隔离开关常开辅助接点，同样存在类似问题。主刀闸的半开半合会形成电弧放电，对设备安全造成极大的威胁。

1.1.2 隔离开关辅助接点直接影响遥信结果

隔离开关的分合闸状态，在遥信回路要通过辅助接点来反映。单点遥信时，一般采用一对常开辅助接点实现，接点接通表示合闸，接点断开表示分闸。双点遥信时，采用一对常开和一对常闭辅助接点共同实现。常开接点闭合且常闭接点断开，表示主刀闸合闸；常开接点断开且常闭接点闭合，表示主刀闸分闸，否则隔离开关将处于非法位。采用单点遥信，辅助接点与主刀闸实际位置不符时，若不能结合其他现象共同分析确认，将会造成严重的后果。例如，V形天窗作业时，分区所隔离开关分闸未到位而常开辅助接点打开，远方就会认为隔离开关已经分闸，易造成人身安全威胁。为了安全起见，建议有关隔离开关分合闸位置的遥信接点要采用双点遥信，同时对辅助接点的到位质量提出更严格的要求。

1.1.3 隔离开关辅助接点直接影响遥控操作的执行

如果辅助接点没有与隔离开关的实际状态一致，遥控操作就无法执行。例如，隔离开关主刀闸在合闸位置，要进行分闸操作，如果单点遥信的常开接点没有闭合，该隔离开关单控远动分闸操作就会失败，程控分闸操作就会跳过执行此条命令。如果是双点遥信处于非法位，单控操作和程控操作都会以失败告终。造成的后果是停电部分和带电部分都没有明显断开点，相关作业无法正常开展。对于变电所进线程控操作，由于辅助接点与主刀闸位置不一致，还会造成系统进线电源反送电的严重后果。

1.2　直流接触器及控制回路元件的质量影响隔离开关分合闸操作

隔离开关分合闸接触器是执行分合闸操作的重要部件。在合闸接触器控制回路中，其常开接点与启动回路并联形成合闸接触器受电自保持，同时串联有分闸接触器的常闭接点，以实现电气闭锁。当合闸脉冲来临时，如果自保持接点不能正常接通，只靠脉冲是不能完成分合闸操作的；如果电气闭锁常闭接点没有接通，合闸接触器就不会受电启动，合闸操作就会失败。分闸控制回路也是如此。常见的故障有接触器线圈烧损断线、主接点动作卡滞、自保持常开接点不能正常动作、常闭接点接触不良、机构内部远方/当地转换开关不到位、手摇闭锁接点损坏等，这些都是造成隔离开关分合闸远动操作不能成功的重要原因。

2　变电所设备自动化功能的完善

2.1　主变压器并列解列功能的远方操作

牵引变电所主变压器采用固定备用方式，一台运行，一台备用。根据地方供电局的要求，两台主变压器不允许长期并列运行。因此在二次接线图设计时，主变压器高压侧断路器合闸回路中，串接了对侧主变压器高压侧断路器的常闭接点。正常情况下，一个主变压器运行时，另一个主变压器不能投入运行。当运行主变压器出现故障但还没有达到跳闸的情况或者要对运行的主变压器进行检修、试验工作，需要由备用变压器代替主用变压器时，一种方法是申请全所停电点，主用变压器停电，备用变压器送电；另一种方法是保持馈线不停电，采用人工短接高压断路器闭锁接点，进行变压器并列解列操作。无人值班后要想实现变压器并列解列，必须打破原有二次接线的设计，消除两台高压侧断路器互相之间的闭锁。

2.2　低压侧电压互感器二次回路自动切换

牵引变电所运行中，变压器低压侧电压互感器提供的电压，既是主变的三相和单相过电流保护闭锁电压，又是馈线的保护和测量电压。当发生低压侧 PT 回路断线时，为了防止误动作，作为馈线主保护的阻抗保护受闭锁退出运行；同时解除了主变三相和单相过电流保护的电压闭锁。为了满足灵敏度要求，主变过电流保护的动作电流按照额定电流设计。低电压闭锁功能消失，过负荷电流就会使得进线断路器跳闸，并引起全所供电中断。目前普铁变电所主、备电压互感器二次回路的切换需要人工操作。实现变电所无人化，必须先期安装低压侧电压互感器自动投切装置，才能保证运行安全。

2.3　交直流回路所有空气开关远方控制

变电所目前的交直流系统中，除了交流两路进线开关和联络开关以及交流盘向直流盘整流模块提供电源的两路开关实现了电动操作，其他交直流空气开关都是人工操作完成的。实际运行中，需要分路操作空气开关的情况有：(1)保护装置和远动设备有死机情况发生，一般的重新启动方法是先关闭其工作电源再重新打开，装置就能恢复正常。(2)微机保护装置的分合闸控制回路中增加了自保持回路，一旦断路器拒动分合闸线圈就要长期受电，按照短时受电设计的线圈就会烧损。而短时关闭其操作电源再打开，就能有效地避免线圈损害。(3)隔离开关动作超时自动闭锁后，只有关闭和重新开启相应电源，才能使电路恢复常态。(4)因某种原因分闸的空气开关需要试送电。(5)照明和加热等空气开关需要按照时间、季节进行切换。实现无人值班后，交直流各路电源开关必须有电动操作机构并能实现远动操作，才能灵活地应对上述各种情况。同时供电调度才能通过遥信掌握各路电源开关的工作状态。

2.4　变电所综合测控技术

有人值班所通过人工巡视观察，可以掌握设备导流部分的发热、充油设备的油位、充气设备的气压等现场情况；设备意外起火，值班员使用灭火器可以快速扑灭初起火灾。如果实现无人化，为了设备运行安全，需要安装导流部位在线测温装置、油位测量传感装置、气压检测装置、自动消防系统、绝缘在线装置等综合测控装置，以代替人的五官作用。

3　供电远动系统功能的增强

3.1　馈线保护整定值操作功能的实现

牵引变电所馈线保护装置整定值需要满足正常供电和向相邻变电所越区供电的要求，备用馈线一般作为两至三条馈线的备用。每一个保护装置同时要具有多套不同的整定值，根据运行需要进行运行区切换。

实现无人值班后，这一工作就要由远动操作完成。从目前现状分析，还需要综自保护厂家、调度端远动系统厂家和供电远动技术人员共同努力，以能够在调度端实现各变电所馈线保护整定值查询、修改和运行区切换的功能。

3.2 并联电容器动态补偿装置的通信功能

并联电容器动态补偿装置，对于牵引变电所功率因数的提高具有重要意义。目前使用的动补装置，来自多个厂家，补偿效果程度不同，但都有一个共同缺点，没有与变电所综自系统实现通信，并且动补设备自身的继电保护系统只能通过综自保护的控制回路实现断路器跳闸，不能反映设备故障报告和启动所内故障报警系统。不论是有人值班还是无人值班，这都是致命的弱点。若要实现无人所运行，动补设备必须实现与综自系统的通信，从而实现调度端对动补设备的遥控、遥测、遥信、遥调功能。

3.3 保护测控装置通信功能的远方监督

变电所远动功能的实现，依赖于保护测控装置。对于远动系统来说，每一个保护测控装置都相当于一个RTU(远程终端智能单元)装置。保护装置通信异常，不能与通信管理机、变电所后台和调度端进行通信，遥信、遥测、遥控等远动功能就无法实现。同时装置通信也是对保护装置自身功能的监督。通信异常时，保护装置有可能已经处于死机，失去了对运行设备应有的保护作用；也有可能保护功能紊乱，误发了跳闸或合闸指令。

例如，某变电所备自投装置因为死机形成通信故障，运行系统进线电源失压后，备用进线没有实现自动投入；某变电所运行馈线保护装置通信中断，装置误发操作命令，引起断路器跳闸，且没有发出动作信号，中断行车形成了D21设备故障。

在调度端和所内后台必须增加每一个保护装置的通信状态的明显显示图标，当出现通信中断时，不仅要变换颜色，发出信息提示，更要发出音响信号，以提醒值班员和调度员注意，采取措施，重新启动或替换备用设备，使牵引供电设备恢复正常运行。

3.4 通信通道的完善

3.4.1 远动通信通道

通信通道是远动系统的动脉血管，一旦通信中断，远动功能将失去作用，就要采取人工当地操作方式。现在远动通道通信方式有多种型式，大体有点对点通信、单总线通信、2M单环路通信。就缺点来讲，点对点通信只能在局部环境使用；总线结构的通信，各点与总站通信共用一条物理通道，一旦断线将会有大面积地区的设备通信中断。单环路通信可以实现双向备用，但总体通信受各站点通信状态影响，中间若有两个站点出现故障，则两个站点之间的所有站点将会通信中断。极端情况，两点位于调度端相邻的站点，所有站点与总站全部通信中断。综上所述，希望远动通道实现双环路通信，相当于一个站点有四路通信保障。

3.4.2 故标专用通道

AT供电方式下，故标通道通信的完好程度，是故标准确的物质基础。如果故标通道中断，子所数据无法传回，变电所故标准确度将大打折扣。有些处所采用故标与远动通道共用，当故障跳闸时，各所信息大量增加，信号相互干扰信息传输异常，影响远动数据通信和故标数据回传；有些处所设置了故标专用通道，但通信状态不够理想。要想实现故标准确，除了所有技术人员攻关AT供电测距装置的功能外，还必须有数据传输良好的故标专用通道。

3.5 视频摄像功能合理增强

目前实现远动的变电所一般都同时安装了视频监控系统。大体情况都能够通过视频在调度端观察，但还有不尽人意之处。一个是清晰度不够。如某变电所出现保护装置告警，只能看到保护面板有个指示灯点亮，不能确认是什么信号；断路器分合闸指示灯发生变化视频也无法确认。另一个是视频探头要合理增加。例如高压分间某一设备故障，高压室两端摄像头距离远，无法详细看到分间内的具体情况。要想实现无人值班，还需要提高摄像分辨率并合理配置摄像头。

4　供电调度员素质的提高

实现无人变电所后，供电调度员不仅是整个供电系统的指挥者，更是供电远动系统的操作者。要求调度员了解供电线路情况，熟悉变电设备原理，掌握远动设备功能，还必须要有娴熟的远动操作技能。供电调度员要满足如此高素质的要求，还需要认真学习，积累经验。

5　结论

变电所从有人值班到有人值守再到无人值守，是解放劳动力的发展方向，它依赖于先进的设备、完善的技术和精细的管理。如果条件不具备，变电所强行实现无人值守，将可能对铁路运输造成严重影响，是不负责任的盲目冒进行为。彻底实现变电所无人化，还需要通过各级人员的辛勤努力，提高设备质量，加强技术改进，完善设备功能。

高铁牵引变压器色谱在线监测系统氢气超标问题分析与探讨

武启燕

(中国铁路太原局集团有限公司太原供电段)

摘 要: 对运行中的牵引主变压器绝缘油中溶解气体、氢气超标问题及产生原因进行分析。就运行中的牵引变压器若内部存在潜伏性故障时,通过绝缘油色谱的分析判断,如何关注有价值的气体注意值及其应对措施。

关键词: 绝缘油;氢气超标;分析

0 引言

大西高铁牵引变电所内的主变压器为油浸式,在主变压器油箱内注有绝缘油。为确保高铁牵引变压器安全可靠运行,每台牵引变压器都配备安装了变压器油色谱在线监测系统,对运行中的变压器油进行定时采样,分析油中所溶解的气体成分及其含量,可根据其成分和含量及时判断牵引变压器是否存在潜伏性故障,就如何做好运行中的牵引变压器绝缘油的色谱跟踪奠定了良好的基础。

为此,就牵引变压器内绝缘油的作用、性能及运行中的绝缘油色谱问题进行了综合分析与探讨。

1 牵引变压器注油的作用

1.1 绝缘

牵引变压器内部的线圈、绝缘材料均浸在油中,免受潮气侵蚀,达到提高变压器内部零部件、材料绝缘强度的要求。

1.2 散热

牵引变压器正常运行时绝缘油受热而发生膨胀,使油面上升,产生上下对流,一般牵引变压器都安装有散热器,通过散热器将热量散去。

2 运行中的绝缘油监测

通过对绝缘油中所溶解的气体成分及含量的分析,可有效地判别牵引变压器存在何种潜伏性故障,并判定这些故障是否会影响牵引变压器的安全运行。当故障情况严重时,便可迅速采取有效措施,做出处理;当故障暂不会危及牵引变压器安全运行时,便可在运行中继续加强气体监测,必要时可缩短对其变压器的试验周期。因此,对运行中的牵引变压器绝缘油定期进行色谱分析,为牵引变压器的长期、安全可靠运行提供了有利的保证。

2.1 气体特征

为及时判断运行中的牵引变压器是否存在内部故障,可通过对变压器油箱内绝缘油进行色谱分析来实现。具有参考价值的气体:氢气(H_2)、甲烷(CH_4)、乙烷(C_2H_6)、乙烯(C_2H_4)、乙炔(C_2H_2)、一氧化碳(CO)、二氧化碳(CO_2)。

2.2 变压器油中溶解气体含量注意值(表1)

注意值不是划分设备有无故障的唯一标准。当气体浓度达到注意值或超过注意值时,应对该变压器绝缘油进行追踪分析,查明最终溶解气体超标原因。

表 1 变压器油中溶解气体含量注意值/($\mu L \cdot L^{-1}$)

	含量	
变压器	气体组成	220 kV 以下
	总烃	150
	乙炔	5
	氢	150

3 存在问题及分析

3.1 问题的提出

大西高铁阳曲西、忻州西变电所的 8 台主变压器均为 DQY－25000/220 型，由卧龙电气银川变压器有限公司生产，并于 2015 年 5 月受电投入运行。而自 2016 年 4 月初以来，主变压器油色谱在线监测系统监测的 8 台主变压器，连续数日发出氢气超标报警问题。

3.2 氢气报警数据

(1)本变压器油色谱在线监测系统报警数据设置值，如表 2 所示。

(2)运行中主变压器在线监测系统氢气报警统计，如表 3 所示。

(3)段化验室现场取样检测结果，如表 4 所示。

表 2 报警数据设置值/($\mu L \cdot L^{-1}$)

气体分类	Ⅰ级报警值	Ⅱ级报警值
总烃	150	300
乙炔	3	5
氢	150	300

表 3 监测系统氢气报警统计/($\mu L \cdot L^{-1}$)

时间	地点	1#B 报警数据	2#B 报警数据	3#B 报警数据	4#B 报警数据	报警级别
20160410	阳曲西	运行中 230	运行中 218	800	450	Ⅱ级
20160412	忻州西	150	0	运行中 450	运行中 250	Ⅱ级

表 4 取样检测结果/($\mu L \cdot L^{-1}$)

时间	地点	1#B	2#B	3#B	4#B	备注
20160427	阳曲西	495.85	631.65	3463.67	653.05	
20160427	忻州西	643.05	104	274.33	265.60	

4 综合分析

(1)根据上述报警情况我们及时安排对主变压器进行了高压试验，通过各项数据检查，未发现变压器内部有异常问题。

(2)从报警数据观察，只是氢气超过设定告警标准，而乙炔、总烃(甲烷 CH_4、乙烷 C_2H_6、乙烯 C_2H_4、丙烯 C_3H_6、丙烷 C_3H_8等)气体均未超标。

(3)氢气产生来源分析。

①通过与变压器厂家共同探讨分析，可以确定某些气体的产生，在特殊条件下，不是因为变压器内部存在设备故障引发的。例如，在现场变压器组装后注入的绝缘油中含有一定水分时，运行一段时间后就会与变压器油箱内部铁金属相互作用生成氢气；过热的铁心层间油可膜裂解也会生成氢气。

②变压器内部使用新型的不锈钢(螺栓等)部件中也可能在不锈钢加工过程中或焊接时吸附氢而又慢慢释放到绝缘油中。特别是在温度较高，油中溶解有氧时，变压器内部(铁芯夹件、壳体内部防锈)设备中的某些油漆(醇酸树脂)，在某些不锈钢的催化下，甚至可能生成大量的氢。

③在变压器内使用某些改型的聚酰亚胺型的绝缘材料也可生成某些气体而溶解于油中。油在阳光照射下也可以生成某些气体。由于变压器内部发生放电而引起变压器油分解产生气体，除氢和烃类气体外，一定含有乙炔气体成分且其含量高。

为此，可以确定两个牵引变电所的 8 台主变压器为同一个厂家生产，又是同一个批次，内部使用无励磁专用分接开关，接点固定螺丝同样存在不锈钢件及引线焊接方式。箱体内部喷涂的是防锈漆等。不排除绝缘油供应商在现场对新变压器注入油时，未经过严格的脱气过滤程序，已注入的油中含有某些气体成分。

通过多年来牵引变压器运行得知，当变压器的内部发生故障时，基本上可以归纳为两种类型的故障：一种是过热；另一种是绝缘破坏引起放电。当发生这两种故障时，都会使故障点附近的绝缘物(油或固体，或两者兼有)发生分解而产生气体，这些气体会不断地溶解在油中。对于不同性质的故障，绝缘物分解后将产生不同的气体；而同一性质的故障，由于故障的程度不同，产生各种气体的数量也不相等。因此，综合分析绝缘油中溶解气体的成分及其含量，可以鉴别变压器内部潜伏故障的性质和程度。

5　结论

(1)通过上述分析得知，若牵引变压器本体内部存在放电问题而引起绝缘油分解产生气体，除氢和烃类气体外，还应含有较多的乙炔气体，此次报警只是由于氢气含量过高。

(2)通过上述分析可知，这些气体的存在一般不影响设备的正常运行。结合对主变压器的试验结果，8 台主变压器中有 4 台在备用状态，绝缘油中的溶解气体超标值都限于氢气，可以确认该变压器本体内部不存在故障现象。

(3)在判断变压器内部是否存在故障及其故障的严重程度时，要根据设备运行的历史状况和设备的结构特点，以及外部环境等因素进行综合分析。为此，两个高铁牵引变电所的 8 台主变容量及牵引负荷均在允许范围之内，未出现过载、过热等问题。可以确认该变压器本体内部不存在放电故障等问题。

(4)两个牵引变电所的 8 台牵引变压器为同一个生产厂家、同一个批次、同一个绝缘油供应商，在现场给变压器注油过程中不排除油中的某些气体含量偏高问题。为此，变压器厂家也出具了保证函："在此期间，无论变压器运行中发生任何质量问题均由本公司负责"。

(5)牵引变电所内变压器色谱在线监测系统同时出现绝缘油某项气体超标报警时，都必须由专业的试验机构用专用气相色谱仪进一步分析判断。

6　应对措施

(1)变压器生产厂家分别对 8 台牵引变压器各分 2 组，逐台进行绝缘油脱气滤油工作，每台主变压器安排真空连续脱气滤油 24 h 以上。同时安排段化验室按照规定取样检测结果与油在线装置对比，氢气均降至关注值以下。

(2)继续加强高铁牵引变电所主变压器色谱在线监测系统对绝缘油的监控力度，确保高铁牵引变电所主变压器安全运行。

(3)积极联系有关部门严格校对牵引变压器色谱在线监测系统检测精度，防止监控检测系统出现假报数据。

参考文献

变压器油中溶解气体分析和判断导则(GBT 7252—2001).

大西高铁牵引变压器过负荷保护定值分析及探讨

武启燕

（中国铁路太原局集团有限公司太原供电段）

摘　要：结合近期大西高铁阳曲西变电所主变压器后备保护装置连续发生过负荷Ⅰ段报警问题，对过负荷保护整定值进行综合分析与探讨，合理调整牵引主变压器的过负荷保护的整定值，确保高铁供电运行秩序良好，为高铁安全供电运行提供充足的保证。

关键词：主变压器；过负荷；定值分析

0　引言

大西高铁北段于2015年7月1日正式送电试运行，两个高铁变电所牵引变压器由卧龙银川变压器有限公司生产，接线组别安装后为三相V/x接线，以运行中的阳曲西变电所（1#B＋2#B）为例，主变容量2×25000 kVA，该变压器分接开关位在1挡，一次侧额定电流为108.22A。其中1#B向忻州西方向供电，2#B向太原方向供电。该线路作为铁科院的标准动车组项目试验及各种工况下的行进试验工作。进入2016年5月以来，两个牵引变电所均发生数次主变压器过负荷告警问题。

1　问题的提出

（1）大西高铁北段于2015年7月1日正式送电运行，进入2016年5月以来，由于繁忙的高铁试验线路安排的标准动车组试验及各种工况试验项目，引起阳曲西、忻州西变电所综合自动化系统的主变压器后备保护装置连续多次发生主变过负荷Ⅰ段告警问题，干扰了正常运行的高铁牵引变电所综合自动化系统的运行秩序。

（2）主变过负荷告警统计如表1所示。

表1　主变过负荷告警统计表

序号	变电所名	投行主变	220 kV侧A相电流/A	220 kV侧B相电流/A	220 kV侧C相电流/A	27.5 kV母线最低电压/kV	出现报警时间	持续告警时间约/s
1	忻州西	3#、4#B	159	162	159	26.22	2016.5.4　10:02	30
2	忻州西	3#、4#B	159	159	159	26.21	2016.5.5　10:19	30
3	忻州西	3#、4#B	156	162	162	26.22	2016.5.6　8:55	30
4	忻州西	3#、4#B	159	165	165	26.01	2016.5.7　14:04	30
5	阳曲西	1#、2#B	159	159	0	26.5	2016.5.10 15:36	30
6	阳曲西	1#、2#B	159	159	0	26.3	2016.5.6　11:49	30

注：阳曲西变电所另一个供电臂由于施工进度影响，暂未开通运行。

2　综合分析：

2.1　过负荷整定值

原设计给定的牵引变压器过负荷整定值如表2所示。

表 2 原牵引变压器过负荷整定值

	大同方向	太原方向	公共相	备注
牵引主变压器容量/MVA	25	25		
主变一次侧额定电流/A	113.6	113.6	196.8	
电流互感器变比	300	300	300	
过负荷整定方式				一般反时限
(1) Ⅰ段告警				
电流/A	0.42	0.42	0.72	
时限(s)时间常数	51.55			
(2) Ⅱ段跳闸				
电流/A	0.42	0.42	0.72	
时限(s)时间常数	154.65			

2.2 实际过负荷电流值设定

通过计算该牵引变压器过负荷整定值为 $0.42 \times 300 = 126$A。

该牵引变压器分接位目前在 1 挡，一次额定电流为 108.22A。

为此，得出该设计是按照 1.16 倍主变压器的额定电流计算给定的。

2.3 发生过负荷告警的延时分析

从主变过负荷统计表中阳曲西变电所 2016 年 5 月 6 日 11 时 49 分运行中的 1#、2#主变压器 220 kV 侧 A、B 两相电流值均达到 159A，即主变压器的额定电流值的 1.47 倍，过负荷Ⅰ段给出告警。根据主变压器保护装置说明书中的一般反时限计算公式得出：此次过负荷延时约为 168 s 发出告警。将本次主变过负荷时 159A 折算至二次电流值 0.53 代入计算公式。

根据一般反时限公式得出

$$t = 0.14/[(0.53/0.42)^{0.02} - 1] \times (51.55/10) \approx 168\ \text{s} \approx 2.8\ \text{min}$$

式中：t 为主变过负荷告警的延时时限。

根据上述计算结果及表 1 的持续告警时间确定，本次主变出现过负荷的时间已超过 3 min(启动延时 + 持续告警时间)。

2.4 出现过负荷电流分析

(1)由于近期行车部门排车计划存在不合理因素。

(2)现场进行高速动车联调试验，行车速度、线路工况复杂，造成上下行行车时间伸缩性较大，在同一供电臂上有 3 趟高速动车组出现重叠，牵引负荷电流达到 1272A，超过主变压器一次过负荷整定值。重叠时间超过 3 min，为此发出主变过负荷Ⅰ段告警。

3 牵引主变过负荷能力分析

(1)牵引变压器的过负荷能力一般受限于变压器绕组最热点温度和顶层油温。该银川变压器厂标规定上层油温不得超过 95°，实际运行中该变压器上层油温已监控在 85°，本次牵引变压器过负荷时，上层油温未发生明显变化，当时的环境温度在 18℃左右，主变压器过负荷时油温在 30℃左右，完全符合正常运行状况。

(2)过负荷的持续时间。

牵引变压器过负荷能力是指当它超额定电流运行时，允许的负荷电流与额定电流之比值以及持续时间。

主变压器过负荷的持续时间确定方法，可以根据国家标准《油浸式电力变压器负载导则》(GB/T 15164 — IEC 354 — 1991)和银川变压器厂规定允许的变压器过负荷相关规定得到(表 3)。

表3　变压器厂标规定的变压器事故过负荷的供电允许值

事故过负荷与额定负荷之比	1.3	1.6	1.75	2.0	3.0
过负荷的允许的持续时间/min	120	45	20	10	1.5

由此看出，运行中的变压器的负荷应尽量不超过额定容量，过负荷运行只允许在一定时间范围内，不应有长期过负荷的情况，如长期过负荷，将使变压器温升增加，造成绝缘老化，从而引起变压器内部故障。

变压器厂标与国家标准完全一致，牵引变压器可以在国家标准规定的正常过负荷和事故过负荷的情况下规定的时间内运行。

4　结论及建议

本主变过负荷的整定值及时限，相对主变容量来说不够合理，建议对主变过负荷整定值进行合理修改，由于该主变保护装置采用的交大许继产品无定时限过负荷整定程序，可根据保护装置内现有整定程序，采用极度反时限整定方式。

(1)根据一般牵引变压器过负荷动作电流和动作延时要求，按变压器的过负荷能力进行合理整定的规定。建议及时联系原设计，调整现有主变压器过负荷保护定值。

(2)建议对目前牵引变压器过负荷保护定值进行调整，及时与原设计单位联系，同意对牵引变压器过负荷定值进行调整，由一般反时限调整为极度反时限(表4)。

表4　忻州西、阳曲西牵引变电所

	大同方向	运城方向	公共相	备注
牵引变压器容量/MVA	25	25		
牵引变压器一次侧额定电流/A	113.6	113.6	196.8	
牵引变压器一次侧 CT 变比	300	300	300	
过负荷保护				极度反时限
(1) Ⅰ段告警				
电流/A	0.42	0.42	0.72	
时限/s	51.88			
(2) Ⅱ段跳闸				
电流/A	0.42	0.42	0.72	
时限/s	86.46			

(3)调整后新定值验证。

通过极度反时限公式校对Ⅰ段告警动作时间，将上次主变过负荷电流代入

$$t = 80/((0.53/0.42)^2 - 1) \times 5.19 \approx 704\ \text{s} \approx 11.7\ \text{min}$$

若再出现1.47倍主变压器的额定电流值，过负荷Ⅰ段告警需要延时11.7 min才能发出告警，并且完全符合表3内主变压器过负荷允许的持续时间，证明此牵引变压器还有足够的容量，完全能满足高速动车组的行车密度及工况试验的需求。

为此，根据此文的论述，结合目前我段管辖的大西高铁变电所主变过负荷的设置情况，及时安排对我段管辖内各高铁牵引变电所的主变过负荷保护定值进行变更，防止不必要的过负荷误告警问题的发生，确保高速铁路安全可靠供电。

浅析牵引变电设备故障的排除方法

武启燕

(中国铁路太原局集团有限公司太原供电段)

摘　要: 高速铁路牵引变电所运行中的一、二次设备，即高压变配电设备、继电保护装置及二次控制部分。而二次控制部分的设备电气故障是不可避免的，如何根据故障现象查找并排除二次设备的电气故障是面临的一大问题。电气检修人员是处理应急问题的主要力量，在实际运行中应能够快速、准确地查找其故障所在，从而排除故障使牵引变电设备正常运行。本文主要阐述了牵引变电设备中一般电气故障的查询步骤和排除方法。

关键词: 变电设备；电气故障；排除方法

0　引言

牵引变电所是牵引供电系统的心脏，接触网是动脉，结构功能也近似血液系统，经过牵引变压器变换成27.5 kV 的电压供高速动车组运行。在高铁牵引变电设备的实际运行工作中，会遇见一些不同的电气故障，如断路器拒分、拒合等，其引发故障的原因是千差万别的，查询、排除故障的方法及方式只能根据不同设备不同故障的具体情况而定，没有严格规定的模式和方法，对年轻的变电专业检修、运行人员来说，面对数百条二次接线，时常会在故障的查询过程中感到束手无策。作为变电专业检修、运行人员来说，特别是在遇到变电设备的电气回路故障时，能准确查明故障原因，及时地排除故障，确保安全供电具有重大意义。对此，本人就高铁牵引变电设备的一般故障查询方法进行了分析与探讨。

1　牵引变电所电气设备故障的分类

按照牵引变电设备的构成特点，可分为一次设备与二次设备。一般二次设备故障多于一次设备故障，从近年来查询、排除过的电气设备故障实际情况来看，二次设备常见的故障可分为以下五个方面：

(1)交流系统故障：引入继电器的电流、电压极性接反、相序改变，继电保护装置拒动。

(2)直流操作控制回路故障：断线、短路，接地、接线错误。

(3)控制回路设备和元件故障：继电器线圈断线、烧毁、辅助接点粘连。

(4)被控高压设备的机械联动卡滞：造成二次回路辅助开关不转换、分合闸线圈烧毁。

(5)微机监控系统故障：各分支回路检测单元故障，引发误报警信息。

根据日常遇到的故障现象去分析故障原因，才是查找电气故障的关键。分析查找故障的基础要利用一般电工基本理论，是对电气装置的构造、原理、性能的充分理解，是与故障实际的结合。某一电气故障产生的原因可能很多，重要的是在众多原因中找出最主要的原因，并运用一定的方法去排除故障。例如，牵引变电所内馈线断路器在停电操作过程中发生拒分闸故障，不论是什么情况，最集中的表现就是断路器不能分闸，但故障不一定是断路器的本体机械卡滞，也可能是控制电源故障，也不排除是操作控制回路接线发生故障或者是其回路中的元器件、继电器线圈、分闸线圈等出现故障。也就是说，同类型故障形式，故障的原因多种多样。在这些原因中，到底是哪个方面的原因造成断路器不能分闸，必须经过深入、细致的分析。如果该断路器是第一次使用，就应从控制电源、操作回路、二次回路、机械部分等多方面进行检查分析；如果断路器是经大修或更换后第一次使用，就应从断路器本体的机械闭锁、二次回路接线进行检查分析；如果断路器已运行一段时间后发生拒分闸，就应从控制电源及控制回路各个元器件方面进行检查分析。经过认真的分析，进而确定断路器拒分闸故障的具体原因。

2　一般故障的排除步骤

排除电气设备故障没有固定的模式，更没有统一的标准，因人而异。但在一般情况下，还是有一定规律的。通常排除故障时，所采用的步骤大致可分为：故障现象分析－设备本体检查－确定故障目标－故障排除－修后动态检查验收。

2.1　故障现象分析

故障现象分析是对设备所有可能存在的故障原始状态的相关信息进行收集和判断的过程。在故障迹象受到干扰以前，对所有相关信息都应进行仔细分析。这些原始信息一般可以从以下几个方面获得：

(1)向变电所运行人员或当事人详细询问该设备故障的发现过程。通过询问以获取该设备在使用中的变化过程(发生故障或异常前后的情况)，还可以了解到一些已发生过的类似的故障现象、原因以及曾经处理的过程等方面的情况。有时操作人员也许因为其他方面的原因，不愿意或不能把全部情节讲清楚，检修人员应有分析辨别能力和足够的耐心，以尽可能多地获得真实的原始信息。

(2)对故障设备观察和初步检查。检查设备本体是否发生如机械卡滞、二次控制线脱落、元器件过热、异味(线圈烧毁)等迹象。对设备进行全面的观察往往会得到有价值的线索。初步检查的内容包括操作机构、机械联锁部分(辅助开关接点状态)、二次回路控制元器件、接线端子、闭锁装置以及控制机构等。

(3)将设备退出运行位，上电试操作分合闸。一般情况下要按正常操作程序对设备及控制回路进行整体检查。

这个阶段的目的在于收集故障的原始信息，以便对现有实际情况作分析，并从中推导出最有可能存在故障区域的线索，供下一步设备检查阶段参考。但注意不得根据不确切的迹象或不充分的信息过早地作出误判断。

2.2　设备本体检查

根据故障迹象分析中得到的初步结论和疑点，对故障设备进行更详细的检查，特别是那些被认为最有可能存在故障的区域。要注意这个阶段应尽量避免对故障设备作不必要的拆卸，防止因不慎重的操作引起更多的故障。更不要轻易对机械联动回路进行调整，因为一般情况下，故障未排除而盲目调整会掩盖故障的真实迹象，而且会随着故障的发展而使故障又重新出现，甚至可能造成更严重的故障。所以，必须避免盲目性，防止因不慎重的操作使故障复杂化，避免造成故障迹象混乱反而延长排除故障的时间。

2.3　查询故障点

根据故障现象，结合故障设备的原理及控制特点进行综合分析，确定故障发生在什么范围、是电气故障还是机械故障、是电源回路故障还是控制回路故障、是辅助开关故障还是控制元器件故障、是参数调整不合适造成的、是操作不当造成的还是随机性的等，逐步缩小故障范围，直至找到故障点。如果缺少系统的诊断资料，就需要检修人员正确地将整个故障设备或二次回路控制系统划分为若干个小段，然后检查每一分段的电位是否符合正常状态。在确定某一段后，再去关注问题，找出故障所在。在确保该设备安全的情况下，可以通过一些检测、试验的方法确定故障部位。例如，单极电动隔离开关拒合问题，通过检查测量操作机构电机电源确定正常后，可以人为触动合闸回路接触器衔铁，观察隔离开关的操作机构中电机启动是否正常，若隔离开关主导电部分正常转动并向合闸方向运转，说明机械部分良好，同时发现和确定故障的部位在控制回路。

2.4　故障排除

在明确了故障点后，无论是修还是换，排除故障相对检修人员来说，一般比查询故障过程要简单得多。

(1)在排除电气设备故障的过程中，应先分析，再动手，正确分析可以起到事半功倍的效果。如一般断路器、电动隔离开关的拒动故障查询，应遵循先本体(机构箱)后外部(操作控制回路)、先机械后电气的原则。需要强调的是，不要一听到设备存在故障，拿起万用表就要测，抄起工具就要拆。要规范良好的分析、判断习惯，要做到测量有目的，即测量的结果要证明相应的问题。在确定找出故障点后，应该进一步确定引起该故障的根本原因。例如，当发现断路器合闸线圈烧毁时，只单纯更换一个合闸线圈是不够的，重要的是要查出引起烧毁合闸线圈的主要原因，并采取积极的预防措施。

(2)一般情况下，应以故障设备的操作、动作顺序为排除故障时分析、检查的次序。以此为前提，先检查电源，再检查线路和设备(断路器、隔离开关本体等)；先检查公共回路再检查各分支回路(一般变电设备控制回路负电源)；先检查主电路再检查控制电路(含操作回路部分元器件)；先检查容易检测的部分(如控制回路端子排各接线端)，再检查不易检测的部分(如某一设备本体内的控制元器件)。如在检查断路器本体过程中发现合闸线圈烧毁，不仅要更换新的合闸线圈，更重要的是要确定引起烧毁线圈的真正原因，同时要综合检查断路器机械部分是否存在卡滞问题，以及合闸线圈电铁芯是否存在卡滞问题，彻底排除引起线圈烧毁的最终原因。

2.5 修后动态检查验收

当牵引变电所断路器或电动隔离开关拒合、拒分故障排除后，检修人员在设备正式投运前还需做进一步的检查，通过检查证实故障已彻底排除，紧固所有接线端子，恢复操作回路控制电源后，由检修人员先行对该设备试验操作 3 次，然后再由变电运行人员来检查验收该设备并进行 3 次操作试验，确认该设备已符合正常运行要求后，检修人员还应说明该设备在今后的运行中要注意的问题。

3 牵引变电设备常见故障排除的方法

电气回路故障的排除是检修人员的一项重要工作，要彻底排除电气回路故障，首先要清楚故障发生的原因，重要的一点是能够利用专业理论去分析、解决故障的所在，其次要具有一定的电气专业常识，确定需要采用的故障排除方法和一般牵引变电设备故障查询方法。

3.1 直观检查法

利用望(眼看)、闻(耳听)、鼻嗅、触摸(动)的检查方法，查询故障现象。

(1)望(眼看)，通过巡视观察设备表面，检查设备的所在位置、信号显示是否对应，屏幕显示内容是否正常，一、二次设备外观(引线等)是否存在异样、烧伤、断线等现象。

(2)闻(耳听)，即该设备在运行中，细听本身有无异响或有无异常报警音响出现。

(3)鼻嗅，即注意该设备在运行中的机构箱、保护测控屏内的二次接线端子、继电保护装置及元器件等是否存在异常气味(元器件的线圈过热、烧焦、二次线虚接等)。发现异常后，应逐线、逐点进行检查，必要时使用仪表进行测量。

(4)触摸(动)，即对运行设备利用间接工具，触击带电设备的部分二次线及接线端子，检查有无虚接、打火、过热(烧痕)现象。

3.2 电阻测试法

电阻测试法是一种常用的测量方法。利用万用表的电阻挡测量功能，测量控制回路、线圈、触点等是否符合规定值以及通与断的最直接判断方法。使用兆欧表测量线与线、线与地之间的绝缘状态是否符合运行要求等。选择此方法测量时，要注意使用的量程与校对表的准确性，选用电阻法测量时一般方法是先选用低量程档，但要注意被测回路是否还连接有其他回路，严禁在带电回路上使用电阻测量法。

3.3 电压(位)测量法

电压测量法，是利用万用表相应的电压挡测量功能，检查测量电路中某点的电压(位)值的方法。测量过程中，有时选择测量公共电源、负载等电压值，或测量回路中的开路电压(位)，可清楚判断电气回路是否正常。选用此测量方法时需注意电压表的挡位，选择合适的量程，一般测量未知交流或开路电压时通常将挡位开关打至最高电压挡，以确保不会在测量较高电压时使用低量程测量，避免电压表损坏；同样在测量直流回路时，要随时注意其回路中的正负极性，确保测量准确。

3.4 筛除法

当电气设备存在的故障无法具体确定时，常用的就是筛除法。先确定好的部分，剩下的就是重点怀疑对象。筛除法目的就是缩小故障范围，直到筛选出该电气设备存在的故障点。如关于某高铁牵引变电所馈线隔离开关电动操作拒动问题检查，首先检查确定该隔离开关电气控制回路与外部连接的有关闭锁回路是否正常，其次检查确定该隔离开关电动部分的电机是否正常，以及本体内电气操作回路是否存在问题。

3.5 排除法

在复杂的继电保护装置及二次回路中根据控制环节的动作程序以及它们之间的逻辑关系，怀疑某个元器件或接口板(单元电路)存在异常，但不能确定，且有备用品时，可采用替换试验，看故障现象是否会消失，恢复正常。如在某高铁牵引变电所综合自动化系统中一馈线保护装置在正常运行中，经常给出“通信”状态不良告警。怀疑其接口板存在异常，利用备用的接口板更换后，问题得以解决。经进一步检查发现为该接口板上的网卡存在问题。

如某牵引变电所内直流监控系统的微机监控器，轮换给出“绝缘板故障、输入输出板故障、充电机 1 故障、蓄电池故障”的误告警显示，那么可采取同时断开如图 1 所示的 4 个对应的检测单元板的工作电源后，再逐个依次恢复其工作电源，逐个观察恢复电源后的状态，最终发现是“输入输出检测单元”存在故障引发了告警，造成微机监控器出现告警紊乱问题，及时将“输入输出检测单元”更换后，误报警问题消失。

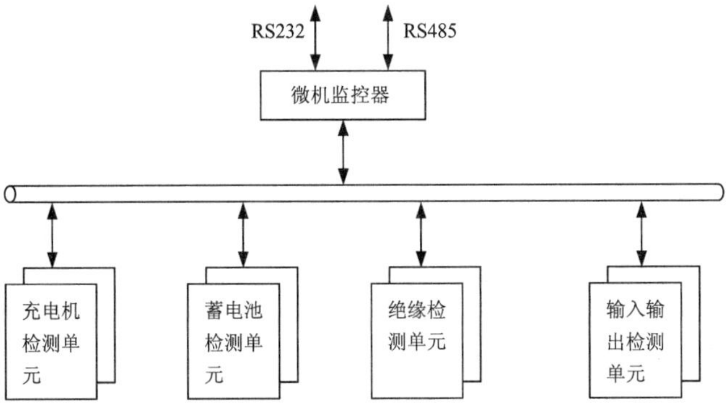

图 1　直流系统主监控系统结构图

再如某牵引变电所一馈线断路器送电时，发生合闸即跳闸问题，如图 2 所示怀疑操作控制回路可能存

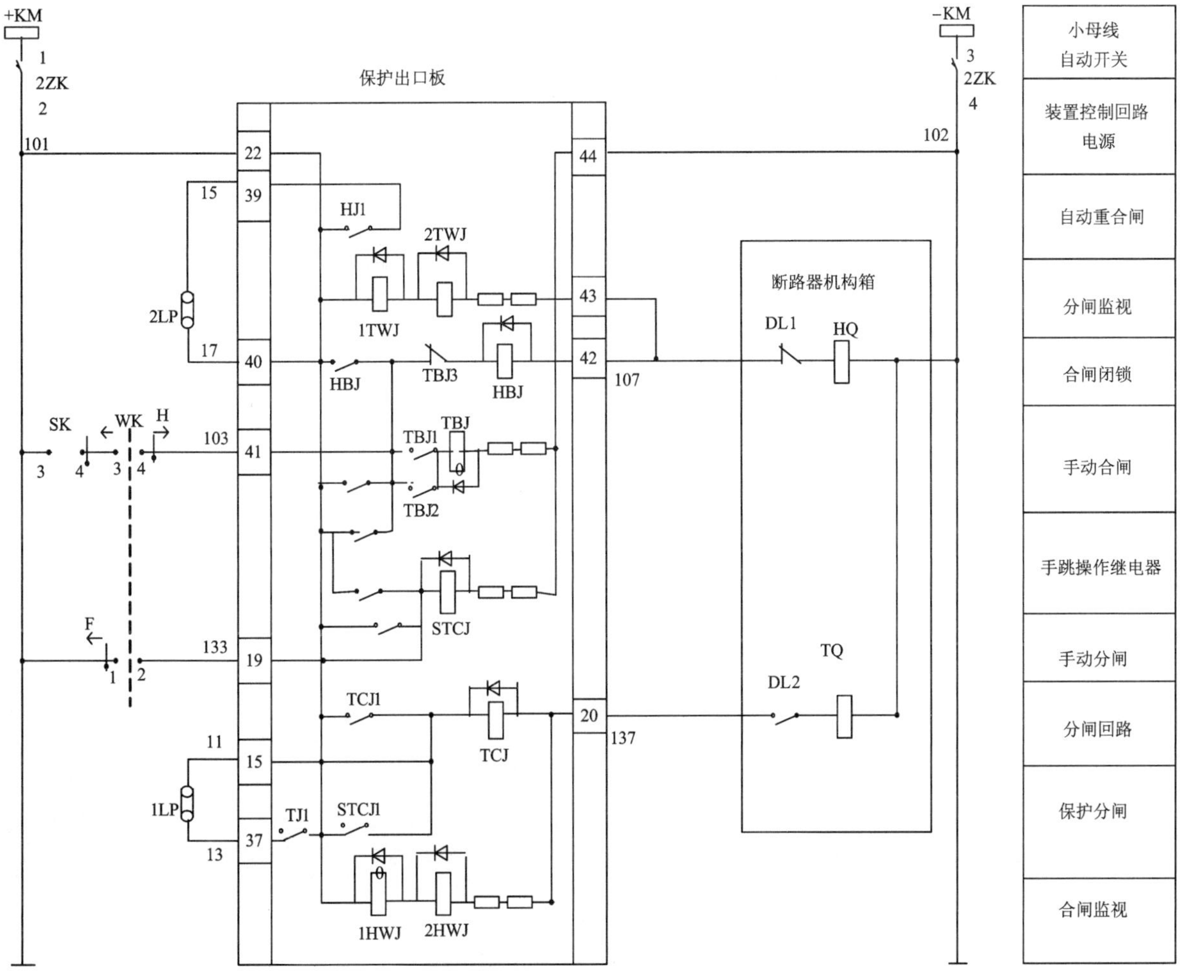

图 2　馈线断路器控制回路

在短路现象，根据图纸分析，先采取断开保护出口板 22 端子与 101 号线分析判断，以达到确定故障范围和故障点的目的。最终检查发现该故障是由在保护装置出口板盘后接线 20 与 22 端子之间，直流正电源 101 号线与断路器分闸回路 137 号线间有金属短路造成的。

在牵引变电设备一般电气故障查询工作中，以上五种常用的方法，在同一个电气设备故障查询中可以交替使用，也可以单独使用，要在实际的电气设备故障查询中根据具体故障情况灵活应用。

4 结语

牵引变电设备的电气故障现象是多种多样的，同一类故障可能有不同的故障现象，不同类故障可能是同种故障现象的同一性和多样性，会给查找故障带来复杂性。但是，故障现象是查找电气故障的基本依据，是查找电气故障的起点，因此要对故障现象仔细观察分析，找出故障现象中最主要的、最典型的方面，搞清故障发生的时间、地点、环境等。很多电气故障的排除，必须依靠专业理论知识才能真正弄懂弄通。电气检修人员与其他工种维修人员的比较而言，理论性更强，要充分利用理论与实际相结合的方法排除电气故障，因此要具有一定的专业理论技能。检修人员为了更好地提高自己在实际工作中有效解决实际问题的能力和水平，应不断加强自身专业理论知识的学习和提高操作技能水平，当发生电气故障时，能够准确地查找其故障所在，从而排除故障使电气设备能够正常稳定地运行。

参考文献

[1] 王永康. 继电保护及自动装置[M]. 北京：中国铁道出版社，1986.
[2] 何其光，陈荣平. 牵引变电所[M]. 北京：中国铁道出版社，1992.

探讨牵引变电所隔离开关检修调试技巧及应急处置

张向群　武启燕

（中国铁路太原局集团有限公司太原供电段）

摘　要： 牵引变电所是电气化铁路的心脏，为确保电气化铁路安全不间断地供电，隔离开关的检修工作尤为重要，本文主要对牵引变电所隔离开关检修调试技巧及应急处置进行探讨，重点分析隔离开关常见故障预防、判断及处理。

关键词： 牵引变电所；隔离开关；检修调试；技巧；应急处置

前言

隔离开关是变电所控制进出电源的关键设备，大秦铁路股份有限公司太原供电段管辖的变电设备中室外 GW4 型隔离开关管辖共计 1042 台，其中 110 kV 三极隔开 184 台；27.5 kV 单、双极 858 台。隔离开关的生产厂家不统一，出厂技术标准有差异、产品质量存在差异。而在实际设备运行中缺少专业的真正研究、探讨隔离开关检修调试及应急处置方面的资料，专业检修人员针对隔离开关的检修理论性知识的缺乏，影响隔离开关安全稳定地运行。指导与规范隔离开关的维护检修调试和应急处置，提高隔离开关的安全运行，是确保变电所安全运行的重要手段。

1　牵引变电所隔离开关运行检修调试存在问题

1.1　隔离开关受外界环境影响大

隔离开关是变电所控制进出电源的关键设备，其主要结构有主导电部分触头、触指、导电臂（杆）、绝缘体支持部分，传动部分由主刀垂直操作杆、主刀联动拉杆、拐臂（主动、从动拐臂）、电动操作机构组成。隔离开关大部分安装在室外，运行环境十分恶劣，本体导电部分、机构传动部分长期暴露在外，操作频繁，运行环境差。隔离开关的材质受当地（山区）安装环境、雨、雪、风霜温度影响非常明显，如在春季、夏季此开关运行较稳，随天气温度变化明显，特别是在低温（进入秋季）状态下机构传动部分变化明显；隔离开关运行状态与检修时的环境温度也有一定关系，如检修工作大部分在春季、夏季进行，一般隔离开关运行至低温时出现主导电回路分合闸问题较多，合闸不到位或电动操作机构中的电气控制元件、接触器接点不良的问题，都会影响隔离开关正常运行。

1.2　隔离开关检修时间的制约

近年来检修人员检修的设备（变压器、断路器、电流互感器、电压互感器等）种类繁多，隔离开关只是其中一部分设备，按照每半年一次检修周期，检修时间受限于电化区段“天窗”停电时间限制，真正检修作业时间较短，一个变电所“天窗”检修作业时间不足 1 h。有时为保证完成检修任务、检修设备的数量，隔离开关的检修、维护、检调工作较粗，疏忽了隔离开关关键点检修，而只注重了导电部分检修，操作机构的检修不细，未抓住检修重点，关键部位未检修到。多数管辖的电气化区段“天窗”点都安排在夜间或凌晨，从停电开始办理工作票、安全措施，到真正开始检修作业再到工作票的要求完成时间、作业结束有时只有几十分钟，影响了检修效果。而变电检修人员接触隔离开关实际细调机会很少，日常小修只是介于《牵引变电所运行检修规程》中的《隔离开关小修范围和标准》内容，遇到故障时只要现场临时确保分合闸状态符合送电条件即可，隔离开关其实得不到“整体”很好的维护保养。

1.3　隔离开关检修调试质量不高，存在安全隐患

隔离开关安装初期或运行中需要更新改造时，为确保不间断供电，多数为边运行、边更换，现场安装调试时间紧迫，隔开整体没有得到很好的调整。现场缺乏真正研究、探讨隔离开关具体结构、检修与调试方面的知识，检修人员检修质量不高，隔离开关没有得到真正彻底的检修。深入探讨研究牵引变电所隔离

开关检修调试技巧及应急处置势在必行。

2013 年 2 月 11 日某变电所凌晨 6 时 33 分天窗点结束后，全所馈线送电，当日值班员 ×××、助理值班员 ×××，未按照要求认真检查确认送电后的设备状态，未能及时发现 2111 隔离开关合闸后不符合送电标准，致使 2111 隔离开关只有一片触指与触头成点接触状态，长时间在严重接触不良状态下供电，造成隔离开关触指导流不畅、过热，导致触指固定弹簧烧损、触指脱落的严重后果。在对该隔离开关采取临时处理措施时，由于触头与触指间严重接触不良，负荷电流过大，引起触指固定弹簧因长时间过热而弹簧严重烧损、变形，致使 4 片触指无压力而检修人员一碰即脱落。因现场采取临时措施得当，避免了 ××× 下行馈线中断正常供电的故障隐患。故障主要原因是隔离开关电动操作机构在合闸过程中与隔离开关本体传动机构配合不当，合闸后停机过晚，致使触头触指角度过大。

2 隔离开关检修调试技巧及应急处置

2.1 隔离开关检修调试技巧

牵引变电所隔离开关检修调试工作，包括传动部分与导电部分结合部位细调，要求准确到位。任何隔离开关的传动都离不开“拐臂”与“拉杆”，调试技巧就是一句话：合闸调“拉杆”，分闸调“拐臂”。拐臂是决定分合闸角度的关键部件，拐臂中心距指拐臂转轴中心线至转销中心线的距离，调整拐臂中心距可以改变分合闸角度。调试中要先看合闸，如果左右导电杆合闸时不是一条直线，需调拉杆；再看分闸，如果分闸不是 90°，需调整拐臂，再看合闸，反复上述步骤，直至符合要求。

2.2 隔离开关检修调试分析，运行、维护与检修注意事项

隔离开关检修调试时，要做到基础无裂纹，螺栓无松动、锈蚀，瓷瓶无破损，隔离开关传动部分有良好的润滑是可靠运行的关键。所以要将传动拉杆的转动点全部用润滑脂包住。

隔离开关电动操作机构箱的密封性是保证隔离开关安全稳定运行的重要保证。要做到随时关好隔离开关电动机构箱门，保持机构箱密封，防止灰尘进入电器元件内部，以防接触器触点接触不良。尤其在新安装调试期间应做到随手关门，安装结束后，要及时清除内部灰尘，封堵好电缆进口。

隔离开关检修触头、触指等导电接触面时，要确保镀银层不被破坏，并轻轻地擦拭，确保导电固定接触面镀层完好。

2.3 隔离开关常见故障预防及处理

如果隔离开关发生了拒动甚至无法手动操作的机械卡死故障，将影响正常的停、送电，严重威胁牵引供电安全，甚至出现 110 kV 进线隔开在进线电源失压时拒动，会造成牵引变电所自投失败，全所失压等严重的故障，直接影响铁路运输稳定运行。

为避免此类故障发生，确保隔离开关动作的可靠性，提高设备检修维护的质量，我们要在实践工作中逐步摸索出解决方法，总结出隔离开关常见故障判断及处理方法，如表 1 所示。

表 1 隔离开关常见故障判断及处理

故障类型		可能引起的原因	判断标准和检查方法	处理方法
底座传动部位	联锁失效，造成误操作	地刀转轴支承板位移，导致主地刀机械联锁失效	支承板中心与操作瓷瓶中心距离不得小于标准要求	调整后重新夹紧
	三相连动杆弯曲	定位卡住，导电部位传动拐臂与操作绝缘子传动拐臂不同步	合闸时三相导电部位主拐臂是否在同一位置	松开绝缘子底座，通过间隙来调整
	主刀合闸终止时，导电主操作拐臂位置错误	夹件打滑、转动部分锈蚀或阻力增大	主刀合闸终止时，导电主操作拐臂应在死点位置	紧固螺栓，更换锈蚀零部件，转动配合部位加二硫化钼润滑脂
	分合闸不到位	夹件打滑、转动部分锈蚀或阻力增大	合闸位置，左右导电臂应成一直线；分闸位置，左右导电臂应基本平行	紧固螺栓，更换锈蚀零部件，调整主操作拉杆，转动配合部位加二硫化钼润滑脂

续表 1

故障类型		可能引起的原因	判断标准和检查方法	处理方法
上导电部位	触头触指过热	接触面氧化、污物多或有电弧烧伤痕迹，接触电阻大	清理或修复接触面，使其露出镀银层光泽	百洁布擦拭或更换
		弹簧失效触头接触压力低	检查弹簧是否锈蚀、变形，测量触指压力	更换弹簧，按要求调整压力
		触指两边接触压力不等，或有触指不接触	塞尺检测，保证塞不进	调整触头触指接触位置
	回路电阻增大，导电固定接触部位过热	螺栓松动，接触面氧化	检查接触面有无氧化现象，测量接触电阻不超过规定值	百洁布擦拭接触面，紧固螺栓
其他	隔离开关拒动	控制电源未送	先用万用表测量电源电压	送上控制电源
		远方/就地开关在就地位置或接点不导动	先检查远方/就地开关地位置，再测量接点	切换至远方或更换开关
		分合闸回路有元器件损坏	按箱门上的电气图检查电路	查出故障元件并更换
	分合闸指示信号不正确	辅助开关不切换或接线松脱	机构转动而辅助开关不切换，先检查拨动接头固定螺栓是否松动，再查辅助开关是否损坏	紧固螺栓或更换辅助开关

结束语

综合本文的探讨分析，可以得出以下结论，通过探讨牵引变电所隔离开关正确的检修调试与应急处置，消除了隔离开关的各类故障隐患，特别是因机械传动机构卡滞引起的开关拒动故障，能够不断提高变电检修人员隔离开关检修质量和故障处理的水平，保证牵引供电设备的稳定运行。

直供加回流线供电方式下利用吸上线电流分布进行故障测距分析

许平安

（中国铁路太原局集团有限公司侯马北供电段）

摘　要：为了保证牵引供电系统可靠运行，提高运输效率。牵引供电系统发生故障时，能以最快速度确定故障点位置，便于抢修人员快速抢修，恢复供电。目前直供加回流线直供方式故障测距方式均采用"阻抗法测距"。从现场运行使用分析，其存在许多不足，如测距误差高达 3 ~ 4 km，测距误差受随机条件影响多，无法通过虚拟公式、经验系数进行校正误导故障抢修指挥。作为一名调度指挥人员，我认为，直供加回流线供方式故障测距方式，应采用故障时吸上线电流分布进行故障测距，这样更准确，也更可靠有效、快速。

关键词：吸上线电流分布；故障电流模糊分析；精确定位；数据传输方式

随着我国经济高速增长，铁路运输任务成倍增加，铁路内燃机牵引列车逐步改为电力机车牵引，国内既有普速铁路均已改造为电气化铁道。电气化铁道供电方式为"工频单相交流制"，牵引系统供电方式为以下几种：TB 供电方式、AT 供电方式、直供加回流线直供方式。结合普速铁路运输特点，普速铁路牵引系统供电方式均为直供加回流线直供方式。优点：牵引网结构简单、接触线无过渡硬点便于机车运行、牵引变电所结构简单、造价低廉。缺点：供电距离短、不利于电力机车大功率高速运行。

为了保证牵引供电系统可靠运行，提高运输效率，牵引供电系统发生故障时，能以最快速度确定故障点位置，便于抢修人员快速抢修，恢复供电，目前直供加回流线直供方式故障测距方式均采用"阻抗法测距"。从现场运行使用情况分析，其存在许多不足，如测距误差高达 3 ~ 4 km，测距误差受随机条件影响多，无法通过虚拟公式、经验系数进行校正误导故障抢修指挥。作为一名调度指挥人员，我认为，直供加回流线供方式故障测距方式，应采用故障电流分布进行故障测距，这样更准确，可靠有效、快速。

1　阻抗法测距受哪些随机条件影响

1.1　故障类型的影响

接触网及接地故障、T－N 短路故障、绝缘子干闪故障、绝缘子湿闪故障、树木侵线接地故障均为非金属性连接故障。故障时会产生强烈弧光放电，电弧内会产生一部分不确定性电抗，电抗值与电弧形状、大小、载体有关。牵引网故障点至故障测距装置间的接触网的定值电抗发生变化，$X_{总}=X$（单位电抗）$\times L$（距离）$+X$（弧光电抗），所以测距不准确。

1.2　电抗测量值的影响

牵引网属于高电压、大电流输送线路，单位电抗值较小。通过电抗测距 L（距离）$=X$（测量电抗）$/X$（单位电抗），其分辨低，同时存在电流、电压测量误差，所以造成阻抗测距误差较大。

1.3　牵引网结构及分布的影响

牵引网结构及分布并不完全一致，例如供电线路、站场多股道线路、区间双股道线路，车站软横跨定位、硬横梁定位、支柱定位、供电区段有无平行高压电力线路等。因为接触网电抗与线路结构有密切关系，所以故障情况下电抗值并不按照故障点距测距装置间线路长短求比例变化，阻抗测距误差较大。

如何利用故障电流分布进行故障测距（属于模糊分析，精确定位理念），改善阻抗测距的不足（阻抗测距属于精确计算，模糊定位理念）。

解决方案：

（1）改变测距模式，选择故障情况下的最大电气变化参数（电流量）作为故障测距判断条件，可提高故障测距分辨率，利于故障点位。

(2)根据直供加回流线供方式的牵引结构特点，每 2000 m 处有吸上线一组属于机车做功回流主通道，在此处装设 3 个采流元件分别为回流线、吸上线、钢轨的回流，获取故障情况下的电流分布量，实现故障区段粗判，参考电流分布结构图(图 1)。

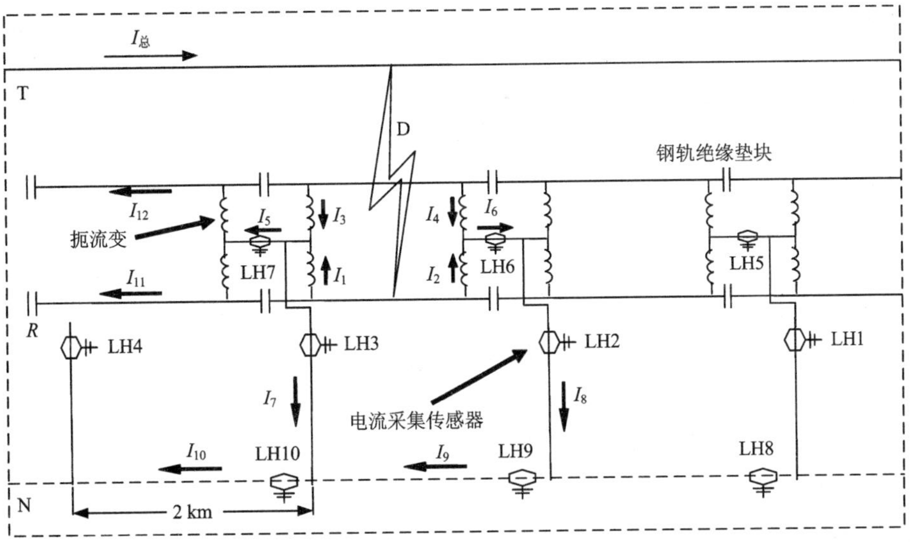

图 1　电流分布结构图

(3)电流采集装置要求：属于低压设备，电流采集响应速度 <50 ms，非饱和元件，采流线性好，采流范围 100 ~ 8000A。

(4)故障区段确定方法。

第一步(粗判)：取 1LH ~ 4LH 中的采集电流最大值与次大值间的接触网为故障区段，如果无法判别采集电流的次大值，就可确定故障点在采集电流的次大值附近。这将故障范围缩小至 2 km 内，再通过流互所安装的具体位置确认公里标。在条件允许的情况下只要缩小采集电流装置间距就可以缩小测距粗判范围。

(5)原理分析结合电流分布原理图(图 2)

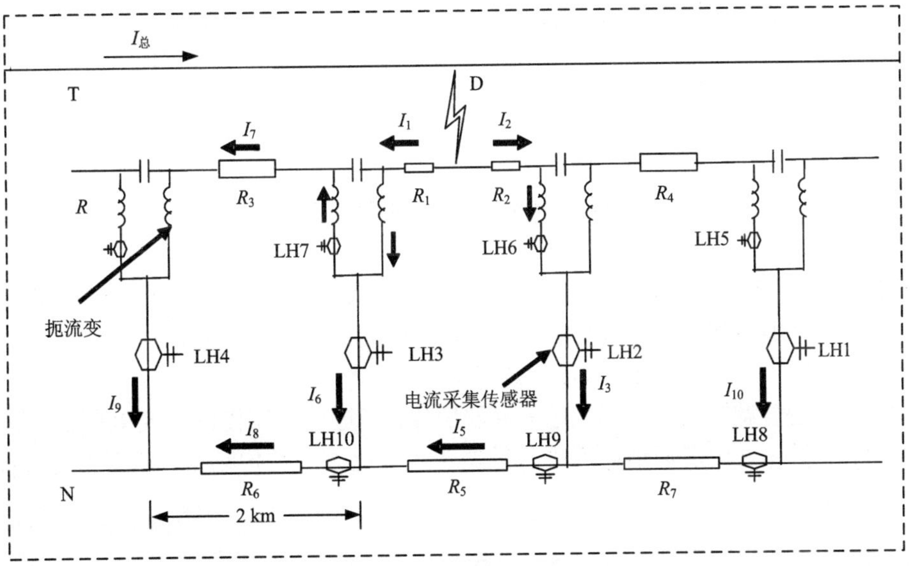

图 2　电流分布原理图

T—R 间短路故障，且钢轨单位阻抗大于回流线单位阻抗。

假设 R_1、R_2、R_3、R_4 钢轨分段阻抗

R_5、R_6、R_7 回流线分段阻抗

故障点在 D 处

理想状态、$R_3/R_6=R_1+R_2/R_5=R_4/R_7$ 在故障情况下靠电源侧非故障测量分段，回流线电流与钢轨回流比及 I_7/I_8 是相等的，吸上线电流 I_9、I_{10} 为 0A(按照基尔霍夫定理分析)

故障点在 D 处电流 $I_1=I_{总}\times R_2/(R_1+R_2+R_5)$、进行电流分配 $I_2=I_{总}\times R_1/(R_1+R_2+R_5)$

所以 I_1、I_2 电流大小与故障点位置有关。

T—N 间短路故障分析原理同上。

第二步(细判)：利用故障点两端的电流分配与线路长短成反比例关系原理，进行故障点的精确判断，参考电流分布原理图。(例示上下行并联供电故障测距方法)精度可提高到米级。

S—故障点公里标。

L_1—靠近电源侧吸上线电流处公里标。

L—吸上线电流最大值与最小值的间距。

K—回流线、钢轨单位阻抗与回流线单位阻抗比值系数。

I_7—故障区段靠电源侧钢轨回流值。

I_6—故障区段靠电源侧吸上线回流值。

I_3—故障区段远离电源侧吸上线回流值。

3 数据传输方式

(1)第一方案：采用移动通信进行数据载波方式传输，参考移动通信数据网络结构图(图 3)。

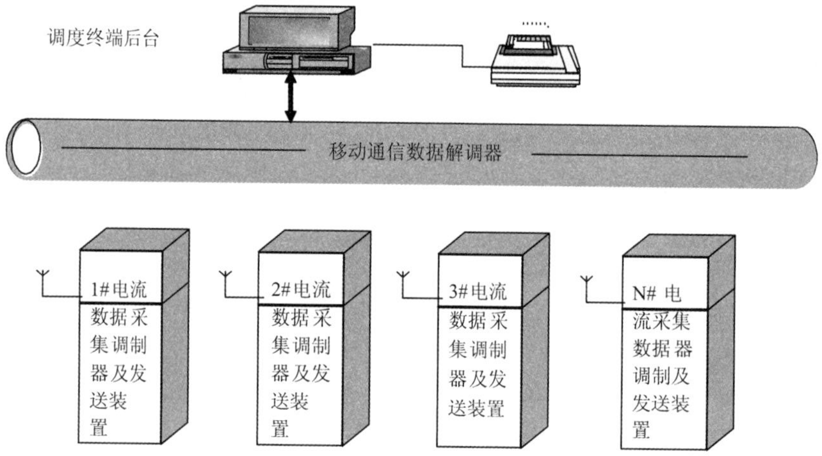

图 3 移动通信数据网络结构图

设置移动数据通信传输系统一套，及调度终端后台数据分析系统即可实现利用故障电流分布进行故障测距。此方法结构简单，但数据传输受环境影响大，数据传输容易丢失，可靠性差。

(2)第二方案：利用回流线进行数据载波方式传输，参考图 4。

执行端采集数据，通过调制装置调制成电力载波信号，经过回流线传输至变电所，在解调成通信数据与变电所以太网对接，借用变电所通信通道进行数据传输。此方法结构复杂，但数据传输快速、可靠，不受外界影响。

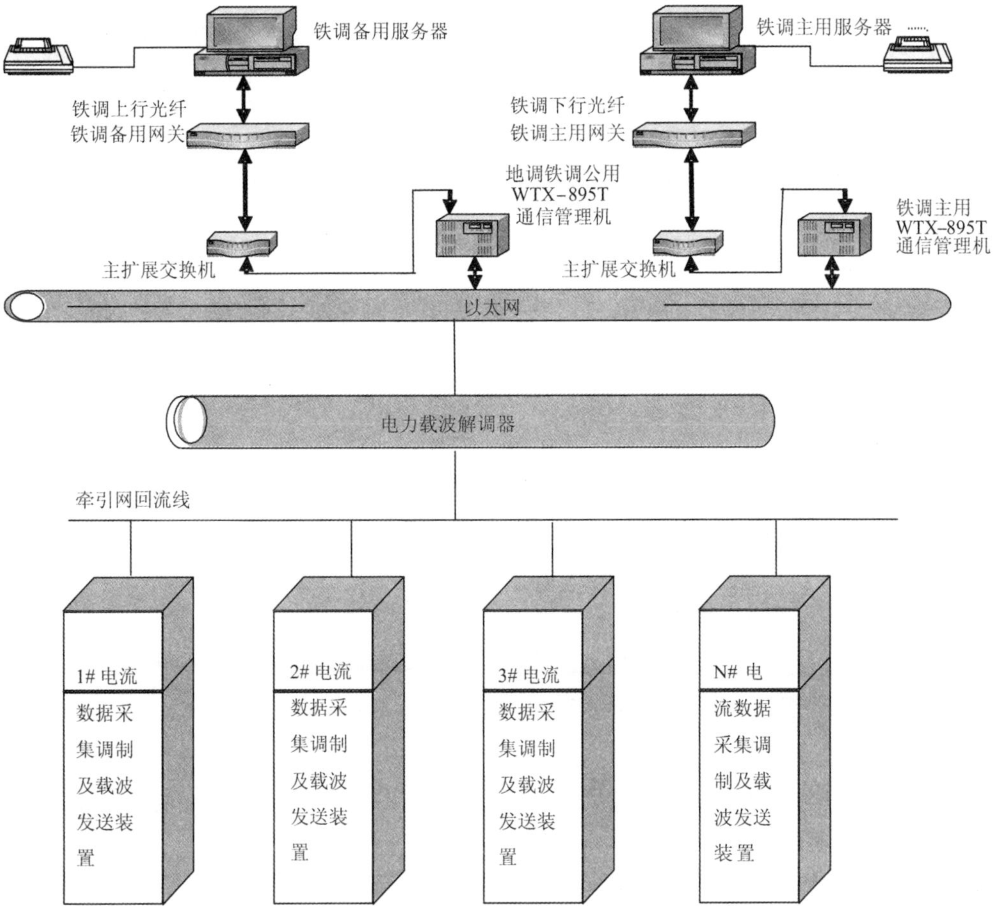

图 4　电力载波数据网络结构图

4　工程造价概算

（1）直供加回流线直供方式，一条供电臂长大约 25 km，按照每间隔 2 km 加装一套电流数据采集调制及发送装置的方式，计 12 套，每套 3 万元。

（2）移动通信数据解调器一个 2000 元。

（3）调度端后台电流分布分析故障测距系统一套 10 万元。

（4）一条供电臂改造费用约合计 50 万元。

5　利用故障电流分布进行故障测距优点

（1）故障判据结构简单。

（2）故障判据准确可信。

（3）不受牵引网结构及故障类型影响。

（4）对参数采集精度要求不高，线性关系要求高。

（5）造价低廉便于施工，例示低压设备在线监测系统。

（6）维修简单，操作性强。

此方案还存在许多缺陷和不足，缺乏现场论证。可以再完善提高，为供电段接触网故障抢修出谋献策。

浅谈高铁牵引变电所设备故障分析及处理对策

韩 杰

(中国铁路郑州局集团有限公司郑州供电段 安全科助理工程师)

摘 要：作为高铁动车组运行动力的牵引供电系统，其核心高铁牵引变电所设备运行可靠、稳定，是确保高铁供电安全的关键。只有采取针对性的改进措施，根治设备缺陷，有效防控设备故障的发生，才能确保高铁牵引变电所设备运行可靠、稳定。

关键词：高铁供电；设备缺陷；改进技术

1 引言

作为高铁动车组运行动力的牵引供电系统，其输送电能质量优劣事关高铁运输能否安全畅通。保证高铁牵引变电所设备运行可靠、稳定是保证输送电能质量的前提。本文针对近年来高铁牵引变电所发生的一些典型设备故障的主要原因进行了剖析，提供了相关的改进措施。

2 典型设备故障的原因分析及改进措施

案例一：开关柜断路器故障。

2012 年 12 月 23 日 0 时 30 分，XXX 高铁牵引变电所馈线 GIS 开关柜送电时，因开关拒动，造成接触网无法正常供电，影响行车。

原因分析：

(1)开关柜合闸闭锁回路中继电器 B. KS 动作不可靠，合闸时 25、26 接点未闭合，造成断路器拒动。

(2)开关柜本体“电气/机械”转换开关卡滞，造成电气故障时，不能转换为机械操作，影响送电时间。

改进措施：

(1)对 GIS 开关柜(WI－G 型)的“电气机械转换开关”二次回路进行改造，将－B. KM3(13、14)接点短接。短接后实现“电气机械转换开关”在任何位置其接点都能保证电气回路接通，消除了“电气机械转换开关”转换后位置保持不住造成的开关拒动(如图 1、图 2 所示)。

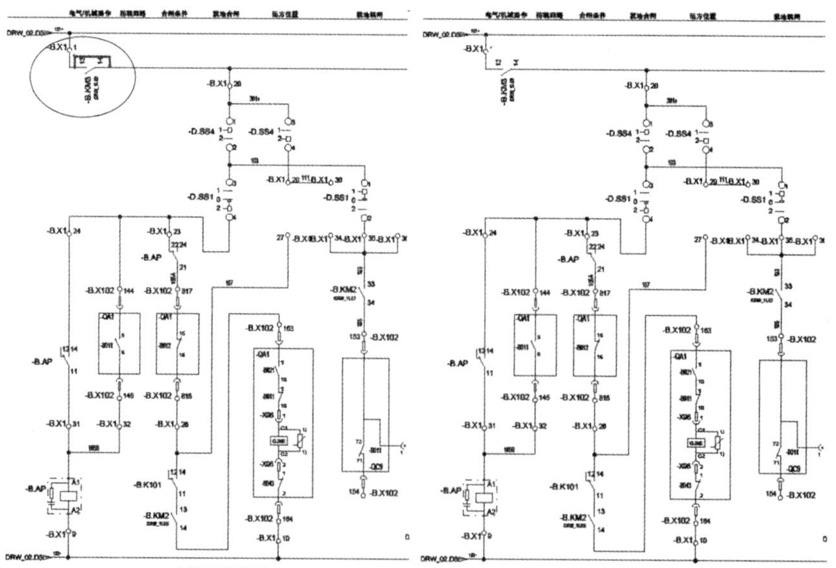

改造后原理图　　改造前原理图

图 1　电气机械回路改造原理图

图 2　电气机械转换开关改造效果图

(2)对时间继电器 - B. KS25.26 接点并联三工位开关合分闸接触器常闭接点，确保时间继电器接点转换不良时，断路器能可靠操作(如图 3、图 4 所示)。

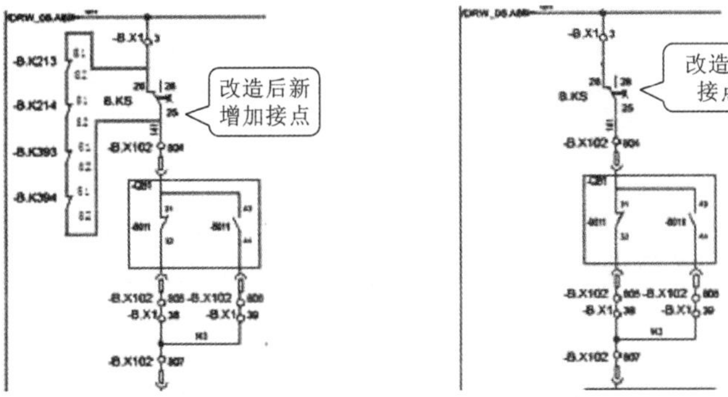

图 3　时间继电器接点改造原理图

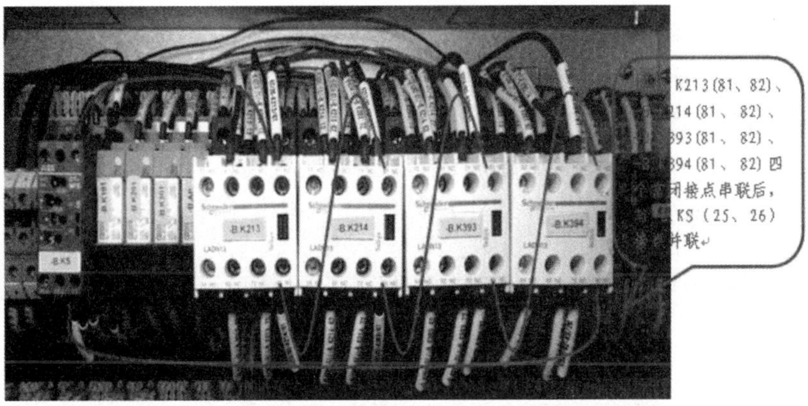

图 4　时间继电器接点改造后实物图

(3)在断路器、三工位开关操作手柄处，粘贴警示标志，标明操作步骤和安全注意事项，确保操作人员人身安全(如图 5 所示)。

改造后，粘贴操作提示语。

在三工位开关手动操作处粘贴如下提示语：

(1)手动操作三工位开关前，必须确认断路器在分位。

(2)手动操作三工位开关前，必须断开其控制、电机电源。

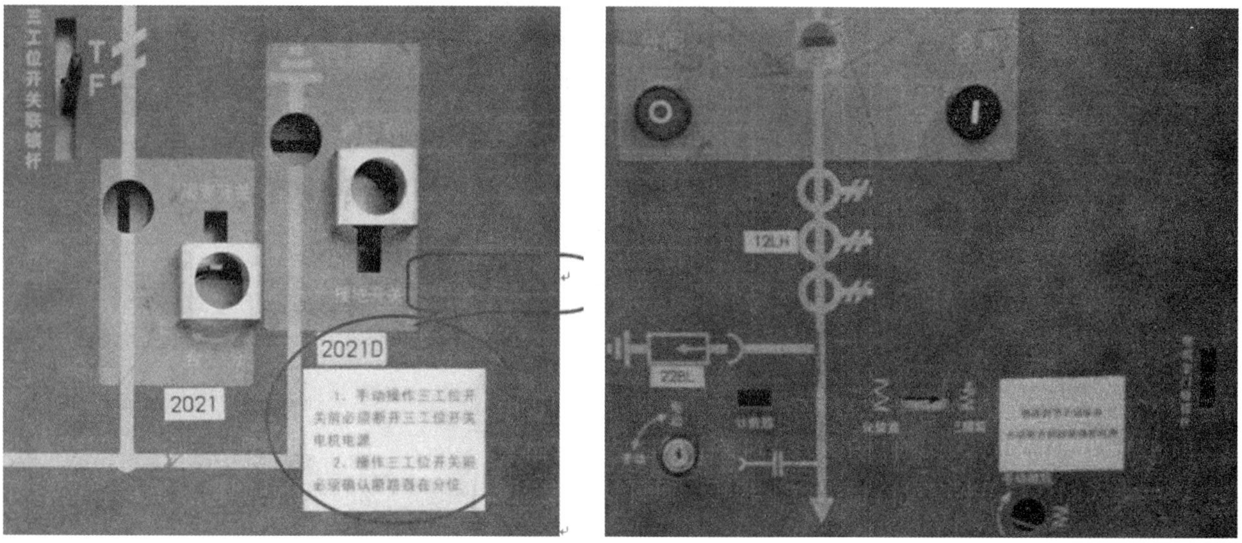

图 5　粘贴指示标语图

在断路器手动储能处粘贴如下提示语：

(1)断路器手动储能前，必须断开其储能电机电源。

(2)三工位开关合闸或分闸 5 s 后，方准操作断路器合闸。

案例二：交流盘进线断路器故障。

2012 年 8 月 5 日 0 时 40 分，XXX 分区所主用交流自用电进线电源停电，备用进线电源不能自动投切，全所交流自用电停电。

原因分析：

(1)1#进线断路器操作线圈故障，造成进线断路器不能合闸。

(2)交流自用电 27.5 kV 主用，10 kV 备用运行方式不合理，每天接触网检修天窗停电，交流自用电进线电源都要进行切换，进线断路器频繁动作极易造成线圈烧损。

改进措施：

遵循以下原则对交流自用电失压备投回路进行改造。一是交流盘进线断路器不再参与失压自投。二是运行方式以 10 kV 交流电源为主，27.5 kV 交流电源备用。三是一路电源失电时，备用电源延时投切。

改造具体步骤如下：

(1)将 3ZJ、4ZJ、SJ 三个继电器安装在交流盘合适位置上。

(2)断开交流盘进线开关及所有馈出开关，将交流盘短时退出运行，将 3 个继电器二次接入各自回路中。

在电压采集回路中加装 2 个中间继电器(3ZJ、4ZJ)，二次接线原理如图 6 所示。

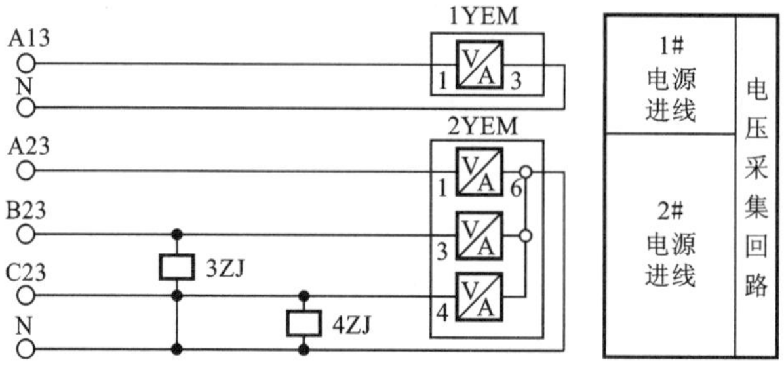

图 6　电压采集回路原理图

在接触器控制回路中增加一个时间继电器 SJ，二次接线原理如图 7 所示。

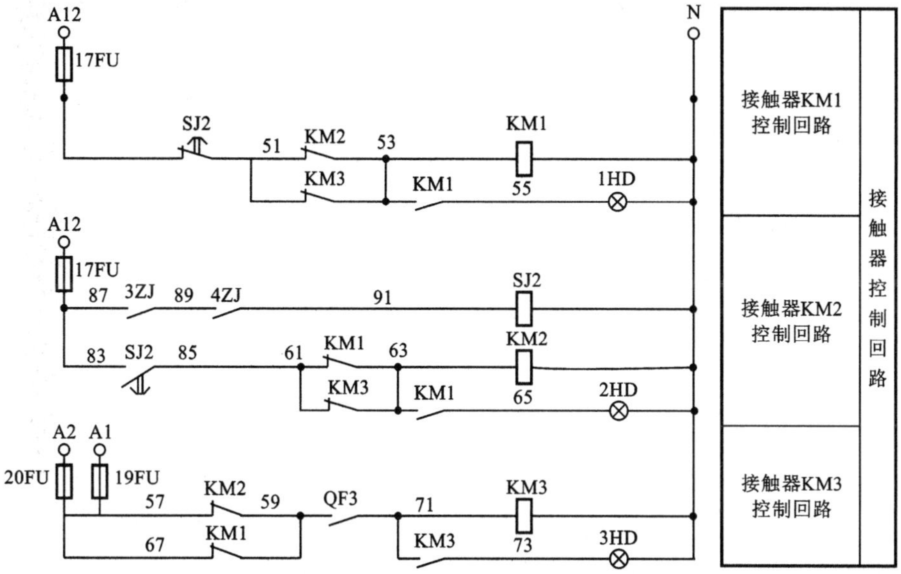

图 7　接触器控制回路原理

(3)对交流盘 PLC 程序进行升级，升级后两路电源进线开关不再参与自投，但进线开关保留遥控、遥信功能。

浅谈如何使 SCADA 复视系统功能发挥更好

陶 钧

(中国铁路郑州局集团有限公司郑州高铁供电车间主任)

摘 要: 管内某箱式分区所出现远动信息异常,由于监管单位未能及时发现,造成了设备烧损,整所设备报废的严重后果。本文就利用复视监控系统对此事故进行了详细分析,并制订了处理对策。

关键词: SCADA 复视系统;设备烧损;事件信息;报警;安全监控

1 引言

随着高速铁路的快速发展,供电系统的远动 SCADA 系统发展也日趋完善。SCADA(Supervisory Control And Data Acquisition)系统即数据采集与监视控制系统,它可以对现场的运行设备进行监视和控制,以实现数据采集、设备控制、测量、参数调节以及各类信号报警等各项功能。安全监控系统的监测设备通过综合自动化系统纳入到综合调度 SCADA 监控系统。随着计算机网络技术的广泛应用,铁路内部已相继建立了自己的计算机局域网络,但多数计算机应用还处于相对独立的阶段。如何利用企业的网络资源建立一套功能强大的电铁牵引供电远程实时数据监视系统,以便提高信息的实时性和一致性,把各种信息更加准确、安全、快速地送到所有需要并被允许的地方,实现更大范围的信息共享便成为一项亟待研究的课题。基于 Internet 的电铁 SCADA 复视系统就是在这样的背景中提出的,其主旨为通过网络以较低的成本,连接电铁远动和调度管理系统的信息孤岛,实现整个电铁的综合调度管理自动化,为铁路安全运行的管理层和供电段相关部门提供过去只有现场操作员才能看到的牵引供电系统的运行情况。

2 复视系统特点

2.1 简单易维护

Internet 结构通用,用户界面统一,致使系统可增量式构造和扩展,低成本开发和运营,在局域网内任何电脑均可安装复视系统软件,操作简单、培训容易、维护更新方便。

2.2 系统功能强大

一是实时监视被控站对象的运行状态、运行工况及各种异常或事故状态;二是以画面的形式,实时动态显示远动通道图、供电系统图、综自系统配置图、电气主接线图、遥信列表、遥测列表,各类历史记录及报表各类实时信息各遥测量的历史曲线,故障录波等;三是以推出窗口的形式,实时报警及事件窗口显示并配有事故、预告音响提示;四是报警采用分级管理,使调度人员从大量报警信息中迅速发现哪些是一般告警,哪些是严重告警。

3 问题概况

由于调度人员在 1 月 29 日凌晨未发现设备异常报警信息,直到 1 月 29 日 13 时 43 分,车间接调度通知变电所 211 馈线跳闸,重合失败;故标指示至箱式分区所,车间立即安排抢修人员到现场巡视,才发现箱式分区所内一柜门打开并伴有烟雾现象,最后导致整所设备退出运行。

4 原因分析

4.1 设备质量问题

现场调查该 27.5 kV 自用变压器发现,从破坏程度来分析,变压器高压侧进线套管处高压绕组绝缘由内部向外击穿,能量由内向外释放时造成变压器高压套管折断,浇注体绝缘击穿、炸裂、损坏。

4.2　设备异常信息未能及时获取

目前高铁所亭全部按照无人值守所设计，将所内碎窗、围墙激光对射、烟雾、开门报警等安全监控信息全部纳入到 SCADA 系统中。但此次分区所内设备发生异常报警时，由于调度人员没有及时发现，造成故障范围扩大。分区所在 2016 年 1 月 29 日 3 时 20 分 10 秒至 3 时 21 分 18 秒期间频发：272 下行有压产生、消失异常报警信息；继后 3 时 21 分 18 秒，272 高压柜保护跳闸，1ZB 高压保险击穿。这些重要信息均未引起相关人员注意，导致故障范围扩大。虽跳闸但 1ZB 内部故障未消除，内部发生绝缘击穿并燃烧。13 时 12 分 09 秒分区所发生烟雾报警，1ZB 继续燃烧，直到 13 时 40 分 49 秒变电所下行电缆击穿 211 馈线跳闸时，供电段才到现场巡视设备，最后导致中断供电 41 min，整所设备报废的后果。

客运专线复试系统信息如表 1 所示。

表 1　客运专线复试信息一览表

时间	被控站	类型	对象	描述
2016－01－29 13:44:26.433	箱式分区所	安监事故	开门信号	产生
2016－01－29 13:40:49.200	牵引变电所	开关动作(非远动操作)	211 断路器	分
2016－01－29 13:40:49.150	牵引变电所	事故	211 馈线阻抗 II 段保护	动作
2016－01－29 13:40:48.910	箱式分区所	预告	3712RTU 交流失电	产生
2016－01－29 13:40:48.710	箱式分区所	预告	3003 操作机构电源故障	产生
2016－01－29 13:40:48.570	箱式分区所	预告	3004RTU 交流失电	产生
2016－01－29 13:40:48.350	箱式分区所	预告	3712 操作机构电源故障	产生
2016－01－29 13:40:48.100	箱式分区所	预告	3722 操作机构电源故障	产生
2016－01－29 13:40:48.000	箱式分区所	预告	3722RTU 防雷器故障	产生
2016－01－29 13:40:47.930	箱式分区所	预告	3004 操作机构电源故障	产生
2016－01－29 13:40:48.880	箱式分区所	预告	3721 操作机构电源故障	产生
2016－01－29 13:40:48.840	箱式分区所	预告	3002 操作机构电源故障	产生
2016－01－29 13:40:48.780	箱式分区所	预告	3722RTU 交流失电	产生
2016－01－29 13:12:09.137	箱式分区所	安监事故	烟雾报警信号	产生
2016－01－29 03:21:18.537	箱式分区所	预告	272 上行有压	产生
2016－01－29 03:21:18.440	箱式分区所	预告	272 下行有压	消失
2016－01－29 03:21:18.333	箱式分区所	预告	272 下行有压	产生
2016－01－29 03:21:18.217	箱式分区所	预告	272 下行有压	消失
2016－01－29 03:21:18.157	箱式分区所	预告	272 下行有压	产生
2016－01－29 03:21:18.137	箱式分区所	开关动作(非远动操作)	272 断路器	分
2016－01－29 03:21:18.090	箱式分区所	事故	272 保护距离 I 段保护	动作
2016－01－29 03:21:18.057	箱式分区所	预告	272 上行有压	消失
2016－01－29 03:20:11.770	箱式分区所	预告	272 下行有压	消失
2016－01－29 03:20:11.327	箱式分区所	预告	272 下行有压	产生
2016－01－29 03:20:11.280	箱式分区所	预告	272 下行有压	消失
2016－01－29 03:20:11.073	箱式分区所	预告	272 下行有压	产生
2016－01－29 03:20:10.993	箱式分区所	预告	272 下行有压	消失

5 处置对策

5.1 干式变进行改造

一是加装快速熔断器和负荷开关，其具有连锁跳闸功能，且负荷开关纳入 SCADA 系统监控；二是设置干式变压器的温度报警和保护功能，并纳入 SCADA 系统监控；三是将装设于 AIS 柜中的干式变压器移出，设置专用变压器舱室。

5.2 加强日常巡视

检修人员日常巡视时，只能从设备外观上查看设备运行状态，不能获悉设备电气参数和报警信息，造成车间对无人所设备状态不能时时监控的管理漏洞。建议在车间班组安装复视监控系统，按照“早发现、早控制”的原则，要求每次巡视前都通过复试系统查看巡视所亭的设备运行状态，及时准确地发现系统中各设备可能出现的问题，及早预测并采取预防性措施，做到“防患于未然”，确保设备的安全运行。

5.3 完善复视管理系统

利用现有供电段局域网在相关部门电脑安装复视监控系统，制定复视系统管理制度及细则，加强调度复视人员培训，要求熟练掌握 SCADA 复视系统的各种功能，定时定人按要求进行复视系统查看，及时发现并消除设备隐患，确保供电段各部门能随时掌握设备的实际运行状态。

6 结语

目前，SCADA 复视监控系统在我们现场运营以来，通过复视系统发现并避免了多起故障的发生，极大地提高了生产效率。在今后工作中，我们还会继续对职工加强 SCDA 复试监控系统方面的业务培训，以确保设备的安全运行。

参考文献

[1] GM6000 复视用户操作手册. 成都交大光芒实业有限公司.

箱变智能监控终端研究

张 静

（中国铁路郑州局集团有限公司郑州供电段）

摘　要： 以铁路信号电源箱式变电站智能监控终端为背景，论述其工作原理，重点阐述了监控终端的基本功能特性。

关键词： 铁路信号；箱变；智能监控终端

1 引言

铁路信号电源箱式变电站的配套监控设备，同时适用于35 kV以下(包括10 kV)贯通、自闭线路高压开关以及变压器低压侧的各回路开关的监控，自身可以安装于信号箱变、变配电所低压柜或者其他遮蔽场所，作为分散安装的测控单元来使用。

2 工作原理

监控终端采用模块化设计，由主控单元、显示单元、电源管理单元、2块CT/PT遥测单元、2块YX/RA遥信采集/遥控输出单元构成，分别监控双侧高压、低压多路开关的运行情况(图1)。

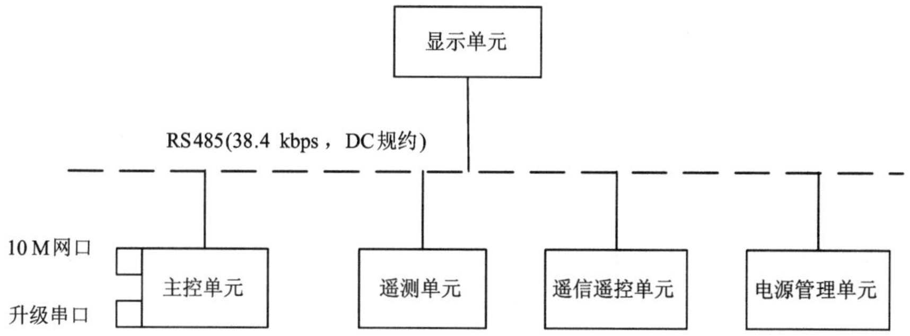

图1 装置的工作原理框图

3 功能特性

3.1 过流报警、跳闸

对测量电流进行监测，当测量电流大于定值并达到设定延时时，立即报警，可以选择跳闸方式。报警应用于系统的负荷监测，同时作为相邻通信方式下的短路故障区段隔离的判别依据。设置了两组定值，通常一段过流定值要大于二段定值，一段的延时小于二段的延时，从而实现电流越高报警越快的反时限效应，其中报警复归值是二段定值的15/16。

当作为高压监控设备使用时，装置上报FA信息，信息内容包括故障性质、故障时间以及故障点的距离。上位机通过沿线各开关上传的信息确定故障点(表1)。

3.2 过电压报警、跳闸

对电压进行监测，当电压大于定值并达到设定延时时，立即报警，可以选择跳闸方式。设置了两组定值，通常一段过压定值要大于二段定值，一段的延时小于二段的延时，从而实现电压越高报警越快的反时限效应，其中报警复归值是二段定值减2 V(表2)。

表 1 过流、跳闸数据表

定值设定范围	
过流一段定值	0.1 ~ 18 A(级差 0.01 A)
过流一段延时	0.0 ~ 65.00 s(级差 0.01 s)
过流二段定值	0.1 ~ 18 A(级差 0.01 A)
过流二段延时	0.0 ~ 65.00 s(级差 0.01 s)
公差	
电流	≤ ±2%
返回系数	不小于 0.9
延时动作时间(1.2 倍定值)	≤ ±2% 或 ±50 ms

表 2 过压、跳闸数据表

定值设定范围	
过压一段定值	10 U_e% ~ 130 U_e%(级差 1%)
过压一段延时	0.0 ~ 65.00 s(级差 0.01 s)
过压二段定值	10 U_e% ~ 130 U_e%(级差 1%)
过压二段延时	0.0 ~ 65.00 s(级差 0.01 s)
公差	
电压	≤ ±2%
返回系数	≤ ±2%
延时动作时间(1.2 倍定值)	≤ ±2% 或 ±50 ms

3.3 低电压、失压报警和跳闸，缺相报警

对电压进行监测，当电压小于定值并达到设定延时时，立即报警，可以选择跳闸方式。设置了两组定值，通常一段过压定值要小于二段定值，一段的延时小于二段的延时，从而实现电压越低报警越快的反时限效应，其中报警复归值是二段定值加 2 V。当电压低于低压一段定值的一半时，若只有一相或者两相即报缺相报警，若三相同时则报失压。若先低压、缺相，再有失压后复归条件独立，则先产生失压报警后随即屏蔽低压和缺相报警(表 3)。

表 3 低压、失压、跳闸数据表

定值设定范围	
低压一段定值	10 U_e% ~ 90 U_e%(级差 1%)
低压一段延时	0.0 ~ 65.00 s(级差 0.01 s)
低压二段定值	10 U_e% ~ 90 U_e%(级差 1%)
低压二段延时	0.0 ~ 65.00 s(级差 0.01 s)
公差	
电压	≤ ±2%
返回系数	≤ ±2%
延时动作时间(1.2 倍定值)	≤ ±2% 或 ±50 ms

3.4 零序过电流报警、跳闸

当系统接入零序 CT 时，需要对零序电流进行监测，报警只有一段，当零序电流大于设定值时，满足时间设定立即报警，可以选择跳闸方式。复归值是定值的 15/16（表 4）。

表 4 零序过电流报警、跳闸数据表

定值设定范围	
零序过流定值	0.1 ~ 18 A（级差 0.01 A）
延时	0.0 ~ 65.00 s（级差 0.01 s）
公差	
零序电流	≤ ±2%
返回系数	不小于 0.9
延时动作时间（1.2 倍定值）	≤ ±2% 或 ±50 ms

3.5 零序过电压报警、跳闸

当系统接入零序 PT 时，需要对零序电压进行监测，报警只有一段，当零序电压大于设定值时，满足时间设定立即报警，可以选择跳闸方式。复归值是定值减 2 V（表 5）。

表 5 零序过电压报警、跳闸数据表

定值设定范围	
零序过压定值	10 U_e% ~130 U_e%（级差 1%）
过压延时	0.0 ~ 65.00 s（级差 0.01 s）
公差	
零序电压	≤ ±2%
返回系数	≤ ±2%
延时动作时间（1.2 倍定值）	≤ ±2% 或 ±50 ms

3.6 相序异常报警

在系统安装时，电压的相序接错，将使系统无法正常运行。装置开机且三相电压全大于 60 V，并延时 2 s，将计算的负序电压和零序电压进行判断得到初始的相序（如果计算 $3U_0$ 小于 20 V 且计算 $3U_2$ 也小于 20 V 为正序，如果计算 $3U_0$ 小于 20 V 且计算 $3U_2$ 大于 40 V 为负序。$3U_0$ 大于 20 V 不判断），以后将实时计算负序及零序电压，判断相序是否改变，若改变则持续 10 s 报警。

3.7 PT 断线和 CT 断线报警

装置运行时，实时监测 PT 的工作情况，在 PT 断线时，装置发出报警信号，通知运行人员注意。装置在同时满足下列条件时，延时 10 s 发出报警信号。

（1）计算零序电压大于 0.8 倍额定电压。

（2）三个母线线电压中有两个或三个小于 0.8 倍额定电压。

在计算零序电压小于 0.5 倍额定电压时，装置复归 PT 断线信号。

当监测到任意两相电流大于 1 A，另一相电流小于 0.5 A 时，延时 10 s，报 CT 断线报警，三相电流同时大于 1 A 时，维持 1 s 后报警复归。

误差要求如表 6 所示。

表 6 误差要求

PT 断线电压误差	≤ ±0.5 V
CT 断线电流误差	≤ ±0.1 A
报警时间	≤1 s

3.8 接地报警功能

接地产生后必定使零序电压升高，当突变量大于 20 V 时，启动接地故障判断，当零序电压大于定值时，计算突变点的 U_0 与 I_0 的夹角，来实现接地故障的判断和故障方向的判断(图 2)。

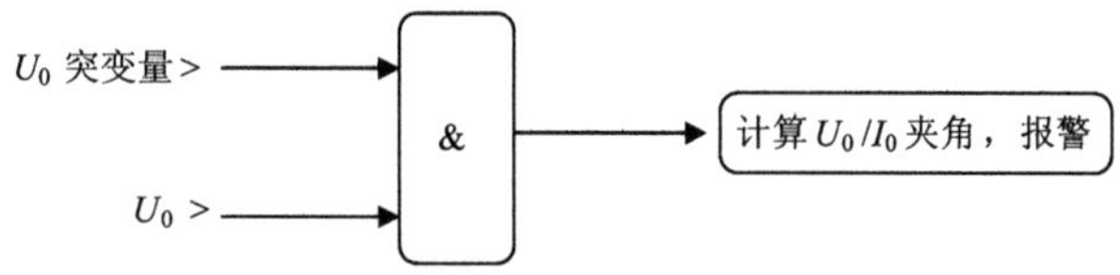

图 2 报警判断图

接地报警产生后，装置会自动产生 FA 信息，信息中包括故障性质、故障时间以及零序电流的方向。上位机通过沿线各开关上传的零序电流的方向确定故障点，后台上位机软件判别故障点的依据变为根据队列中故障角度的变化(方向由正变为负，或者方向由负变正)，将变化点两侧的开关视为需要隔离的故障区域。

采用根据零序电压的突然变化找出故障的点。正常时零序电压只有不平衡输出，当零序电压突变后，判别为系统发生接地故障，再得出此时刻的电流增量，计算两者的故障方向。由于比较的是电压、电流的故障变化量所以克服了稳态时不平衡的影响。

这个故障判别元件的输出，是瞬时性的，只在故障初瞬(电压电流有突变时)有输出，动作后可以用零序电压作为自保持条件，零序电压消失后复归。

3.9 有压合闸功能

相邻通信方式时，当故障点已经被隔离开时，通过有压合闸，自动恢复供电。有压合闸时间的设置需要根据系统故障隔离的时间相配合。

合闸起动条件只是根据开关无压转为有压，合闸后判断合闸延时内再次失压，立即闭锁下次的有压合闸。只闭锁下一次的有压合闸，当再次失压后自动解除闭锁，可以启动下次的有压合闸(表 7)。

表 7 有压合闸数据表

定值设定范围	
有压电压定值	10 U_e% ~130 U_e%(级差 1%)
延时	0.0 ~ 65.00 s(级差 0.01 s)
公差	
电压	≤ ±2%
延时动作时间(1.2 倍定值)	≤ ±2% 或 ±50 ms

3.10 重合闸和后加速跳闸

具备一次自动重合闸功能，重合闸动作的间隔为 24 s。当保护发出跳闸命令后启动重合闸，经重合闸延时时间(间隔时间可以设置)后，发出合闸命令。当重合闸后，若再有过电流则后加速跳闸时。合闸过程，只需要判断没有故障存在即可(表 8)。

表 8　重合闸数据表

定值设定范围	
重合闸延时	0.0 ~ 65 s(级差 0.01 s)
后加速保护延时	100 ms
公差	
重合闸动作时间	≤ ±2% 或 ±50 ms
后加速动作时间	≤ ±50 ms

4　结论

作为铁路信号电源箱式变电站的配套监控设备，工作原理明确，基本功能齐全，适合广泛应用于高速铁路监控系统中。

参考文献

[1] 许慧敏. 铁路供电远动系统的运行与维护[M]. 北京：中国铁道出版社，2010：33 - 57.
[2] 杜银龙. 铁路电力远动终端的设计与研究[D]. 西安：西安电子科技大学，2006：18 - 34.
[3] 廖宇，张本川. 高速铁路电力远动系统研究[J]. 西南民族大学学报，2008，34(4)：734 - 738.

SCADA 系统人机交互界面改进方向浅探

钟先麒

(中国铁路成都局集团有限公司供电处)

摘　要: SCADA 系统的人机交互界面，是系统的开门砖，但也有很多细节设置上需要改进，更重要的是需要对人机交互做更多的系统性研究，来适应目前的技术条件下调度员的需求。本文拟在目前调度员的实际工作需求及工作站的硬件配置基础上，以南凯 SCADA 系统为例，较系统地探讨系统的人机交互问题，以达到不断改进，使之更加安全、高效地为供电调度工作服务的目的。

关键词: SCADA; 系统; 人机交互界面; 改进方向

我局自 2006 年开始在普速铁路电气化远动运用南凯 SCADA 系统，先后经历了 SCADA2000、SCADA6000 两代系统，期间在各方协调努力下进行了硬、软件系统构建的许多改进。目前的南凯 SCADA 系统已是较为成熟的远动系统，具有配置调试便利、操作直观、功能较强大的优点。随着技术的进步，理念的更新，系统会越来越适宜铁路牵引供电远动的需求。

但我们更多的目光聚焦在硬件和软件系统的改进上。其实系统的人机交互界面，是系统的开门砖，但也有很多细节设置上需要改进，更重要的是需要对人机交互做更多的系统性研究，来适应目前的技术条件下调度员的需求。本文拟在目前调度员的实际工作需求及工作站的硬件配置基础上，以南凯 SCADA 系统为例，较系统地探讨系统的人机交互问题，以达到不断改进，使之更加安全、高效地为供电调度工作服务的目的。

1　调度员工作站人机交互界面细节探讨

目前的界面经过多次改进，较之前更加适应调度员的工作模式。根据我们提出的需求，改进后的界面多了很多组件，我们重点探讨其中几个。

(1)遥信列表：起到类似光字牌的作用，对所亭的设备故障一目了然，对集中监控起到重要作用。为方便调度分析，需要分类明晰，描述准确，减少误报信息。

(2)接触网图：由于简略示意图无法涵盖网开关、网开关遥信状态、公里标等很多必要元素，特别是在故障处理方面，系统增加接触网示意图很有必要。由于维护及网隔操作准确性要求，宜以整线为单位绘制大图。但这样就带来查阅不便的困难。因此需要相应所亭的按键可以增设定位功能，可以直接定位到相应的线路部分。

(3)报警查询：是监控全调度台非事故类故障的重要手段。一是不宜处于可关闭状态；二是默认按照调度员工作流程按照时序显示，可选按报警级别显示。

(4)程控操作：程控目录目前会掩盖主接线图显示，程控卡片为弹出菜单式，极端情况下可能会被其他弹出菜单掩盖，造成误操作隐患。

2　调度工作台配置与调度工作状态分析

(1)供电调度整合以后，调度员工作站已从一机单屏主备配置转为一机三屏主备配置，增加了可视信息量。加上视频、运调系统及其他辅助显示，累计屏长超过 2.5 m，加上调度直通电话在调度台最左端布设，调度台总长超过 3 m。

(2)南凯 SCADA 系统三屏设置模式为三屏各自设置，互不相关。此方式灵活性很强，但操作较为烦琐，需调度员较多的切屏、拖拽动作，同时要求调度员工作思路清晰，否则容易出现重复操作、无效操作。整体性不强，在紧急情况下尤显不便。

(3)目前调度员工作状态大体可分为操作状态、巡视状态和故障处理状态。在各个状态下，工作重点

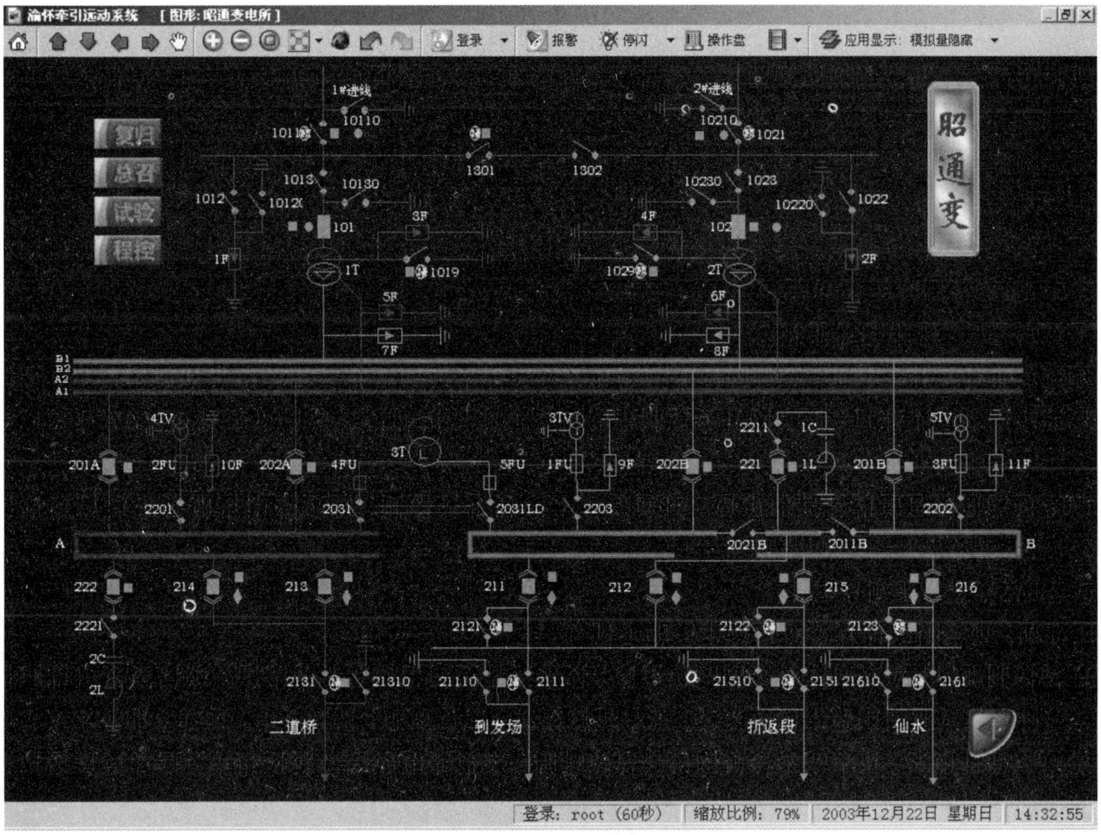

图 1　南凯 SCADA 系统原界面

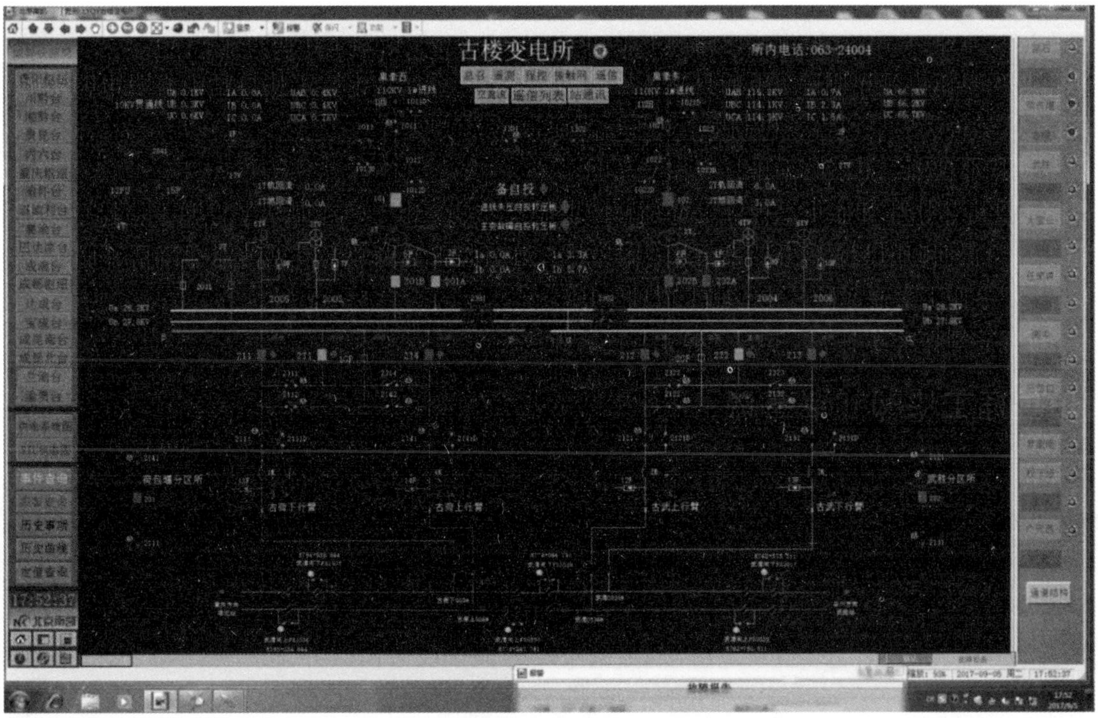

图 2　南凯 SCADA 系统改进界面

不同，需要关注的信息也各有不同。

①操作状态：需要重点关注主接线图、程控卡片、事件信息。

②巡视状态：需要重点关注主接线图、遥信列表、报警信息。

③事故处理状态：需要终端关注主接线图、接触网示意图、报警信息。

(4)因调度台较长，调度员又随时可能处于使用最左侧的调度电话通话的状态下，注意力不可能涵盖三屏，客观造成较多使用左侧单幕的情况。

(5)因大多数调度员以前已习惯使用单屏工作，也是造成多屏使用率不高的原因。

3 SCADA 系统人机交互界面改进方向

使调度工作更加安全、高效地进行，是 SCADA 系统要达到的最重要目标之一。所以我们要尽力提供调度员的使用便利性，减少误操作及遗漏重要信息的可能性。结合以上分析，总结出目前调度台的布设、SCADA 系统人机交互界面都有较多可改进之处。

(1)调度电话更适合置于调度台的中间位置。因普速电调台为单人值班，此种布设方式更适宜信息向调度员集中。遮挡问题可以适当提高显示屏位置来解决。

(2)南凯公司可根据实际需求，改进三屏显示方式为三屏联动，以中屏为主操作屏，显示所亭主接线图。选择主接线图的同时，在左右两屏显示相应的界面。

(3)南凯公司可在界面上增设不同的组态，如操作、巡视、故障等，可一键切换到所需显示界面。

(4)南凯公司可在界面细节上多做改进，使系统日趋完善。

(5)在标准制定的前提下，加强多屏系统的培训，使调度员适应多屏界面的使用。

(6)严把调试关，尽量减少误信息上传。及时找到与处理误报信息的来源，减少误传信息对调度的干扰。

牵引变电所、远动设备运行维护管理工作浅析

金　川

（中国铁路哈尔滨局集团有限公司供电处供电检测所）

摘　要： 本文分析了牵引变电所、远动设备管理过程中存在的要因问题，依据实时监测、周期检修的原则提出了设备运行维护工作建议，不断改善牵引变电所的技术状态，提高供电工作质量，确保设备安全稳定运行。

关键词： 牵引变电所；远动设备；维护

1　引言

牵引供电部门作为牵引供电设备的运行检修管理单位，负责质量良好地向电力机车、动车组输送适合牵引的电能。牵引变电所、远动设备是电气化铁路的重要行车设备，更是牵引供电系统的大脑与神经，随着高速铁路、客运专线电气化工程的建设，给牵引供电设备运行安全也提出了更高的要求，传统的设备管理模式、手段已越发不能满足高水平硬件和运能的需要。为此选择这一课题，将牵引变电所、远动设备的检修模式积极向实时监测、科学诊断、精细维修、寿命管理过渡，对牵引变电所、远动设备实施有效的管理，利用科学手段对设备进行定期的检修维护，使牵引变电所、远动系统达到最佳的运行技术状态，实现安全、不间断供电。

2　工作目标

接触网设备不具备故障的自动切除功能，所以接触网故障时，必须依靠远动系统和牵引变电所的密切配合，快速判别故障区段，切除故障并恢复送电。变电所和远动设备在牵引供电设备整体运行管理中显得尤为重要。我们的工作目标是依靠科学管理的管理方法对牵引变电所、远动设备定期进行综合的、系统的检修维护，对设备的运行参数状态进行全面的核对检查，通过调度端对终端设备（牵引变电所综自系统、网开关控制站）的遥控、遥信、遥测等功能进行测试，对整个工作检查过程中发现的缺陷问题进行分类梳理，并制定整改措施进行整治，使牵引变电所、远动系统达到最佳的运行技术状态。

3　运行管理要因问题分析

3.1　设备运行参数掌握不细致

牵引变电所值守人员值守过程中监视设备运行，对牵引供电的跳闸、设备的动作不能详实地记载发生的时间、区段、供电臂（或设备）及相关故障参数。反映出值守人员对相关运行参数的记录、分析工作不规范，同时记录标准也不清晰。

3.2　没有进行终端设备“三遥”功能测试

牵引变电所开关、断路器等设备没有按照周期进行“三遥”功能及与远动系统控制端进行功能测试，测试过程不完善，不能完成变电、远动设备故障的诊断、分析，导致设备真实运行状态不能有效掌握。

3.3　平推检查、缺陷处理力度不够

日常运行过程中，存在不能对发现的隐患缺陷问题进行统计、分析，没有掌握运行的关键、重点问题，问题发生后，隐患问题整改措施制度不具体、方案不明确、整改期限长等问题。

3.4　设备运行基础数据收集不全

设备运行中的技术参数掌握不全面，接触网设备故障跳闸后，没有对现场动作信息数据进行采集，不能对馈线保护装置故障动作的运行参数都进行分析，确定原因，提出整改意见。

4 维护管理工作的几点建议

4.1 规范基础技术资料，建立完善的生产管理体系

4.1.1 结合职工素质实际，开展职工培训工作

把职工学习培训的内容具体化、现场化、岗位化，组织职工开展竞技、竞标活动以提升职工的业务技能，提高职工标准化作业和非正常情况下处理故障能力，结合变电、远动值守人员的工作特点，细化修订值守人员一次作业标准，组织职工进行一招一式的演练。

4.1.2 完善设备运行质量分析制度，确定设备质量攻关方向

确定设备运行质量分析制度，定期召开设备质量攻关会，对日常生产工作过程中暴露出的影响现实安全的问题进行认真研讨，并在解决实质问题上下功夫，消除隐患，提高工作质量。

4.1.3 强化现场设备信息传递，及时掌握现场设备运行

加强信息沟通，牵引变电所值守人员在生产过程中发现的设备和安全问题，要及时向上一级技术部门进行反馈，在最短的时间内，对其进行检查，将影响程度降至最低。在整个生产过程中强化技术指导工作，多方面、多专业共同协作，完成供电生产工作，提高工作效率。

4.1.4 依靠科技手段、完善抢修体系

完善应急处理预案，重点完善接触网设备故障跳闸、牵引变电所选段越区供电、远动设备遥控失灵等应急预案，科学有效地利用数字供电系统，整合抢修资源、信息资源，提高变电、远动专业技术人员的指挥能力及现场控制能力，实现有序有效的故障抢修，技术流程更简洁，方案更优化。确保突发事件时快速反应、快速处理，最大限度地减少对运输生产的干扰。

4.2 开展设备功能测试工作

4.2.1 终端设备“三遥”功能测试

①联系远动通信通道设备管理单位，对通道技术参数进行检测，满足牵引供电设备运行数据传输需要。

②按照牵引变电所综自系统、网开关控制站的设备厂家提供的设备运行点表对 SCADA(远动)系统功能进行测试，即对牵引变电所、接触网柱上隔离开关设备纳入远动操作等相关设备在所内后台、控制屏进行本地遥控、遥信、遥测的功能测试。

4.2.2 电调控制端系统功能测试

①遥控测试。在调度端对被控制端设备进行远方操作，验证开关分合操作是否正常，开关返回状态是否与现场状态一致。

②遥信测试。在被控制端设置报警信号、预告信号和动作信号，观察控制端显示信号、报警信息是否与受控站一致。

③遥测测试。在被控制端使用加量设备对各测试设备二次回路进行加量操作，观察控制端显示的遥测值是否与现场一致。

4.2.3 建立变电、远动设备故障诊断分析系统

有效地利用模块接口与 PC 连接，全面做好现场的数据信息采集工作，充分地认识到解读“报文”的重要性，把数据采集和报文解读作为远动设备维护的技术手段，通过报文了解所内综自系统、网开关控制站设备运行状态，为牵引变电所、远动设备维护提供可靠的理论依据。

4.3 定期开展设备缺陷专项整治

4.3.1 规范值守人员对相关运行参数的记录、分析工作

①细化牵引变电所内设备运行参数测试项点，对牵引变电所进线侧母线、牵引网侧母线、馈线间隔电压、电流、故障标定装置、功率因数等相关运行参数进行记录，为设备的运行和维护积累资料。

②监视现场设备运行，值守过程对牵引供电的各次跳闸、设备的动作，均应详细记载其发生的时间、区段、供电臂(或设备)及相关技术参数、处理情况、跳闸原因，并及时向段反馈。专业技术人员对每一件跳闸后保护动作时间馈线保护装置的运行参数都要认真分析，确定原因，提出整改意见。

4.3.2　开展设备检修维护工作

编制年度设备监测、检测、检查计划，按照设备检修周期，组织开展牵引变电所、远动设备维护检修工作。

4.3.3　开展设备平推检查及缺陷处理

有针对性地开展设备平推检查活动，针对设备不同运行特点，实施开展设备平推检查活动，明确生产工作重点，集中力量解决设备隐患问题。对发现的隐患问题进行统计、分析，准确地掌握当前的关键、重点问题，针对逐项问题建立台账，落实整改责任人，明确整改期限，消号解决，对整个过程进行写实，实现了闭环管理。

5　结束语

通过强化牵引变电所、远动设备管理工作，能够达到提升设备运行水平及供电可靠性的效果，使得电气化系统充分发挥具应有的效能，为铁路运输提供更好的服务。

参考文献

[1] 中国铁路总公司. 高速铁路牵引变电所运行检修规则. 铁总运[2015]50 号.

浅谈变电所电气连接发热的分析与预防

钟三飞

(中国铁路广州局集团有限公司怀化供电段)

摘 要:随着牵引负荷的日益增大,我段管内变电所通过测温、巡视发现主导电回路设备线夹温度过高、发热,本文介绍了变电所电气连接接触发热的原因,并对其分析和预防。

关键词:电连接;接触;发热;分析;预防

1 前言

随着国家铁路的大提速及行车密度的提高,变电所牵引负荷量不断增加。尤其我段管内沪昆线变电所负荷量成倍增长,变电所馈线侧电流变化很大,体现在馈线线夹接触处的发热条件更是恶化。2014 年 1 月 6 日,小龙门牵引变电所 1#馈线 KLQ 处线夹发热缺陷申报天窗进行处理;2015 年 7 月 14 日渠江变电所 3#馈线 KLQ 处线夹发热缺陷申报天窗进行处理;2015 年 7 月 20 日低庄变电所 1#馈线 GK - KLQ 处线夹发热缺陷申报天窗进行处理,后续多次天窗处理,温度在 60℃降不下来。我段管内沪昆线变电所未进行适应性供电改造工程之前,电气连接线夹处测温、巡视发现多次温度过高、发热现象,影响供电设备的正常运行。下面以变电所馈线侧主导电回路设备电气连接接触发热的原因进行分析并制定预防措施。

2 接触发热原因的分析

电气连接接触分为固定接触、点接触、滑动接触。我段各变电所主导回路导线连接均属固定接触。固定接触在工作中出现的主要现象和问题是接触电阻、接触温升和接触熔焊。电气设备运行中,导线温度过高,会使导线连接处剧烈氧化,从而增加连接处的接触电阻。接触电阻增大会使该处发热,形成恶性循环。强烈的发热结果会使连接处的机械度受损,严重时会产生熔焊断线事故。

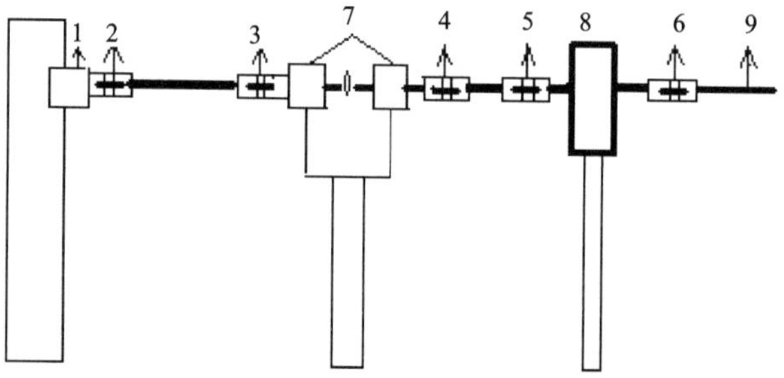

图 1 馈线导电回路示意图

1—穿墙套管;2、3、4、5、6—设备线夹;7—隔离开关;8—抗雷圈;9—导线

因此,其中关键的问题是电气连接接触发热的问题,而我们要解决这个电气连接接触发热的问题,首先要从焦耳热公式 $Q = I^2RT$ 着手分析,即热量 Q 与 I、R_j、T 三因数有关,在电气物理范围内,我们只讨论电流 I 和电阻 R_j。显然电气连接接触发热的主要原因由两个因素组成,即电流 I 和电阻 R_j。Q 与 R、I 均是正比当量关系。

下面对影响 R_j和 I 的因素进行详细分析。

2.1 接触电阻 R_j

接触电阻 R_j 由两部分组成,即收缩电阻 R_s 和表面膜电阻 R_b。收缩电阻是电流在流经电接触区域时,从原来载面较大的导体突然转入载面很小的接触点,电流发生剧烈的收缩现象,此现象所呈现的附加电阻称为收缩电阻，其实质是当电流通过两接触导体的内表面时，在导体斑点附近，电流发生变形，使电流通过的路径增长，有效导电面积减少而出现局部的附加电阻。表面膜电阻为在电接触的接触面上，由于污染而覆盖着一层导电性很差的物质，其实质是当电流通过两接触导体表面时，因无机膜（氧化膜、硫化膜等）引起的附加电阻。由此得公式 $R_j=R_s+R_b$。同时，接触电阻 R 又与接触形式、接触压力 F、接触材料、表面情况、温度等直接相关。据经验有公式 $R_j=K_c/FM$。其中 F 为接触压力，FM 为与接触形式有关的数。对点、线、面接触形式分别取 0.5、0.7、1；K_c 为与接触材料、表面情况等有关的参数，变电所主导电回路电接触大都为铜－铜接触和铝－铜接触，前者 K_c 取 80～148，后者 K_c 取 980。

2.1.1　接触形式

接触电阻的形式可归为三大类：点接触、面接触、线接触。接触形式对收缩电阻 R_s 的影响主要表现在接触点的数目 N 上。一般情况下，面接触 N 最大而 Rs 最小；点接触 N 最小而 R_s 最大；线接触介于两者之间。接触形式对膜电阻 R_b 的影响主要看每一个接触点所承受的压力 F，一般情况下，在对触头外加压力 F 相同的情况下点接触形式 N 最小，单位面积所承受的压力 F_1 最大，容易破坏表面膜，所以有可能使 R_b 减到最小；反之面接触 F_1 最小，对 R_b 破坏最小。R_b 值有可能最大。

2.1.2　接触压力 F

接触压力 F 对收缩电阻值和表面膜电阻 R_b 的影响最大，F 的增加使接触点的有效接触面积增大，即接触点数目 N 增加，从而 R_s 减小；当 F 加大超过一定值时，可使触头表面的气体分子层吸收膜减少；当超过材料的屈服压强时会产生塑性变形，表面膜被压碎出裂缝。从而增加了接触面积，致使收缩电阻 R_S 因表面膜电阻 R_b 减少而下降，R_S 和 R_b 同时减小，从而 R_j 大大下降。

2.1.3　电气连接时的安装工艺

电气连接时，主导电回路设备线夹在压接时可能接触到杂质，使线夹间接触表面凹凸不平，以及部分螺栓、螺帽及垫片等物资防腐性能差、锈蚀严重，长时间运行后，线夹逢隙会生成氧化层等非导体，导致接触电阻 R_j 增加。

2.1.4　材料性质

构成电接触的金属材料性质直接影响接触电阻 R_j 的大小。比如电阻率 P、材料的布氏硬度 H_B、材料的化学性质、材料的金属化合物的机械强度等。

2.1.5　温度

其中 r_{20} 为 20℃电阻阻值；a 为电阻温度系数，对于铜 $a=0.00328$（1/℃），铝 $a=0.0036$。针对接触点来说，当接触点温度升高时，金属的电阻率会有所增大，但材料的硬度有所降低，从而使接触点的有效面积增大，前者使 R_S 增大，后者使 R_S 减少，结果是两者互为补偿，故接触电阻变化甚微。但是发热使接触面上生成了氧化层薄膜，增加了接触电阻，这种接触可成百成千倍地增大，其氧化速度与触头表面温度有关。当发热温度超过某一临界温度时，这个过程就会加速进行，这就限制了接触面的极限允许温度。否则，接触电阻剧增，只会引起恶性循环。另外，当发热温度超过一定值，对于弹簧接触部分的弹性元件会被退火，电压力降低，也会使接触电阻增加，恶性循环加剧，最后导致连接状态遭到破坏。

2.2　影响电流 I 增大的因素

2.2.1　短路

在极短的时间内载流部分要承受比正常运行时大许多倍的短路电流、热效应作用和电动力冲击，电气连接接触部分在短路电流热效应的作用下，其温度可能加热到很高的强度，给电气连接部分带来很大的威胁，如果保护装置未按规定要求或动作电流，动作时间整定值过大以及装置失灵起不到保护作用，大电流作用就会在电接触分产生很大热量，足以引燃可燃物，甚至熔化电接触件。

2.2.2　过负荷

所谓过负荷是指电气设备或导线的负荷超过了其额定值，其实质是电流增大，使更多的电能转化为热能，尤其会导致电连接接触部分过热到一定程度发生熔断线路事故。

通过上述对电接触发热的两个因素 R_J，I 的分析，我们得出变电所主导电回路连接电接触的基本要求：①在长期工作中，要求电接触在长期通过额定电流时，温升不超过一定数值，接触电阻要求稳定；②短路时通过短路电流时，要求电接触不发生熔焊或触头材料的喷溅等。

3 解决措施

为此在实际工作中，我们可采用如下几种措施。

3.1 清洁处理

清洁电气连接部分不能用砂纸、抹布或纸来擦拭，砂纸上的颗粒比接触材料硬度大而且不导电，一旦侵入接触面，会使其电阻增大 10 ~ 20 倍，抹布或纸会在接触表面留有细毛，导致接触不良。最好的办法是用皮毛或金属薄片来擦拭，再用酒精清洗。但是，不能用酸碱液来清洗。

3.2 正确使用导电膏

电气连接处正确使用导电膏，可改善连接点接触面的导电性能，对连接点处起油封作用，减少空气氧化和腐蚀性气体、尘埃、水分对导电体的腐蚀，因此在电气设备连接点处，应涂抹使用导电膏。先用干净涂抹工具，再将导电膏均匀涂抹在导电体连接的两接触面上，其厚度适中不宜太厚，涂抹结束后再用压接、绞接或螺栓连接等方法，使两导电体接触面紧密接触，如有少量导电膏从边缘挤出也无需擦去，可用来保护接触面。

3.3 接触压力的保持

电气设备运行中，其连接部分受电动力作用或其他机械震动，会使连接螺栓松动，连接处接触表面的压力也会随之减少，致使接触面积减小，接触电阻增大。为防止此种情况发生，可在螺栓处加弹簧垫。

3.4 合理选用导线截面，增大导流通路

随着国家铁路的大提速及行车密度的提高，负荷量成倍增加，变电所馈线侧电流也成倍增加。2014 年至 2016 年沪昆线安化(含)至大龙(不含)段牵引供电改造工程，将我段管内沪昆线七个所(含分区所)馈线侧设备导线由 LGJ－240 软母线(或 6 mm×60 mm 硬母排)更换成 10 mm×100 mm 硬母排，增大了线夹与导线的接触面，其导流能力、线夹接触处连接方式得以彻底改善，经日常测温未发现有发热现象，电气设备运行正常。

3.5 加强负荷监控及保护装置整定

一是通过综自负荷曲线来监测负荷，给出告警信号；二是短路等不正常运行状态时，保护装置可靠动作，相应断路器跳闸，防止短路电流较长时间而影响电接触，致使连接状态遭到破坏。

4 结论

通过对电气连接接触发热的分析与预防，对牵引变电所主导电回路优质供电提供了可靠的依据。

(1)对检修工艺提出了更高的要求，在年度检修或新线路设备验收时要求逐个打开电气连接点(设备线夹)，对设备线夹状态进行检查，确保状态良好。

(2)有人值班的变电所，值班人员要加强对负荷量的监控及主导电回路的巡视测温检查，大负荷时利用红外线测温枪及时掌握电气连接接触点的温度变化情况；对于无人值班变电所，采用在线监控和组网监控的热像仪，将变电所的变电设备运行温度状况通过网络传输至调度监控端；及早发现电气连接接触点过热现象并处理，可以大大减少供电系统的故障与事故，还可提高供电的可靠性，确保变电所正常、安全运行。

参考文献

[1] 吴文民. 电工技术[M]. 合肥：中国科学技术大学出版社，2001.
[2] 申日青. 牵引变电技术问答[M]. 北京：中国铁道出版社，1999.
[3] 中国铁道部. 牵引变电所安全、检修工作规程. 北京：中国铁道出版社，2003.
[4] 电接触导电膏及其应用技术条件暂行规定. www.fjddg.com

浅谈高速铁路牵引供电的回流方式

廖衡军

（中国铁路广州局集团有限公司衡阳供电段）

摘　要： 高速铁路牵引变电所输出电能给接触网，接触网给电力机车供电，再通过钢轨或其他回路流回至牵引变电所，这样就构成了一个完整的牵引网供电方式。本文通过现有的高速铁路牵引供电回流方式，综合分析了各回流方式的优劣，并提出了整改措施。

关键词： 高速铁路；牵引供电方式；回流方式

引言

近几年来，我国高速铁路迅猛发展，现有的高速铁路都是利用电能作为牵引动力，而常用的牵引供电方式是带回流线的直接供电方式和 AT 供电方式。在不同的供电方式下，牵引回流的方式是不同的，回流路径也各有差别。为深入探讨高速铁路牵引网回流方式，我们针对现有的武广高铁和衡柳客专的牵引网回流方式，来分析各回流方式路径的优劣。

1　牵引网回流简介

牵引电流的流通路径如图所示，牵引电流从牵引变电所主变压器流出，经高压开关设备、供电线、电连接后流到接触网上，由受电弓导入电力机车主变压器，经过列车主变压器原边线圈流回钢轨，然后经钢轨、大地、回流线等，最终流回到牵引变电所主变压器，形成了一个闭合的电流通路。

牵引电流回流的路径取决于牵引供电的方式，图 1 所示为带回流线的直接供电方式，增设回流线的目的是避免流到钢轨的电流通过钢轨泄露电阻流入地下，造成钢轨电位升高，减少电磁影响。带回流线的直接供电方式以回流线和钢轨作为回流的主导体，由于钢轨和大地之间过渡电阻的存在，使得钢轨电流在流向变电所的过程中，一部分经过渡电阻逐渐泄入大地，形成地电流。经验表明，50% ~55% 的牵引回流经回流线流回牵引变电所，25% ~35% 的牵引回流经钢轨流回牵引变电所，15% ~20% 的牵引回流经大地流回牵引变电所。

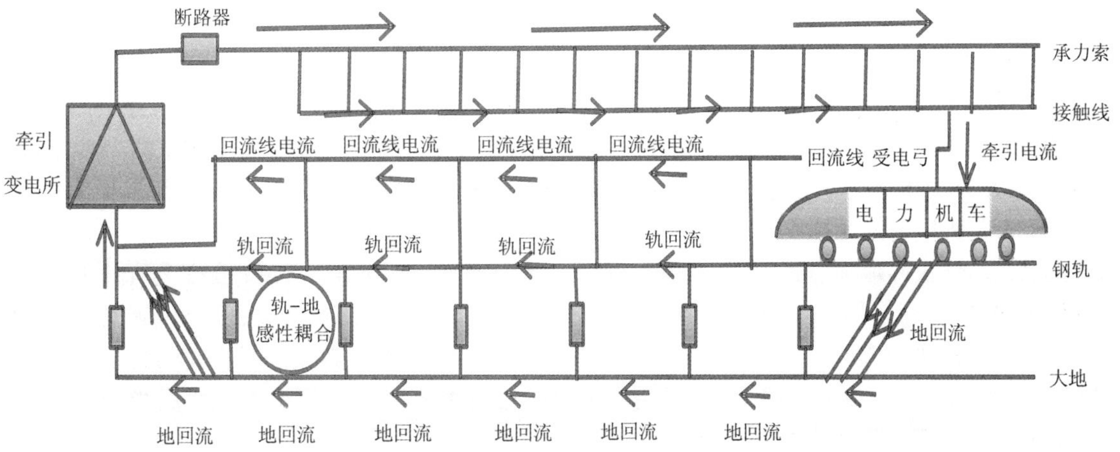

图 1　牵引电流流通路径示意图

武广高铁是全并联 AT 供电方式，其并联是在 AT 所、AT 分区所将上下行牵引网进行并联，与其他供电方式的回流系统不同，此供电方式主要以 PW 线、钢轨、综合地线及大地为导体共同构成回流通道，综合接地系统主要以钢轨、PW 线、敷设在铁路沿线的综合接地线、牵引所亭的综合地网、桥梁或者路基的主筋等构成，形成等电位系统。每 1.2 km 将钢轨通过设置在轨道两旁的扼流变压器连接，将钢轨回流引入 PW 线，通过引入 PW 线将一部分回流电流引入牵引变电所，以降低钢轨电位。所有回流线在牵引变电所集中接地箱汇集，然后流入变电所主变压器内构成回流通路。

2　带回流线的直接供电方式的回流

衡柳客专是采用带回流线的直接供电方式，此种供电方式最主要的特点是引入了回流线作为主要回流路径(图 2)。

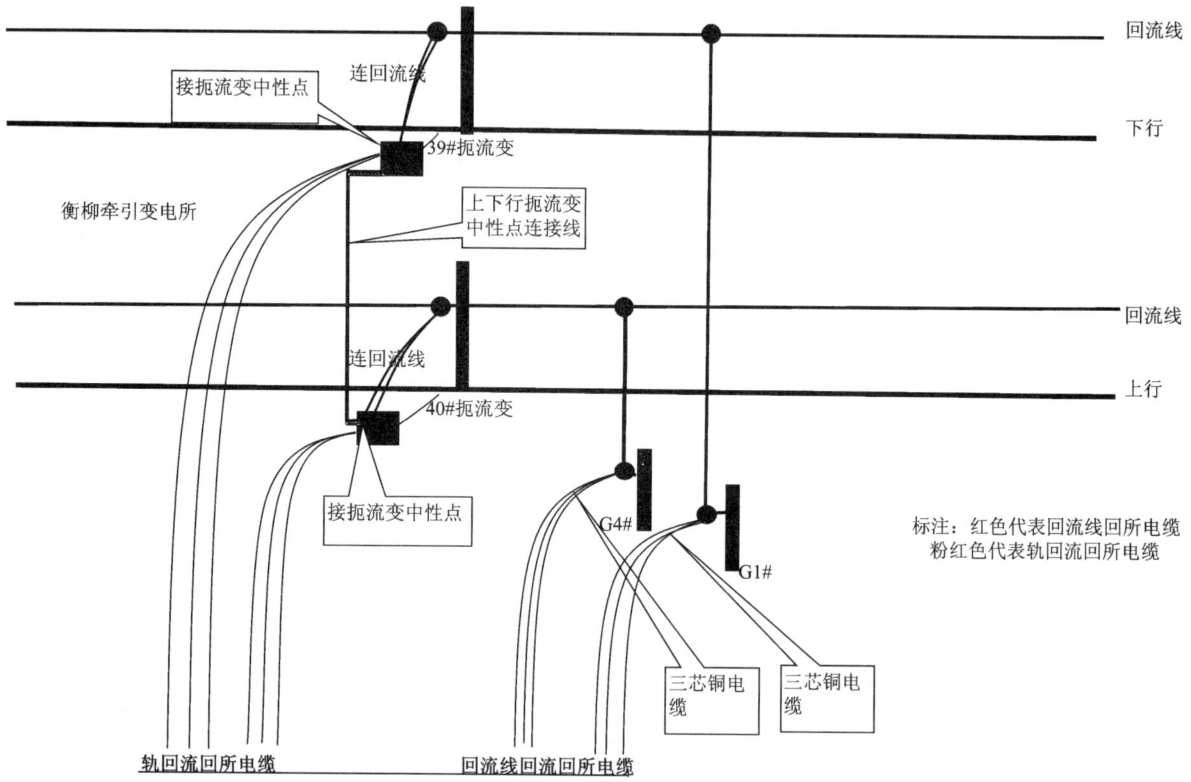

图 2　衡柳线牵引网典型回流线图

2.1　各所回流路径解析

衡柳客专我段管内共有三个牵引变电所，各所的回流路径各不相同。

回流路径一：钢轨回流通过扼流变压器中性点接吸上线与回流线相连接，扼流变压器中性点再通过三根 3 × 150 铜电缆在变电所外与接地扁钢接在一起回变电所集中接地箱；上下行回流线回流则直接通过 1 × 150 铜电缆回变电所集中接地箱。

回流路径二：钢轨回流通过扼流变压器中性点与三根 3 × 150 铜电缆连接后，在变电所外再与接地扁钢接在一起回变电所集中接地箱；上下行回流线回流则直接通过 3 × 150 铜电缆直接回变电所集中接地箱。

回流路径三：钢轨回流通过扼流变压器中性点接吸上线与回流线相连接，扼流变压器中性点再通过三根 3 × 150 铜电缆回变电所集中接地箱；上下行回流线回流则通过 3 × 150 铜电缆与回流线连接后在变电所外与接地扁钢接在一起回变电所集中接地箱。

2.2　各所回流路径分析

综合以上三种回流路径，我们发现衡柳客专牵引网回流是通过三个路径进行回流的：钢轨回流、回流线回流、钢轨或回流线通过接地扁钢与地回流一起回流。这三种回流都是全部回到变电所集中接地箱，再通过三根电缆回到主变压器，从而构成一个完整的回流路径，图 3 为集中接地箱回流内部接线图。

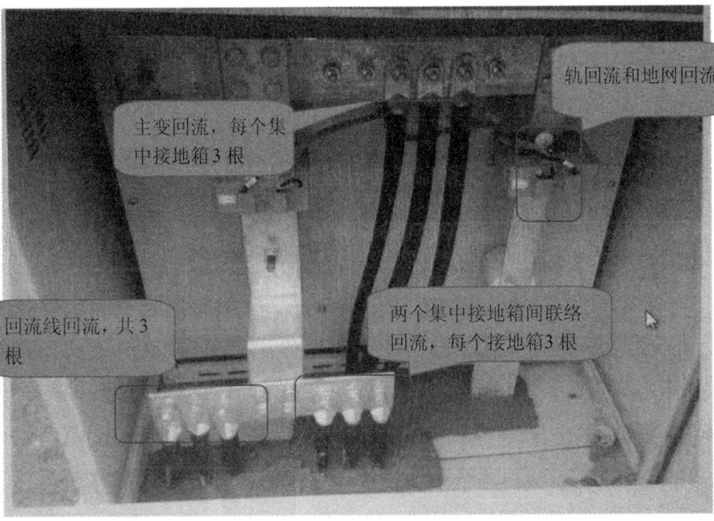

图3　衡柳客专牵引变电所集中接地箱内部接线图

从这三种回流路径比较：

一是回流路径二中扼流变压器中性点没有通过吸上线与回流线连接在一起，根据《铁路电力牵引供电设计规范》(TB10009－2016)第3.4条：吸上线、接轨连线的要求：带回流线的直接供电方式的吸上线接轨连线应满足在有轨道电路区段应与扼流变压器线圈中点连接牢固。因为一旦回流线断线，则大量电流通过远端的吸上线和钢轨流向变电所，牵引回流会在2条钢轨间产生不平衡电流。由于轨道电路也是利用2条钢轨传输信号控制信息，不平衡牵引回流将会严重干扰轨道电路正常工作。钢轨回流和回流线回流作为互为备用的回流路径，靠近变电所亭附件的扼流变压器线圈中点必须与回流线进行连接。

二是三种回流路径中牵引网的地回流与回流线或钢轨回流连接在一起，没有单独设置地回流，不利于牵引网的各回流分流和测量，钢轨回流、回流线回流应与地回流分开敷设。

三是回流路径一上下行回流线回流只通过1根150铜电缆回变电所集中接地箱，根据湘桂线衡阳至永州段接触网回流线与牵引变电所地回流相连技术交底中的第四点：湘桂线下行回流线采用3根150型电缆穿过轨钢管；上下行回流线接地采用3根150型电缆与接地扁钢相连。因此，该施工也不符合设计要求，且我段雨母变电所回流线因采用1根电缆回所，回流线电流过大，在电缆与回流线并沟线夹连接处发现有回流线烧断股现象，后经整治得到了处理。

3　全并联AT供电方式的回流方式

武广高铁采用全并联AT供电方式，此供电方式主要以PW线、钢轨、综合地线及大地为导体共同构成回流通道，图4是武广高铁全并联AT供电方式下变电所回流路径标准图。

3.1　武广高铁牵引网所亭回流接地

武广高铁变电所亭回流包括PW线回流、轨回流、地回流三部分，其中地回流通过大地及所亭内地网回至所内集中接地箱，PW线和钢轨回流采用电缆回至所内集中接地箱。

(1)上下行分别采用6根截面积为150 mm^2 1 kV等级铜芯电力电缆将PW线、钢轨与所亭集中接地箱之间进行连接。

(2)PW线与集中接地箱之间采用3根截面积为150 mm^2 1 kV等级电力电缆。

(3)钢轨通过扼流变与集中接地箱连接，采用3根截面积为150 mm^2 1 kV等级电力电缆。

(4)所亭回流点的扼流变处设置吸上线，吸上线采用2根截面积为70 mm^2 1 kV等级铜芯电力电缆。

(5)在信号设有扼流变附近预留的过轨管处，上下行PW线并联。

3.2　所亭内回流接地

武广高铁的牵引变电所、AT分区所、AT所各设有集中接地回流箱。箱内接地回流母排分别通过电缆

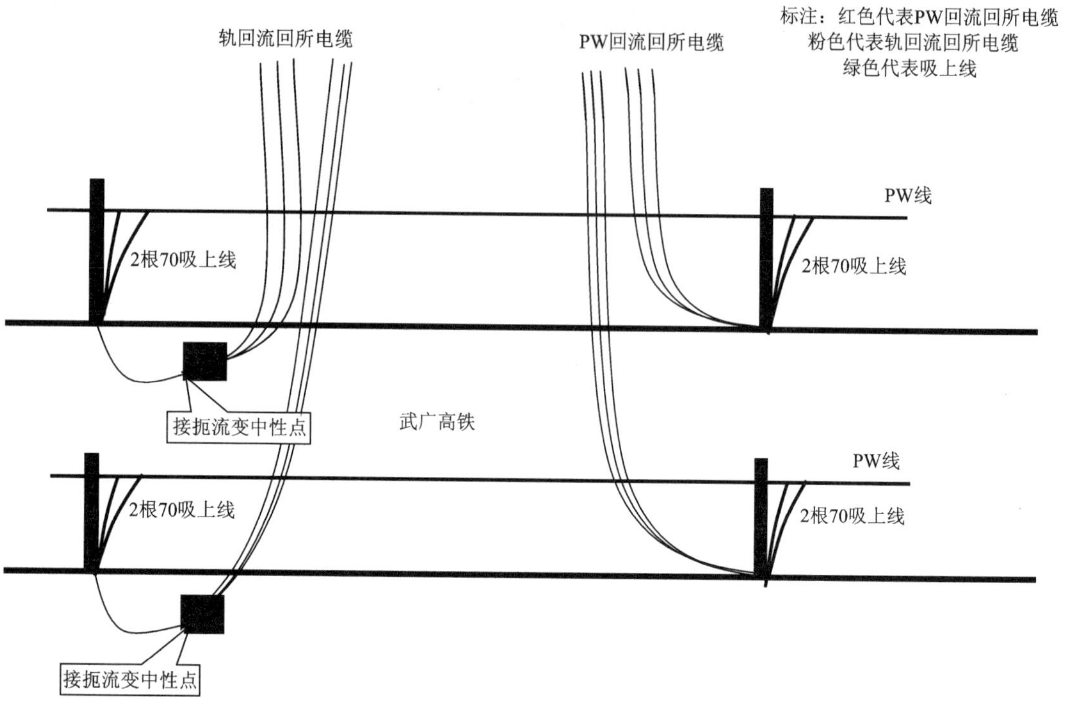

图 4　全并联 AT 供电方式下变电所亭回流路径标准图

与牵引变压器或自耦变压器的接地回流套管、所内的接地装置、接触网的上下行架空回流(PW 线)和钢轨回流接地线相连。牵引变电所集中接地回流箱原理图、布置图如图 5、图 6 所示。

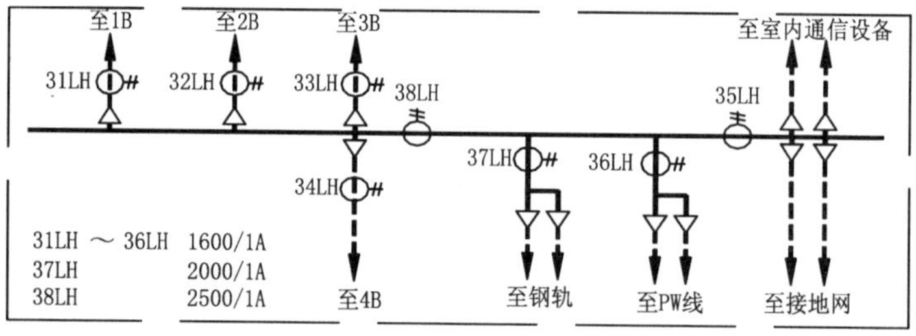

图 5　武广客专牵引变电所集中接线回流箱原理图

3.3　武广高铁牵引网所亭回流存在的缺陷

(1)变电所亭附近的扼流变中性点很多并不是通过吸上线与钢柱相连接，而是直接通过电缆回变电所亭，使 PW 线回流和钢轨回流没有互为备用，存在的危害在带回流线的直接供电方式下的回流中已经阐明；

(2)在变电所亭附近的钢柱 PW 线回流时，未在钢柱 PW 线处加装吸上线，而是在钢柱底部通过电缆直接回变电所亭，存在的危害是如果钢柱底部回流电缆螺栓接触不良时会造成接触电阻增大，PW 线回流电流会全部在轨回流和地回流中分流；

(3)线路上的综合地线不是与变电所集中接地箱之间进行直接连接，而是通过钢柱回流电缆进行的连接；

(4)PW 线回流时，电流是通过吸上线和钢柱本体引入到钢柱底部螺栓，再通过电缆回流到变电所，这样多了一个连接点，吸上线螺栓生锈或者吸上线与 PW 线接触不良，均会造成回流不畅。图 7、图 8 所示为武广高铁哲桥 AT 所钢柱底部 PW 线回流电缆连接螺栓生锈造成 PW 线回流不畅，在所内测量 PW 线回流电流时基本为零，后经整治恢复正常。

图6　武广客专牵引变电所集中接线箱布置图

图7　PW线回流电缆连接螺栓生锈造成PW线回流不畅

图8　PW线回流电缆连接螺栓生锈造成PW线回流不畅

3.4　建议整改方向

3.4.1　牵引网所亭处回流设计方案

采用截面积为150 mm^2 1 kV等级铜芯电力电缆将PW线、钢轨、贯通地线与所亭集中接地箱之间进行连接。钢轨回流、PW线回流、综合地线回流接入点应在同一里程附近分别设置。

(1)钢轨通过扼流变中性点与集中接地箱内钢轨接地端子排连接，采用3根截面积为150 mm^2 1 kV等级电力电缆。同时，该扼流变处需设置吸上线，吸上线一般采用 2×70 (mm^2)单芯铜电缆。

(2)PW线与集中接地箱PW线接地端子排之间直接采用2根截面积为150 mm^2 1 kV等级电力电缆进行连接。回流电缆与PW线之间采用并沟线夹连接。

(3)综合地线与集中接地箱综合地线接地端子排之间采用1根截面积为150 mm^2 1 kV等级电力电缆连接。综合地线侧接至线路上预留接地端子。

3.4.2　所亭内接地回流方案

增加箱内接地回流母排与综合接地连接通过电缆连接。

集中接地回流箱原理图、参考布置图如图9所示。

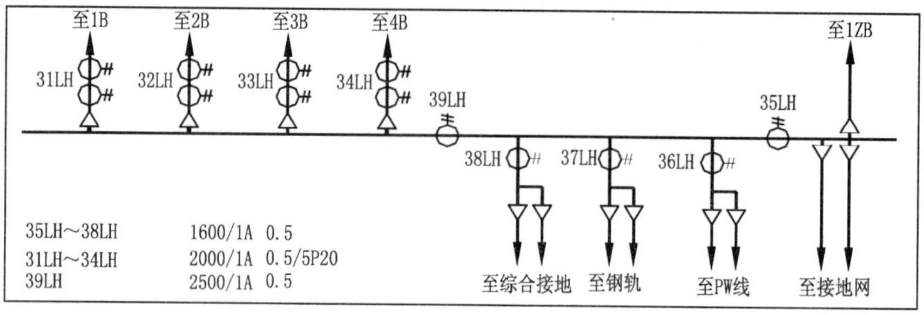

图 9　牵引变电所集中接线回流箱原理图

3.5　回流接地系统图样图

回流接地系统回流整改如图 10 所示。

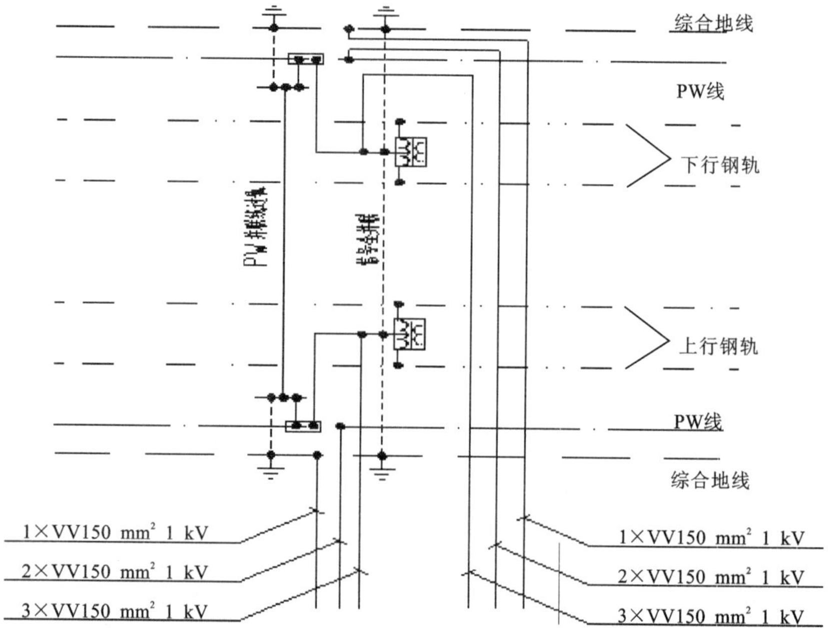

图 10　电气化所亭回流接地连接平面示意图

4　结论

综上所述，高速铁路回流方式就是利用综合接地网中的钢轨、回流线、PW 线、地回流、综合地线等可靠地连接起来，并保障回流系统的畅通性，回路中不能有断点且要尽量减少回路电阻，否则就相当于交流电路中零线断线，会造成零线变火线，使地电位升高，导致信号、供电设备的损坏。

参考文献

[1] 中国铁路总公司. 高速铁路接触网技术[M]. 北京：中国铁道出版社，2014.
[2] 武广客专竣工图(变). 中铁电气化集团第三工程有限公司.
[3] 国家铁路局. 铁路电力牵引供电设计规范. TB10009－201.

浅析衡北枢纽故障测距误差及解决意见

黄 伟

（中国铁路广州局集团有限公司衡阳供电段）

摘 要： 牵引变电所的故障测距能对接触网运行中的故障进行准确定位，并缩短故障修复时间，减少停电对铁路正常行车的影响。湖南境内的京广线采用直供加回流的供电方式供电，故障测距采用的是拟合的分段线性电抗法。在长期运行中，因线路的检修、更新改造、大修及线路损耗，引起牵引变电所的故障测距误变大，本文就对衡北枢纽地区故障测距误差进行分析，并提出解决意见，同样对运行已久的老线路能有参考作用。

关键词： 误差分析；接触网；故障测距；电抗法

近期在运行中发现衡北枢纽故障跳闸后存在故标误差严重超标的问题，而短路电抗一般只受导线材料、空间架构、地质土壤导电率等因素影响，通过对衡北变电所212馈线状态进行现场调查，并联系中铁第四设计院及南京南瑞继保电气有限公司相关技术人员对212保护装置及其故标整定值进行测试和验算，提出更改馈线故标测距电抗－距离表。

1 衡北变电所212馈线跳闸情况概况

2016年以来，衡北变电所212馈线共发生过三次跳闸，具体情况如表1所示。

表1 衡北变电所212馈线跳闸情况

序号	日期	保护类型	短路电流/A	短路电压/V	故标/km	电抗/Ω	阻抗角/(°)	折算公里标	实际公里标	误差/km
11	2016年9月12日	阻抗Ⅰ段	1993	15340	14.55	6.87	64	K1724+120	K1729+677	5.557
22	2016年11月10日	阻抗Ⅰ段、过流速断	3588	5540	0	0.68	27	K1738+670	K1738+670	0
33	2017年2月25日	阻抗Ⅰ段、过流速断	2070	10670	8.29	4.83	71	K1730+380	K1735+633	5.253

其中，两次故标误差超过5 km的跳闸故障均发生在接触网上，且有明确的短路故障点，具体情况如下：

(1)2016年9月12日10分35时，因树木侵倒后搭接在大浦街站2#杆处接触线上，造成衡北变电所212跳闸，重合闸不成功。

跳闸数据：过流速断、阻抗Ⅰ段保护动作，故障电流1993A，故障电压15.34 kV，一次电抗6.87Ω，阻抗角64°，故标14.55 km(折算公里标为K1724+120)。实际故障点公里标为K1729+677，误差为5.557 km。

(2)2017年2月25日17时37分，因风筝跌落至衡北至大浦街128#平腕臂上，短接平腕臂棒式绝缘子造成衡北变电所212断路器跳闸，重合闸不成功。

跳闸数据：过流速断、阻抗Ⅰ段保护动作，故障电流2070A，故障电压10.67 kV，一次电抗4.83Ω，阻抗角71°，故标8.29 km(折算公里标为K1730+380)。实际故障点公里标为K1735.633，误差为5.253 km。

2 212馈线现状及保护装置、整定值情况

2.1 212馈线供电臂情况

2.1.1 供电范围

212馈线由衡北变电所向新霞流上行方向供电，上网点为大茶上行242－244#间(K1738+670)，终端

为 K1721 +700，供电臂长度为22.159 km。

2.1.2 供电线情况

212 供电线材料类型为 TJ－127 铜绞线，自衡北变电所抗雷圈出所后与 211 供电线同杆架设至上网点，长度为5.189 km。

2.1.3 正线接触网悬挂材质

212 正线接触网悬挂材料类型为 GLJC－120/35＋CTHA120。

2.1.4 212 馈线供电示意图(图 1)

2.2 212 馈线保护装置及整定情况

(1)衡北变电所212 馈线采用南京南瑞继保电气有限公司生产的 PCS－9686 电铁馈线保护测控装置，于2013 年 12 月综自改造后投入使用。

(2)故标电抗—距离整定及保护整定值在综自改造过程中未进行调整，而是仍采用2000 年 9 月开通时的原整定值(表 2)。

表 2 212 故标电抗－距离整定

馈线保护测控 PCS9686[装置参数]			
序号	描述	值[211/212/21B(新霞流方向)]	量纲
1	定值区号	0	区
2	保护 TA 额定一次值	600.00	A
3	保护 TA 额定二次值	5.00	A
4	测量 TA 额定一次值	600.00	A
5	测量 TA 额定二次值	5.00	A
6	母线 TV 额定一次值	27.50	kV
7	母线 TV 额定二次值	100.00	V
8	主画面显示一次值	1	
9	电度显示一次值	1	
10	口令	* * *	
11	装置地址	41	
39	测距分段点数	4	
40	第 01 点一次电抗	2.19	Ω
41	第 01 点公里数	0.00	km
42	第 02 点一次电抗	4.52	Ω
43	第 02 点公里数	6.91	km
44	第 03 点一次电抗	4.95	Ω
45	第 03 点公里数	8.86	km
46	第 04 点一次电抗	7.69	Ω
47	第 04 点公里数	16.97	km
100	检测控制回路断线	1	
105	投阻抗四边形特性	0	
106	偷跳不启动重合闸	0	

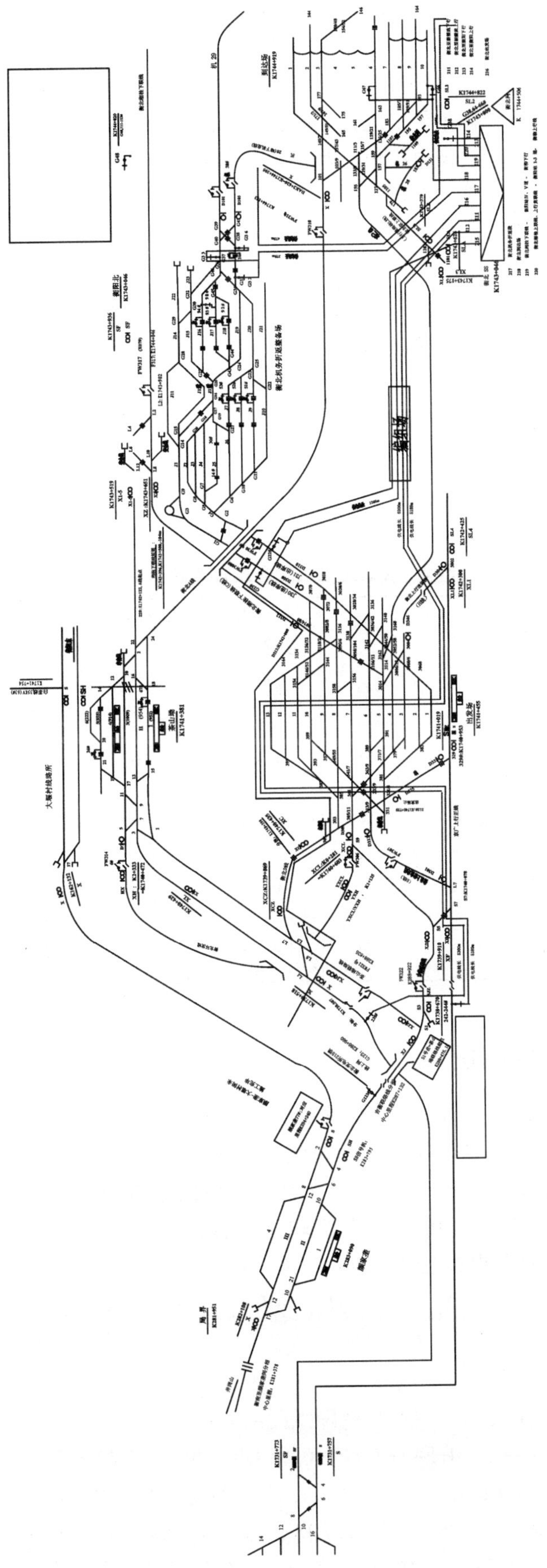

图1　212馈线供电示意图

2.2.1 故标测距方式

衡北变电所故障测距利用 PCS－9686 电铁馈线保护测控装置进行，该装置采用分段线性电抗法原理测距。

测距分段依据导线材料、空间架构等条件，如供电线、区间、站场等单位电抗的不同进行分段。

测距分段数：测距时将此馈线根据不同的电抗区段分成的测距分段的个数。

单位电抗：在此分段内接触网的单位电抗值，为一次值，单位 Ω/km。

总电抗：保护安装处到此分段末端的总电抗，为一次值，单位 Ω。

距离：保护安装处到此分段末端的总距离，单位 km。

2.2.2 单位电抗取值

212 馈线单位电抗采用一般经验取值，GLJC－120 银铜电车线区间取 0.337 Ω/km，站场取 0.225 Ω/km（按对应区间平均单位电抗的 2/3 取值）；变电所抗雷圈取 0.341Ω；TJ－127 铜绞供电线电阻取 0.1251Ω，电抗取 0.3558Ω。

2.2.3 212 馈线故标数据模型

根据以上单位电抗值及馈线分段整定（经核查各分段与实际线路一致，起止点公里标数据准确），编制 212 故标数据模型（表 3）如下。

表 3 衡北变电所故标数据模型

馈线号	故标分段	故标分段供电范围	故标分段全长/km	线路电抗/Ω	故标分段线路电抗/Ω	故标分段线路单位电抗/(Ω·km⁻¹)	故标分段显示起点公里标/km	故标分段显示终点公里标/km	对应的线路起点公里标/km	对应的线路终点公里标/km
212	1	抗雷圈－供电线上网点	5.189	2.187	2.187	0.421	0	0	1738.67	1738.67
212	2	茶山坳－大浦街上行区间	6.914	4.517	2.33	0.337	0.001	6.914	1738.669	1731.756
212	3	大浦街车站上行	1.944	4.954	0.437	0.225	6.914	8.858	1731.756	1729.812
212	4	大浦街－新霞流上行区间	8.112	7.688	2.734	0.337	8.858	16.97	1729.812	1721.7

3 212 馈线保护装置校验情况

对 212 保护装置的故标模块进行校验。校验步骤及情况如下：

（1）在测试仪上加后台记录的保护跳闸的电压、电流二次值 $U=40.51$ V，$I=18.65$ A，相角 $\alpha=69$，保护动作；根据 CT(120/1) 和 PT(275/1) 变比算出一次电压和电流的值 $U_1=11140.25$ V，$I_1=2238$ A，由电抗计算公式 $X=Z\sin\theta=U\sin\theta/I$，可以得到电抗值为 $X=4.647$ Ω。

根据 212 电抗－距离表（表 4）及电抗法计算故障距离公式：

$$L_g=L_{n-1}+(X_n-X_{n-1})(L_{n+1}-L_{n-1})/(X_{n+1}-X_{n-1})$$

式中：L_g——故障点相对距离；

X_n——故障点电抗。

将 $X=4.647\Omega$ 代入公式（1－1），并计算得出故障点距离为：

$$L_g=6.91+(4.647-4.54)(8.86-6.91)/(4.95-4.54)=7.419\text{ km}$$

保护装置故障报告测距为 7.380 km，误差为 129 m，在误差允许的范围之内。

（2）试加电压和电流二次值 $U=37.98$ V，$I=13.9$A，相角 $\alpha=69$，保护动作；根据 PT(275/1) 和 CT(120/1) 变比算出一次电压和电流的值 $U_1=10444.5$ V，$I_1=1668$A，由电抗计算公式 $X=Z\sin\theta=U\sin\theta/I$，可以得到电抗值为 $X=5.846\Omega$，同理代入公式可得故障点距离为 $Lg=8.86-(5.846-4.95)(16.97-$

8.86)/(7.69 - 4.95) = 11.477 km

保护装置故障报告测距为 11.480 km，误差为 3 m，在误差允许的范围之内。

(3)通过相关试验及测算，表明 212 馈线保护装置测量量准确，故标测算值与测量量对应关系正确，可排除 212 保护装置本身存在问题造成故标误差大的情况。

表 4　212 电抗—距离表

电抗 X_n/Ω	距离 L_n/km
$X_0 = 2.19$	$L_0 = 0$
$X_1 = 4.54$	$L_1 = 6.91$
$X_2 = 4.95$	$L_2 = 8.86$
$X_3 = 7.69$	$L_3 = 16.97$

4　212 馈线整定值验算

4.1　验算牵引网单位电抗定值

在排除 212 馈线保护装置本体故障后，根据试验及实际线路调查情况等资料，得出 212 故标整定值中牵引网单位电抗存在较大偏差的结论，经重新验算后，得出了新的牵引网单位电抗值。

(1)当正线接触网悬挂使用 GLJC - 120/35 + CTHA120，回流线使用 GJ95 时，接触网单位电抗值取 0.3223 Ω/km。同时，因站场条件较复杂，计算量比较大但实际对故障电抗(或故标)影响较小，所以现在新的设计均不再考虑站场因素，站场单位电抗取值与区间一致；

(2)当供电线材料类型为 TJ - 127 时，供电线单位电抗(由 TJ - 120 换算得来)取值：单根取 0.76 Ω/km，双根取 0.668 Ω/km。

4.2　212 跳闸数据推算

4.2.1　参考因素

(1)各所亭接触网故障跳闸时，在供电线较短的情况下故标误差基本符合要求，一般都在 500 ~ 1000 m；

(2)2017 年 2 月 25 日 212 跳闸，故标误差 5.253 km 与供电线长度 5.189 m 基本一致。

考虑到以上两点，基本可认为 212 故标误差较大的原因主要是供电线单位电抗取值偏小，而接触网正线悬挂单位电抗取值基本符合实际情况。

4.2.2　推算 212 供电线单位电抗

将 2017 年 2 月 25 日 212 跳闸时的单位电抗代入故标计算公式，得：

$$X_0 = (4.83 - X_{kl} - X_1 * L_1)/L_0 = (4.83 - 0.341 - 1.023)/5.189 = 0.668\ \Omega/\text{km}$$

4.3　212 馈线故标数据模型整定

根据设计院提供的单位电抗值及建议，按照推算结果，同时考虑到衡北 211、212 存在同杆架设等实际情况，重新整定衡北变电所 212 故标数据模型(表 5)如下。

4.4　新故标定值验算

根据 212 馈线故标数据模型整定值，重新验算 212 馈线两次有明确短路点的跳闸故标值。

(1)2016 年 9 月 12 日 212 断路器跳闸一次电抗值为 6.87 Ω，代入新定值计算得故标值为：

$$L_g = 8.858 + (6.87 - 6.792)(16.97 - 8.858)/(9.526 - 6.792) = 9.09\ \text{km}$$

折算公里标为：K1729 + 582。

实际公里标为：K1729 + 677。

误差：0.095 km。

符合故标误差要求。

(2)2017 年 2 月 25 日 212 断路器跳闸一次电抗值为 4.62 Ω，代入新定值计算得故标值为：

$$L_g = (4.83 - 3.807) \times 6.914/(6.137 - 3.807) = 3.036\ \text{km}$$

折算公里标为：K1735 +634。
实际公里标为：K1735 +633。
误差：0.001 km。
符合故标误差要求。

表 5 衡北变电所 212 馈线新故标数据模型

馈线号	故标分段	故标分段供电范围	故标分段全长/km	线路电抗/Ω	故标分段线路电抗/Ω	故标分段线路单位电抗/(Ω·km^{-1})	故标分段显示起点公里标/km	故标分段显示终点公里标/km	对应的线路起点公里标/km	对应的线路终点公里标/km
212	1	抗雷圈－供电线上网点	5.189	3.807	3.807	0.668	0	0	1738.67	1738.670
212	2	茶山坳－大浦街上行区间	6.914	6.137	2.33	0.337	0.001	6.914	1738.669	1731.756
212	3	大浦街车站上行	1.944	6.792	0.655	0.337	6.914	8.858	1731.756	1729.812
212	4	大浦街－新霞流上行区间	8.112	9.526	2.734	0.337	8.858	16.97	1729.812	1721.700

5 下一步措施

(1)建议衡北变电所 212 供电线单位电抗按 0.668 Ω/km、正线(含站场)接触网悬挂单位电抗按 0.337 Ω/km取值，重新整定保护装置故标测距电抗－距离表(表 6)。

(2)鉴于衡北变电所 211 馈线供电线及正线(含站场)接触网悬挂与 212 馈线情况基本相同，建议同步修改其故标测距电抗－距离表(表 7)。

表 6 衡北变电所 212 馈线修改故标测距电抗－距离表

电抗 X_n/Ω	距离 L_n/km
$X_0=3.807$	$L_0=0$
$X_1=6.137$	$L_1=6.914$
$X_2=6.792$	$L_2=8.858$
$X_3=9.526$	$L_3=16.97$

表 7 衡北变电所 211 馈线修改故标测距电抗－距离表

电抗 X_n/Ω	距离 L_n/km
$X_0=3.815$	$L_0=0$
$X_1=6.145$	$L_1=6.914$
$X_2=6.800$	$L_2=8.858$
$X_3=9.533$	$L_3=16.97$

(3)鉴于衡北变电所 213、214 馈线供电线及正线(含站场)接触网悬挂于 212 馈线使用的材质相同，同时 213、214 馈线也存在较大故标误差(自 2014 年 1 月至今，213 馈线故障跳闸最大故标误差为 3.565 km，214 馈线故障跳闸最大故标误差为 1.784 km)，建议同步修改 213、214 馈线故标测距电抗－距离表(表 8)。

表8　衡北变电所213、214馈线修改故标测距电抗－距离表

213		214	
电抗 X_n/Ω	距离 L_n/km	电抗 X_n/Ω	距离 L_n/km
$X_0=0.658$	$L_0=0$	$X_0=0.398$	$L_0=0$
$X_1=2.155$	$L_1=4.440$	$X_1=1.991$	$L_1=4.729$
$X_2=3.080$	$L_2=7.186$	$X_2=2.894$	$L_2=7.406$
$X_3=3.944$	$L_3=9.75$	$X_3=3.758$	$L_3=9.97$
$X_4=4.089$	$L_3=10.18$	$X_4=3.903$	$L_3=10.4$

(4)鉴于衡北变电所219、220馈线现定值采用的基础数据存在较大偏差，建议同步修改219、220馈线故标测距电抗－距离表。

①219、220馈线现用故标测距电抗－距离表(表9)如下。

表9　衡北变电所219、220馈线现故标测距电抗－距离表

219		220	
电抗 X_n/Ω	距离 L_n/km	电抗 X_n/Ω	距离 L_n/km
$X_0=0$	$L_0=0$	$X_0=0$	$L_0=0$
$X_1=1.58$	$L_1=5$	$X_1=1.58$	$L_1=5$
$X_2=5.42$	$L_2=17$	$X_2=5.42$	$L_2=17$
$X_3=13.37$	$L_3=38.93$	$X_3=13.37$	$L_3=38.93$

②表9中显示的219、220馈线故标距离分段不明确且存在供电线与接触网重叠的情况，同时两馈线的供电线及供电臂长度也不明显、不准确。

经调查，219馈线供电线长度为1.906 km，接触网长度为11.828 km；220馈线供电线长度为4.084 km，接触网长度为9.378 km。两馈线供电线型号均为LBGLJ－185/25，正线接触网悬挂使用GLJC－120/35＋CTHA120。

③综上所述，建议修改219、220馈线故标测距电抗－距离表(表10)如下。

表10　衡北变电所219、220馈线修改故标测距电抗－距离表

219		220	
电抗 X_n/Ω	距离 L_n/km	电抗 X_n/Ω	距离 L_n/km
$X_0=1.463$	$L_0=0$	$X_0=3.171$	$L0=0$
$X_1=3.375$	$L_1=5.673$	$X_1=4.257$	$L_1=3.223$
$X_2=5.449$	$L_2=11.828$	$X_2=6.331$	$L_2=9.378$

(5)若条件许可，建议进行衡北变电所各馈线短路试验，在取得详细试验数据的情况下，重新计算单位电抗等基础数据，以保障故标数据的准确性。

(6)督促衡阳供电车间核实衡北变电所各供电臂长度、公里标等基础数据，不断收集故障跳闸相关数据，验证各馈线整定后的故标测距电抗－距离表取值的准确性，并适时进行调整。

(7)以衡北变电所馈线故标整定为基础，待京广线牵引供电设施改造完成后，结合管内跳闸相关数据，重新计算其他变电所的单位电抗等基础数据，缩小故标误差，减少故障查找时间。

参考文献

[1] 李群湛，贺建闽. 牵引供电系统分析[M]. 成都：西南交通大学出版社，2012：69 - 105.
[2] 林国松，李群湛，陈小川. 电气化铁道供电牵引网故障测距综述[C]. 中国电气化铁路 2 万公里论文集，2005.
[3] 黄琳. 接触网故障测距误差分析及对策[J]. 科技创业月刊，2010(5)：158 - 159.
[4] 王婧，崔昊，张青青. 输电线路数学模型用于故障测距的分析研究[J]. 山东电力技术，2011(1)：37 - 40.

益湛线社山变电所不正常跳闸数据报告原因分析

廖衡军

（中国铁路广州局集团有限公司衡阳供电段）

摘　要： 2016 年 8 月 26 日益湛线社山变电所 211 发生跳闸，本文对此次跳闸出现的不正常跳闸数据及保护动作类型进行了分析，通过试验证明造成本次出现不正常数据的原因为流互极性接线错误，并提出了整改方法和措施，为今后新建变电所的设备验收提供了参考。

关键词： 社山变电所；不正常跳闸数据；原因分析

1　事件经过

2016 年 8 月 26 日。01:03:18，衡阳供电段管内益湛线社山变电所 211 过电流Ⅱ段保护动作跳闸，重合闸成功。馈线电压 7.77 kV，馈线电流 3584.00A，电阻 -2.99Ω，电抗 -6.12Ω，阻抗 6.81Ω，阻抗角 243°，L 0.00 kM。邵东供电车间 8 月 26 日天窗排查发现社山变电所 G72 号供电杆 211 馈线绝缘子闪络（接地侧瓷裙炸裂四分之一片）（图 1），8 月 27 日利用天窗进行了更换。

社山变电所为 2015 年新建变电所，2016 年 1 月开通运行，社山变电所 211 保护装置厂家为长圆深瑞继保自动化有限公司，该装置保护投入了距离Ⅰ段、距离Ⅱ段、过电流保护、电流速断保护、电流增量保护等。开通前 211 馈线装置未发生过跳闸且未做过短路试验。

(a)　(b)

图 1　社山变电所 G72 号供电杆接地侧瓷裙炸裂四分之一片

2　跳闸数据分析

针对社山变电所本次跳闸，通过数据分析，我们提出了以下四个疑问：

（1）为什么是过电流Ⅱ段保护动作，而社山变电所只设置了过电流保护，出口时间为 0.4 s，却没有设置过电流Ⅱ段保护？通过咨询厂家，过电流Ⅱ段保护即过电流保护，电流速断保护即过电流Ⅰ段保护。因为厂家是第一次开发铁路市场，保护程序设置里还没有修改。因此，过电流Ⅱ段即过电流保护启动出口是正常保护动作，这一点将在后续的保护升级中要求厂家修正。

（2）为什么社山变电所 211 装置是过电流保护启动（动作时间为 0.4 s），而作为这么大的故障电流和低电压，且故障点距变电所约 4 km(在距离Ⅰ段保护范围内)，而距离Ⅰ段(动作时间为 0.1 s)、距离Ⅱ段(动作时间为 0.4 s)、电流速断保护(动作电流整定为 1976A，动作时间整定为 0.1 s)却没有启动？通过整定值我们发现，社山变电所在保护配置里均设置了距离Ⅰ段、距离Ⅱ段、电流速断保护的方向正向保护，如果假设 211 保护装置的流互极性接反，短路电流为反相，则可能导致 211 保护装置没有启动距离Ⅰ段、距离Ⅱ段、电流速断保护出口，而没有设置保护方向的过电流则在保护出口。

(3)为什么跳闸时显示的电阻和电抗值均为负值，角度超前正常角度 180°？211 跳闸时电阻 -2.99Ω，电抗 -6.12Ω 为负值，阻抗角为 243°。8 月 27 日通过对 211 保护装置进行保护试验，当通过 211 保护装置的电流为正向，设置角度为 60°时，跳闸时电阻和电抗值均为正值，角度为 60°；当通过 211 保护装置的电流为反向，设置角度为 60°时，跳闸时电阻和电抗值均为负值，角度为 240°。通过试验分析，当 211 保护装置流互极性接反时，跳闸时显示的电阻和电抗值均为负值，角度超前正常角度 180°。因此，8 月 26 日 211 跳闸显示的数据符合流互极性接反的特征。

(4)为什么跳闸时 211 馈线保护装置没有故标显示(社山变电所馈线保护和故测共有一套装置)？经询问厂家，厂家答复设计中若跳闸时的电抗值为负值，则均不能正常显示公里标。

3 原因分析

(1)8 月 26 日我们对社山变电所 211 保护装置进行了保护试验，对二次固定加电流 1A、角度为 60°，加电压 100 V。当电流反向输入时，慢慢降电压在 75 V 左右动作，试验动作数据如下：

2016 年 08 月 27 日 04 时 30 分 17 秒 880 211 保测装置 ISA-351G 电流增量保护出口 $I_d=792.00$ A，$I_1=792.00$ A，$U_1=20883.5$ V0，$R=-37.90$ Ω，$X=-66.02$ Ω，$Ag=240.00°$

当电流正向输入时，慢慢降电压在 75 V 左右动作，动作数据如下。电流增量和距离Ⅱ段同时出口。

2016 年 08 月 27 日 04 时 31 分 35 秒 365 211 保测装置 ISA-351G 电流增量保护出口 $I_d=800.00$A，$I_1=792.00$A，$U_1=20883.50$ V，$R=38.1$ Ω，$X=65.80$ Ω，$Ag=59.00°$，$L=51.16$ km[出口时间：2002 ms]

2016 年 08 月 27 日 04 时 31 分 35 秒 367 211 保测装置 ISA-351G 距离Ⅱ段出口 $I_1=800.00$A，$U_1=$

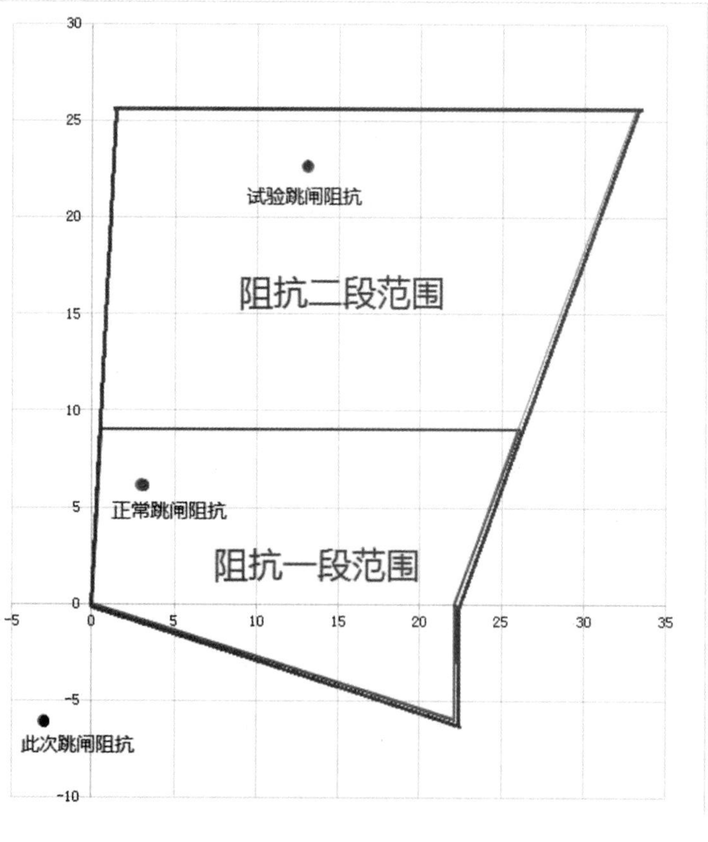

图 2 社山变电所 211 馈线保护阻抗图

20878.00 V, R = 38.07 Ω, X = 65.65 Ω, Z_m = 75.88 Ω, Ag = 59.00°, L = 51.16 km[出口时间：402 ms]

通过对211保护装置二次继保试验分析：当对211保护装置输入反方向电流时，显示的数值和8月26日社山变电所211跳闸时的数据基本一致。阻抗值没有落入距离一段、距离二段的保护四边形内，所以没有启动跳闸出口。试验中电流速断也因设置了正向出口而没有动作，角度显示也超前180°为240°。因此，我们可以判定，造成这次不正常数据出现的原因为保护装置流互极性错误(图3)。

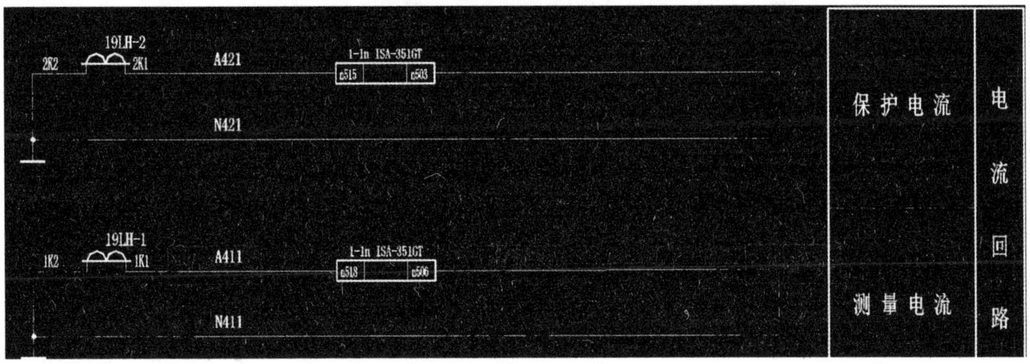

图3　211 馈线保护二次接线图

(2)通过对211保护接线的查找，电化局是严格按照图纸进行接线的，但没有考虑到现场实际设备的运行情况，社山变电所高压室母排布置主变二次侧电流从断路器上触头流向下触头，馈线侧断路器电流从下触头流向上触头，但因为变电所都是相同型号的断路器，施工时在实际接线中并没有考虑到电流流向的问题(图4)。

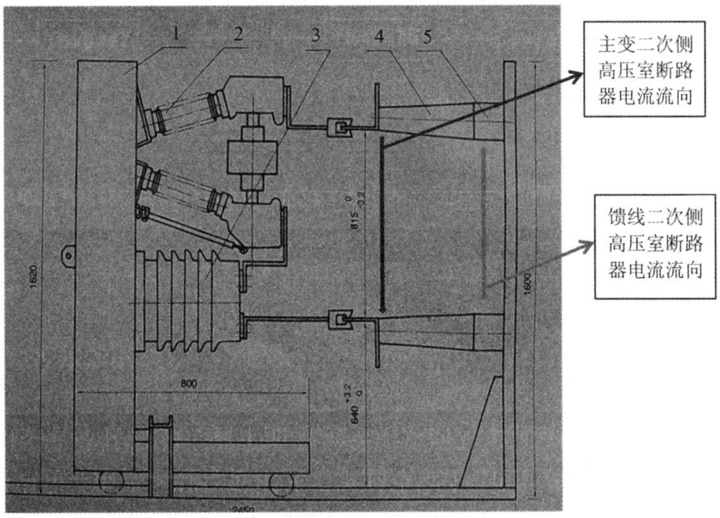

图4　断路器上下触头电流方向

4　整改措施

(1)立即对益湛线三个变电所的馈线保护装置进行检查，通过保护装置在运行正常负荷时在装置上显示的相位角大小判断流互极性是否接反(图5)，正常机车负荷一般相位角在25°~358°之间，如果正常取流时相位角在180°~270°之间则可能存在流互极性接反。

(2)立即对社山变电所211、212、21B的保护装置电流互感器接线进行检查和整改，对馈线断路器本体上电流互感器的二次接线保护和测量线圈进行整改。

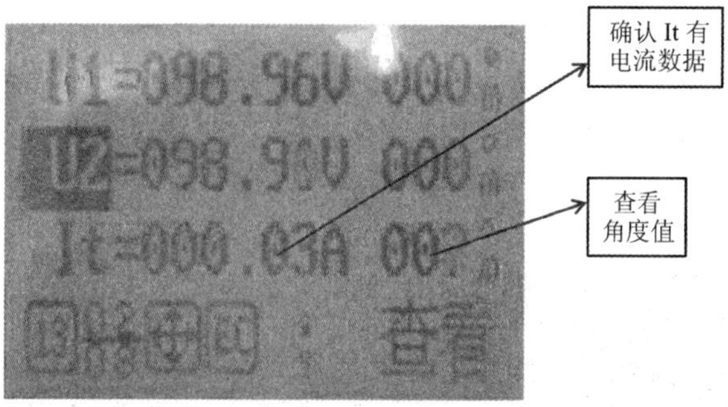

图 5 211 馈线保护装置面板显示图

(3)对益湛线所有牵引变电所馈线保护装置接线进行检查和对比，对存在流互极性问题的进行整改，后续继续观察变电所流互极性接线问题。

5 结束语

本论文主要针对铁路馈线保护流互极性错误及防止保护装置流互极性接错提出了整改措施。

综上所述，在新建的铁路牵引变电所，变电所主变压器二次母线采取高压室母排布置时，主变二次侧 27.5 kV 断路器从上触头流向下触头，而变电所馈线 27.5 kV 断路器则从下触头流向上触头。因此，不能从主接线的常规角度来理解馈线侧电流互感器的接线，要从实际设备电流的方向来分析和进行接线。

参考文献

[1] 长圆深瑞继保自动化有限公司. ISA－300GT 电气化铁路牵引变综合自动化系统技术使用说明书 V3.21.

[2] 平高集团有限公司. 平高集团有限公司 ZN42A－31.5 型断路器维护检修手册, 2015.

[3] 王永康. 继电保护及自动装置[M]. 北京: 中国铁道出版社, 1998.

高速铁路27.5 kV牵引供电电缆的应用改进

高　枫

（中国铁路北京局集团有限公司天津供电段）

摘　要： 随着高速铁路的快速发展，27.5 kV电压等级的牵引供电电缆得到了广泛的应用。通过重点剖析京沪高速铁路牵引供电电缆绝缘击穿事故，对单芯27.5 kV电气化铁路专用电缆的结构、特点进行了分析，并针对牵引供电电缆的不同长度提出了相应接地方式的优化措施。

关键词： 高速铁路；单芯电缆；接地方式；应用改进

1　概述

随着高速铁路的发展，高铁新建牵引变电所亭全部使用集成度高、少维护的GIS组合电器。GIS开关柜通过高压电缆进出线，27.5 kV牵引供电电缆在高铁领域得到了广泛应用。电力电缆埋在地下，容易发生绝缘击穿事故，因此加强对牵引供电电缆接电方式及工艺的分析和研究，保障供电电缆安全平稳运行，是很有必要的。2012年12月，某高铁线路华苑牵引变电所馈出供天津西开闭所的221路馈线的2根桥上高压电缆相继发生绝缘烧伤击穿事故。

(1)23日7时12分，华苑变电所221断路器跳闸，重合闸失败，断路器阻抗Ⅰ段元件动作，故标指示相对距离4420 m。对221路馈线线路进行排查，发现在杆号493#处有高压供电电缆烧伤，为221路2条馈电电缆中的一条(221－1)绝缘烧伤击穿。此次故障造成中断行车48 min，故障查找至故障处理完毕，再到恢复正常供电，耗时3 d。

(2)29日7时23分，华苑变电所221断路器跳闸，重合闸失败，断路器阻抗Ⅰ段元件动作，故标指示相对距离4300 m。对221路馈线线路进行排查，发现在杆号525#处有高压供电电缆烧伤击穿，为221路2条馈电电缆中的另一条(221－2)绝缘烧伤击穿。此次故障造成中断行车16 min，而故障查找至故障处理完毕，再到恢复正常供电，耗时4 d。

可见，供电电缆故障会严重影响牵引供电系统的正常供电，影响行车。高铁日间行车密度大，天窗点都在夜间，事故处理难度大、耗时多。牵引供电电缆故障将造成严重的安全隐患和经济损失。

2　电缆绝缘烧伤击穿原因分析

华苑变电所221路供电电缆全长4000 m，共计2根，27.5 kV单芯，型号为YJV72－240 mm^{2}交联聚乙烯绝缘非磁性金属丝铠装聚氯乙烯护套电力电缆。2根电缆接地方式如图1所示。

由221馈线电缆接地示意可见，2根4000 m的供电电缆由于太长，为保护电缆，增加了多处接地位置。电缆221－1故障点在金属护套直接接地点(C)处，电缆221－2故障点在金属护套直接接地点(A)处，绝缘击穿故障点均为电缆金属护套直接接地点。

图1(221－1)中，(A)和(C)为电缆金属护套直接接地点，(B)为电缆通过直通电缆中间头加护层保护器接地点。(A)和(B)之间实现电缆一端(A)直接接地，另一端(B)通过保护器接地；(B)和(C)之间实现电缆一端(C)直接接地，另一端(B)通过保护器接地。从而当相应电缆区段上金属护套上出现过电压时，能实现护层保护器工作接地保护，减少或消除环流，提高电缆传输容量和运行安全的目的。

深入分析发现，虽然(B)为电缆通过直通电缆中间头加护层保护器接地点，但是由于施工时未将电缆金属护套截断，造成电缆金属护套连通，当(A)到(C)电缆区段金属护套上出现感应电压时，感应电动势在(A)(C)之间形成环流，从而使(B)处护层保护器接地不起作用，导致电缆长期超温运行，绝缘性能下降，最后引发直接接地点(C)绝缘击穿事故。

同理，图1(221－2)中，221－2电缆在(A)(C)区段的金属护层长期承受很大的环流，电缆长期超温运行，绝缘性能下降，最后引发直接接地点(A)绝缘击穿事故。

另外，根据221－1电缆烧伤现场可知，击穿点施工工艺不符合技术要求，造成接地点电阻过大，在长期的环流运行中，导致电缆长期超温运行，从而电缆绝缘性能下降，最后引发直接接地点电缆击穿。这是引发故障的另一个原因。

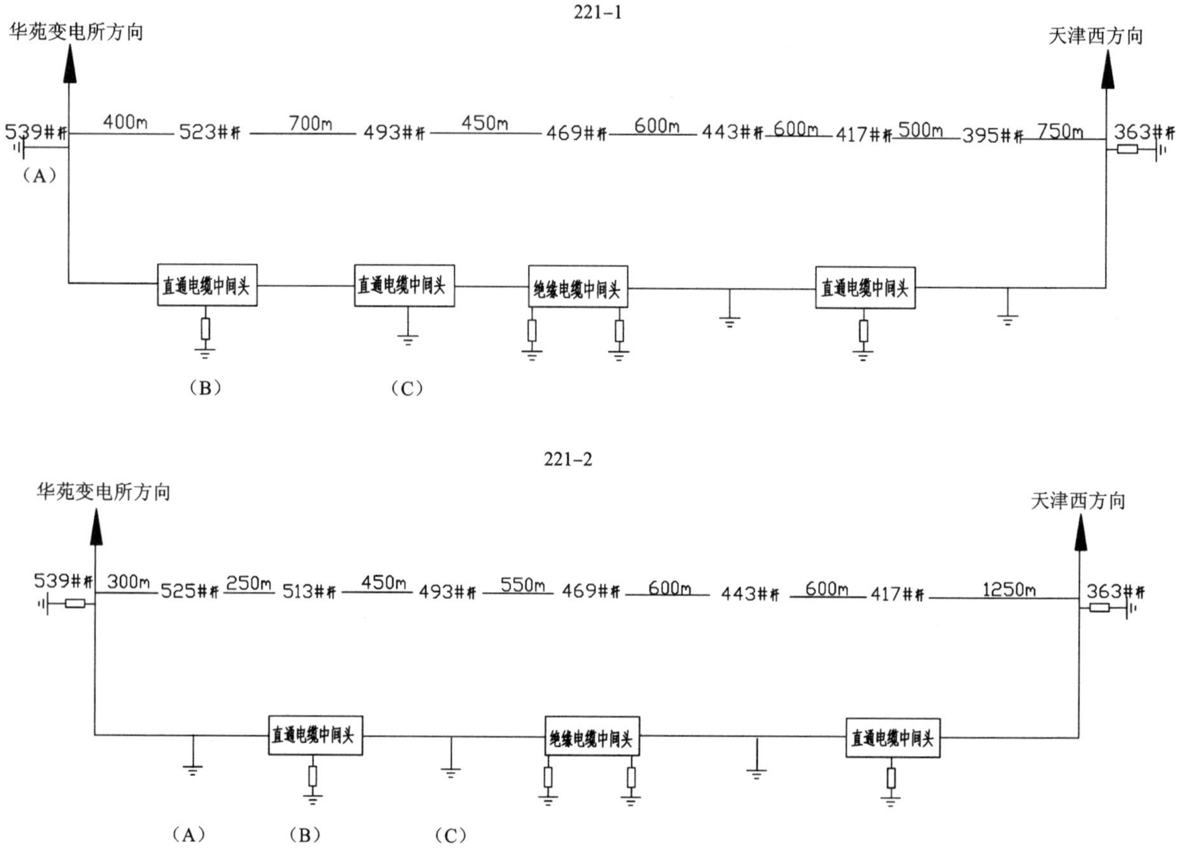

图1　2根电缆接地方式

注：示意图中(A)、(B)、(C)分别代表相应接地点

3　27.5 kV牵引供电单芯电缆接地方式分析

3.1　单芯电缆的特殊性

不同于常见的三相电缆，单芯电缆金属导体和电缆铠装层之间类似绕组为一圈的单相变压器。根据电磁感应原理，由金属导体产生的磁通量会在电缆铠装层产生感应电压，感应电压值则与电缆电流、电缆长度和排列方式有关。如果产生两点接地，在屏铠层与大地间形成回路，就会产生感应电流，还会造成牵引地回流的分流。

3.2　单芯电缆限制感应电压过高的接地方式

由于单芯电缆金属铠装层的感应电压与电缆长度和电缆内流过电流成正比，在电缆较长和电流较大的情况下，所产生的感应电压会威胁到人身安全。若接地方式不当，会在电缆上产生环流，出现局部过热现象，进而损坏电缆绝缘，造成事故。因此，对于牵引供电单芯电缆要采取一定的措施限制感应电压，同时降低电缆损耗。27.5 kV单芯电缆有如下几种接地方式。

(1)在电缆长度小于1000 m的情况下，采用金属铠装层一端直接接地、另一端通过护层保护器接地的方式，如图2所示。

这种方式下，会在电缆铠装层上产生感应电压，但由于接地一端通过护层保护器，对地没有构成回路，因此不会产生环流。当铠装层上感应电压过大，击穿护层保护器时，实现接地保护。

(2)在电缆长度大于 1000 m，小于 2000 m 的情况下，有两种接地方式，其一为采用金属铠装层中点直接接地、铠装层两端分别通过护层保护器接地的方式，如图 3 所示。

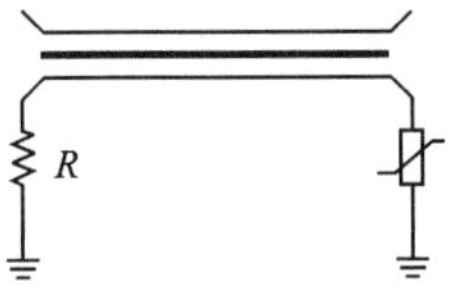

图 2　金属铠装层一端直接接地，另一端通过护层保护器接地

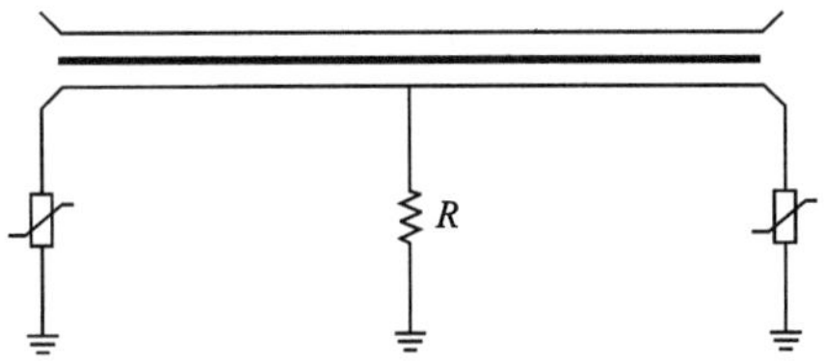

图 3　金属铠装层中点直接接地，铠装层两端分别通过护层保护器接地

此接地方式相当于 2 组“金属铠装层一端直接接地、另一端通过护层保护器接地”方式。其中实现金属铠装层中点直接接地的是：直接把电缆屏蔽层和铠装层引出接地或者是电缆中点装设电缆中间头，将电缆屏蔽层和铠装层引出接地。

其二为采用金属铠装层中点通过护层保护器接地、铠装层两端直接接地的方式。此接地方式特殊性在于电缆中点安装绝缘中间头，在绝缘中间头两边分别安装护层保护器，在护层保护器之后可以一起接地，如图 4 所示。

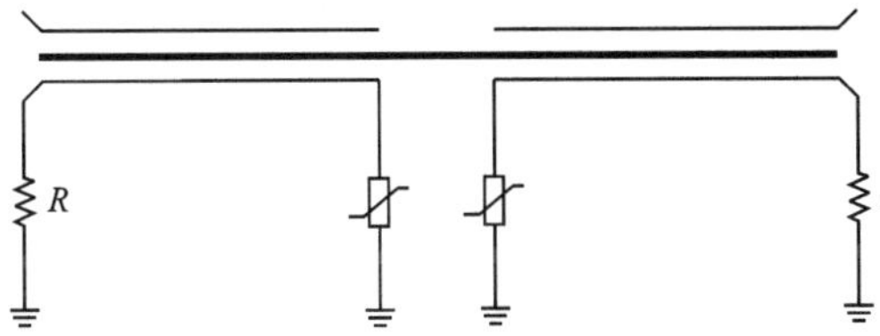

图 4　金属铠装层中点通过护层保护器接地，铠装层两端直接接地

(3)在电缆长度大于 2000 m 情况下，采用分段接地方式，接地采用前面(1)(2)种方式，进行多次延伸，但要保证每段电缆长度不超过 1000 m，相邻两段电缆间要装设绝缘中间头。

4　电缆应用存在问题及改进方案实施

根据对 27.5 kV 牵引供电电缆的接地方式分析，通过图 1 电缆接地示意可见 2 条电缆通过接地分别分成了 7 段，每段长度均不超过 1000 m。

4.1　华苑变电所 221 路馈线电缆存在的问题

由 221 -1 电缆接地图可见，在 539#杆和 493#杆之间，由于中点 523#杆处使用直通电缆中间头，两段电缆金属护层导通，造成 539#杆和 493#杆处直接接地，形成多点接地。同样，电缆在 443#杆至 395#杆间，由于中点 417#杆处使用直通电缆中间头，两段电缆金属护层导通，从而通过 539#杆和 493#杆处直接接地。可见，221 -1 电缆的接地方式不甚合理，存在突出的安全隐患。

221 -2 电缆存在与 221 -1 电缆一样的问题。

由此分析可见，既有运行电缆在接地方案上存在明显的问题，应重新制订应用方案，完善接地方式，进行施工改造，消除事故隐患。

4.2　改进方案

依据华苑变电所 221 电缆布置图、工程现场调查资料、现场测量数据，结合电缆设计规范要求，制定电缆改造方案。

鉴于电缆长度远超 2000 m，应采用分段保护接地方式，每一段电缆长度都不能超过 1000 m，并按照每段电缆一端直接接地、一端经护层保护器接地的方式进行多倍延伸。通过护层保护器接地处，采用绝缘电缆中间头，在绝缘电缆中间头两侧分别通过护层保护器后连接共同接地体。对长度超过 1000 m 的电缆新增电缆中间头，华苑变电所 221 馈线电缆改造接地方案如图 5 所示。

图 5(221 -1)中，A 点原为直接接地，改为加护层保护器接地；B 点原为直接电缆中间头加护层保护器接地，改为直通电缆中间头接地；C 点原为直通电缆中间头，改为绝缘电缆中间头两侧加护层保护器接地；D 点原为绝缘电缆中间头两侧加护层保护器接地，改为直通电缆中间头接地；E 点原为直接接地，改为绝缘电缆中间头两侧加保护器接地；F 点原为直通电缆中间头加护层保护器接地，改为直通电缆中间头接地；G 点原为直接接地，改为绝缘电缆中间头两侧加保护器接地；H 点原为加护层保护器接地，改为直接接地。

图 5(221 -2)中，A 点原为直接接地，改为绝缘电缆中间头不接地，两侧直接连通；B 点原为直通电缆中间头加护层保护器接地，改为直通电缆中间头接地；C 点原为直接接地，改为绝缘电缆中间头两侧加保护器接地；D 点原为绝缘电缆中间头两侧加护层保护器接地，改为绝缘电缆中间头两侧连通后直接接地；E 点原为直接接地，改为绝缘电缆中间头两侧加护层保护器接地；F 点原为直通电缆中间头加护层保护器接地，改为直通电缆中间头接地；G 点新增绝缘电缆中间头两侧加护层保护器接地；H 点原为加护层保护器接地，改为直接接地。

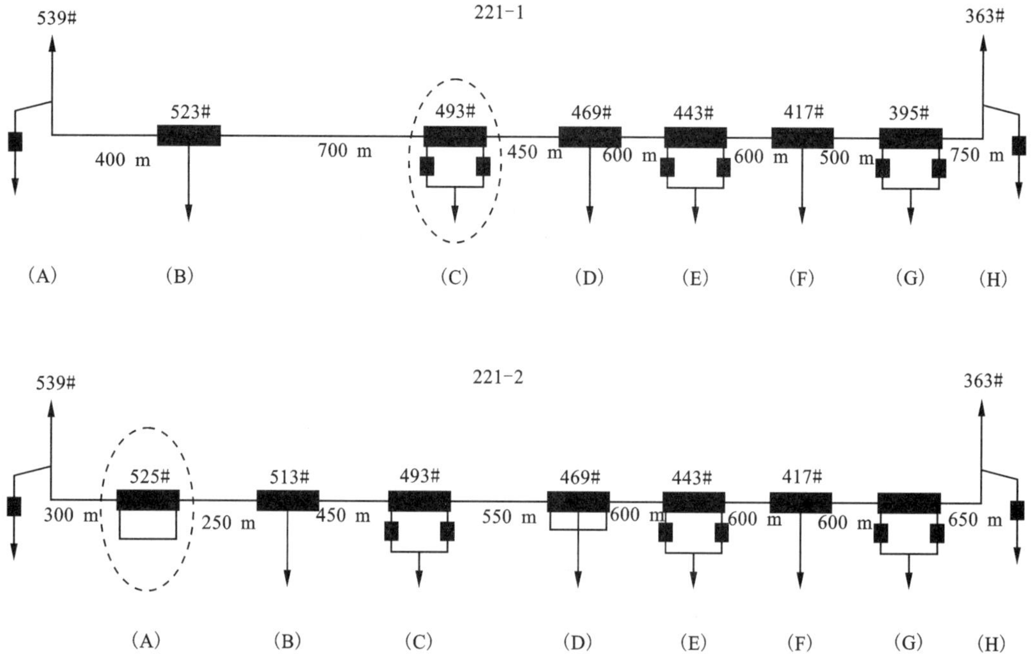

图 5　华苑变电所 221 馈线电缆改造接地示意

根据事故现场分析得出，电缆施工在直接将金属屏蔽层和铝包引出接地线时施工工艺不符合要求，所以对 221 馈线 2 条电缆的原直接接地点全部改为电缆中间头，并保证较高的施工质量。

4.3　改进效果

该牵引变电所 221 路馈线 2 条牵引供电电缆自 2013 年 1 月完成改造运行至今已 4 年多时间，期间未发生任何故障。对电缆进行巡视检查，也未发现有不良状况，改造后电缆运行状况良好。

5　结论及建议

因为牵引供电系统的特殊性，供电电缆在设计时，若有明确的接地方式应以设计标准为主，而没有明确规定时建议参考以下原则执行。

(1)对于长度 $L<100$ m 的牵引供电电缆，采取一端接地的方式，即一端直接接地(单独接地极)，另一端悬空不作接地。悬空端的接地线需保证可靠的绝缘防水，可用绑扎带固定于电缆外皮上。

(2)对于 100 m$\leqslant L<500$ m 的牵引供电电缆，采取保护接地的方式，即一端直接接地(单独接地极)，另一端经过护层保护器接地。需注意护层保护器不能暴露在自然环境中或浸泡于水中，应置于可靠的密封护层接地保护箱中。

(3)对于 $L \geqslant 500$ m、有中间头的牵引供电电缆，宜采取分段保护接地的方式，即采用屏蔽层断开型绝缘中间头，中间头两侧均引出接地线，分别接至直接接地点和护层保护器，注意每段电缆(2 个中间头之间或接头与终端之间)不能两端都直接接地或都接至护层保护器。

(4)电缆头制作、接地线直接引出等要保证施工工艺质量，并做好防护措施。

(5)运行中要严格按照试验标准对护层保护器进行试验，防止其性能劣化诱发的两点接地问题。

(6)适时开展接地环流的在线监测，以期做到两点接地问题的提前预警。

参考文献

[1] 李进军. 电气化铁道 27.5 kV 电缆护层保护器选择浅析[J]. 铁道标准设计，2012(3).
[2] 张倩，李文豪，陈维荣. 高速铁路 27.5 kV 单芯电缆接地方式的研究[J]. 电气化铁道，2009(2).
[3] 邵健强，李汉卿. 电气化铁道 27.5 kV 电缆技术参数研究[J]. 信息系统工程，2011(8).
[4] 何劲松. 沪杭高铁 27.5 kV 单芯供电线电缆接地施工技术[J]. 电气化铁道，2011(5).
[5] 邱汉忠. 从技术层面上解析 27.5 kV 专用电缆的构造特性[J]. 铁道建筑技术，2012(7).
[6] 程子霞，薛文彬，周远翔，等. 电气化铁路 27.5 kV 单相单芯交联聚乙烯电缆载流量计算[J]. 高电压技术，2012(11).
[7] 杨柳. 高速铁路馈线电缆的优化设计[J]. 电气化铁道，2012(5).
[8] GB 50217—2007. 电力工程电缆设计规程[S].

27.5 kV 电缆中间头异音现象处理和应对措施

牟树华

(中国铁路济南局集团有限公司济南维管段)

摘　要: 随着电气化铁路牵引供电系统 27.5 kV 电缆的不断投入运行,高压电缆出现故障的频次升高,本文对高压电缆运行中发现的一例电缆中间头异音现象产生的原因及处理措施进行阐述,并对高压电缆在牵引供电专业的设计与施工提出建议。

关键词: 电缆异音;电缆中间头保护箱;电磁感应现象

随着中国铁路的快速发展,新增牵引供电线路不断增加。但限于城市规划、环境景观、线路走廊的要求,架空供电线路的建设受到了限制,电气化铁路牵引供电系统供电线路越来越多地采用高压电缆转入地下敷设。随着高压电缆的应用里程越来越长,而且增长速度越来越快,并相应地担负起了主要供电线路的作用,因而对其供电可靠性及异常情况的处理要求越来越高。本文旨在从技术层面交流京沪线济南枢纽地区北园变电所黄台客上、下行供电臂 27.5 kV 电缆中间头异音处理经验,探讨如何处理高压电缆异音现象以提高高压电缆的供电稳定性,从而更好地满足高压电缆在牵引供电系统的应用。

1　概况

1.1　设备概况

为满足济南枢纽地区电力机车运行要求,2016 年进行“改建铁路北园牵引变电所与济南客开闭所供电方式调整工程”,5 月 12 日竣工开通送电。施工完成后新增北园变电所黄台客上、下行两条供电臂,工程含新增 27.5 kV 电缆 16068 m,电缆中间头 24 个。现场电缆敷设每段 300 m,每处电缆中间接头部位设置电缆中间头保护箱 1 个(图 1)。

图 1　电缆及电缆中间头保护箱布置

1.2　异常现象概况

2016 年 7 月济南枢纽地区管辖工区济南工区按计划进行设备巡视时,发现北园变电所黄台客上、下行供电臂 27.5 kV 电缆中间头电缆箱内发出异常的“嗡嗡”声。为防止电缆头异常引起接触网故障,立即组织技术人员对引起电缆头“异音”的原因进行现场设备检测、调查。

2　原因分析

根据以往电缆故障处理经验及现场情况针对电缆异音现象进行分析,推测引起“异音”的原因可能为:①电缆内部各绝缘层绝缘性能下降造成电缆内部存在放电现场。②电缆接地措施异常,接地装置内存在电流过大情况。③电缆接头保护箱因电磁感应引起电缆震动发生“异音”。通过现场使用红外成像测温仪及紫外成像检测仪检测电缆中间头,发现无温度异常及放电现象,排除电缆中间头内部故障因素。通过模拟现场实际情况,改变电缆内电流及模拟电缆中间头保护箱,发现电缆异音强弱与电缆内电流及电缆中间头保护箱材质有关。由此判断电缆异音现象为电缆中间头保护箱材质引起。

2.1　电缆中间头检测情况

在全部 24 处电缆中间头中,随机抽取 3 处作为代表,对电缆中间头的外观、接地电阻、绝缘电阻、温度、漏电情况进行检测(表 1)。

表 1　电缆中间头检测情况

电缆中间头序号	外观检查	接地电阻测量	绝缘电阻测量	红外成像测温仪检测	紫外成像检测仪
A	良好	10Ω	良好	无温度异常	无漏电情况
B	良好	10Ω	良好	无温度异常	无漏电情况
C	良好	10Ω	良好	无温度异常	无漏电情况

从电缆中间头的检测情况分析，电缆中间头各项指标正常。由此推断电缆中间头异音现象与电缆中间头的制作工艺及设备状态无关。

2.2　电缆中间头模拟试验

2.2.1　原因推断

高压电缆通过交流电时，电缆周围电磁场产生的磁通量随电流变化发生变化。电缆中间头保护箱为镀锌钢板(铁磁性)材质，电缆中间头保护箱因高压电缆磁通量变化而产生感应电动势及感应电流。电缆中间头保护箱内感应电流使电缆中间头保护箱对电缆产生感应电动势。由此过程能量转换推断电缆中间头异音现场为电缆中间头与电缆中间头保护箱之间的相互感应电动势引起。为对此推断进行验证，组织模拟试验进行探究。

2.2.2　试验

2.2.2.1　主要试验设备

过流保护性能智能控制系统(温升试验系统)。

2.2.2.2　试品及其他辅助工具

模拟电缆规格：单芯 YJV 电缆 25 m。

模拟保护壳规格：尺寸内径 170 mm × 长度 1600 mm；材质为镀锌钢板(铁磁性)；形状为两半圆形。

2.2.2.3　方法步骤

Ⅰ将电缆穿过模拟保护壳(两半用螺栓锁死)，分别加载 100A、200A、300A 电流，观察并记录电缆及保护壳的现象(图 2 所示)。

Ⅱ在第Ⅰ的基础上去掉一半保护壳，分别加载 100A、200A、300A 电流，观察并记录电缆及保护壳的现象(图 3 所示)。

图 2　模拟试验

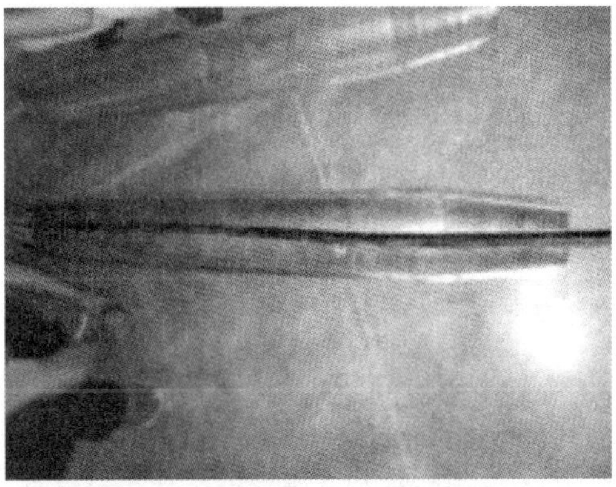

图 3　模拟试验

Ⅲ将电缆不穿过模拟保护壳，分别加载 100A、200A、300A 电流，观察并记录电缆及保护壳的现象。

2.2.2.4　试验结果

试验结果如表 2 所示。

表2 试验结果

项目	加载电流	电缆及保护壳振动情况	电缆及保护壳异常声音情况
电缆通过模拟保护壳	100A	明显震动	明显“嗡嗡”声
	200A	较强震动	较大的“嗡嗡”声
	300A	强烈震动	强烈的“嗡嗡”声
电缆通过半个模拟保护壳	100A	无明显震动	无“嗡嗡”声
	200A	轻微震动	轻微“嗡嗡”声
	300A	明显震动	明显“嗡嗡”声
电缆不通过模拟保护壳	100A	无明显震动	无“嗡嗡”声
	200A	无明显震动	无“嗡嗡”声
	300A	有轻微震动	无“嗡嗡”声

描述震动大小程度关系：无 > 轻微 > 明显 > 较强 > 强。

描述异音大小程度关系：无 > 轻微 > 明显 > 较大 > 大。

2.2.2.5 试验结果分析

通过模拟试验，当电缆穿过模拟保护壳时，加载100A、200A、300A电流后均有和现场类似的震动及异常的“嗡嗡”声，且随电流的增大，振动越明显有力，异音越明显强烈。

当电缆穿过半个模拟保护壳时，加载100A电流后无明显震动和异音出现，但随着加载电流的增加，电缆及保护壳依然会出现和现场类似的震动及异常的“嗡嗡”声，只是比电缆穿过整个模拟保护壳现象较弱。

当电缆不穿过模拟保护壳，电缆通过电流时无异音出现，但当电流较大时电缆本体会有震动的现象。

3 结论

通过电缆中间头检测及模拟试验的现象可以得出这样一个结论：当通有电流的电缆穿过铁磁性(磁性)箱体时，会因电缆与壳体之间相互的感应电势的作用，引起电缆中间头、电缆中间头保护箱和周围空气的振动而发出类似变压器运行时的“嗡嗡”的响声。

4 改造实施方案

由试验结论可得，电缆中间头异音的影响因素为电缆内电流大小及电缆中间头保护箱材质。针对这种情况，将电缆中间头保护箱由原来的镀锌钢板(铁磁性)材质更换为304不锈钢(弱磁性)材质。通过减少电缆中间头保护箱的导磁性能来降低电缆中间头震动强度，从而消除电缆中间头异音现象。

5 改造效果及建议

由24处电缆中间头中随机抽取1处将其电缆中间头保护箱上盖更换为304不锈钢材质保护箱上盖。更换完毕后，现场电缆中间头原来发出的“嗡嗡”声消失。在运行2周后对此处电缆中间头进行再次开盖检查发现现场无异音发出。建议在施工设计阶段涉及高压电缆时应提前考虑电缆周围环境及外部辅助部件对电缆的影响，设置保护措施将电缆故障隐患提前消灭，降低高压电缆使用成本，保证行车及供电设备安全运行。

参考文献

[1] 王琨明. 高压电缆线路[M]. 北京：水利电力出版社. 1983.

[2] 王惠明. 电力电缆结构设计原理[M]. 西安：西安交通大学出版社. 1995.

浅谈电气化铁路牵引电费节支增收经验

宇占军　史耀政　刘立超

（中国铁路呼和浩特局集团有限公司供电处）

摘　要： 随着电气化铁路尤其是高速铁路的普及，牵引电费在各铁路局成本支出中所占的比重越来越大。电气化铁路电费属于大工业用电，实行两部制电价政策，本文通过剖析牵引电费组成，找出电费中节支点，并将我局成功经验予以总结；同时介绍本地电力多边交易市场相关政策，总结出在全路率先将全部牵引变电所电量纳入电力多边交易的工作历程，及利用电力多边交易平台，实现电费节支与货运增量双丰收的成功做法。

关键词： 大工业用电；基本电费；电力多边交易；力率

引言

2014年下半年以来，受国家经济局势下行影响，作为全路主要利润来源的货运量下降，各局不同程度存在经营艰难的情况，此时，我局供电系统充分发挥专业特点，以牵引电费积极争取改革红利为突破点，以基本电费由容量改需量缴纳为着力点，本着节支即为赢利的思想，多措并举，打出一系列节支组合拳，取得了良好的节支效果，多次获总公司表扬并要求全路推广相关经验与做法。

1　牵引电费组成及节支措施

1.1　电费组成

总电费 = 基本电费 + 电量电费

基本电费 = 变压器容量（或最大需量）× 单价

电量电费 = 电度电费 + 力率电费 + 附加费

附加费主要包括：农网还贷资金、三峡工程建设基金、库区移民、可再生能源、城市建设附加费等。

1.2　节支措施

1.2.1　基本电费

基本电费的计算有变压器容量法和最大需量法两种方式，根据相关政策，用户可以根据生产实际选择采用何种计算方法。

最大需量法和变压器容量法收费方式对比分析如下。

最大需量方式和变压器容量方式缴纳基本电费存在平衡点，可按下式计算：

最大需量值 × 需量法单价 = 变压器容量 × 容量法单价

以蒙西电网为例，需量法单价为28元/kW/月，容量法单价为19元/kVA/月。则平衡点为需量值等于容量的67.86%时，即当最大需量值等于变压器容量的67.86%时，两种方式所缴纳的基本电费相同，当最大需量值小于变压器容量的67.86%时，按最大需量法缴纳的基本电费支出较少；反之，按变压器容量法缴纳基本电费支出较少。

1.2.2　跟踪分析用电数据，合理选取基本电费缴纳方式

（1）专人负责，实时研判牵引用电数据。

供电处应高度重视牵引供用电的管理工作，克服变电专业人员少、局内合资铁路多的困难，仍安排专人对局内每一条电气化铁路各牵引变电所电量、最大需量值、功率因数等指标建档分析，随时跟踪各项指标变化情况，并根据分析结果，指导选取最经济的基本电费缴纳方式，节省电费支出。2015年初，由统计数据分析发现局管内部分牵引变电所最大需量值小于本所变压器容量的67.86%，对此，供电处立即组织各段启动供用电合同变更协调工作，争取采用最大需量法缴纳基本电费。

(2)处领导挂帅，全力推进合同变更工作。

为尽快完成合同变更，供电处主管处长带队，与内蒙古电力集团营销部门、各盟市电力部门进行反复协商，同时要求各供电段相关人员采取与地方电力部门“同时上下班、定点蹲守”的方式持续对接沟通，反复协商，据理力争，并且先从牵引变电所较少的盟市入手，逐个突破。

(3)着眼将来，灵活签订供用电合同。

为便于后续供用电合同灵活变更，坚持与各盟市电业局按单个变电所进行签订合同，合同期一年。以巴彦淖尔电业局为例，其为包惠线有 6 个牵引所提供进线电源，包头供电段就以每个牵引变电所为单元，签订了 6 份期限为一年的供用电合同。经供电系统长期不懈的努力，于 2016 年 5 月在原 11 座变电所按需量缴费的基础上，将剩余全部牵引变电所基本电费缴纳方式变更为最大需量法，相较容量法，2017 年 1 ~6 月份共节支 5776.65 万元，全年预计节支 1.1 亿元。

1.2.2 力率电费

(1)力率电费介绍。

力率电费是指电力用户无功功率消耗量过大，造成功率因数低于国家标准，从而按电费额的百分比追收的电费，国家标准功率因数以 0.9 为界限，功率因数达到 0.9 ~0.95 时，电力公司根据功率因数调整电费对用户给予奖励，功率因数低于 0.9 时，电力公司根据力率调整电费对用户进行罚款。具体调整比例见表 1。

表 1 力率奖罚调整比例

1. 减少电费						
力率	0.90	0.91	0.92	0.93	0.94	0.95 ~ 1
调整比例/%	0.00	0.15	0.30	0.45	0.60	0.75
2. 增加电费						
力率	0.89	0.88	0.87	0.86	0.85	…
调整比例/%	0.50	1.00	1.50	2.00	2.50	…

(2)节支措施分析。

一是根据各线负荷类型(电力机车类型)、车流密度及时调整和投退静态无功补偿装置可使力率增加；二是通过技术经济分析，选取合适的无功动态补偿技术进行改造，可使功率因数达 0.9 以上。以包惠线白彦花牵引所为例，在技术改造以前，其功率因数长期低于 0.9，月均罚款 2 万元，通过技术经济论证，选取了自耦变压器调压方式的无功动态补偿装置，投资 165 万元，而实行技术改造后月均获力率奖励约 0.5 万元，预计 5.5 年即可收回投资。需要说明的是，动态无功补偿技术很多，如选用 SVC 或 SVG 技术，所需投资较大，故在无功补偿技术上，无需过分追求技术的先进性，应着重分析投入与产出的关系，合理选取动补装置。

2 充分利用国家政策实现电费节支

日前，国家发改委发布《关于取消电气化铁路配套供电工程还贷电价的通知》(发改价格〔2017〕1005 号)，明确要求各地政府、电网企业支持铁路作为大用户加入电力多边交易。而我局自 2015 年 12 月即通过多方沟通协调，使全局所有牵引变电所用电量参与内蒙古电力多边交易市场，享受电价优惠，该项工作走在全路前列。

2.1 研读多边交易文件，完成市场准入程序

通过对《华北区域电力市场内蒙古电力多边交易市场大用户准入及管理办法(试行)》(2010 年 3 月 31 日发布)《华北区域电力市场内蒙古电力多边交易市场方案》《华北区域电力市场内蒙古电力多边交易市场运营规则》(华北电监市场〔2010〕32 号)等文件内容的研读，认为电气化铁路作为现代化运输手段，无论从企业装备、规模、环保及安全性等指标，还是国家审批、核准或备案等程序来说，完全满足其规定的行业准入标准。鉴于内蒙电力多边交易市场行政主管部门为自治区经信委，我局于 2015 年 10 月 26 日向其发函，

正式提出准入申请，迅速展开与区经信委的对接协调工作。与此同时，为增加协调力度，供电处与内蒙古最大的发电集团——北方联合电力进行接洽，商谈我局获批后的电量采购相关事宜，至此，双方形成合力，共同与政府主管部门接洽协商，最终促成内蒙古经信委于2015年11月19日印发《内蒙古自治区经济和信息化委员会关于同意神华巴彦淖尔能源有限责任公司等15户企业准入电力多边交易市场的通知》（内经信电力字〔2015〕385号），准许我局呼和浩特、包头2个供电段，蒙冀、新包神、海公3家铁路公司共计5家单位（分设5个账户）以呼和浩特铁路局名义参加内蒙古电力多边交易市场，从2015年12月份起，我局全部牵引变电所用电量即参加直购电交易，享受电价优惠。

2.2　研究交易相关政策，吃透规则避免考核

一是电费结算。电费依旧与各供电（电业）局进行结算。优惠电价部分根据“事前预估，事后兑现”的交易规则由各供电（电业）局返还——2月份电量在1月份底完成预测，提报电力交易中心软件平台，优惠电费于3月份电量结算时核减。二是交易考核。根据《蒙西电网电力多边交易市场月度交易电量免考核管理细则》（内经信电力字〔2016〕号）相关考核规定：“由于用户原因，当月少用的电量超过其当月市场交易电量的5%以上部分，大用户应支付交易违约金；当月多用的电量超过其当月市场交易电量的10%以上部分，按目录电价结算。”

通过对交易规则的掌握及一年电量预测经验，2017年1—5月份实际用电量5.5亿度，实际交易电量5.48亿元，交易量达实际用电量的99.64%，实现节支3076.97万元，平均每度电价优惠0.056元。

2.3　共享多边交易平台，实现综合效益最大化

（1）货运部门依托电力多边交易平台，以分配交易电量做杠杆，撬动合作发电企业汽运煤改走铁路煤。以合作企业——北方联合电力集团为例，2016年及2017年1—5月份电煤运输情况如表2、表3所示。

表2　北方联合电力集团2016年电煤完成情况

发电量单位：亿千瓦时。运量单位：万t。

序号	集团	电厂名称	接轨站	发电量	进煤量	铁路煤	占比	日均装车	同比
1	北联电	丰镇电厂	丰镇	38.5	207.1	72.6	35.1%	29	-18
2		呼和热电厂	呼和	44.7	247.7	32.8	13.2%	13	-16
3		包头二电厂	新贤城	40.5	251.1	173	68.9%	70	4
4		包头三电厂	二道沙河	24.5	145.6	67.7	46.5%	27	2
5		乌拉山电厂	乌拉山	26	143.9	1.8	1.3%	1	-20
6		临河热电厂	临河	23.3	133.1	67.5	50.7%	27	-10
合计				197.5	1128.5	415.4	36.8%	167	-58

表3　北方联合电力集团2017年1—5月电煤完成情况

发电量单位：亿千瓦时。运量单位：万t。

序号	集团	电厂名称	接轨站	发电量	进煤量	铁路煤	占比	日均装车	同比
1	北联电	丰镇电厂	丰镇	14.1	67.8	36.7	54.2%	36	15
2		呼和热电厂	呼和	21.3	120.7	28.1	23.3%	27	-4
3		包头二电厂	新贤城	18.1	135.2	78.6	58.1%	77	1
4		包头三电厂	二道沙河	11.4	73.7	26.8	36.3%	26	-7
5		乌拉山电厂	乌拉山	8.1	47.1	0.0	0.0%	0	-2
6		临河热电厂	临河	11.5	54.6	31.2	57.2%	30	-2
合计				84.4	499.0	201.4	40.4%	196	1

从表2、表3可以看出，2016年北联电集团6家具有铁路专用线的电厂共进煤1128.5万t，铁路进煤415.4万t，铁路煤占比36.8%。2017年1~5月份共进煤499万t，铁路进煤201.4万t，铁路煤占比40.4%。

(2)经营开发处下属多经企业充分借助这一平台，与合作企业开展业务往来。2017年前两个季度合作项目及盈利情况如表4所示。

表4 多经企业盈利项目及金额

非运输企业名称	合作项目	1—6月份收益(万元)
内蒙古铁路运营管理集团公司	车门捆绑	45
内蒙古呼铁环能科技有限责任公司	抑尘剂、防冻液	22

3 结束语

随着总公司对用电管理措施的重视，电费节支成为了今后一段时间内供电系统的工作重点，如何最大限度地减少电费支出是全路供电管理人员面对的一个新课题，此外，随着国家电力改革政策的深入，为用电企业减负，激发企业活力以提振经济必将成为改革的一项重点。对此，需全体供电人集思广益，互通有无，不断提高用电管理水平，为企业省下更多的“真金白银”。

关于牵引用电管理最大需量申请值的探讨

黄新华

（中国铁路上海局集团有限公司杭州供电段 计量业务科助理工程师）

摘　要： 近年来，随着我国国民经济大幅度提升，电气化铁路的建设一路高歌猛进，遍地开花。随之而来的电气化铁路牵引电费这一项支出也是节节攀升，因此牵引用电管理的重要性不言而喻。目前我国电气化铁路普遍实行两步电价计费方法，即基本电费与电度电费，其中，基本电费主要有两种计费方式，容量法与最大需量法。本文主要对最大需量法的实际运用进行探讨，同时从节约基本电费的角度对最大需量的申请值的选择提出一些见解与建议。

关键词： 牵引电费；用电管理；基本电费；最大需量

1　牵引电费概况

1.1　牵引电费的现状

近年来，随着我国国民经济大幅度提升，电气化铁路也在蓬勃发展，遍地开花。牵引电费作为电气化铁路运输企业向供电部门支付的一笔庞大的能源费用，例如上海铁路局某供电段，全段管辖共有牵引所 44 座，一个普通牵引所每月牵引电费就有四五百万，而在繁忙干线上，牵引负荷较大的牵引所每月牵引电费甚至可达八百多万，全段每年牵引电费更是需以亿计，因此必须认真做好电费的统计分析和用电管理工作。

1.2　牵引电费的构成

目前我国电气化铁路普遍实行两部电价计费方法，即基本电费与电度电费。又因在中国电气化铁路的建设过程中，其配套供电工程一般由相关电网公司负责建设、运营、维修、管理和偿还贷款。根据此前机制，相关电网还贷资金的本息从所在路段电气化铁路的电价中回收。这意味着，铁路部门所支付的电价实际上还包含了配套供电工程运行成本、税金、电网企业还贷以及电网企业合理利润等多个部分。因此，牵引电费除基本电费与电度电费外，又包含了功率因素调整电费、还贷电费、三峡集资、电建基金、地方附加等。根据发改委《关于取消电气化铁路配套供电工程还贷电价的通知》，自 2017 年 6 月 1 日起，电网企业对铁路运输企业收取的电气化铁路配套供电工程还贷电费已全面取消。

2　基本电费

除基本电费外，其余各项电费均以该月用电量为收费依据。因此在用电量与电费单价为确定量的前提下，牵引电费与基本电费直接相关。基本电费主要有两种计费方式，容量法与最大需量法。

2.1　容量法

容量法即按牵引所变压器的容量进行计算，计费方式简单，操作方便，如果不改变牵引所的变压器，基本电费将维持不变。计费公式如式(1)：

$$基本电费(元)=变压器容量(kVA)\times 容量电费单价(元/kVA) \tag{1}$$

按此法计算基本电费，用户可通过调整容量过大的变压器，来提高变压器负荷率，以及降低基本电费。但正因如此，有可能由于变压器容量偏小，造成在某些时间段变压器满负荷甚至过负荷运行，存在影响供电稳定的安全隐患。

2.2　最大需量法

与其他的普通电力负荷相比，电气化铁路负荷随机性、波动性较强，因此牵引变压器的容量利用率普遍不高。按照最大需量法计算牵引电费，可降低电气化铁路基本电费，提高运行经济型。

最大需量法根据该牵引所的最大需量的计费值进行计算，最大需量计费值 $P_{申请}$ 则由最大需量申请值

$P_{申请}$与实际值$P_{实际}$换算而来。一般情况下，我们把某次 15 min 内该牵引所的平均用电功率作为一次实际需量值，并取多次实际需量值中的最大值作为该月的最大需量实际值。一次实际需量值的计算方法是，通过测量，在 15 min 内，功率 P_1 持续了时间 T_1，功率 P_2 持续了时间 T_2，…，功率 P_n 持续了时间 T_n，则

$$P_{实际}=\frac{P_1\times T_1+P_2\times T_2+\cdots+P_n\times T_n}{T_1+T_2+\cdots+T_n} \tag{2}$$

其中，$T_1+T_2+\cdots+T_n=15$ min。

由此最大需量法的计费公式如下：

$$基本电费(元)=最大需量计费值(kW)\times 需量电费单价(元/kW) \tag{3}$$

$$P_{计费}=P_{申请}+(P_{实际}-1.05\times P_{申请})\times 2 \quad (P_{实际}>1.05\times P_{申请}) \tag{4}$$

$$P_{计费}=P_{申请} \quad (P_{实际}>1.05\times P_{申请}) \tag{5}$$

由上述公式可以看出，最大需量法的计算相对容量法更为复杂，并且在最大需量实际值为确定量的基础上，寻找最合适的最大需量申请值将会是影响基本电费的唯一因素。

2.3 两种计费方式的对比

表 1 数据取自上海铁路局某供电段 2016 年 12 月份 3 个牵引所的基本电费计费情况。

表 1 3 个牵引所基本电费不同计费方式对比

序号	牵引所名称	主变容量/kVA	容量基本电费单价/(元·kVA 月$^{-1}$)	按容量法应付基本电费/元	最大需量申请值/kW	最大需量实际值/kW	最大需量计费值/kW	需量基本电费单价/(元·kW 月$^{-1}$)	按最大需量法实付基本电费/元	基本电费盈差/元
1	牵引所 A	25000	30	750000	16700	15070	16700	40	668000	82000
2	牵引所 B	22500	30	675000	12500	11550	12500	40	500000	175000
3	牵引所 C	32500	30	975000	20000	15939	20000	40	800000	175000

由表 1 可以看出，按最大需量法计算基本电费相较于按容量法计费是有较大优势的。因此，上海铁路局各牵引所已基本采用最大需量法支付牵引电费。

3 最大需量申请值的探讨

3.1 寻求合适的最大需量申请值

由公式(4)与公式(5)可以看出，最大需量申请值过大，会造成需量“浪费”，最大需量申请值过小，则会因超过“阀值”造成罚款。因此，采用最大需量法计算牵引电费，重点在于选择合适的最大需量申请值才有利于节约基本电费。

首先随机抽取牵引所 A，对牵引所 A 今年的最大需量实际值进行统计。表 2 统计了表 1 中牵引所 A2014 年至 2016 年每个月的最大需量实际值与最大需量申请值。

表 2 牵引所 A 各月份最大需量申请值与最大需量实际值

月份	2014 01	2014 02	2014 03	2014 04	2014 05	2014 06	2014 07	2014 08	2014 09	2014 10	2014 11	2014 12
最大需量申请值/kW	16000	16000	16000	16000	16000	16000	16000	16000	16000	16000	16000	16000
最大需量实际值/kW	17083	17091	15114	15620	15527	17611	10621	15917	15318	15659	15670	17067

续表 2

月份	2015 01	2015 02	2015 03	2015 04	2014 05	2015 06	2015 07	2015 08	2015 09	2015 10	2015 11	2015 12
最大需量申请值/kW	16000	16000	16000	16000	16000	16000	16000	16000	16000	16000	16000	16000
最大需量实际值/kW	15455	12133	11523	13063	15906	15906	15917	14647	15477	15395	10742	13750
月份	2016 01	2016 02	2016 03	2016 04	2016 05	2016 06	2016 07	2016 08	2016 09	2016 10	2016 11	2016 12
最大需量申请值/kW	16000	16000	16000	16000	16000	16000	16000	16000	16700	16700	16700	16700
最大需量实际值/kW	16022	15021	14548	16319	16159	17551	17551	16720	15290	18568	16819	15070

将表 2 中的最大需量实际值用折线图表示为图 1。

由图 1 可以看出，除个别月份外，最大需量实际值整体上较为平稳，并且在 2016 年 6 月份以前在 16000 kW 左右浮动，之后则有些许上扬。这与该供电段在 2016 年 9 月调整的最大需量申请值吻合，本文对该调整值进行了探讨。

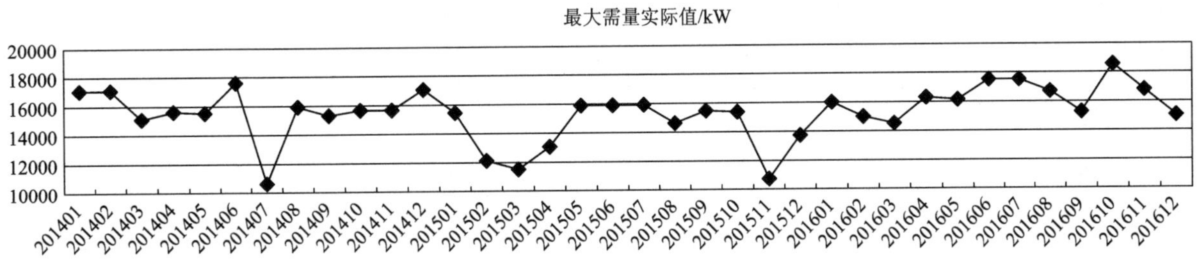

图 1　牵引所 A 最大需量实际值

通过公式(4)与公式(5)，假定 $P_{实际}=1.05$，则能得到图 2 所示的关系图。

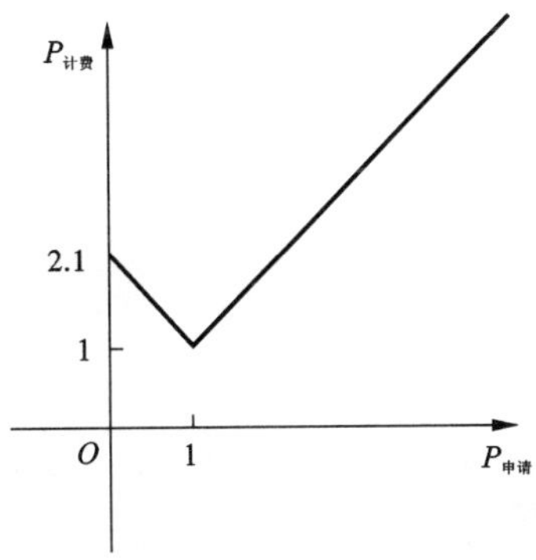

图 2　最大需量计费值与需量申请值关系图

由图 2 可以看出，当 $P_{实际}=1.05\times P_{申请}$ 时，可得到最低 $P_{计费}$，此时 $P_{申请}$ 即为最佳值。

对表2中牵引所A在2016年6月、7月、8月的最大需量实际值进行统计，可得最大需量实际值平均值为17274 kW，则本文建议最大需量申请值应取16451 kW，取整百值建议为16500 kW。该供电段调整值为16700 kW，本文认为比较合适。

3.2 选择最大需量申请值目前存在的问题与建议

(1)由本文上述可知，最大需量申请值主要根据最大需量实际值来确定。然而，由于列车运行调图、天气温度变化，甚至于列车司机的开车习惯、铁路单位的停电检修、设备发生故障等各种原因，最大需量实际值每个月均在波动，通过前几个月确定的最大需量申请值有可能并不适合以后的收费。本文的建议为，建议庞大的数据库，尝试摸索出列车运行调图、天气温度变法等因素对于最大需量实际值影响的规律，以此有针对性地调整最大需量申请值。

(2)近年来新线建设较多，由于新线没有既有的最大需量实际值，因此也无法确定最大需量申请值。本文的建议为，新线牵引所先采用容量法计算电费，运行一段时间后，再根据这几个月的最大需量实际值来确定最大需量申请值。

4 本文小结

我国电气化铁路的建设正处于高速发展期，牵引电费的市场占比将逐渐增大，牵引用电管理日益重要。本文首先随机抽取牵引所进行对比，发现对于电气化铁路牵引所牵引电费，采用最大需量法比容量法更具有经济性。然后通过对最大需量法计算公式的研究，得出了一种选择最大需量申请值的方法。最后对目前使用最大需量法计算牵引电费的问题进行探索，并提出建议。

参考文献

[1] 杨凡. 电气化铁路最大需量计费方法分析[D]. 成都：西南交通大学，2014.
[2] 陈庆. 两部制电价中约定最大需量的选择[J]. 电力需求侧管理，2012(4).
[3] 刘兆炼. 检修计划与最大需量负荷相关性分析[J]. 技术与市场，2016(6).

第三篇

电　力

操作过电压的产生与防范

李　铁　王　超

（中国铁路北京局集团有限公司　天津高铁车间）

摘　要： 电力系统中的各种绝缘在运行中除了受长期工作电压的作用外，还会受到各种比工作电压高得多的过电压的作用。充分了解操作过电压的产生原因，可以很好地制定防范措施，保证电力系统正常运行。

关键词： 过电压；电力系统

引言

过电压属于电力系统中的一种电磁扰动现象，电力系统中电路状态或电磁状态的突然变化是产生过电压的根本原因。过电压分为外过电压和内过电压两大类，内部过电压又分为操作过电压、工频过电压、谐振过电压。预测过电压幅值，并采取措施加以限制，是确定电力系统绝缘配合的前提，对电力系统运行具有重要意义。

1　电力系统操作过电压

1.1　操作过电压的定义

所谓操作过电压是指当断路器、刀闸进行操作或发生系统故障时，电力系统从稳定工作状态通过振荡转变到另一种稳定工作状态的过渡过程中所产生的暂态性质的过电压。

1.2　操作过电压的特点

系统的运行状况发生突然变化，导致系统内部电感元件和电容元件之间电磁能量的互相转换，所以与工频电压升高和谐振过电压比，操作过电压具有过电压幅值高、强阻尼、高振荡性、持续时间短的特点。

1.3　操作过电压的类型

常见的有：空载线路分闸过电压（开断电容性负载，还包括电容器组等）、空载线路合闸过电压（包括计划性、重合闸）、空载变压器分闸过电压（开断电感性负载，还包括电抗器、高压电动机等）、电弧接地过电压等。

2　操作过电压的危害

电力系统改变设备的运行状态、系统运行方式以及事故处理均是通过倒闸操作实现的，其本质是通过跳合开关（断路器）来达到目的。倒闸操作是变电运行工作中不可或缺的重要组成部分。而操作过电压来源于系统本身，其幅值与额定电压大致有一定的倍数关系（图1），所以当在断路器操作（或出现故障保护动作引起）过电压时，若未采取有效的限制措施，将破坏电力设备的绝缘，从而造成事故。

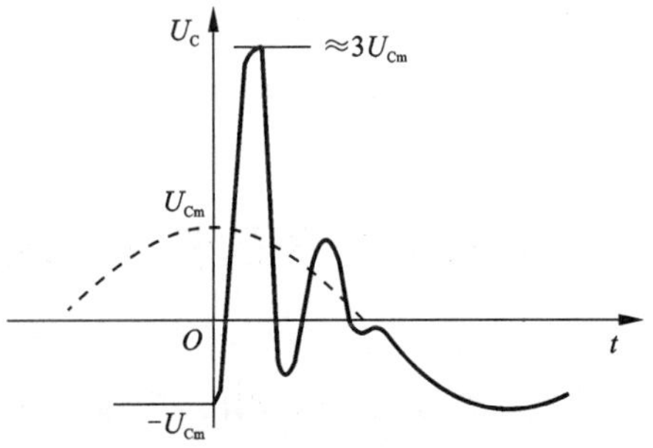

图1　自动重合闸过电压波形

3　操作过电压的防止措施

3.1　变电所倒闸操作

变电所是电力系统的重要组成部分，倒闸操作是变电运行工作的主要内容，分别针对变电所内部产生过电压的原因提出限制过电压的措施和方法，能指导运行人员正确理解控制措施的原理和正确进行倒闸操作，来达到限制过电压的目的。

3.2 切除空载线路过电压

切断空载线路或并联电容器组时，可能引起“电感—电容”回路振荡，引起过电压，产生电弧重燃，引起电气设备的多次绝缘闪络或击穿事故。在工频条件下，空载线路表现为一个等值的电容负荷，所以切除空载长线时产生的过电压与切除电容器组时产生的过电压性质完全相同。

每隔半个工频周期就重燃一次和熄弧一次，过电压将逐次增加，直到触头间已有足够的绝缘强度，电弧不再重燃为止。

根据上述切除空载线路过电压的基本特点，可以知道切电容负载时产生过电压的根本原因是断路器的重燃，改进断路器结构，提高触头间介质强度的恢复速度，避免重燃，可从根本上消除这种过电压。

3.3 空载线路合闸的过电压

合闸空载线路是电力系统中的一种非常常见的操作程序，系统在合闸初瞬间的暂态过程中，电源电压通过系统的电感和电容，在回路中会发生谐振，引起过电压。

根据空载线路合闸过电压的特点，可以采用带并联电阻的开关，降低因线路电容效应等引起的工频电压的升高。另外，选用相合闸即通过专门设备使断路器的触头间电位差接近零时完成合闸动作，可以有效地降低合闸相位对于过电压的影响。

3.4 切除空载变压器过电压

断路器能在变压器有载，甚至二次侧短路的情况下切断电路，而不产生过电压，但在切断空载变压器的情况下，却可以出现过电压，这是因为切断有载变压器时，断路器强迫运行中变压器一次绕组中的电流中断，由于磁场的变化，使二次绕组中出现感应很大的、阻挠磁场改变的电流，所以它的磁场能量变化得到了平衡，因此，不会发生过电压的现象。但是，切断变压器的空载电流则不同，由于二次绕组中没有感应很大的、阻挠磁场改变的电流，使为数不大的变压器的空载电流被迫立即下降到零，于是在变压器的激磁电感上，一次将产生很高的电压，引起母线和线路上的绝缘薄弱部分出现事故。

切除空载变压器过电压具有频率高、持续时间短、能量小、限制容易等特点，因此可使用带并联电阻的开关(因为并联电阻能够使变压器磁场能量得以释放)，或用防护大气过电压的避雷器来限制。为此目的而装设的避雷器，冬季不宜退出运行。

3.5 电弧接地过电压

在中性点不接地系统中，当发生一相接地故障时，常出现电弧，由于系统中存在线路电容和电压互感器电感，极有可能引起线路某一部分的振荡，当电流经振荡点或工频零点时，电弧可能暂时熄灭，之后当事故相上电压升高后，电弧则可能重燃，这种断断续续的、熄灭和重燃交替进行的对地放电，将造成在正常相及事故相上出现过电压，使系统内的绝缘薄弱部分有可能遭受击穿放电。单相接地故障在系统中出现的机会较多，因而引起这种过电压的可能性是很大的，故应对其危害有足够重视。

根据电弧接地过电压的特点，为消除电弧接地过电压，可以将中性点直接接地。这样，电荷可以通过接地点放掉，从而消除这种过电压。在发生单相接地故障时，会形成很大的单相短路电流，使回路跳闸，切除故障后再恢复供电。

4 防止操作过电压的管理措施

以上从技术方面简单介绍了操作过电压的产生和防范措施，但是在实际生产过程中，着重加强管理措施，才是直接有效的预防操作过电压的方法。

4.1 加强设备的检修

根据铁道部铁运〔1999〕101号《牵引变电所检修工作规程》，加强设备的定期维修、保养，对出现问题的设备及时进行检修维护，才能有效地保证电力设施的正常运行。对于可能发生问题的设备，也要逐个排查，提前预防，增强系统在发生操作过电压时的抵御能力，保证设备正常运行。

4.2 完善应急处置预案

虽然严格采取各项措施能够有效降低操作过电压的发生，但由于电力系统的复杂性，难免会遇到操作过电压的发生。一旦发生操作过电压，及时正确地采取应急措施就显得尤为重要，所以一定要对可能发生的各种情况做好应急预案。

5　总结

在实际的变电运行管理中，电力系统过电压的情况经常发生。特别是对电力系统而言，系统电气事故的发生直接威胁着设备安全和值班员人身安全。完善和采取必要的技术防范措施对减少和避免各类事故的发生有着重要的现实意义。

参考文献

[1] 平绍勋. 电力系统内部过电压保护及实例分析[M]. 北京：中国电力出版社，2006.
[2] 鲁铁成. 电力系统过电压[M]. 北京：水利水电出版社，2009.
[3] 张纬钹. 过电压防护及绝缘配合[M]. 北京：清华大学出版社，2002.

铁路电力跨越线施工及防护措施浅析

潘光辉

(中国铁路广州局集团有限公司供电处)

摘 要: 近年来，随着铁路交通网、地方电网如火如荼的发展，新建铁路电力跨越线建设、既有铁路电力跨越线增容或缺陷处置施工需求日益增多，但受跨越处所外部环境、铁路设备设施及铁路运输秩序等因素影响，铁路电力跨越线施工存在难度大、安全风险高的特点，如施工不当、安全预想不足、卡控不到位等均会影响铁路的安全运营。本文结合近年来铁路电力跨越线施工方案审核的相关经验，对铁路电力跨越线施工及防护措施提出了一些相关改进建议。

关键词: 跨越线；施工；安全防护

1 铁路电力跨越线施工及防护方案现状

近年来，随着地方电网规划建设、运营维护以及地方经济发展的需要，110 kV、220 kV、500 kV、直流800 kV、超高压等电压等级电力线新跨高铁、普铁线路施工需求与日俱增；此外，部分既有铁路电力跨越线因投运时间长，受雷击、大风、覆冰等因素影响，电力线地线及导线线索老化、锈蚀严重，存在断股等安全隐患，既有高铁、普铁线路施工需求亦日渐增多。据统计，近三年来集团高铁、普铁跨越线施工共计132处，其中新跨高铁、普铁跨越线施工共计104处，配合地方电网既有铁路电力跨越线更换缺陷避雷线或导线施工共计28处。铁路电力跨越线施工及防护可包括两个方面，一是采取搭设跨越架、绝缘索桥、防电棚或封网等方式对跨越线进行有效防护，防止施工不当发生断线、跑线等砸伤铁路设备设施或与供电设备绝缘距离不足烧损供电设备；二是采取接触网设备加装预绞式护线条或接触网柱顶安装支架、尼龙绳等形成防护罩对铁路供电设备进行有效防护，防止跨越架、安全网、防电棚、跨越线等因施工不当脱落而损伤供电设备。笔者结合近年来铁路电力跨越线施工方案审核的相关经验，总结、归纳了常见的几种跨越线施工及防护方式、防护要点如下。

1.1 跨越线施工及防护方式

(1)“旧带新”换线。在既有铁路电力跨越线缺陷地线或导线更换，一般采取旧地线(导线)牵张新地线(导线)进行换线，前提是需对电力线缺陷地线或导线的服役状态进行安全评估，检算其强度是否满足“旧带新”安全裕度。

(2)无人机牵张。在跨铁路两侧铁塔先运用无人机牵张迪尼玛绳跨越铁路，再用已跨越迪尼玛绳带地线(导线)进行施工，要求无人机设备状态安全可靠、无人机牵张速度及飞行方向需精确控制。

(3)跨越架、封网防护。在跨越供电设备两侧地基搭设跨越架，同时在跨越架上方封安全网进行防护，对防护范围内的供电设备起保护作用。要求一是跨越架选址基础牢靠，如跨越架采用金属材料，还需考虑接地设置；二是跨越架高度、强度，安全网的驰度、负载强度需经检算，要求既能承受跨越线脱落时的冲击力，又能与供电设备保持足够的绝缘距离。

(4)防电棚防护。天窗点外在线路上方有施工作业内容时，必须在接触网上方设置全封闭防护棚，防护棚应由该工程设计单位进行专项设计，由有资质的施工单位编制专项施工方案报审，审查确认后方可进行施工。防电棚搭设的宽度、强度、稳定性、抗冲击等参数应综合考虑跨越铁路设备、跨越线数量及对应的轨面参数等情况。此外，因防电棚在高铁正线区段存在风压、风洞效应，且搭设、拆除时间长，存在安全隐患，原则上不建议使用。

(5)织网或安装绝缘索桥防护。安全网或绝缘索桥的安装，一是防护区域要包括电力线全部断脱情况下在铁路设备上的最大投影及冲击范围；沿跨越线投影方向，安全网或绝缘索桥在铁路线路上方区域必须安装，其安装间隔不大于2 m，在与AF线或回流线交叉点处各沿田野侧方向安装30 m。二是新建电力线路，通过在铁路电力跨越线两侧杆塔横担处搭设2条基本上趋于平行的尼龙绳，宽度大于导线之间最大间距，安全网或绝缘索桥在其间进行安装；在既有电力线路，安全网或绝缘索桥可在横担最下方的平行导线之间安装，但需考虑导线是否存在缺陷，其抗冲击强度是否满足。

上述几种跨越线施工除防电棚防护方案外，其他防护类型施工原则上应按“行车不施工、施工不行车”进行组织，即在跨越处所供电设备防护措施妥当、铁路线路封锁、供电设备停电及安全措施完备的情况下施工。

1.2　供电设备防护方式

(1)预绞式护线条防护。跨越线施工影响范围内的承力索、供电线、加强线、AF线、回流线等必须加装预绞式护线条，防止电力线施工造成的供电设备线索受伤以及跳闸造成的烧线。

(2)防护罩防护。在跨越线沿线路投影区域(考虑冲击范围)接触网柱顶加装升高肩架并架设强力尼龙绳，此种防护方式可在无法搭设跨越架的情况下选取，但此种防护方式安装复杂，需支柱上有安装条件，对隔离开关、避雷器等供电设备需临时拆除，临时防护加装的设备需纳入定期巡视检查，确保状态良好。

(3)施工现场实时监控视频系统。对跨越线施工及可能侵入供电、电力设备安全距离的邻近营业线施工等施工现场设置实时监控视频系统，借助GPS车联网管理系统及4G信号传输手段，对施工现场进行实时监控，保证监控范围内不留死角并定期对视频数据进行分析，及时采取有效措施。

2　铁路电力跨越线施工存在难点

铁路电力跨越线施工存在以下难点，需妥当控制。

2.1　跨越处所环境复杂

一是所跨越的地理环境复杂，如存在高山、湖泊、沼泽、居民区等，因此限制了跨越线的施工、防护方式。二是所跨越的铁路线路复杂、设备繁多，如1处220 kV电力线跨越高铁、普速正线以及枢纽、联络线、动车所、整备线等线路，同时跨越接触网、供电线、自闭贯通、通信光缆等铁路设备，由于需防护的铁路设备类别多、范围广，因此防护方案复杂，往往需综合采用几种防护方式。

2.2　施工时间短

一是跨越线同时跨越不同速度等级、不同线别的铁路线路，往往存在天窗时间点不同步，施工时间受限于铁路运输、天窗点长短制约的情况。二是跨越线如同时跨越其他等级电网，不同电网线路停电计划安排困难，施工同样受限。三是110 kV、220 kV等多回、分裂导线铁路电力跨越线施工，由于施工任务重，施工周期长，很难连续安排天窗点施工。

2.3　施工手段、防护方案局限

一是目前跨高铁跨越施工防护暂未形成标准体系，尚处于探索阶段。二是与电科院沟通，跨越线断脱冲击属不规则扰动冲击，目前相关力学测算尚处于仿真模型阶段，安全网、绝缘索桥等的抗冲击能力检算只能靠经验估算取值。三是无人机技术的运用，受限于无人机设备的稳定性，在施工阶段存在一定的风险。四是牵张放线设备存在一定故障率。五是电网施工一般安排在白天，因高铁天窗点安排在夜间，受照明等条件局限，一定程度上影响着施工单位施工进度及质量，配合单位安全卡控也容易存在盲点。

3　建议措施

本着“安全无小事”的理念，建议从以下几个方面做好跨越线施工的防护工作。

3.1　关于最优施工方案的制定

铁路电力跨越线施工方案如何最优，从而达到施工时间短、效率高以及对运输干扰小等目的，建议严格“一处一方案”制定，综合考虑跨越线跨越处所的自然环境、铁路线路及设备、铁路运输点安排等因素，依据电力施工、涉铁施工相关规范，权衡利弊，优中选优，选择最合理、最可行的施工方案。

3.2　关于施工方案的审核

应联合设计、施工等单位对电力线施工影响范围内的供电设备进行全面调查，完整踏勘跨越线跨越铁路供电设备的里程、名称及数量，重点对安全距离、防护措施、迁改设备等内容进行现场确认，并做好设计、施工审查意见。

3.3 关于应急处置

施工应急方面，一是电网施工单位及供电专业配合人员现场严格服从统一指挥，杜绝多头指挥，加强联络协调，确保信息畅通、处置迅速；二是电网施工单位及供电专业分别完善各自设备的应急预案，做足安全预想，合理设置安全关键点并卡控到位，避免安全事故、延点情况的发生。

3.4 关于跨越线信息的统计

对电力跨越线所处位置、产权单位及联系方式、电压等级、规格型号、导线高度、附加光缆等情况进行充分调查、核实，一处一档，规范铁路电力跨越线管理。

参考文献

[1] 铁路营业线施工安全管理办法(铁运〔2012〕280 号).
[2] 广铁集团铁路营业线施工安全管理实施细则(广铁运发〔2012〕310 号).

牵引变电所电压互感器回路缺陷分析与改进措施

杨 骋

（中国铁路兰州局集团有限公司银川供电段）

摘 要： 介绍牵引变电所电压互感器回路的作用，分析互感器回路存在的缺陷。结合现场实际提出改进方案，并分析其现场应用的优点。

关键词： 电压互感器；回路监测；投切时间；故障处理；降低劳动强度

电压互感器是牵引变、配电所常见的一种电气设备，并接于高压回路中，起隔离、变换、传输电压的作用，它把高电压变为低电压并提供给检测仪表、继电器及保护装置，实现对一次侧高压回路设备的监测、保护和控制。

1 电压回路

图 1 为某牵引变电所 27.5 kV 电压回路原理图，正常运行时隔离开关 16G、18G 处于闭合状态即主用，15G、17G 处于断开状态即备用或 16G、18G 处于断开状态即备用，15G、17G 处于闭合状态即主用。

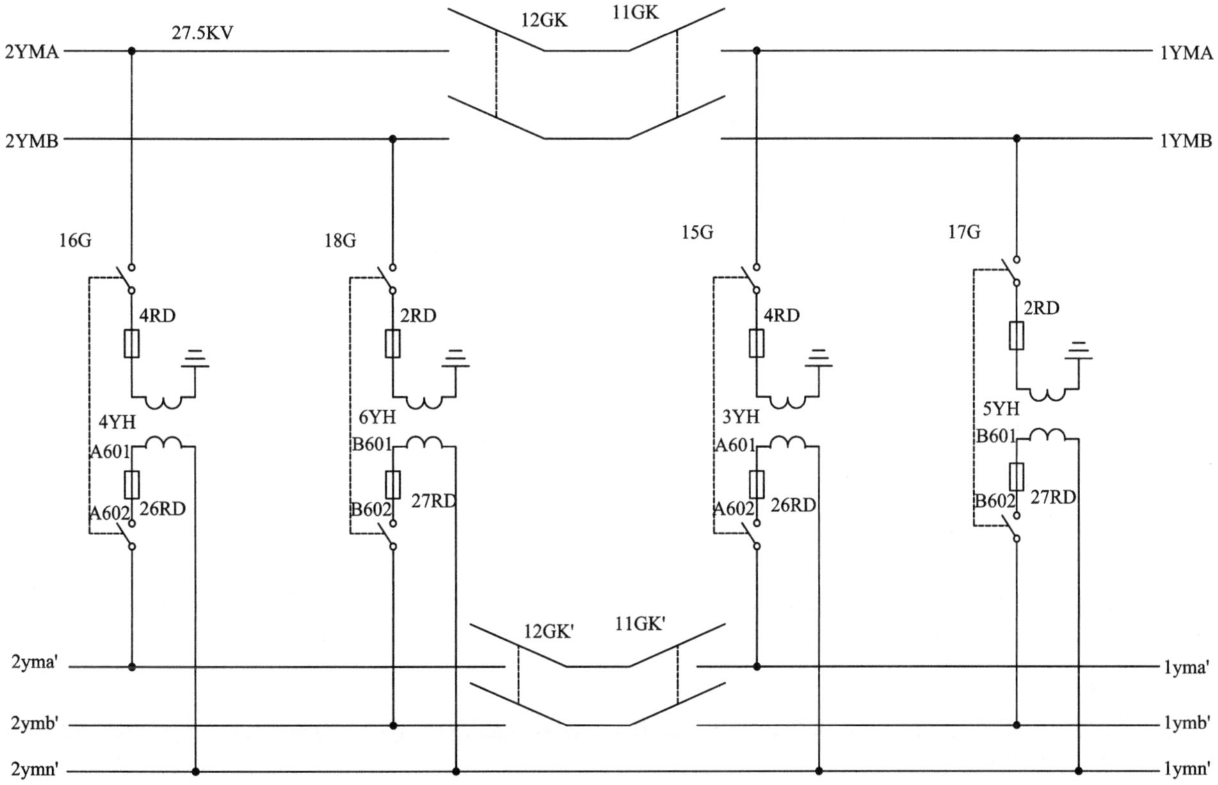

图 1 电压回路

2 存在的问题

当电压互感器高、低压侧保险 4RD、2RD、26RD、27RD 有熔断时，由于没有明显的提醒信号使值班员及时确知，一旦负荷侧有列车通过，馈线保护装置就易发生误动作使断路器跳闸，停电造成列车中途停车；

当运行的一组电压互感器有高压保险熔断时，需倒闸让备用的一组压互运行，由于隔离开关距离控制盘有一定的距离，值班员合隔离开关需在当地位进行操作，步行倒闸需半个小时才能完成，过程烦琐且时间较长，在此期间有负荷时易发生断路器跳闸导致负荷侧停电极大地危及行车安全；当电压互感器回路各连接部位松动、接触不良、断线而值班员不能第一时间确知时，亦易发生保护误动使线路侧停电。

某变电所当日 4YH、6YH 处于运行状态，3YH、5YH 处于备用状态，值班员在 4YH 高压侧 4RD 熔断的情况下未能及时发现，导致主变保护装置低电压启动过电流保护动作，主变高压侧断路器跳闸影响供电。

3 改进方案

在 3YH、5YH、4YH、6YH 二次回路分别增加一块电压表 V1、V2、V3、V4 和电压继电器 1YJa、1YJb、2YJa、2YJb，并分别用于检测监视电压，增加灯光信号回路(图 2)。

3.1 电压继电器回路连接

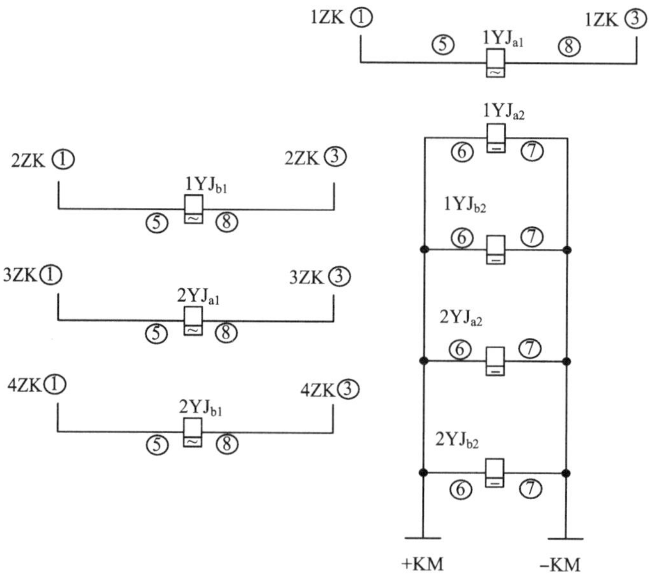

图 2 电压继电器回路

3.2 信号回路连接

利用“天窗”时间，从中信盘左侧端子排 26 端子上摘离 1yma′号线定义为 1yma 接至 1ZK－①、从 28 端子摘离 1ymb′号线定义为 1ymb 接至 2ZK－①；从中信盘左侧端子排至 5YH 端子箱铺设一四芯电缆，线号定义为 1yma′、1ymn′、1ymb′、1ymn′，控制室端 1yma′接至 1ZK－②、1ymn′接 1ZK－③、1ymb′接 2ZK－②、1ymn′接 2ZK－③；高压室端：在 5YH 端子箱内打开端子 3#与 4#、9#与 10#、14#与 15#、16#端子之间连片后，1yma′接 9#端子(11G′)、1ymn′接 14#端子，1ymb′接 4#端子(11G′)、1ymn′接 15#端子，在中盘上 ymc 与 1ZK－④、2ZK－④连接。

3.3 投入运行

(1)压互一次侧隔开 15GK、17GK 合闸位，压互投入运行确认电压正常，观察压互运行状况。合 3YH、5YH 二次空开测量电压是否正常。

(2)信号发出情况试验：确认回路断线监测、装置动作、信号转换是否正常。

再利用“天窗”，从中信盘左侧 1 端子摘离 2yma′号线定义为 2yma 接至 3ZK－①、把 3 端子 2ymb′号线摘离后定义为 2ymb 接至 4ZK－①；从中信盘左侧端子排至 6YH 端子箱铺设一根四芯电缆，两端线号定义为 2yma′、2ymn′、2ymb′、2ymn′，控制室端 2yma′接至 3ZK－②、2ymn′接 3ZK－③、2ymb′接 4ZK－②、2ymn′接 4ZK－③；高压室端：在 6YH 端子箱内打开 3#与 4#、9#与 10#、14#与 15#、16#端子连片后，2yma′接 9#端子(12G′)、2ymn′接 14#端子，2ymb′接 4#端子(12G′)、2ymn′接 15#端子，在中盘上 ymc 与 3ZK－④、4ZK－④连接。

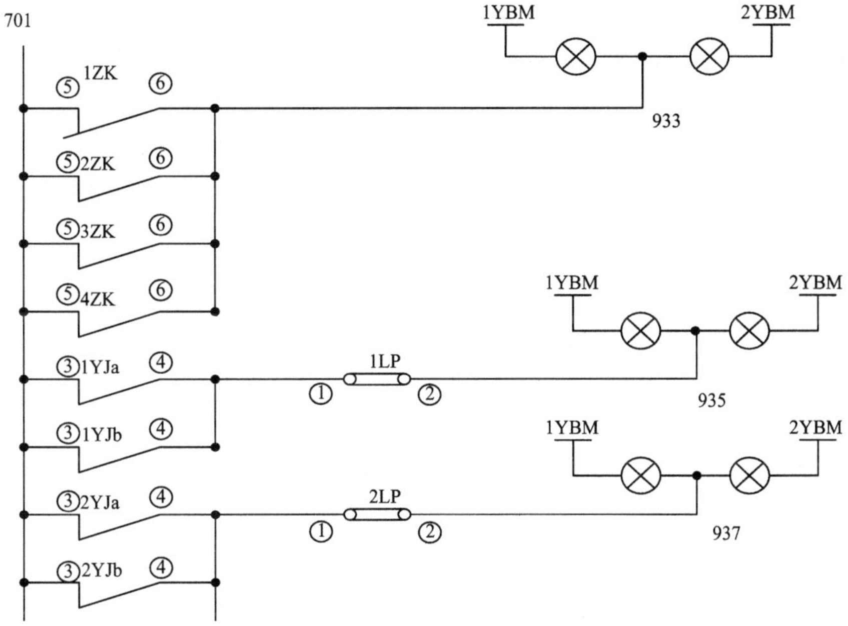

图3　信号回路

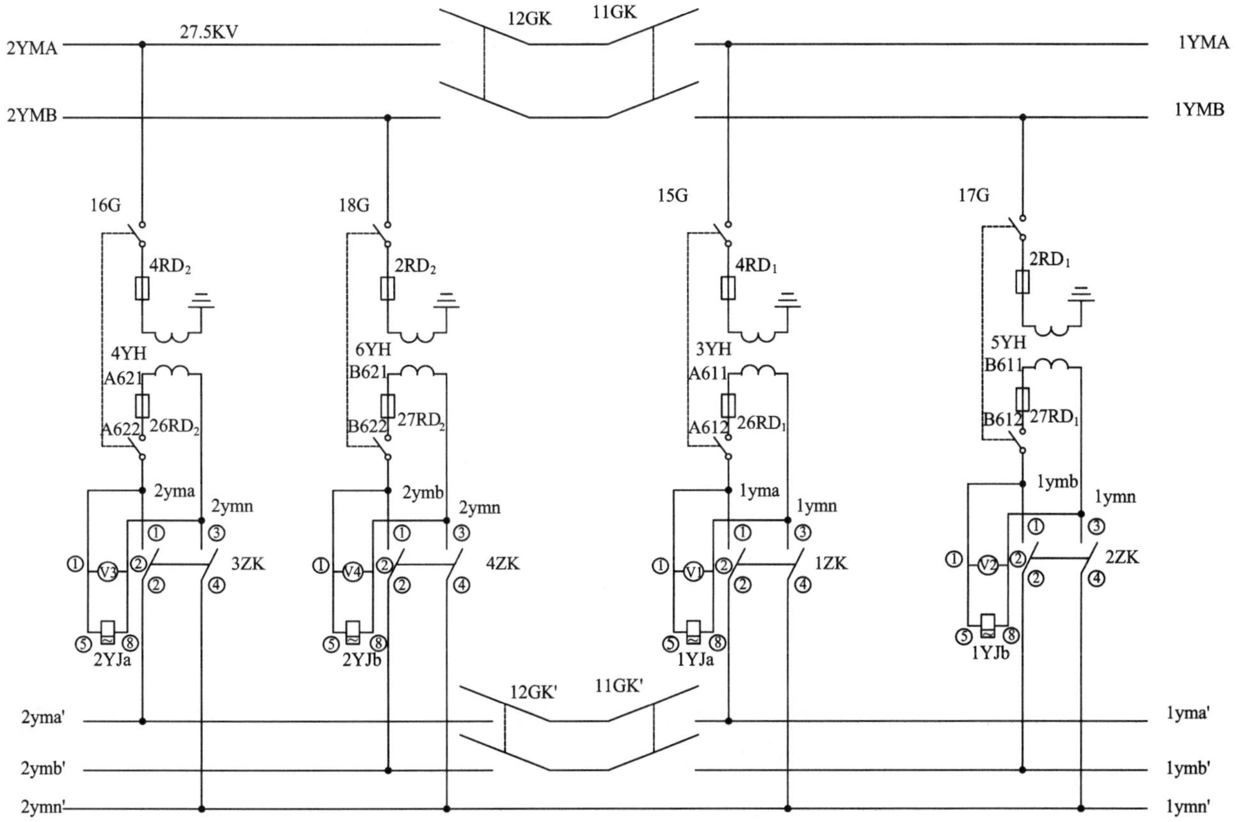

图4　信号回路

3.4　投入运行切换试验

(1)压互一次侧隔开15GK、16GK、17GK、18GK合闸位，3YH、5YH二次空开1ZK、2ZK合闸，4 YH、6YH二次空开3ZK、4ZK断开检测电压是否正常，压互运行是否良好。

(2)4YH、6YH 二次空开 3ZK、4ZK 合闸，3 YH、5YH 二次空开 1ZK、2ZK 断开检测电压是否正常，压互运行是否良好。

(3)信号发出情况试验：确认断线监测、装置动作、信号是否正常。

4 改进后的优点

(1)便于值班人员能随时监测到 27.5 kV 母线电压的变化情况和电压互感器高压回路的完整性，当高压保险熔断或开路、接触不良时能及时确知并处理。

(2)高压侧四组 27.5 kV 隔开处于常闭合状态，主备压互的切换只在控制室操作控制盘上的二次空开即可完成，减少了倒闸环节的操作程序，1 min 之内即可完成切换，节省了倒闸时间，降低了劳动强度，故障排除时间大大缩短，保护误动的几率也降低了。

(3)直观可监测到主备压互二次电压，即监测到主备压互二次回路的完好性，当二次回路有保险熔断、接触不良、断线故障时，系统能明确告知值班员，确保第一时间进行处理。

(4)当电压互感器回路故障时有灯光信号用以提示值班员及时确认，对故障进行消除，极大地确保了行车安全。

配电所新型安防报警装置研究与探讨

孔令伊

（中国铁路呼和浩特局集团有限公司呼和浩特供电段）

摘　要：随着路网规模和营运量的显著提升，对配套供电设备的稳定性、安全性等方面提出了更高的要求。设备种类多、自动化程度高、结构复杂都给设备管理单位带来了新的挑战，供电设备是否正常则直接影响着铁路运输生产秩序及铁路旅客运输服务质量。据不完全统计，在电力系统各类故障及事故中，火灾是最为常见的故障，如何在火灾初期进行迅速、有效的报警，并建立稳定的安全保障系统，已经成为铁路供电部门急需面对的问题。而传统烟雾报警器已经不能满足现场需求，它抗干扰能力差，经常误报，也无法准确在火灾初期探测预警。

关键词：配电所新型安防报警装置；PLC逻辑控制器；抗干扰

引言

随着路网规模和营运量的显著提升，对配套供电设备的稳定性、安全性等方面提出了更高的要求。设备种类多、自动化程度高、结构复杂都给设备管理单位带来了新的挑战，供电设备正常与否则直接影响着铁路运输生产秩序及铁路旅客运输服务质量。据不完全统计，在电力系统各类故障及事故中，火灾是最为常见的故障，如何火灾初期进行迅速、有效的报警，并建立稳定的安全保障系统，已经成为铁路供电部门急需面对的问题。而传统烟雾报警器已经不能满足现场需求，它抗干扰能力差，经常误报，也无法准确在火灾初期探测预警。同时依靠保护单元干接点来上传，当“三遥”信息过大时，容易造成烟雾报警信息延时上报或者不报，存在着极大的安全隐患。直接采用此类报警装置无法进行迅速、有效的报警。为此，我们设计了新型安防报警装置，其集防盗、报警、火灾监控于一身，在功能、灵敏度上不仅弥补了区域的限制，警报也更加及时，还将传输通道从保护单元上分开，杜绝了因报警信息冗余影响正常操作。

1　新型安防报警装置概况

1.1　装置组成

安全报警采集装置主要由四部分组成：烟雾、门禁告警装置、PLC控制柜、通信处理机（图1）。

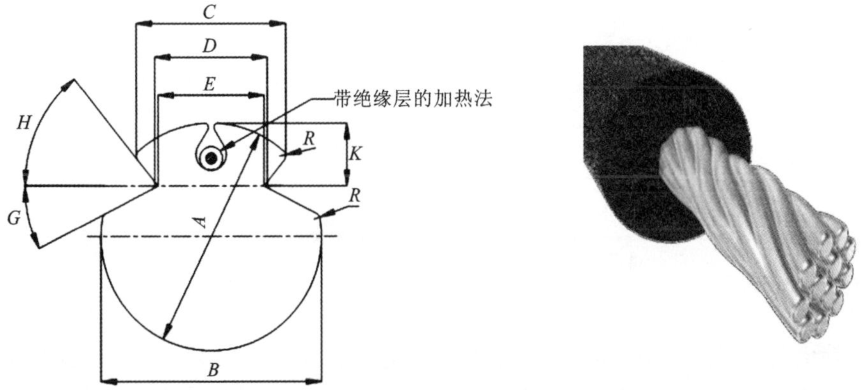

图1　安防报警装置组成

1.2 主要技术

1.2.1 通信处理机

通信处理机内部程序中新增 RTU 点号，通过分配寄存器和存储单元将报警信息和保护单元操作信息分开，又将寄存器的地址与调度主站前置机 master 中的地址一一对应。

1.2.2 PLC 控制柜

在 PLC 中增加 Modbus 通信模块和延时语句，以实现通信和延时功能。采集装置将开关量传输到 PLC 控制箱柜，通过 485 串口接入通信处理机，并采用 101 规约将所有信息统一上传至主站控制台。

1.2.3 组态软件模拟

利用组态软件构建报警界面，并进行前期模拟报警及调试。

1.2.4 抗干扰措施

采用电源干扰的抑制和信号线引入的抗干扰措施。

1.3 通信处理机

在通信处理机中配置对应的 RTU 项目、端口号、规约、寄存器地址，并使用 TX200 通信处理机配置工具配置 tx1000. conf 文件。

1.3.1 RTU 项目

在通信处理机里新建 RTU 项目，选择二进制输入并进行配置。配置相应的 RTU 单元时选择当地数据，配置 IEC 时选择当地监控和对主站(图 2)。

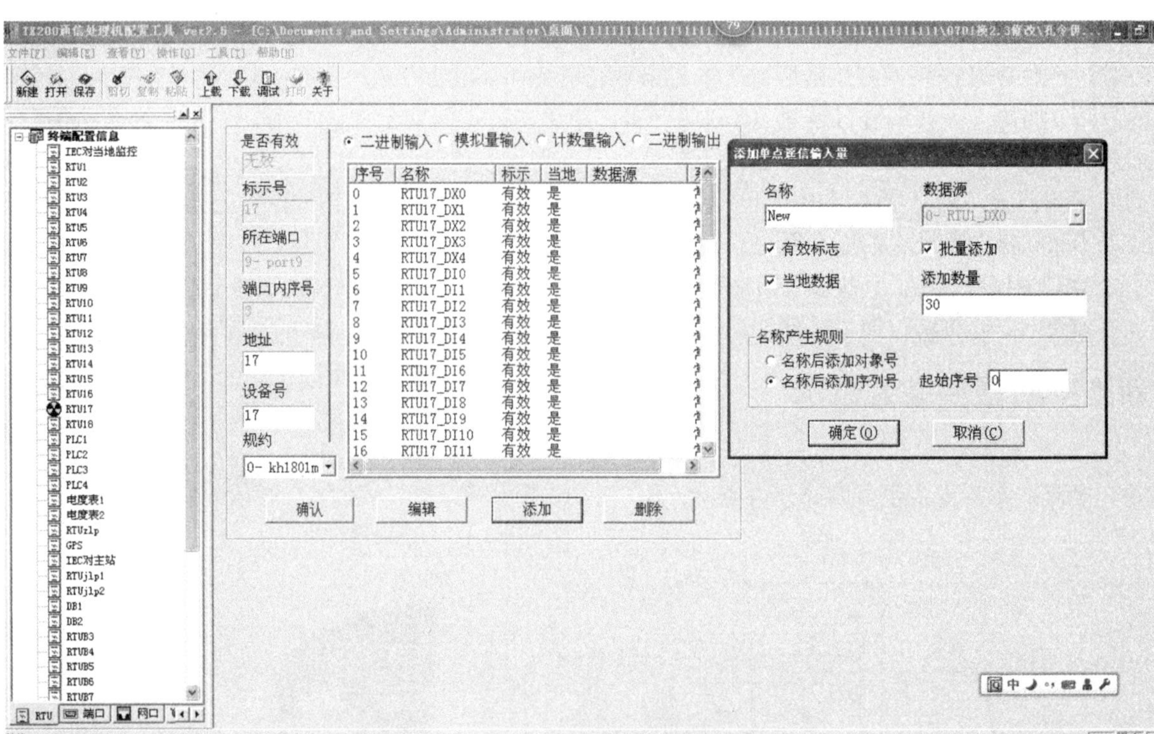

图 2 RTU 项目关联图

1.3.2 端口号

配置 PORT1 ~ 16 中的任何一个 Port x，将主端口与备用端口配置一致。如想修改 RTU 所在端口，需在端口选项将挂接的 RTU 移除并保存后，才可以修改。站地址必须与西门子 PLC 中的 MBUS 规约一致。

1.3.3 规约

修改规约前，将挂接终端移除，选入新增或既有规约，从未挂接终端添加新命名的 RTU。如需查看 DI 或 AI 的数据起始位，应在 IEC 对当地监控中找到对应的数据源(新建的 RTU 序号)。

1.3.4 寄存器地址

设置地址时，如IEC对当地监控中序号为80，则应在FEP.exe中找到数据浏览，并从80点以后看数据采集。Modbus.DICmd为数据类型，Q存储区为1，I存储区为2，V存储区为3，M存储区为4，安防报警装置与PLC调通的设置为DIcmd1、DIstart0、DInumber9。表1为Modbus遥信状态表。

表1 Modbus遥信、遥测状态表

序号	键值	说明	缺省
0	Modbus.DICmd	读取遥信状态命令码	3
1	Modbus.DIStart	遥信寄存器起始地址	0
2	Modbus.DINumber	遥信寄存器个数，1个寄存器代表16个遥信，从低位起	0
3	Modbus.AICmd	读遥测量命令码	3
4	Modbus.AIStart	遥测寄存器起始地址	0
5	Modbus.AINumber	遥测（寄存器）个数	0
6	Modbus.YXStart	遥信寄存器起始地址	0
7	Modbus.YXNumber	遥信寄存器个数，1个寄存器代表1个遥信，从低位起0	

1.4 PLC控制柜

PLC控制柜柜体采用全封闭结构，柜内安装操作开关、指示灯、按钮等元器件，排列整齐、层次分明、便于维修和拆装，并留有足够的空间。内部还装有24V直流模块，为安防报警装置开关量提供电源（图3）。

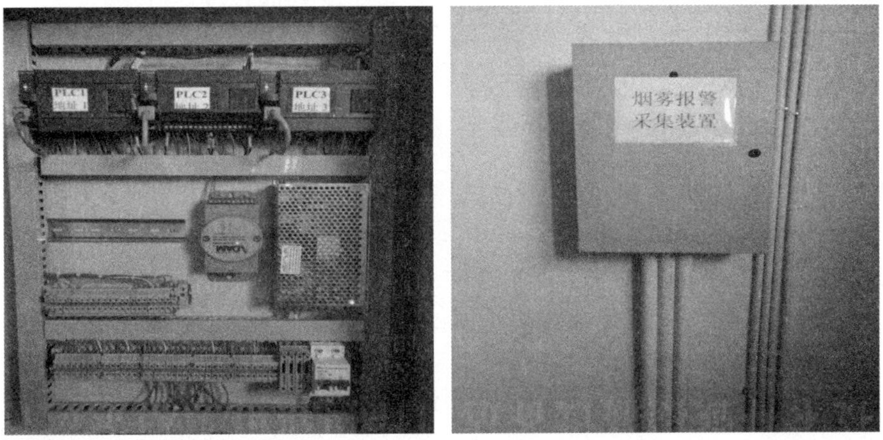

图3 PLC控制柜

监控装置采用西门子S7－200PLC逻辑控制器作为采集运算核心，通信接口采用RS485接口，可与微机保护系统统一规约，并进行远动监控。内部则采用mobus规约与PLC进行通信，每个烟感回路程序都加入了T30时间继电器，烟感接入开入量为空接点信号。

1.5 组态软件模拟

利用组态王搭建后台环境进行模拟，通过PPI通信方式，PC机为主站，S7－200为从站。使用PPI电缆将PC机串口和S7－200的通信口相连，采用串行通信方式。使用PLC编程软件STEP 7－Micro/WIN32安装通信硬件在“SET PG/PC Interface”对话框中配置PC/PPI cable，选择Interface Parameter Assignment为PPI，并设置PPI参数默认值，建立与S7－200的通信连接后设定如下通信参数：波特率9600bps，数据位8位，停止位1位，偶校验。在设定PLC地址时，将PLC地址设为默认地址2。地址格式，小数点前的数字

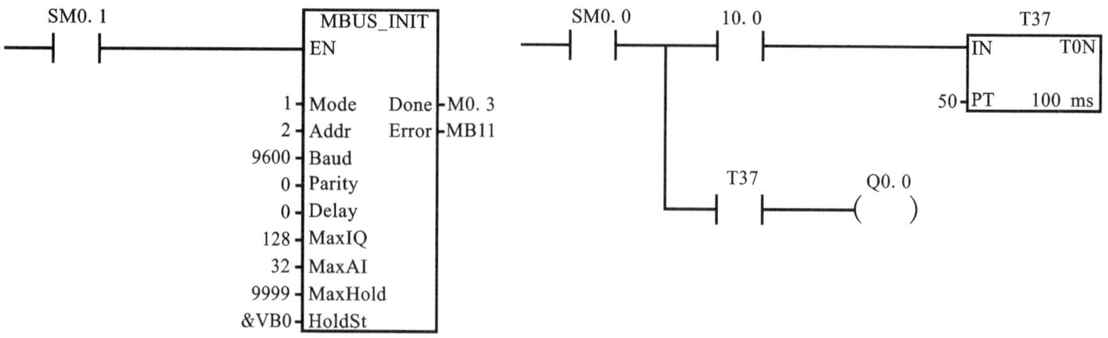

图 4　PLC 通信与延时语句

为有效地址 PLC 的地址(即站号),小数点后为数字 2,所设定的地址范围为 2.2 ~ 126.2。通过对安防报警装置要求及实现功能的分析,采用组态王对监控系统进行前期调试。组态软件可提供可视化监控画面,利于模拟实时现场监控。它能充分利用 Windows 的图形编辑功能,方便地构成监控画面,并以动画方式显示控制设备的状态,具有报警窗口、实时趋势曲线等,可便利地生成各种报表。通过模拟,新型安防报警装置完成测试。

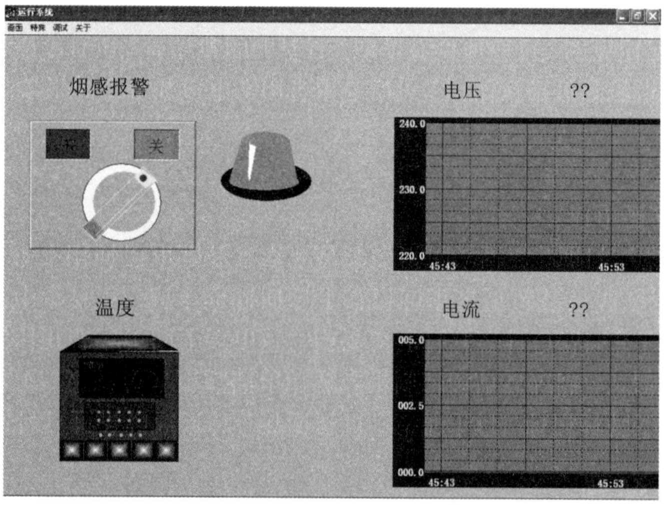

图 5　组态软件调试界面

1.6　抗干扰的措施

1.6.1　电源干扰的抑制

电源波动造成电压畸变或毛刺,将对 PLC 及 I/O 模块产生不良影响。电源线尽量平行走线,电源线对地呈低阻抗,以减少电源噪声干扰。其屏蔽层接地方式不同,对干扰的抑制效果也不一样。输入、输出线应用双绞线且屏蔽层应可靠接地,以抑制共摸干扰。此外可以安装一台带屏蔽层的变比为 1∶1 的隔离变压器,以减少设备与地之间的干扰,还可以在电源输入端串接 LC 滤波电路等。

1.6.2　信号线引入的防干扰措施

动力线、控制线 PLC 的电源线和 I/O 线应分别配线,隔离变压器与 PLC 和 I/O 之间应采用双绞线连接。将 PLC 的 I/O 线和大功率线分开走线,如必须在同一线槽内,分开捆扎交流线、直流线,若条件允许,分槽走线最好,这不仅能使其有尽可能大的空间距离,并能将干扰降到最低限度。此外利用信号隔离器解决干扰问题也是很理想的办法,其原理是首先将 PLC 接收的信号,通过半导体器件调制变换,然后通过光感或磁感器件进行隔离转换,再进行解调变换回隔离前原信号或不同信号,同时对隔离后信号的供电电源进行隔离处理。保证变换后的信号、电源、地之间绝对独立。只要在有干扰的地方,在输入端和输出端中间加上这种隔离器，就可有效解决干扰问题。

1.6.3　正确选择接地点，完善接地系统

良好的接地是保证 PLC 可靠工作的重要条件，可以避免偶然发生的电压冲击危害。接地的目的通常有两个，其一是为了安全，其二是为了抑制干扰。完善的接地系统是 PLC 控制系统抗电磁干扰的重要措施之一。在现场安装中，应将柜体接线接入配电所接地网里。

2　应用前景及经济效益

研发期间响应路局节支降耗精神，自主研发、自我创新、对关键设备进行科研投入，优化安防报警系统结构。从系统软件程序编写、调试及现场控制柜装配均由课题组人员完成，实现了设备的合理调配，降低了开发成本，节约了第三方产品设计及软件开发费用。与市场上同类产品相比，每套安防报警装置节省资金约 8000 元。改造后将安防报警装置采集的信息上传回调度主站，实行集中管理、统一调控、实时监测，保障供电设备安全可靠。目前，新型安防报警装置在察素齐配电所使用了半年多，效果显著，正准备逐步推广至全段 17 座无人配电所。

3　小结

通过配电所新型安防报警装置现场应用，可以看出采用配电所新型安防报警装置相对传统烟雾报警装置，在系统的使用功能、适用范围、反应速度等方面，具有的明显优势，每月零误报的信息量与传统的烟雾报警装置也形成了鲜明的对比。同时还大大减少了误报引起人员、车辆出动的工作量，节约了成本。

应用技术补强提高设备适用性构建电力稳定运行环境

赵昊阳

(中国铁路呼和浩特局集团有限公司呼和浩特供电段)

摘　要: 10 kV 电力贯通(自闭)线是铁路电力系统中不可缺少的骨架和血管,担负着向行车信号、车号识别、TMIS、红外线监控等重要行车设备输送电能的任务,其供电质量的好坏直接影响着行车安全秩序及铁路的经济效益和社会效益,如何完善 10 kV 贯通(自闭)架空线路的设备结构,并在此前提下更加有效地保证行车信号供电的可靠性与稳定性,值得我们为此深究。

关键词: P－15 针式绝缘子;PS－15 加强型柱式绝缘子;电力绑线;机械室四路电源

引言

随着铁路"客运专线"建设的飞速发展,保证铁路行车信号供电也日益突出和彰显。由于 10 kV 电力贯通(自闭)线大多穿越于崇山峻岭、树林村落,交跨于各等级高、低压电线路之间,线路各部件除了承受正常的机械负荷和电力负荷外,还需承受自然灾害袭击以及人为的外界影响,工作环境较为恶劣,事故频发,这极不利于铁路电力稳定运行以及行车的安全。结合当地环境特点,采取有效的管理和技术措施,通过技术补强提高设备特性、适用性,提升电力运行稳定性,就显得更为突出。呼和浩特供电段技术部门通过从多年铁路电力工作经历、平日观察及学习点滴所得,重点对一些电力系统尤其是电力贯通(自闭)线常见故障、信号、通信机械室的供电可靠性,从其表现形式、特征、多发处所、处理原则和改进建议等方面进行了探讨。

1　架空电力线路运行中的常见问题分析

架空电力线路在运行过程中的常见问题主要有以下几种。

1.1　绝缘子闪络、单相接地问题

呼和浩特铁路局管内架空线路以往使用的绝缘子均为 P－15 针式瓷绝缘子(如图 1 所示),针式瓷绝缘子主要用于工频电压6～20 kV高压架空电力线路,而新型号额定电压均为 10 kV,该型号主要技术参数见表 1。

图 1　瓷绝缘子图

表 1　主要技术参数表

产品型号	主要尺寸/mm		主要特性							
	瓷件高度(*H*)	最大外径(*D*)	爬电距离(*L*)	工频电压/kV 不小于			雷电全波冲击电压/kV peak 不小于		弯曲耐受负荷/kN	弯曲破坏负荷/kN
				干闪络	湿闪络	击穿	50% 闪络	耐受		
P－15T	120	190	280	75	45	98	118	90	2.5	14

新型号:P——普通型针式绝缘子;T——带脚,瓷件与脚直接胶装,铁担。

由于内蒙古为中西部省市，常年风沙严重，风沙起时，会使导线与金具绝缘距离减小，加之近几年来工业化的发展，导致雾霾严重，绝缘子表面脏污物附着严重，以上情况常常使得运行线路发生绝缘子闪络从而引起单相接地现象。单从机械强度考虑，宜采用针式绝缘子，但问题在于针式绝缘子由于构造上的原因爬弧距离较小，遭遇直击雷较容易被击穿破坏，形成导电通道，造成 10 kV 线路跳闸或单相接地。若受到间接击穿后，针瓶可能会出现裂纹、小针孔、闪络部位等事故隐患，而且在巡线过程中不易被发现。

1.2　两相短路及断线故障

呼和浩特铁路局管内贯通(自闭)架空线路以往使用传统铝绑线用以导线与绝缘子的固定，但线路架设多处于丘壑之间，且内蒙古常年风力强劲，使得导线从各方机械受力严重，传统铝绑线自身机械强度又低，对线缆和绝缘子损伤较大，同时绑扎面积小，单位面积机械受力大，如若绑扎工艺不精，铝绑线很容易松脱引起跳线，在大风情况下，风摆致使混线引起两相或三相短路事故，即便风摆致使单项接地，在中性点不接地系统中，也会由于长时间放电损伤导线进而引起断线事故。

图 2 所示为传统绑线绑扎效果及在长时间微风振动下造成的绑线松脱。

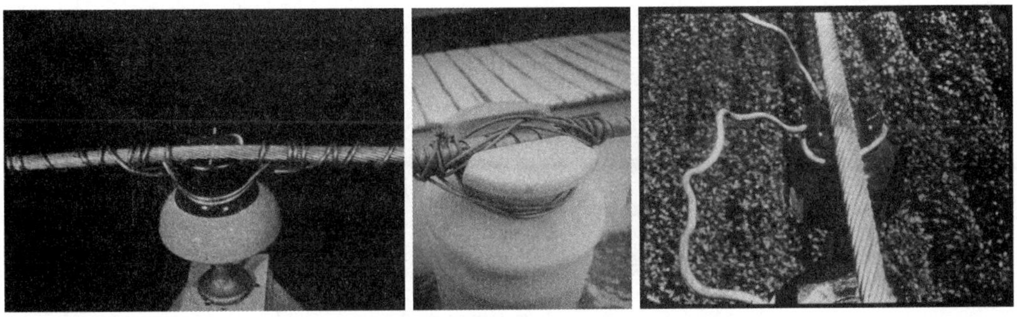

图 2　长时间微风振动下造成的绑线松脱图

2　架空电力线路的运行管理补强措施

2.1　强化线路绝缘子性能

根据我段技术人员对比的各类绝缘子性能参数，再结合呼局管内设备所处环境，最终确定采用加强型柱式绝缘子 PS－15 来代替 P－15 针式绝缘子。由于柱式绝缘子的结构为外胶装，温度骤变等原因不易使绝缘子内部击穿及爆裂，它可以作为针式绝缘子的替代产品。同时 PS－15 绝缘子较 P－15 绝缘子而言，伞裙增多，增大了爬电距离、防止雨水形成水流能力增强、减少污秽积聚的程度，总而言之，其泄漏距离要比针式绝缘子长。

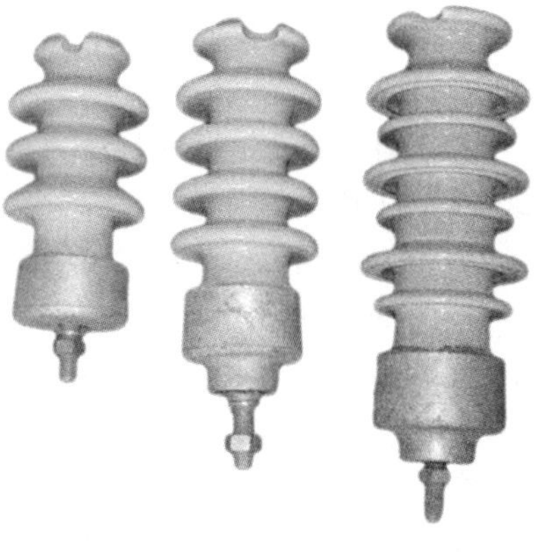

图 3　绝缘子图

绝缘子是架空线路中重要的组成原件，选择和配备是否恰当，对线路的安全运行至关重要。

表 2　绝缘子参数表

产品编号	型号	主要尺寸/mm		爬电距离/mm	雷电冲击耐受电压/kV	工频湿闪络电压/kV	弯曲破坏负荷/kN	底座中心螺孔
		H	D					
PS－015	PSN－250/12.5ZS	510	200	1140	250	95	12.5	M20

2.2　强化架空导线与绝缘子的固定强度、稳定性

在架空线路中出现两相短路及断线故障时，据管内故障统计，65% 是源于铝绑线松脱或断裂，致使架空导线跳线，并在风摆情况下混线，进而引起两相短路情况；单相接地时，则是短路电流烧损裸导线，进而

引起断线事故。

针对以上情况，我段深入研究后确定，应用预绞式铝包钢电力绑线(简称预绞丝)替代传统铝绑线使用。

2.2.1 电力绑线的组成部分

(1)电力绑线为螺旋结构设计，由两根铝包钢丝构成。配电绑线中央部分在工厂与之成型，其形状能够与各种绝缘子及导线相配合。

(2)电力绑线配有胶垫，以提供防磨损的功能。

(3)电力绑线握紧段喷有磨砂，以提高握紧能力。

2.2.2 电力绑线的用途(如图 4 所示)

(1)电力绑线可以用于将裸导线或绝缘导线固定于配电系统针式绝缘子和柱式绝缘子的顶槽中。

(2)由于有胶垫在导线周围提供缓冲，避免导线与绝缘子接触面的磨损。因此电力绑线可以提供给导线更好的保护，并且安装更为简便快捷。在绝缘导线上使用时，可以不配橡胶垫。

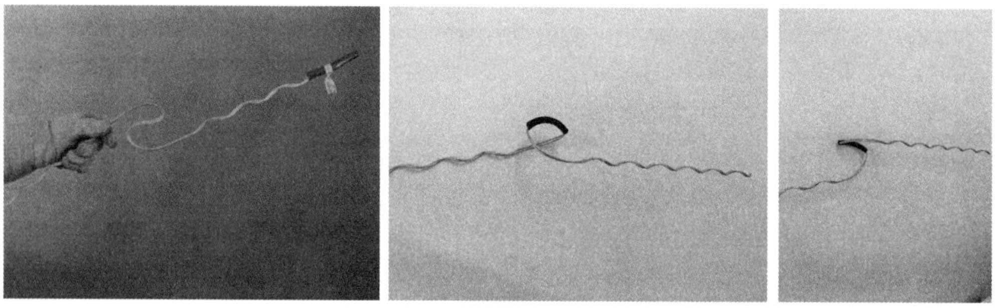

图 4 电力绑线用途图

2.2.3 电力绑线的基本技术特点

(1)强度高。拉伸强度是铝绑线的 8 ~ 18 倍，是铜绑线的 3 倍。

(2)握紧强度高。最低能够很轻松地超过 350 kg，因此可以将断线限制在一个跨距内；并且可以在电杆和结构间发生破坏前减轻载荷。

(3)拉脱强度高。足够的材料强度和环形结构提供了必要的抗侧拉和上举的能力，从而能有效防止导线脱离绝缘子凹槽。

(4)有很好的回弹性。在因树枝撞击、导线舞动以及脱冰等附加载荷下，由于有很好的回弹性，能保证导线有正常的垂度和张力。

(5)无线电干扰水平低。不超过绝缘子的干扰水平。

(6)安装方便，施工效率提高。电力绑线 30 s 徒手安装就可完成，用带电绝缘杆安装时间也不会超过 3 min；而传统手工绑扎至少需要 10 min。

2.2.4 电力绑线与传统绑线的优劣比较

表 3 电力绑线与传统绑线的优劣比较表

项目	传统手工绑线	预绞丝电力绑线
运行可靠性	低，且对导线造成伤害大	可靠性高，大大提高导线使用寿命
操作者劳动强度	很高，对于大截面的绝缘导线操作更困难	强度很小，完全工厂预制成行，安装极为方便
安装时间	10 ~ 15 min/只；并且不能带电作业	徒手安装 30 s/只；带电作业 3 min/只
使用工具	老虎钳、开刀等	徒手操作即可，带电作业秩序培别带电作业绝缘杆
外观	受操作工人既能影响大，并且不管采用单十字或者双十字绑扎，均不美观	美观、一致性好
经济性	基建时造价低，但是安全性和稳定性差，寿命短、维护费用高，对导线容易造成损伤而产生高额的换线成本	基建造价相对较高，但产品的强度很大、安全性高，使用寿命长(正常情况下可达 10 ~ 20)对导线磨损小，能节约大笔换线的成本

3　提高各站场信号、通信机械室稳定运行的供电条件

3.1　行车信号设备电源的不稳定性

众所周知，在铁路 10 kV 电力系统中，贯通(自闭)线路及各站场馈出线路代表着铁路电力系统的大动脉，而各站场信号、通信机械室则是这个庞大体系中最重要的身体器官，作为铁路电力系统一级负荷，各站场信号、通信机械室一直由贯通(自闭)两路电源提供用电。但是随着长期运营却发现，仍然存在同一供电臂贯通(自闭)两路电源同时跳闸现象，尤其是在线路一路停电检修、变压器定检的情况下，另一路电源由于各种原因出现跳闸的现象更为多见。

3.2　增设电源引入，提高行车设备供电可靠性

在这种情况下，从 2008 年起，经过我段各专家小组讨论、研究决定，对各站场信号、通信机械室电源进线进行改造，投入三电源供电，即将地方农电作为一路备用电源通过双电源切换装置与贯通电源互切，为信号、通信机械室供电(如图 5 所示)。

图 5　三电源供电图

在贯通、自闭线路停电检修或一路甚至两路电源同时故障跳闸时，地方农电作为备用三路电源可以继续为行车信号提供稳定电源。通过以上改造方式，大大提高了信号、通信机械室的供电可靠性，保证了铁路行车信号的稳定运行。

3.3　结合改进经验，升华电源引入方式

在三路电源引入的改造过程中，我段积累改造经验，结合重要站场供电设备状况，对电源不稳定的信号、通信机械室采取了 4 路电源引入方式。例如集宁南客运站信号、通信机械室，该机械室的 4 电源就分别由集宁配电所(集宁 - 土贵乌拉)自闭线路、集宁南配电所贯通线路、集宁配电所南站一高压馈出和集宁南配电所南站高压馈出所供。

图 6　三路电源图

其中自闭电源与集宁南配电所南站高压互切，贯通线路与集宁配电所南站一高压互切。

图 7　四路电源图

以上四路电源所接 10 kV 配电所母排皆由四路独立地方电源供电，即使地方电源一至二路乃至三路全部停电，依然可以保证集宁南客运站行车信号设备的稳定供电。

图 8　四路电源图

4　应用前景及经济效益

此三项技术补强措施主要是为响应铁路局安全生产经营理念，自主革新，对关键设备进行研究投入，从而优化供电线路及行车设备电源供电结构。从新设备性能的查找、对比，到新设备引进前的厂家调研，再到新设备投入后的数据统计，均由课题研究组人员完成，实现了设备的合理调配以及设备性能的关键卡控。对于架空线路的改造措施，适用于风沙、雾霾、雷电较大地区；对于行车信号、通信机械室三电源的引入，极大限度地保证了行车信号的供电可靠性。以上改造措施投入成本低，装设方便简捷，工作量小。

5　小结

结合环境因素改造后的架空线路极大地降低了雷击、大风、沙尘引起的绝缘子闪络及断线、混线事故，同时由于新设备具有较强的适用性、便捷性和使用寿命，保证供电可靠性的同时，在检修方面，也最大限度地节省了人力、财力，减少了不必要的维修资费投入，避免了因设备量大、人员缺少而导致检修任务无法完成的情况。信号、通信机械室三电源的引入方式，极大限度地保证了行车信号的供电可靠性，避免了由于电力故障而导致铁路行车生产受到影响的情况发生。

强基达标，提高高铁电力设备运行维护质量的几点思考

王 飞

(中国铁路沈阳局集团有限公司锦州供电段)

摘 要：随着我国高速铁路大量兴建，以及高铁线路陆续开通运营，高铁电力设备运营管理作为一项课题摆在了铁路各级电力管理者面前。高铁电力设备运营管理现状为变配电所无人化、贯通线路全程电缆、路局供电调度远端监控，给定的站段定员少、人员全部准入制、年龄小，实行天窗修，电力设备运营管理模式与普速电力有很大不同，可以说，高铁电力设备运营管理无现成模式可供借鉴。盘营线自 2013 年开通运营以来，我段在设备运营管理上逐步摸索、思考运行维护管理方案，经过近几年的运管实践，积累了一些经验，为高铁正常运营提供了电力保障。

关键词：强基达标；高铁；电力设备；运行维护

随着高速铁路在全国范围内大量兴建，以及高铁线路开通运营，高铁电力设备运营管理作为一项课题摆在了铁路各级电力管理者面前。高铁电力设备运营管理现状为配电所实行无人化，一级贯通、综合贯通线路全程电缆，路局供电调度远端监控，站段定员少、年龄小、人员全部准入制，天窗修；与普速电力设备运营管理模式有很大不同。盘营线自 2013 年开通运营，我段也在高铁电力设备运营管理上逐步摸索，积累了一些经验，结合全路开展的强基达标工作，就如何提高高铁电力设备运行维护质量，谈了以下几点思考。

1 健全设备维护管理体系，提高专业化维修水平

(1)着力解决高铁电力编制人员不足问题，破解先天难题。面对高铁电力定员少、资质人员不足现状，为了做好高铁电力设备运行维护工作，我段实行高速电力设备由普速车间管理的方式，高铁电力工区的主要职责是高铁电力设备运行管理，需要大量人员的线路维护等工作由高普电力工区共同完成，充分发挥普速电力工区人员多、从事电力检修工作时间长、经验丰富的优势，从而达到保证设备运行质量的要求。

(2)建立维护机制，确保检修设备达标。我段在维护管理上，建立了一套流程；每年秋检时，由高铁电力工区对电力设备逐台、逐杆、逐条、逐座进行鉴定，鉴定出问题就录入设备问题库；严重安全隐患问题，车间立即提报天窗修计划进行整治；不影响供电安全问题，由车间主任、电力技术员、工长共同制定整治措施和整治时间；春季开展针对性维修，维修后，设备问题库及时销号，形成闭环管理。

(3)建立考核机制，问题追踪溯源，考核到人。高铁电力设备维护，本着谁检修谁负责的原则，实行记名修。为达到质量标准，由普速电力工区经验丰富的老职工对线路检修质量全面验收，做到检修一段，达标一段；维修后，由高普速电力工区填写检修工作单和记名式维修记录，使运行质量不达周期时，有据可查，依规定责。

2 在购进材料设备上严格把关，严控不合格产品上线运行

在生产过程中逐步摸索哪些厂家产品质量优良可靠，形成厂家名录，高铁车间在提报材料计划时，优先选用厂家名录里的产品，真正在源头上把控上线运行的高铁电力设备产品质量，使其运行安全稳定。

3 加强对安全风险源的控制和隐患排查治理

(1)抓好安全风险源管理。围绕鸟、树、雷、风、外部施工及水害等安全风险源，以及电缆中间头、电缆交叉缠绕，隔离开关、避雷器老化，绝缘线等设备隐患开展综合治理，逐步压缩设备故障，降低故障率。

为防止外部施工侵害，我段在电缆线路管理防护上进行了创新，对高架桥下段直埋电缆实行封闭网管理，这几年共埋设封闭网 900 多延长米；而不能实行封闭网管理的电源线路，则在电缆径路上铺设了水泥通道 1500 m，并补齐了电缆标识，切实保证了电缆外侵问题。

电源线路防雷问题，始终是保证线路安全运行的关键问题，建线时设计给定的是固定式避雷器，击穿后容易形成死接地，现在我们安装的为跌落式避雷器，四年来运行情况良好。

(2)抓好新技术、新工艺、新设备、新材料在使用前的人员培训。在生产过程中，我们发现一些设备故障是由于设备安装人员的错误安装造成的，所以我们狠抓新技术、新工艺、新设备、新材料在使用前的人员培训，就是确保避免人为因素造成的设备安全运行隐患。

4 健全安全生产责任制和干部履职质量考评，强化专业管理

(1)做好规章清理、优化、修订等工作，适应现实生产需求。根据无人配电所和修程修制改革的需要，适时对相关规章文件进行调整，确保日常管理及巡、检、修不弱化。

(2)充分发挥干部问题管理督办平台，问题库管理系统的作用。段通过周通报、月点评，督促干部深入现场，多发现问题，以问题为导向，抓整改，堵漏洞。

5 开展设备健康状态评估，故障预警，早发现，早处理

(1)推广电缆在线监测系统应用，电缆超温、漏泄超标自动报警。

(2)探索无人机、机器人等高科技设备使用，实现巡视无死角，实时和故障情况下即时巡视等新要求。

(3)探索红外线超声检测设备在电力系统的应用。

这些，目前，在我段还没有实际应用，但面对电力人员越来越少的现状，这是一个发展方向，也是一个课题。

6 推进高铁建设领域技术介入水平，保证接收设备质量

(1)提早动手，堵塞设计漏洞。站段在高铁线路初步设计的阶段，就应该参与电力系统的设计方案、主要设备选型及相应关键技术参数的确定等方面的工作。

(2)施工过程全程介入。高铁介入抓住隐蔽工程，电缆同沟，交叉缠绕，卡，磨，紧，外侵等关键问题。

7 推进电力信息化建设

锦州局正在进行信息化建设，抓住大数据建设有利时机，使电力管理逐步过渡到大数据管理模式，初期形成建档查询功能，中期达到统计分析功能，最后达到预警功能，真正实现信息化管理。

可以说，随着科技的发展，一些电力高科技装备的出现，为我们提升设备运行维护质量提供了保证。

10 kV 贯通自闭线路故障分析及预防措施

郜瑞翔

(中国铁路上海局集团有限公司合肥供电段亳州供电车间)

摘 要: 电力贯通自闭线路是用来直接为铁路各车站电气集中设备及区间自闭信号点提供可靠、不间断电源的线路,受复杂外部环境和施工等影响导致故障频发。本文介绍了10kV电力贯通自闭线路故障类别、产生的原因、分析判断及故障查找办法,讲解如何根据现象判断故障,快速查找、正确处理电力线路故障,最大限度缩短停电时间,减少对运输秩序的干扰。

关键词: 贯通线;自闭线;短路;断线;故障分析;预防

前言

由于贯通自闭线路沿铁路线狭长分布,沿线地质条件复杂,线路长期暴露在自然中,经常会受到周围环境和大自然的影响,这是铁路供电系统最薄弱的环节,也是故障发生最多的地方。

电力系统故障通常分为短路故障和断线故障,而短路故障是各种系统故障中出现最多、情况最为严重的一种。

所谓"短路故障"就是线路中不同电位的两点被短接起来或者其间的绝缘被击穿,造成线路不能正常工作的故障。例如,输电线路中,由于某种原因导电相与地间的绝缘被破坏形成通路,即产生了相与地间的短路。短路故障发生后,由于网络总阻抗大为减少,故障点电压降低,系统将产生几倍甚至几十倍于正常工作电流的短路电流,强大的短路电流会对供电线路、供电设备造成严重的后果。

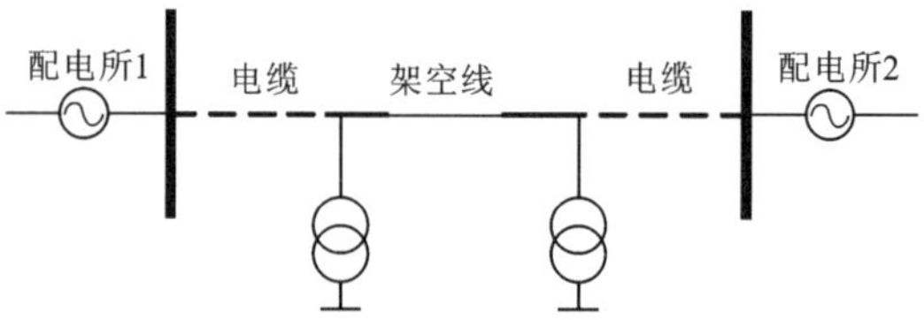

图1 贯通线示意图

1 线路故障类别

线路故障关系如图2所示,分类具体情况如表1所示。

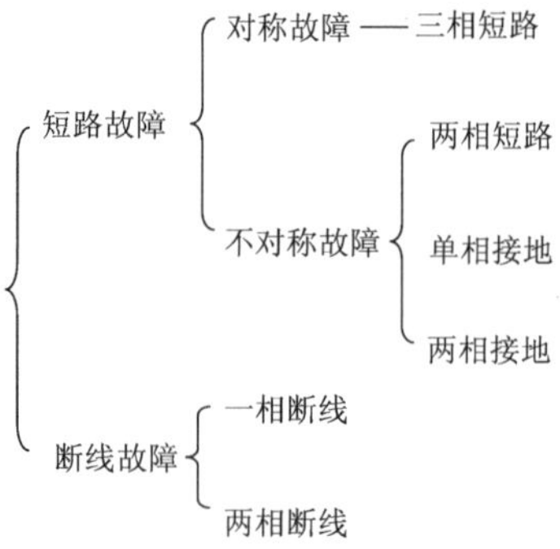

图2 线路故障关系图

2　线路故障形成原因

2.1　雷击事故

由于铁路贯通自闭线路主要遍布于田间、山坡，在平原地区就会成为周围的最高点，一旦发生雷击，就成为了雷击电流的通道。

雷击事故和设备缺陷也有莫大关系，分析其设备原因主要有：

(1)绝缘子质量不过关。由于常年暴露在空气中，降低了绝缘子的绝缘强度，表面潮湿后，产生闪络放电，当发生雷击绝缘子时，引发线路接地或相间短路；

(2)避雷器接地装置不合格。不合格的接地装置，接地电阻大于10 Ω，御流能力低，雷击电流不能快速流入大地。

2.2　线路自身缺陷故障

(1)线路水平排列，且线间距离较小，同一挡距内导线弧垂不同，各导线摆动幅度也不相同，导致导线相互碰撞，造成短路故障。

表1　线路故障分类

短路类型	符号	短路故障示意图	故障边界条件
三相短路	$K^{(3)}$	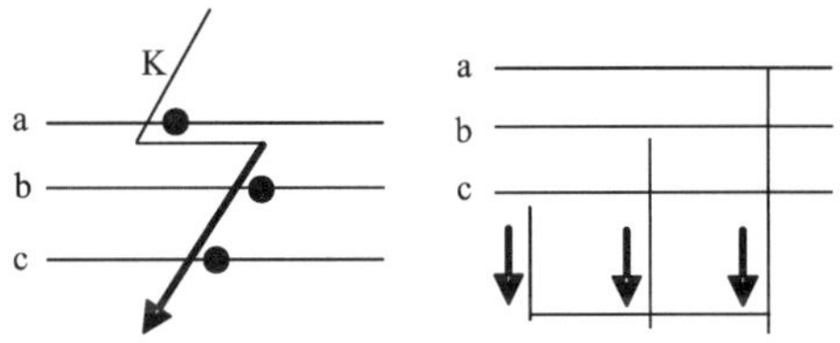	$\dot{U}_a=\dot{U}_b$ $\dot{U}_b=\dot{U}_c$ $\dot{I}_a+\dot{I}_b+\dot{I}_c=0$
两相短路	$K_{ab}^{(2)}$	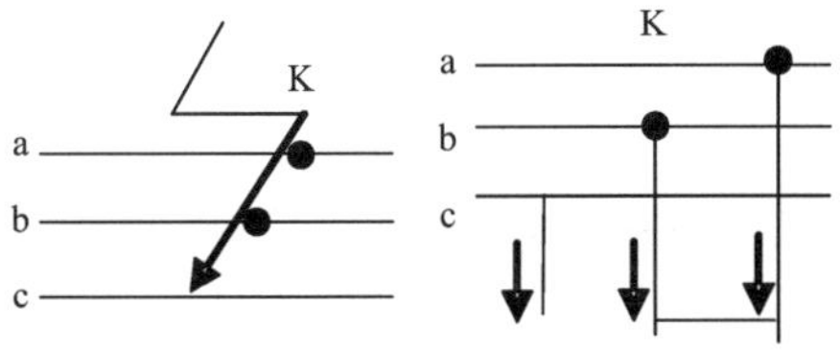	$\dot{U}_a=\dot{U}_b$ $\dot{I}_a+\dot{I}_b=0$ $\dot{I}_c=0$
单相接地	$K_c^{(1)}$	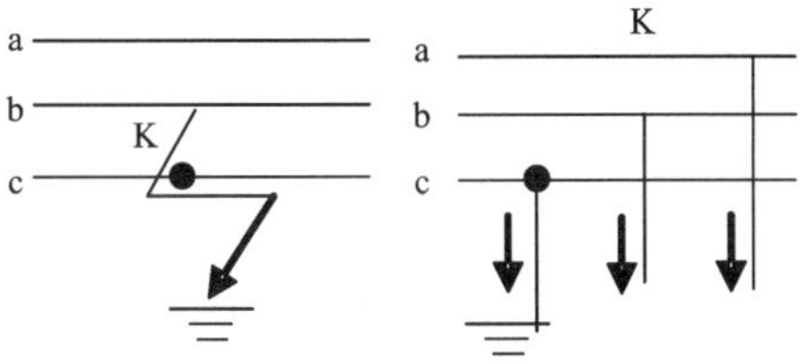	$\dot{U}_c=0$ $\dot{I}_a=0$ $\dot{I}_b=0$
两相接地	$K_{bc}^{(1,1)}$	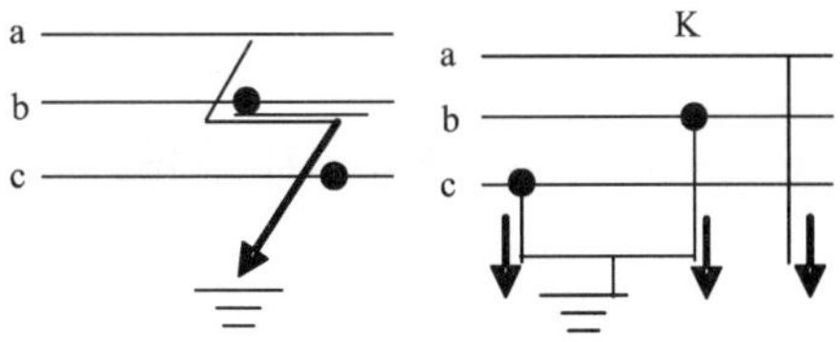	$\dot{U}_b=0$ $\dot{U}_c=0$ $\dot{I}_a=0$

(2)线路老化、强度不足引起断线，接头接触不良引起跳线线夹烧毁断线。

2.3　外界破坏故障

(1)鸟害与放风筝或人为地向空中乱投抛杂物落在导线上，造成线路短路或接地，引起配电所开关保护动作跳闸。

(2)由于夏季雨水多，树木生长过快，茂盛的树木与架空裸导线之间安全距离不够，一遇刮风下雨极易造成对树木放电或树枝断落后搭在线上，风雨较大时，甚至会发生整棵树倒在线路上，压迫或压断导线，引起故障。

(3)机动车辆或施工现场，将电杆碰撞倾斜或撞断，引起线路故障。

(4)电杆杆基多为土埋，如有大量雨水冲刷或浸泡，易造成倾斜或倒塌事故。

(5)临近高大树木距离线条过近，尤其在大风雷雨天气下易发生树木倾倒或树枝挂在线条上的情况引起线路短路故障。

2.4 人为原因造成

(1)日常巡视不到位，巡视中没抓住重点部位，查不出线路缺陷和事故隐患。

(2)作业人员操作不到位，引发故障。

3 线路故障查找方法

铁路贯通自闭线因其所承担的负荷为铁路信号，故它们正常工作与否，直接关系到铁路大动脉是否畅通。规程规定：线路发生单相接地故障时，继续运行不宜超过 2 h，期间由段调度组织电力有关工区努力对故障线路进行事故巡查，查找出事故发生的原因，快速处理故障，恢复供电。

目前故障点定位的手段主要是由调度逐区段开、合远动开关，进行试送电操作，查看故障指示器位置采用一拉一合的方式，确定故障线路范围，再安排管内电力人员沿线路巡视，主要采用经验判断排查易出故障处，通过肉眼观察确定故障点。如果排除了全部的可疑点，在重点地段没有发现故障点，应扩大巡视范围或全线巡视，也可以进行内部交叉巡视。如果还是没有发现故障点，可适当组织重点杆段或全线的登杆检查巡视。登杆检查巡视由于距离较近，可以发现杆塔周围不明显的异常或导线上方、绝缘子上表面等地面巡视的死角，对怀疑为雷击的情况应增加避雷线的悬挂金具、放电间隙和杆塔上部组件的检查。

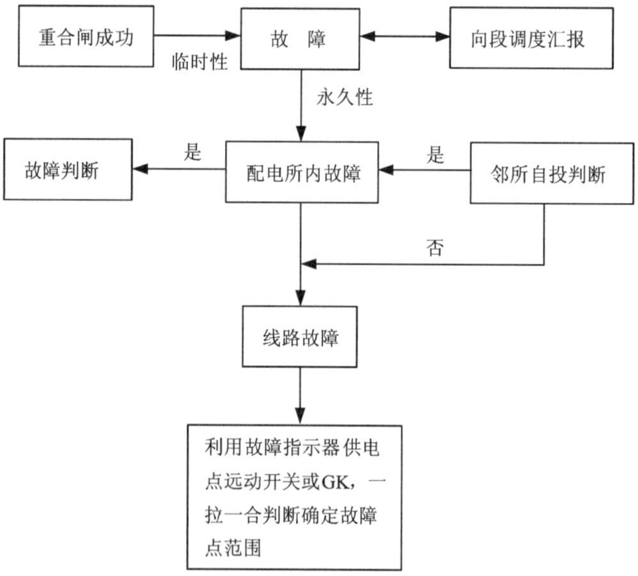

图 3 变配电所故障处理程序图

4 线路故障预防措施

(1)做好侵入铁路电力线路限界树木的砍伐工作，及时进行危树修剪工作，保证线路通道符合规程要求，使线路运行不受树木生产干扰。

(2)加强线路设备的检修维护力度，定期对架空线路进行登杆检查，对重污染区域绝缘子进行清扫擦拭，绑扎线松的重新进行绑扎，及时更换破损及绝缘性能低的绝缘子等，定期进行电气设备的试验、检修工作，及时处理设备缺陷，消除隐患。

(3)对线路电杆定期进行检查，对受外界环境影响造成杆塔基础下沉或土壤松弛的，应及时填土务实，对不够牢固的杆塔及时进行加固基础或增加拉线，在导线振动的地方，金属螺丝易受振动而自行脱落，在巡线时应仔细检查金具各部件的接触是否良好。

(4)检查、整改接地装置，定期测量接地电阻，做好台账记录工作，保持接地装置处于良好可用状态，对于新安装线路、设备的接地装置，其电阻不得大于10Ω；对运行时间较长的线路接地装置进行检查、测量，不合格的给予整改。

(5)建立避雷器安全台账，在雷季来临之前，认真检查避雷器装置，更换不符合运行要求的避雷器，对雷击频繁区域加装避雷器；在风季来临前，对个别档距较大的线路，及时检查线路驰度，或在两杆塔中间加装一根杆塔，以缩短档距，使导线稳定。

(6)加强线路的巡视工作，特别是恶劣天气过后及时对线路进行巡视，并对线路有计划地进行特殊及夜间巡视。

(7)加强营业性施工检查力度，对架空线因施工造成对地安全距离不足的，积极与施工单位进行沟通，说明情况并设置警示牌，不留电力事故隐患。

(8)在电杆易遭受车辆碰撞的地方，悬挂“有电危险”警示牌，并在杆身涂抹红白相间的反光漆以提示驾驶员注意，并设水泥防撞桩，如屡遭车辆碰撞，应考虑杆基搬迁。

(9)增加电缆线路标识，尽量增设电缆线路标识物，尤其对直埋电缆，对缺少、损坏、偏移的电缆标桩予以更换或加固定，避免因机械施工等外力因素对电缆线路造成破坏，引发故障。

(10)做好检修计划，如期进行线路检修，编制设备缺陷整改计划表，进行季度设备互检查，及早将影响线路安全运行的重大缺陷和事故隐患处理掉，争取做到防患于未然。

5　结束语

由于铁路贯通自闭线容易受到很多因素的影响，从而引发各种线路故障，这就要求我们对各类故障进行分析，找出故障原因，切实做好防范工作，预防事故的发生，保证铁路的安全稳定供电。

总的来说，在铁路运输生产中，铁路电力工作是铁路运输的重要组成部分，其主要任务是不断提高信号供电质量和可靠性，满足铁路运输的生产需要。当线路发生故障后，我们能否以最短的时间恢复供电，是衡量我们铁路供电部门职工综合技术素质高低的标准。

提高电力线路功率因数调研报告

武仲文　李　猛

(中国铁路沈阳局集团有限公司阜新供电段)

摘　要: 节能增效是目前铁路部门的重大课题，文章针对秦沈线电力线路功率因数较低的现状进行了调查，分析了产生问题的原因，制定了整改措施，从应用上看效果明显，大大节约了资源，同时也减轻了企业负担。

关键词: 电损; 指标; 提高

引言

在中国经济的飞速发展中，能源起着巨大的作用，而能源的消耗绝大部分是通过机电设备消耗的。铁路高速发展，加强供电能力，提高设备效率，节约电能，降低损耗是前一重大课题。

电力线路较长及电缆线路过多会造成容性负荷过大，致使功率因数较低，利率电费较高，给企业造成不必要的浪费和损失。文章针对秦沈线电力线路现状进行调查，分析原因，制定防范措施，有效地解决了功率因数低的问题，大大提高了企业效益。

1　电力线路现状调查

改造前期对秦沈线进行了前期的详细调查，该线路年力率为 60%，利率罚款 97.13 万元，上级规定指标 85%，未完成利率指标。下面是对 2011 年年供电线路力率现状及力率罚款情况的调查统计(表 1、表 2)。

表 1　2011 年秦沈电力车间力率情况统计

所属供电局	供电地点	1 月	2 月	3 月	4 月	5 月	6 月	7 月	8 月	9 月	10 月	11 月	12 月
		力率单位: %											
绥中供电局	绥中北站(二次变)	64	70	71	66	58	69	36	42	18	25	25	25
	水源线	68	70	74	86	89	89	82	78	80	86	86	86
龙岗供电局	葫芦岛北站(新客线)	96	96	90	87	76	75	61	76	77	70	70	70
凌海供电局	铁路专线(松山)	80	80	78	67	50	49	63	66	65	65	65	65
	铁路专线(杏山)	83	68	58	47	51	48	53	55	47	53	53	53
盘锦电业局	盘锦北站(甜水农电)	86	81	81	81	65	77	71	37	60	60	60	60
	盘锦北站(沟客线大户)	24	77	23	31	20	15	51	54	49	53	53	65
台安农电局	台安车站 1	42	46	62	62	62	55	53	51	86	51	51	51
	台安车站 2	87	88	88	86	91	88	88	100	100	100	100	100
辽中农电局	辽中车站 1	96	96	96	96	76	73	79	78	78	78	78	78
	辽中车站 2	31	20	20	18	29	25	26	26	26	26	86	26
新民供电局	沙岭站	71	76	70	72	74	74	75	74	75	76	76	76

表 2　2011 年秦沈电力车间利率电费罚款统计

所属供电局	供电地点	1 月	2 月	3 月	4 月	5 月	6 月	7 月	8 月	9 月	10 月	11 月	12 月
		力率电费单位：元											
绥中供电局	绥中北站(二次变)	1945.72	1546.74	1357.01	1710.53	2996.08	1627.01	5716.75	5542.09	4633.07	5353.31	1501.37	0.00
	水源线	3132.42	2705.6	1941.36	-40.06	-128.76	-125.64	472.36	1162.68	803.11	-29.86	0.00	687.78
龙岗供电局	葫芦岛北站(新客线)	0.00	0.00	-132.55	-44.16	403.34	6705.71	6980.48	3663.64	3326.36	5239.88	5198.08	1620.22
凌海供电局	铁路专线(松山)	2617.08	7011.49	6990.31	12992.62	29629.59	30074.1	19776.62	13269.13	13260.32	18006.43	9998.72	6830.85
	铁路专线(杏山)	8836.41	9511.74	18687.48	26213.67	21897.08	24217.90	19776.62	19697.14	24514.64	24593.17	15426.23	8412.98
盘锦电业局	盘锦北站(甜水农电)	-180.85	1470.59	2505.72	3141.87	5139.94	1682.38	2999.09	11713.98	6623.22	9756.36	10151.37	10251.67
	盘锦北站(沟客线大户)	19170.54	20460.59	16843.92	16977.34	13171.87	11959.85	10737.23	10219.91	13136.34	10673.3	7882.03	4635.21
台安农电局	台安车站 1	9794.03	8500.41	1550.78	1469.16	1428.47	1535.24	2020.04	1814.52	-19.27	56.63	8.09	-6.09
	台安车站 2	662.12	453.31	382.64	883.31	-40.26	255.09	172.88	-117.88	-71.83	-45.42	-42.74	-30.38
辽中农电局	辽中车站 1	-399.18	-450.39	-373.44	-259.85	1263.92	1508.67	776.94	1315.09	1719.38	2968.31	3096.57	1393.44
	辽中车站 2	20155.21	17331.42	15388.08	14134.82	22598.27	18203.94	21725.75	18433.97	19235.1	26826.02	28237.92	2530.38
新民供电局	沙岭站	1649.86	843.96	1586.4	1313.54	1243.74	1218.36	1166	1269.12	1166	1110.48	-76.15	-33.31
合计	67383.36	69385.46	66727.71	78492.79	99603.28	98862.61	92320.76	87983.39	88326.44	104508.6	81381.49	36292.75	—

2　原因分析

秦沈线共有有人值班配电所 6 座，中继站 27 处，自闭、贯通线路 816 km(其中高压电缆线路 242km)，全线用电负荷均为行车重点负荷。由于长大供电线路及电缆线路容性电流较大，由此产生的负面影响有：一是容性电流在线路和供电设备中产生的无功功率造成了能量的损耗，从某年电量统计看，全年由于无功损耗所发生的费用约 97.13 万元。二是按上级供电部门要求的 85% 力率指标距离较大，目前全线平均力率在 60% 左右，其中绥中北电源一、盘锦北电源二、辽中站电源一力率在 25% ~50% 之间。所以供电部门要实行力率罚款，通过对某年全年数据的统计，全年购电支出为 732.72 万元，其中力率罚款为 97.13 万元，占全年总支出的 13.25%。三是由于容性电流占据了供电设备容量，造成了供电设备的能力不足，目前自闭、贯通回路中有 65% 的电流为容性电流，所以造成了全线 6 个配电所为其供电的 12 台调压器能力不足。

3　提高功率因数的方法

安装电抗器进行无功补偿可以提高功率因数、减少力率电费支出、降低电力线路的功率损失、提高电网输送有功功率的能力、提高设备利用率、减小电压损失。秦沈线自闭、贯通线路较长，容性负荷较大，安装电抗器后，提高了感性电流，总电流将大大减少，功率因数将得到有效提高。

3.1　电缆电容电流的计算

电缆电容因生产厂家选用材料、生产工艺的不同而有所差异，可根据生产供应商提供。本次查阅电线电缆手册(生产产品样本)，电缆芯与芯之间 Cx(μF/km)及电缆芯与地之间 Cy(μF/km)电容如表 3 所示。

电缆的工作电容：$C=3Cx+Cy$

表 3　C, Cx, Cy

电缆型号	$Cx/(\mu F \cdot km^{-1})$	$Cy/(\mu F \cdot km^{-1})$	$3Cx/(\mu F \cdot km^{-1})$	$C/(\mu F \cdot km^{-1})$
YJLV-8.7/15-50	0.19	0.57	0.57	
YJLV-8.7/15-70	0.22	0.66	0.66	
YJLV-8.7/15-150	0.28	0.84	0.84	

(1)正常情况时的电容电流。

①由线间电容电流合成的线电容电流 Icx'(A)

$Icx'=3\omega CxLU\varphi$

ω(角数度)$=2\pi f=314$

$U\varphi$(相电压)$=6.06$ kV

L:电缆长度(km)

$YJLV-8.7/15-50$:$Icx'=3\omega CxLU\varphi$

$=3\times314\times0.19\times10-6\times1\times6.06\times103$

$=1.08$ A/km

$YJLV-8.7/15-70$:$Icx'=3\omega CxLU\varphi$

$=3\times314\times0.22\times10-6\times1\times6.06\times103$

$=1.26$ A/km

$YJLV-8.7/15-150$:$Icx'=3\omega CxLU\varphi$

$=3\times314\times0.28\times10-6\times1\times6.06\times103$

$=1.6$ A/km

②线对地的电容电流 $Icy(A)$

$Icy=\omega CyLU\varphi$

$YJLV-8.7/15-50$:$Icy=\omega CyLU\varphi$

$=314\times0.57\times10-6\times1\times6.06\times103$

$=1.08$ A/km

$YJLV-8.7/15-70$:$Icy=\omega CyLU\varphi$

$=314\times0.66\times10-6\times1\times6.06\times103$

$=1.26$ A/km

$YJLV-8.7/15-150$:$Icy=\omega CyLU\varphi$

$=314\times0.84\times10-6\times1\times6.06\times103$

$=1.6$ A/km

③线路始端的电容电流 Ico(A)

$Ico=Icx'+Icy$

$YJLV-8.7/15-50$:$Ico=Icx'+Icy$

$=1.08+1.08$

$=2.16$ A/km

$YJLV-8.7/15-70$:$Ico=Icx'+Icy$

$=1.26+1.26$

$=2.52$ A/km

$YJLV-8.7/15-150$:$Ico=Icx'+Icy$

$=1.6+1.6$

$=3.2$ A/km

(2)单相接地时的电容电流。

①非接地相线对地的电容电流 Icy'(A)

$Icy'=\sqrt{3}\ Icy$

$YJLV-8.7/15-50$:$Icy'=\sqrt{3}\ Icy$

$=\sqrt{3}\times1.08$ A/km

$=1.87$ A/km

$YJLV-8.7/15-70$:$Icy'=\sqrt{3}\ Icy$

$=\sqrt{3}\times1.26$ A/km

$=2.18$ A/km

$YJLV-8.7/15-150$：$Icy'=\sqrt{3}\ Icy$

$=\sqrt{3}\times1.6$ A/km

$=2.77$ A/km

②流过接地点的电容电流 Ic（A）

$Ic=\sqrt{3}\ Icy'=3\ Icy$

$YJLV-8.7/15-50$：$Ic=\sqrt{3}\ Icy'=3\ Icy$

$=3\times1.08$ A/km

$=3.24$ A/km

$YJLV-8.7/15-70$：$Ic=\sqrt{3}\ Icy'=3\ Icy$

$=3\times1.26$ A/km

$=3.78$ A/km

$YJLV-8.7/15-150$：$Ic=\sqrt{3}Icy'=3\ Icy$

$=3\times1.6$ A/km

$=4.8$ A/km

③非接地相始端的电容电流 $Ic1$（A）

$$Ic1=\sqrt{(\frac{\sqrt{3}}{2}I'_{cy}+I'_{cx})^2+(\frac{1}{2}I'_{cy})^2}$$

$YJLV-8.7/15-50$：$Ic1=\sqrt{(\frac{\sqrt{3}}{2}I'_{cy}+I'_{cx})^2+(\frac{1}{2}I'_{cy})^2}$

$$Ic1=\sqrt{(\frac{\sqrt{3}}{2}\times1.87+1.08)^2+(\frac{1}{2}\times1.87)^2}$$

$=2.86$ A/km

$YJLV-8.7/15-70$：$Ic_1=\sqrt{(\frac{\sqrt{3}}{2}I'_{cy}+I'_{cx})^2+(\frac{1}{2}I'_{cy})^2}$

$$Ic_1=\sqrt{(\frac{\sqrt{3}}{2}\times2.18+1.26)^2+(\frac{1}{2}\times2.18)^2}$$

$=3.33$ A/km

$YJLV-8.7/15-150$：$Ic_1=\sqrt{(\frac{\sqrt{3}}{2}I'_{cy}+I'_{cx})^2+(\frac{1}{2}I'_{cy})^2}$

$$Ic_1=\sqrt{(\frac{\sqrt{3}}{2}\times2.77+1.6)^2+(\frac{1}{2}\times2.77)^2}$$

$=4.23$ A/km

④接地相始端的电容电流 Ic_d(A)

$Ic_d=Ic+I'_{cx}$

$YJLV-8.7/15-50$：$Ic_d=Ic+Icx'$

$=3.24+1.08$

$=4.32$ A/km

$YJLV-8.7/15-70$：$Ic_d=Ic+Icx'$

$=3.78+1.26$

$=5.04$ A/km

$YJLV-8.7/15-150$：$Ic_d=Ic+Icx'$

$=4.8+1.6$

=6.4 A/km

(3)每公里电缆线路的电容电流。

将上述各计算结果添入表4。

表4 计算结果表

电缆型号	Icx′	Icy	Ico	Icy′	Ic	Ic_1	Icd
YJLV-8.7/15-50	1.08	1.08	2.16	1.87	3.24	2.86	4.32
YJLV-8.7/15-70	1.26	1.26	2.52	2.18	3.78	3.33	5.04
YJLV-8.7/15-150	1.6	1.6	3.2	2.77	4.8	4.23	6.4

3.2 电抗器补偿电流的计算

补偿电缆电容电流较好的办法是设置专用的并联补偿电抗器。鉴于补偿电抗器既要补偿电缆线路正常运行时的电容电流，又要补偿单相接地时的电容电流，又知单相接地时的电容电流为正常运行时电容电流的二倍左右，因此三相补偿电抗器的接线为Y形。

(1)电抗器的补偿电流。

设电抗器在正常情况下由相电压$U\varphi$产生补偿电流I_L；在单相接地时，由线电压U_e产生补偿电流$I_L/'=\sqrt{3}\ I_L$，则流过接地点的补偿电流$I_{Ld}=\sqrt{3}I_L'=3\ IL$。

(2)补偿后正常情况线路电流的计算。

在正常情况下由电抗器产生的补偿电流I_L与I_{co}方向相反，补偿后的残流为$I_{co}-I_L$补偿后单相接地时线路电流的计算单相接地时，通过接地点的补偿电流$I_{Ld}=\sqrt{3}I_L'$，方向与I_c相反，补偿后的残流为$I_{Ld}-I_c=3I_L-I_c$，接地相的电抗器$I_{Ld}=\sqrt{3}I_L'=3I_L$，方向与接地相的始端电容电流I_{cd}相反，补偿后的始端残流为$I_{Ld}-I_{cd}=3I_L-I_{cd}$(感性)，易产生谐振，不宜选用；或$I_{cd}-I_{Ld}=I_{cd}-3I_L$(容性)，宜选用。

3.3 补偿度的确定

补偿电抗器的补偿电流I_L为正常情况线路时电容电流Ico的百分数称为补偿度，补偿度为75%时，是补偿的最佳值。由于电抗器是按一定容量等级划分的，所以，一般补偿度在50%~75%的范围内都算合理。

3.4 电抗器选择

按最佳补偿度为75%进行计算，需选择三相63 kvar电抗器，共需要24台电抗器。

4 整治措施

为提高功率因数，自2012年2月份开始，在秦沈线6个配电所主送自闭、贯通线路首端安装电抗器进行无功补偿(图1)。

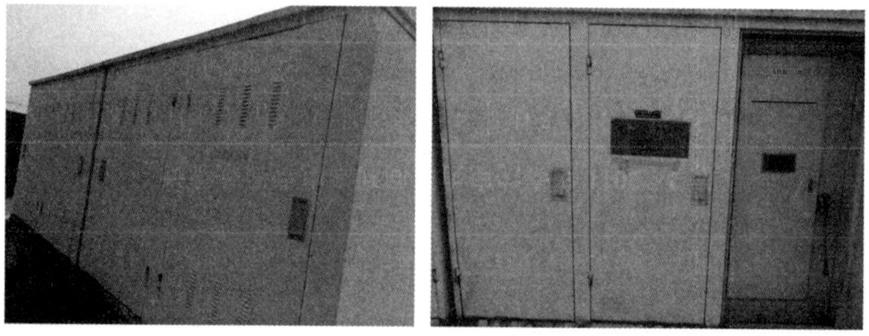

图1 秦沈线某所无功补偿器

2012年2月21日，在锦州南配电所锦葫自闭盘安装2台63kvar电抗器；锦盘贯通盘安装2台63kvar电抗器，且全部投运，投运后电源一、电源二利率达到92%以上。

2012年2月22日，在盘锦北配电所盘锦自闭盘安装2台63kvar电抗器；盘台贯通盘安装2台63kvar电抗器，盘台贯通投运1台电抗器，盘锦北配电所电源二cosϕ达到85%以上。

2012年2月23日，在台安配电所台盘自闭盘安装2台63kvar电抗器；台辽贯通盘安装2台63kvar电抗器。台盘自闭投运1台电抗器。由于台安配电所电源质量不好，目前，盘锦北配电所主送台盘自闭盘，盘锦北配电所电源一cosφ达到90%以上。台辽贯通投运1台电抗器。目前，辽中配电所主送台辽贯通盘，辽中配电所电源二功率因数达到90%以上。

2012年2月28日，在绥中北配电所绥山自闭盘安装2台63kvar电抗器；在绥葫贯通盘安装2台63kvar电抗器。分别投运1台电抗器，cosφ为88%。

2012年2月29日，在葫芦岛北配电所葫绥自闭盘安装2台63kvar电抗器；在葫锦贯通盘安装2台63kvar电抗器，投运后葫绥自闭线路cosφ达到90%以上。葫锦贯通盘投运1台电抗器，葫芦岛北配电所电源cosφ达到95%以上。

2012年3月1日，在辽中配电所沈辽自闭盘安装2台63kvar电抗器；在辽台自闭盘安装2台63kvar电抗器。辽台自闭2台电抗器全部投运，cosφ达到96%。沈辽自闭盘投运1台电抗器，辽中配电所电源一cosφ达到92%以上。

在电抗器安装完毕以后，调度一直坚持对秦沈线各配电所利率数据进行实时跟踪，根据季节负荷变化情况对各配电所电抗器进行投退(图2)。

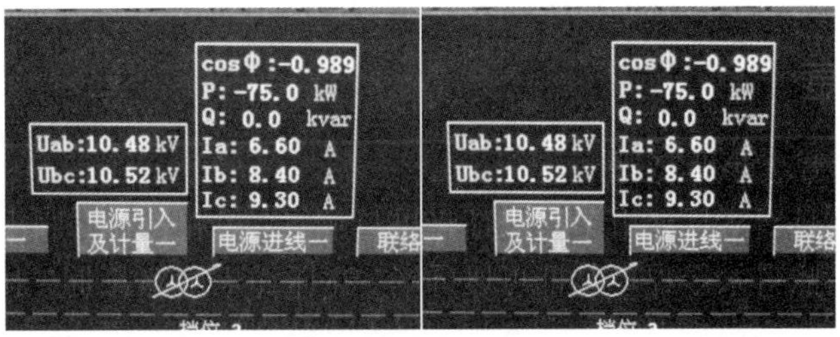

图2　秦沈线某所功率因数

5　功率因数整治效果

秦沈线六个配电所于2012年3月份安装电抗器正式投入运行后，全年利率电费为27.05万元，较2011年同期减少利率电费支出70.07万元。下面是对2012年年供电线路力率现状及力率罚款情况的调查统计(表5、表6)。

表5　2012年秦沈电力车间力率情况统计

所属供电局	供电地点	一月	二月	三月	四月	五月	六月	七月	八月	九月	十月	十一月	十二月
		利率单位：%											
绥中供电局	绥中北站(二次变)	61	58	74	56	76	70	36	47	45	45	69	60
	水源线	77	77	80	91	81	25	24	20	20	17	9	77
龙岗供电局	葫芦岛北站(新客线)	87	97	97	98	92	97	97	97	97	98	97	99
凌海供电局	铁路专线(松山)	83	82	96	95	93	94	98	98	99	100	98	100
	铁路专线(杏山)	72	71	99	98	95	98	100	98	99	99	100	99
盘锦电业局	盘锦北站(甜水农电)	32	50	3	94	85	90	100	100	100	95	85	82
	盘锦北站(沟客线大户)	69	70	91	85	84	88	83	84	85	88	93	95
台安农电局	台安车站1	100	8	99	75	88	100	93	100	100	100	100	100
	台安车站2	100	100	100	100	100	100	100	100	100	100	100	99
辽中农电局	辽中车站1	81	91	88	97	95	95	98	99	97	95	95	95
	辽中车站2	26	10	22	92	88	90	93	92	100	92	100	100
新民供电局	沙岭站	93	98	100	100	100	100	98	99	100	97	98	86

表 6　2012 年秦沈电力车间力率电费罚款统计

所属供电局	供电地点	一月	二月	三月	四月	五月	六月	七月	八月	九月	十月	十一月	十二月
		利率电费单位：元											
绥中供电局	绥中北站(二次变)	2312.03	3365.45	1305.57	3934.26	990.62	1021.90	4498.80	7935.33	7202.52	7246.85	1666.55	1886.20
	水源线	1713.18	1459.06	1047.76	-246.59	825.72	5707.03	13867.74	11587.24	9871.75	5720.14	4686.43	1230.54
龙岗供电局	葫芦岛北站(新客线)	-237.05	-420.53	-786.62	-936.34	0.00	0.00	0.00	0	-828.12	0	0.00	0.00
凌海供电局	铁路专线(松山)	3635.98	6901.61	0.00	0.00	0.00	0.00	0.00	0	0	0	0.00	0.00
	铁路专线(杏山)	7765.43	10657.76	0.00	0.00	0.00	0.00	0.00	0	0	0	0.00	0.00
盘锦电业局	盘锦北站(甜水农电)	10606.38	10399.54	1058.83	-189.60	0.00	-137.89	-379.21	-316.01	-279.89	-180.58	0.00	224.08
	盘锦北站(沟客线大户)	4210.38	4019.87	-297.27	1857.22	1632.41	6155.50	279.40	186.08	0	-117.36	-444.16	0.00
台安农电局	台安车站 1	-5.23	275.30	-5.42	61.56	6.40	-2.65	-1.51	-2.34	-72.33	-73.5	-65.07	-102.37
	台安车站 2	-23.55	-312.76	-200.38	-186.80	-128.54	-109.88	-124.10	-167.41	-124.57	-124.47	-182.74	-217.09
辽中农电局	辽中车站 1	681.92	-342.52	-119.11	-437.54	-378.85	-401.96	-282.78	-347.88	-324.5	-205.04	-300.66	-484.49
	辽中车站 2	-14.77	-22.16	-61.56	-78.80	-64.02	-68.95	-12.31	-14.77	-334.07	492.48	-433.38	-460.47
新民供电局	沙岭站	-14.77	-22.16	-61.56	-78.80	-64.02	-68.95	-12.31	-14.77	-36.94	-98.5	-54.17	223.26
合计		59257.79	52027.26	26590.42	5751.39	11748.38	24581.80	30034.91	25631.84	15073.85	12660.02	4872.80	2299.66

6　有关建议

(1)供电部门必须适应企业的改革发展需要，制定出长期的针对性计划，并常抓不懈，将电损减小到最低。

(2)落实总公司、路局“强基达标、提质增效”相关要求，并结合现场实际，减轻企业效益负担。

参考文献

[1] 继保，武长腾. 无功补偿技术对牵引供电质量改善及低压电网功率因数的影响.

[2] 黄俊，王兆安. 电力电子变流技术[M]. 北京：机械工业出版社，1994.

衡柳线电力架空线集中修探讨

文　洋　秦远畅　刘辉平　李　峰

（中国铁路南宁局集团有限公司柳州供电段水电技术科）

摘　要： 集中修模式是针对高铁架空线路维修作业人员不足，维修天窗时间短，维修效率低等特点，集中多人开展维修的模式，旨在有效利用有限的人员、机具材料在有限的时间内最大化地完成维修任务。

关键词： 衡柳线；集中修

1　柳州供电段衡柳线高铁电力设备概况

为了湘桂线客、货运分离，提高客运服务水平和货运运输效率，经上级部门批准建设了湘桂线的并行线衡柳线。衡柳线柳州供电段管辖永州至柳州段，管内衡柳线约350 km，电力设备主要有10 kV 配电所7座；电力架空线路约492 km，电力电缆线路约345 km；电力中继站11座；电力远动间18座；10/0.4 kV 杆上变压器53座；箱变8座。

柳州供电一车间配置一个高铁电力工区12人（管辖柳南客专约106 km，衡柳线约77 km），一个高普铁混用的维修组18人；桂林供电一车间配置5个高普铁混用的电力工区66人（管辖衡柳线约273 km线路、湘桂线约289 km线路），一个高普铁混用的维修组19人。

2　柳州供电段衡柳线高铁电力设备检修现场及存在问题

柳州供电段管内衡柳线主要由桂林供电一车间负责检修维护。其检修模式以桂林供电一车间永福南工区（工区共有10人）设备检修为例，具体如下：

（1）检修人员分布：

工作执行人1人；驻站联络员1人，停电、采取安全措施4人；检修人员4人。

（2）检修过程说明及分析：

衡柳线二塘至永福南区间天窗时间约为180 min，办理停送电手续、采取安全措施、人员到达检修现场等需要30~50 min，实际检修时间为130~150 min左右，根据2015年既有检修效率平均每个检修人员每个天窗可检修架空线400 m左右，因此，每次天窗作业最多完成1.6 km架空线，二塘至永福南区间约30 km铁路，电力线路约60 km，至少需要38个天窗。永福南工区管内两个区间共需将近76个天窗才能完成所管设备的检修工作。而2015年桂林供电一车间共批复检修计划122个，平均每个工区只有24个天窗，占所需天窗的31.5%。

（3）综上所述，既有检修模式下，单个工区因人员少，设备多、检修效率低，天窗批复少等原因，按照两年一次的检修周期，根本无法完成所有设备的检修。

3　施行集中修检修模式，提高天窗效率的必要性

3.1　既有检修模式与集中修模式对比

（1）既有检修模式以2015年9月17日柳州高铁电力工区检修青鹿2#中继站为例。

停电范围：鹿寨北站至青鹿1#中继站间铁鹿自闭线停电；

人员安排：工作执行人1人，驻站联络员1人，两端停电、采取安全措施等共4人，青鹿2#中继站检修现场6人（电机组2人，高铁工区4人），共计12人；

天窗点内完成工作量：青鹿2#中继站自闭侧设备检修（高压柜插拔头检查，高压柜端子排接电检查，变压器检查等工作）。

（2）根据现场情况，采取集中修模式进行中继站、远动间检修（远动间、中继站设备检修，架空线设备检修，设备专项整治可采取集中修模式）情况如下：

停电范围：鹿寨北配电所至青茅站间铁路自闭线停电；

人员安排：工作执行人 1 人，驻站联络员 1 人，两端停电、采取安全措施等共 4 人，鹿寨北站远动间检修现场 4 人(电机组 2 人，高铁工区 4 人)，青鹿 1#中继站检修现场 4 人(电机组 2 人，高铁工区 2 人)，青鹿 2#中继站检修现场 4 人(电机组 2 人，高铁工区 2 人)，青茅站远动间检修现场 4 人(电机组 2 人，高铁工区 4 人)，共需 18 人；

天窗点内可完成工作量：鹿寨北站远动间、青鹿 1#中继站、青鹿 2#中继站、青茅站远动间自闭侧设备检修(高压柜插拔头检查，高压柜端子排接电检查，变压器检查等工作)。

(3)对比两种检修模式可知，在相同天窗时间内，既有检修模式下，只能完成 1 个中继站的检修工作；而集中修模式下，可完成 2 个中继站，2 个远动间检修任务，完成任务量提高了 4 倍，人员只增加了 1.5 倍，极大地提高了天窗检修利用率。

4 集中修开展方式

高铁电力设备集中修主要是以车间为单位，集中了全车间各电力工区、维修班组人员，能在较短的时间内(天窗时间)完成更多的检修工作量，提高了天窗利用率和设备检修完成率。

4.1 人员调配

高铁电力设备集中修期间，车间分别成立了高铁集中修维修组和配合组，集中修维修组人员从维修工区和各电力工区抽调组成(每个电力工区留下 2 人值班)；集中修配合组则由当地电力工区抽调人员组成。

4.2 职责

(1)配合组负责每日天窗计划的提报、天窗兑现情况跟踪，办理停电、验电手续并采取安全措施，安排车站驻站人员及工作许可人等。

(2)维修组负责设备检修，汇总每日检修完成量，配合提报天窗计划，验收设备检修质量，填写检修单等。

4.3 注意事项

(1)电力工区负责停电、验电及采取安全措施所需要的安全用具的准备。

(2)维修工区负责电力设备集中修所需的所有维修材料及工具、通信工具的准备。

(3)检修、运输优先考虑使用轨道车。

(4)在集中修期间，作业组人员检修项目要相对固定。人员分工相对固定。某个小组检修设备要相对固定。每个登杆组配备 2 名人员。

(5)严格执行记名检修制度。每次作业后，由维修工区工长安排固定质量监控人员负责记录设备检修情况，并由作业人员签名确认，工作领导人签名确认。

(6)要根据《柳州供电段高速铁路电力设备运行检修管理办法》的要求，严格执行修前预检、修中检查、修后验收、技术科审核分析等检修流程。

5 电力架空线集中修的效果

5.1 人员利用率提高

既有检修模式下各班组维修自己管段，天窗点分散，驻站联络人员所需人数多，维修作业人员大大减少。集中修模式下减少了驻站联络人员，增加了维修作业人员数量，提高了人员利用率。

5.2 设备检修完成数量和质量有明显提高

集中修模式人员充足，消除了以往各班组因人员不足而难以开展维修作业的弊端，从而有效地开展维修作业，提高了设备维修量。

5.3 降低设备故障率

对比 2016 年，衡柳线 2017 年上半年跳闸 48 件，环比下降 30.4%，同比下降 54.7%。

5.4 机具材料得以充分利用

既有检修模式下班组因人员不足，维修计划执行进度缓慢，维修材料充足。开展集中修模式，有效地推进了维修计划，而且有效地利用了维修材料。

高铁 10 kV 电力箱变 SF_6 高压负荷开关故障分析

韦世彦

（中国铁路南宁局集团有限公司南宁供电段）

摘　要： 本文介绍了高铁 10 kV 电力箱变 SF_6 高压负荷开关的特点及典型故障类型，并分析了故障发生的原因及解决措施，可供类似开关问题及其选型和调试参考。

关键词： SF_6 高压负荷开关；漏气；熔断器；操作机构；故障

引言

高压负荷开关是介于断路器和隔离开关之间的一种高压电器，具有结构简单、可靠性高、组合性强、制造成本低等特点，一般由隔离开关和简单的灭弧装置组合而成。除已淘汰的油负荷开关和磁吹负荷开关，当代负荷开关根据其灭弧方式可分为产气式、压气式、SF_6 式和真空式 4 种。根据国内高铁电力线路不间断供电的生产性质以及沿线防灾系统、通信基站、信号直放站等各站点分布广而散、停送电可靠性要求高的现场实际，并结合 SF_6 负荷开关拥有相对较好的灭弧特性及较长使用寿命等特点，高铁供电系统电力远动箱变普遍采用 SF_6 高压负荷开关。然而由于某些零部件生产技术的局限性，以致 SF_6 高压负荷开关仍存在一些共性问题，导致同类型的高铁电力设备故障时有发生。以下结合一例高铁电力远动箱变故障，分析 SF_6 高压负荷开关的常见故障及相应处理方法，并探讨针对此类故障应采取的防范措施。

1　故障过程及相关设备情况

2016 年上半年间，南宁铁路局某高铁线电力远动箱变频繁出现负荷开关在远动位、近控位、手动位均无法操作的情况，现场及远动后台检查开关状态指示正常、SF_6 压力正常、高低压设备运行正常，检查弹簧储能机构也已储能。在按正确操作步骤多次尝试操作未果后，负荷开关自动恢复正常。由于高铁天窗作业时间限制（00:00—4:00），铁路电力专业人员配合厂家检查已恢复正常的负荷开关，暂未发现问题所在。5 月 30 日，再次发现此线路上 10#箱变 Z2 开关远动、就地、手动均无法合闸。为了安全起见，避免负荷开关误动作引起并网，铁路电力专业人员向调度申请将开口运行范围扩展至故障箱变的相邻前后两台箱变，保证区间其他设备正常运行。同时线路失去互为备自投功能，降低了供电可靠性。

2　SF_6 高压负荷开关特点及典型故障类型

SF_6 高压负荷开关具有良好的灭弧特性，使触头间燃弧时间短，开断电流能力大，触头烧损腐蚀小，绝缘恢复速度快；而 SF_6 气体在低气压使用时，能够保证电流在过零附近切断，避免产生操作过电压，且 SF_6 气体分子中不含碳，燃弧后开关内无碳的沉淀物，开断次数多，检修周期长；另外，SF_6 气体为全密封，能不受周围潮湿环境影响。在具备以上特性的同时，SF_6 高压负荷开关因本体或相关配件而引起的典型故障类型如下。

2.1　漏气故障

SF_6 高压负荷开关气体灭弧装置在生产焊接时，工艺不达标而导致焊缝漏气，或铸件表面存在砂眼、气体管路连接处安装不牢固、密封部位的密封圈老化或螺栓松动造成的漏气，或密度继电器及压力表等部件自身出现的漏气。此时 SF_6 气体压力表压力会迅速下降或达到无压指示，密度继电器则会发出信号，及时告知远动端。若现场检查发现是以上情况造成的，应立即将负荷开关退出运行，并及时抢修故障设备；若现场检查设备运行状态均正常，则为密度继电器误动作，原因可能为密度继电器损坏或动作值设置错误，再或者是二次回路存在故障可能，应及时查找、调整或更换故障设备。

2.2 熔断器故障

SF_6高压负荷开关一般可以切断额定的负载电流，但不能断开短路电流，在负荷开关负载输出端通常配置限流式高压熔断器与其配套。一般情况下，负荷开关分合工作电流，熔断器断开短路电流。熔断器均按撞针式熔断器进行配备，在熔断器熔断后，撞针立刻弹出撞击负荷开关的脱扣装置，使负荷开关断开。这一连锁设置，主要防止故障引起的三相不平衡短路电流将其中一相熔断器熔断后，长时间缺相运行造成的设备损害。在跳闸信号反馈到远动后台后，如果未先分析故障报告而采取不恰当的试送方案，便会出现远方、近控、手动均无法合闸的情况，此时通过更换熔断器可恢复正常送电。在某些特殊情况下出现负荷开关缺相运行的情况，则很有可能是熔断器在熔断后未撞出撞针或是负荷开关脱扣器未成功脱扣造成的，此时需做好熔断器的检查及测量工作。熔断器跳闸状态如图1所示。

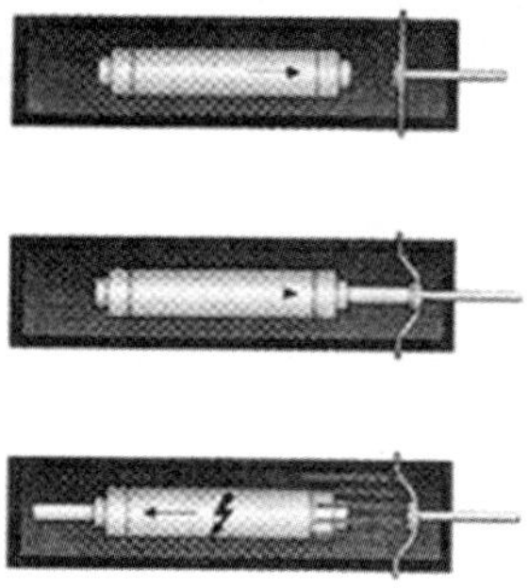

图1 熔断器跳闸示意图

2.3 操作机构故障

对于SF_6高压负荷开关，分断能力是其核心任务，而负荷开关的操作机构则是其核心任务的重要组成部件之一。操作机构的功能是驱动SF_6灭弧室的动触头，以实现闭合或分断高压回路的目的。负荷开关操作机构的精良程度，将直接影响高铁电力箱变的正常分断操作。

SF_6高压负荷开关的操作机构可分为电磁操作机构、弹簧操作机构、永磁操作机构3种。其中，电磁操作机构做为早期应用较为广泛的操作机构，尽管其构造简单、生产成本低，但是却始终存在操作电流大、合闸线圈消耗功率大、实际操作不便等缺点，从而导致其逐渐退出运行领域。永磁操作机构作为当前新式的操作机构，采用电磁铁操作、永磁铁锁扣、电容器储能、电子器件控制模式，具有设备体积小、整体结构简单、传动机械部件少、无需机械动力等特点，随着永磁操作机构技术日益成熟，且在成本、应用和维护方面凸显优势，未来很有可能成为设备操作机构的首选。而目前的实际运行中，最常用的是弹簧操作机构，其分合闸均由弹簧提供能量，弹簧则需通过电机或人力实现储能。弹簧操作机构因其储能功率小，能实行交流操作，不再需要庞大的直流电源设备，因此，国内外目前均广泛使用弹簧操作机构。导致操作机构故障的原因大致可分为电气原因和机械原因两种。其中，电气原因主要体现在辅助开关接触不良或其他电气原件损坏造成回路不通上，此时需要更换损坏原件或调整辅助接点行程，从而恢复控制回路；机械原因则体现在机构紧固件松动、连杆调整不当、分合闸锁扣失灵、分合闸线圈故障或松脱等原因导致的机械卡滞现象上，此类情况则需进行专业的机械部件调整或更换。弹簧储能操作机构如图2所示。

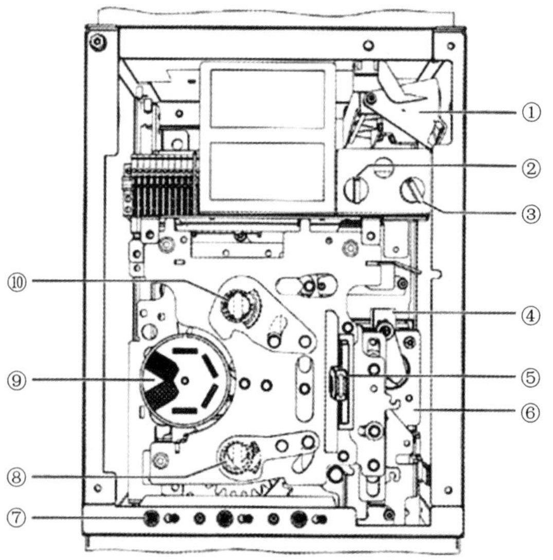

图2 弹簧储能操作机构

①准备就绪指示器；②电动操作机构中合/分闸开关；③本地/远程操作开关；④辅助开关；⑤三工位开关的控制门/闭锁装置；⑥电动操作机构；⑦容性电压检测系统；⑧旋转杆操作机构的手动操作接地功能；⑨三工位负荷开关的位置指示器；⑩旋转杆操作机构的手动操作合闸功能

3 故障原因分析及解决措施

为了彻查电力远动箱变SF_6负荷开关间歇性出现远动位、近控位、手动位均无法操作的故障原因，铁路电力专业人员配合厂家对故障负荷开关操作机构进行分解。现场查找出的原因为：z2负荷开关中辅助开关与行程连杆不配套，连杆推动辅助开关至位置信号通与断的边缘，造成电机启动回路出现不定态得电或失电，引起辅助开关机械关节出现旋转不到位的情况，概率性地出现限位器在卡死状态，从而导致手动电动均无法操作。因辅助开关的行程连杆为塑料材质，容易变形，且无法调节行程，厂家将故障负荷开关行程连杆更换成长度及材质更可靠的型号，并将此问题列为共性问题，统一更换同一批次箱变 SF_6 高压负荷开关行程连杆共计 30 台。更换后的箱变从 2016 年 6 月运行至 2017 年 6 月都再未出现过类似故障（图 3）。

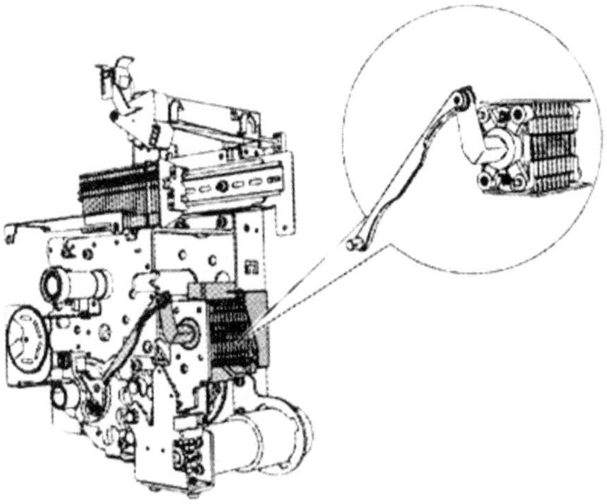

图 3 三工位负荷开关操作机构中的辅助开关及行程连杆

4 结束语

随着我国高铁线路的不断增长，电力箱变也紧随递增。在接管设备成倍增长的今天，必须将验收关放在首位，严格把控，将设备存在的先天缺陷阻断在设备正式运行的前期；在设备正式投运后则需要定期开展运行维护工作，加强专业巡视，对存在隐患的设备，进行有针对性的状态修，不断提高设备稳定性，增强安全性。对于既有的设备缺陷，应借助新技术，及时提出更新改造建议，全面提高高铁电力设备运行可靠性，从而保障我国高铁电力专业的健康稳定发展。

参考文献

[1] 李天友. 配电技术[M]. 北京：中国电力工业出版社，2008.
[2] 李建基. 高压开关设备应用技术[M]. 北京：中国电力工业出版社，2005.

铁路电力 10 kV 贯通线路故障自动隔离系统探索

强文元

(中国铁路西安局集团有限公司西安供电段)

摘　要: 为解决铁路电力供电不可靠的问题,根据现场实际调查分析,研究出一套有针对性的铁路电力 10 kV 贯通线路故障自动隔离系统是非常有意义的。

关键词: 铁路电力;贯通线路;GSM;自动隔离;远程控制

引言

电力贯通线(自闭线)是铁路行车装备,安全可靠运行是保障列车正常运营的基本条件。西安供电段管辖的电力贯通、自闭线长达 6826.41 km,主要分布在秦岭山区、关中平原,由于线路上既有架空线又有电缆,树枝生长、鸟巢等原因可能造成架空线短路;地面塌陷、山体滑坡等原因则会造成电缆损伤,电缆头绝缘击穿等,事故发生比较频繁,严重影响了各车站信号的安全供电。

此外,目前还存在电力线路只有一路远动通道,而且既有 TMIS 远动通道存在数据传输不稳定、丢包现象严重、通信设备运行不可靠等现象。另外,TMIS 远动通道线路本身比较脆弱,地面受压、塌方等外界因素极易造成线路故障,致使通信中断,电力远动系统无法正常运行,在贯通线路出现故障时,不能依靠远动系统快速切除故障。尽管配电所已经投运了微机综合自动化系统,线路上设置有箱变开关,但是,配电所的自动化装置不能够识别线路上发生的故障是永久性故障还是瞬时性故障,不能够对线路上的单相接地故障准确定位,对线路上的缺相断线故障更是毫无反应;箱变开关也没有诊断故障和自动隔离故障的功能。贯通线发生故障时主要依靠调度人员的经验和运气来确定线路的开口、试送电,故障查找和隔离则需要车间人员沿线进行巡查、拉合电力线路的开关进行判断,任何一次故障的查找和处理都将耗时数个小时。

为了解决上述问题,本文提出了一种全新的贯通线故障自动隔离方法,以希望实现对贯通线故障的快速隔离,将可能发生的事故转换为故障,保障电力设备供电安全。

1　系统结构设计

参照对贯通线故障查找和隔离的传统方法,人工拉闸分段包括:电调通过远动装置进行的操作和检修人员达到现场的手动操作。如果采用具有故障诊断和自动控制功能的装置,简称"自动处理装置",来代替人工操作,就可以极大地缩短操作过程需要的路程时间和多次试探性分闸合闸的时间,并快速隔离故障,恢复供电。

上述提出的贯通线故障自动处理方法,基础是要有可靠的通信通道。为了避免现有的一路 TMIS 远动通道经常发生通信不畅的问题,本研究提出采用公共的移动网络进行无线通信,对贯通线构成二路通信通道。目前,公共移动通信 GSM 网络已经全面覆盖中国大地,多年的实践证明:除了地震灾难等特殊情况外,GSM 网络运行非常可靠,所以,基于 GSM 网络的通信可以保证贯通线上的自动处理装置的数据传输和控制具有高可靠性。

以四分段结构为例,设计出的贯通线故障自动隔离系统结构如图 1 所示。

系统工作原理如下:

1.1　远程控制原理

在主供所、备供所、车站 1/2/3 的分段点设置中国移动或电信网络的通信发射和接收装置,就可以实现在主供所或者备供所对沿线分段点上的开关进行遥控。目前,无线远程遥控技术在各行业中都有应用,技术很成熟。针对贯通线供电可靠性的要求十分高,贯通线上的开关绝对不允许误动作,应用无线远程遥

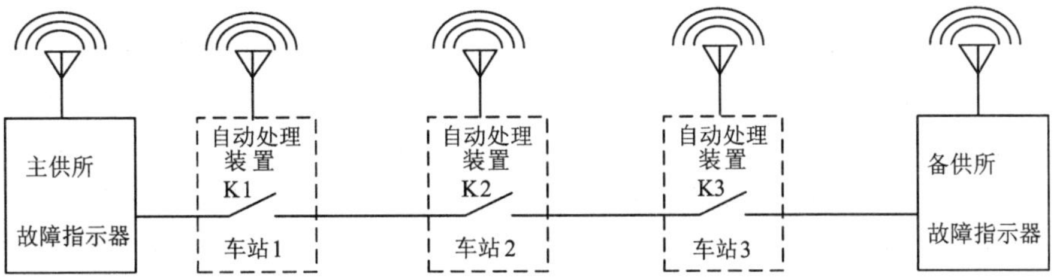

图1　贯通线故障自动隔离系统结构

控的关键技术是保证通信的可靠性，解决这一问题的方法是通信采用随机编码和加密就能够实现的。

1.2　故障诊断原理

在贯通线的供电区间首端、末端、中间分段点设置电压互感器、电流互感器，以获取故障信息，利用继电保护原理和方法就可以识别是否发生了短路、接地、断线缺相等各种故障。为了快速隔离贯通线上的故障，关键技术是将故障定位在那一个分段之间。实现这样的精准诊断的原理是，利用贯通线供电区间的首端、末端、中间分段点装置中的无线通信设备，相互发射和接收各自的信息，并对这些信息进行比较。例如，短路发生在不同的分段之间，各个点测到的短路电流就存在非常大的差别。基于图1所示结构的系统，通过对信息的综合比较和进一步计算分析，就能够确认故障位置所在分段的区间。

2　故障辨识的新算法

尽管上述系统对故障诊断方法，能够精准确认故障位置所在分段的区间，但是各个分段点对故障的辨识也非常重要，是系统诊断的基础。关于电力线路的故障识别，在众多的继电保护原理书籍和文献中已经有较多的介绍，本文则研究行波的一种新算法。

2.1　行波原理

无损单相电力线路上任一点 x 处的电压 $u(x, t)$、电流 $i(x, t)$ 都是距离 x 和时间 t 的函数，电压、电流变化满足偏微分方程：

$$\begin{cases} \dfrac{\partial^2 u(x,t)}{\partial x^2} = \dfrac{1}{\nu^2}\dfrac{\partial^2 u(x,t)}{\partial t^2} \\ \dfrac{\partial^2 i(x,t)}{\partial x^2} = \dfrac{1}{v^2}\dfrac{\partial^2 i(x,t)}{\partial t^2} \end{cases}$$

式中，ν 为波速。上式的 D' Alembert 解为：

$$\begin{cases} u(x,t) = u_1(x-\nu t) + u_2(x+\nu t) = \vec{u} + \overleftarrow{u} \\ i(x,t) = \dfrac{1}{Z}[u_1(x-\nu t) - u_2(x+\nu t)] = \vec{i} + \overleftarrow{i} \end{cases}$$

式中：Z——线路波阻抗；

$\vec{u}$、$\vec{i}$——前行电压波和前行电流波；

$\overleftarrow{u}$、$\overleftarrow{i}$——反行电压波和反行电流波。

行波遇到线路波阻抗突变时，在节点处将产生波的折射和反射。当线路发生短路时，电压折射系数 $\alpha_u = 0$，电压反射系数 $\beta_u = -1$，电流折射系数 $\alpha_i = 2$，电流反射系数 $\beta_i = 1$，反射电压所到之处入射电压与反射电压迭加，使线路电压降为0，入射电流与反射电流迭加，线路上电流升高2倍。只要测出线路上行波的反射系数，就可判定线路是否发生故障并测算出故障位置。从上分析可见：利用行波原理进行故障识别，通过反射系数的比较，立即就可以识别故障，本身也不依赖太多数据分析处理，因此，辨识速度比其他方法更快。

2.2　信号检测与采样器

电压反射系数为 $\beta_u = \overleftarrow{u}/\vec{u}$，电流反射系数为 $\beta_i = \overleftarrow{i}/\vec{i}$。前行电压波 $\vec{u}$、反行电压波 $\overleftarrow{u}$ 通过专用电压采样

器获取；前行电流波 $\vec{i}$、反行电流波 $\overleftarrow{i}$ 则通过专用电流采样器获取。分析电流采样器获得的信号极性，可鉴别波的流动方向，从而确定反射系数极性。由于行波持续时间短，要求采样器具有响应灵敏、频域宽、不易饱和、损耗小等特性，故在采用高磁导率的脉冲变压器作为信号采样器。采样器接在 10 kV 线路上，当故障发生时通过它来检测行波信号；当线路正常运行时通过它向故障处理器的储能模块充电，一方面作为处理器的工作电源，另一方面经过变频、整流、升压，能为分段自动开关提供脉流式操作电源。

忽略线圈电阻和杂散电容的脉冲变压器，考虑脉冲变压器为耦合系数为 1 的理想变压器，令 L_1、L_2 分别为一次和二次线圈的电感，M 为一次与二次线圈间的互感，R_2 为二次侧负载电阻，则它们的电气关系为：

$$\frac{L_1}{M}=\frac{M}{L_2}=\frac{N_1}{N_2}$$

式中：N_1、N_2——一次和二次线圈匝数。

脉冲变压器的传递函数为：

$$H(s)=\frac{U_2(s)}{U_1(s)}=\frac{R_2\cdot M}{L_1(R_2+L_2)-M^2}\approx\frac{N_2}{N_1}$$

折算到一次侧的脉冲变压器的二次输出电压，按幂级数展开后为：

$$u_2'(t)=\frac{R_2'}{R_1+R_2'}E\cdot e^{-\frac{t}{\tau}}=\frac{R_2'}{R_1+R_2'}E\cdot\left[1+\left(-\frac{t}{\tau}\right)+\frac{\left(-\frac{t}{\tau}\right)^2}{2!}+\frac{\left(-\frac{t}{\tau}\right)^3}{3!}+\cdots\right]$$

式中：$\tau=\frac{R_1+R_2'}{R_1\cdot R_2'}L_m$ 为脉冲变压器的时间常数。

前 2 项作为 $u_2'(t)$ 的逼近值，设脉宽为 t_d，则脉冲变压器作为采样器产生的幅值误差为：

$$\Delta E=\frac{|u_2'(t_d)-u_2'(0)|}{u_2'(0)}\approx\frac{R_1\cdot R_2'\cdot t_d}{(R_1+R_2')L_m}$$

可见：减少误差 ΔE 可通过调整 R_1，R^2，L_m 来实现；选择合适的参数，可获得较宽频域的响应。

3 结束语

根据上述研究，可以得到以下的一些结论：

(1)基于 GSM 公共网络通信，采用具有故障诊断和自动控制功能的装置代替人工操作，构建图 1 所示结构的贯通线故障自动隔离系统，就可以极大地缩短操作过程需要的路程时间和多次试探性分闸合闸的时间，并快速隔离故障，恢复供电，对保障铁路运输十分有益。

(2)提高系统对故障的精准诊断和定位，不仅需要依靠系统中各个分段装置对信息的综合比较，也需要首先提高单个分段点装置对故障信息的辨识。利用行波原理进行故障识别，本身不依赖太多数据分析处理，辨识速度比其他方法更快，有利于实现故障快速隔离。

参考文献

[1] 中华人民共和国铁道部，铁路电力管理规则[S]. 北京：中国铁道出版社，2000：34－36.

[2] 葛耀中. 新型继电保护与故障测距原理与技术[M]. 西安：西安交通大学出版社，1996.

[3] 钱国明，何奔腾. 一种改进的高压线路保护选相元件[J]. 电力自动化设备，1999，19(4)：28－30.

[4] 许正亚. 输电线路新型距离保护[M]. 北京：中国水利水电出版社，2002.

[5] 焦韶华，刘万顺. 基于故障产生的电压暂态高频分量的模糊选相新原理[J]. 电力系统自动化，1999，23(9)：15－18.

[6] 焦韶华，刘万顺. 利用故障暂态高频分量的故障选相新原理研究[J]. 现代电力，1998，15(4)：1－7.

[7] 焦韶华，刘万顺. 电力系统振荡中不对称故障的选相方法[J]. 华北电力大学学报，1999，26(2)：6－11.

[8] 董新洲，贺家李，葛耀中，等. 基于小波变换的行波故障选相研究：第 1 部分理论基础[J]. 电力系统自动化，1998，22(12)：24－26.

[9] 董杰，张举，王增平，等. 利用小波变换进行故障选相[J]. 电力科学与工程，2002(1)：12－14.

[10] 张保会，哈恒旭，吕来. 利用单端暂态量实现超高压输电线路全线速动保护新原理的研究(三)：故障选相与尚需研究的问题[J]. 电力自动化设备，2001，21(8)：1-4.
[11] 董新洲，贺家李，葛耀中，等. 基于小波变换的行波故障选相研究：第 2 部分仿真试验结果[J]. 电力系统自动化，1999，23(1)：20~22.
[12] 覃剑，陈祥训. 不同故障类型情况下行波传播特点的研究[J]. 电网技术，1999，23(1)：54-58.
[13] 王志华. 超高压线路故障行波定位及高压变频技术研究[J]. 华中科技大学，2004.
[14] 诸骏伟. 电力系统分析(上)[M]. 北京：中国电力出版社，2006.
[15] 夏道止. 电力系统分析(下)[M]. 北京：中国电力出版社，2006.
[16] 张举. 工频突变量电流比选相元件的研究[J]. 继电器，1990，10(4)：15-21.
[17] 徐振宇，杨奇逊. 一种序分量高压线路保护选相元件[J]. 中国电机工程学报，1997，17(3)：214-216.

基于滑模控制器的 Buck 型开关电源在牵引变电所中的应用

罗　军

(中国铁路西安局集团有限公司西安供电段)

摘　要：目前电气化铁道牵引变电所的运营正在向着综合自动化的方向发展，随着科技的发展，变电所的发展方向主要是全自动化监控、运行，趋于无人化，因此作为变电所监控、运行、保护环节的直流电源起着重要作用，由开关电源与阀控式密封铅酸蓄电池构成操作电源系统在变电所中得到了广泛的应用，开关电源与 VRLA 蓄电池组构成冗余系统，为智能变电所的设计提供了最基本的条件，因此对开关电源的控制是重中之重。作为目前电源世界的主流以其独特的优点逐渐取代了线性电源，但是由于开关电源系统是一个复杂时变的系统，传统的控制策略已经不能满足系统的需求。本文通过分析 Buck 型开关电源的工作原理，建立了基于 Buck 型开关电源的数学状态空间模型，并引用滑模控制策略代替传统的控制策略来解决开关电源系统的非线性，依据滑模控制器所需满足的条件 $\lim_{s\to 0} S \cdot S < 0$，对输出 DC 5V 的开关电源通过 Matlab 编程仿真分析了系统的静动态响应与稳定性，并最终得出了满足滑模控制器的有效条件，进一步说明了利用滑模控制策略能更好地解决开关电源系统的非线性。

关键词：开关电源；状态空间平均模型；滑模变结构；滑模控制

引言

伴随着电力电子技术的迅速发展与计算机网络系统的普及，牵引变电所正向着智能化方向发展，因此控制电路为智能控制系统的核心部件，而控制电路中开关电源的控制则影响着控制系统性能的好坏。传统牵引变电所中应用的各种晶闸管整流型、变压器降压整流型电源对 VRLA 蓄电池以恒压或恒流方式进行充电，无法满足 VRAL 蓄电池的严格技术要求，因此必须对其开关电源做精确的控制。开关电源以其重量轻、体积小、效率高为特点，使得开关电源逐步取代了线性电源，并且被称为电源世界的主流，在各种领域中得到了广泛的利用。但是由于开关电源模型的复杂性与时变性，早期的控制策略很难达到系统的要求，使其不论在控制器件开通关断方面还是在整个电源系统稳定性方面都需要进一步改进。为了达到系统的要求，国内开始研究一些更为优越的控制方法即一种基于滑模控制的软开关电源，使得系统具有快速的响应速度、较高的稳定度、更强的可靠性等。本文通过分析一种以 Buck 变换器为主，实际输出为 DC 5V 的开关电源，提出了 Buck 型开关电源的数学模型，并且得到了其合适的滑模控制策略。

1　开关变换器的拓扑结构分析

1.1　Buck 型变换器的分析

Buck 变换器是一种以 PWM 变换器为主电路的拓扑结构的变换器，如图 1 所示。全控型开关器件 S 的周期为 T，当开关 S 导通时，电源 U_i 向负载供电，此时负载电流 I 由于电感的存在而呈指数形式上升，负载所承受的电压为 U_o。当开关 S 关断时 L－R－VD 构成回路，此时二极管 VD 在回路中起着续流的作用。当电路处于稳定状态时，负载所承受的电压即输出电压的平均值为 U_o：

$$u_o = \frac{t_{on}}{t_{on} + t_{off}} u_i = \alpha u_i \tag{1}$$

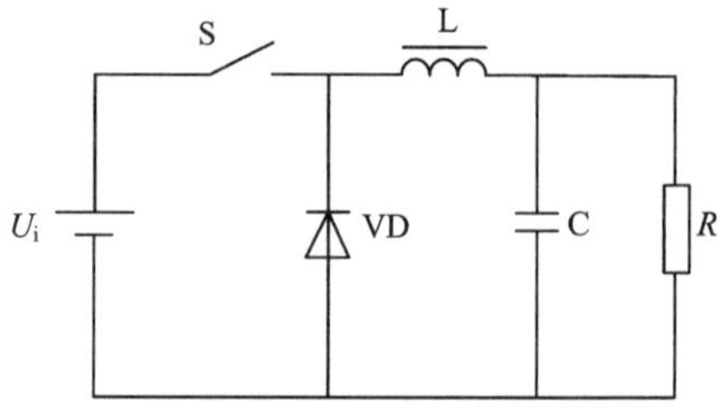

图 1　Buck 电路拓扑结构

Buck 降压型电路的结构如图 1 所示。

U_i 为输入电压，U_o 为输出电压，α 为导通占空比，t_{on}，t_{off}

分别为全控型开关器件的导通、关断时间。由于 $0<\alpha<1$ 所以 $U_o<U_i$，所以此电路称为降压斩波电路。

1.2　电路模型的建立与仿真分析

由于开关电路中开关器件的开通与关断都有一个时间过程，并且开关器件处于断态时存在漏电流，通态时存在电压降，因此开关通态与断态的状态转换并不是瞬间完成的，但这些因素对控制系统的设计影响不大，因此我们在研究其数学状态空间模型时认为开关器件处于理想状态，即开通时电压降为零和断态时漏电流为零，而且开通与关断的时间为零。

根据理想开关电路的拓扑结构和状态方程，以输出电压和电感电流作为状态变量，开关处于通态和断态时各自的状态方程建模为：

开关 S 开通时该电路的状态方程为：

$$\dot{x}=A_1x+B_1u \tag{2}$$

开关 S 关断时该电路的状态方程为：

$$\dot{x}=A_2x+B_2u \tag{3}$$

$$A_1=\begin{bmatrix}0 & -\dfrac{1}{L}\\ \dfrac{1}{C} & -\dfrac{1}{RC}\end{bmatrix},\ B_1=\begin{bmatrix}\dfrac{1}{L}\\ 0\end{bmatrix},\ A_2=\begin{bmatrix}0 & -\dfrac{1}{L}\\ \dfrac{1}{C} & -\dfrac{1}{RC}\end{bmatrix},\ B_2=\begin{bmatrix}0\\ 0\end{bmatrix},\ x=\begin{bmatrix}I_L\\ U_0\end{bmatrix},\ u=[U_i]$$

将式(2)与式(3)按各自的时间比例加权平均，得到了 Buck 型变换器在一个开关周期内近似的平均状态方程为：

$$\dot{x}=\begin{bmatrix}0 & -\dfrac{1}{L}\\ \dfrac{1}{C} & -\dfrac{1}{RC}\end{bmatrix}x+\begin{bmatrix}\dfrac{D}{L}\\ 0\end{bmatrix}u \tag{4}$$

其中 D 表示导通占空比。

因此此类电路拓扑结构的状态空间平均模型的方程是定常的，能通过 Matlab 软件求解，并且得出开关电源输出电压电流的波形，如图 2、图 3 所示。

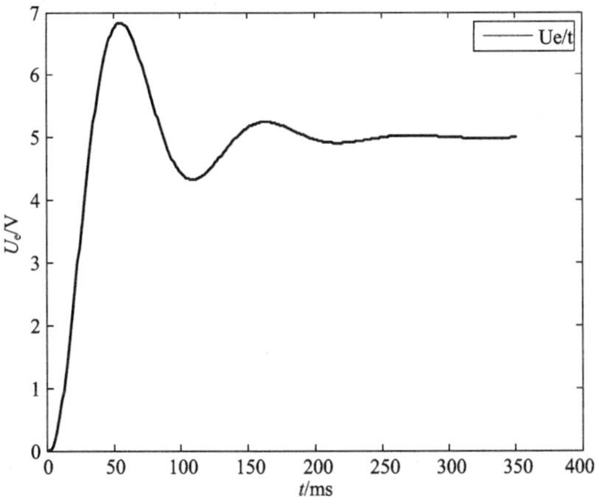

图 2　输出电压

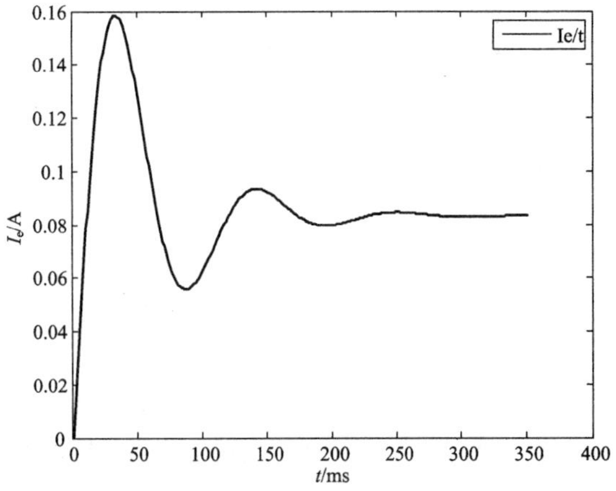

图 3　输出电流

(1)通过状态空间平均模型得到的电感电流与电容电压随着开关的开通与关断而产生一定的波动，符合对实际开关器件假设为理想开关模型的结论。

(2)电路的稳定时间极短，响应速度快。

(3)由波形得出输出电压、电流没有开关频率的纹波成分。

因此对 Buck 型开关电源控制系统的分析和研究具有十分重要的意义和结论。

2　滑模控制

由于开关电源系统是一种非线性系统，为了满足这种非线性系统的控制要求，能利用滑模控制来实现对 Buck 型开关电源的有效控制，这种控制方法对系统参数的变化以及扰动的反应并不灵敏，这就使得系统的响应速度较快。

2.1　滑模变结构控制简介

滑模变结构控制是一类特殊的非线性控制，其非线性表现为控制的不连续性，这种控制策略与其他控制的不同之处在于系统的“结构”并不固定，而且可以在动态过程中，根据系统当前的状态，有目的地不断变化，迫使系统按照预定“滑动模态”的状态轨迹运动，所以其常被称为变结构控制位滑动模态控制，即滑模变结构控制。

滑模控制的实现需要借助滑模逆变器，其结构框图如图 4 所示。

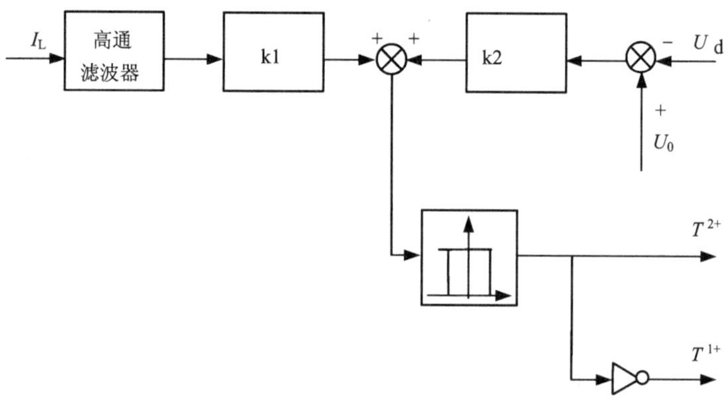

图 4　滑模逆变器结构框图

2.2　滑动模型建立与仿真分析

在一个开关周期内将 Buck 型变换器以 T 为标志量，$T=1$ 表示开关管导通，$T=0$ 表示开关管断开。则式(4)中的导通占空比 D 用 T 表示即：

$$\dot{x}=\begin{bmatrix}0 & \frac{-1}{L}\\ \frac{1}{C} & \frac{-1}{RC}\end{bmatrix}x+T\begin{bmatrix}\frac{1}{L}\\ 0\end{bmatrix}u \tag{5}$$

式(5)为 $\dot{x}=Ax+BT+C$ 的形式，其中 C 为 0。

为了使输出电压的瞬态响应更加明显，以系统状态变量偏差的线性组合来表示状态空间的滑动平面方程为：

$$S=k_1\times u_e+k_2\times i_e=0 \tag{6}$$

这里的系数 k_1 和 $k2$ 是增益，u_e 是输出电压偏差，i_e 是电感电流偏差，即：$i_e=I_L-I_d$，$u_e=U_0-U_d$。因此式(5)可以改写成：

$$\begin{bmatrix}\dot{i}_e\\ \dot{u}_e\end{bmatrix}=\begin{bmatrix}0 & \frac{-1}{L}\\ \frac{1}{C} & \frac{-1}{RC}\end{bmatrix}\begin{bmatrix}i_e\\ u_e\end{bmatrix}+\begin{bmatrix}\frac{1}{L}\\ 0\end{bmatrix}[U_i]T+\begin{bmatrix}0 & \frac{-1}{L}\\ \frac{1}{C} & \frac{-1}{RC}\end{bmatrix}\begin{bmatrix}I_d\\ U_d\end{bmatrix}$$

即

$$\dot{x}_e=A\,x_e+BT+D \tag{7}$$

$$x_e=x-x_d \tag{8}$$

式中：x_e——状态变量误差。

以 $T=1$(开关管导通)状态为例，通过 Matlab 软件编程设定起始点，即$[i_e(0),u_e(0)]$，设定三种不同的初始条件，通过 Matlab 仿真，得其相平面图如图 5 所示：实线对应的起始点为($-1/12$，-5)，点划线对应的起始点为($-1/12, 3$)，虚线对应的起始点为($-1/12, 1$)。分析 Buck 型开关电源的拓扑结构电路，仿真结果与分析相同，电源输出电压最终稳定

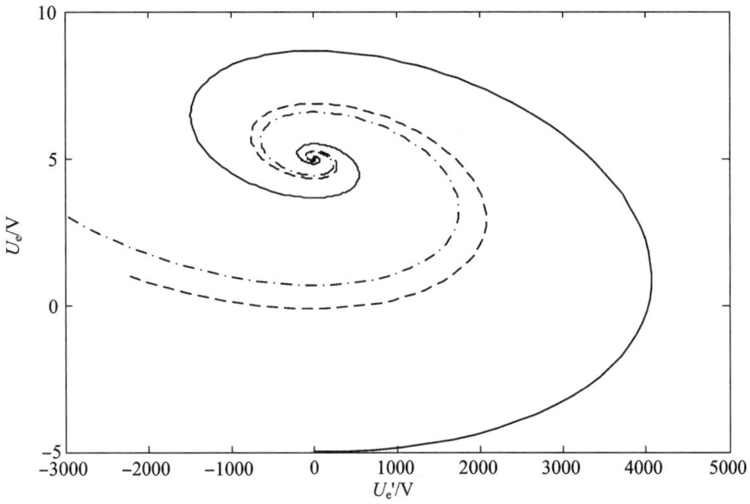

图 5　开关导通状态下的相平面图

把式(8)代入式(6)中可得：

$$S(x_e) = k_1 \times x_{e1} + k_2 \times x_{e2} = k^T x_e \tag{9}$$

其中 $k^T = \begin{bmatrix} k_1 \\ k_2 \end{bmatrix}$，$x_e = [x_{e1} \quad x_{e2}]$。

结合滑模存在的条件，根据以上的模型分析，即要求所有在滑模面附近的状态轨迹都指向滑模面。因此可以通过滑模控制器产生的信号控制开关管的动作来保证系统的状态稳定在滑模面附近，滑模控制器需要满足 $\lim\limits_{s\to 0} S * S < 0$，因此变量 T 通过以下关系式才能满足滑模存在的条件：

$$T = \begin{cases} 1, & S(x_e) > 0 \\ 0, & S(x_e) < 0 \end{cases} \tag{10}$$

通过式(7)至式(9)，关系式可进一步改成以下形式：

$$S(x_e) = k^T A x_e + k^T D < 0 \quad \dot{S}(x_e) > 0 \tag{11}$$

$$S(x_e) = k^T A x_e + k^T B + k^T D > 0 \quad \dot{S}(x_e) < 0 \tag{12}$$

在实际应用中为了简化控制模型，可认为状态变量误差远小于其稳定值，因此关系式可以简化为：

$$k^T D < 0 \quad \dot{S}(x_e) > 0 \tag{13}$$

$$k^T B + k^T D > 0 \quad \dot{S}(x_e) < 0 \tag{14}$$

并将具体参数带入式(13)和式(14)后化简即可得到一个有效的滑模控制器所需满足的条件。

在实际操作中需要对闭环滑模控制的变换器系统采取响应的开关频率降低法即一般采用延时方法，则修改滑模变结构控制方程式(10)为：

$$T = \begin{cases} 1, & S(x_e) > \delta \\ 0, & S(x_e) < -\delta \end{cases} \tag{15}$$

其中：δ——控制延迟量。

3　开关电源建模总结分析

通过进一步介绍 Buck 型开关电源拓扑结构的特点及其原理，并通过 Matlab 软件对其状态空间平均模型，电源输出电压与通过电感电流的运动轨迹，得出电路的稳定时间极短，响应速度快，输出电压、电流没

有开关频率的纹波成分，最后得出通过状态空间平均模型得到的电感电流与电容电压会随着开关的开通与关断而产生一定的波动，这也符合对实际开关器件假设为理想开关模型的结论，根据开关电源非线性的特点，通过滑模控制的控制策略找出一个有效的滑模控制器所需满足的条件以满足牵引变电所中与 VRLA 蓄电池组构成冗余系统的技术要求。

参考文献

[1] 裴云庆，杨旭，王兆安. 开关稳压电源的设计和应用[M]. 北京：机械工业出版社，2010.
[2] 周志敏，周纪海，纪爱华. 现代开关电源控制电路设计及应用[M]. 北京：人民邮电出版社，2005.
[3] 王志强. 开关电源设计[M]. 北京：电子工业出版社，2006.
[4] 王英剑，常敏慧，何希才. 新型开关电源实用技术[M]. 北京：电子工业出版社，1999.
[5] 傅春，谢剑英. 模糊滑模控制研究综述[J]. 信息与控制，2001，30(5).
[6] 刘金琨，孙富春. 滑模变结构控制理论及其算法研究与进展[J]. 控制理论与应用，2007，24(3).

高速铁路 10 kV 贯通单芯电缆故障探讨及改进

韩　宽

（中国铁路太原局集团有限公司太原供电段）

摘　要： 高速铁路与普速铁路贯通电缆的不同在于高速铁路采用单芯电缆，本文着重讲述了单芯电缆的结构，分析了单芯电缆故障产生的原因，阐述了单芯电缆故障后的查找方法，提出了单芯电缆稳定运行的方案与建议，以达到高速铁路电力贯通电缆安全运行的目的。

关键词： 高速铁路；单芯电缆；故障

引言

当前，中国高速铁路进入了快速发展的时代，对运营设备提出了更高的要求，同时也要求设备管理单位在设备发生故障后要快速分析判断故障与恢复故障。高速铁路的贯通电缆全部敷设于高速铁路的专用槽道，在电缆发生故障后，怎样能够快速、准确地查找故障点，尽快恢复正常的运行方式，已经成为高速铁路供电部门的一项难题。本文着重从高速铁路单芯电缆特点、产生故障的原因、故障查找、管理与改进四个方面入手，深入分析，旨在提高高速铁路单芯电缆的运行维护水平，降低电缆线路的事故率，保障电缆线路的运行安全。

1　高速铁路 10 kV 贯通单芯电缆特点

高速铁路电力设计规范要求：全电缆的电力贯通线宜采用交联聚乙烯非磁铠装单芯电缆。单芯电缆结构由外向里为：聚氯乙烯外护套、非磁性不锈钢带铠装、防水型聚乙烯内护套、铝塑复合带、铜带屏蔽、绝缘屏蔽、交联聚乙烯绝缘、导体屏蔽、导体线芯。

1.1　采用非磁性金属铠装

采用非磁性金属铠装层，目的一是避免磁性钢带影响电缆的载流量，二是避免磁性铠装产生涡流。

1.2　绝缘层采用交联聚乙烯材料

交联聚乙烯电气性能好，介质损耗比纸绝缘和 PVC 绝缘都要小，并且交联聚乙烯电缆的电容也小。交联聚乙烯电缆具有极佳的抗老化特性；在正常温度 90℃、短时故障温度 130℃、短路温度 250℃条件下可允许大电流通过。交联聚乙烯比聚氯乙烯绝缘电缆重量轻，安装敷设方便，附件接头简单。

1.3　导体为铜芯材质

铜芯电缆比起铝芯电缆具有电阻率低、载流量大、电压损失低、抗氧化、抗疲劳的优点。

2　高速铁路 10 kV 贯通单芯电缆发生故障的原因

2.1　施工时的外力破坏

由于施工单位的违章作业，造成电力电缆受到外力损伤，尤其是外护套的损伤，一开始损伤可能比较小，但是经过长时间的运行有可能伤及到铠装，遇有阴雨潮湿天气易造成潮气进入电缆绝缘层产生局部放电，造成受损部位击穿。

2.2　电缆头制作质量不合格

制作接头时，周围环境湿度过大，使潮气侵入。接头材料使用不当，不符合国家颁布的现行技术标准。单芯电缆护层交叉换位接线错误，使护层中的感应电压过高，环流过大从而引发故障。

2.3　未按照标准敷设

电缆敷设时没有按照规范要求施工，采用绞磨或汽车强硬拖拉电缆，用力不当，牵引力过大，造成电缆护层机械损伤，日久产生故障。

2.4 电缆本体缺陷

在电缆制造过程中，由于电缆芯各种材料的膨胀系数不同，不可避免地会产生气隙，导致绝缘性能降低。

2.5 长期过负荷运行

电缆长期在高电压、高温情况下运行时，容易产生局部放电，从而引起绝缘老化。

2.6 化学腐蚀

电缆敷设后，长期浸泡在水中，经过含有酸碱化合物的地段，致使电缆铠装大面积腐蚀、开裂。

2.7 地面下沉

高速铁路电缆引入区间箱变时会在地面敷设，如果地面下沉造成电缆垂直受力变形，会致使电缆铠装破裂甚至折断而造成电缆接地、断相的故障。

3 高速铁路 10 kV 贯通单芯电缆故障查找

3.1 高铁电调判断切除

高速铁路区间贯通电缆故障日常直接由电力调度根据后台上传的故障信息来进行判断切除，主要通过箱变的电流变化来判断故障区段，判断完毕后断开对应的箱变负荷开关，区间贯通线即由正常运行方式倒为开口运行。

3.2 高铁供电车间、网电工区查找准备

(1)联系高铁电调，明确电缆故障区间、电缆名称，掌握电缆的周边环境。

(2)办理进入高铁栅栏内的作业手续和相关停电手续，开好工作票，并采取准备的安全措施。

(3)了解故障电缆的资料，包括接头位置、规格型号、电缆走向等信息。

(4)准备电缆故障查找和处理的工具、材料，必要的安全用具、拆卸制作工具、测试仪器仪表、照明设备、电缆及附件等。

3.3 电缆故障性质分类和测试方法

电缆故障的测试查找方法由电缆故障的性质来决定，一般电缆故障可以分为开路故障、低阻故障、高阻故障、闪络性故障。

3.3.1 电缆故障性质

(1)开路故障。

电缆芯线中间有断开的地方，电缆的芯线导体断开形成开路的故障称为开路故障。

(2)低阻故障。

电缆芯线相间或者芯线对地绝缘受损，绝缘电阻小于几百欧的故障，可以采用低压脉冲法测量的故障称为低阻故障。

(3)高阻故障。

电缆芯线相间或芯线对地绝缘电阻大于几百欧的故障，施加高压时，会产生较大的放电声音，不能用低压脉冲法测量的故障称为高阻故障。

(4)闪络性故障。

电缆芯线相间或芯线对地之间的绝缘电阻非常高，向故障电缆施加直流高压，增加到一定数值时，瞬间击穿的故障，称为闪络性故障。

3.3.2 电缆故障测试方法

(1)电桥法。

电桥法根据电桥测出故障电缆从测量端至故障端的直流电阻，然后与电缆全长段电阻相比较计算出电阻率，按照故障电缆长度与电阻的正比关系，再依据电阻率计算出故障点，主要应用于测试绝缘电阻值小于几百欧的故障，适用于低阻故障。

(2)低压脉冲法。

在故障电缆一端通过仪器输入低压脉冲信号，根据雷达测距原理，当遇到特性阻抗不匹配的故障点时，就会产生反射波返回至测量仪器。仪器通过检测反射波形和发射波形的时间差，再根据电磁波在电缆中传输的速度，就可以计算出故障点的距离。它适用于开路故障和低阻故障。

(3)脉冲电流法。

在直流高压发生器向故障电缆施加直流高压信号时，将电缆故障点用高压击穿，采用线性直流耦合器采集故障点放电产生的电流行波信号，通过分析设备接收并测量出该电流行波信号往返一次的时间来计算故障距离。它适用于高阻、低阻、闪络性故障。

(4)声测法。

使用直流耐压机，将电缆故障点击穿并放电，在故障处电缆线芯对绝缘层放电并产生放电声音，再利用音频放大设备监听故障放电声或者使用仪器记录声音波形。它适用于闪络性故障。

4　高速铁路 10 kV 贯通单芯电缆管理与改进措施

4.1　单芯 10 kV 电缆管理

(1)建立中间头台账，熟悉中间头位置，并利用红外测温等方式定期对中间头或中间接头箱进行巡视检查，发现问题及时处理，避免击穿。

(2)高铁贯通线基本为全电缆线路，不投入电抗器补偿，可以安全送电 80 km，但理论上末端电压会上升 7%。为确保单芯电缆贯通线路的安全运行，加装电抗器，可以起到限制容性电流、降低线路末端电压、补偿容性无功功率的作用。

(3)建立健全电缆基础台账资料，尤其是一缆一挡，按照试验周期对电缆进行耐压试验，并建立试验数据库，以便掌握历史运行数据。

4.2　单芯电缆头和单芯电缆金属护层的改进措施

电缆中间头和终端头是电缆绝缘的薄弱环节，电缆发生故障绝大多数是由电缆中间头和终端头故障引起的。如果电缆头制作质量不良，压接头压接不紧，接触电阻过大，长期运行会造成接头处过热，烧坏绝缘。如果制作电缆头时电缆芯线进水，经过长时间运行，水分会聚集在电缆头处，一旦形成水分外渗，极易形成爬闪通道并造成放电。单芯电缆金属护层中感应电压及操作过电压的存在，不但可能危及人身安全，对周围环境造成电磁干扰，而且可能造成电能损耗、降低电缆的载流量、加速电缆绝缘老化，因此，采用合理的方式对单芯电缆金属护层进行接地，将金属护层中的感应电压及操作过电压降低到最低程度是非常必要的。

(1)冷缩电缆头制作不得在阴雨天气制作，必须在天气晴朗、空气干燥的情况下进行。施工场地不得有飞尘和纸屑等，制作电缆头时应该一次性完成，防止电缆头受潮，剥切电缆时不得伤及线芯绝缘，密封电缆时要注意清洁，防止杂质和潮气侵入绝缘层。

(2)为了降低单芯电缆金属护层中的感应电压及操作过电压，一方面采用单芯非磁铠装电缆，使得电缆导体中有电流通过时不会在金属护层中产生感应电压及电磁场；另一方面单芯电缆金属护层应该采用单端接地或两端接地，电缆金属护层单端接地时，单端接地电流通路完全依赖于贯通地线，一旦贯通地线断开，可能导致零序保护无法实现，因此保护的可靠性低，电缆金属护层双端接地时，系统短路电流的绝大部分通过电缆屏蔽层回流至电源侧，不受贯通地线的影响，提高了保护的可靠性，因此应采用电缆金属护层一端接地、一端接保护器的双端接地方式。

5　结束语

中国高速铁路发展越来越快，敷设的贯通单芯电缆线路越来越长，通过对高速铁路 10 kV 贯通单芯电缆故障的研究探讨及技术方面和管理方面的改进，有助于降低电缆故障发生率，有助于电缆故障发生后在第一时间发现故障和处理故障，保障高速铁路的运营安全。

参考文献

[1] 李志锋. 铁路供电运行安全与技术研究[M]. 成都：西南交通大学出版社，2014.

电压波动的危害及应对措施的探讨

郝明芳

(中国铁路太原局集团有限公司太原供电段)

摘　要: 电压是衡量电能质量的一个重要指标，随着高速铁路的飞速发展以及既有线路的不断改造提速，铁路电力系统的供电任务也在日益加重。安全责任高于一切，不断提高铁路电力系统的供电质量就是夯实铁路运输安全、生产畅通无阻的根基所在。

关键词: 电压波动；危害与应对

近年来，随着高速、普速等铁路运营线里程的不断加大、客货运量的持续增加，10 kV 电力系统的供用电线路设施也在不断延伸扩充，伴随着铁路电力系统供电任务的日益加重，对铁路电力系统安全稳定运行的可靠性要求也越来越高。

铁路 10 kV 电力线路沿铁路线分布，承担着铁路运营各站场区间及铁路沿线地区的生产、生活供电任务，10 kV电力供电系统是铁路运输安全不间断前行的指航灯与加油站。铁路 10 kV 电力系统运行的正常与否直接影响着铁路生产秩序的安全稳定，关系着铁路运营任务的顺利完成以及铁路居民日常生活的平稳安宁。

电压是衡量电能质量的一个重要指标，不断提高铁路电力系统的供电质量，对铁路电力系统在日常运行中的电压波动危害进行探析，并提出相应的管理技术措施是本文研究的主要目的。

1　电压波动的危害

电压、波形、频率是衡量电力系统供电电能质量的三大技术指标，供电系统电能质量的好坏直接关系到用电设备能否经济与安全地运行，关系到企业安全生产能否可持续发展，供电质量不合格极易造成传动运转设备、继电保护装置或电子设备工作失常，产品质量低劣，严重时还会危及到人身与设备安全。因此，电压做为衡量电能的重要技术指标，严格确保用户受电端电压波动在可控、可许的正常公允范围内是供电质量的基本要求，也是电力系统工作人员的基本职责。

众所周知，额定电压是电气设备最基本的技术参数，各种电气设备只有在标准的额定电压下运行才能实现最佳的工效，电源电压一旦超出标准电压的正常允许偏差范围，就会给用电设备及用户带来非常严重的不良后果。

无功功率的失衡是导致电力系统运行电压波动的根本原因，电力系统中各种无功功率的输出应充分满足电力系统所有负荷和电力网损耗在规定电压下对无功功率的需求，反之，供电电压质量就无从谈起。

电压的波动(升高或降低)如果超出了允许范围，便会造成电力网和用户电气设备在电压偏高或偏低条件下运行，在这种运行条件下，电气设备既不经济、也缺乏安全稳定的基本工作前提。

电网和用户电气设备在电压偏高或偏低条件下运行的危害性分述如下：

1.1　在电压偏高条件下运行的危害

(1)供、用电设备的绝缘加速老化，缩短设备的使用寿命；(2)电动机、变压器空载损耗增大，导致电力网整体损耗增加；(3)影响电压波形，甚而导致过电压，危及人身、电网及用电设备的安全；(4)无功补偿装置无法正常工作，无功补偿效果大大降低，增大网络线损；(5)用电设备无法正常工作，严重影响产品和服务质量。

例如照明设备寿命缩短，我们经常用到的荧光灯装置上的镇流器就属于电压敏感元件，荧光灯通过镇流器为它提供起动电压和运行电压，同时镇流器也能起到对荧光灯的限流作用，电压过高时镇流器就会过热烧损。

研究测试表明：当电源电压升高 10% 时，荧光灯的寿命就会减少 20%，白炽灯的寿命会骤减 70%。

1.2　在电压偏低条件下运行的危害

(1)降低发、供电设备的效率；(2)电功率和电能耗损增大；(3)危及电力网的安全运行，严重时可导致部分电网崩溃；(4)增大了电动机的起动难度，电动机长期在低电压状态下运行极易烧毁；(5)大大降低用电设备的实际工作质量和产品质量。

比如照明设备不能正常发光或发光不足，电气设备容量不能充分利用。我们在生活中必不可少的照明灯，当电压下降10%时，荧光灯的光通亮下降20%，白炽灯的光通亮下降32%，此时将严重影响着人的视力和工作效率。

如异步电动机的电磁转距是与其端电压的平方成正比的，当电源电压下降到10%时，转距大约要降低19%，当端电压太低时，电动机可能由于转距太小而失速甚至停止转动，也可能会造成电动机在运行中温升不断增高，甚至将电动机绕组烧坏，严重影响到企业的正常生产。

2　电压波动的原因

电压波动是由于电力网的无功功率失去平衡引起的，电压波动就是供电电源在某一时段内超出或低于电压额定标准值的异常现象。如电压变化的速率大于每秒1%时，可称为电压的急剧变化。

电力系统电压波动一般有以下三方面的原因：

(1)改变电力网运行方式，引起电网阻抗与功率分布发生变化；

(2)电力网的某些设备发生事故或故障；

(3)电力负荷在不同时段、不同季节随用户生产格局的调整而变化。

比如起重机起重提升、大型用电设施负载的快速突变或大型电动机直接起动等都会引起电压的异常波动。

3　电压波动的范围

电力系统调压的目的是保证供电系统中各负荷点的电压保持在允许的偏移范围内。供电设备理想的工作电压应保持在额定电压的水平上。但是在电力系统的实际运行过程中，供电网络中的电压耗损会随着用电负荷的变动、电网运行方式的更改而变化，所有用户在任何时刻受电端电压完全符合额定电压的标准量值只是一种理想的供电模式。实际上供电电压总是或多或少会产生上下偏移。因此，从经济上和技术上综合考虑，规程允许设备的运行电压比起额定电压稍有出入也是完全合理的。通常，用电设备电压偏移的范围是根据该设备对电压偏移的敏感性以及可能造成的后果的严重程度所决定的。

中国铁路总公司《铁路电力管理规则》明确规定：

(1)自动闭塞信号变压器二次端子，为额定值的±10%；

(2)220V单相供电电压允许偏移为额定电压值的+7%～－10%；

(3)10 kV及以下三相供电电压的允许偏移值应为额定电压值的±7%；

(4)35 kV及其以上高压供电设备其电压正、负偏差的绝对值之和不得超过额定电压值的10%，电力系统即使在非正常情况下，用户受电端的电压最大允许偏差也不应超过额定值的±10%。

4　电压波动的应对

为了确保铁路电力系统严格满足用户受电端电压波动的正常取值，可结合铁路用电现场实际情况在以下几个方面采取调节电压的应对措施：

4.1　加强供电管理

对于铁路工厂、车间(比如：铁路机务段检修车间、车辆段、铁路器材厂等)一般在白天上班，设备开机及运行时间较集中，用电负载在同一时段急剧增加容易引起电压降低或大幅度波动，有时不会影响到大功率设备不能正常起动工作。在这种情况下，供电部门应积极主动与用电单位进行协商，可采取“消峰填谷”、改变工作制式(由一班制改为多班制)、将单位划时段作业、改变“峰谷”收费制鼓励低峰用电等措施有效平衡用电负荷，最大限度地降低电力系统的电压波动和无功损耗，确保供电质量。

4.2 合理补偿无功

(1)电容补偿。

铁路用电设备大多为照明、电机等，这些用电设备均属于感性负载，因此对电力贯通线的无功补偿多在配电室设置高压电容器，用来进行感性无功功率的补偿，提高功率因数，既节能又能保证设备的正常工作。

对0.4 kV 侧动力负荷较集中的车间可采取就地适时补偿，这样既能稳定0.4 kV 侧的电压，又能控制对10 kV电力系统的波及影响，起到事半功倍的效果。在工作实践中，我们太原供电段对太原机务段、太原车辆段的变电厅0.4 kV 侧均采用了就地适时集中电容补偿的办法，在稳定卡控动力负荷较集中地段电压波动的同时，又有效地满足了铁路功率因数与供电质量的要求。

(2)电抗器补偿。

目前快速推进的高铁电力线路多为全电缆电力线路，电缆线路在交流电的作用下能够产生大量的电容电流，实际现场中 10 kV 电力高铁系统本身的供用电负荷不太大，这样就会产生无功倒送的现象，从而导致系统电压的升高。

因此对长距离电缆线路宜采用电抗器分散补与集中补相结合的形式，同时我们考虑到并联电抗器补偿方式具有接入与投退的便利性，高铁电缆线路多选择并联电抗器补偿，可随时进行分相补偿、随时投切全部或部分电抗器，这种补偿非常适应现场运行，方便灵活、工况可控性较强。

4.3 降低线路阻抗

铁路电力线路点多线长，对于线路偏长负荷变化较大的地段，当负荷较小或空载时，线路末端电压就会高于正常标值范围；当负荷较大或满载时，线路末端电压就会低于正常标值范围。出现这种情形时生产现场的一些电气设备就不能正常发挥功效了，仅提高变压器电压仍不能从根本上改变这种情况。

面对此类问题，我们分析电压究竟损失到了哪里呢？分析结论是输电线路截面不满足现场需求，必须通过增大线路截面或更换导线(如将铝线改换为铜线)来降低线路阻抗进而降低线路电压损失。结合实际我们在每年的电力线路大修改造中，深入现场、实地考察、充分调研测算，对属于这类问题的线路就采用“增截面、铝换铜”的形式，有效地提高了铁路供电线路的稳定性和可靠性。

4.4 有载调节电压

针对供电系统电源受电的上级电源常常发生系统电压变化，我们不可能通过上述方法来稳定系统电源电压，为此我们可通过利用变压器能改变二次电压的特性来实现稳定系统电源电压的目的，同时在调整电压时必须确保不间断供电。

比如我们在现场进行扩能改造过程中将变压器由分接连片调压改为有载调压，有效解决了系统电压波动不能随时调整电压的问题。改造前当110 kV 系统电源变化时我们根本做不到马上将110 kV 系统电源停电来调整分接连片改变电压，只能顺其自然，在末端电压降低很多时用户无法正常用电，改造后变压器采用有载调压有效解决了系统电源电压波动的问题，从根本上解决了铁路生产生活大地区10 kV 电力系统的稳压问题，供电质量得到大幅度的提升。

总之，只有不断提高铁路电力系统的供电质量，才能确保铁路运输的安全畅通，才能更好地提升铁路工作的服务质量。

大西高铁 10 kV 断路器控制、信号回路隐患分析及整治措施

张吉斌　郝为民　张　骞

（中国铁路太原局集团有限公司侯马北供电段）

摘　要： 通过对大西高铁 10 kV 配电室内的一起断路器机构二次回路典型隐患的分析和处理，提示运营单位排查同类问题、设备厂家优化电路设计。

关键词： 断路器；二次回路；隐患

引言

大西高铁线 10 kV 配电室断路器采用浙江开关厂生产的 VZK18 型真空断路器。2017 年 1 月 7 日和 13 日，大西高铁介休东 10 kV 配电室 126 断路器连续两次出现合圈烧损故障，导致断路器电动合闸拒动，严重影响供电生产安全。

1　断路器机构及电气原理简介

VZK18 型真空断路器采用弹簧储能式操作机构，弹簧储能的动力来自机构内的直流电机，机构上部安装有与储能弹簧机械联锁的微动开关 S1，如图 1 所示。当弹簧储能完毕后，S1 的常闭接点 A21 - A22 断开电机电源（图 2 储能回路），同时 S1 的常开接点 C13 - C14 接通合闸回路（见图 2 合闸回路）。当弹簧储能失败，S1 的常闭接点 C21 - C22 会发出弹簧未储能电子信号。

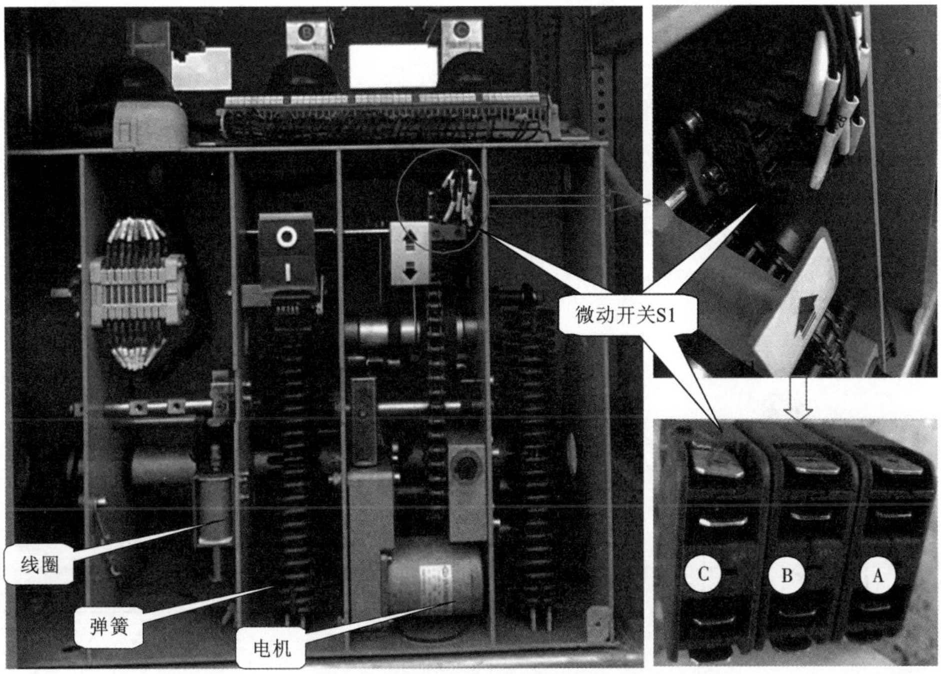

图 1　VZK18 型真空断路器机构图

该机构内微动开关 S1 有 3 组微动接点，分别命名为 A、B、C，每组微动接点各有 2 对接点：1 对常开接点、1 对常闭接点，A13 - A14 为 1 对常开接点、A21 - A22 为 1 对常闭接点，B、C 组同理，如图 1、图 2 所示。

图2中，常闭接点C21－C22所在回路为未储能信号回路，当该对接点闭合时，向综合自动化后台发出“未储能”信号；常开接点A13－A14所在回路为储能信号灯回路，当储能完成后，使得储能信号黄灯通电点亮；常开接点B13－B14所在回路是为断路器所在高压柜上安装的开关状态显示器提供储能信号的回路，当储能完成后，使得开关状态显示器上的储能信号灯通电点亮；常闭接点A21－A22所在回路是储能回路，当合闸弹簧释放能量后，通过机械联锁使得A21－A22接通，储能电机通电旋转，带动储能机构给合闸弹簧储能，直至机械联锁打开常闭接点A21－A22，断开电机电源，储能过程完成；常开接点C13－C14所在回路为合闸回路，其作用为：弹簧储能过程中切断合闸回路，储能完成后恢复合闸回路的完整状态，防止在储能过程中或储能失败时发出合闸命令使合闸线圈长时间受电，引发烧损合闸线圈故障。

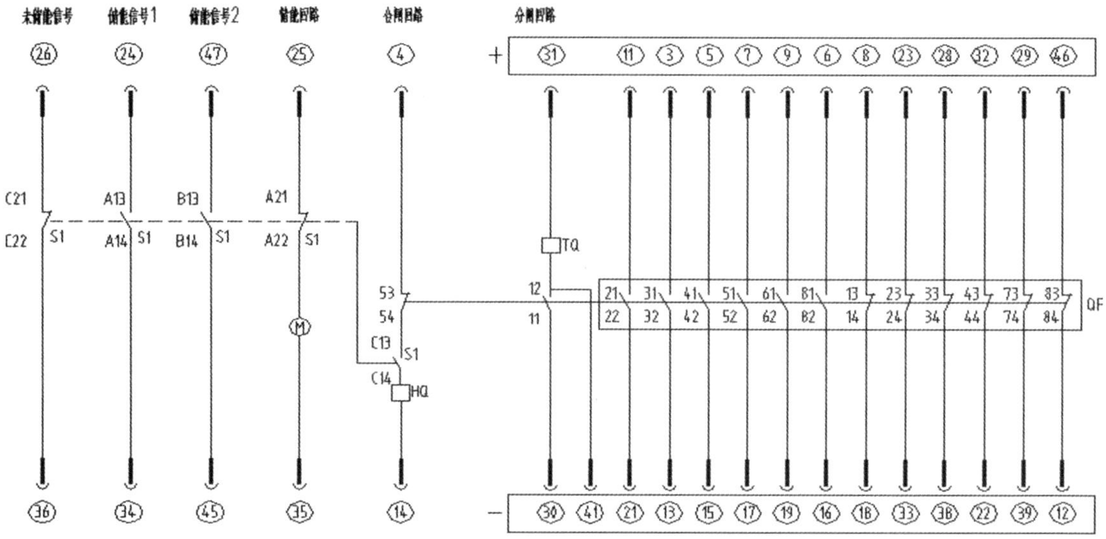

图2 VZK18型真空断路器机构电气接线图

2 微动接点结构、动作过程

微动接点如图3所示。出厂状态如图3所示，常闭触点C21－C22通过导通片导通。当微动导杆受到轴向外力作用时，微动导杆压缩弹簧推动导通片移动，使导通片与常闭触点C21－C22脱离接触、与常开触点C13－C14接触导通，完成常闭接点打开、常开接点闭合的动作过程，如图4所示。当外力消失时，微动导杆会在弹簧反弹力的作用下返回到出厂初始状态，从而完成常开接点打开、常闭接点闭合的动作过程。

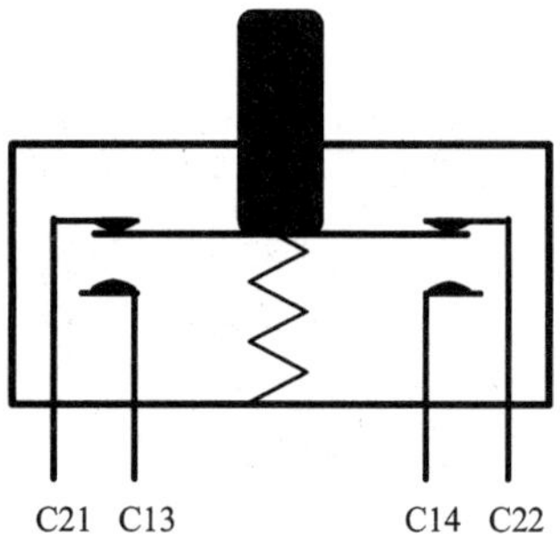

图3 微动接点结构示意图(常闭接点接通)

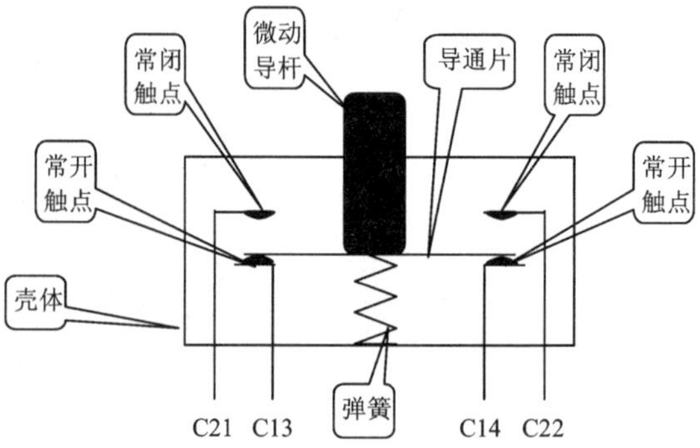

图4 微动接点结构示意图(常开接点接通)

3 电路隐患分析

每组微动接点的体积很小，现场测量为：长 30 mm、宽 28 mm、厚 12 mm。在两片塑料壳体对扣的有限空间内同时容纳了 2 个常开触点、2 个常闭触点、1 个导通片、1 个微动导杆、3 个弹簧。正常可带电的部件为 2 个常开触点、2 个常闭触点、1 个导通片，3 个弹簧为机械部件，可导电但不应带电。存在隐患：常开触点、常闭触点、弹簧空气绝缘距离小，当不同电源接入时极易窜电。

根据厂家提供的机构接线图可以看出未储能信号回路和合闸回路中分别接入了第 C 组微动接点的常闭接点和常开接点，如图 5 所示。

根据施工单位提供的竣工图纸可以看出，未储能信号回路电源由 DK1 开关提供，合闸回路电源由 DK2 开关提供，两个回路电源为不同电源，如图 6 和图 7 中的虚线所示。

如图 7 所示，合闸线圈一侧连接负电源 102，另一侧连接常开触点 C14；如图 6 所示，常闭触点 C22 通过发光二极管连接至正电源 201；如图 3 所示，常开触点 C14 和常闭触点 C22 在微动接点内空间绝缘距离很小，当微动接点内绝缘不良时，将导致 C22 的正电与 C14 的负电产生放电，导致合闸线圈异常受电，引发烧损合闸线圈故障。如图 8 所示为现场烧损的合闸线圈和微动接点。

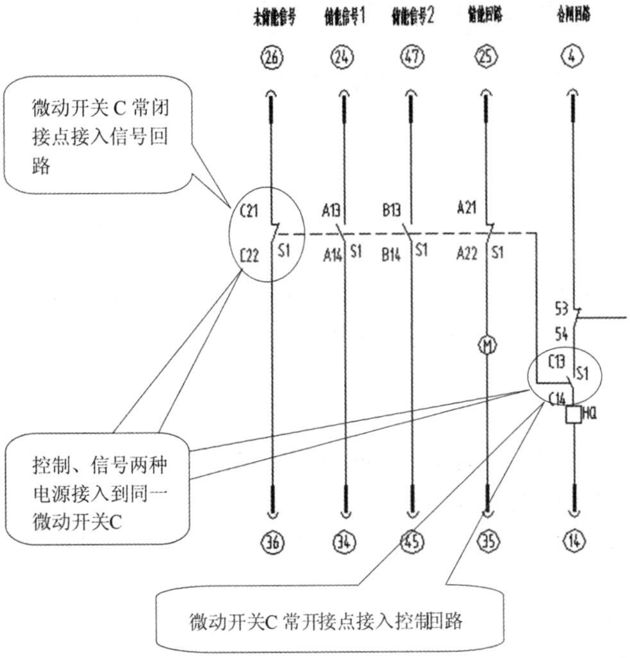

图 5　VZK18 型真空断路器电路隐患分析图

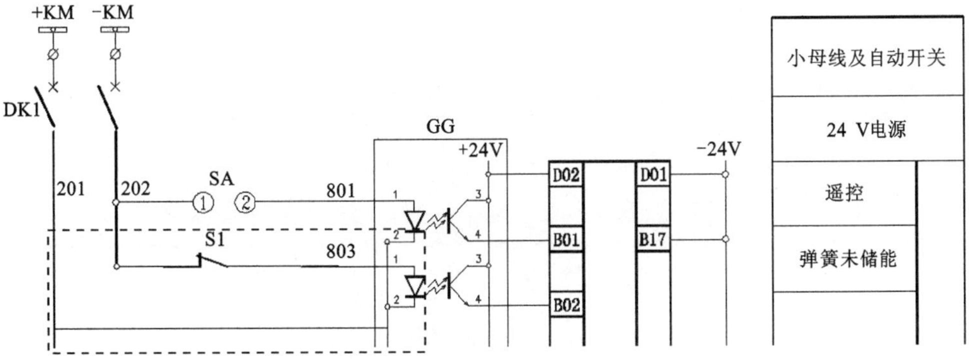

图 6　VZK18 型真空断路器弹簧未储能信号回路竣工原理图

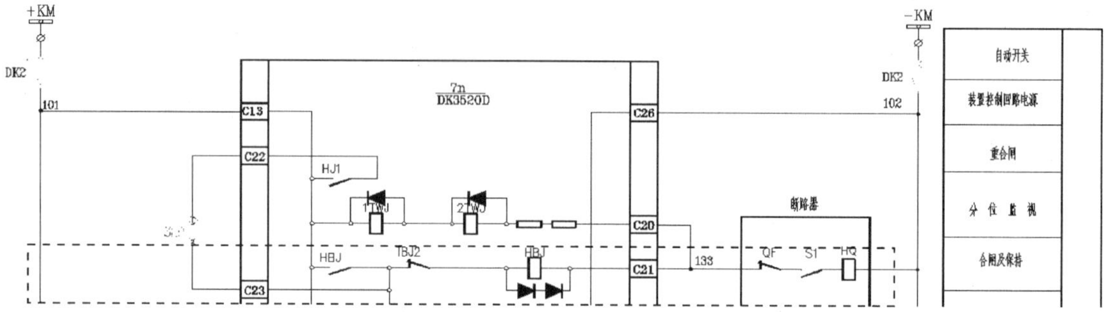

图 7　VZK18 型真空断路器合闸回路竣工原理图

图 8　现场图片

4　措施

拆除 C 组微动接点的常闭接点 C21 - C22 的接线，接至 B 组微动接点的常闭接点 B21 - B22 上。

由于 B 组微动接点的常开接点是提供储能信号，同时它的常闭接点为预留状态，所以把未储能信号回路的常闭接点用 B21 - B22 来代替，两个信号回路使用同一电源，就不会再引发电源窜电隐患。

5　结论

(1)闭锁断路器合闸回路的储能微动接点最好独立使用，不宜与其他回路共用一组微动接点，防止由于微动接点绝缘不良引发的合闸线圈异常受电。

(2)储能微动接点宜采用电气性能、机械性能均可靠的产品，防止机械损坏、绝缘损坏引发的电路隐患。

(3)设备厂家在进行产品的电路设计时，宜动态思维，多考虑异常情况时的次生隐患，如本文中微动接点损坏引发的合闸线圈烧损。

(4)设备管理单位应加强施工交接验收及运行后的维护检修，及时发现设备隐患，早发现早整治。

浅谈铁路电力系统可靠性及安全性

吴　敏

（中国铁路郑州局集团有限公司郑州供电段）

摘　要：随着我国社会建设的逐步实施，交通方面的建设在近几年的发展中取得了较大的成就，其中铁路项目的建设为商品运输和民众的出行带来了极大的便捷性，而电力系统的建设和维护属于铁路线路正常运行工作的重要一项。鉴于其重要性，本文从阐述铁路电力系统及其稳定性的角度着手，对提升铁路电力系统可靠性与安全性提出了几点建议。此次研究的主要目的是为了明确电力系统在铁路行业中的重要作用，进而为现今铁路企业的稳定经营和长远发展献力献策。

关键词：铁路电力系统；可靠性；安全性

前言

铁路交通在交通体系当中占据着重要的地位，在其发展的过程中，自动化技术的引进不断得到提高，这对运输的效率提供了重要的技术支持。在电气自动化的大规模应用下，需要电力系统提供保障，铁路电力系统成为铁路事业稳定开展的重点环节。在高铁建设后，电力系统的地位逐渐彰显出来，同时对其性能和各项功能提出了较高的要求。这是由于一旦发生停电事故，对运行中的列车将造成较大的损害，更为重要的是会对乘客的生命财产安全带来极大的隐患。通过上述的分析可知，对铁路电力系统的稳定性和安全性进行分析和研究，并制定出有效的策略，对我国和谐社会建设具有重要的现实意义。

1　铁路电力系统及稳定性分析

1.1　铁路电力系统分析

在铁路事业不断的创新发展下，铁路交通在综合交通体系中一直处于重要的地位，在铁路交通运输引进自动化技术之后，对电力能源的需求量逐渐加大。铁路电力系统主要对铁路调度系统、技术自动化系统、沿线各路生产生活供电以及牵引系统起到提供电能的作用，以此来保障其能顺利地生产和运行。在铁路电力系统中，主要有以下几个部分：一是外电源供电设备以及相应的供电线路；二是10 kV的配电所；三是沿线铁路架设的贯通线（其中包含了一级负荷贯通线、综合负荷贯通线）；四是电力远动变电所；五是箱式开关站；六是车站及其区间低压反馈回路。

1.2　铁路电力系统稳定性分析

铁路电力系统属于铁路重点的基础设施，其稳定性影响较大。在电力系统的机制当中，铁路负荷属于终端负荷，能实现直接对接终端服务对象。所以，在铁路的供电机制当中，大多数是35 kV和10 kV等级的变电所。按照当地供电系统的基本状况和铁路系统的实际需要来敷设，这样才能保障其稳定性。而铁路供电系统的接线如同铁路的敷设一样，属于一个沿着轨道设计的网络辐射，沿着各个变电所的分布状况，构建其高效的供电网络，同时还要为铁路供电中最为重要的负荷进行供电。通过这样的分析可知，铁路电力系统中的网络相对复杂，同时其影响范围也较大。保障其工作的稳定性难度也相对较高。另外，在铁路电力系统的供电系统中，即便是电压的等级较低，同时接线的方式较为单一，但是却对供电的可靠性要求较高，当中负荷供电中断的时间不得高于140 ms，否则将导致所有区域内的信号灯成为红灯，这对铁路运输具有较大的影响，易带来一定的威胁。

2 提升铁路电力系统中可靠性与安全性的几点建议

2.1 构建相对健全的系统设备维护机制

构建相对健全的系统设备维护机制，能够加强铁路电力系统的可靠性与稳定性。铁路电力系统的建设过程中，需要加强设备的维护管理工作，从而确保设备的使用性能。此过程需要工作人员加大对设备以及系统的监督力度，定期进行现场勘察[2]。需要做好勘察前的准备工作，建立完善的设备系统维护监察制度，对设备系统的监察项目进行具体化，对监察人员的行为标准以及工作内容进行明确，监察人员严格按照标准进行操作，从而提高铁路电力系统的稳定性与安全性。加强对设备的检查力度，固定时间进行巡检工作。可以安排人员在白天进行全面监控，巡检人员需要具有一定的工作经营，能够及时对出现的问题进行解决。对于夜间的巡检，需要加强人手配置，从而去加强监督力度，所有巡检人员均需要按照流程进行操作，各自承担岗位责任。巡检过程中，需要注意的是现场不能遗落安全工具，工作人员需要穿戴好工作服，戴好安全帽。对于巡检过的设备，及时进行信息记录，若是发现重大问题，及时进行汇报。

2.2 合理地引用多路外电源

从上述的分析中得知，铁路电力系统对列车运行和交通运输具有深远的影响，合理地引用多路外电源，能够提高电路的稳定性。各个车站之间均需要进行两路电源的布设，一路作为铁路惯用电源，另一路则从变电站接引 10 kV 的电源。需要注意的是，二者均是通过环网接线进行连接的。电力远动变电所，需要布设 1 台变压器，主要的作用是为信号设备、通信设备等，提供备用的电源。变电所采用的电源 UPS 电源柜，需要进行双电压切换装置，两台变压器分别与 220v 的电源进行连接，并通过双电压切换为 UPS 进行供电。UPS 电源装置，需要进行 RTU 设置，以及高低压开关设置，从而提高电源的可靠性，保证变电所在 2 h 之内满足强弱电设备的操作。

2.3 实施跨所供电来提升安全性能

实施跨所供电，能够提高电路的稳定性。通常情况下会设置两所变电所，分别进行供电服务，并且在铁路 10 kV 配电所外，进行隔离箱的布设，若遇到突发情况，可以采取跨所供电的方式，从而确保贯通线稳定持续地运行[3]。通过这样的方式，能在一定程度上提升铁路电力系统自身的稳定性和安全性。

2.4 采用适当的电力线路和变电站

电力线路的设置，需要进行高压线空线的设计，采用环形的混凝土电线杆，导线需要采用钢芯铝绞线，并采用绝缘电缆。对于山区丛林地区的布线，若是线路发生故障，指示器会做出反应，并且快速地锁定故障区域，工作人员可以及时进行维修，快速地修复电源，降低断电带来的影响，提高了高配电线路的稳定性与安全性，这对铁路电力系统和列车的安全运行具有重要的保障性作用。

2.5 搭建电力远动系统

搭建电力远动系统，其结构主要采取分层的方式，主要由远动控制站以及远动终端等构成。铁路电力远动系统，能够为铁路的供电所、电力线路等进行实时监控，能够清除导致故障的隐患，帮助进行突发事故的处理，从而确保铁路运行供电的稳定性。铁路电力远动系统，主要采用 n 链式结构，一台远动控制主站能够控制多个被控端。系统的功能十分强大，不仅具有遥控摇信的功能，还能对系统的故障进行分析，并且做出对应的告警。电力远动系统，随着科学技术的发展，能够不断地进行更新完善，提高系统的使用性能，增强对故障的分析处理能力，并且能够通过远程操控，对故障进行处理，提高系统的工作效率。

结论：通过本文的分析可知，铁路电力系统在交通领域广泛应用自动化技术之后，得到了较高的重视，其为铁路中各个电气设备的正常运行提供了重要的电能。铁路电力系统中的电压等级较低，同时接线方式较为单一，但是却对供电的可靠性要求较高。因此，本文提出了几点提升铁路电力系统可靠性与安全性的建议：构建相对健全的系统设备维护机制、合理地引用多路外电源、实施跨所供电来提升安全性能、采用适当的电力线路和变电站、搭建电力运动系统。望此次研究的结果能为现今铁路行业的稳定发展提供建议，同时希望通过推广使用本文的研究结果，能在一定程度上提升铁路电力系统的稳定性和安全性。

参考文献

[1] 高枫. 关于铁路电力实行统一调度管理确保电力系统安全运行的研究[J]. 科技与企业，2015(10)：46.

[2] 夏启超，陈超，房安民. 浅析铁路电力远动系统主要干扰源及抗干扰的措施[J]. 科技视界，2015(13)：102.

[3] 唐建军. 浅谈电力系统规划设计在电力工程设计中的运用[J]. 科技视界，2014(30)：285 - 356.

第四篇

接 触 网

关于电气化铁路电分段设计问题的探讨

张宝奇

（中国铁路郑州局集团有限公司供电处）

摘　要： 2017 年 1 月 17 日，京津联络线绝缘锚段关节电分段处发生了一起接触线断线事故。这是一起电气化铁路历史上罕见的在动车组（电力机车）高速运行通过绝缘锚段关节电分段时发生的受电弓燃弧造成接触线断线事故。鉴于目前有关电气化铁路安全运行的管理规章尚无此类事故的防范措施，本文对电气化铁路电分段设计和日常运行管理问题进行了探讨，供设计和运行管理人员参考。

关键词：

1　事故概况

接触线断线事故发生在京津联络线下行线。X136#至 X131#接触网支柱为五跨绝缘关节，线路为 11‰的上坡道。断线点在 X133#至 X134#接触网支柱之间（K113＋247），断线点位于绝缘锚段关节两中心柱之间的位置，距离 X134#支柱 20 米。此关节的北京侧由曹庄 AT 所 273#馈线供电，天津西侧则由曹庄分区兼开闭所 242#馈线供电，两条馈线为同相电。如图 1 所示。

接触网采用全补偿简单链型悬挂，接触线采用 CTMH－150 镁铜合金接触线，张力 15kN，接触线悬挂点高度为 5500mm，结构高度为 1400mm，供电方式为直接加回流供电方式。

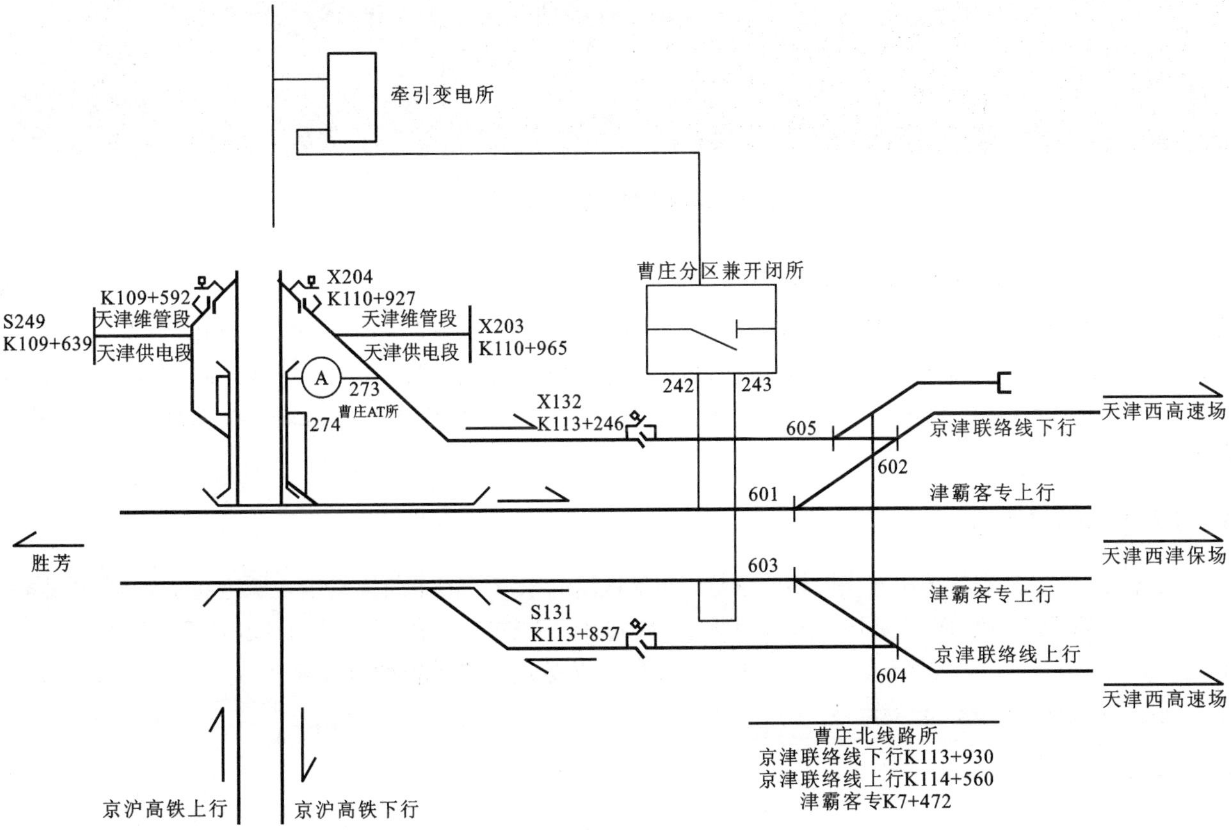

图 1　京津联络线接触线断线事故供电示意图

2 原因分析

事故发生后，经北京铁路局供电处调取动车组受电弓监控录像和牵引变电所亭综自数据并组织相关接触网、变电专业设计人员及天津供电段分析，确认了事故原因。京津联络线下行线 K113 + 247 处的五跨绝缘关节两侧的馈线负荷不平衡，电压相差较大。当受电弓滑到两条馈线转换处(两中心柱之间的第 2、3 根吊弦之间)时，受电弓连通两条馈线不平衡负荷电流的瞬间，受电弓与接触线之间燃弧。加之动车组通过时，正在提速取流大，整列动车组已经通过关节后，关节处接触网仍然在燃弧，此时 273#馈线电流为 581 A。燃弧持续时间长达 22 s，造成接触网断线。如图 2 所示。

图 2 京津联络线事故现场照片

发生此次事故的主要原因是设计不合理。牵引变电所距离曹庄分区所兼开闭所 10km 左右，京津联络线下行线 K113 + 247 处绝缘锚段关节两侧存在较大电压差。同时，242#馈线供电臂接触网为 20. 164 条公里，供电范围是天津西高速场间下行线、津霸客专胜芳至曹庄北线路所至天津西津保场间上行线，而 273#馈线供电范围是京津联络线下行线，仅 2. 75 条公里，形成了五跨绝缘关节两端馈线偏载结构。如图 1 所示。

3 应急处置措施

设备恢复后，为避免再次发生同样的事故，北京铁路局采取了闭合断线发生处所绝缘锚段关节的隔离开关，曹庄 AT 所 273#和曹庄分区所兼开闭所 242#馈线闭环供电，彻底消除了下行线 K113 + 247 处的五跨绝缘关节两侧压差问题，安全运行至今。由于 K113 + 247 处的绝缘关节两侧在曹庄 AT 所内连通，不存在压差问题，故也能确保安全运行。

4 讨论

(1)此次事故是一起电气化铁路历史上罕见的在动车组(电力机车)高速运行通过绝缘锚段关节电分段时发生的受电弓燃弧造成接触线断线事故。以往绝缘锚段关节电分段处发生的接触线断线事故多是在动车组(电力机车)停留状态，受电弓同时短接两个不同馈线供电且存在压差的供电臂造成的。与目前所有其他枢纽地区大量安全运行的锚段关节电分段相比，此次事故发生时的典型特征，一是绝缘锚段关节电分段存在电压差，二是高坡地段动车组取流大。笔者也曾见到存在较大压差的电分段，受电弓通过后燃弧持续的现象（见图3）。可以说，电分段处存在压差是燃弧的必要条件，大的穿越功率是造成断线的主要原因。

图3　某高铁受电弓通过后电分段电弧持续燃烧

其他高铁也曾发生过存在压差的绝缘锚段关节电分段烧坏运行速度较慢的动车组受电弓滑板的故障（图3）。2014年2月，多列动车组列车在武汉动车基地存车Ⅰ场出库时，运行至走行线五跨绝缘锚段关节处时发生受电弓自动降弓故障。据了解，此地点也发生过断线事故。2016年1月14日，0G322次动车组运行至天津动车所至天津西间走行B线5 km + 558 m处接触网绝缘锚段关节时，14车受电弓自动降弓停车。检查发现动车组受电弓碳滑板、弓头支架、支撑臂等多处被电蚀烧伤，风管被电弧烧损、穿孔。自动降弓故障原因为动车组列车以较低速度通过接触网五跨绝缘锚段关节时，两中心柱范围内受电弓和抬高的非工作支接触线之间出现长时间的空气击穿，燃弧时间加长，造成受电弓风管被电弧灼伤漏风。

此次京津联络线断线事故发生的工况目前尚没有规章制度约束，暴露出高铁电分段的管理仍然存在漏洞的问题。我们对电分段的管理应更新观念。

（2）关于电分段设置，设计原则为避免压差大的处所。关节式电分段最大压差不超过1200V，分段绝缘器最大压差不超过800V。为了改善弓网关系和减少维护工作量，一般认为只要线路条件满足，应尽可能设置绝缘锚段关节。然而，反思此次事故，从燃弧烧损设备的程度来看，分段绝缘器比绝缘锚段关节更安全。因为分段绝缘器的燃弧发生在引弧棒，而绝缘锚段关节的燃弧发生在接触线或承力索间。由于引弧棒为不锈钢棒，耐电弧能力强，而接触线或承力索带较大张力容易发生断线事故，速度不高必须设置电分段时，宁可设消弧型分段绝缘器。京津联络线断线事故燃弧录像截图如图4所示。某厂家分段绝缘器抗电弧能力试验如图5所示。

5　建议

基于京津联络线事故教训和上述讨论，结合中国电气化铁路实际，为保证电分段处接触网安全，提出了如下建议。

5.1　正确认识锚段关节式电分段抵抗电弧能力

电分段不是越多越好。一般认为除了增加了一定的维护工作量，电分段在缩小事故范围、灵活供电等方面作用是明显的。但当电分段另一端接触网故障停电时（不一定接地），电力机车、动车组不断电通过电分段，由于电弧具有导通空气间隙的能力，此时存在烧损接触网设备的安全隐患。由于关节式分相有两个断口、器件式分相插入了绝缘杆件，电力机车、动车组是断电过分相，电分相不存在此安全隐患。因此，联络线、支线、专用线单独供电有条件时，应尽可能使用分相绝缘装置。如京津联络线事故发生的锚段关节式电分段如果为电分相，就不会发生此次事故。

图 4　京津联络线断线事故燃弧录像截图

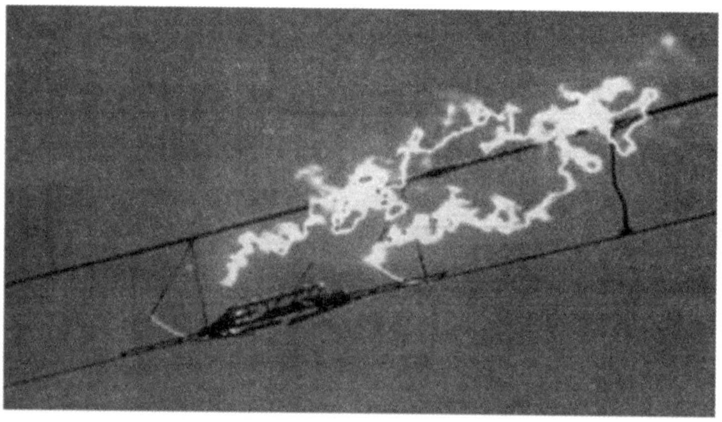

图 5　某厂家分段绝缘器抗电弧能力试验

目前我国电气化铁路还普遍存在为细分供电单元而设置开闭所，在正线利用绝缘锚段关节划分供电单元的现象。基于上述同样原因，正线应尽量采用分相绝缘装置。

5.2　正确把握电分段设置原则

电分段不是越多越好，新线建设要规划好电分段设置。既有线压差大的电分段处所，作为一种改进措施，为消除电分段压差大或者一端非正常停电、电力机车恰好通过电弧烧损接触网设备的故障隐患，电分段处所可加设隔离开关并纳入远动。运行时有条件的要闭合开关，只有在检修或故障抢修时才断开。当然，此种双边供电情况，需校核(必要时调整)变电保护定值。此办法已颠覆了传统理念!

石太客运专线 $18^{\#}$ 道岔接触网第三组辅助悬挂①式无交叉线岔布置原理与检调

王　涛

（中国铁路北京局集团有限公司石家庄供电段工程师）

摘　要： 无交叉线岔技术在世界各国高速铁路上已广泛应用，自我国在京广线、广深铁路引进两支无交叉线岔技术以来，我国铁路实现了高速通过接触网线岔的弓网关系。本文通过对在石太客运专线使用的 $18^{\#}$ 道岔接触网第三组辅助悬挂式无交叉线岔布置原理的阐述，总结出了第三组辅助悬挂式无交叉线岔的检调方法，为石太客运专线站场接触网无交叉线岔提供了运行管理、检修的技术支持。

关键词： 接触网；无交叉线岔；布置原理与检调

1　定义

石太客运专线 $18^{\#}$ 道岔接触网第三组辅助悬挂式无交叉线岔布置是首次在国内使用的 $18^{\#}$ 道岔无交叉线岔接触网正线、侧线、导向线间在相互平行的工作区域内接触悬挂无交叉的布置方式。为防止机车受电弓弓头侧向撞击接触线，保证运行中的受电弓在线岔处平稳过渡并减小对正线（侧线）的冲击，在线岔正线和侧线接触悬挂中间，平行设置了一组独立的辅助悬挂，所以也谓之为第三组辅助悬挂式无交叉线岔布置。

石太客运专线 $18^{\#}$ 单开道岔无交叉线岔与交叉渡线无交叉线岔布置原理基本相同，本文以 $18^{\#}$ 单开道岔无交叉线岔的布置原理与检调方法为例进行研究。

2　布置原理图

$18^{\#}$ 单开道岔接触网第三组辅助悬挂式无交叉线岔平面布置图如图 1 所示。

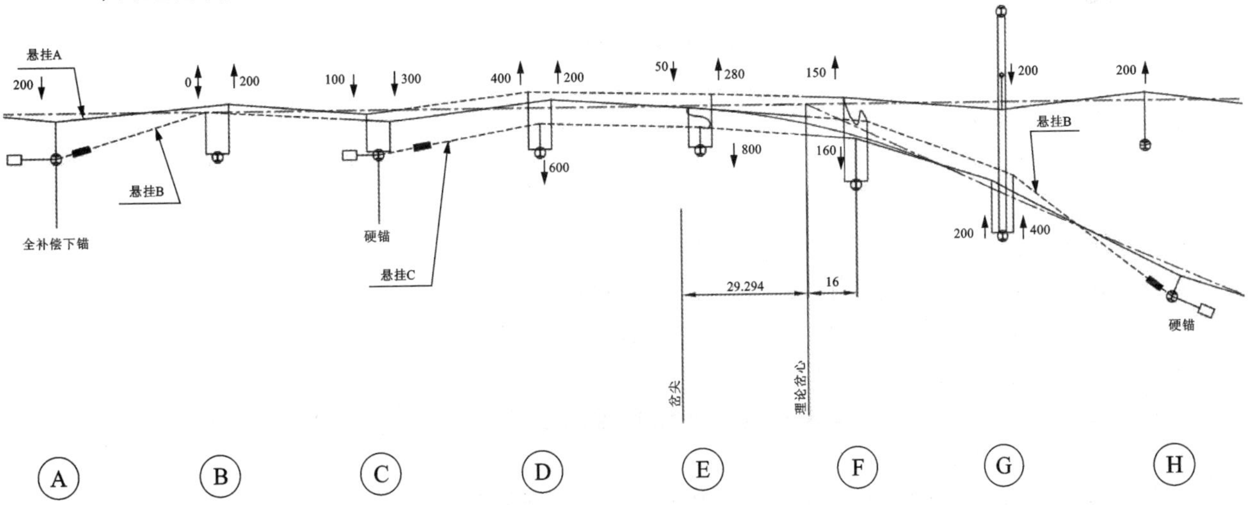

图 1　$18^{\#}$ 单开道岔接触网第三组辅助悬挂式无交叉线岔平面布置总图

注：(1) 悬挂 A 为正线，悬挂 B 为第三组辅助悬挂，悬挂 C 为侧线或渡线。

(2) 所示箭头处数值为标称拉出值，具体设计值根据现场实际确定。

(3) 实线表示接触线工作支，虚线表示接触线抬高。

---

① 第三组辅助悬挂在本文中也称为导向悬挂、导向线。

根据图 1 总结出表 1。

表 1 平面布置表

	侧线/渡线	导向线	正线
A	无	锚支	工支
B	无	非支	工支
C	锚支	工支	工支
D	非支	工支	非支
E	非支	工支	非支
F	工支	非支	工支
G	工支	非支	工支
H	工支	锚支	工支

3 原理阐述

3.1 受电弓运行情况

为使研究方便，把图 1 进行放大，如图 2 所示。

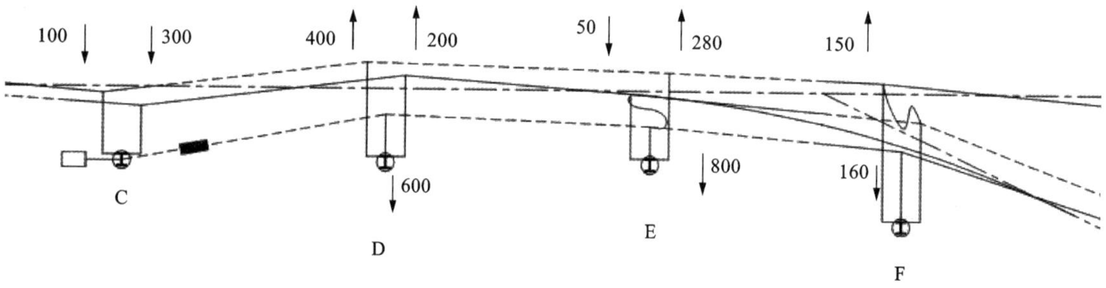

图 2 平面布置放大图(C、D、E、F 支柱)

我们只对以上四种支柱、两种受电弓运行情况进行研究，其余两种为机车的反向运行，原理相同。

3.1.1 机车从正线到侧线(渡线)

当机车受电弓从正线运行至侧线(渡线)时，情况如下。

C 柱：侧线为下锚支可不考虑，定位点处正线与导向线等高。

C 柱—D 柱：受电弓逐渐脱离正线(自此受电弓不再接触正线)，导向线为工作支。

D 柱、E 柱：侧线不接触受电弓，导向线仍为工作支。

E 柱—F 柱：受电弓逐渐脱离导向线并与侧线(渡线)接触。

F 柱：机车进入侧线(渡线)，受电弓脱离导向线，侧线为工作支。

3.1.2 机车正线通过

当机车受电弓从正线运行至正线时，图 2 中从左向右情况如下。

C 柱：侧线始终不接触机车受电弓，定位点处正线与导向线等高。

C 柱—D 柱：受电弓逐渐脱离正线，导向线为工作支。

D 柱、E 柱：正线不接触受电弓，导向线仍为工作支。

E 柱—F 柱：受电弓逐渐脱离导向线并与正线接触。

F 柱：机车正线通过，受电弓脱离导向线，正线为工作支。

3.2　受电弓平稳过渡保证措施

3.2.1　理论岔心处(E 柱 - F 柱)导向线、正线、侧线(渡线)布置原则

机车在运行至无交叉线岔时为使受电弓过渡平稳，无论是正线与侧线间的转换，还是正线通过，在道岔岔心(E 柱 - F 柱)附近区域导向线要始终与受电弓接触，并在受电弓处于最大偏移量时都不与相对侧接触线接触。

如图 3 所示，F 支柱在布置时应考虑两点：第一，正线与侧线(渡线)接触线线间距离大于受电弓半宽长度(1950/2 = 975 mm)与偏移量(250 mm)之和(1225 mm)。第二，正线与侧线(渡线)接触线应分别位于各自线路中心外侧，正线 150 mm(设计值)，侧线(渡线)160 mm(设计值)，因此正线与侧线(渡线)接触线线路中心间距应大于 915 mm(1225 - 150 - 160 = 915 mm)，且不应过大，现场一般掌握在 970 mm 左右。

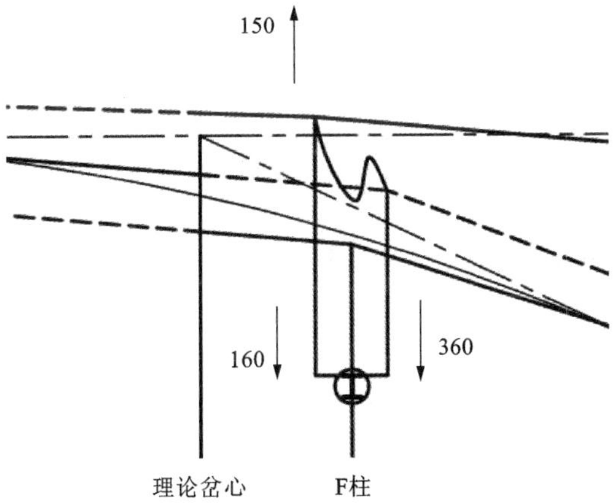

图 3　装配支柱 F

3.2.2　下锚处导向线、正线、侧线(渡线)布置原则

为使受电弓在无交叉线岔下锚处平滑过渡，在现场条件允许时，一般经工作跨距再经两跨下锚，由图 1 可看出导向悬挂经 B 柱在 A 柱处下锚、经 G 柱在 H 柱处下锚，侧线(渡线)经 D 柱在 C 柱处下锚。

3.3.3　无交叉线岔首尾相连处导向悬挂布置原则

在站场咽喉区道岔群区域，很容易出现线岔首尾相连的情况，为避免产生过多的支撑定位装置，可采取将正线和侧线、渡线断开下锚，导向悬挂共用的布置方式，具体情况根据现场确定。

4　检调方法

4.1　确定支柱位置

根据设计图纸等资料并结合现场，确定各装配支柱的现场位置，可在支柱侧面喷涂装配支柱号以便日后运行管理、检调方便。在确定支柱位置时，可先确定 E 柱位置(道岔岔尖)，若找不到某一支柱，表明现场未设计此支柱或两线岔共用此支柱，换句话说，图 1 中无交叉线岔总布置图只是一种理论上的最完整的布置方案。

4.2　确定设计拉出值和导高

根据设计图纸等资料确定正线、导向线、侧线(渡线)的设计拉出值和导高。值得注意的是，在给出的无交叉线岔设计图纸中拉出值规定以线路侧为正，田野侧为负；F 柱导向线设计拉出值和导高以正线为中心来确定；F 柱侧线(渡线)的设计拉出值和导高以侧线(渡线)为中心来确定。

4.3　现场测量拉出值和导高

推荐采用激光接触网检测仪，不仅测量数据准确，而且可以实现数据的智能化分析。测量时要注意检测仪的放置位置，测量后数据记录应准确，特别是对正负值的记录，要以设计为准。

4.4　调整拉出值和导高

根据设计值和允许误差值对拉出值和导高进行调整，从石太客运专线实际运行角度来看允许误差值定为 ±20 mm 为宜。

4.5　其他注意事项

无交叉线岔的检修还应包括各支柱的支持装置及定位装置状态良好，各部螺栓紧固力矩符合规定，各部开口销齐全且掰开角度符合规定，补偿装置 A、B 值及动、定滑轮间距符合规定，各支接触悬挂的吊弦受力状态良好，吊弦无断、散股现象，吊弦线夹无偏斜，各部零件不侵入受电弓动态包络线范围等。

5 结束语

18#道岔接触网第三组辅助悬挂式无交叉线岔在石太客运专线运行情况良好，能够较好地适应250 km/h及以上的正线通过速度。石太客专无交叉线岔作为技术引进及国产化项目之一，我们应该掌握其布置原理和检调方法，为保证石太客运专线安全高速运行提供技术支持。

参考文献

[1] 于万聚. 高速电气化铁路接触网[M]. 成都：西南交通大学出版社，2002.
[2] 罗健，韩凌青，林德福. 客运专线18#道岔接触网无交叉布置方式研究[J]. 铁道工程学报，2008(6)：67－70.
[3] 王世龙，程洪兵，吴楠，等. 电气化准高速铁路无交叉线岔受电弓配套技术[J]. 中国铁路，2005(2)：35－36.
[4] 彭道文，邵华平. 浅谈接触网正线无交叉线岔的特点与检调[J]. 电力机械，2005(3)：79－80.

电气化铁路氧化锌避雷器在线监控装置研制及应用

孙德英

（中国铁路北京局集团有限公司天津供电段）

摘　要：为解决因电气化铁路氧化锌避雷器老化而影响到接触网稳定供电的问题，研制了电气化铁路氧化锌避雷器在线监控装置，该装置能通过状态指示器及时反映避雷器剩余寿命及是否需要进行预防性试验；加装了引线爆炸脱扣装置后，能使故障避雷器及时与供电系统脱离，保证供电设备继续安全运行。

关键词：避雷器；监控；研制；应用

1　研制目的

电气化铁路氧化锌避雷器（以下简称"氧化锌避雷器"）由于长期受潮及污染，同时受到持续高电压影响，内部的氧化锌电阻片会逐渐老化，在系统正常运行电压下呈现出高阻性能下降，泄露电流增大的状况。这种异常情况如不能及时被发现处理，避雷器外部或内部氧化锌片会被击穿，形成永久的系统接地，导致供电中断。

铁路供电系统要求每年要对氧化锌避雷器进行预防性试验。现阶段的预防性试验要求从网上拆下避雷器运回工厂，试验合格后再重新安装到原位，试验工作量大，需要大量的天窗，有些变电所外避雷器拆除还需要垂直停电天窗。随着列车运行速度和密度的增加，检修天窗时间越发有限，进行试验的难度较大。另一方面，氧化锌避雷器在故障状态下不能及时同运行的供电设备脱离，影响正常供电，且故障点不易查找，给供电设备运行安全造成了隐患。

目前国内广泛应用的氧化锌避雷器检测方法有预防性试验、不定期带电检测和在线监测。

预防性试验周期较长，一般只是测量直流 1 mA 下的参考电压 $U_{1\ \mathrm{mA}}$、75% $U_{1\ \mathrm{mA}}$下的泄漏电流以及绝缘电阻。随着带电测试技术的发展，部分可取代预防性试验，而且常规的预防性试验多是直流试验，与实际工况有很大的区别。

不定期带电检测是较长周期预防性试验的有效补充手段，能够及时发现预防性试验周期间的事故征兆。不定期带电检测主要有电流补偿法和谐波分析法，前者是去掉与母线电压成 90°相位差的电流分量，获得阻性电流；后者是采用数字化测量和谐波分析技术，从泄漏电流中分离出阻性电流值。

近年研究单位和生产厂家推出了在线监测系统和在线监测仪，可以不间断地监测氧化锌避雷器的泄漏总电流或阻性电流，当发现泄漏电流有增大趋势时，再做带电检测或停电做直流试验。这种设备取得了一定的效果，但其受外界环境影响较大，价格也较高。

通过上述分析，结合目前国内外关于避雷器检测的研究，主要集中在高压电气化铁路氧化锌避雷器在线监测方法的研究上。经过查新，目前我国电气化铁路氧化锌避雷器还没有可实现对其进行在线监测的装置，需要开发新的适合避雷器的在线监测装置，从而实现避雷器的免维护运行，提高电网的供电可靠性。

新研制的氧化锌避雷器在线监控装置，属于一种避雷器后备保护装置，在不改变避雷器原有接线的基础上，该装置可实现避雷器状态指示器，及时反映避雷器剩余寿命，了解是否需要进行预防性试验，降低了避雷器停电试验强度。加装引线爆炸脱扣装置，能使故障避雷器及时与供电系统脱离，保证供电设备继续安全运行。

2　总体方案及关键技术

2.1　总体技术方案

由于电气化铁路氧化锌避雷器数量较多，要考虑增加自诊断功能时不能耗费过多的人力物力；电气化铁路接触网供电系统中，避雷器安装在铁路沿线，自诊断功能还应使现场巡视人员可以及时发现异常，并具有合适的提前预警时间。

避雷器泄露电流指在运行电压下流过的电流，也称全电流，包括基本呈线性的容性电流和非线性极强的阻性电流，一般阻性电流所占的比例为全电流的 10% ~20% 。

以避雷器全电流作为监测对象时，避雷器绝缘隐患初期反应不灵敏，即当绝缘损坏不严重时，阻性电流增加了几倍而全电流增大不明显，不利于及时检测到事故避雷器，通过对氧化锌阀片进行老化试验，从而得出避雷器老化的原因主要是阻性电流增大，因而用阻性电流分量可以较及时地发现存在绝缘隐患的避雷器，故新研制的氧化锌避雷器在线监控装置以阻性电流分量作为检测对象，采用某种电路实现阻性电流从全电流中分离，当阻性电流达到规定的阈值时，利用机械传动系统实现避雷器状态指示器动作(驱动掉牌装置)，同时驱动闪烁发光二极管，实现避雷器监测时的双重指示，氧化锌避雷器在线监控装置工作原理如图 1 所示。

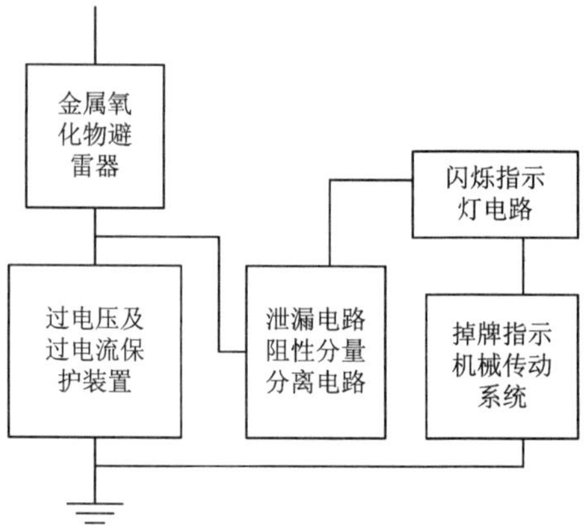

图 1　氧化锌避雷器在线监控装置工作原理图

2.2　技术难点分析

(1)接触网是电力系统中从高压向低压过渡的系统，可能承受各种过电压，运行环境恶劣，决定了氧化锌避雷器在线监控装置研制的困难性。

(2)要以泄漏电流中阻性电流衡量避雷器运行状态，一般使用电子电路进行补偿或谐波分析，有源电子器件需要电源支持，专门对监测装置提供低压电源不够经济，而如果由氧化锌避雷器自身的泄漏电流提供电源能量，能量又太小不能满足有源器件的要求，因此采用无源方式提取泄漏电流中阻性电流有相当的技术难度。

(3)氧化锌避雷器进行自检测时需要确定掉牌时的泄漏电流阈值，以便与电力部门的巡视周期配合，而目前缺乏避雷器老化损坏时的电流参数以及在各种小电流下避雷器的耐受能力。有关的阈值需要通过大量的老化试验得到。

(4)实现微小电流(μA 级)驱动掉牌装置很困难，此外电子器件的可靠性值得关注，尤其在恶劣的条件下很可能会失效，因此驱动掉牌电路，器件的选取有相当难度。

2.3　技术难点解决策略

为解决研制氧化锌避雷器在线监控装置存在的技术难点，从以下四方面进行了研究，逐一解决技术难点。

(1)通过对避雷器内部氧化锌阀片和氧化锌避雷器进行老化试验，确定了各种避雷器掉牌显示的阻性电流阈值。

(2)提出了一种新的无源提取阻性电流的检测方法，后详述。

(3)研制氧化锌避雷器在线监控装置，并通过一系列试验论证其可靠性。对装置进行优化使其与氧化锌避雷器连接，以适合现场的简便安装使用。

(4)将在线监控装置在接触网系统试运行，获取户外运行经验。

3　氧化锌避雷器在线监控装置实施方案

3.1　无源提取阻性电流检测方法简介

电桥法是常用的实现阻性电流从全电流中分离且不涉及有源电子器件及信号处理的方法。电桥法原理如图 2 所示。

图 2 中，R_0和 C_0代表氧化锌避雷器的电气参数，其支路流经电流分别为 i_{r0}、i_{c0}，避雷器流经电流为 i_1、R_1，R_2和 C_2为测试用电阻及电容，C_2支路流经电流为 i_2。

根据电路知识，电容元件两端电压与电流关系为 $u = i/j\omega c$，$i = j\omega cu$，电容的阻抗为 $1/\omega c$，(其中 ω 为

角频率)。

假设图 2 中 C_0、C_2阻抗为无穷大，即 $R_2 \ll 1/\omega C_2$，电阻 $R_1 \ll R_2$，根据电桥法测量原理如下[2]。

有：$i_1 = i_{r0} + i_{c0} = i_r + j\omega c_0 u$。则

$$i_2 = c_2 \mathrm{d}u/\mathrm{d}t = j\omega c_2 u。$$

A 点对地电压为

$$u_{AN} = i_r R_1 + j\omega c_0 R_1 u。$$

B 点对地电压为

$$u_{BN} = j\omega c_2 u R_2。$$

则 A 和 B 间的电压为

$$u_{AB} = i_r R_1 + j\omega(R_1 c_0 - R_2 c_2) u。$$

调节 R_2，使 $R_1 c_0 = R_2 c_2$，则 $u_{AB} = i_r R_1$，阻性电流可认为就是

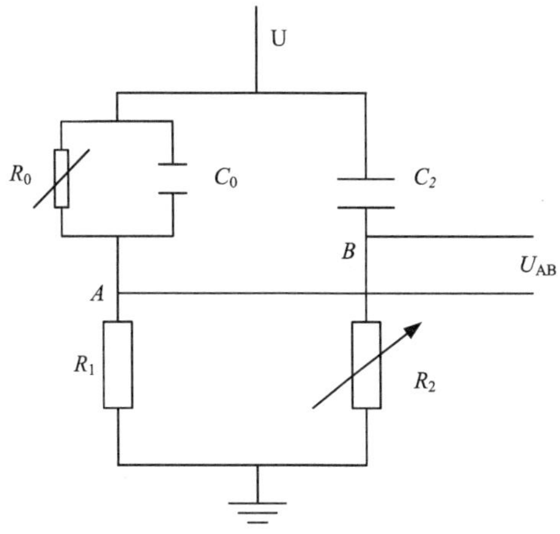

图 2　电桥法提取阻性电流原理图

$$i_r = u_{AB}/R_1。$$

这种方法原理简单，但由于需有电容与小电阻并联在高压侧，对电容要求高，若满足假设要求，需要 C_2的电容值无限小，实际操作中较难实现，在现场无法应用，实用的阻性电流分离要在电桥法的基础上做进一步的改进，具体改进情况如图 3 所示。图 3(a)为电桥法高压侧并联电容与小电阻时的避雷器泄露电流阻性电流分离原理图；图 3(b)为电桥法高压侧未并联电容与小电阻时的避雷器泄露电流分布图。

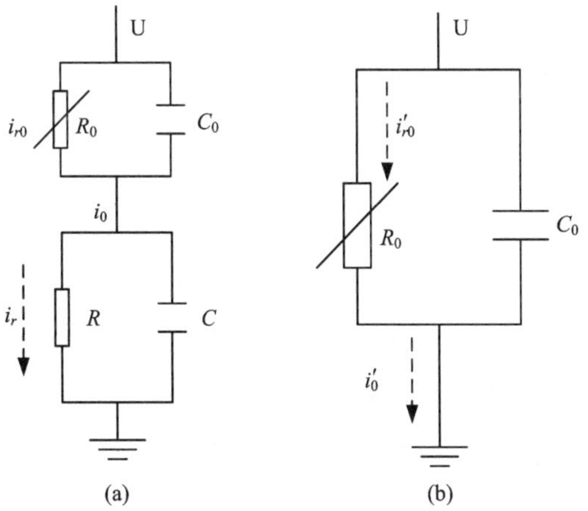

图 3　改进电桥法提取阻性电流原理图

R_0、C_0代表接触网氧化锌避雷器电气参数，R、C 为测试用电阻及电容，设流经避雷器的工频电流为 i_0，其阻性分量为 i_{r0}，流经小电阻上的电流为 i_r，则可得

$$\begin{aligned} i_{r0} &= \frac{1/j\omega C_0}{R_0 + 1/j\omega C_0} \cdot i_0 = \frac{1}{j\omega R_0 C_0 + 1} \cdot i_0 \\ i_r &= \frac{1/j\omega C}{R + 1/j\omega C} \cdot i_0 = \frac{1}{j\omega RC + 1} \cdot i_0 \end{aligned} \tag{1}$$

需要检测的真实阻性电流为 i_{r0}，可以测量得到的电流为 i_r。如果要使检测的电流为真实阻性电流即要使 $i_{r0} = i_r$，所需要的条件是 $R_0 C_0 = RC$。这时可以满足被检测的电流值与流经避雷器的阻性电流幅值相等，则相位相同。

另需要判断在接电容与小电阻并联支路前后，流经避雷器的泄漏电流及其阻性分量是否有变化。有如下：(以下公式中的“//”均为并联符号)。

$$i_0' = \frac{u}{R_0//(1/j\omega C_0)}$$
$$i_0 = \frac{u}{R_0//(1/j\omega C_0) + R//(1/j\omega C)} \tag{2}$$

其中，i_0'是未接电容与小电阻支路时的泄漏电流，i_0是接电容与小电阻支路后的泄漏电流，由于 $R_0C_0 = RC$，$R_0 \gg R$，则 $R_0//(1/j\omega C_0) \gg R//(1/j\omega C)$，有 $i_0' \approx i_0$，即接入电容与小电阻支路后对泄漏电流的影响很小。同时由于氧化锌避雷器的工频等值阻抗远大于所介入电容与小电阻并联阻抗，在一定电压范围内 i_0基本是恒定电流，所以在接入电容与小电阻回路后流经避雷器的阻性电流变化很小，可以认为流经电阻 R 上的电流即为避雷器泄漏电流中的阻性分量。

该方法的优点是可以简易地分离出流经氧化锌避雷器的泄漏电流中阻性分量，且原理简单，不需要采样高压信号，不涉及复杂的电子元器件，很适合无源的在线检测装置。但该法存在与电桥法一样的缺点，就是当氧化锌避雷器的电气参数发生变化时，所接入电容与小电阻的参数就必须进行相应调整。

3.2 避雷器参数变化时提取阻性电流误差分析

当氧化锌避雷器存在绝缘隐患时，初期阻性电流变化很大，而全电流变化相对较小，这种情况下避雷器电气参数中 C_0基本保持不变，而 R_0变小，但其工频等值阻抗仍比所接入电容与小电阻支路并联阻抗大得多，i_0基本不变[2]。

在氧化锌避雷器电气参数发生变化后，流经避雷器的阻性电流为 i_{r1}，但检测到的 i_r基本不变。检测误差为：

$$\Delta i_r = i_{r1} - i_r = \left(\frac{1}{j\omega R_0' C_0' + 1} - \frac{1}{j\omega RC + 1}\right) \cdot i_0 \tag{3}$$

根据多次试验，当氧化锌避雷器电气参数变化较大时，流经避雷器的阻性电流发生变化，但检测到的 i_r基本不变，经比较两者误差并不大，是可以接受的。当氧化锌避雷器老化严重，泄漏电流增大很多后，其电气参数下降较厉害时，误差会增大，但比起以全电流作为检测对象的方法精度要高。

3.3 氧化锌避雷器在线监控装置设计原理

综上所述，该泄漏电流阻性电流分离法在氧化锌避雷器正常时能够较真实地反映出避雷器的阻性电流，其检测精度高于全电流检测法。基于上述阻性电流分离原理的氧化锌避雷器在线监控装置原理如图 4 所示。

其利用电容 C 与整流电路的电阻构成了阻性电流分离电路。

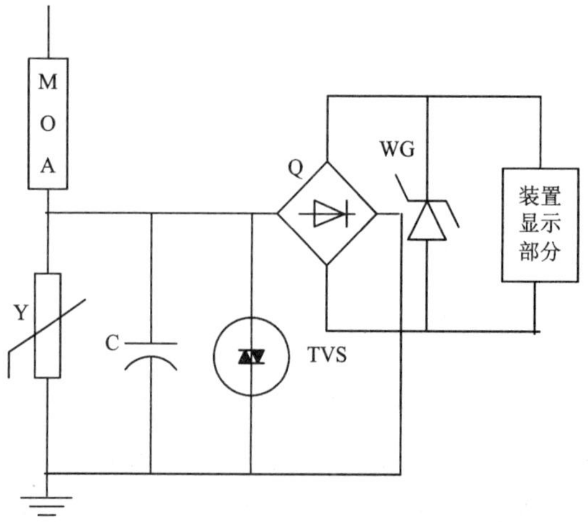

图 4 氧化锌避雷器在线监控装置原理图

4　装置使用环境及参数

4.1　使用环境

①温度 -50 ℃ ~ 70 ℃，湿度≤90% RH，无凝露状况，海拔高度在 1000 m 以下；②电源频率 48 Hz ~ 62 Hz；③地震裂度 7 度及以下地区；④最大风速不超过 35 m/s；⑤覆冰厚度不大于 2 cm。

4.2　运行参数

①动作电流（阻性分量 I_r，全电流 I）：$I_r > 250$ μA（$I = 1100$ μA ~ 1200 μA）发光管开始闪烁，$I_r >$ 320 μA（$I = 1300$ μA）发光管闪烁亮度明显，指示牌掉出；②通流容量：10 kA（8/20 μs），65 kA（4/10 μs）；③外形尺寸：ϕ79 mm × 128 mm；④质量：0.5 kg；⑤建议巡视周期：1 个月。

5　装置应用特点

5.1　安装简便

先将避雷器下端的螺杆旋入状态指示器上端的螺孔内，用螺帽旋紧，再将避雷器与状态指示器整体固定在角钢上（注意将掉牌孔放置在便于观察的一侧），并把下面的螺母旋紧即可。安装时不要旋扭状态指示器下的端螺杆固定螺母，以免破坏装置内部结构。

5.2　可靠性高

装置封装紧密，在恶劣的环境下应用一年时间，一直运行正常。为避免元器件的早期失效和偶然失效，进一步提高装置运行可靠性，提出了以下几点注意事项：

（1）合理减少元器件的数量：总失效率为各元件失效率之和，减少元器件数目可提高系统的可靠性。

（2）选用失效率低的元器件：如果某元件的失效率比其他元件有数量级的高出，它就决定了系统的失效率。

（3）适当降额使用元器件：降额因子取得越小，可靠性越高，但元器件的使用效率也就越低，需权衡利弊。

（4）使用正常寿命区的元器件。

（5）部件和系统进行试运行：正式投入使用前，部件或系统试运行一段时间，使之处于似“正常寿命区”。

5.3　可重复使用

现场人员进行简单的电路检查后，通过简单操作即可进行装置掉牌复位。重复使用时需检查电路情况并将掉牌调整入内。

电路检查：用一个阻值为 100 kΩ，功率为 1 W 的电阻、微安表与状态指示器串联，电流由 1100 μA 升至 1200 μA 时，发光管亮度逐步增强，说明装置正常。当电流达到 1300 μA 时，掉牌在 10 ~ 60 min 内自动掉出。

掉牌复位：先用螺丝刀轻轻撬开状态指示器底部的密封帽，再用左拇指将指示牌按入孔内，并将小号一字型螺丝刀直插入密封孔内的转盘中心，缓慢顺时针旋转 90°左右，指示牌即牢挂于孔内，然后盖上密封帽并压紧即可。

5.4　易于监测

装置采用双重指示，可能出现的 4 种结果如下：

（1）发光管不亮，指示牌未掉，表明避雷器正常。

（2）发光管微弱闪烁，但指示牌未掉，表明避雷器有缺陷或电网存在过电压，在该状态下需缩短巡视周期，加强观察。

（3）发光管闪烁亮度明显，指示牌掉出，表明避雷器存在严重缺陷，需要及时更换避雷器。

（4）发光管不亮，指示牌已经掉出，表明避雷器已经开路，需更换避雷器。

6 结语

氧化锌避雷器在线监控装置在天津供电段管内接触网线路应用后，各项性能指标均达到设计要求，无需外接能量(电源)，利用氧化锌避雷器自身的微小泄漏电流通过光电和机械吊牌显示避雷器剩余寿命，现场使用方便。氧化锌避雷器初始安装高度距轨面 7 m，不便于巡视人员观察灯光及掉牌情况，后将装置下移至轨面 2.5 m 田野侧，巡视人员在不侵入限界的情况下可清楚地观察到监控装置运行状况。截至目前，尚未发生脱扣装置动作，并使避雷器与供电系统脱离的情况。在线监控装置在天津供电段使用后，实现了对避雷器状态的实时检测，每年可节省避雷器拆装、运输、检测费用近 20 万元，在供电系统具有较高的推广价值。

参考文献

[1] 吴薛红，濮天伟，谬德利. 防雷与接地技术[M]. 北京：化学工业出版社，2008.
[2] 刘明光. 铁道电网过电压与防护[M]. 北京：清华大学出版社，2009.

基于多种驱鸟方式的铁路供电驱鸟装置的研究

孙德英　刘嘉杰

（中国铁路北京局集团有限公司天津供电段）

摘　要： 多年来，电气设备防除鸟害一直是国内外同仁致力研发攻克的重大课题。据我们了解，目前国内外的防驱鸟措施大致有风车惊吓式、防护网式、驱鸟刺式、驱鸟剂式、超声波式等，以上类型驱鸟方式都有一定效果，但也都存在不同程度的缺陷。目前的驱鸟方式主要是安装驱鸟刺或传统的风力驱鸟器，在刚使用时有一定效果，时间长了，鸟适应了这些环境之后就不再害怕，因此这些驱鸟措施效果不佳，而且由于长期风吹日晒，常常会出现锈蚀导致转动头不旋转，或者反光镜片脱落的情况，从而失去驱鸟效力，还有些驱鸟器需要外接电源、需要连线，安装和使用起来很不方便，尤其不适用野外环境。基于此，本文在既有铁路驱鸟方式的基础上，对鸟类搭窝习惯、多种驱鸟方式进行研究分析，希望对相关铁路供电工作者有所帮助。

关键词： 铁路供电；驱鸟；太阳能；超声波；噪声；光电；红外感应

前言

由于铁路行车大多运行在野外，不容易及时受到人力的监控，因此受鸟类活动的影响比较大。据铁路供电部门统计，受鸟类在铁塔上筑巢、栖息影响，引起的短路、跳闸等事故呈逐年上升趋势。鸟害事故的频繁发生，不仅使运行维护单位在人力、物力上蒙受了较大的损失，重要的是电网的安全运行受到了严重的威胁。

1　目前铁路驱鸟现状分析

目前的铁路供电单位采用的驱鸟方式主要是安装驱鸟刺或传统的风力新型驱鸟装置，在刚使用时有一定效果，时间长了，鸟适应了这些环境之后就不再害怕了，因此这些驱鸟措施效果不佳，而且由于长期风吹日晒，常常会出现锈蚀导致转动头不旋转，或者反光镜片脱落的情况，从而失去驱鸟效力，还有些新型驱鸟装置需要外接电源、需要连线，安装和使用起来很不方便，尤其不适用野外环境。所以，驱鸟方式效果不理想是几十年未解决的问题。

鸟害对牵引供电设备的危害日益加重，仅天津供电段，管内每年春季鸟搭窝就达六千多处。为了确保安全供电，铁总和路局对鸟搭窝不及时处理制定了极为严厉的处罚规定，多段的相关部门为此投入了大批人力物力去巡视、监控清除鸟巢，也采取了加设防护网等措施防鸟搭窝。但是以上传统的防护措施耗时费力，特别是对接触网线路铁塔附近的鸟搭窝现象效果不佳，有时今天刚拆除的窝，第二天又在原地搭建，为此现场职工苦不堪言，供电安全面临极大威胁。

为提高电力系统输电线路运行的可靠性，避免由于鸟类筑巢栖息而导致输电线路发生线路对地放电事故，有必要采取措施驱赶鸟类而又不伤害鸟类，为了减少鸟害引起的跳闸事故的发生，供电部门也在寻找可靠的驱鸟方式，针对这一现象，经过多年的研究，对开发新型供电装置展开研究。

2　技术方案

新型驱鸟装置需具备两个特点，一是解决鸟类适应环境问题；二是解决能源问题。经研究，为了避免鸟类适应而导致驱鸟效果不佳，新型驱鸟装置应具备多种驱鸟模式，且在不同环境情况下可以自由转换模式；为了使驱鸟装置满足野外作业条件，装置应采用太阳能充电的供电方式（图1）。

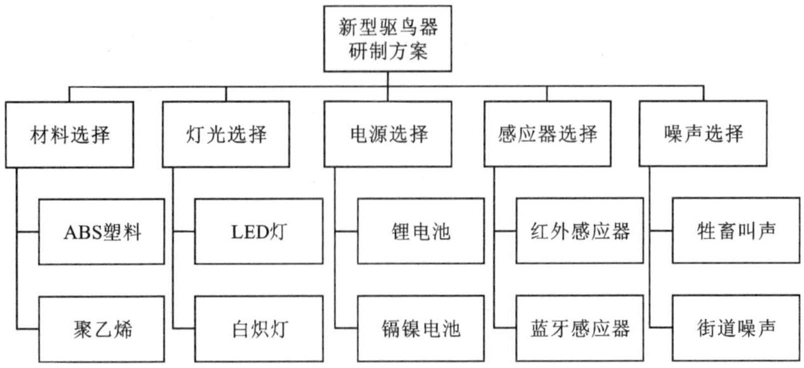

图1 新型驱鸟装置方案系统图

2.1 制定方案

2.1.1 材料分析

材料选择有 ABS 塑料和聚乙烯塑料两种方案，ABS 塑料性能较好，具有很高的抗冲击韧性和较高的机械强度、优良的耐油耐水性和化学稳定性，电性能和耐寒性较好、尺寸稳定性高、有一定的耐磨性，而且具有电镀容易、成型容易、价格较低等优点，而聚乙烯塑料机械强度不高、质较软，不能承受高的载荷，所以应选择 ABS 塑料作为新型驱鸟装置外壳材料。

2.1.2 灯光分析

新型驱鸟装置灯光选择有 LED 灯和白炽灯两种方案，LED 具有电光转化效率高、绿色环保、寿命长(可达 10 万 h)、工作电压低(3 V 左右)、反复开关无损寿命、体积小、发热少、亮度高、坚固耐用、易于调光、色彩多样、光束集中稳定、启动无延时的优点；而白炽灯电光转化效率低(10% 左右)、寿命短(1000 小时左右)、发热温度高、颜色单一且色温低，所以应选择 LED 灯作为新型驱鸟装置驱鸟用灯光。

2.1.3 电源分析

由于新型驱鸟装置在野外工作，所以供电方式为太阳能充电，电池材料分为锂电池和镉镍电池，经对比，锂电池电压高、性能稳定；而镉镍电池功率低、不稳定、使用寿命低，所以应选择锂电池作为新型驱鸟装置电池。

2.1.4 感应器分析

新型驱鸟装置感应器选择方案分为红外感应器和蓝牙感应器，红外感应器具有对准、直接、5 ~ 8 m、单对单的特点，而且反应速度快、成本低；而蓝牙感应器的感应距离虽在 10 m 左右，但反应速度慢、成本高。经对比应选择红外感应器。

2.1.5 噪声分析

针对目前鸟类的习性进行研究，发现鸟类长期在社会生存后，对街道的声音存在适应性，而对牲畜的叫声却比较敏感，所以选择牲畜叫声作为驱鸟声音。

2.1.6 模块分析

(1)侦测模块：用高精度单片机实现控制。红外传感器检测鸟飞来的速度及距离，并将信号送给单片机，单片机处理这一信号，看其是否满足要求，若满足则触发驱鸟机构，做出驱鸟动作。侦测启动模式具有突发性警示的优点，解决了鸟类对周期循环的声音、超声波、反光等驱鸟方式容易产生适应性的问题。产品侦测范围 10 m。

(2)驱鸟模块：通过刺激灯光、超声波、组合警示声音多种方式综合驱鸟，达到最佳的驱鸟效果。

(3)智能模块：使用单片机设计，当光感应器感应到昼夜变化时，自动切换不同工作模式，实现昼夜驱鸟功能。

(4)电池模块：产品采用太阳能供电、锂离子电池蓄电，保证产品在设计的使用周期内连续平稳供电，产品在充满电后，正常使用下可保证 5 d 工作周期，在阴、雨天气等恶劣情况下也皆能正常工作。

(5)外壳：新型驱鸟装置采用专业的设计，使用 ABS 塑料材料，可防雨雪、防水、抗老化，防水等级达 IP44。

2.2　技术原理

在确定最优方案后，对方案进行整体细化：利用进口单片机设计、制造的一种超低功耗的超声波发生系统。由它发出的超声波会刺激鸟类的神经系统，破坏鸟类的生存环境，从而使鸟类远离超声波覆盖的范围。由于该系统采用不断变化的超声波频率和不同的工作机制，所以鸟类无法适应，保证了驱鸟效果的持久性。其特点是：低电压、超低功耗、性能可靠、使用寿命长(图2、图3、图4)。

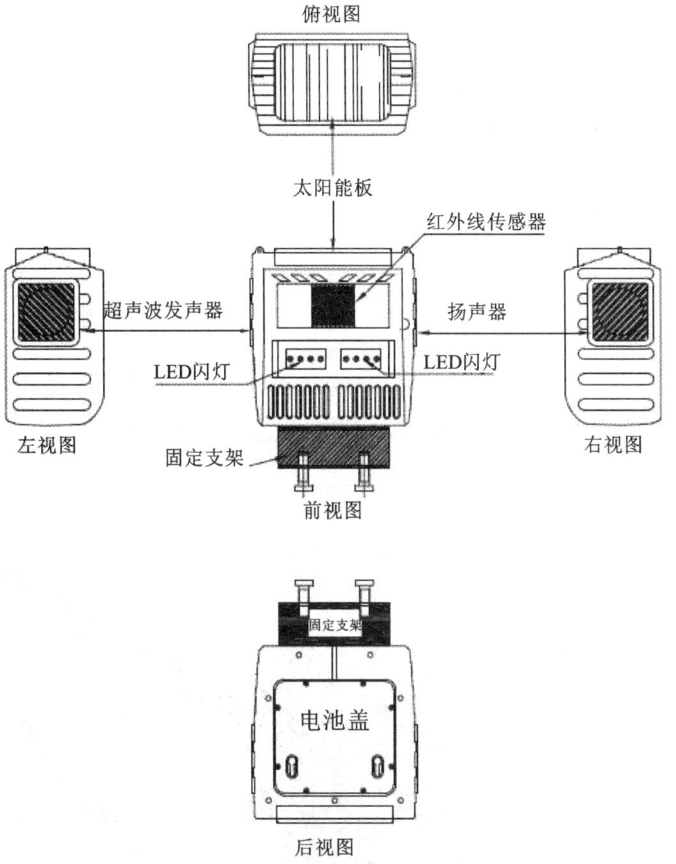

图2　新型驱鸟装置组装设计图

图3　新型驱鸟装置样机

图4　新型驱鸟装置控制部分

2.3　工作模式

工作模式分四个挡位，OFF 档为关闭，停止使用新型驱鸟装置时拨到该位置；1 挡是声音档，当检测到鸟类靠近时会发出七种不同的模拟声音来驱赶；2 挡是超声波挡，当检测到鸟类靠近时会发出超声波，超声波会刺激鸟类的神经系统，破坏鸟类的生存环境，从而使鸟类远离超声波覆盖的范围；3 挡是 1 ~ 2 挡结合，当检测到鸟类靠近时会同时有声音和超声波发出。当晚上工作时，工作模式会自动转为闪光模式，当检测到鸟类靠近时高亮 LED 会闪光来驱赶鸟类。

3　主要技术指标

(1)根据 $f = 1/T$，T 为 $2.9 \times 10^{-5} \sim 8.3 \times 10^{-5}$ s。产品的频率：12 ~ 35 kHz。

(2)根据 $S_{扇} = (n/360)\pi R^2$，n 取 120°，R 取 8 m，得有效作用面积为 67 m^2。有效工作范围：67 m^2。

(3)有效角度：90° ~ 120°(设计值)。

(4)感应距离：8 m(设计值)。

(5)防水等级：IP44。

4　试验总结

为验证新研制驱鸟装置是否符合现场作业的要求，能否为铁路安全、优质运行提供可靠保障，在现场测试应用并改进后，将定型后样机在天津供电段塘沽供电车间津山线组织应用，在塘沽供电车间军粮城供电工区进行现场应用(图 5)。

图 5　新型驱鸟装置现场安装图

经试验，新型驱鸟装置具备以下功能：

(1)新型驱鸟装置采用太阳能电池板和锂离子电池供电，无电线连接，野外使用方便；

(2)新型驱鸟装置通过发出的超声波及次声波来恶化鸟的生存环境，将其驱赶于杆塔之外筑巢，达到杜绝鸟害、保证安全的目的；

(3)新型驱鸟装置白天可以通过发出七种不同的模拟声音来驱赶鸟；

(4)新型驱鸟装置晚上可以通过闪光来驱赶鸟。

5　产业化分析

鸟害引起的跳闸事故，以天津供电段管界津秦高铁、京沪高铁为例，在 2015 年至 2016 年发生了 3 起因鸟害引起的跳闸事故，虽然 3 起事故均重合成功，但目前高铁规定发生跳闸故障均需限速行驶，3 起事故对正常行车影响极大，造成后续列车大规模晚点，影响正常铁路运行秩序，这 3 起事故造成列车晚点共计 517 min，按高铁列车晚点 1 min 造成 8 万元损失计算，共造成损失约 4136 万元。

华北地区的鸟害季节性极强，多发季节在春季的 3 至 5 月间，今年在我段多个鸟害多发区段进行了安装测试，据现场观察统计，安装多功能新型驱鸟装置的支柱、铁塔均未发现有鸟搭窝。每台新型驱鸟装置防护范围可达 70 ~ 90 m^2，经测算，北京局管内各供电段现需设防搭窝点至少为 6000 处，如全部安装采用多功能新型驱鸟装置，将大大提高安全供电的保障水平，节省大量人力物力。另据市场调查，我国电气化铁道牵引供电系统现有里程已经突破 4.8 万条公里，如按照每 50 m 安装一台新型驱鸟装置计算，若全部覆盖新型驱鸟装置，需安装 96 万台新型驱鸟装置，具有十分广阔的推广前景。

6　结束语

经研究试验，新型驱鸟装置具有如下优点：第一，该装置使用太阳能电池板为系统供电，解决了系统供电难的问题；光伏供电系统管理采用多晶硅太阳能电池板，作为整个系统的供电来源。多晶硅的优点是方向性好，无须垂直指向光源，非常适合为本系统供电。白天直接利用太阳能电池板给整个系统供电，并将多余的电能对锂离子电池进行充电。黑夜当太阳能电池板不能发电时，利用锂离子电池对整个系统供电。采用大容量的锂电池，保证在连续没有光照的情况下可以使用 4 ~ 5 d。第二，本成果使用高精度单片机实现控制。红外传感器检测鸟飞来的速度及距离，并将信号送给单片机，单片机处理这一信号，看其是否满足要求，若满足则触发驱鸟机构，做出驱鸟动作。第三，该装置使用高精度单片机实现控制，具有多种工作模式，装置采用发射超声波、次声波，且能发七种不同的模拟声音和闪光驱赶，它可以根据需要，利用软件实现多种工作模式的更换，避免了鸟对新型驱鸟装置的适应性。但是，新型驱鸟装置也存在着一些不足，如在人、车等其他物体经过时，新型驱鸟装置会产生误动作，减少误动作是驱鸟装置下一步需重点研究解决的问题。

关于接触网集中修提高作业效率的分析与探讨

明 军[1] 李振华[2]

(1. 中国铁路北京局集团有限公司天津供电段高速接触网技术科 业务指导、助理工程师;
2. 中国铁路北京局集团有限公司天津供电段高速接触网技术科 科长、工程师)

摘 要: 接触网作为电气化铁路的重要组成部分,关系着铁路运输的安全与可靠。本文首先阐述了当前集中修作业概况,其次选取津山线接触网集中修作业为例,从作业效率与天窗兑现率等方面进行数据分析,探讨接触网检修模式,并与传统工区分散式作业进行对比,证明了集中修作业方式具有较大优势,并提出了下一步的工作建议与措施,为接触网设备运营管理积累了经验。

关键词: 接触网;集中修;作业效率

引言

接触网设备的安全稳定运行,离不开对设备进行检修与维护,以改进和提高接触网设备的运行质量。津山线天津站运输和行车组织密度高,枢纽地区供电臂的停电影响范围较大,天窗兑现率相对较低,同时接触网的运行环境恶劣,设备长期暴露在自然条件下,大大增加了养修工作量。因此,要在天窗时间少、检修难度大等条件下,优质、快速地提高接触网设备质量。津山线接触网设备开展集中修势在必行。

1 津山线集中修概况

津山线接触网集中修是在全面检测、监测、检查及分析诊断的基础上,由高速接触网技术科组织进行修前鉴定,制定维修方案,以供电维修车间和供电车间维修工区为实施主体,并以供电车间运行工区和动力设备车间作为参与主体,采用机械化集中作业方式进行的接触网维修作业。

在集中修实施前,供电车间组织相关工区对拟定将要开展集中修区段设备进行设备修前鉴定,收集该区段各类检测数据,统计该区段设备的故障、跳闸数据、设备缺陷以及涉及到的专项整治内容,依据修前鉴定结果,供电车间编制设备修前鉴定及维修方案报告。供电车间及运行工区根据维修计划、区段,按规定提报月、周、日计划,并负责施工、作业计划登记。并根据设备修前鉴定及维修方案报告,提前一天将需要处理的缺陷或调整的数据在派工单上注明,连同作业组明示卡片提供给集中修作业单元负责人。为确保维修质量,增强检修作业的可追溯性,开关、线岔、分相、分段等特殊设备要实施专人、专项检修;支持定位装置、附加悬挂实施分区维修。

供电维修车间在集中修前,配齐接触网平面图、安装图、管内分段示意图、检修工艺标准,严格按检修工艺、标准进行作业,做好相应工具材料的准备工作。备齐作业所需工具、较小零部件,作业当日主动向设备工区领取缺陷处理的材料。

修后接触网设备质量验收以区间、站场为验收单元,需在一个月内完成质量验收工作。验收工作一般分为三个阶段:第一阶段为当日检修后的质量验收,验收人员由当日作业小组负责人完成全部关键设备和30%一般设备的登杆质量验收;第二阶段由设备管理车间组织对修后的设备质量进行验收评定;第三阶段由高速接触网技术科会同相关车间共同对修后设备质量进行验收。验收分为静态验收和动态验收,依据动、静态验收结果,高速接触网技术科组织编制集中修验收报告,对集中修质量做出评价。

2 天窗作业效率与天窗兑现率分析

本文选取2017年2月28日至3月29日天津供电段津山线集中修期间,检修接触悬挂的作业数据为样本,从天窗作业效率和天窗兑现率两方面进行数据分析。

2017年2月28日至3月29日津山线集中修期间共计有27个集中修工作日,共计检修完成40.02条公里。在集中修期间，存在一天内完成不同地区多个天窗作业的情况，如 3 月 1 日上下午共计完成北塘站和天津站一号楼四个天窗作业，因此按照天窗完成情况进行统计分析更有意义。天窗作业效率是单个天窗内完成检修接触悬挂的作业量，即单个天窗能够完成检修接触悬挂的公里条数。上述 27 个集中修工作日包含 52 个天窗，每个天窗检修完成的接触悬挂统计图如图 1 所示。

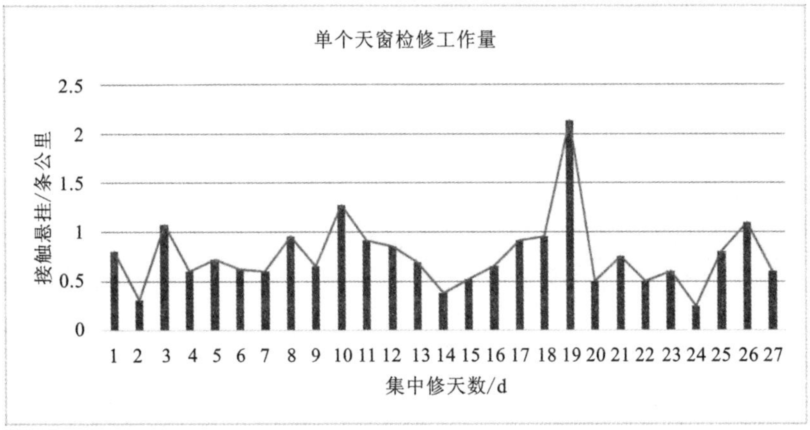

图 1　单个天窗内每日检修工作量统计图

对数据进行进一步分析，得到检修接触悬挂作业量统计表。

表 1　单个天窗内检修作业量统计表

项目		值
天窗个数		52
均值		0.75
中值		0.71
众数		0.6
标准差		0.24
极大值		1.28
极小值		0.31
和		40.02
百分位数	10	0.48
	20	0.6
	30	0.62
	40	0.65
	50	0.71
	60	0.81
	70	0.90
	80	0.93
	90	0.99

根据上表作业量统计，检修接触悬挂每个天窗作业量，均值为 0.75 条公里，极大值为 1.28 条公里，极小值为 0.31 条公里，中位数为 0.71 条公里，超过 40% 天窗点作业量在[0.6，0.8]，每个天窗作业量的完成情况都较为均匀，起伏相对较小，侧面反映出集中修前调查具有针对性，每日完成工作具有较强计划性。

值得一提的是，今年集中修本着“高标准维修、高效率消除设备缺陷”的原则进行了组织，没有一味地追求检修公里数值，同时进行了大量专项整治工作，如螺栓型电联接更换为压接型电联接、承力索座加装预绞丝护线条以及更换瓷质绝缘子等，也反映出高标准集中修对维护设备稳定运行的重要意义。

进一步对作业人数进行统计分析，在27个集中修工作日(含52个天窗)中，共计出动作业人数2629人次，每日单个天窗作业人数统计图如图2所示。

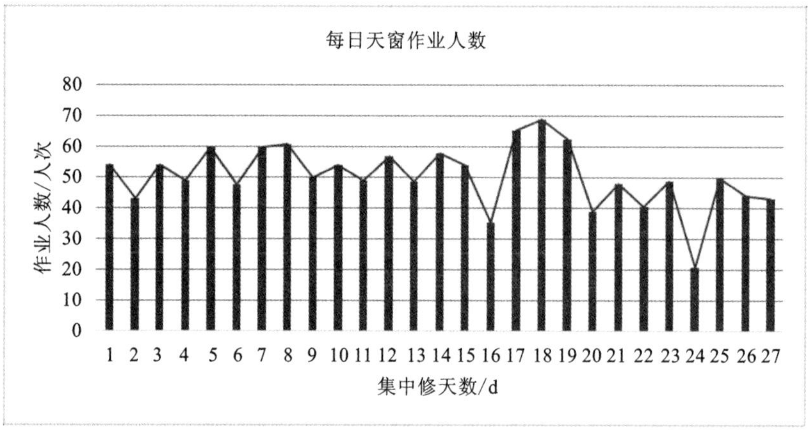

图2　每日单个天窗作业人数统计图

对数据进行进一步分析，得到天窗内检修作业人数统计表，如表2所示。

表2　天窗内检修作业人数统计表

项目		值
天窗个数		52
均值		53.83
中值		54
众数		54
标准差		8.06
极大值		69
极小值		36
和		969
百分位数	10	46.15
	20	48.7
	30	49.1
	40	53.2
	50	54
	60	54.6
	70	57.9
	80	60
	90	62.35

根据上表集中修期间天窗作业人数统计，平均每个天窗为53.83人次，极大值为69人次，极小值为36人次，中位数为54人次，另外根据百分位数分析，接近50%的天窗作业人数集中在[50，60]区间，可以看出集中修期间，天窗内作业人数较为稳定，也使得天窗内的作业量得到了保证。

施工计划的制定是贯穿铁路施工全部，联系、协调各有关部门，指导施工执行的重要环节。施工计划的兑现率，既反映了施工单位作业完成情况，又揭示了铁路线路施工需求是否得到了满足。因此能对集中修期间天窗计划兑现率及利用率进行统计分析。

选取集中修前三周天窗计划兑现数量进行统计，如表3所示。

表3　天窗计划兑现情况统计表

周次	计划天窗数量/个	利用天窗数量/个	损失天窗数量/个	天窗利用率/%
1	16	13	3	81.25
2	16	16	0	100.00
3	10	8	2	80.00
总计	42	37	5	88.10

天窗未兑现情况说明：2月27日津山线北塘站下行因军粮城运行工区轨道车未出取消天窗1个；2月27日北塘站上行因与唐山供电段施工计划冲突取消天窗1个；2月28日津山线北塘站上行因秦皇岛工务段施工冲突取消天窗1个；3月16日津山线天津站一号楼因天窗计划调整取消天窗2个。

由此，前三周共计申请天窗42个，利用天窗37个，损失天窗5个，利用率88.10%。

选取集中修前三周天窗计划与实际完成工作量进行统计，如表4所示。

表4　天窗计划与完成工作量统计表/个

周次	计划			完成		
	北塘站/张贵庄站	天津站	小计	北塘站/张贵庄站	天津站	小计
1	5.5	5	10.5	5.6	5.05	10.65
2	5.5	5	10.5	7.95	4.51	12.46
3	3	8	11	3.2	6.09	9.29
总计	14	18	32	16.75	15.65	32.4

未按计划完成原因：①天津站吊弦和腕臂处线夹均需加装止动垫片，影响作业进度；②损失天窗5个；③处理十一经路桥底面距承力索带电距离不足情况2处；④天津站下行天窗计划天窗时间80 min，实际作业时间55 min左右，上行天窗计划天窗时间70 min，实际作业时间50 min。

3　集中修与工区梯车维修作业对比

根据上述统计分析，集中修作业相对于以工区为单位组织的梯车维修作业，在优化劳动组织，提高劳动生产率方面具有更大的优势。集中修作业高空作业人员占比高。在进行集中修作业时，保证每个天窗54人的作业力量，高空作业人员达到21人，占作业组人数的40%；而以工区为单位组织的梯车维修作业每个天窗12人的作业力量，高空作业人员仅2人，占作业组人数的16.67%。作业人员占比提高了23.33%。

同时，通过集中修作业，解决了大量接触网常见缺陷，使检修质量在大幅度提升的同时，也彻底消除了许多设备病害，共计处理设备缺陷135处，消灭跨距高差35处，调整导高超限25处，调整拉出值超限6处，共计处理各类设备缺陷69处，缺陷处理率达到92.5%。剩余的11处缺陷大多集中在天津站一号楼，主要为斜拉线锈蚀、废弃回流线肩架、缺失腕臂支撑、定位偏移、缺失定位管和平腕臂管帽等，计划利用后续天窗进行处理。

实施集中修以集约化、规模化、专业化组织生产，提高劳动效率和检修质量，改变了原来的点多、线长、检修效率低下的模式。集中修作业增大了天窗点内上网检修的有效作业人员数量，增加了有效作业时间，提高了机械利用率，能够显著提高单位作业效率，在短时间内迅速完成接触网设备的检修，改善设备运行质量，逐步将设备从精检细修过渡到设备状态修。由于作业相对集中，可以较好地安排专业安全、技术人员到现场指导作业，有利于先进技术、先进工序、先进工艺的试行和推广，对提高作业队伍的专业素养和规范检修作业标准非常有利。集中修作业能最大程度地利用天窗时间，明显减少了日常检修所需的天窗数量，充分发挥了单位机械和人员的作用。

4 下一步工作建议与措施

4.1 不断加强管理基础建设，努力提升设备检修质量

首先要通过检查巡视、设备状态监测、故障跳闸信息和统计数据分析等手段，全面掌握接触网设备技术状态，有针对性地制定检修计划，严格按照作业指导书的流程和检修标准进行检修。以线岔、分段、分相、隔离开关等关键设备为重点，积极推行单项修、专业修，将检修单元由单项设备细化为每个零部件，落实好单项设备检修工艺和标准，提高检修质量。同时，完善设备质量检查评估机制，以日常检查记录、动态监测数据为主要依据，阶段性总结供电运行质量，及时梳理供电运行倾向性、规律性问题，确保供电设备运行安全，对设备的集中修程度进行可追溯复查，全面提升设备检修质量。

4.2 大力推进集中修作业模式，不断细化修程修制改革措施

继续加强“运、检、修”管理新模式和集中修组织模式的推进，建立定期分析、阶段总结、系统研判、探索规律的设备管理机制，细化制定适合我段接触网运行的维修管理办法，明确各部门职责和工作重点，完善修前鉴定、修中控制、修后验收环节的管理，建立健全相关管理文件，加快设备质量评价体系建设。

4.3 科学指导安全生产，发挥6C管理作用

完善动态检测管理，围绕检测人员队伍建设、检测数据分析运用加强探索实践和资源投入，确保设备检测在安全生产中发挥突出的指导作用，实现生产效率最大化，综合设备特点、动检检测数据、运行规律等关键环节，加强设备运行诊断分析，实现对设备运行质量的准确评价，促进检修质量和检修效率的提高，确保高铁设备安全稳定运行。

5 结束语

集中修作业打破了原来以接触网工区为单位的分散式作业组织方式，其集中大量人员、材料机具，组织大规模检修，有效整合检修资源，大幅度提高了检修资源使用效率，既能大幅度降低接触网生产检修成本，又能大大减少运输损失，实现了运输经济效益和社会效益的双赢。

参考文献

[1] 吉鹏霄. 电气化铁路接触网[M]. 北京：北京工业大学出版社，2011.
[2] 李延晶. 关于电气化铁路接触网管理和状态修系统的研究[J]. 黑龙江科技信息，2011，11：16.

浅谈津霸客专接触网保护(PW)线兼作避雷线的防雷效果

王　超[1]　崔振付[2]

(1. 中国铁路北京局集团有限公司天津供电段天津高铁车间 工程师;
2. 中国铁路北京局集团有限公司天津供电段检测车间 助理工程师)

摘　要: 接触网无备用且工作环境恶劣，极易遭受雷击而影响铁路运输安全。本文对雷电的形成对接触网的危害及结合段管内高铁跳闸数据分析，对接触网保护(PW)线兼作避雷线和不兼做避雷线的防雷效果进行了分析，结果表明：对于采用AT供电方式的高速铁路高架区段，直击雷是引起接触网雷击跳闸的主要原因，通过保护(PW)线兼作避雷线，可有效地防止雷电直击接触网，降低雷击跳闸率。

关键词: 接触网；防雷；耐雷水平；雷击跳闸率

接触网采用露天布置，具有工作环境恶劣、无备用的特点。铁路沿线所经地区地理、气候条件复杂，接触网极易遭受雷击而影响运输安全。高速铁路大量采用高架桥以减少路基沉降，其接触网更易遭受雷击而发生故障，且可能造成人员伤亡。接触网防雷保护措施主要有降低接触网支柱接地电阻、设置避雷器和安装避雷线等。如果缺少有效防护，可能导致绝缘子损坏，造成线路跳闸等，影响电气化铁路的运营，因雷击导致人员伤亡、设备损坏的事故也屡见不鲜。高速铁路接触网采用了综合接地系统，很难通过降低接触网支柱接地电阻来提高接触网耐雷水平，并且接触网全线大规模设置避雷器也不能取得预期的防雷效果，因此通过设置避雷线，选择性地人为提供1条雷电流入地的良好通道，是防止高速铁路接触网遭受雷击的有效方法。

1　雷电危害

雷击对接触网的破坏作用可分为一次效应和二次效应作用。一次效应是直接雷击接触网承力索、接触线或附加导线等，使接触网产生很高电位，引起过电压，且会流过数十万安培电流，导致接触网设备或支柱烧损。二次效应是感应雷击或雷电反击造成的破坏。感应雷击是雷电作用在接触网附近，雷击放电产生强大的变化电磁场，使得磁场内的接触网产生感应过电压。雷电反击是雷电作用在接触网支柱上，在支柱上产生冲击电压，并在接触网上产生感应过电压的现象。二次效应的电压可达数十万千伏，引发接触网跳闸或绝缘子闪络。

2　目前高速铁路防雷对策

国内高速铁路牵引供电系统大部分采用AT供电方式。牵引变电所的进线电源大部分为交流220 kV，出线电压为交流2×27.5 kV，作为中性线的保护(PW)线与牵引变压器低压侧的中性点和钢轨相连，T线和F线相对中性线的电压均为27.5 kV，但是相位相反。线路防雷设计主要参考《高速铁路设计规范》(TB 10621—2009)和《铁路电力牵引供电设计规范》(TB 10009—2005)，全线几乎没有架设避雷线，接触网目前主要靠安装避雷器进行大气过电压保护，在接触网供电线上网点、电分相处、隔离开关处及长大隧道两端等重点设备和特殊区段都设置了避雷器。对雷电雷电天气频繁和强雷区，供电线路未采取架设独立的避雷线等特殊的设备防雷措施。

3　高速铁路保护(PW)线兼作避雷线效果

利用高速铁路接触网保护线兼作避雷线的防雷效果，对降低工程投资、确保牵引供电系统安全运行具有重要意义。

3.1　保护(PW)线不兼作避雷线时接触网的雷电安全评估

根据不等高避雷线的保护范围，保护(PW)线不兼作避雷线时，高速铁路高架区段接触网AF线、保护

(PW)线及承力索的雷电屏蔽范围剖面如图 1 所示(图 1 中高架桥高度按 18 m 考虑)。图 1 中：r_3 为 AF 线的雷电屏蔽范围；r_4 为保护(PW)线和支柱的屏蔽范围；r_5 为承力索的雷电屏蔽范围。

承力索和 AF 线的绝缘子负极性冲击放电电压最小值 U_l 和 U_o 分别取 460 和 410 kV，接触网的波阻抗 Z 取 400 Ω；计算得到保护(PW)线与接触网承力索和 AF 线之间的电晕耦合系数 k 和 k' 分别为 0.343 和 0.449；AF 线绝缘子的正极性冲击放电电压 $U_A(+)$ 取 366 kV，综合接地系统的冲击接地电阻 R_c 取 1 Ω，接触网支柱电感 L_o 取 3.8 μH，桥墩电感 L_i 取 9 μH，雷电流波头时间订取 2.6 μs，每年平均雷电天数 T 取 40 d；各导线对地平均高度如图 1 所示。

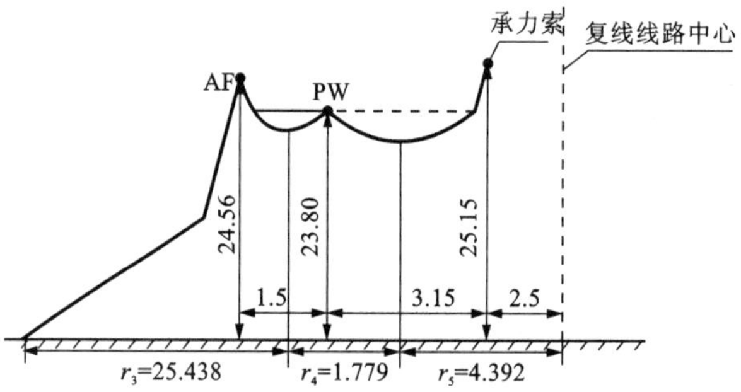

图 1　保护(PW)线不兼作避雷线时雷电屏蔽范围剖面图(单位：m)

可分别求得雷电直击接触网承力索、AF 线和保护(PW)线时接触网的耐雷水平；并可求得感应雷作用下的接触网雷击跳闸率；可分别求得雷电直击承力索、AF 线和保护(PW)线时的雷击跳闸次数。具体计算结果如表 1 所示。

表 1　保护(PW)线不兼作避雷线时接触网雷电安全评估结果

雷击方式	耐雷水平/kA	雷击跳闸率/[次·(100 km·a)$^{-1}$]
雷电直击承力索	7.002	2.427
雷电直击 AF 线	7.441	13.893
雷电直击 PW 线	41.892	0.395
感应雷		1.880
合计		18.595

由表 1 可见：在采用 AT 供电方式的高速铁路高架区段上，直击雷是引起接触网雷击跳闸的主要原因，其跳闸率约占到总雷击跳闸率的 90%；由于 AF 线的雷电屏蔽范围大，耐雷水平低，雷电直击 AF 线成为引起接触网雷击跳闸的最主要原因。

3.2　保护(PW)线兼作避雷线时接触网的雷电安全评估

由以上分析可以看出，减少雷电直击 AF 线是降低客运专线接触网雷击跳闸率的关键。避雷线作为一种有效的防直击雷措施，其防雷效果主要取决于保护角的大小。根据 DL/T 620—1997《交流电气装置的过电压保护和绝缘配合》，对于平原线路避雷线，其绕击率 P_a 与保护角 a 和杆塔高度 h_t 的关系为

$$\lg P_a = \frac{a\sqrt{h_t}}{86} - 3.9$$

从上式可见，在杆塔高度确定的情况下，避雷线对线路的保护角越小，其绕击率越小。为使保护(PW)线兼作避雷线，将保护(PW)线升高 1 m，并为取得较好的避雷效果，再在接触网上方增加 0.812 m 宽的横担来减小保护角。保护(PW)线兼作避雷线的方案如图 2 所示。

由图 2 可知：在客运专线高架桥高为 18 m、保护(PW)线升高 1 m 的情况下，h_t = 26.45 m。则根据上式可得绕击率 P_a 随保护角 a 变化的关系，如图 3 所示。

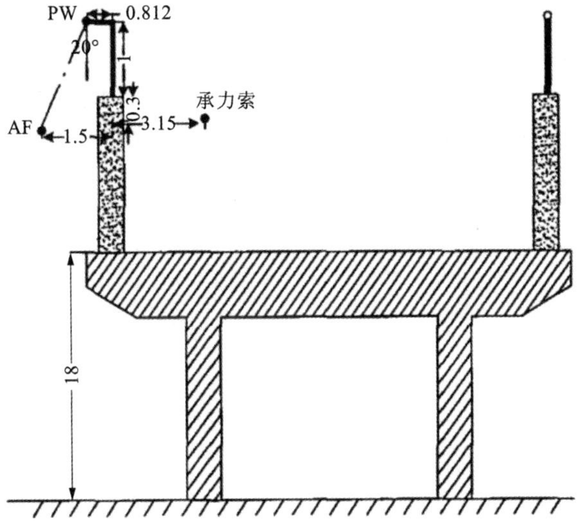

图 2　保护(PW)线兼作避雷线示意图

从图 3 可以看出：保护(PW)线对 AF 线的保护角越小，绕击率越小；当保护角为 20°时，绕击率可控制在 0.2% 以下。升高接触网保护(PW)线使其兼作避雷线后，将对 AF 线产生屏蔽作用，此时引起接触网雷击跳闸率的主要原因为雷电对 AF 线的绕击以及雷电对接触网承力索和接触网支柱[保护(PW)线]的直击。

根据不等高避雷线保护范围的确定方法，保护(PW)线升高后各导线的雷电屏蔽范围剖面如图 4 所示。

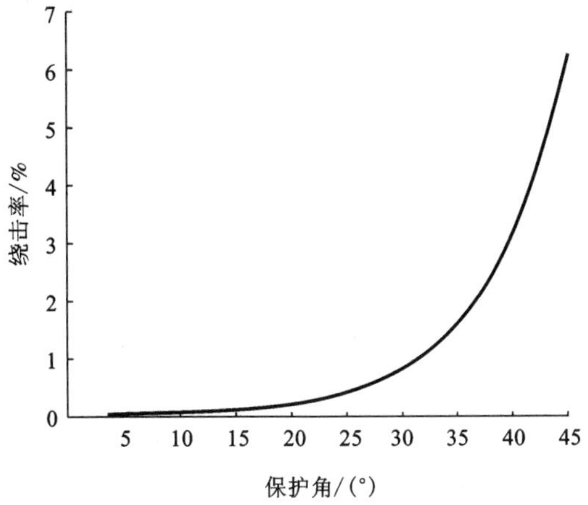

图 3　绕击率和保护角关系曲线

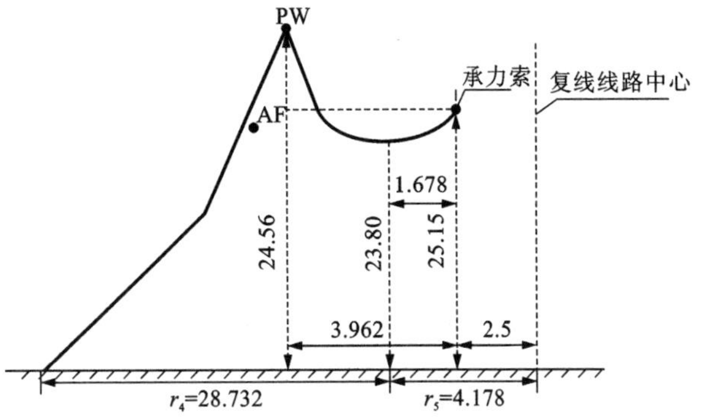

图 4　保护(PW)线兼作避雷线时雷电屏蔽范围剖面图(单位：m)

根据图 4 所示的保护(PW)线升高后的各导线位置及雷电屏蔽范围，其他计算条件不变，可得保护(PW)线升高后兼作避雷线时接触网雷电安全评估结果，如表 2 所示。

表 2　保护(PW)线兼作避雷线时接触网雷电安全评估结果

雷击方式	耐雷水平/kA	雷击跳闸率/[次·(100 km·a)$^{-1}$]
雷电直击承力索	7.211	2.551
雷电直击 AF 线	6.795	0.037
雷电直击 PW 线	41.852	0.417
感应雷		2.741
合计		5.746

对比表 1 和表 2 可知：通过升高保护(PW)线兼作避雷线，对雷电直击承力索及保护(PW)线引起的雷击跳闸率影响不大，但可有效地防止雷电直击，合计雷击跳闸率降低。

3.3 管内雷击跳闸数据分析

管内津秦高铁采用保护(PW)线不兼作避雷线方式，津霸客专采用保护(PW)线兼作避雷线方式，津霸客专自 2015 年 12 份开通，我们对两条线路 2016 年具体跳闸进行了分析统计，如表 3 所示。

表 3 两条线路 2006 年具体跳闸分析统计

序号	年份	线别	雷击跳闸次数
1	2016	津秦高铁	3
2	2016	津霸客专	0

4 结论

对于采用 AT 供电方式的高速铁路高架区段，直击雷是引起接触网雷击跳闸的主要原因，约占其合计雷击跳闸率的 90%；由于 AF 线的雷电屏蔽范围大，耐雷水平低，因此雷电直击 AF 线是引起雷击跳闸的最主要原因。利用保护(PW)线兼作避雷线，不会影响牵引供电系统的安全运行。同时保护(PW)线可在接触网发生短路故障时，为短路电流提供一个良好的金属通路，可有效地防止雷击，雷击跳闸率大大降低了。

参考文献

[1] 张鹏远. 电气化铁道牵引网的防雷保护研究[D]. 成都：西南交通大学，2010.
[2] 刘明光. 铁道电网过电压分析与保护[M]. 北京：北京交通大学出版社，2009.
[3] 刘靖. 牵引网雷击跳闸研究[D]. 北京：北京交通大学，2009.

浅谈接触网鸟害的种类及防治措施

张光祥

（中国铁路兰州局集团有限公司银川供电段 接触网工高级技师）

摘　要： 为了保证电气化铁路的供电安全，减少鸟类活动造成的接触网跳闸、补偿装置卡滞失灵等问题，结合电气化铁路接触网线路长、杆柱型号多、现场环境不一致的特点，分析鸟类活动对供电线路主要危害原因、鸟害发生的常见位置，以及现有的接触网鸟害防治措施，提出了通用性强、安装维护方便的主动驱鸟措施（如驱鸟器）。

关键词： 接触网；鸟害；防治

随着我国电气化铁路运营里程不断增加，鸟害成为了威胁接触网系统安全运行的一个难题。电气化铁路接触网供电系统是铁路运输中机车、信号、控制等系统供电的重要组成部分，随着电气化铁路的快速发展，车辆的速度不断提高，高铁的供电安全性就更加重要。鸟类活动引起的输电线路短路、接触网跳闸、补偿装置卡滞失灵等问题，严重影响了铁路运输安全。鸟害是影响接触网正常运行的一种自然灾害。因此采取有效的措施进行防鸟、驱鸟是非常重要和必要的。

1　对接触网上鸟害的认识及分类

1.1　接触网鸟害的产生

随着人类保护自然环境成绩的显著提高，鸟类的数量迅速增长，活动范围也日趋扩大。铁路部门为保证安全生产，消除鸟类活动影响，对鸟类进行了惊吓和驱赶等，方法和手段越来越高明。但接触网线路长，网上设备多，难以做到全面有效的防护。美国爱迪生电气研究院的专家们认为鸟类喜欢驻足在杆塔上，一方面是寻求栖息平台和觅食平台；另一方面是杆塔高于周围树木，视野开阔，利于鸟类的捕食和生存。接触网支柱通常比周围的树木高，而且支柱上的设备结构适合搭鸟窝，所以极易遭受鸟类的侵扰。

1.2　接触网鸟害的分类

经过对接触网鸟害发生的位置进行统计分析发现，接触网系统中易发生鸟害的位置主要有以下几类。

（1）支柱及横梁。如格构式钢柱、吊柱底座、硬横梁。

（2）设备底座。如避雷器底座、隔离开关底座。

（3）附加导线。如隧道外及隧道口附加导线对向下锚、附加导线及供电线肩架及转角。

（4）腕臂底座。如大限界框架、腕臂底座。

（5）下锚。如隧道外中心锚结下锚、棘轮下锚底座、滑轮下锚底座、坠砣限制架。

2　接触网上鸟类活动对供电线路的主要危害原因

2.1　鸟类筑巢

春季鸟类开始在输电线路杆塔上筑巢产卵、孵化，经实地观察，多是喜雀、乌鸦、苍鹰等鸟类。用树枝造成的鸟窝在干燥的天气里虽未造成事故，但遇阴雨天气，杆塔上的鸟巢可能会被风吹散掉落在带电导线或悬瓶上，树枝接触导线（或靠近导线）将发生短路、接地事故。

2.2　鸟类飞行

鸟类喜欢口叼树枝、铁丝、柴草等物飞行，当它们在线路上空飞行时，铁丝、柴草等物体落在杆塔横担、绝缘子上或穿越靠近杆塔构件与导线绝缘间隙时，会造成线路故障；鸟在横担上刁食小动物时，小动物可能会短接线路引起线路接地跳闸；体型较大的鸟类或鸟类争斗时，飞行在导线间可能造成相间短路或单相接地故障。

2.3 鸟粪闪络

一些鸟类虽不在杆塔上筑巢，但会栖息在杆塔横担上，由于排粪会使绝缘子污染，在空气潮湿、大雾时易发生闪络事故。

原因有三种：

第一，鸟粪是一种导电混合液体，含水量和电解质高，在带电导体之间会造成闪络；

第二，粪便污染了直线悬垂绝缘子串，若积粪过多会使绝缘子发生污闪事故；

第三，当鸟类处在绝缘子串的正上方拉稀粪时，长长的稀屎会沿着瓷裙表面下滑，使绝缘子串上形成一条稀粪短路带，造成绝缘子伞裙短接而使爬距减小，当稀粪短路 4 片以上绝缘子串时，即可引发一次单相接地故障事故。

鸟类对接触网致命的影响是通过自身身体或鸟巢树枝将带电体与接地体之间的绝缘距离缩小或短接，造成接地跳闸甚至断线、击穿绝缘子等事故。主要表现为鸟窝材料(树枝、铁丝等)对接触网形成短路，导致接触网跳闸停电，影响正常的运输程序，严重时还可能导致接触网断线或设备烧损。

3 接触网鸟害的防治措施

鸟类对接触网危害的主要以筑巢故障为主，单纯依靠人工处置鸟窝只是权宜之计，一方面加大了运营维护的工作量，同时也有可能处置不及时而导致接触网故障，故不是长治久安之策。因此结合接触网的特性和工作环境，针对不同位置的鸟害情况，采取有效的鸟害防治措施是非常必要的。

现在国内主要的几种驱鸟方式为：驱鸟剂、图像声音驱鸟、反光镜驱鸟、驱鸟刺、超声波驱鸟等。

主要驱鸟产品性能对比如表 1 所示。

表 1 主要驱鸟产品性能对比

种类	鸟类适应性	范围(直径)/m	驱鸟时间限制	安装方便性	维护性	寿命
驱鸟剂	不容易适应	0.5	昼夜 24h	方便	维护方便	1 年，定期维护
图像声音驱鸟	容易适应	200	昼夜 24h	不方便	维护困难	短，气候适应性差
反光镜驱鸟	容易适应	2	有阳光的条件气候	方便	维护方便	镜片易脱落
驱鸟刺	不会适应	0.5	昼夜 24h	方便	维护方便	长
超声波驱鸟	(不会适应)调整频率	30	昼夜 24h	不方便	维护困难	短定期维护

备注：

3.1 驱鸟剂

涂刷可降解制剂。

3.2 图像声音驱鸟

主要是现场悬挂模拟鸟类天敌的图片和播放鸟类天敌的声音，使鸟类恐惧，远离该区域。主要在机场、粮库等单一固定场所使用。

3.3 反光镜驱鸟

反光镜驱鸟的产品主要是旋转反光镜，在风的吹动下产生旋转，反射阳光，惊吓鸟类，达到驱鸟目的。

3.4 驱鸟刺

采用散开的尖状金属丝束，使鸟类无法在安装有驱鸟刺的部位停留或筑巢，防止鸟类活动。

图 1 超声波驱鸟器

3.5 超声波驱鸟

发射超声波，恶化鸟类生存环境，使鸟类远离该区域(图 1)。

4　目前电气化铁路中主要采取的几种措施

4.1　驱鸟剂

驱鸟剂是一种安全、无毒、无害，具有可降解性的黏性趋避剂，它主要是通过其黏性刺激鸟类的感觉器官(如足部，羽毛等)，使其感觉不适而飞离，同时鸟类在啄去粘在身体部位的残留物时，会刺激鸟类的中枢神经，使其产生恶心、呕吐的感觉，从而使鸟类产生记忆效应远离此区域。驱鸟剂的特点是：安全性好，不影响接触网设备外观；使用方便，用玻璃胶枪涂抹即可；效果持久，一般环境下可持续 1 年以上；不伤害鸟类，环保，无毒；对设施无腐蚀性，可直接涂抹于设施表面(图 2)。

4.2　风车式驱鸟器

风车式驱鸟器一般是以风力为动力源，同时采用独特的轴承，并在风轮上加装贴片或反光镜，使风轮在做反复运动时利用光学反射原理在驱鸟器区域内形成一个散光区，360°反射角，无驱赶盲点，使鸟类惧光而不敢靠近筑巢、栖息，从而实现驱鸟功能。

4.3　驱鸟刺

一些杆塔、肩架的结构复杂，在该处易被鸟搭窝，可在此处及附近采用加装驱鸟刺的措施。这个措施的缺点是要安装的范围比较大，但是安装、维护方便。

图 2　驱鸟刺

4.4　视觉惊吓

视觉惊吓是民间传统的方法，利用鸟类较害怕的颜色和天敌造型，采用涂抹红漆、系红绸带、安装猛禽模型等达到驱鸟效果。该方案的优点是成本低，便于制作和安装；缺点是恶劣天气时容易被损毁，且鸟类易产生适应性。

4.5　人工清除

当鸟类在接触网系统上筑巢时，最简单、高效、安全的方法是清除鸟巢。充分利用铁路供电安全检测监测系统(6C 系统)，随时监测鸟害问题，尤其是鸟类繁殖季节，要适当增加巡检频次，对监测到的鸟害情况及时进行清理，并在鸟巢清除后做到“工完、料净、场地清”，不留隐患。该方案的优点是能够彻底清除鸟害威胁；缺点是人工成本高，难以做到提前预防鸟害。

4.6　引鸟措施

根据鸟类容易搭窝的处所以及对接触网安全运行危害的大小进行统计分类，结合接触网设备实际情况，在接触网附近人工搭建合适的引鸟处所，引导鸟类到对接触网运行无危害的地方筑巢。该方案需要对鸟害情况进行详细的统计和研究，梳理出合适的引鸟场所，前期调研工作烦琐，但实施方便，适用范围广，且能达到人与自然的和谐统一。

5　不同位置的鸟害特点及防治建议

鉴于接触网鸟害具有季节性、区域性、瞬时性、重复性、动态性等多重特点，进行鸟害防治时，需要从建设到运营的各个环节引起重视，坚持“预防为主、安全第一”的方针，人工防鸟和设备防鸟等多措并举，综合防治，才能达到降低鸟害危害性的目的，结合对接触网鸟害发生位置的总结和分析及各种鸟害防治措施的比较，提出以下建议：

(1)建议从设计方案上对接触网设备和结构进行优化，减少格构式、大平面、敞开式结构的采用，不给鸟类筑巢制造机会，同时在工程实施中完善必要位置的防鸟、驱鸟措施，减少二次施工。

(2)建议设置接触网鸟害防治专项资金，施工图阶段根据具体防鸟实施方案由建设单位拨付，专款专用。

(3)建议对接触网系统不同位置采取有针对性的防鸟、驱鸟措施，如表 2 所示。

表2 接触网系统防鸟措施

接触网鸟害发生位置	建议防鸟措施
隧道口接触网附加导线对向下锚处	涂抹红漆、系红绸带
隔离开关、避雷器等设备底座	驱鸟器
格构式钢柱、硬横梁	防护网
棘轮(滑轮)底座框架	防护罩
腕臂绝缘子、下锚绝缘子、分段绝缘器两端、附加导线肩架	驱鸟刺
不适合安装驱鸟装置的鸟害多发点	涂抹驱鸟剂

在鸟类繁殖季节，表2中所列位置均可采用驱鸟剂作为辅助驱鸟措施，当采用视觉惊吓方案时，建议不定期更换不同颜色的驱鸟器，以应对鸟类对于驱鸟措施的学习适应性，驱鸟效果更好。

(4)驱鸟防鸟措施无法代替人工清除鸟害的作用，建议将接触网防鸟害工作作为供电设备维护管理的工作内容之一，加大人工巡查力度，及时发现，及时清除，并不断促使防鸟害工作规范化、标准化。

(5)建议在对不同区域、不同种类的鸟害进行深入研究的基础上，尝试在接触网附近合适位置搭建引鸟场所，作为人工和设备防治鸟害的补充。

(6)制定切实合理的引鸟措施，建立引鸟、驱鸟、防鸟相结合的鸟害防治体系，进行科学有效的管理，大幅减少鸟害对接触网安全运行的影响。引鸟治理方式虽不能杜绝鸟类活动引起的接触网故障，但却可以减小鸟害故障发生的范围，降低故障发生概率，提高该类故障应急处理能力，使得鸟害故障可控。

参考文献

[1] 中国铁路总公司运输局供电部供电处. 接触网防鸟专题工作会议纪要[Z]. 2013.
[2] 李波，罗晶，陆佳政，等. 引鸟策略在输电线路鸟害防治领域的研究与应用[J]. 湖南电力，2011.
[3] 江华. 鸟类识别与治理[M]. 北京：中国三峡出版社，2007.
[4] 郭伟跃. 美国输电线路和变电站电气设备防鸟害措施[J]. 中国电力，2006，39(8)：82－84.
[5] 赵军. 高速铁路驱鸟方法研究及驱鸟器的使用[J]. 城市建设理论研究(创新科技)，2011.
[6] 项杨，周宗纪. 接触网鸟害防治新思路[J]. 电气化铁道，2012.

关于接触网动态检测分析探讨

苏春元

（中国铁路济南局集团有限公司济南维管段）

摘　要：接触网运行的稳定性直接影响着供电段的实际运营状态，对此必须要对其进行严格的、合理的动态监测，针对存在的缺陷和问题予以有效的解决办法。本文对此做了深入研究。

关键词：接触网；动态检测；接触压力

对于电气化铁路的运行来说弓网压力有着重要影响，只有保证了良好的弓网压力才可以确保列车运行的稳定性和可靠性，由此可见，电气化铁路接触网的正常运行在很大程度上取决于弓网压力，而接触网的检测确实是保证弓网压力的重要条件和依据，对此有必要加大研究力度。

1　接触网检测概述

接触网检测可以分为两种，一种是静态监测，另一种是动态检测，具体如下：

1.1　静态监测

静态监测指的是工程安装阶段采用激光测量仪监测接触网的相关参数，整个过程无需接触。

1.2　动态检测

动态检测还可以分为低速检测和高速检测，指的是在工程竣工后监测接触网的情况。低速动态检测主要采用的仪器是冷滑装置或接触网弓网接触力测量装置；高速动态检测采用的仪器是图象分析测量系统。

接触网动态检测的主要内容就是弓网压力、导线高度、车体震动频率以及冲击加速度等参数，在获得相关数据后，再以此为依据调整接触网设备相关参数，还能有效提高列车运行质量。

2　接触网弓网受流质量的标准

电气化铁路对接触网受电弓电能传输系统的要求有以下几点：如果行驶速度已经被规定在一定范围内，则要尽量控制电弧的产生；在电能输送的过程中一定要严格控制电能损耗，尽可能将其降到最低；严格控制投资费用和维修费用，降低成本，尽力延长其使用寿命。弓网之间振动导致两者间的接触力围绕静抬升力和空气动力引起的动态抬升力形成的平均值上下波动。接触力越小，接触电阻越大，且产生电弧，电弧导致滑板和接触线的烧蚀；接触力过大也会增大摩擦力，缩短接触线的使用寿命。因此，接触线的静态弹性尽可能保持恒定的状态，即有必要保证接触网的弹性均匀。而接触网弹性不均匀度出现在悬挂点及吊弦点，计算接触网弹性具有一定的难度。目前在这种方面德国铁路相对来说做的要更好，经验丰富。主要由于德国接触网弓网受流质量高，使用寿命长，不需要多次维修，其速度越高对弹性不均匀度要求越高。

3　接触网动态检测内容与方法

在牵引机车上安装电弓进行检测，以此来替换原有的机车受电弓取流，通过这种系统可以充分检测出接触网的实时运行状态。在检测受电弓弓头上安装接触压力传感器和冲击加速度传感器，具体位置在距两滑板中心 500 mm 的两端 4 点各安装有垂直于线路方向、水平方向以及垂直方向；在距两滑板中心 500 mm 的位置两端装有光感式定位器坡度传感器；在距两滑板中心 600 ~ 700 mm 处和两板块间引线导杆距中心 750 ~ 800 mm 处两端各装有光感接触式导线接近传感器，受电弓底座装有测量接触线高度的滑动电阻式传感器及车体振动加速度传感器；在走行部装有光电速度传感器；上部观察窗装有摄像系统。

（1）接触线数据采集点的长度并不是固定的，可以根据实际需要适当调节，常见的采集方式主要有三种，分别是 10 cm、20 cm、50 cm。

（2）测量接触压力及加速度。垂直方向的接触压力 F_z（N），水平方向的接触压力 F_x（N），冲击加速度

a_z(N)。

(3)测量拉出值，单位为 a(cm)。

(4)测量接触线高度。导线接近(障碍物)测量：由于线岔或锚段关节等处的拉出值、导线高度调整不当，造成非工作支导线在滑板非工作区域接触。对此，需要在距前滑板中心 600～700 mm 处和在两滑块间引线导杆的距中心 750～800 mm 处两端各装有光感接触式导线接近传感器，这样一来，当传感器接触到导线时就会立即产生一个电脉冲信号。

(5)缺陷定位以及运行速度测量。

4 判定接触网缺陷

4.1 自动评估检测缺陷的行为数据

检测系统应有两套检测数据自动分析系统。其中一套主要的作用是分析检测接触压力和线岔缺陷，保证可以明确任何缺陷；另一套是通过人工输入的相关参数来分析判断超出阀门值上、下限的缺陷点。

4.2 检测数据分析

打印彩色参数网曲线图，根据分析曲线图中的相关参数来分析曲线的异常问题，同时以此为依据判断出相关部位的缺陷和问题，并能够以线路公里标或杆号形式精确定位，可以有效指导各供电段缺陷的查找和处理，保证接触网运行的安全性和可靠性。

5 结论

综上所述，在电气化铁路的发展中接触网发挥着重要作用，直接关系着列车运行的安全性和稳定性，而接触网运行的可靠性又取决于动态检测的实施，对此，相关部门必须予以高度重视，加强接触网动态检测力度，采用先进的技术并根据实际情况实施监测。与此同时，各个供电段也要严格执行检测技术标准，这样才能保证接触网安全稳定运行。

参考文献

[1] 蔡学敬，陈唐龙，牛大鹏. 基于 Onuris 线阵列 CCD 摄像技术的高速电气化铁路接触网动态检测系统[M]. 北京：中国铁道出版社，2007.

[2] 吴积钦，董昭德. 铁道部客运专线接触网培训教材[M]. 成都：西南交通大学出版社，2007.

[3] 苏庆新. 接触网动态检测缺陷原因分析及对策[J]. 科技信息，2013(10).

接触网穿越电流的危害及其防范

贾明汉

（中国铁路广州局集团有限公司供电处，副处长，工程师）

摘　要： 在区间实行 V 形停电作业，或枢纽地区一个供电臂（单元）停电而相邻供电臂（单元）不停电的作业，且存在有可能造成接触网开路的情况时，穿越电流将会通过作业人员，对人身产生危害。因此，除作业区段两端做好可靠的接地外，还必须对断开的设备和处所采取可靠的旁路措施。

关键词： 接触网；穿越电流；防护

众所周知，在接触网采用 V 形停电作业方式时，未停电线路对停电线路产生的电气干扰包括静电感应、电磁感应、穿越电流和强电侵入四种情形。作业组两端按规定设置可靠的临时接地线可以有效地防护静电感应、电磁感应和强电侵入干扰，但对穿越电流的研判和电气防护往往容易被忽视。在一次广珠城际铁路接触网停电检修作业过程中，电力调度人员发现广州南牵引变电所广珠城际铁路已停电的馈线存在 70 A 左右的持续电流，一时不知所措，随后通知作业终止，作业提前结束。这是因为部分人员仅习惯于高铁线路垂直停电（上下行同时停电）作业方式下的电气现象和防护措施，而对区间应急处置情况下的一线停电，或枢纽（动车段所）个别供电臂停电检修方式表现出的电气现象和防护措施，以及牵引所亭 GIS 开关设备的结构特殊性缺乏必要的认知。从事后调阅的远动历史数据可以看出，在广州南、长沙南、深圳北等高铁枢纽地区，几到几十安的穿越电流时常发生，其中长沙南动车开闭所的 295 馈线还曾经出现最大穿越电流 165.9 A 的情况。

所谓穿越电流，就是在双线实行 V 形天窗作业区段，或枢纽地区一个供电臂（单元）停电而相邻供电臂（单元）不停电的情况下，虽然停电线路的接触网利用绝缘装置可以隔开，但由于上下行钢轨（或枢纽邻近线路）、保护线、综合接地以及大地是互相连通的，所以，有电线路接触网的负荷（或短路）电流通过钢轨、保护线、综合接地以及大地回流时，上下行钢轨（或枢纽邻近线路）、保护线、综合接地均有牵引电流流过。当在停电线路的接触网上临时接挂接地线（通常与钢轨相连）时，作业区两端的接地线将钢轨、保护线等与接触网并联，必然在接触网上产生分流，该电流即称之为穿越电流，如图 1 所示。

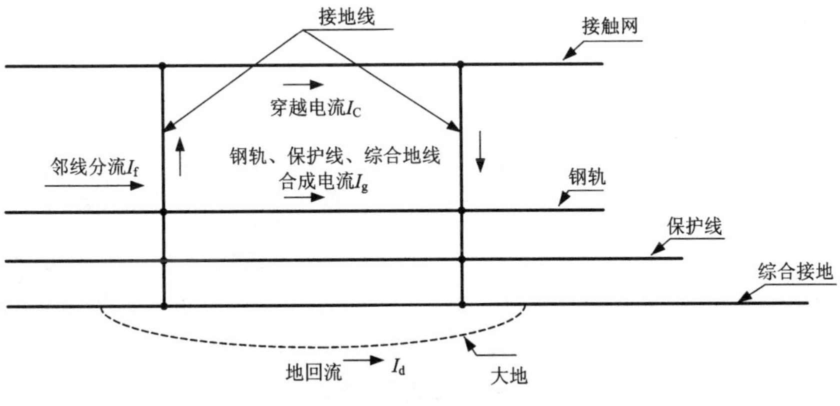

图 1　穿越电流图

穿越电流的大小与接触网、保护线、钢轨、综合地线和大地的电气参数，以及电力机车或动车组的工况和位置有关。

如前所述，穿越电流仅存在于作业区两端接地线之间的接触网上，为什么在变电所馈线上能检测到该电流呢？这是因为为满足馈线电缆检修作业安全措施的需要，在变电所 GIS 组合电器内设置了三工位开关接地的缘故。这相当于在变电所的馈线电流互感器靠近母线侧又接了一组接地线，如图 2 所示。

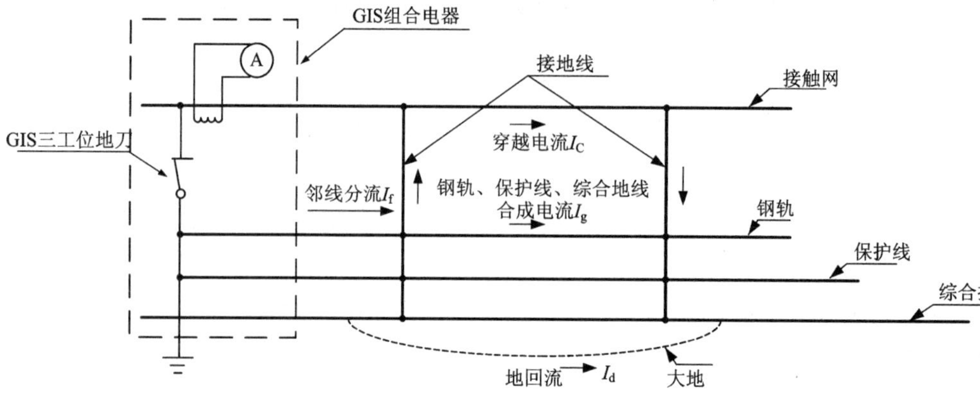

图 2　接地线图

V 停作业时，接触网临时接挂接地线后，尽管有穿越电流流过，但由于接地线的钳位作用，接触网上的感应电压很低，而作业人员(包括作业机具)的阻抗远大于接地线的阻抗，因此，穿越电流对作业人员产生的分流可视为开路，不会对作业人员造成危害。其等值电路如图 3 所示。

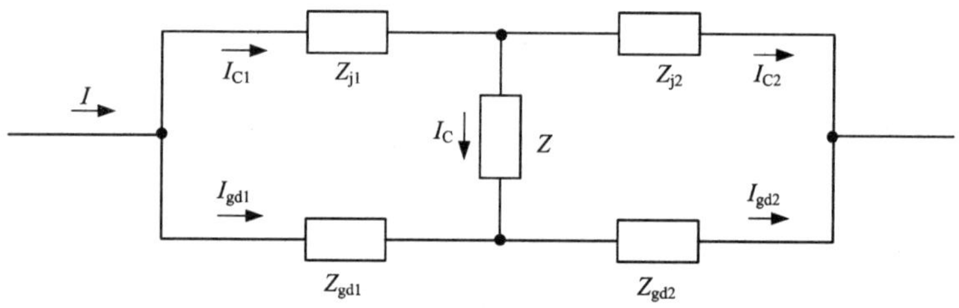

图 3　等值电路图

图 3 中，Z、Z_{j1}、Z_{j2} 为作业人员(包括作业机具)及作业人员至两端接地线间接触悬挂的等值阻抗，Z_{gd1}/Z_{gd2} 为作业人员至两端接地线间轨道地回路的等值阻抗。但是，如果作业区段内的接触悬挂与接地线构成的回路有开路的情况发生，则穿越电流将会通过作业人员，对人身产生危害。图 4(a)所示为作业人员一端接触悬挂断开的情况；图 4(b)所示为作业人员处于绝缘车梯上，通过作业人员短接接触悬挂断口的情况。

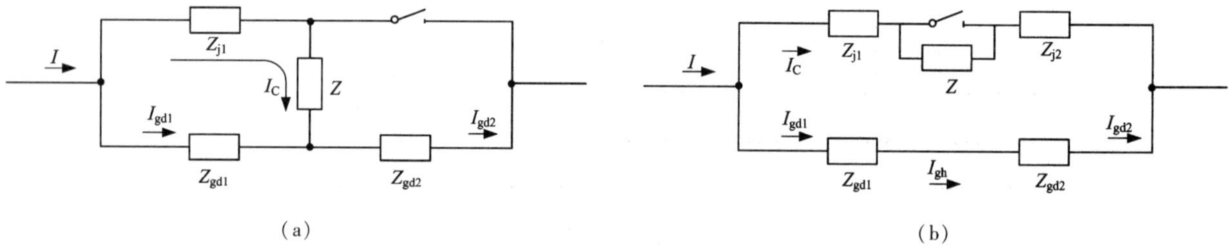

图 4　作业人员情况图

接触网开路的可能性有以下几种：

(1)作业区段设有分段绝缘器，且隔离开关开启；

(2)作业区段设有绝缘锚段关节，且隔离开关开启；

(3)断开锚段关节处的纵向电连接；

(4)断开接触网线索进行接续作业。

如前所述，穿越电流一般为几十安，管内实际测得最大超过160 A。如果作业区发生开路时，虽然因作业人员（包括作业机具）的阻抗较大，使通过作业人员的穿越电流遵循电工原理重新分配会减小，但由于感性负荷电流不能突变的特性，仍会给作业人员带来危害，轻者可能灼伤，重者可能危及生命安全。因此，在区间实行V形停电作业，或枢纽地区一个供电臂（单元）停电而相邻供电臂（单元）不停电作业，且存在上述有可能造成接触网开路的情况时，除作业区段两端要做好可靠的接地外，还必须对断开的设备和处所采取可靠的旁路措施，即做好短接线。

基于有限元法的刚性接触网结构参数对接触受流的影响分析

杨　艺

(中铁第一勘察设计院集团有限公司)

摘　要: 以某城市地铁线路中采用的刚性悬挂接触网以及电力机车 CED125D 型受电弓为研究对象，基于 ANSYS 有限元软件，建立接触网有限元模型以及简化为弹簧阻尼机构的受电弓归算质量模型。通过仿真分析计算得到了反应弓网动态性能的接触力、抬升位移等数据，并以此探讨了刚性接触网跨距参数、悬挂机构刚度参数以及锚段关节处的结构参数对弓网接触受流的影响，并就如何通过改变接触网相关结构参数来改善弓网受流质量进行了分析，其研究结果对工程实践有一定的指导意义。

关键词: 刚性悬挂接触网；跨距；悬挂刚度；锚段关节；弓网受流

近年来随着我国电气化铁路的发展，以及人们对环境问题和城市公共交通状况的日益关注，地下轨道交通的建设在很多城市得到了大力的发展。由于地铁线路通常都架设在隧道内，为了减小隧道断面和隧道净空，通常采用刚性悬挂接触网来为地铁车辆供能。此外，刚性悬挂接触网还具有结构简单、机械可靠性好以及施工维护量小等诸多优点，使得其在地下轨道交通中得到了越来越多的应用[1]。国内外学者也对其进行了相关的研究，但就受电弓通过速度对各性能参数的影响却少有报道，本文针对刚性接触网结构参数对弓网受流的影响进行了研究，希望可以为刚性接触网的理论研究和现场施工提供一定的理论指导与技术支持。

本文基于 ANSYS 有限元软件，根据某城市地铁接触网线路参数建立了刚性悬挂接触网模型，并采用 CED125D 受电弓三质量块归算质量模型，通过仿真计算得到了弓网系统的接触压力、抬升位移等动态性能参数，以此对接触网跨距参数、悬挂机构刚度参数以及锚段关节结构参数对弓网动力学性能的影响进行了详细的分析与讨论。

1　刚性接触网模型

1.1　一般线路模型

刚性悬挂接触网的一般结构形式如图 1 所示，其主要由在隧道顶部钻孔安装的悬挂装置、固定接触线的汇流排装置以及接触线三部分组成。接触线镶嵌在汇流排内以此来提高接触线的抗弯刚，而汇流排每隔一段长度就用悬挂装置将其固定在洞壁顶部上，两悬挂点之间的距离称之为刚性接触网的跨距。对于刚性悬挂接触网的等效模型，根据文献中的介绍：由静力平衡和动势能定理将刚性接触网中的悬挂机构简化为带质量的弹簧结构，通过等效刚度和等效质量对其进行了等效处理；而接触线由于其镶嵌固定在汇流排内，因此将它们一同看作梁结构。刚性悬挂接触网的等效模型如图 2 所示。其中 k_{eq} 和 m_{eq} 分别代表的是悬挂机构的等效刚度和等效质量，l 为接触网的跨距。本文研究中用到的接触网结构及参数取自某城市地铁线路接触网的实际参数，具体的仿真参数如表 1 所示。

表 1　刚性悬挂接触网材料结构参数表

跨数/个	跨距/m	等效截面面积/m^2	线密度/(kg·m^{-1})	弹性模量/(N·m^{-2})	重心主惯性矩/m^4	悬挂机构等效刚度/(N·m^{-1})	悬挂机构等效质量/kg
30	8	2213	6.97	6.9×10^{10}	3.342×10^{-6}	3.779×10^{7}	2.769

1.2　锚段关节模型

为了满足供电以及机械受力的需求而将接触网分隔成在电气和机械上相对独立的分段，每个分段就叫

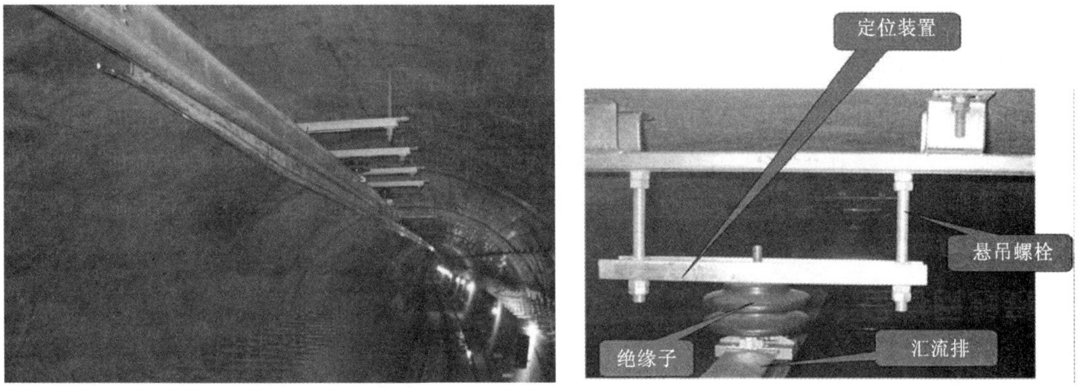

(a)汇流排及接触导线　　(b)悬挂结构

图 1　刚性悬挂接触网结构形式

图 2　刚性悬挂接触网等效模型

做一个锚段。而两个相邻锚段之间的衔接区段就称为锚段关节，是用来实现让受电弓从一个锚段平稳而顺利地过渡到另一个锚段而设计的[7]。其一般实现方式是在两段汇流排平行重叠区域内采用四个悬挂点来固定终端汇流排（每个汇流排各用两个），同时，两汇流排的末端要抬高 70 mm。同一汇流排的两悬挂点相距 2 m，重叠区域（不包括末端抬高部分）的长度为 3 m，汇流排终端抬高部分长 1.8 m。其具体形式如图 3 所示。采用与刚性接触网类似的建模方法，将两个锚段的悬挂机构等效为弹簧 – 质量系统，接触线和汇流排一同视为梁结构。

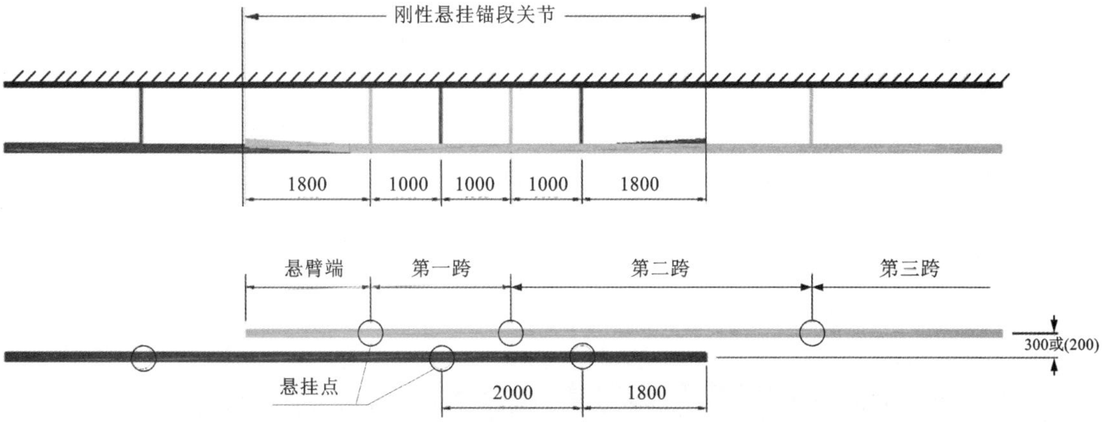

锚段关节布置(mm) 1:50

图 3　锚段关节结构形式

2　受电弓模型

仿真中用到的受电弓是 CED125D 型地铁受电弓，在本文的研究中，只考虑弓网之间的垂向运动，因此，采用三质量块归算模型[8]进行等效，如图 4 所示。受电弓归算质量模型是对其在一定工作高度下进行测试计算得来的，通过等效将受电弓实体模型等效成带弹簧和阻尼的质量块模型[9]，如在本文中所采用的三质量块模型中，弓头部分等效为质量 m_1，上框架等效为质量块 m_2，下臂杆等效为质量 m_3。通过实测得到的 CED125D 受电弓的归算质量参数如表 2 所示。

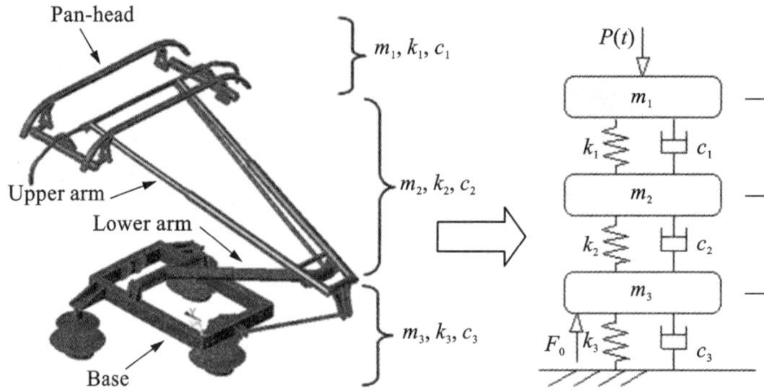

图 4 CED125D 受电弓归算质量模型

表 2 CED125D 受电弓归算质量参数

名称	参数	名称	参数
m_1/kg	11.40	k_2/(N·m^{-1})	5678.00
c_1/(N·s·m^{-1})	13.69	m_3/kg	8.03
k_1/(N·m^{-1})	21111.72	c_3/(N·s·m^{-1})	90.35
m_2/kg	7.11	k_3/(N·m^{-1})	233.01
c_2/(N·s·m^{-1})	24.58	F_0/N	120.00

3 仿真结果与分析

刚性悬挂接触网结构参数对弓网受流的影响情形较多，本文仅针对接触网跨距、悬挂机构刚度及锚段关节的参数对受流质量的影响进行了分析与比较，并就其结构参数的优化提出了相关建议。

3.1 接触网跨距的影响

图 5 给出了列车速度为 80 km/h、120 km/h 以及 160 km/h 时，接触网跨距分别为 6 m、8 m 和 10 m 的接触压力曲线图。其中实线代表跨距 6 m，虚线代表跨距 8 m，点划线代表跨距 10 m。

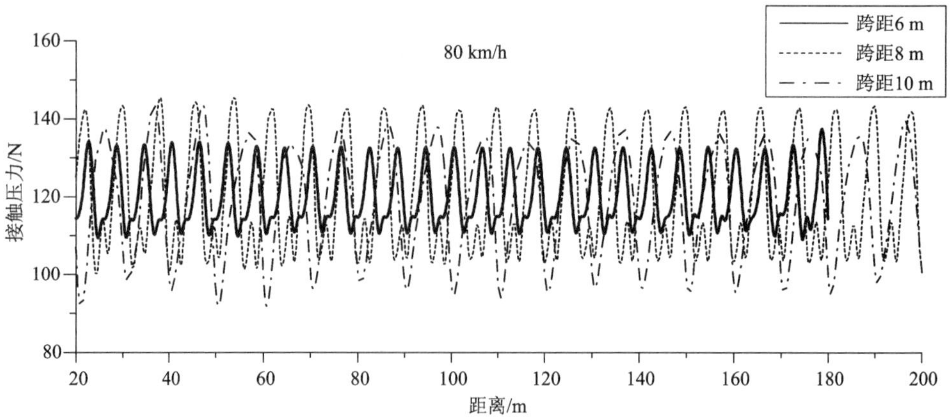

(a)速度80 km/h

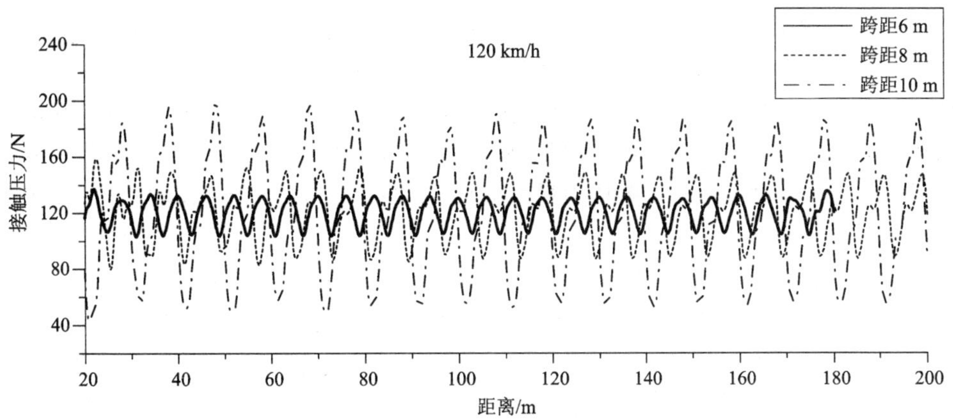

(b)速度120 km/h

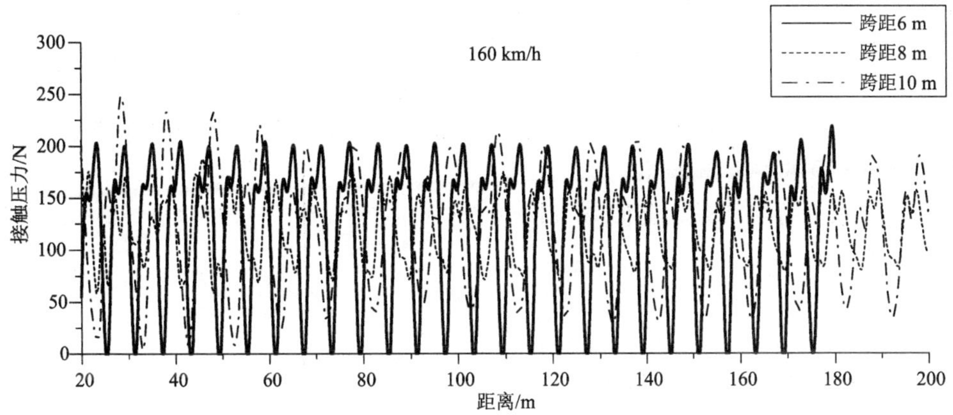

(c)速度160 km/h

图5　三种速度工况下不同接触网跨距的接触压力曲线

接触压力是评判与控制弓网动态受流质量的一个重要条件及内容，它可以用来描述受电弓在运行状态下与接触线之间的接触程度与状态。接触压力最大值、最小值以及标准差基本表征了不同工况下弓网之间的受流差异，而接触压力的平均值可以反映出弓网接触压力的整体状态。因此，对以上三种速度工况下不同刚性接触网跨距的接触压力进行了统计分析，如表3所示。

表3　三种速度工况下不同接触网跨距的接触压力统计结果

速度/(km·h⁻¹)	跨距/m	接触压力/N				
		平均值	标准差	最小值	最大值	平均值-3×标准差
80	6	120.16	7.45	109.14	137.52	97.81
	8	120.05	14.33	99.99	145.55	77.06
	10	119.41	14.28	91.52	143.59	76.57
120	6	120.30	9.19	103.25	137.25	92.73
	8	120.40	18.99	80.07	158.62	63.43
	10	119.63	44.76	43.19	200.54	-14.65
160	6	121.76	68.10	0	218.72	-82.54
	8	120.89	30.02	58.49	187.86	30.83
	10	120.99	56.50	3.82	248.06	-48.51

由图 5 可知，在速度为 80 km/h 时，三种跨距的接触网都没有出现弓网离线现象。其中跨距为 6 m 的接触网系统所得到的接触压力波动幅度最小，说明其动态受流质量最优。跨距为 8 m、10 m 的接触网受流质量次之，二者动态受流质量基本接近，且都可以保证弓网之间有良好的取流。所以在保证受流质量的前提下，考虑到接触网造价等经济方面的因素，在速度为 80 km/h 的情况下，跨距值选取 6 m 最为合理。在速度提升至 120 km/h 时，仍然是跨距为 6 m 的接触网系统动态受流质量最优；10 m 跨距的接触网接触压力震荡幅度则显著增大，经过统计其接触压力最大值从 8 m 跨距时的 158.62 N 增加到了 200.54 N，最小值从 8 m 跨距时的 80.07 N 减小到了 43.19 N，标准差也从 8 m 跨距时的 18.99 N 增加到了 44.76 N，说明相比于 6 m 和 8 m 跨距的情况，10 m 跨距的接触网系统受流质量有较大程度的恶化现象。所以在速度为 120 km/h 的情况下，跨距值选取 6 m 最为合理。当速度进一步增加到 160 km/h 时，6 m 跨距接触网系统的接触压力振荡幅度剧烈，甚至出现了很多离线点，说明此时的受流情况严重恶化，不能再保证弓网之间的正常取流；而 10 m 跨距的接触压力波动幅度相比于 8 m 跨距的接触网也显得过大。因此，在速度为 160 km/h 的情况下，跨距值选取 8 m 最为合理。

通过以上分析发现速度在 120 km/h 以内时，跨距越小，弓网的受流质量越好。这也不难解释——减小跨距也就减小了接触线的挠度，从而可以提高接触网在一跨内的弹性均匀度。而一般来说，接触网的弹性均匀度越好，弓网受流质量就越好[10]。因而，从提高接触网弹性均匀度来说减小跨距可以使受流质量得到改善。但是当速度为 160 km/h 时，跨距 6 m 的接触网却反而比 8 m 和 10 m 跨距接触网受流情况糟糕很多，甚至是出现了很严重的弓头离线情况。

为了探究这一现象是否与共振效应有关，对 160 km/h 运行工况下三种跨距接触网求得的接触压力作了频谱分析，如图 6 所示。

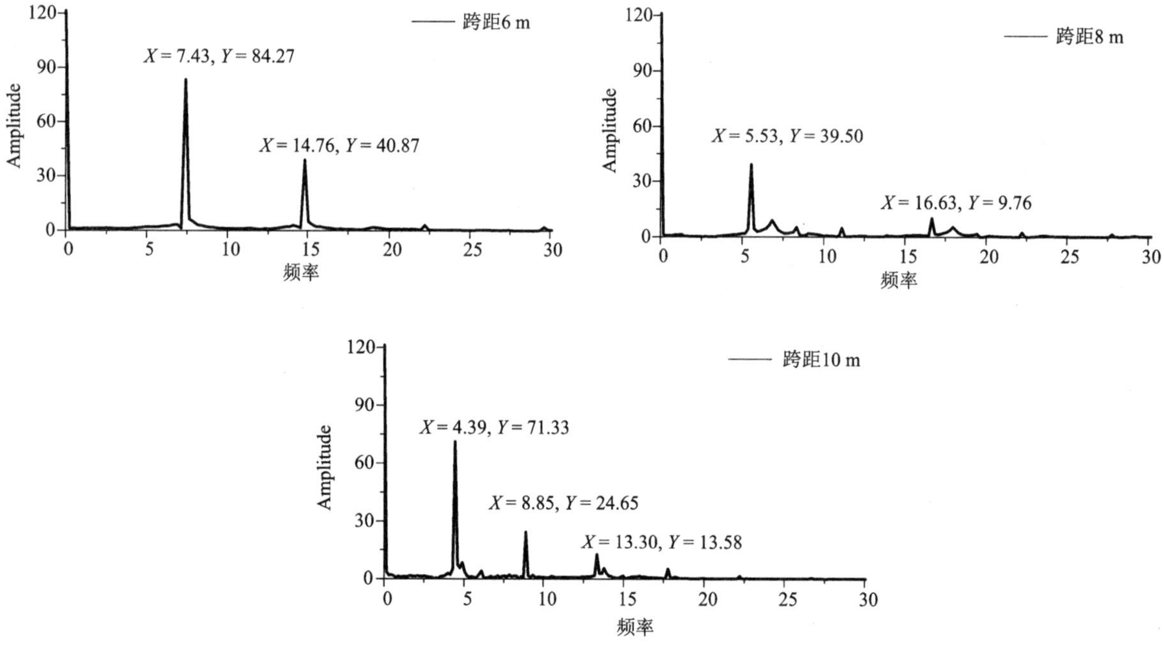

图 6　160 km/h 下不同跨距接触网的接触压力频谱结果

可以看到，接触压力的频谱曲线有一个共同的特点：出现了以一定大小频率为基频的倍频现象。这是因为接触网系统是以跨距为单位的周期性结构，所以当受电弓以某一速度 v 通过时，会产生一个周期性的激扰，该激扰频率称为跨距通过频率。可用式(1)表示：

$$f = v/l \tag{1}$$

其中：v 为受电弓通过速度；l 为接触网跨距。

通过式(1)可以求得不同跨距下，受电弓以 160 km/h 通过时的跨距通过频率，如表 4 所示。

表 4　160 km/h 下不同跨距接触网的跨距通过频率

跨距/m	跨距通过频率/Hz
6	7.41
8	5.56
10	4.44

同时，为了对接触网固有属性进行研究，利用有限元中的模态分析法，对刚性悬挂接触网在几种不同跨距下的结构固有频率和振型进行了计算。表 5 给出的锚段长度为 240 m，跨距分别为 6 m、8 m、10 m 的几种刚性悬挂接触网前 10 阶的固有频率。

表 5　不同跨距刚性接触网的固有频率/Hz

模态阶次	1	2	3	4	5	6	7	8	9	10
跨距 6 m	7.934	7.949	7.991	8.062	8.159	8.283	8.432	8.604	8.799	9.015
跨距 8 m	4.464	4.478	4.520	4.590	4.686	4.807	4.951	5.116	5.300	5.501
跨距 10 m	2.857	2.871	2.913	2.983	3.077	3.166	3.194	3.332	3.488	3.660

通过对比表 4 中的跨距通过频率和表 5 中的接触网固有频率，不难发现，6 m 跨距所对应的跨距通过频率 7.41 Hz 与 6 m 跨距接触网的前三阶固有频率很接近，因此这种情况下的跨距通过频率极可能引起接触网系统发生共振现象，从而导致弓网之间的振动加剧，引起弓网受流情况严重恶化。

考虑到是由于等跨距接触网具有的结构周期性所带来的跨距激扰频率会对弓网系统的振动产生一定的影响，因此考虑是否建立随机跨距接触网的模型就可以避免产生这种周期性的跨距激扰？为了对此想法进行验证，对 6 m、7 m、8 m、9 m、10 m 这五种跨距进行随机排列建立接触网模型，计算了受电弓在 160 km/h 下通过变跨距接触网时的弓网动力学性能，计算结果如图 7 所示。

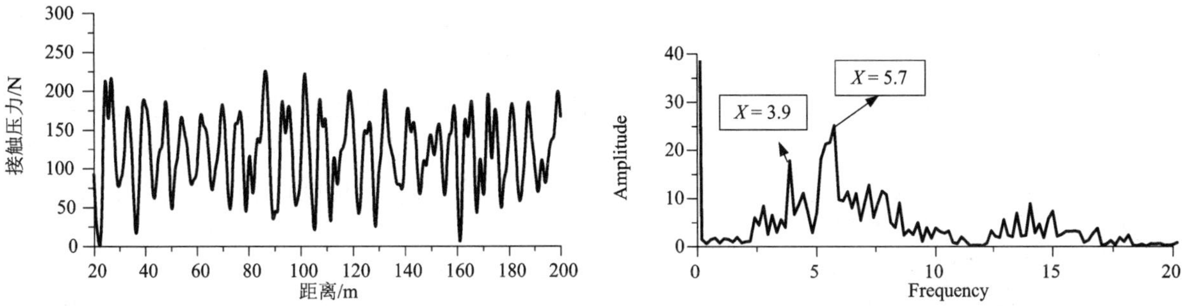

图 7　160 km/h 下随机跨距接触网的接触压力及频谱结果

可以看到在随机跨距下，接触压力的频谱图中不再出现以跨距通过频率为基频的倍频现象，相比较于上述 6 m 等跨距接触网系统，随机跨距接触网系统则有效避免了在 160 km/h 下出现的接触压力剧烈震荡的失效情况。

所以通过本文的计算，给出了以下刚性悬挂接触网在不同时速时的跨距建议值，如表 6 所示。同时，在弓网系统受到跨距激扰频率带来的严重影响的情况下，考虑采用随机跨距的接触网系统可以有效避免倍频现象的产生。

表 6 不同速度下的跨距建议值

行车速度/(km·h⁻¹)	建议跨距值/m
≤80	10
120～160	8

3.2 接触网悬挂机构刚度的影响

刚性接触网悬挂机构的悬挂刚度是影响接触网自身振动特性的重要参数之一，在施工中也经常需要根据现场施工环境对其进行调试。表 7 给出了列车运行速度为 120 km/h 时，跨距为 8 m，以及不同悬挂刚度下弓网之间的接触压力的统计值。

表 7 不同悬挂刚度下的接触压力统计值

悬挂刚度/($N\cdot m^{-1}$)	接触压力/N			
	最小值	最大值	标准差	平均值
3.779×10^{11}	82.50	152.73	18.69	119.90
3.779×10^{9}	82.51	152.72	18.64	119.77
3.779×10^{7}	82.63	152.69	18.59	120.11
3.779×10^{5}	84.27	149.87	17.51	119.99
3.779×10^{4}	90.90	143.58	13.91	119.18
3.779×10^{3}	0	1365	113.80	125.92

由表 7 可以看出，当接触悬挂的刚度从原来的 3.779×10^{7} N/m 增大到 ρ_{pc} 时，其接触压力的各项统计值变化都非常小，都在 1 N 以内，说明当刚性悬挂的刚度增大时，对弓网系统的接触状态以及受流质量基本上没有影响；而当悬挂刚度减小到原来的千分之一时，弓网之间的接触力最小值增大了 8.27 N，接触力最大值减小了 9.11 N，接触力标准差减小了 4.68 N，说明在本文的实例中，当接触悬挂的悬挂刚度下降三个数量级时弓网之间的受流质量会有所提高。但是当悬挂刚度继续减小到 3.779×10^{3} N/m 时，弓网之间已经不能有正常的受流了。通过以上分析可知，刚性悬挂接触网的悬挂刚度在一定范围以内是可以根据实际施工条件和安装位置来进行调节的，适当增大悬挂刚度时不会对弓网受流造成明显的影响，当在合理的范围内减小悬挂刚度时还能在一定程度上提高弓网受流质量，但是当悬挂刚度过小时会极度恶化弓网之间的受流质量。

3.3 锚段关节结构形式的影响

刚性悬挂接触网的锚段关节处是弓网受流的薄弱环节，极易发生弓网离线，因此有必要就锚段关节的结构对弓网受流的影响进行相关研究。由图 3 可以看到，靠近悬臂端的第一跨跨距是 2 m，随后第二跨已不完全在重叠区域，此时如果直接选用正常跨距(8 m 或 10 m)，则会导致第一跨与第二跨的挠度差过大，对接触线的平直度造成不利影响。因此，从理论上分析，在锚段关节处靠近悬臂端的第一跨与第二跨以及第二跨与第三跨之间的跨距差不能过大，应该从第二跨、第三跨逐步向正常跨距过渡，由此来减小相邻跨距之间的跨距差，从而提高弓网在锚段关节处的受流性能。

采用图 3 中所介绍的锚段关节基本结构，基于上述的弓网系统仿真参数，分别对 80 km/h、120 km/h 以及 160 km/h 三种速度工况下采用如表 8 所示的两种锚段关节处跨距方案对弓网动力学性能进行计算，图 8 给出了三种速度工况下两种方案计算得到的弓网接触力和接触线抬升位移的仿真结果。

表 8　不同速度下锚段关节处跨距布置方案

速度/ （km · h^{-1}）	原始跨距方案/m			改进跨距方案/m		
	第一跨	第二跨	第三跨	第一跨	第二跨	第三跨
80	2	10	10	2	5	8
120	2	8	8	2	5	7
160	2	8	8	2	5	7

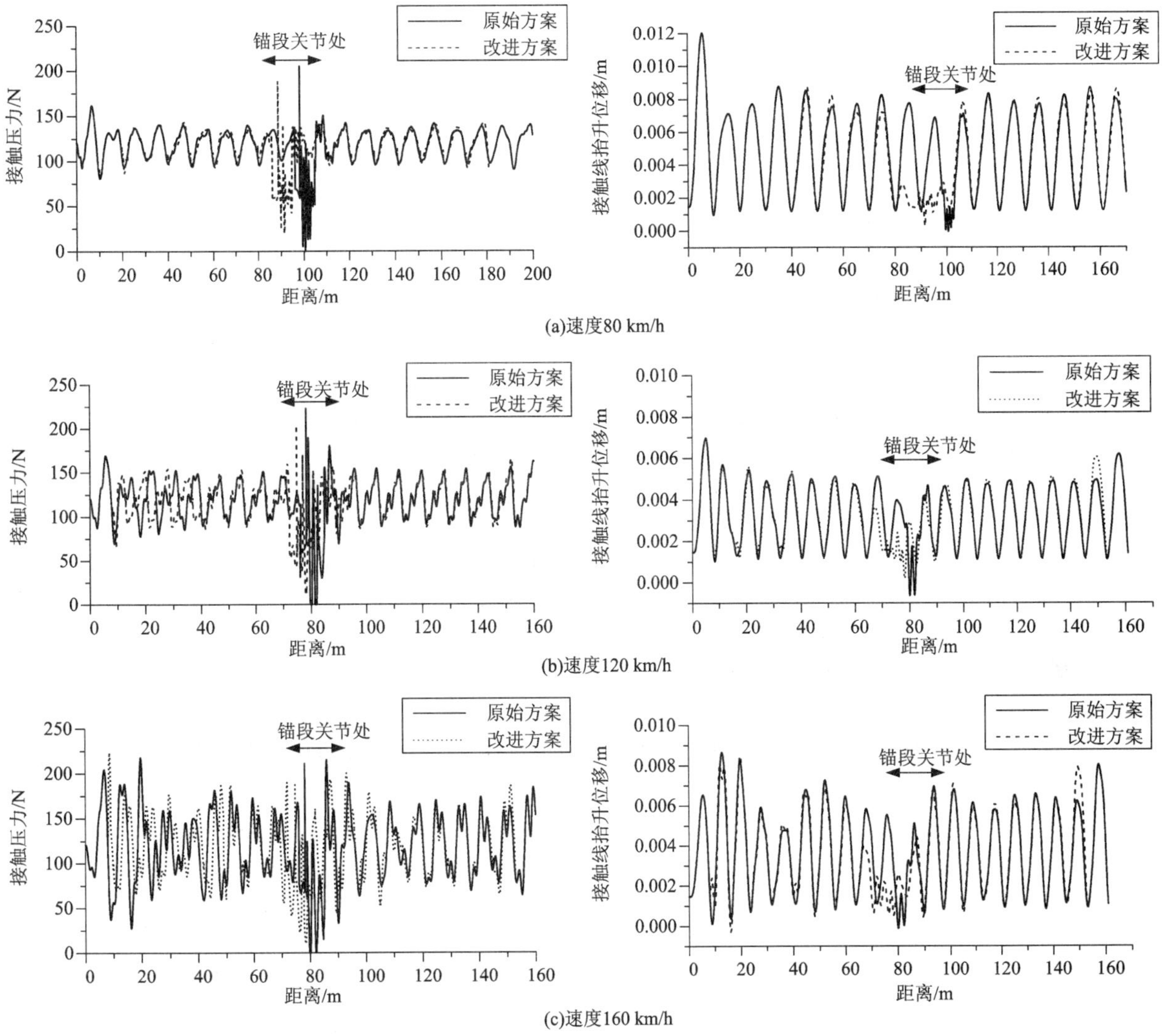

(a)速度80 km/h

(b)速度120 km/h

(c)速度160 km/h

图 8　锚段关节处不同跨距布置方案接触压力及接触线抬升位移曲线

在图 8 中，实线代表采用原始跨距布置方案时的弓网之间的接触压力，虚线代表采用改进跨距方案时的弓网接触压力曲线。由图 8 可见，采用原始跨距布置方案时，三种速度工况下在锚段关节处都出现了弓网离线的失效行为，这也进一步验证了锚段关节处是弓网受流的薄弱环节。而当锚段关节处采用改进的跨距布置方案时，可以很明显地看到在锚段关节处接触压力的最小值有较大的改善，弓网离线现象消失。同时，从接触线抬升位移来看，由于在锚段关节处是两根汇流排平行重叠架设的，所以在锚段关节处接触线的整体刚度增大，而接触线的抬升位移在锚段关节处都有减小的趋势，通过对比两种方案发现，改进方案的接触线抬升位移在锚段关节处减小的幅度要比原始方案小。

4 结论

本文主要针对刚性悬挂接触网的结构参数对弓网受流质量的影响进行分析，其中包括接触网跨距参数、悬挂机构刚度参数以及锚段关节处的结构参数。

(1)接触网的跨距参数对弓网受流质量有很大影响，在速度小于 80 km/h 时可以采用较为经济的 10 m 跨距；当速度在 120 ~ 160 km/h 时建议采用 8 m 跨距值。同时，值得注意的是跨距值并不是越小越好，在选取跨距值时要综合考虑接触线刚度一致性以及跨距通过频率这两方面的影响。在弓网系统受到跨距激扰频率带来的严重影响的情况下，考虑采用随机跨距的接触网系统可以有效避免倍频现象的产生。

(2)对于刚性接触网悬挂装置的悬挂刚度，研究发现在一定范围内增大悬挂刚度对弓网关系没有太大的影响，在合理的范围内减小悬挂刚度还能在一定程度上提高弓网受流质量，在本文的实例中，当接触悬挂的悬挂刚度下降三个数量级时弓网之间的受流质量会有所提高，但是当悬挂刚度过小时会极度恶化弓网之间的受流质量。

(3)锚段关节是弓网受流的薄弱环节，通过适当地布置锚段关节悬臂端附近的结构参数，减小其相邻跨距之间的挠度差，可以对受电弓在锚段关节处的顺利过渡有很大的帮助，避免离线失效情况的发生。

参考文献

[1] 陆大栋. 电气化铁路接触网悬挂型式探讨[J]. 铁道工程学报, 1988, 3: 87 - 89.

[2] 梅桂明, 张卫华. 刚性悬挂接触网动力学研究[J]. 铁道学报, 2003, 25(2): 24 - 29.

[3] 王世轩. 城市轨道交通弓网建模方法适用性研究[J]. 成都: 西南交通大学, 2014.

[4] 韩兰贵, 唐杰. 刚性悬挂接触网施工方法探讨[J]. 城市轨道交通, 2003, 3: 71 - 75.

[5] Masatoshi SHIMIZU. Development of Transition Structures between Overhead Rigid Conductor Line and Catenary - Type contact Line[J]. QR of RTRI, 2008, 49(2): 103 - 107.

[6] Friedrich Kiessling, Rainer Puschmann, Axel Schmieder, et al. Contact Lines for Electric Railways: Planning, Design, Implementation, Maintenance[M]. Publicis Corporate Publishing, 2009.

[7] 吴积钦. 受电弓与接触网系统[M]. 成都: 西南交通大学出版社, 2010.

[8] 张卫华, 沈志云. 受电弓动力学研究[J]. 铁道学报, 1993, 15(1): 23 - 30.

[9] 周宁, 张卫华, 王冬. 受电弓等效模型参数识别及动态性能测试[J]. 西南交通大学学报, 2011, 46(3): 398 - 403.

[10] 周宁, 张卫华. 基于直接积分法的弓网耦合系统动态性能仿真分析[J]. 中国铁道科学, 2008, 29(6): 71 - 75.

接触网检修列检修运用研究

周大学[1]　沈　忱[2]　臧海军[3]

（1. 中国铁路沈阳局集团有限公司沈阳供电段，工程师；2. 中国铁路沈阳局集团有限公司沈阳供电段，助理工程师；
3. 中国铁路沈阳局集团有限公司沈阳供电段，副段长，助理工程师）

摘　要：接触网检修列较传统接触网作业车检修或车梯检修工作效率提高了 3～4 倍，提升了设备检修质量，实现了供电检修装备的现代化，促进了供电设备的修程修制改革。通过初步运用实践发现和解决了检修列检修运用存在的一些客观问题，通过进一步加强接触网检修列专业管理，提升检修列检修运用作业组织能力，加强施工安全措施，研究合理的检修列平台长度、固定方式，优化与作业车等车辆联挂方式等对策，进一步提升了检修列的检修运用能力。

关键词：接触网检修列；检修运用；研究

引言

随着高速铁路的大量开通运营，供电接触网在铁路运输安全生产中的位置越来越重要，能否满足运输的需要，接触网设备运行质量正在经受考验，接触网检修运用体系目前存在着人力不足、资源浪费、装备落后、设备检修质量不高的问题。作为供电修程修制改革的排头兵，接触网检修列开始在路内各局初步实践运用，有效提高了接触网的检修工作效率，改善了供电设备的落后面貌，促进了接触网修程修制的改革，进一步完善检修列检修运用体系具有重要意义。

1　接触网检修列检修运用提高了接触网检修工作效率

2016 年 5 月，沈阳局第一台检修列开始配备沈阳供电段，目前已在秦沈客运专线、京哈高速线沈阳段沈丹客运专线进行了设备平推检查，实践检验证明：接触网检修列能大幅度提高接触网检修施工工作效率，提升设备检修质量，有效整合利用了人力、物力资源，突破了接触网检修“零敲碎打、散兵布防”的状态，提升了供电装备的现代化水平。运用接触网检修列上线检修，一次起停可检修五跨接触网定位、接触悬挂和附加悬挂设备，较传统接触网作业车检修或车梯检修工作效率提升了 3～4 倍，实现了接触网设备“修一次管三年”的效果。接触网检修列的现场应用，使供电施工作业从车梯 1.0 时代、作业车 2.0 时代，进入了“大天窗、集中修、滚动给”的 3.0 时代。通过沈阳供电段的实践应用，现对车梯、作业车、检修列三种作业方式进行对比。

（1）检修效率高，同样 3 h 天窗，车梯可检修接触网 500 m；作业车可检修 1420 m；检修列可检修 6000 m。检修列检修效率是梯车的 12 倍、作业车的 4.2 倍。

（2）检修设备数量多，同样 3 h 天窗，车梯可检修 120 个接触网零部件；作业车可检修 756 个接触网零部件；检修列可检修 4080 个接触网零部件。检修列检修零部件数量是车梯的 34 倍、作业车的 5.4 倍。

（3）检修覆盖面广，日常检修车梯只能够检修到接触网 D 区、C 区范围内的零部件（接触悬挂 + 定位装置）；作业车可检修到接触网的 D 区、C 区及 B 区范围内的零部件（接触悬挂 + 定位装置 + 支持装置）；检修列可同时检修 D 区、C 区、B 区和 A 区范围内的所有零部件（接触悬挂 + 定位装置 + 支持装置 + 附加悬挂）。检修列检修做到了全覆盖、零遗落。（检修各分区如图 1 所示）

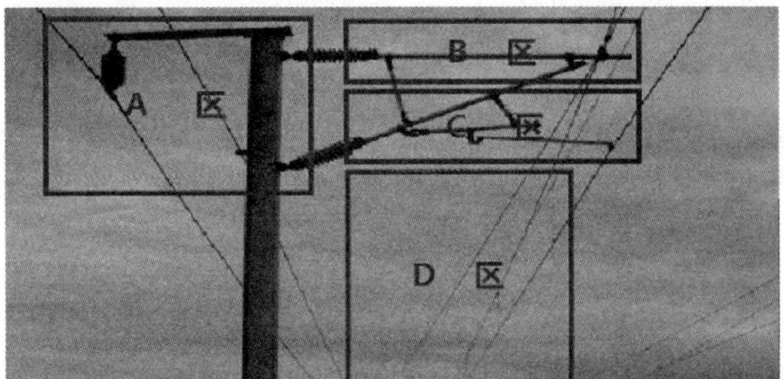

图 1　检修各分区示意图

(4)对运输的干扰少，2016 年 1 至 4 月，沈阳供电段共计进行接触网天窗作业 179 个，如果使用检修列进行作业，只需天窗 75 个，可减少 104 个，全年可节省天窗 312 个。

(5)检修发现问题多、质量高，秦沈线在为期 18 d 的作业时间内累计发现和处理各类缺陷 2171 件，重要问题 679 余件。如果使用车梯和作业车，比照以前检修经验，存在 10 和 5 倍差距。

2 接触网检修列在检修运用实践中存在的问题和解决的办法措施

2.1 检修列后勤保障方面存在的问题和解决办法措施

(1)检修列内广播平台上和车厢内采用单一回路，在指挥平台上的作业人员时，影响车厢内另一班次的人员休息。解决的技术措施，就是对广播控制电源回路进行改造，在新生产的检修列上该问题已被克服，满足了指挥作业和车厢内人员休息的需求。

(2)夏季宿营车内职工的工作鞋没有合适存放处所，放在卧铺间内影响休息，放在走廊里影响车内环境。解决办法是在宿营车相邻的生产区(工具车、加工车、材料车)内安装独立更衣箱或鞋柜。

(3)车载发电机组使用时，经常需要倒换电源或停机维护，影响车上办公设备的正常使用，降低办公效率。解决办法为在检修列地面停留时，增设地面电源连接，辅助车载发电机发电，满足检修列上用电设备的需求。

(4)车上办公使用的网络采用无线上网卡进行网络连接，在列车运行途中，网络信号时断时续，影响办公效率。解决措施为在检修列装设较大功率的网络接收和无线网络发送设备，满足车载网络办公需要。

2.2 检修列作业组织方面存在的问题和解决办法措施

(1)检修列没有检修列专业的管理机构和人员，仅以段倒班式的日常管理难以满足检修列日常管理和运行安全的需要。解决措施为建立检修列专业的管理机构和人员，以满足运行的安全需求。

(2)检修列车进入作业区段及作业结束返回车站时，均占用天窗时间。解决措施：一是机车反向进出区间运行时需要调度所配合“改方”，可提高运行速度；二是检修列车从区间返回时就可以消令，无需等到进入车站；三是检修车可以跟随前车进入区间，无需等到封锁命令下达后再进入。

(3)检修作业时存在对标停车不准，设备漏检的问题。一般作业方式由司机对杆号停车，由于跨距不同，误差较大。解决办法为根据检修列编组长度采用司机按每次移动 300 m，建立平台负责人和司机直接联控的方式，能够准确对标，设备检查基本没有遗漏。

(4)检修列机车司机与作业组联控效果差，影响检修列车检修效率。解决措施：一是平台检修作业正式开始后，检修列动车启停由指挥车工作领导人与机车司机联系改为由平台负责人与机车司机直接联控；二是地线停车位置由工作领导人提前将公里标和接触网支柱号用书面形式告知机车司机，解决盲目停车问题。

2.3 检修列施工安全风险方面存在的问题和解决办法措施

(1)检修列在平台作业时存在的安全风险：一是不联系随意上下梯口安全风险，解决措施为设立梯口负责人监控梯口，建立上下等梯口卡控措施；二是检修列护栏未全部安装完毕，人员就盲目开始作业，或者到达下一停车点时臆测站起作业，解决措施为平台正式检修作业必须由平台负责人统一指挥调度；三是由于高铁夜间天窗作业人员作业时犯困，人身风险大，解决办法为作业前强制作业人员在检修列卧铺上保休 4 h。

(2)检修列机车车辆运行安全问题多：一是发现了发动机燃油终止阀漏油、风泵油乳化、缸供油尺条卡滞等问题；二是司机不按规定标准作业，检修列司机由机务段指派，跨专业配合时不够认真负责。解决措施为建立检修列机车添乘制度，由专业人员负责，加强动车前检查、运行中卡控，确保机车质量和行车标准化作业。

3 提升接触网检修列检修运用对策

3.1 加强检修列检修运用专业管理

加强检修列检修运用专业管理，建立供电段各职能部门对检修列的专业管理职责。接触网科要负责检修列接触网设备检修标准的制定及技术指导工作，安全科要负责检修列车日常运用安全管理的检查指导工作，职教科要负责检修列车作业组人员的相关资质培训和检查工作，材料科要负责检修列车材料和机车燃油的采购工作。办公室要负责检修列车作业人员的食宿用品配置及卫生防疫工作。保卫科要负责检修列车消防设施的配备和检查更换工作。大修车间要负责检修列车各部设施设备的维护保养、保管工作。各供电车间要负责检修列车施工计划的提报、落实和配合工作。动力设备车间要负责协调机务、车辆等部门做好检修列车的维修和辅修工作。

3.2　提升检修列检修运用作业组织能力

(1)抓好修前调查，实现检修目标。在进行接触网检修列作业前，相关供电车间必须提前一个月对接触网设备进行全面、详细的修前调查，对6C检测、巡视检查、跳闸及故障等信息进行分析诊断，为接触网检修列检修提供依据。一是对接触网检修作业环境进行调查，包括V型天窗作业条件，需注意的同杆架设设备、栅栏门位置、跨越线和上跨桥资料，影响检修列运行的长大坡道或外轨超高，需检修的重点设备(分相绝缘器、线岔、锚段关节、隔离开关、避雷器、主导电回路、分段绝缘器、补偿装置等)数量、位置等；二是接触网设备几何参数测量，接触线导高、拉出值，线岔、锚段关节、关节式分相几何参数。

(2)抓好人员调配，培训、工具材料配置。随着修程修制改革，尽快建立健全专业检修队伍。检修列检修对于首次参加检修列作业人员的技术安全培训要做到有的放矢，以老带新。工具材料要纳入年度计划进行配置，要考虑冗余。

(3)抓好修中、修后记录、验收环节卡控，严格质量控制。设备检修质量的控制重点是监督检查设备检修工艺标准的落实情况，以随工验收为主，修后抽验为辅，实行记名检修、记名质检制度。检修列车每个作业小组设1名质检员，随工验收必须严格按照技术工艺、技术标准，修后抽验要抓重点，关键设备缺陷处理必须对修前、修后状态进行拍照存档。

3.3　加强施工安全措施

(1)对检修列作业环节安全风险要有预判和针对性，要建立健全检修列工作领导人、平台负责人、作业小组负责人卡控制度，以及高铁上下道物料、工器具卡控办法。

(2)网专业和机车专业结合部安全，作业联控要标准化用语，要控制风险防止多人与司机联控动车，要从有利于提高作业效率同时又安全的角度出发优化联控办法。

4　路内接触网检修列检修运用情况

检修列一般采用12辆车厢编组，集机车牵引、材料工具储备、职工宿营餐饮、作业指挥控制、会议办公等多功能于一体。

在接触网检修作业平台上，衡水供电段接触网综合检修列采用174 m长的贯通可升降作业平台，沈阳供电段接触网综合检修列采用295 m贯通不可升降作业平台，柳州供电段接触网综合检修列采用203 m不可升降作业平台，还有针对特殊线路的大编组检修列，如怀化供电段33节编组580多米平台。在检修列与作业车联合作业上，沈阳供电段检修列与作业车不编组，衡水供电段接触网综合检修列由JJC型检修列、DPT型三平台接触网检修作业车及2台DA12接触网作业车混合编组而成。

作业平台固定方式、长度不同，与作业车联合作业方式也不同，各有优缺点，在未来的检修列运用中需要进一步探索实践，提出全路统一的检修列检修运用标准。

5　结束语

接触网检修列作为铁路供电专业修程修制改革的排头兵，对提高接触网检修工作效率，促进供电专业良好发展具有重要作用。研究实施有效的检修运用对策，加强接触网检修运用管理，提升接触网检修列的检修运用水平，最终有力保障供铁路供电安全有序生产。

接触网线索张力在线监测系统的设计与实现

黄 谦

(中国铁路武汉局集团有限公司襄阳供电段 工程师)

摘 要:近年来我国高速铁路迅速发展,随着列车运行速度的提高和铁路运行密度的加大,对接触网可靠性的要求也越来越高。接触网张力波动状态反映了接触网的运行状态,选择一个不影响接触网正常工作且抗干扰能力强的接触网实时检测方案是一个关注度很高的话题。就此问题,作者对全国若干铁路局供电段对接触网张力的检测方式方法及现状进行了深入的调查和详细的研究。

本设计基于 GPRS 无线网络,设计出的接触网在线监测系统,可以对接触网张力进行实时监控,并在张力异常的时候发出报警信息。系统由三个部分组成:接触网线索张力传感测量、数据采集与发送、上位机服务器端,其中对张力采集模块、信号处理模块、太阳能供电模块、低功耗无线传输、GPRS 传输模块进行了详细的描述。还设计了一个分析显示数据的服务端,本系统可以实现随时查询张力信息,包括故障区间、故障时间、故障类型等功能。研究成果可用于铁路局供电段对接触网张力的实时监测管理。

关键词:接触网;张力;在线监测;GPRS

近年来我国高速铁路迅速发展,随着列车运行速度的不断提高和铁路运行密度的逐渐加大,对接触网的可靠性也有越来越高的要求。接触网的工作状态变化,反映在参数的变化上,其中张力就是最为关键的参数之一。接触线张力和承力索张力是提高接触网波动传播速度和减小反射因素、加强因素的主要因素,选择一个不影响接触网正常工作且抗干扰能力强的接触网实时检测方案是一个关注度很高的话题。

1 检测系统结构

系统基于 GPRS 无线网络,可以对接触网张力进行实时监控,并在张力异常的时候发出报警信息。

如图 1 所示,系统由三部分组成,分别为接触网线索张力传感测量部分、监测数据转发部份、数据分析显示服务端部分。其中,接触网线索张力传感测量部分由张力传感器、信号处理模块、短距低功耗无线通信模块、微型太阳能模块、电源管理模块、电源保护模块、电磁屏蔽防水封装模块组成;监测数据转发部分由短距低功耗无线通信模块、GPRS 通信模块、太阳能模块、电磁屏蔽防水封装模块组成;服务端数据分析显示部分由服务器、数据分析显示软件组成。

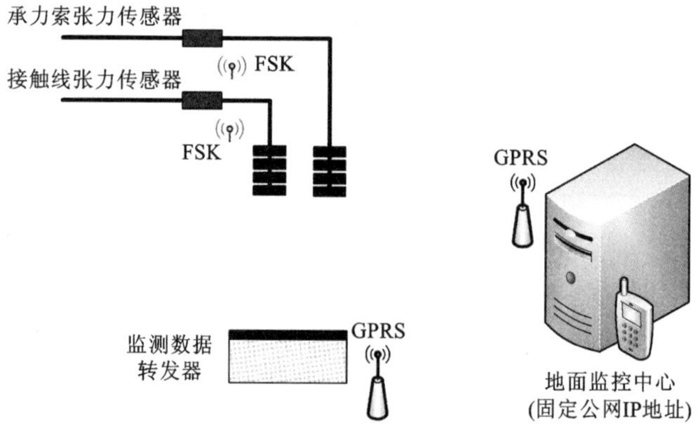

图 1 系统组成

2　检测关键技术

2.1　张力测量模型

接触网线索张力传感器根据“三点弯曲法”原理设计而成，将传感器上的三点与接触网线索表面接触，通过紧固中间U形环的螺母，强迫线索产生类似于三点弯曲的局部变形，如图2所示，在受力点C点相对于滚轮测量点A、B点向下压紧过程中，传感器内部应变桥路位移变形，输出位移信号S和压力信号F，在不考虑传感器支撑点对夹持段接触网线索产生局部变矩的情况下，接触网线索张力T的近似计算模型为：

$$T = 2F \times \sqrt{1 + \frac{1}{4}\left(\frac{l}{s}\right)^2} \tag{1}$$

式(1)中：F为接触网线索对测力滚轮的反作用力，该力由线索力力的垂直分力引起压力传感器内部的简支梁式弹性敏感元件的弯曲变形产生电压X，通过精确标定得到一条标定曲线，从而计算出压力；s为测力滚轮与受力点作用下对夹持线索产生的相对位移，s的大小由传感器的结构形状和U形螺栓紧固状态控制。

在实验室中，模场线索、补偿装置等受力情况，在线索张力标定试验中把接触网线索带上张力到某一分级张力水平T_i，拧紧定位紧固螺母，使接触网线索变形达到预定设计位置，此时传感器测力元件输出变应电压信号为X_i，重复测量20次，得到20个输出数据，剔除异常可疑数据后取平均值，在$X-T$坐标系中得到一点(X_i, T_i)，使用同样的操作方法，改变接触网线索的张力分别为T_1、T_2、T_3，…，T_n，分别测量出相应的输出电压信号X_1，X_2，X_3，…，X_n，由最小二乘法回归分析，可得到一条标定曲线方法：

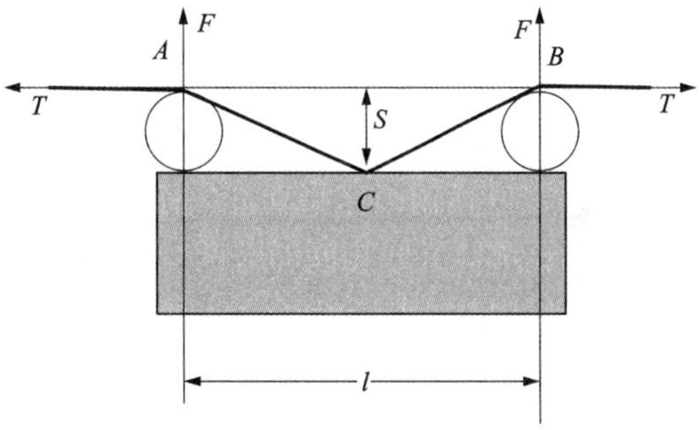

图2　三点弯曲测力原理图

$$T_1 = AX^2 + BX + C \tag{2}$$

用此标定曲线对测量模型进行修正，以提高测量精度。

2.2　张力传感器设计

如图3所示，系统的张力传感器采用的旁压式张力传感器为双孔剪切梁结构设计，安装使用方便、操作简单、维修容易，具有可靠性高、互换性好、使用方便等特点，专为测量钢丝绳、铜合金等线索的张力而设计，钢丝绳通过U形螺栓固定在传感器上，当钢丝绳受拉力时，力通过导向轮作用于传感器上。

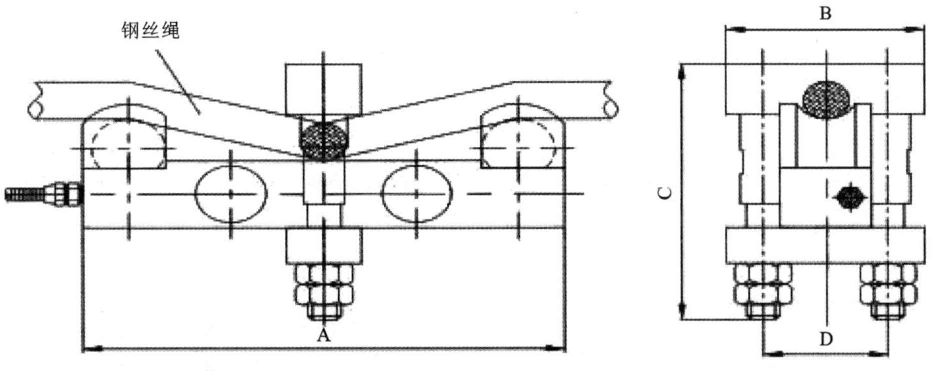

图3　张力传感器

2.3　传感器信号处理

信号处理模块的功能是将传感器的模拟信号转换为数字信号，而后通过串口传输给短距低功耗模块。

信号采集电路采用以STM32F103C8T6单片机为核心的信号处理系统，该单片机具有2个12位模数转换器，1 μs转换时间，转换范围为0～3.6 V，具有双采样和保持功能，能较好地满足传感器信号处理的需要。同时该单片机系统工作时功耗低于 50 mA，具有低功耗的特点。

信号调理电路主要是实现监测信号的模拟滤波，接触网在受电弓的激励下，发生振动，振动以波的形式在线索中传播，被定位点、吊弦点、电连接线夹等反映后相互加强，形成弓网振动系统，接触网发生振动的频率约为几赫兹，为此要准确测量接触网线索的动态张力，本系统采用高阶低通波器进行测量信号滤波，滤波截止频率为 20 Hz(图 4)。

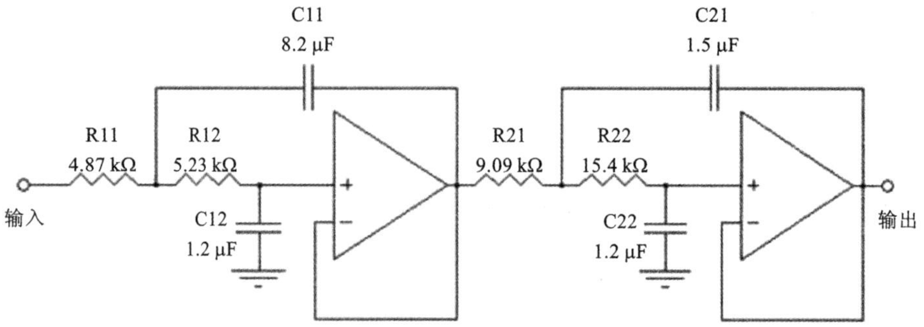

图 4 高阶滤波器电路

2.4 电源设计

由于传感器模块整个安装在接触网电压环境中，需要给检测装置提供长久持续的稳定电源，因此应采用蓄电池和太阳能混合电源的方法，选用大容量免维护型循环充电电池和单晶硅微太阳能电池板。

(1)锂电池组。在太阳能充足的条件下，循环寿命电池可以得到充电，保证系统正常运行，即使在连续阴雨天气下，太阳能对电池充电贡献很小甚至无贡献时，锂电池组仍可以保证整个系统正常运行 30 d。

(2)太阳能电池板。采用 2 块微型太阳能电池板，在正常标准测试光照条件下功率为 6 W，在阴雨天有弱光照的条件下也能发电，只是功率降低。

2.5 短距低功耗无线发送

数据发送的要求为：数据为每 5 h 发射一次，每次发射时间为 100 ms；接触网线索张力波动大于 200 N 时，也发送一次。

选用嵌入式高速低功耗单片机和高性能 LoRa 扩频芯片 SRW1012，该芯片具有高效的循环交织纠检错编码能力，抗干扰强，灵敏度高。发射功率 100 mW，低功耗，具有无线唤醒功能，LoRa 扩频能够带来更远的通信距离。

2.6 GPRS 远距离通信

张力监测数据与服务器中心必须有一个传输部分，而且是远程传输。因为整个检测装置都安装在偏远的铁路沿线，采用 GPRS 方式进行数据传输非常可靠，还可以避免因数据丢失而造成的间断和多次重发。在选择了 GPRS 无线传输方式后，无线通信模块选用了华为公司生产的 EM310 型无线通信模块。EM310 在模块发送和接收数据时，是通过 DSPIC33FJ128GP204 单片机控制的，在软件中实现转发数据和收发数据采用的是串行口的中断(图 5)。

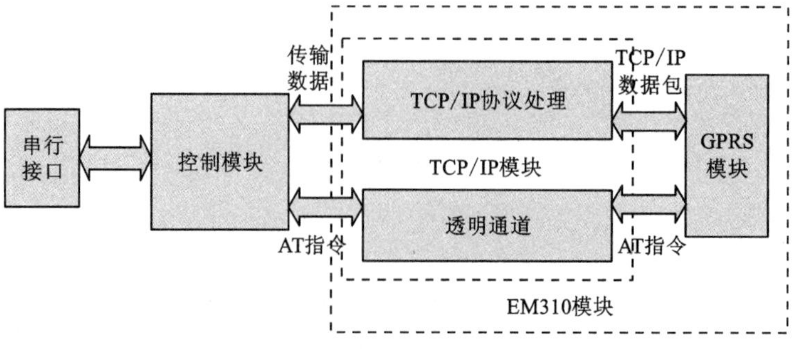

图 5 通信模块框图

3　安装方案

每个锚段安装4个张力传感器(2个承力索张力传感器、2个接触线张力传感器)，根据该方案采用的短距离无线通信模块信号传输距离，计划在无隧道区段每4个张力传感器端对应1个数据处理转发器，数据转发器则安装于一个锚段的中间位置，如图6所示。

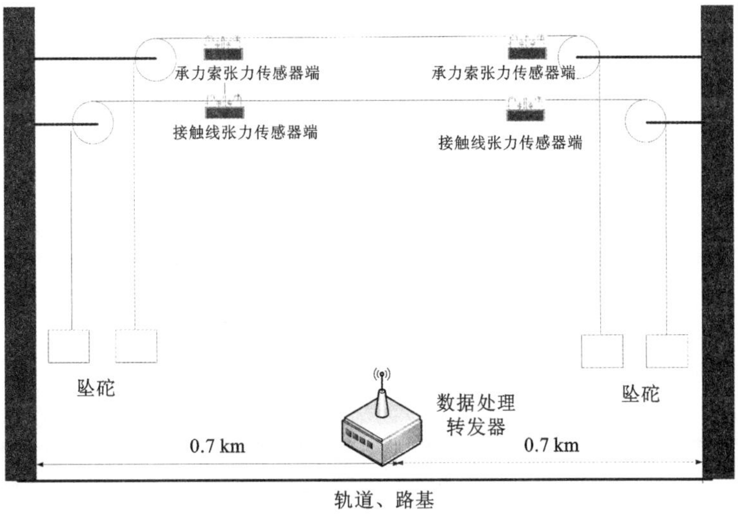

图6　系统安装方案

4　系统软件设计

系统的数据接收与超限预警诊断软件采用Microsoft Visual Studio 2010和SQL Server 2008作为开发平台，使用C#作为编程语言。软件结构流程包括无线接收数据、输出数据、以及和数据库之间的关系。调度中心数据接收与超限预警诊断软件结构流程如图7所示。

软件系统的主要功能为管理数据库中的数据，并对数据进行趋势分析。从接触网线路上收集客户端发送的监测数据，然后将数据保存在二进制文件中，并将数据保存至数据库。对数据库中的数据进行管理维护，或是取出数据库中的一些数据，对这些监测数据以曲线的方式进行比较，从而很清楚地为用户提供分析判断的信息。实现的内容如下：

(1)基础数据建档。基础数据建档包括线路信息建档、支柱信息建档、接触网线索地理信息建档、客户端手机卡建档等。

(2)线索张力统计表。线索张力统计表包括线路最大张力值统计值、最小张力统计值、平均张力统计值等。

(3)张力变化曲线图。张力变化曲线图描绘了某个锚段的承力索和接触线张力随时间的变化趋势。

(4)系统主要信息查询。系统主要信息可以查询的内容包括报警信息、波动信息、日志等。

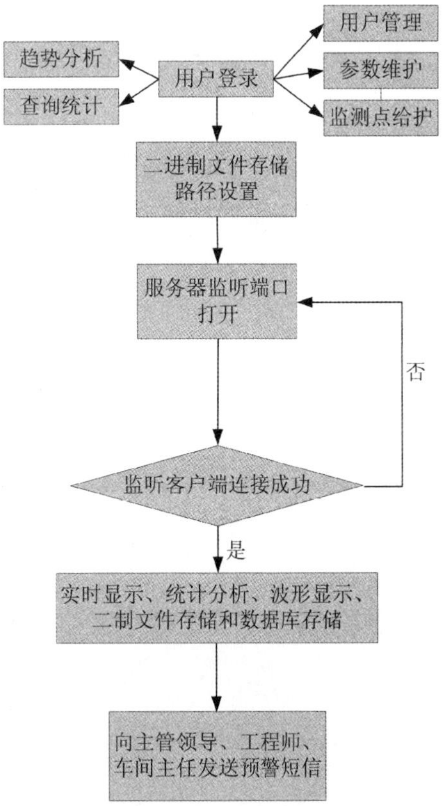

图7　软件结构流程图

(5)各种系统参数的维护。各种系统参数的维护包括报警值、波动阀值、删除过期数据、用户管理、系统参数设置等。

5 总结

系统研究接触网张力检测的理论依据是：接触网张力的变化取决于弓网作用造成的接触线，另外，温度变化引起的热胀冷缩效应也会影响线索张力。考虑到这两个部分的原因，对接触网的张力进行实时检测。短距离传输选用的是收发速度快、抗干扰好、灵敏度强、功耗低的 SRW1012 嵌入式芯片，远程传输选用的是应用范围较广的 GPRS 网络。上位机则设计了一个张力在线监测的软件平台。通过这个软件平台可以准确地看到某个时间点某个区段某个设备的张力报警信息。

参考文献

[1] 于万聚. 高速电气化铁路接触网[M]. 成都：西南交通大学出版社，2003.
[2] 王兴帅. 张力对接触网安全状态影响及在线监测系统的研究[D]. 北京：北京交通大学，2014.
[3] 刘会平，韩通新，赵伯胜，等. 接触网张力在线测量系统研究与实现[J]. 铁道机车车辆，2016，36(1)：49－51.
[4] 李鑫. 基于张力及温度的接触网安全状态在线监测系统设计[D]. 北京：北京交通大学，2015.

一种新型可加热接触线的研究

盛春敏　贾永军　戴富梁　孙伟龙

（江苏藤仓亨通光电有限公司）

摘　要： 随着我国电气化高速铁路的快速发展，高速电气化铁路运行里程大大增加，高速铁路运行安全已不可忽视，接触网线覆冰对我国电气化铁路安全运行的影响日益明显。因此，防冰除冰是十分重要的工作。本文将简要探讨接触网覆冰的原因、危害，同时提出一种新型可加热的接触线，可以有效地解决接触网线覆冰问题，并详细阐述了其结构设计与原理，为接触网除冰技术未来的发展指明方向。

关键词： 接触网安全；覆冰；加热；除冰

1　引言

近年来，我国的交通运输业不断发展，作为牵引高速和重载铁路的主要方式，电气化铁路得到了大力推广，但与此同时，接触网的覆冰问题对于铁路运输的影响也越来越严重，接触网是电气化铁路系统必不可少的主要设施之一，特点是没有备用线路，发生任何事故，都将中断铁道正常运营。接触网线路长，穿越山陵旷野及各类气象环境条件，当接触网受到温度、湿度、环流、风和冷暖空气对流等因素的影响时，会产生覆冰这一综合物理现象。一般来说，冻雨或雨夹雪的天气条件下容易出现覆冰现象，温度为 $-5℃\sim0℃$ 时，云中或雾中的水滴与输电线路导线的表面碰撞，同时发生冻结，线路上就会逐渐覆盖冰层。覆冰的类型主要有五种：白霜、雾凇、积雪、雨凇和混合凇，其中雨凇的危害是最严重的。在通常情况下，出现在接触网导线表面上的覆冰并不是由上述的某一种形成的，而是由几种类型相互结合而形成的，随着时间的延长，覆冰将会越来越严重。

2　接触网覆冰的危害

接触网一旦覆冰，会产生极大的危害，主要有以下六种：①对接触线的危害：接触线一旦覆冰，电力机车的受电弓与接触线之间的集电性能就会受到影响，产生较大电弧甚至燃弧，增大接触线的机械磨耗并烧伤电弧，甚至会引起断线故障。②对电力机车的危害：当接触网线覆冰时，因受电弓取流不畅而产生电弧，烧伤受电弓的碳滑板。③覆冰造成的接触网震动：由于风的吹动，覆冰不均匀的接触网会产生震动，一般来说，覆冰的接触网震动时速度快、幅度大，会损害接触网的设备，甚至造成回流线、供电线断股。此外，还会造成接触线脱弓引起的弓网故障，这些问题都会严重影响接触网的安全运行；④过荷载：在有风的情况下，接触网不仅要承受覆冰增加的荷载，同时也要承受由于覆冰增大受风面积而增大的荷载，当覆冰造成的荷载增加到一定程度时，会使接触网线张力增大，严重时造成导线拉断现象发生，支持等装置破坏；⑤绝缘子串冰闪：在覆冰现象的影响下，绝缘子的绝缘强度会下降，下降较多时则会形成闪络。在这一过程中，电弧会烧伤绝缘子，造成绝缘子串的整体绝缘强度降低，进而影响到绝缘子串的电气性能。⑥对电能质量的危害：接触线覆冰时，会造成电力机车受电弓取流不畅，进而弓网之间会产生电弧，形成谐波电流。谐波电流会影响电网电能的质量，使电力设备受到损害。

3　目前国内外常用除冰方法

目前，输电线路除冰和融冰的方法有几十种，大致可分为4类：热融冰方法、机械除冰方法、被动除冰方法、混合除冰方法。目前，国内外相对成熟且可能大规模应用于输电线路覆冰除冰和融冰的方法十分有限。在不影响受电弓滑板与接触线的集电性能，还能防止附着冰霜的情况下，最好的办法是给接触线本身加热，本公司根据这一启发，研发出了一种新型可加热的接触线。

4 新型可加热接触线设计

4.1 思路

利用加热线发热防止接触线覆冰，在开发设计时主要有以下几点考虑：

(1)开发的新产品结构尽可能与现行标准 TB/T 2809—2005 类似并简单可行；

(2)开发的新产品在性能方面符合并满足现行标准 TB/T 2809—2005 的要求；

(3)开发的新产品在后续安装使用时便于操作控制；

(4)较少的设备投资，并且高效、节能，适合我国节约型社会发展要求。

4.2 结构设计

考虑到接触线的工作面为大圆弧面，因此，在不改变普通接触线的形状下，加热接触线的结构是在普通接触线的小弧面一侧，开一个截面约 4 mm^2的孔，将加热线埋置进去，如图 1 所示。其中加热线是可耐 150℃高温的绝缘电线，导体为镀锡软铜绞线，通电后会产生焦耳热从而发热；

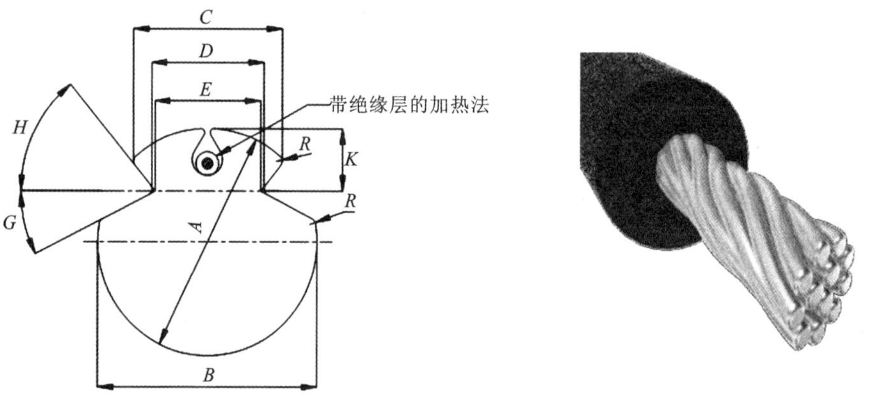

图 1 加热接触线截面及加热线截面图

表 1 加热线接触线结构尺寸/m

项目	A	B	C	D	E	K	R	G	H
CTS150 - H	14.40	14.40	9.71	7.24	6.80	4.00	0.40	27°	51°

注：CTS150 - H 标称截面积为 150 mm^2的铜锡合金加热接触线。

4.3 加热线设计

加热线中使用的绝缘体为乙烯 - 四氟乙烯共聚物(氟树脂系)，机械和电气性能良好，厚度在 0.4 mm，可使用的最高电压为 600 V。加热线的导体由弯曲性能良好的铜绞线构成，因其截面积较小，电阻大，当给其通电时，会因电损耗而使接触线温度升高。加热线结构组成及性能如表 2 所示：

表 2 加热线结构性能

项目		单位	规格值
导体	公称截面积	mm^2	0.30
	计算截面积	mm^2	0.305
	导体结构	—	12/0.18
	导体外径	mm	0.75
	导体电阻(MAX)	Ω/km	64.4

续表 2

项目		单位	规格值
绝缘体	绝缘层厚度	mm	0.4
	最小绝缘阻抗	MΩ/km	1.55
	耐电压	V	3000
	耐热性	℃	150

4.4　加热接触线的供电方式设计

从交流高压配电线处获得电流，利用变压器降压至交流低压(600 V 以下)，给加热接触线供电；供电方式初步设计分为两种，一种为单端供电，加热电压最大为 600 V，即只在加热接触线的一端供电，这种供电方式适用于小段长的加热接触线(锚段长度小于 500 m)，超过此长度供电时，存在变压器容量变大的问题，为了解决这一问题，加热接触线的另一种供电方式为两端供电，即在加热接触线的两端同时供电，这种供电方式适用于大段长的加热接触线(供电长度 1000 m)，这种供电方式能够给负荷施加变压器输出 2 倍的电压，能够提供稳定的电源，并能够防止三相回路的不平衡。

5　加热接触线性能

5.1　加热接触线与普通接触线性能对比

表 3　加热接触线性能

项目	单位	CTS150－H	CTS150
公称截面积	mm^2	150	150
计算截面积	mm^2	148.5	151
单位重量	kg/km	1333	1350
导电率(最小值)	%IACS	79	72
伸长率(最小值)	%	5	3
抗拉强度(最小值)	MPa	440	420
拉断力(最小值)	KN	65.5	63.42

注：(1)单位重量为包含加热线重量在内的单位重量；
(2)计算截面积、拉断力等不含加热线的数值；
(3)CTS150—H 为实际检测值，CTS150 为 TB/T 2809—2005 标准要求值。

根据表 3 数据可得，加热接触线中只有截面积减少的部分拉断力会降低并且降低幅度很小，在抗拉强度高于标准的要求下，拉断力完全满足现行标准的要求，并有一定的余量；加热接触线单位重量相对于普通接触线偏轻，其他性能则符合现行标准要求；

5.2　加热接触线加热效果模拟计算

根据接触线表面，由电阻损耗产生的发热量和吸收日照的热量之和，等于辐射热损耗及因对流散热损耗的热量，得出如下公式：

$$w_R + w_s = w_r + w_c \tag{1}$$

式中：w_R 为由电阻损耗的热量，W/cm；w_s 为吸收的热量，W/cm；w_r 为由辐射损失的热量，W/cm；w_C 为由对流产生的热量损失，W/cm。

其中：

$$w_R = I^2R$$

$$w_r = \pi D(t - t_0)h_r \cdot \eta$$

$$w_C = \pi D(t - t_0)h_w$$

式中：I 为通过接触线的电流，A；R 为单位长度直流电阻，Ω/cm；D 为接触线等效直径，cm；h_r 为辐射散热系数，W/℃·cm^2；h_w 为对流散热系数，W/℃·cm^2；η 为黑体辐射系数；t 为接触线温度，℃；t_0 为环境温度，℃。

根据公式(1)可以计算出给普通接触线与加热接触线通电，升高相同的温度，所需的电流值，如下表 4 所示：

表 4　通电电流与温度

项目	单位	CTS150	CTS150 - H
直流电阻(20℃)	Ω/km	0.159	64.4
电流	A	330	16
接触线温度升高值	℃	10	10

注：(1)计算条件：风速 2 m/s，环境温度 -5℃；

(2)CTSH - 150 数值为加热线的值；

(3)时间在夜间，即 $w_s = 0$。

由于加热接触线是一种在小弧面中埋入细绝缘线的结构，可以认为接触线表面的热平衡与普通接触线相等；由表 4 得出，与给接触线本身通电加热的方式相比，加热接触线最大的优点是，用远低于此的电流(16A)就能使接触线升高相同的温度。此外，交流、直流短路融冰都必须在接触网断电的情况下实施，这种方法目前在实际应用中比较常见，但是融冰时间控制不好可能会对线路造成电器损伤。利用加热接触线加热除冰，在使用很小的电流下，就可达到理想的温升效果，从而可以快速地除去接触线表面的覆冰；此外，根据天气，利用气象传感器等，在气温、风速等构成接触线可结冰的前提条件下，对加热接触线提前加热使其温度保持在 0℃以上，就可避免覆冰。

6　加热接触线的加工工艺

加热接触线的加工工艺与普通接触线的加工工艺并没有多大的区别，加工工艺流程如图 2，加工加热接触线最重要的是如何使加热线完好无损地埋入之前已经拉好的沟槽中，并且在加热线放入沟槽后，沟槽在经过最后成品模具后要闭合得当，不能挤压加热线或损伤加热线表面等。同时，在拉拔预制沟槽过程中，在模具之前，要对线坯进行定位，避免出现错位从而造成多沟槽的现象。

图 2　加热接触线加工工艺

7　结束语

本文结合我国电气化铁路分布的实际情况，提供的技术具有很高的实际应用性，从原理结构对加热线进行了阐述，并就加热线加热效果与当前实际应用的短路融冰技术进行对比，得出了加热接触线具有良好的融冰除冰效果的结论；当然，加热接触线要真正地进入电气化铁路应用中，还需很长的路要走，特别是加热接触线的供电方式将是重中之重，如何供电、供电电压多大合理、供电电流、相关金具、维护等都是今后研究的重点。接触网覆冰是我国电气化铁路接触网今后重点研究的课题，我们也坚信，在不远的将来，加热接触线将成为我国接触网覆冰除冰的有力武器。

机车车载接触网运行状态检测装置(3C)技术应用

亢佳增[1] 王 超[2] 刘洪柱[3]

(1. 中国铁路呼和浩特局集团有限公司供电处、主任、工程师；2. 中国铁路呼和浩特局集团有限公司供电处、科员；3. 中国铁路呼和浩特局集团有限公司供电处、科员)

摘 要：近年来，我国城市经济高速发展，同时伴随着城市人口数量剧增。铁路建设的大规模提速，至今已经产生了巨大的经济效益，在国民经济建设中发挥出了重要的作用。其中，电气化铁路的发展为增加运力，提高运输质量，推进铁路现代化做出了重大贡献。因此从各方面来提高电气化铁路牵引供电系统的可靠性和供电质量，确保其安全性和高效运营，并向高速化迅猛发展是很有必要的。机车车载接触网运行状态检测装置(3C)是保障弓网运行安全的重要手段，系统采用多种先进的动态检测监测技术，信息处理技术和网络技术实现对弓网运行状态的实时动态检测监测，提高了工作效率和工作质量，对保障弓网运行安全发挥了重要作用。

关键词：3C 装置；数据统计；导电回路

引言

电力机车通过受电弓从接触网获取电能，使得接触网成为供电系统由电气化铁路牵引的重要设备之一[1]。而电力机车取流质量好坏的决定，则依赖于受电弓和接触线之间保持的良好接触。我国目前铁路线路众多，铁路周围的天气、地理等情况比较复杂，接触网需要随着铁路路线沿途架设，为保障接触网和受电弓的可靠取流，保障电气化铁路的正常运行，不仅仅需要保证接触网线路的设计和施工运营达到标准，还需要在运营过程中，对架设的接触网是否能够正常运行进行全面的检查工作。这样更有利于及时排查隐患，避免由于某些环节的异常导致的后续问题，保障接触网处于正常的运行状态。

1 3C 装置检测缺陷与数据统计

1.1 3C 装置检测缺陷分类

3C 装置报警类型：弓网缺陷、接触网缺陷、几何参数超限、受电弓缺陷。

弓网缺陷包括运行降弓、疑似燃弧、疑似定位线夹燃弧、疑似分段绝缘器燃弧等。

接触网缺陷包括疑似分段绝缘器消弧变形、疑似吊弦松弛、疑似线夹发热、疑似电联结散股、疑似防风拉线断、鸟巢等。

几何参数超限包括拉出值超限、导高超限、跨距高差等。

受电弓缺陷包括疑似受电弓发热、疑似软连接发热、疑似受电弓异常、疑似受电弓上异物等。

3C 装置缺陷等级分为一级、二级 A 和二级 B。

一级缺陷包括：

(1)运行降弓、受电弓上异物、几何参数超限(按照《普速铁路接触网动态检测评价标准》几何参数一级缺陷执行)。

(2)接触网线索松弛和零部件脱、断、裂等缺陷。

(3)燃弧类缺陷：疑似绝缘器燃弧、疑似燃弧、疑似定位线夹燃弧。

燃弧类一级缺陷判别标准：

A. 燃弧温度≥120℃、燃弧强度≥3000 个燃弧像素点、燃弧形态呈散列状、燃弧次数≥3。

B. 燃弧温度≥120℃、燃弧强度≥5000 个燃弧像素点、燃弧形态呈散列状、燃弧次数<3。

C. 燃弧温度≥120℃、燃弧强度≥7000 个燃弧像素点、燃弧形状呈圆形。

二级 A 缺陷包括：

(1)几何参数超限(按照《普速铁路接触网动态检测评价标准》几何参数二级缺陷执行)。

(2)接触网线索轻微松弛和零部件安装不规范。

(3)燃弧类缺陷：疑似绝缘器燃弧、疑似燃弧、疑似定位线夹燃弧。

燃弧类二级缺陷判别标准：

A. 100℃ <燃弧温度 <120℃、燃弧强度 <3000 个燃弧像素点、燃弧形态呈散列状、燃弧次数 <3。

B. 100℃ <燃弧温度 <120℃、燃弧强度 <7000 个燃弧像素点、燃弧形态呈圆形。

二级 B 缺陷：燃弧温度≤100℃、无火花的燃弧。

2 2017 年 1 至 6 月 3C 装置检测缺陷统计

2.1 按缺陷类型统计图

呼和浩特铁路局各机车主要运行线路为：包兰线、张集线、机车出入库线、集二线、京包线、呼准线、集包线、包西线、新陶线、其他线路。发现典型缺陷 19 种类型，统计结果如图 1 所示。

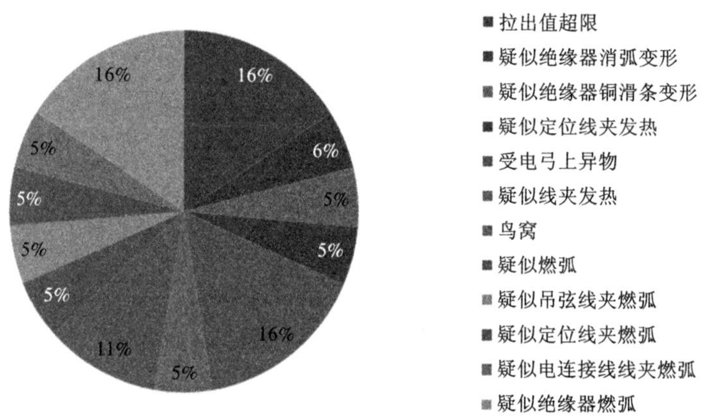

图 1 缺陷类型统计图

2.2 按缺陷类型进行数据统计

表 1 缺陷类型统计表

序号	缺陷类型/时间		半年合计	1 月	2 月	3 月	4 月	5 月	6 月	合计
1	弓网缺陷	疑似电连接线线夹燃弧	8	0	3	4	1	0	0	979
2		疑似吊弦线夹燃弧	50	5	1	10	7	22	5	
3		疑似定位线夹燃弧	59	7	4	14	17	13	4	
4		疑似绝缘器燃弧	418	81	61	60	68	79	69	
5		疑似燃弧	432	78	13	169	80	65	27	
6		疑似线夹燃弧	9	2	0	0	0	5	2	
7		运行降弓	2	0	0	0	1	0	1	
8		疑似限制管燃弧	1	0	0	0	0	1	0	

续表 1

序号	缺陷类型/时间		半年合计	1月	2月	3月	4月	5月	6月	合计
9	接触网缺陷	疑似吊弦松弛	31	4	1	1	8	9	8	77
10		疑似绝缘器消弧变形	1	0	1	0	0	0	0	
11		疑似绝缘器铜滑条变形	1	0	0	0	0	1	0	
12		疑似线夹发热	7	0	0	0	0	5	2	
13		疑似绝缘子发热	7	0	0	0	3	3	1	
14		鸟窝	15	0	0	1	4	4	6	
15		疑似电连接线散股	1	0	0	1	0	0	0	
16		疑似中锚线松弛	4	0	0	1	1	0	2	
17		受电弓上异物	8	0	0	0	0	7	1	
18		疑似接触网异物	2	0	0	0	0	2	0	
19	几何参数缺陷	拉出值超限	330	24	24	36	80	84	83	330
20	受电弓缺陷	疑似受电弓发热	169	0	0	0	23	118	28	170
21		疑似受电弓磨损	1	0	0	0	1	0	0	

2.3　按缺陷等级进行数据统计

表 2　缺陷等级统计表

序号	线路	级别	1月	2月	3月	4月	5月	6月	半年	总计
1	京包线	一级	0	0	0	8	8	3	19	169
2		二级 A	0	0	0	60	58	22	140	
3		二级 B	10	0	0	0	0	0	10	
4	包兰线	一级	0	0	0	0	0	4	4	67
5		二级 A	0	0	0	8	16	32	56	
6		二级 B	7	0	0	0	0	0	7	
7	包西线	一级	0	0	0	0	0	0	0	16
8		二级 A	0	0	0	2	3	10	15	
9		二级 B	1	0	0	0	0	0	1	

续表 2

序号	线路	级别	1 月	2 月	3 月	4 月	5 月	6 月	半年	总计
10	呼准线	一级	3	0	0	0	2	0	5	532
11		二级 A	7	2	159	102	196	59	525	
12		二级 B	0	0	1	1	0	0	2	
13	张集线	一级	0	0	0	0	0	0	0	1
14		二级 A	0	0	0	0	1	0	1	
15		二级 B	0	0	0	0	0	0	0	
16	集包线	一级	0	0	0	0	0	1	1	21
17		二级 A	0	0	1	9	4	3	17	
18		二级 B	3	0	0	0	0	0	3	
19	包神线	一级	0	0	0	0	0	0	0	1
20		二级 A	0	0	0	0	0	0	0	
21		二级 B	1	0	0	0	0	0	1	
22	呼甲联络	一级	0	0	0	0	0	0	0	6
23		二级 A	1	1	0	1	3	0	6	
24		二级 B	0	0	0	0	0	0	0	
25	庙梁煤专	一级	2	0	5	0	1	0	8	19
26		二级 A	1	3	7	0	0	0	11	
27		二级 B	0	0	0	0	0	0	0	
28	呼王联络	一级	0	0	0	0	0	0	0	27
29		二级 A	0	0	10	3	11	3	27	
30		二级 B	0	0	0	0	0	0	0	
31	呼准增二	一级	0	0	0	0	0	0	0	5
32		二级 A	0	0	1	2	2	0	5	
33		二级 B	0	0	0	0	0	0	0	
34	鑫辰煤业	一级	0	0	0	0	0	0	0	2
35		二级 A	0	0	0	2	0	0	2	
36		二级 B	0	0	0	0	0	0	0	
37	机车出入库线	一级	0	0	0	0	2	0	2	8
38		二级 A	0	0	0	0	4	2	6	
39		二级 B	0	0	0	0	0	0	0	
40	包白线	一级	0	0	0	0	0	0	0	3
41		二级 A	0	0	0	0	0	3	3	
42		二级 B	0	0	0	0	0	0	0	
43	新陶线	一级	0	0	0	0	0	0	0	4
44		二级 A	0	0	0	0	0	4	4	
45		二级 B	0	0	0	0	0	0	0	

续表 2

序号	线路	级别	1 月	2 月	3 月	4 月	5 月	6 月	半年	总计
46	其他线路	一级	60	5	10	8	8	5	96	658
47		二级 A	88	97	102	88	91	76	542	
48		二级 B	19	0	1	0	0	0	20	

2.4　按缺陷类型进行数据统计

表 3　缺陷类型统计表

序号	线路	缺陷类型	半年	1	2 月	3 月	4 月	5 月	6 月
1	京包线	拉出值超限	104	0	0	0	53	39	12
2		疑似绝缘器燃弧	41	0	0	0	10	21	10
3		疑似燃弧	16	10	0	0	4	2	0
4		疑似线夹发热	1	0	0	0	0	0	1
5		疑似吊弦松弛	3	0	0	0	1	0	2
6		受电弓上异物	0	0	0	0	0	4	0
7	包兰线	拉出值超限	27	0	0	0	1	4	22
8		疑似绝缘器燃弧	30	0	0	0	7	11	12
9		疑似燃弧	8	7	0	0	0	1	0
10		运行降弓	1	0	0	0	0	0	1
11		疑似受电弓发热	1	0	0	0	0	0	1
12	包西线	拉出值超限	5	0	0	0	1	1	3
13		疑似绝缘器燃弧	8	0	0	0	1	1	6
14		疑似吊弦松弛	1	0	0	0	0	0	1
15		疑似定位线夹燃弧	1	0	0	0	0	1	0
16		疑似燃弧	1	1	0	0	0	0	0

续表 3

序号	线路	缺陷类型	半年	1 月	2 月	3 月	4 月	5 月	6 月
17	呼准线	拉出值超限	18	8	1	6	3	0	0
18		疑似绝缘器燃弧	4	0	0	0	1	1	2
19		疑似燃弧	279	0	0	142	59	57	21
20		疑似吊弦线夹燃弧	26	0	0	5	3	14	4
21		疑似定位线夹燃弧	25	0	1	5	11	6	2
22		疑似限制管燃弧	1	0	0	0	0	1	0
23		疑似电连接线线夹燃弧	1	0	0	1	0	0	0
24		疑似吊弦松弛	9	1	0	0	2	3	2
25		疑似中锚线松弛	4	0	0	1	1	0	2
26		受电弓上异物	3	0	0	0	0	3	0
27		疑似受电弓发热	158	0	0	0	22	111	25
28		疑似受电弓磨损	615	11	4	173	124	209	94
29		鸟窝	2	0	0	0	0	1	1
30	张集线	疑似定位线夹燃弧	1	0	0	0	0	1	0
31	集包线	疑似绝缘器燃弧	11	0	0	1	6	2	2
32		疑似燃弧	6	3	0	0	2	1	0
33		疑似吊弦松弛	2	0	0	0	0	1	1
34		受电弓上异物	1	0	0	0	0	0	1
35		鸟窝	1	0	0	0	1	0	0
36	包白线	拉出值超限	3	0	0	0	0	0	3
37	包神线	疑似燃弧	1	1	0	0	0	0	0
38	呼甲联络	拉出值超限	6	1	2	0	1	3	0
39	呼王联络	拉出值超限	5	0	0	0	0	2	3
40		疑似燃弧	10	0	0	10	0	0	0
41		疑似吊弦线夹燃弧	9	0	0	0	2	7	0
42		疑似线夹燃弧	3	0	0	0	1	2	0

续表 3

序号	线路	缺陷类型	半年	1 月	2 月	3 月	4 月	5 月	6 月
43	呼准增二	拉出值超限	3	0	0	1	2	0	0
44		疑似绝缘器燃弧	2	0	0	0	0	2	0
45	机车出入库线	拉出值超限	6	0	0	0	0	4	2
46		疑似接触网异物	2	0	0	0	0	2	0
47	庙梁煤专	拉出值超限	13	3	0	9	0	1	0
48		疑似绝缘器燃弧	3	0	0	3	0	0	0
49		疑似燃弧	3	0	3	0	0	0	0
50	新陶线	拉出值超限	4	0	0	0	0	0	4
51	鑫辰煤业	拉出值超限	1	0	0	0	1	0	0
52		疑似燃弧	1	0	0	0	1	0	0
53	其他线路	拉出值超限	121	12	22	20	17	24	26
54		疑似绝缘器燃弧	318	81	61	56	43	41	36
55		疑似燃弧	106	56	10	17	14	4	5
56		疑似吊弦线夹燃弧	15	5	1	5	2	1	1
57		疑似定位线夹燃弧	32	7	3	9	6	5	2
58		疑似电连接线线夹燃弧	7	0	3	3	1	0	0
59		疑似线夹燃弧	3	3	0	0	0	0	0
60		疑似电连接线散股	1	0	0	1	0	0	0
61		疑似吊弦松弛	15	2	1	1	4	5	2
62		疑似绝缘器消弧变形	1	0	1	0	0	0	0
63		疑似绝缘器铜滑条变形	1	0	0	0	0	1	0
64		疑似绝缘子发热	7	0	0	0	3	3	1
65		疑似受电弓发热	10	0	0	0	1	7	2
66		疑似线夹发热	6	0	0	0	0	5	1
67		运行降弓	1	0	0	0	1	0	0
68		鸟窝	12	0	0	1	3	3	5

2.5 对统计结果进行分析

从 2017 年 1 月至 6 月 3C 装置检测数据，分析发现的设备薄弱环节和倾向性问题：

(1)检测弓网缺陷占缺陷总数的 52.75%，检测几何参数缺陷占缺陷总数的 21.2%，说明 3C 装置在检测弓网间设备缺陷，检测站场侧线、渡线接触网几何参数，弥补 1C 装置检测盲区方面发挥了重要作用。

(2)呼准线检测一、二级 3C 缺陷占缺陷总数的 34.2%，京包线检测一、二级 3C 缺陷占缺陷总数的 10.9%，查看同期1C 装置检测缺陷，呼准线、京包线 1C 装置检测缺陷比重最高，说明呼准线、京包线在接触网几何参数、平顺性参数、弓网设备缺陷方面较其他线别较多，应重点整治两线检测缺陷。

(3)京包线、鑫辰煤业专用线拉出值超限占拉出值总缺陷的 32.9%、38.29%，京包线万吨重载线受工务集中修抬拨道影响较大、鑫辰煤业专用线接触网设备质量不高方面需引起设备维护部门关注。

(4)呼准线、鑫辰煤业专用线疑似燃弧、疑似吊弦线夹燃弧、疑似定位线夹燃弧占以上三种燃弧缺陷的 60.2%、29.74%，说明呼准线铝包钢接触线、器件式分相等接触网设备在受流质量方面较差。

3 对主导电回路不畅引起的接触网零部件发热现象的分析

3.1 重点分析

针对以上众多类型的缺陷，本文主要就主导电回路不畅引起的接触网零部件发热现象进行分析。

3.2 主导电回路与非主导电回路

接触网主导电回路由供电线、加强线、回流线、承力索、接触线、电连接、隔离开关、开关引线、扼流变、吸上引线等组成。牵引电流中的大部分电流都通过主导电回路中流过，如主导电回路不畅会诱发接触网事故，这在实践中已多次得到证实。然而，在实际运行及施工改造实践中，我们常常会遇到下列现象：定位器与定位环绞接处被烧伤；软横跨下部固定绳在定位环线夹处被烧伤；交叉线索在交叉处被烧伤等等情况，程度深的还会引起弓网故障。在这里，我们把定位器与定位环之间、软横跨上、下部固定绳、交叉线索之间等构成的回路统称为非主导电回路。

3.3 导致接触网零部件烧伤原因

接触网结构比较复杂、多样，在进行电气连接时，由于种种原因造成主导电通道迂回，引起分流严重而烧伤接触网零部件。一是复线区段的部分站场在设计、施工时，对股道电联结位置设定未能考虑到列车反方向停车启动取流的要求，从而使股道间电连接离反向列车启动处较远；二是个别线岔设置与锚段关节位置重叠，仅在线岔处设置一组电联结不能满足机车取流时电流正常转换的要求；三是在侧线与正线之间的起始端缺少线岔电连接(股道电连接)，仅在一端设置一组电连接不能满足电力机车取流需求。以上三种情况均会造成股道间接触悬挂在机车取流的情况下产生较大的压差，主导电回路迂回，使临近腕臂、软横跨、定位装置形成环流导致隐形电气烧损设备。

解析：无论在什么情况下，电流都会自动走“捷径”。简单地说“当有两条或两条以上的路给电流走时，它不会只走一条路，电阻大的路通过的电流小，电阻小的电路通过的电流大，通过电流的大小和电阻值是成反比的”。我国国家标准中规定的载流导线在空气中的最大容许发热温度为 110℃，电气连接处的最大容许发热温度为 80℃，用于导线温升的热量可通过下式计算：$Q = dt$ 用于导体温升的热量，通过上式可以看出，一是导线截面的减小，使导体电阻的增大，单位时间内的发热量增加；二是导体体积减小，单位时间内的散热量减少。正如软横跨：导线截积比电连接小，线索材质导流性比电连接差，使软横跨导体电阻增大，单位时间内的发热量增加，致使设备发热。

4 典型案例

4.1 线夹发热

2017 年 4 月 17 日 HXD3C1036 号电力机车车载 3C 装置检测出万水泉站上行 142#、144#定位器线夹发热。具体如图 2、图 3 所示。

4.2 现场设备情况

万包联络线与万水泉上行正线平行建立，万包联络线通过万水泉站上行正线取电，从万水泉站大号侧往小号侧方向来看，第一处接火点为 148#软横跨(距万包联络线分相(末端)存在 1 km 负载设备)，下来依

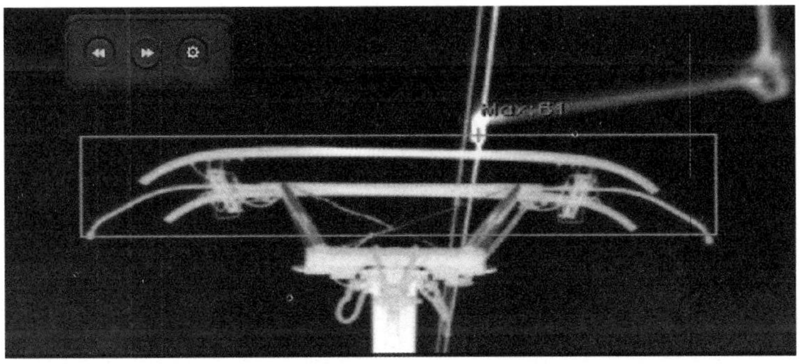

图 2　万水泉站上行 142#定位器线夹发热图

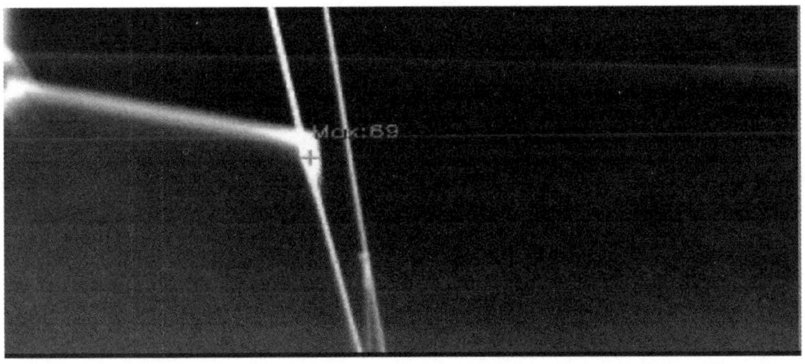

图 3　万水泉站上行 144#定位器线夹发热图

次为 146#软横跨、S05#侧线线岔(有电连接)、144#、142#软横跨(承载渡线)、S04#正线线岔(无电连接)。如图 4 所示。

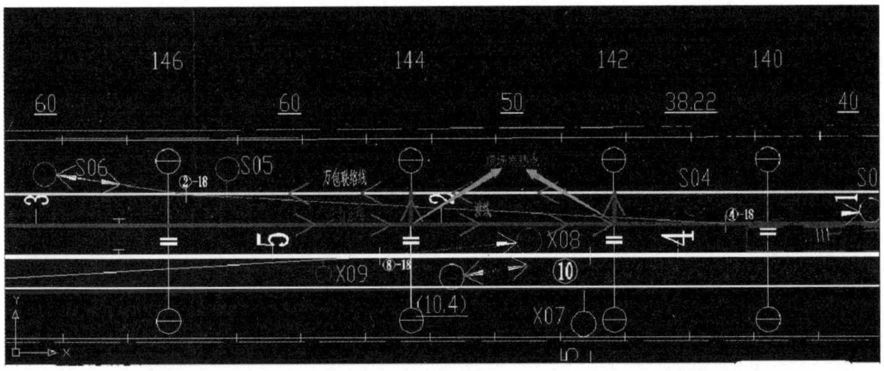

图 4　发热位置平面图

4.3　原因分析

万包联络线主导电回路是通过 S04#线岔电连接→渡线→S05#线岔→上行正线取流，但 S05#线岔未安装线岔电连接，相当于 S05#线岔与 144#、142#软横跨设备电回路一致，均属于非主导电回路。当万包联络线分相至万水泉站 146#间存在电力机车时，电流会通过上行正线→S05#线岔前方 144#、142#软横跨→渡线→S05#线岔→万包联络线→电力机车，144#、142#软横跨设备及 S05#线岔同为非主导电回路，且 144#、142#软横跨设备还位于 S05#线岔的前方，所以说作为非主导电回路的 144#、142#软横跨设备必定会参与分流，最终导致 142#、144#定位器线夹发热。

4.4 对应措施

万水泉站 146#增加股道电连接，相连万包联络线与万水泉站上行正线，改善万包联络线主导电回路不畅问题，截取作为非主导电回路的 142#、144#软横跨设备过电流量。

4.5 整治效果

万水泉站 146#股道电连接于 2017 年 4 月 26 日补装完成，截至 2017 年 5 月 30 日观察此处 3C 检测装置 20 余次，未发现上行正线 142#、144#定位器线夹发热现象。

5 结论

机车车载接触网运行状态检测装置(3C)具有很高的检测效率，一般人工需要几个小时才能检测 10 km 设备，而 3C 检测装置几个小时就能够检测数百甚至上千公里，并且可通过计算机对检测结果进行辅助处理，减轻了劳动强度，工作效率明显提高。

参考文献

[1] 吉鹏霄. 电气化铁路接触网[M]. 北京：化学工业出版社，2011.

浅析联调联试接触网动检缺陷处理办法

罗立新

（中国铁路呼和浩特局集团有限公司供电处 工程师）

摘　要：通过对呼张客专呼和浩特东至乌兰察布段联调联试期间接触网动检缺陷的分析，解析接触网检测缺陷，总结处理办法，制定整改措施，最终顺利通过综合检测车检测。

关键词：呼张客专；接触网动检

呼张客专设计时速250 km/h，2017年5月开始呼张客专呼和浩特东至乌兰察布段联调联试工作。

该区段内有乌兰察布站、卓资东站高速场、旗下营南站、呼和浩特东站高速场4个车站。全线正线采用AT供电方式，牵引网上下行并联供电。正线接触网采用全补偿弹性链形悬挂，站线采用全补偿简单链形悬挂。

1　接触网检测情况

1.1　铁路局检测车

呼张客专呼和浩特东至乌兰察布段联调联试期间，4月23—30日期间每日利用局接触网检测车（车号999311，车型WX25T，限速160 km/h，总重54.1 t，计长2.4，无动力）作为确认车，担任接触网检测确认任务。共计检测发现缺陷441处，其中硬点3处，拉出值超限2处，跨距高差超限31处，接触线高度超限405处。其中旗下的营南－卓资东和卓资东－乌兰察布缺陷较多，分别为164处和140处。

1.2　综合检测车非接触式检测

5月1日，总公司综合检测车对张呼客专接触网设备进行非接触检测，共计发现286处缺陷，其中定位点处拉出值超限15处，定位点处接触网高度超限33处，吊弦处接触线高度超限113处，接触线坡度超限103处，相邻吊弦点接触线高差超限22处。

1.3　综合检测车接触式检测

5月2—3日，总公司综合检测车两次接触式接触网动态检测共计发现7处缺陷，其中6处接触网高差超限，1处硬点，经排查硬点位于上毫村2号隧道下行15#～17#间中锚辅助绳处，里程K435＋451，于5月4日处理完成。其余6处缺陷于5月6日处理完成。

2　检测缺陷分析

5月1日，总公司综合检测车对张呼客专接触网设备进行非接触检测，共计发现的286处缺陷，经现场静态复测，共计有87处超出技术标准。针对现场静态复测与总公司检测车静态检测结果存在差别的情况，供电专业组邀请北京铁路局接触网专家对检测结果进行分析，提出整改建议23项，于5月8日组织供电处、呼和供电段、铁科院、施工单位研究总公司非接触检测中发现的缺陷，明确总公司检测车非接触检测与人工测量差值较大处所的调整方式。决定按照比接触网维修规程更为严格的标准进行调整，其中一跨内接触线高差调整到30 mm内，相邻吊弦高差调整到10 mm内，定位点拉出值调整到标准值±10 mm内，导线高度调整到标准值±10 mm内。根据确定的调整标准组织技术人员对每项缺陷分别制定调整方案，将同一区段内的设备缺陷合并，综合调整参数。经分析，共计需调整115处，其中定位点处拉出值超限需调整8处，定位点处接触线高度超限需调整24处，吊弦处接触线高度超限需调整83处。

从5月8日夜间到11日凌晨，由呼和供电段、中铁十一局、十二局现场共同处理缺陷，截至5月13日全部处理完毕。经5月14日总公司综合检测车第二次非接触检测，未发现缺陷。至此，全线接触网静态测量参数全部符合标准要求。

3 经验介绍

3.1 决不轻易调整参数

由于每日开行确认车，检测缺陷数据较多，不适合每日安排处理，需要结合多次检测数据综合分析，先处理缺陷集中区段的缺陷，后处理个别缺陷。切忌全面开花，每一处缺陷都安排现场处理。

3.2 以锚段为单位集中调整。

因高铁设计标准较高，调整接触网参数时，需要集中安排人员，以锚段为单位，同时调整，确保一个锚段内所有参数达标。而不是已跨距或者定位点为单位个别调整。

3.3 注重缺陷曲线分析

5 月 2 日检测发现 1 处硬点，利用 5 月 2 日完成天窗现场未找到缺陷，经查找缺陷曲线，确定缺陷所在公里标，方才处理。因此，需要结合曲线分析，才能准确把握缺陷位置。

4 结束语

呼张客专呼和浩特东至乌兰察布段联调联试期间成立供电专业专家组，负责对疑难问题、动检发现的重复问题进行分析，制定整改方案并督促整改。联调联试期间由联调联试指挥部统一督办，由施工单位整改，整改完成后再由设备管理单位、监理单位签认，保证了问题销号的快速、真实。

京哈秦沈线接触网防鸟害工作的实践与探索

周振兴

（中国铁路沈阳局集团有限公司锦州供电段 助理工程师）

摘　要：京哈秦沈线作为国内较早的客运专线，由于当时建设、设计等原因，铁路沿线树木较多，为鸟类搭建鸟巢提供了先天条件，而鸟类筑巢造成的短接带电设备引发跳闸的情况近年来多次发生，结合近年秦沈线接触网鸟害数据及防治措施，从鸟害搭建的位置、时间、特点等方面分析了鸟巢搭建规律，并对接触网鸟害防治提出了针对性的预防措施及建议。

关键词：接触网；鸟害；防治

1　京哈秦沈线接触网鸟害的危害

秦沈线沿线地段沿线多为树木、灌木丛，接触网杆塔等设备所处位置存在地势开阔、阳光充足、高度合适、形状结构稳定、易于搭窝等特征，便成了鸟类栖息的首选地方。而搭建鸟窝的材料一般多为树枝、铁丝等，其在搭建鸟巢过程中所使用的铁丝、树枝存在短接或缩小接触网绝缘安全距离的风险，特别是遇到雷雨、大风等恶劣天气，大风或潮湿的空气会将鸟害风险进一步放大，极易将带电体与接地体之间的绝缘距离缩小或短接，从而引起接触网跳闸，严重时还可能导致接触网断线或设备烧损，如案例一、二所述。

案例一：2016 年 4 月 11 日，京哈秦沈线东戴河－山海关间 0148 号支柱隔离开关底座处有一正在搭建的鸟窝，由于该鸟窝中支出的树枝触碰了隔离开关触头，造成瞬间短路放电，致使京哈秦沈线 1 号分区所至山海关变电所间上行供电臂接触网跳闸，造成东戴河站 CTC 终端和计算机联锁终端黑屏，影响 19 列动车晚点，构成一般 D10 类事故。

案例二：2017 年 5 月 2 日，某站站内上行 6 道（无网区）63 号支柱硬横梁上搭有一处鸟窝。由于该鸟窝内含有的铁丝与临近回流线跳线搭接打火放电造成跳线烧断同时将鸟窝引燃，跳线一端下落到废旧的货物站台侧，另一端靠近 4 道接触网，但由于跳线被固定在硬横梁上，因此未下垂造成接触网跳闸，如图 1、图 2 所示。

这两起事故都严重扰乱了正常的运输秩序、造成了设备烧损，因此，防治鸟害对保证接触网供电安全是十分必要和重要的。

图 1　鸟巢位置

图 2　拆除引燃鸟巢

2 秦沈线接触网鸟害的特点

依据对秦沈线 2014 年以来的鸟巢搭建情况观察统计，结合日常巡视、现场踏勘观察发现，进行筑巢的鸟类主要是喜鹊。经查阅资料，一般情况下，喜鹊建的巢比较大，建巢用的材料多，巢穴稳定性好，而喜鹊建巢多选择在较高的、稳定的且较大的树上或者其他高大结构物上建巢。以上特点造成秦沈线喜鹊建巢经常选择建在接触网支柱结构类、横梁类设备上，与喜鹊的生活习性接近。

2.1 鸟类筑巢规律

鸟类由于其天生繁殖习性，其筑巢活动都有一定的规律可循，防治鸟害必须要分析筑巢规律，针对其规律性采取对应的合适的防治措施，归纳起来主要概括为筑巢时间特性、位置选择特性和筑巢顽固特形(表 1)。

表 1 2016 年葫芦岛北牵引供电车间各月份鸟窝分布情况

月份	2 月	3 月	4 月	5 月
数量	2	9	18	25
比例	3.7%	16.7%	33.3%	46.3%

2.1.1 筑巢时间特性

通过对近年来鸟窝搭建规律的研究，不同地区鸟类筑巢的时间有所不同。本文主要针对辽西地区气候条件特点进行分析，以秦沈线葫芦岛北牵引供电车间 2016 年鸟窝统计为例，从表 1 可以看出，鸟类会在每年 2 月末、3 月初开始筑巢，属于鸟害偶发期；鸟巢开始不断增多是在每年的 4 月份，该时期是鸟巢的增长期，而 5 月份是鸟巢的高峰期，该时期的喜鹊由于需要产卵而开始大范围搭建鸟巢，该时期鸟巢具有数量多、处所多、周期短、反复性高的特点。而 5 月底则属于鸟害结束期，该时期鸟巢数量大幅减少，新建的鸟巢慢慢消失，发现的鸟窝多数是残留的树枝等。总体上讲，3 月、4 月、5 月是秦沈线鸟巢搭建的主要时期，所以鸟害防治要针对关键时期做好相关工作。

2.1.2 位置选择特性

经对我段秦沈线以及沈山线接触网鸟巢搭建位置进行统计，对易发生的鸟害故障进行分析，可以总结出易发生鸟害的筑巢位置选择分布情况，主要有以下几类：

(1) 支柱及硬横梁。格构式钢柱、吊柱底座、硬横梁，如图 3、图 4 所示。

(2) 设备底座。避雷器底座、隔离开关底座。

(3) 附加线。附加线及供电线肩架、加强线间架，如图 5 所示。

(4) 腕臂底座。腕臂底座、跳线肩架，如图 6 所示。

图 3

图 4

图 5

图 6

其中，秦沈线以硬横梁带电体正上方、隔离开关底座、跳线肩架、腕臂底座几处鸟窝搭建位置容易引起带电设备接地跳闸。另外要说明，对于不同线路，由于接触网结构不同，鸟巢在接触网搭建的位置不同，因此，其他各线路应因地制宜采取针对性的鸟巢防治措施。

2.1.3　筑巢顽固特性

筑巢顽固性是指鸟类会在同一支柱上反复搭建鸟巢，结合日常处理鸟巢的经验，这种特性表现的尤为明显。例如 2017 年秦沈线锦州南至葫芦岛北区间下行 719 号支柱加强线肩架上竟然反复搭建鸟巢 7 次之多，安装驱鸟器后依然不能解决。所以掌握筑巢顽固性对于在重点支柱、重点部位、重点设备上采取防鸟害措施具有很大的指导价值，同时对分析接触网线路跳闸故障的类型并尽快找到故障点也有一定的帮助。另一方面，鸟类筑巢顽固性，也证明了单一采取安装驱鸟器、涂抹驱鸟剂等方法是无法完全预防控制鸟巢出现的，而类似加强线肩架类的接触网设备结构又导致不能采取封堵的方法，所以，固有的鸟害预防措施是无法完全应对鸟巢顽固特性的，需要进一步完善和开发防鸟害的新方法、新手段、新设备，需要更多人员去努力探索研究。

3　接触网鸟害防治措施、困难及建议

虽然鸟害防治设施不能完全解决鸟害问题，但相比较单纯依靠人工处置鸟窝，既减轻了日常维护的工作量，也确实对防治减少鸟巢方面起到了很大作用。根据秦沈线当地车间提供的数据，通过安装驱鸟器、涂抹驱鸟剂等方式，2014 年至 2017 年期间，葫芦岛北牵引供电车间每年的鸟窝数量都在逐渐减少。因此，在接触网上采取有效的鸟害防治措施是非常必要的。

我段通过对鸟害风险的确认，制定了有针对性的防治规定。对于不危及供电安全的鸟巢建立暂不处理鸟巢统计表，纳入“一巢一挡”，明确鸟巢位置、确认人、确认时间、危害程度等信息。满足下列条件的鸟巢可暂不处理。

(1) 硬横梁结构(倒立柱)：成型鸟窝树枝与接触网带电部分的水平距离不小于 1 m。

(2) 软横跨结构：成型鸟窝边缘位于上、下部固定绳及横向承力索悬式绝缘子无电侧。

(3) 钢支柱等其他位置，应保证支出硬横梁范围的鸟窝树枝不侵入水平(斜)腕臂绝缘子支柱侧边缘的上下连线范围，并确保在风摆或树枝脱落等突发情况下均不会发生接地故障。

3.1　*我段鸟害防治采取的主要驱鸟设备*

我段近年来逐步试验使用驱鸟剂、风车式驱鸟器、超声波驱鸟器、防鸟刺、防鸟网等方法防治鸟害，每类驱鸟设备均存在优缺点，主要技术特点分析如下。

3.1.1　驱鸟剂技术特点

驱鸟剂是通过挥发出对鸟类有刺激性的气味使其远离接触网设备，从而达到防止鸟害的目的的。优点是使用方便，不影响接触网设备外观，且不存在安装上的限制性，一般情况下不需要停电就可以利用绝缘杆进行涂抹。缺点是使用寿命很短，味道挥发后就失去作用，且鸟类会对其适应性增强也是客观存在的

问题。

3.1.2 风车式驱鸟器技术特点

主要分为反光镜式和贴片式两种。风车式驱鸟器采用独特的轴承，并在风轮上加装贴片或反光镜，使风轮在做反复运动时利用光学反射原理在驱鸟器区域内形成一个散光区，使鸟类惧光而不敢靠近筑巢，从而实现驱鸟功能。优点是清洁环保，可全天候工作，成本适中，所以使用范围较大。缺点是露天工作环境下，反光镜式因材料极易老化、生锈，造成使用寿命变短，目前我段已不再使用反光镜式。贴片式因其采用不易生锈、老化的新材料，目前为我段主要采用的驱鸟器，如图 7、图 8 所示。

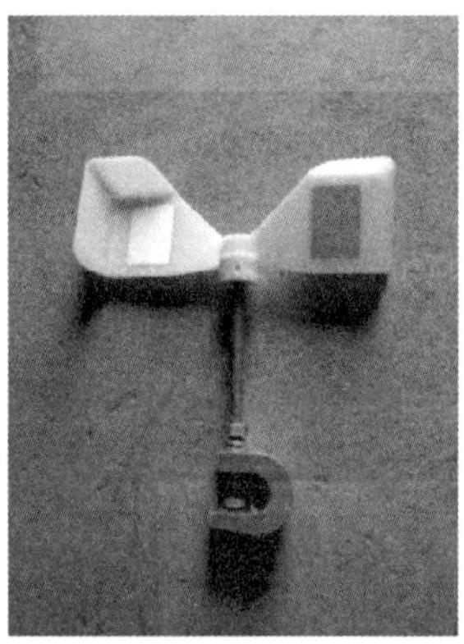

图 7 贴片式

图 8 反光镜式

3.1.3 防鸟刺技术特点

防鸟刺是利用数根呈树杈状散开钢丝破坏鸟巢搭建环境，使鸟类无法在其上落下，从而阻止鸟巢搭建。其优点是防鸟效果较好，安装维护比较方便，一些杆塔肩架的结构复杂，在该处易被鸟搭窝，可在此处及附近采用加装防鸟刺的措施。该措施的缺点是安装范围比较大，大风等恶劣天气下，存在与带电设备安全距离不足的隐患，导致使用范围受到限制，如图 9 所示。

3.1.4 防鸟网技术特点

防鸟网的原理是采用网隔离的方式，将鸟类便于筑巢的空间进行封堵，从而消除鸟害隐患，防鸟网主要用于硬横梁、硬横梁侧边柱、区间桥钢柱、软横跨侧边柱等。该方案的优点是防鸟效果很好，可以彻底杜绝鸟类搭巢，且使用寿命较长，缺点是需解决材料防腐等问题，由于适用范围单一，主要在站场内使用，且单价较高，使用范围较小。安装要求如图 10、图 11、图 12 所示。

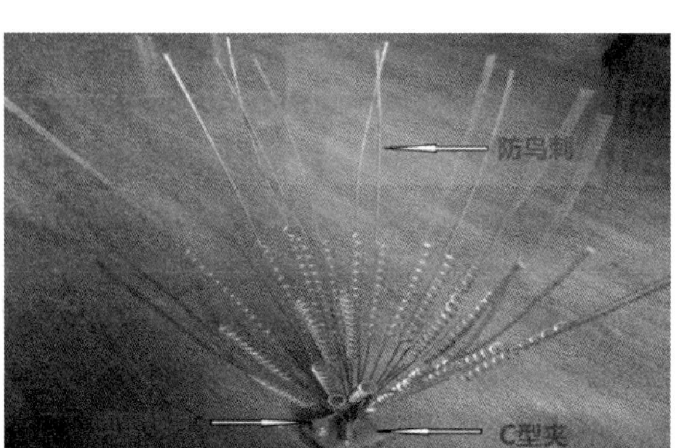

图 9 防鸟刺

图 10 防鸟网安装效果图

3.1.5 超声波驱鸟器技术特点

超声波驱鸟器采用太阳能板及蓄电池作为电源，通过模拟发出鸟类天敌的叫声等声音，驱赶鸟类远离

图 11　硬横梁上部防鸟网安装示意

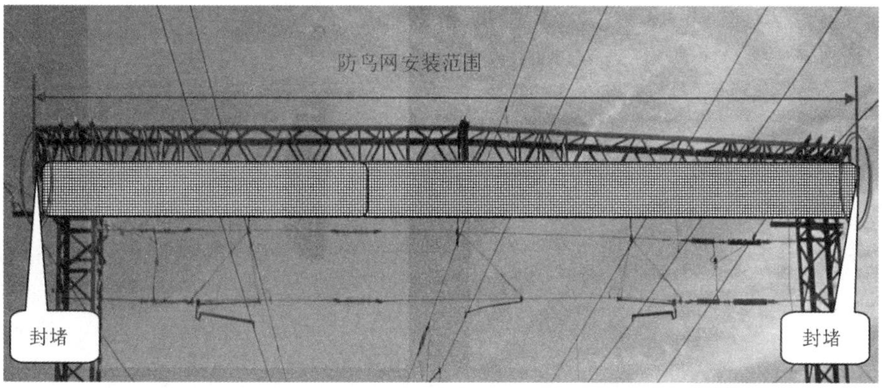

图 12　上下部固定绳式硬横梁防鸟网安装示意

接触网设备，达到驱鸟的效果。该方案的优点是保护范围广，缺点是费用过于昂贵，且结合现场使用效果看防治效果不佳，我段目前已基本不再使用，如图 13 所示。

图 13　超声波驱鸟器

3.2　秦沈线鸟害主要防治措施

结合上述驱鸟技术手段，综合利用各类驱鸟装置根据接触网结构，接触网设备上易搭建鸟巢位置不同，考虑各类驱鸟装置的优缺点及适用范围，吸取我段鸟害防治工作的经验教训，总结出如下安装驱鸟装置方案。

(1)搭建在格构式钢柱框架内。防治方案：安装风车式驱鸟器或防鸟刺。

(2)搭建在硬横梁钢柱上方或硬横梁吊柱底座上方，硬横梁法兰连接处，钢柱大限界框架处。防治方案：安装风车式驱鸟器，条件允许时安装防鸟网对硬横梁进行封堵。

(3)搭建在接地跳线肩架，加强线肩架，回流线肩架，附加导线下锚角钢与接地跳线肩架之间，在腕臂底座与跳线肩架处。防治方案：安装风车式驱鸟器和涂抹驱鸟剂相结合。必要时可根据现场实际调整改变跳线肩架的结构偏转方向，使其不具备搭建鸟巢的条件。

(4)搭建在隔离开关底座处。防治方案：采取驱鸟器与驱鸟剂结合的方式进行预防，隔离开关上搭建的鸟巢全部按危及供电安全鸟窝掌握，必须第一时间组织处理，具备条件时在隔离开关平台上安装多功能防鸟器及涂抹驱鸟剂。

以上四种方案仅适用于秦沈线设备特点下对鸟巢本身进行防治，除此之外，对于棘轮补偿装置等其他位置的鸟巢危害也有对应的防治措施，本文就不再针对其他线路、其余位置的鸟巢防治措施进行详细论述。

3.3 因时制宜采取防鸟害措施

一般情况下，鸟害发生具有显著的时间特性，因此可依据时间规律制定适宜的防治鸟害措施。鸟害的时间特性与所处地域关系密切，当地供电车间要根据当地气候、鸟类迁徙繁衍的实际情况调整相应措施，对症下药。

3.3.1 偶发期防鸟害措施

积极采用添乘、2C 检测等方式，及时发现鸟窝并将其清除是偶发期防治鸟害的重要方式。车间要严格落实鸟害期间添乘制度，添乘人员发现鸟窝要第一时间通知段调度，调度指挥车间要做好现场确认及处理等工作，并纳入“一巢一档”管理，积累数据、统计台账，对新鸟巢处所纳入后续检查重点，偶发期要做好已安装驱鸟设备的状态检查，对新鸟巢位置及时安装驱鸟设备，已经安装过驱鸟设备的处所依然搭建鸟巢时，要采取补强或更换新型驱鸟设备的方法，防止鸟巢重复搭建。总之，偶发期要通过前期积累掌握本年度鸟巢搭建的位置、规律。

3.3.2 增长期防鸟害措施

鸟巢增长期，一是要强化巡检分析手段，加大添乘密度，抓住重点对隔开、硬横梁等重点处所进行检查，秦沈线发现鸟巢按照“鸟巢处理不过夜的原则”执行，若无天窗可采取提报临时天窗及登记设备故障方式进行处理。二是同步推进鸟害技防措施安装，鸟巢数量逐渐增加，供电车间要从天窗提报角度做好提前准备，确保必要时利用天窗对新搭建鸟巢处所安装驱鸟设备。

3.3.3 高峰期防鸟害措施

高峰期继续坚持“鸟巢处理不过夜原则”，组建专人队伍加强鸟害防控，一般需要一个月时间，这段时间内无特殊情况需每日安排职工添乘巡检，及时进行 2C 分析。结合前期数据，对鸟害高发处所要做到每天覆盖检查，存在严重危险的鸟巢处理后必要时采取蹲守方法，杜绝惯性鸟巢引发接触网跳闸。强化鸟害高峰期应急处置工作，提前组织做好预案学习、应急演练等工作，当发生鸟巢引起接触网跳闸时，能够最大限度缩短影响时间。

3.3.4 结束期防鸟害措施

做好鸟害总结工作，及时分析鸟害严重程度，对接触网安全运行危害的大小进行统计分类，整理成台账，一是继续安排天窗安装驱鸟设备，二是便于来年对照鸟巢搭建情况，对驱鸟设备选择提供新的思路。

3.4 当前鸟害防治困难及建议

总的来看，以目前的技术手段，接触网鸟害依然是困扰和威胁接触网运行安全工作的一个难题，主要原因在于以下四个方面：

(1)在不伤害鸟类的前提下去解决接触网鸟害问题。

(2)鸟类天性、鸟类筑巢顽固性、对安装驱鸟设备的适应性，决定了一种有效方法做到一劳永逸的情况是不存在的。

(3)接触网结构特殊性和现场环境条件限制了许多防鸟措施的施行。

(4)鸟害发生与气候关系密切，导致具有突发性。例如，气候变化会改变鸟害时间特性，会在偶发期后直接进入高峰期，扰乱工作计划；因气候原因(大风、雨雪等)出现瞬时性风险，雨雪改变空气绝缘距离等。

可见，以上四个原因造成接触网鸟害防治工作距离科学高效还存在很大的距离，诸多驱鸟设备的使用确实很大程度上减少了鸟巢的搭建数量、频率、范围，但人工破坏鸟巢依然占据鸟害发生期的最大工作量，这种方法不单需要耗费大量人力物力，重复性工作增多，也对日常的检修计划完成产生影响，而且不能从根本上杜绝鸟害引起的故障、事故，也存在一定的人身安全风险。另外，秦沈线作为客运专线很难开展巡视工作，天窗数量有限，一个车间的车辆、人员等条件限制，鸟巢大范围爆发时，坚持“鸟巢处理不过夜”是很难实现的。所以，如何利用现有技术、并积极学习其他单位技术手段是做好接触网鸟害防治工作的关键。针对以上难题，可以从以下几方面提升鸟害防治能力：

(1)秦沈线鸟害源头主要就是喜鹊，针对喜鹊搭建鸟巢的顽固性和反复性，对于已安装驱鸟设备、且在同一位置反复搭建的鸟巢(图5)，可以在鸟巢内投放专门杀死喜鹊的药食，诱导其食用，虽违背不伤害鸟类前提，但为解决鸟巢反复性的问题，这种方法可以适当有针对性地采取。

(2)要结合反馈效果扩大驱鸟设备使用范围。以使用最广的风车式驱鸟器为例，锦州南至葫芦岛北区间331号支柱回流线肩架处反复搭建鸟巢，安装驱鸟器后，喜鹊又在相邻333号支柱继续搭建鸟巢，当地车间之后在该支柱两侧五跨均安装驱鸟器后，鸟巢隐患彻底消除，以此为例，类似情况，可在两侧安装三至五跨以上驱鸟器，对鸟巢防治效果能显著提升。

(3)在制度上予以保证。例如，制定严格的鸟害整治奖惩制度，鸟害防治工作存在问题的车间要严格考核；对鸟害期安全稳定的车间要给予集体奖励。

(4)根据接触网设备实际情况，人工搭建合适的引鸟处所。此种方法可以避免采用第一种方法杀死鸟类，但局限性较大，目前，引鸟措施在欧洲、美国电网中应用较多。

(5)铁路专业人员要借鉴电力、机场等专业领域的防鸟方法，结合接触网的具体特性和工况环境完善铁路部分防治鸟害的方法，以供接触网供电部门参考。

(6)优化接触网结构设计，建议从设计方案上对接触网设备和结构进行优化，减少格构式、大平面、敞开式结构的采用，不给鸟类筑巢制造机会，同时在工程实施中完善必要位置的防鸟、驱鸟措施，减少二次施工。例如，格构式横梁建议改为管型倒三角梁或矩形梁；格构式支柱、吊柱、立柱，建议改为管形柱或H形柱。

4　结束语

鉴于接触网鸟害具有时间性、区域性、瞬时性、重复性等特点，进行鸟害防治时，坚持“源头防范，防治结合”，需要从建设到运行各个环节引起重视，要认真地总结鸟类筑巢的特点，分析鸟类在接触网设备上筑巢时的安全系数，采用人工防鸟和设备防鸟等多措并举，综合防治才能达到降低鸟害危害性的目的。

参考文献

[1] 李军. 接触网鸟害防治方案研究[J]. 中国铁路，2014：49－53.
[2] 魏峰. 浅谈高速铁路接触网防鸟相关措施[J]. 应用科技，2016：195－196.
[3] 肖理. 关于高速铁路接触网鸟害问题的探讨[J]. 科技风，2016：191.
[4] 李文豪，刘豪. 接触网鸟害防治措施研究[J]. 电气化铁道，2013(5)：15－17.

铁路接触网鸟害防治措施探讨

明 军

(中国铁路北京局集团天津供电段高速接触网技术科 业务指导、助理工程师)

摘 要: 近年来,随着高速铁路的不断开通运行,由于鸟类活动而导致接触网线路故障的问题逐渐凸显,使得高速铁路的运行安全与质量受到严重的影响。本文通过研究分析鸟害活动规律及对接触网供电设备运行存在的安全隐患,从防鸟害措施入手对高铁供电设备安全运行进行深入分析,对高铁接触网鸟害问题进行探讨,最后形成接触网鸟害防治的立体解决方案。

关键词: 接触网; 供电设备; 鸟害防治

在我国高速铁路线路中,鸟类活动引起的线路故障日益严重,引发的设备故障日渐增多。鸟害是威胁铁路接触网安全稳定运行的一道难题。随着电气化铁路的不断发展,供电的安全性与稳定性不言而喻,因此研究鸟类筑巢规律,采取有效措施防治鸟害,降低鸟害对接触网危害的风险系数,减少鸟害对接触网的影响,是目前铁路供电部门管理者值得研究的一个课题。

1 接触网鸟害的特点及危害

1.1 接触网鸟害的特点

鸟类的活动受季节因素的影响非常明显,通过对 2017 年鸟害数量进行统计(表 1),不难发现,鸟害数量在 2 月开始明显增多,3、4 月份达到顶峰,随后数量开始下降,到 6 月进入尾声。根据现场经验总结分析,鸟窝的搭建具有反复性与顽固性,鸟窝在拆除之后一夜之间就能再次重复搭建完成,而且呈现出在一处或邻近支柱多次筑巢的特点,因此,我们要针对上述鸟害时间特点,重点对鸟窝搭建地点进行添乘、巡视、统计,做好事前预防工作,避免鸟害影响接触网正常运行。

表 1 2017 年高速铁路鸟害数量统计表

月份	1	2	3	4	5	6
鸟害数量(处)	6	93	363	479	174	38

1.2 接触网鸟害的危害

高速铁路的接触网通常建设在地势开阔、阳光充足的区域,给鸟类筑巢提供了便利条件。鸟类在搭建鸟巢过程中所使用的铁丝、树枝或是其他异物都有可能会短接或缩小接触网带电部分与接地部分之间的绝缘距离,导致接地跳闸、断线或是绝缘子闪络等故障发生,尤其在雷雨天气下,潮湿的树枝或是大风吹落的鸟巢更有可能引发接触网短路接地导致跳闸的故障出现。同时掉落在绝缘子上的鸟类的粪便容易导致绝缘子性能降低,在潮湿或大雾等不利天气下发生绝缘闪络。

2 接触网鸟巢搭设位置特点

通过现场统计调查,鸟巢主要搭设在接触网设备的以下位置:棘轮补偿装置、隔离开关与避雷器托架、硬横梁、附加导线肩架、格构式钢柱。

(1)棘轮补偿装置处鸟巢主要搭建在棘轮底座框架内,距离接触网带电设备较远,影响较小。根据近两年的运行情况分析,鸟类在搭巢过程中,容易发生树枝短接棘轮底座角钢与斜腕臂带电部分而导致跳闸。

(2)开关底座处鸟巢影响大，一是底座距引线连接线距离较近，喜鹊及其他鸟类在筑巢过程中，筑巢的树枝及鸟类身体都很容易造成短路跳闸；二是鸟巢搭在此处，当遇到潮湿天气时，树枝绝缘能力下降，绝缘间隙减小，从而会引发跳闸。

(3)硬横梁处鸟巢一般搭筑在吊柱底座上，距离带电设备较远，影响相对较小，但当鸟巢位于带电部分正上方时，极易发生短接横梁与带电部分的情况，影响设备运行。

(4)附加导线肩架处绝缘空间较小，鸟类在此处筑巢时，容易将带电体短接引起故障。

(5)格构式钢柱处鸟巢一般搭建在两节钢柱法兰连接处，距离接触网带电设备较远，对供电设备影响较小。

3　接触网鸟害防治措施

3.1　鸟害防治技术手段

针对鸟害筑巢时间特点以及筑巢位置，制定了一系列有效防治措施，最大限度地消除鸟害影响。

(1)隔离开关安装声波驱鸟器。

为减少鸟类在铁路隔离开关内搭窝，确保不发生隔离开关内鸟窝造成的接触网跳闸，2017 年安排在管内津秦高铁安装声波驱鸟器 46 个。根据统计分析，安装声波驱鸟器后，有效地减少了隔离开关鸟害数量。这种类型的防鸟措施安装简便、可操作性强、免维护时间长，能有效预防鸟害对接触网设备造成的影响，至今运行稳定，安全可靠。

(2)涂抹驱鸟剂。

在重点设备上组织驱鸟剂涂抹工作，累计采购美国进口“BIRD－X”驱鸟剂 500 多瓶，对管内隔离开关底座、电缆头底座等关键设备处所进行涂抹。针对登乘列车巡视无法覆盖检查区域，特别安排专人进行巡视检查，在进行清理设备表面的灰尘、杂物以及鸟类粪便后，将驱鸟剂涂抹于设备表面，并在下雨后及时进行补涂。在鸟害比较严重的区域适当增加涂抹密度和胶体厚度，以达到更好的驱赶效果(图 1)。

图 1　涂抹的驱鸟剂

(3)刺球式驱鸟器。

针对津霸客专、津秦高铁等线路驱鸟措施不完善等问题，装设 300 套刺球式驱鸟装置，安装于附加悬挂肩架、AF 线肩夹等空间较大且可能搭建鸟窝的处所。

(4)格构式硬横梁驱鸟网贯通安装。

为减少格构式硬横梁处鸟巢搭建，在管内曹庄北线路所、京津城际延伸线等格构式硬横梁处实施驱鸟网贯通安装，安装驱鸟网 1200 m^2。自安装驱鸟网后，格构式硬横梁实施了贯通防鸟网安装的处所再未出现鸟窝。

(5)反光风轮式驱鸟器。

针对津霸客专、京津城际延伸线等新开通线路驱鸟措施不全等问题，加装 1400 套驱鸟装置，其中有 400 套抱箍式、1000 套夹板式驱鸟器，主要安装于附加悬挂肩架、隔开底座、硬横梁、供电杆塔、AF 线肩夹等空间较大，且可能搭建鸟窝的处所。

(6)棘轮补偿装置安装驱鸟箱。

针对鸟类在棘轮补偿装置的棘轮底座的机构框架内搭窝，可能造成棘轮补偿装置的卡滞，如鸟窝树枝较长可能会造成绝缘距离不足的放电等特点，组织对补偿装置各部尺寸进行测量后研制了特型驱鸟箱，目前已对管内津秦高铁所有补偿装置全部安装完毕，共计安装 330 处。

(7)安装绝缘子增爬裙。

针对津秦高铁滨海至唐山间中间柱棒式绝缘子处鸟窝较多，且现有的护板、驱鸟刺、驱鸟器均无法安装的情况下，在覆盖涂抹驱鸟剂的基础上，联系厂家研制生产卡箍式增爬裙，安装在绝缘子钢帽压板与绝缘子裙边之间，对鸟巢树枝进行物理阻挡，目前在津秦高铁滨海至唐山间安装了 200 套。

图 2 反光风轮式驱鸟器

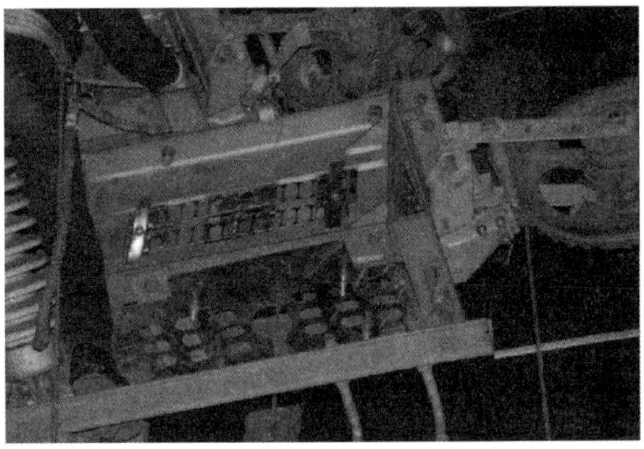

图 3 棘轮补偿装置处安装驱鸟箱

3.2 鸟害防治的思路

在加强技术手段防范的同时，制定如下鸟害防范细则：

(1)加密添乘及巡视频次，消除设备隐患。针对高速铁路的鸟害特点，为保证高铁设备不发生因鸟害而造成接触网跳闸的事故，通过增加添乘次数，加密设备巡视频次，及时发现鸟巢搭建情况。在鸟害最猖獗的月份，每日安排人员添乘动车组巡视，白天线下巡视和定点监控，夜间安排连日天窗上线巡视处理鸟窝，做到全方位、全覆盖地消除鸟害影响。

(2)投入人力物力，加强人工干预措施。在鸟害高峰期及高峰区段，配备接触网巡检小车，每天安排在天窗点内利用接触网巡检小车对管内所有高铁设备巡视检查一次，按照“鸟窝处理不过夜”的原则，及时进行处理，坚决杜绝鸟害引发设备跳闸。

(3)对各类驱鸟装置进行全面检查。在鸟害来临前，结合年度设备检修计划，利用步行巡视、天窗对车间管内驱鸟装置进行专项检查，确保驱鸟装置正常工作。

4 结束语

接触网设备鸟害防治工作具有长期性和艰巨性，对于不同的接触网设备、不同的区域和季节，鸟害呈现出不同的特点，因此要认真结合鸟类筑巢的实际特点，分析鸟类在接触网设备上筑巢时的安全系数，通过科学有效的管理，人防和技防共同发挥，将鸟害对高速铁路接触网的危害降到最低，确保铁路供电安全，使铁路运输稳定有序。

参考文献

[1] 刘建. 客运专线接触网鸟害防治措施探讨[J]. 郑铁科技通讯，2016(2)：23 - 28.
[2] 赵红玉，魏博. 接触网鸟害防治方案研究[J]. 铁道标准设计，2012(2).

关于对合肥南站分段绝缘器滑道、消弧角断裂问题分析及解决措施探讨

张国栋

（中国铁路上海局集团有限公司合肥供电段 技术科工程师）

摘　要：2017 年 1 月 18 日，动车组 3C 装置检测出合肥南站沪蓉场 110#～112#道岔间分段绝缘器消弧角断裂缺失，2017 年上半年以来合肥南站陆续发现分段绝缘器出现滑道、消弧角烧伤及断裂缺陷。据统计，合肥南站自 2014 年开通运营以来，沪蓉场已发生 5 起分段绝缘器滑道、消弧角断裂故障，已严重影响运输和供电安全。针对此严重设备安全隐患，本文认真分析分段绝缘器滑道、消弧角断裂原因，并对解决措施做进一步探讨研究。

关键词：合肥南站；分段绝缘器；解决措施

引言

分段绝缘器是接触网上实现同相电气分段、使受电弓平滑通过的重要绝缘设备。作用是将同一相供电单元的接触网分隔成几个独立的供电范围，实现上下行电气分隔、站场供电分束。

分段绝缘器在接触网系统中是最大的集中荷载，在有限的空间内，集接头线夹、导流滑道和绝缘元件等刚性部件于一体，在自然环境、行车速度、受电弓压力、接触网振动和线路条件等因素的综合作用下始终处于受力、受压状态。当分段绝缘器故障时，往往会造成上下行、多个供电单元同时停电的严重后果。因此，提高分段绝缘器运行可靠性，是保证供电、运输安全的关键。

1　问题概述

合肥南站沪蓉场 2014 年 8 月份开通以来，已发生 5 起正侧线间分段绝缘器消弧角及滑道断裂问题，沪蓉场、合福场共计 16 处分段绝缘器存在滑道、消弧角烧伤问题，现场对分段绝缘器技术状态进行检查，技术参数基本符合安装要求。合肥南站靠近动车所，动车通过频率较高，部分渡线间分段绝缘器每日弓架次在 40 次以上，此处分段绝缘器故障频发，质量不稳定，已严重影响弓网受流安全，存在极大安全隐患。

2　问题分析

通过对分段绝缘器几何参数、安装工艺、运行环境及产品质量等方面进行分析，并将受损分段绝缘器送往国家铁路产品质量监督检验中心接触网检验站进行检测，做进一步验证。综合分析原因如下。

2.1　分段绝缘器消弧角断裂分析

2.1.1　受电弓过分段绝缘器拉弧过大。

通过对 3C 装置受电弓过分段绝缘器照片及现场观察分析，存在拉弧过大问题，电火花长期灼伤消弧角，如图 1 所示。

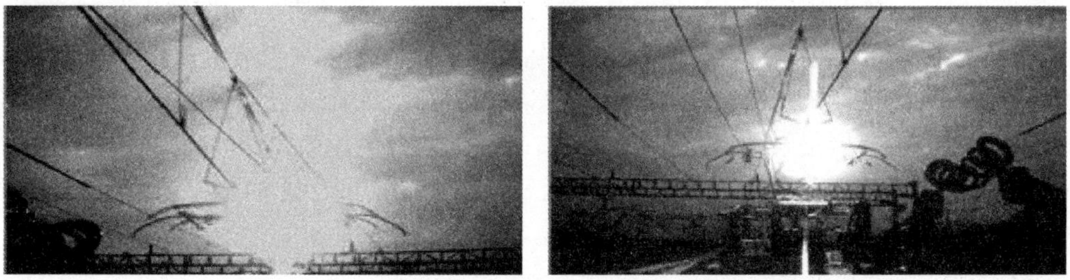

图 1　合肥南沪蓉场受电弓过 132#～134#道岔间分段绝缘器（3C 图像）

现场对损伤分段绝缘现场实体检查，分段绝缘器消弧角电腐蚀烧伤迹象明显，初步判断消弧角断裂是由于燃弧灼伤材质结构，造成机械性能不断下降，最终导致消弧角断裂脱落。如图 2 所示。

图 2　合肥南沪蓉场受电弓过 132# ~ 134#道岔间分段绝缘器(监控视频)

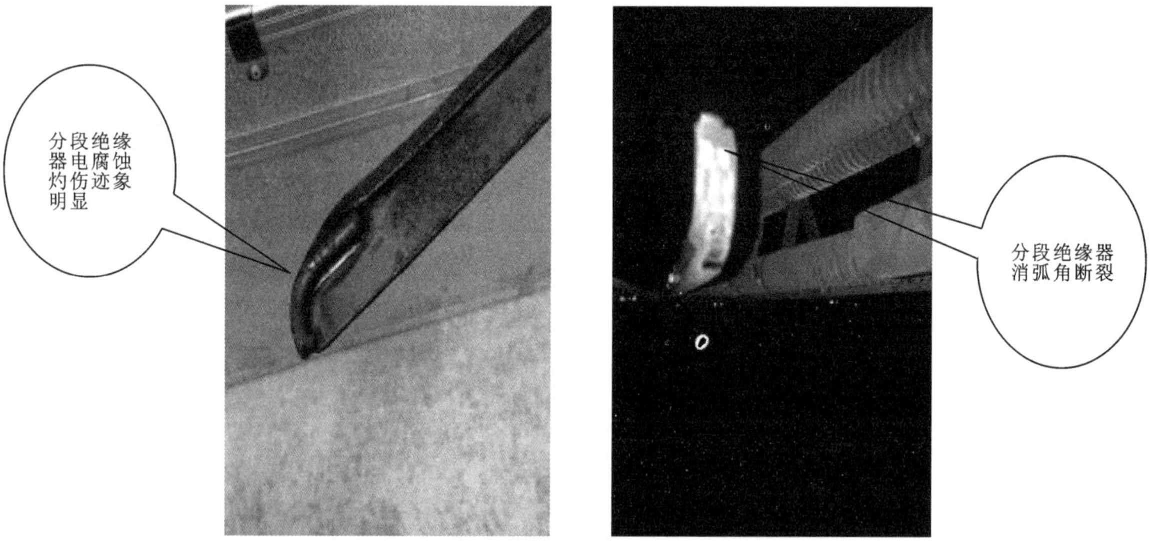

图 3　合肥南站 132# ~ 134#道岔间分段绝缘器断裂现场

受电弓过分段绝缘器拉弧过大的原因分析：

(1)分段绝缘器两端存在电压差。合肥南站由合福场、沪蓉场组成，共计 8 个供电单元(图 4)。由于正侧线间动车组车流密度相差较大，分段绝缘器两端电压随着两供电臂内的取流及压降不同，导致正侧线间接触网产生电压差，且由于馈出供电单元长度不一致(如沪蓉场 121# ~ 115#岔间分段绝缘器合肥枢纽 10 单元、沪蓉高铁 230 单元长度分别为 3.3 km、13.25 km，相差 9.95 km)，受导线电阻影响，不可避免地出现压降变化不一致问题。当列车通过该分段绝缘器时，产生较大的穿越电流，引起导流滑道及消弧角间拉弧，长期电腐蚀加剧了消弧角断裂。

(2)分段绝缘器消弧角设计不合理。此批次分段绝缘器消弧角过长且自重较重，电力机车受电弓高频率通过分段绝缘器时，产生拉弧现象后火花会随长消弧角进一步扩大，导致拉弧危害进一步增大。

(3)分段绝缘器运行技术参数不达标也会造成拉弧过大。分段绝缘器相对线路中心偏移量(100 mm 以内)、相对吊弦及定位点负弛度(相对两端相邻吊弦抬高 5 ~ 15 mm，相对两端定位点抬高 50 ~ 70 mm)、纵线路和垂直线路方向水平误差(10 mm 以内)三项技术参数必须保证在安全范围内，数据超标将导致渡线间接触网弹性不均匀，产生弓网接触力变化，电力机车通过时加大了拉弧现象，同时弓网间摩擦阻力增加，磨耗也会增加，长期运行对分段绝缘器本体损伤极大。检查合肥南网工区检修记录，分段绝缘器技术参数符合标准，排除检修不到位原因。

2.1.2　分段绝缘器金属疲劳严重

2.1.2.1　运行情况分析

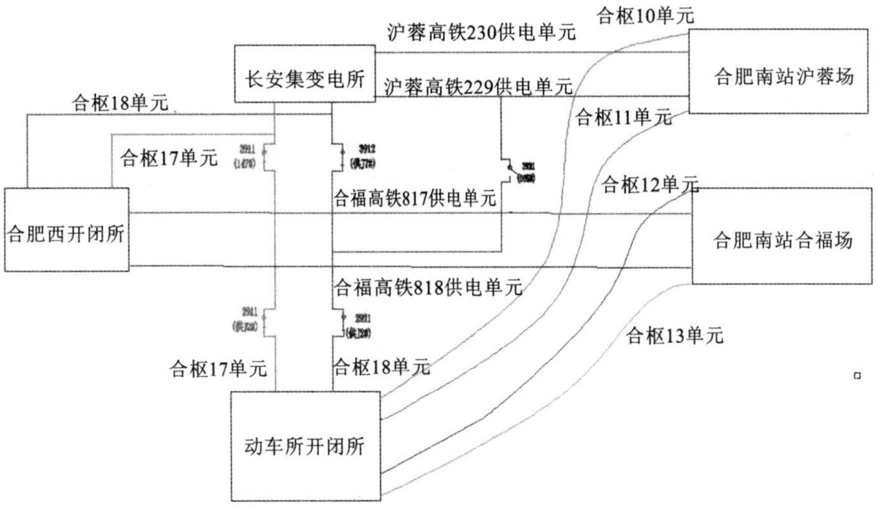

图4　合肥南站供电示意简图

合肥南站分段绝缘器通过弓架次高。部分合肥南沪蓉场正、侧线间分段绝缘器每日过车频次较多（>40趟），且有重联车及长编组双弓列车，通过弓架次要远大于40次，如此高频率地振动分段绝缘器，极易产生金属疲劳。重联车或双弓列车对分段绝缘器的损伤尤其严重，长时间运行致使消弧角振动疲劳折断。

2.1.2.2　化学成分及力学分析

通过送检样品分析结果，化学成分和力学拉伸分析均符合规范要求，排除设备质量原因。

化学成分中P元素含量略偏高，但仍在GB/T 222—2006中规定的允许上偏差+0.01%范围内，其他元素含量满足规范要求。力学拉伸从钢棒上截取ϕ3 mm拉伸试棒，进行室温拉伸试验，材料力学性能满足06Cr19Ni10在固溶热处理状态下的强度要求。

2.1.2.3　送检报告结论

分段绝缘器消弧角的钢棒在焊趾位置发生疲劳断裂，断裂位置同时是拐角结构应力集中区和冷热循环应力作用的位置。断口有两处裂纹源，主裂纹源位于焊趾位置的凹坑边角，次裂纹源位于主裂纹源对侧的高温热损伤熔融表面。剖面金相分析表明，钢棒的其他表面如直段区也在电弧受热作用下发生熔融，熔融表面形成多条热裂纹缺陷，在工作应力和循环冷热应力作用下发生多源疲劳断裂。

2.1.3　分析结论

综上所述，合肥南站正侧线间由于动车组车流密度及供电单元长度相差较大，产生了电压差，同时分段绝缘器消弧角设计不合理，在受电弓通过时产生明显拉弧现象，长期电腐蚀消弧角，在高频率弓架次通过条件下，长期受振动影响，从而产生金属疲劳，最终导致消弧角在回弯处断裂。

2.2　分段绝缘器滑道断裂原因

合肥南沪蓉场发生分段绝缘器滑道断裂1起，2016年12月16日121#~115#道岔分段绝缘器短金属滑道断裂。

2.2.1　检修情况分析

通过观察被更换下来的分段绝缘器，未发现分段绝缘器有长期不正常磨损造成的明显痕迹，检查相关检修记录，分段绝缘器离线路中心线偏移78 mm，负弛度11 mm/52 mm，纵线路和垂直线路方向水平误差小于10 mm，排除检修方面原因。

2.2.2　运行情况分析

(1)该分段绝缘器位于合肥枢纽10供电单元和沪蓉高铁230供电单元间，两供电臂的长度和车流密度相差较大，分段绝缘器两端电压随着两供电臂内的取流及压降不同，存在较大压差。当列车通过该分段绝缘器时，产生了较大的穿越电流，引起导流滑道间拉弧，加剧了导流滑道断裂。

(2)分段绝缘器滑道受冲击频率过高。合肥南沪蓉场正、侧线间分段绝缘器过车频次高(>40 趟),尤其是重联车或双弓列车较多,受前弓通过影响,后弓通过时弓况不良,对金属滑道有一定冲击力。

从更换下来的分段绝缘器查看,金属滑道上有受电弓撞击磨损的痕迹,因该处焊接与煨弯产生的残余应力未完全消除,重联车或双弓列车通过时,重联车或双弓列车由于前弓通过后引起分段绝缘器抬升和下沉,前弓通过分段绝缘器时,分段绝缘器产生较大幅度的振动,弓网状况不良,后续跟上的后弓与振动中的分段绝缘器发生相互碰撞,从而产生离线火花,长期灼伤滑道。

2.2.3 质量工艺分析

(1)分段绝缘器金属滑道设计存在缺陷如图 5 所示。金属滑道宽板与窄板过渡采用转角过渡,过渡不平稳,折角结构在受电弓通过时对转角点极易形成冲击,长期运行后转角点出现裂纹。扩大检查发现两处金属滑道转角点均出现裂纹情况。

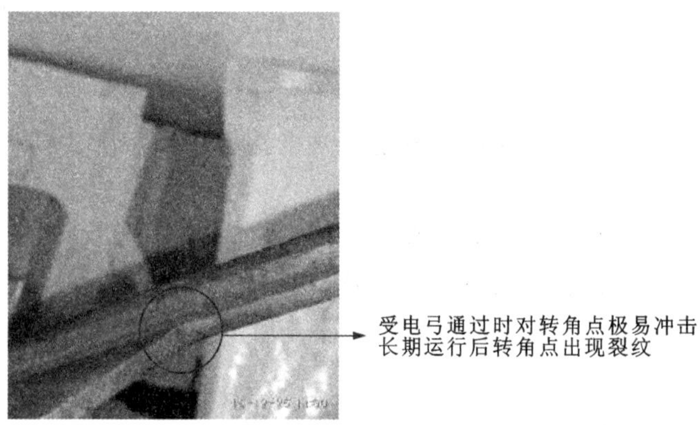

图 5 分段绝缘器金属滑道设计缺陷图

(2)分段绝缘器金属滑道制作工艺不规范。该批次分段绝缘器金属滑道采用拉拔制作工艺,造成自身机械性能较低,机械强度不足。后期批次厂家生产的金属滑道均是采用整材制作,大大提升了自身机械性能。

2.2.4 分析结论

综上所述:合肥南站正侧线间由于动车组车流密度及供电单元长度相差较大,产生电压差,同时分段绝缘器金属滑道设计不合理(宽板与窄板过渡采用转角过渡,后批次改为圆弧过渡),制作工艺存在缺陷,在受电弓通过时产生了拉弧放电现象,长期电腐蚀金属滑道,在高频率弓架次通过条件下,长期受振动影响,产生金属疲劳,最终导致金属滑道断裂。

3 解决措施

(1)将合肥南动车开闭所进线主供方式改为 T 接沪蓉高铁 229 供电单元方式,将既有合肥枢纽 17、18 单元主供改为备用,平衡正侧线间供电单元取流,减小电压差,动车所内设备检修时再切换到合肥枢纽 17、18 单元,可有效解决合肥南站正侧线间网压差问题。但此方案开关切换频繁会带来不方便、安全性降低等问题,且涉及行车限制卡及供电方式变动,需权衡做进一步研究,如图 6 所示。

(2)加强与设计部门沟通联系,结合后期合安九高铁建设,研究彻底解决处理合肥南站正侧线压差较大问题,从设计源头上优化供电方案。最佳方案是在合肥南站新建牵引变电所,可有效实现正侧线间电压平衡,彻底解决合肥南站压差问题。

(3)加强对分段绝缘器设备验收管理,加强对生产厂家沟通,优化设计方案、改进生产工艺,组织进行质量检验与抽样试验,严格控制产品的源头质量并建立责任追溯体系。

(4)实行寿命管理。针对合肥南站日弓架次较多情况,缩短分段绝缘器更换周期,根据实际情况暂按两年寿命管理,做好备件储备,同时加强日常巡视检查,发现绝缘滑道、金属滑道有断裂、裂纹、严重灼伤等情况立即更换处理。

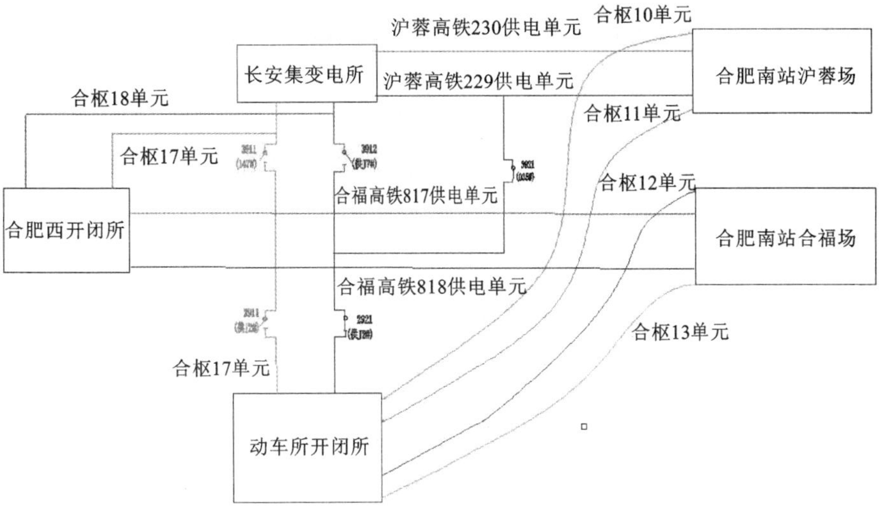

图 6

(5)严格落实设备等级化检修要求。建立每处弓架次分段绝缘器台账，按照接触网设备等级化运行检修指导意见实现检修分类管理，缩短检修周期，保证设备检修质量。

(6)加强机供、辆供联控，强化应急处置。重视机务、车辆部门的联控信息和其他信息，反馈问题及时组织分析并处理，确保弓网状态正常。

同时积累日常检修与应急处理经验，提高对分段绝缘器故障与缺陷的处理能力。

4　结束语

本文通过对合肥南站分段绝缘器滑道、消弧角断裂问题进行详细分析，分析出问题原因，并从日常检修维护、供电方式变更及设计方案优化等方面系统性地提出解决方案。合肥南站分段绝缘器设备安全问题的解决，将极大提高沪蓉、合福高铁供电可靠性，对保障行车运输安全有着重要意义。

参考文献

[1] 中国铁路总公司关于印发《高速铁路接触网运行维修规则》的通知(铁总运〔2015〕362 号).

关于接触网关节式分相安全措施采取若干问题的分析与对策

薛志刚

(中国铁路上海局集团有限公司合肥供电段驻段验收室 工程师)

摘　要：本文针对现阶段关节式分相检修安全措施采取存在的问题，经过现场跟班作业、图纸资料调取、作业指导书验证、路局电调咨询等过程，提出相关对策。

关键词：关节式分相；安全措施；分析

引言

接触网关节式分相结构复杂，安全措施采取涉及项点较多，如接触悬挂、上网点、上网隔离开关、断口等处所。另外关节式分相设置处所有限，人均检修次数较少，所以部分检修人员对相关问题理解不透彻。因此极有必要对相关问题进行调查、分析、明确，减小检修作业中存在的安全风险。

1　接触网关节式分相接地线接挂处所

1.1　普速铁路

分相两侧工作支网回地线各接挂一组，中性线接挂一组，共五组。若上网点在检修范围内则每个上网点再挂一组，共计六(或七)组。

1.2　高速铁路

分相两侧工作支 T 线、F 线各接挂一组地线，中性线接挂一组，共五组。上网点在检修范围内时每个上网点再挂两组(T、F)，共计七(或九)组。

2　关节式分相安全措施采取存在的问题及解决思考

2.1　上网点处地线在哪里接挂更为合理

段管内存在部分上网点处地线接挂处所不清的实际问题。

2.1.1　普速区段现状

段管内普速铁路都是架空线方式上网，地线可在架空线/供电线上接挂。

2.1.2　高速区段现状

高速区段存在大量电缆连接隔离开关，通过隔离开关引线进行上网，上网点具体接挂处所不明确。部分网工区将地线直接挂在上网点附近接触悬挂上。此种接挂方式不妥，一是如果所内误送电会烧损接触悬挂；二是如果此时检修人员正在此处检修，存在安全风险；三是地线挂在接触悬挂上容易引起硬点。另有部分班组将地线挂在隔离开关引线上。此方式也不合适，一是操作不便；二是在引线上接挂有损坏线鼻子压接管的风险。还有部分班组为了规避这个问题，现场检修时采取甩开上网点，只单纯检修分相关节的方法，上网点不检修所以免于接挂地线。这样的做法同样不合适，首先每处设备都有其固定检修周期，上网点处悬挂也不例外，不检修就存在隐患；其次，如果只检修分相关节，那么检修天窗时间也得不到充分利用。

2.2　检修分相上网隔离开关时地线怎样接挂更为合理

检修分相上网隔开时，存在两个来电方向，一个在线路侧，另一个在所亭侧。线路侧地线设置较为简单，可以在腕臂上进行接挂。但通过电缆上网的隔开(如普速区段分区所、高速区段部分上网隔开)所亭侧的安全措施采取存在问题，即没有合适地点接挂地线。

图1　架空上网

图2　电缆上网

图3　高速区段

图4　普速区段

2.2.1　普速区段现状

大部分工区将地线挂在电缆与隔离开关连接处的小段引线上。问题是此处引线非常纤细，在此处接挂地线，会导致引线受力过大而损坏。另有部分检修人员对此处开关检修持保守态度，采取外观检查方式。

2.2.2　高速区段现状

大部分工区在隔离开关导电排上接挂。但是导电排电缆端头之间间隔太小，地线接挂十分困难且接挂时容易损坏导电排。另外此种接挂方式不能将整个开关本体隔离，一旦所内出现断路器等故障，电会误送到上网隔离开关电缆头与导电排连接处，危及检修人员安全。也有部分检修人员对此处开关检修持保守态度，采取外观检查方式。

同时不论普速或是高速区段，上网电缆内都存在大量残余电荷。如果不进行充分放电，检修电缆头时将非常危险。并且普速铁路分区所上网隔开检修时，开关都处于分位，不能通过线路侧地线将电缆残余电量放掉，对检修电缆头有较大隐患。高速铁路检修上网隔开时，隔离开关刀口虽然处于闭合状态，但是电缆内电荷通过线路侧地线放电也需要时间，如果放电不充分同样风险很高。

2.3　对于上述两问题(2.1 节与 2.2 节)的解决及建议

2.3.1　普速区段分相上网点地线接挂处所

管内普速铁路分相处的上网点全部是架空上网，地线就在供电/架空线上进行接挂。

2.3.2　普速区段分相上网隔离开关地线接挂处所

牵引所：在牵引所内的，此开关由检修车间负责检修，在所内接挂封线进行。上网隔离开关在线路上的，都是通过所内架空连接，地线就接挂在架空线上。

分区所：分区所上网隔开都是从分区所内通过电缆连接的。此开关位于线路内，由供电车间负责检修。以图 5 中 2311GK 为例，提出此类开关检修时安全措施的采取方法。

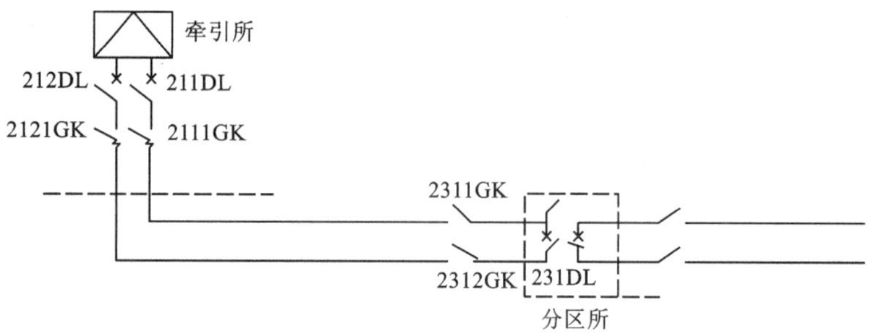

图 5 普速铁路供电原理简图

图 5 为普速铁路供电原理图，正常供电运行时 211DL、2111GK、212DL、2121GK，2311GK、2312GK，231DL 全部都在合位。当 V 停作业检修时(以检修下行线为例)，电调的停电操作顺序为：

(1)首先打开 231DL(解环：解除接触网末端并联)。

(2)之后打开 211DL、2111GK，在牵引所内将下行供电臂停电。

(3)打开 2311GK 分区所上网隔离开关。(提供明显断开点)，之后下令通知可以检修。

此时如果要检修 2311GK 上网隔离开关，分区所侧安全措施可以按照下列方式在所内采取。

图 6 京九线箱式分区所

(1)停电后在所内将 231DL 手车拉出。此操作既可以有效防止 213DL 误动作将上行供电臂的电送到 2111GK 上，又可以为下一步接挂地线提供条件(不拉开手车地线挂不上)。

(2)在箱式分区所内 2311GK 对应的电缆头处接挂地线。此操作既可以将上网电缆中的残余电荷放掉，又可以有效防止误送电(因为挂地线时手车已经拉出，不存在误送电可能)。

上述安全措施需检修车间在所内采取，建议普速分区所上网隔开检修(特别是抢修)时，由供电车间与检修车间共同配合采取安全措施。

当检修 2311 上网隔开时，最好提前与电调联系将 2312GK 也打开到分位。这样可以更有效地避免断路器误动将上行电送到下行，同时也为在所内接挂封线提供更为足够的距离(另外 2312GK 处于分位后，也多提供了一个明显断开点，另外一个是断路器手车，电调会更加同意 2311GK 合位的操作请求)。将此想法向京九台电调进行咨询，其认同此观点的合理性，承诺如果需要操作可予以配合，确保检修安全。

2.3.3 高速区段分相架空方式

高速铁路区段通过架空方式的上网点及上网隔开，地线都在架空线上进行接挂。

2.3.4 高速区段分相电缆方式

高速区段采取电缆方式的上网点或上网隔开，变电所侧的安全措施在所内采取更安全、方便。

段管内高速区段各所都有馈线开关柜，馈线开柜内的隔离开关都是有“三控位”功能的隔离开关(隔离位、工作位、接地位)。检修时可以通过下列步骤将“三控位”开关接地，从而使上网电缆接地(以图 7 进行说明)。

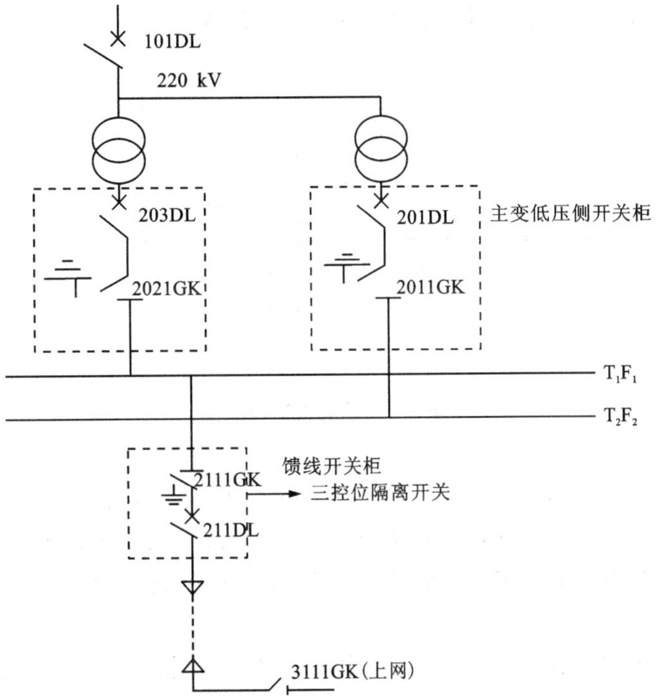

图7　馈线开关柜“三控位”开关原理图

(1)断开馈线开关柜内211DL。

(2)断开馈线开关柜内2111GK。

(3)屏控操作将“远方打当地”。

(4)将馈线开关柜内三控位开关2111GK打“接地位”。

(5)闭合馈线开关柜内211DL。

通过上述操作，可以将上网电缆进行可靠接地，有效地避免检修电缆上网隔开安全措施采取的种种不便。

各所内都是远动设备，没有电调的操作或允许检修人员不得私自操作。本人将此想法咨询合蚌台电调，经其与电调综合台商讨，均对此种方法表示认同，如果需要可以配合操作。此方法也存在理论依据，《高速铁路接触网安全工作规程》第六十九条第四点规定：“进行接触网上网电缆、上网隔离开关停电作业时，应确认上网电缆在变电所(亭)GIS柜侧已接地”。可见高铁《安规》也是要求执行此种方式对上网隔开进行检修的。

此种方式安全、便捷，接地后在所内可通过相关显示器、系统图看到接地刀状态，值班员也可以进行现场确认。此方式在故障抢修时优势更为明显，可以大大缩减地线接挂用时，增加抢修作业安全性。

2.4　接触网关节式分相“断口”短接方式分析

按照相关规定要求，检修关节式分相时要将断口处进行可靠短接。但现场发现，检修人员对于断口的概念理解不到位，对于短接措施采取的方法也不一致。

其实所谓“断口”就是电气上的断开点，其本质是两端存在电压差的处所。

具体到接触网关节式分相，“断口”可以有两类理解方式。

第一类是机械上联通但电气上绝缘的处所，即导线上卡绝缘子的处所(即图7中的①、②、③、④绝缘子两侧)。

第二类是两条导线之间的开口处为断口。在此处作业人员同时触及到两条压差不同的导线，存在危险(图7中中性线与接触线1及接触线2形成的开口)。

第一类“断口”在分相关节中存在四处，即图中的①、②、③、④绝缘子处。短接方法是将他们的两侧分别用短接线短接，共需要4组短接线(图中4条虚线的部分)。

第二类“断口”，在分相关节中有两处，六跨分相就是双断口结构。短接方法就是用短接线将中性线与两侧工作支形成的开口分别进行短接(图 8 中短接线一与短接线二)。

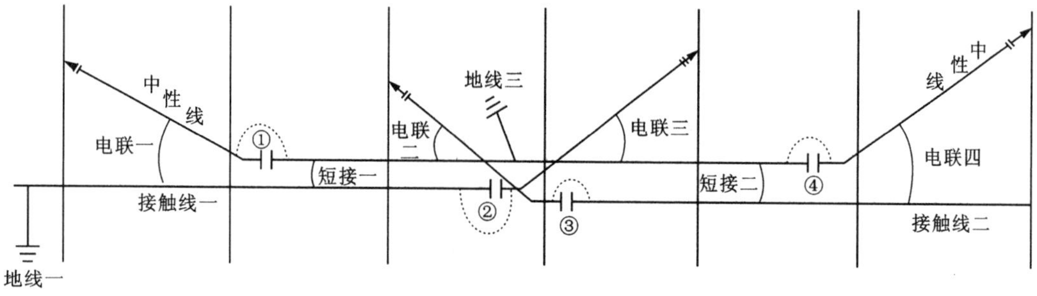

图 8 六跨分相原理简图

现场人员会迷惑为什么有两种短接方式，是不是断口另有什么“奥秘”。其实这两种短接线的设置方式都正确，两者本质上是一致的。原因就在于六跨分相存在 4 处电连接(图 2 中的电联一、二、三、四)。

如果采取第二类方式短接，绝缘子①两侧等同于通过电联一、接触线 1、短接线一进行了短接，即回到了第一类断口的短接效果。

绝缘子②两侧等于是通过短接线一、中性线、电联三将其两侧进行了短接，也可以起到同第一类接挂相同的效果。

绝缘子③、④同理。

反之，按照第一类断口将绝缘子①两侧短接后，等于将中性线与接触线 1 通过电连接一连在了一起，即达到了第二类断口接挂的效果。

同样绝缘子④两侧短接后，等于是将中性线与接触线 2 短接了，同样满足第二类接挂方式所达到的效果。

所以，按照第一类或第二类所设置的短接线，其本质上是一致的。所以作为主导电回路的四条电连接作用非常明显。今后的接触网施工及检修作业，作业人员要特别注意确认主导电回路电连接的状态完好，确保施工安全。

第二类短接线设置方式比第一类少用两组线，更方便操作。另外，短接线一定要在地线接挂完毕后进行接挂，且检修不结束不能将其拆掉，调研中也发现，有部分班组短接线的拆卸较为随意。

2.5 高速铁路区段保护线(PW)是否需要接挂地线

按照《高速铁路接触网安全工作规程》第六十七条第二点规定：“一般情况下，接触悬挂和附加导线及同杆架设的其他线路均需停电并接地。但若只在接触悬挂部分作业，不侵入附加导线及同杆架设的其他供电线路的安全距离时，附加悬挂及同杆架设的其他供电线路可不接地。”

现阶段管内高铁区段，正常检修时都是垂停作业，PW 线等附加悬挂均不挂地线。但是高速铁路应急处置时大部分是利用 V 停作业，所以当发生应急处置且需要触碰 PW 线的情况时，PW 线是要接挂地线的。因为高铁区段 PW 线全线贯通的长度较长，V 停作业时存在较大的感应电；其次如果当某区段绝缘击穿时，故障电流是流经 PW 线回所的。所以在应急处置需要触碰 PW 线时，保护线应接挂地线。新《安规》也提到了相关方面，因此应当对此问题予以高度重视。

3 结语

本文围绕接触网关节式分相安全措施采取中遇到的实际问题，进行了相关研究。分区段对上网点、上网隔离开关的安全措施采取进行了分析。详细阐述了接触网六跨分相断口的结构及短接线设置方法。于细节着眼，分析增加检修作业安全系数的做法。在今后的工作中，我们可以从增强检修作业安全控制措施的角度入手，进一步思考更多更好的安全防护方法。

关于牵引供电系统鸟害的防治方法

孟祥光

（中国铁路上海局集团有限公司合肥供电段淮南供电车间）

摘　要：每年因鸟害引起的牵引供电系统故障时有发生，其后果经常是导致运输中断，影响铁路运输秩序。本文从鸟害的特点说起，结合一线单位发生的典型故障类型，重点介绍了鸟害防治的几种技防措施及其在现场应用中的利弊，通过分析现阶段鸟害呈现出的特点，探索了新的鸟害防治思路，在介绍技防措施的同时也阐述了目前常用的后备人防措施。

关键词：鸟害；技防；人防

1　鸟害

冬末春来，大量的鸟类开始寻找筑巢的地点，为繁衍后代寻找居所。然而我们的架空接触网由于牵引供电需要，大多附近没有树木，故而经常成为鸟类的理想居所。鸟儿筑巢带来的树枝，却成为了我们牵引供电部门最为头疼的东西。这些树枝由于本身绝缘能力低，所以小鸟在筑巢的过程中很容易将其短接我们的绝缘设备从而影响牵引供电系统的正常运行。所以在牵引供电系统内，我们将季节性鸟类在牵引供电设备上筑巢的行为称之为鸟害。

从近年运行经验来看，我段管内鸟害一般自 11 月初开始至次年 5 月底结束，地理分布上南部早于北部。同时鸟害具有明显的区域、时间、位置差异等特点，易在接触网下锚底座（棘轮补偿装置、承/线锚角钢）、硬横梁（吊柱底座）、格构式钢柱（横跨及供电线钢柱）、正馈线/保护线对向下锚（隧道外及隧道口）、隔离开关底座、避雷器底座、隧外中心锚结下锚处、供电线肩架转角（跳线肩架）、大限界框架、腕臂底座、附加线肩架等处所搭建。

2　典型故障

2017 年 2 月 8 日 15:30，长安集变电所 213DL、214DL 同时跳闸，213DL 重合闸成功，214DL 重合闸失败。故标指示为 214 馈线 13.99 kM（沪蓉高铁 214 供电单元，长安集至南分路 402#，公里标 K499 +654），15 时 31 分，电调强送失败，故标指示为 214 馈线 13.28 kM（沪蓉高铁 214 供电单元，长安集至南分路 378 #，公里标 K498 +920），故障类型：T 型，16 时 28 分，故障处理后送电成功。故障导致沪蓉高铁 214 供电单元停电 58 分钟，供电臂下有动车 G678 次，后续影响 9 趟列车晚点，天气：雨。跳闸原因为飞鸟在筑巢过程中潮湿树枝短接平腕臂与支柱间绝缘子，导致供电臂跳闸。

2017 年 3 月 15 日 06:46:17 水家湖牵引所 213、214DL（合蚌 807、808 供电单元）同时距离一段动作，重合闸成功。808 供电单元：故标 5.39 km（水家湖 - 合肥北城 102#支柱 K914 +361），电压 19189V，电流 5600A，阻抗角 69.5 度。8：20 工区人员巡视发现水家湖 - 北城 124#支柱棘轮补偿装置托架上有鸟巢，绝缘瓷瓶有放电痕迹。故障未影响列车运行。

此类因鸟害所引发的故障屡见不鲜，它的存在直接威胁着牵引供电系统的稳定，所以鸟害的防治工作也就显得尤为重要，其总体思路是以技防为主，以人防为辅。

3　技防措施

技防措施的重点是根据运行经验在接触网鸟害易发处采取驱鸟方法，主要有以下几种类型：

视觉驱鸟　镜片式风车驱鸟器、不锈钢式风车驱鸟器、光片式驱鸟器等。

化学驱鸟　驱鸟剂、化学驱鸟器等。

声音驱鸟　声音驱鸟器、超声波驱鸟器等。

物理驱除 驱鸟刺、驱鸟罩、防鸟网(封堵)、刷漆等。

我段在实际作业过程中常采用安装驱鸟风车、声音驱鸟器、防鸟网、鸟刺、刷黄油或红色油漆、安装绝缘挡板等方法驱鸟，并积极探索新的和谐鸟害防治措施。

3.1 常规技防措施

3.1.1 安装风车式驱鸟器

是指通过在容易出现鸟巢的设备附近安装运转的风车来惊吓鸟儿使其远离保护区的方法，常见驱鸟风车中以三叶状红色镜片式风车驱鸟器效果最好，风车旋转有力。优势是对大多数鸟都具有长期驱鸟效果，适用的保护设备较多，目前采用广泛，但弊端是对于部分灰喜鹊等鸟类只能短期有效果，并且单个装置防护范围较小，要达到整体防护效果则需要大量投入。

3.1.2 安装声音驱鸟器

是指将声音驱鸟器安装在需要保护的设备附近，在鸟进入其保护范围内时启动声音或者长期产生尖锐噪音，通过惊吓鸟儿使其逃离防护区的方法，其最大的优势是防护范围较大，对供电设备影响较小，弊端是短时间防护有效，一旦小鸟适应声音后效果不佳，并且其成本过高，工程应用经济性低，采用较少。

3.1.3 安装防鸟网

是指在硬横梁(吊柱底座)、格构式钢柱(横跨及供电线钢柱)等处所安装屏蔽网，使鸟无法进入保护区进行筑巢活动，从而对这些处所的设备起到保护作用的方法，其针对中空的设备和顽固鸟巢具有较长效明显的防护效果，尤其在硬横梁处配合风车驱鸟器组合使用较多，弊端是安装投入人力物力较大，同时安装后的支柱不便于再次攀登，存在一定劳动风险。

3.1.4 安装鸟刺

是指在保护区安装鸟刺，通过鸟刺张开的针使得鸟儿无落脚之地从而让鸟儿远离保护区的方法，此方法使用较少，弊端主要是防护范围较小，部分较大的鸟用长、大树枝也可以在装有鸟刺的地方筑巢。

3.1.5 刷黄油或红色油漆

主要是通过在需要防护处所不影响设备正常使用的位置涂抹黄油或者红色油漆，通过在视觉上惊吓鸟儿，在嗅觉上刺激鸟儿使鸟远离保护区域的办法，此方法在实际运用过程中效果一般，适用鸟类较少，故常被采用作为综合加强手段。

3.1.6 安装绝缘子绝缘挡板

是指通过在绝缘子的上柱头或下柱头上安装圆盘式绝缘挡板，使树枝无法两端同时掉落在绝缘子上或者侵入绝缘子绝缘部分，继而起到避免短接绝缘子导致跳闸的作用，该方法对平腕臂、斜腕臂棒式绝缘子具有较好的保护作用，保护效果明显，并且安装方便，可作为后备保护。

3.2 和谐技防措施

目前铁路的外部环境有以下 2 个趋势：①因危树整治工作导致铁路沿线可供鸟类选择安家的树木持续减少；②高铁客专等新建线路多选择采用桥梁路基设计，供电设备常处于区域最高处。这些因素迫使小鸟大概率选择在较高的供电设备上安家。而目前技防措施是以驱赶为主，并不能解决矛盾关键，同时有很多的鸟有寻根性，如其不能在原地筑巢，它们大多会选择在附近其他处所利用一切可以利用的缝隙来筑巢，供电安全压力有增无减。所以从根本上构建一个生态和谐的供电环境显得尤为重要，这就要说到采取人工绝缘鸟巢的措施了。

接触网人工绝缘鸟巢是一种用绝缘材料制成的鸟巢，将其安装在不影响供电设备使用的位置，如支柱的田野侧等位置。绝缘鸟巢安装后可以为鸟类提供住所，减少鸟类自己携带树枝筑巢带来的安全风险，同时鸟巢处于相对安全的区域内，从根本上解决了鸟巢存在的危险，在鸟害期可以节省大量的维护成本，但是弊端是建设期需要的投入较大。

4 人防措施

由于技防措施并不能完全避免鸟类筑巢行为，故采取多种人防，及时对技防无效的鸟巢进行处理是确保供电安全的备用手段。

4.1　添乘巡视方面

各工区安排人员对管内设备每日巡视检查2次，早上乘坐早班车出发，尽早发现鸟儿筑巢情况并且及时反馈信息，争取时间，利于工区尽早处理鸟巢，消除隐患，同时第二趟添乘工作应于第一趟过后的三小时后进行，对鸟巢情况进行再次确认，积极将信息传递给工区职工，克服隐患。同时对鸟巢分布特点做好总结分析，日常巡视中加大对重点处所的盯控力度，及时发现供电隐患。

4.2　现场处置方面

鸟巢发现后相关车间工区及时协调天窗对鸟巢进行处置，具体可以采取利用杂物杆对鸟巢进行处理或者由作业攀登供电设备进行处理两种方式。

4.3　规章制度方面

为了提高工区职工的安全责任意识，在规章制度方面采取有奖有罚的制度，鼓励发现鸟巢的同时也对松于巡视的人员进行相应考核，鼓励积极处理鸟巢行为的同时也对拖沓的人员进行相应考核，引导职工对鸟害高度重视。

5　结语

综上所述，鸟害的防治需要结合不同的防护处所、鸟的种类及鸟巢分布特点合理地选择技防措施，多种技防措施相互结合，提高供电系统的鸟害抵御能力。发散思维，共同探索，在有条件的处所可以适当采取安装绝缘鸟巢的技防措施等新式技防措施，同时加大鸟巢巡查处理力度，通过技防人防相互补充，确保牵引供电系统的稳定运行。

利用大数据建模，创新接触网外部环境管理的技术手段

周　泉

(中国铁路上海局集团有限公司合肥供电段)

摘　要： 铁路接触网设备是露天设置，运行环境严苛，运行状态极易受到外部环境的影响。统计表明，每年外部环境造成的接触网设备故障达到故障总量的70%以上，这一比例在高铁接触网设备故障中更是高达80%以上。但由于这些外部环境有着复杂多变、管控不易、信息量大、难以受控的特点，因此，我们需要利用大数据分析、系统建模的手段，提高接触网设备防控外部环境安全风险的能力。

关键词： 大数据；接触网；外部环境；技术

近期央视《焦点访谈》栏目专题播出了京沪高铁沿线外部环境的隐忧，收看后感想万千。可见外部环境的安全隐患对接触网尤其是高铁运行已经上升到国家安全的地步，从而倒逼我们铁路供电系统必须高度重视外部环境的影响和变化。铁路接触网设备是露天设置，运行环境严苛，运行状态极易受到外部环境的影响。统计表明，每年外部环境造成的接触网设备故障达到故障总量的70%以上，这一比例在高铁接触网设备故障中更是高达80%以上。但由于这些外部环境有着复杂多变、管控不易、信息量大、难以受控的特点，因此，我们需要利用大数据分析、系统建模的手段，提高接触网设备防控外部环境安全风险的能力。

1　外部环境的现状和影响因素分析

目前我们可以把外部环境因素分为自然天气因素和人为环境因素两大类。天气因素包括风、雾(霾)、雷、冰冻等；人为环境因素包括施工、危树、上跨桥、上跨线、广告牌、彩钢瓦、建筑物、鸟害、异物等。每种因素对接触网的运行影响不同，比如风的安全风险为异物侵入供电设备，接触网零部件受损、折断、脱落等；雾霾的安全风险为接触网闪络、绝缘击穿等；冰冻的安全风险为接触网覆冰、受电弓拉弧甚至造成断线等；施工的安全风险为损坏接触网支柱、接触网设备导致倒杆、断线、塌网等；危树的安全风险为倒伏侵入接触网限界造成跳闸；鸟害的安全风险为造成绝缘距离不足引起尖端放电甚至跳闸；上跨线、上跨桥的安全风险为线条或异物脱落造成接触网接地跳闸等。

外部环境的叠加效应会增加风险概率，如风和危树的叠加会加大倒伏侵入接触网限界概率；风和鸟害叠加会增加绝缘不足的概率；空气污染和雨叠加会加大零部件绝缘闪络、锈蚀的概率；空气污染和雷叠加会加大绝缘闪络的概率；冰冻和雨叠加会加大接触线和设备覆冰的概率；雨、风和危树或广告牌等叠加极易造成异物侵入供电设备，接触网零部件受损的安全风险。因此，我们不但要分析单个外部环境的影响，更要统筹考虑外部环境叠加因素对供电设备影响概率更大、程度更高、更为关键的特点。

2　当前外部环境安全管理存在的弊端

(1)外部环境管理缺乏系统性的统筹管理。目前我们段实施的外部环境管理是分层负责、综合治理的思路。主要是安全科负责管理施工、危树的外部环境；技术科负责管理涉及上垮桥、上跨线、广告牌、建筑物方面的外部环境；调度科主要负责关注雷、雨、大风、强对流等一些自然灾害的恶劣天气；保卫武装科负责涉及治安综合治理方面的外部环境管理。虽然是各司其职，但也存在各自为战、信息不通的弊端，缺乏系统性信息化管理。

(2)外部环境管理信息量较大，完全依靠人工建档、排查，缺乏智能化、信息化分搜索、筛选、分析能力。外部环境信息包含了时间、地理位置、铁路里程、线别、行别、与铁路的相对位置、倒伏轨迹与接触网设备的几何距离、产权、影响程度、数量等。同时也是不断动态变化的，细致梳理的话可以形成海量的数据，因此完全依靠 EXCEL 表进行统计分析，已经不能满足系统化、精细化、信息化、智能化管理的需要。

(3)外部环境管理缺乏分等分级和叠加效应的管理。各类外部环境对供电设备的影响程度不同，风险概率不同，处置方式不同，如果不加以详细甄别，将会造成外部环境管理无轻重缓急，统抓统管的低效管理或者是存在等靠思想、随心所欲的无序管理。同时，当多种安全风险因素的坏境叠加形成时，较单一的风险因素的风险概率和影响程度会大大增加，而这时又只能完全依赖个人的主观判断，个人的责任意识，对处置方式进行判断，缺乏“物防”“技防”的管理手段。

(4)外部环境管理完全依赖人的主观能动性，没有突出技防的特点，没有智能预警、提醒功能。外部环境是动态变化的，如果没有一个系统的分析和提醒功能，则往往在外部环境管理上存在被动局面，不能提前预警、预判，管理上停留在资料统计上，缺乏主动预控的抓手。

(5)外部环境管理没有突出图片、照片、视频等多媒体资料和现有的设备履历和技术资料完全信息共享，没有形成一个整体系统，尚属于独立管理的状态。

3　引用大数据管理理念，构建外部环境管理新模式

外部环境大数据首先要建立数据集，可以通过大数据分布式存储技术进行管理，时间信息、位置信息、气象信息、现场图片信息以序列标记的形式与专业属性数据如统计表、技术标准、环境分级管理相融合，目前已有相应的大数据管理分析软件对其进行支撑。针对外部环境大数据中的地理信息、现场实物信息能够存储、查询、分析和展示空间对象。同时GIS为海量数据提供了数据融合的铁路地理信息。外部环境大数据分析需要以电气化铁路地理信息系统为技术基础，在设备空间位置信息的统一基准上，融合外部环境处理属性数据集。主要包括电气化铁路电力线路导线两侧各500 m的范围内异物；铁路附近的施工和危树；铁路附近的上跨桥、上跨线、广告牌、建(构)筑物；电气化铁路附近的排放粉尘、烟尘处所等，并在数据基础上建立相应的数据分析模型，形成外部环境分析的模型基础。外部环境时空大数据解决思路如图1所示。

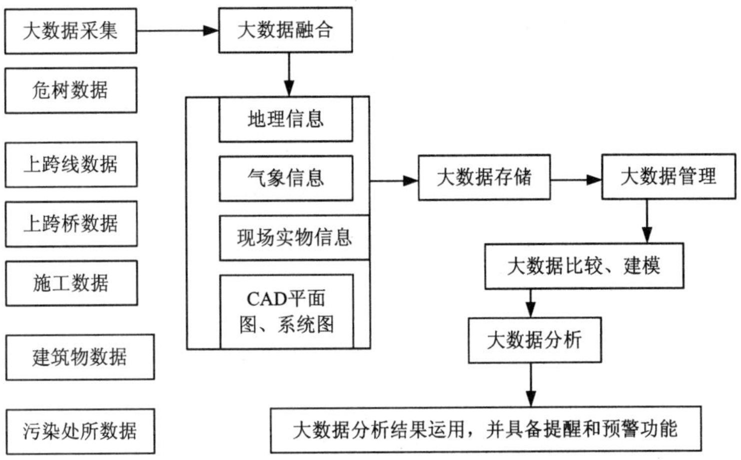

图1　大数据分布式管理图

其中数据源层的建立是关键。数据源层的主要功能是采集与接触网外部环境大数据分析相关的数据，按照数据来源可分为铁路内部数据和外部数据。铁路内部数据主要来源于铁路目前已有的信息数据库如线路路图、运行图、站场图、里程图，以及从视频监控、传感设备、GPS设备采集的视频音频数据、传感数据、GIS数据等；外部数据主要是来自气象、上跨线、上跨桥、危树、建筑物、彩钢瓦等数据。

例如相关位置、处所、数量、分布、危树等级等信息后与铁路地理信息数据相结合，便形成了区域颜色分布图，为直观地辨别危树分布情况创造条件。若与气象分布再一次比对分析，便能更清晰地掌握强对流天气来临时对接触网设备重点影响的区域，在管理上可以提前采取一些有效的防护措施，在应急处置上也可以对供电安全的影响做一个预判。

对危树信息表(图2)与铁路地理信息库进行比较分析，可以通过不同颜色代表不同的危树情况，直观地掌握危树分布。

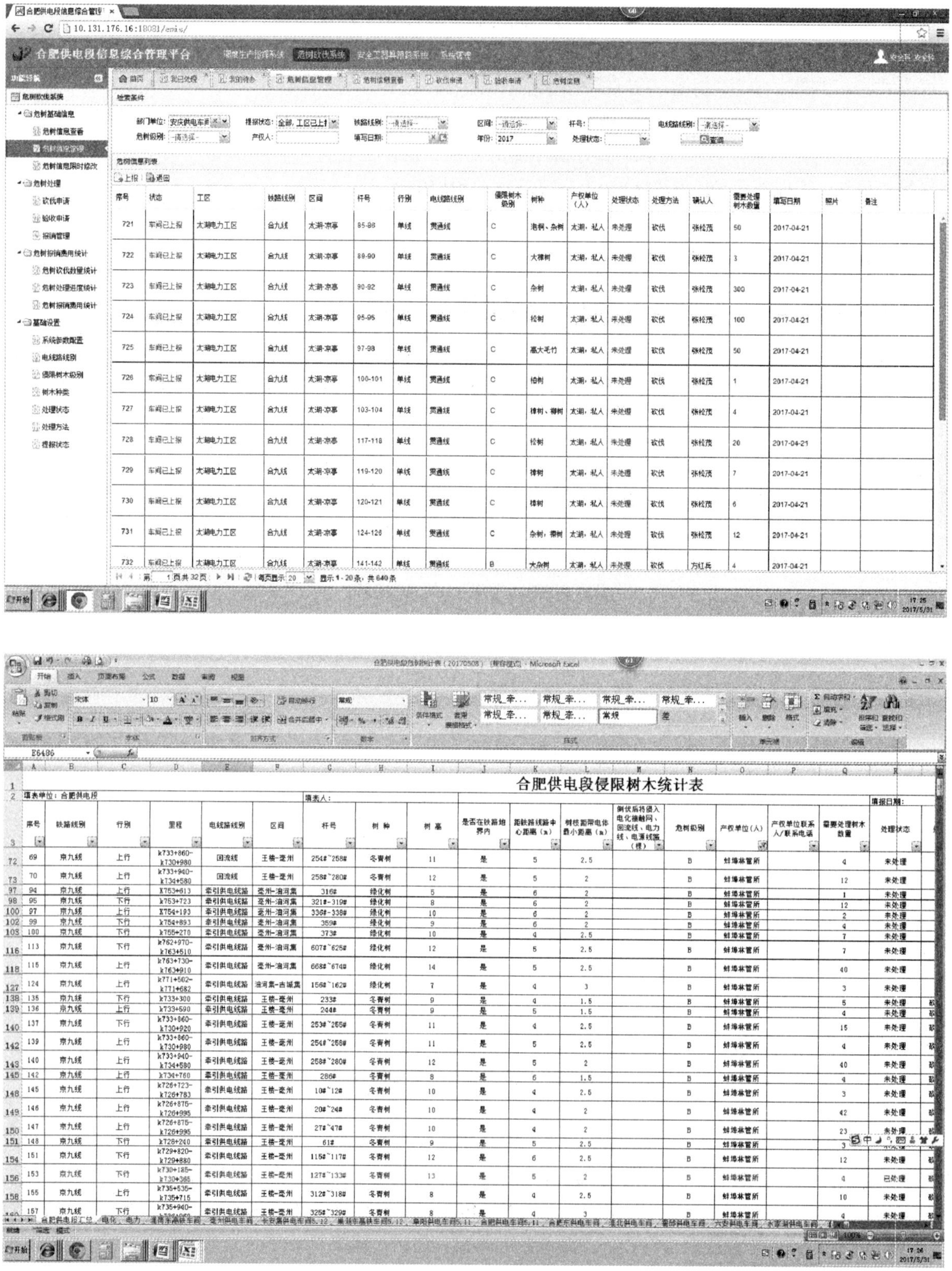

图 2　危树的数据信息表

例如上跨线上跨桥的信息可以通过统计表大数据分析与 CAD 图相结合，与一杆一档、一线一档信息资料进行超链接信息互通，更方便便捷地掌握外部环境分布情况。较以前的上跨线、上跨桥信息更为丰富，也为管理人员提供了更全面的现场信息。

总之，这些大数据信息的准确性至关重要，触网基础设施设备信息，包括接触网支柱基本信息、供电线缆、支柱附属设备等。依据接触网设备设施空间信息模型，建立外部环境信息与设备空间位置的关联关系及与铁路地理信息之间的关联关系。这决定了大数据分析作用发挥的关键。

4　大数据管理信息系统在外部环境管理应发挥的功能和作用

（1）大数据建模为外部环境管理提供更加清晰明朗的外部环境分布情况和多媒体资料。这将改变以往外部环境信息只有表格化、数据化、文字化，缺少全面的现场动态信息、分析信息、多媒体信息的情况，对管理人员来说能更加方便直观地掌握现场外部环境情况和风险等级变化的情况，可以重点地进行干预。

（2）接触网巡检人员通过接触网智能巡检系统填报外部信息，上报信息主要包含上跨桥、上跨线、危树、铁路附近的施工、建筑物等一些外部环境信息以及发生位置、上报时间等。外部环境大数据分析可利用数据接口，从接触网智能巡检系统中将外部环境信息接入，通过与铁路地理信息中的接触网支柱杆号一一对应，完成外部环境的位置融合，实时掌握接触网外部环境的动态变化。

（3）外部环境信息可以和气象信息的地理位置分布进行比较分析。当强对流天气来临时可以分析出我段管内的接触网设备影响的位置和重点防范的区段，有一个较为准确的依据。相关车间在接到强对流天气的预警后可以准确地对关键处所、关键位置进行重点布控、重点防范。

（4）当外部环境以及天气情况发生变化时，外部环境大数据系统可以通过设置的预警条件进行分析判断，一旦达到预警条件，便向管理者通过手机短信形式发出预报预警信息，及时提醒现场工区人员和段管理人员需要加强外部环境的敏感性。

（5）为接触网应急处置提供技术支持。在发生接触网故障时，通过接触网故标的数据，将其输入到外部环境大数据系统中，可以分析出该故标附近的外部环境情况，向调度员和现场应急处置人员提供详实的外部环境资料，不需要再去查资料、找档案。通过系统中提供的现场实物照片，进一步分析判断是否是因外部环境造成的接触网供电故障。同时，也可以将故障信息的统计分析与外部环境的统计分析相结合，深入剖析接触网故障与外部环境的关联度和规律性，为今后的接触网安全管理提供“物防”和“技防”支持。

5　外部环境管理需进一步研究和探索的方向

随着大数据时代的到来，进一步结合大数据技术、地理信息技术，针对接触网外部环境发生的内外在因素，利用电气化铁路设施设备地理信息模型，在基于统一空间位置的基础上，实现多源信息融合，是今后发展的大方向。利用大数据技术对接触网外部环境进行分析和预测，能够使接触网外部环境管理与防护得到数据支撑，指导现场盯控重点和故障应急处置，从而减轻现场作业量，保障电气化铁路供电的持续稳定。

浅谈供电鸟害技防新举措

张晓宾

(中国铁路上海局集团有限公司合肥供电段驻段验收室 验收员)

摘　要: 随着电气化铁路的日益增多，接触网传输电能已经成为高速列车的主要动力来源，接触网一旦停电，势必影响运输秩序；然而每年春季喜鹊在接触网设备上筑巢并造成跳闸停电情况时有发生，严重干扰运输秩序。为提高接触网供电的可靠性，结合管内鸟巢的筑巢特点，提出了鸟害防控、驱离的几点想法。

关键词: 接触网；鸟害；技防措施

1　喜鹊筑巢的危害

每年自开春以来，全段的季节性工作，都是依鸟害处理成为了多数供电工区的重点工作，而且每年的1—5 月都在和鸟害做着持续斗争，期间牵扯大量人力、物力(如京九线繁忙干线，申请临时天窗很难批复，等待天窗、监测鸟巢动态的时间要远远超过处理时间，有时等待一天，都无法批复；而合福线因鸟巢较多，工区天窗基本都用于鸟巢处理，根本无暇顾及设备检修；因鸟巢分布的不规则性，不在同一区间，以及鸟巢不过夜的要求，一晚上要申请几个临时天窗来进行鸟巢处理，人力短缺造成日常的检修与鸟害处置问题日益突出，连续疲劳作战，也给劳动安全带来了很大的安全隐患)。本来每年的 2、3、4 月从天气状况考虑，是设备检修黄金阶段，但是因为鸟巢处理打乱了工区正常检修进度；同时鸟害也给供电安全带来了严重的后果，就近期几起事故案例来看，也都是鸟巢掌握不当、处理不及时造成的(如去年的“2. 22”京九线、“3. 7”沪杭客专；今年的“2. 8” 沪蓉高铁、“2. 6”京九线、“3. 15”南京枢纽等事故案例都给铁路供电以及运输秩序带来了很大负面影响)。由此可见鸟害已经严重地危及到了铁路的供电安全。

2　鸟巢的分布情况

就巢湖东车间而言，从 2016 年鸟巢的位置分析情况来看(图 1)：

分析图 1 可知：隔离开关底座、棘轮补偿装置、硬横梁及格构式钢柱等处所，鸟巢分布占据了 328 处，占总数量的 98%。而这些处所地势较高且空间相对平坦，有一定空间让喜鹊搭设树枝，这也都是鸟类选址的优良处所。

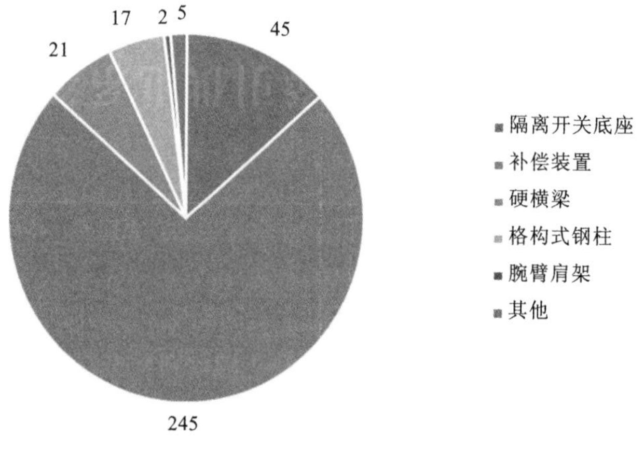

图 1　巢湖东车间鸟巢位置分布

从分布区域来看，这些处所主要分布在合肥南 - 长临河、长临河 - 巢湖东、巢湖东 - 无为三个区间，从地理环境来讲，这些处所的共同特点为树林分布较多，水网分布密集，且三处区段多数为地势平坦的高架桥区段，鸟类繁殖过程往往会选择地势更高的处所来躲避其他动物的侵害(如蛇类)。依据鸟类依水而食，依木而栖的栖息特点，三处鸟害发生率较高。

由此得出：日常登乘和步行巡视要将这些处所纳入重点观测范围，加强登乘巡视的同时，采取步行巡视同步，防止出现登乘巡视盲区（如登乘客车不经过区段或设备分界处所的关键设备上）。

3　目前应对方式

目前各车间都在积极地通过加装风车式驱鸟器、声光电驱鸟器、涂抹驱鸟剂、油漆、黄油等各种技防措施来驱赶鸟类筑巢，然而效果却不明显；如风车式驱鸟器，鸟类已熟视无睹，加之无风天气，驱鸟器无法转动，很难达到驱鸟效果，反而成了鸟巢搭建的脊梁；而声光电驱鸟器，多采用蓄电池或太阳能供电，时间一长便无法正常工作，且灵敏性不高，导致鸟类筑巢时不能很好地发挥作用；而涂抹驱鸟剂、油漆或黄油等措施，可能短时间之内能起到驱鸟效果，但是因这些措施都是在露天野外实施的，因日光暴晒、下雨侵袭、风干等因素，不能保证其长期效果，所以造成鸟巢的重复搭建。就合福线而言经常筑巢处所都安装有驱鸟器，但是还是重复搭建。重复搭建情况具体如下：

表1　各车间重复搭建表

序号	线别	区间	支柱号	搭建次数	位置
1	合福线	巢湖东－无为	129#	2次	补偿装置
2	合福线	长临河－巢湖东	1313#	2次	隔离开关底座
3	合福线	线路所－合肥西	272#	2次	硬横梁
4	合福线	线路所－合肥西	302#	2次	补偿装置
5	合福线	线路所－合肥南	309#	2次	硬横梁
6	合福线	合肥南－长临河	311#	2次	补偿装置
7	合福线	巢湖东－无为	336#	2次	补偿装置
8	合福线	合肥南－长临河	411#	2次	补偿装置
9	合福线	合肥南－长临河	429#	2次	补偿装置
10	合福线	合肥南－长临河	625#	2次	隔离开关底座
11	合福线	长临河－巢湖东	715#	2次	隔离开关底座
12	合福线	长临河－巢湖东	741#	2次	补偿装置
13	沪蓉线	合肥南动车所	75#	2次	隔离开关底座
14	合福线	合肥南－长临河	772#	2次	补偿装置
15	合福线	巢湖东－无为	852#	2次	补偿装置
16	合福线	合肥北城－合肥西	D03#	2次	硬横梁
17	沪蓉线	合肥南动车所	118#	3次	格构式钢柱
18	合福线	长临河－巢湖东	1275#	3次	隔离开关底座
19	合福线	合肥南－长临河	473#	3次	补偿装置
20	合福线	合肥南－长临河	475#	3次	补偿装置
21	合福线	合肥南－长临河	484#	3次	补偿装置
22	合福线	长临河－巢湖东	563#	3次	补偿装置
23	合福线	长临河－巢湖东	564#	3次	补偿装置
24	合福线	合肥南－长临河	626#	3次	隔离开关底座
25	合福线	合肥南－长临河	671#	3次	补偿装置
26	合福线	长临河－巢湖东	797#	3次	补偿装置

续表 1

序号	线别	区间	支柱号	搭建次数	位置
27	合福线	合肥南合福场	DF08#	3 次	硬横梁
28	沪蓉线	合肥南动车所	GS22	3 次	隔离开关底座
29	合福线	巢湖东 - 无为	033#	4 次	补偿装置
30	合福线	长临河 - 巢湖东	109#	4 次	补偿装置
31	合福线	长临河 - 巢湖东	1141#	4 次	补偿装置
32	合福线	长临河 - 巢湖东	1242#	4 次	补偿装置
33	合福线	长临河 - 巢湖东	1278#	4 次	隔离开关底座
34	合福线	长临河 - 巢湖东	307#	4 次	补偿装置
35	合福线	巢湖东 - 无为	335#	4 次	补偿装置
36	合福线	长临河 - 巢湖东	617#	4 次	补偿装置
37	合福线	长临河 - 巢湖东	618#	4 次	补偿装置
38	合福线	合肥南 - 长临河	849#	4 次	补偿装置
39	合福线	巢湖东合福场	D01#	4 次	硬横梁
40	合福线	巢湖东 - 无为	034#	5 次	补偿装置
41	合福线	长临河 - 巢湖东	1316#	5 次	隔离开关底座
42	合福线	长临河 - 巢湖东	1358#	5 次	补偿装置
43	合福线	合肥南 - 长临河	474#	5 次	补偿装置
44	合福线	无为 - 铜陵北	503#	5 次	补偿装置
45	合福线	合肥南 - 长临河	762#	5 次	补偿装置
46	合福线	合肥南 - 长临河	718#	6 次	补偿装置
47	合福线	长临河 - 巢湖东	752#	6 次	补偿装置
48	合福线	合肥北城 - 合肥西	889#	6 次	格构式钢柱
49	合福线	长临河 - 巢湖东	1241#	7 次	补偿装置
50	合福线	长临河 - 巢湖东	165#	7 次	隔离开关底座
51	合福线	长临河 - 巢湖东	661#	7 次	补偿装置
52	合福线	长临河 - 巢湖东	703#	7 次	隔离开关底座
53	合福线	长临河 - 巢湖东	1357#	8 次	补偿装置
54	合福线	合肥南 - 长临河	321#	8 次	补偿装置
55	合福线	长临河 - 巢湖东	662#	8 次	补偿装置
56	合福线	长临河 - 巢湖东	742#	8 次	补偿装置
57	合福线	合肥南 - 长临河	771#	8 次	补偿装置
58	合福线	合肥南 - 长临河	717#	9 次	补偿装置
59	合福线	合肥南 - 长临河	761#	9 次	补偿装置

分析表 1 可知：重复搭建处所 59 处，重复搭建累计 246 次，达总数的 73.4%。其中合肥南 - 长临河区间 761#支柱附件重复搭建较为频繁，长临河 - 巢湖东区间刘杨分区所附近搭建极为频繁。由此可见工区在鸟巢处理过程中，绝大一部分工作量都是在频繁地处理同一处所的鸟巢；同时也证明我们的技防措施没有很好地发挥其应有的作用。

4　新举措的研讨

针对以上情况，一种持续性驱鸟设施的研发和投入对于供电安全来说刻不容缓。目前驱鸟设施多为物理驱鸟(如风车式、声光电等)，但效果不佳，而生物驱鸟剂短时间之内，效果明显，但由于目前使用的多为膏状，使用方式为外部涂抹，因其容易风干、雨水侵蚀而不能达到长期驱离效果。但驱鸟剂还有原油型、颗粒型等，目前阜阳供电车间就是采用的颗粒型，驱鸟效果较好，但是其为单纯的生物驱鸟且放置容器有待改进。本文就驱鸟剂放置方式以及放置容器的外观进行改进的几点思考，通过尽可能多地将驱鸟方式进行融合，打出一套组合拳，只要有一种方式能起到作用，便可达到驱鸟的目的。

具体放置方式及放置容器的外观改进情况如下(如图 2 所示)。

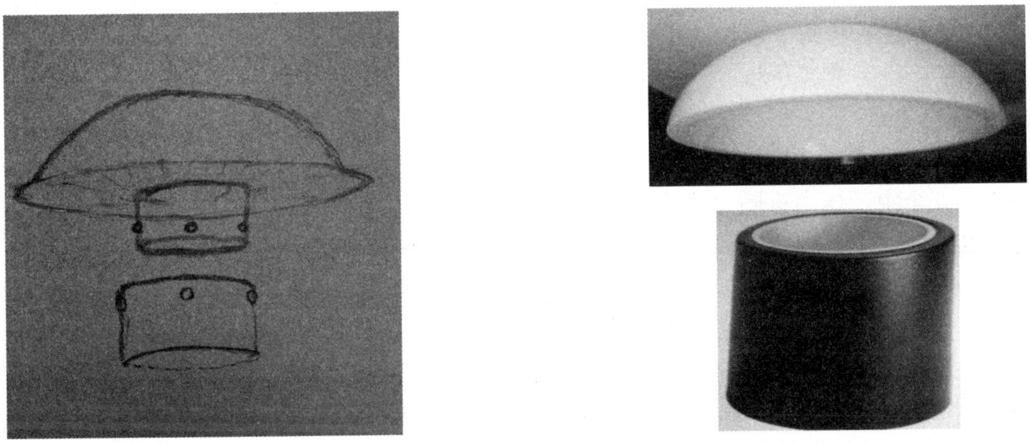

(实物类似图)

图 2　放置容器外观改进

(1)此半球型罩面，为流线型设计，满足动车组高速列车通过时的风压要求，半球型罩面及支撑材料均采用硬塑料或有机绝缘材质，有一定的绝缘作用，而且在棘轮补偿处安装时，半球型罩面和支撑桶要有一个类似坠砣似的直达圆心的凹槽，满足补偿绳传动需求，其他处所安装均可采用半球整体罩面。通过在球型罩面下方增加通气孔来达到散发驱鸟气味、躲避雨水侵蚀的目的，这样不仅能增加驱鸟剂使用周期，还可以通过对球型罩面涂抹或添加反光材料，达到任何方向来搭设鸟巢的物理方式中的镜面反射驱鸟目的。还应通过合理设计球型面面积，尽量满足不同空间条件下的安装空间需求，使之达到 30～40 cm 或者更大，来占据目前鸟类所认为的有利地势(如开关、补偿装置等)，不给鸟类提供形成筑巢、树枝搭建的有利平台。因其蘑菇型缩短了其蘑菇支撑的距离以避免给鸟类造成天然的保护状，从而使鸟类筑巢的基础材料无法搭建而滑落。

(2)通过对球型罩面边缘下方加挂玩具蛇(图 3)。在动物界鸟巢之所以搭建在高处，很大一部分原因是为了躲避其他动物的侵袭，而蛇类是可以到达树干枝头对鸟类构成威胁的物种之一，也是鸟类繁殖受侵害的天敌之一。所以蛇类能够到达且占据的地点，不会是鸟类理想的筑巢地点。

图 3　加挂玩具蛇

(3)为保证其固定的可靠性，其与角钢固定方式采用目前的驱鸟器固定方式及顶紧螺丝来固定，上下连接部分采用穿孔长螺栓固定，保证在大风天气时的稳定性。

上述只是个人对鸟害驱离的一点想法，希望对于不断尝试各种驱鸟方式的各工区有所帮助，不足之处敬请批评指正。

浅谈接触网六跨关节式分相无电区绝缘子击穿故障的分析与预防

李淑立

(中国铁路上海局集团有限公司合肥供电段霍邱供电车间 工程师)

摘　要: 接触网电分相是接触网设备的关键结构之一，在牵引供电系统中具有举足轻重的作用，本文从提高铁路供电安全管理水平的角度出发，结合自身管内设备实际现状，对发生的典型故障进行深入分析，为预防六跨关节式分相的故障发生、强化接触网电分相故障应急处置能力提出对策措施。

关键词: 接触网；六跨关节式分相；故障；预防

近年来，随着我国铁路运输速度的不断提升，以及铁路电气化技术的大面积普及，我段接管电化区段里程越来越多，安全生产压力也随之增大，接触网检修和故障应急处置成为我段安全生产工作的重中之重。电分相是接触网设备的关键结构之一，在牵引供电系统中具有举足轻重的作用。

接触网电分相方式有两种，一种是器件式分相，另一种是关节式分相。由于器件式分相在接触网运行过程中存在诸多弊端，为了适应提速后铁路线路的运行，现多采用关节式分相方式，后者既能实现机械分断，又能实现电气上的绝缘，保证了列车高速运行时受电弓的平稳过渡和良好的受流质量。我段管内电化区段如京九线、阜六线、合蚌、合福高铁线均采用六跨关节式分相(六跨关节分相由两个四跨绝缘锚段关节重合两跨组成)。作为接触网设备运行和日常检修工作的薄弱环节，关节式分相发生故障往往会引起牵引所亭跳闸、弓网故障、由弓网故障引起的接触网烧损断线、受电弓破损、车顶保护间隙击穿等后果，严重的甚至会导致接触悬挂大面积塌网事故，而且事故处理难度大、耗时长、代价高，给铁路部门造成巨大损失。因此，对关节式分相的检修和电力机车过分相时弓网关系的研究分析有着非常重要的作用。

2015年11月29日，阜六线发生了一起六跨关节式分相无电区绝缘子击穿造成的阜六线527供电单元跳闸故障，下面以此次故障为例谈谈我对关节式分相检修和故障处理的一点看法。

1　故障概况

11月29日17时16分，阜六线清凉寺牵引所211DL阻抗一段跳闸(电压20303.25 V，电流1806 A，阻抗53.98 Ω，阻抗角357.40°；阜六527单元)，故标1.65 km，重合闸成功，供电臂下有电力机车通过(36410次，方向：六安→阜阳；行台反映：36410次通过分相时有异响)。

19时16分，清凉寺牵引所211DL再次阻抗一段跳闸(电压20630.5 V，电流1788 A，阻抗55.35 Ω，阻抗角357.10°；阜六527单元)，故标1.79 km，重合闸成功，供电臂下有电力机车通过(K8361次，方向：阜阳→六安)。据工区巡视人员现场观察反映，K8361次电力机车经过该电分相时，有绝缘子冒火花。进一步观察确认清凉寺站5#－6#支柱(K133＋378)非支接触线六安侧硅橡胶绝缘子有放电击穿痕迹，如图1、图2所示。

2　原因分析

2.1　电力机车带电过分相造成相间短路跳闸原理分析

如图3所示，电力机车带电过分相时，首先会在分相两中心柱1等高点(从有电向无电转换时)受电弓与非支接触线间产生拉弧，初期电弧会跟随受电弓的移动而不断向前移动，当电弧距离加大或到达绝缘子等特定位置时，若负荷电流较大足以维持两接触悬挂间的电弧，电弧将在此附近燃烧，由于电弧加热了周围空气，电弧易向上飘逸在两支承力索间燃烧，造成接触线、吊弦、承力索均有烧伤。当机车越过无电区区域后，由于负荷电流较大，机车继续行进，电弧能维持A相与中性线间的持续燃烧，机车电压下降有限，能维持运行。当机车行进至离去方向的中心柱2等高点时，受电弓在中心柱2和转换柱2之间区域导通造成两供电臂间相间短路跳闸。

图 1　放电击穿绝缘子

图 2　放电击穿绝缘子

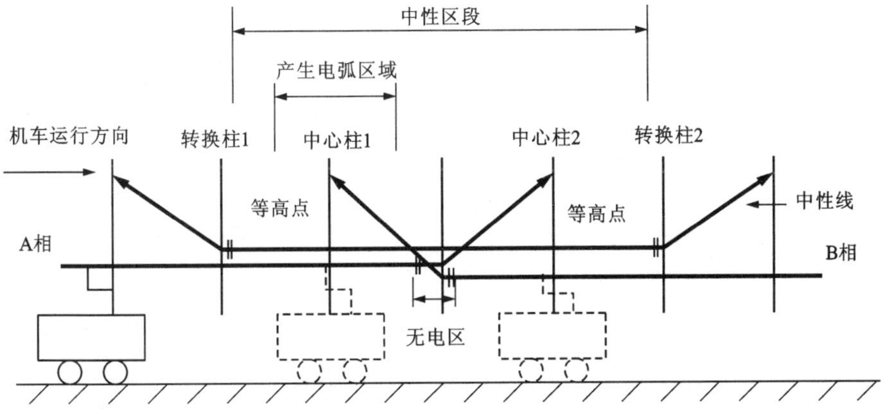

图 3　电力机车带电过关节式六跨分相示意图

根据现场反馈信息以及两次电力机车经过的分相关节跳闸的情况分析，A\B 相对地短路电压较高为 $Ue/\sqrt{2}$左右，相间短路的短路电流很大，可判断为电力机车带电过分相。在第一趟电力机车经过分相之后，绝缘子已经击穿，导致无电区带电，才引起后续电力机车再次经过分相关节时引起 2 次跳闸。

清凉寺分相是六跨两端口式关节分相(图 4)，5#支柱为转换柱，6#支柱为中心柱，5# ~ 6#支柱间非支接触线硅橡胶绝缘子(六安侧)处于分相关节的无电区绝缘子，绝缘子击穿之后，将阜六 528 单元(六安侧)的电带至无电区，导致无电区带电。因分相关节无电区带电，电力机车通过分相时，将分相内的阜六 527、528 单元瞬间相间短路，导致阜六 527 单元跳闸，这是跳闸的直接原因。

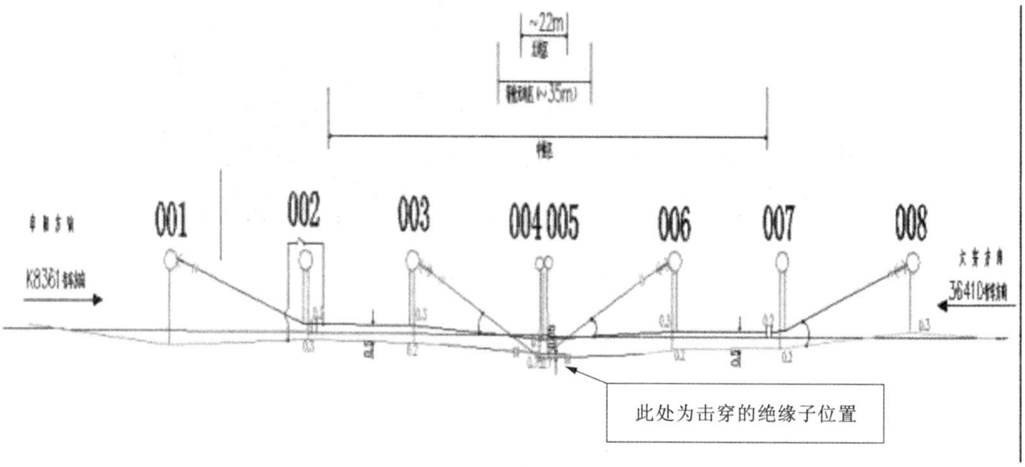

图 4 跳闸处所设备平面图

2.2 此次故障发生的次要原因

经多次现场观察以及检查工区三年以来该处分相检修记录、该区段外部环境检查结果得知，故障点位置不属于重污染区段，且设备状况良好，测量各部数据正常。经分析，故障发生时天气有大雾，导致绝缘子绝缘性能下降，引起闪络击穿；此外绝缘子材质较差，硅橡胶在浇注制作过程中产品工艺水平不高，绝缘子裙边存在缝隙，导致绝缘爬行距离不够，达不到耐压要求，加上大雾天气原因导致绝缘子闪络击穿，是此次跳闸故障发生的次要原因。

2.3 清凉寺牵引所 212 断路器(阜六 528 单元)未跳闸原因分析

机车带电过分相造成 211 和 212 供电臂短路，从电流流向分析，流入两个供电臂的电流流向相反，所以阻抗角相差 180°，211 阻抗角在第四象限，那么 212 阻抗角应该在第二象限，不在阻抗保护范围内，故阻抗保护不会启动。

查看 212 的保护启动报告，19 时 16 分电流增量保护启动，电流 1734 A，说明分相短路时产生了大电流造成电流增量保护启动(电流增量保护定值 720 A)，而电流增量保护由于时限未达到 0.7 s 故障就由于 211 跳闸被切除造成保护未出口。其次过流保护由于低压闭锁未启动(过流定值 744 A，低压闭锁值 16.5 kV)，电流速断保护未达到定值(电流速断定值 2004 A)也未启动。而 17 时 16 分未查到保护启动报告，分析原因是由于当时机车带电过分相产生了弧光，所以二次谐波较大，由于馈线电流增量保护投入谐波闭锁，故电流增量保护未启动，未引起阜六 528 单元跳闸。

3 处理措施及对策分析

(1)加强机供联控，尽可能地从电力机车方面得到有关分相及机车异常情况的信息，并及时迅速地进行处理。

(2)对故障跳闸进一步分析，现场做好牵引所跳闸信息数据调取和分相线索的调查，思考其他造成跳闸故障的可能性，全面检查分相设备损伤情况，并进行补强措施，做好针对性的问题整治，消除供电安全隐患。

(3)经查阅资料未发现有相关文件、技术规章等明确规定关节式分相对绝缘子具体检修试验的方式，所以本人建议，在保证供电工区物品备件充足的条件下，供电车间应在检修车间的协助下对绝缘子进行每年一次的耐压试验，检测耐压程度和泄漏电流等数据，及时掌握绝缘子运行状况，做好针对性的缺陷处置，对于不能满足电气性能要求的绝缘子应立即进行更换。

(4)关节式分相是牵引供电系统中的关键设备，也是接触网设备的薄弱环节之一。因此，供电工区必须要做好分相关节内绝缘子的清扫和检查工作，将其纳入日常设备检修的重点，特别是在雨雾、雾霾等恶劣天气要加强对关节式分相处所的检查监测，并做好应急处置准备。

总而言之，与器件式分相绝缘器相比，关节式分相具有诸多优点，但是由于关节式分相几何参数繁多，线索结构较为复杂，大大增加了现场接触网检修人员的工作量和劳动强度，现场运营过程中，经常会出现电力机车带电闯分相的情况，且在现有条件下，尚无可利用的有效技术手段来避免或者减轻上述状况，这无疑对接触网检修作业人员的技术业务水平及设备管理单位的故障应急处置能力的要求也大大提高了。因此要针对管内分相关键处所建立数据资料库，统计线索结构参数、故障跳闸信息、日常检测状态、不同季节的参数变化情况等，总结分析，充分掌握其运行规律，并在此基础上进一步研究可行的技术性改进措施。通过加强检修人员的主观能动性，减少或避免在分相检修和故障处理过程中的盲目性，从而不断提高电气化铁路供电的可靠性。

浅谈接触网作业车安全风险管理——以苏州维管段为例

马继明

(中铁电气化局集团有限公司京沪高铁苏州维管段 工程师)

摘　要：接触网作业车安全管理直接影响着铁路运输安全生产。以苏州维管段为例，分析接触网作业车安全风险管理现状，探讨接触网作业车安全管理中存在的主要问题，并从苏州维管段实际出发，提出提高接触网作业车安全风险管理水平的可行性措施。为该领域研究提供借鉴，也为促进铁路安全生产提供有益的参考。

关键词：接触网作业车；安全风险；风险管理

引言

接触网作业车是铁路接触网架设和维修施工不可缺少的专用设备，其运行直接关系着铁路运输生产安全。随着铁路跨越式发展，担负着铁路维护工程的各种类型的接触网作业车上线运行作业更加频繁，其各个方面的安全性也显得尤为重要。目前的接触网作业车在运行和作业上仍存在着较多的安全隐患，这些安全隐患存在于行车、调车、作业等多个方面，现有的安全设备和管理制度并不能杜绝这些问题的产生。因此有必要在现有安全管理现状的基础上，系统分析接触网作业车在运用、运行等多方面存在的安全风险，并结合铁路生产的实际情况，有针对性地提高接触网作业车安全风险管理水平，以期解决目前存在的安全隐患及管理漏洞。

1　接触网作业车安全风险管理现状

1.1　苏州维管段接触网作业车管理概况

苏州维管段现有各型号接触网作业车共5台，其中：接触网作业车4台，接触网高空作业车1台，分布在3个网电工区。接触网作业车司机共19人，其中：司机11名，副司机2名，学员6名，担负着京沪高铁扬州线路所—虹桥高速场(K993+200至K1313+975)共320.775正线公里电气化铁路牵引供电线路的检修、抢修配合任务。车辆均是宝鸡及襄樊厂生产的新型号JW-4G型接触网作业车，相对老式机械传动，新型JW-4G型接触网作业车从传动系统、电气系统到控制系统均大大地提升了，系统的提升带动的检修及安全管理的难度也成正比提升。

1.2　接触网作业车发展概况

接触网作业车是电气化铁路上的“工程师”，日常主要负责电气化铁路接触网的检修和故障维修工作。当铁路运行中出现突发事故时，接触网作业车也是排除事故、抢修故障的重要机器，对铁路安全运行具有重要作用。接触网作业车是一个笼统的称呼，根据作业种类不同，可以将其详细划分为接触网架线车、接触网放线车、接触网轨道起重车、接触网立杆作业车、接触网转用平板车、接触网检修车、接触网高空作业车、绝缘子水冲洗车、接触网巡检车等品种，针对不同情况，出动不同品种的作业车，达到高效作业和节省时间、人力、物力的目的。

1.3　接触网作业车管理现状

在我国现阶段，相较于铁路行车发展水平，接触网作业车安全风险管理水平略低，造成这种情况的原因在于，过于看重铁路的行车速度，反而忽略了风险管理方面的相关工作，因此造成管理水平较低，不匹配铁路行车水平。为了避免各类行车及作业事故的发生，铁路部口制订了《铁路技术管理规范》和《接触网作业车管理规则》，从制度和管理上对接触网作业车的驾乘人员严格要求，但由于铁路施工作业的特殊性和多样性，各类规章制度不可能做到面面俱到。因此针对接触网作业车的安全风险，调整及提升管理方式就显得尤为迫切。

2　接触网作业车风险管理系统中存在的主要问题

2.1　作业车乘务员业务能力有限

接触网作业车安全风险管理水平低的一个重要原因是作业车乘务员的专业业务水平有限，一般都是非专业工种出身，专业知识欠缺，专业基础薄弱，加上出车次数少，锻炼机会少，致使接触网作业车乘务员的素质无法满足需要。接触网作业车虽未完全具备列车条件，但《接触网作业车管理规则》第32条规定："接触网作业车上线运行时按列车办理"。接触网作业车用于抢修任务时，要求能快速出动，迅速到达故障现场进行作业；用于检修作业时，需要提前出动，在作业封锁区段和时间限制内顺利完成作业任务。所以，在日常的接触网检修工作中还可以，一旦出现突发情况时，要求接触网作业车快速反应，能够及时到达事故现场，并紧急开展抢修作业，这个时候乘务员水平较低的因素就成为影响抢修速度的一个硬伤。

2.2　安全意识薄弱，运行制度松懈

在接触网作业车操作的相关工作中，部分新乘务员的安全意识薄弱，对相关安全运行制度不够重视，在作业中，经常表现得我行我素，以自我为中心，不考虑整体，依据自己的喜好判断作业情况，这是存在严重安全隐患的，应该引起重视，对违反安全制度的工作人员，要予以惩罚，并告知其中的利害关系，同时还要加强对他们安全意识方面的培训，提高他们的安全意识，确保按制度进行作业。

2.3　管理模式落后，管理水平较低

我国目前施行的接触网作业车安全管理模式较为落后，没有与铁路行车水平共同进步，导致现阶段无法满足铁路的运输需求，在管理模式上，没有采取专业化管理与属地化管理相结合的管理模式，依然是陈旧落后的分项管理模式。在安全管理教育培训方面也有所不足，没有采用定期与不定期相结合的检查抽查方式，无法有效提高管理人员和作业人员的安全意识。

3　提高接触网作业车安全风险管理的相关措施

3.1　严格准入管理，加强专业培训，提高乘务员作业水平

(1)严格接触网作业车岗位人员准入管理，铁路局、供电段两级劳人和职教部门，要完善接触网作业车乘务员岗位准入管理办法和任职资格条件，严格行车工种人员的选拔和任用，同时，要将提高准入条件和乘务员收入待遇相结合，通过强化任职前的资格培训、任职后的适应性培训，提高人员素质。通过人员培训和准入制度的源头控制，规避安全素质风险。

(2)加强对接触网作业车乘务员的专业培训，提高作业能力，需要从两方面入手。其一，从长远方面考虑，在高校或技校增加开设相关专业的科目，为铁路部门提供高素质的预备接触网作业车的乘务员。其二，就解决目前乘务员作业能力较低的困境而言，可以从"传""帮""带"三字方针入手：在每辆作业车中选拔一名指导司机，指导司机需要负责两项工作，一项是指导并监督新乘务员的日常作业，将自己的能力传授给新的乘务员，在提高业务能力的道路上，作为新乘务员的引路人；第二项工作就是定期向部门主管回报工作情况，包括向主管推荐业务能力进步突出的新乘务员，使主管时刻了解新乘务员的状况，为工作安排提供参考依据，避免人才浪费现象的发生。

3.2　提高安全意识，落实安全制度

(1)安全意识，在所有工作中都是重中之重，提高安全意识，落实安全制度，不仅是保护工作人员人身安全的一种措施，也是提高接触网作业车工作效率的前提基础。在容易出现安全事故的环节强化工作人员的安全意识，如在等待作业过程中，要严防作业车溜逸现象的发生，因为一般情况下，接触网作业车的等待作业时间较长，在此期间，要确保作业车在防溜铁鞋中，并定期巡检，以防发生意外情况，当需要两辆作业车连挂放置时，被挂车辆首先要确保挂好车钩后，再撤掉防溜铁鞋，以免发生作业车溜逸现象。做好日常的安全培训工作，强化作业人员的安全工作意识，将安全作为做好工作的前提，严格遵守安全作业制度的相关规定。

(2)进一步提高各级管理人员对供电系统接触网作业车重要性的认识，针对目前接触网作业车专业管理薄弱的现状，建议加快推行接触网作业车管理体制改革，健全和完善铁路局、供电段接触网作业车管理机构，充实管理人员，配齐配强专业管理力量，强化接触网作业车的行车安全管理。

3.3 改善管理模式，提高管理水平

(1)属地化管理与专业化管理相结合，降低事故发生的几率。实行以归供电车间管理为主的属地化管理，其中作业车班组的人员管理由供电车间完成，接触网作业车及附属设备管理由动力设备车间完成，这种模式既方便了人员的管理，又强化了设备的专业管理，既弥补了行车安全管理薄弱力量，又杜绝了违章蛮干的现象。采取专业化管理与属地化管理相结合的方式，动力设备车间负责作业车及作业设备维护管理，供电车间负责作业人员的辅导培训管理，做到分工详细、科学合理，这样不仅可以降低设备的故障率，还可以在最大程度上提高作业人员的业务水平。另外，基层工作要做好，上层工作同样重要，做好各级管理干部的监督工作，使安全行车观念层层落实，形成一道上下连通的安全行车网，达到安全行车的目的。

(2)实施多元化监督考核，齐抓共管，形成常态管理各级管理干部严格按照铁道部、局等制定的各项规章及各种安全措施，齐抓共管，形成常态管理，由供电车间和动力设备车间的日常监督管理，再加上各级干部的监督和考核，形成交叉互补行车安全网，确保作业车运行安全，由安全科负责对各级干部添乘发现的问题进行疏理汇总，并通报全段，以便于所有乘务员和管理干部共同吸取教训，防止同类问题重复发生。

4 结束语

安全作为一个永远都被关注的话题，是铁路永恒的主题，是铁路企业发展的生命线。随着我国铁路系统的快速发展，正在面临着越来越多新的挑战，本文阐述了在接触网作业车使用过程中存在的一些安全隐患和管理问题，有针对性地提出了一些应对措施和可行建议。在今后接触网作业使用过程中，必须进一步提高和完善各项管理制度，树立安全第一的指导思想，为我国的铁路运输安全保驾护航，为国民经济的发展提供可靠的运力保证。同时，本文认为，加强接触网作业车的安全风险管理、提高管理水平、提高工作人员的安全意识、有效地降低风险强度，必将成为我国铁路事业发展的新方向。

参考文献

[1] 铁路技术管理规程. 第 1 版. 北京：中国铁道出版社，2014.
[2] 接触网作业车管理规则. 北京：中国铁道出版社，2016.

有关九景衢铁路新型接触网紧固件的应用思考

张　蔚

（中国铁路上海局集团有限公司杭州供电段 工程师）

摘　要： 接触网紧固件运行条件恶劣，既要面对复杂的天气条件，又要承受高速运行的受电弓给接触网带来的冲击以及弓网振动引起的疲劳。由接触网紧固件松动引起的弓网故障时有发生，直接导致列车供电中断、弓网设备遭到损坏。本文结合九景衢铁路应用的新型接触网紧固件，从施工介入和运行维护角度给出了提高接触网紧固件可靠性的思考。

关键词： 接触网紧固件；可靠性；施工介入；运行维护

前言

近年来，我国电气化铁路发展迅速，运输里程不断增加，接触网安全运行维护压力也随之持续提升。接触网沿铁路线布置，为露天设备且无备用，负责向电力机车传输电能，其零部件运行条件恶劣，既要承受复杂的天气变化如温度、风、霜、雪、雨、雷电、日照以及覆冰和环境污染带来的影响，又要承受高速运行的受电弓给接触网带来的冲击以及弓网振动引起的疲劳等。从我国电气化铁路运营实际来看，由接触网紧固件松动引起的弓网故障时有发生，会直接导致列车供电中断、弓网设备遭到损坏。因此，从施工介入和运营维护两方面采取针对性措施，确保接触网紧固件的可靠性显得十分必要与重要。

本文先是以整体吊弦为例从机理上研究了螺栓松动的主要原因及应对措施，并阐述了目前使用的几种接触网防松紧固设计，然后结合接触网对紧固件防松性能的要求，对应用在九景衢铁路上的新型接触网紧固件进行了着重介绍，最后分析了一起典型的由于紧固件松动引起的弓网故障，并从施工介入和运行维护角度给出了提高接触网紧固件可靠性的思考。

1　螺栓松动的主要原因及应对措施

螺栓发生松动的原因有很多，其中有与螺栓结构和运行工况等固有因素相关的，也存在诸如施工安装不规范、运行检修不到位等引起螺栓松动的情况。下面以整体吊弦为例，从机理上研究螺栓松动的主要原因，并提出应对措施。

1.1　螺栓松动的主要原因

接触网紧固件以螺栓连接方式为主，安装简单方便。螺栓副安装完成后，螺栓副中各接触面间由于存在形状误差等因素，在受力后会产生持续一段时间的局部塑性变形和磨合，这样会使螺栓的松开力矩趋于下降。

螺栓在紧固过程中，螺母的支承面一般压强较大，容易造成被连接件与螺母接触的部分产生塑性的环状压痕，且螺母和被连接件材料力学性能相差越大，这种塑性变形持续时间就越长，这样也会使螺栓的松开力矩趋于下降。

试验表明，当螺栓受到横向振动载荷时，螺栓副间的摩擦系数会减小甚至到零，导致螺母自动回转松动。接触网在高速运行的受电弓作用下会产生上下振动，调查发现，这种振动对平行于轨面安装的螺栓（如定位线夹、吊弦线夹等紧固螺栓）影响最大，横向振动引起的螺栓松动在接触网零部件中较为突出。

下面以整体吊弦为例，分析吊弦线夹螺栓在弓网振动中的松动过程。如图 1 所示，在静止状态，吊弦由于接触线的重力处于受力状态，F 大约为 100 N；受电弓通过瞬间使接触线抬升，吊弦线弯曲松弛，F 瞬间下降到零；受电弓通过后，吊弦线被垂向惯性力拉紧，$F>100\text{N}$，同时吊弦线发生水平振动，如图 2 所示，并由此产生水平振动力 F_3 及 F_3'。F_0 为吊弦线在受电弓离开时，接触线下落产生的垂直惯性冲击力。

F_0 与 F_3 在整体吊弦的心形环与吊环接触处矢量叠加，并随水平振动而反复变向，于是在接触处产生了水平方向的动态摩擦力 F_1及 F_1'，接触处与紧固螺栓中心的高度为 h，通过吊环对螺栓产生了摩擦力矩。当摩擦力矩大于螺栓松开力矩时，螺栓便会松动。

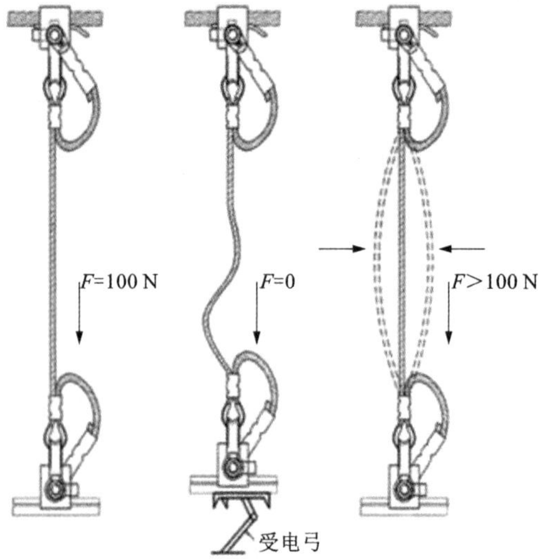

(a)静止时 (b)受电弓通过时 (c)受电弓过后

图 1 整体吊弦动态示意图

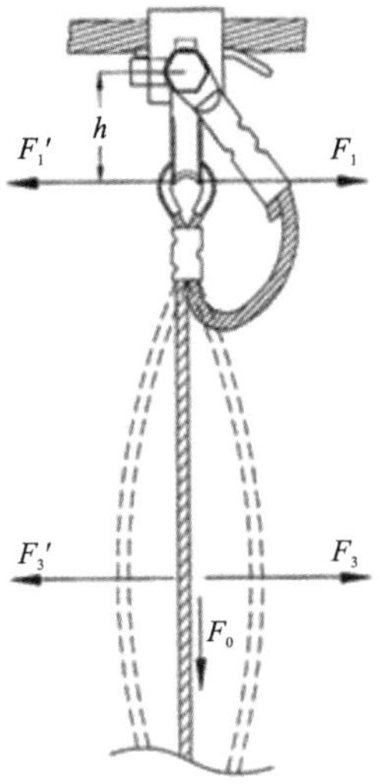

吊弦振动

图 2 吊弦线夹动态力示意

2.2 应对螺栓松动的主要措施

在接触网系统中，针对于紧固螺栓松动的主要措施有摩擦防松和机械防松两大类。

(1)摩擦防松。

摩擦防松是在摩擦副之间产生一不随外力变化的正压力，并可以产生阻止螺纹副相对松动的摩擦力的防松措施。这种正压力可以通过轴向或径向或同时向两方向压紧螺纹副来实现，这就是摩擦防松的基本原理。

(2)机械防松。

机械防松是利用止动零件与螺母间所产生的反向力阻止拧紧的螺纹相对转动来实现防松的防松措施。

2.3 几种接触网防松紧固设计

目前在接触网零部件应用的防松紧固设计的防松原理主要为摩擦防松和机械防松两种，其中尼龙嵌件锁紧螺母、弹簧垫圈等属于前者类型，止动垫片等属于后者类型。

(1)尼龙嵌件锁紧螺母。

尼龙嵌件锁紧螺母的锁紧装置是由一个没有螺纹的内孔尺寸略小于螺纹中径的尼龙圈，牢牢地嵌在螺母上部，当螺栓拧入锁紧装置后由于尼龙材料的良好弹性所产生的摩擦阻抗达到锁紧防松的目的的。

(2)弹簧垫圈。

弹簧垫圈的防松原理是在把弹簧垫圈压平以后，弹簧垫圈会产生一个持续的弹力，使螺母与螺栓的螺纹连接保持一个摩擦力，产生阻力矩，防止螺母松动。

(3)止动垫片。

止动垫片的两肢分别紧扣螺母平边和被连接零部件本体，产生反向力阻止拧紧的螺母或螺栓发生回旋转动来实现防松。

3 九景衢铁路新型紧固件的应用

3.1 接触网对紧固件防松性能要求

根据铁路总公司要求，对于接触网系统采用螺纹副结构作为紧固装置的零部件，其紧固装置中的螺纹副结构必须具备可靠的防松性能要求，基本要求如下。

3.1.1 性能要求

(1)紧固装置安装完毕后，螺纹副中螺母的松开力矩值应不小于紧固力矩值；

(2)对紧固装置进行振动试验后，螺纹副中的螺母的紧固力矩值应不小于振动试验前紧固力矩值的90%；

(3)在横向振动试验所要求的紧固力矩作用下，对紧固装置进行横向振动试验后，螺纹副中的螺栓残余轴力与初始轴力之比应不小于70%。

3.1.2　材质要求

(1)不锈钢型：紧固装置中螺栓的材质应按 GB/T 3098.6、螺母的材质应按 GB/T 3098.15、采用材料组别为 A2、强度性能等级≥70 级的奥氏体不锈钢制造；

(2)碳钢型：紧固装置中螺栓、螺母的强度性能等级应≥4.8 级；

(3)低碳合金钢型：紧固装置中螺栓、螺母的强度性能等级应≥8.8 级。

3.1.3 螺纹公差配合要求

(1)不锈钢型螺栓、螺母的螺纹公差应满足《普通螺纹公差与配合》(GB/T 197—2003)中 6H/6g 的要求；

(2)碳钢及低碳合金钢型螺栓、螺母的螺纹公差应满足《普通螺纹公差与配合》(GB/T 197—2003)中 7H/8g 的要求。

3.2　九景衢铁路新型紧固件结构和防松原理

九景衢铁路设计时速为 200 km/h，全线采用镀锌钢腕臂，本线在继承了以往的防松紧固设计基础上对腕臂的各别部位采用了新型紧固件，新型紧固件主要用在套管双耳、支撑管卡子以及定位环等处，如图 3 所示。

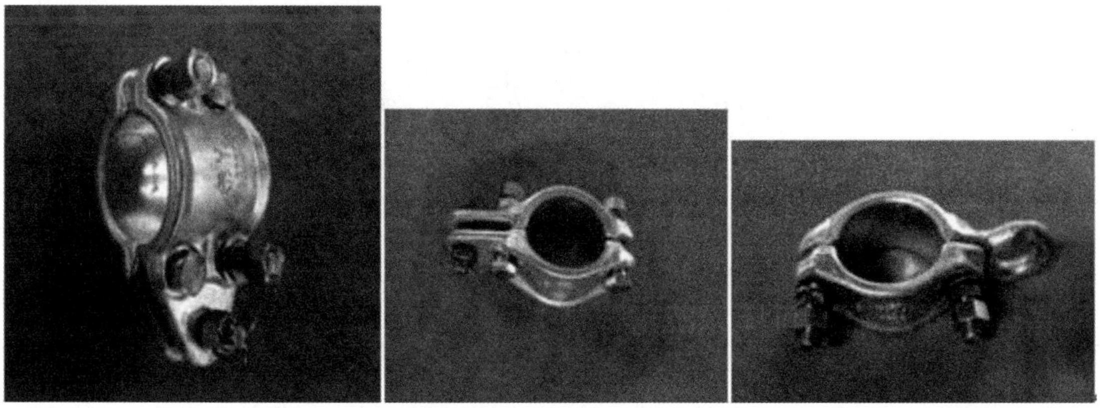

图 3　套管双耳、支撑管卡子、定位环

新型紧固件实物如图 4 所示，名称为锥压抱紧式自锁防松装置。其防松螺母由主螺母和锁紧螺母组成，为不锈钢材质，结构如图 5 所示。主螺母增长一段制成外锥体，锥体内部螺纹和工作段连续一致，锥体纵向均布四条窄缝，锥根部外表切有环状的向下凹陷的 R 槽。锁紧螺母对锥体施压的方式采用的是拉收式，即在主螺母中间段最外表刻有一段大径的螺纹，锁紧螺母的前端加工有与之相配的内螺纹，锁紧螺母的后端是与外锥体相合的内锥面，当此大径螺纹旋合收紧时，锁紧螺母向前运动产生的拉力使其内锥面迫使主螺母的锥体段将螺杆抱紧，从而使主螺母达到自锁防松的目的。

本线用到的为 M12 螺母，传统螺母拧紧时为 44 N·m，松开时为 27～30 N·m。防松螺母主螺母拧紧时为 50 N·m，锁紧螺母拧紧时为 70 N·m，主螺母松开时力矩大于 50 N·m，高于传统螺母 1.7～1.85 倍。

3.3　施工安装关键控制技术

3.3.1　施工安装方法

首先将螺栓穿入零件本体后再套上平垫圈，然后用力矩扳手按规定的力矩值拧紧主螺母，最后安装锁紧螺母。主螺母和锁紧螺母的力矩值如表 1、表 2 所示，具体零部件处使用的实际紧固力矩值应根据零件的材质、使用工况等因素确定。

锥压抱紧式自锁防松装置

主螺母

锁紧螺母

图 4　锥压抱紧式自锁防松装置实物

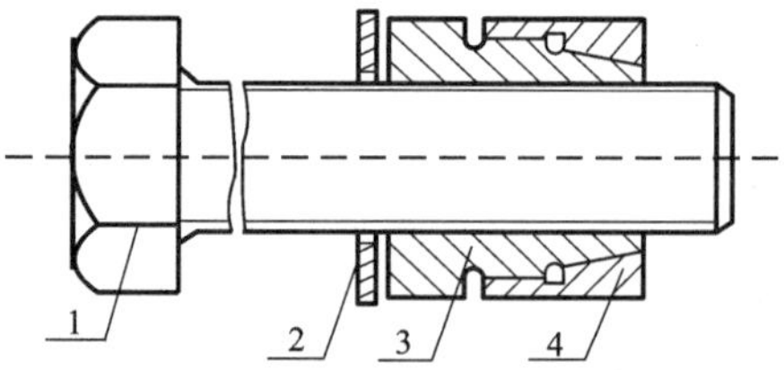

图 5　锥压抱紧式自锁防松装置结构

1—螺栓；2—平垫圈；3—主螺母；4—锁紧螺母

表 1　防松紧固螺母主螺母力矩表

型号	公称直径 M/mm	主螺母/(N·m)
M8	M8	16 ~ 18
M10 - Ⅲ	M10	25 ~ 32
M12 - Ⅰ	M12	44 ~ 56
M12 - Ⅲ	M12	44 ~ 56
M16 - Ⅱ	M16	70 ~ 75

表 2　防松紧固螺母锁紧螺母力矩表

型号	公称直径 M/mm	锁紧螺母/(N·m)
M8	M8	30 ~ 35
M10 - Ⅲ	M10	50 ~ 55
M12 - Ⅰ	M12	75 ~ 80
M12 - Ⅲ	M12	75 ~ 80
M16 - Ⅱ	M16	110 ~ 115

3.3.2 施工安装质量控制

为保证防松紧固装置安装质量，应从以下几个方面去加以控制：①拆卸时先拆卸锁紧螺母，后拆卸主螺母，若拆开后无明显损伤，可重复使用；②装卸时必须匀速进行，不得蛮力装卸产品；③不可同时紧固主螺母和锁紧螺母，避免损伤主螺母；④主螺母和锁紧螺母达到设定力矩后不可再继续紧固。

4 典型故障案例分析

4.1 宁安铁路弓网故障情况

2016 年 11 月 19 日，发现宁安铁路 G7090、G7094 在铜陵宁安场——铜陵北线路所区间上行线发生打弓。在铜陵北线路所至繁昌西 560# ~562#、564# ~566#上下行两线间以及 565# ~567#下行靠近田野侧发现三处被打坏的受电弓弓角，566#支柱定位器距离定位线夹 430 mm 位置被打弯，定位器底部有磨损，定位管支撑卡子在定位管上从线路侧向田野侧滑动 700 mm。

4.2 故障原因分析

将该定位管支撑卡子重新在直径为 48 mm 的定位管上进行安装，并用 46 N · m 的力矩进行紧固，螺栓露头约 3 个螺纹；同时，检查相邻的 564# ~556#支柱，定位管支撑卡子螺栓露头均为 2.5 ~3 个螺纹，表明 566#支柱定位管支撑卡子紧固螺栓力矩不足，在运行过程中松动，支撑卡子在定位管上发生滑移，导致定位管低头严重，定位器坡度不足而侵入受电弓动态包络线，导致弓角被打击缺失。

图 6 处理前支撑管卡子螺母露头 1 个螺纹

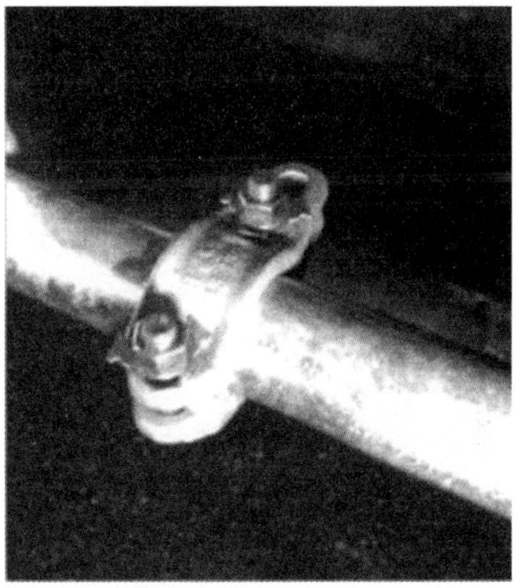

图 7 正常力矩紧固后螺母露头 3 个螺纹

5 提高接触网紧固件可靠性的思考

5.1 施工介入方面

(1)接触网紧固件多为不锈钢件，而近年来接触网不锈钢件松、断、脱、裂的情况时有发生，不锈钢材质的可靠性着实令人担忧。在施工介入中，督促施工单位对所有进场不锈钢零部件，分批次按规定抽样，送专业检验机构，完成外观检查、化学成分及机械性能等检验，确保检验结果合格后，方准安装上网使用。

(2)强化在施工单位材料预配中心、施工安装现场等环节的施工介入，安排专人在施工单位料库中心对接触网紧固件的质量进行仔细检查，对于出现缺陷的紧固件要及时退出，防止使用到网上。做好紧固件的合格证、出厂试验记录和试验报告等技术资料的核对和收集工作。监督施工单位严格按照产品安装说明的规定对紧固件进行使用和安装，确保紧固件安装操作规范到位。

(3)对于新型紧固件的投入使用，建议厂家专业技术人员对施工单位和设备管理单位进行培训和技术指导，确保施工安装人员掌握产品的使用安装方法和注意事项。

(4)在后期平推验收中，与施工单位一同对全线接触网紧固件的紧固力矩进行复核确认，确保紧固力矩值达标。

5.2 运行维护方面

(1)重视设备巡视检查，利用添乘、线路外巡视对沿线设备进行检查，充分发挥 2C 装置和行车记录仪的作用，认真做好牵引供电数据分析工作，提高设备缺陷研判能力，及时发现设备异常状态。

(2)加强日常检修针对性，加强对紧固件的观察，尤其是对刚投入使用的新型紧固件，由于缺少以往的运行经验，多利用天窗点的时间近距离观察其运行状态，重点防范有可能发生的松、断、脱、裂等情况。

(3)强化故障处理能力，明确各种紧固件的使用安装标准，尤其是对新型紧固件，要对作业人员进行专门培训，确保掌握使用安装方法，以便在相关故障处理中保证效率和质量。

(4)补充完善新设备的作业指导书，充分发挥作业指导书为现场作业的唯一依据的作用。

参考文献

[1] 吴积钦. 受电弓与接触网系统[M]. 成都：西南交通大学出版社，2010.
[2] 蒋先国. 电气化铁道接触网零部件设计与制造[M]. 北京：中国铁道出版社，2009.

浅谈高铁鸟害的检查与预防

陈　明

（中国铁路沈阳局集团有限公司大连供电段）

摘　要： 本文介绍了鸟害对高铁供电的影响，采取检查、人防、物防等有效手段，大大减少鸟害数量，减少鸟害对供电安全的影响，从而确保对动车组持续可靠供电，确保动车组运行秩序。

关键词： 鸟害的检查与预防；2C 检测；人防；物防；供电安全

前言

近年来，随着高速铁路的不断蓬勃发展，大量高铁、客运专线相继开通运行，舒适、整洁的乘车环境及快速到达的特点使高铁动车组越来越成为广大旅客出行的首选。对高铁的稳定运行要求越来越高，随之而来的是对高铁供电的持续性、稳定性要求也越来越高。车间管辖沈大高速线正线 118 km、丹大快速铁路正线6 km。车间所在的辽南地区是鸟害最严重的地区之一，鸟害这一影响高铁供电的重大安全隐患日益凸显。鸟窝对供电的影响非常大，发生故障会直接影响整个供电臂内近 20 km 范围内动车组无法取流。由于高铁动车组是全封闭的，停电时间长，直接影响旅客出行。因此，做好高铁鸟害的检查与预防整治是非常必要的。车间目前鸟害的检查手段主要靠 2C 数据分析、人员添乘、网外巡视、人员现场盯守；预防手段主要有涂抹驱鸟胶、安装风车式、声光电式驱鸟器、下锚棘轮苯板封堵、加装驱鸟笼、加装封闭网、喷涂红漆等。

1　辽南地区鸟害的特点

（1）持续时间长。鸟害每年持续两个阶段，每年 2 月初至 5 月末及 11 至 12 月，均为重点防范时期，相比其他地区鸟害时间长 3 至 4 个月。

（2）喜鹊数量多。大连地区气候条件好，喜鹊数量较多，成群喜鹊在线路上搭窝，导致鸟窝数量多。

2　高铁鸟害相比普速检查、处理难度大

（1）高铁线路运行特点导致鸟窝在线路未封锁条件下无法进线路进行处理。高铁线路车速在 300 km/h，因此，在没有天窗情况下，人员无法像普速线路那样，进线路及时对鸟窝进行处理，只能等到天窗点内，申请封锁后再对鸟窝进行处理。特殊情况下，也可临时本线封锁、临线限速 160 km/h 进行处理，但这样已经影响了高铁动车组的运行秩序。

（2）鸟窝搭建在跨海、跨河高架桥时人员无法进行准确确认及看护。高铁线路很多跨海、跨河地段人员无法到达，无法对鸟害情况进行确认及实时盯控，只能依靠人员登乘动车组进行添乘检查，但由于车速较快确认效果并不好。

（3）车速快只能依赖 2C 等检测手段，添乘检查效果较差。添乘时速 300 km/h 的动车组检查鸟害效果差，只能依靠 2C 检测手段，2C 数据的分析需要时间，因此车速快给高铁鸟害的检查带来了麻烦。

（4）对供电影响时间长。发生鸟窝引起接触网故障时，人员首先要寻找到故障点，再选择从方便门进入或者登乘临线动车组进入故障区段进行处理，必然导致处理时间较长，对 20 公里供电臂内动车组影响是巨大的，由于接触网停电，动车组采取蓄电池供电，但只能维持 0.5 h，之后车内空调、照明等将无法维持，造成严重后果。同时导致本线动车组无法通过，相继晚点。

通过以上分析高铁鸟窝的特点，可知检查处理难度大、对动车组运行影响大，因此对高速铁路鸟害的预防显得尤为重要，只有鸟窝数量少才能减少对供电的影响，减少对动车组运行秩序的干扰。

3 高铁鸟害的预防整治

3.1 鸟害位置分析

根据哈大客运专线近四年的工作经验，总结鸟窝位置基本为以下六种情况：

下锚棘轮框架内：主要有两个位置，一是接触线下锚棘轮框架内；二是接触线与承力索两个下锚棘轮框架相近拐角处。

高铁单极、双极隔离开关：高铁隔离开关由于安装了支持绝缘子、避雷器等设备，底座角钢在 H 型钢柱顶部呈交叉型布局，形状为两个长方形在柱顶交叉，为鸟搭窝提供了便利条件，喜鹊喜欢在角钢交叉处进行搭窝。此处鸟窝也是对供电威胁最大的位置，易短接绝缘子对带电设备放电。

AF 线对锚肩架：该位置鸟搭不成窝，但由于 AF 线角钢中间有缝隙，鸟可以在此处安插树枝，正常 AF 肩架不会影响供电安全，但对锚处顶部有 AF 线的，也可发生树枝对 AF 线放电引起跳闸。该处树枝较少，发生故障登乘检查时不易发现。

格构式钢柱：格构式钢柱内角钢交叉处为鸟搭窝提供了一个便利的处所，该位置比较危险的是在腕臂底座处，长树枝易短接绝缘子对腕臂放电。

站内硬横梁：主要搭窝位置在倒立柱底座处，易形成很大的鸟窝，由于该处距离接触网带电部分较远，一般不影响供电安全。若硬横梁下是上下部固定绳形式的结构，只有一个绝缘子的距离，应及时进行处理。

其他鸟搭窝位置：隧道口 AF 线 L 型吊柱处、定位管与斜腕臂连接的双耳套筒处(罕见)、电缆终端杆母排角钢处等。

3.2 当前检查的主要手段

添乘检查。每天早 5：00 确认车添乘人员对鸟窝进行检查；7：00 添乘人员利用 2C 检测设备对线路进行检查，并立即对数据进行分析；下午 13：00 再安排人员对鸟窝进行确认。(鸟的习性是在上午搭窝)

巡视检查。每日安排专人对添乘、2C 检测无法检查到的供电支柱、电缆终端柱等进行巡视检查。

3.3 鸟害的预防手段

鸟害预防手段主要是两个方面：一是人防；二是物防。

人防。人防是及时发现鸟窝和对危险处所鸟窝进行看守的预防手段。一方面每天安排专人进行添乘检查、2C 录制及数据分析；另一方面是对开关处等鸟窝在处理前安排专人进行看守，通过燃放鞭炮等形式驱鸟。

物防。物防是采取有效措施防止鸟搭窝的预防手段。主要方法有棘轮苯板封堵，安装风车式驱鸟器、声光电驱鸟器，在格构式钢柱内安装镀锌铁丝网，在硬横梁内安装封闭网，喷红色油漆，涂抹驱鸟胶等，下面具体进行介绍。

棘轮苯板封堵：在下锚棘轮框架内利用苯板对框架内多余空间进行封堵，不影响补偿绳正常工作，这样可以有效地防止鸟在框架内进行搭窝，效果非常明显，能够明显地减少鸟窝数量。同时为防止苯板在棘轮框架内脱落，苯板安装好后要用镀锌铁线或钛丝进行绑扎。

安装风车式驱鸟器：风车式驱鸟器用途很广，主要作用原理就是依靠风叶内的镜片反光对鸟进行驱赶和风车转动时阻止鸟搭窝，在一定程度上能够减少鸟窝数量。主要安装在格构式钢柱、硬横梁倒立柱底座、AF 肩架、开关底座等位置，只要是能够保证与带电部分保持 350 mm 以上距离位置均可安装。

声光电驱鸟器：这是在风车式驱鸟器基础上研发的新产品，太阳能充电方式，由于成本较高，一般安装在开关或者鸟搭窝比较顽固的位置，其作用原理是红外线感应，昼间鸟接近时发出枪声进行驱鸟，夜间鸟接近时发生刺耳的“吱吱”声，这个分贝的声音会使鸟立即飞走。该驱鸟方法只要驱鸟器正常工作即可保证所安位置鸟不搭窝，效果非常明显，主要用于开关防鸟。

格构式钢柱内安装镀锌铁丝网：通过观察鸟起飞、降落的特点，在格构式钢柱内交叉角钢上面安装圆形铁丝网，铁丝网四面与钢柱主角钢用铜绑线固定，铁丝网网眼 10 mm 为宜。作用原理就是铁丝网封堵了鸟搭窝的空间，防止鸟搭窝，效果比较明显。重点将交叉角钢距离接触网腕臂底座较近处进行封堵即可。

硬横梁内安装封闭网：在高铁车站硬横梁内安装复合材质的绝缘封闭网，三面与主体圆钢进行绑扎，封闭网两头进行封堵，喜鹊无法进入硬横梁内，有效地防止鸟搭窝。

喷红色油漆：鸟对红色比较厌恶，因此在鸟搭窝的格构式钢柱、下锚棘轮、AF 对锚角钢等位置喷红色油漆，也可达到驱鸟的效果。

涂抹驱鸟胶：在鸟搭窝的角钢、肩架等位置进行涂抹，利用驱鸟胶的黏性，使鸟在该位置行动不便，从而达到驱鸟的效果。

我们采取上述防范措施的目的是防止鸟搭窝，但更重要的是要防止鸟在距带电设备近的位置搭窝引起接触网跳闸，因此物防手段安装时有些心得及注意事项如下：

(1)隔离开关附近的下锚棘轮尽量不要封堵，因为鸟窝在棘轮位置引起供电故障的概率远小于开关位置。

(2)隔离开关安装声光电驱鸟器时要注意：一是要安装在角钢的田野侧，并将防坠绳螺母紧固后用钳子夹扁，防止脱落；二是在保证安全距离的前提下，选择防护面积最大的位置安装。

(3)镀锌铁丝网要绑扎牢固，并定期进行添乘检查，防止脱出对带电设备放电。

(4)喷红色油漆时注意不要喷到绝缘设备上。

(5)鞭炮驱鸟时注意远离接触网设备。

通过采取以上方法进行检查、预防、整治后效果明显，主要体现在两个方面：一是鸟窝数量逐年减少；二是确保了供电安全。大连北客专供电车间鸟窝数量：2013 共计处理 652 个，2014 年共计处理 385 个，2015 年共计处理 252 个，2016 年共计处理 105 个，有效地控制了鸟窝的数量，大幅度降低了鸟害对高铁供电设备的影响。通过以上人防、物防等预防手段，我们在防治鸟害工作上取得了显著的效果，车间至哈大客运专线开通以来，未发生过因鸟窝引起的接触网跳闸故障。

4　结语

鸟害的预防及整治是供电部门面临的一个难题，我们没有手段不让鸟搭窝，只能通过有效的预防手段减少鸟搭窝和搭窝后能够控制并及时处理，尽最大努力减少鸟害对供电的影响，减少对动车组运行秩序的干扰，确保哈大客运专线畅通。

参考文献

[1]《高速铁路供电安全检测监测(6C 系统)系统总体技术规范》(铁运〔2012〕136 号)
[2]《高速铁路接触网安全工作规则》(运总运〔2014〕221 号)
[3]《高速铁路接触网运行维修规则》(铁总运〔2015〕362 号)

基于馈线电流波形分析防止接触网断线的探讨

侯文凯

(中国铁路南宁局集团有限公司柳州供电段 高级工程师)

摘 要: 对铁路牵引供电接触网断线的主要原因进行了分析，认为接触网放电拉弧造成断线占大部分，其主要原因是没有对应的保护措施。本文提出基于电流高频分量时频特征的电弧故障检测方法，检测被保护回路电流的高频分量，进行 FFT 和数学形态滤波处理，提取出信号频谱的轮廓特征构造特征向量作为识别故障电弧的特征参数，在此基础上研究防止接触网因拉弧造成断线事故。

关键词: 铁路牵引供电；接触网断线；电弧故障检测

铁路牵引供电接触网断线属于 C 类铁路行车事故，抢修不及时将引发更加严重的后果，对铁路运输安全有很大的影响。为此有必要对铁路牵引供电接触网断线的主要原因进行分析，并在此基础上研究防止接触网断线的措施，以避免事故的发生。

1 接触网断线的主要原因

根据全路近年来的接触网断线事故进行统计，接触网断线的主要原因有：

(1)接触网或受电弓尺寸超差，接触网被机械拉断。

(2)机车车顶绝缘击穿，受电弓重复升弓拉弧烧断接触线。

(3)机车带电过分相拉弧烧断接触线。

(4)机车受电弓与接触线接触不良，拉弧烧断接触线。

(5)线间距离不足，拉弧烧断接触网。

(6)非导体与接触网接触拉弧烧断接触网。

根据南宁铁路局近年来的接触网断线事故统计，大部分断线的情况是由电流拉弧造成承力索或接触线断引起的。如 2012 年 9 月 28 日和 2013 年 1 月 16 日，盗窃者在南昆线侧亨隧道口和黔桂线太阳村站跨线上，将剥离的电缆绝缘皮扔在承力索上致使承力索放电拉弧，过热软化被拉断。

可见拉弧对接触网危害极大，其特征是接触网持续的拉弧，而拉弧电流未达到变电所保护电流整定值进行保护跳闸。目前接触网故障保护主要是针对过载、短路、接地故障产生的过流。但对于小电流造成的接触网两相间、对地间、机车受电弓与接触线间的拉弧无法保护。因此接触网拉弧是接触网故障的一个重要信息，及时捕捉故障信息，识别、判断、处理故障对牵引供电设备安全可靠运行有很大的意义。

2 电流速断保护及拉弧断线过程

接触网放电拉弧是造成断线的主要原因之一，要防止接触网拉弧首先要明确防止拉弧的电流速断保护的有关规定、电弧的特点及拉弧断线过程。

2.1 电流速断保护的有关规定

《铁路电力牵引供电设计规范》(TB 10009—2005)的第 4.7.16 条规定：“变电所、开闭所、分区所的保护应与电力机车内部保护相配合，其速断保护应有适当的延时，此延时宜为 0.1 s。”遵循这一原则，我国电气化铁路接触网电流速断保护动作时限一般均整定为 0.1 s。该规范作了条文说明：考虑到电力机车的保护动作时间一般为 0.05 s，因此规定馈电线速断保护的延时以 0.1 s 为宜。《电气化铁道电力牵引与牵引供电系统继电保护及自动装置配合的技术要求》(TB/T 2808—1997)有更明确的规定：“电力机车 25 kV 侧电流速断保护装置应能区分正常工况和故障，包括断路器全断开时间在内的整组动作时间不应大于 60 ms，牵引网电流速断和距离保护 1 段动作时间宜为 100 ms。”馈线保护跳闸时电流最大可达 2000 多 A，根据焦耳热 $Q=I^2RT$，在这样短的时间内，导线发热量不足以软化材质被拉断。

2.2　电弧特点及拉弧断线过程

电弧是一种气体放电现象，它的特点为：一是电弧中有大量的电子、离子，因而是持续导电的；二是电弧的温度很高，弧心温度达4000～5000℃，接触网拉弧电流与断线速度成正比。其机理是绝缘体在一定的电压下产生放电，随着绝缘的破坏，放电电流密度就不断增大，绝缘电阻就越来越小。在电场作用下金属表面电子不断从金属表面飞逸出来，成为自由电子绝缘电阻间运动，这种现象称为场致发射。热电子发射、场致发射产生的自由电子在电场力作用下加速飞向阳极，途中不断碰撞中性质点，将中性质点中的电子又碰撞出来，这种现象称作碰撞游离。由于碰撞游离的连锁反应，自由电子成倍地增加，大量的电子奔向阳极，大量的正离子向负极运动，绝缘体便成了电流的通道维持持续的电弧。由于电弧温度很高，在高温的作用下，接触网承力索或接触线材质被软化，最终被自生的预拉力拉断。

3　电路故障电弧识别过程

当接触网拉弧时电弧电流具有一定的特征波形成分，通过分析变电所馈线电流电弧的特有波形，识别电路是否存在拉弧，分析拉弧的性质并采取相应措施，如警示和跳闸保护。目前有关单位已进行了电路电弧故障识别研究，主要是基于电流高频分量时频特征的电弧故障检测方法，通过检测被保护回路电流的高频分量，进行FFT和数学形态滤波处理，提取出信号频谱的轮廓特征构造特征向量作为识别故障电弧的特征参数，确定产生电弧的故障。

电路故障电弧识别过程包括以下几个步骤：

(1)将被保护回路导线穿过电弧采集线圈，导线中电流通过耦合在电弧采集线圈的磁场产生感应电流，感应电流经取样电阻转换为电压信号，再经过高频信号调理电路，转化为输入A/D转换电路和触发检测电路的模拟信号；由触发检测电路产生的预触发信号送入数据采集控制电路；在数据采集控制电路的控制下，通过A/D转换电路将调理后的信号转化为数字量，并存储在数据存储模块中，同时被保护回路导线穿过工频电流传感器，工频电流传感器的输出信号经过工频信号调理电路，转化为输入过零比较电路的工频模拟信号，再经过过零比较电路处理后，生成工频电流过零信号，并以边沿触发信号数据处理模块内部的定时/计数器，当检测到数据采集控制电路发出的内部触发信号时，以中断方式启动高频电流出现时工频电流相位和高频电流频谱特征分析的计算任务。

(2)数据处理模块中，依据内部的定时/计数器的形式分别输入到数据采集控制电路和数据处理模块。

(3)数据采集控制电路接收到工频电流过零信号后，启动内部的定时/计数器；数据采集控制电路启动A/D转换，并将转换结果连续地记录在数据存储模块的缓冲区中；当数据缓冲区满时，数据采集控制电路停止A/D转换和内部的定时/计数器，并向数据处理模块发出内部触发信号。

(4)数据处理模块检测到过零比较电路输出的触发信号时，启动前计数值和工作频率计算高频电流出现时的工频电流相位，将求取的高频电流出现的时刻值与上个工频电流半波周期的计算结果比较，若相位误差大于$\pi/50$或时间误差大于0.2 ms，则复位电弧故障计数器；存储当前的相位计算结果，作为后续比较的参考值。

(5)数据处理模块中，利用数据存储模块中记录的波形数据计算高频电流的特征频率值序列以及其与参考值序列的平均相对误差，若高频电流特征频率值与参考值的平均相对误差大于5%，则复位电弧故障计数器；存储当前高频电流的特征频率值序列作为后续比较的参考值，并关闭内部的定时/计数器。

(6)重复上述步骤(2)～(5)，计算下个工频电流半波周期内，高频电流出现的工频电流相位、高频电流特征频率等参数，并将其与上次结果作比较，若在设定误差范围内即按照电弧故障处理。

4　接触网故障电弧识别研究

铁路牵引供电系统会产生一些正常电弧，如机车主断路器投切产生电弧，机车升降弓和运行中瞬间离线产生电弧，变电所断路器其动作产生电弧，这些电弧的特征是时间短。可以以电弧持续时间来区分正常电弧和非正常电弧。因此通过建立接触网电弧电流模型来开辟新的故障诊断技术领域。

4.1　故障模型研究

模拟铁路牵引供电系统产生的正常电弧和故障电弧进行采集，分析各种电弧电流的高频分量和其他特征，进行 FFT 和数学形态滤波处理，提取出各种不同情况下电弧信号频谱的轮廓特征、构造特征向量作为各种情况下产生电弧的模型。研究采用共振解调技术将故障电弧信号提取出来。

4.2 故障处理的研究

界定需要做立即跳闸和可不立即跳闸而仅进行报警的研究，建立报警故障模型和立即跳闸故障模型，如非导体接触接触网产生拉弧，电弧电流有时间长的特点，需要立即跳闸。绝缘子污闪电弧电流小，电流较稳定，可以做不跳闸处理，提示进行检查。

5 结束语

铁路牵引供电设备运行中的故障诊断是保障其稳定运行的必要手段，对牵引供电系统电流波形的研究分析，将开辟新的故障诊断技术领域，极大地推动牵引供电系统的故障诊断技术，对降低牵引供电系统故障有很大的意义。

高铁接触网精测精修实施浅析

潘光辉

（中国铁路广州局集团有限公司供电处）

摘　要： 精测精修作为高速铁路接触网的最高修程修制，加强了高速铁路接触网性能和状态管理。本文在总结高速铁路接触网运营规律及京广高铁精测精修先导段实施的基础上，从精测精修基本定义、各环节实施的基本方法等进行论述和提出个人改进观点。

关键词： 高速；接触网；精测精修；方法

京广高铁武广段作为中国开通最早的长大高铁，已开通运营超过 9 年，开通初期，接触网零部件松脱、断裂、卡磨等缺陷频繁，通过反复的设备平推检查和专项整治，零部件缺陷状态经历了浴盆曲线变化，状态已基本趋于稳定和可控。近年来，随着高铁网络成型，弓架次、行车密度大幅度上升，弓网关系已对设备运行产生新的影响，需对接触网进行精细化检修管理。本文结合京广高铁韶关—乐昌东先导段接触网精测精修试点工作开展情况，旨在进一步寻求运行规律和研究改进措施。

1　精测精修定义

示例：精测精修先导段京广高铁乐昌东至韶关上行区段 2015 年检测数据某处，接触线抬升量偏小（最小值为 24 mm），中间柱之间的接触线动态高差达 60 mm，形成了倒 V 字形接触线高度波形曲线，弓网运行状态不匹配，产生弓网接触压力超限，同时弓网接触压力超限处产生燃弧，如图 1、图 2 所示。

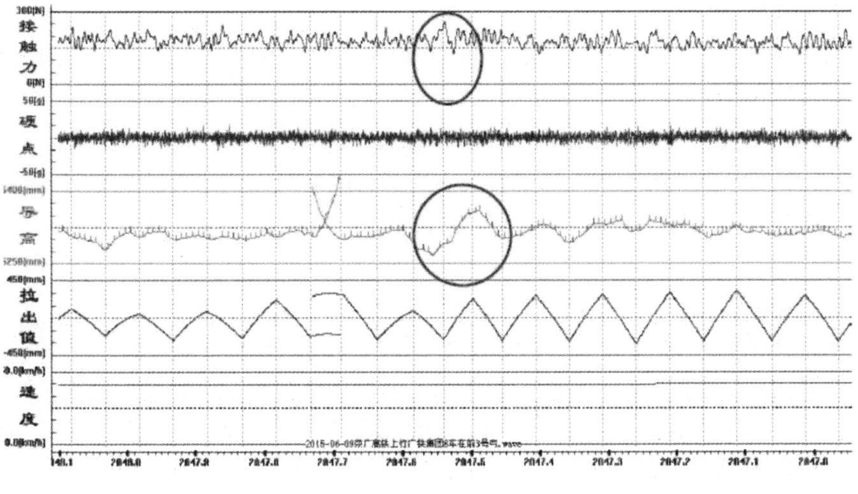

图 1　倒 V 字形接触线高度波形曲线

若弓网接触压力过小会造成受电弓离线产生燃弧，造成弓网的电腐蚀，甚至是产生高温烧损接触线和受电弓；若弓网接触压力过大会造成弓网磨耗加剧，减少弓网使用寿命，引起定位器抬升量过大，引发弓网事故。

正如高速公路路面平顺可有效减小汽车行驶颠簸和阻力，同样，接触网横向、纵向参数达标，零部件寿命在期及状态可靠可进一步匹配弓网关系，而通过接触网精测精修开展可达到这一目的。

接触网精测精修指通过检测动态条件下弓网的作用参数，精确测量接触网的静态几何位置，检验零部件质量状态，依据检测、测量数据分析与质量检验结果，对接触网进行精确调整修理，使之恢复标准状态的过程。接触网标准状态是指运营高铁接触网达到或满足《高速铁路电力牵引供电工程施工质量验收标准

图 2　弓网接触压力超限处燃弧

(TB 10758)》的状态。其标准状态资料包括相关设计文件、接触网平面竣工图、“一杆一档”数据、非接触测量的完整数据(含波形图)以及接触网零部件预期寿命状态等资料。

2　精测精修各环节实施的基本方法

2.1　精测项目及数据分析

2.1.1　测量项目及标准

依据设计标准，对影响弓网关系匹配的接触网拉出值、定位点处接触线高度、相邻定位点高差、吊弦处接触线高度、相邻吊弦高差、定位器坡度、止钉间隙、弹性吊索张力、弹性吊弦位置、接触线中心锚结线夹、接触线电连接线夹、棘轮补偿装置等参数进行全面测量。

2.1.2　测量方法

激光测量仪人工几何参数测量。使用激光测量仪对接触网悬挂进行测量，包括吊弦点的拉出值和导高，锚段关节、中心锚结与相邻吊弦点的高差，电连接与相邻吊弦点的高差等。

车载非接触式接触网几何参数测量。使用安装在轨道车上的非接触式接触网几何测量装置对接触网悬挂进行测量，主要测量接触网工作支定位点的拉出值和导高。

车梯专项测量。采取车梯作业方式对接触网零部件进行功能性参数测量，包括定位器坡度、止钉间隙、接触线磨耗、弹性吊索张力、弹性吊弦距定位点的距离、接触线中锚线夹距相邻吊弦的距离、接触线电连接线夹距相邻吊弦的距离、绝缘距离等。

2.1.3　数据分析方法

2.1.3.1　精测数据分析

对影响弓网关系匹配的接触网拉出值、定位点处接触线高度、相邻定位点高差、吊弦处接触线高度、相邻吊弦高差、定位器坡度、止钉间隙、弹性吊索张力、弹性吊弦位置、接触线中心锚结线夹、接触线电连接线夹、棘轮补偿装置等测量参数进行分析时，可将精测数据与其设计值进行比较，裕度分为标准、安全、缺陷三种状态，即$|A| \geq |测量值-设计值| > |B|$为安全状态，$|测量值-设计值| > |A|$为缺陷状态，设计值$\pm|B|$为标准状态。通过图标等形式分析三种状态所占百分比，可有效分析接触网横向、纵向静态参数状态，为下一步接触网参数精细化调整提供数据依据。如京广高铁弹性吊索的安装张力应符合设计要求，允许偏差设计值±0.1 kN。精测精修先导段韶关至乐昌东88个锚段弹性吊索张力标准状态、安全状态、缺陷状态分别为3.01%、18.75%、78.24%；弹性吊弦安装位置标准状态、安全状态、缺陷状态分别为53.01%、17.49%、29.50%。

2.1.3.2　报告编制

接触网零部件运行状态分析报告编制。一是需结合接触网线路运行条件、设计结构特点、零部件工况、样本比例等组织综合分析；二是需依据零部件检验机构出具的检验报告，判断相同运行条件下同批次接触网零部件的质量状态。接触网检测分析报告和零部件运行状态分析报告编制完成后委托具有资质的设计单位开展修理前的设计工作。

2.2　零部件更换送检

国家计量认证和实验室认可的专业检验机构通过对零部件外观检验、化学成分检验，机械、电气性能试验及腐蚀试验等进行全方位诊断、试验分析，可分析高速铁路接触网零部件接近预期寿命或在日常检查时发现接触网零部件存在质量隐患、无法确认其能否在预期寿命周期内安全运行的零部件状态。以下零部件需进行批量送检：

(1)同一处所或部位重复发生磨损、裂纹、腐蚀、烧损等异常现象时；

(2)特殊环境(大风、严寒、沿海、潮湿、隧道、周边有严重污染源等)区段检查发现接触网零部件状态劣化，表面腐蚀或磨损明显，需确认其是否能够继续安全使用时；

(3)检测发现接触网参数与初始参数对比变化较大，经分析确认其与连接的零部件性能关联性较大时；

(4)区段内接触网由于零部件脱落、裂损、烧伤等原因故障多发时；

(5)需要检验判断以确认零部件运行状态或预期残余寿命时；

(6)曲线、大张力等设计结构接触网零部件；

(7)不同厂家设备、结合使用寿命年限。

结合近几年京广高铁设备运行情况，韶关至乐昌东精测精修先导段88个锚段应送检接触网零部件为：

(1)曲线大张力处所全套腕臂零部件、定位装置、锚支定位卡子、下锚旋转双耳拉环(BB公司、保德利)；

(2)疲劳断丝断股吊弦、电连接、等电位线及线夹，吊线、固定钩存在磨损设备；

(3)张力超标以及不足状态下的弹吊设备；

(4)中心锚结、避雷器、绝缘套管、棘轮补偿装置等；

(5)平腕臂、斜腕臂绝缘子、AF悬式绝缘子、下锚硅橡胶绝缘子，注意需送检历史雷击闪络的绝缘子设备；

(6)存在缺陷问题的设备送检数量不少于总数量的2%。

通过对零部件做振动、疲劳、滑动荷重、破坏荷重、绝缘耐压等试验，以及对拆卸送检的接触网零部件进行外观检查、补充特殊试验等，确认其质量状态。如零部件性能下降、状态劣化，判定其即将或基本达到寿命时，应纳入精修项目并进行更换。

2.3　精确检测

接触网精确检测和分析工作一般应由具有高速铁路接触网综合检测设备、具备高速铁路接触网检测数据和设备质量分析诊断能力的专业单位承担。动态检测可结合综合检测车检测工作周期统筹安排。由集团公司申报，在总公司综合检测车检测计划中明确接触网精测精修区段动态检测的内容和有关要求。

接触网几何参数检测的输出结果包含接触线高度、拉出值等接触网静态几何参数，并能输出静态参数波形图。弓网动态检测参数包括弓网动态接触力、受电弓弓头垂直加速度(硬点)、动态接触线高度、动态拉出值、离线、接触网电压等，并能输出弓网动态检测参数波形。

2.4　精修

接触网精修工作应由供电段组建的高速铁路接触网精修专业队伍或委托具有高速铁路接触网施工业绩的专业队伍承担。具体包括：

一是资质认证。精修实施前，接触网精修队伍成员应由集团组织专门培训合格并认定的人员担任。

二是实施方案的编制。根据交付的施工设计文件工作，组织精修实施单位完成精修实施方案的编制。现场调整接触网参数前，需对目标区段需要调整的接触网参数进行测量复核，精修过程中，应对动态弓网作用参数关联性较强的项目(接触网静态几何参数、定位器坡度、止钉间隙、吊弦或腕臂偏移、补偿灵活性、相关结构间距等)进行专项检查确认，确认分析结果无误后方可调整。精修应在专业技术人员指导下，使用符合规定的工器具进行，调整修理的部位和更换的零部件器材等应分类标注、统计、记录。精修后，应对接触网参数进行测量确认，通过检测数据分析及波形图比对，验证精修效果。对未调整到位的接触网要进行二次调整，直至达标。精修工作结束后，依据有关标准和精修方案的目标要求，组织验收并将精测精修资料移交设备管理单位存档。

注意精修方案制定需结合验标及设计规范，精修设计方案还需经过评审进一步完善。

3 精测精修实施成效

(1)通过精测精修，全面掌握了武广高铁接触网运行几年后的结构参数变化情况，影响弓网关系匹配的因素主要如下：

接触网横向、纵向参数不达标。一是由于施工及验收阶段，施工工艺不严、验收标准不高造成参数不达标。武广高铁开通至今存在工作支导高、高差、拉出值、定位器坡度、定位器止钉间隙、弹性吊弦安装位置及张力等参数不达标问题，虽大部分处在安全状态，但离设计标准状态还存在差距。运营单位日常检修重点放在了克服接触网零部件“松、脱、断、裂、卡、磨、缺”等方面的缺陷上，对处在安全状态下的接触网横向、纵向参数精细化调整力度还不够。二是运行过程中由于温差变化、线索变化引起的参数不达标。如补偿 b 值不符合标准、线索蠕变导致弹吊张力不足、锚段关节吊弦间存在“倒 V 形”等，均会导致接触网“路不平”现象出现。

接触网零部件存在缺陷。由于运行过程中弓网振动、环境变化、设备参数变化而造成的问题，如电连接、吊弦、等电位线等断丝断股；因拉出值偏小、定位器受拉力过小引起定位支座与定位钩相磨或定位线夹处 U 形插销磨损过大等。

(2)通过对接触网零部件的外观检查，机械、电气性能测试，并将其试验数据作为接触网零部件性能是否下降，状态是否劣化的，提供了科学的判断依据，为今后接触网零部件的寿命管理探索了新途径。同时形成了接触网运行分析由定性向定量、由表面向本质的突破。如通过持续跟踪吊弦、弹性吊索折断情况，以及腐蚀铝合金件机械性能变化情况，提前防范零部件机械疲劳折断的风险。

(3)完善了高铁接触网的全面检查标准，不仅制定了详细的安装及检修标准，还对销钉穿向、螺栓露丝、螺栓螺母型号等技术细节进行了规范，对以后的全面检查和工程验收具有一定的指导作用。

(4)结合人工检查和先进设备检测手段(如 1C、2C、4C)，系统性地评价接触网的运行状态，为指导接触网检修提供参考依据。

(5)探索出用 4C 检测作为部分接触网设备(如支撑装置)的日常检修手段的方法，进而实现接触网状态修。

(6)初步探讨建立接触网运行状态的评价体系，即标准状态、安全状态和缺陷状态的划分标准，逐步完善高铁维修体系。

4 几点建议

(1)关于接触网零部件送检。一是先导段接触网零部件送检项目及种类不全，未包括支柱、绝缘套管、化学锚栓等；二是部分设备送检不便于现场操作，如接触线、承力索送检按 5 年一次标准送检存在困难，可在线索一个大修期内进行安排；三是接触线磨耗情况可适当放宽，但需加强异常磨耗点的监测；四是送检结果应着重分析零部件运行规律，分析其是批次零部件质量问题，还是零部件本身结构问题，这样便于现场运营管理和优化改造，改造应符合经济性、安全性等指标；五是检验标准有待提高，由于高铁设备属新材料、新工艺、新方法的运用，目前国内高铁供电零部件送检试验标准、评价标准需要科研的支持，送检的实验方法、标准和效果需积累更多经验。

(2)关于精测精修实施年限及项目。需积累更多的运营经验对接触网精测精修实施年限进行探索，从经济性、安全性等方面优化精测精修标准。一是根据设备寿命、运行情况、精测数据、动态检测数据等对各材质零部件进行合理年限划分；二是以每 5 年为一阶段，对精测精修的内容及项目进行整体分析研究，确保送检项目不漏项及实施的经济性。

(3)关于弓网关系变化及趋势。近年来，随着全国高铁成网，车流密度增加，由于大功率重联车的大量运用，武广高铁集团管段吊弦、电连接、定位器支座等电位线出现散股、烧伤的数量逐年上升，影响运行安全。这些逐年暴露的问题一是可以按信息系统提示超修报警，抓好日常设备的周期检修；二是可以通过 6C 检测、监测加强分析、缺陷处理；三是结合精测精修工作开展，对突出的隐患和新的问题安排好设备专项整治。

(4)关于不同线路条件精测精修实施。通过精测精修的实施以及动态检测的全面验证评估，使接触网状态恢复至标准、安全状态，一是注意诊断分析需要验标，做到动态检测、静态分析相结合，不能孤立地评价接触网运行体系；二是需注意不同线路条件状况如无砟轨道，精测精修实施需考虑接触网零部件工况、弓网关系匹配、环境温差变化因素，有砟轨道精测精修实施在无砟轨道的基础上还需考虑线路沉降、工务系统抬拨道等变化信息，并在实施过程中加强轨面标准线的复核。

(5)关于精测精修效率的提高。先导段精测精修的实施效率不高、推进时间长，主要表现为精测数据及项目较多，运行静态参数的收集主要依赖人工；动卧开行、有效天窗时间进一步减少；精修开展难度大，如弹吊张力超标、不达标情况，需对整个弹吊系统内的弹吊、吊弦进行全面更换。建议在现场精测精修实施前，一是制定完整的精测精修细化方案及配套办法，确保有章可循、有案可据；二是研究新的工装设备的开发，如高精度接触网参数快速测量仪开发，提高天窗效率及分析效果；三是不断完善精测精修标准，可对接触网设备参数调整裕度进行研究，结合运行评估论证效果。

参考文献

[1] 铁路技术管理规程(高速铁路部分)(铁总科技〔2014〕172 号).
[2] 高速铁路电力牵引供电工程施工技术指南(铁建设〔2010〕241 号).
[3] 高速铁路电力牵引供电工程施工质量验收标准(TB10758).
[4] 铁路营业线施工安全管理办法(铁总〔2012〕280 号).
[5] 高速铁路接触网精测精修先导试行办法(运供供电函〔2014〕533 号).

浅谈朔黄铁路既有线增容改造接触网换线施工

王 斌

(朔黄铁路发展有限责任公司肃宁分公司)

摘 要: 朔黄铁路电气化从 2001 年 12 月开通以来,随着运量每年以(2000 ~ 3000)万吨增长,到 2014 年朔黄铁路正线接触线以及与之配套的牵引供电系统已经不能满足 2 亿 t 到 3 亿 t 运能的需求,至此从 2014 年开始启动牵引扩容改造工程,2017 年进入大面积接触线换线阶段,也是最关键的一道工序。由于接触网无备用,既要保证正常的运输秩序又要保证接触网换线进度,施工及运输安全压力和困难是空前的大。下面结合三汲至肃宁北接触网改造施工,介绍我们在接触网换线施工中探索到的施工组织、作业方案及安全、质量管理方面的经验。

关键词: 接触网;施工

1 换线施工面临的困难

(1)运营与施工交错进行,留给施工的时间极为有限;

(2)一些换线前期的准备工作要在非天窗点进行,安全压力较大;

(3)"天窗"时间内进行接触网换线施工时,"天窗"时间一结束就要使新架设接触网和既有接触网达到列车运行条件,同时要保证铜线与铝线在过渡锚段关节处平滑过渡;

(4)在既有线改造施工中,现场情况错综复杂,干扰因素很多。

因此只有采取周密、合理的施工组织措施,提前介入,主动配合,才能安全、优质、高效地与乙方完成换线施工。

2 技术特点

换线施工与大修换线施工相比,接触网换线施工采用的新技术、新工艺、新材料,主要技术特点如下:

(1)供电方式由直供加回流变为 AT 供电方式,接触网增加正馈线、保护线等附加悬挂;

(2)小站软横跨支柱需全部更换,区间新增供电线支柱,同时更换部分容量不足;支柱在新线投入使用、旧线拆除以前,新旧支柱并存,交错布置,要考虑的安全因素较多;

(3)旧接触网支柱上所有设备都要进行更换;

(4)新旧线材不同;

(5)新旧锚段关节不重合,导致在新线架设后、旧线拆除前新旧锚段关节并存;

(6)新旧下锚安装方式不同,张力大小不同;

(7)新旧支持结构材料、定位材料及其安装方式不同;

(8)拉出值、导高、结构高度、锚段关节尺寸等各项调整技术参数新旧不同。

3 施工组织

3.1 施工准备

3.1.1 技术准备

①与乙方、丙方签订施工安全配合协议,明确双方责权利;②共同审查施工设计图,掌握有关技术资料;③编制换线施工配合方案,成立配合小组;④制定换线施工风险预控管理手册;⑤对各级配合作业人员及施工人员进行施工安全、技术交底和施工培训。

3.1.2 组织施工预备会和现场准备

①提报好施工计划,提前与施工调度沟通好月、周、日施工计划;②配合人员、施工人员熟悉施工区段

线路、场地情况，确定施工物资、机械进场方式；③调查解决干扰施工的设施，提前协调解决；④确定施工封锁、停电时间；④调查施工影响范围，确定每次施工后应恢复或达到的技术状态；⑤制定施工各节点控制表及应急处置方案；⑥确认施工生产各要素按施工方案组织到位。

3.1.3　施工物资准备

①按施工方案准备施工材料及机具；②准备抢险物资材料及机具并单独存放；③配置状态良好的通信、照明工具。

3.1.4　施工机械准备

①确认接触网作业车、放线平板车、汽车状况良好；②确认架线车组编组正确、配置合理；③确认施工料具在架线车、作业平台等处，规格、型号、数量与状态都满足次日施工的需要。

3.1.5　施工队伍准备

①确定施工现场管理机构，配置足够劳动力，明确各级指挥人员及其职责权限；②划分好作业小组，明确施工任务，做好施工准备，落实个人分工与合作的安排；③针对换线施工起锚、中锚、落锚等关键环节，提前组织业务骨干进行培训演练，确保关键环节不卡壳。

3.2　施工过程控制

施工过程中要注意以下几点：

(1)施工前由配合单位组织，开好由施工单位、监理单位、配合人员及机关盯控干部参加的施工周例会，建立从施工负责人到调度、配合人员、各小组负责人、防护员人员各岗位任务明确、职责清晰、各施工节点明确的施工体系，把责任落实到参与施工的每个人身上；

(2)调度信息畅通，联络有序，由施工单位在调度所设置联络总调，施工相邻车站设置专职座台要令员；

(3)确认施工封锁及停电“天窗”时间，统一下达施工指令，严格按既定施工方案实施；

(4)随时掌握现场施工作业信息，协调各作业组的劳力、机械、材料和作业任务；

(5)严格按照施工节点控制表进行施工，尽量为后续工序创造条件；

(6)严密盯控作业车运行轨迹，盯控好区间作业车解列、连挂关键环节；

(7)监控施工过程中的各个作业面及作业流程，及时消除安全和质量隐患。

3.3　施工后的检查

(1)确认人员、机具全部撤至安全地带，不影响送电、行车。

(2)确认换线区段接触网技术参数符合安全运行值，主要确保定位点导高、拉出值、跨内高差、锚段关节、中心锚接、线岔、分相等技术参数合格。检查确认新旧线过渡处等的调整尺寸和受力状态，确保行车安全，做到万无一失。

(3)观察各部件螺栓及开口销是否到位，设备地线连接是否牢靠，各引线的安全距离是否符合规定要求。

(4)送电开通后至少盯控两趟列车通过的弓网运行情况。

4　作业方案

接触网换线施工作业方案的确定，受施工“天窗”时间、施工机械及劳力配置、支柱容量等因素的影响。以安国至博野区间上行4、8锚段承力索、接触线更换为例，具体方案如下：

4.1　安国至博野区间上行4、8锚段情况

(1)4锚段38#～90#：(K361+986～K363+514)，全长1534 m，中锚全长121 m，该锚段为高路基，全锚段为直线区段，腕臂更换(29套)已完成，具备承导线更换条件。

(2)8锚段134#～188#：(K364+748～K366+338)，全长1580 m，中锚全长123 m，该锚段为高路基，全锚段为直线区段，腕臂更换(31套)已完成，具备承导线更换条件。

4.2　作业方案

(1)第一步作业车运行方式(图1)。

轨道车1组(自西向东编组为1#作业车+1N+2N+2#作业车)天窗点给点后由安国站运行至安国至博

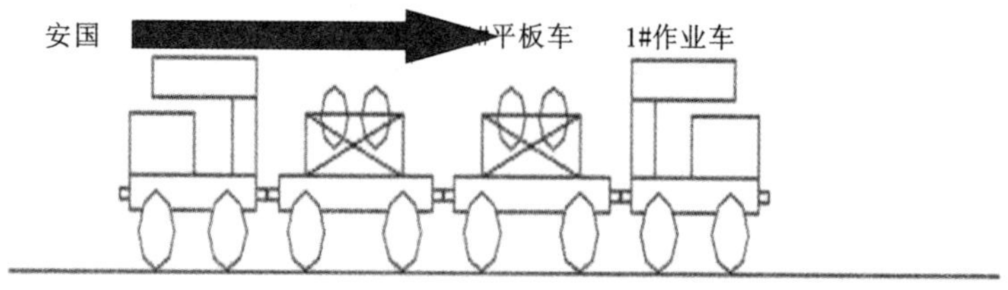

图 1　作业车运行方式图

野区间上行 4 锚段转换柱处(40#：K622 +046)解列，1#作业车 +1N 由 40#至 90#展放线索，待线索展放完成后，协助落锚作业；2#作业车 +2N 运行至 8 锚段转换柱处(186#：K336 +278)由 186#至 134#展放线索，待线索展放完成后，协助落锚作业；待作业完成后由 2#作业车 +2N 运行至(90#：K363 +514)与 1N +1#作业车连挂，作业完毕后返回安国站。

(2)第二步对既有拉线及补偿拆除、新下锚装置安装(图 2)。

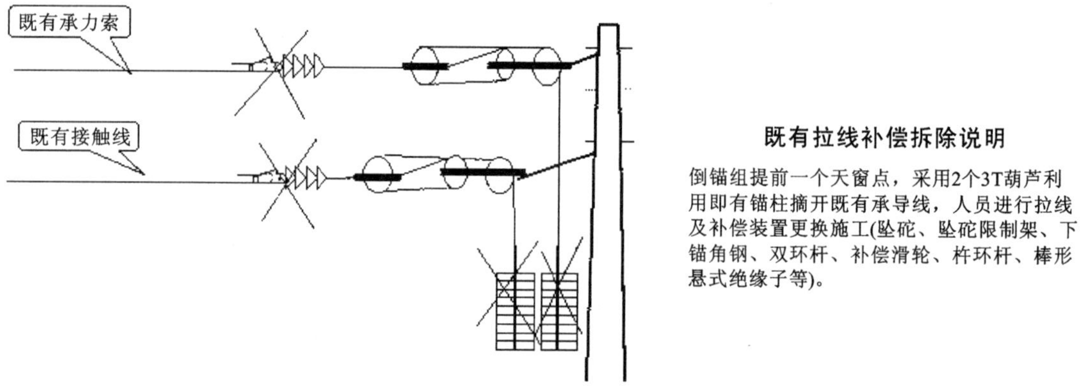

图 2　新下锚装置安装图

(3)第三步对既有承导线进行张力卸载(图 3)。

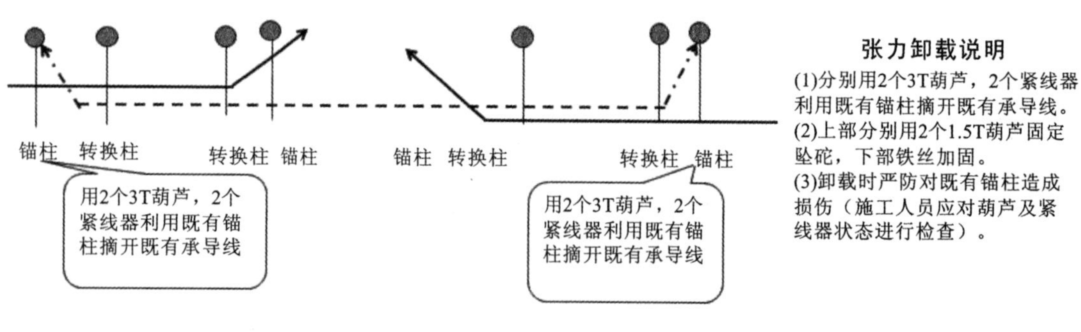

图 3　张力卸载图

(4)第四步起锚关节处穿线(图 4)。

(5)第五步将新承导通过大绳扪在钢轨上(图 5)。

(6)第六步进行起锚处承导线与补偿装置的连接(图 6)。

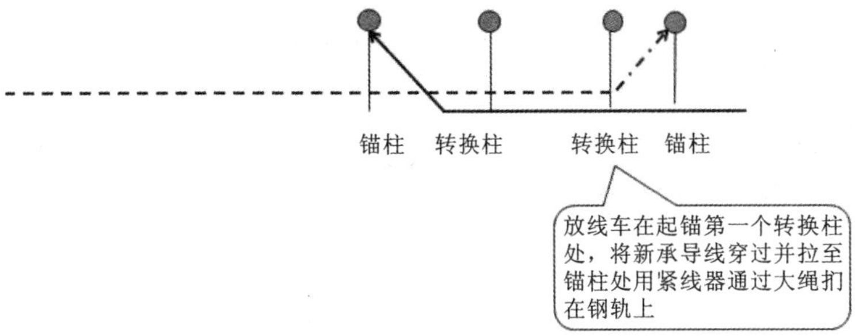

图 4　穿线图

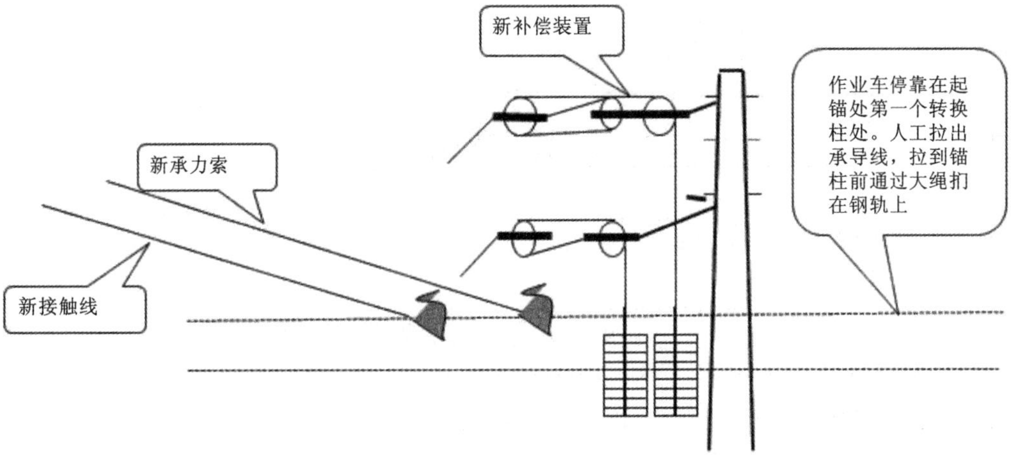

图 5　钢轨图

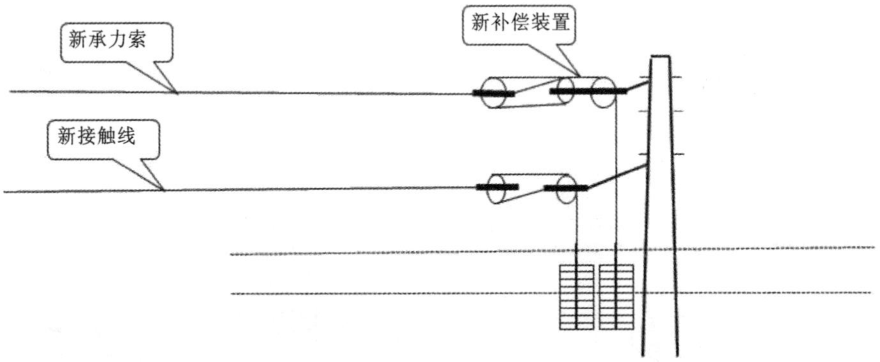

图 6　连接图

(7)第七步落锚(图 7)。

(8)第八步中锚安装(图 8)。

①架设新线承力索的同时，完成既有承力索中心锚结绳的更换。

②新线完成落锚后，倒出既有承力索，新线承力索入槽。

③新线承力索与既有承力索采取 $\phi4.0$ 铁线加固，同时防止新、旧线承力索的窜动。

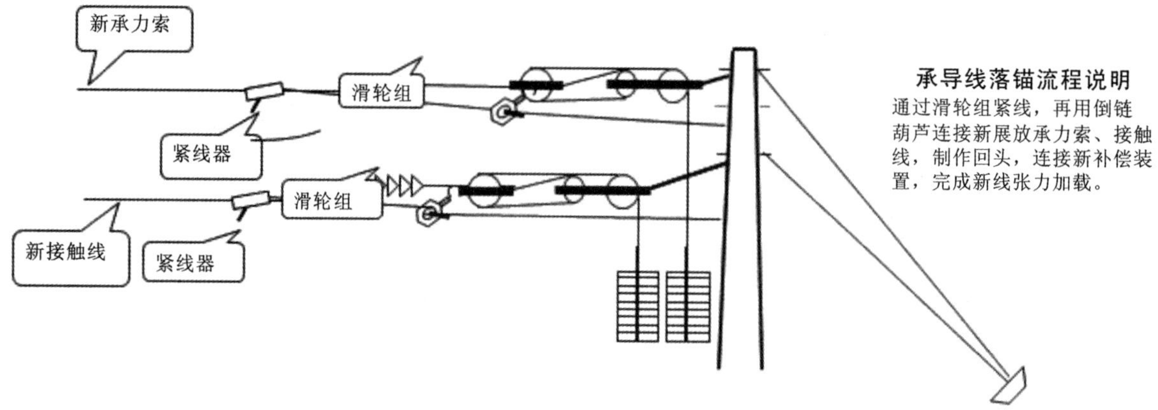

图 7　落锚图

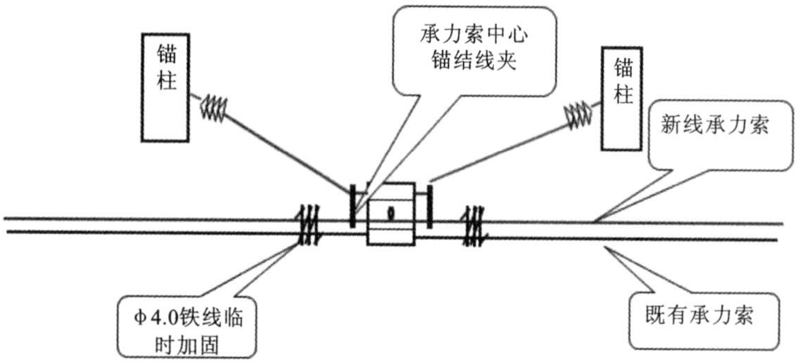

图 8　中心锚结安装示意图

(9)第九步承力索归位，定位、吊弦、电连接安装(图 9、图 10)。

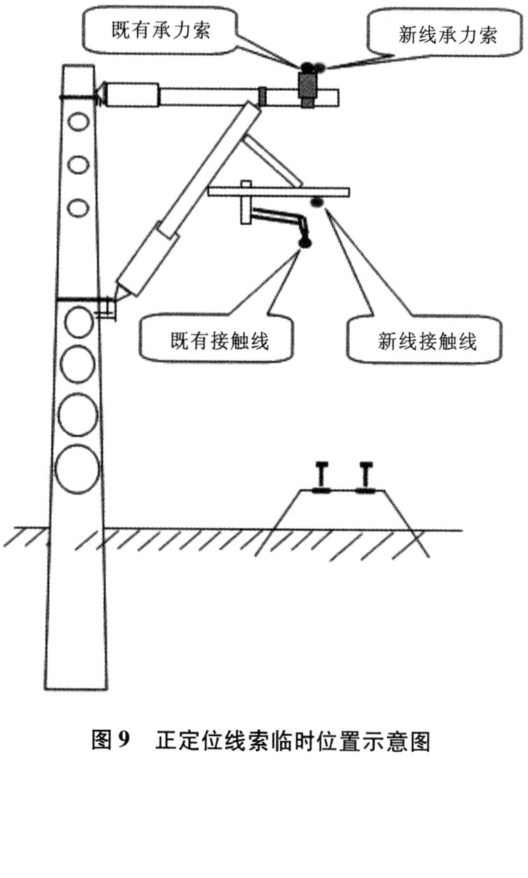

图 9　正定位线索临时位置示意图

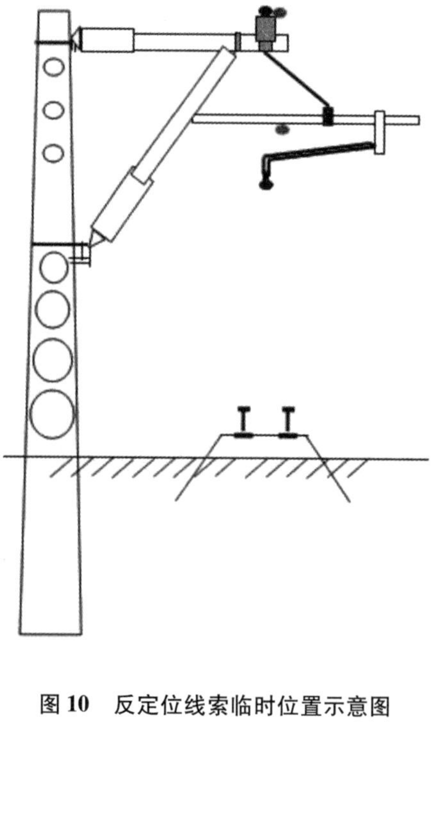

图 10　反定位线索临时位置示意图

承力索归位，定位、吊弦、电连接安装流程说明：

①将既有承力索导出承力索座，并将新承力索导至承力索座。根据腕臂偏移值表安装，并安装承力索保护条。

②待线面检查组过后及时安装定位、吊弦及电连接。

(10)第十步旧线拆除及回收。

施工负责人统一指挥落锚组、起锚组同时卸张，待张力卸载后，通知各梯车小组负责人开始断线，各梯车下部人员开始回收旧线。

(11)第十一步悬挂调整、技术参数复核及整理归档。

①接触网采用全补偿简单直链形悬挂，导高为 6000 mm，结构高度为 1400 mm，施工允许偏差为 ±30 mm。设计结构高度由既有的 1300 调整为 1400，在关节处新安装碗臂高度抬高 100 mm，既有导线与新架设导线有 100 的高差，通过调整新吊弦、调整碗臂定位管使得新旧导高参数匹配。

②非绝缘关节按垂直 300 mm、水平 200 mm 调整；绝缘关节按垂直 500 mm、水平 500 mm 调整，不得小于 450 mm。拉出值应符合设计要求，施工允许偏差为 ±30 mm。

③直线上拉出值为 ±200 mm；曲线段以现场既有拉出值为准。

④关节处既有承导为钢铝材质，新架设承导为铜材质，使用铜镀锡电连接线夹。

⑤腕臂偏移值。

⑥a、b 值的调整应根据当日的温度和安装曲线表进行施工。

⑦测量组对新架设线索进行测量并将数据整理留档。

⑧严格螺栓力矩紧固到位，详见表 1。

⑨废料回收：各梯车组负责完成废料回收。

表 1　施工时间卡控流程表

序号	所用时间		施工内容
1	15 min	15 min	施工负责人接到线路封锁命令后，通知各小组负责人组织各小组作业人员打开护网门，进入线路做施工前准备工作
2	240 min	5 min	施工负责人接到停电命令后，通知地线操作人员验电接地，确认五组地线挂设完毕后，通知各小组负责人
3		25 min	各小组负责人安排上部作业人员上杆作业，打开定位，并用铁丝吊高既有导线及反定位管；跨中处用铁丝吊起既有导线，下部倒运工具材料
4		75 min	作业车运行到位后，开始起锚、承导架设、预挂吊弦、落锚；同时拆除定位，安装新定位装置及斜拉线
5		80 min	卡中锚，旧线拆除从中锚向两侧通过梯车组传递摸线面，卡定位，布吊弦，电连接安装，旧线回收
6		40 min	悬挂调整、数据测量记录及回收工具材料
7		15 min	撤离现场、拆除地线、消令

5　换线施工主要安全、质量控制措施

(1)换线前应对现场进行充分调查，编制详细的施工组织方案，方案批准后，工程技术人员应向施工全员、配合人员进行详细的技术交底，并制定详细的应急预案。

(2)有针对性地进行业务培训、考试，提高技术素质，关键工序严格执行“持证上岗”的制度。

(3)施工前对所用设备、材料、零件进行严格的检查、检测，不合格品严禁进入工地。

(4)严格执行接触网停电作业程序，得到停电作业命令后，停电、验电、接地封线后方可开始作业，消

令前必须确认作业结束、人员全部下网、接地线已拆除，方可消令。

(5)接触网作业车在线路上行驶、作业时，应执行《技规》《行规》和《轨规》的有关规定，严格按照“朔黄铁路行车组织规则”行车，确保安全。

(6)高空作业人员必须系安全带，戴安全帽，设置监护人。高空作业前应检查安全用具是否完好，选好攀登方向，高空作业时严禁抛掷料具，应采用绳索递送。

(7)梯车作业时，必须专人指挥，指挥人员必须站在有利位置，并确保梯车作业过程中，不侵入邻线限界。对于受力部件大的部位采用手扳葫芦或其他机械方法，作业人员应站在曲线外侧，施工时封闭线路并设置防护。

(8)不得使用长大金属物品连接钢轨，梯车作业时绝缘轮全部放在同一条钢轨上。

(9)两作业车分解作业，必须选择瞭望条件好的地段，严禁在坡道、道岔、隧道、桥梁上或曲线上选择连挂点，具体操作严格按《技规》、朔黄公司《朔黄铁路行车组织规则》的规定执行；作业车组一旦解体，在整个封闭点时间内，任何解体单车不得超过间隔点进行施工作业；作业车推进运行时，助手必须站在前方手持信号旗进行引导，车速不得超过 5 km/h。

(10)防护人员的站位必须正确，职责意识必须清晰并持证上岗(防护用品、证件携带齐全)。两头防护人员负责插设移动停车牌，并设置两人担任现场防护工作。时刻与驻站联络员、两头防护联系，邻线来车时，必须通知现场施工负责人停止施工作业。

(11)封闭作业施工区段的两端，必须按要求进行防护；施工人员进入施工现场后，必须戴安全帽，高空作业应系好安全带。

(12)接触网的零部件连接螺栓，必须按设计要求使用力矩搬手紧固，确保紧固螺栓的安装一次达到力矩要求。

(13)加强质量检查，边施工、边检查、边验收，严格控制施工质量，全面检查接触网技术参数，尤其应对接触网改造中的关键部位和锚段关节、线岔、曲线定位点、新旧线过渡处等调整尺寸和受力方向等进行详细的检查核对。

(14)消令前，必须做好路料的检查、清理工作，防止侵限。

(15)施工结束后，在起锚、中锚、落锚、分相等处所安排专业技术人员盯控列车通过情况，确认无异常后人员方可撤离。

6 施工总结

当日下午，组织施工各小组负责人、配合单位、监理单位及盯控工程师召开详细的施工总结会，对当日施工前、中、后的详细情况进行系统的总结，制定详细的措施，做到下一天窗点的持续改进。

7 2017 年上半年换线施工配合的主要措施

(1)换线施工前分公司组织施工单位多次进行施工方案的探讨研究，明确每次换线施工各作业队需调查的项目，对施工区段状况、影响、人员机具情况及分工、施工各节点卡控表、如何上线、作业机具分解连挂、作业流程、具体方案、安全质量注意事项等一一进行确认。

(2)分公司统一抽调 10 名人员进行施工配合，保证每个作业队 3 名盯控人员(一名经验丰富的业务指导，二名接触网专业骨干)。

(3)每个天窗分公司都要派主管工程师进行现场盯控。

表 2　肃宁分公司第 23 周主要施工盯控情况

序号	日期	专业	施工项目	施工单位及联系方式	施工地点	分公司盯控人	工队盯控人	实际盯控人
19	6 月 6 日（周二）	供电	更换承导线	中铁电气化局 王祝童 18837306890 李世波 15681231370	行唐（含）至新曲下行	王　斌 郭京伏	谷海龙	
20			更换腕臂		行唐（含）至新曲上行			
21			更换承导线	中铁电气化局 谢本军 18837316880 王凤梧 15227566599	博野至蠡县上行	马　斌 魏现化	王振光	
22			更换腕臂		博野至蠡县下行			
23			安装支柱		定州东站		赵利刚	
24			更换承导线，拆除支柱，更换腕臂	中铁电气化局 柳敏强 13689461350 廓琦 15027579057	蠡县至肃宁北（含）上行	梁小尊 李德方 李政南		
25			悬挂调整		蠡县至肃宁北（含）下行			
26			更换腕臂		河间（含）至行别营下行	苏学军	贺小勇	
27			更换腕臂	中铁电气化局（十六局） 赵彬 15342458583	行别营至黎民居下行	姬政琛	赵志宏	
28			进港二线接触网施工	中铁六局集团电务工程有限公司：项目部副经理刘成龙 13700541851	东大沽至神港区间		张廷栋	

（4）上半年施工存在的主要安全质量问题。

①现场施工调查不细致。

②现场施工负责人关键节点卡控不足。

③呼唤应答不及时，劳务队上传下达不通畅，协作意识差。

④换线施工队伍时间观念淡薄，紧迫感不足。

⑤施工前工具、材料未认真核对，漏带、少带情况时有发生。

⑥施工前受力工具未检查（滑轮组、倒链葫芦、紧线器）。

⑦线盘制动操作人员，操作不熟练，展放承导线时给的张力不均匀。

⑧梯车卡轨器使用不到位，尤其是在曲线段施工时。

⑨安装技术标准执行不到位（吊弦螺栓穿向、载流环方向、定位环缺口方向及定位线夹受力面等）。

⑩换线初期，存在踩踏新导线现象。

⑪起锚处转换柱至锚柱一跨导线存在扭面情况。

⑫既有承导线及中锚辅助绳张力未卸载完毕时直接断线，存在安全隐患。

⑬施工过程中存在长时间 1 ~ 2 人扶梯车现象。

⑭作业结束后各小组未充分进行质量标准确认，导致缺陷遗留。

（5）换线施工改进建议。

①充分利用高德地图比例尺做好修前调查，这样能保证线索尺寸和避免人员上线测量安全隐患。

②在天窗前一日下午把工料准备齐全，项目部安全质量人员要进行把关。

③细化施工工序各节点，按时间节点进行控制。

④严格执行有呼必应，各小组按节点控制表及时报告作业进度制度。

⑤新吊弦安装，新承导线架设完毕后，既有旧线暂时不拆人工踩旧线布置新吊弦，既方便人员安装又能保证不伤新线。

⑥起锚关节处，新展放导线产生硬弯，在锚段关节处锚支卡子上加挂滑轮。

⑦承导线架设中，加挂“S”钩 + 滑轮时，新展放承导线时容易挂在一个滑轮中，要求承力索导线滑轮

背向布置，这样能避免两根线进一个滑轮。

总之，通过近半年的换线施工，个人业务素质有了很大的提升，换线前困难准备得较为充分，换线过程中同志们上下一心，近 300 条公里换线施工，未发生一起安全问题，同时，更难得的是保证换线完成后弓网关系运行平稳。

关于高铁接触网关键设备实施精英化集中修的探索与思考

马　强

（中国铁路郑州局集团有限公司新乡供电段）

摘　要：随着生产任务不断增加和安全管控要求日趋严格，供电安全生产中人员不足与维修作业之间的矛盾日益突出，确保设备质量和安全生产面临新的考验和课题。本文主要以高铁接触网隔离开关精英化检修为例，以强化车间组织生产为导向，深挖内部潜力，积极探索供电专业关键设备实施精英化集中修生产组织模式的优越性，通过探索和分析，取得了良好的效果。

关键词：高铁；接触网隔离开关；精英化集中修；探索

1　现状分析

我段管辖京广高铁383.18条公里，承担着3个站（场）及3个区间的供电设备检测维修任务。特别是隔离开关、避雷器、高压电缆等关键设备的检测、试验、维修，全面检查和专项整治等任务，需要大量业务能力较强的检修人员参与，涉及关键设备，在点多、人员少而散的条件下，生产组织中面临着诸多难题。以高铁接触网隔离开关检修调试为例：

一是效率难以提高。管内高铁接触网隔离开关123台，隔离开关检修调试属于结合部设备，涉及接触网、变电和远动专业，每半年检修调试一次，作业量大，程序复杂，对作业效率要求很高，需要足够的人力保证。管内京广高铁3个供电工区中，每个工区共计20人，以每个工区每班次10人计算说明，其中值班1人，驻站联络员1人，汽车司机1人，工作领导人1人，剩余6人，除去两端地线及防护人员，实际高空作业人员只有1~2人，天窗点内的作业完成量可想而知，很难完成规定的检修任务，天窗利用效率和检修效率低下。

二是标准难以落实。按照高铁隔离开关的检修调试标准要求，检修一台隔离开关涉及机械、电气特性检查、调试和记录等工序38项，按照检修计划，要在计划规定的月份和时间段内完成检修工作任务，作业很难做到精检细修，如遇设备状态不良需要调整等情况，则需放弃其他检修项目对其进行专门处理，致使在落实作业标准化上不够全面到位。

三是效果难以保证。由于时间和人员紧张等因素限制，面对设备隐患问题，往往是“头疼医头，脚痛医脚”，以应急为主，无法系统检查和全面彻底排查整治。特别是对于典型的疑难问题，因难以集中力量组织专项攻关，导致一些设备隐患不能及时有效整治，问题久拖不决，甚至扩大升级为设备故障。

四是违章难以杜绝。由于天窗时间短、检修项目多，作业人员不得不抢点抢时，简化作业、漏检漏修、弄虚作假等违章行为时有发生，给人身、设备和行车安全埋下隐患。

2　主要做法

针对以上存在的问题，我们转变思路，积极探索创新生产组织方式，在充分调研论证的基础上，提出了高铁接触网隔离开关精英化集中修作业模式。

一是创新作业组织形式。按照“精检慎修、不差毫厘”的高铁检修理念和精英化集中修的思路，车间选调业务能力较好的高空作业人员6名，采取集中理论和实作培训，确保每个人对隔离开关的机械传动、电气回路原理、检修调试流程、检修标准都领会吃透，然后由车间主管副主任亲自组织带领对管内的123台隔离开关进行集中检修调试，调试过程中2人一组，分别轮流高空作业和监护，开关所属工区配合做好地线及相关安全措施。这样1个天窗点内最少可以检修调试6台开关，尤其是车站或AT所，一个天窗点即可全部完成。

二是明确生产责任分工。明确车间为集中维修组织主体，统筹安排作业计划、内容和人员分工。车间主管副主任为作业总负责人，所有作业人员统一服从指挥。开关所属工区负责当日作业登记、防护和地线接挂，检修完成后，负责人亲自与电调联系核对开关状态，保证检修质量。

三是固化检修作业流程。为了进一步确保检修质量，结合隔离开关检修作业指导书，对每个检修项目进行固定，制作了隔离开关检修流程和程序，并让现场作业人员携带流程表，现场检修时依次逐项进行检修维护，同时与记录人保持呼唤应答，逐项确认，保证检修设备不漏项。

四是确保作业安全可控。作业前，车间副主任组织作业组成员召开分工会，布置作业内容、提醒关键事项。作业中，6 名高空作业人员两两结合，分为三个小组，每组两人轮流登杆，轮流监护提醒，包保干部盯控各小组作业情况，督促落实作业标准，指导和协调处理重点问题及应急处置。作业结束后，召开总结会，收集汇总设备问题，分析作业过程，制定整治方案和改进措施。

3 取得的成效

隔离开关检修实施集中维修作业模式，变“单兵各自为战”为“集中运动作战”，经过试行，成效明显。

一是提高了天窗利用率和劳效。本次隔离开关精英化集中维修只用了 21 个天窗点就完成了管内 123 台隔离开关的检修任务。“集中作战”模式大大节约了天窗点，以往各工区自己检修维护，每个班次每个天窗点内最多检修 3 台；采取“集中作战”模式后每个天窗点内可以检修 6 ~ 12 台。一方面，大幅度提升了天窗利用率；另一方面，“集中作战”模式节约了人力资源，各个工区只负责接挂地线和座台要令，每个天窗点可节约至少 2 人，有效提高了劳效。

二是提升了设备检修质量。由于集中了优势人力，在天窗时间不变的情况下，单台设备、单项作业内容的时间得到了“拉宽”，精检细修有了保证。同时，能够集中力量干“大活儿”，对设备疑难杂症进行攻关整治，设备的维修和运行质量得到了显著提升。此次检修过程中发现并处理隔离开关缺陷 50 余项，为高铁供电安全奠定了坚实的基础。

三是促进了作业标准落实。人力的集中克服了过去作业手忙脚乱、“顾头顾不了脚”的弊端，“两人成组、干部跟班”的作业模式进一步强化了作业过程的互控、他控，也为标准化作业创造了良好的条件，职工作业行为更加规范、过程更加有序，漏检漏修等违章行为也有效减少。

四是提升了队伍业务素质。精英化集中维修模式的实施，培育了一批业务精湛的高空作业人员，通过集中作业，使职工能够经历和见识各种各样的设备问题，抽调不同工区的作业人员集中在一起，为相互学习讨论、交流切磋创造了条件，有助于取长补短，共同提升业务素质，丰富工作经验。

4 结束语

综上不难看出，采取精英化集中维修关键设备的模式是可行的，不仅提高了天窗利用率和劳效，也提高了检修的质量，同时还锻炼了职工队伍，所以借鉴高铁接触网隔离开关精英化集中维修模式，下一步我们可以以此为鉴继续探索实施高铁高压电缆、无交叉线岔、分段绝缘器等关键设备和结合部设备维修的新模式。

接触网作业车行车安全管理的薄弱环节及对策

张新明

（中国铁路南昌局集团有限公司鹰潭供电段）

摘　要：行车安全是接触网作业车的重中之重，直接关系到供电段的生产经营和安全效益，也是供电系统安全的关键点所在，由于行车安全隐患有诸多不可预测性，抓好行车安全的源头至关重要。随着管辖线路的不断扩大，尤其是接管高铁线路之后，作业车行车安全压力骤增，由于管理体制的不适应、人员素质的转型步伐慢、硬软件设施的配置跟不上等因素的制约，无形之中成为了影响行车安全的薄弱环节。

关键词：作业车；安全管理；薄弱环节；对策

行车安全是接触网作业车的重中之重，直接关系到全段的生产经营和安全效益，也是供电系统安全的关键点所在，由于行车安全隐患具有不可预测性，抓好行车安全的源头至关重要，目前，鹰潭供电段成立六年多，随着管辖线路的不断扩大，尤其是接管高铁线路之后，作业车行车安全压力骤增，由于管理体制的不适应、人员素质的转型步伐慢、硬软件设施的配置跟不上等因素的制约，无形之中成为了影响行车安全的薄弱环节。

薄弱环节之一：管理体制的不适应。一是职能管理不明晰。段设备科是代表段行使专业技术管理的部门，而现实是其既要制定专业技术规章，又要下现场负责督促落实，还要承担职教部门作业车专业的日常培训考试，一专多能的部门牵扯了技术专项管理的太多精力，最后自顾不暇，一头都没管好。二是自身管理界定不清晰。段设备科管理定职定责不科学，科室定员为 2 人，目前虽然配置为 5 人，但是大部分人员都是兼职，分工职责交叉较多，不利于工作开展和协调，再者，管理岗位未严格按照定编执行，科室之间人员结构不完善，大部分年龄偏大，阶梯结构性断档。三是段直管班组经验不足。内燃检修工区现为段设备科直管，这种两级管理体制为全局独创，跨越式的管理体制所带来的管理思维，将直接导致管理上的“鞭长莫及”，而且内燃检修工区又承担着全段车站信号应急发电机的检修任务，加剧了专业管理的难度，从一定程度上削弱了现场安全管理。四是非专业管理干部管专业。目前，车间主管作业车的是车间书记，大部分书记都不是作业车或者轨道车管理出身，由于作业车管理专业性较强，行车安全风险重大，许多车间书记深感力不从心，毕竟隔行如隔山，真想全面掌握非一朝一夕之功，加上目前党务工作繁忙，个人精力有限，不知不觉中作业车专业管理基本上成为了摆设管理，身入心不入。

薄弱环节之二：人员素质的转型步伐慢。一是新装备技术掌握率不高。目前，我段 8 个网工区配置 16 台作业车，加上抢修列 1 台轨道起重车，共计 17 台，其中新型液力传动作业车 9 台，占全段作业车的 53%，随着机械传动作业车不断淘汰，液力传动作业车将逐步转型为供电系统的主型作业车，目前开过液力传动作业车的司机共计 6 名，不到全段作业车司机总数的 0.14%，且开过液力传动作业车的司机大部分开的都是第一代液力传动作业车，存在产品本身技术不成熟、故障率高、自身应急处置能力不强和关键部件掌握不够等问题，对新型液力传动作业车比较陌生，更谈不上对构造、性能和运用的掌握。二是新装备技术“等、靠”思想严重。由于新车厂家有保质期，导致许多司机认为反正出了问题有厂家负责，只要会开车就行了，久而久之就养成了“等、靠”思想，主动学习新型车的积极性大打折扣，有的司机又不主动学习，等出了问题询问厂家技术人员，厂家技术人员告诉他在什么位置，而我们的司机却查找不出，自检自修能力得不到有效的提升。三是新型作业车专业管理差距较大。作业车管理科室专业管理干部无一人是专门从事轨道车出身，除了指导司机，加上这几年设备更新较快，机械传动作业车管理都未完全理顺，液力传动作业车又紧接着走马上任，本身业务消化能力不足，加上专业管理干部管理侧重点偏移，导致管理重心走样，既想抓作业车检修，又想抓作业车运用，行车安全工作浮于面上，抓不住关键点，尤其是新型作业车到位后，管理能力捉襟见肘，工区司机出了问题去询问专业科室管理人员，却一问三不知，新设备专业管理无从下手，提高更是无从谈起。四是作业车司机队伍不稳定。由于作业车司机岗位工作时间长、行车安全压力大、岗位工资低、走向管理岗位困难等实际问题，岗位吸引力不强，通过下现场谈心得知，大部分作业车司机都有意向转岗，不想从事这个岗位，由于作业车司机不想干的岗位，提高其学习积极性缺乏动力，从思想源头上对整个作业车司机队伍是个冲击。五是新装备使用培训力量无法供应上。目前，我段对新型作业车的培训大部分都采取请厂家上门培训，或者利用厂家上门服务时机结合培训的方式，培训时间、人员组织、场地限制等原因造成效果有限，段设备科和职教科在新型作业车技术培训方面几乎为零，有也是照抄照搬书本上的，实践动手能力得不到有效检验，再者，专业管理部门的管理干部对新型作业车都有一种畏惧心理，主要原因是新型作业车科技含量较高，智能化程度有了质的飞跃，掌握难度较大，处置风险也随之倍增。

薄弱环节之三：硬软件设施的配置跟不上。一是关键部件大多数委外。目前，由于段动力设备车间尚未成立，相关的设备检修维护、校验探伤等均是外包，这就存在质量把关、安全验收的实际问题，长期以往，所带来的安全隐患不容小觑，再者，由于长期外包，我们自己掌握的关键设备成了“门外汉”，一定程度上消磨了检修职工的学习热情，不利于对关键设备的运用维护。二是小修项目的辅助设备不全。按照小修修程规定，每半年度的作业车小修项目共计45项，实际小修项目仅为20余项，勉强维持一半左右，主要原因为不具备小修的检修工艺，以小修离合器更换摩擦片为例，以我段目前检修职工的技能水平而言，并不具备更换摩擦片的条件，再者也缺乏小修的配件，目前我段配置的小修设备均为机械传动作业车为主，液力传动作业车关键部件为免维护，但是电器部件为易耗用品，尤其小型断路器、继电器配件缺乏，直接关系到控车从而影响到行车安全，最后，小修辅助工具损耗较大，以更换康明斯发动机柴油机粗滤器为例，滤清器凹槽极易卡丝和滑丝，用力过猛就会造成专用扳手打滑断股，据不完全统计，一趟半年度小修下来，专用扳手要弄断七八把。三是检修演练场地无。故障处理的提高取决于日常的训练，目前，段检修演练场地无，一些实战的快速抢修无法在日常演练中得到检验，尤其是面对一些急、难、险抢修时，这制约着全段作业车检修力量的提高，再者，料库存放有限，目前段分配给内燃检修工区的只有两间料库，随着2016年制动机校验、探伤等设备的配齐，场地也日趋紧张。四是检修力量青黄不接。检修高素质人员的匮乏日益凸显，目前检修工区共计8名，1名从事作业车司机出身，1名专业轨道车检修出身，另外6名都是近两年分配过来的大专院校生，两者之间年龄相差20余岁，检修力量断档十分突出，新职工未经历过一次较大的抢修任务，面对突发情况时的独自应对能力不得而知，再者，新设备配备的运用培训有待进一步加强，主要原因为前期培训效果如何无法得到验证，实际使用保养的现实状况、技术衔接情况等也是一片空白。

针对上述薄弱环节，提出以下对策。

对策之一：科学理顺管理体制，严格界定管理职责。一是专业管理对口负责，管控界定责权要点。专业科室只负责技术规章的编制、制定和出台，落实工作则由其他科室负责，建议安全科负责督导落实，这样更具有推行力，再者，专业知识的日常培训由职教部门具体负责，制定日常学习培训计划，分批次按计划组织落实，具体项目可临时抽调专业技术强、现场动手能力强、讲课经验丰富的专兼职教师，或者职教科配齐配强主要专业的教员，最后，可借鉴其他路局站段的先进经验和管理模式，把监控分析调整到安全科管理，避免设备科既当运动员又当裁判员，真正起到安全监督的作用。二是重新梳理管理界线，合理分工明确职责。段设备科定编岗位为2名，科长除了负责全科室工作之外，还必须承担相应岗位安全风险的具体工作，比如小修、大修、汽车管理等，另外1名为专业管理工程师，负责作业车运用管理，其他3名均为协助工作，具体分工可根据工作量、岗位职责进行分配，形成各管一摊，按岗担责，避免职责不清，究责不力。三是回归三级管理，防止管理空层。根据实际需要适时成立动力设备车间或者把内燃检修工区划归其他相类似的车间管理，确定管理归宿，一方面让工区感觉“有家可回”，另一方面设备科可以腾出更多时间抓好专业管理。四是发挥车间司机长作用，协助书记抓好专业管理。目前，段作业车的供电车间均配有兼职车间司机长(上饶供电车间除外)，可根据司机长管理办法，根据车间司机长每月规定的脱产管理时间(5~7 d)，专门从事本车间的作业车安全管理，查找安全隐患，解决安全问题，极大程度调动和发挥车间司机长的管理积极性，为车间行车安全把关。

对策之二：加快转型步伐，全面提升人员素质。一是“走出去”战略，由外而内带动学习积极性。掌握新型作业车的关键是运用，最有效的措施就是请厂家技术人员到现场集中培训，或者临近接车前半个月，把该车主车司机、司机进驻厂家进行现场跟班学习，建立相应的学习激励机制，比如根据学习消化情况给予出差补助、验车发现问题奖励等，提高其学习新型作业车的主动性。二是消除“等、靠”思想，充分调动学习积极性。“等、靠”思想的存在无外乎两个原因，首先是厂家有保质期，再者是既然有保质期，就有了依赖，反正出了问题厂家会解决，建议厂家保质期与包保作业车司机质量安全同等挂钩，给作业车司机加压，促使作业车司机与厂家技术人员沟通，学习厂家技术人员之长，变别人的东西为自己的东西。三是结合“走出去”战略，有效提高专业管理干部业务素质。建议派出专业技术管理干部针对不同的新型作业车到厂家或者新型作业车管理经验丰富的兄弟单位进行现场“取经”，取长补短，补我们管理上和实践上的短板，同时建立相应的信息沟通机制，遇到技术难题和管理漏洞，可以第一时间进行咨询，尤其是和有关单位建立定期交流制度，相互学习借鉴管理方式方法，逐步形成自己的一套行之有效、服务现场和全面提升的管理机制。四是完善激励机制，切实对症下药。建议根据作业车行车安全情况，探索建立选拔任用制度，建立作业车专业管理后备力量，把一些学习能力强、安全工作好、群众认可的作业车司机，放在管理岗位上锻炼，或者以循环助勤方式到段设备科进行学习，时间3～6个月。作业车司机待遇问题是历史遗留问题，也是政策性问题，在现有的基础之上把激励制度用活用好，比如在总金额不变的情况下季度考评适当拉开档次，考核差的，奖励做得好的，而不是一味地以考核为最终目的，再比如可盘活百趟奖励机制，严格考核的同时适当提高奖励标准，以物质奖励为辅，精神奖励为主，建议达到200趟除了相应奖励外，还应该给予精神奖励，主管作业车段领导到现场为作业车司机颁奖，大张旗鼓，披红挂彩，宣传作业车司机百趟取得的成绩，挖掘百趟好的做法，树立典型，号召其他作业车司机向百趟司机学习，凝聚力量鼓舞士气。

对策之三：着力于硬件盯住软件，以设备更新为契机，实战锻炼检修队伍。一是随着制动机试验台、阀件校验等检修设备的不断装入，相应的管理使用维护措施要跟上，人员学习要提前作出安排，建议采取“自已学”和“跟别人学”的模式，提高新设备的掌握能力，比如人员学习专业定岗定责，专业检修专业化，避免学习的不精通和使用的不娴熟，再比如通过厂家培训学习把实践使用情况带到新设备运用上来，学应急处置和学故障排除，盯住新设备使用的检验关键点，确实为现场安全守好门把好关，为现场提供安全可靠的校验产品。二是合理调配料库，配齐配全小修材料。建议根据新线不断地接管，作业车不断地增加，尤其是新型作业车，要扩大备品的数量，特别是易耗品和关键备品，现场也要按比例进行配备，防止备品短缺影响作业车司机自检自修，再者，小修验收体制虽然由路局验收部门进行验收，但是现场检修质量却无管理人员把关，建议设备科或动力设备车间主管检修技术人员必须全程跟班作业，盯住检修的每一个环节，及时处理现场遇到的故障问题，做到对每台车设备质量心中有数，同时发挥现场安全把关作用，为作业车小修起到“双保险”的效果。三是利用既有资源，实现学用双赢。目前，段直管网工区作业车段管线共有10条，只有上饶合福高铁网工区和永平普速网工区内有2条专用线，建议利用上饶合福或永平段管线，专门调配一台作业车进行实战演练和故障处置，再者，检修演练场地可和作业车司机实战处置结合使用，相互学习，现场提问，达到检修与运用共同促进的效果。四是培养检修新力量，关键在于内部挖潜力。检修质量的好与坏，直接关系到现场运用，从而决定行车安全，检修质量是行车安全的根本保证，面对检修力量青黄不接的实际问题，建议在保证现场需求的情况下，从作业车司机队伍中进行选取补充，比如可采取现场实作考试、故障处置排查、应急处置、相应的流程汇报等方式从优选择检修人才，首先，干过轨道车司机再从事检修相对而言比较容易，轻车熟路，上手较快，再者，现场的丰富经验可带动新职工学习的积极性，最后，传帮带的着力点有了衔接，老司机带新检修职工，动手比动嘴更具有说服力。

虚拟仿真技术在供电接触网系统培训上的应用

黄 程

(中国铁路西安局集团有限公司西安供电段)

摘 要:铁路是国民经济的大动脉,更是"丝绸之路经济带"的主干线之一,铁路供电线路也正在编织出一条越来越复杂的电缆网络。而高铁接触网日常检修作业均在夜间操作,工作环境也更为复杂,对职工的安全教育和技术培训也相对困难,由于新设备、新技术的不断引进,培训方式也越来越复杂。传统的培训模式已经很难适应现代化高铁检修作业的要求,而随着3D虚拟仿真技术的快速发展以及在诸多领域的成功应用,开发高铁接触网3D模型大数据库作为数字资产库及高铁接触网三维虚拟仿真实训系统是完全有必要的,可以解决许多问题。

关键词:虚拟仿真;虚拟现实;接触网培训;3D技术

0 引言

虚拟仿真(3D virtual simulation, VR),又称虚拟现实,是以计算机3D技术为核心,生成逼真的视觉、听觉和触觉等多重感应高度近似的数字化三维虚拟环境,用户可以在虚拟的三维环境中进行检修作业、设备安装、安全警示教育等。同时,用户借助于相应的体感设备,如:数据手套、VR眼镜等,可以完全地沉浸在虚拟环境中对虚拟物体进行人机交互。目前,虚拟仿真技术已广泛应用于军事、建筑、煤矿、石油、医疗、互联网等各个行业和领域。高铁接触网在日常检修中采用精检慎修的原则,只有精检慎修才能满足受电弓取流质量以及弓网关系的接触要求。要实现高速铁路接触网精检慎修的原则,就必须熟练掌握高铁接触网作业指导书的各个检修环节。通过对高铁接触网作业指导书进行仿真培训模拟,不但解决了高铁检修时只能在夜间上道作业的不便性和局限性,同时还节约了建造练兵场昂贵的成本费用和占地面积,更提高了职工学习的积极性和参与性。

1 研究背景

西安铁路局西安供电段截至2017年5月,现有接触网职工703人,其中干部52人,工人651人。按照年龄结构划分,30岁及以下261人,30岁至45岁243人,45岁以上199人。从以上数据显示,西安供电段职工新老交替将逐年增加,主要生产力大部分集中在青年阶段,青工基数大、技能素质薄弱、青工安全意识淡薄等诸多不利因素,是西安供电段在近几年内提高青工整体素质所面临的一项重大挑战。结合现状,急需寻求新的方法来更科学地解决提高青工整体素质这一难题。

近几年,随着计算机图形学的快速发展,三维虚拟现实技术已经越来越成熟、应用领域也越来越广。西安供电段针对前期在现场中的大量调研,结合现场实际情况,已经自主开发出接触网3D模型数字资产库,自主研究出3D立体成像技术。并依托互联网、云存储、影视3D制作等多元化技术手段,为供电设备的日常管理维护、人员的作业检修培训等,进行了三维可视化的培训和应对。以"数据视觉化、平面立体化、图像动态化、声音现场化"的"四化"标准为建设智慧西安供电段提供有力的依托。如图1所示。

2 研究内容

2.1 主要内容

(1)虚拟仿真系统的研究主要基于建模与动画技术、物理渲染技术和游戏引擎技术。对接触网各个零部件的图纸进行三维建模并装配,并对弓网关系动画进行仿真模拟,开发制作角色循环待机动画及相应的作业指导书各个环节动画,将模型数据和动画数据导入游戏引擎中实现接触网虚拟仿真实训系统的开发。系统使用最新的计算机图形技术精确还原和重现接触网的真实场景,并建立数字模型资产库,为以后开发

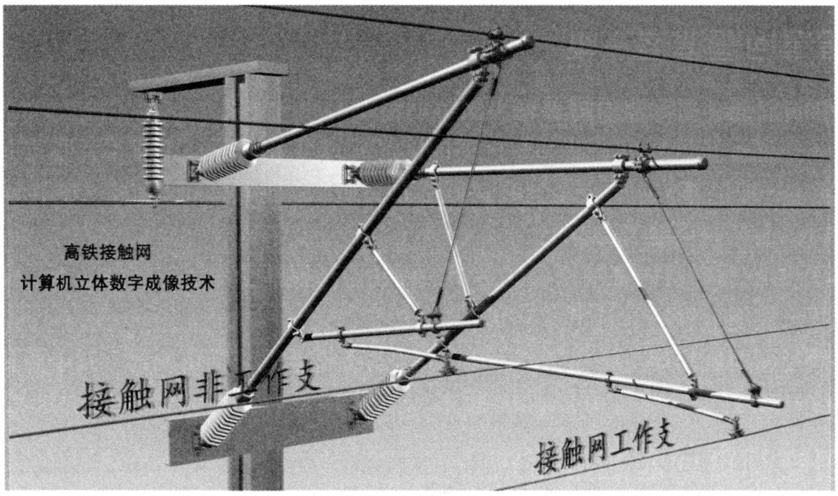

图 1　西安供电段自主研究的 3D 立体成像技术在高铁接触网场景的应用

的三维类虚拟现实系统提供了有力的依托；

(2)该系统能够实现对场景的自由三维浏览，观察接触网设备结构并实时进行人机交互，通过模型数据交互的方式训练职工，使其产生与实际操作相同的感受；如图 2 所示。

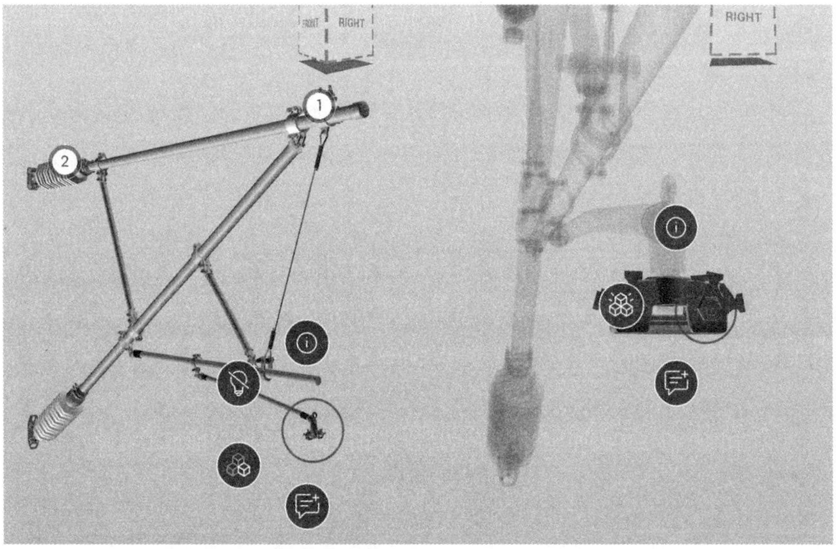

图 2　通过仿真软件实现的三维数据模型交互查看

(3)建立数字化三维练兵场，传统职工练兵场都会因环境和场地的限制难以对职工进行科学的培训。结合“线上”和“线下”的练兵场完全解决了此问题，受训者不在因室外环境的影响或者班组场地的限制达不到预期的培训标准；

(4)使用 VR 技术，对供电的典型事故案例进行现场事故再现模拟，同时虚拟出在实际环境中由于职工操作不当导致的事故可能性，使得职工能够亲身体会到事故的可怕性，加强职工安全防范意识和措施，为安全供电提供有力的保障。

2.2　接触网仿真系统的核心功能

2.2.1　漫游系统

漫游系统分为行走和飞行两种模式。在行走模式中使用者可以在场景中移动、转向、观看高铁供电设备信息等。使用者可以在界面中使用定点传送直接到达特定的地点。需要查询某个设备时该设备会标示出来，方便使用者寻找。在漫游系统中，还可以对场景中制定的两个地点的直接距离进行测量，包括导高、拉出值的测量等。如图 3 所示：

图 3　利用数字模型技术对接触网锚段关节处进行建模

2.2.2　检修工艺流程原理动画演示系统

检修工艺流程原理演示系统将带领使用者从高铁接触网的作业分工开始，观看高铁接触网整个检修作业的三维操作演示和动画，帮助高铁的新职人员了解整个检修工艺流程。

2.2.3　数字练兵场系统

受训者可以通过练兵场系统熟悉高铁接触网的每一个具体场景、设备与设备之间的关系，特别是高铁接触网各类锚段关节的组成等，还可以按照作业指导书的原则在系统中掌握每个操作规范，锻炼自身对设备的理解和操作。通过控制虚拟接触网工人，在虚拟场景中与设备进行交互，如接触网的腕臂组装，拉出值的挑战，隔离开关的检修等。在练兵场系统中，受训者需要执行的每个检修项目，具体操作都会在界面上予以提示，并对训练的科目进行打分记录，作为实操理论考试的依据，以帮助高铁受训者或者是新职人员迅速记住检修标准流程，完成规范操作的训练。

2.2.4　VR 安全警示教育系统

此系统应由职教人员挑选出本段近年来的几起各业务面的典型事故案例。利用 VR 影像技术模拟出典

图 4　因拉出值调整不到位造成的打碰弓的仿真模拟

型事故案例，使得每个职工在 VR 体验时都能完全沉浸到事故现场环境中，加深职工因为违规作业所带来的各类危险情况的感受，更加提高其安全防范意识。

2.2.5　任务系统

该系统应用中所有的事件，大到一次巡检、一次紧急事故的排除，小到某个设备的操作，都以任务的形式出现，每个任务都有一个最终目标，例如接触网的腕臂组装，可按照整个腕臂的构件分解为多个装配任务，只有在每个构件完成后才能组装最终的腕臂，或者变电所的倒闸作业需要设计出多个小目标任务，每个小目标任务由业务科室配合设计，只有完成了小目标任务才能完成最终目标。

西安供电段自主开发的三维数据及 3D 立体成像技术已经运用实践。该技术有效地解决了职工培训不到位、走过程等现象，通过 3D 技术及 VR 安全警示教育强化了职工的业务素质及安全意识淡薄等问题，增强了职工学习的积极性和动手能力。

新开通电气化铁路接触网引线弛度不适合的探讨

胡贤君

(中国铁路济南局集团有限公司青岛共电段供电技术科 助理工程师)

摘　要：目前，随着电气化铁路的发展，接触网供电的可靠性要求越来越高，新开通电气化铁路接触网隔离开关和避雷器引线在极端恶劣的天气下易发生引线弛度不适合的问题，本文对此问题进行了探讨分析，提出了新开通线路引线弛度是否合适的判断方法，为引线长度预制提供了有效可靠的计算方法。

关键词：电气化铁路；引线弛度；计算方法

引言

接触网是沿铁路线上空架设的，是一种能够向电力机车供电的特殊输电线路，承担着将电能从牵引变电所直接输送给电力机车以供交通运输的责任。新开通的电气化铁路接触网隔离开关和避雷器引线在极端恶劣的天气下易发生引线弛度不适合的问题，若未及时发现和处理，后果将不堪设想。一旦引线断裂，小则因引线脱出距接地设备安全距离不足造成接触网设备跳闸，中断供电；大则有可能因引线高度低于接触线高度造成弓网故障，打坏受电弓，使引线缠绕在机车受电弓上，将接触网整体拉塌，造成大面积接触网塌网、支柱倒杆，致使供电线路彻底瘫痪。列车大面积晚点不说，该故障若是发生，影响面广，恢复难度大，中断运输，对铁路和旅客的损失都是不可估量的。

1　新线开通引线弛度问题频发概况

2016 年 1 月 13—22 日，青岛供电段管内迎来超强寒冷空气，全线路大范围降温，极端低温低至 -15℃，在这次低温天气时间段内，胶新线发生了 10 次引线驰度设备隐患问题，其中胶州 - 临沂北区段共计发生 4 次，临沂北 - 新沂西区段共计发生 6 次。

10 处引线弛度隐患问题的处所按设备情况分为：隔开引线弛度不适合的共计 7 处，避雷器引线弛度不适合的共计 3 处，均位于站场绝缘关节处。

胶新线北段(胶州 - 临沂北)2014 年 9 月电气化改造开通，胶新南段(临沂北 - 新沂西)2015 年 10 月电气化改造开通，发生引线弛度隐患的线路均是开通时间较短的新建线路。发现此类隐患时，均采用申请临时天窗的方式进行调整处理，给铁路运输造成了很大的影响。

2　引线弛度隐患问题原因分析

一是大风降温天气，线索向中锚方向收缩幅度较大，从而导致引线弛度变小，这是直接原因。二是站场内中锚为防断不防窜式，站场接触网线索较区间内线索更容易窜动，温度变化幅度大，造成线索向中锚方向收缩幅度大。三是发生引线弛度隐患的线路为开通时间较短的新建线路，未经受过特别高温、特别低温等极端恶劣天气，引线未调整到最佳弛度。

3　引线驰度是否合适的判断方法和调整方法

新线引线安装施工或者新开通线路中有可能发生引线驰度隐患的处所，以直角三角形单元为基础，建立各固定连接点之间的数据关系，根据各线路不同的补偿安装曲线，计算线索随温度变化的偏移量，从而判断极端温度时，引线驰度是否满足需求，对不满足需求的处所，可根据该算法进行调整。

3.1　单位温度线索偏移量计算

根据有可能发生引线驰度隐患的处所设备位置查看接触网平面布置图，查询引线驰度小一侧的半锚段长度，查看下锚补偿安装曲线，计算温度每变化1℃，线索的偏移量(记录为k)以及偏移方向。

温度每变化1℃，线索的偏移量的计算方法：查出10℃、0℃时所对应的补偿B值(记录为$B_{10℃}$和$B_{0℃}$)，两者相减除以10。即：

$$k = (B_{10℃} - B_{0℃})/10 \tag{1}$$

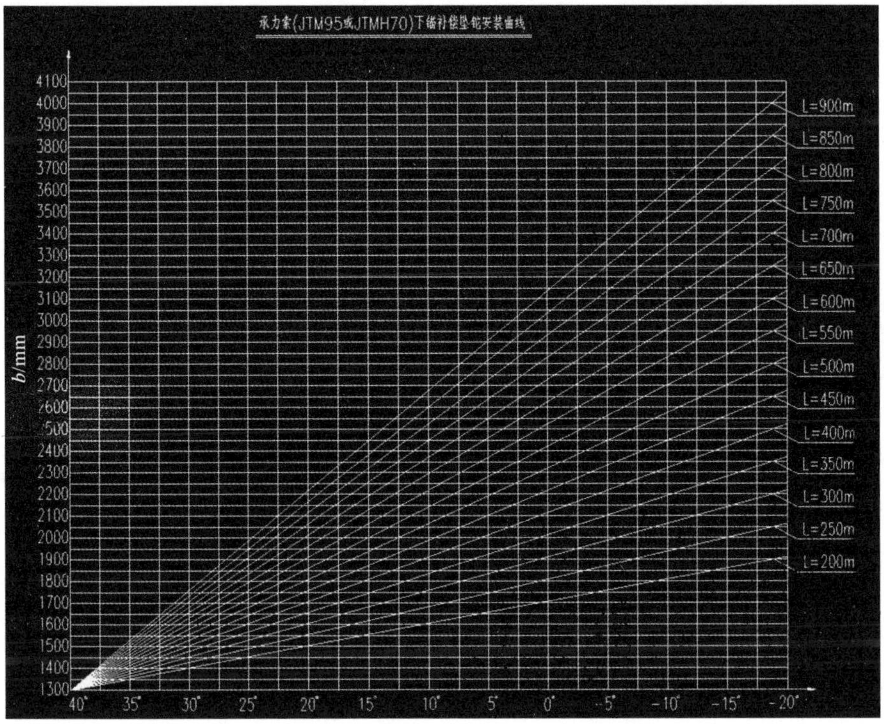

图1　胶新线1∶3传动比承力索下锚补偿安装曲线

以图1为例，半锚段长度为700 m，0℃时补偿B值为2730 mm，10℃时补偿B值为2370 mm，根据式(1)可知，温度每上升1℃，承力索补偿B值则减小36 mm，因为是传动比为1∶3的补偿装置，所以温度每上升1℃，承力索即往下锚方向偏移12 mm。假定环境温度阈值为－15℃～35℃，则线索在最低温与最高温位置相比，线索往下锚方向的偏移值最大为600 mm。

3.2　构建直角三角形计算单元

假设“避雷器支持绝缘子或者隔开支持绝缘子(以下简称支持绝缘子)引线线夹”和“承力索”在同一水平面上(实际支持绝缘子引线线夹比承力索更高)。以下所有的计算方式均不考虑因腕臂偏移导致的承力索相对于线路中心线的偏移量以及偏移角度。

建立直角三角形计算单元结构示意图(图2)，测量“支持绝缘子引线线夹”至“承力索”的垂直距离(记录为a)，“支持绝缘子引线线夹至承力索的垂直点”距“承力索上引线线夹”的距离(记录为b)，测量“支持绝缘子引线线夹”距“承力索上引线线夹”引线的真实长度(记录为D)。记录现场测量时的温度(设为t_1)。

设“支持绝缘子引线线夹”距“承力索上引线线夹”的距离为c。则有公式：

$$c^2 = a^2 + b^2 \tag{2}$$

3.3　引线弛度是否合适判断

根据式(2)，计算出测量时的温度(t_1)所对应的距离c_1。

设极限低温(设为t_2)情况下与t_1温度下相比的线索偏移量为s。

则$s = k \times (|t_2| + t_1)$。其中$|t_2|$表示绝对值。

极限低温情况下，“支持绝缘子引线线夹”距“承力索上引线线夹”的距离为c_2，代入式(2)则有：$(c_2)^2 = a^2 + (b+s)^2$。

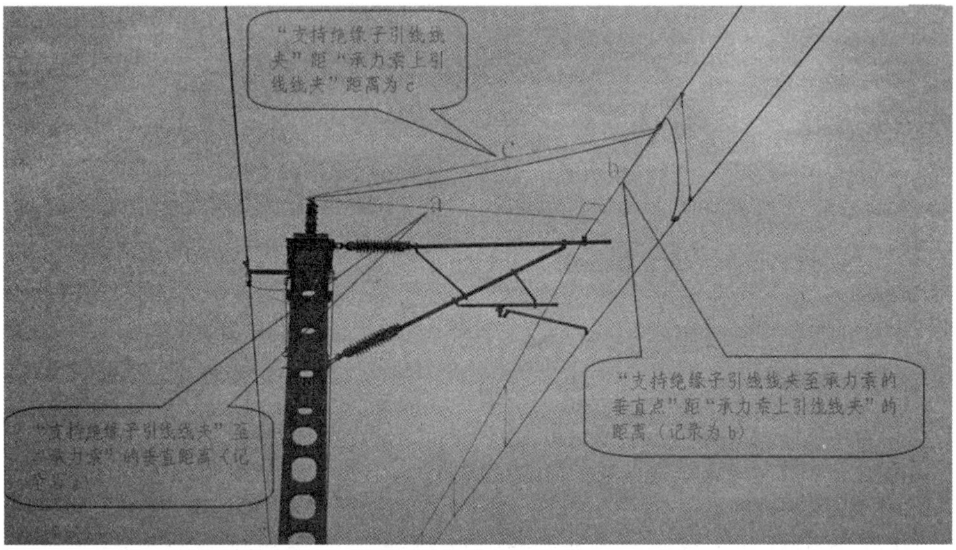

图 2　直角三角形计算单元结构示意图

通过多处现场调整数据验证可知，当 $c_2 = D - 500$ 时，引线弛度最佳。比较引线的真实长度与极限温度下“支持绝缘子引线线夹”距“承力索上引线线夹”的距离，则有以下两种情况。

情况 1：若 $c_2 \leqslant D - 500$，即能满足极限低温下的引线弛度。

情况 2：若 $c_2 > D - 500$，则应调整承力索上引线线夹位置，使 c_2 满足小于 $D - 500$。假设当 $c_2 = D - 500$ 时，“支持绝缘子引线线夹至承力索的垂直点”距“承力索上引线线夹”的距离为 b_1，则承力索上引线线夹调整最小量为 $b - b_1$。

3.4　引线弛度是否满足最高气温时弧形最低点不低于接触线线面计算

测量“承力索上引线线夹”距“接触线”的垂直距离计为 X。

假设“支持绝缘子引线线夹”与“承力索上引线线夹”位于同一平面上的两点，引线为通过该两点的以 R 为半径的圆的一段弧 L(图 3)。

则有式(3)：

$$R^2 = (c_2/2)^2 + (R - X)^2 \tag{3}$$

根据式(3)，计算出 R 的值。

设“圆心至承力索上引线线夹”与“圆心距支持绝缘子引线线夹与承力索上引线线夹连线的垂线”的夹角为 α。

$\sin\alpha = (c_2/2)/R$，计算出 α 的角度值。

则 $L = (\alpha/360) \times 2\pi R$。计算出 L 的值后，与 D 值进行比较，若 L 大于 D，则引线最低点高于接触线。

因支持绝缘子引线线夹比承力索更高(现场实际图形示意图为图 4)，可知，图 4 最低点高于图 3 最低点。

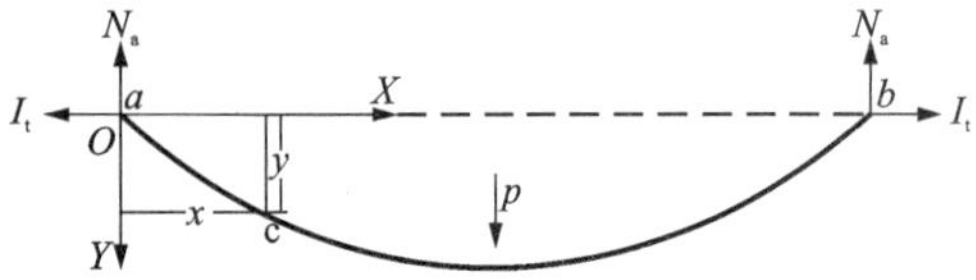

图 3　等高悬挂抛物线单元示意图

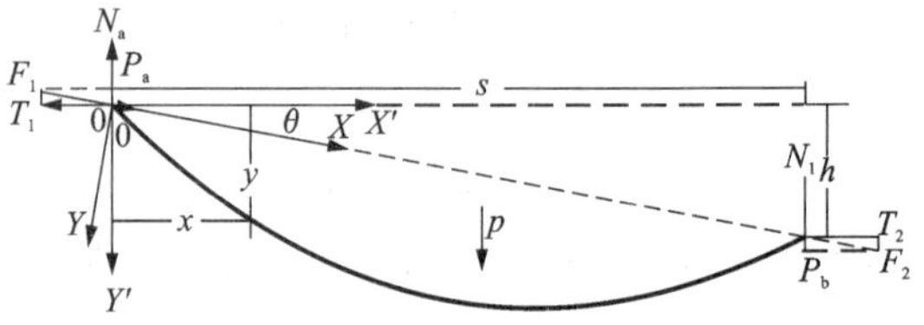

图 4　不等高悬挂抛物线单元示意图

3.5　线索偏移量校验

任意选取站场绝缘关节 2 处、区间分相 2 处进行实验，在 t_1 温度时，测量完数据后，在“支持绝缘子或者隔开支持绝缘子引线线夹至承力索的垂直点”做上颜色记号，当在 t_2 温度下时，确认新的“支持绝缘子或者隔开支持绝缘子引线线夹至承力索的垂直点”，与 t_1 温度时所做记号对比，将对比值与计算的线索偏移量进行比较，可检验线索偏移量是否符合公式变化。

4　结论

(1)以上文直角三角形单元为基础，建立各固定连接点之间的数据关系和计算方式，通过该计算方式对引线弛度进行计算，能准确判断引线安装位置是否满足环境温度阈值范围内线索伸缩造成弛度变化，对于弛度不适合的处所，提供可靠的计算调整方法，从而避免新线开通后因引线弛度隐患问题影响铁路运输。

(2)通过该计算方法，可提前计算需预制的引线长度，能很好地指导新开通电气化铁路接触网隔离开关和避雷器引线的设计、预制和施工。

5　结束语

总而言之，接触网是我国电气化铁路供电系统的重要组成，因此，为了进一步促进我国电气化铁路的发展，就必须对接触网加以重视与监督，优化电气化铁路接触网设计，加强接触网施工监管，做好接触网设备数据调整，加强检修力度，这样才能确保铁路电能稳定、可靠输送，为人们的安全出行提供坚实基础。

参考文献

[1] 张红霞. 电气化铁路接触网故障分析及防范措施[J]. 科技资讯，2012(15)：119－119.
[2] 关金发，吴积钦. 预弛度接触网静态形状解析计算[J]. 电气化铁道，2013(5)：10－14.

关于接触网分段绝缘器运行问题的探讨

甘永忠

(中国铁路兰州局集团有限公司供电处)

摘　要：接触网分段绝缘器因其特殊、恶劣的工作环境而容易造成损伤，是接触网中故障率较高的设备之一。不少观点简单地认为，两条供电臂阻抗不平衡造成的“电压差”是其最为恶劣的工作环境，也是造成其易引起电弧而故障频繁的主因。因此，有必要对分段绝缘器在各种工作条件下的电气过程进行深入探讨，并厘清一些观点。

关键词：接触网；分段绝缘器；受电弓；电弧

0　引言

电气化铁道接触网在站场、专用线等需要的地方，通常采用独立供电的方式，即不同区域的接触网由不同的回路供电，其末端由绝缘器件绝缘而使其成为独立的供电臂，以起到方便停电检修和缩小故障停电范围等作用。其中接触线由分段绝缘器连接，以起到机械连接、电气绝缘和受电弓平滑过渡的作用。

分段绝缘器因其自身结构及工作环境的原因，成为接触网故障率较高的设备之一，主要表现为烧断吊索、承力索等。目前，业内不少观点认为，因分段绝缘器两侧供电臂阻抗不平衡，造成其绝缘部件长期存在“电压差”，并且认为此“电压差”的严重程度是造成电力机车通过时电弧破坏性大的主要因素。本文重点对分段绝缘器在不同状态下，尤其是电力机车取流通过时的电气过程进行深入探讨，并提出不同的观点。

1　分段绝缘器工作状态分析

虽然分段绝缘器两侧的供电臂在变电所(或开闭所)是由两个不同的供电臂独立供电的，但其两个供电臂接引自同一母线，即其“电源”为同一母线，典型上、下行供电臂接线如图 1 所示。

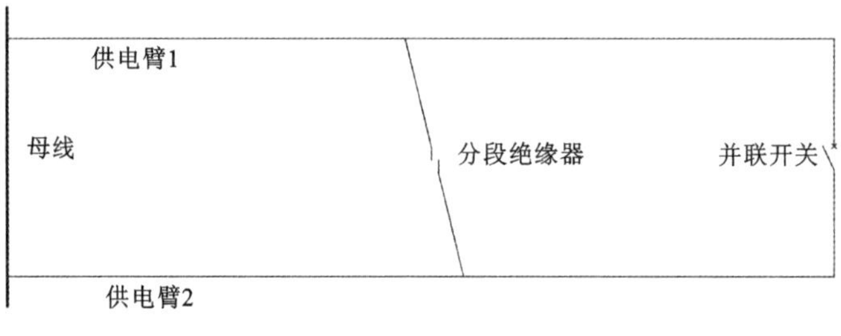

图 1　典型上、下行供电臂接线示意图

根据需要，将分段绝缘器工作状态分为供电臂无取流状态、单侧供电臂取流状态和取流通过状态。供电臂无取流状态是指两侧供电臂均无电力机车取流，取流通过状态是指机车在取流状态下通过分段绝缘器从一条供电臂过渡至另一条供电臂，下面分别对其进行讨论。

1.1　供电臂无取流状态

供电臂无取流状态是指分段绝缘器两侧供电臂均无电力机车取流，尽管两条供电臂线路阻抗存在差异，但此时仅有极小的容性电流，且由于线路阻抗很小，因此线路上的电压降也很小，电路原理如图 2 所示，r_1、I_1，r_2、I_2分别为供电臂 1 和供电臂 2 的线路阻抗、容性电流。根据电流、线路阻抗估算，该电压降在几十伏范围内，对于分段绝缘器来说，其两侧电压差可以忽略。因此，在供电臂无取流状态下，分段绝缘器两侧几乎不存在电压差，因此则导致其绝缘损坏的说法不成立。

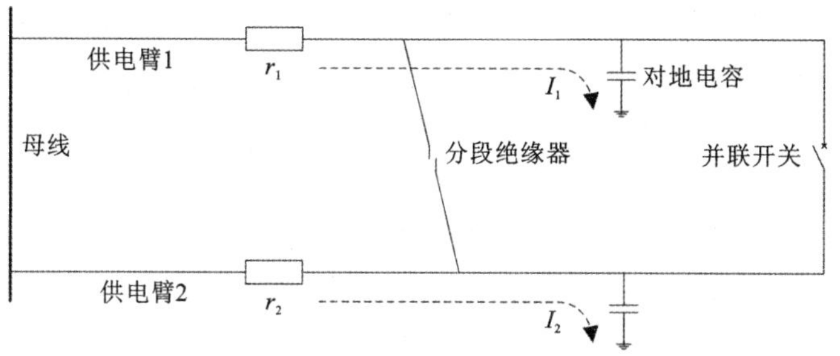

图 2　无取流状态示意图

1.2　单侧供电臂取流状态

如图 3 所示，单侧供电臂取流状态下，取流的供电臂会因机车电流在线路阻抗的作用下而产生较大的电压降，设分段绝缘器处的电压降为 ΔU，取流供电臂阻抗为 r_1，机车电流为 I_j，则

$$\Delta U = r_1 I_j$$

由于非取流侧供电臂的电压降很小，此时，分段绝缘器两侧的电压即为取流侧供电臂在其位置的电压降。根据机车电流、线路阻抗估算，该电压在几千伏范围内，并不会影响分段绝缘器的安全运行。

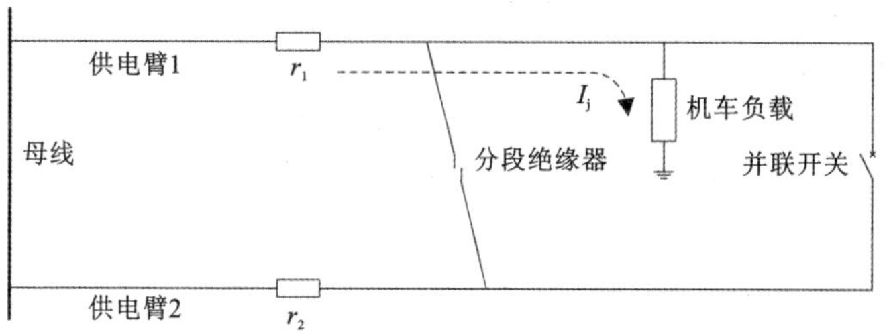

图 3　单侧供电臂取流状态示意图

1.3　取流通过状态

如图 4 所示，电力机车在取流状态下通过分段绝缘器，对于离开的供电臂，则相当于“开关”由“合”到“分”断开负荷电流的过程，对于进入的供电臂，则相当于“开关”由“分”到“合”建立负荷电流的过程，两个过程均会产生电弧，下面分别予以讨论。

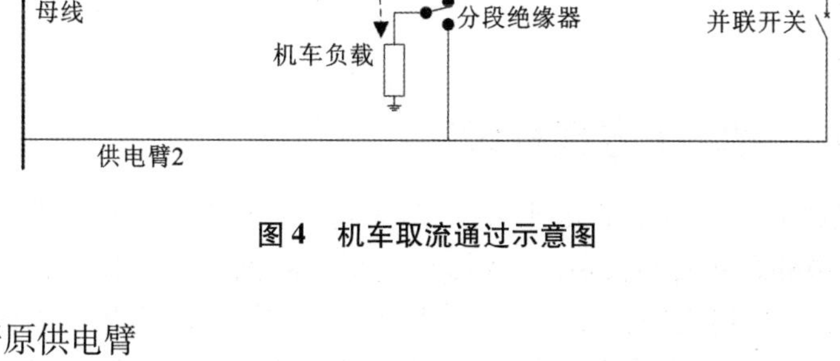

图 4　机车取流通过示意图

1.3.1　受电弓离开原供电臂

（1）受电弓离开原供电臂分段绝缘器导电板的过程，即两者接触面积——导电截面逐渐变小最终为零的过程，在此过程中，负荷电流使得接触部位温度越来越高，最终使得高温部位产生电子发射，引发电弧，符合“热发射”产生电弧的原理，该电弧将在受电弓离开导电板时持续，以起到维持电流的作用。

(2)受电弓离开原供电臂分段绝缘器导电板的瞬间，受电弓与导电板之间会形成微小间隙，在此间隙中将会产生强大的电场并引起电子发射，引发电弧，符合“场发射”产生电弧的原理。另外，假设原供电臂供给机车电流为 I，受电弓离开导电板时，原供电臂电流变化趋势为由 1 至 0，其过渡时间越短，则电流变化率($\mathrm{d}i/\mathrm{d}t$)越大，根据公式 $U=L\times\mathrm{d}i/\mathrm{d}t$，这将在线路中产生很大的感生电势，使得在导电板与受电弓之间的电场进一步增大，从而更易引发电弧。

1.3.2 受电弓进入新供电臂

随着受电弓与新供电臂导电板接近，其不断减小的空气间隙中会产生强大的电场，从而引起电弧，但很快随着受电弓与导电板的接触，空气间隙消失，电弧也随即熄灭，因此，进入新供电臂时的电弧几乎没有危害性。

1.3.3 关于取流通过状态的分析

虽然上述分析对电弧的具体过程显得较为宏观，但已能够充分说明机车在取流状态下通过分段绝缘器时产生电弧的机理。分段绝缘器处电弧为交流电弧，存在不断熄弧和重燃的过程，分段绝缘器导电板与受电弓间的弧隙电压(与分段绝缘器处的电压差相同)在电弧重燃过程中起到主要作用，电压越高，越容易重燃，但此电压不仅与各供电臂的阻抗大小有关，还与各供电臂的电流大小有关，因为要使得此电压降低为零，就要使各自供电臂的阻抗与电流的乘积相等。由于在实际运行中两条供电臂的电流相互独立且在很大范围变动的条件下，即使所谓的两条供电臂长度相同(即阻抗相同)，也不能保证在有负荷电流的情况下分段绝缘器处的电压差一定会降低。因此，所谓的两侧供电臂长度差异大会造成分段绝缘器处的电压差大，并会进一步造成电弧危害加大的说法是不成立的。

无论分段绝缘器还是受电弓，其熄弧能力均很弱，上述两种电弧形成机理中，不论是一种作用还是共同作用引发的电弧，都不易迅速熄灭。其自然熄灭过程为：随着受电弓逐渐远离原供电臂导电板，电弧被拉长，过渡电阻增大，同时散热空间也增大，电弧能量和温度不断降低，当降低至一定程度时，电弧自然熄灭。分段绝缘器上加装了导弧角，导弧角的倾斜方向为背离受电弓的运行方向，其作用是为了使电弧在热力作用下上升时尽快被拉长，提高熄弧效果。

通过上述分析可知，引起分段绝缘器处电弧的根本原因是机车电流，而非分段绝缘器两端之间的电压差。综合其他因素，本文提出以下观点：

(1)在分段绝缘器位置就近设置常闭隔离开关，实现两条供电臂并联，并对分段绝缘器起到旁路作用，可以有效减轻分段绝缘器处的电弧危害。一方面，在并联状态下，向两条供电臂均衡了机车电流，机车通过时分段绝缘器处的“开断”电流有所减小，使得电弧能量减弱，电弧危害减轻；另一方面，旁路作用大大降低了机车电流在分段绝缘器导电板与受电弓之间的弧隙电压，从而降低了电弧重燃的可能，对熄弧起到了关键作用。

(2)机车电流越大，电弧能量越大，越不易熄灭，危害性越大；机车运行越慢，则电弧燃烧时间越长，危害性越大。

(3)站场侧线牵出方向的分段绝缘器，因其多为列车出站，车速较慢，牵引电流较大，因此受电弧危害较大。

(4)货运机车速度较慢，牵引电流较大，对分段绝缘器的危害也较大。此情况与“机车带电闯分相”时电弧对接触网的危害类似。

2 分段绝缘器电弧危害解决方案探讨

由于目前受分段绝缘器的结构和性能限制，在机车取流通过时不可避免地会产生电弧，只是在不同的情况下，存在电弧能量大小和燃弧时间长短的区别，因此对接触网设备的损伤程度也不同，如果在牵引电流大、通过速度慢的处所，这种损伤经过多次累积，则会产生破坏性的后果。因此，如何有效防范重点处所的电弧危害便成为一个亟待解决的课题。下面将分别对几种可能的方案进行讨论。

2.1 机车断载过分段绝缘器

由于“机车断载过分相”技术已非常成熟和普及，并已实现自动化，借鉴该项技术，在个别重点处所实行“机车断载过分段”，将是一个优选的方案，只需在分段绝缘器两侧的适当位置设置“断”“合”等标志和

“磁感应”设备。该方案由于“提前”切断了机车负载电流，故可从根本上消除电弧产生的条件，并且极大地改善分段绝缘器的工作条件，延长其工作寿命，但它需要增加机车主断路器“断”“合”操作，机车“失电”时间相对较长，需惰行通过分段绝缘器。总结其优点是：解决问题彻底，投资小，不改变原供电臂运行方式；缺点是：增加机车操作，技术改造涉及工务专业，机车惰行距离较长。

2.2　设置并联开关站

在日常运行时，通过“开关站”将分段绝缘器并联短封，减小机车通过时的电弧电流，从而减小电弧能量及其危害，V形天窗停电或一条供电臂故障的情况下，断开“开关站”相关开关，能缩小停电范围，减小不利影响。该方案需增加隔离开关、断路器、保护、远动、交直流设备及相关附属设备，相当于半个分区所。其优点是：供电臂运行方式灵活，功能完善；缺点是：投资大，设备复杂，实施困难，日常运行管理难度大。

2.3　设置并联隔离开关

设置并联隔离开关原理与“开关站”类似，相当于并联开关站的简易版，取消了断路器、保护、远动、交直流设备。其优点是：设备简单，投资小，满足基本需求，供电臂运行方式相对灵活；缺点是：故障跳闸影响范围扩大（就具体供电臂而言，如果其永久故障引起的跳闸数量极低，如每年2次以下，则该影响可忽略），倒闸需到当地操作。

3　关于分段绝缘器结构的分析

分段绝缘器在接触网中的主要作用为电气绝缘、机械连接，在此前提下应尽可能保证在机车受电弓通过时具有良好的过渡状态。按其结构形式，可归纳为两种，一种是主绝缘部件兼具机械连接和受电弓滑道多重作用的形式，另一种是主绝缘部件只具机械连接的作用，但不具有受电弓滑道的作用，而是额外增设了辅助滑道与受电弓接触，辅助滑道安装于主绝缘部件上，与导电滑道间靠空气间隙绝缘，相对“悬空”。前者的主绝缘由于长期与受电弓碳滑板接触，极易受到污染而导致工作性能下降，使用寿命较短；后者由于辅助滑板的“悬空”效果——空气间隙绝缘作用，即使辅助滑道受到污染也不会影响其绝缘，因此具有较好的性能，使用寿命较长。其中后者在我国运用的又有两种结构，一种是运用较为普遍的类“吉斯玛”分段绝缘器，性能相对较好；另一种是德国Adtranz分段绝缘器，如图5所示。经分析认为，该结构存在的重要缺陷为整个主绝缘部件与接触导线处于同一垂直面上，位置略高于导线，也就是正好处于导线与受电弓间的电弧的正上方，因此极易受电弧损伤，这一点可从该设备在实际运行中发生的瓷质主绝缘部件炸裂故障得到验证。

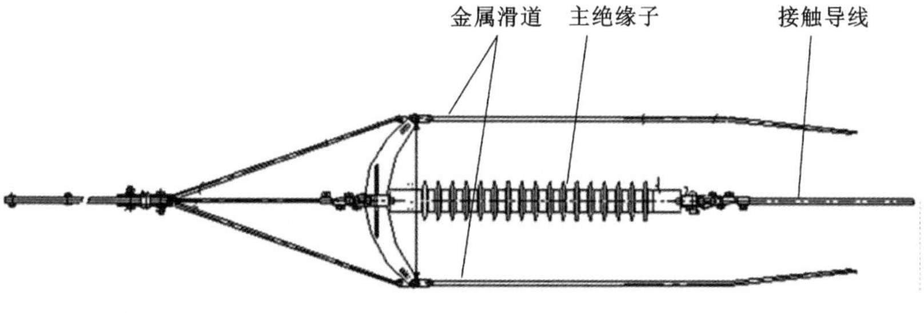

图5　德国Adtranz分段绝缘器

4　结语

在分段绝缘器本身技术性能尚未突破的条件下，在个别重点处所采用“机车断载自动过分段”技术无疑是最经济、最彻底有效的解决方案之一，可有效防范电弧对接触网的损伤，延长分段绝缘器的运行寿命，同时也并不会给机车运行增加过大的负担。另外，就近设置常闭旁路隔离开关，简单有效，在供电臂跳闸数量和概率均较低的情况下，也有很高的实用性和可行性。

参考文献

[1] 马永翔. 高电压技术[M]. 北京: 北京大学出版社, 2009
[2] 刘仕兵. 接触网[M]. 成都: 西南交通大学出版社, 2013

关于对高铁接触网无交叉线岔交叉吊弦设置标准的探讨

侯光辉[1] 张宝奇[2]

（1. 中国铁路郑州局集团有限公司新乡供电段新乡东供电车间副主任；2. 中国铁路郑州局集团有限公司供电处）

摘 要： 本文收集了国内外高速铁路关于接触网无交叉线岔中交叉吊弦设置的设计标准，结合现场试验数据及运行情况对交叉吊弦功能进行了分析，并探讨了交叉吊弦安装的必要性，以供设计人员参考。

关键词： 无交叉线岔；交叉吊弦

中国高铁车站正线普遍使用1/18道岔，接触网采用无交叉线岔方式进行布置。无交叉线岔就是在道岔处，正线和侧线两组接触悬挂无相交点的布置方式，其优点在于两支接触线不相交、不接触，没有线岔设施，避免了因线岔形成的硬点，提高了接触悬挂的弹性均匀性，满足列车高速安全通过。目前接触网无交叉线岔普遍采用交叉吊弦设计，其目的是在受电弓抬高任一支接触线时，另一支承力索同步抬升另一支接触线，从而减小钻弓的可能性。国内外不同线路对18#道岔无交叉线岔中是否使用交叉吊弦规定不一，对交叉吊弦作用也存在争议。本文收集了国内外高速铁路关于接触网无交叉线岔中交叉吊弦设置的设计标准，结合现场试验数据及运行情况对交叉吊弦功能进行了分析，并探讨了交叉吊弦安装的必要性，以供设计人员参考。

1 交叉吊弦设置相关设计标准

（1）京广高铁

京广高铁石郑段18#道岔无交叉线岔接触悬挂布置如图1所示，对交叉吊弦设置有明确要求。此外郑西高铁、郑徐高铁等线路设计施工安装图中均要求安装交叉吊弦，且安装位置要求一致，如图2和图3所示。

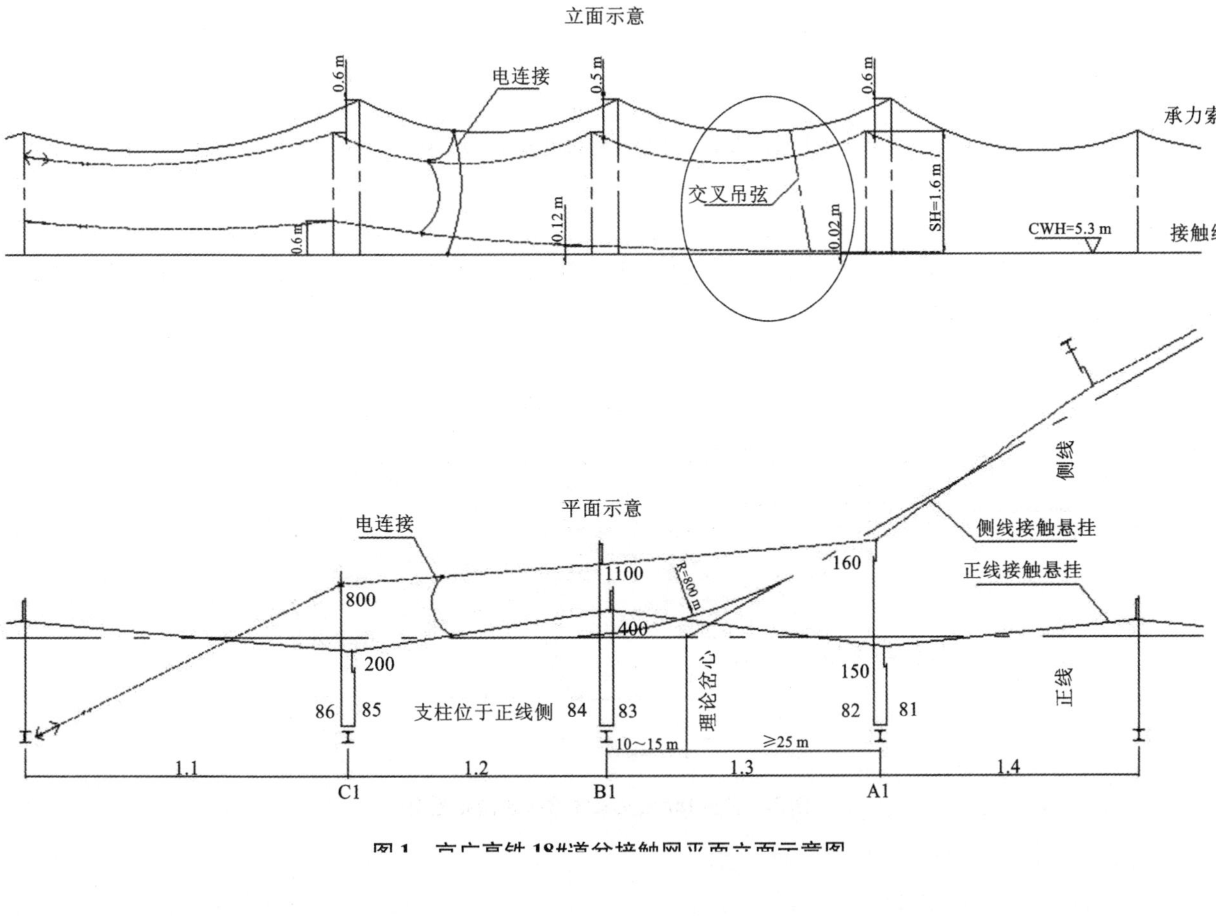

图1 京广高铁18#道岔接触网平面立面示意图

图 2　交叉吊弦现场安装图片

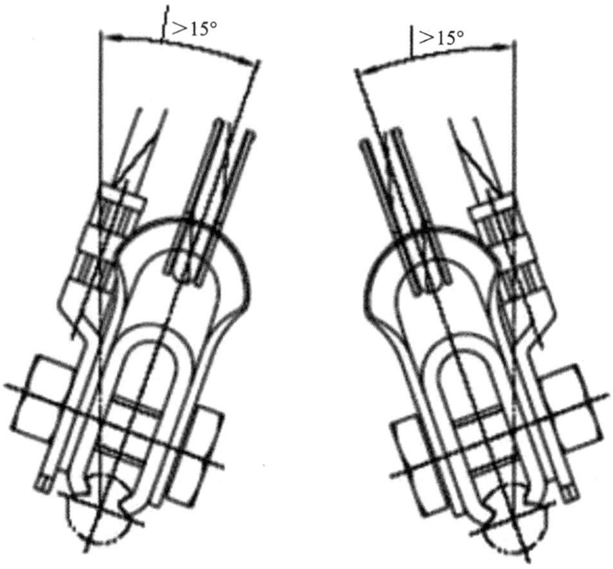

图 3　吊弦线夹

(2)京沪高铁

京沪高铁 18#道岔无交叉线岔接触网布置方式如图 4 所示，未设置交叉吊弦。

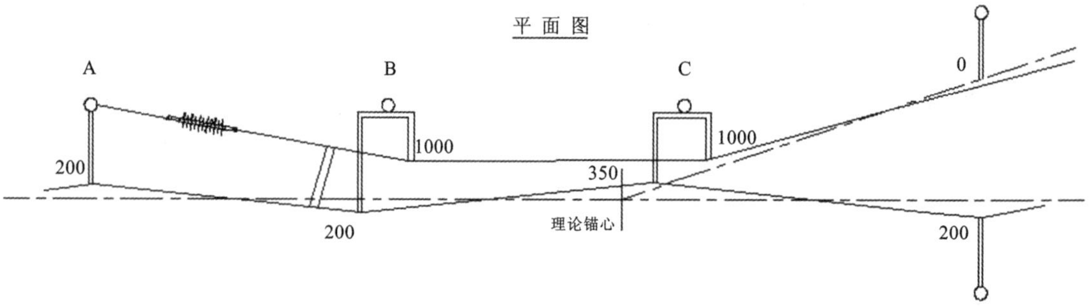

图 4　京沪无交叉线岔接触网布置图(m)

(3)国外

目前国外 18#道岔采用无交叉线岔的国家主要是法国(图 5)和日本(图 6)，其无交叉线岔设计中均未提及交叉吊弦的设置要求。

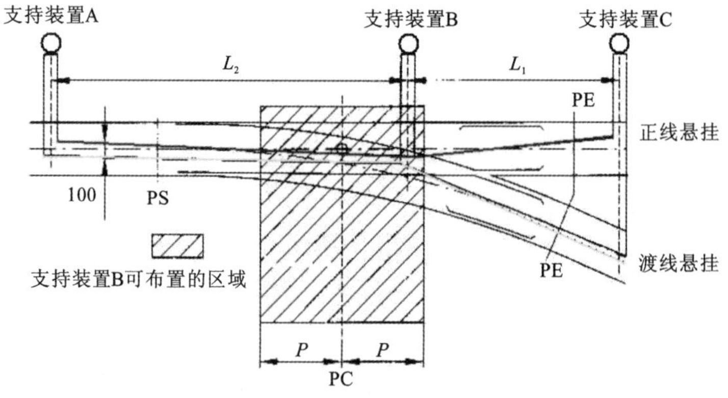

图 5　法国 18#无交叉线岔接触网布置图

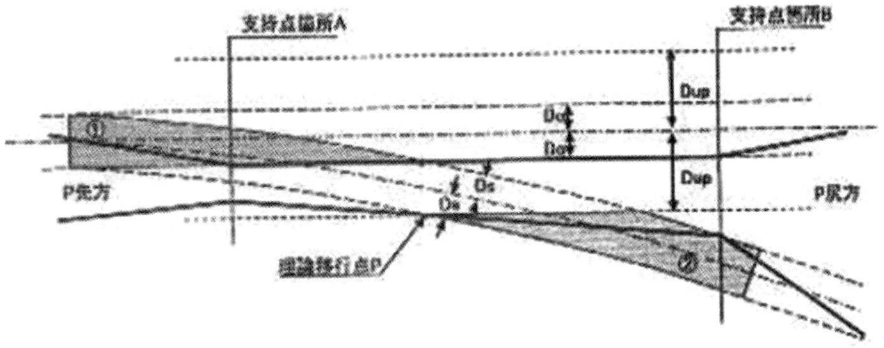

图 6　日本 18#无交叉线岔接触网布置图

(4)交叉吊弦安装位置及始触区精确定位

18#道岔无交叉线岔设置交叉吊弦，安装要求为：始触区前安装交叉吊弦，位置在线间距 550 ~ 600 mm 处，两根交叉吊弦的间距一般为 2 m，受电弓从道岔开口方向驶向岔心时应先接触到侧线承力索和正线接触线之间的交叉吊弦。按照上述安装位置，再结合始触区范围可画出交叉吊弦示意图(图 7)。

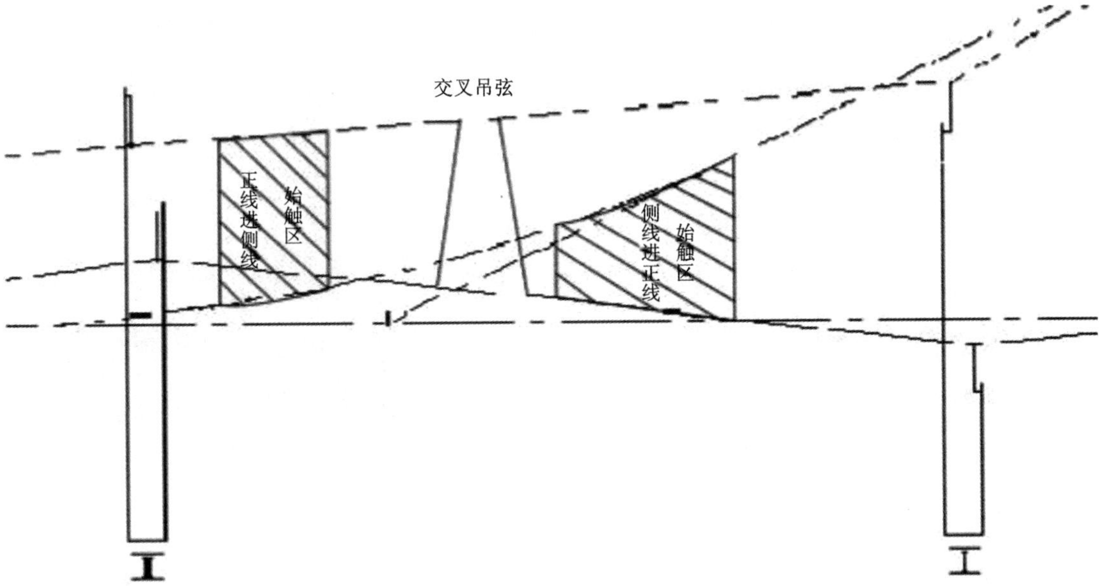

图 7　交叉吊弦与始触区位置示意图

2　现场试验情况

为验证交叉吊弦的作用，笔者在京广高铁新乡东站一组正线无交叉线岔进行了现场试验。

(1)设置检测点

正线通过时，侧线接触线在受电弓动态包络线外方，不予考虑，重点关注受电弓由侧线进入正线和由正线进入侧线的情况，由此设置检测点 2 和检测点 3 作为检测点，检测受电弓作用下临线导高的变化情况。

注：检测点 1、4(图 8 中黑色方框)表示交叉吊弦接触线线夹端，检测点 2、3(红色线交叉点)表示接触线线夹水平对应点。

(2)试验方法

通过抬升检测点 2、3 来模拟受电弓由侧线进入正线和由正线进入侧线的情况，观察在交叉吊弦作用下，相邻接触线的导高变化量。

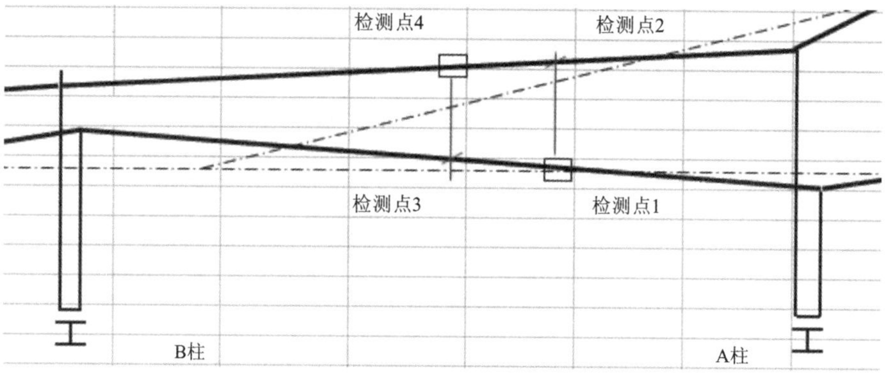

图 8 检测点示意图

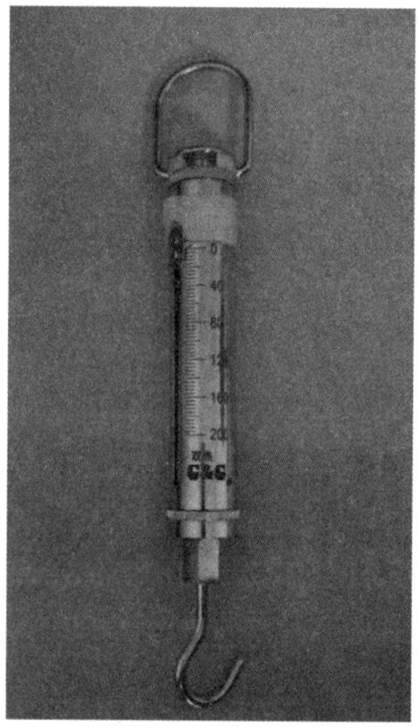

图 9 弹簧秤

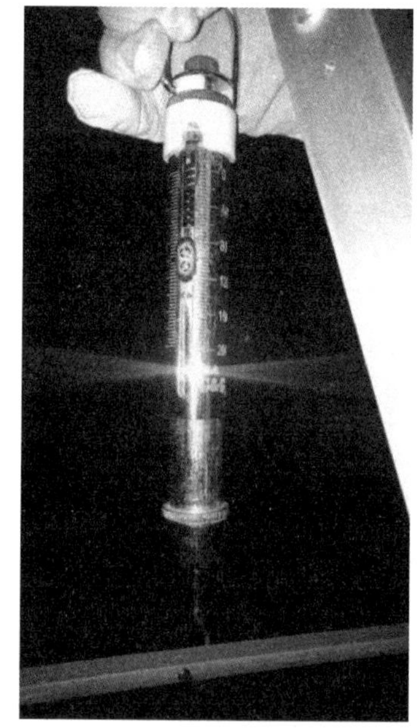

图 10 现场试验图片

(3)试验地点设备参数

表 1 试验锚段参数

序号	锚段号	线型	长度/m	张力(承/导)/kN
1	新乡东站 D3	JTM95	273.47	15/15
2	新乡东站 I-3	CTMH150	1292.8	30/21

表 2 交叉吊弦安装参数

A 柱支柱号	B 柱支柱号	交叉吊弦间距/mm	检测点 2 对应的导线间距/mm	检测点 3 对应的导线间距/mm
115	117	1908	1031	1007

3　数据分析

（1）抬升检测点 2 数据

表 3　检测点 2 试验数据

抬升位置	抬升力/N	检测点 2/mm		检测点 1/mm	
		抬升量	导高	对应升高量	导高
检测点 2	0	0	5321	0	5310
	70	21	5342	4	5314
	80	25	5346	5	5315
	100	31	5352	7	5317
	150	45	5366	11	5321

抬升检测点 2（位于侧线上）来观察受电弓从侧线进入正线时，在交叉吊弦作用下正线导高的抬升量及趋势。检测点 2 与检测点 1 对应抬升量的折线图如下：

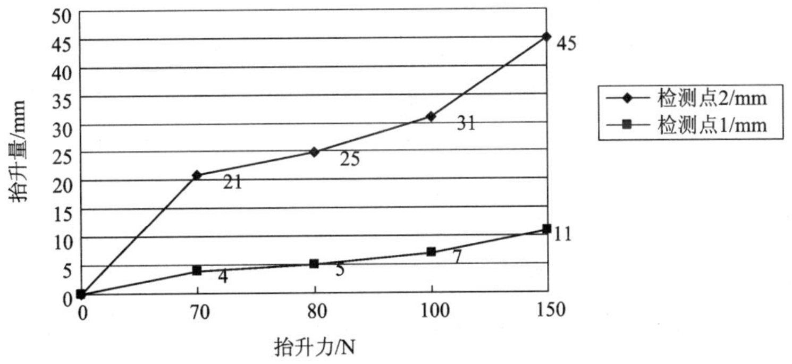

图 11　检测点 2 数据折线图

对比数据图表，受电弓静态抬升力 70 N 作用于侧线时，在交叉吊弦作用下，正线导高仅抬升了 4 mm，观察折线图可知，加大抬升力正线变化量远远小于侧线抬升量，交叉吊弦作用并不明显。

（2）抬升检测点 3 数据

表 4　检测点 3 试验数据

抬升位置	抬升力/N	检测点 3/mm		检测点 4/mm	
		抬升量	导高	对应升高量	导高
检测点 3	0	0	5308	0	5332
	70	13	5321	8	5340
	80	17	5325	9	5341
	100	20	5328	11	5343
	150	29	5337	14	5346

抬升检测点 3（位于正线上）来观察受电弓从正线进入侧线时，在交叉吊弦作用下侧线导高的上升量及趋势。检测点 3 与检测点 4 对应抬升量的折线图如下：

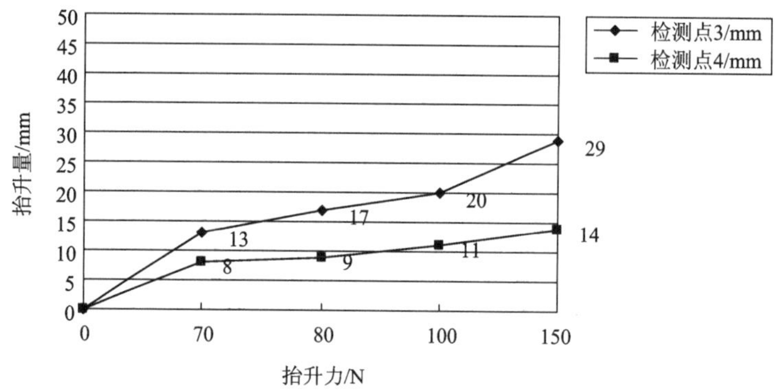

图 12 检测点 3 数据折线图

对比检测点 3 和检测点 4 的数据图表可以看出，在对正线 80 N 作用力下，侧线跟随变化，仅抬高 9 mm。侧线跟随正线抬升量也不显著。

4 设置交叉吊弦存在问题

(1)结构上。因交叉悬吊不同的锚段，为保证线索伸缩，就要求两锚段线索伸缩方向一致，最好大小一致。这对锚段布置提出了较高要求。

另外，因交叉吊弦安装在不同的锚段上，两支悬挂伸缩方向会因中锚(硬锚)位置而产生同向伸缩或相对伸缩。同向伸缩时：交叉吊弦安装位置位于两支悬挂中锚(硬锚)同一侧，两支悬挂随温度变化同方向伸长或缩短。相对伸缩时：交叉吊弦安装位置位于两支悬挂中锚(硬锚)的相对侧，两支悬挂随温度变化时分别向相反的方向伸长或缩短。同向伸缩时会因交叉吊弦安装点到中锚(硬锚)的长度不一致而产生不同的变化量，使吊弦发生错位，相对伸缩时错位更加明显，因此交叉吊弦应采用滑动吊弦线夹。

(2)电气上。交叉吊弦安装需安装在两支不用的悬挂上，线岔电连接线一般距离交叉吊弦 50 m 以上。侧线动车组受电弓在交叉吊弦附近取流时，交叉吊弦将承担电连接器的作用，这极易造成绝缘滑动吊弦因绝缘不足而导致烧伤。例如现场发现的京广高铁鹤壁东站交叉吊弦放电痕迹，见图 13。

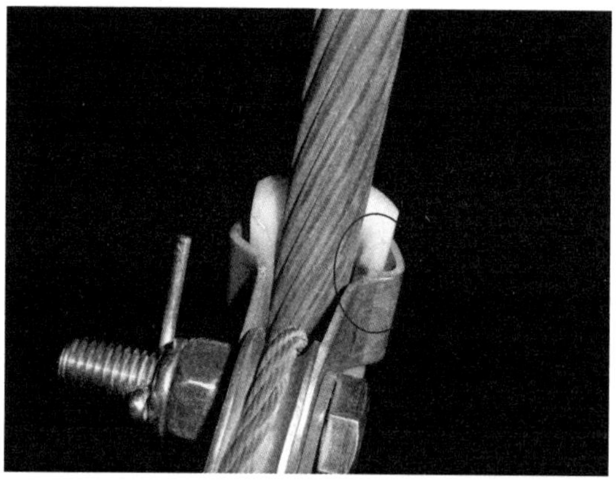

图 13 京广高铁鹤壁东站交叉吊弦放电烧伤痕迹

5 建议

(1)取消交叉吊弦设置。据笔者所知，京沪高铁、京广高铁郑武段、京广线(小商桥站)以及郑西高铁无交叉线岔，均有无交叉线岔分线岔未设交叉吊弦的情况，且已安全运行多年。郑州局管内的郑焦铁路前期设计施工图有要求按照交叉吊弦，但后期施工中设计院进行了变更，取消了交叉吊弦安装。目前正在施工建设的兰新高铁甘青段和宝兰客专在无交叉线岔中亦未设置交叉吊弦。多年来无交叉线岔分线岔未设交叉吊弦安全运行的业绩表明，我国动车组选用的宽度为1950 mm的标准受电弓，具有优良的通过线岔始触区性能，交叉吊弦的作用可忽略不计。同时鉴于交叉吊弦设置的弊端，综合国内外关于交叉吊弦设置情况以及现场试验数据分析情况，建议取消交叉吊弦的安装。

(2)统一无交叉线岔设计。无交叉线岔是高铁接触网的关键设备。截至2016年底，我国高铁已有运营里程2万公里以上的运营实践经验。自2009年底武广高铁和2010年初郑西高铁开通以来至今已7年有余，目前未发生一例无交叉线岔处的弓网故障。我国完全自主知识产权的无交叉线岔设计，是中国铁路对世界高速铁路的贡献。总结无交叉线岔设计经验，统一无交叉线岔设计标准，既是我国高铁快速发展的需要，也是中国高铁走向世界的需要。

参考文献

[1] 于万聚. 高速电气化铁路接触网[M]. 北京：中国铁道出版社，2003.
[2] 张宝奇. 对我国高速铁路接触网无交叉线岔技术的探讨[M]. 铁道机车车辆，2012(2).

浅谈电气化铁路弓网故障的应急处置组织

郭尚坤

(中国铁路郑州局新乡供电段 助理工程师)

摘　要： 电力机车运行时，发生弓网故障，使受电弓不能平滑取流，影响列车运行、危害行车安全、扰乱运输秩序，必将造成一定的经济损失。本文主要针对弓网故障的特点，结合供电运营实际，从处置流程、人员职责分工、处置措施等方面对打弓故障的应急处置组织进行了探讨。

关键词： 弓网故障；打弓；应急处置；处置措施

牵引供电系统是向高速运行的电力机车传递强大电能的系统装置；接触网沿铁路架设，是向电力机车供电的装置；受电弓是安装在电力机车上从接触网上获取电能的装置。电力机车在运行中受电弓与接触网线紧密接触、高速滑动，并从接触网上获取电流作为牵引动力，因此，受电弓与接触导线的稳定接触是电力机车获得良好受流的重要条件。若电力机车在运行过程中发生弓网故障，将会危害行车安全，扰乱运输秩序。

1　弓网故障

弓网故障一般是指打弓、钻弓、刚弓。打弓一般指在受电弓运行取流过程中，由于某种原因造成弓、网相碰击，从而使受电弓不能平滑取流的故障现象。钻弓一般指在锚段关节或线岔处，因某种原因造成运行中的受电弓在与工作支接触线接础取流过程中同时移位到非工作支接触线上部的故障现象。刚弓是指由于接触悬挂或电力机车受电弓状态不良或者其他自然原因，致使电力机车受电弓移位到接触线上部运行，从而造成接触网设备和受电弓损坏的事故现象。

打弓对设备造成的破坏不明显，往往是在电力机车入库检查时才发现受电弓被打的痕迹，最初发生弓网故障的地方或部位与发现弓网故障的地方，两者有时距离很远，从几个区间至十几个区间，甚至跨局界，这种情况下寻找故障点位置的难度很大，处理时间比较长，势必会对设备、对运输造成比较大的影响。因此，本文主要是对打弓点的查找、应急处置流程及组织进行探讨。

2　打弓故障的原因分析

受电弓与接触网的动态关系，就决定了弓网故障的成因必须要从弓和网这个对立统一体中去探索。结合近几年来的打弓故障，分析其原因，一是接触网部件安装不符合工艺，零部件变形、脱落；二是外界温度变化，引起线索驰度发生较大变化；三是零部件质量不合格，在长期动态工作过程中易疲劳损坏、变形。

电分相及电分段绝缘打弓。主要是电分段绝缘器工作面不平顺、接触线与电分相或电分段绝缘接头不平顺，在受电弓通过时，造成打弓。

线岔始触区打弓。主要是在始触区处，两根接触线上安装有吊弦线夹，在受电弓通过时，造成打弓。

定位管打弓。主要是定位管坡度偏小，同时在线路不平顺或运行速度骤变、外轨超高等情况下，在受电弓通过时，造成打弓。

锚段关节打弓。主要是锚段关节处两导线不平顺，特别是四跨锚段关节的转换处易形成硬点冲击，在受电弓通过时，造成打弓。

电连接线、设备引线打弓。主要是设备安装不按照工艺标准，当温度变化时，线索热胀冷缩会致使驰度发生变化，当线索驰度过大，低于接触线平面；或线索驰度过小，致使过紧脱落，在受电弓通过时，造成打弓。

吊弦打弓。主要是吊弦烧损、烧熔及烧断，以致吊弦脱落；或吊弦线夹防松垫片未按工艺安装，低于接触线，在受电弓通过时，造成打弓。

3　打弓故障应急处置组织方案

结合接触网运营实际，总结历史发生的故障处置情况，本文提出了以下处置组织方案。

3.1　应急处置流程

应急处置流程，如图1所示。

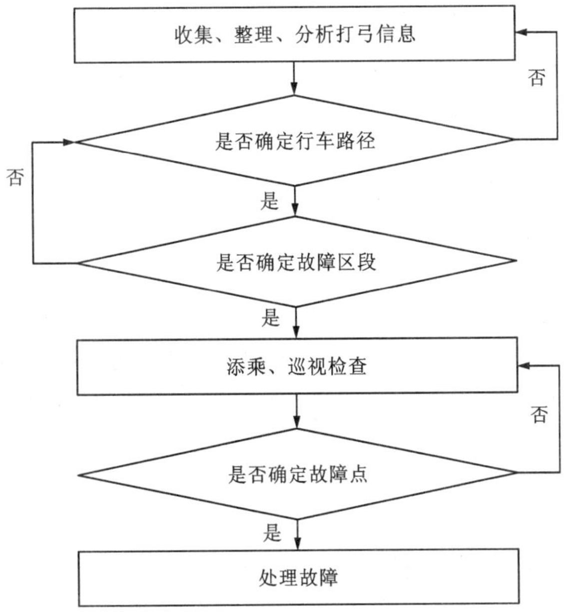

图1　应急处置流程

3.2　人员职责分工

3.2.1　技术科人员的职责分工

主管工程师为负责人，与机务段联系，收集发生打碰弓的列车编号、车次、运行时间、运行线别、通过各车站时的股道等；结合运行线别的供电分段示意图和接触网平面图，绘制出该列车的运行线路图。

3.2.2　涉及的供电车间人员的职责分工

车间主任为负责人，根据技术科绘制的列车运行线路图，安排车间技术员添乘拍照，安排工区班组对涉及的站场巡视检查，并做好组织抢修处理的准备。

3.2.3　添乘人员的职责分工

车间主管副主任为负责人，携带高清照相机添乘列车，在该列车停靠的各个车站，站在列车运行方向的前方对列车所使用的受电弓拍照和拉近拍照，并记录此时列车运行的站场、时间、股道。

3.2.4　工区班组人员的职责分工

工班长为负责人，根据技术科绘制的列车运行线路图，组织安排工区班组人员对区间站场巡视检查，以“先站场后区间，重点咽喉区”的原则，对关节、线岔、分段、分相、曲线等关键处所和近期供电设备有维修变动的处所进行重点巡视排查。

4　采取的措施

4.1　应急处置措施

在发生打弓故障后，可以通过调阅4C系统、5C系统、移动监控等视频或添乘的方式，缩小查找范围，确定故障点的位置。

(1)4C系统，即车载接触网运行状态检测装置。在运营的列车加装车载接触网运行状态检测装置，随着运营列车的运行监测接触网的运行状态，以实现电气化铁路接触网状态的全覆盖、全天候的动态检测。该系统的监测运行成本比较高，一次运行需要多个部门的配合，所以，当故障点特别难寻找，且对设备、对运输影响比较大时，可以考虑使用4C 系统，沿打弓运行路径运行，通过回放视频，确认故障点位置。

(2)5C 系统，即接触网与受电弓滑板监测。在铁路的车站、列车出入库区域、车站咽喉区加装受电弓滑板监测装置，监测列车受电弓滑板的技术状态，及时发现运营列车受电弓滑板的异常状态，指导故障消缺，确保接触网和受电弓的运行状态良好。该系统为固定监测装置，可以缩小故障查找范围，适用于在局界、段分界、车间分界处安装，可以将故障点逐步缩小，甚至缩小到一个区间或一个站场。

(3)在受电弓运行方向的前方，安装高清视频监控装置，记录列车运行过程中受电弓的状态。视频监控装置可以采用可拆卸式，能远程控制摄像角度的摄像装置。当发生弓网故障时，在查找故障点时使用，但在平时，可以卸载，由供电段与机务段协商共同负责保管。这种方式增加了设备成本和维修成本，但使用灵活、便于操作，适用于一般常见故障的查找。

4.2 日常运营管理中的措施

(1)加强对接触网几何参数的监测。主要对线岔、锚段关节、分段、分相、中心锚结、接触线等进行测量，并对参数进行综合分析，以发现和解决缺陷。严格按照测量、巡视周期对接触网进行监测，掌握设备技术状态，及时处理发现问题。

(2)加强对接触网各零部件的平推检查。在设备投入时主要对线夹、螺栓、螺母、弹垫、防松垫片等进行平推力矩紧固，并逐步摸索螺栓动态松动周期，及时进行紧固，确保各部参数处于标准范围。

(3)严格按照温度曲线安装、调整设备。保证设备不致因温度变化而产生卡滞、过紧、过松现象而使接触网参数发生变化。

5 结论

为避免打弓故障，确保不干扰运输秩序。首先，设计人员应不断总结运行经验，在技术标准、材料设备的设计上加以改进提高，从源头上不断增强接触网运行的安全可靠性。其次，在日常运营管理中，设备管理单位应加强接触网的检查、检测、维修手段，不断分析、总结、掌握接触网运行的客观规律。最后，当发生打弓故障时，设备管理单位必须迅速采取有效的措施和手段，及时查找故障点，并进行整治处理，尽量减小对设备和运输造成的影响。

参考文献

[1] 邓建锋. 高铁铁路接触网分段绝缘器维护管理的分析及对策[J]. 科技创业月刊, 2013(9): 50-52.
[2] 张金山. 浅析弓网故障发生的原因及预防对策[J]. 科技创业月刊, 2010(11).
[3] 胡良俊. 关于接触网分相绝缘器打碰弓问题的分析与改进的探讨[J]. 西铁科技, 1997(4).

普速电气化铁路分段绝缘器分析与探讨

苏珊碧

（中国铁路郑州局集团有限公司洛阳供电段灵宝供电车间）

摘　要：分段绝缘器是铁路牵引供电系统的重要接触网构件，本文从现场实际的运行、维修和故障情况就普速电气化铁路目前采用的几种常用的分段绝缘器性能进行了分析与比较，并对分段绝缘器使用的注意事项和改进进行了探讨。

关键词：分段绝缘器；分析；探讨

1　分段绝缘器

分段绝缘器就是在接触悬挂中插入由绝缘部件、导流部件和零部件组成的构件，能使同相位的相邻两段接触悬挂实现电分段，并允许受电弓通过和不间断取流的接触网绝缘设备。

分段绝缘器一方面是满足电气分段、分束供电的需要；另一方面是方便进行装卸作业、机车维修、以及其他作业的需要。一般装设在复线线路车站上下行渡线间、同一车站不同车场间、货物线及进行装卸作业的线路上、铁路专用线路上、机车整备线或有备用水鹤的线路上、机车库线以及采用绝缘锚段关节有困难的车站正线及段管线等地点。

分段绝缘器按主绝缘部件运行时电力机车受电弓运行与其接触情况分：有接触式和非接触式；按引弧情况分：有引弧型和非引弧型；按滑道情况分：有滑道式和非滑道式；按消弧情况分：有消弧型和非消弧型。

分段绝缘器在自然环境、行车速度、受电弓压力和接触网振动等因素的综合作用下，始终处于被动应付状态。由于运行条件苛刻、弓网配合条件差、停电维修维护困难等原因，目前能安全可靠运行，且适应速度较高的分段绝缘器已成为牵引供电运行管理单位的祈求。

2　性能比较

2.1　菱形分段绝缘器

菱形分段绝缘器，是较早地在电气化铁路运行的分段绝缘器，代表厂家是西安铁铁路科学技术研究发展有限责任公司(西安铁路局科学技术研究所)。该型分段绝缘器在我段多年的运行过程中，因结构简单、质量较轻、安装(维修)方便、弓网无断口、过渡平滑、价格较低等优点，目前仍在我段普速电气化铁路(≤120 km/h)上大量运行。但存在以下主要问题：(1)消弧能力较弱，绝缘滑板造成烧伤(断)；(2)引弧棒在接触悬挂长期震动下容易在螺栓连接处折断。改进建议：一是改进绝缘滑板的制造工艺，提高耐磨性和耐污程度；二是改进引弧棒材质和制造工艺，避免引弧棒折断；三是提高绝缘滑板的耐磨性和耐污度。

2.2　双桥分段绝缘器

双桥分段绝缘器是北京纵横机电技术开发公司(中国铁道科学研究院机车车辆研究所)在菱形分段绝缘器的基础上进行了改进的分段绝缘器，其增加了1根桥绝缘子，由原来的1根变为了2根。该型分段绝缘器继承了原有菱形分段绝缘器的结构简单、质量较轻、安装(维修)方便、弓网无断口、过渡平滑的优点，又因为角隙远离桥绝缘子，降低了电弧烧伤的可能性，另外桥绝缘子为可拆卸，更换零配件更方便。在我段运行过程中还是较为安全的，目前在我段普速电气化铁路(≤120 km/h)调车频繁的车站上大量运行。

2.3　双绝缘棒分段绝缘器

双绝缘棒分段绝缘器是西安铁铁路科学技术研究发展有限责任公司(西安铁路局科学技术研究所)研发的一种绝缘器，中间2根绝缘棒对受电弓起辅助过渡作用，绝缘棒绝缘层允许磨耗为2 mm，磨损后可以通过绝缘棒转动角度72度继续使用(5个工作面)。该型分段绝缘器在我段运行过程中，虽然具有良好的消弧、耐弧能力、较高的耐压能力和较强的防污染能力，但是存在以下问题：(1)导流滑道较长，安装、调整难度较大，调整不到位容易引起机车受电弓打弓；(2)悬吊或支撑部件对其技术状态的影响较大，过渡不平滑时振动、振幅较大；(3)受机车受电弓冲击容易变形、断脱，甚至发生弓网故障。由于结构复杂、较为笨重等，都给安装调试、运行安全带来了诸多问题。目前在我段现场运行中逐步被淘汰。

2.4 鱼叉分段绝缘器

鱼叉分段绝缘器是北京纵横机电技术开发公司(中国铁道科学研究院机车车辆研究所)在德国 Adtranz 产品的基础上，研制、开发的，具有滑道无端口、绝缘部件不直磨、过渡平滑的特点的绝缘器。经过我段从 2008 年在焦柳线普速电气化铁路(≤200 km/h)上的运行，发现存在以下主要问题：(1)质量较重，达到 34 kg，容易造成集中负荷；(2)辅助接触线较长，2000 mm 以上；(3)安装时有方向性，闭口端朝来车方向。建议厂家：一是优化设计，采用新型材质，减少分段绝缘器的整体质量；二是通过实验，尽量减少辅助接触线的长度和接触线接头线夹的数量；三是采用新型材质，减少导流滑道的变形；四是改进设计，尽量取消安装的方向性。

2.5 DXF－1.60 分段绝缘器

DXF－1.60 分段绝缘器是吴江天龙电气化设备厂在欧洲高速电气化铁路分段绝缘器产品的基础上，研制、开发的一种新型的消弧型滑道式分段绝缘器。该型分段绝缘器主体采用锚头与三根绝缘棒的一体化结构，增强了整体的刚性，克服了平面结构易产生挠度的缺点，且主绝缘棒与受电弓为非接触式，在主绝缘棒两侧有相对斜边对称的金属滑道与辅助绝缘滑道构成一个底部平面，与电力机车受电弓平滑接触、过渡。本体通过接触线夹与接触线连接，每侧两金属滑道间有消弧棒，以便两端有电位差时进行消弧，防止主绝缘件的烧损，两侧相对的金属滑道间有一个重叠区，保证供电的连续性。因采用空气绝缘、金属滑道、绝缘辅助滑道与接触线在同一平面，绝缘部件具有不直磨、结构对称、过渡平滑、通过速度高且双向运行的特点，我段从 2013 年在部分地方开始安装使用，从四年来的运行情况来看，还是目前我段运行中最为理想的分段绝缘器。存在问题是：虽然整体重量 19 kg，相比较鱼叉分段绝缘器还是较轻的，但整体长度只有 1120 mm，容易造成集中符合。建议厂家采用新型材质，优化设计，既满足需求又减少分段绝缘器的整体重量。

3 问题分析

分段绝缘器在运行中，经常发生的问题是烧伤、闪络、击穿，经过现场运行分析，主要的原因有以下几点：

(1)分段绝缘器的绝缘滑道与电力机车上的受电弓接触面为一整体平面，在与受电弓滑动接触过程中，由于受电弓滑板的粉末吸附于主绝缘滑道的底部并形成了一条炭化通道；

(2)分段绝缘器在两端电压差较大的情况下，连通了吸附在主绝缘滑道上的粉末并引起放电及电腐蚀，极易造成分段绝缘器闪络甚至击穿；

(3)作业人员在维修过程中，由于未按工艺维修，加剧了分段烧伤、击穿的程度。主要存在问题为：

①分段绝缘器不水平，其底部与轨面连线没有保持平行(曲线区段很容易出现)，受电弓经过时稳定性被破坏，从而造成拉弧；

②分段绝缘器的纵轴线在水平面(以轨平面为参照物)上的投影与线路中心线不重合(或不平行)。一是由于相邻两定位点的拉出值大小方向不相同，二是在曲线地段不可能使其平行。从而，在受电弓通过时，分段绝缘器相对于受电弓产生横向摆动，使稳定性减小，很容易造成拉弧现象；

③分段绝缘器处，承力索与接触线没有处在同一铅垂面内(相对于钢轨平面)，调整分段的两条吊弦长度不等。当温度变化时，两吊弦的偏移值不等，从而造成分段绝缘器不水平而出现拉弧现象；

④分段绝缘器的调整吊弦在线路纵轴方向布置成“∧”或“∨”形均可造成分段倾斜拉弧。主要原因是由于承力索与接触线的线胀系数不一样，温度变化时，接触线相对于承力索会产生位移，但由于两吊弦方向不一致，从而造成一条拉紧，另一条松弛，使分段绝缘器不水平而拉弧。

4 采取措施

4.1 正确确定安装位置

分段绝缘器安装位置要符合规定，距离定位点不得小于 2 m，应位于受电弓中心，一般情况下偏差不超过 100 mm。根据现场运行实践还应该注意：应避免安装在曲线上或是电力机车停车取流处；中心位置要兼顾相邻的定位点拉出值、有线岔的还应考虑线岔交叉点位置，确保三者不要超出允许误差范围。

4.2 合理选用合适类型

根据安装位置、运行环境以及车流密度等因素，结合不同类型分段绝缘器的特点，应该科学地选用合适的分段绝缘器。如：对于分段绝缘器两端压差较大且电力机车频繁通过的区段，优先采用非接触、消弧、非滑道式分段绝缘器，既增加了耐弧能力，又避免了绝缘器的烧伤；对于空气污染严重、雾霾较大及维修困难的地方，优先采用空气绝缘分段绝缘器。

4.3 加强作业单位联系

根据《普速铁路接触网运行维修规程》（铁总运[2017]9 号）规定："分段绝缘器不应长时间处于对地耐压状态。雨、雪、雾、霾、冻雨等恶劣天气下，起电分段作用的隔离开关严禁处于分闸状态。隔离开关应在作业开始前 30 min 内断开，在作业间歇时间大于 30 min 时应闭合，继续作业时再断开，作业结束后应及时闭合。"供电段（或管理部门）应加强与车务段、机务段、专用线等作业单位的联系沟通，确认"作业结束后应尽快合上隔离开关，恢复正常运行"以及避开在雨、雪、雾、霾、冻雨等恶劣天气下作业。

4.4 强化实施差异管理

结合《普速铁路接触网运行维修规程》（铁总运[2017]9 号）规定，按照分段绝缘器使用说明书，设备管理单位还应根据受电弓通过的频繁度、分段绝缘器型号及其特点、运行环境、服役时间、两端压差等不同情况，实施差异化清扫、维修以及寿命周期。

4.5 科学细化维修工艺

结合各种型号分段绝缘器的技术参数，细化分段绝缘器维修工艺，做到每个型号一个维修工艺，增加工艺科学性以及现场人员的可操作性，具体措施如下：

①在维修测量时，使用激光道尺对分段绝缘器的有关参数进行直接测量，减少了利用水平尺间接测量造成的误差和不合理性；

②分段绝缘器处承力索与接触线尽量布置在线路中心，保持与线路中心平行，避免布置在曲线或导曲线上；

③分段绝缘器的调整吊弦受力应尽可能相等，并保持对线路中心线同一个斜度。相对于两侧吊弦点有 5～15 mm 的负弛度。根据现场运行实践还应该注意：应避免安装在曲线上或是电力机车停车取流处；中心位置要兼顾相邻的定位点拉出值、有线岔的还应考虑线岔交叉点位置，确保三者不要超出允许误差范围；滑道底面应平行于轨面，最大偏差不超过 10 mm；对于有些特殊的分段绝缘器还应该参考设备说明书上的要求。

4.6 加强恶劣天气巡视

在雨、雪、雾、霾、冻雨等恶劣天气下，加强对分段绝缘器的巡视，尤其是过车频繁的分段绝缘器，发现出现放电、拉弧、烧伤等情况时及时采取间接带电作业方式对分段绝缘器的主绝缘进行清扫或申请临时天窗进行维修。

参考文献

[1] TB/T 3036—2016. 电气化铁路接触网用分段绝缘器.
[2] TG/GD 116—2017. 普速铁路接触网运行维修规程（铁总运〔2017〕9 号）.
[3] 于万聚. 高速电气化铁路接触网[M]. 成都：西南交通大学出版社，2003.
[4] 董昭德. 接触网[M]. 北京：中国铁道出版社，2010.
[5] 刘达民. 分段绝缘器和分相绝缘器的性能分析[M]. 电气化铁道，2005.

普速铁路接触网电动隔离开关远动故障分析与防治

黎文生

(中国铁路西安局集团有限公司绥德供电段，工程师)

摘　要：本文针对绥德供电段管内包西线、太中银线接触网电动隔离开关发生的远动故障，从设计方案、施工质量、检修维护、运行环境、技术管理等方面对故障原因进行了分析，提出了针对性的防治措施，为减少接触网电动隔离开关远动故障提供了技术支持。

关键词：普速铁路；接触网；电动隔离开关；远动；故障

0　引言

普速铁路接触网电动隔离开关主要安装在变电所、分区所电分相上网点、枢纽站场等处。当机车误停电分相中性区时，通过供电调度远动分合电动隔离开关分段供电，可以让电力机车在较短时间内带电，驶离中性区，极大程度上压缩了机车救援时间，减少了对铁路运输的影响。此外，在复线区段接触网上加装具备远动分合功能的电动隔离开关，对实现分段供电、迅速隔离故障、缩小事故范围，具有十分重要的意义，在现场越来越多地得到运用。然而在运行中，受设计方案、施工质量、运行环境、检修维护等多方面因素的影响，接触网电动隔离开关远动故障发生率一直居高不下，对远动分合操作可靠性造成了严重影响。

1　普速铁路接触网电动隔离开关远动故障分析

绥德供电段管内包西线、太中银线现运行的接触网电动隔离开关共 156 台，仅 2017 年 1 月以来，在日常运行和 2017 年 4 月进行的远动分合闸试验中，就发现 54 台存在故障，故障率高达 34.6%。

(1)按故障现象分，包括：误动、拒动、误报信息(如图 1)。

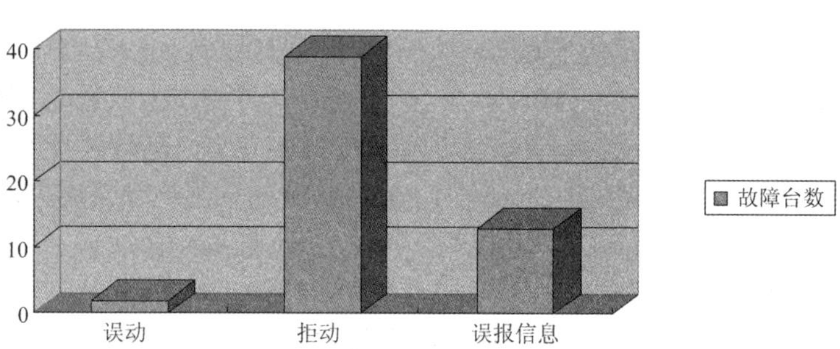

图 1　接触网电动隔离开关故障类型和件数图示

(2)按故障位置分，可以分为调度端设备故障、被控端设备故障和通道故障三类，运行中的接触网电动隔离开关远动故障主要是由其中的通道故障、被控端设备故障造成的。本文主要针对通道故障和被控端故障进行分析。

2　普速铁路接触网电动隔离开关远动故障原因分析

2.1　误动原因分析

通过查阅文献资料，进行现场测量分析及验证，判断造成 2 台运行中的接触网电动隔离开关误动的原因有以下三个方面：

(1)网隔监控装置(OPU)I/O 单元元器件抗干扰能力差，在蓄电池电量不足，操作电源受到冲击产生过电压的情况下，出口继电器误动，导致隔离开关误合。

2017 年 2 月 13 日在查找太中银线宁条梁分区所电分相处电动隔离开关误合原因的过程中，发现该开关操作电源引接自 10 kV 贯通线，误动时间发生在 10 kV 贯通线送电时；现场模拟断合操作机构电源时，发生了 3 次隔离开关误合的问题，检查确认蓄电池已老化、电量不足，更换 OPU 箱内控制板后，误合现象消失。

(2)操作机构和网隔监控装置(OPU)接地不良，受地回流影响，OPU 监控装置与隔离开关操作机构间连线存在对地电压，引起开关误动。

查找包西线黄陵南分区所分相处电动隔离开关误动原因时，现场测量发现 OPU 监控装置接地不良，且该隔离开关支柱接地电阻达到 18 Ω，V 形天窗时，断开隔离开关操作电源后，现场测量 OPU 监控装置出口继电器接点与隔离开挂操作机构间连线有 80 V 左右的电压(如图 2)。

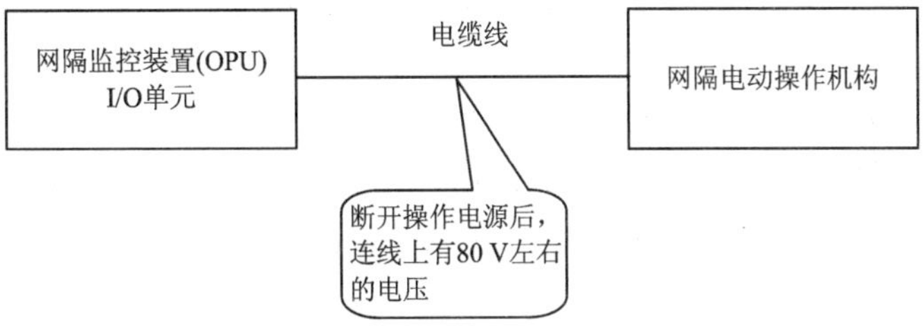

图 2　接触网电动隔离开关监控装置(OPU)与操作机构电缆线受到干扰

(3)电机控制电源抗干扰能力差。现场检查发现，隔离开关操作机构中的电机电源为直流电源，是由交流 220 V 电源通过整流模块整流后直接供给电机的，未经稳压和滤波，在电源受到干扰的情况下抗干扰能力差，容易引起误动。

2.2　拒动原因分析

接触网电动隔离开关运行环境差，拒动的原因呈多样性，通过现场检查确认，分析主要有以下七类：

(1)传输通道中断。

我段管内发现的 54 件电动隔离开关远动故障中，仅传输通道中断的问题就有 15 件，占故障总件数的 27.8%，大部分都发生在网隔控制装置与网隔监控装置间。主要原因有两个方面：

一是光纤或电缆通信中断。传输通道中的任一环节的光缆或电缆中断，都会造成传输通道中断(如图 3 所示)。现场发生的问题主要是网隔通信管理装置与网隔监控装置(OPU)之间的传输光缆中断和通信装置与网隔控制装置之间的电缆中断，具体原因包括：施工、地基下陷、雨水及泥石流冲刷造成的光缆中断；老鼠等小动物造成的电缆中断；电缆接触不良等。

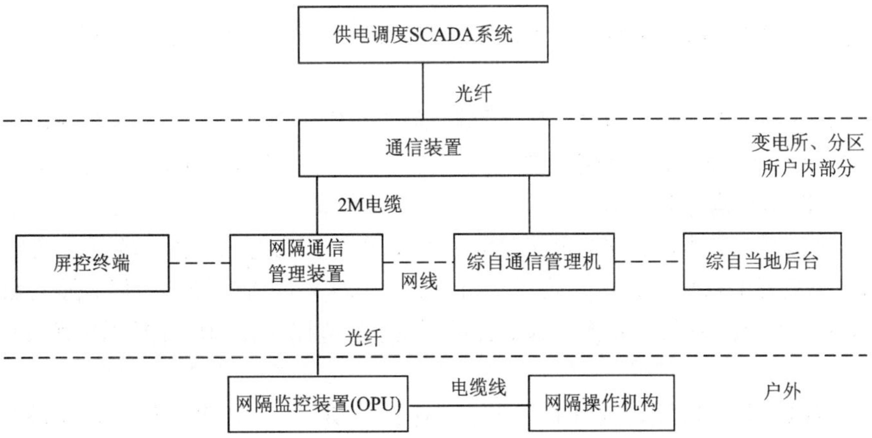

图 3　接触网电动隔离开关监控原理图

二是光纤、2M电缆信号收发端接错位置或接触不良。多发生在检修或实验结束后，作业人员将光纤的收发端位置接错(如图4)或未可靠接触。

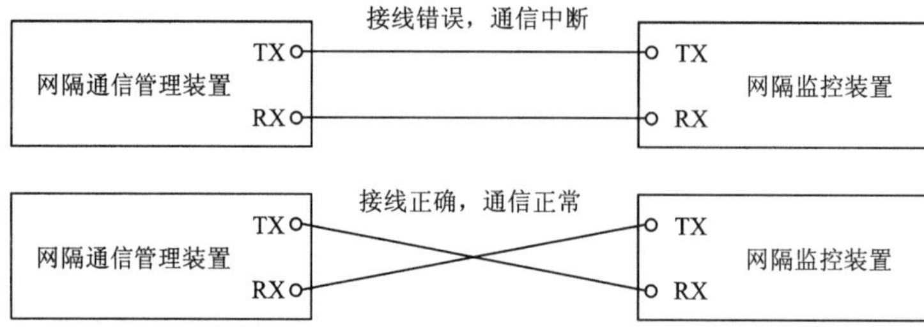

图4 传输光纤收发端接线示意图

(2)传输信号丢包率(误码率)高，指令传送错误。

接触网电动隔离开关遥控信号在传输过程中，由于信号衰减、干扰等原因，造成丢包率高，导致操作时拒动。造成传输信号丢包率高的主要原因有：光缆或电缆破损、通信管理装置接地不良、通信电缆与插头连接处接触不良等。

现场处理过程中发现，变电所或分区所内通信机柜的接地设计为独立接地，未与变电所或分区所的地网接地连接(如图5)，导致通信装置的接地与网隔RTU装置的接地之间存在电位差，将通信机柜的接地与网隔RTU装置的接地短接后，传输信号丢包率高的现象消失。此外，接触网隔离开关监控装置(OPU)接地不良、接地电阻大，也容易造成开关拒动，现场曾发现3例此类问题，采取降阻措施、可靠接地后，拒动现象消失。

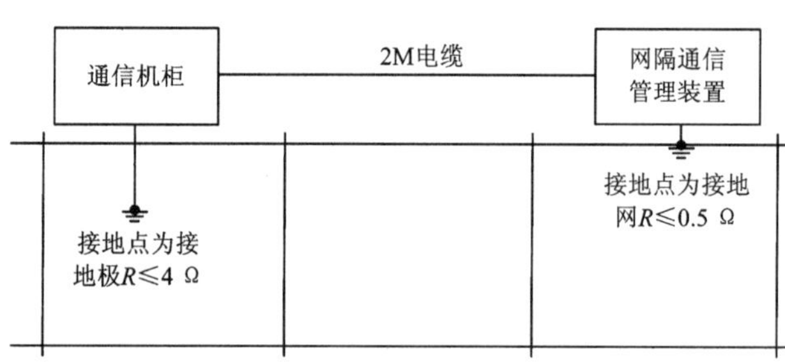

图5 通信机柜、网隔通信管理装置接地示意图

(3)网隔监控装置(OPU)故障。

常见的网隔监控装置故障有：I/O单元电子元器件故障、继电器故障；监控装置烧损(管内曾发生3例)。

I/O单元电子元器件、继电器故障多发生于网隔监控装置(OPU)密封不好、箱体内脏污严重、环境潮湿的处所，由于日常维护管理不到位，造成电子元器件烧损，导致隔离开关操作时拒动。

(4)监控装置和操作机构电源无电。

如图6所示，接触网电动隔离开关监控装置电源由220 V交流电源主供，24 V直流电源在交流电源无电时由蓄电池向监控装置I/O单元供电。现场运行中，在10 kV贯通线停电检修、隧道照明电源关闭的情况下，因蓄电池运行环境差、日常维护不到位、容量不足，若监控装置和操作机构电源无电，就会造成远动操作拒动。

此外，雷击造成隔离开关监控装置(OPU)内浪涌保护器动作，工作电源空气开关跳闸，或烧损监控单元，也会造成隔离开关操作拒动。

(5)监控装置(OPU)箱内IP地址配置错误。

主要发生在更换监控装置后，由于作业人员操作失误，造成IP地址配置错误。

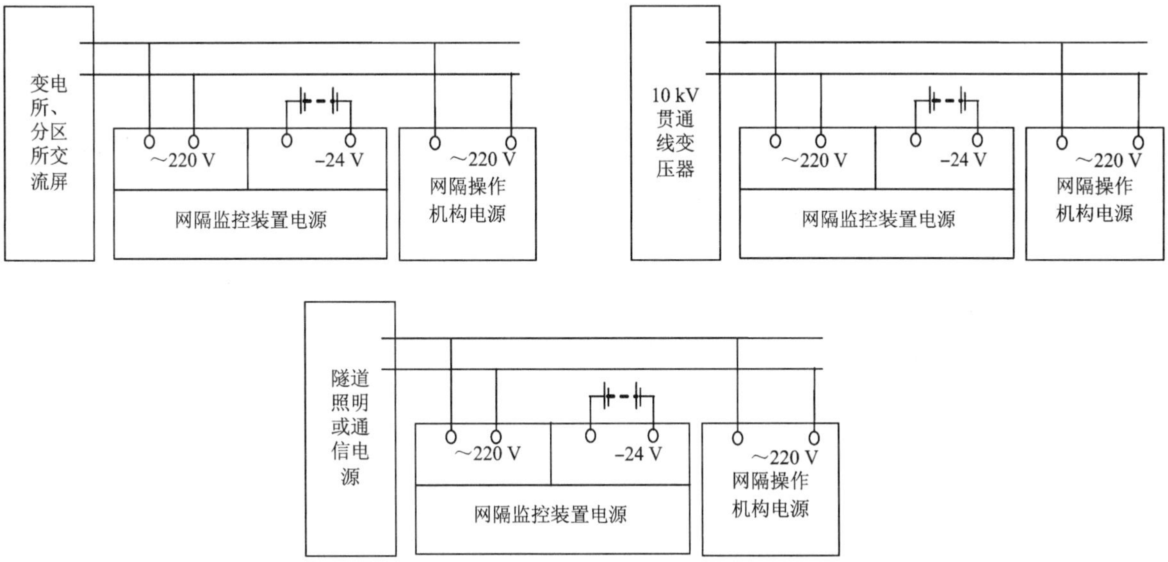

图 6　管内接触网电动隔离开关监控装置电源及操作电源示意图

（6）隔离开关操作机构故障。

主要表现为行程开关接触不良、接线松脱；接触器状态不良、继电器故障等。

（7）调度端远动设备故障。

主要表现为调度端设备故障，遥控操作指令无法发出。

2.3　误报信息

此类问题发生频率较高，多为开关位置遥信信息和操作机构故障信息的误报，导致供电调度无法确认开关实际位置与调度端显示位置是否一致，也无法确认开关是否存在故障。其原因多为隔离开关辅助接点转换不良、接线松动或网隔监控装置（OPU）I/O 单元电子元器件故障，需到现场检查确认，处理后一般都能恢复正常。

3　防治措施

3.1　防误动的措施

（1）借鉴高铁经验，将接触网隔离开关监控装置（OPU）和操作机构的空气开关更换成带电动操作机构的空气开关，并实现远动控制，日常运行时，空气开关分开，断开监控装置和操作机构电源，需分合时再远动投入电源空气开关。

（2）采取降阻措施，使隔离开关监控装置（OPU）和操作机构良好接地，消除地回流、感应电的干扰。

（3）在隔离开关操作机构内加装开关电源模块，替换现有的整流装置，为直流电机供电，防止电机电源受到干扰后引起误动。

3.2　防拒动的措施

（1）改善光电缆运行环境。一是将光电缆直埋敷设改为电缆槽、电缆沟敷设或架空敷设，并增加电缆标桩和警示标志，防止施工挖断、挖伤光电缆，防止地基塌陷、雨水冲刷造成光电缆断裂、损伤。二是室内做好防鼠害措施，光纤、2M 电缆线和网线采取铠装保护层进行防护，防止老鼠咬断。

（2）严格执行光、电缆施工工艺标准，防止接错位置或因熔接、焊接质量问题造成接触不良，导致传输通道中断。

（3）将变电所、分区所内的通信机柜、网隔通信管理装置接到一个接地点上，消除通信机柜与网隔通信管理装置之间存在的电压差，干扰 2M 电缆中的传输信号，消除导致丢包率高的隐患。

（4）加强对网隔监控装置（OPU）的检修维护，除确保接地良好外，还要保证箱体密封良好、防凝露装置可靠工作，及时对监控装置进行清扫维护，保证电子元器件表面及线路板清洁，防止潮湿、脏污环境下电子元器件发生故障。

(5)提高网隔监控装置(OPU)和隔离开关操作电源供电的可靠性。一是将交流电源单电源输入改成两路电源输入并自动投切，确保交流电源不间断供电。二是加强对网隔监控装置内蓄电池的检修维护，确保蓄电池状态良好，容量充足，保证网隔监控装置 I/O 单元不间断供电，消除拒动和误动隐患。

(6)完善接触网电动隔离开关安装处所的防雷接地，防止雷击造成网隔监控装置(OPU)和隔离开关操作内元器件及线缆烧损以及浪涌保护器动作引起的电源空气开关跳闸。

3.3 防误报信息的措施

(1)加强对隔离开关操作机构的巡视、检修、维护，防止操作机构各部件故障造成拒动和误报信息。

(2)在接触网电动隔离开关附近加装视频监控装置，进行实时监控，实时上传监控画面，并在供电段实现复示功能，以便供电调度、供电段调度能及时准确掌握开关状态。

4 结论

(1)本文是在绥德供电段管内接触网电动隔离开关既有的远动故障查找、处理基础上，结合相关文献资料，对普速铁路接触网隔离开关远动故障原因和防治措施进行了分析，并提出了防治措施，而部分措施在可行性和经济性上还需要进一步论证和验证才能实施。

(2)接触网电动隔离开关及监控装置(OPU)、光电缆因长期处于户外运行环境，周围干扰源多，受环境、施工、温湿度变化影响大，光电缆、网隔监控装置(OPU)及操作机构箱体内元器件故障率较高，易造成隔离开关误动、拒动、误报信息，需要从改善运行环境、加强设备检修维护、提高工作电源供电可靠性等方面综合施策，才能有效降低故障发生率，提高运行可靠性。

参考文献

[1] 李炎. 高速铁路接触网隔离开关远动控制技术的研究[J]. 铁路供电运行安全与技术研究，2014.

[2] 陈晓红. 接触网远动隔离开关存在问题的分析与建议[J]. 电气化铁道，2010(4).

[3] 曹阳. 铁路电力远动技术[M]. 成都：西南交通大学出版社，2015.

[4] 许惠敏. 铁路供电远动系统的运行与维护[M]. 北京：中国铁道出版社，2010.

[5] 成都交大光芒实业有限公司. GM7 - B 型 OPU 接触网开关光纤监控装置用户手册.

电气化铁路接触网运营中蛇害防治措施的探讨

徐龙建

（中国铁路武汉局集团有限公司信阳供电段）

摘　要： 为保障铁路牵引供电的稳定性，减少外部环境对牵引供电系统造成的危害和影响，本文对预防蛇害对牵引供电接触网造成的跳闸，中断供电、影响列车的正常运行等进行了分析和探讨，并对蛇害的预防措施及可行性进行了分析，并提出了相关整治建议。

关键词： 牵引供电系统；接触网；蛇害；拉线；防蛇套装

1　引言

我国标准动车组“复兴号”在京沪高铁正式上线运行，标志着我国高速铁路新的里程碑。高铁飞速行驶的能源便是来自于电气化铁路供电系统。而供电系统的稳定性，直接影响着铁路高速运行的可靠性、稳定性及安全性。

近年来随着电气化铁路不断地快速发展，绝大部分铁路的建设都集中在了田野、山岭及较偏远的地段，外部环境各式各样且都较为严峻。特别是沿路架设的牵引供电接触网穿梭于城市、丛林、山丘等地带，运行环境十分复杂，极易遭到鸟类、蛇类等小动物的破坏。随着生态环境的不断改善，牵引供电接触网沿线小动物活动十分活跃。由于在牵引供电接触网线路设计时，以及以往的运营维护中，蛇害引起的事故案例较少，对蛇害预防的经验也不足，没有采取有效的预防措施和手段进行预防，对蛇害引起跳闸的原因没有更为深入的了解和分析，从而使蛇害成为影响供电系统接触网安全稳定的重大隐患之一。本文通过对蛇害产生的原因及途径进行分析，制定出了相应的预防整治措施。

2　蛇害现状调查

广水、大悟地区地处桐柏山脉南麓、大别山脉西端，属低山丘陵地带，冬干夏雨，雨热同季，四季分明，地理、气候条件极适合蛇类繁殖。

如表 1 所示，从 2013 年至今，武汉局信阳供电段管内蛇害总共发现 16 起（京广线 12 起、京广高铁 4 起），从以往案例可知：

（1）时间跨度：发生时间为 4 月至 8 月，其中 6 月最高，且在夜间居多，并且近年蛇害呈现增加趋势；

（2）天气情况：多以阴雨多云天气为主，天气潮湿；

（3）区域分布：以广杨区间、傅家档供电线及杨卫区间为主，且上行比下行次数多；

（4）支柱类型：供电柱 4 起、关节转换柱 6 起、关节下锚柱 1 起、中锚柱 1 起、中间柱 2 起，大部分处于带有拉线的支柱和相邻带有拉线的支柱。

表 1　2013—2017 年武汉局信阳供电段蛇害统计表

序号	日期	时间	天气	跳闸区段	支柱分类	装配类型
1	2013/5/28	13：48	多云～阵雨	广杨下行	水泥柱	转换柱
2	2013/8/12	07：54	晴	傅家档变电所 G14	供电钢柱	末端杆
3	2014/5/10	16：13	中雨～小雨	杨卫上行	水泥柱	转换柱
4	2016/4/14	23：30	多云～小雨	广杨上行	桥钢柱	中间柱
5	2016/4/22	23：27	小雨	广杨上行	水泥柱	下锚柱

续表 1

序号	日期	时间	天气	跳闸区段	支柱分类	装配类型
6	2016/5/26	16:55	阴~小雨	广杨上行	水泥柱	中锚柱
7	2016/6/7	10:04	小雨	广杨上行	水泥柱	中间柱
8	2016/6/8	08:00	阴	傅家档变电所 G14	供电钢柱	末端杆
9	2016/6/16	05:45	多云	广杨上行	水泥柱	中间柱
10	2016/6/19	16:56	小雨~中雨	傅家档变电所 G12	供电钢柱	转角杆
11	2016/7/6	12:43	小雨	杨卫上行	水泥柱	转换柱
12	2017/5/19	21:41	多云~小雨	广杨上行	水泥柱	转换柱
13	2017/5/26	20:43	晴	傅家档变电所 G2	供电钢柱	首端杆
14	2017/6/16	14:29	多云	杨卫下行	水泥柱	转换柱
15	2017/7/29	01:09	多云	广杨上行	桥钢柱	中间柱
16	2017/8/8	19:11	小雨~多云	广杨下行	水泥柱	转换柱

3 蛇害发生的规律

3.1 蛇害发生的区段

根据京广线 12 起蛇害跳闸发生的地域分析来看，全部发生在花园供电车间管内的广杨区间及杨卫区间的广水地区，京广高铁的 4 起蛇害跳闸同样发生在大悟地区，与广水地区毗邻。

从跳闸位置行别分析，广杨区间上行 9 起、广杨区间下行 2 起、杨卫区间上下行各 1 起、京广高铁信孝区间 4 起。

京广高铁以高架桥为主，傅家档牵引变电所供电线位于桥下，以灌木山丘为主，人迹活动较少；对广杨区间及杨卫区间的地形进行巡视得知：一是广杨区间线路两侧草丛灌木较多，而杨卫区间线路两侧以稻田为主，人迹活动较为频繁，二是广杨区间线路上行侧水域较多，且附近有一条河流，环境更适合蛇类生存活动。

3.2 蛇害发生的时段

蛇类的产卵期一般在 4 月下旬到 6 月中上旬，随着气温逐渐上升，到 4 月下旬至 5 月中上旬进入发情期。蛇在产卵交配后，便要进行捕食，蛇类活动频繁加剧。

从跳闸发生的时间性来看，时间跨度在 4 月至 8 月，且 6 月次数最多，基本处于蛇类活动产卵觅食时段。且对跳闸发生的时间点分析，大部分处于傍晚及夜间，白天时段有天窗作业点且人员巡视线路较多，而傍晚时候人迹活动减少，则便于蛇类活动。

根据蛇害发生的天气情况分析，多为阴雨多云天气，空气潮湿，适宜蛇类活动。2014—2015 年广水地区发生自然性干旱，雨水较少，对蛇类的活动及生存造成了一定影响，而 2016 年以来气候适宜，雨水充沛，蛇类活动加剧。

3.3 蛇爬行支柱的装配类型

牵引供电接触网供电支柱多以水泥柱及桥钢柱为主，供电线支柱以钢柱为主。其中京广高铁供电柱 4 起、关节转换柱 6 起、关节下锚柱 1 起、中锚柱 1 起、中间柱 2 起。发生蛇害的锚柱、中锚柱、下锚柱均为水泥柱，且装设有下锚拉线；供电柱均为格构式钢柱结构，内部为斜撑，且同样装设有斜拉线，与地面成 45°~60°夹角，便于蛇类爬行。

3.4 蛇爬行供电支柱途径分析

根据蛇的爬行方式以及支柱的结构状态分析，蛇爬上接触网支柱的途径主要分为三种：一种是通过锚柱斜拉线缠绕爬行，另一种是通过钢柱固有的角钢斜撑缠绕，还有一种是通过水泥支柱孔洞缠绕上杆。

通过对蛇害跳闸时支柱的分析，绝大部分发生在接触网关节内，多以转换柱、锚柱及供电柱为主，共有 12 起(关节转换柱 6 起、关节下锚柱 1 起、中锚柱 1 起、供电柱 4 起)，中间柱 2 起，桥钢柱 2 起。

锚柱：锚柱侧边装设有斜拉线，长蛇通过锚柱的斜拉线，利用拉线表面粗糙的特点，缠绕爬行至支柱带电设备上；

转换柱：对于转换柱，则通过转换柱最近的锚柱(1 个跨距约 50 m)，通过相邻的下锚柱斜拉线爬至锚柱上，然后顺着保护线爬至转换柱。

中间柱：截至目前仅发生一起在中间柱上，根据对现场的查看分析，一种是蛇通过此中间柱附近相隔三跨的中锚柱，中锚柱同样装设斜拉线，顺着拉线爬至锚柱，然后顺着保护线爬行；另一种是通过中间柱的孔洞缠绕上杆，根据横腹杆式混泥土支柱装配通化(2016)1202 - I - 7(图 1)，支柱斜碗臂底座角钢安装位置距支柱腹孔较远，而蛇身立起时高度一般不超过蛇身长度的二分之一，从以往蛇害跳闸情况来看长蛇都未超过 2 米，因此通过支柱腹孔缠绕上去可能性很低。

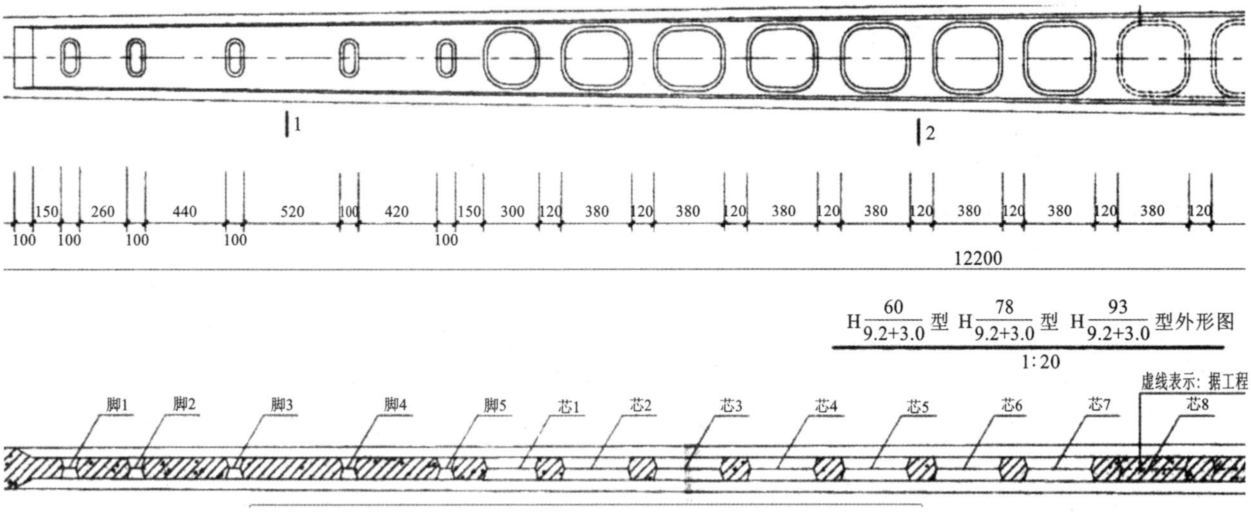

图 1　通化(2006)1202 - I 横腹杆式预应力混凝土接触网腕臂支柱图

桥钢柱：一种是通过此桥钢柱边上的的架空地线下锚柱，距离蛇害跳闸钢柱 2 跨之隔，安装有架空地线下锚，由架空地线下锚拉线爬行；另一种是直接通过钢柱的角钢斜撑缠绕爬行。

供电柱：信孝区间的 4 起均发生在带有斜拉线的供电钢柱上，且供电钢柱下方做有防护墩，蛇无法直接通过支柱直接爬上来，从侧面上论证了发生在广杨、杨卫区间的跳闸区段的供电线钢柱(均未装设有斜拉线)没有发生过蛇害跳闸，而带有拉线的支柱(相邻支柱带有拉线)发生过蛇害跳闸。

4　预防蛇害措施及可行性分析

4.1　传统预防技术

4.1.1　防蛇粉

驱蛇粉是根据蛇类具有独特敏感的味觉和嗅觉的特点而配制的，通过散发出蛇类不喜欢的气味，有效地干涉蛇的神经系统，使其厌恶该气味，从而达到驱使蛇离开的效果。

接触网设备驱蛇主要是采用驱蛇粉兑白酒与黄油混合的方式，涂抹在支柱、坠砣杆及拉线上。通过黄油使驱蛇粉能附着在支柱表面，防蛇粉与白酒勾兑成雄黄酒，通过气体挥发散发出特殊的气味以达到驱蛇的目的。对支柱及拉线装置涂抹防蛇粉的方法操作简单、便捷，耗费的人力、物力少(图 2)。从京广线花园供电车间采用的方法来看，从 5 月底开始在广杨区间涂抹防蛇粉后，在 6 月高发期内未发生一起蛇害跳闸，但因涂抹的防蛇药粉易受环境影响，雨水对黄油冲刷、药粉的挥发等，使其作用具有一定的时效性。

4.1.2　人工驱赶

根据蛇的习性及以往跳闸经验来看，每年 4 月之前，必须提前开展蛇害防治工作；在蛇害频发期间，一般在阴雨多云天气，安排人员对蛇害高发地段巡视检查，必要时进行夜间巡视，通过人为的方式干扰蛇

图 2　对水泥支柱及拉线涂抹防蛇药

类的活动，以达到驱赶的目的。采用人工驱赶等方式需要大量的人力、物力，且时间性长，在夜间巡视存在较大的安全风险，效果较低。

4.2　现代预防技术

4.2.1　竹筒防爬装置

竹筒预防是根据蛇爬行在光滑表面上，会由于大大减少了反作用力而不易于爬行的特点设计的，且竹筒在拉线上在蛇爬行过程中会随着蛇身的缠绕旋转，蛇在竹筒旋转过程中无法前行，如图 3 所示。

竹筒的制作方式是将竹筒从中间分成两半，套在支柱拉线上，两端用细铁丝进行绑扎，使竹筒套在拉线上。竹筒制作简单，安装便捷，但需要购买较多的竹筒，且竹筒在安装后旋转效果一般。根据京广高铁采用的竹筒防蛇方法来看，从 6 月安装竹筒后未再发生一起蛇害跳闸事件，具有一定的效果。

4.2.2　拉线防蛇套装

拉线防蛇保护套采用电力拉线 PVC 护套管安装在支柱拉线的下部，将拉线通过缝隙嵌入拉线保护套中包裹起来。PVC 材质具有良好的光滑性、绝缘性和耐热性，蛇不易在光滑的护套上爬行，且在野外环境下能较长期保存而不被腐蚀，但套管旋转性差，容易卡滞，如图 4 所示。

图 3　在拉线上安装竹筒防蛇装置

图 4　在拉线上安装防蛇保护套

拉线防蛇爬球装置就是在拉线上安装 5 个地球仪，两端安装小球，中间安装大球，大、小球之间能自由旋转，球体表面光滑，且旋转性好，在蛇爬行缠绕过程中，会随着球体的旋转而滑落下来，通过多次实验验证蛇无法通过爬球，此装置具有良好的防蛇作用，如图 5 所示。

图5　在拉线上安装防蛇爬球装置

5　预防措施及建议

鉴于接触网蛇害的地域性、时间性及产生的途径特点，在接触网的日常运营维护过程中，需引起高度的重视。坚持“安全第一、预防为主、整治为先”的方针，采用多种手段进行防治，降低蛇害对接触网的影响，保障供电系统的稳定运行。结合现场防蛇整治及地方电网的部分防蛇经验，再结合日常运营维护管理模式，提出如下建议：

5.1　设备施工安装源头

针对水泥支柱及钢柱安装的腕臂底座采用角钢装配，减少在底座处鸟类搭窝的可能性，既可以减少鸟害造成的影响，又可以减少蛇害影响；同时减少对格构式桥钢柱的使用，采用H形钢柱代替，使蛇无法通过钢柱直接爬至接触网上。对于供电钢柱，特别是高铁供电线钢柱，可在钢柱底部修砌防护墙或防护墩，既增加了稳固性和防撞的安全性，又能起到防蛇及其他小动物的侵害的作用。

5.2　传统与现代手段相结合

针对区间水泥支柱采用涂抹防蛇药粉的方式，利用接触网设备集中修期间同步开展，尤其是在4月前便开始进行涂抹，每隔一个月涂抹一次，一直持续到8月，对雨水天气较多时期要适当缩短涂抹时间间隔。在易发生蛇害的地段内，对带有支柱拉线的安装竹筒进行预防，但因竹筒长期在野外易被腐蚀溃烂，从而失去防蛇作用。建议对安装竹筒的拉线处所定期组织人员巡视，对腐蚀后的竹筒安排人员进行补装，对不能旋转的进行调整更换。

5.3　引用先进预防设备

通过对支柱涂抹防蛇粉及在支柱拉线安装竹筒的实际使用效果来看，都存在一定的时效性与局限性，尤其是对拉线的预防效果明显。根据地方电力电网安装防蛇爬球和拉线保护套的使用经验来看，其效果明显，时效性好、作用性强。其中拉线保护装置安装简单、造价较低，不易腐蚀破损，可长时间保存，作用显著。

6　结束语

接触网设备蛇害防治工作任重而道远，是一项长期且艰巨的任务。电气化铁路对蛇害预防整治经验较少，因此要认真地总结分析蛇类攀爬接触网设备上的原因及途径，从源头进行防治，不断积累经验，吸取学习地方电网等防蛇经验，引用先进设备，采取科学技术手段。在减少蛇类对接触网设备危害的同时，释放设备运营管理单位的生产压力，将更多的精力投入到设备维护检修过程中，从而进一步保障电气化铁路供电系统的稳定，确保铁路安全高速稳定运行。

参考文献

[1] 侯仁保. 高压架空线路上的蛇害事故[J]. 电世界, 2000(7).
[2] 王秉钧. 10 kV 变电站事故分析[J]. 电力设备, 2001, 2(4).

高速铁路接触网运营维护方案及管理模式探讨

易春明

（中国铁路武汉局集团有限公司信阳供电段技术科，副科长，助理工程师）

摘　要：随着高速铁路路网规模的逐步发展，接触网运营维护已成为高速铁路安全运营的关键环节，从现有接触网运营维护方案出发，结合修程修制改革，探讨高速铁路接触网运营维护方案和管理模式，以提高高速铁路接触网运营管理水平，从而适应运输发展的需要。

关键词：接触网；运营维护；管理

1　引言

随着高速铁路路网规模的逐步发展，接触网安全日益成为高速铁路安全运营的关键环节。与既有普速铁路接触网相比，雷击、鸟害、异物等外部环境因素所引发的设备故障占比相对较高（如图1），以及零部件裂纹锈蚀、非标安装、管件线索互磨等产品质量和施工遗留缺陷所造成的安全隐患占比相对较高（如图2）。根据高速铁路接触网面临的新形势、新课题，探讨运营维护方案及管理模式，以更好地适应铁路运输发展的需要。

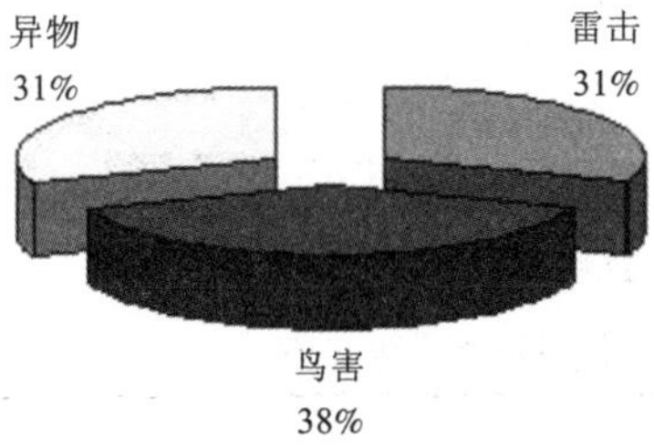

图1　京广高铁某段2015接触网故障分类图

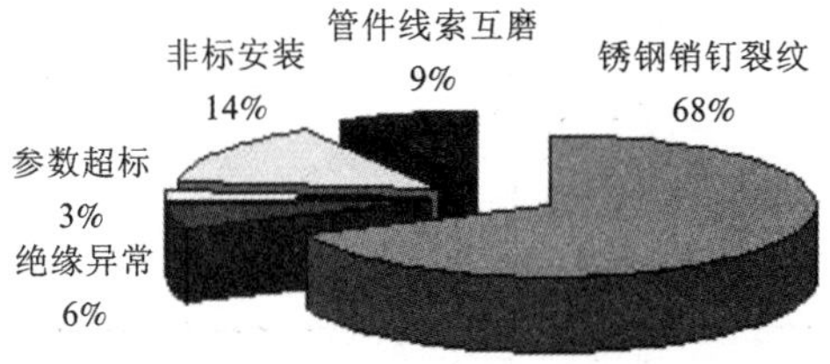

图2　京广高铁某段开通以来接触网隐患分类图

2　高速铁路接触网现状分析

虽然国家对高速铁路接触网的运营维护和管理在沿袭既有普速铁路接触网运营维护和管理的基础上有所发展，但仍然无法适应高速铁路接触网进一步发展的需要。

2.1　现有生产管理模式

现有高速铁路接触网生产管理机构由供电段、供电车间、接触网工班三级组成。供电段除承担着高速铁路接触网运营维护和管理职责之外，还同时承担着普速铁路接触网运营维护和管理职责。

在高速铁路接触网生产管理方面，供电段、供电车间、接触网工班的职责，如表1所示，这也是目前全路绝大多数供电段高速铁路接触网的运营管理模式。

表1　供电段、供电车间、接触网工班的职责

部门	生产管理职责
供电段	生产任务编制、资源调配、方案和工艺标准的制定等
供电车间	生产任务分解、方案细化、工艺标准卡控等
接触网工班	设备监测、检查维护、检修任务的执行和故障应急

2.2 目前采取的运营维护方案

高速铁路接触网普遍采取运检合一的运营维护模式，接触网工班既负责接触网设备的日常监测、检查等工作，又负责接触网设备的检修、专项整治等，其生产任务纷繁杂乱，每个接触网工需要同时掌握多项技能和业务知识，故他们在做好全面手的情况下无法做到专而精，以致对较复杂的设备和工艺要求较高的设备难以做到精细检修和维护。

3 高速铁路接触网运营维护方案及管理模式的思考

高速铁路接触网的运营维护和管理必须坚持“预防为主、重检慎修”的方针，遵循精细化、机械化、集约化的检修方式，实现“周期检测、状态维修”。

目前，总公司正在大力推进修程修制改革，接触网运检分离趋势逐步明朗，特别是6C监测体系的成熟应用，为高速铁路接触网运营维护及管理模式的进一步调整提供了良好契机。

3.1 实现运检分离

将高速铁路接触网设备的监测、检查与检修、专项整治分开，依托供电段安全生产指挥中心、供电车间检测组、接触网工班实现高速铁路接触网设备监测和分析的三级管理，依托供电车间、接触网工班实现高速铁路接触网设备检查和养护的二级管理，依托铁路局、供电段、供电车间组织项目部实现设备精修和专项整治。设备监测、检查结果为设备精修、专项整治提供依据和任务来源，设备精修、专项整治为安全运营提供保障，如表2所示。

表2 故管理及运营维护方案

生产管理及运营维护方案	执行部门
监测和分析	供电段安全生产指挥中心、供电车间检测组、接触网工班
检查和养护	供电车间、接触网工班
专项整治	供电段、供电车间组织项目部
精修	铁路局、供电段委托第三方

3.2 执行三级监测分析体系

接触网设备的监测分析主要是对接触网外观、参数、主导电回路、绝缘状况、防雷措施、受电弓取流情况及外部环境进行的不间断监测。

供电段安全生产指挥中心要成立由专职人员组成的监测分析中心，供电车间也要相应成立由专职人员组成的监测分析工班。供电段监测分析中心、供电车间监测分析工班、接触网工班各自的监测分析职责如表3所示。

表3 供电段监测分析中心、供电车间监测分析工班、接触网工班各自的监测分析职责

部门	监测分析职责
供电段监测分析中心	①按规定周期开展6C体系中的1C添乘分析、3C巡检分析、5C监测分析、6C监测分析；②督促指导供电车间按规定周期开展6C体系中的2C巡检分析、4C添乘分析，以及其他监测项目的实施
供电车间监测分析工班	①按规定周期开展6C体系中的2C巡检分析、4C添乘分析；②按规定周期开展防护栏外步行巡视、受电弓取流情况及外部环境监测；③利用热成像仪开展主导电回路测温；④利用非接触式检测装置开展接触网静态检测；⑤督促指导接触网工班按规定周期开展4C的双重分析，以及其他监测项目的实施
接触网工班	①按规定周期开展防护栏内和防护栏外步行巡视；②按规定周期利用激光测量仪等工具静态测量接触网参数；③按要求开展4C分析；④按规定周期实施其他监测项目

3.3 强化设备检查质量

由供电段统筹安排、制定标准，供电车间组织管内接触网工班，以集中修形式开展接触网设备全面检查。为落实全面检查质量，采取分区检查模式，将接触网分为 8 个区域（如图 3）5 人分工制。并将接触网检查比照流水线生产模式，执行定人员、定区域、定项目、定设备的“四固定”要求。

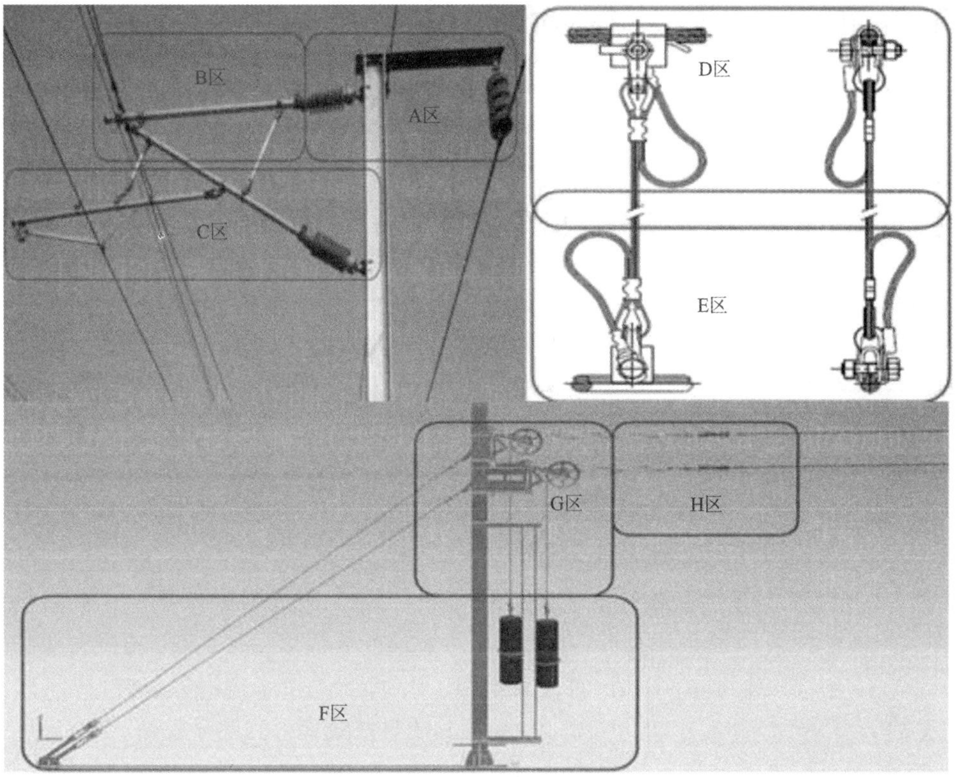

图 3 接触网的分区检查模式

对于隔离开关、避雷器、电缆头等较复杂的设备和工艺要求较高的设备，主要由供电段技术科制定方案和工艺标准，由供电车间抽调具有专项技能的人员组成专业化项目部开展单项检查。

3.4 开展设备精修和专项整治

根据设备监测、检查结果，适时开展设备精修和专项整治工作，以确保高速铁路接触网的运营安全。

精修主要由铁路局、供电段委托具备高速铁路接触网施工检修资质的第三方部门对接触网设备进行精确调整修理，以使其恢复标准状态。

专项整治则是根据生产任务安排，由供电段或供电车间抽调具有专项技能的人员组成专业化项目部对设备隐患进行排查整治，以保证高速铁路接触网的安全运营。

3.5 落实闭环管理

通过接触网设备监测、检查，为设备精修、专项整治提供依据和任务来源；通过设备精修、专项整治恢复设备标准状态；再运用监测、检查手段验证设备精修、专项整治质量。环环相扣，从而为高速铁路接触网安全运营提供保障，如图 4 所示。

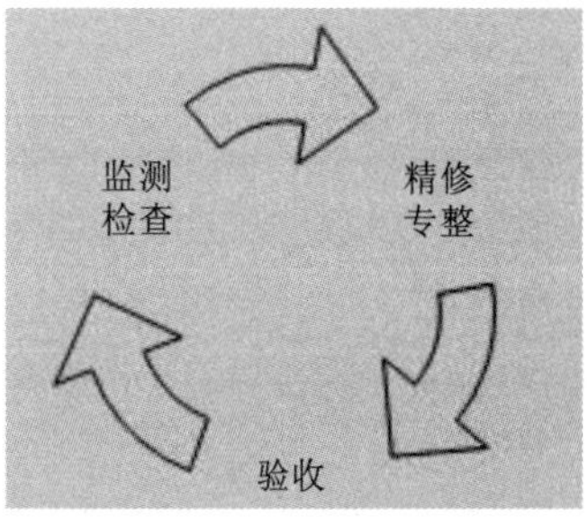

图 4 闭环管理图

4 高速铁路接触网运营维护方案及管理模式的初步实践

以信阳供电段为例，为进一步适应高速铁路发展需要，确保供电和行车安全，面对新形势、新问题，及时组织集中修进行接触网设备全面检查，组建专业化项目部开展隔离开关专项整治、销钉排查更换作业等。

4.1 以集中修形式开展设备全面检查

2014 年夏季，由供电车间组织相邻工区联合作业，集中人员、车辆、机具对接触网设备进行全面检查。在此次全面检查中，为确保质量，采用分区检查制度(全面检查分 8 个区域 5 人负责制，各区划分如图 3 所示)，区域划分原则上为：高空作业 4 人、质量监护人员 1 人、ADH 区操作人 1 人、BG 区操作人 1 人、CE 区操作人 1 人，地面辅助兼 F 区进行支柱下部检查 1 人。集中修期间采用人员固定检查模式，即定区域、定人员、定项目、定设备，与以往的“大家同时看，大家同时管”的检查模式相比，其质量及效率明显提高。

4.2 以专业化项目部形式开展专项整治

4.2.1 隔离开关专项整治

2014 年三季度，供电车间抽调具有专项技能的 8 名人员组成了专业化项目部，对于工艺标准要求较高的隔离开关进行了全面排查整治。利用 31 个天窗排查了 236 台接触网隔离开关，共发现 12 台隔离开关存在问题，其中远动通道不畅 10 台，机构箱操作电源故障 1 台，传动机构故障 1 台；除了远动通道不畅的问题交由其他部门处理外，其余问题均由专业化项目部进行整治。隔离开关专项整治取得了预期效果。

4.2.2 不锈钢销钉更换

针对某品牌不锈钢销钉出现的裂纹、锈蚀问题，根据总公司和铁路局工作部署，在全段范围内抽调精兵强将组成销钉更换项目部，对管内 20568 根销钉全部进行更换。由于采取了专业化销钉更换项目部的形式，其质量、进度得到了双保证。

5 结束语

随着高速铁路的发展，如何进一步优化接触网运营维护方案，已成为提升管理水平的关键。做好运检分离，将接触网设备监测、检查结果作为设备精修、专项整治的依据和任务来源，在设备精修、专项整治恢复设备标准状态后再运用监测、检查手段验证设备精修、专项整治质量，通过以上措施，可形成监测、检查与精修、专项整治的闭环管理和相互制约机制，从而使其质量及效率得到明显提高。

参考文献

[1] 高速铁路接触网安全工作规则(铁总运〔2014〕221 号).
[2] 高速铁路接触网运行维修规则(铁总运〔2015〕362 号).

关于接触网检测分析效率的探讨

王　相

（中国铁路武汉局集团有限公司信阳供电段）

摘　要： 在接触网管理运、检、修分离的新形势下，通过对各类接触网检测系统运行效率的计算和分析，探讨了设备检测能力和分析能力的侧重点和优化方向。由此表明，检测中心应以提高检测效率为第一目标，并在检测硬件设备和检测软件的使用方面提出了可行的建议。

关键词： 铁路；检测；接触网；分析

1　引言

自2014年中国铁路总公司加快推进运、检、修分离改革工作以来，电气化铁路接触网检测设备层出不穷，检测手段不断提高，并逐步完善了铁路供电安全检测监测系统（简称6C），尤其是检测参数和图片成为了接触网运营数据统计和缺陷整治的重要依据。但是在实际运用过程中，6C检测系统却暴露出了很多问题，如检测设备自动分析能力较弱、缺陷识别能力很差以及人工分析软件使用不便、与接触网现场实际结合性不高等。因此，提高接触网6C的检测分析效率，使之能够更好地满足现场作业的需要，将直接加强设备安全运行的稳定性。

本文主要通过对6C检测设备进行效用分析，探讨了检测设备的改进方向，从而实现对接触网检测效率的实用性优化。

2　接触网检测系统运用现状分析

从目前供电段6C检测运用方面来说，接触网检测主要依靠高速弓网综合检测装置（1C）、接触网安全巡检装置（2C）、车载接触网运行状态检测装置（3C）、接触网检测状态检测监测装置（4C）和受电弓滑板检测装置（5C）来实现对接触网设备运行状态的监测和分析。

2.1　检测装置自主分析

近年来，在运、检分离的大潮流驱动下，包括四川唐源、成都国铁、北京鼎汉、大连维德、华新致远等新老公司均加入到各类接触网检测装置的研发竞争中，但作为检测设备重要组成部分的缺陷识别自动分析模块，各设备厂家虽然都在不断尝试改进，但收效甚微。

在对1C至5C接触网检测设备的实际运用中，可以发现，接触线拉出值、导线高度等测量数据的缺陷识别属实度能达到80%以上，使用效果较好。但是，因检测环境、亮度、拍摄角度等条件影响，接触网非参数类的缺陷自动识别发现率不足5%。尤其是在4C设备的运用中，由于自动分析系统中大量子模块的存在，且一味追求缺陷识别敏感度，故其缺陷误报极高，如使用JX－300检测车在60 km的线路上进行测试时，设备报警发现“缺陷”往往可达2000处以上，而真实缺陷却不足20处，此时明显缺陷识别能力很弱，甚至起到了反作用。

2.2　静态检测人工分析

接触网静态检测装置主要为2C和4C，这也是目前供电和检测车间层面最常用的检测手段，主要通过对静态下接触网外观的整体和局部拍摄以及对线索的红外参数测量来判断接触网的运行状态。为了分析静态检测效率情况，特调取信阳供电段2016年8月至2017年8月一年时间内的2C及4C人工检测分析情况，对每季度的检测分析缺陷（不含未处理重复缺陷）、复核属实缺陷与实际处理2C（4C）性质缺陷进行对比，如表1和表2所示：

表 1 2C 检测缺陷对比表

	2C 检测分析缺陷（不含未处理重复）/处	复核属实缺陷/处	实际处理 2C 性质缺陷/处	复核属实占比/%	检测缺陷占比/%
2016 年 3 季度	616	255	978	41.4	26.1
2016 年 4 季度	559	261	703	46.7	37.1
2017 年 1 季度	2324	1927	2595	82.9	74.3
2017 年 2 季度	1299	637	1908	49.0	33.4

表 2 4C 检测缺陷对比表

	4C 检测分析缺陷（不含未处理重复）/处	复核属实缺陷/处	实际处理 4C 性质缺陷/处	复核属实占比/%	检测缺陷占比/%
2016 年 3 季度	416	197	678	47.4	29.1
2016 年 4 季度	315	117	703	37.1	16.6
2017 年 1 季度	324	230	685	71.0	33.6
2017 年 2 季度	360	135	617	37.5	21.9

表 1 和表 2 的数据显示，在现阶段大规模接触网检测化进程中，除开因鸟害缺陷影响严重的 1 季度中缺陷复核和检测缺陷占比较高外，在其他 3 个季度中，2C 和 4C 人工检测分析缺陷属实率均不足 50%，检测发现的缺陷也只占实际处理缺陷的 30% 左右。

从设备维修服务运输的角度来看，因大部分检测缺陷需要利用停电天窗进行复核和处理，故较低的缺陷复核属实率将直接影响天窗利用质量，从而造成天窗浪费。而检测缺陷占比较低的情况也显示出检测对现场的差缺整治指导力度的疲软。

另外，在 2C 和 4C 的分析软件使用上，因检测设备厂家繁多，故其数据分析软件一般也各不相同，各个软件兼容性和更新换代不同，对人工检测分析也造成较大不便。

2.3 动态检测人工分析

接触网动态检测装置主要为 1C、3C 和 5C，相比于静态检测装置，动态检测装置一般固定配置检测车、机车和线路固定位置，以测量列车动态运行状态下的弓网参数。从近年来的实用程度来说，1C 和 3C 在接触网动态参数检测方面的功能已经趋于完善，且其设备自动分析功能已经可以替代人工分析，从信阳供电段近 3 年以来的数据测量情况来看，其检测数据稳定性较高，可以作为接触网全面测量的依据，但在分段绝缘器、站场线岔等重要测量点方面仍需要人工专项测量分析。

人工分析层面主要着力于 3C 弓网拉弧、参数修正和 5C 弓网故障点缩小等方面，目前存在的主要问题有两类：

(1)3C 车载设备在测量分相、关节、桥隧出入口等设备复杂处所时，在机车动态运行状态下，其参数实测稳定性较差，存在非工作支参数干扰工作支参数、高差临界过渡处所硬点误报等问题，需要人工进行分析和排除。

(2)5C 装置检测范围局限性较大，因属定点拍摄，仅能对受电弓故障范围、弓网异物等方面进行判定，而这些缺陷可通过 3C 装置、故标判定等其他多种检测方面来替代，且 5C 数据储存量较大，故分析耗时较长，总体实用性不高。

3 接触网检测系统优化设计

3.1 增加接触网关键设备参数识别模块

此类模块主要运用于 1C、3C 装置，通过对导入的线路基础数据中分相、分段、线岔、关节、桥隧等处所的公里标来判定重点设备位置，主要实现以下功能：

(1)设备识别标记功能。在动态检测到关键设备时，能够对此类设备参数进行单独归类和标记提醒，以方便人工分析。

(2)设备单独分析功能。因重点设备构造复杂、参数较多，除既有线路参数测量外，测量设备应具备对线岔岔心、距岔心500 mm处双支高差、下锚非支轨抬高等参数的测量功能。

(3)设备记忆功能。因桥隧限高、部分分相高差过渡大等硬性条件限制，设备参数往往位于标准值和安全值之间，难以网调到位，因此模块应具备对以上类似特殊处所参数的记忆功能，在现场确认安全后，在后续检测中降级归类，同时也能在记忆参数发生变化时提级报警。

3.2　增加危树识别模块

在接触网运营管理中，危树缺陷占比已达到40%以上，尤其是在AT供电方式的线路和夏秋等危树重要季节尤为显著，既有检测模式中危树的判定仅仅只能通过2C拍摄进行识别，但因拍摄角度问题，并不能对危树进行测距，且较易漏判。此模块的研发可运用于3C和4C系统中，并应具备以下功能：

(1)能够对垂直侵入正馈线、保护线、回流线下方1 m内的危树进行检测和记录。

(2)能够对水平距离正馈线、保护线、回流线的树木进行识别，检测其是否为倾倒时可短接以上线索的危树。可设定树木为x，树木高度为H，H与线索高差为h(h为正数)，树木x与线索水平距离为d，检测H、h和d的数值。当$h \geqslant d$时，x为危树；当$h < d$时，x为非危树。

(3)环境记忆功能。对于位于城区、信号塔等特殊处所的设备，在一次检测判定后应进行数据剔除并记忆，以避免二次检测误报警。

3.3　研发适用既有线2C拍摄装置

目前既有线2C拍摄仍然使用高帧数、大体积的可具备高铁2C拍摄功能的设备，其携带和检测都非常不便。从供需关系来看，应研发类似运动相机等高清晰度、携带方便、检测稳定、帧数适度的既有线专项拍摄装置，并具备检测设备特有的识别、记忆和图像优化功能。

3.4　改进缺陷智能识别功能

近年来，4C装置的缺陷智能识别功能发展方向存在较大的误区，多数追求缺陷子模块的建立以及缺陷判定敏感度的提高，这是设备自动分析出现大量无用缺陷的直接原因，给人工筛出造成了极大的困扰。在4C装置缺陷智能识别改进上，应把握以下两个改进方向：

(1)结合现场制定子模块。应根据一线车间和工班生产实际处理缺陷类别来制定缺陷智能识别系统的子模块，如腕臂闪络识别模块、鸟害识别模块、螺母缺失识别模块、支撑滑丝识别模块等，以提高子模块实用性。

(2)提高缺陷判定精细度。在缺陷智能识别中，应从分析误判缺陷和实际缺陷的差异点上来提高子模块的缺陷判定能力，从缺陷识别多而糙向少而精改进，以提高缺陷判定属实率，降低人工分析成本。

3.5　分析及播放软件兼容化

(1)2C装置拍摄视屏数据应统一导出为AVI、MOV、ASF、WMV等常用格式，并可用一般播放软件打开。

(2)4C装置导出数据应统一用同一种分析软件打开或各分析软件互相兼容。

(3)建立网络云端数据库，实现检测数据上传和下载、数据在线分析、分析软件在线更新、移动终端分析等功能。

总之，立足于接触网设备运营管理的数据需求，建立行之有效的检测手段，从简化人工成本、加强自主分析能力、提高缺陷识别力、优化软硬件配置等方面入手，才能逐步提高检测分析效率，加快推动运、检、修分离管理进程。

参考文献

[1] 铁道部. 高速铁路供电安全检测监测系统(6C系统)总体技术规范[S], 2012.
[2] 吴云锋. 高速铁路牵引供电安全检测监测系统——(6C系统)的应用与管理[J]. 管理学家, 2014(19).
[3] 张存俊. 高速铁路供电安全检测监测系统(6C系统)应用探讨[J]. 科技经济导刊, 2017(1).
[4] 万国华. 以6C系统为中心的牵引供电统一信息平台[J]. 价值工程, 2013, 32(13): 197 - 198.

接触网软横跨定位器根部烧损原因研究

宋阳阳

(中国铁路武汉局集团有限公司信阳供电段信阳供电车间副主任)

摘 要：本文研究了信阳供电段管内京广线站场软横跨定位器根部烧损的原因及对策，通过目前的设备运行状态类比新建线路和分析定位器烧损的原因。本研究认为造成软横跨定位器烧损的主要原因是定位器根部和定位环绞接出的接触电阻增大，制定如何降低接触电阻的方案和对策，减缓或消除软横跨定位器根部烧损情况，以达到提高接触网设备运行质量的目的，更好地为列车提供源源不断的动力。

关键词：接触网；软横跨定位器；烧损；接触电阻

1 引言

接触网是电气化铁路的主要构架，如果说电能是支撑列车高速运行的"血液"，那么接触网则是运送血液的"血管"。接触网设备的状态直接影响着行车安全和行车秩序。定位器是接触网系统的重要组成部分，定位器起的作用是固定接触线的位置，使接触线和受电弓滑板在技术规定的轨迹范围内，以保证接触线和受电弓不脱离，并将接触线的水平负荷传给接触网支柱。定位器直接和机车受电弓接触，是接触网系统中最容易出现问题的环节，定位器技术状态对接触网的工作性能有着重要的影响，它关系到机车受电弓能否持续取流和平滑运行。铁路系统中的"轮轨"关系和"弓网"关系直接影响着列车的安全运行，其中"弓网"关系最为脆弱，近几年接触网系统发生的弓网故障绝大多数为定位器造成的弓网故障，因此如何提高定位器设备运行质量已经成为从事电气化铁路接触网运营维修人员的重要任务。

2 京广线站场软横跨定位器现状调查

信阳供电段管内京广线正线接触网设备历经多次提速改造，目前接触网设备状态良好，各部分设计理念和零部件材质均符合目前京广线运输要求。信阳供电段管内多数站场接触网设备自 1989 年开通以来未进行过任何大修改造，其中信阳供电车间管内的李家寨站、柳林站、东双河站、信阳下行到发场、信阳上行到发场、彭家湾站、李新店站仍然是 1989 年开通时的设备，接触网金具锈蚀比较严重。其中站场软横跨处安装的 A2 型非限位定位器锈蚀严重，定位器根部出现了不同程度的烧损现象。

信阳供电车间在近几年针对未改造的站场设备检修时，着重要求检修人员对各站场软横跨 A2 型定位器状态进行了检查，检查过程中发现多处定位器根部和定位环绞接处所有烧损的现象，烧损最严重的定位器定位钩已经缺失了三分之二。同时襄阳供电段和武汉供电段管内相继发生了 9 起因该型号定位器根部烧断而造成的定位器脱落打坏受电弓的设备故障，故软横跨定位器已经成为弓网矛盾的焦点。

3 软横跨定位器根部烧损原因分析

信阳供电车间在对管内软横跨定位器的专项排查过程中，发现李家寨站内软横跨定位器根部烧损比较严重，排查过程中累计发现定位器根部烧损严重处共计 11 处，同时管内其他站场侧线也陆续排查发现定位器有烧损的情况，针对李家寨站内情况的分析可知，定位器根部烧损有如下几个原因。

图 1　京广线彭家湾站 4 道 52#定位器根部烧损严重

图 2　谷城车站 24#软横跨组合定位器钩环烧损磨穿

3.1　*电气烧损*

正线和侧线缺少股道电连接。分析研究李家寨站设计图纸和对现场实际情况进行调查发现，李家寨站上下行只有在站场中部加装了股道电连接，站场两头机车启动位置才会安装股道电连接。股道电连接安装位置不合理，这和设计院在布置站场股道电连接线时，一般遵循“在车站南北两端布置股道电连接线，布置位置是电力机车升弓取流处”的设计经验不符。《京九铁路电气化工程向塘至东莞东段施工图(广铁集团范围)接触网技术交底简要说明》中规定“在站场两端 1/3 处各设股道电连接一处”，这个与设计经验是吻合的。电连接设计规范如图 3 所示。

十二、电连接

1. 在站场两端1/3处各设股道电连接一处。
2. 股道电连接不应跨越中间站台。
3. 锚段关节转换柱处各设置一处关节电连接。
4. 纵向电连接：导线交叉处、关节处、线岔处设。
5. 正线接触网应每隔200～250 m设置一处横向电连接。道岔、关节附近100 m以内，股道间电连接附近不设置横向电连接。

图 3　电连接设计规范

股道电连接布置不合理，会造成接触网软横跨上下部固定绳在机车取流时大量分流，大量电流先通过上下部固定绳，再通过定位器根部而流向机车受电弓，从而造成定位器根部和定位环绞接处发热，且金属在长期发热状态下会变软。软横跨长期大量分流是造成定位器根部过流烧损的直接原因。

3.2　*磨损原因*

对排查发现烧损比较严重的定位器的参数进行测量发现，李家寨站因 2007 年站台改造，Ⅰ道和Ⅱ道间软横跨为节点 9 的安装形式。因线间距受限的原因，在节点 9 的装配形式下(图 4)，很多正定位器根部距离隔断绝缘子较近，造成正定位处定位器的拉出值较小，故定位器和定位环之间的接触压力较小。通过上

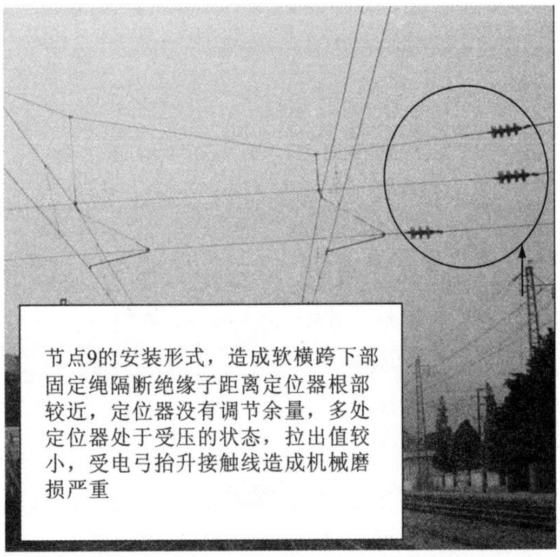

图 4　软横跨节点 9 安装形式

网排查发现，李家寨站定位器烧损严重处所共11处，其中小于设计拉出值200 mm的有7处，拉出值较少的处所定位器烧伤概率较大，如表1所示。

表1 信阳供电车间软横跨定位器更换统计表

车间	班组	站场	股道	杆号	更换前拉出值/mm	更换后拉出值/mm
信阳	鸡公山	李家寨	Ⅰ道	15	255	255
信阳	鸡公山	李家寨	Ⅰ道	17	215	215
信阳	鸡公山	李家寨	Ⅰ道	21	78	78
信阳	鸡公山	李家寨	Ⅰ道	41	140	340
信阳	鸡公山	李家寨	Ⅰ道	45	83	83
信阳	鸡公山	李家寨	Ⅰ道	49	84	84
信阳	鸡公山	李家寨	Ⅲ道	51	263	263
信阳	鸡公山	李家寨	Ⅰ道	53	11	121
信阳	鸡公山	李家寨	Ⅰ道	55	30	30
信阳	鸡公山	李家寨	Ⅲ道	55	214	314
信阳	鸡公山	李家寨	Ⅱ道	34	60	260

定位器因拉出值较小，会造成定位器根部和定位环绞接的部分接触不密贴，受电弓通过定位器在受电弓作用下抬升过程中造成定位器根部和定位环绞接处互相摩擦，长期以往则会导致定位钩和定位环出现一定程度的机械磨损。

3.3 根本原因

机械磨损是次要因素，定位环和定位器根部通过大电流才是造成定位器根部烧损的主要原因，定位环和定位器根部绞接的连接方式会导致接触电阻很大，软横跨各线索在并联状态下会分流，根据物理学原理，电流流过大电阻会造成定位器根部和定位环绞接处发热，金属在长期高温作用下则会失效，这样的恶性循环会造成接触电阻增大，烧损情况持续恶化。信阳供电段管内孟平线丁营站改造过程中新安装的定位器经过3C检测车发现，定位器根部和定位环处发热严重，局部温度超过80℃。经过维修人员上网检查，发现定位器根部已经烧损了将近四分之三。

5 对策和建议

综上所述，造成软横跨定位器根部烧损的直接原因是软横跨分流，而导体之间的并联，无论在什么地方加装电连接，都无法避免软横跨分流，且只能改善降低分流效果而不能抵消。因此，减少或消除定位器根部接触电阻才能避免定位器根部烧损。

5.1 加装电气连接线

减少定位器根部烧损的方式在宁西线新建电气化上已经有了很好的运用，其主要是通过在软横跨上下部固定绳间加装定位立柱，在定位立柱上和定位器根部安装铜材质的电气连接线，使定位器根部和软横跨整体等电位，此种情况时，可在最大程度上减少或消除接触电阻，进而避免过流发热。

5.2 增大定位器和定位环接触面积

定位器根部和定位环绞接处属于点接触，并不是整个接触面的接触，接触表面光滑程度及接触压力的大小，两者差距有的可达几千倍。实际接触面可分为两个部分，一是真正定位器根部和定位环接触的部分，即金属间无过渡电阻的接触微点，它是由接触压力或热作用在破坏界面膜后形成的。约占实际接触面积的5%～10%。二是通过接触面污染薄膜相互接触的部分。任何金属在空气中都有返回原氧化物状态的倾向。金属一旦暴露在大气中，便会生成几微米的氧化膜层。因此在定位器安装前，将定位器根部和定位环根部接触的部分进行适当打磨，涂抹适当的导电膏，可以增大接触面积并减少接触电阻，避免牵引电流流过时发热烧损。

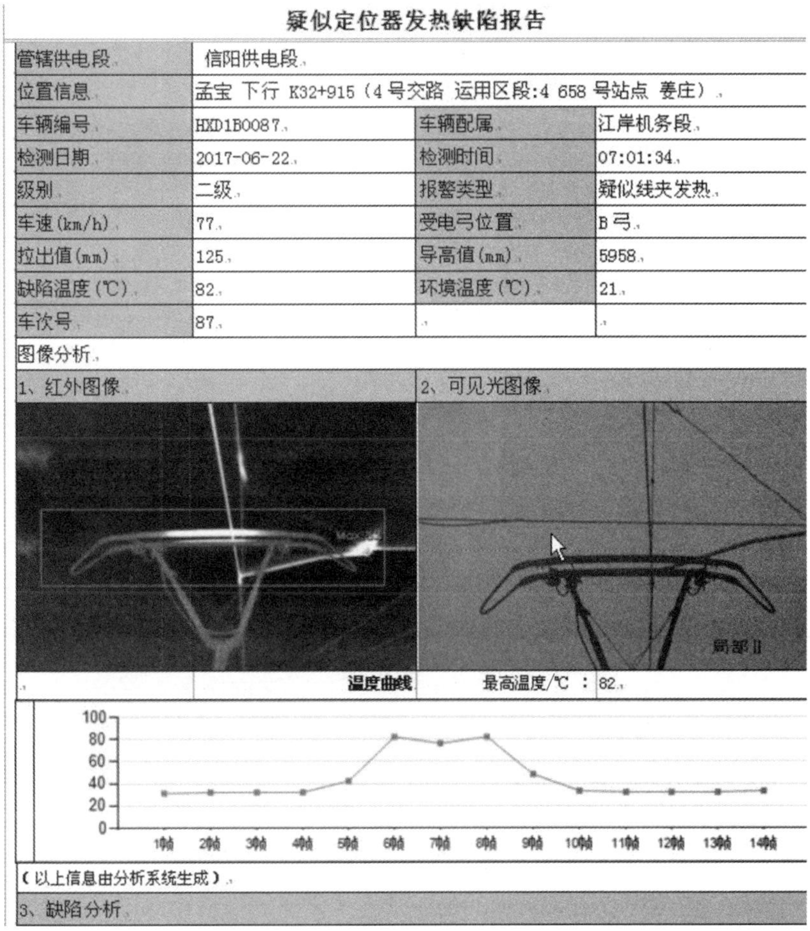

疑似定位器发热缺陷报告

管辖供电段	信阳供电段		
位置信息	孟宝 下行 K32+915（4 号交路 运用区段:4 658 号站点 姜庄）		
车辆编号	HXD1B0087	车辆配属	江岸机务段
检测日期	2017-06-22	检测时间	07:01:34
级别	二级	报警类型	疑似线夹发热
车速(km/h)	77	受电弓位置	B 弓
拉出值(mm)	125	导高值(mm)	5958
缺陷温度(℃)	82	环境温度(℃)	21
车次号	87		
图像分析			
1、红外图像		2、可见光图像	
	温度曲线	最高温度/℃ ：	82

（以上信息由分析系统生成）

3、缺陷分析

图 5　3C 系统监控定位器根部发热图片

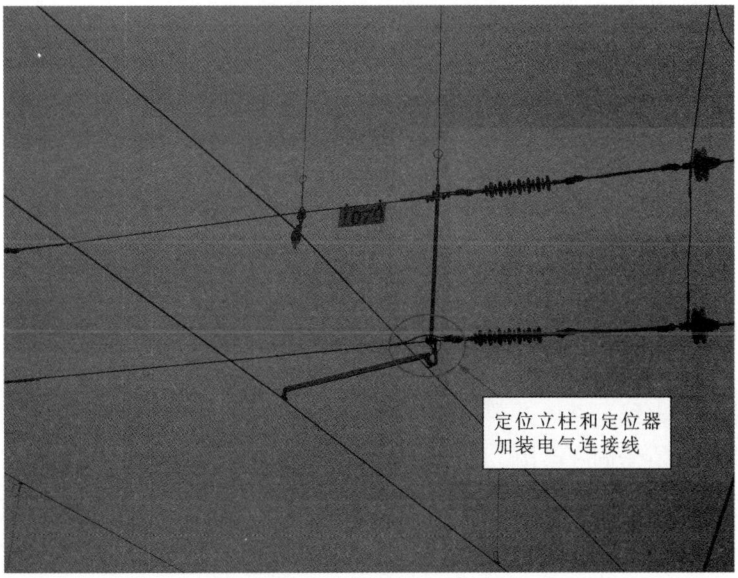

图 6　3 带电气连接线的软横跨定位器

接触网设备电气烧伤问题探讨

常　青

(漯阜铁路有限责任公司)

摘　要：通过对接触网供电运营中发生的电气烧伤现象进行原因分析，结合铁路现场接触网设备维护、检修的实践经验，提出了对电气化铁路电气烧伤故障的防治措施，在一定程度上控制了接触网设备电气烧伤事故的发生。

关键词：接触网设备；电气烧伤；故障分析

1　引言

电气化铁道中，接触网设备由于长期受到线索机械张力、受电弓磨损和过电压、过电流的作用，使得机械故障和电气故障成为了接触网故障的主体。在接触网长年运行、牵引运能持续增加的情况下，接触网设备的电气烧伤现象已经越来越突出，而且由于接触网设备的电气烧伤在事前不易发现，危害性又大，造成接触网供电停电时，给铁路运营造成巨大损失。因此，防治接触网设备发生电气烧伤故障已成为供电运营单位确保供电安全的一个重要课题。

2　接触网设备电气烧伤原因分析

2.1　接触网线索容量偏小或导线截面不足

原设计中采用的接触线承力索持续载流量偏小而难以承受接触网供电线路长期的大负载运行，故线索“不堪重负”，进而频繁引发接触网设备的电气烧伤。目前随着铁路电气化设备的更新改造及接触线选材更迭，此项问题已较少出现。

我国国家标准中规定的载流导线在空气中的最大容许发热温度为110℃，电气连接处的最大容许发热温度为80℃。用于导线温升的热量可通过下式计算：

$$Q_{\Sigma}\mathrm{d}t = I^2R\mathrm{d}t + KS\xi\mathrm{d}t$$

式中：$Q_{\Sigma}\mathrm{d}t$ 为用于导体温升的热量；

$I^2R\mathrm{d}t$ 为导体单位时间的发热量；

$KS\xi\mathrm{d}t$ 为导体单位时间的散热量。

通过上式可以看出，一是导线截面的减小，使导体电阻增大，单位时间内的发热量增加；二是导体体积减小，单位时间内的散热量减少。这两方面的原因使导体在单位时间内的温升迅速增加。在短路情况下，短路电流通过的时间不超过几秒钟，因此可不考虑散入周围空气中的热量，而认为短路电流在导体内产生的热量全部使导体温度升高了。当导线的温度超过其额定允许温度时，就会引起导线的烧伤。

2.2　接触网主供电回路存在缺陷

接触网主供电回路由馈电线、隔离开关、承力索、接触线、电连接器、吸流变压器、吸上线等部分组成。各部分间由各种线夹进行紧固、连接，以满足电力机车供电的需要。主供电回路必须状态良好，才能保证牵引变电所顺畅供电；若供电线路存在缺陷，将引起局部线路载流过大、部件分流严重，从而烧伤接触网设备。

(1)主供电回路导流不畅

电气连接部分因连接不良或长时间运行造成松动等原因引起的电、化学腐蚀，会造成主供电回路的截面(或当量截面积)不足，电气连接阻抗加大，从而导致主供电回路导流不畅，若长时间运行，则会烧伤接触网设备。2017年2月8日，漯阜线漯河东站004号隔离开关东侧开关引线脱落一根，搭在工作支承力索上，造成接触网停电，调查发现故障隔离开关东侧出线端一根引线脱落，引线同SYT－120线夹搭在工作支承力索上，引线严重散股、断股。其烧损线夹两孔径不一致，靠近边缘侧孔径烧穿（如图 1 所示），线夹螺栓锈蚀严重，其中一根螺栓丢失（如图 2）。

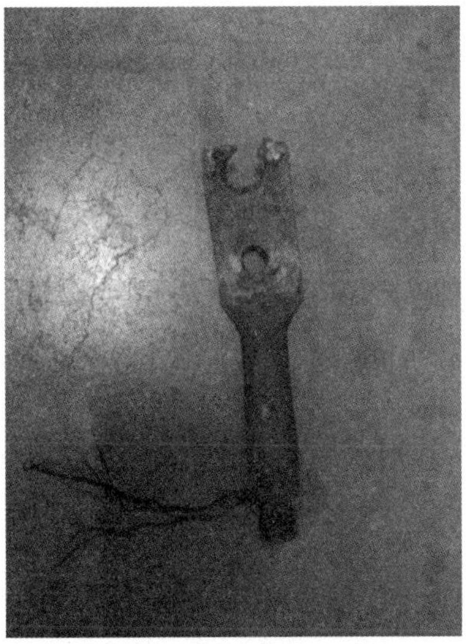

图 1　电路烧穿图

图 2　电路烧穿图

经现场调查得知，烧损设备线夹孔径不一致，外侧打孔过于靠近边缘，造成线夹机械强度不够，紧固零件丢失一套，且直接使用铜线夹与隔离开关本体（铝材质）连接，而未采用铜铝过渡线夹，线夹与开关本体连接接触不良，长时间运行后，线夹与隔离开关本体间不间断放电烧蚀，进而造成线夹烧损。

（2）主供电回路不闭合、主供电通道迂回

站场中的接触网结构比较复杂，在进行电气连接时，由于种种原因造成主供电回路不闭合、主供电通道迂回，引起回路分流严重而烧伤接触网零部件。

部分站场在设计、施工时，股道间电连接器离此股道的软横跨定位较远。当电力机车在此股道取流时，主供电电流通过与邻道相连的电连接器迂回流向电力机车，而由于此股道的软横跨位于电源侧，故定位绳的分流比较大，该分流电流从邻道经定位绳、定位环线夹、定位器到本道（如图 3 所示）。而定位环线夹与定位器间为非永久固定性连接。当电力机车通过时，受电弓的抬升力使定位器瞬时减载，导致定位器与定位环线夹间松动，两者接触电阻加大，分流电流流过时温升过高，时间一长便造成了定位环线夹与定位钩间的烧伤。如 2015 年 12 月 1 日武东二场Ⅰ道 305#定位器尾部定位钩断裂，之前在 2014 年 10 月发现武东二场Ⅲ道 305#定位器不锈钢轴销变形严重。

图 3　站场设计施工图

原因：故障点位于武东二场岔区末端，据最近的股道电连接 408M；Ⅰ道、Ⅲ道电力机车调车作业频繁，机车启动电流较大；大电流通过时分流：Ⅰ道→Ⅰ道 305#定位器→Ⅰ道 305#定位线夹→下部固定绳→Ⅲ道定位器→Ⅲ道定位线夹→Ⅲ道→机车，长时间运行后，在定位器钩环绞结处(或定位器线夹安装处)存在接触电阻，当小电流流经时是安全的，当大电流流经时，接触电阻发热，引起金属氧化，接触电阻增大，金属氧化更严重，定位器钩环绞结处(或定位器线夹安装处)进入一个金属劣化循环过程，直至金属失效断裂。

后来采取加装一组股道间电连接的措施，来防止定位环线夹与定位钩间发生电气烧伤。

2.3 接触网线索存在非正常电流转换

设计的接触网结构中某些不应有电流通过的地方，而由于某些条件的巧合通过了全部或部分牵引电流。由于这些地方没有接入保证牵引电流(或其分流)通过的必要的电气连接，所以引起了接触网设备的电气烧伤。

(1)立体交叉的线索、线索与支持装置之间，由于线路阻抗的不同而形成电压差，在风力、温度变化、接触线索振动等因素的作用下，使得它们之间的绝缘距离缩短，引发了电弧放电现象，而放电电弧又造成了接触网设备的电气烧伤。

(2)两端属同相而不同馈线供电的绝缘锚段关节、分段绝缘器，因供电臂的阻抗不同而形成电压差，当电力机车通过受电弓短接两供电臂的瞬间，在短接点处由于电压差会产生电弧放电，造成机车受电弓、绝缘锚段关节处接触线、分段绝缘器等接触设备的烧伤。

2.4 接触网零部件分流严重

在接触网中，电气连接部件数量越多，导电性能越好，接触网零部件的分流就越小。但是，电气连接部件数量再多，导电性能再好，也不可能把其他零部件的分流减为零。因此，接触网零部件分流有其必然性，不能将接触网零部件的分流问题统统归结为电气连接不良。有分流就会产生电气烧伤，尤其是对接触网的活动部位的危害性较大。因为活动部位多为点线接触而非面面接触，而且活动部位的位移量大，这样活动部位处的接触电阻也会相应变大，所以分流烧伤程度比较严重。

3 接触网电气烧伤的防治措施

3.1 首先要严格执行标准。如风速选值、最大受风偏移量、接触网最大跨距、锚段偏角、设计拉出值等技术参数都需要结合现场认真研究确定(如接触网跨距除根据风偏移计算确定外，考虑接触线驰度、接触悬挂弹性等因素，一般情况不应超过 67 m，允许施工误差为 +1，-2；锚段偏角一般不应大于 6°，困难情况下不得超过 12°)。

3.2 用高科技检测仪器（如红外线测温仪和接触网激光检测仪）有计划地对接触网上的各个连接部位及线夹进行有效的实时监控，及时发现因技术状态差、线夹松动、过热和绝缘损坏造成的早期放电现象，预防设备故障的发生。

3.3 在大电流(500 A 及以上)区段：

(1)使横向电连接器的间距减至 100 m；

(2)隔离开关、吸流变压器等引线安装为双引线；

(3)站场两端咽喉区增设股道电连接；

(4)采用整体吊弦、载流吊弦或对吊弦采取简单的绝缘措施(如在接触线吊弦线夹上增设一个绝缘环，使吊弦通过绝缘环与吊弦线夹相连接)。

3.4 接触网设计施工时采用面面接触的设备线夹；在安装设备线夹、电连接线夹时，要先清除线夹内的杂物并预涂导电膏。

3.5 安装电连接器时，电连接线夹的大小槽要安装正确；不要将绑扎线(防止电连接线散股)夹到线夹内；电连接线应全部夹入线夹槽内。

3.6 馈线上网多支悬挂处改单支上网为多支同时上网；在四跨锚段关节的主电连接器处、馈线上网处、跳线联结处等位置装设双线夹，以加强电流转换。

3.7 引线与所跨越的承力索间要保持 300 mm 及以上的距离，对于已存在立体交叉而间距不够的线索要加装护线条；施工时，若绝缘锚段关节为同向下锚，隔离开关应安装在两接触悬挂不交叉的转换柱上，以避免隔离开关引线与承力索立体交叉。

3.8　将测温贴片贴在锚段关节、电连接器等有关部位，利用其色彩随温升而变化的特性来监测电气连接的性能和状态；加强夜间巡视工作，以便及时发现电气烧伤问题。

3.9　缩短电连接器的检修周期，同时优化检修计划，对电连接线夹进行打开检查，打磨氧化层、涂导电膏。

4　结束语

电气化铁道中，预防接触网设备电气烧伤是关系到电气化铁路正常运营的一个重要课题，也是提高铁路经济效益的一个重要手段，要认真贯彻“预防为主，重检慎修”的方针，才能有效降低电气烧伤故障，切实提高铁路安全供电质量。

参考文献

[1] 孙楠. 高速铁路接触网技术[M]. 北京：中国铁道出版社，2013.
[2] 李朝阳. 高速铁路运营供电故障问题研究[J]. 电气化铁道，2015：18－21.
[3] 袁锐. 接触网隔离开关的常见故障探讨[J]. 工业科技，2015：46－48.
[4] 铁路技术管理规程[S](TG/01—2014).
[5] 吴云峰. 武汉铁路局供电处关于印发《“1.24”襄渝线谷城站定位器故障扩大分析会议的纪要》的通知[C].

京广高铁鸟害防治整治措施研究分析

李 敏

(中国铁路武汉局集团有限公司信阳供电段技术科)

摘 要:本文研究了京广客专鸟害的成因、规律以及历年因鸟害造成的设备故障分析,统计与分析了鸟害对高铁接触网各类供电设备运行造成的安全隐患,从现有的鸟害清理、防治措施入手,提出对高铁接触网供电的各种鸟害防治方法和措施进行研究对比分析。

关键词:京广高铁;鸟害;供电;跳闸

1 引言

笔者所在单位管辖京广高铁郑武段牵引供电设备,管内地处平原,喜鹊极多。每年1~5月份喜鹊繁殖季节期间重复搭建的鸟窝就对供电影响严重,尤其是在接触网设备上搭建的鸟窝极易引起跳闸造成接触网停电,致使动车无法受电取流正常运行,给高铁运输造成极大影响。目前暂无有效手段能控制鸟害的发生,主要处理手段还是在天窗点内通过人工清除的方法处理。

2 京广高铁鸟害现状调查

信阳供电段京广高铁管辖许昌东至孝感北 5 个站场 6 个区间,共计 328.625 正线公里高铁接触网设备,占京广高铁全长 2294 km 的 14.3%。管内大部分设备都位于豫南大平原地区,农业发达,适宜鸟类生活。由于接触网支柱等设备所处的位置地势开阔,且位于高架桥上,周围无高大树木,部分设备形状结构易于鸟类搭窝,如棘轮框架、隔离开关、避雷器托架等,因此成为了鸟类栖息的首选地方,我段管内鸟害主要为喜鹊。在筑巢过程中,搭建鸟窝的材料(一般为树枝,混有建筑材料及铁丝等)极易将带电体与接地体之间的绝缘距离缩小或短接,从而引起接触网跳闸,甚至绝缘子击穿等故障。近年来,鸟害造成的安全隐患已成为京广高铁接触网设备供电安全的重要安全风险因素。

3 鸟害影响统计分析

3.1 鸟害近年发展趋势

管内京广高铁 2012 年 9 月开通,对京广高铁历年鸟害发生情况进行统计分析,2017 年发现鸟害数量为 5814 个、2016 年为 6441 个、2015 年为 4085 个、2014 年为 2434 个、2013 年为 1058 个。从图中可以看出,鸟类登高搭窝的习性以及对既有驱鸟设备的适应性,使得鸟害正呈逐年递增的趋势。但是可喜的是,通过优化各种防鸟设施的使用,鸟害影响跳闸的故障在逐年下降,2013 年 8 起跳闸,2014 年 9 起跳闸,2015 年 5 起、2016 年 4 起、2107 年 1 起。

3.2 鸟害爆发趋势统计分析

从图 2 可以看出,各年鸟害的数量变化趋势相似。鸟害从 1 月开始搭建,然后逐月递增,在 3 月达到顶峰,并从 4 月份逐月递减,在 6 月鸟害基本消失。从鸟害跳闸时间来看,鸟类的危害性基本从 1 月份开始显现,然后逐渐加大,并在 3、4 月份危害性达到最大。从管内设备开通至今,3、4 月鸟害导致跳闸 20 件,占所有月份鸟害跳闸的 90.9%。尤其是在 4 月份,由于鸟类繁殖的急迫性,鸟害危害更为剧烈。管内鸟害影响动车运行的 2 件供电跳闸事故都发生在 4 月份。

3.3 鸟害搭建处所统计

从 2013—2016 年鸟害发生的处所统计来看,锚柱、避雷器柱、隔离开关柱、区间中间柱、站场硬横梁柱以及供电柱均发生过鸟害。其中锚柱、GK 柱、区间中间柱是鸟害爆发最频繁的处所,占鸟害发生处所总量的 95%。尤其以锚柱为最多,原因为锚柱装配形式为棘轮框架式结构,是鸟类搭建鸟害的天然处所,鸟

图 1　历年鸟害情况

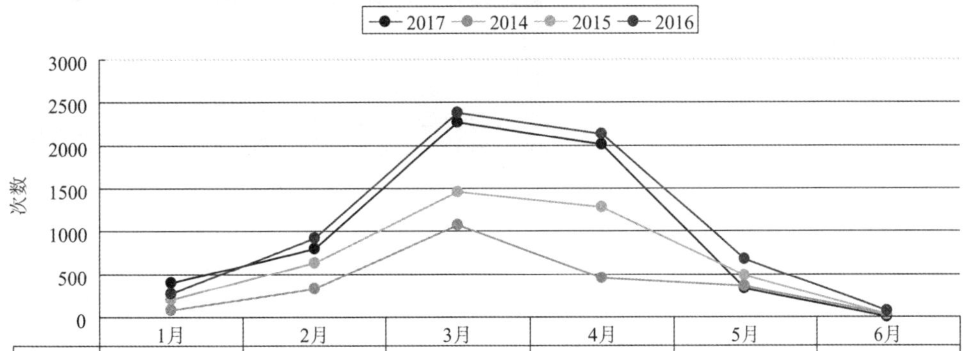

	1月	2月	3月	4月	5月	6月
2017	404	802	2267	2015	326	0
2014	79	333	1077	461	356	25
2015	211	634	1457	1276	478	29
2016	269	924	2382	2136	668	62

图 2　鸟害各月发现鸟害对比

类只需要叼树枝填满框架即可，搭建难度小，前期跳闸有 67.2% 都是锚柱搭建鸟害造成的。

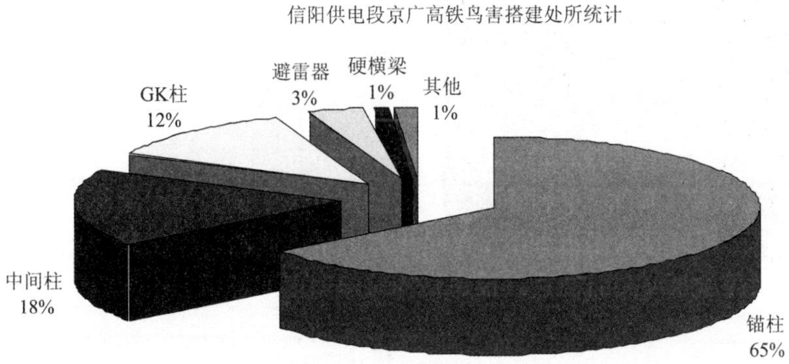

图 3　2016 年害发现处所分类统计

4　采取的鸟害防治措施及实际效果调查

4.1　风车式驱鸟器

风车式驱鸟器一般采用轻巧耐磨的绝缘材料制作，可规避绝缘间隙不够造成的短路问题，通过风能驱动风叶与反光贴旋转产生对鸟类视觉的干扰，达到驱鸟效果。风动式驱鸟器优点是适用范围广，可安装至所有支柱，可全天候工作，无驱赶盲点；缺点是随着时间的推移，鸟类会产生适应性，不再畏惧，鸟巢复搭现象明显，驱鸟效果降低。目前京广高铁使用的风动式驱鸟器型号为 70450001，由北京盈电电气有限公司生产，因驱鸟器采用塑料材质，实际使用中风车轴部塑料容易破裂，反光贴容易脱落、使用寿命短。

图 4　风车式驱鸟器

4.2　防鸟挡板

防鸟挡板是我段与北京盈电电气有限公司共同合作开发而成，主要针对锚柱棘轮框架内搭建鸟巢的过程中极易短接斜腕臂棒瓶而设计的。其由两片铝合金板构成，四套螺栓固定，中间预留有风孔。防鸟挡板优点是可有效防止鸟类在棘轮框架处搭建鸟巢的过程中短接斜腕臂棒瓶跳闸，甚至死接地的可能，起到物理隔离的效果，实践证明效果明显，目前我段已安装防鸟挡板 1136 套；缺点是通用性差、只能预防单一设备，且不能防止鸟类在锚柱上搭建鸟巢，只能起到防止短接斜腕臂棒瓶的作用。

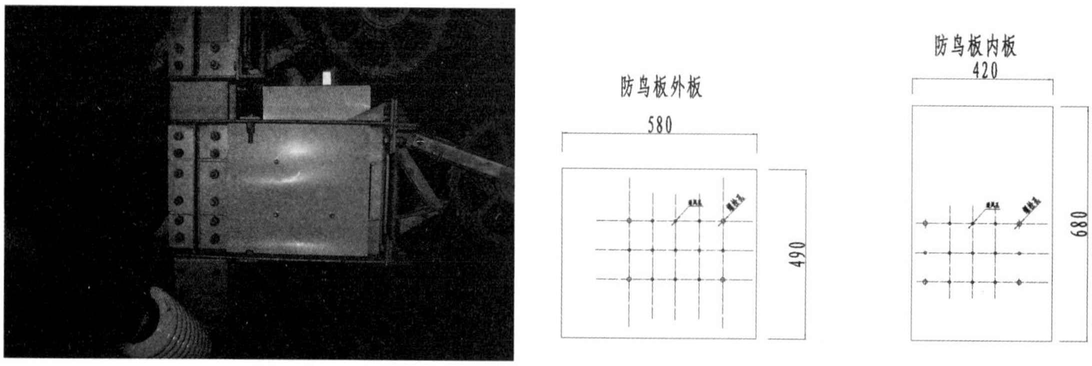

图 5　防鸟挡板

4.3　电机式驱鸟器

电机式驱鸟器是近年来新安装的一款驱鸟器，采用单晶硅太阳能板供电方式，鸟落到驱鸟器中后部，鸟的重量使驱鸟器发生倾斜，水银开关接通电源，此时在相邻的金属丝间会产生 60 kV 高压电子脉冲，电击驱赶鸟类。此高压微电流电子脉冲不会对鸟类造成伤害，只起到驱赶和惊吓的作用。此驱鸟器的优点在于防鸟效果好，一旦电击到鸟类作用明显；缺点在于防范面积小，安装局限性大，且安装后如有树枝将很难使用异物杆清除。目前我段在常搭建鸟害的关键设备上安装了5台电击型驱鸟器。

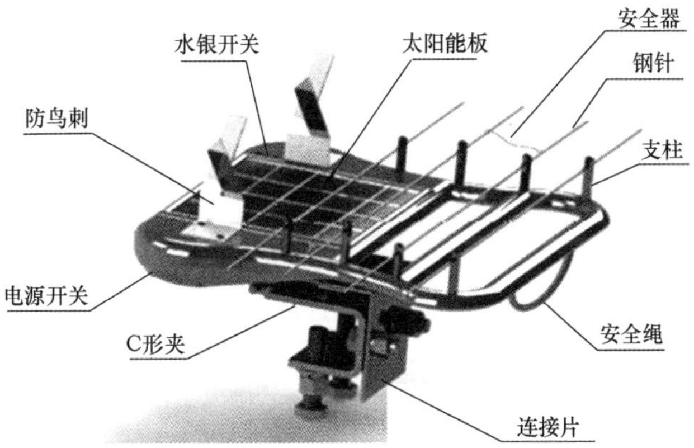

图6　电击型驱鸟器

4.4　声光驱鸟器

声光驱鸟器是在风车式驱鸟器的基础上，增加了侦测鸟类靠近时发出驱鸟声音和闪光的功能，是多功能驱鸟设备，它综合了风车式驱鸟器与超声波驱鸟器的优点，集二者功能于一身，该驱鸟器利用太阳能充电发出声音，利用声音及闪光来达到驱鸟的效果。该驱鸟器采用探测器侦测启动方式，当鸟类在被侦测部位停留时，智能型驱鸟器会自动工作驱赶鸟类。侦测启动模式具有突发性的警示优点，解决了鸟类对周期循环的声音、超声波、警示颜色、反光等驱鸟方式容易产生适应性的问题。产品侦测范围3～4 m。该方案的优点是适用范围较广，驱鸟效果较好；缺点是费用昂贵。目前京广高铁使用的是由北京盈电电气有限公司生产的CFBR－A型智能侦测型驱鸟器，这种驱鸟器对鸟类有较好的驱离效果，但问题一是太阳能面板较小，储能不足，特别是在鸟类频繁靠近支柱时，驱鸟器会频繁发出声光报警，且耗电后不能及时补充，二是防水性能弱，如遇强降雨装置极易损坏。

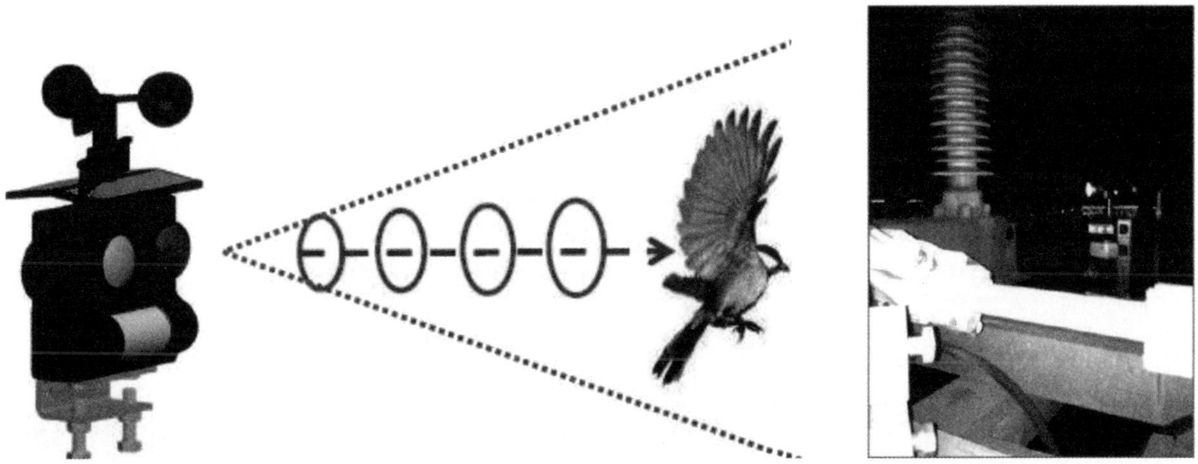

图7　声光驱鸟器

4.5　驱鸟剂、驱鸟胶

利用化学试剂合成的胶体物，主要通过其粘性刺激鸟类的感觉器官(如足部、羽毛等)，使其感觉不适而飞离，同时鸟类在啄去粘在身体部位的残留物时，会刺激鸟类的中枢神经，使其产生恶心、呕吐，从而产生记忆效应，远离受保护区域，达到防止鸟类搭建鸟巢的目的。由于对接触网设施无腐蚀性，涂抹驱鸟剂可直接使用玻璃胶枪涂抹于设施表面，该方案的优点是使用方便，安全性好，不伤害鸟类，不影响接触网设备外观，且适用范围广；缺点是不同驱鸟剂的使用寿命为 3 ~ 12 个月。从目前使用情况来看有一定的效果，但驱鸟膏的作用时间有限，一般只有七天左右，如遇下雨天，作用时间更短。

图 8 驱鸟胶

5 防治方法及建议

近年来生态环境不断改善，鸟类的繁衍速度加快。随之而来的是鸟类在接触网设备上搭窝建巢现象的急剧增多，并由此引发供电设备跳闸故障频繁发生，严重危及供电安全。鉴于接触网鸟害具有季节性、区域性、重复性、动态性等多重特点，进行鸟害防治时，应遵循“源头防范，防治结合”的原则才能达到降低鸟害危害性、缓解设备管理单位生产压力的目的。结合对接触网鸟害防治措施的比较以及设备管理单位面临的困难，特提出以下建议及措施：

5.1 使用科技手段实时监控

利用科技手段，通过接触网安全巡检装置(2C)监测分析接触网设备运行状态，发现鸟害严重影响供电设备运行安全时，及时赶赴现场确认，必要时立即处理。尤其是在鸟害爆发的 3 ~5 月份要加大 2C 巡检力度，科学运用 2C 巡检，确保鸟类在搭建鸟巢的过程中可实时监控。建立鸟害统计台账，留存影像资料，用于统计鸟害发生处所的确切位置，通过对经常搭窝位置结合现场照片，研究改进接触网设备结构或安装驱鸟装置的形式，消除鸟害影响

5.2 针对管内设备实际情况研发驱鸟装置

针对管内设备实际情况与厂家及设备生产单位联系，共同研发更好的更有效的驱鸟设备，这是一项长期性的工作。目前我段已合作生产防鸟挡板，即将研发绝缘子防树枝短接挡板。鸟害宜疏不宜堵，犹如治水，如何保证在鸟类搭窝的过程中不短接绝缘，使其在繁殖周期内搭建稳固的鸟巢后不再影响供电设备是今后研究的方向。

5.3 加强鸟害清理力度

积极采取人防对鸟害进行治理。一是在鸟害爆发季节，采用加密动车添乘、汽车网外步行巡视对鸟害区段进行监测，对隔离开关、供电杆供电电缆头、避雷器等处所重点监控，发现危及供电安全的鸟害申请临时点及时处置。二是充分发挥轨道车不升平台巡视优越性，坚持鸟害严重区段轨道车不升平台巡视全覆盖，及时对当天发现的鸟害进行处理。

5.4 强化鸟害故障的应急处置

鸟害不可怕，可怕的是一旦发生故障我们不能快速有效查找故障，恢复正常供电、行车。所以在日常管理中必须强化鸟害故障的应急处置，制定针对性应急预案，高铁各车站在鸟害严重的 3 ~5 月份要加强驻站值守。根据鸟巢故障处置特点，加强故障演练，优化抢修程序，最大限度地降低故障影响。

6 结束语

接触网鸟害是困扰接触网运营工作和威胁电气化铁路运营安全的一个长期的疑难问题，鸟害防治是一项持久的、艰巨的工作，因此要认真地总结鸟类筑巢的特点，增加技防人防手段，尤其是要采取有针对性的、实效性长的措施，同时考虑到鸟害的顽固性，积极研究防止绝缘短接跳闸的措施，保证鸟类在搭窝的过程中不至于跳闸，可大幅度缓解设备管理单位的生产压力。

参考文献

[1] 金立荣. 沪宁城际接触网防鸟害工作的探索与实践[J]. 上海铁道科技，2014(2).
[2] 董昭德. 接触网鸟害防治方法建议[C]. 高速铁路接触网系统新技术研讨会论文集，2010.

关于一起接触网水平悬挂调节螺栓松脱故障的分析探讨

吴云锋

（中国铁路武汉局集团有限公司供电处）

摘　要： 接触网的机械特性决定了其广泛地采用各类螺栓的连接方式，螺栓连接方式与紧固质量关系着接触网的运行安全。本文对调节螺栓的连接安装方式进行了分析与探讨，指出了调节螺栓存在的问题，提出了改进意见，对于提高接触网运行质量有一定的参考意义。

关键词： 接触网；调节螺栓；分析

1　引言

接触网的机械特性决定了其广泛地采用各类螺栓的连接方式，螺栓连接方式与紧固质量关系着接触网的运行安全。螺栓类的故障在接触网故障中占有一定比例，针对接触网运营中出现的调节螺栓故障，就其连接安装方式进行了分析与探讨，对于提高接触网运行质量有一定的参考意义。

2　事故概况

2015 年 9 月 1 日 22 时 58 分，襄渝线 T248 次运行至花果—小花果上行区间 K130 +094 处受电弓故障停车，换弓后于 23 时 7 分开车；23 时 27 分到达十堰站后司机下车检查后发现机车后弓有疑似击打痕迹；23 时 38 分，司机反映 K135 +500 处接触网零部件松脱；9 月 2 日 0 时 35 分，抢修人员发现堵河大桥 1#水平悬挂处调节螺栓松脱，瓷质绝缘子有三片被打破，搭在接触线上并低于导线面，立即向电调申请停电处理，同时安排人员扩大巡视范围。1 时 04 分，抢修完毕恢复供电。

3　建设过程

3.1　初建情况

堵河大桥位于襄渝线花果—小花果区间上行线，中心里程 K135 +673，全长 394.4 m，该桥梁为 1980 年前后既有襄渝线建设时所建，桥梁为钢梁结构，桥上共有 5 个接触网定位。

3.2　改建情况

襄渝线扩能改建时，在设计说明中对桥上支撑定位装置为组立桥钢柱或弓形腕臂方式，对不适合采用上述装配形式的下承式桥梁未予明确说明。改造中，襄阳供电段与建设单位、施工单位、设计单位现场勘察后发现该处桥梁不具备改为水平腕臂及弓形腕臂的条件，决定维持既有装配方式，对零部件进行更换。

在工程单位缺料情况下，襄阳供电段将不符合铁标 TB/T 2075—2010 的调节螺栓（无锁紧螺母）提供给施工单位，2015 年 3 月 30 日由施工单位安装在堵河大桥的接触网上。

3.3　巡检情况

该处在襄渝扩能改建换装的日期是 2015 年 3 月 30 日；2015 年 7 月 15 日 C4 高清成像检测装置清晰地采集到该处图片；最近一次巡视日期是 2015 年 8 月 30 日，巡视结果正常。

3.4　型号演化

调节螺栓铁标中称为调整螺栓，俗称花篮螺丝、花篮螺栓；船舶标准中称索具螺旋扣。在该处其型号演化如下：①1974 年初建图纸显示其型号是“沪 Q/JB43 －66，OU13 － M20”。②襄渝扩能改建换装前（2015 年 3 月 30 日前）型号未能查明。③襄渝扩能改建换装后至故障前（2015 年 3 月 30 日—9 月 1 日）型号类似铁标中 G 型防腐型调整螺栓。

3.5　历史故障

2008 年 12 月 1 日襄渝线老河口东至黄糠区间仙人渡大桥 1#水平悬挂调节螺栓松脱引发弓网故障，

"9.1"故障与"12.1"故障情况完全一样。在襄阳供电段"12.1"故障的通报中明确要求"同批次调节螺栓两端加装弹簧垫片及防松螺帽"。

图 1 "9.1"故障中采用的调节螺栓，无锁紧螺母

4 查对标准

4.1 查阅铁道铁标

①查初建标准沪 Q/JB 43—66，文件中有调节螺栓的内容，无防松措施；②查铁标 TB/T 2075—2002，文件中无调节螺栓的内容；③查铁标 TB/T 2075—2010，文件第 16 节(软横跨支撑固定装置)和第 21 节(隧道水平悬挂装置)两处均有关于调节螺栓的规定，对螺栓采取了防松措施，有锁紧螺母。

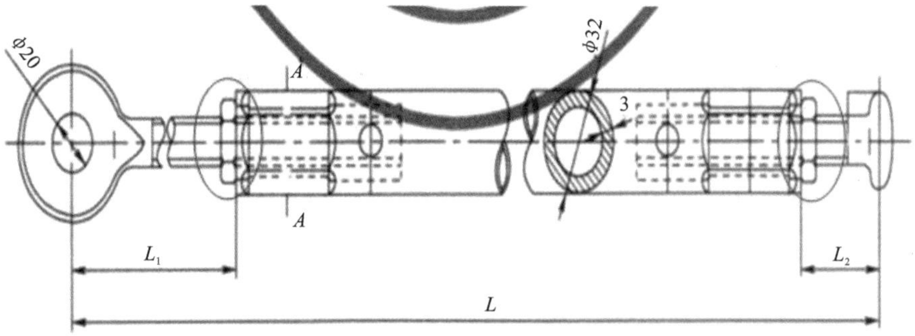

图 2 铁标 TB/T 2075—2010 文件第 21 节(隧道水平悬挂装置)，调节螺栓采取了防松措施，红圈处有锁紧螺母

4.2 参阅相关标准

①查国标《索具螺旋扣》(GB 561—65)，文件中有防松措施，有锁紧螺母；②查船标《索具螺旋扣》(CB/T 3818—1999)，文件中有防松措施，延续有锁紧螺母；③查船标《索具螺旋扣》(CB/T 3818—2013)，文件中有防松措施，有锁紧螺母。上述三个文件是有继承关系的。

分析结论：对调节螺栓(索具螺旋扣)松脱危害的认知是有一个过程的，意识到其危害后采取针对措施。铁道行业在 2010 版行业标准中增加了锁紧螺母；船舶行业在 1965 版国标准中已有防松措施，有锁紧螺母，认识到松脱危害比铁路行业早。

5 原因分析

5.1 技术管理延续性不强

2008 年襄阳供电段管内曾在同类处所发生过同类设备故障，故障后明确要求对调节螺栓必须采取防松措施，但在襄渝扩能改造施工时，又将无锁紧螺母的调节螺栓安装至接触网上。该故障反映出技术管理延续性不强，针对易出现故障的装配形式或零部件提出改进措施后，只是简单地以故障通报形式提出要求，

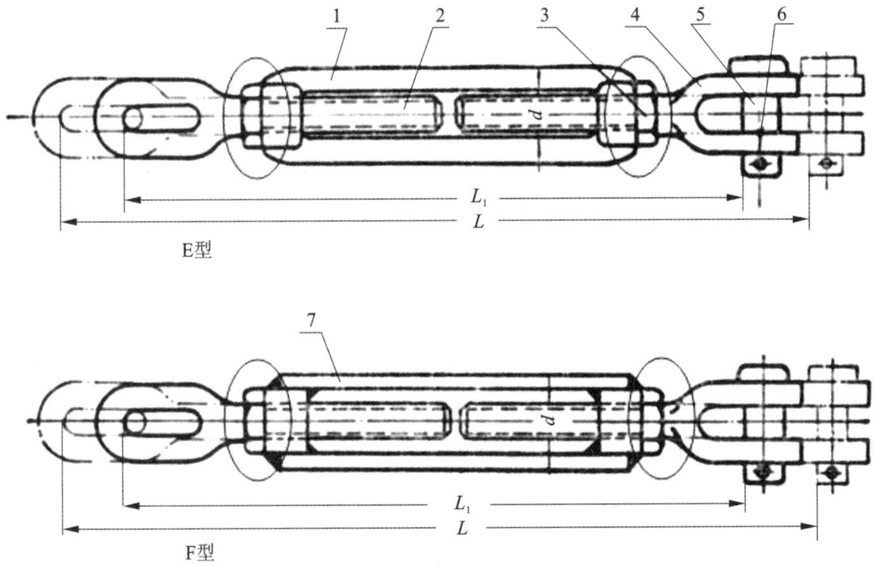

图3　国标《索具螺旋扣》(GB 561—65)，文件中有防松措施，有锁紧螺母

1—模锻螺旋套；2—O形螺杆；3—锁紧螺母；4—U形螺杆；5—光直销；6—开口销；7—焊接螺旋套

而没有纳入专业技术管理内容，也没有以文件形式下发并进行清理，导致时间一长或人员变更后，车间、班组及技术管理人员对相关要求不清楚、未掌握。

5.2　上网材料管理混乱

2008年“12.1”故障后，襄阳供电段已认定该型号的调节螺栓(无锁紧螺母)不适合上网使用，但未全部召回或完成改进，仍原样(无锁紧螺母)存放于工区料库。在工程单位缺料的情况下，将不适合下承式桥梁使用的调节螺栓(无锁紧螺母)提供给施工单位，安装在堵河大桥的接触网上。

5.3　设备巡检质量不高

在设备巡视和检查中不认真、不细致，没有及时发现设备动态变化的隐患。同时，检索2015年7月15日C4高清成像图片质量不高。

图4　2015年7月15日C4高清成像检测图片

6 改进措施

6.1 吸取教训，认真排查整治供电设备隐患

设备管理单位要结合当前开展的安全大检查活动，认真吸取事故教训，立即对管内其他处所调节螺栓进行全面检查，换装为符合铁标 TB/T 2075—2010 的产品。各段对安装在桥梁上、隧道内的调节螺栓要进行一次巡视和排查，发现异常及时整改。

6.2 提高认识，强化专业技术管理水平

主动适应生产管理需要，提升专业技术管理在安全生产技术管理的主导地位。以加强技术管理为重点，强化专业技术管理工作，建立专业化的技术管理团队，健全完善专业化技术管理规章制度和流程，实现技术管理专业化、标准化、规范化和科学化。不因时间变化、人员变动而导致专业技术管理弱化。

6.3 妥善处置，加强废旧料管理

在检修和施工中产生的废旧料和不合格产品，各供电段要及时登记造册、限时召回、集中存放、妥善处置。

6.4 筑牢基础，加强防松脱的技防措施

针对类似的特殊装配形式，要组织专业技术人员加强对现场职工的业务培训，提高职工对供电设备风险项点预控掌握能力。针对桥梁上接触网零部件频繁振动后易发生松脱的情况，要推行螺纹锁固剂及防松螺母方式，采取有效的技防措施，提高供电设备防松脱水平。

6.5 加强巡检，提高巡检质量

利用步行巡视、2C、4C 等方式对接触网零部件松脱现象进行重点检查，发现隐患及时处理。

参考文献

[1] CB/T 3818—1999 中国人民共和国船舶行业标准索具螺栓扣[S]. 北京：中国船舶工业总公司，1999.
[2] CB/T 3818—2013 中国人民共和国船舶行业标准 索具螺栓扣[S]. 北京：中华人民共和国工业和信息化部，2013.

复用式多型行波技术的高速电气化铁路接触网故障测距研究

邓建峰

（中国铁路郑州局集团有限公司新乡供电段）

摘　要： 准确测量高速电气化铁路接触网线路故障点的位置，不仅对牵引供电系统具有重要意义，而且对铁路运输也具有重要影响。根据行波传输理论以及行波测距的特点，研究一种 A/C/D/E 多型行波复用式测量接触网故障的测距方法，并结合小波分析、求导算法、改进型求导算法、模极大值法等综合分析不同方式的行波法测距结果，实现对故障行波与干扰行波的准确识别，能实现对接触网线路发生故障时的精确定位。经模拟试验、现场测试、实时在线运行，通过故障行波测距装置对实际故障点的定位情况及波形进行分析，验证了该技术在高速电气化铁道接触网故障测距定位的实际使用效果，且不受接触网短路型式的影响，其定位准确，精度能够得以保证。

关键词： 高速电气化铁路；故障测距；复用式；多型行波

1　引言

在电气化铁路中，为了提高供电的可靠性，牵引变电所内都装设有接触网故障测量装置。该装置能够在电气化铁路接触网发生短路故障时，自动而迅速地测量出短路故障点到牵引变电所的距离，对于查找接触网线路短路故障点，缩短接触网事故抢修时间，减少对电气化铁路运输的影响具有重要意义。目前，我国电气化铁路常用的接触网故障测距原理有分段线性电抗法、上下行电流比法、AT 中性点吸上电流比法 3 种，但由于受接触网线路等环境因素的影响，有时故障测量装置指示误差会很大。随着我国高速电气化铁路的迅速发展，由于动车组速度高，密度大，在牵引网发生故障时，快速准确地查找故障点，对电气化铁路供电系统提出了更高的要求。因此，利用行波的特点，研究电气化铁路接触网故障定位的方法，实现对接触网线路发生故障时的精确定位，对缩短事故抢修时间、提高铁路运输效率将具有重要意义。

2　行波测距方法介绍

现代行波测距法是目前发展比较成熟的线路故障测距方法，分 A、B、C、D、E、F 6 种型式。A 型测距法利用故障点产生的行波在测量点到故障点间来回往返的时间与行波波速之积来确定故障位置的；B 型测距法利用故障点产生的行波到达两端的时间差与波速之积来确定故障位置；C 型测距法是在故障发生时于线路的一端施加高压高频或直流脉冲信号，根据脉冲往返时间来确定故障位置；D 型测距法是在 B 型装置的基础上建立了基于全球定位系统（Global Positioning System，GPS）精确对时的双端行波法，使得行波故障测距的实现既简单又精确稳定，并且有良好的适应性；E 型测距法采用单端方式，它是对捕捉接触网线路中发生故障后的馈线断路器重合闸产生的电流行波进行定位；F 型测距法（单端测距原理）则利用故障线路在断路器分闸时产生的暂态行波，在行波的测量点与产生故障的地点之间往返一次的传播所用的时间与行波的速度乘积来计算发生故障点的距离。

通过对 A、C、E 型行波测距法进行实验以及对不同类型的行波测距法进行理论分析[1-3]发现，A、B、D 型测距法这 3 种方法使用简单，无须高压发生器，能实时监测线路故障，但它们采用的是被动式检测方法，由于线路故障行波是一次性的，仅能进行一次测量、判断，但在电气化铁道重要的枢纽站场，任何一点发生故障都会在接触网线路上产生为数众多的行波，从而对故障定位的准确性造成一定的影响。因此 A、B、D 型法无法对复杂的、为数众多的行波进行重现，“去伪存真”，对于干扰行波的识别造成了一定的困难，此外，因 GPS 时钟分辨率的限制（民用 GPS 的最小时间分辨率为 1 μs），D 型法最高的、理论的定位精度为 200～300 m（行波波速近似于光速）；E、F 型行波测距法对于行波传感器的频率特性要求较高，且接触网线路分合闸时的暂态波频谱成份复杂，对于故障反射行波波头信息的提取造成了一定的困难。C 型法由于是一种主动式测量方法，可以对线路发出多次脉冲信号，灵活地将理论和经验结合在一起，反复地进行比较，可以排除可能的干扰，但C型法由于是在线路故障后发出信号，并未对故障时线路本身的状态进行监测，有可能不能获取线路故障的全部信息。因此，基于以上分析和实践经验，并结合高速电气化铁路的特点，提出了一种多型行波复用式测距方法。该方法使用一套高压线路故障判定装置同时实现A/C/D/E型行波测距，在此基础上，结合小波分析、求导算法、改进型求导算法、模极大值法等综合分析不同方式的行波法测距结果，实现对故障行波与干扰行波的准确识别，建立行波波速影响因素的数值模型，并提出行波波头信息提取的新算法和故障性质判断的方法，以提高故障点的定位精度。

3　接触网故障行波判定装置工作原理

接触网故障行波判定装置主要包括脉冲源、行波传感器、行波测距主机、行波判定装置系统软件与无线通信模块5个部分，其在牵引变电所的安装接线原理如图1所示。

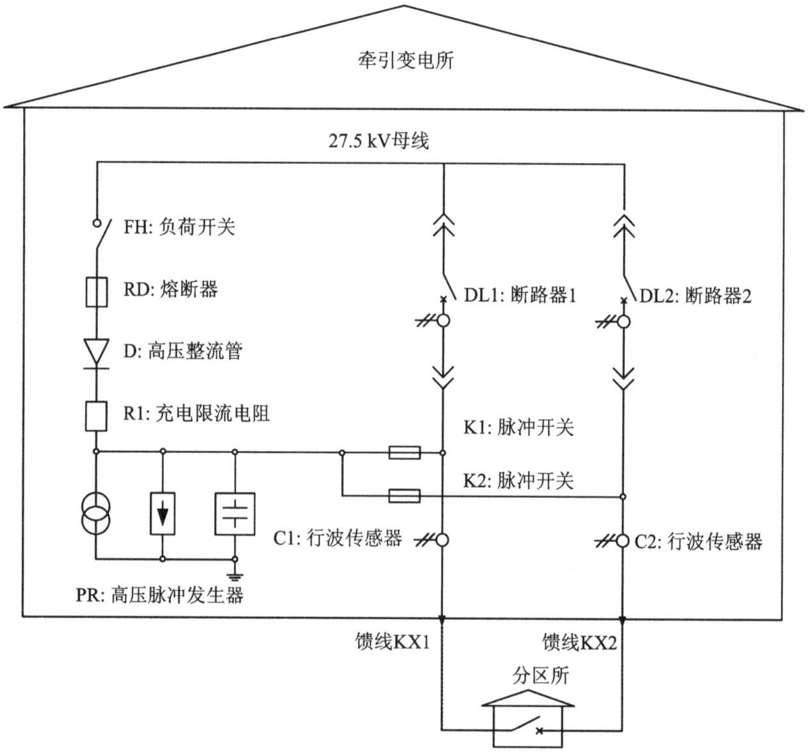

图1　装置接线原理图

非接触式行波传感器C1、C2分别安装在上、下行馈线出口处，高压脉冲发生器PR经限流电阻R1、脉冲开关K1、K2分别与上、下行馈线相连。根据高速电气化铁路接触网运行特点，结合图1所示的接线原理图，设定牵引网故障判定装置工作过程如图2所示。

由图2可知，牵引网变电所正常送电时开关G1为合闸状态，当牵引网发生故障时其产生的初始故障行波浪涌会分别沿着下行KX1、上行KX2馈线传播到高频行波传感器C1、C2处，针对判定装置，其首先会采集到来自高频行波传感器C1、C2两端的初始行波浪涌信号，下行KX1 、上行KX2馈线还会在高频行波传感器C1和C2处采集到由故障点反射回来的故障行波浪涌信号，当馈线末端并联运行时，测距装置会分别按照新型双端行波法处理最先到达C1和C2处的一对初始行波浪涌信号，自动分析并给出D型行波测距法的故障测距结果。

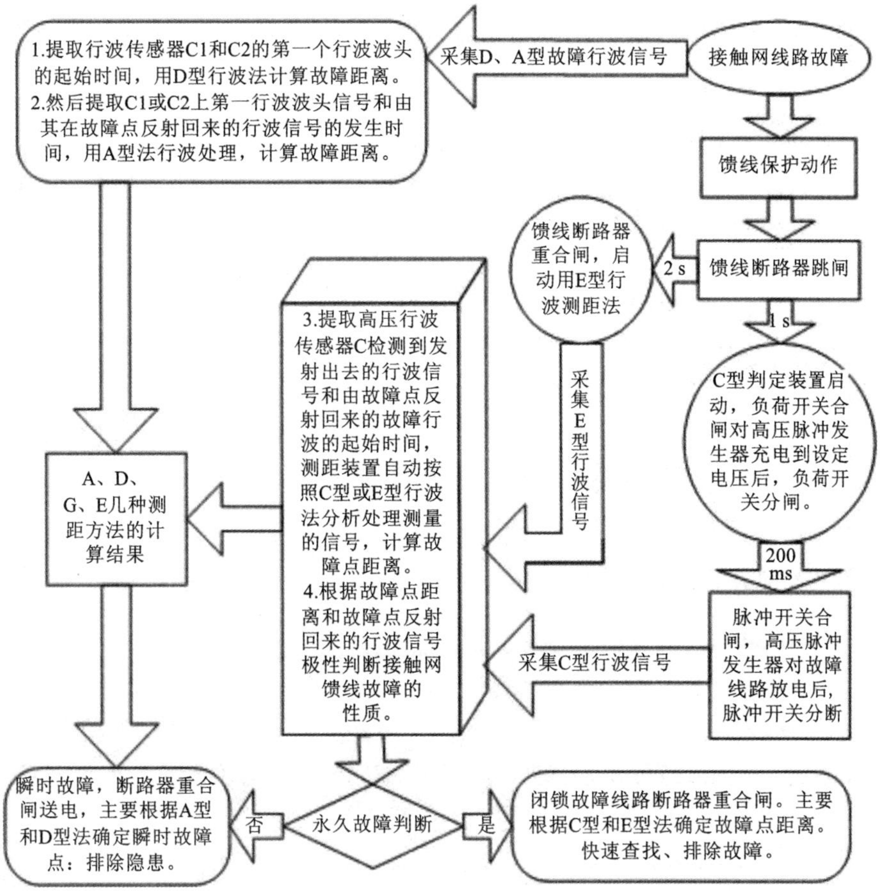

图 2　多型行波复用法故障判定系统时序逻辑图

$$\begin{cases} X_1 = \frac{1}{2}[v(T_1 - T_2) + L] \\ X_2 = \frac{1}{2}[v(T_2 - T_1) + L] \end{cases} \tag{1}$$

式中：X_1 和 X_2 分别是母线两端到故障点的距离；T_1 和 T_2 分别表示初始故障行波浪涌到达母线两端的时间；v 为线路行波速度；L 为线路全长。

在完成新型双端行波法测量后，行波测距装置会执行 A 型行波测距法，分别单独处理高频行波传感器 C1 或 C2 上采集的第 1 个正向行波浪涌信号和接触网线路发生短路故障时反射回来的行波信号，得出正向行波浪涌与其在故障点反射波之间的时延，以此计算出 A 型行波测距法的故障测距结果。

$$X = \frac{1}{2}\Delta t \times v \tag{2}$$

式中：v 为线路行波波速度；Δt 为正向行波浪涌与其在故障点反射波之间的时延；X 为故障点到测量端距离。

当接触网线路发生故障时，相应馈线继电保护动作，馈线断路器跳闸，故障判定装置自行启动 C 型故障判定装置。此时负荷开关 FH 合闸，牵引网 27.5 kV 母线电压经过负荷开关 FH、熔断器 RD、高压整流管 D 和充电限流电阻 R1 对高压脉冲发生器 PR 充电至设定电压后，负荷开关 FH 分闸。经 200 ms 延时后，脉冲开关 K1、K2 合闸，高压脉冲发生器 PR 对故障线路放电，随即脉冲开关 K1、K2 分断，采集 C 型行波信号，分别提取高压行波传感器检测到的初始行波发射信号，以及接触网线路发生短路故障时反射的行波信号后，行波测距装置会自动执行 C 型行波法分析处理故障行波信号，判定出牵引网故障性质和故障点距离。

$$X = \frac{v}{2}(t_2 - t_1) \tag{3}$$

式中：t_1 和 t_2 分别表示初始行波信号和经故障点反射的行波信号到达测量点的时间；v 为行波速度；X 为故障点到测量点的距离。

在故障线路断路器跳闸 2 s 后，馈线保护装置会自动启动馈线断路器 DL1 或 DL2 重合闸。在断路器动静触头合闸瞬间，由于触头间电压的突变，线路上将出现暂态行波，此时行波故障测距装置会利用断路器重合闸来完成 E 型行波法的故障点测量和故障性质的判定过程。E 型行波法测距利用在馈线上的测量端感受到的由本端重合闸初始行波浪涌形成的第 1 个正向行波浪涌与其在故障点反射波之间的时延来计算测量点到故障点之间的距离。

$$X_L = \frac{1}{2}v[i_{FR}^-(t) - i_1^+(t)] \tag{4}$$

式中：$i_1^+(t)$ 和 $i_{FR}^-(t)$ 分别为初始正向行波浪涌和经故障点的反射波返回测量端时的反向行波浪涌；v 为线路行波波速度；X_L 为故障点到测量点的距离。

当接触网线路发生永久性故障后，高压线路故障判定装置会通过控制程序闭锁故障线路的自动重合闸，使断路器 DL1 或 DL2 在永久性故障情况下不能闭合，重合闸无法启动，以避免故障电流对供电系统稳定性造成破坏。

4 影响故障定位精度的关键技术及其解决方案

故障行波测距法利用故障行波反射信号与初始行波信号的时刻差乘以波速来确定故障点距离，因此对于行波波头的识别算法和准确判定行波波头的到达时刻，是行波故障测距定位的关键和基础。

行波波头识别的步骤为：首先对故障行波波形进行频谱分析，确定故障行波主频谱成份；再结合小波分析、数学形态学等多种算法对行波数据进行去噪和波形变换，并对变换后的故障行波信号特征进行提取，通过全波形扫描比对的方法实现对于故障点的定位。

4.1 行波主频谱成份的确定

记录电气化铁路接触网线路发生故障时的牵引变电所跳闸故障波形(采样频率设置为 60 MHz)。为获取实际高压放电波形以便与现场实测波形进行对比，采用马克思发生器对线路直接放电(放电间隙 4 cm，放电电压 60 kV，使用泰克 DP04054B 示波器，单通道采样频率 500 MHz)，采集放电波形。通过对比高压放电试验波形和牵引变电所跳闸故障波形，确定行波尖峰脉宽。为进一步获取行波信号的频域特征，确定噪声与干扰行波的频谱成份，采用快速傅里叶变换进行频谱分析，并设计算法对牵引变电所故障跳闸现场测试数据进行分析，如图 3 所示。

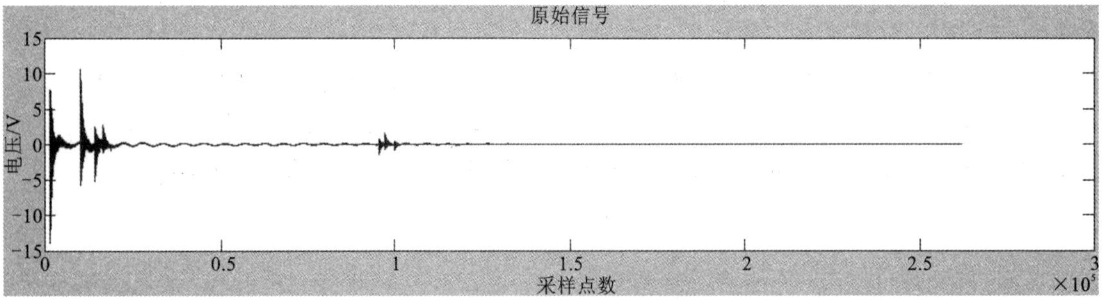

图 3 牵引变电所跳闸测试波形图

根据线路故障特征，故障行波为暂态脉冲信号，脉冲宽度窄，其谱能量应较低，即能量较为集中的频段应不包含故障行波分量。为进一步分析暂态行波信号的频带范围，应采用具有系统稳定好、易于实现线性相位、允许设计多通带(或多阻带)等优点的 FIR 滤波技术，对图 3 波形数据进行分析，如图 4 所示。

对比图 3 与图 4 的波形可见，经滤波处理后的原始波形中波头的信号极性特征变得不明显，且故障行波信号的噪声类似于工频电信号的谐波分量，主要分布在 600 kHz 以下的频段。因此分析 600 kHz 以上的高频段行波信号，能够有效地消除噪声干扰，提高行波测距定位的准确度。

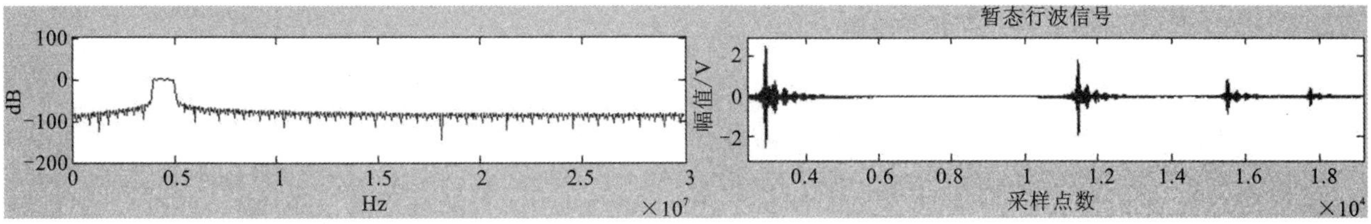

图 4　跳闸测试数据滤波分析

4.2　波形变换

4.2.1　小波分析算法

小波变换的数学表达式为：

$$C(\partial,\ \tau)\ =\ \partial^{-\frac{1}{2}}\int_{-\infty}^{\infty} f(t)\psi\left(\frac{t-\tau}{\partial}\right)\mathrm{d}t \tag{5}$$

式中：$C(\partial,\ \tau)$ 为原函数，$f(t)$ 的小波系数；∂ 为尺度（压缩或伸展）量，大于零；τ 为位移量；$\psi\left(\frac{t-\tau}{\partial}\right)$ 为小波函数族。

小波分析算法具有“数学显微镜”的功能，可同时在时域和频域上对信号进行处理，适合于行波信号的处理，而且仿真试验已经证明，小波变换对故障行波突变点的查找很有优势，对故障行波发射以及返回的时间差测量精确度的提高非常有利[4]。对高速电气化铁路故障行波来说，测距装置采集的信号经行波传感器转换后的数学表达式为：

$$f_n(x)\ =\ \sum_{kez}\partial_k^n\varphi(2^n x-k) \tag{6}$$

采用 Mallat 方法对其逐级进行分解。设 $H_{j-1}f$（能量有限信号）为分辨率 2_j 下的近似值，则信号 H_jf 可分解为以下两部分之和，即 f 在分辨率 2_{j-1} 下的近似值 $H_{j-1}f$ 与位于分辨率 2_{j-1} 与 2_j 之间的细节值 $D_{j-1}f$ 的两者之和[5]，如图 5 所示。

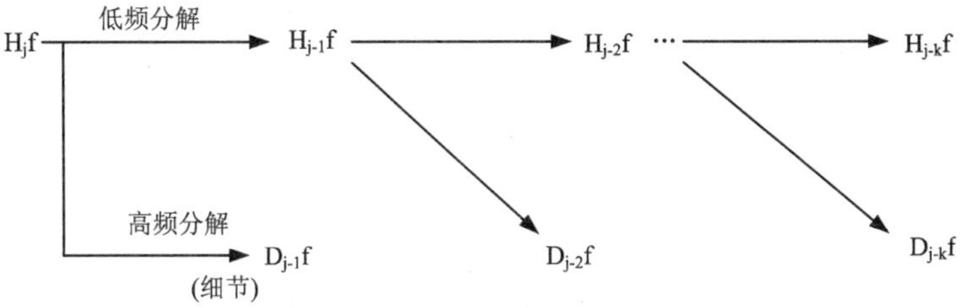

图 5　基于 Mallat 方法下的小波变换过程

由于双尺度方程中系数 $\{h_k\}$、$\{g_k\}$ 可以通过内积 $h_{m-2n}=\sqrt{2}<\varphi_{j-1,\,n}\varphi_{j,\,m}>$，$g_{m-2n}=\sqrt{2}<\varphi_{j-1,\,n}\varphi_{j,\,m}$ 来计算。因此设

$$\begin{cases} H_{j-1}f(x)\ =\ \sum_{k=-\infty}^{+\infty}\partial_k^{j-1}\varphi(2^{j-1}x-k) \\ D_{j-1}f(x)\ =\ \sum_{k=-\infty}^{+\infty}\partial_k^{j-1}\varphi(2^{j-1}x-k) \\ H_jf(x)\ =\ \sum_{k=-\infty}^{+\infty}\partial_k^{j}\varphi_{j,\,k}(x) \end{cases} \tag{7}$$

通过数学计算，可得到系数 ∂_1^{j-1}、d_1^{j-1} 为：

$$\begin{cases} \partial_1^{j-1}\ =\ \sum_{kez}\overline{h_k-21}\partial_k^j \\ d_1^{j-1}\ =\ \sum_{kez}(-1)^k h_{1-k+21}\partial_k^j \end{cases}$$

使用小波变换就是适当地修正系数 b_k^l，通过不断的适当修正，以满足现场实际问题的需求，以达到去噪的目的。因此，根据 4.1 中的分析，令 600 kHz 以下频率范围内信号对应的系数$\partial_1^{j-1}=0$或$d_1^{j-1}=0$，可得修正后的系数b_k^l，再次重构信号值，满足

$$\tilde{f}_n(x) = \sum_{kez} \partial_k^n \varphi(2^n x - k) \tag{8}$$

由式(7) 可推导出重构过程的系数表达式为：

$$\partial_k^j = \sum_{lez} h_{k-21} \partial_1^{j-1} + \sum_{lez} (-1)^k \overline{h_1 - k + 21 d_1^{j-1}}$$

4.2.2　小波变换原理在故障判定中的应用

根据上述小波变换的基本原理，利用 Matlab 小波工具箱对图 3 所示的波形数据分别进行小波分解，得小波分布阶数如图 6 所示。

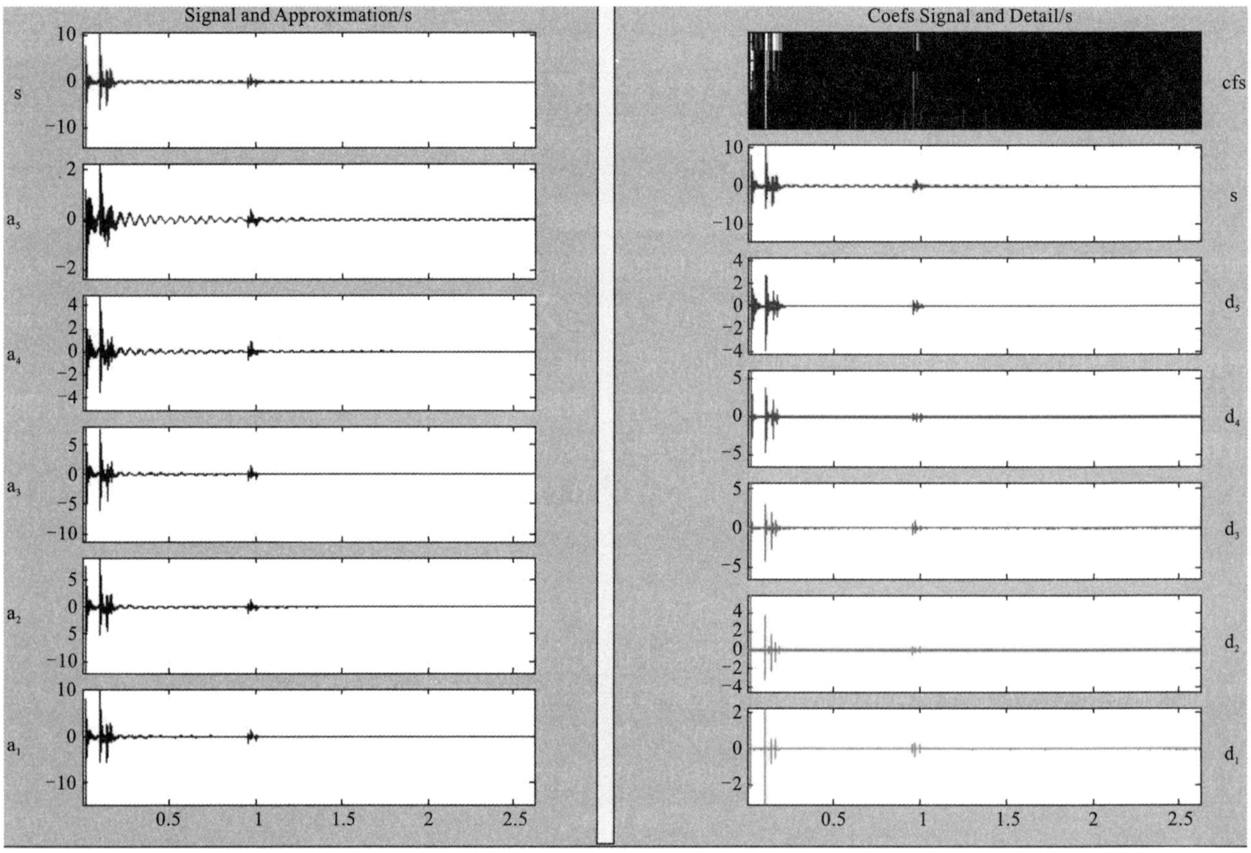

横坐标：频率值/Hz，纵坐标：噪声信号/dB

a—低次；d—高次；s—原始波形；cfs—原始波形的高频部分，分5阶

图 6　现场测试数据小波分解效果图

由图 6 的波形可以看出，采用小波分解时，所有低频分量部分仍保留了大量的噪声信息，且频率越低，噪声信号与谐波分量幅值越大，而细节分量部分波形则较好地反映了行波信号突变性特征，随着频率的增加，细节部分波形较好地滤除了行波信号引起的振荡干扰。因此，在实际的行波测距算法设计中，根据频谱分析结果确定有效频率范围后设计算法，自动选择小波分解的某一层次进行后续行波波头到达时刻的检测[6-8]。

4.3　行波波头起始点位置确定算法

对于经波形变换算法后的数据，求取其模极大值点构建经数据处理后的行波波形，在此基础上，进行求导和绝对值运算。对得到的有关数据，根据小波变换理论，利用初始行波波头特征构建故障行波波头判定条件，对整体故障行波数据进行扫描匹配，最终确定故障反射行波波头的位置。

4.3.1　奇异性理论与模极大值点

采集一维数据高速铁路牵引网故障行波信号，设$f_w(x)$为变换后的小波函数，在尺度参数s下，在x_0的邻域，对一切x有

$$|f_w(x)| \leqslant |f_w(x_0)|$$

则$f_w(x_0)$为变换后的小波函数的模极大值，x_0为模极大值点。利用x_0重构建波形函数$f_{\max}(x)$，则变换后的小波函数的模极大值满足

$$|f_{\max}(x) \leqslant ks^{\partial}| \tag{9}$$

式中：$f_{\max}(x)$为小波模极大值；∂为 Lipschitz 指数；s为分解尺度；k为常数。其中，$f_{\max}(x)$的大小表示突变点变化强度，$f_{\max}(x)$的极性表示突变点的变化方向。由式(9)可知，当信号在某点的∂为非负（如信号突变点）时，则函数$f_{\max}(x)$随s的增大而保持不变或随之增大。当信号在某点的∂为负（如白噪声）时，则函数$f_{\max}(x)$随s的增大而很快衰减。根据接触网线路发生短路故障时行波噪音的大小，分别调整k、∂值的大小，求得小波模极大值点，不仅能使噪声信号进一步得到抑制，而且故障行波奇异点的极性、位置等重要特征都能得到准确的反映。

4.3.2　行波波头特征提取

本项目在实际测试过程中采用的行波传感器灵敏度为 1 mV 对应现场电压 1 V，由于高速铁路采用全并联 AT 供电方式，工作电压为 2×27.5 kV，在接触网线路发生短路故障时，产生的经行波传感器采集转换后的短路故障电压幅值变化量$\Delta U > 20$ V，而且容易引起振荡，如图 3 所示。因此，为进一步滤除掉短路故障电压振荡信号，以便于对行波头数据信息的分析、提取，必须对提取后的模极大值波形函数$f_{\max}(x)$再进行求导运算和绝对值运算。设处理后的函数为$f_{abs}(x) = \sum_{nez} f(n)$。针对变换后的波形函数数据，为准确识别故障行波的起始波头和故障点反射回来的反射波头位置，以更好地提高其抗干扰能力，对函数$f_{abs}(x) = \sum_{nez} f(n)$再进行循环判断运算，重新构建约束函数，使其能够自动查找波头位置。构建的约束函数如下：

$$f_{abs}(j+1) + f_{abs}(j-1) - 2f_{abs}(j) > 2[f_{abs}(j) - f_{abs}(j-1)],$$
$$f_{abs}(j-1) < 2K2,\ K2 = 2\max[f_{abs}(l-n) \cdots f_{abs}(l)]$$

式中：$f_{abs}(j+1)$，$f_{abs}(j-1)$，$f_{abs}(j)$，表示相邻采样点对应的函数幅值；l为函数数据的长度；n为初始行波信号之前的噪声长度；K_2为限定阈值。

为了防止采集到噪声数据，K_2阈值的设定要减去n个长度无效的数据采样点。由于采样点n值的选择会影响到故障行波波头识别的精度，进而影响故障测距的准确度，因此，n值的选择不可过大，也不可过小。如果n值取得过大，部分模极大值对应信号突变点就有可能会被漏掉，如果n值取得过小，会造成起始行波波头点位置的误判，将噪声信号中的极大值点错误地判定为起始行波波头点的位置。根据故障行波采取到的数据噪声特性，选取$n = 200$。

4.4　行波波头位置确定

行波波头到达时刻的确定主要分为两个部分：起始行波波头位置的确定和故障反射行波波头位置的确定，其具体实现过程如下所示。

4.4.1　起始行波波头位置确定

为了提高采集系统的采集精度，测距装置在采集数据时，要躲过电路系统固有的噪声时间，即需要设定一定的延时。设u_{noise}为噪声最大值，令$x = 0$，得$f_{abs}(x)$值，比较$f_{abs}(x)$与u_{noise}的大小，当$f_{abs}(n_0) > u_{noise}$时，点n_0对应的位置（采样时间）就是初始行波的起始点t_0。

4.4.2　利用改进型求导算法确定故障反射行波波头位置

提取初始行波起始点前后波形所具有的特征及变化趋势，将其作为判别条件，并选取多个特征值，如：

$$k_1 = \frac{f_{abs}(n+2) - f_{abs}(n+1)}{f_{abs}(n+1) - f_{abs}(n)}$$

$$k_2 = \frac{f_{abs}(n) - f_{abs}(n-1)}{f_{abs}(n+1) - f_{abs}(n)}$$

$$k_2 = \frac{f_{abs}(n) - f_{abs}(n-2)}{f_{abs}(n+2) - f_{abs}(n)}$$

$$k_4=\frac{f_{abs}(n)-f_{abs}(n-1)}{f_{abs}(n-1)-f_{abs}(n-2)}$$

为提高波头定位的准确性，可进一步求取多个 K 值(如 k_5，$k_6\cdots$)作为判定条件。同时计算起始点 n_0 之后的数据对应的 K 值，如对于 m 点，计算

$$k_1'=\frac{f_{abs}(m+2)-f_{abs}(m+1)}{f_{abs}(m+1)-f_{abs}(m)}$$

$$k_2'=\frac{f_{abs}(m)-f_{abs}(m-1)}{f_{abs}(m+1)-f_{abs}(m)}$$

$$k_3'=\frac{f_{abs}(m)-f_{abs}(m-2)}{f_{abs}(m+2)-f_{abs}(m)}$$

$$k_4'=\frac{f_{abs}(m)-f_{abs}(m-1)}{f_{abs}(m-1)-f_{abs}(m-2)}$$

定义

$$\Delta k=\frac{k_1}{k_1'}+\frac{k_2}{k_2'}+\frac{k_3}{k_3'}+\frac{k_4}{k_4'}$$

当 $\Delta k<n\varepsilon$ 时(其中，n 为修正系数；ε 为故障行波衰减系数)，函数 $f_{abs}(m)$ 对应的数值就是故障反射行波波头到达时间 t_1。依次类推，计算多处故障反射行波波头到达时间 t_2，t_3，t_4，…，根据 $S_1=v\times(t_1-t_0)$，计算故障点 m 与起始点距离 S_1，同理，可计算得到 S_2，S_3，S_4，…的值。

4.5　故障行波自动定位算法

自动定位算法首先是对原始数据进行频谱分析和 FIR 滤波，根据分析结果确定有效行波信号频率值，在此基础上采用多种算法对行波数据进行分析处理，求取经处理后数据波形起始行波波头的特征值，根据此特征值定位故障行波波头起始点，最后将经处理后数据定位的行波波头起始点投影到原始数据的相应坐标点上，由于采样频率已知，则可根据初始信号波头与故障行波波头坐标差计算得到两者时刻差。自动测距定位时，通过监测测试时的温度、湿度和天气状况条件，利用软件自动匹配标准数据库中相应参数条件下的波速数据 v，利用此波速数据乘以故障反射行波波头与初始行波波头时刻差，得到故障距离 $S=\Delta t\cdot v$。根据此原理设计自动算法，对行波数据进行了处理，经自动算法处理后的波形有效地滤除了噪声信号及行波自身产生的振荡信号的干扰，对于行波波头起始点的定位较为准确。

4.6　行波故障类型的判断

故障性质的不同会引起反射行波在频谱成分和反射信号极性的变化，通过波头极性的对比和功率密度谱的比较可知，这两种算法的结合是相互辅助的，且可准确有效地判断故障性质。

对故障行波进行分析，首先确定初始行波波头位置以及故障反射行波波头的位置，通过初始行波与反射行波的波头极性的对比，初次判断出行波故障性质；然后，对故障行波信号进行快速傅里叶变换，求取行波信号的功率密度谱，对功率谱分析，检测是否是高频区间突变出了较大功率谱密度，来判断故障性质，并结合初次判断的结果，给出故障性质的判断结论。

5　模拟试验研究

模拟实验主要考察高压脉冲源放电电压、线路架设情况、故障点类型对故障行波波形的影响，掌握行波故障测距的影响因素，检验自动定位算法的准确性，并为自动定位算法的优化设计提供参考。模拟试验在固定安装厂房进行，采用 60 kV 直流高压发生器，5 μF 脉冲电容器，27.5 kV 户外真空断路器和数据采集系统(型号)组成，使用的线缆总长为 506 m。

5.1　放电电压值对信号检测的影响

基于对高压脉冲源放电电压值的大小不同可能会对信号的检测产生影响的考虑，提取不同电压值下的故障行波数据进行分析。选取具有代表性 10 kV 的实测信号波形为例进行分析，其反射行波信号波形如图 7 所示。

通过对不同放电等级下的故障行波波形进行分析可知，随着放电电压值的升高，经故障点反射后的行波信号波头会越来越尖锐，波头位置点也越来越明显。分析其原因，可能是由于行波信号中高频成分相对

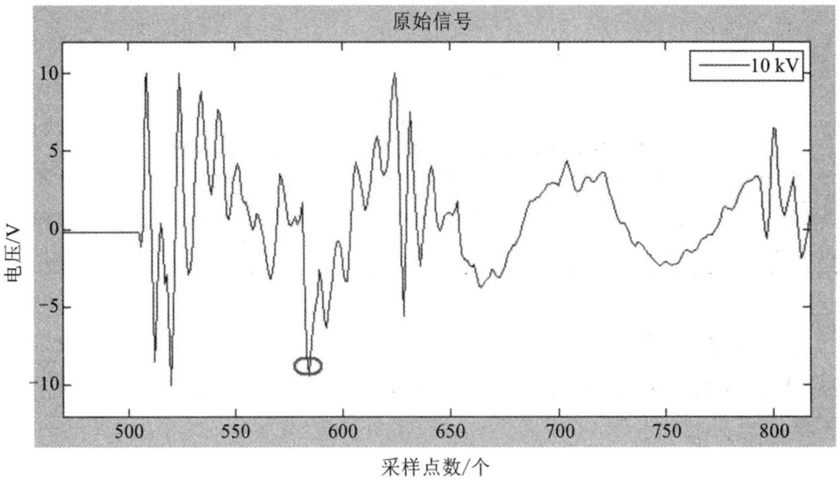

图 7　放电电压 10 kV 开路故障波形

于低频成分而言，其在传播过程中的衰减较大，在放电电压值较低的情况下，高频成分的衰减比较大，造成反射行波波头变化趋势慢，当加大放电电压时，初始行波成分中的高频分量幅值逐渐加大，相应反射行波中的高频成分也逐渐增加，使得反射行波波头变化趋势越来越明显。

5.2　开路与短路故障对行波测距的影响

经实验研究发现，在线路末端开路和接地状态下，行波信号频谱也会发生较大程度的变化。

5.2.1　短路条件下行波信号频谱的分析

在模拟实验线路末端接地的情况下，对 3 kV、5 kV 和 10 kV 放电电压值下的行波信号的频谱进行了分析。以 10 kV 放电电压下的行波波形和频谱分析结果为例进行说明，如图 8 所示。

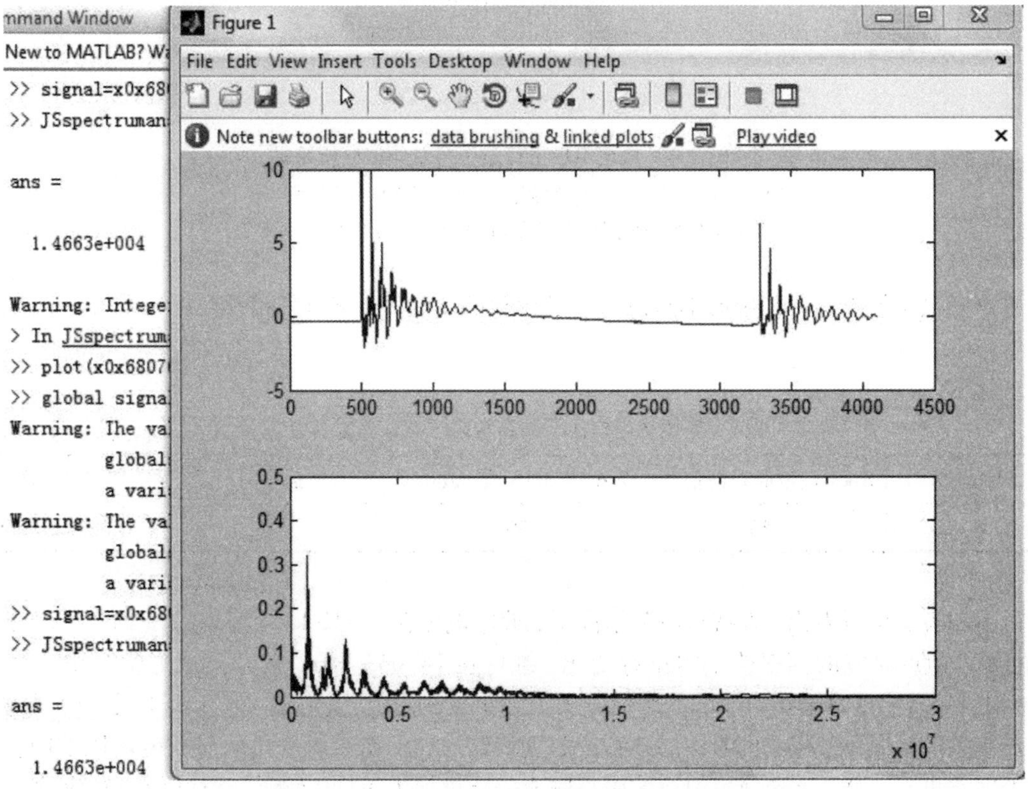

图 8　放电电压 10 kV 时行波信号及频谱分析结果

上图是行波波形信号，横坐标是采样值，纵坐标是电压值(V)；
下图是频谱分析，横坐标：频率值(Hz)，纵坐标：能量值(无单位)

对不同放电电压值下接地故障时的行波信号进行频谱分析，并求取频谱能量峰值点对应的频率，结果如表 1 所示。

表 1　不同放电电压下接地故障行波信号频谱分析

放电电压	3 kV 行波信号	5 kV 行波信号	10 kV 行波信号
峰值点频率/kHz	14.663	14.663	14.663

5.2.2　开路状态下行波信号频谱的分析

在模拟实验线路末端开路的情况下，选取 8 kV、7.6 kV、7 kV 和 5.6 kV 电压值下的行波信号的频谱进行了分析。以 8 kV 电压下的行波信号的频谱为例，波形如图 9 所示。

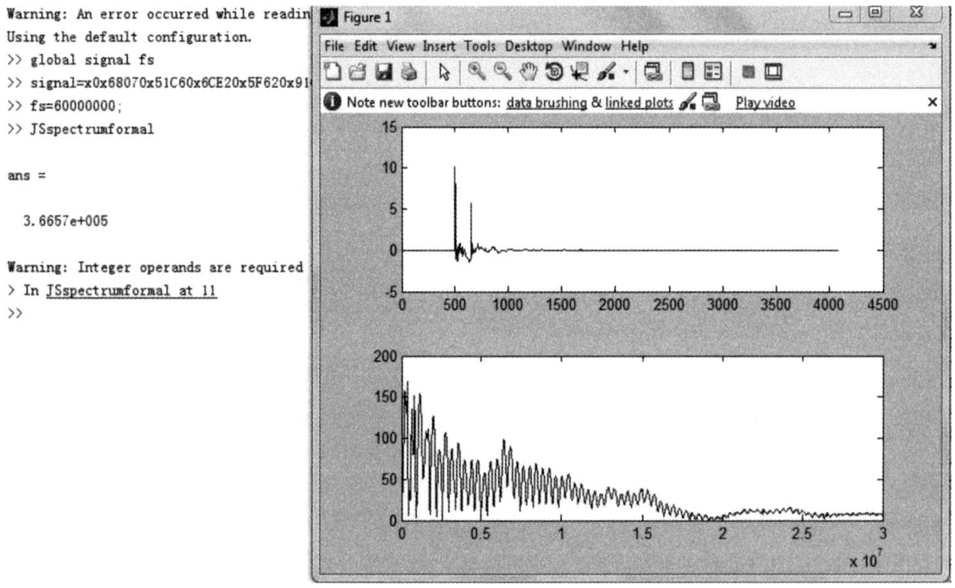

图 9　8 kV 放电电压下行波信号及频谱分析结果

上图是行波波形信号，横坐标是采样值，纵坐标是电压值(V)；

下图是频谱分析，横坐标：频率值(Hz)，纵坐标：能量值(无单位)

对不同放电电压值下接地故障时的行波信号进行频谱分析，并求取频谱能量峰值点对应的频率，结果如表 2 所示。

表 2　不同放电电压下开路故障行波信号频谱分析

放电电压	8 kV 放电时行波信号	7.6 kV 放电时行波信号	7 kV 放电时行波信号	5.7 kV 放电行波信号
峰值点频率/kHz	366	307	322	359

对照表 1 和表 2 可以看出，在接地故障情况下，放电电压在 3 ~ 10 kV 范围内变化时，频谱分析结果显示，频谱能量峰值点对应的频率值基本没有变化，维持在 14.663 kHz；在开路故障情况下，放电电压为 5.7 ~ 8 kV 时，频谱能量峰值点对应的频率值发生了较明显的变化，但都在 300 kHz 以上[9]。分析其原因，主要是在开路故障情况下，行波信号中的高频成分衰减较少。但由于每次试验时放电电压不同，对空气放电的时间等因素也不一样，就造成反射行波中高频成分能量损失不同，频谱能量峰值点对应的频率值也发生了变化。

5.2.3　分布参数改变对行波信号检测的影响

在其他环境因素相同的情况下，改变模拟实验线路的架设环境，分析线路周围环境对行波测试信号的影响。选取模拟实验线路架设于固安厂房金属框架和固安厂房围墙边上(无金属结构)两种情况。当实验电缆线紧靠天花板(金属材质)布置时，测试到的行波信号成分复杂，振荡严重，干扰较多，不利于对行波信号的检测；当实验线缆沿水泥墙布置时，测试到的行波信号相对干净，变化趋势明显。造成此现象的原因可能是，线缆周围的金属结构改变了线路本身的分布参数，当线路上有高压暂态行波通过时，金属框架和线路相互感应，会引起较长时间的振荡，在波形图上表现为信号呈欠阻尼形式的振荡，慢慢衰减到平衡位置，且反射行波被淹没在初始行波的振荡区间内，在波形图上并不明显。

由以上分析可见，线路架设的环境所引起分布参数的变化对信号的检测具有较大的影响。

5.2.4 行波自动定位算法精度分析

采用行波自动定位算法对固安厂房行波测试数据进行分析，以验证算法的定位精度，图10为经算法处理后的测试波形，在此基础上，采用行波波头自动定位算法进行分析，确定故障点，然后将故障点分别在原始波形和处理后的波形上进行标示，如图10中圆圈所示。

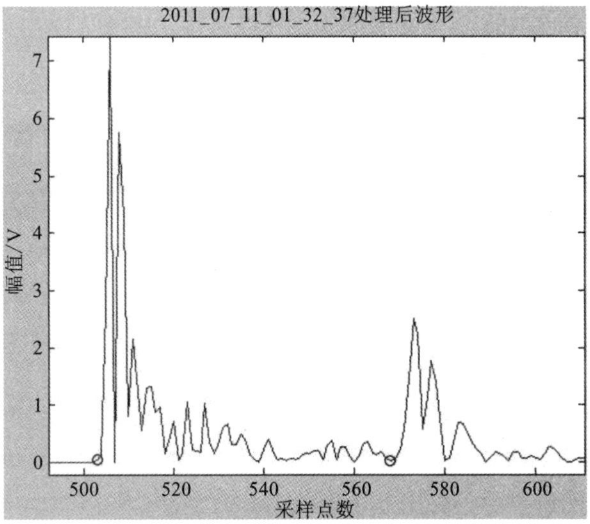

图10 固安厂房测试信号处理后波形

选取部分模拟试验测试数据对故障点进行定位，如表3所示。

表3 行波定位算法数据分析结果

测量时间	故障性质	起始点	反射点	点数差
2011年7月11日1:00	T线接地	504	569	65
2011年7月11日2:46	T线接地	503	560	67
2011年7月11日5:00	F线接地	502	572	70
2011年7月11日5:28	F线接地	503	571	68
2011年7月11日4:00	T－F线短路	502	572	70
2011年7月11日4:38	T－F线短路	471	538	67

为计算自动算法的定位精度，选取表3中点数差相差最大的两个数据进行误差的估计，读表可知，点数差的最小值为65，最大值为70，则相对误差 $=(70-65)/(70+65)=3.7\%$，按照线路总长153 m进行计算，换算成距离误差为 $\Delta S=153\times3.7\%=5.7$ m。

6 现场测试结果及数据分析

对现场数据的分析主要是为了验证本文所设计的行波测距系统在现场应用时的准确性和定位精度，并检验其对于现场复杂环境的适应性。试验地点选择在了京广高铁卫辉牵引变电所 213 馈线，该馈线供电线上网点距离变电所中心里程 580 m，线路总长 22.61 km。

6.1 上网点反射行波的分析

调取卫辉牵引变电所 213 馈线短路时的故障录波，并与 213 馈线倒闸时测试的波形数据进行分析比较。采用行波波头自动定位算法对变电所 213 馈线上网点的反射行波信号进行数据处理，分析结果如图 11(a)、(b)所示(图中圆圈为行波波头的位置点)。

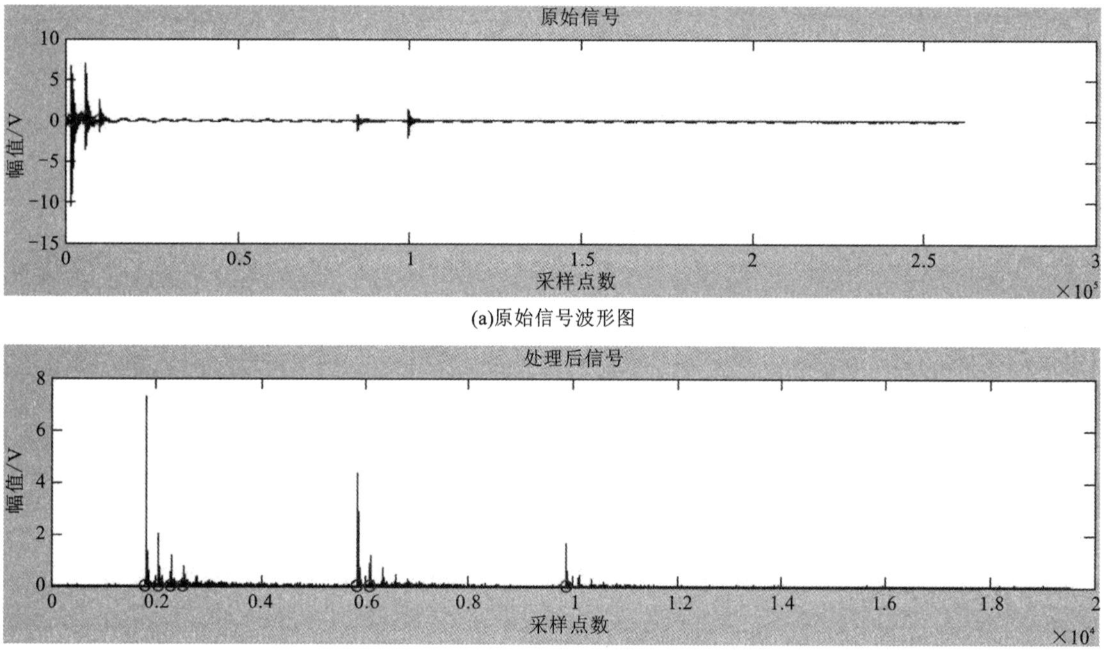

(a)原始信号波形图

(b)算法处理后信号波形图

图 11 卫辉变电所现场实测数据上网点定位效果图

如图 11 所示，在馈线倒闸情况下，暂态行波信号在线路起始端与上网点之间多次反射，慢慢衰减为零，行波波头自动识别算法定位了多次反射行波的波头。下面采用相同算法对多组现场测试数据进行了分析，统计结果如表 4 所示。

表 4 上网点反射行波信号统计结果

数据记录文件名	起始位置	第 1 次反射	第 2 次反射	第 3 次反射	第 4 次反射
2014 年 6 月 3 日 2：32	0	1	2	3	4
	2282	2518	2758	2997	3232
	△	236	240	239	235
2014 年 6 月 3 日 2：35	0	1	2	3	4
	1573	1810	2050	2287	2524
	△	237	240	237	237
2014 年 6 月 6 日 2：43	0	1	2	3	4
	10102	10339	10579	10818	11056
	△	237	240	237	238

续表 4

数据记录文件名	起始位置	第 1 次反射	第 2 次反射	第 3 次反射	第 4 次反射
2014 年 6 月 6 日 2：51	0	1	2	3	4
	16421	16658	16898	17135	17370
	△	237	240	237	235

注：表 4 中起始点与第 1/2/3/4 次反射数据值为采样点数，所使用采集卡频率为 60 MHz，△行数据表示相邻两个反射点间采样点数之差。

为验证行波波头自动定位算法的准确性，选取表 4 中采样点数差值的最大值 240 和最小值 235 计算相对误差，可得相对误差 $=(240-235)/(240+235)=1\%$。此外，根据采样点数和采样频率值，可以计算反射行波与初始行波的到达时刻差，即最小时间差：$\Delta t_{\min}=\dfrac{235}{60\times10^6}\text{s}$，最大时间差：$\Delta t_{\max}=\dfrac{240}{60\times10^6}\text{s}$；另根据模拟实验结果，取行波波速 $v=2.72\times10^8$ 为本线路上的行波传播速度，计算线路距离。可得算法分析最短距离：$\Delta s_{\min}=\dfrac{1}{2}\times\dfrac{235}{60\times10^6}\times2.72\times10^8=532\ \text{m}$，最大距离：$\Delta s_{\max}=\dfrac{1}{2}\times\dfrac{240}{60\times10^6}\times2.72\times10^8=544\ \text{m}$。

与卫辉牵引变电所上网点实际距离 $S=560$ 比较可得，最大绝对误差为 28 m。根据计算结果，算法分析上网点距离偏小。这可能由于相对于 10 kV 模拟实验电压等级，实际线路上电压较高。因此，实际线路上行波成分中高频成分更多，行波传播速度较模拟实验时要更大。

6.2　线路末端反射行波的分析

为了提高故障反射行波波头的定位精度，采取措施过滤上网点反射行波，并调整上网点反射行波分析算法，波形如图 12(a)、(b)所示。

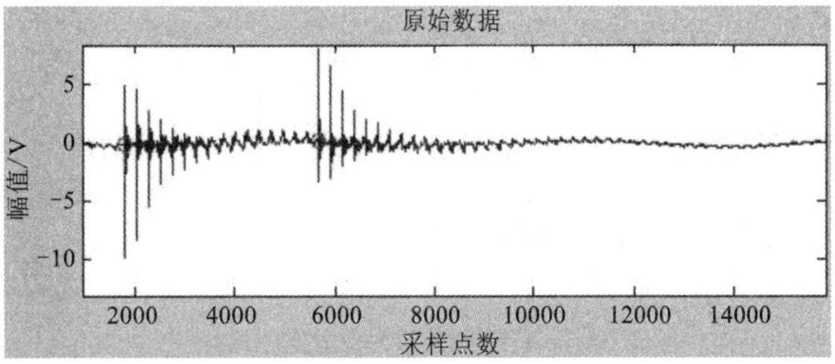

(a)原始信号波形图

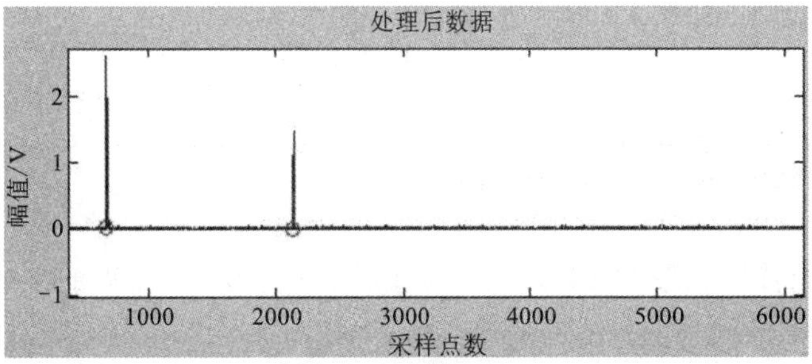

(b)算法处理后波形图

图 12　卫辉牵引变电所 213 馈线算法处理前后波形图(1)

对另一组数据进行分析，结果如图 13 所示。

对图 12、图 13 的波形进行比较分析，得到卫辉牵引变电所 213 馈线测试结果如表 5 所示。

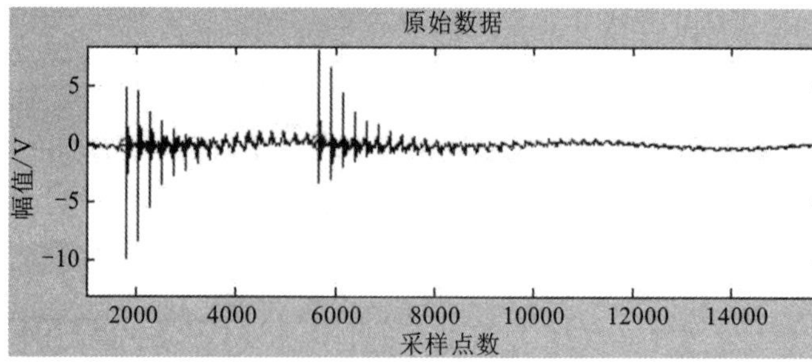

(a)原始信号波形图

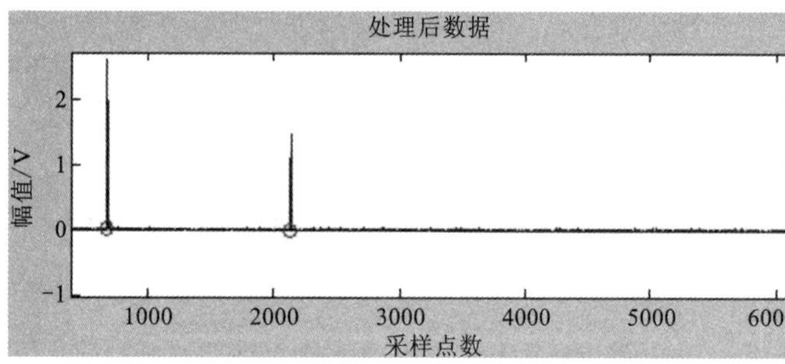

(b)算法处理后波形图

图 13 卫辉牵引变电所 213 馈线算法处理前后波形图(2)

表 5 卫辉牵引变电所 213 馈线测试结果

	数据 1		数据 2	
波头号	起始点	反射点	起始点	反射点
测试值/点	1326	5356	1785	5854
时间间隔/μs	0	82.79	0	82.413

根据时间间隔以及行波波速计算线路距离，结果如表 6 所示。

表 6 卫辉变电所 213 馈线测距结果

测试数据	实际值/km	测量值/km	误差值/%
数据 1	22.61	22.519	0.20
数据 2	22.61	22.416	0.43

注：误差 =(实际值 - 测量值)/(测量值 + 实际值)×100%。

也就是说，接触网供电臂长度为 22.61 km，定位相对误差小于 1，测得的接触网短路故障点距离变电所的位置误差最大为 50 m。

7 运行故障定位情况及分析

按照上述行波测距法的工作原理及定位算法，研制了一套复用式多型行波技术的高速电气化铁路接触网故障测距装置，该装置在全并联(AT 所、分区所都并联)AT 供电方式的北京 - 广州高速铁路卫辉牵引变电所郑州方向的 213、214 馈线运行。

7.1 卫辉牵引变电所 213、214 馈线跳闸情况

2015 年 9 月 21 日 12：30：11：298，卫辉变电所郑州方向上下行 214、213 跳闸；距离 I 段保护动作，重合成功。故障测距装置指示：AT 测距法，郑州下行 213T - R 故障，故障距离 17.29 km，公里标：

579.3 km；213 馈线电压：28.8 kV，电压 Ut：14.28 kV，电压 Uf：14.51 kV，馈线电流：3200.62 A，T 线电流：1867.28 A，F 线电流：1336.42 A；线路阻抗角：70.8°，电阻：2.97 Ω，电抗：8.46 Ω。跳闸原因：机车故障造成新乡东车站站场内 979#支柱定位南侧第一吊弦悬挂点向南 2 m 处接触线烧伤。此故障点距离牵引变电所的位置 17.76 km，测距绝对误差为 17.76 − 17.29 = 0.47 km，相对误差为 0.47/17.76 × 100% = 2.65%。

7.2　行波测距装置采集的波形比较

如图 14 所示，用两个不同特性的传感器在数据采集器的两个测量通道同时采样一个行波信号进行比较，测量通道 1 深色波形是由 Tek 传感器(3 dB 带宽 8.5 kHz ~ 100 MHz)测得，信号 1 拾取了线路中的所有高、低频的突变和缓变信号，包括站场回路中的缓变的低频信号；绿色波形 2 是行波专用传感器 T2 的信号，对低于 200 kHz 信号有明显的滤波作用，滤除了站场处等多股道的低频非突变信号，对波阻抗产生突变处的快速变化信号灵敏度高，反射波尤其明显。

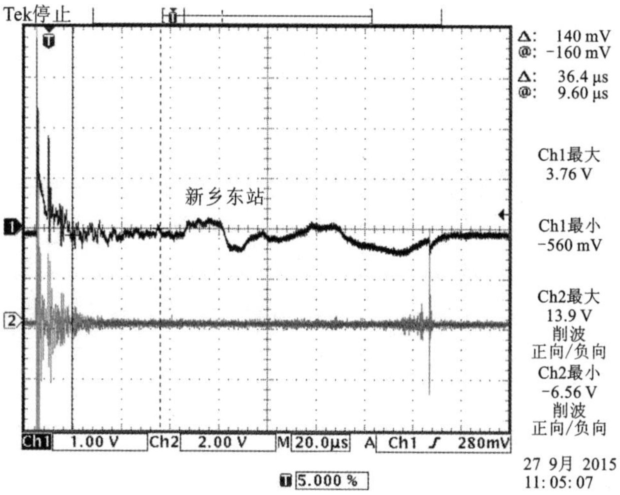

图 14　卫辉牵引变电所 213 馈线跳闸采集波形图

由图 14 看出，两个波形在离入射波约 160 us 处均出现明显的反射波。取故障行波速度约 220 m/us，则装置测得接触网短路故障点距离卫辉牵引变电所的来回距离约 $160 \times 220 \times 10^6 = 35.2$ km = 2 × 17.6 km，测量绝对误差为 17.76 − 17.6 = 0.16 km，相对误差为 0.16/17.76 × 100% = 0.9%，定位误差小于 1%。与 AT 测距法相比，无论测距的绝对误差还是相对误差，行波测距法测距误差相对较小，定位较准确。尤其行波专用传感器可以较彻底地滤除掉非故障的缓变信号，这对于行波测试系统只采集线路中的发生故障时的突变信号，获得准确的故障信息是非常有利的。

7.3　接触网结构、站场股道、不同供电方式等对测距装置定位的影响

7.3.1　接触网的结构高度、站场股道的影响

从图 14 波形对比看出，接触网站场的结构高度、股道的多少等分布参数在波形图曲线上反映的只是幅值的缓慢变化，而没有发生波形突变，只有当接触网线路上有故障发生，波阻抗发生突变时，在波阻抗突变的地方就会产生行波的强烈反射，行波信号才会产生突变。而接触网站场的结构高度、股道的多少不能使波形发生突变，故它对行波故障测距精度影响甚微。

7.3.2　短路点阻抗的影响

行波测距法是根据行波传输理论，利用行波到母线的传播时间与行波波速之积计算故障点到母线的距离。与阻抗法相比，行波法的测距精度和稳定性不受过渡电阻及牵引负荷特点等的影响，并且由于行波的波速度较为稳定，因此短路点阻抗的存在，对测距精度影响不大，测距精度能够得以保证。

7.3.3　全并联 AT 供电方式不同故障型式的影响

(1)接触网 T 线故障

2015 年 9 月 21 日 12 时 30 分，卫辉牵引变电所郑州方向下行 213 馈线发生 T 线故障，既有故标测距绝

对误差为 0.47 km，相对误差为 2.65%，而行波测距装置测量的绝对误差为 0.16 km，相对误差为 0.9%，定位误差小于 1%。与 AT 测距法相比，测距定位非常准确。

(2)接触网 F 线故障

从以上复用式多型行波的测距原理以及 2015 年 9 月 21 日，发生在京广高铁卫辉牵引变电所郑州方向下行 213 馈线发生的 T 线故障行波装置的测距情况来看，尽管在装置运行期间，接触网线路未发生 F 线故障，但装置的测距定位依然准确。

(3)接触网 T－F 线故障

就目前我国运行的 AT 供电方式，不论上下行电流比法还是 AT 中性点吸上电流比法等，当接触网线路发生 T－F 线短路故障时，接触网故障的定位都是依据分段线性电抗法进行的，而复用式多型行波测距原理由于与以上的测距原理不同，且在装置运行期间，接触网线路没有发生过 T－F 线故障，在这里不再论述。其测距定位精度以及在此情况下存在什么问题，有待于今后进行研究。

(4)BT 供电、直接供电方式的影响

由以上分析可知，复用式多型行波测距原理是当接触网线路发生故障时，波阻抗产生突变，利用波阻抗的突变点，确定故障点。它与上下行电流比法、AT 中性点吸上电流比法、分段线性电抗法等的测距原理不同，且与接触网发生故障时的短路电抗无关，因此 BT 供电、直接供电等方式以及高阻接地故障，不影响其故障定位的准确度。

7.4 接触网压变化对装置检测分辨能力的影响

由以上分析可知，行波测距装置接触网故障点的定位是依据波阻抗的突变，当接触网线路发生故障时，波阻抗产生突变，在波阻抗突变的地方，就有故障信号的反射，就能进行接触网线路故障的定位，因此，故障的定位与接触网的网压没有任何关系，网压的波动不影响装置检测的分辨能力。

8 行波测距对高阻接地故障定位的应用前景

高阻接地保护是电气化铁道馈线保护常设的一种保护，它是防止接触网线路发生断线时，接触线断点落在线路的路基道砟上，馈线保护不动作而设置的。它是按照列车的启动电流进行整定的，如目前高速铁路的动车组，启动电流为 800 A，整定电流为 $1.3\times800=1040$ A，电流不大。由于设计院不同，保护时间整定也不一样。

郑州铁路局新乡供电段管辖的京广高速铁路、郑焦城际铁路以及中南部通道瓦日线等，在线路开通送电时，按照有关规定，都进行了短路试验，但在模拟试验高阻接地保护时，全部都没有试验成功。

当接触网线路发生高阻接地故障时，常规供电方式(包括 BT 供电、AT 供电、直供＋回流线等)，故标装置的测距原理都是采用电抗法，即通过测量接触网线路发生短路故障时的稳态短路电压、短路电流，计算出短路电抗值，来测量短路点距离牵引变电所的故障距离。而行波法测距的原理是，利用暂态电压、电流故障分量，计算出测量电压、电流行波在线路上传播的时间，只要波阻抗发生突变就会有突变的波反射，利用波阻抗的突变点，确定故障点，计算出故障距离。不仅两者对高阻接地故障点的定位原理不一样，而且行波法测距与接触网发生故障时的短路电抗也无关，不受接地点过渡电阻的影响。因此，当接触网线路发生高阻接地故障时，行波测距对高阻接地故障定位精度几乎没有影响，其测距精度能够得以保证。

9 结束语

本文根据现代不同类型行波测距方法的基本原理，通过分析、研究和试验，设计了一种多型行波复用式测距算法，探讨了影响测距的各种因素，并研制了一套高速电气化铁路接触网故障测距装置。该装置在京广高铁卫辉牵引变电所运行期间，与既有的接触网故障标定装置并联运行，能够准确地测量接触网发生 $T-R$ 故障时的短路点距离和牵引变电所位置，而且指示误差极小，达到了快速查找接触网线路故障点的目的，且不受接触网短路形式的影响。

参考文献

[1] 束洪春，田鑫萃，董俊，等.利用故障特征频带和TT变换的电缆单端行波测距[J]. 中国电机工程学报，2013，22(33)：103－112.

Shu Hongchun，Tian Xin Cui，Dong Jun，et al. The single ended traveling wave fault location of the cable using the fault characteristic frequency band and TT transform [J]. proceedings of the China Electrical Engineering，2013，22 (33)：103－112.

[2] 魏绍康，陈平，蒋映辉.一种不受波速影响的单端行波测距方法[J]. 电力系统保护与控制，2013，41(13)：76－81.

Wei Shaokang，Chen Ping，Jiang Yinghui. A single ended traveling wave fault location method which is not affected by wave velocity [J]. power system protection and control，2013，41 (13)：76－81.

[3] 尹晓光，宋琳琳，尤志，等. 与波速无关的输电线路双端行波故障测距研究[J]. 电力系统保护与控制，2011，39(1)：37－39.

Yin Xiaoguang，Song Linlin，you Zhi，Zhu Zizhao. Study on the fault location of double ended traveling wave fault location of transmission lines unrelated to wave speed [J]. power system protection and control，2011，39 (1)：37－39.

[4] 鲍廷义，汪志成，吴仲朗.基于小波变换自适应匹配的高速铁路牵引网故障单端行波定位法[J].科学技术与工程，2012.

Wang Zhicheng，Wu Zhonglang，Bao Tingyi. Fault location method of single ended traveling wave of high speed railway traction network based on adaptive matching of wavelet transform [J]. science and technology and engineering，2012－09－08.

[5] 彭佳扬，罗永，杨路明，等.基于小波变换的代谢网络比较方法[J].湖南大学学报(自然科学版)，2011(5).

Peng Jiayang，Luo Yong，Yang Luming et al. A comparative method of metabolic network based on wavelet transform[J]. Journal ofHunan University (NATURAL SCIENCE EDITION)，2011(5).

[6] 覃剑，陈祥训，郑建超，等.利用小波变换的双端行波测距新方法[J]. 中国电机工程学报，2000，20(8)：6－10.

Tan Jian，Chen Xiangxun，Zheng Jianchao，et al. A new method of double ended traveling wave fault location using wavelet transform [J]. proceedings of the Chinese society of electrical engineering，2000，20 (8)：6－10.

[7] 周湶，卢毅，缪瑞金.基于小波包提取算法和相关分析的电缆双端行波测距[J]. 电力系统保护与控制，2012，40(1)：1－4.

Zhou Quan，Lu Yi，Miao Ruijin. Based on the wavelet packets extraction algorithm and correlation analysis of cable double terminal traveling wave fault location [J]. Power system protection and control，2012，40 (1)：1－4.

[8] 张正团，文峰，徐丙垠.基于小波分析的电缆故障测[J]. 电力系统保护与控制，2003，27(10)：49－52.

Zhang Zhengtuan，Wenfeng，Xu Bingyin. Power system protection and control，2003，27 (10)：49－52.

[9] 汪志成，周书民，吴仲郎，鲍廷义. 故障性质对高速铁路牵引网行波测距的影响[J].东华理工大学学报(自然科学版)，2014(2).

成都铁路局复杂线路 4C 装置应用研究

韦友春

(中国铁路成都局集团有限公司供电处)

摘　要: 成都铁路局接触网零部件缺陷问题日益突出，如既有 4C 装置(接触网悬挂状态检测监测装置)就存在着逆光效果差、智能识别能力不足的问题。但成都局普速线路 4C 装置通过对软硬件的改进，解决了图像的抗逆光问题；通过对图像采集到缺陷检测的算法的设计，提升了智能识别能力，在普速线路接触网悬挂部件检测中，效果良好。

关键词: 4C 装置；抗逆光；智能识别

1　概述

成都铁路局管辖范围广、管内地形复杂，其线路穿过高原、盆地、山区、平原，沿线接触网为适应多种地形，呈现出复杂、多样的悬挂方式。此外，管内气候多变，水文环境复杂，自然灾害频发，接触网线路老旧、脏污严重，随着服役时间的增长，接触网零部件缺陷日益增多，急需有效的方式识别、定位故障，从而指导接触网零部件的维修。

国外对接触网的检测研究较多，但主要是对接触网几何参数以及弓网相互作用参数进行测量，而对接触网零部件识别的研究较少。国内对接触网零部件的检测主要是使用 4C 装置，但既有 4C 装置对于普速线路的检测，存在较为严重的逆光问题；智能识别也仅仅停留在宣传阶段，未能投入现场应用，对接触网悬挂零部件机械故障的检测也主要通过技术人员对图像进行查看的方式进行，这将带来巨大的人力消耗。

在该背景下，成都局针对既有 4C 装置现状，结合成都局普速铁路接触网现状，与国内优秀的 4C 装置研发厂家进行联合研发，研制出了适应于成都局普速线路的 4C 装置。

2　既有 4C 装置存在的问题

2.1　逆光问题

目前市场上各 4C 厂家使用的相机普遍存在严重的逆光问题，在逆光时拍摄效果极差，图 1 为逆光情况下的现场拍摄图，由图 1 可知，当稍有逆光时，图像质量便会受到较大影响，当逆光程度稍强时，甚至会出现图像反装，导致不能看清任何设备的情况。严重的逆光问题给技术人员的查看带来了极大的不便，也给进一步的智能识别和数据管理带来了极大的阻碍，使 4C 装置对现场维修的指导作用大打折扣。

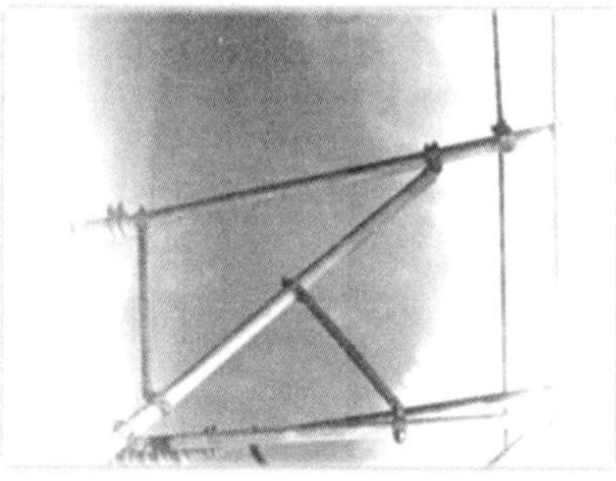

图 1　逆光时 4C 拍摄图像(左图逆光程度较轻，右图较重)

引起 4C 装置严重逆光问题的因素主要有以下三点：

(1)为不影响列车正常运行，普速铁路接触网检测利用天窗点进行检测，为全天候检测，而在白天检测时，背景光照过强，容易出现严重的逆光问题；

（2）既有相机的自身问题，导致图像逆光问题严重；

（3）4C 装置自带的光源光照强度不足，通常为弥补这一缺点，需要调大相机光圈，以此来增大进光量，但这在一定程度也促进了逆光现象的产生。

总之，要解决 4C 装置的逆光问题，需综合考虑以上多个因素。

2.2　智能识别难点

既有 4C 装置在成像、定位到状态检测等方面面临着诸多难题，因而智能识别效果不佳。在面对成都铁路局复杂线路接触网悬挂状态检测时，智能识别面临的问题十分突出，主要有以下几点：

（1）成像质量问题。4C 装置安装于机车顶部，其成像效果受到光照条件、线路类型、运行车速、机车震动等多种因素的影响，而成都局普速线路经过的地形多样，成像背景复杂，且光照条件多样（从无光照的隧道到太阳直射的平原），故图像亮度不均匀，使得目标物和背景难以分割。此外，成都局普速线路大多老旧，检测车车体振动较为剧烈，导致图像中的感兴趣区域会呈现出多姿态样式；

（2）接触悬挂零部件定位问题。以设备中 2900 万像素拍摄定位装置的相机为例，其拍摄范围为 2600 mm × 1800 mm，而定位器线夹大小约为 72 mm × 30 mm，其在生成的图像中所占面积较小（虽然图像具有 0.4 mm/pixel 空间分辨率，可清晰反映定位器线夹状态），而图像中大部分的物体为非关键部位和背景，干扰性较强，直接使用传统的模板匹配及滑动窗检测等通用定位识别算法时，其检测效率和检测精度都较低；

（3）接触悬挂零部件缺陷检测问题。铁路接触网悬挂零部件繁多，故障类型多种多样，甚至同一件部件，其故障程度也有所不同，使接触悬挂的缺陷识别变得极为繁琐。

3　成都局普速线路 4C 装置问题解决

3.1　逆光问题的解决

在无法改变成都局 4C 装置白天检测的前提下，必须从设计层面解决逆光问题。4C 装置逆光问题主要是由于相机本身性能及光源亮度不足引起的，前者是根本原因，后者会导致逆光问题进一步加重。因此，这两点是解决本问题的出发点。

3.1.1　相机性能的提升

在相机研发过程中，通过全方面长时间的测试，发现最新的 CMOS 大分辨率芯片在感光及抗逆光效应方面都有明显的提升，基于此，将该芯片引入到了本项目中，并通过设计后端控制电路，将感光性能进行了进一步的提升，再通过硬件算法，对逆光图像进行了处理，使得逆光图像质量有了明显的提升。

3.1.2　高亮光源的研制

高亮光源研制的目的，在于通过提高光源亮度，降低拍摄到足够亮度的图像所需的光圈 F 值，以进一步降低逆光对图像质量的影响。

目前，既有 4C 装置光源普遍为常规 HID 光源，该光源具有亮度较高、均匀性较好的特点，但该光源亮度已经达到了行业里面的很高水平，要在既有光源的基础上，提高光源亮度具有很大的难度。基于此，在项目开展过程中，我们对光源亮度进行了深入研究，通过增加光源电容及改进触发通路，提高了单次光源触发释放的能量，达到了极大提高光源亮度的效果。同时，我们通过光源结构的一体化设计（外形如图 2 所示），实现了双光源的互补性光源补偿，进一步提高了光源亮度，降低了光圈 F 数（光圈大小从 F4 降到了 F8），极大地减小了逆光环境对图像质量的影响。

3.2　智能识别提升

（1）成像质量问题解决：对原始图像进行图像预处理，以消除图像噪声，实现图像亮度的均衡，从而改善图像质量。

以绝缘子图像为例，由于光照、天气等外界因素的影响，绝缘子自身反光不均匀，造成每片绝缘子都存在斑点或图像色素差别较大，为了减少绝缘子的图像不均匀问题，须对图像进行预处理。通常采用非线性的中值滤波方法。图 3、图 4 分别为预处理前、后绝缘子图像。

图 2　一体化光源结构

图 3　预处理前绝缘子图像

图 4　预处理后的绝缘子图像

(2)接触网悬挂零部件定位问题解决：采用对零部件先进行粗定位，再进行零部件的精确定位的技术流程，解决了直接定位目标零部件存在的特征不明显问题，提升了检测效率和检测精度。即先通过零部件所在局部区域的特征获得包含目标零部件的感兴趣区域，再根据目标零部件的特征获得其在感兴趣区域中的位置，从而实现准确定位。

以定位线夹的定位为例，首先对原图进行预处理，再通过 canny 边缘检测算法[1]和形态学膨胀将图中的物体与背景分离。然后对分割后图像进行直线检测，利用 Hough 变换[2]获取图像中直线。随后根据定位器安装角度在一定范围之内这一先验经验获得可能的定位器所在，其端点即为候选的定位线夹区域。再通过定位线夹与接触线相交的 T 形结构特征[3]和机器学习算法滤除部分候选区域，即可完成定位线夹的粗定位。定位线夹的粗定位的过程如图 5 所示。最后利用线夹位于定位器下方的先验知识，通过二值化图像分割、直线检测方法等，提取只包含定位线夹的区域，完成定位线夹的精确定位。定位线夹精确定位后的图像如图 6 所示。

(3)接触悬挂零部件缺陷检测问题解决：根绝接触悬挂的缺陷特征将故障类型分为松脱类故障、破损类故障等七大故障类型，总结各部件常见的故障类型，并结合具体部件特征和故障特征设计检测算法。

以定位线夹为例，其常见故障形式为螺母松脱，考虑到螺母松脱后螺栓高宽比会发生变化，则可根据线夹螺栓高宽判断定位线夹是否故障。定位线夹螺母脱落情况判断如图 7 所示。

4　成都局 4C 装置在普速线路中的应用

成都局 4C 装置采用本文所述的方法，在成都铁路局普速线路接触网悬挂状态检测中效果良好。

逆光问题的解决，使得 4C 装置的抗逆光能力大大增加，较之既有的 4C 装置，其优势明显，为接触网零部件的检测和识别提供了良好的数据来源。图 8 所示为成都局 4C 装置的逆光图像，图 9 所示为国内其他厂家 4C 装置拍摄的逆光图像。

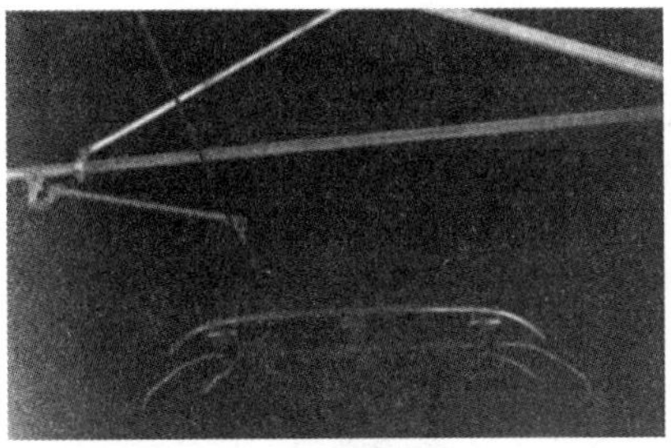
(a)原图

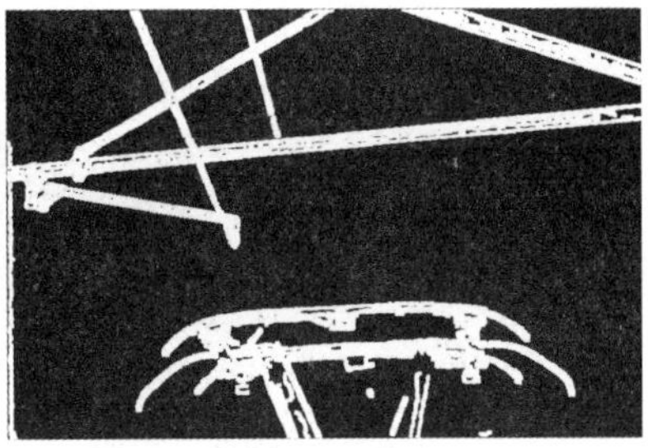
(b)图像预处理

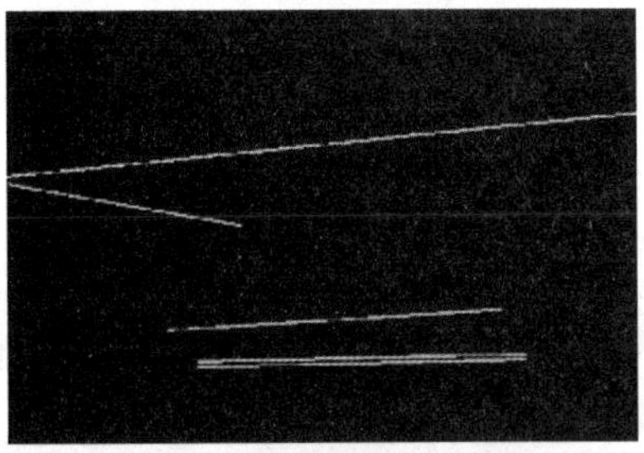
(c)直线检测

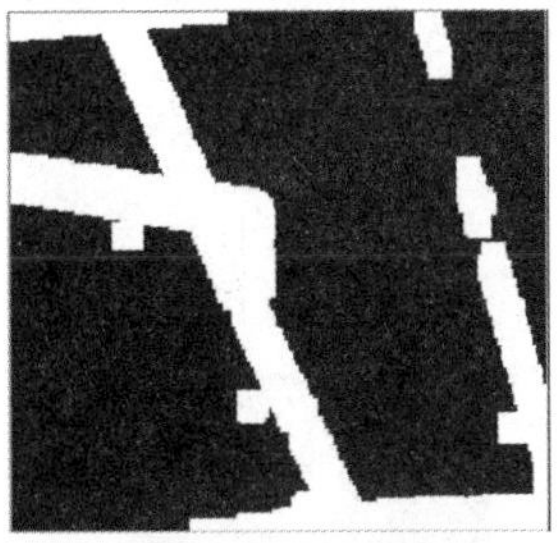
(d)初步提取候选区域

(e)T形结构判断

(f)粗定位

图 5　定位线夹粗定位

(a)定位线夹粗定位

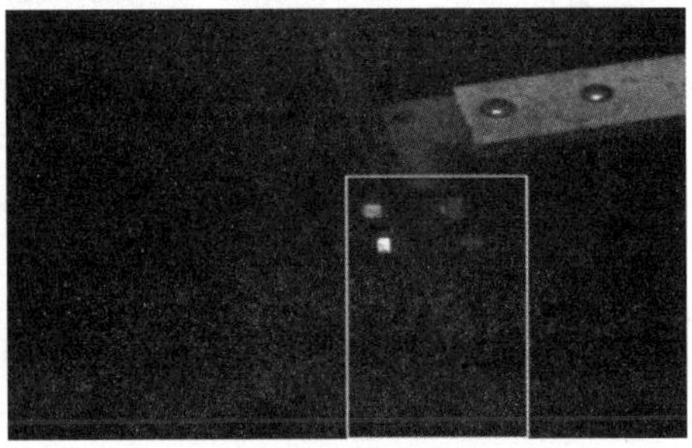
(b)定位线夹精确定位

图 6　定位线夹精确定位

智能识别的使用也取得了不错的效果。2016 年 12 月，在成都局普速线路接触网的检测中，4C 装置对全线 3215 km 内的 72300 个杆位的图像进行了缺陷识别，共发现 389 处零部件缺陷。部分故障如图 10 所示。

图 7　定位线夹缺陷检测

图 8　成都局 4C 装置逆光图像图(左图逆光程度较轻，右图较重)

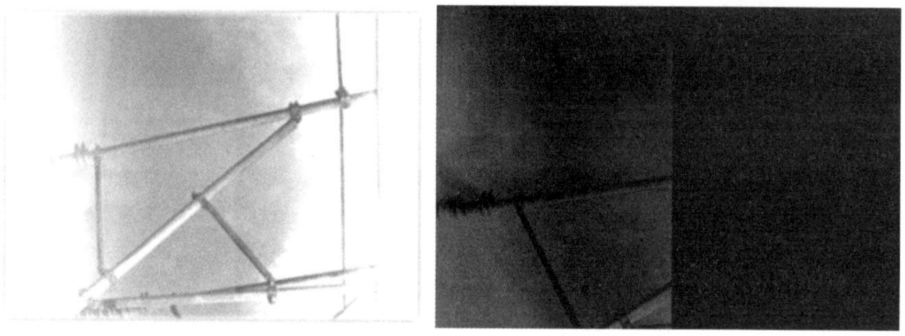

图 9　其他厂家 4C 装置逆光图像(左图逆光程度较轻，右图较重)

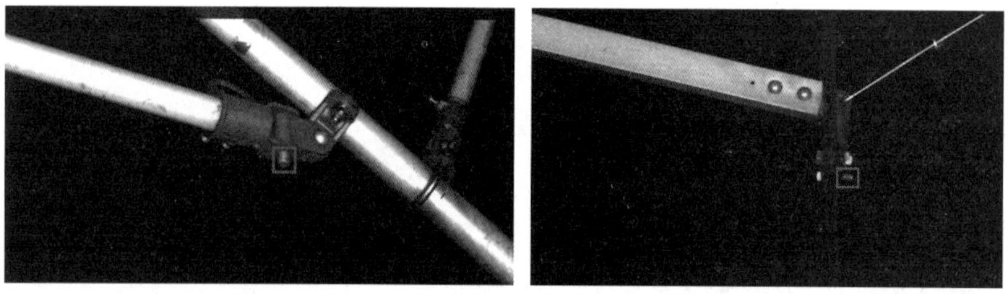

(a)定位器底座开口销缺失　　(b)定位线夹螺母缺失

图 10　成都局 4C 装置识别缺陷示例

5　成都局 4C 装置在运营线路检测中取得的实效

(1)运用概况

自 2017 年起，成都局利用改进后的 4C 检测装置对接触网设备加大了检测频次，同时结合山区铁路特点规范分析流程，充分发挥了 4C 装置的作用。截至 8 月底，共计检测线路 11807 千米，拍摄照片 200 余万张。经筛查分析，共计发现各类缺陷 10600 处，其中高危级缺陷 1 处，一级缺陷 15 处，二级缺陷 10584 处。缺陷主要以零部件安装方式不正确居多，另外还存在部分螺栓松动的情况。

(2)典型案例

典型案例如图 11 所示。

贵阳北供电段内六线金钟－凉水井区间107#悬瓶破损1片

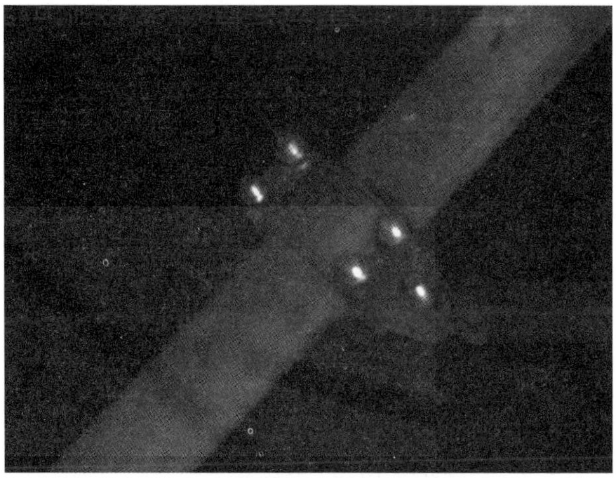

重庆供电段川黔线綦江北－綦江区间30#定位管支撑上端螺栓无螺帽无开口销

西昌供电段成昆线凉红－埃岱窄板沟隧道79#定位角鸭嘴销钉松脱

重庆供电段川黔线綦江站9#，承力索补偿装置滑轮破损

图11　典型案例图

6　结语

成都局4C装置采用的新的逆光技术，成功地解决了在接触网悬挂状态检测中普遍存在的严重逆光问题，在成都局普速线路中的实测效果良好。其能对部分典型缺陷进行有效识别，但因为缺陷样本的数量稀少、部件种类与故障种类的繁多以及环境干扰强烈等问题，其智能识别的功能依然不足，智能识别算法的鲁棒性有待进一步提高。

随着缺陷样本的种类和数量进一步增加，以及更加稳定、通用的算法的研究和应用，能够识别的故障种类将越来越多，故障准确率也将逐渐提高，该4C装置亦会为成都局线路的维修工作提供更好的服务。

参考文献

[1] Canny J. A Computational Approach to Edge Detection[J]. IEEE Transactions on Pattern Analysis & Machine Intelligence, 1986, 8(6): 679.

[2] Hough P V C. Method and means for recognizing complex patterns: U. S. Patent 3, 069, 654[P]. 1962－12－18.

[3] 张春春，王嵩，张冬凯，等. 基于图像处理的接触网定位线夹目标检测[J]. 铁道科学与工程学报，2015(6): 1478－148.

接触网电力设备大数据系统管理应用探讨

曹 海

(中国铁路太原局集团有限公司大同西供电段)

摘 要: 针对既有接触网电力设备管理存在的问题，阐述了实行接触网电力设备大数据管理的必要性，提出了应用大数据系统管理的建议。

关键词: 接触网；大数据；平台系统应用

1 大数据管理的必要性

既有接触网电力设备管理存在的问题：

(1)基础管理混乱

接触网电力设备管理基础主要为设备底数及基础图纸管理，由于近年来设备更新改造多，技术管理人员大部分精力都耗费在现场管理当中，在设备底数及设备基础图纸的更新上存在严重的滞后，导致接触网电力设备管理中底数不清、图纸不准的现象时有发生。基础管理混乱的局面，造成在落实上级部门交办的每一项工作时，工作效率不高，同时人力、物力、财力重复耗费，加大了企业安全生产的运营成本。

(2)日常统计总结事务性工作任务繁重

从接触网电力设备管理现状来看，不管是车间技术管理人员，都还是段级管理部门技术管理人员，将大部分时间精力用于统计、汇总、上报各类报表总结上了，而不能将主要精力真正投身于设备管理当中。

(3)设备检测修台账杂乱分散

目前牵引供电系统班组填写台账主要有接触网电力设备巡检测台账、客车通道台账、九防台账等多套台账，各班组台账填写存在分散混乱、重复填写等现状，故对目前台账进行规范合并，并建立一套统一的台账系统，以减轻班组负担，势在必行。

(4)基础资料、技术规章、6C 数据、施工管理、设备跳闸故障与设备检修脱节

从接触网电力设备专业管理来看，目前存在的主要问题有以下几个方面：

一是基础资料与设备管理存在脱节，不能有机统一，基础资料不能真正指导生产，生产不能真正完善基础资料。

二是技术规章及技术文件与设备管理存在脱节关系，比如针对某个设备的管理到底有几个技术规章文件规定，每个规定如何指导设备管理，目前的技术规章还无法为设备管理提供强有力的科学支持。

三是现在 6C 管理与接触网设备管理脱节严重，6C 管理不能为生产提出指导性的作用，6C 缺陷数据不能为设备检修提供指导依据，只是为了处理缺陷而处理缺陷。

四是施工管理混乱，从可研到设备线路开通，没有形成完整的资料，而且施工前后的设备变化情况及设备基础资料不能及时得到完善。

五是设备的巡视、测量、检修不能有机统一，现有巡视、测量台账不能真正地指导设备检修，存在盲目检修的局面。

六是设备跳闸及设备故障与设备检修不能有机结合，不能使跳闸与故障的次数及原因，有针对性地指导设备检修。

七是目前设备的检修管理，基本上是靠车间技术管理人员的经验及实际情况进行检修的，很大程度上存在着状态修的局面，使每年的集中修，不能做到将精力真正投身于最需要检修的设备身上。

故利用信息化手段，通过网络将分散的局面有机统一，形成以供电基础信息为依托，将基础管理、技术规章管理、设备跳闸故障管理、设备运营检修管理、设备施工管理、6C 检测管理有机联动并成为动态实时更新的有机整体，使设备巡、检、测有机统一，实现供电设备科学合理检修，实现总结报表智能化分析汇

总功能，为车间及段技术管理人员减负，实现以设备检修质量为落脚点的牵引供电管理大数据平台系统，势在必行。

2　以解放劳动力，实现智能检测监测供电设备为目标，利用科技信息化手段，不断提升供电设备管理水平

2.1　依靠科技信息化手段，打造接触网电力设备智能统计基础信息库

利用科技手段为接触网电力关键设备安装识别芯片，以实现对接触网电力设备的精准定位、智能统计功能，打造一套最全面最细致的设备底数信息库。

具体以接触网、电力设备的基本构造组成为依据，以设备履历、设备底数、设备图纸及一杆一档系统为参考，以检修模块为结合点，形成一套完备齐全完善的基础数据底数库，为后续大数据平台开发模块打好基础。

2.2　依靠科技信息化手段，打造接触网电力设备全方位监控、监测、远程控制体系

利用最先进的科技信息化手段，实现对接触网电力设备的全方面监控、监测、远程控制，可以大大解放释放劳动力，不断提高设备管理水平。

利用科技信息化手段，根据现场实际情况，以接触网电力关键设备管理为依托，在不同位置安装高清摄像头，实现对接触网电力设备的全方位视频监控管理，为各班组、各车间、段机关安装视频监控服务器，实现各级设备管理者坐在家里就可以在第一时间清晰查看现场设备情况，从而大大解放人员生产力，以科技信息化手段，提高设备监控力度。

不断引进先进监测技术，实现对接触网数据参数的全方位检测监测，实现接触网电力设备运行状态实时监控，发生故障准确判断故障点，为接触网电力设备检修及应急抢修提供依据。

不断引进科技手段，实现对接触网电力设备隔开、断路器远程控制，缩小故障影响范围，缩短故障处理时间。

2.3　依靠科技信息化手段，打造接触网电力设备科学检修分析平台

由于供电系统设备点多、线长，设备管理人员的主要精力不能真正投入到设备管理中，设备检修很大程度上存在盲目检修的情况，不能做到有的放矢，故开发一套以设备检修为落脚点的科学智能分析平台，显得尤为重要。

以“接触网电力一杆一挡”为框架依托，将人工设备巡检测台账、科技检测监测系统、设备跳闸信息、设备故障信息进行有机关联，以接触网电力设备检修情况为参照，形成一个科学智能的设备检修分析平台，具体如图 1 所示：

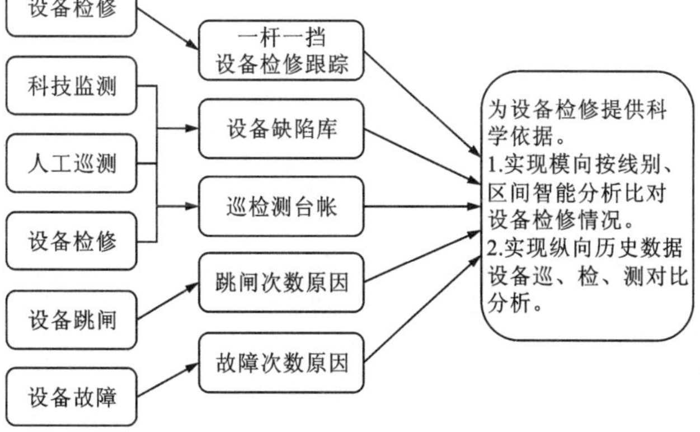

图 1　设备检修分析平台

2.4 依靠科技信息化手段，打造接触网电力设备管理一体化联动工作平台

根据供电技术科管理职能及分管工作，打造接触网电力设备管理一体化联动工作平台，减轻班组、车间、供技科管理人员重复统计负担，实现智能化汇总分析统计功能。具体如图 2 所示。

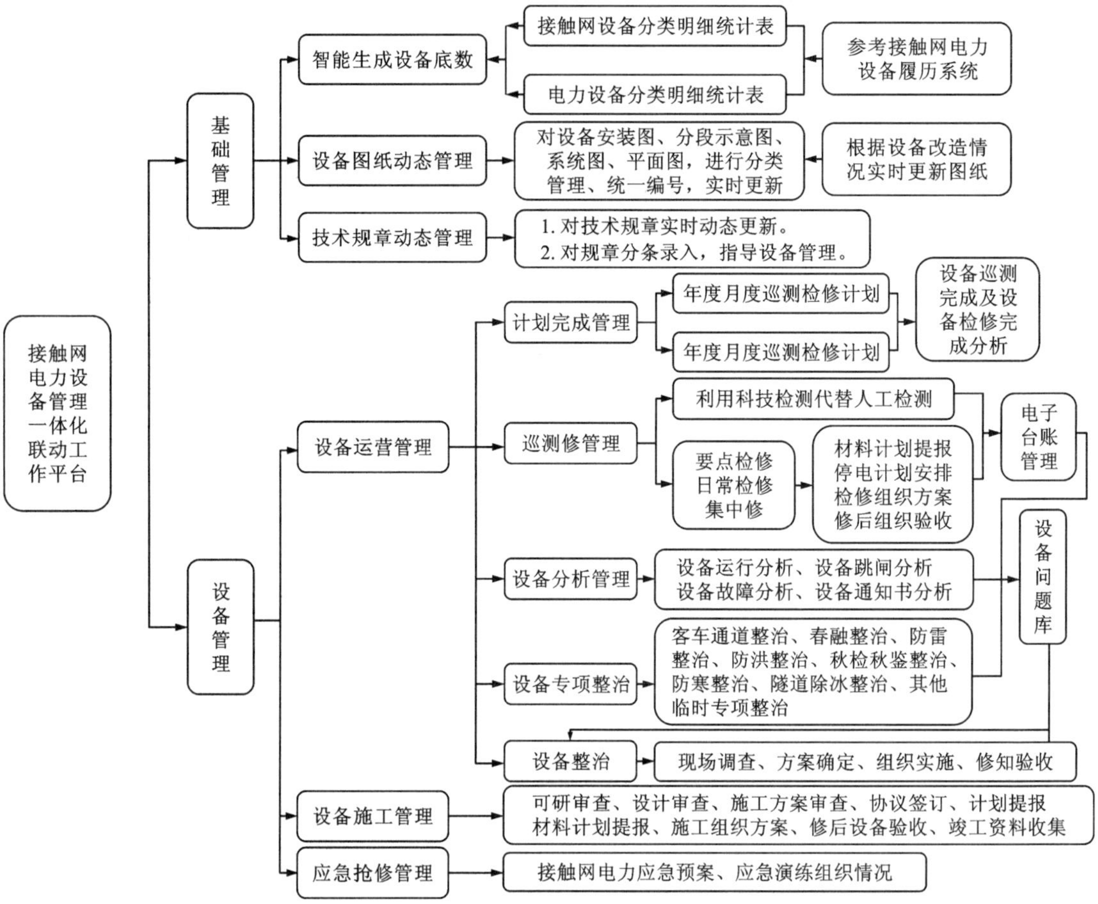

图 2 接触网电力设备管理一体化联动工作平台

谈既有线接触网改造设计及施工方案优化

曹　奕

（中国铁路太原局集团有限公司大同西供电段）

摘　要： 本文通过我段近年来既有线接触网更新或改造施工的实例，指出在既有线进行接触网改造施工时，根据施工现场的设备情况，合理优化设计和施工方案，加上科学的施工组织，可以在尽量少占用“天窗点”的情况下，安全高效地完成施工任务。

关键词： 接触网；既有线施工；方案；优化

铁路运输组织的特点是以运输为主，设备检修时在运输组织中开“天窗”作业，既有线的接触网改造施工只能在“天窗”点内完成。我段所管辖的大秦线、北同蒲线及京包线运输任务重，要尽量用少的“天窗”完成多的任务，以减少因施工对运输组织的影响。

大型施工不可能在一个“天窗点”内完成，因此，每次天窗结束，必须要保证供电设备恢复到正常状态，即能保证接触网正常送电，机车车辆安全运行的状态。这就需要将一个大的施工任务，人为地切割成为一个个小的能在一个“天窗”点里完成的小任务，这里就体现出了设计及施工方案的“艺术性”。好的方案，通过详细的现场调查，任务分解和统筹安排，可以极大地节约天窗数量，安全高效地完成施工任务，最大限度地减少对运输组织的影响。下面通过几个既有线站场接触网改造的实际案例来说明优化设计与施工方案的重要性。

1　通过改造现场设备，缩小停电范围，减少区间施工对枢纽站运输影响

2014 年 9 月，根据铁路局下达的接触网大修计划，要求我段对大同东三场及大同站至大同东站间接触网大修，根据原施工方案，本次施工的天窗可以分为以下三类：第一类就是大同东三场内施工，需 20 个 180 分钟的天窗点（大同东三场可以单独进行停电）；第二类是不需要大同站同时停电的大同至大同东区间（以下简称同东区间）施工，停电范围是：大同（不含）——大同东（含）区间，需要 6 个 180 分钟天窗点；第三类就是需大同站同时停电的同东区间施工，停电范围是：大同（含）——大同东（含）区间施工，需要 6 个 180 分钟天窗点，共计 32 个天窗点，其中在大同至大同东区间施工的 12 个天窗，都需大同东站同时停电。

这里要说明一下，大同东站是湖东至大准运煤通道，日均通过运煤万吨列车 40 对，大同东站停电施工将直接影响大秦线的运量。因此，要尽可能地减少施工对大同东站的影响。大同东站包括大同东一场和大同东三场两个场，大同东三场的电是由大同东一场引接过去的，引线上带有负荷开关，可以单独对东三场进行停电。

分析上述施工天窗的三类停电范围，可以看出，第一类就是大同东三场内施工，可以对东三场进行单独停电，不需要进行优化。如果方案可以优化，那就只有从第二、第三类施工里想办法，看能否通过简单的现场设备改造，实现同东区间施工时，大同东站接触网不停电。通过现场调查发现，同东区间不能单独停电的主要原因是大同东站大同方向出站的绝缘四跨位置设计有问题，如图 1 所示。

从上述电分段示意图可以看出，大同东一场在大同方向上下行设计了两个绝缘四跨锚段关节，本是可以实现与同东区间分别停电的功能的，但因下行方向的绝缘四跨设计在了 110#道岔内侧，导致同东区间接触网的电通过 110#线岔与站内 3 道连通，无法实现区间单独停电。若找到问题所在，则就可以通过优化施工方案，对设备进行简单的改造，实现减少因施工造成的对大同东站影响的目的。新施工方案在施工前对大同东一场设备进行局部改造，具体方案为：

利用需要大同东站停电的 2 个垂直施工天窗，停电范围为大同站（不含）至大同东一、三场（含），在同东区间进行正常施工的同时，对大同东一场 110# ~ 112#道岔间渡线接触网（173# ~ 202#）进行改造，更换承力索、接触线、加装分段绝缘器，如图 2 所示。

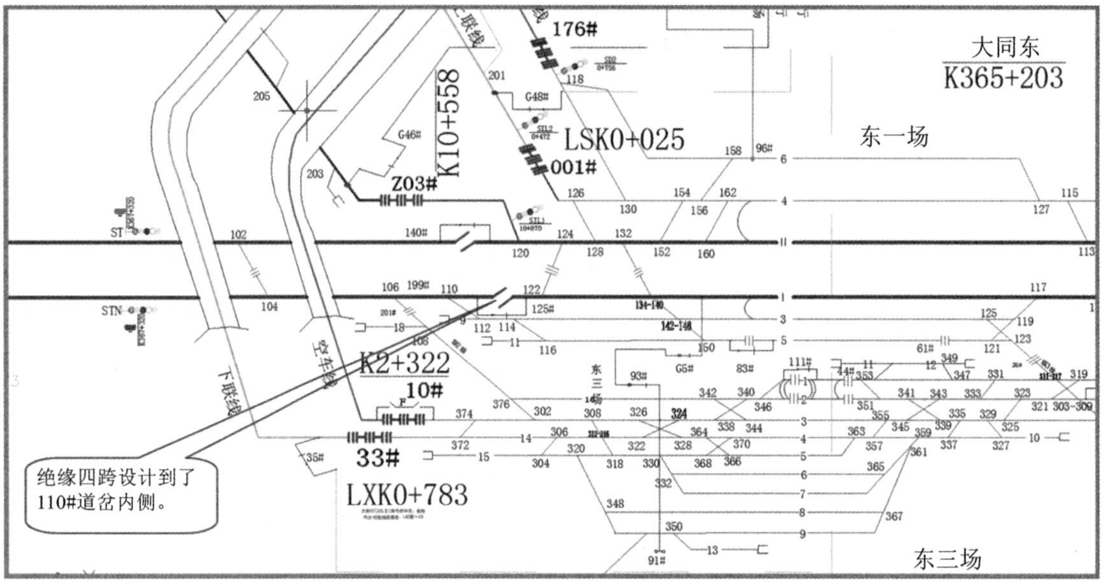

图 1

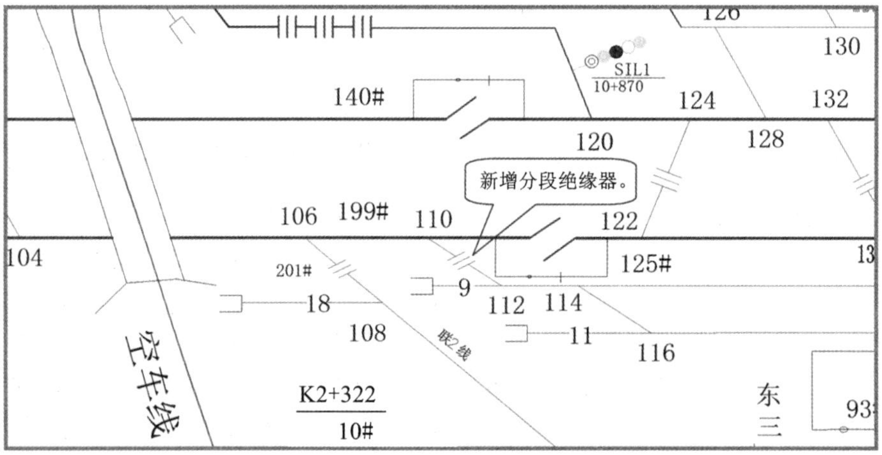

图 2

经过此次改造，将大同东一、三场接触网与大同至大同东区间增加电气分离点，实现了同东区间接触网单独停电，不影响大同东一、三场供电。余下的 10 个同东区间天窗作业，只要打开 140#和 125#隔离开关，就不再需要大同东站接触网停电，减少了 10 个因施工天窗对大秦线运量的影响，取得了良好的优化效果。

2 各专业同时施工，充分考虑施工干扰，合理科学安排施工任务

大同站是大同客运枢纽特等站，是北同蒲铁路与京包铁路的交汇点，但接触网设备是 1984 年投入使用的，服役 30 年已经老旧不堪。2015 年 3 月开始对大同站进行全面站改，且工务、电务、供电三个专业同时进行施工。接触网专业所有设备全部换新，包括承力索、导线和所有支柱。该工程是我段近年来接触网改造施工中工程数量最大，难度也最大的一个工程。

第一个难点：工务专业在北岔区的道岔及股道位置要发生较大的变化，导致新旧接触网走向不一致。

由于股道位置发生变化，导致新建接触悬挂在架设好以后无法取代既有悬挂进行定位，只有在新架设的接触网施工完毕后，接触网既有锚段才能随着工务专业站改的进度同时进行拆除。因此该处在很长一段

时间内存在新旧接触悬挂存交叉搭接、临近的胶着状态，同时既有悬挂为钢铝线材与新架接触悬挂极易产生放电烧蚀，且既有线材及零件老化严重，在进行过渡处理过程中很容易发生断裂，施工风险非常大。

我们在制定施工方案时，充分考虑到了这些不利因素，在安排施工任务时将此段接触悬挂的安装时间进行优化，通过与掌握工务专业对接，掌握工务专业施工进度，在保证不影响工务拨接的前提下，尽可能减少新旧接触悬挂共存的过渡时间，将此锚段的承、导线架设时间安排在了拨接前一周，极大地减少了因新旧导线相互干扰造成故障的可能，降低了过渡工程的风险。

第二个难点：大同车站由于站型比较紧凑、岔区两端空间狭小，导致新建工程与既有设备在位置及空间上相互干扰严重。

通过对施工方案的研究和现场调查，施工前我们对施工方案进行了大量的优化和细化，例如：新建支柱组立与既有供电线、回流线、架空地线相互干扰，新立支柱前需将既有接触网设备进行移设的；新组立的支柱与既有拉线及下锚补偿存在冲突，需进行倒锚、移位等过渡处理的；还有既有支柱拆除时，需对既有接触悬挂及附加导线进行定位及连通处理的等，每一处都制定了方案，将这些制约性工程结合在前期支柱组立的天窗中全部完成，后续施工中没有出现因既有设备“卡脖子”而耽误施工进度的情况，极大地节约了天窗数量，缩短了工期。

第三个难点：新设计的大同站供电分束分区情况与既有接触网供电分区分束情况变化较大，新建接触悬挂穿越既有供电单元的情况较多。

既有大同站共有分段绝缘器 23 台，由大西开闭所 323#和 326#馈线供电分别为 1 – V 道和 6 ~ 16 道分别供电，并可以实现 13 ~ 16 道、1 道、3 道和 8 道单独停电。由于新设计的供电分束情况与既有的不同，且因工务拨道原因，新线与既有导线会共存，所以施工后期不可避免地会导致既供电单元被相互连通。未改造前的大同站电分段示意图如图 3 所示。

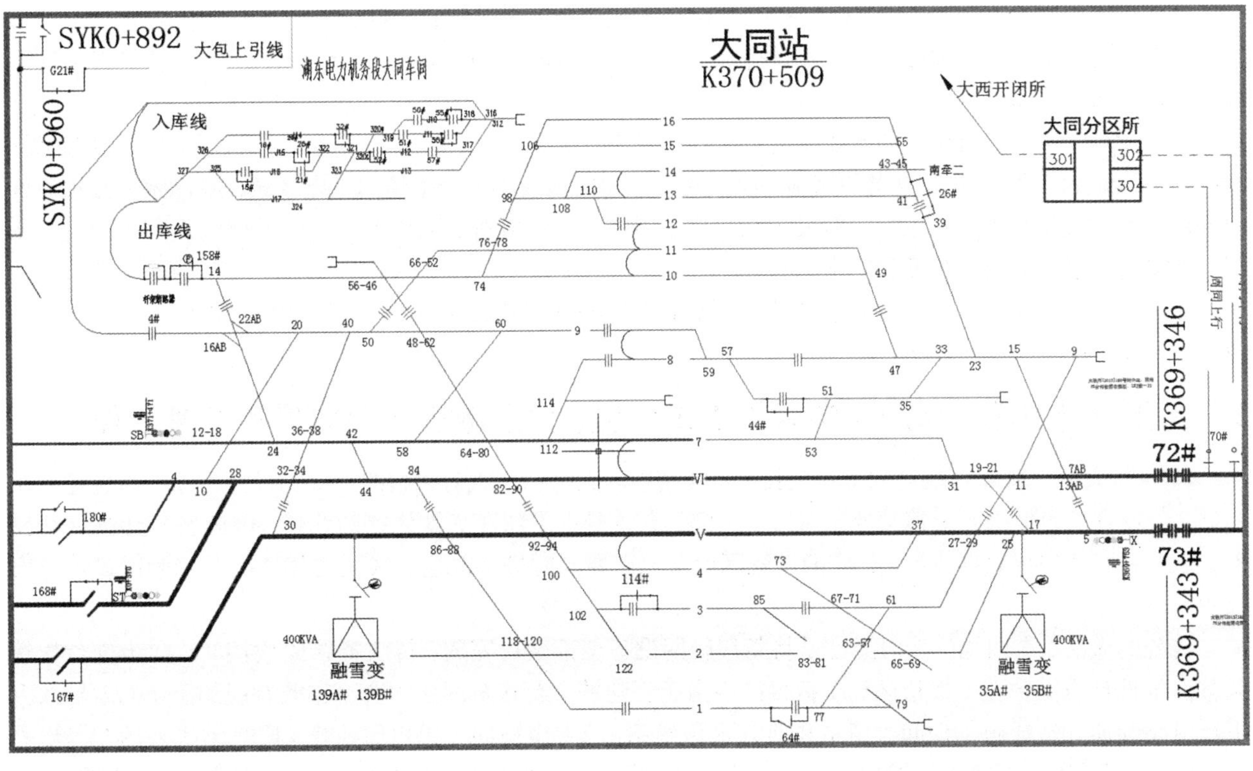

图 3

针对这一特点，我们也对相应的施工方案做了优化。施工前期，新导线及软横跨未架设时，充分利用原有的分束分区供电优势，通过对既有接触网安装分段绝缘器 3 处、短接既有分段绝缘 1 处、增加股道电连接 1 处，实现 10 ~ 16 道电气隔离，可以单独停电。设备改造位置如图 4 所示。

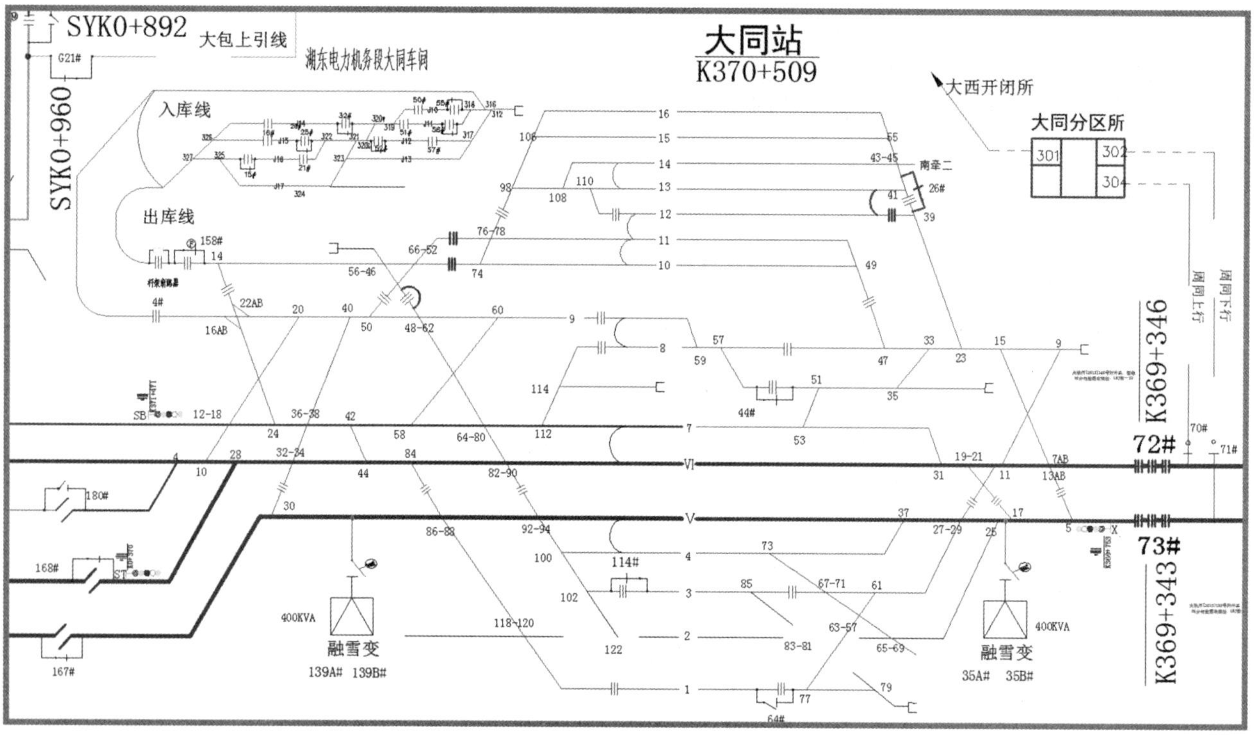

图 4

后续涉及 10 ~ 16 道部分可以单独停电的接触网改造共用了 15 个天窗点，这时均不需大同站全站停电，只是利用行车及调车间隙，拉开大同站 26#隔离开关，即可完成作业。这减少了 15 个天窗点对大同站接发客车、调车工作产生的影响。

施工后期，考虑到新架设的导线将会穿越既有供电单元，实施了在施工间期大西开闭所 323#和 326#馈线(同一变电所同相电)并联供电的措施，使大同站短期内形成了一个整体的供电区域，这样做虽然短时间内停用了大同站的分区供电功能，但极大地减少了因新线穿越既有不同供电单元所做措施而产生的过渡工程，能够极大地降低施工难度和安全风险。

通过对以上施工方案进行细化及优化，浩繁的大同站接触网改造主体施工只用了 80 个天窗点即告完成，施工方案优化的益处显而易见。

3 优化设计方案，增加无电区施工工作量，大量减少天窗数量和过渡工程

2016 年大同至张家口的高铁筹备建设，高铁站中的天镇站与现有京包线天镇站设计为高铁与普速共用一站，分场管理。但因原天镇站处于弯道上，且既有线侵占了新建高铁线路的线位，因此在新建高铁线路前，必须对旧站进行取直改造，相应的接触网设备也需要同时进行改造。线位占用情况及接触网设计方案如图 5 所示。

传统的做法，在旧线改造时通常是将新接触网设备全部架设完成，待工务线路拨接时，同步进行拨接调整。本设计方案中在 1 拨接区和 2 拨接区内由于新建的下行接触网线索会穿越既有线的上下行，导致上下行电路导通。造成施工期间天镇站和前方永嘉堡站(与天镇站同一供电臂供电)日常无法采用“V”形天窗作业，严重扰乱天窗秩序，同时带来在扩大事故范围、发生跳闸故障后“故标”指示不准等许多问题。

鉴于以上原因，原方案中在拨接处涉及穿越既有上下行的三个锚段采取了临时加装分段绝缘器的办法。这样可以解决上下行电路不导通的问题，但同时也带来了其他的问题：一是新建的锚段在两个拨接口处全部伸入到了既有线内，带来的直接后果就是在无电区(图中的区 4)天窗点外完成的工作量减小，后期调整参数和其他施工都需要在点内施工，对既有线影响增大；二是在拨接当日需将过渡用分段绝缘器进行短接。但拨接后新线既为京包线正线，客车速度较快，在正线上设置两处短接的分段绝缘器，安全隐患很

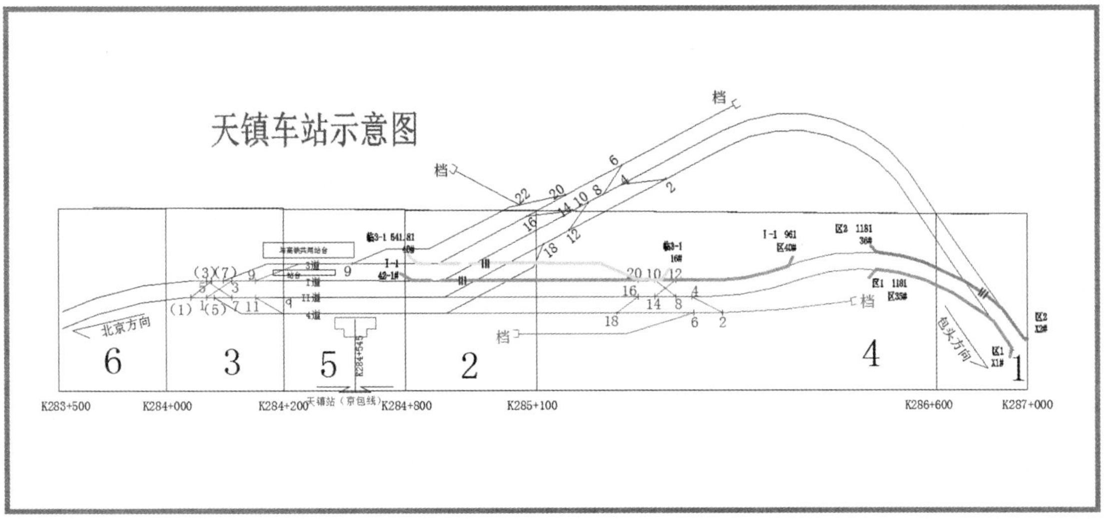

图 5

大；三是临时分段绝缘器拆除后，需对三个新锚段后期进行换线处理，这对材料是极大的浪费。

针对以上问题，我们本着增加无电区内的施工量，减少对既有线的影响，以及尽可能取消过渡用的临时分段绝缘器的思想，重点对原有设计方案在拨接 1 区和 2 区以及无电 4 区进行了优化。优化后的方案如图 6 所示。

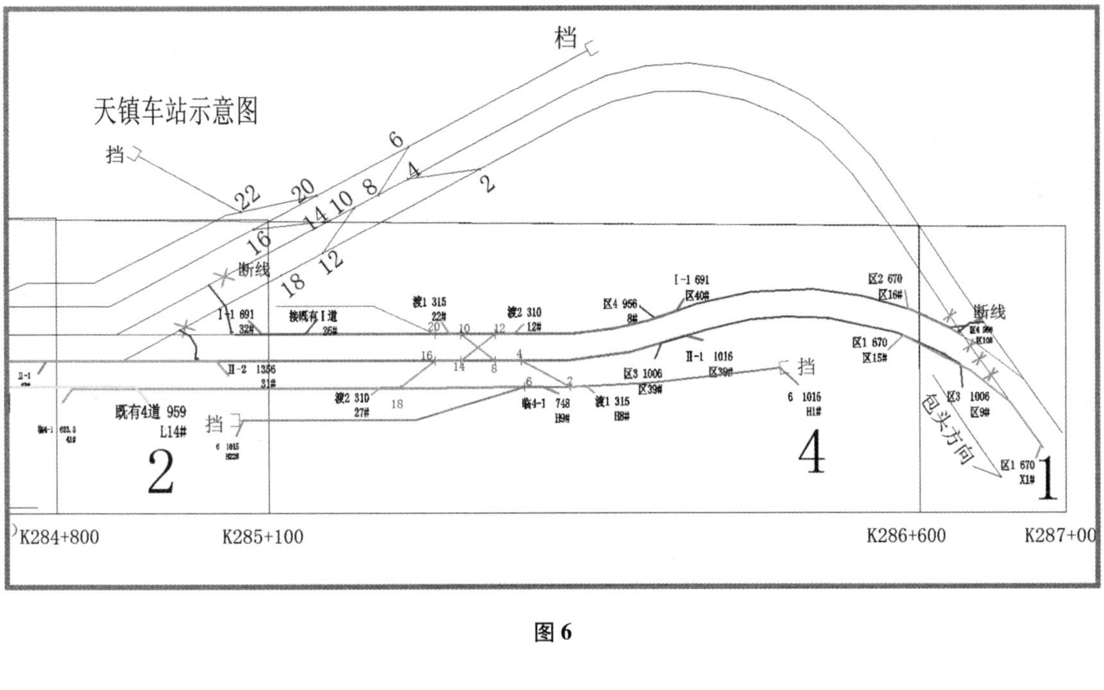

图 6

将Ⅰ－1、Ⅱ－1 锚段长度变短，北京方向下锚位置移至既有线外侧，分别在新建 32#和 31#处落锚；区 4 和区 3 锚段长度加长，延伸至既有线外侧区 10#和 9#处下锚；区 2 和区 1 锚段在新建区域方向下锚缩短至区 16#和区 15#支柱处。这样，新建区段(4 区)完全能在点外将Ⅰ－1、Ⅱ－1 和区 4 和区 3 这四锚段承导线架设调整完成，不需要天窗点。

线路拨接当天，东拨接口只需将下行既有Ⅱ和Ⅰ道锚段断线，与新建区段Ⅰ－1、Ⅱ－1 形成临时绝缘锚段过渡；西拨接口将既有上下行承、导线断开移至拨接处，与新建区域区 4 和区 3 锚段形成 3 跨非绝缘锚段关节即可完成接触网调整。拨接完成后，只需将区 2 和区 1(各 670 m 旧线)和既有Ⅰ道和Ⅱ承导线更换即可。

经过对方案的优化，减少了 27 个天窗点用量，充分利用了无电区的作业优势，无电区作业量增加带来的直接好处是确保了作业人员的安全以及加快了施工进度，其每天的施工时间几乎不受限制，由于施工和调整时间充足，设备质量就会更有保证。同时，也消除了原来因安装分段绝缘器而需要后期更换的线材，极大地减少了因过渡工程引起的材料上的浪费，经济效益也非常可观。

综上所述可以看出，接触网施工改造中方案的优化极其重要，好的设计和施工方案加上统筹合理的施工组织，不但可以减少对既有线运输的影响，更加可以节约人力、物力，为施工安全和设备质量提供有力的保障。

利用检测数据调整接触网拉出值的研究

郭晓林

（中国铁路太原局集团有限公司侯马北供电段）

摘　要：随着现代化铁道的发展，我国越来越多的新建路采用了电力牵引设计，许多的电气化改造工程也不断实施。目前，全国50%以上的铁路已经实现了电气化。接触网是电气化铁道的核心部分，而接拉出值则是接网自身最重要的结构参数，其取值直接关系到电气化铁道的运行安全。本文以接网拉出值为研究对象重点对机车不同运行速度造成接触动态拉出值不同的现象进行理论分析及现场测试统计，找出将接动态拉出值修正为静态拉出值的方法，提高检数据的可靠性，为接网检修提供准确的依据，以达到牵引供电系统安全、稳定的向电力机车供电。

关键词：接触网；电力机车；速度；拉出值

1　绪论

1.1　选题背景

铁路是我国国民经济发展的基础，具有不可替代的特殊地位和重要作用。我国电气化铁道于1961年8月15日在宝成线建成通车，至今已走过56年不平凡的历程。中国铁路已经站在了一个新的历史起点上。因此，提高电气化铁道整个牵引供电系统的可靠性和供电质量，保证其安全和高效运营，是实现我国铁路跨越式发展的必要保证。

1.2　选题的目的与意义

接触网是电气化铁道牵引供电系统的重要设备，它有以下特点：

(1)接触网是通过接触线与受电弓之间滑动接触来向电力机车输送电能的，接触线与受电弓之间的良好接触是保证电力机车取流质量良好的关键。

(2)接触悬挂是一个弹性结构，其弹性沿跨距有一定的差异，受电弓在正常运行时对接触导线有一定的抬升力，当列车运行速度超过160 km/h时，因接触悬挂沿跨距的弹性不均匀以及受电弓的惯性力的影响，会使受电弓在竖直方向和水平方向产生振动，弓网间的接触压力也会随之发生变化。

(3)接触网露天装置，没有备用。接触网容易受到外界环境的影响，一旦接触网发生故障，将会造成运营中断等生产事故，甚至是重大的安全事故。

综合以上因素，要保证电气化铁道的安全运营，保证受电弓与接触线可靠取流，除了需要使设计、施工和运营达到一定的规范要求外，还必须进行一系列的检测、检修工作，以便及时发现隐患，克服接触悬挂在某些环节中存在的问题，保证接触悬挂处于良好的工作状态。

接触网拉出值是接触网自身的结构参数，其取值直接关系着弓网的运行安全。供电段对接触网拉出值在静态测量时符合标准，而当机车或接触网检测车在不同速度的动态情况下，其反映到机车和接触网检测车受电弓上却严重超标，造成供电段耗费大量的人力、物力于千余公里的电气化铁路上以查找检测数据是否超标，现国内无不同速度对弓网关系特别是拉出值的影响规定和数据，仅有高速时对导线抬升量的试验数据。基于此种情况，有必要对机车运行速度对接触网拉出值的主要影响因素进行分析，找到曲线区段受电弓中心在动态下的侧偏规律，提高检测数据的可靠性，为接触网检修提供准确的依据，以达到牵引供电系统安全、稳定的向电力机车供电，结合接触网检测车及弓网检测装置(6C)奠定基础，提高供电动态稳定性。

1.3　本文内容

本文共分为六部分：第一部分即为绪论，主要阐述课题的提出背景、研究意义等内容；第二部分简要说明接触网的静态、动态拉出值；第三部分对机车运行速度对接触网拉出值造成的影响进行了详细的理论分析；第四部分为机车运行速度对接触网拉出值影响的测试研究；第五部分对弓网动态检测装置及接触网检测车的检测数据进行了分析；最后是结论部分。

1.4 高速铁路接触网检测技术的研究现状

早在上 20 世纪 80 年代，我国就开始研制接触网检测系统。这个时期的设备主要是针对 80 km/h 运营的接触网，西南交通大学计算机工程学院和中国铁道科学研究院借鉴日本接触网检测车的经验进行了大量的工作，研制成功接触网小型巡检车，并运用于绵阳供电段。20 世纪 90 年代初，西南交通大学电气工程学院广泛收集国内外接触网检测资料，在国内外该领域研究成果的基础上，结合国际中标项目郑宝线接触网检测车，展开测试 120 km/h 电气化线路接触网拉出值、导线高度研制工作，并于 1995 年 6 月，解决了受电弓高压端开关信号抗干扰问题。随后，西南交通大学电气工程学院又组织出访日本、美国、印度、德国，相继开展了硬点、离线、弓网接触压力等动力学参数测试的攻关工作，他们研制的 JJC - 1 型接触网检测车于 1998 年 12 月通过铁道部鉴定，至此，我国自行开发的 JJC - 1 型接触网检测车，已基本满足 160km/h 准高速铁路接触网检测的需要。

1.4.1 国外接触网检测系统研究现状

当今世界上，接触网检测系统以意大利和德国研制的装置最具有代表性。从系统结构上来看，意大利和奥地利接触网检测设备比较接近，称为非接触式检测方式，主要强调接触网几何参数的测试；日本、法国和瑞士研制的接触网检测设备与德国比较接近，称为接触式检测方式，主要强调弓网动力学参数的测试。

1.5 高速铁路接触网检测的关键技术问题

高速铁路接触网检测的关键技术问题都围绕“高速”这一主题，可分为以下几个方面：

(1)机车在高速运行状态下，弓网关系更加复杂，所以，接触网检测时必须加强对接触压力、硬点、离线等动力学参数和动态拉出值、接触线高度等几何参数的在线测试与分析，传统的非接触式检测方式已不能满足实际需要；

(2)机车在高速运行状态下，牵引网电压变化加大、受电弓在空气动力作用下振动加大、离线电火花加剧，电磁干扰环境恶化，接触网检测系统中传统的抗干扰手段已不能满足实际需要；

(3)机车在高速运行状态下，车载在线检测设备安装在受电弓上的传感器上，外形尺寸直接影响空气动力对受电弓的作用，存在刮弓的安全隐患；重量直接影响受电弓和接触线的跟随性，增加弓网离线，损坏受电弓滑板和接触线；

(4)接触网各项测试参数，在高速运行状态下，必须制定相应的动态超限标准，以便在不同速度下，统一评价；

(5)机车在高速运行状态下，轮轨关系复杂，基于数据库技术的距离定位误差加大；基于接触线拐点特征的定位，也因车辆振动加剧而失效；

(6)机车在高速运行状态下，线岔和锚段关节的动态测试更加困难；

(7)对接触线温度、磨耗进行在线检测；

(8)计算机硬、软件处理系统的运行速度要求进一步提高，以满足高速状态下检测系统的实时性；

(9)弓网接触情况图像，会因为高速状态变得模糊。摄、录、监视、字幕合成系统的指导作用受到影响。

2 接触网的静态、动态拉出值

2.1 引言

拉出值是接触网最重要的结构参数，在所有发生的接触网断线、塌网等重大事故中，曲线半径上的接触网拉出值超标造成的事故所占比率最大，发生的频率最高，因此在铁路供电部门的日常检修工作中拉出值检调一直都是工作的重心。每个接触网工区要能及时发现定位点处的拉出值是否超标而及时处理超标点是不可能的，为此国内的相关科研院所研制了接触网检测车和弓网动态检侧装置来实现快速检测接触网参数。然而，从检测系统得出的数据来看，很多检测出的接触网超标值到现场测量都与现场不符，究其原因，在于接触网拉出值存在动态与静态区别，这两者又相互联系，在本部分中将对此进行分析。

2.2　静态拉出值的定义

在电气化铁路上，为了延长受电弓的使用寿命，使滑板磨耗均匀，接触线在线路的直线区段被布置成"之"字形，在曲线区段被布置成折线的形式，而且此折线一般与受电弓中心的轨迹相割或相切。这种折线在定位点处相对于线路中心的偏移距离，称之为"之"字值。为简便起见，统称为接触线拉出值。因此，拉出值的大小是由受电弓的有效工作长度决定的。

2.2.1　拉出值的确定

拉出值在直线区段一般取 1300 rnm，在曲线区段上则根据曲线半径大小决定，具体取值见表 1。

表 1　接触网拉出值选用

曲线半径/m	300 ~ 1200	$1200 < R < 1800$	$R > 1800$
区间拉出值/mm	400	250	150
隧道内拉出值/mm	300	150	100

2.3　动态拉出值的定义

动态拉出值就是接触网定位点处距电力机车受电弓滑板中心的距离值，对于同一个点机车以不同速度通过时受机车振动的影响，不同速度下其侧摆量和横摆量不同，导致该点的动态拉出值不同。

2.4　静态拉出值与动态拉出值的关系

静态拉出值和动态拉出值的定义都是接触网定位点处距电力机车受电弓滑板中心的距离值。但静态拉出值的测量是基于机车是刚体，与机车运行速度无关。而动态拉出值则与机车运行速度有关，不同的运行速度下机车的侧摆量和横摆量不同，导致其动态拉出值不同。当机车以平衡速度通过接触网定位点时，机车所受的离心力与向心力平衡，车体地板平行轨面，此时静态拉出值与动态拉出值相等。

从上面分析可看出，供电段对接触网的检修是以静态拉出值为标准的，如何把动态拉出值换算为静态拉出值成为了目前国内接触网动态检测装置的难点，同时也是评价装置准确度的衡量指标。

3　机车运行速度对接触网拉出值影响的理论分析

3.1　引言

我们知道，机车在运行过程中将发生振动。在车体振动时，有 6 个自由度，分别是：上下沉浮、左右横摆、前后伸缩、摇头、点头、侧滚。由于检测横断面垂直于线路方向，所以前后伸缩、点头、摇头等振动矢量与之正交，可以不加考虑。车体运行过程中，线路不平顺因素引起的上下沉浮振动，受电弓弓架夹角大小会自动调节，而动态拉出值是接触线相对于受电弓中心沿滑板平面而言的，检测车车体的振动仅剩下横摆和侧滚运动。这两种振动原则上虽然可以独立出现，但在实际运行中，常常是同时出现的。

3.2　机车结构参数的影响

列车在曲线上运行时，由于离心力的作用使曲线外轨受到较大的压力，因而造成外轨比内轨磨耗大，出现两根钢轨磨耗不均匀的现象。同时，旅客受到离心力的作用也感到不舒适。因此，为了消除这些不良影响，通常是将曲线上的外轨抬高，使机车车辆向内倾斜，以抵消离心力的作用。外轨比内轨高出的部分就成为超高（如图 1 所示）。

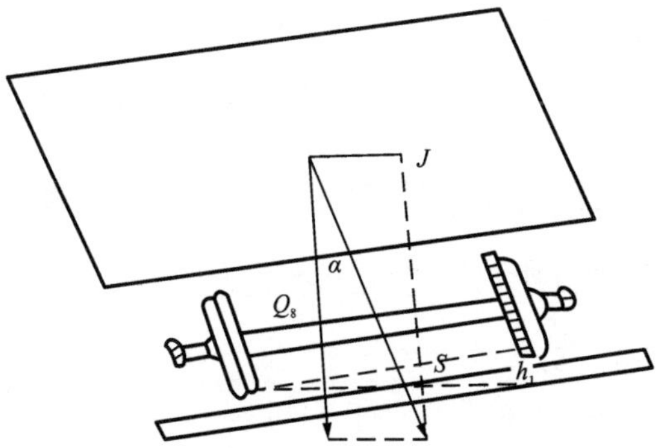

图 1　机车曲线运行设计图

外轨超高的程度，应使超高后机车车辆的重力 Q 与离心力 J 的合力 $J = Q\dfrac{v^2}{R}$ 正好作用于两根钢轨中心距离 S 的中点。这样，两根钢轨的受力就又相等了。

我国规定：外轨超高的最大值，复线铁路不得超过 150 mm，单线铁路不得超过 125 mm。

在计算实设超高度时，由于各种列车通过曲线的速度各不相同，公式中速度 Y 的取值应按各种列车的平均速度计算。但是，按平均速度设置的超高，当行车速度大于平均速度的列车通过曲线时，实设超高度则不够，将出现一部分未被平衡的离心力，也就是实设超高对高速列车来说是“欠超高”。反之，当行车速度小于平均速度的列车通过曲线时，实设超高对低速列车来说是“过超高”。而旅客列车的运行速度一般都不大于平均速度，都存在着欠超高。为了保证旅客的舒适，那部分未被平衡的离心力的数值必须加以限制，也就是欠超高应加以限制。我国铁路的允许超高值一般采用 75 mm，最大采用 90 mm。

根据实设超高度或采用最大超高和允许的欠超高值，便可估算出不同曲线半径所能允许的旅客列车的最高速度，其计算公式如下：

$$v_{\max} = \sqrt{\frac{(h_0 + h_{欠})R}{11.8}}$$

式中：h_0为实设超高或采用最大超高(mm)；$H_{欠}$为允许欠超高(mm)；R 为曲线半径(m)；$v_{\max}$为旅客列车的最高速度(km/h)。

从上式可以看出，曲线半径越小，允许旅客列车最高速度越低。为适应今后高速列车的需要，采用的最小曲线半径将越来越大。

4 机车运行速度对接触网拉出值影响的测试研究

4.1 引言

由于机车不同速度下影响接触网动态拉出值的因素很多，如果要把每个影响量都独立地测出来是不可能的，因为机车侧滚的同时引起横摆，同时又引起钢轨动态下沉导致接触网导高和拉出值发生变化，而风速的随机性及线路因素和机车轮缘的磨耗等都是动态的，因此我们只有转换方法，对影响因素较大的进行等效研究，以逐步缩小测试研究的误差范围。在本部分中，将重点从机车受电弓弓架游动、钢轨动态下沉量及小半径曲线动态拉出值等方面进行了测试研究。

4.2 受电弓架游动因素的测试研究

受电弓架游动会对动态拉出值造成影响，这已经取得共识，但究竟影响有多大目前还没有具体的资料说明。在近几年多次添乘电力机车和接触网监测车的过程中，我们发现受电弓左右摆动量很大，但受电弓在曲线上受向心力和离心力的合力影响会对受电弓的横向摆动造成多大影响并不清楚，对此课题组进行了重点研究。

弓网故障动态检测装置和接触网监测车的拉出值检测用传感器都安装在了受电弓弓架上，受电弓架的游动直接影响到了动态拉出值，因此该项测试是研究的重点之一。机车运行过程中受电弓上有单相 27.5 kV 工频交流电压，直接进行测试信号干扰大，同时测试数据无法剔除其他影响因素，且所需费用较大，因此在测试中采用了等效测量方法。

4.3 小半径曲线动态拉出值的测试研究

电力机车在直线区段运行时受到轨道线路的不平顺的影响，也会发生横摆和侧摆。

曲线区段的拉出值随着列车时速的不断提高，弓网运行关系发生了较大变化，既有小半径曲线区段由于跨距过大，如果接触线位里不能同时满足定位点和跨中偏移的需要，则极易诱发弓网故障。经分析可知，当列车以最小速度运行时，定位点处为最不利位置；列车以最高速度运行时，跨中为最不利位置。因此课题的研究需要对机车通过小半径曲线时受电弓的动态拉出值进行测试。

5 对弓网动态检测装置及接触网检测车的数据分析

5.1 引言

弓网动态检测装置和接触网检测车的使用对铁路供电部门及时发现接触网结构参数是否超标，降低接触网工程技术人员的日常巡视有着重大的意义。

5.2 弓网动态检测装置数据分析

接触网检测车采用定期检测的模式，正常情况下每个季度检测一次。随着机车的运行，装置能自动检测接触网和受电弓的运行参数。检测数据反映了弓网的实际运行状态，为接触网和受电弓的状态检修提供依据。

机车动态弓网检测装置上、下行为例共检测287条超限数据(大于1次)，其中拉出值141条，硬点146条，如果在近千公里的线路上对每个超标点供电段都进行复核，工作量将难以想像。如果不进行复核，就有可能造成超标点确实存在的问题，如果没有及时处理，则会造成钻弓进而引发接触线断线，中断铁路运输。

5.3　接触网检测车的数据分析

在对接触网检测车一年共计四次的检测数据进行分析后，发现接触网检测车的检测数据相比弓网动态检测装置要准确。但实际检测的数据和现场静态测量的数据都存在误差，究其原因，在于检测车测的拉出值没有补偿车体的横摆量、受电弓架游动量以及钢轨动态下沉量造成的测量误差。

我们在对数据进行分析时发现接触网检测车的数据重复性不好，速度传感器是机车轮对每旋转一周时数据200个脉冲方波，检测程序通过计算运行时间内的脉冲数来获得检测走行过的距离。检测信号通过单片机处理后上传给上位控制的工业计算机，由于该车运行在强电磁环境下，干扰特别大，所以检测系统死机在每次线路检测中都经常发生。一旦系统死机重启，需花费2~3 min的时间，在这段时间里，检测车已跑行了13 km的距离，也就是说至少杆号错位200。发生此情况时只能通过检测人员手动调整检测的区间和杆号，这就造成检测数据重复性差，同时机车在运行过程中经常制动，车轮会发生滑行，也造成了物理定位出错，但车轮滑行的距离较短，该误差较小，可以不考虑。

6　总结

提高接触网检测车和弓网动态检测装置的拉出值检测的精度是铁路供电部门最急需的。接触网检测车没有对车体的横摆进行补偿，造成了拉出值测量误差，同时硬件系统的缺陷造成了杆号不对应，间接导致了接触网拉出值检测错误，使用GPS进行接触网的物理定位是行之有效的方法。

参考文献

[1] 于万聚. 高速电气化铁路接触网[M]. 成都：西南交通大学出版社，2013.
[2] 张卫华，沈志云. 接触网动态研究[J]. 铁道学报，2013.
[3] 张卫华，曹新文. 高速受电弓——接触网系统力学研究[J]. 西南交通大学学报，2013.
[4] 中华人民共和国铁道部. 中长期铁路网规划. 2014.
[5] 电气化工程局科研所. 国外高速电气化铁路接触网零部件. 北京：2013.
[6] 电气化工程局电气化设计研究院. 高速铁路牵引供电技术研究[M]. 北京：中国铁道出版社，2015.
[7] 黄崇棋. 轮轨高速电气化铁路接触网用接触线的研究[J]. 中国铁道科学，2001：22(1)：1-5.
[8] 韩博怀. 接触网检测技术[J]. 中国铁道科学，1994(3)：27-40.

大西高铁接触网隔离开关常见故障及应对措施

张俊超

(中国铁路太原局集团有限公司侯马北供电段，助理工程师)

摘　要： 随着高铁的发展，高铁接触网设备的正常运行变得尤为重要，接触网隔离开关在应急处置过程中起着至关重要的作用。本文针对大西高铁接触网隔离开关操作机构及远动部分常见故障，对接触网隔离开关操作机构、RTU、开关控制站及其电路、光路进行了深入的分析和总结，并提出了相应的排查及应对措施。

关键词： 大西高铁；接触网隔离开关；措施；远动

自 2014 年 7 月大西高铁开通以来，侯马北供电段管内共有 226 台接触网隔离开关具有远动功能，经过 3 年时间的运营，对接触网隔离开关的常见故障进行了归纳，大体可以分为以下几类：操作电源故障；远动设备故障；远动通道故障。

1　大西高铁接触网隔离开关的构成

大西高铁接触网隔离开关(以下简称网隔)的主要构成包括：网隔及其操作机构、远动控制终端(以下简称 RTU)、接触网开关控制站(屏)三部分。其主要分布在各牵引所亭上网点、关节式分相、二分之一供电臂绝缘锚段关节以及车站、隧道口两侧的绝缘锚段关节处。网隔本体及其操作机构故障率较低，这里不再进行赘述。RTU 是实现网隔遥控、遥信及故障报警的远动终端。接触网开关控制站(屏)则是为就近的若干台网隔提供操作电源及远动信号采集的，远动信号采集后统一传至通信机房交换机。

1.1　网隔操作机构箱(含 RTU)

网隔操作机构箱(见图 1)分为上、下两部分，上部分为隔离开关操作机构，下部分为 RTU(见图 2)。机构电源以及通信光缆均由机构箱底部引入，其中交流电源引入电源端子排，通信光缆则经由光缆集线盒并通过光电转换装置最终将遥控、遥信量引入 NK5730 远动终端。

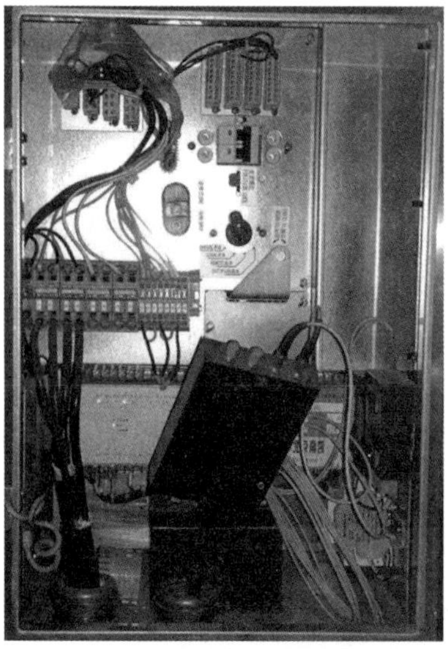

图 1　网隔操作机构箱

图 2　NK5730 远动终端

1.2　网隔操作电源

网隔的操作电源(含 RTU 电源和操作机构电源)一般由就近的牵引所亭(牵引变电所、AT 所、分区所)所内接触网开关控制屏供给，电压为 DC110 V，或者由接触网开关控制站(户外)就近的电力远动箱变、站房变电所(通号所、动照所)供给，电压为 AC220 V(见图 3)，不论开关站(屏)设置在所内还是户外，均采用双电源。本文主要对接触网开关控制站(户外)进行论述。

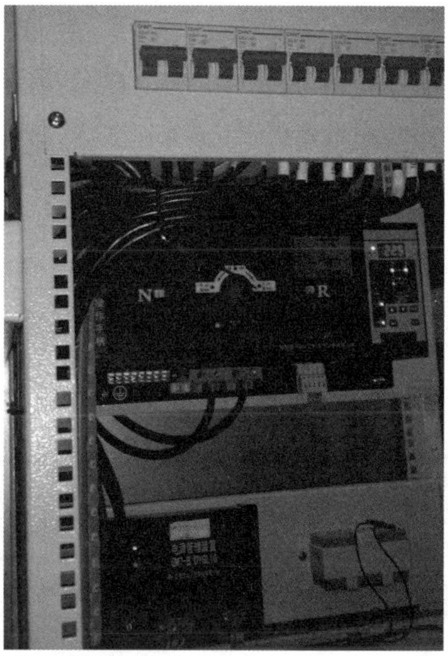

图 3　接触网开关控制站(户外)电源出线电缆及双切开关

1.3　网隔远动通道

网隔 RTU 通信信号通过光电转换器(见图 4)把 RTU 的电信号转成光信号并通过尾纤传给光缆熔纤盒(见图 5)，再通过光缆传到 485 光纤扩展装置及通信管理机，再通过光缆传到通信机房，最终传至网管中心。

图 4　光电转换器

图 5　光缆熔纤盒

2 网隔常见故障判断及措施

大西高铁接触网隔离开关的常见故障大体可以分为以下几类：操作电源故障；远动设备故障；远动通道故障。

2.1 操作电源故障

2.1.1 网隔 RTU(或操作机构)失电报警；网隔通信异常报警；网隔 RTU“失电报警”灯常亮或 RTU 上所有指示灯全灭；现场测量进线电缆电压低于直流 110 V、交流 220 V，操作机构箱发出“咔嗒”声。

网隔操作机构箱内有两个空开，一个空开控制操作机构电源(见图 6)，另一个空开控制远动设备电源(见图 7)，蓄电池则作为备用电源为 RTU 提供不间断电源。

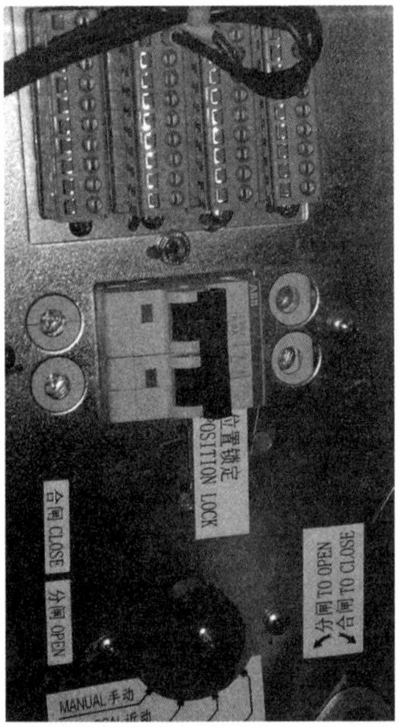

图 6 操作机构电源空开

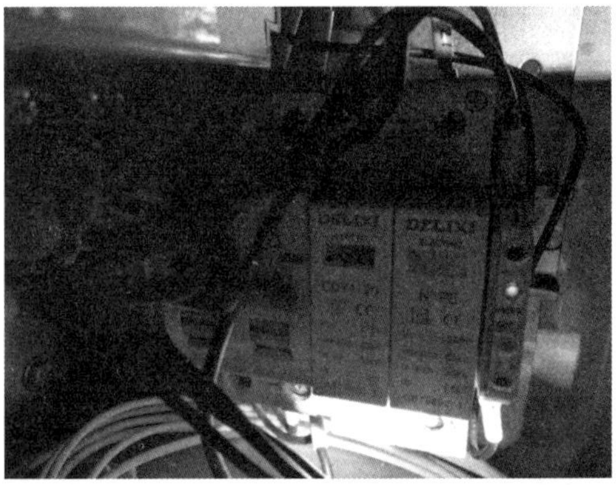

图 7 远动设备电源空开

打开操作机构箱，测量进线电缆电压，一路为操作机构电源，另一路为 RTU 电源，测量电压是否正常，正常为 DC110 V 或 AC220 V。当网隔电源引自户外开关控制站时，电源电压为 AC220 V；当网隔电源引自所内开关控制屏时，电源为 DC110 V。如果欠压(电压过低)，网隔操作机构内就会发出“咔嗒、咔嗒”的连续声，即继电器不停吸合的声音，应进一步查找开关控制站(屏)及其上级电源欠压的问题。

2.1.2 雷雨天气情况下，网隔 RTU 失电报警，打开操作机构箱检查发现 RTU 电源空开跳闸。

首先检查操作机构箱箱体是否可靠接地。然后检查操作机构箱端子排接地端子是否接在箱体上。最后检查浪涌保护器的火线、零线是否接反，正常浪涌保护器应是“L”端子接在火线上，“N”端子接在零线上；检查浪涌保护器是否并联在 RTU 电源空开上端子上，若是在上端子上，则说明接线正确。

2.2 远动设备故障

2.2.1 遥信故障

网隔通信状态异常；网隔通信状态故障；网隔遥信状态错误或遥控失败。

故障现象为网隔 RTU 所有 DI 遥信灯不亮，或者 RTU 被烧坏，所有指示灯不亮。RTU 的运行灯、通讯灯不亮。

首先利用复示终端检查远动通道是否正常。若通道正常，检查网隔本体刀闸分合是否到位，观察 RTU DI 对应指示灯是否亮，如果某一个遥信上传错误，则看复示终端的位置信号与 RTU 的 DI 对应指示是否一致，如果不一致，检查 RTU 接线。如果通道不正常，可以采用短接 RTU 该出口遥信点与公共端。通过调度端确认有无该遥信上传，如果无遥信上传，则确认是 RTU 故障；如果有遥信上传，则确认是网隔操作机构二次回路故障。

2.2.2　遥控故障

路局电调遥控失败。

首先利用复示终端检查远动通道是否正常。若通道正常，检查网隔刀闸分合是否到位。若分合到位，联系路局电调对网隔进行遥控试验。听 RTU 内分合继电器有无动作的声音，确认调度端命令是否发送成功。如果有声音，则说明发送成功。然后，通过短接 RTU30#、31#端子（相当于近动合闸操作），短接 32#、33#端子（相当于近动分闸操作），以此来排查 RTU 和操作机构的故障。如果短接后网隔分合正常，说明 RTU 故障，更换 RTU。如果短接后网隔无法分合，说明网隔操作机构控制回路故障。

若控制回路故障。打到当地位，当地操作网隔分合闸，若正常，说明 RTU 到操作机构之间的连接线有故障，排查 RTU 与操作机构端子排间连接线有无虚接现象。

2.3　远动通道故障

高温天气下，网隔通信状态出现异常、故障或失效，夜间气温降低后，网隔通信状态恢复正常。

首先利用复示终端检查远动通道是否正常。若通道正常，检查网隔操作机构箱内尾纤与光电转换器、尾纤与熔纤盒接口处是否紧密。再检查开关控制站内尾纤与光缆终端盒、尾纤与 485 光纤通信扩展装置接口处是否紧密。若上述接口处连接不紧密，则更换至预留光纤接口，预留光纤的另一端的尾纤也同时更换至该条光纤接口，以确保光路导通。

3　常见故障原因分析

3.1　未按安装标准施工

网隔施工时，未按设计标准施工，如同一台开关控制站的各网隔操作电源混线、操作机构箱箱体未接地、操作机构端子排接地端子未接箱体、浪涌保护器各端子接反、浪涌保护器接在远动设备空开下端子等，均会造成操作机构与远动设备接地不良，易在雷雨天气时引起跳闸。

3.2　远动设备状态不良

运行过程中，常出现 RTU 死机或内部元件故障的情况，这也对 RTU 设备本体抗干扰、防雷措施提出了较高的质量要求。

3.3　动车组经过高速震动

操作机构箱设置在网隔支柱下方，即接触网支柱或上网供电杆上，离线路很近，每当动车组经过时，都会引起周围设备的震动，在长期震动影响下，常出现操作机构箱内端子虚接和光信号接口松动的现象，相比较而言，网隔开关控制站常设置在线路护坡以下，离线路较远，经受的震动较少，因此运营三年以来，网隔开关控制站内并未发生过端子虚接的问题。

3.4　高温环境的长期作用

大西高铁网隔 RTU 与操作机构同箱设置，由于防止操作机构卡滞，箱内设置有加热板，并且未防止尘土，箱体密封较好，这就使得 RTU 长期处在密闭、高温的环境下，双重考验 RTU 的耐热性能，无法提供良好的运行环境。

4　设计审查与前期介入监管时注意的问题及措施

4.1　严格按照高速铁路牵引供电工程设计规范进行设计审查，严格按照工程施工标准进行施工监管，特别是操作电源电缆敷设、光缆敷设等隐蔽工程，在网隔操作机构、RTU、开关控制站的监管上都要增加技术力量。

4.2　按每季度或每半年的周期远动试验网隔，尽早发现操作机构、RTU 的故障问题。

4.3　在操作机构箱与接触网（供电线）支柱刚性连接处增加阻尼材料，减缓操作机构与 RTU 的剧烈震动，以起到缓冲作用。

4.4　预留光缆尽量保证 2 倍以上的预留，整体道床敷设光缆难度大，若重新敷设光缆天窗则时间有限，不能及时恢复影响网隔远动功能的实现。

4.5　大西高铁操作机构箱内安装有网隔操作机构、RTU 及其附属设备，预留空间过小，更换 RTU、检修操作机构时，检修人员的手与工具很难施展，在有限的天窗点内会延误检修任务的完成；为防止操作机构遇冷卡滞，操作机构内装有加热板，然而RTU运行需要处在低温环境中，防止设备过热死机。所以，综合以上两个因素，网隔操作机构与RTU需分箱安装。并需在RTU箱体上涂隔热漆、开窗打孔、增设风扇，降低RTU运行温度。

参考文献

[1] 国家铁路局. 高速铁路设计规范(TB 10621—2014)[S].
[2] 中国铁路总公司. 高速铁路接触网运行维修规则(2016).

电气化铁路线路架空顶进施工中过渡接触网支柱基础的探讨

何建勋

（中国铁路郑州局集团有限公司郑州供电段供电技术科）

摘　要： 针对电气化既有线铁路立交下穿顶进施工，通过对比分析接触网临时支柱基础类型，得出利用孔桩作为接触网临时支柱基础的施工方案的可行性与可靠性。

关键词： 接触网；支柱基础；抗倾覆计算；方案对比

1　前言

近年来随着国家经济的发展，城市规模的不断扩大以及城乡交通建设的迅速发展，大量公路建设项目被投入建设。而新建公路下穿运营中的电气化铁路时，多采用线路架空顶进方式进行构造物施工。为确保箱涵顶进施工过程中接触网设备的正常供电，施工单位一般采用新立支柱作为临时过渡的施工方案。而采用哪一种接触网支柱基础类型，则对确保施工过程中新立支柱的稳定性，保证供电行车安全起到了至关重要的作用。本文结合铁路顶涵施工和现场环境的特点，对比了几种不同接触网支柱基础的抗倾覆性能。

2　接触网支柱基础设计原则

接触网支柱均属于塔杆类结构，主要承受接触悬挂荷载和作用在导线、承力索、附加悬挂等结构上的风载、雪载或覆冰，上述载荷由支柱传递到基础顶面，支柱基础所受载荷以水平力为主。与水平力相比，垂直载荷很小，因此支柱基础设计主要解决的是基础抗倾覆强度。当支柱基础各项计算条件确定后，使计算得出的支柱基础抗倾覆安全系数 K 满足规范要求，即满足 $K>1.6$。

3　确定支柱基础形式

方案 1：基坑开挖式基础

基坑开挖式基础应用于钢筋混凝土支柱，支柱埋深一般在 3.5 m 以内，垂直线路方向的支柱容量较小，因立交箱涵在顶进过程中顺线路方向架空距离较长，接触网过渡支柱间的跨距一般在 70 m 左右，支柱基础承受的倾覆力矩也会增加，为保证极限条件下接触网跨距满足供电行车要求，新立支柱基础往往距顶进施工中的箱涵距离较近，在夏季汛期或是路基为沙粉土区段，线路架空顶进过程中新立支柱周围易发生水土流失进而引起新立支柱基础附近的地面发生坍塌，从而大大降低支柱的抗倾覆能力。

如图 1 所示，当支柱基础周围发生坍塌时，只能采取在基础周围打防护桩、填充沙袋等方式来进行处理，并不能从根本上解决基础周围发生坍塌时的安全隐患。

图 1　支柱基础坍塌预处理

方案 2：螺栓固定式基础

螺栓固定式基础即使用螺栓将接触网钢柱固定在架空线路的横抬梁上，通过这种方式设立的接触网临时支柱，可以有效避免基坑开挖式基础的一些弊端，如可以在架空线路的合适位置选取一根横抬梁作为钢柱基础，避免了基坑开挖式基础间距远、接触网临时过渡跨距长、支柱基础抗倾覆系数小的缺点，但因横抬梁为钢制结构具有一定的弹性，当有列车通过尤其是重载货物列车通过时会产生一定幅度的上下震动，接触悬挂会随横抬梁一起产生震动，严重时会造成接触网上下舞动，对接触悬挂的稳定性及受电弓的取流造成了严重的影响。所以此种基础类型也不适合在铁路顶涵施工现场使用。

方案 3：钢筋混凝浇筑基础

接触网钢柱基础一般采用钢筋混凝浇筑基础，下面以软横跨钢柱 G300/15 的钢筋混泥土基础（Ⅱ-6-30-1）设计为例（柱底内力标准值：弯矩 $M=300$ kN·m、水平力 $V=31.7$ kN、竖向力 $F=16.6$ kN）。根据基础设计有关计算公式，地质情况如下：基底为压实的人工填土，地基承载力特征值 $fak=120$ kPa，基础埋深 $h=4$ m，基地尺寸 $a_0=1.45$ m、$a_1=3.95$ m、$a_2=3.45$ m、$a_3=2.95$ m、$a_4=2.45$ m、$a_5=1.95$ m；$b_0=1.05$ m、$b_1=1.55$ m；$h_1=h_2=h_3=h_4=0.4$ m；土的重度 $r=18$ kN/m^3；该钢筋混凝土基础的体积为 11.9 m^3。

计算简图如图 2 所示，图中各参数的意义如下。

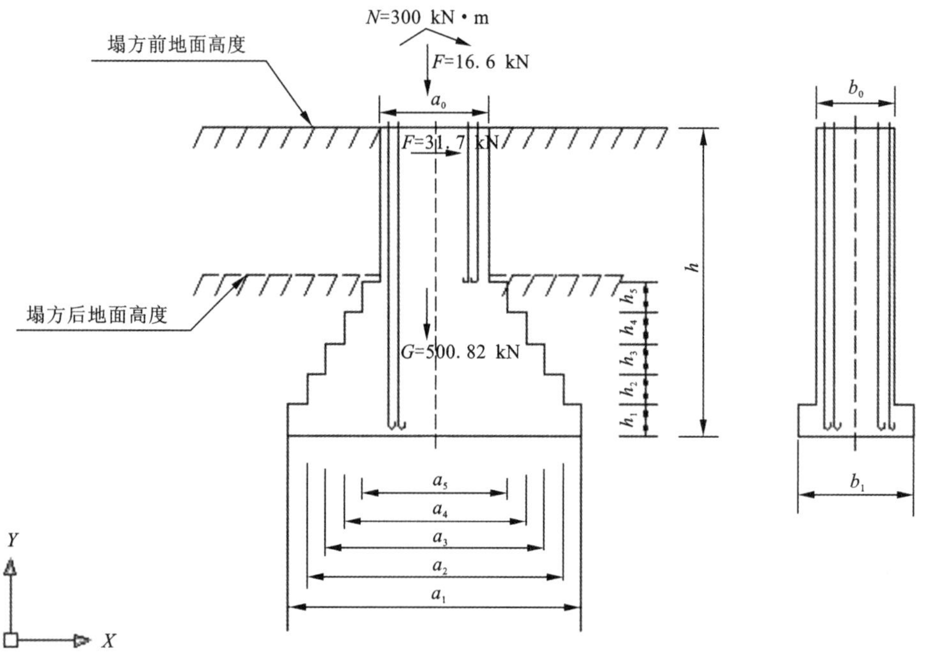

图 2　计算简图 1

当支柱基础周围未发生塌方时经计算：倾覆弯矩 $M_k=M+V_h=300+31.7\times4=426.8$ kN·m；抗倾覆弯矩 $M_{抗}=(F+G)\times a_1/2=(16.6+500.82)\times1.975=1021.9$ kN·m；抗倾覆系数 $K=M_{抗}/M_k=2.39>1.6$。满足抗倾覆系数要求。

当支柱基础周围发生塌方地面高度下降 2 m 时经计算：倾覆弯矩 $M_k=426.8$ kN·m；抗倾覆弯矩 $M_{抗}=682.88$ kN·m；抗倾覆系数 $K=M_{抗}/M_k=1.6$。即当基础周围地面塌方高度大于 2 m 时，基础抗倾覆系数不满足设计要求，支柱会发生倾斜倒塌。

通过计算可知，钢筋混凝浇筑基础与以上两种基础相比，具有一定的抗倾覆能力和稳定性高的特点，能够承受小范围内的地面塌方。但因为基础埋深较浅，侧面土体的被动土压力抗倾覆作用较小，主要依靠基础的自重来抵抗支柱的倾覆。在线路架空顶进过程中，当支柱基础周围发生较大面积的水土流失，地面塌方高度超过 2 m 时，支柱会因抗倾覆系数变小而发生倾斜，危及供电行车安全。

结合以上几种接触网支柱基础的特点，需要一种全新的设计理论（像栽电线杆那样挖个深坑，让电线杆不倾覆），通过加深基础，充分利用基础侧面土体的被动土压力来抗倾覆，使顶涵施工过程中的接触网过渡支柱满足抗倾覆能力强和稳定性高的要求。

方案 4：孔桩式基础

孔桩式基础采用立交顶涵施工过程中的临时孔桩，孔桩深度一般在 12 m 以上，直径 1.25 m，砼强度按 C20 设计，基础地脚螺栓采用直径为 30 mm 的螺栓，同样以软横跨钢柱 G300/15 的钢筋混泥土基础设计为例（柱底内力标准值：弯矩 $M=300$ kN · m、水平力 $V=31.7$ kN、竖向力 $F=16.6$ kN），塌方后实际地面高度按下降 4 m 计算。孔桩支柱基础的设计采用《电气化铁道设计手册》中的插杆理论来进行计算。

计算简图如图 3 所示，图中各参数的意义如下：

Snp 为按方程求得的水平力；S_0 为计算水平力，$S_0=V$；K 为倾覆安全系数，$K=Snp/S0$；Snp 的数值可按下列方程求得：

$$\frac{1}{mb}[SnpH-(Qnp-Snpf)(e+fh)/(1+f2)]-h3/3+\frac{2}{3}\times[(Snp+Qnpf)/(mb+mbf2)+h2/2)3/2-0.8a_0h2f/4=0$$

式中：$r=18$ kN/m^3（土的重度），$m=r\times\tan^2(45°+\frac{\alpha}{2})=36.71$ 为土壤被动土压力系数；b 为基础的计算宽度；H 为附加水平力的高度；$S_0=V$（水平力 $V=31.7$ kN）；$H=(M/S_0)+4=13.46$ m；$Q_{np}=N+G=16.6+693.54=710.14$ kN 为基础失去安全时的总垂直力，包括基础的重量，以及带悬挂导线的支柱重量总和；e 为基础底部土壤极限抗压力 Y 的偏心距，计算时近似地取 $e=0.4a_0$；a_0 为基础在倾覆面上的尺寸；$h=8$ m 为基础的计算埋深；f 为摩擦系数，$f=\tan\alpha$。当路基土层的内摩擦角 $\alpha=20°$时，经计算：$S_{np}=168$ kN；$K=S_{np}/S_0=168/31.7=5.29>1.6$，即当支柱基础周围发生塌方地面高度下降 4 m 时，基础抗倾覆系数满足设计要求，支柱不会发生倾斜倒塌。

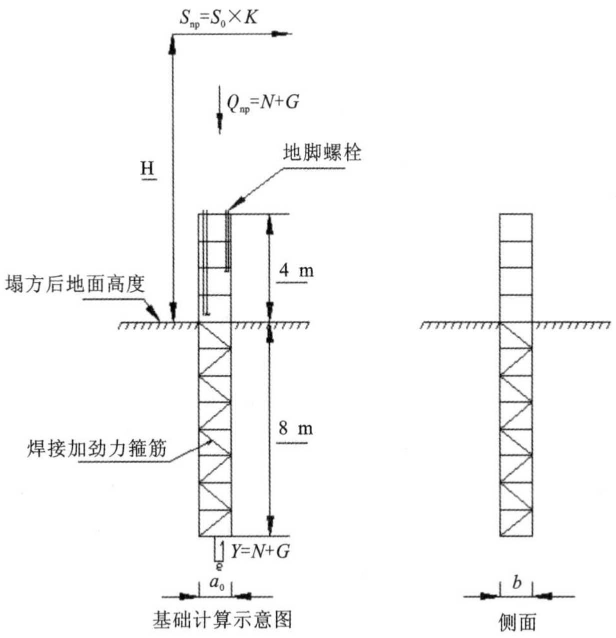

图 3　计算简图 2

通过加深基础，充分利用基础侧面土体的被动土压力来抗倾覆，孔桩式基础的抗倾覆能力和稳定性较钢筋混凝浇筑基础有了大幅提升，能够确保顶涵施工中的供电行车安全。

4　结论

通过比较基坑开挖式基础、螺栓固定式基础、钢筋混凝浇筑基础和孔桩式基础这四种不同的接触网支柱基础类型，我们可以得出以下结论：孔桩式基础加深了基础的埋深，充分利用土体的被动土压力来抗倾覆，使顶涵施工中接触网过渡支柱基础的抗倾覆能力更高、稳定性更好，接触网支柱基础周围因土质松软或水土流失发生大面积塌方时，接触网支柱基础仍能满足侧向倾覆稳定的要求，具备抗倾覆安全系数高、抗塌方能力强的特点，能够有效避免立交顶进施工过程中支柱基础周围塌方对新立支柱下部基础造成的影响。

参考文献

[1] 郑州铁路局. 接触网运营检修与管理[M]. 北京：中国铁道出版社，2006.

[2] 铁道第一勘察设计院. 铁路工程设计技术手册：线路篇[M]. 北京：中国铁道出版社，1994.

[3] 铁道第四勘察设计院集团有限公司. 接触网支柱基础设计合理性与经济性探讨.

接触网架空地线断线原因分析及对策

王逸哲

(中国铁路郑州局集团有限公司郑州供电段)

摘　要: 接触网架空地线断线故障已在全国范围内多次发生，轻则导致铁路供电中断，重则引发其它方面的安全事故。因此，针对架空地线断线特征，分析架空地线断线原因，对开展防接触网架空地线断线措施研究具有重要意义。本文深入分析了导致架空地线断线的影响因素，并分析了接触网架空地线断线的具体原因，最后提出了一些防范接触网架空地线断线的措施。

关键词: 架空地线；断线；分析；防范措施

1　引言

架空地线在我国电气化铁道上的应用经历了一个发展过程。初期，在车站或编组场内，接触网分布规律性比较差，保护线无法与散乱的保护对象相连并起保护作用。为了在绝缘部件发生闪络时，及时促成继电保护装置动作，迅速切断故障回路的电源并有效地抑制闪络时各接地体对地电位的升高，将站内硬横梁、支柱金属部分、铁横担等用导线连接起来，再通过接地极按一定间隔接地，并在两接地极间架空导线的中点处通过放电器与回流线或保护线相连通，这种在两接地极间起连通作用的架空导线称为架空地线。当架空地线连接的物体受到闪络冲击时，架空地线对回流线或保护线的电位升高，使放电器放电，闪络电流经保护线或回流线流回牵引变电所，使继电保护装置动作，同时通过接地极对地短路，进一步提高继电保护装置的准确性。这种接地方式由于减少了地线的维修工作量，也克服了工务换轨、清筛等造成的接触网地线大量脱落、丢失现象，逐步扩展到了站场区间所有支柱，在无保护线和回流线的地方，多采用在接地极处同时接轨的方式来提高闪络电流回流的可靠性。架空地线在新的铁道电气化设计中因其自身的优点而得到了广泛的应用。

2　导致架空地线断线的因素

2.1　导致地线损伤的因素

正常运行过程中，导致架空地线损伤的因素通常有两种：

(1)地线锈蚀，长时间的运行会不可避免地产生地线锈蚀，在污染严重的地区，地线锈蚀会更加严重，甚至可直接导致地线机械强度下降，直至拉断。

(2)电气烧伤，通过分析，架空地线烧伤烧断的部位均发生在架空地线集中接地处的杵座鞍子里。此处，接地极、下部地线通过引下线连通架空地线肩架，再通过肩架经杵座鞍子连通架空地线。它和相邻集中接地点构成了牵引回流的一个通道，而此处杵座鞍子与架空地线的接触点因接触电阻较大并不能满足电气导通的要求，成了回流的一个瓶颈，随着时间的推移接触电阻进一步加大，导流条件逐步恶化，最终导致烧伤、烧断事故的发生。

2.2　工频短路电流的热效应

雷击、鸟害或者污闪等因素导致绝缘子闪络后，由系统继续提供能量，维持续流通道。地线 - 杆塔系统的阻抗远小于杆塔 - 接地体系统阻抗。因此在发生接触网接地故障时，工频故障电流会沿地线分流至附近接地电阻小的杆塔而入地。因此，在故障时工频故障电流最有可能通过线夹处，而线夹与地线的接触电阻相对较大，因此在线夹处发热最为严重，极易在此处烧断架空地线。

3　防架空地线断线的措施

3.1　加设火花间隙

架空地线经钢轨并联分流，在下部地线与架空地线的连接点处，通过电流较大，而连接件只是普通的接地线连接板夹，接触电阻较大，满足不了导流需要，最终导致此处发热烧伤。因此要将所有接轨点处均加设火花间隙，切断轨道回流流向架空地线的通道。

3.2　加装引流线

架空地线断线故障主要发生在悬垂线夹出口处，其重要原因为悬垂线夹处是应力集中点，悬垂线夹与地线间接触电阻相对较大，通过工频故障电流后发热严重，导致部分钢绞丝被熔断，剩余钢绞丝发热后屈服强度下降，抗拉强度不足，导致拉断。因此可以在悬垂线夹两侧加装引流线，可有效对悬垂线夹两侧入侵的雷电流和工频故障电流进行分流，同时两侧紧密连接的并沟线夹可在档距中间发生断线故障时，有效防止地线不从悬垂线夹处抽出，防止故障范围扩大。

3.3　加强设备检查

设备管理单位要定期开展安全隐患排查，制定整治措施，重点检查以下几点：一是附加导线驰度和张力是否符合安装曲线。二是安装形式是否标准，是否存在缺少跳线、绝缘子，跳线安装不规范等情况。三是电气回路是否畅通，线索是否有烧伤磨损及断股现象，杵座鞍子、并沟线夹是否连接牢固。在认真排查的基础上，制定针对性整治措施。

4　结论与建议

(1)无论进站信号机以内还是以外，全自动闭塞还是半自动闭塞区段，在架空地线接轨点，均应采用通过火花间隙接轨的方式，既能保证短路电流回流需要，又能保证正常牵引回流不通过架空地线分流。

(2)在架空地线下锚拉线上加一片绝缘子，隔断架空地线与地锚拉杆的电流通道，确保地锚拉杆不因电腐蚀而折断。

(3)在架空地线肩架和架空地线间加设短接电连接线，畅通故障电流流入架空地线的回路。

(4)悬垂线夹处的地线用铝包带缠绕并压紧，防止地线磨损。

(5)定期打开悬垂线夹进行检查，查看地线在悬垂线夹处的磨损情况。

浅谈电气化铁路接触网设备电气烧伤原因及防治措施

陈 浩

(中国铁路西安局集团有限公司安全监察室)

摘 要: 电气化铁道中，接触网线路是在力与电的双重作用下工作的，机械故障和电气烧伤是接触网故障的主要原因。随着我国铁路的高速发展，由于HXD型机车的大量应用、机车牵引定数的增加及供电设备的更新改造不能及时跟进等原因，接触网电气烧伤的问题明显增加，从而导致吊弦、电连接、接触线、承力索等电气烧伤事故、故障的多次发生。本文通过对接触网运营中发生的电气烧伤现象进行分析，并结合接触网设备维护、检修的实际经验，提出了对电气化铁路接触网设备电气烧伤的防治措施。

关键词: 电连接器；电气烧伤；原因分析；防治措施

0 引言

自从第一条电气化铁路宝成线宝凤段1961年通车运营以来，我国的电气化铁路已有50多年的历史。它经历了从山区到平原，从单线到复线，从低速到高速的发展阶段，因其在铁路牵引动力中具有功率大、速度快、能耗低、效率高并经济环保等特点，现已成为我国铁路牵引的主力军。随着近年来铁路大面积提速和运输运量的不断增长，对电气化铁路设备性能提出了更高的要求。接触网是电气化铁路的三大元件之一，因其沿铁路线露天架设又无备用，故提升既有接触网设备的运行质量是满足提速和重载需求的先决条件。而接触网设备的电气烧伤会直接影响其运行质量，且电气烧伤后不易发现，烧伤部位长期通电运行，最终导致烧伤部分超限，从而引起接触网断线等严重事故的发生。因此，防治接触网电气烧伤已成为供电运营单位亟待解决的课题。

1 近年来电气烧伤引发的典型事故、故障分析

(1)2016年6月15日，某车站VI场9道6212号软横跨定位器钩从定位环线夹脱落。原因为主导电回路不畅，定位器分流且拉出值小，长期间隙放电导致定位环线夹电腐蚀烧伤，从而造成定位器从根部脱落。

事发时的照片

定位器钩与定位环线夹烧损照片

图1 事故图分析

2016年5月7日，某车站接触网121号柱软横跨定位器钩从定位环线夹脱落。原因为软横跨分流、定位器拉出值小，导致定位环环口处长时间间隙放电，造成电气烧伤定位器钩环电腐蚀脱落，如图2所示。

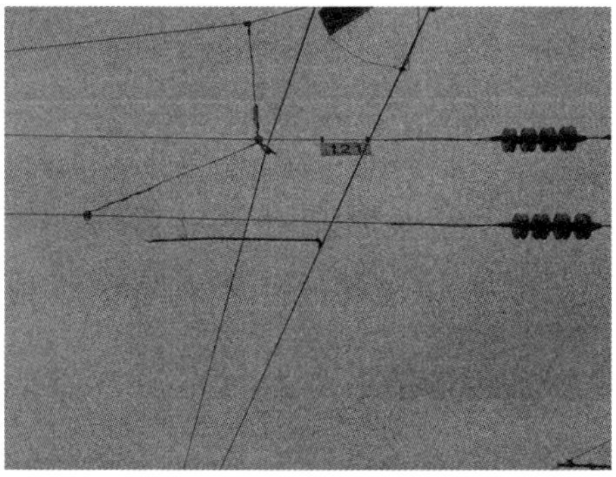

事发时的照片

处置后的照片

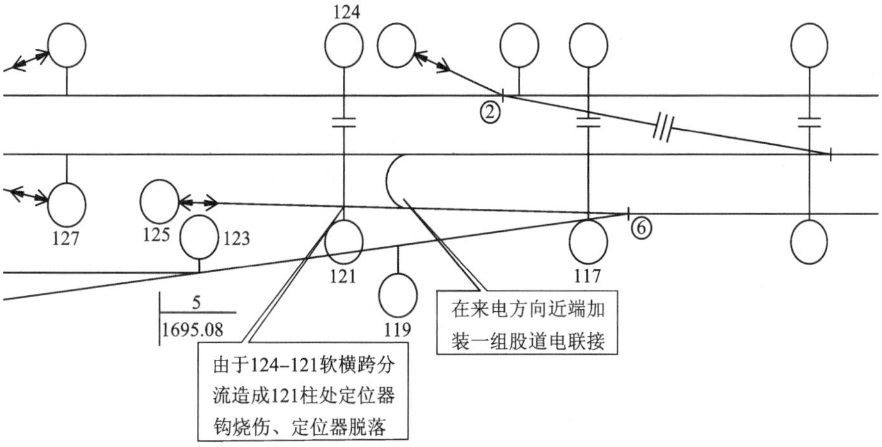

图 2　电气烧伤分析详解

（2）2016 年 7 月 29 日，某车站 42 号支柱处Ⅳ道承力索断线。原因为前期施工中拆除Ⅱ道、Ⅳ道股道电连接，使本应起等电位作用的钢绞线分流，长期运行钢线卡子内部发热、电腐蚀严重，钢线卡子与铜承力索接触不良，在线索偏移情况下钢绞线与Ⅳ道承力索形成第二接触点，间隙放电造成承力索电气烧伤、断线，如图 3 所示。

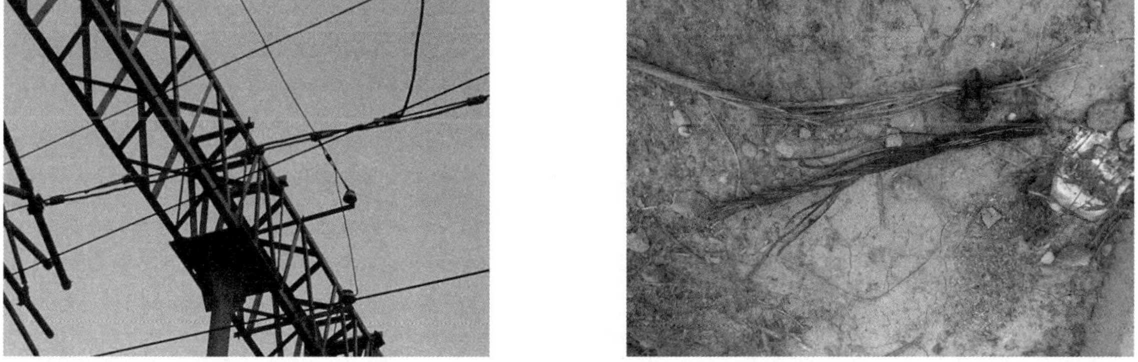

图 3　电气烧伤图

（3）2012 年 11 月 4 日，某车站 52 号和 54 号两非支交叉下锚导线空气间隙不足，主导电回路不畅，产生间断放电，导致钢绞线被烧伤、拉断，如图 4 和图 5 所示。原因为接触网改造施工中，由于导线不够长，采用镀锌钢绞线代替接触线作为非支下锚延长线，渡线钢绞线距离4道下锚导线间距小，线间存在电位差，当机车通过线岔在受电弓抬升力作用下，导致渡线钢绞线与4道接触线间断性接触放电，因钢绞线载流能力弱，长时间电气腐蚀造成断线。

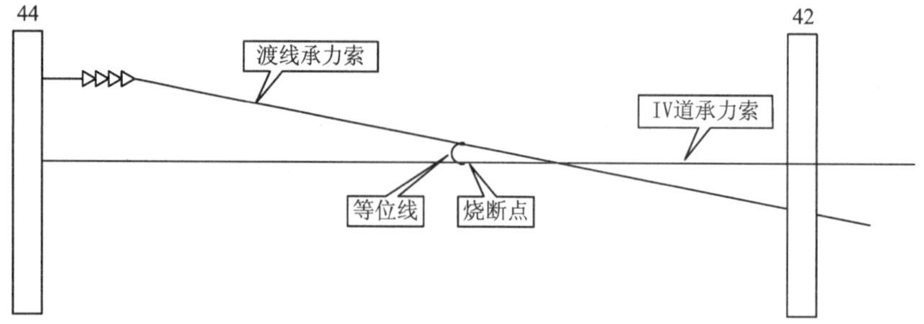

图4 电路事故图

交叉处空气间隙不足

被烧、拉断的钢绞线

图5 电路事故图

(4)2012年1月17日5时00分，某车站Ⅲ场82号支柱工作支腕臂分流，LBGJ－70型承力索固定在TJ－120型承力索座内，因零件与线索不配套，接触不良，间隙放电造成承力索烧断。

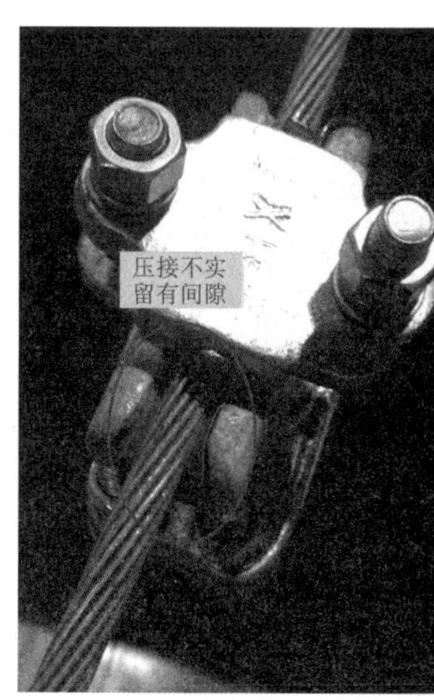

图6 车站事故图

(5)2015 年 12 月 29 日，某车站下行 K888 +363 处，渡线工作支与非工作支承力索交叉互磨放电，造成承力索断线。2016 年 1 月 12 日，某线下行 K305 +593 处，因非绝缘锚段关节接触线电连接线夹导流不畅，非支承力索载流增大，长期过负荷运行，导致钢芯铝绞线承力索烧伤断股、机械强度降低，在张力作用下断线。2016 年 4 月 11 日，某车站粮库专牵出线 82 号软横跨处，因承力索在悬吊滑轮处长期电腐蚀和磨耗，造成承力索断线。

(6)2014 年 2 月 5 日，某车站 34 号隔离开关设备线夹因安装不密贴、接触面不足等问题，在大负荷、大牵引电流情况下，导致隔离开关设备线夹烧毁、烧熔，如图 7 所示。

上网隔离开关设备线夹烧损　　隔离开关设备线夹安装不密贴

图 7　电路事故图分析

(7)2017 年 3 月 25 日，某车站 585# ~ 587#跨中上网 T 接引线与供电线连接的并沟线夹松动产生电气腐蚀，引线与线夹过渡电阻增大，线夹在大负荷情况下发热烧熔，造成引线脱落，最终导致弓网故障的发生，如图 8 所示。

图 8　弓网故障图

2　接触网设备电气烧伤原因

(1)站场软横跨锚段关节非支下锚延长与软横跨交叉处电气烧伤。软横跨与延长下锚交叉处因电气距离不足，在列车运行取流时，导致设备分流，加之震动互磨、间隙放电，造成电气烧伤。

(2)车站安全线(或其他方向支线)与正线同组软横跨未加装电连接，造成电气烧伤。软横跨两接触悬挂间未安装股道横向电连接，定位器拉出值小、定位器钩与定位环线夹受力小，其连接处长期受大电流腐蚀，加之日常震动互磨、间隙放电，导致电气烧伤。

(3)渡线菱形线岔处未加装电连接造成电气烧伤。渡线菱形线岔处交叉的线索、线索与支持装置之间，由于线路阻抗不同而形成电压差，在受风力、温度引起线索弛度发生变化，接触线索振动等因素的作用下，造成绝缘距离缩短，发生间隙放电，造成了接触网设备电气烧伤。

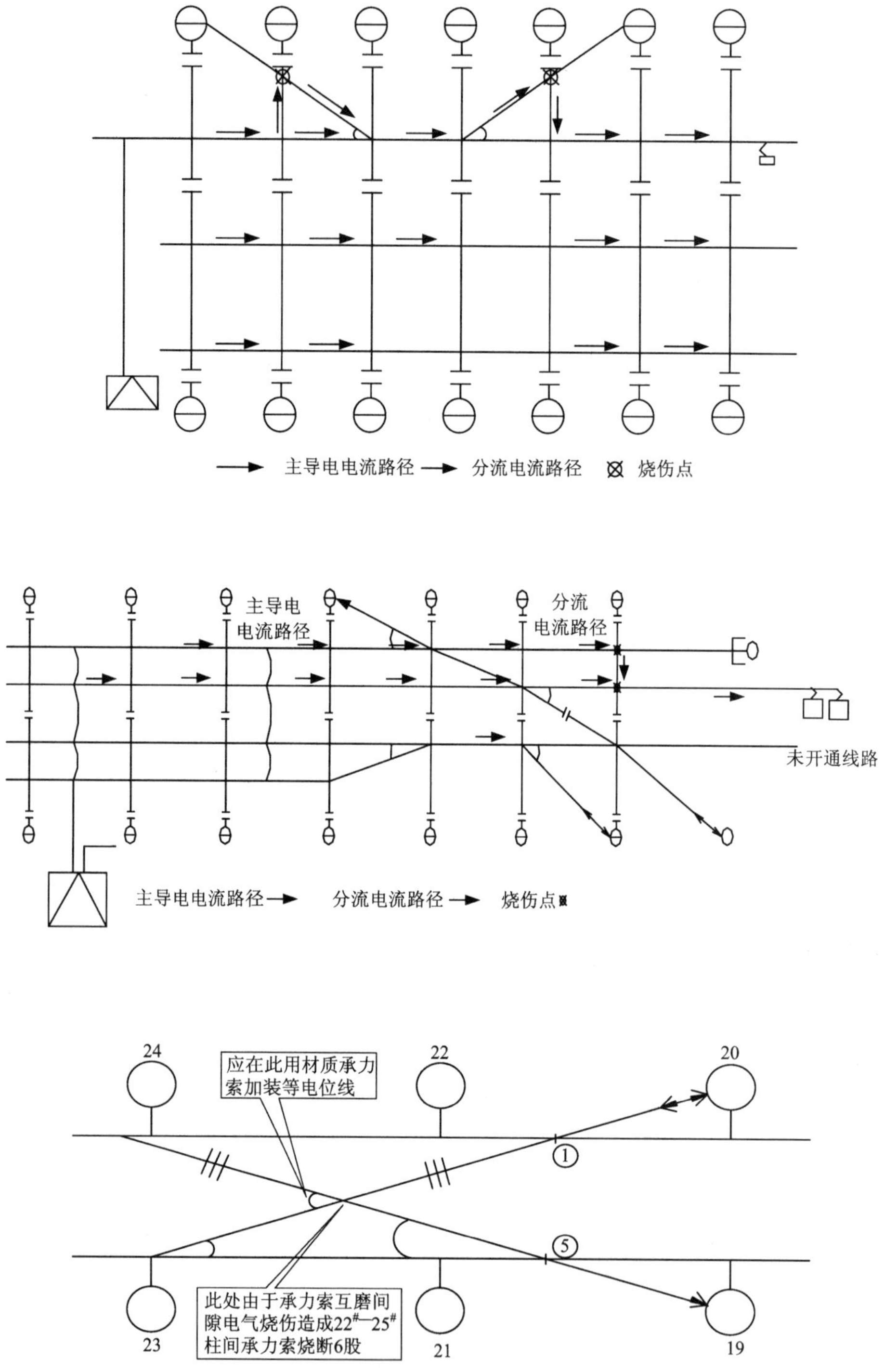

图 9　接触网设备事故分析

（4）接触网施工、检修不落实安装工艺造成电气烧伤。在接触网施工时未能严格执行有关标准，不按照安装工艺施工、拆除固有股道电连接等引发电气烧伤。某车站 42 号支柱处Ⅳ道与渡 2 锚段承力索交叉处使用钢绞线作为电气等位线，铜承力索与钢绞线通过钢线卡子连接，同时在前期的整治作业中，拆除了既有股道电连接，使本应起等电位作用的钢绞线分流加大，引发电气烧伤造成断线。

（5）接触网电气连接容量不足、接触网主导电回路不畅造成电气烧伤。随着近年来铁路不断提速和重载列车的开行，机车换型、提速增吨，电力机车由 SS4 型换成 HXD3 型（HXD1 型），牵引吨位由 4500 t 增长到 5000 t。和谐电力机车功率大、速度快，取流明显增大，由于机型及功率发生变化，目前的牵引运能已经超出了原设计裕量，原设计中电连接的位置和数量已经远远不能满足大功率机车持续载流的需要。四跨绝缘锚段关节使用的单根 TRJ－95 电连接、引线及变电所馈出端各类设备线夹容量不足，锚段内横向电连接安装间距较大的问题，故以上处所就成为电气连接的薄弱环节，在机车持续取流过程中极易导致设备烧损，进而发生零部件脱落、断线事故，给运输生产带来了很大的干扰。

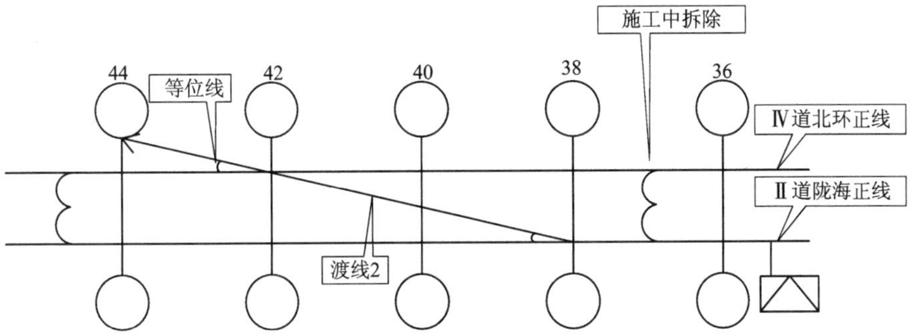

图 10　等位线分流烧断承力索示意图

（6）接触网主导电回路电气节点处电连接线夹、设备线夹、上网点并沟线夹等零部件因与线索不配套、安装不密贴、接触面不足等问题，造成接触网主导电回路设备状态不良，在高铁大负荷、大牵引电流情况下，导致线索和线夹烧毁、烧熔。

3　接触网电气烧伤的防治措施

（1）加强供电能力调查。定期组织对管内供电设备的供电能力调查，及时确定不能满足牵引负荷要求的供电设备，做好供电设备薄弱处所的补强，并积极组织进行扩能改造，防止因设备容量不足引发接触网设备的电气烧伤。

（2）提前研判并控制行车、施工等因素变化给接触网运行带来的风险。一是研判调图、列车追踪间隔、牵引机车机型、牵引定数变化对牵引供电设备的影响；二是研判牵引变电所供电臂负荷增大对接触网设备的影响；三是研判供电臂频繁发生过流跳闸对接触网的影响，特别是为解决供电臂频繁过负荷跳闸而调整变电所过流定值的区段，要研判因此给接触网运行带来的风险并制定落实好管控措施，如薄弱处所改造、设备分流、电连接解体检查、电气节点在线监测等；四是研判施工、维修设备变化带来的风险。

（3）加强主导电回路的检查。供电设备电气烧伤的原因，究其根本是主导电回路电连接设置不合理，没有考虑从电源侧即来电方向设置电连接，而造成不该载流的设备分流。因此，在供电设备大修、改造施工中，必须确保主导电回路的畅通，科学设置主导电回路电连接。日常运行中，一方面要定期安排业务素质高的技术骨干进行夜间巡视，及时发现电气连接及零部件受热发红的隐患。重点检查隔离开关、锚段关节的电连接、站场的股道电连接、上网点；另一方面则要加大科技投入，利用科技手段定期进行温度、状态检测（如接触网红外热像仪、6C 装置等），发现异常立即整治。

（4）严格落实安装工艺及巡检周期。首先，从事故、故障暴露出的问题来看，普遍存着设备检修超周期的问题，其次是检修工艺落实不到位的问题。因此，认真落实设备安装工艺和周期检修是确保接触网设备安全的保障。一是按标准使用力矩扳手紧固电气连接零部件；二是落实交叉线索整治标准；三是电连接线夹型号与电连接线匹配安装；四是落实设备巡检制度，杜绝设备的漏检漏修；五是加强对牵引负荷较大区段设备的巡检力度及电连接解体检查。

（5）正确选用零部件，采取新工艺。在安装设备线夹、电连接线夹时，要先清除线夹内杂物并预涂导电脂。馈线上网点的电连接采用双股连接方式，铜铝过渡线夹须采用内包式，禁止使用交接式点线接触式铜铝过渡线夹。推广使用压接工艺的电连接线夹。

（6）合理设置电连接的位置。一是应考虑货物列车编组的变化，根据牵引机车启动位置变化情况，及时调整股道电连接的位置。二是应考虑在软横跨处分段绝缘器的外侧加装股道电连接，防止软横跨上下部固定绳定位环和定位钩处以及承力索和悬吊滑轮的斜拉线发生电气烧伤。三是复线区段站场应考虑到列车反方向停车启动取流需要，加装股道电连接。四是在牵引电流较大(500 A 及以上)及高坡区段采取加强措施，每 100 ~ 150 m 设横向电连接一组，可以防止吊弦烧伤、烧断问题。

(7)站场岔区、延锚形成关节处电气加强。个别线岔设置与锚段关节位置重叠时，按锚段关节要求补装电连接。站场股道内下锚支延长时，应按照悬挂延长形成的锚段关节增设电连接。对于已存在立体交叉而间距不够的线索加装铠装预绞丝保护条及加装等位线。

4 结论

通过对接触网设备电气烧伤造成的原因进行分析，结合目前供电设备实际运行状况，有针对性地采取有效措施，并借助于新技术、新工艺和先进的管理理念，就一定能够克服接触网电气烧伤问题，确保接触网供电运行安全。

浅谈接触网网开关机构箱、OPU 箱未设立单独接地的危害

唐红卫

（中国铁路广州局集团有限公司衡阳供电段）

摘　要：牵引供电系统是高速铁路的重要组成部分，由于列车运行速度高，运行气候条件恶劣等原因，高速铁路系统中牵引供电设备的安全，时时刻刻都在面临着挑战，因此在高铁牵引供电系统中，接触网网开关的存在必不可少。而作为弱电的网开关机构箱和 OPU 箱，存在非单独接地方式，导致近距离短路接地时，高电压、反窜大电流窜入控制箱和 OPU 箱的低压控制回路，造成 OPU 箱、机构箱、电源模块等重要网开关控制部件烧损。而在衡阳供电段实际运行期间，因 OPU 箱未设置单独接地而导致的故障发生了数次，前不久发生在武广线董家变电所因跳闸导致反窜电流造成大面积烧损 OPU 箱、机构箱的情况就是如此。造成反窜电流大面积烧损 OPU 箱、机构箱的根本原因是机构箱和 OPU 箱未设置独立接地，而是采用与钢柱、或与避雷器共同接地。本文就机构箱和 OPU 箱未设置独立接地而存在的设备故障隐患进行说明。

关键词：接触网网开关；接地；OPU 箱；机构箱；反窜电流

衡阳供电段管辖范围内属于雷雨天气较多地区，各高铁线路因雷击或异物等原因跳闸频繁。因雷击或异物造成跳闸产生的电流通过避雷器或支柱的接地装置泄放，若接触网开关箱的接地与支柱或避雷器共用接地，接地点存在残压则会窜入弱电回路，进而导致箱体内部板件、电子元件烧损。

1　确立论点

本文主要叙述的观点是高速铁路接触网网开关的机构箱、OPU 箱未设置单独接地的危害。在正常运行的高速铁路接触网的网开关箱和 OPU 箱要设置单独接地，不能将其与钢柱接地并在一起接地，并且要确保接地电阻达到设计要求。本文将针对网开关箱未设置单独接地产生的危害来进行论述。

2　事故案例

武广高铁衡阳段，2017 年 8 月 14 日董家变电所发生跳闸，重合闸成功，引起线路上网开关的机构箱和 OPU 箱内的设备大面积烧损。本次事件中，出现网开关烧损严重的情况根本原因在于跳闸点的供电杆上网开关机构箱和 OPU 箱体接地与杆塔共用同一接地。下面对本次事件中的机构箱和 OPU 箱内设备大面积烧损的原因进行分析说明。

2.1　事件经过及设备损失情况

2.1.1　事故概况

2017 年 8 月 14 日，京广高铁董家变电所 211、212 跳闸，重合闸成功，211F 线故障，现将故障情况及原因分析如下：

2017 年 8 月 14 日，08：38：47.263，董家变电所 211 跳闸，过电流 I 段、阻抗 I 段动作，重合闸成功；

09：15，董家变电所值班员反映电缆夹层有放电和烟雾。

10：02，供电车间人员到达董家变电所，对变电所设备进行巡视。发现变电所内电缆夹层接触网开关交流电源浪涌防雷箱烧损。变电所交流屏接触网开关二路电源空气开关跳闸。

2.1.2　当晚对接触网设备损坏的排查情况

于耒郴区间董家变电所 G003 号供电杆（3111F 开关杆）下发现一条烧焦的蛇，3111F 隔离开关支持绝缘子闪络和有烧伤痕迹，如图 1 和图 2 所示。

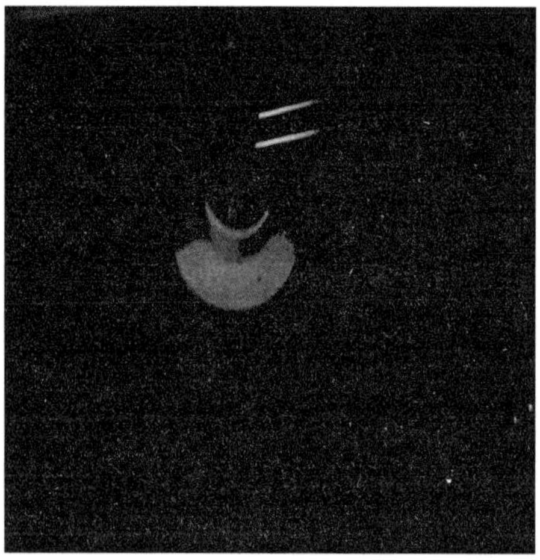

图 1 3111F 支撑绝缘子闪络

图 2 杆下掉落的蛇

排查董家变电所所有的接触网开关，检查发现董家变电所附近 14 台接触网开关的机构箱和 OPU 箱内的电子元件都有不同程度的损坏，具体烧损情况如图 3 和表 1 所示。

图 3 烧损的机构箱和 OPU 箱

表 1 董家变电所事故原因分析表

序号	所亭名	开关号	损坏情况	备注
1	董家变电所	3111	OPU 箱内浪涌保护单元损坏，机构箱损坏	上网开关
2	董家变电所	3121	OPU 箱内浪涌保护单元损坏	上网开关
3	董家变电所	3131	OPU 箱内空气开关跳闸	上网开关
4	董家变电所	3141	OPU 箱内空气开关跳闸	上网开关
5	董家变电所	3101	机构箱 K3. K4 接触器损坏	上下行联络开关
6	董家变电所	3102	OPU 箱内 IOF 远程监控单元损坏	上下行联络开关
7	董家变电所	3111F	OPU 箱整体损坏，机构箱整流桥、K3 损坏	F 线开关
8	董家变电所	3121F	OPU 箱整体损坏	F 线开关

续表 1

序号	所亭名	开关号	损坏情况	备注
9	董家变电所	3131F	OPU 箱内浪涌保护单元损坏	F 线开关
10	董家变电所	3141F	OPU 箱内浪涌保护单元损坏	F 线开关
11	董家变电所	301	机构箱损坏	分相开关
12	董家变电所	302	机构箱 K4 接触器损坏，当地远方转换开关损坏	分相开关
13	董家变电所	303	OPU 箱内空气开关跳闸	分相开关
14	董家变电所	304	OPU 箱内空气开关跳闸	分相开关

2.1.3　排查董家变电所所内设备烧损情况(如图 4、图 5 所示)

①电缆夹层接触网开关控制电源防雷箱内浪涌保护器全部烧损；

②电缆夹层检查发现 211F、202F 电缆外护层在电缆抱箍处有烧伤痕迹；

③检查发现变电所所内交流屏接触网开关 1 路、2 路空气开关跳闸；

图 4　烧损的电缆夹层网开关控制电源防雷箱

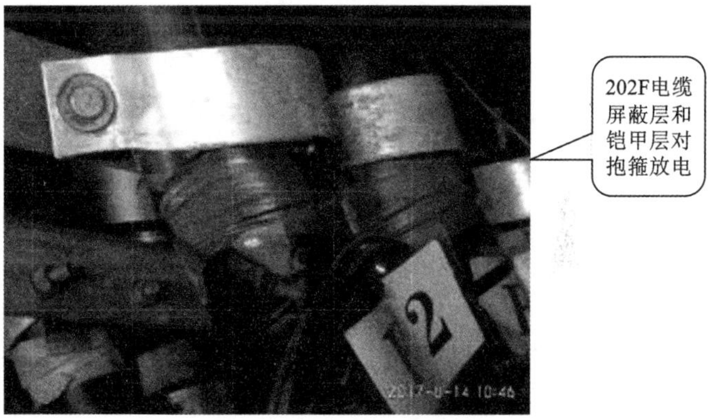

图 5　电缆外护层烧损

2.1.4　上述 14 台网开关机构箱烧损的原因分析

①董家变电所共有 14 台接触网开关，10 台为接触网开关，安装在线路内 H 形钢柱上，接触网开关机构箱设有单独接地体；4 台为 2013 年改造的双改单 F 线开关，安装在 G003 号(3111F、3121F)和 G004 号(3131F、3141F)的钢柱上，钢柱有安装单独接地装置，但机构箱和 OPU 箱没有做单独接地体，而是利用钢柱接地作为接地体。

②烧损网开关机构箱和 OPU 箱电路原理分析：所有的接触网开关控制电源从变电所所内交流屏两路空气开关引出，电压为 220 V 交流电源。两路交流电源引出后在电缆夹层安装有防雷箱，防雷箱为 2013 年改造时安装。两路交流电源为带铠甲的铠装电缆，型号为 VV22 - 1 kV 1 × (4 × 10) mm，电缆在交流屏、防雷箱、机构箱均未进行铠甲接地。所有的接触网开关电源均采用低压电缆将电源馈送至网开关杆附近，再用电源分接盒接到每一处网开关 OPU 箱内，再接到机构箱内，如图 6 和图 7 所示。

图 6　网开关机构箱箱体接地

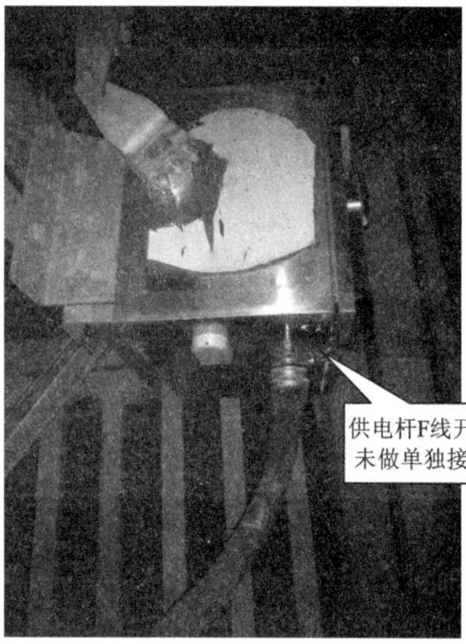

图 7　供电杆 F 线开关未做单独接地体

具体接触网开关控制电源分布示意图如图 8 所示。

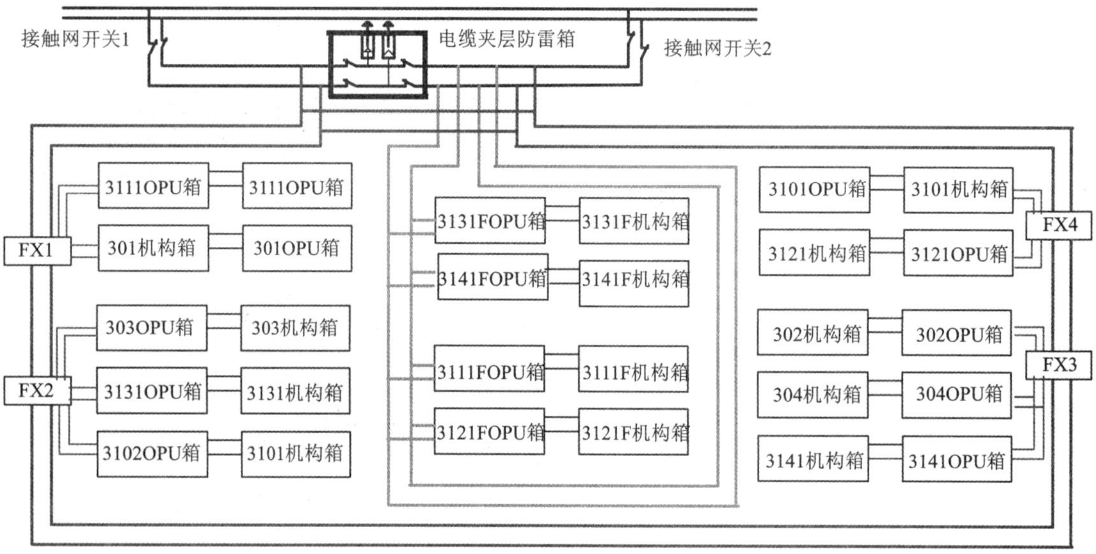

图 8　接触网开关控制分布图

图中红线为接触线 T 线网开关控制电源路径，绿线为 F 线网开关控制电源路径，接地短路的 G003 号杆上装有 3111F，3121F 两台网开关，接地大电流由该处反窜至其他网开关控制箱内。

③3111F 和 3121F 接地电阻测试情况：2017 年 5 月 11 日，对董家变电所隔离(负荷)开关进行了检测(修)接地电阻记录，即 3111F 和 3121F 接地电阻均为 20 Ω。标准为不大于 10 Ω，严重超标。

④从烧损程度来看：接触网开关二次控制电源的回路中，越靠近 3111F 开关杆的机构箱和 OPU 箱烧损程度越严重，如 3111 和 301 网开关，3111 开关烧损了 OPU 箱内浪涌保护单元和机构箱 K3、K4 接触器；301 开关机构箱除了没有直接串入控制电源回路的设备外，基本全部烧损，导致机构箱需整体更换。观察上述 14 台开关烧损程度，发现烧损的程度不仅与 3111F 距离远近有关，还取决于接触网开关机构箱接地电阻大小，如图 9、图 10 和图 11 所示。

图 9　3111F 开关 OPU 箱烧损严重

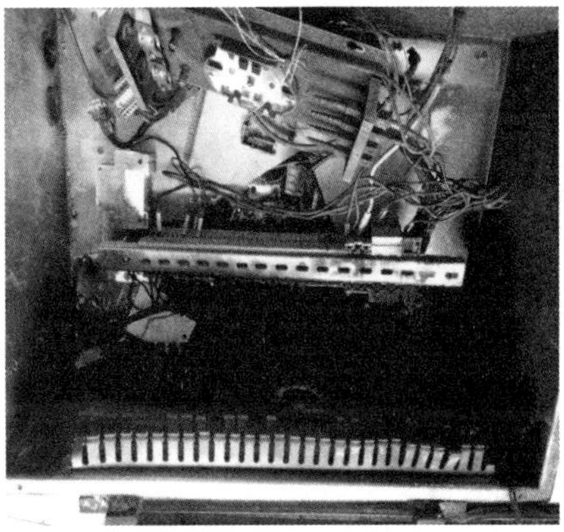

图 10　3111F 开关 OPU 箱箱内烧损严重

图 11　烧损的 301 开关机构箱

综上所述，造成董家变电所 14 台网开关机构箱和 OPU 箱大面积烧损的原因如下：

①大的接地短路电流。当天，董家变电所 G003 号供电杆由于 3111F 开关支持绝缘子闪络，导致 211、212 跳闸，211 馈线短路电流达到 7505A。

②接触网网开关的机构箱和 OPU 箱与供电杆共用同一接地体。G003 供电杆上安装有 3111F、3121F 开关操作箱，机构箱和 OPU 箱没有安装单独接地体，而是利用 G003 供电杆本体接地。

③接地电阻不合格，严重超标。G003 供电杆本体接地电阻测量为 20 Ω，严重超标，根据规定应不大于 10 Ω。

由上述三点原因造成的大的短路电流和电压在 G003 号供电杆铁塔处瞬间引起巨大残压，而短路电流短时无法泄流，造成安装在 G003 号供电杆铁塔处 3111F 及 3121F 网开关机构箱和 OPU 箱内的低压设备绝缘击穿并烧损。残压将机构箱和 OPU 箱内的 220V 控制电源电缆击穿后，部分短路电流通过控制电源电缆对所有电源线路上的网开关控制回路进行泄流，造成电缆夹层防雷箱烧损最为严重、全部接触网开关机构箱和 OPU 箱不同程度地烧损。

3　整改措施

上述董家变电所故障原因为变电所近点短路大电流无法顺畅回流到变电所，造成强电窜入网开关机构箱和 OPU 箱低压控制电缆等弱电回路，从而烧损了网开关机构箱和 OPU 箱。为防止同类故障再次出现，对所有网开关支柱和供电杆都要进行排查，并重点检查机构箱和 OPU 箱的二次控制电源引入方式、接地情况、接地电阻等，根据调查的结果对接地电阻超标和开关箱没有单独设置接地体的处所进行整改，将所有网开关机构箱和 OPU 箱都设为单独接地，且接地电阻必须符合规定要求，即小于 10 Ω。

4 结论

从董家变电所的跳闸事故分析可以看出，OPU 箱、机构箱体若为单独接地，则接地电阻合格，故障损失不会扩大，至少不会直接造成 14 台开关的机构箱和 OPU 箱不同程度烧损的巨大损失。综上所述，为了确保铁路系统牵引供电安全，防止故障影响扩大，对机构箱及 OPU 箱设立单独接地并确保接地良好是非常必要的。

参考文献

[1] 铁建设[2009]209 号，高速铁路设计规范[S]. 北京：中国铁道出版社，2009.
[2] 杨扩武. 牵引变电所[M]. 北京：中国铁道出版社，2008.
[3] 赵丽平，刘承志，董召德. 高速铁路极其供电系统集成[M]. 西南：西南交通大学电气工程学院，2010.
[4] 铁建设〔2010〕214 号. 高速铁路电力牵引供电工程施工技术指南[S]. 北京：中国铁道出版社，2010.

浅析接触网等电位线错误安装的危害性与防治措施

彭沙泉

（中国铁路广州局集团有限公司衡阳供电段郴州供电车间）

摘　要： 接触网等电位线是应用于交叉跨越线索间距不足200 mm处所的连接线，目的是保证交叉跨越线索间等电位，以避免电位差而产生放电烧伤、烧断线索的状况。《接触网检修规程》第一百二十四条规定："交叉跨越线索间距不足200 mm的处所应加装等电位线。等电位线及其连接线夹应与被连接线索材质匹配，截面积不小于10 mm^2。"然而，在实际检修或施工作业中，由于对等电位线错误安装的危害性认识不足，常导致等电位线被接入主导电回路中，或者所使用的等电位线材质、线夹、截面积及冗余长度与实际不符，最终造成线索烧伤甚至烧断的故障、事故。本文着重以2012年3月23日坳上站承力索烧伤故障为案例，分析等电位线材质及其线夹使用错误、以及错误接入主导电回路所导致的严重后果，并提出正确使用和安装等电位线的措施。

关键词： 接触网；等电位线；错误安装；危害性；防治措施

接触网等电位线是应用于交叉跨越线索间距不足200 mm处所的连接线，目的是保证交叉跨越线索间等电位，以避免产生电位差而造成放电烧伤、烧断线索等事故。《接触网检修规程》第一百二十四条规定："交叉跨越线索间距不足200 mm的处所应加装等电位线。等电位线及其连接线夹应与被连接线索材质匹配，截面积不小于10 mm^2。"然而，在实际检修或施工作业中，由于对等电位线错误安装的危害性认识不足，导致等电位线被接入主导电回路中，或者所使用的等电位线材质、线夹、截面积及冗余长度与实际不符，最终造成线索烧伤甚至烧断的故障、事故。本文着重以2012年3月23日坳上站承力索断线故障为案例，分析了等电位线材质及其因线夹使用错误，以及错误接入主导电回路等原因所产生的严重后果，并提出正确使用和安装等电位线的措施。

1　案例分析

3月23日2：31，因坳上站牵出线88#～90#间跨中承力索断线，造成接触网接地，导致槐树下变电所214断路器跳闸，重合闸不成功。3：25—3：27，原郴州维修车间抢修人员将坳上站断线承力索进行临时处理。3：28，槐树下变电所214断路器送电成功，恢复正常供电。

1.1　现场情况

（1）断线承力索为坳上站牵出线承力索，材质为TMHJ－70镁铜合金绞线，断线点位于牵出线88#～90#间跨中承力索等电位线（材质为LJ－50铝绞线）钢线卡子处，承力索两断头有明显的电烧伤和机械拉断痕迹。

（2）断线点往南第1根吊弦，承力索线夹内有电烧伤痕迹，环节吊弦有通过电流的烧伤痕迹。

（3）坳上站牵出线88#～90#间跨中承力索（TMHJ－70）与上行正线承力索（88#下锚，TMHJ－120）形成交叉，交叉处两支承力索高差约250 mm，故障前以一根铝绞线（LJ－50）用钢线卡子连接形成等电位线，等电位线两连接处有明显烧伤痕迹，正线承力索加装等电位线连接处烧断4股。

（4）巡查现场主导电回路发现等电位线往北通过股道电连接（60#－59#）与正线形成了并联供电回路（如图1所示）。

1.2　原因分析

综合以上调查情况，对坳上站承力索断线的原因分析如下：

（1）从该承力索的断痕来看，各股断痕全部呈锥形，具备明显的烧伤拉断特征。

（2）坳上站牵出线88#～90#间跨中承力索（70型铜绞线）与上行正线承力索（88#下锚，120型铜绞线）形成交叉，交叉处两支承力索高差约250 mm，故障前以一根铝绞线（LJ－50）用钢线卡子连接形成等电位

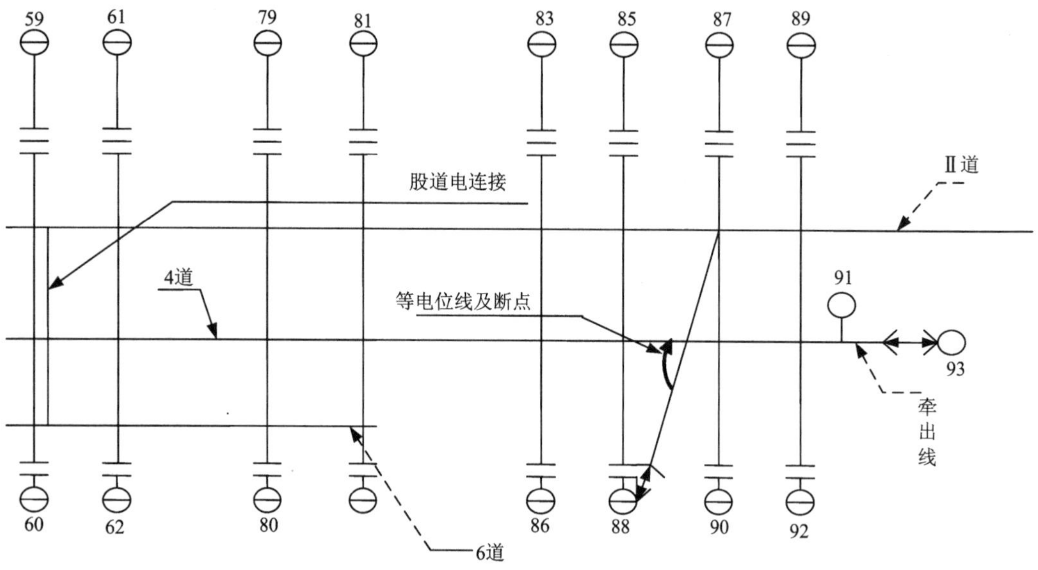

图 1　并联供电回路

线，而等电位线往北通过股道电连接与正线形成了并联供电回路(如图 2 和图 3 所示)。

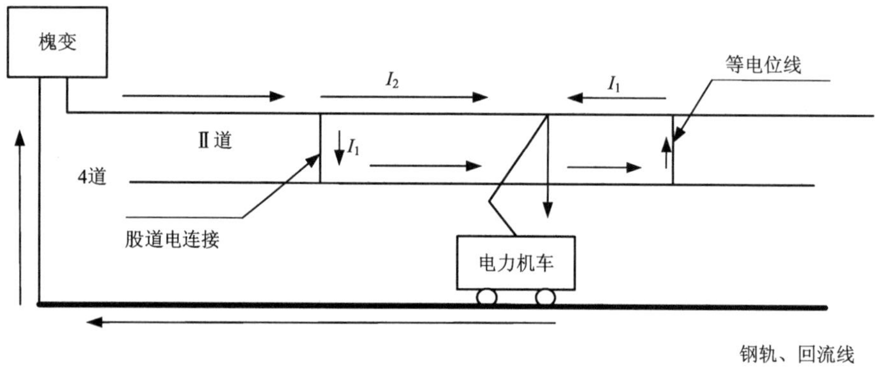

图 2　上行正线(Ⅱ道)过车时的并联供电回路

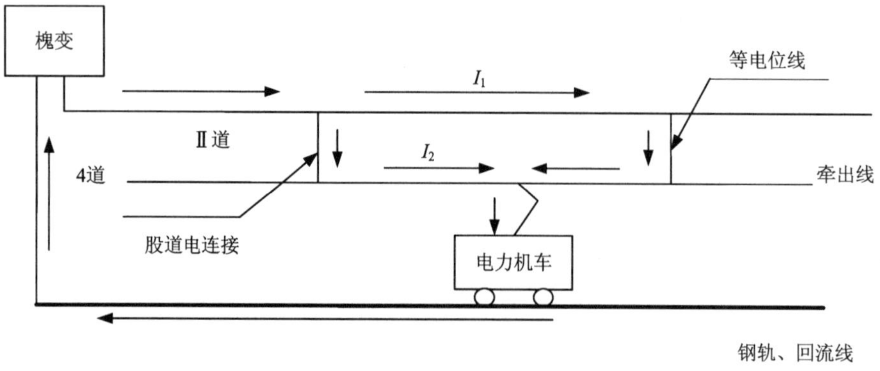

图 3　4 道(牵出线)进车取流时的并联供电回路

一旦正线通过电力机车时，就形成了两个并联的电流支路，即第一支路(I_1)：变电所→正线承力索及接触线→股道电连接→4 道承力索及接触线→牵出线(断线处)铜承力索及接触线→钢线卡子→等电位线→

钢线卡子→正线承力索及接触线→电力机车→钢轨、大地及回流线→变电所；第二支路(I_2)：变电所→正线承力索及接触线→电力机车→钢轨、大地及回流线→变电所。一旦4道(牵出线)进入电力机车取流时，也形成了两个并联的电流支路，即第一支路(I_1)：变电所→正线承力索及接触线→钢线卡子→等电位线→钢线卡子→牵出线(断线处)铜承力索及接触线→4道承力索及接触线→电力机车→钢轨、大地及回流线→变电所；第二支路(I_2)：变电所→正线承力索及接触线→股道电联结→4道(牵出线)承力索及接触线→电力机车→钢轨、大地及回流线→变电所。由上面的电流径路可以看出，LJ－50 mm^2 等电位线与主导电回路形成了并联供电回路，机车取流通过时，等电位线及钢线卡子连接点是有较大电流通过的。而断线点往南第1根吊弦承力索线夹内的电烧伤痕迹以及环节吊弦有通过电流的烧伤痕迹也表明了该等电位线及钢线卡子连接点有通过电流的事实。

(3)按照铜铝氧化原理和焦耳定律，即铜铝接触(铜承力索与铝质等电位线)的部分加速氧化，时间久了就会造成铜铝并接处接触不良，加上钢线卡子连接导电性能差，接触电阻增大引起高温，烧伤等电位线和承力索，线索烧伤后加上电阻热效应(温度越高，电阻越大)，连接处接触电阻不断增大，温度持续攀升，长此恶性循环，由最先几股烧伤，直至多股烧断。最终，牵出线铜承力索在断股数量达到张力极限以及高温软化的双重作用下，被先行拉断(如图4所示)。

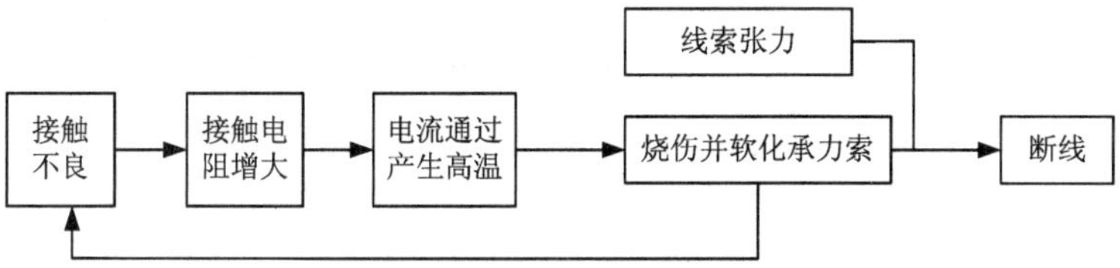

图4　铜铝氧化过程图

综上所述，此次断线的原因为：坳上站牵出线88#～90#间跨中承力索与上行正线交叉处等电位线加装错误，增设的等电位线与正线形成了并联供电回路，日常运行中在等电位线连接点烧伤、烧损承力索，导致机械强度降低，最终被拉断。

2　防治措施

2.1　强化认识

组织学习，强化干部职工对电气回路影响接触网运行安全的认识，及时排查并发现接触网电气回路上存在的安全隐患，以将安全风险控制在萌芽状态。

2.2　明确等电位线安装处所

等电位线应加装于两线索交叉点间距不足200 mm且离交叉点10 m内无电连接直接将两线索相连的处所。其主要存在于：

(1)两支悬挂交叉处；

(2)承力索或接触线穿越软横跨且无节点处；

(3)明确不能安装及需要安装等电位线处所(如图5所示)。

2.3　掌握等电位线安装标准

(1)等电位线安装参考示意图如图5所示。

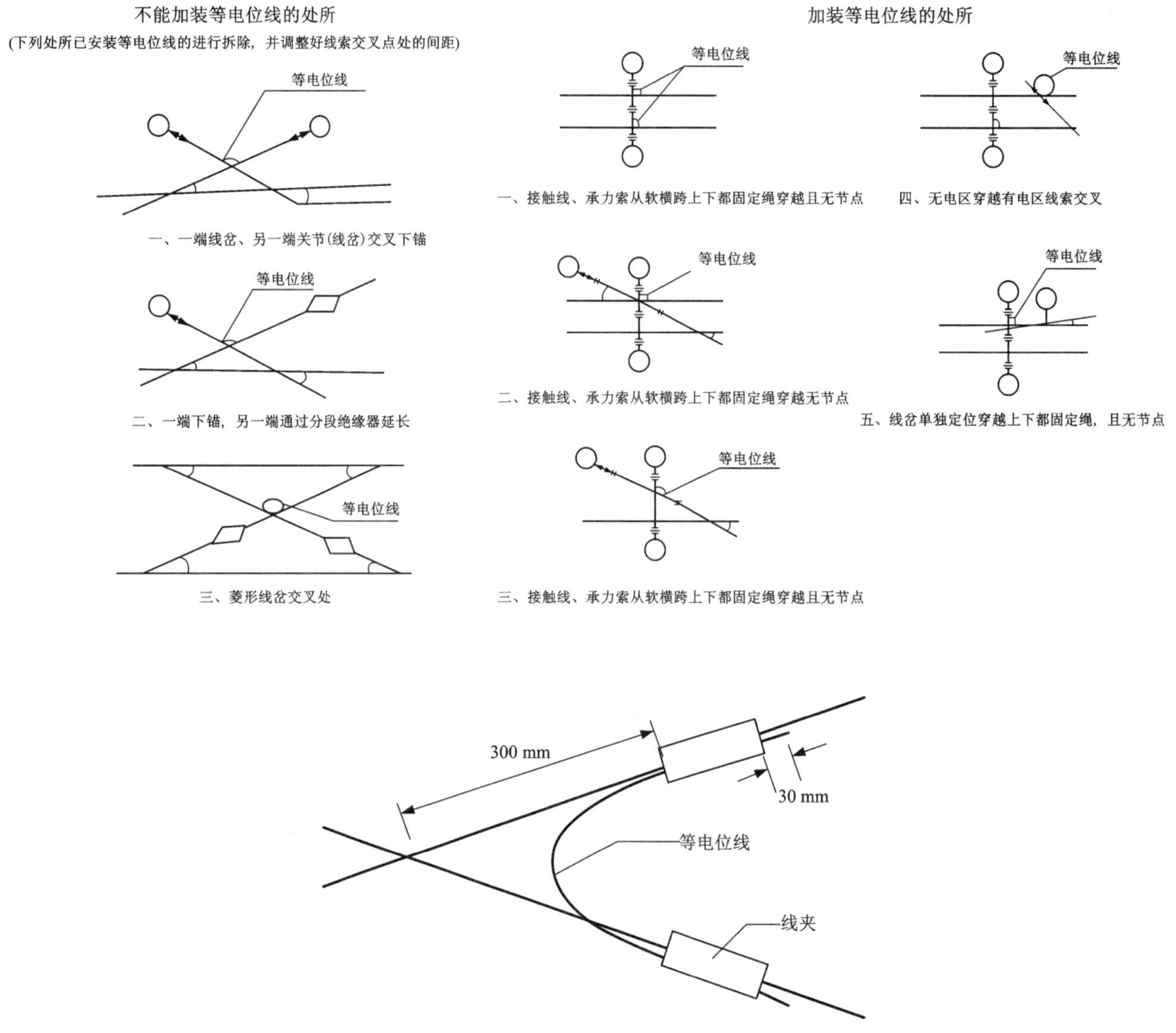

图 5　不能安装及需要安装等电位线处所示意图

(2)等电位线线索及其线夹采用标准

①同为铝材质(含铝覆钢)，采用 LJ－35 型铝绞线制作，采用全铝异径并沟线夹进行固定；

②同为铜材质，采用 TJ－70 型铜承力索制作，采用全铜异径并沟线夹进行固定；

③一支为钢材质、另一支为铝材质(含铝覆钢)，采用 LJ－35 型铝绞线制作，采用全铝异径并沟线夹进行固定；

④一支为钢材质、另一支为铜材质，采用 LJ－35 型铝绞线制作，铜材质侧用铜铝过渡异径并沟线夹固定，钢材质侧用全铝异径并沟线夹进行固定；

⑤一支为铝材质(含铝覆钢)、另一支为铜材质，采用 LJ－35 型铝绞线制作，铜材质侧用铜铝过渡异径并沟线夹固定，铝材质侧用全铝异径并沟线夹进行固定。

(3)等电位线的长度应保证两交叉线索在极限温度下能正常伸缩。

(4)等电位线与交叉线索采用异性并沟线夹进行连接。线夹位置距离交叉点 300 mm。安装线夹时，必须注意工艺，按照规定力矩进行紧固，严防线夹安装过紧而伤及接触网线索，或者过松而使连接不可靠。

2.4　特殊处所改用电联结

对无法调开线索间距但又会接入主导电回路的处所，等电位线一律采用电联结的方式。

浅谈 *b* 值调整的原理及方法

李文欢

（中国铁路广州局集团有限公司深圳供电段）

摘　要： 温度变化时，接触线和承力索会发生热胀冷缩现象，从而导致线索伸长或者缩短，使接触线和承力索的张力与驰度发生变化，受流条件恶化，以致最终引发弓网事故。故需要对补偿装置的 *b* 值进行调整。本文主要从温度变化与线索伸缩及坠砣串升降距离的关系进行分析，探讨 *b* 值调整的原理及方法，并结合莞惠城际铁路的补偿器对 *b* 值的调整原理进行实例分析。

关键词： 补偿装置；*b* 值调整；原理；方法

1　接触网补偿装置

1.1　接触网补偿装置的概念

接触网补偿装置是自动调节接触线和承力索张力的补偿器及其制动装置的总称，又称为张力自动补偿器。它安装在锚段的两端，并且串接在接触线或承力索内。

1.2　接触网补偿装置的作用

接触网补偿装置的作用是补偿线索内张力、驰度变化，使驰度和张力保持恒定。因为当温度变化时，接触线或承力索会发生热胀冷缩现象，从而导致线索伸长或者缩短，使接触线或承力索的张力与驰度发生变化，受流条件恶化，以致最终引发弓网事故。为了改变这种情况，一般采用在一个锚段两端的接触线或承力索内串接一个张力自动补偿装置后，再进行下锚的方法。由于锚段两端线索下锚安装了补偿器，在其坠砣串重力或弹簧补偿器的作用下，使线索顺线路方向移动而自动调节线索的张力并保持线索驰度满足技术要求，从而使接触悬挂的稳定性与弹性得到改变，有效提高接触网运营质量。

1.3　接触网补偿装置的种类

接触网补偿装置有很多种，有滑轮式、棘轮式、鼓轮式、液压式及弹簧式等。中国电气化铁路广泛采用滑轮式补偿装置，它由滑轮组、补偿绳、杵环杆、坠砣杆、坠砣、连接零件和限制架等组成。根据传动比的不同，备有 1∶2、1∶3、1∶4、1∶5 四种规格，以满足不同张力的要求。实际应用中通常采用三滑轮组式，其传动比为 1∶3。因为采用传动比较大的滑轮组时，坠砣串的块数减少了，但是坠砣串上升或下降的距离也会按倍数增加，这会减小坠砣串的活动范围，也即减小了补偿器的补偿范围，从而不利于日常维修管理。

棘轮补偿装置在高速铁路和城际铁路中得到了广泛应用。棘轮补偿装置的棘轮和其他工作轮共为一体，没有像滑轮组一样的复杂连接，所需的安装空间很小，可以解决空间受限的补偿问题。棘轮补偿最主要的优点是，当线索发生断线时，棘轮具有制动功能，能够有效地减小事故范围、防止断线后下落的坠砣侵入界限。

弹簧补偿装置主要应用在重要站场中，其优点是结构紧凑、体积小、重量轻，且没有坠砣、安装不受空间限制，并且避免了坠砣对景观的影响。

2　B 值调整原理

2.1　补偿装置的 *a*、*b* 值

补偿器一般靠坠砣串的重力使线索的张力及驰度保持恒定，当温度变化时，线索的伸缩使坠砣上升或下降，当坠砣串升降超出范围时，如下降过多使坠砣串接触到地面，或上升过多使坠砣杆耳环孔卡在定滑轮中，都会使补偿器失效。因此用补偿器的 *a*、*b* 值来限定坠砣串的升降范围，以便于日常的维修管理。

a 值指坠砣杆耳环孔中心至补偿定滑轮下沿的距离，*b* 值指坠砣串最下一块坠砣的地面至地面的距离，如图 1 所示。

a、b 值会随着温度的变化而变化，当 a、b 值超出一定范围时，则需要对 a、b 值进行调节，使之在标准范围内。为了使补偿坠砣串能够随温度变化上下自由活动，在最低温度时 a 值应大于零，在最高温度时 b 值应大于零。但 a、b 值在极限温度下还需要留有一定余量。根据中国铁路总公司印发的《高速铁路接触网运行维修规则》中的规定，滑轮、棘轮补偿装置 a、b 值的最小值不得小于 200 mm。

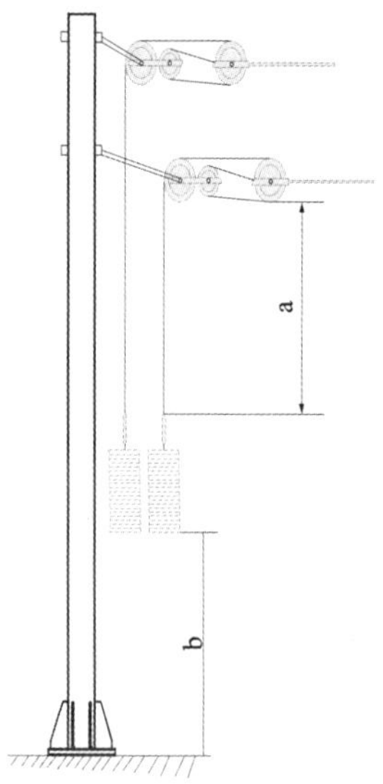

图 1 补偿器的 a、b 值

2.2 b 值调整原理

当温度变化时，线索会发生热胀冷缩现象，从而使线索伸长或者缩短，补偿器坠砣串也会随着上下移动。现在探讨温度变化与线索伸缩及坠砣串移动的关系。

为了方便计算，假设线索的温度与大气温度一致。当温度变化 t_∇℃时，线索的长度变化量为 l_1。则

$$l_1 = L\alpha t_\nabla \tag{1}$$

式中：l_1为线索长度的变化量，mm；L 为锚段内中心锚结到补偿器的距离(半锚段的长度)，mm；α 为线索的线膨胀系数，℃$^{-1}$；t_∇ 为温度的变化量。

由滑轮或棘轮补偿器的结构易知，坠砣串下降或上升的距离等于线索伸长或缩短的长度乘以补偿器传动比的倒数。如采用三滑轮组式，传动比为 1∶3 的补偿装置，则坠砣串上升或下降的距离等于线索长度变化的 3 倍。当温度变化 t_∇ 度时，坠砣串下降或上升的距离为：

$$l_2 = nL\alpha t_\nabla \tag{2}$$

式中：l_2——坠砣串下降或上升的距离，mm；n 为补偿滑轮传动系数(即传动比的倒数)。

假设设计采用最低的气温为 $t_{\min}$，此时对应的 a 值为 $a_{\min}$。代入式(2)可计算出任意温度 t_x时的 a 值为

$$a = a_{\min} + nL\alpha t_\nabla = a_{\min} + nL\alpha(t_x - t_{\min}) \tag{3}$$

式中：$t_{\min}$为设计采用的最低气温，℃；$a_{\min}$为设计采用最低气温时的 a 值，mm。

假设设计采用最高的气温为 $t_{\max}$，此时对应的 b 值为 $b_{\min}$。代入式(2)可计算出任意温度 t_x时的 b 值为

$$b = b_{\min} + nL\alpha t_\nabla = b_{\min} + nL\alpha(t_{\max} - t_x) \tag{4}$$

式中：$t_{\max}$为设计采用的最高气温，℃；$b_{\min}$为设计采用最高气温时的 b 值，mm。

将不同的温度和半锚段长度代入式(3)、式(4)，可计算出许多组 a、b 值，就可以得到我们日常维护所用的安装曲线。由于坠砣串的高度一定，接触线及承力索补偿滑轮的高度也一定，所以只要将 a、b 值其中之一调整好，一般情况下另一值也会符合标准。相对于 a 值，b 值更容易测量，所以日常维护中常常调整 b 值以控制坠砣串的高度使之符合标准。假设现场实测补偿装置的 b 值为 b_1，则坠砣串需要调节的高度为

$$h = |b - b_1| \tag{5}$$

一般情况下，当温度上升 t_∇时，需要将坠砣串升高 h；当温度下降 t_∇时，需要将坠砣串下降 h。

根据中国铁路总公司印发的《高速铁路接触网运行维修规则》中的规定，滑轮、棘轮补偿装置 a、b 值的最小值不得小于 200 mm。代入式(4)可得

$$\begin{gathered} 200 \leqslant b_{\min} + nL\alpha(t_{\max} - t_x) \\ t_x \leqslant t_{\max} - \frac{200 - b_{\min}}{nL\alpha} \end{gathered} \tag{6}$$

当温度高于 $t_{\max} - \dfrac{200 - b_{\min}}{nL\alpha}$时，$b$ 值必然小于 200 mm，坠砣串必须进行调整。同理，代入式(3)可以得到，当温度低于 $t_{\min} + \dfrac{200 - a_{\min}}{nL\alpha}$，$a$ 值必然小于 200 mm，坠砣串也必须进行调整。

2.3 b 值调整原理实例分析

以莞惠城际铁路的补偿装置对 b 值调整的原理进行实例分析。莞惠城际铁路采用棘轮式补偿装置及铸铁坠砣块，铜合金接触线及承力索。棘轮本体大轮直径为 566 mm，小轮直径为 170 mm，传动比为 1∶3。其安装曲线如图 2 所示。安装曲线的安装温度是 −20℃ ~ +80℃。在气象条件中，最高温度采用 +40℃。补

偿坠砣安装曲线的最高温度 $t_{\max}$ 为 +80℃，在最高计算温度上加 40℃，它是考虑了承力索和接触线在满电流负荷运行中，线索可能产生的升温。在这种情况下，承力索和接触线的伸长所形成的位移，当不致使坠砣串着地。

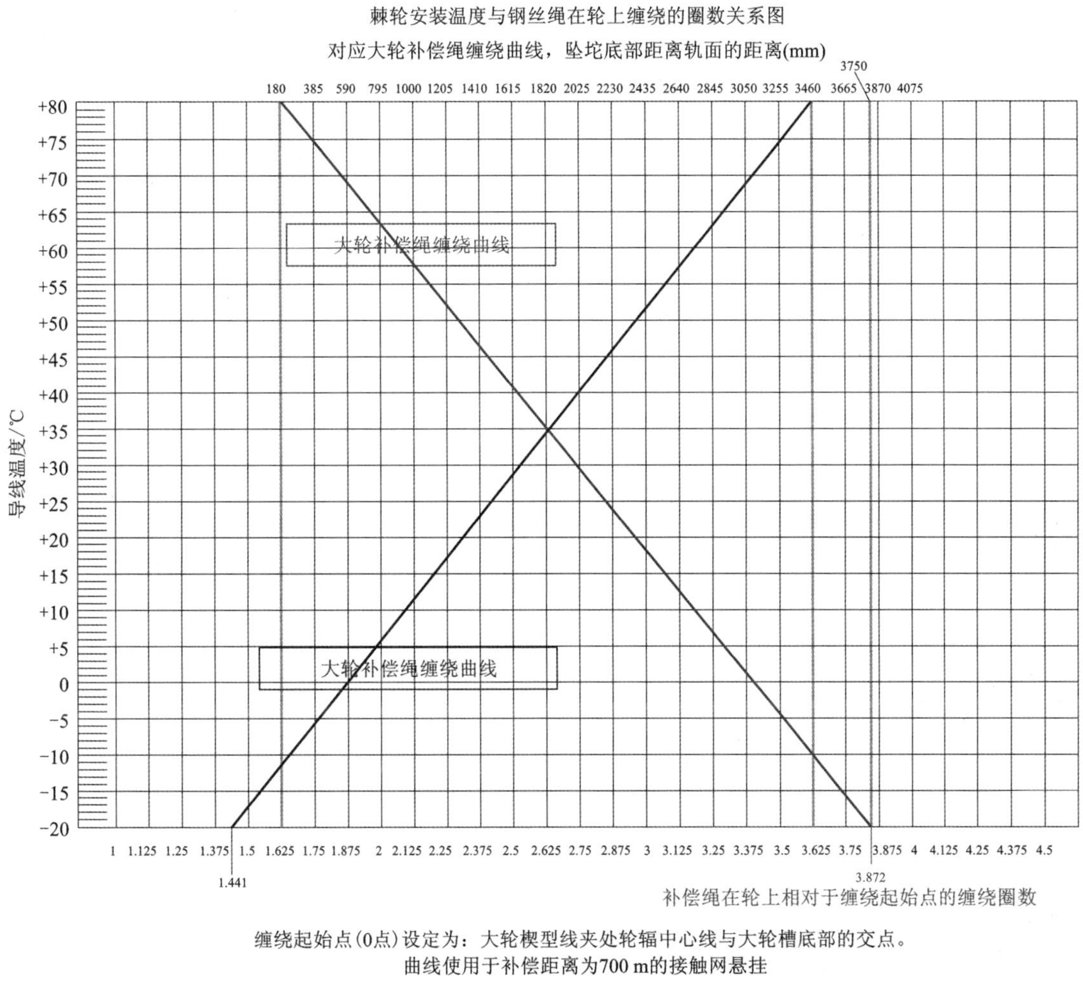

图 2　莞惠城际铁路棘轮坠砣串安装曲线图

以沥林北－仲恺区间第五锚段为例进行分析，其锚段长度 $2L$ 为 1403 m。莞惠城际铁路设计的最高温度 $t_{\max}$ 为 80℃，此时对应的 b 值 $b_{\min}$ 为 180 mm。最低温度 $t_{\min}$ 为 −20℃，此时对应的 a 值 $a_{\min}$ 为 980 mm。查表可知铜合金的线膨胀系数为 17×10^{-6}℃$^{-1}$。施工队在安装棘轮坠砣串时，定义 a 值为坠砣顶面到接触线下锚角钢底部的距离，b 值为坠砣低面到轨面的距离。图 3 为不同温度下补偿器的 a、b 值。

假设坠砣串安装或维护时温度 t_x 为 27.5℃。那么可由式(4)计算出此时的 b 值为

$$
\begin{aligned}
b &= b_{\min} + nL\alpha(t_{\max} - t_x)\\
&= 180 + 3\times701.5\times10^{3}\times17\times10^{-6}\times(80-27.5)\\
&= 2058.3(\mathrm{mm})
\end{aligned}
$$

进行 b 值调整时，则只需要现场测量实际的 b 值，再根据式(5)计算出坠砣串的调整量即可。

根据《高速铁路接触网运行维修规则》规定，任何时候 a、b 值的最小值不得小于 200 mm。可以计算出，当温度高于 79.4℃时，$b<200$ mm。当温度低于 −41.7℃时，$a<200$ mm。由此可知，极限温度下 a、b 值也不会小于 200 mm。所以正常情况下不需要对棘轮坠砣串进行调整。因为莞惠城际采用的是铸铁坠砣块，它较混凝土坠砣块薄，能够有效保证 a、b 值，可以有效减少运营中对补偿器 a、b 值的调整工作量。但在既有线中的补偿器大多数采用混凝土坠砣块。混凝土坠砣块较厚，坠砣串升降的范围小，温度变化大时坠砣串容易接触到地面或使坠砣杆耳环孔卡在定滑轮中。需要根据温度的变化对坠砣串进行调整。

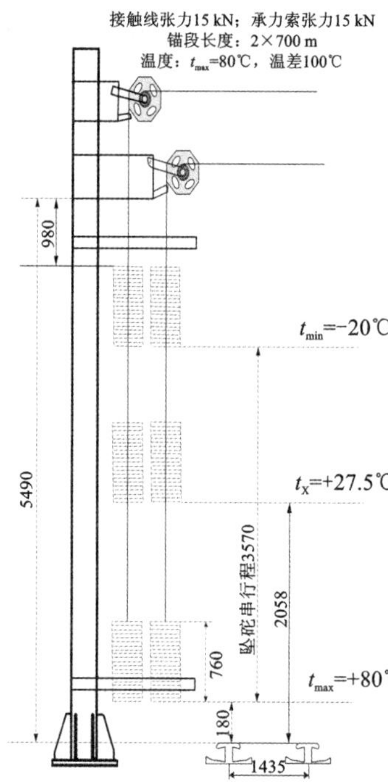

图 3　不同温度下补偿器的 a、b 值

3　b 值调整的方法

3.1　工具材料准备

个人工具 1 套(包括扳手、钳子、螺丝刀、卷尺等)、钢丝套 2 套、紧线器(50 - 150)1 个、手扳葫芦(3t)1 台、温度计 1 支、安全带 1 条、铁绑线(ϕ2.0)若干米。

3.2　b 值调整步骤

(1)用温度计读出当时温度。

(2)用卷尺测量 b 值和 a 值，并与安装曲线对照，判断是否符合标准。若 a 值不易测量，则可以用皮尺测量棘轮至地面的距离 d 和坠砣串的高度 c，可计算出 $a = d - b - c$。

(3)当 a、b 值过大或过小时，需要按照安装曲线重做补偿绳回头。具体步骤如下：

①根据坠砣串的调节量 h 在补偿绳上适当位置打一紧线器并套上钢丝套，在坠砣杆环杆下方打一钢丝套，或在坠砣杆环内传入双股 4.0 铁线；

②用手扳葫芦连接，紧线，使补偿绳松弛。

③将楔形线夹从坠砣杵环内取下，退出楔子。根据坠砣串的调节量 h 在补偿绳上做标记，当 b 值过大时，补偿绳放 h；当 b 值过小时，补偿绳收 h。按要求重新做补偿绳回头。

④撤除个人用具，复测 b 值。

4　结束语

本文重在探讨补偿装置坠砣串受温度变化的影响，从原理上阐述 b 值的调整方法。在探讨过程中也存在许多不足，如假设线索的温度与大气温度一致，事实上线索的温度会比大气温度偏高。又如实际应用中 a 值是指坠砣串能够上升的最大距离，b 值是指坠砣串能够下降的最大距离，所以 b 值要根据现场的实际情况进行测量。

参考文献

[1] 吉鹏霄，张桂林. 电气化铁路接触网[M]. 第 2 版. 北京：化学工业出版社，2013.
[2] 铁道部劳动和卫生司，铁道部运输局. 高速铁路接触网维修岗位[M]. 北京：中国铁道出版社，2012.
[3] 中国铁路总公司.（铁总运〔2015〕362 号）高速铁路接触网运行维修规则[S]. 北京：中国铁道出版社，2016.

第五篇

其　他

电气化铁路牵引供电故障标定装置应用管理探讨

张　强

（中国铁路总公司工电部）

摘　要：介绍电气化铁路牵引供电故障标定装置典型故障测距方法的原理及计算方法，阐述牵引供电故障标定装置故障测距方式适用场景和应用管理情况，基于目前电气化铁路牵引供电故障标定装置典型故障测距方法应用管理存在的问题，研究故障标定装置综合整治措施，通过2016年全路牵引供电故障跳闸的故障测距误差分析结果，提出牵引供电故障标定装置应用管理的工作建议。

关键词：电气化铁路；牵引供电；故障标定装置；故障测距、应用、管理

0　引言

近年来，随着电气化铁路运营里程的增加和极端恶劣天气的增多，全路供电设备故障矛盾突出，对供电设备安全运行和运输秩序造成了较大影响。电气化铁路接触网设备沿铁路线路设置，运行条件相对较差，受自然环境影响较大，且供电臂长度一般都在20～30 km，一旦发生故障跳闸，则存在故障点查找困难情况。牵引供电系统故障点标定装置在接触网跳闸后对故障点进行定位，其故障定位是否精确，将直接影响到故障抢修效率和时间，因此，分析和研究牵引供电故障标定装置应用管理中存在的问题是极其必要的。

1　故障标定装置典型测距原理及测距方法分析

目前，高速铁路牵引供电方式大多采用AT供电方式；普速电气化铁路供电方式大多采用直供加回流的方式，当部分牵引变电所外部电源不足时，为提高供电能力也采用了AT供电方式。

1.1　故障标定装置典型测距方法适用场景

故障测距方法适应场景，根据不同的供电方式，主要采取四种测距方式：一是吸上电流比法，用于AT供电方式；二是横联电流比法，用于AT供电方式全并联；三是上下行电流比法，用于直供方式末端并联和AT供电方式末端并联；四是电抗法，用于直供方式。

截至2016年底，全路3927座牵引变电所亭中：采用电抗法的有2724座，约占70%；采用吸上电流比法的有988座，约占25%；采用上下行电流比法的有129座，约占3%；采用横联电流比法的有86座，约占2%。

1.2　典型测距方法分析

1.2.1　吸上电流比法及测距误差分析

吸上电流比法测距，供电臂内设置有故障测距专用通信通道，供故障参数的传输，各牵引变电所、AT所、分区所均配备安装故障测距单元，测量接触网线路可为单线或复线；适用于T－R、F－R接触网设备短路故障，不适用T－F接触网设备短路故障。AT吸上电流比基本计算原理如下：

$$L = \sum_{i=0}^{n-1} D_i + l_i + \frac{Q - Q_n}{Q_{n+1} - Q_n}(l_{n+1} - l_n) \tag{1}$$

$$\begin{cases} \dot{I}_{\mathrm{atSS}} = \dot{I}_{t_1} + \dot{I}_{f_1} + \dot{I}_{t_2} + \dot{I}_{f_2} + \dot{I}_{t_\mathrm{b}} + \dot{I}_{f_\mathrm{b}} \\ \dot{I}_{\mathrm{atATP}} = \dot{I}_{at_1} + \dot{I}_{at_2} \\ \dot{I}_{\mathrm{atSP}} = \dot{I}_{at_1} + \dot{I}_{at_2} \end{cases} \tag{2}$$

故障AT段判断方法为：首先找到各处AT吸上故障电流模值的最大值，并寻找相邻AT吸上电流，取

次大值处 AT 位置，确定故障区段，然后通过吸上电流比 $Q = \frac{I_{at(n+1)}}{I_{at(n)} + I_{at(n+1)}}$ 来计算实际故障位置，并按照式(1)进行测距计算。其中，n、$n+1$ 表示故障 AT 段两端的吸上电流编号，D_i 表示各 AT 段长度，l_i 表示各分段点距离，Q_n 表示各分段点出故障时的吸上电流比，简称 Q 值。

如图 1 所示，变电所、AT 所、分区所三处的吸上电流分别为 I_{atSS}、I_{atATP}、I_{atSP}，当接触网发生故障跳闸后，AT 所、分区所跳闸数据通过通信通道传送到牵引变电所内，由牵引变电所故障测距装置进行故障测距，并上传至所内后台机和供电调度主站。

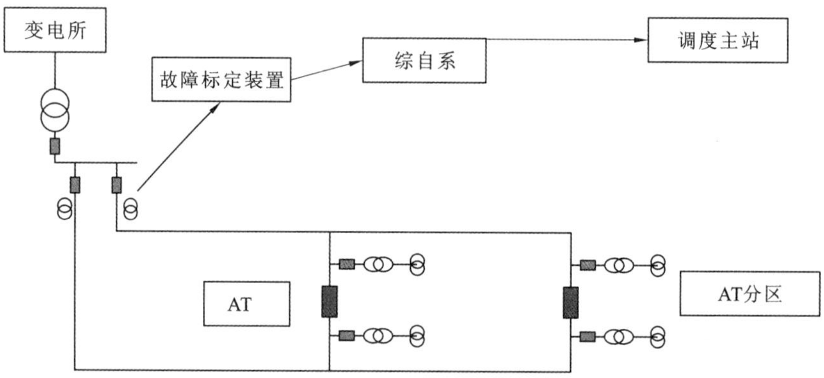

图 1　吸上电流比法测距原理图

Q 值与 AT 段的长度、AT 漏抗、主变压器等效漏抗、钢轨泄露、大地泄露等有关。

理想情况(Q 值)：

靠近变电所 AT 处短路时，$Q=0$；

远离变电所 AT 处短路时，$Q=1$。

武广客专 $Q-L$ 表，如表 1 所示。

表 1　武广客专 $Q-L$ 表

供电臂	代码	1	2	3	4	5
武昌东 - 大章	Q0	0.09	0.28	0.47	0.66	0.85
	L0/km	0.00	5.40	10.80	16.20	21.60
	Q1	0.18	0.29	0.49	0.68	0.85
	L1/km	0.00	3.43	6.85	10.28	13.70

Q 值：可以通过高压短路试验，由测距装置采集各处所电流并计算获得，也可以通过动车运行中的检测数据进行计算校验。在日常运行过程中，对一个确定的故障点和测量 Q 值，供电(维管)段将及时对 $Q-L$ 表进行修正。

吸上电流比法目前在我国武广客专变电所故障测距中得到应用，由于其备用馈线电流未接入到故障测距定标装置进行向量求和，故变电所投入备用馈线设备时无法利用吸上电流比进行故障测距。

1.2.2　上下行电流比法及测距误差分析

上下行电流比法测距，供电臂内无须设置故障测距专用通信通道，测量接触网线路必须为复线，且末端必须并联闭环供电，适合各种短路形式，重合闸时故障测距数据无效，如图 2 所示。

$$L = \frac{I_2}{I_1 + I_2} \times (D_0 + D_1) \tag{3}$$

式中：I_1、I_2—— 故障及非故障方向供电臂电流。

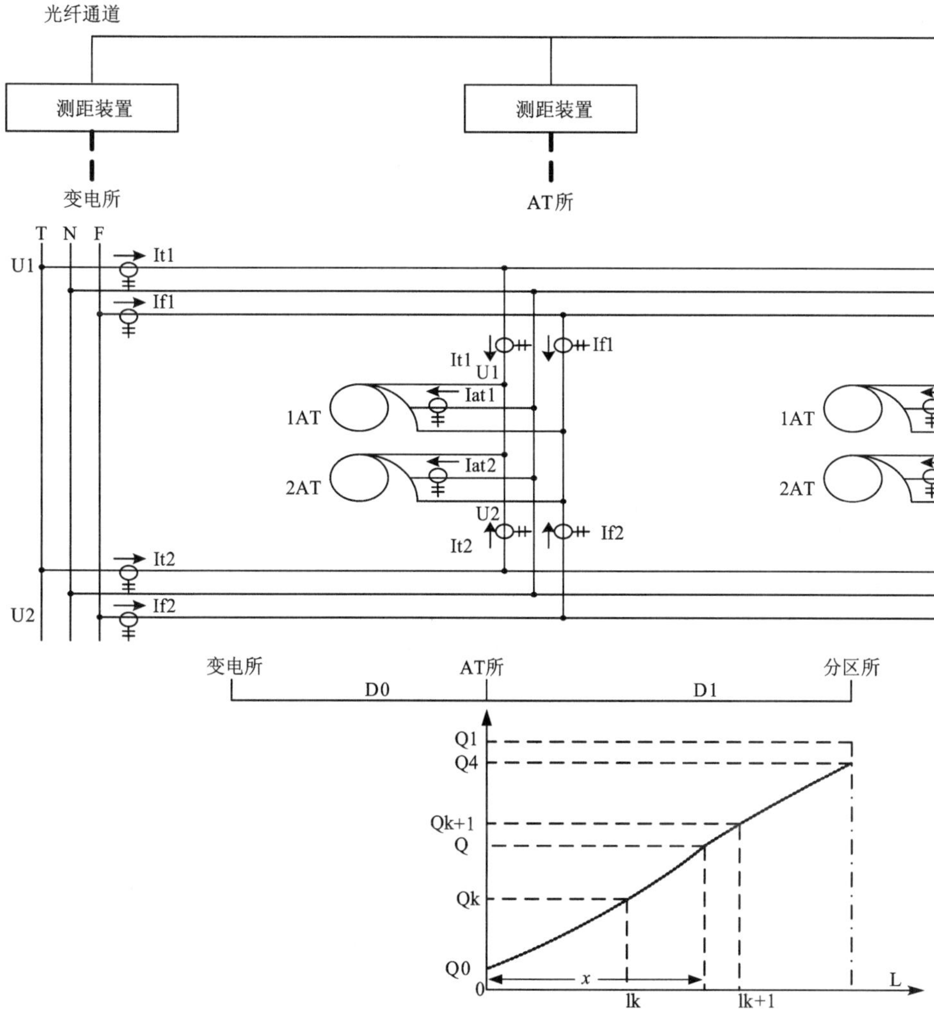

图 2　上下行电流比法测距原理图

D_0、D_1 ——变电所距 AT 所距离、AT 所距分区所距离。

此测距方式在测距装置中不需要设置整定值。

1.2.3　横联电流比法及测距误差分析

横联电流比法测距，供电臂需设置故障测距专用通信通道。横联电流比法适用于：上下行全并联供电方式横联线不解列；T－R、F－R、T－F故障（故障跳闸全并联解列，重合闸失败后则采用电抗法）；复线全并联供电方式下，单线方式无法获取横联电流。横联电流比法的原理和 AT 吸上电流比法的原理类似，要获取 3 个处所的横联电流，查找两个最大值，确认故障的 AT 段。按下面公式计算：

$$L = \sum_{i=0}^{n-1} D_i + \frac{I_{HLn+1}}{I_{HLn} + I_{HLn+1}} \times D_n \tag{4}$$

其中，$I_{HLx} = |\dot{I}_{TF1}|$ 为各处所的横联电流模值。此测距方法在测距装置中不需设置整定值。如图 3 所示。

1.2.4　电抗法及测距误差分析

直供方式根据供电线路架构、导线材料等的不同，一般采用分段线性电抗方式进行查表测距。由于线路短路形式多种多样，短路过程中过渡电阻影响较大，因此采用不受过渡电阻影响的电抗作为故障测距的依据。短路电抗一般只受导线材料、空间架构、地质土壤导电率等因素影响，而不受供电方式和短路形式影响，当接触网施工完毕后，其电抗参数就确定了。适用于供电方式 AT 解列，普速直供加回流方式。如图 4 所示。

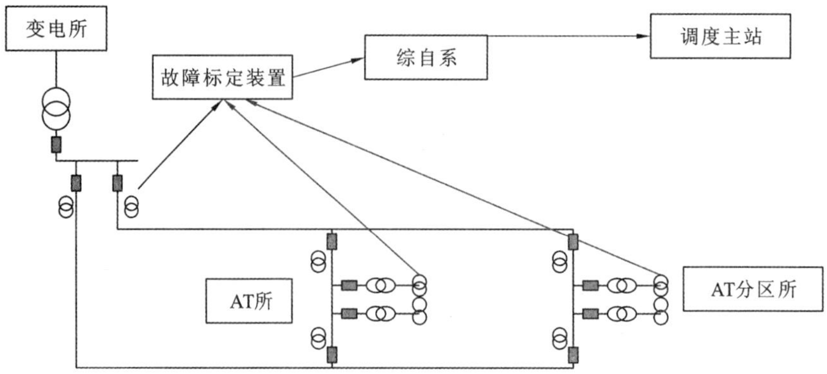

图 3　横联电流比法测距原理图

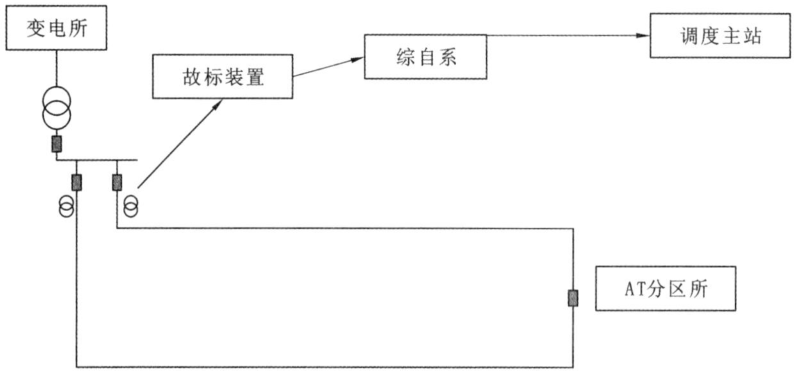

图 4　电抗法测距原理图

基于计算阻抗的公式:

$$Z = \frac{\dot{U}_T}{\dot{I}_T - \dot{I}_F} \tag{5}$$

$$\begin{aligned} & Z = \frac{\dot{U}}{\dot{I}} = Z_l + R_g \\ & \Rightarrow R + jX = R_l + jX_l + R_g = (R_0 + jX_0)L + R_g \\ & \Rightarrow X = X_0 L \\ & \Rightarrow L = \frac{X}{X_0} \end{aligned} \tag{6}$$

分段电抗测距法计算公式:

$$L = L_{n-1} + \frac{L_n - L_{n-1}}{X_n - X_{n-1}}(X - X_{n-1}) \tag{7}$$

式中: X 为测量电抗; X_n 为分段电抗定值; L_n 为分段长度。

经过对武广线的统计分析表明, 基于交大许继测量阻抗的计算方式, T 型、F 型、TF 型单位电抗分别约为 0.296 Ω/km、0.490 Ω/km、0.148 Ω/km。

(1)测距装置定值情况。如图5、表2所示。

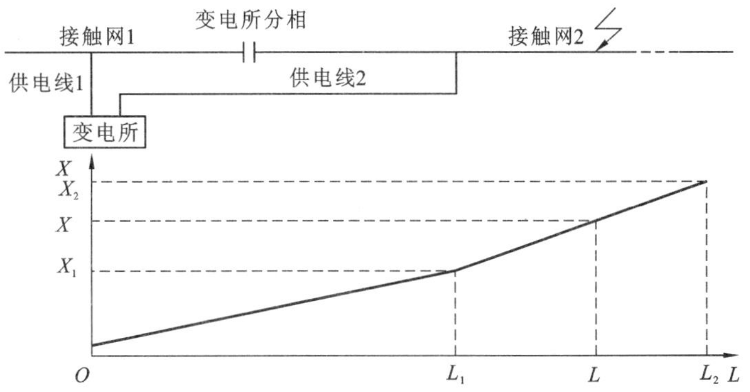

图5　测距定值图

表2　X－L表整定

分段	距离/km	T线电抗值/Ω	F线电抗值/Ω	TF线电抗值/Ω
0段	0.00	0.00	0.00	0.00
1段	35.30	11.30	11.30	5.65
2段	…	…	…	…
3段	99.99	99.99	99.99	99.99

单位电抗与牵引网的结构、接触网、钢轨、大地泄露等有关，可以通过高压短路试验或低压短路试验，由测距装置采集变电所母线电压和馈线电流计算获得，也可以在使用过程中对一个确定的故障点测量电抗值，以及时修正 $X-L$ 表。

注意：供电臂上区间和站场单位阻抗不同，需分段线性整定，站场的单位电抗一般按区间电抗的1/3整定。

(2)接触网运行中发生多次跳闸时，一般按照下列情况确定故障点。

(3)接触网故障跳闸，以重合闸失败后的数据作为测距结果。

(4)对比故障测距报告中的 R、X 形成的阻抗角度，如在60°～80°则基本确定为金属性短路，测距结果也较为准确。

1.3　故障标定装置的设置

(1)在直供加回流供电方式中，由于此供电方式比较简单，以及其固有的特点，接触网故障测距一般与馈线保护测控功能合并设置，即设置在接触网馈线保护测控装置中，不单独进行设置。

(2)在AT供电方式中，由于供电形式较为复杂，测量数据较多，接触网故障测距设置独立的标定装置，以满足各种不同运行方式下的测距方法，提高故障测距的准确性。

1.4　测距定标装置定值

(1)失压检测启动电压：参考馈线保护低压启动过电流低压定值，一般取0.66倍额定电压；时限为80～100 ms。

(2)TF故障判别电流：与牵引网的结构、接触网、钢轨、大地泄露等有关。根据经验数据，整定为1000 A。

(3)馈线电流、AT吸上电流、CT变比：设计院确定。

(4)变电所公里标：设计院确定。

(5)吸上电流比－距离表 $Q-L$：设计院确定，综自厂家配合。

(6)电抗－距离表 $X-L$：设计院确定，综自厂家配合。

2 故障标定装置应用管理情况

(1)故障标定装置类型。按照接触网馈线供电臂故障测距功能是否与保护装置合并设置故障测距装置可分为:独立故障测距装置和保护测距装置两种方式。截至目前全路牵引变电所(亭)共计安装故障测距装置 5137 套,其中:独立故障测距装置 1210 套,占 24%;保护测距装置 3927 套,占 76%。独立故障测距装置优先使用吸上电流比法测距,少数优先使用上下行电流比法和横联电流比法测距,主要适用于 AT 供电方式的变电所;保护测距装置优先使用电抗法,主要适用于供电方式为直供或直供加回流的变电所。

(2)故障测距装置厂家情况。高速铁路及快速铁路牵引供电故障测距主要采用天津凯发、交大许继和国电南自等厂家的故障测距装置,并设置专门的故障测距装置,大部分优先采用吸上电流比测距方式,少数优先采用上下行电流比或横联电流比测距方式;普速铁路主要采用天津凯发、交大许继、国电南自、南瑞继保、南瑞科技等厂家的综合自动化馈线保护测控装置,主要采用保护装置本身的电抗测距法进行测距。

(3)故障测距装置管理情况。目前,各铁路局都建立了跳闸分析和故障测距分析制度,但存在分析流于形式,分析质量不高的问题。对故障测距原理和发生故障后的分析上,各铁路局技术管理人员业务素质参差不齐,也影响故障测距数据分析管理工作的质量。故障测距定值和故障测距分析台账还不完善,故障测距装置大修后和供电臂接触网设备进行改造后,线路阻抗发生变化时未进行重新计算整定,存在着修订不及时的问题,未实现动态管理。

3 故障标定装置应用管理存在的主要问题及原因分析

3.1 故障测距数据统计分析

2016 年全路总计发生各类牵引供电跳闸故障 1273 件。其中高铁跳闸 631 件,占 49%;普速跳闸 642 件,占 51%;未找到故障点的跳闸 132 件,占 10%。找到故障点的 1141 件跳闸中,故障测距误差 500 m 以内的有 835 件,占 73.2%;500 ~ 1000 m 之间的有 160 件,占 14.0%;大于 1000 m 的有 143 件,占 12.5%;故障测距装置未启动的有 3 件,占 0.3%。

全路 2016 年故障测距误差大于 500 m 的 303 件跳闸中,由于测量装置引起的有 170 件,占 56%;非测量装置原因引起的有 133 件,占 44%。从误差程度来看,测距未启动的 3 件,误差大于 1000 m 的 52 件,均系非测量装置引起;由于装置引起误差的 91 件中,55 件系测量装置误差,36 件系保护装置误差,原因均系整定值不准确引起。

3.2 故障测距数据误差较大的原因分析

2016 年全年牵引供电跳闸,故障标定装置给出的故障测距数据误差较大的原因,分析主要有以下几点:

(1)故障测距装置制造缺乏统一的技术规范。目前,全路故障测距装置生产厂家较多,且缺乏全路统一的技术规范,各个厂家各自为战,由于研发、生产能力参差不齐,造成各厂家故障测距装置的精准度差距较大。比如,在决定故障测距精准度的关键因素之一 Q 值精度的引用上,有的厂家取小数点后 2 位数计算,有的厂家取小数点后 3 位数计算。实践证明,前者比后者的误差要大得多。再如,部分故障测距装置由于故障测距程序不完善而造成 TF 短路故障类型、AT 段的误判,正馈线故障时选用 T 线电压造成误差增大,通信的不同步造成误差增大等问题。

(2)测距计算方法选择不当。一是部分高铁故障测距装置采用吸上电流法测距,受抗雷圈等效长度、AT 漏抗及故障点短路过渡阻抗影响,故障跳闸后标定公里标与实际公里标误差大。经试验,如果将 AT 吸上电流比测距计算方式更改为采用基于馈线抗雷圈的横联电流比原理测距,可以满足故障测距误差 500 m 以内的功能要求。二是直供末端并联供电方式采用电抗法测距误差大,特别是短路类型非金属的高阻接地时,由于存在过渡电阻,在很大程度上影响了故障测距精度。经调查,如果直供末端并联供电方式在牵引变电所加装故障测距装置,并改为上下行电流比测距法测距,误差可由 1000 ~ 2000 m 缩小至 500 m 以内。

(3)整定值修订调整不及时。故障测距整定值的精度直接着影响故障测距的准确性。新(改)建铁路开通初期,故障测距装置生产厂家设定的整定值主要由设计单位提供,而设计单位提供的故障测距定值却存在供电线、供电臂、上网点、加强线长度等基础参数不准确，线路存在长短链等问题，造成测距装置整定值设置与线路实际长度不相符，并最终导致故障测距误差较大。开通运营后，有的供电段没有根据实际情况对整定值进行校核、修订，致使误差大的问题长期存在。此外，在故障测距装置大修后和供电臂接触网设备进行改造后，未及时对整定值进行重新计算整定、修订，影响了故障测距的精准度。

(4)故障测距数据管理不到位。铁路局虽然建立了跳闸分析和故障测距分析制度，但存在数据分析流于形式、误差整治不及时、动态管理不到位等问题。一是"一闸一分析"制度落实不到位，对故障测距误差较大的跳闸没有及时进行分析。二是对数据的分析局限于就事论事，没有通过对跳闸线路的历史跳闸数据、相邻线路跳闸数据、线材、有无加强线、站场及分支等情况进行综合参考，研究确定合适的故障测距整定值。三是对故障点不确定的跳闸和污闪等情况引发的多点跳闸测距数据研究不够，没有组织对故障测距指示范围内的设备进行详细检查，没有进行故障测距数据深层次分析等。四是没有建立故障测距定值修订台账，无法准确掌握历史各次故障测距修改时间、修改依据及定值修改情况，致使管理效果大打折扣。

(5)新投运设备验收把关不严。一是施工质量问题未及时发现处置。在施工过程中，因施工单位施工质量不高，存在 T、F 线电流线错接，上下行电流线错接，开关量错接、漏接，基础参数录入不准确，定值紊乱等问题，设备管理单位在前期的介入和系统调试、验收测试中不认真，未能及时发现。二是个别线路开通前未进行短路试验。在新线开通前，没有督促施工、建设单位按照铁路总公司《高速铁路牵引变电所运行检修规程》(铁总运〔2015〕50 号)中第 8 条"牵引变电所竣工后，应按规定对工程进行检查和交接试验及全面馈线的短路试验，经验收合格方可投入运行"的规定要求进行试验，未检验故障测距的准确性。

(6)特殊的供电设备影响测距精度。一是类似济南局济高牵引变电所部分馈线供电臂所带区段复杂(有车站和动车所走行线)，AT 所有很长的架空线(2.2 km)，AT 上网点和 AT 所相距很远，这种偏离导致电流分布不呈线性，造成变电所故障测距不准确。二是部分高铁牵引变电所 AT 故障测距无专用的 LH 线圈，故障测距回路串在测量回路中，较大的短路电流造成测量线圈磁饱和，测量误差较大，使 AT 指示距离误差大。三是站场、联络线等较为复杂的直供及直供末端并联线路误差大，受客观因素影响有部分牵引所亭一时无法实施设备及测距装置改造。四是部分牵引变电所亭特别是有联络线馈出的个别所亭无故障测距通道和局界处牵引变电所与分区所故障测距通道未调试，影响相关区段接触网故障测距功能。

4 故障标定装置应用管理工作建议

巩固成果，继续按照总公司"牵引供电故障测距装置专项治理"重点工作为主线，依据故障测距数据误差结果分析，确定故障标定装置配套设施的改造范围和工作量，实现高铁金属性短路故障测距误差控制在 500 m 以内，普速正线区段金属性短路故障测距误差控制在 500 m 以内，枢纽地区联络线、站场等供电臂金属性短路故障测距误差控制在 800 m 以内的工作目标，全面规范故障测距装置应用及数据分析管理工作，切实是高故障测距误差精确度。

4.1 全面规范故障标定装置应用及数据分析管理工作

(1)加强故障标定装置基础参数复核。在电化线路投运前，铁路局要认真核对供电线、供电臂长度等基础数据，全面分析联调联试，短路试验等数据，组织设计院、综自厂家共同确认复核数据准确性，确保基础数据录入准确。建立故障测距定值修订台账，做好定值台账修订管理工作。

(2)加强故障标定装置定值动态管理。故障标定装置大修后或供电臂接触网设备进行改造后，线路阻抗发生变化时需要进行重新计算整定，要做到定值修订及时，以及故障测距定值和故障测距分析台账动态管理。

(3)强化故障测距数据分析管理。建立故障跳闸与故障测距分析台账，做到"一闸一分析"，发现问题及时查找原因进行修正。每月总结分析故障测距数据管理情况，及时解决存在的问题。

(4)强化牵引供电调度、接触网、变电、远动专业间的密切配合。电调准确读取故障测距信息，接触网专业找到的故障点，变电、远动专业根据故障测距校验结果，及时动态修订故障测距装置的准确性。

4.2 进一步完善或补强故障标定装置配套设施功能

(1)铁路局要多方协调，全力解决没有故障测距传输通道、故障测距传输通道运行不稳定或局界处故障测距通道未实现等影响故障测距的问题。

(2)普速新线电化改造及更改工程项目增加独立故障测距装置。故障测距装置应能直接给出故障点具体的公里标位置，避免杆号对照和人为计算产生误差的问题。

(3)结合故障测距装置应用经验和厂家新软件程序推广应用效果，铁路局要组织厂家制订故障测距装置程序升级方案，做好程序升级工作，完善故障测距装置的功能，确保故障测距装置的准确性。如：京广高铁石郑段采用了天津凯发故障测距装置，在运行中发现在变电所出口短路时，可能会将故障标定指示到AT 所附近，而通道通信情况不好时发生跳闸，会出现数据不同步问题。因此装置程序需要增加运行方式的判别和防止数据不同步的功能。

4.3 从工程源头上提升故障标定装置运行品质

(1)铁路局要深度介入工程施工，盯控牵引供电故障标定装置设备的现场安装、调试、数据设定和校验等重要环节，发现问题及时督促施工单位进行整改，避免出现二次回路接线错误、基础参数录入不准确、定值紊乱等施工质量问题。

(2)铁路局要督促施工、建设单位按照规定要求进行试验，检验故障测距装置的准确性。铁路总公司新颁布的《高速铁路牵引变电所运行检修规则》(铁总运〔2015〕50 号)对牵引供电故障标定装置试验、校验有明确要求：“牵引变电所竣工后，应按规定对工程进行检查和交接试验及全面馈线的短路试验，经验收合格方可投入运行。”

在目前新建铁路工程项目阶段，调试工作中有很多没有得到全面落实。铁路中长期发展规划后期新线及既有电气化铁路改造工程建设项目的规模依然很大，后续新线及改造工程项目应按照运营管理要求，强化工程交接试验及全面馈线的短路试验工作，落实牵引供电故障标定装置试验、检验技术标准，从工程源头上提升牵引供电故障标定装置运行品质，保证设备运行安全可靠、故障测距数据准确有效。

4.4 进一步规范牵引供电故障标定装置应用管理工作

(1)在总结前期主要测距方法，深化研究成果和近几年牵引供电故障标定装置专项整治实践经验的基础上，组织编制《牵引供电故障测距装置的技术条件》，涵盖装置性能、应用原理、报告格式、定值格式、报警、自检、通信模式、启动模式等内容，进一步明确装置运行安全、可靠和故障测距装置技术要求和标准，从源头规范设备质量管理，有利于装置标准化应用和运营维护管理。

(2)铁路局要进一步完善牵引供电故障标定装置运用维护管理办法，全面规范故障标定装置基础数据录入、定值管理、数据分析、软件程序更新以及运用、维护、管理等工作，不断提高故障测距数据的分析质量和运用维护管理水平。

(3)铁路局要组织举办变电、远动专业技术管理和供电调度人员培训班，有效提高技术管理人员素质，使其具备故障测距数据综合分析处理能力。通过有针对性的培训，大幅提升供电调度人员熟练运用故障测距数据进行综合分析的水平，使其能准确判断故障地点、类别及性质，有效指导故障抢修。

接触网作业车辆车轮踏面擦伤原因分析及对策

刘国庆　张志峰　马超群

（中国铁路北京局集团有限公司天津供电段）

摘　要： 接触网作业车辆车轮踏面擦伤是车辆的重要故障之一，针对该故障的原因进行分析并提出改善建议。

关键词： 接触网；车轮；擦伤；对策

接触网作业车辆是铁路运输生产的重要运输、施工工具，它是电气化铁路牵引供电设备检修、施工及事故救援的重要机械动力设备，其运用质量直接关系到行车安全，因此抓好接触网作业车运用质量是确保行车安全的重要手段。

轮对是接触网作业车辆的重要走行部件，轮对车轮踏面擦伤、剥离的故障对行车安全构成了巨大的威胁。

1　车轮踏面擦伤、剥离对设备的影响

1.1　对车辆本身方面的影响

车轮踏面形成擦伤、剥离后，由于车轮踏面的不平整，车轮在轨道上滚动的过程中，在“轮—轨”间产生了周期性振动，由于这些振动，对车辆本身产生了一定影响，严重时会导致行车事故的发生。

（1）对车轮的影响。

车轮踏面擦伤或剥离后，踏面会出现不同程度的凹陷、缺损和堆积，使车轮轮饼不能在钢轨上正常地平稳滚动运行，形成周期性“轮—轨”冲击振动，使原有的车轮振动和冲击得到强化，严重的会导致接触网作业车辆在通过钢轨接头或道岔处时发生脱轨事故。

（2）对轴承的影响。

由于擦伤或剥离后车轮“轮—轨”冲击振动加剧，使得车轴箱滚动轴承运动受到干扰，直接影响轴承内滚子与滚道的正常运行，滚子对轴承保持架产生不均衡受力，极易造成轴承滚子被“硌伤”或保持架故障。

（3）对轮轴的影响。

由于擦伤或剥离后车轮的周期性振动，加剧了轮轴轴端金属疲劳的形成，“轮—轨”冲击振动以及货物对轴端的振动，极易造成对轮轴轴端的疲劳伤害。

1.2　对线路方面的影响

车辆踏面擦伤、剥离后都会使踏面局部凹陷，致使车辆在运用中出现周期性的上下振动，特别是在低速时振动和冲击力会更大，会直接影响甚至破坏线路的平面结构，长此以往会使线路出现“△”坑，影响列车运行的舒适度。

1.3　对物料装载安全的影响

车轮踏面擦伤、剥离后车辆周期性的上下振动，使车辆运行极不平稳，平车装载物料的加固材料在振动下会发生松脱、攒动，物料的不稳定性增大，造成车辆晃动加大，从而也就使得物料运输安全受到威胁，行车安全风险加大。

2　车轮踏面擦伤、剥离产生的原因分析

车轮踏面擦伤、剥离是车辆在运行之中发生的主要故障之一，危害性极大，严重危及着接触网作业车辆的运行安全，分析轮对踏面擦伤原因已成为现场亟待解决的问题之一。

2.1 司机操作不当

司机操作不当是产生踏面擦伤的主要原因之一。

(1)接触网作业车在快速运行时，司机错误操作制动机。当接触网作业车辆快速运行时，列车需要减速，司机应使用自动制动阀(大闸)制动，可实际上却错误地使用了单独制动阀(小闸)，造成本务机车被整列惯性“推行”，形成本务机车擦轮。

(2)在接触网作业车启动时，司机操作不当。当接触网作业车列启动时，本务机车提速过快或钢轨上有杂草等，造成动轮空转，形成本务机车动轮擦伤。

(3)司机在缓解手制动机时缓解不到位，基础制动仍在制动状态，车辆在被牵引运行时，造成车轮在钢轨上平移，形成车轮踏面擦伤、碾堆。如图 1、图 2 所示。

图 1 接触网作业车碾堆示意图

图 2 碾堆图局部

2.2 天气原因

冬季是容易形成车轮擦伤的季节，其主要原因如下：

(1)入冬时或者冬季下雪之后经过晴天空气中水分较大突然又降温时，易出现闸瓦与车轮踏面冻结，司机在出车检车时，未发现闸瓦与车轮踏面冻结的问题，造成出库时车辆被动牵引平移运行，形成车轮踏面擦伤、碾堆。

(2)温度条件变化严寒季节钢轨面上有冰雪、霜冻、油污，使轮对与钢轨的黏着系数降低，动力大于黏着力，造成动轮空转，导致车轮擦伤。

2.3 车辆原因

(1)车辆制动机故障、部分配件作用不良。冬季气温下降，三通阀油脂凝固或风道凝结水分进入风管内，造成三通阀滑动部分因摩擦阻力增大，在列车紧急制动时作用缓慢不良或不起作用，造成列车制动快慢不一致，制动压力高低不均而造成车辆车轮擦伤。

(2)制动活塞行程调整不到位，造成车辆与车辆之间制动不同步，制动缸活塞行程过长或过短，如果行程过短时，致使制动力增大，出现闸瓦紧抱车轮，甚至抱死车轮，会造成车轮严重擦伤。

(3)使用合成闸瓦，恶化了车轮踏面的擦伤、剥离、碾堆。由于合成闸瓦具有较高的摩擦系数，制动时相对于铸铁闸瓦制动力大，而接触网作业车辆总体质量较轻、惯性较小，因此在操作时极易因制动力较大车轮突然间停止转动而产生平移运动，从而导致车轮踏面的擦伤、剥离、碾堆。如图 3 ~ 图 6 所示。

图 3 擦伤的同一轮对踏面

图 4 擦伤、剥离踏面局部

图 5　碾堆的同一轮对相对踏面

图 6　局部剥离

3　改善车轮踏面擦伤、剥离的建议

当前要从根本上解决接触网作业车辆轮对车轮踏面擦伤、剥离、碾堆的问题还不够现实，但可以从减少车辆踏面擦伤、剥离发生的机会上做文章。通过对产生接触网作业车辆轮对车轮踏面擦伤、剥离、碾堆的问题分析，从产生的原因入手，适度改善接触网作业车辆的运行环境、提升司机操作水平，全面加强接触网作业车辆的保养质量。

（1）由于接触网作业车辆牵引质量较小，运行惯性较小，取消合成闸瓦的使用，继续使用高磷铸铁闸瓦，缓解因合成闸瓦制动力过大而造成的轮对转动不畅。

（2）深入开展"强基达标"活动，把推行接触网作业车司机一次乘务作业标准常态化、标准化，严格落实出库检车制度和贯通试验制度，把贯通试验的检查由车上移至车下，把补机司机看表，变为看所有制动架实际动作情况，杜绝"关门"车编入接触网作业车列。同时降低因手制动机缓解不到位、冬季闸瓦与车轮踏面冻结所造成的轮对平移发生的概率，解决源头问题。

（3）加强接触网作业车辆的日常保养，随着闸瓦的磨耗及时调整制动活塞行程、闸瓦间隙，对牵引的平车制动活塞行程调整量要适度大于机车，缓解因平车载轻导致的车辆转动不畅。

（4）强化司机实际操作培训，加强司机的职业道德教育，在列车运行时加强瞭望，在接触网作业车列运行操控上努力克服司机的违规操作，尽量减少使用紧急制动和 GYK 控停的发生，改善列车制动环境。

4　结束语

通过对接触网作业车轮对车轮踏面擦伤的原因分析，制定防范接触网作业车轮对车轮踏面擦伤、剥离、碾堆的措施，以"强基达标、提质增效"为主线，努力提高接触网作业车司机的操作水平，对确保接触网作业车行车安全、稳定运行意义重大。

参考文献

[1] 刘国庆．接触网作业车[M]．北京：中国铁道出版社，2012.
[2] 于继传．车轮踏面擦伤原因分析及防范措施[J]．民营科技，2010(9)：208.

全自动常闭院门的研制及应用

梁伯武 孙全生

(中国铁路北京局集团有限公司天津供电段综治环治办公室)

摘 要:针对当前反恐怖防范工作常态化的要求,要害关键处要时刻防范外来人员的暴力恐怖袭击。公安部门的检查及我们巡视,均发现“三门”管理不严,尤其院门问题最为严重。为此,我们对要害关键处所的院门要进行更新改造,应用自动识别(汽车牌照、指纹、可视对讲、蓝牙)系统、红外线防夹、地感线圈、密码解锁等手段,研制反恐防暴防盗院门,并应用到实际场所。

关键词:反恐怖;全自动;装置

0 引言

接触网和自闭贯通的供电质量优劣,是铁路客车高铁有序快速运行的关键,而变电所、分区亭、配电室等处所的安全运行,更是保障运输秩序的根本。根据掌握的情况分析,暴力恐怖分子图谋以铁路为目标实施恐怖袭击的现实风险客观存在,我们的变电所、分区亭、配电室、给水所防范恐怖袭击和暴力恐怖破坏的风险更加直接、影响更大。因此,我们必须保持清醒认识,要把要害场所、重点部位的安全防范特别是反恐怖防范工作上升到战略高度,切实提高“人防、物防、技防”水平,特别是“物防”建设更为重要。

1 问题提出及研制目的

根据反恐怖法的要求,一是各单位要对所辖区域实施封闭式管理,在出入口竖立明显告知标志,设置警戒线。非本岗位及无关人员、车辆一律不准进入,因工作需要必须进入的,要由值班人员检查登记,待查明情况后方可进入。二是严格门禁制度,门卫保持高度警惕,对出入人员、车辆严格检查和登记。对可疑人员进行盘查,检查携带包裹,以防恐怖分子和不该进入的人及车辆进入已实施封闭式管理的区域。三是建立健全安全防范机制,安全防范网格化,明确责任,发挥群防群治的作用,加强重点部位的巡逻,建立反恐怖信息员队伍,及时收集反恐信息,进行汇总、分析,发现情况及时上报。

为确保反恐怖防范工作的有效落实,我们一要加大员工反恐怖教育培训,组织反恐怖队伍应急演练,提升应急防范和先期处置能力。二要加大“物防”投入,把我们的办公区域和工作场所,建成“铜墙铁壁”。

1.1 在安全防范工作中存在的薄弱环节

结合要害场所、重点部位的专项检查情况,目前我们在反恐怖防范工作中仍然存在隐患漏洞和薄弱环节,主要体现在:一是反恐怖防范思想意识依然薄弱,员工在思想上仍存在反恐是社会问题、国家问题,与企业关系不大;反恐怖责任在公安,与运输经营关系不大,防范处置有警察,企业员工没必要深入参与等诸多错误认识。二是反恐怖防范相关制度和反恐怖基础台账不完善,针对常见暴恐手段的应急处置预案均未细化完善,且缺乏针对性、实用性。三是反恐怖防范基础设施建设急需补强改进,在落实硬隔离全封闭管理、防冲撞设施安装、视频监控补强完善等机房建设上还需进一步加强。四是反恐怖宣传工作还不到位,对员工反恐怖防范的宣传力度仍然不足。

1.2 在安全防范工作中的现实问题

在要害处所院门的处理上,我们的现状是,安装双扇角铁框架铁板门或是钢管框架铁板门,要求常闭,但实际90%的院门都是半开或全开的,对外来人员没有阻挡作用。探寻原因,一是员工缺乏责任意识、防盗意识,没有把单位当成自己的家,意识不到随手关门是其应尽的职责。二是懒散习惯,为方便进出,不愿意费时费力下车随时关门,虽然发过通知、提出过警示,但收效甚微。三是院门年久维修不到位,门轴锈蚀或是变形,开关费劲,员工不愿意随时关闭。四是关门不上锁,起不到防止闲杂人员进入的作用,也给不法分子留下了进入工作场所的可乘之机。

2　强化问题整改力度

2.1　加大反恐怖宣传力度

在员工中开展反恐怖防范工作教育，利用手机报、宣传画册、微信、板报等形式，应进行反恐怖法、安全生产法教育，进一步提高职工群众反恐怖、防破坏意识，及时发现各类可疑人员、物品及异常动向，直接报给110。

2.2　加强监督考核

按照“谁主管、谁负责，谁经营、谁负责”的工作原则，各部门要认领部门责任，深入构建职责清晰、层次分明、相互承接、到岗到人的反恐怖工作体系。对因主管领导失管、失察、责任游离而造成本辖区发生重大涉恐隐患问题的，将依据路局党委下发的《干部履职督察及问责办法》，追究相关部门的责任，对造成严重后果的，将依据《反恐法》及相关法律规定，移送司法机关追究法律责任。

2.3　加快物防建设

一是针对历次检查中发现的技防、物防体系中存在的隐患漏洞，要积极进行补强完善工作，特别是要害场所、重点部位的反恐防暴防盗设施，要积极进行升级改造工作。二是针对历次督察中个别车间班组的院门年久失修、关闭不严等隐患，需要更新改造成为反恐防暴智能门禁系统，克服关不上、关不严的弊病，提升反恐怖防范等级。

3　制定最终解决方案

为解决上述存在的顽疾，我们必须制作一个非人力控制的院门系统，化解员工中存在的种种陋习。

(1)自己人自动开门：我们应用了蓝牙成套系统、汽车牌照识别系统、指纹识别系统等。

(2)开关门过程中：为防止发生意外碰撞，我们应用红外线系统，避免挤伤行人或车辆。

(3)自动关门：我们应用开门后延时30秒，或经过地感线圈感应后立即关门，保证院门敞开时间是短暂的。

(4)自己人自由进入问题：不能一天多次审核，我们应用密码系统。

(5)陌生人拜访：我们应用可视对讲系统，由相关人员识别审查后开门放行。

(6)车辆出门：简单一些，使用地感线圈功能，直接开门。

(7)空行人出门：我们使用按钮开关操作，方便快捷。

(8)院门方向控制：我们采用轨道、导轮及院门上方导轮配合系统。

(9)院门行走控制：我们采用电机、齿条输出动力，限位开关控制点位，保证平稳且动力不丢失。

(10)立面平稳控制：我们采用双轨、双轮系统，增加稳定性，防止被大风刮倾斜。

(11)导轨铺设：以高于地面2厘米为好，避免凹槽内被土渣、石子、烟头等杂物填满，或有积雪、结冰，导致脱轨跑偏院门倾斜故障。

(12)电力供应：为方便接续、安装，使用交流电机，额定电压都采用220 V。

(13)电机基座高度：距地面不少于30 cm，防止夏天大暴雨后积水淹没设备。

(14)故障或停电时的解决方案：我们利用解锁开关，实现人工操作开关院门。

(15)阻尼力设置：防止红外线防夹系统出现问题，或者地面存在阻挡物件，电机长时间处于关门状态，造成烧损。

(16)院门材质：为方便开关，减少能耗，我们采用钢管框架、铝合金板面，轻便省力。

(17)设备设施特性：我们均采用户外型，电机安装防护罩，延长使用寿命。

(18)门体颜色：全部采用供电系统常用的灰色，即国际标准—色卡对照表ral5024。

(19)使用年限考虑：电子器件寿命不少于5年，其他器件不少于8年，2年内免费维护。

(20)超宽院门：为保证安全，克服单扇门体过重、受风面积太大，不利于常态运行的问题，我们采用双向推拉、两套控制系统加以解决。

4 使用效果

为确保院门的功能完备，兼容性强，各器件匹配合理，使用灵活方便，我们首先进行组合体试验。用铝合金焊接 60 cm×90 cm 门框，在假想门口处安装轨道、导轮、电机、齿条、红外线，调试各种功能匹配，用时 1 个月。

其次制作院门，安装在天津供电车间，进行实际调试。一是当时为避免轨道凸起，造成车辆颠簸，采用凹槽式轨道，但使用后发现，槽内经常存有石子、土渣、烟头等杂物，影响导轮运行。二是导轨、电机与地面非一体，冬季上冻，地面变形，影响院门开关。三是电机安装在地面，由于车间地势低洼，夏天积水，电机受淹，造成烧损。四是单轨制运行，立面稳定性受风力影响较大，7 次院门边框上部挤压导轮，造成导轮变形、碎裂。

最后推广应用经过 1 年春夏秋冬的考验，经历数十次的调整、改进，最终定型为电机驱动、红外线防夹、蓝牙开门、延时关门、双轨走行的全自动常闭门禁系统。现在已经应用在 7 个车间要害处所。

5 结束语

全自动常闭院门系统的应用，极大地满足了要害场所、重点部位安全防范的要求；对解决院门大敞四开、关不严、关门不上锁等问题起着至关重要的作用；代替关键处所门卫值班，使得管理成本极大降低，经济效益明显；现在天津铁路公安处已经验收，认可了院门系统的实用性、可靠性，已向铁路相关单位推广应用。

浅谈企业的物资管理及会计核算

邢若玉

（中国铁路北京局集团有限公司天津供电段计财科）

摘 要： 物资是企业一项重要的流动资产，是企业日常生产活动中必须持有的以备使用的存货。物资管理是企业经营的重要组成部分，通过对物资进行有效管理，以降低企业生产成本，加速资金周转，进而促进企业盈利，提升企业的市场竞争能力。物资的日常管理与会计核算是相辅相成的，物资核算的正确与否，直接影响着企业的财务状况与经营状况。物资管理与核算也是企业生产经营正常运作的重要保证。会计电算化是物资内控制度及会计核算的载体，不仅能精确计算物资成本，而且处理效率非常高。

关键词： 物资；管理；核算；电算化

物资是企业一项重要的流动资产，是企业日常生产活动中必须持有的以备使用的存货。物资管理是企业经营的重要组成部分，是企业在生产过程中，对本企业所需物资的采购、使用、储备等行为进行计划、组织和控制的重要行为。在保证企业各项目用料的顺利进行、降低成本和提高经济效益等方面，起着举足轻重的作用。物资的会计核算和日常管理是相辅相成的，物资核算的正确与否，直接影响着企业的财务状况与经营状况。物资管理的目的是，通过对物资进行有效管理，以降低企业生产成本，加速资金周转，进而促进企业盈利，提升企业的市场竞争能力。在市场异常活跃的今天，物资管理已不能用“计划”“配额”“定量”等几个简单概念进行诠释，它已经成为现代企业管理的重要组成部分，成为企业成本控制的利器，成为企业生产经营正常运作的重要保证，成为企业发展与壮大的重要基础。

1 加强物资的计划管理

物资计划的编制是企业物资管理的首要环节。物资计划是企业进行订货采购工作和组织企业内部物资供应工作的依据。物资计划管理的主要目标是在保证物资供应的前提下，最大限度地降低费用，减少资金占用，具体应用在制订物资平衡计划、物资分配计划、物资运输调运计划、物资合理进货量、仓库布置、材料堆放等方面；目前，综合物资、生产、财务等各部门的信息进行物资计划编制，由物资部门监督计划落实的物资（包括物资计划）管理模式已经被越来越多的企业所采用。物资管理信息结构如下所示：

	物资管理
基础数据管理	物资基本信息录入
	物资目录管理
物资进出存管理	物资消耗定额管理
	物资入库登记
	物资出库登记
	物资盘点管理
存货核算	出库入库审核、核对
（会计核算）	凭证处理
	系统维护
综合查询管理	物资计划查询
	物资收发库存查询
	按供应商统计物资供应情况
	各部门各项目领用物资查询

	盘点及盈亏查询
系统维护	用户和权限管理
	数据备份与恢复管理

为应对瞬息万变的市场，企业对物资计划的编制提出了更高的要求，综合企业内部各部门的信息进行物资计划编制，可以使计划更精准、更科学、更具可操作性。在计划制订之初，物资部门组织人员对物资市场进行调研，深入了解物资行情，掌握第一手的价格资讯；生产部门则根据生产能力、预期产量、用户需求、发展储备等因素，估算所需物资的数量、种类，提报物资需求清单；财务部门则负责提供流动资金的详细信息，以资金净流量约束物资计划的规模。企业在通过计算机系统综合处理各部门所提供信息的基础上，统筹安排企业的物资采购、使用、储藏等行为，编制科学、合理的物资计划。计划制订之后，由物资部门担负计划落实及监督的任务，通过定期的物资供应例会等形式，对物资计划的执行进行监督，发现问题及时解决。物资计划管理不但是其他物资管理环节的重要前提，也是有效避免物资浪费的重要保证。例如，铁路企业在物资计划管理方面狠下工夫，在招标阶段，物资处就组织物资管理人员对各地的市场行情和资源状况进行调研，评估项目所需的材料数量和种类；中标后计划部门立即对维修分布施工量进行预算分割，财务部门则根据预算分割控制各项费用的支出；经过多部门的协调合作，结果使企业所制订的物资计划既切实可行又达到了控制成本的目的。

2 加强物资的采购管理

物资采购是企业资金支出的关口，能不能把好这个关口是企业成本控制的关键。为此，实行以比价、限价和定价采购制度为核心的物资采购管理便成为当前企业物资采购的主流模式。

企业一般采用比价采购，在采购物资过程中实行一种以综合比对为主要手段的物资采购管理制度，其中，物资的供应质量和价格、采购的中间费用、售后服务、供货商的信誉及货款的承付方式等是采购对比的要素。简单而言，就是“同种物资比质量，同等质量比价格，同样价格比服务，同等服务比信誉，先比后买”，其实质就是通过对各要素进行综合比对，实现“物美价廉”的目标。企业实行比价采购，不但可以使物资市场的竞争更加活跃，使物资的性价比不断提升，还在无形之中拓展了企业的物资来源渠道。限价采购和定价采购是比价采购的一种延伸，在特定的情况下能够发挥更加积极的作用。在铁路企业采购的物资品种繁杂、零星采购次数频繁、物资采购难以形成大规模的情况下，可以由物资处在深入调查物资市场行情的基础上，拟定和公布企业所能接受的物资价格上限或具体数额，实行限价采购或定价采购。科学合理的物资采购计划加上严格的物资采购过程控制，可以使铁路企业有效节省开支，为赢取更丰厚的利润打下坚实基础。铁路企业运用比价采购、限价采购、定价采购等采购方式程度将日渐熟练，这样可以从根本上解决盲目采购、无计划采购、多头采购等问题，可以最大限度地改善铁路企业成本支出状况，达到降低采购成本的目的。材料采购部门要坚持采购工作中谁经手谁承担第一责任，谁审批谁承担相应责任的追究制，严格要求采购人员提高责任心，减少差错，杜绝漏洞，有效高效地开展采购工作。

3 加强物资的使用管理

物资部门要严把发放关，做好“材料使用量”的控制。现代企业物资使用管理，重点突出了配送方式的灵活性、多样性和物资消耗的控制力度。企业的物资配送更趋向灵活，“即时配送”“准时配送”“变领料为送料”等新方式、新观念逐渐被企业所接受。比如，铁路企业的大修与更新改造就很适合使用“多批次、少批量”的配送方式，为了避免二次搬运，降低运输费用，可以凭验收组成员及管理人员确认签字后，直接送达施工现场或各班组。无论是大宗原材料还是零星辅助材料都要做到领用合理，流向清楚，手续齐全。保管人员按财务规定及时递交材料出库单，财务人员登记入账后要和仓库明细账进行仔细核对，月月做到账账相符，严防物资的流失和浪费。根据各施工阶段的要求统筹安排配送计划，从而提高材料的配送效率。事实上，在配送方式的选择上并没有固定的规则，企业要遵循的是方便、高效的原则，并结合本企业的特点和实际工作情况，制订最适合于本企业的物资配送计划。

生产过程中的物资消耗量是控制企业生产成本的决定因素，目前，企业已经将物资消耗控制作为管理的重点。一般来说，在物资计划中企业都会制订比较科学、合理的物资消耗定额，并利用计算机系统对生产过程中的物资消耗量进行详细记录、分析、比对，通过监控将超额情况及时反馈到管理层，尽早查明超额原因，最大限度地降低在物资消耗环节出现浪费现象的概率。

4 加强物资的储备管理

现代物资储备管理要求企业在满足现实生产需求和扩大再生产需求的情况下，尽可能地降低库存，减少资金占用。

在市场经济条件下，应以用现代企业的物资储备管理模式调整企业库存结构、盘活超储(积压)物资、加快资金周转、减少储备资金占用为主线：

(1)对大宗物资、产销平衡物资、紧俏物资实行物资分类管理，对供应充足、可即时购买的大宗物资原则上不储存，对产销平衡物资通过合理安排进货时间实现不储存，而对于进货相对困难的紧俏物资则要备有一定的储存量。

(2)对物资储备量实施实时监控，加强各部门相互间的对账，建立相应的盘点制度，并定期进行实地盘点，保证物资账实相符。达到盘活物资的目的并及时将储备情况向管理层上报，预防超储现象的发生。

(3)若出现物资超储、积压现象，企业内部能够代用的物资实行代用，无法代用的物资可与供货商进行协商退货，或与其他企业交换物资实现“双赢”。

(4)库存量最小化——零库存，企业的物料(包括原材料、半成品和产成品等)在采购、生产、销售、配送等一个或几个经营环节中，不以仓库存储的形式存在，而均是处于周转的状态。零库存并不是指以仓库储存形式的某种或某些物品的储存数量真正为零，而是通过实施特定的库存控制策略，实现库存量的最小化，最大限度地降低库存成本。

5 加强物资的电算化管理

物资管理现代化，就是运用现代科学管理的方法和技术，合理有效地组织、指挥、调节、监督生产资料流通中的各项经济活动，以最少的劳动消耗，取得最大的经济效益。

电子计算机广泛应用于物资管理中：

(1)计算机的特点之一是适用于大批量的数值计算，应用计算机进行数值计算，可以节省大量时间、人力和物力。在物资流通领域，物资管理的数学模型计算工作十分浩繁。利用计算机高速运算的特点，可以解决物资管理的数学模型问题，为实现现代化物资管理开创了有利条件。

(2)能对物资的一系列数据(信息)进行综合分析、加工整理，按照要求将一种数据形式转换成另一种数据形式，也就是通常所说的“信息处理”。这是目前计算机在物资系统应用最多的一种形式。因为在物资流通领域存在着大量的数据信息，如物资的进、销、存量及各种物资的型号、规格、数量，随着物资实体的移动，还会产生许多新的信息。用人工方法处理这样浩繁的数据很难做到及时准确，而用计算机处理这种大批量的数据，就能做到快速准确，大大地提高工作效率。

(3)计算机能根据外部的信息变化发出相应的修正指令，实现过程的自动控制。利用计算机进行仓库管理，可以实现仓库管理自动化、简化手续、减少差错、加快物资周转、压缩库存资金，可以做到合理进货、计划供应，在最小库存量和最大供应量之间寻求最佳动态平衡，以求得最大经济效益。如果把各种物资的编号、名称、规格、单位、单价、存放地址、最高库存量、最低库存量等存入计算机，再将入库、出库量不断输入计算机，便可随时掌握库存情况。

物资管理的信息系统，极大地提高了企业物资管理能力。铁路物资部门是较早实现计算机辅助办公的部门之一，通过长期的应用，计算机在物资部门中发挥的作用越来越大，从简单的收发料统计到复杂的物资管理信息系统的应用，都离不开计算机系统。局物资处专门为各段业务部门进行了计算机设备的更新，高性能的计算机早已全部配备到位，计算机硬件性能的提升必将会使物资管理信息系统运行更流畅，数据保存更安全，计算机系统运行更稳定。在整个物资部门使用统一的软件，可以加强对全路物资采购及配送的统一管理，有利于提高企业物资信息的真实性，有利于提高企业物资配送的效率，有利于提高整个企业的物资管理水平。

6 加强物资的会计核算

物资的会计核算和日常管理是相辅相成的，物资核算的正确与否，直接影响着企业的财务状况与经营状况。

(1)物资(存货)的流程图：计划请购→采购→记账→入库→记账→保管→备货→出库→记账。

(2)物资成本的计量：在企业会计准则中，收入与成本是可配比的，那么物资的有关成本就是可计量的。物资成本包括：买价、相关税费、运输费、装卸费、保险费、仓储成本及其他可归属于采购成本的费用。

(3)发出物资实际成本的核算方法：个别计价法、加权平均法和先进先出法，企业应选择一种适合本企业的核算方法进行物资的账务处理核算。

(4)物资的在途和估价(未提材料)入账也是材料会计核算的重要环节；物资采购和消耗情况因账务处理不及时，会导致物资成本归集失真消耗统计不准确等问题。特别是物资的估价入账；企业购进物资已验收入库，但由于外购物资的发票未到，无法与供货方进行结算，企业为了保证会计核算的真实、完整，需将购入物资按照计划成本、合同或预计价格等情况进行估价入账；在有条件的情况下，应要求企业物资材料计划人员及时与厂家联系，确定购入单价及数量，避免管库员的重复入账。对于估价入账的物资，管库员应有台账，避免重复并及时销账。财务材料会计人员应及时核对，在对账的同时与管库员随时联系以确认估价入账的物资，达到会计核算的准确性并实现账实相符。确保在途材料和未提材料及时入账。以保证物资账务能够及时准确地反映实际情况，同时为物资成本控制提供依据。

(5)物资清查盘点，进行物资的清查以及时发现财产物资的积压、呆滞等情况，财务部门需配合有关部门对库存财产物资及时提出处理意见，报经企业领导批准，及时进行账务处理，对节约资金占用、加速资金周转、提高企业经济效益起着重要作用。

(6)物资涉及的其他核算：非正常消耗的直接材料、直接人工和制造费用；储存成本；不能归属物资达到目前场所和状态的其他支出；资产负债表日物资计量，按照物资成本和可变现值孰低计量。若是成本低于可变现净值，则需计提存货跌价准备。

会计核算是一个极其重要的环节，从物资(存货)的流程图和以上情况可以看出，从开始环节(物资的采购)到最后环节(物资的领用)无不与物资会计核算密切相关；在已确定了合理的计价方法后，企业物资部门要根据材料计划开始采购；财务部门要及时进行账务处理，如物资采购(原材料)、库存商品(入库)、成本的结转(出库)环节，期间发生的装卸费、仓储费、运输费等一些费用也要做相应的账务处理。在日常账务处理时，尽量减少在途材料和未提材料的发生。形成经常性物资盘点清查制度。及时发现问题，及时进行账务处理，保证物资账务能够及时准确地反映实际情况，同时为物资成本控制提供可靠的依据。

7 进行物资的会计电算化处理

会计电算化是物资内控制度及会计核算的载体，一个好的会计核算软件对于准确核算库存及收发物资能起到非常重要的作用，不仅可以精确地计算物资成本，而且处理效率非常快。物资管理信息结构中存货核算与物资管理密不可分，其相互联系、相互制约。铁路部门基本实现了物资管理信息系统与会计管理信息系统的有效结合，在物资管理信息系统中会计核算即物资核算，它包括了出库入库审核、收入核对、凭证处理、系统维护等；对材料票据的审核以及对物资供应单位核对正确后进行账务处理，且自动生成凭证，大大降低了会计人员及仓库管理人员的工作强度。同时它还能够提供各种报表以适应管理的需要。当仓库需要发出某种货物时，计算机马上能根据存货的编号来检索储存，获得存放地点、品种、规格、数量、进货的单价或入库的生产成本等指标，可随时查询库存各种存货，及时提供会计核算所需要的资料。物资核算的电算化处理能有机地将业务部门、仓库部门、财务部门进行结合，大大加强了企业的管理水平，保全了企业资产。

物资的管理和会计核算不仅能够反映企业的管理水平，而且具有重大意义。其管理利用情况直接关系到企业的资金占用水平以及资产运作效率。因此，一个企业若要保持较高的盈利能力，应当十分重视物资的管理。在不同的物资管理水平下，企业的平均资金占用水平差别是很大的。只有通过实施正确的物资管理方法，降低企业的平均资金占用水平，提高物资的流转速度和总资产周转率，才能最终提高企业的经济效益。

参考文献

[1] 财政部. 企业会计准则(2006).
[2] 赵涛. 仓储经营管理[M]. 北京：北京工业大学出版社，2006.
[3] 财政部. 会计基础工作规范. 1996.
[4] 财政部. 会计电算化管理办法. 2013.

"多元、务实、引领"培训模式的构建与探索

高嘉玉

(中国铁路兰州局集团有限公司银川供电段)

摘 要: 基层站段生产力布局的调整、职工队伍结构的变化、新技术新设备的应用,如何拓宽培训方式、应用新的培训手段,克服成人培训积极性不高、培训效果不好、工学矛盾突出的问题,一直以来是职教培训人员思考和努力探索的问题。

关键词: 互联网 +; 培训模式

随着 2014 年 11 月兰新二线的开通运营、2017 年 7 月宝兰客专的开通,标志着兰州铁路局跨入高速、重载运输的时代。随着运营里程的快速增长、新设备新技术的更新与应用,安全运营压力也不断加大,必须要有一支技术业务精良和综合素质过硬的职工队伍支撑,基层站段的职工培训工作必须要顺应发展。

银川供电段近年来积极创新、探索构建"多元、务实、引领"的现场培训模式,以多元化的培训手段,贴近现场务实开展培训,发挥品牌示范引领作用,加强教与学双方的融合互促,切实提高学习培训质量,更好地服务现场。

1 解放思想,开展多元开放式培训

1.1 应用"互联网 +"进入"泛在技术"学习时代

"互联网 +"是指利用互联网与移动平台,充分运用信息传递的便捷性和大数据统计分析功能,进行跨界结合,创建一种资源开放共享的职工培训新生态。"泛在技术"倡导一种"无所不在"的理念,强调实现"随时、随地、随心"的学习目的。银川供电段近年来针对成人培训学习效果差、积极性不高、工学矛盾突出的问题,主动迎合职工广泛使用互联网、移动设备的特点,开发了远程教育"在线学习"系统,利用段、车间、班组三级网络办公资源开办"在线课堂"并定期组织远程授课。还建立了"一站到底"在线练习题库,实现了培训内容的文字、声音、图像的良好交互,使教与学更加丰富多彩,改变了以往书本学习抽象,集中授课"填鸭式""满堂灌"的尴尬处境,同时有效解决了点多线长、异地授课等问题。同时利用微信建立了"银供微课"和"银供接触网交流群"等 4 个专业交流群,各职教主管及时将培训通知、学习计划、知识要点发布到群里,由车间主管或群成员再向下一级微信群进行传达,同时为避免大家"只发不看"的现象,要求进行签到式学习,将学过的内容进行记号标注,把学习章节再次发到群里,以便检查。段、车间、班组各级日常培训落实要求由主管录制视频或是编辑成微课发布到群里供大家交流学习和监督指导。同时申请了"银供微课堂因你而美丽"的微信公众号,定期将各专业培训知识进行碎片化整理,实施推送。这种不拘泥于时间、空间的"泛在技术"的应用学习,实现了培训内容、信息的迅捷传递,激发了职工的学习热情,尤其受到广大青年职工的欢迎和积极参与,易于形成"人人学习、时时学习、处处学习"的环境氛围。

1.2 分解人员结构,进行多元化培训

银川供电段主要岗位工种长期以来人员配置不均,近年来向工作量少、工作环境好的岗位上转岗人员较多,由于缺少理论基础和现场经验,这部分人成了"短板"。职教科每年要对这部分人员进行梳理筛选,分批分层组织业务技能强化培训,本着"缺什么、补什么"的原则,从基础理论、操作技能、作业标准化入手,开展针对性培训,使参加培训的"短板"人员经过理论、实作测试达到岗位基本要求。而且银川供电段坚持开展"高精尖缺"骨干人员培训,由班组、车间选拔,职教科每年定期组织 2 ~ 3 轮的集中脱产骨干培训,在培训中不断挖掘人才,根据综合能力形成不同的人才梯队,建立人才库,以便再进一步进行多层次深入培训,为现场生产班组打造过硬的职工队伍奠定了良好的基础,成为了我局历年来代表供电系统参加总公司职业技能竞赛的主力军。

1.3 解放天性，抓好开放式过程培训

近年来职工队伍结构发生变化，高职大学生不断充实到生产一线，抓好青工培训成为了银川供电段职工培训的重点。职教科每年定期组织各专业开展青工脱产培训，除了认真编写课件、精心设置课程、精选培训师资，还重点抓好培训过程、环节的控制。培训第一天组织学员宣读培训誓词、签订培训质量保证书，培训期间组织每日集体出操、实行晚自习管理，集中授课时针对青工好胜、思维活跃的特点，采取“每日一考、每日一比”的形式，对学员进行分组 PK、学员相互命题、登台讲解等互动、开放式培训，对成绩优异的个人和小组进行奖励，对落后者要求完成指定的体能或娱乐项目，以示惩罚。既有效调动了青工的学习热情，又提升了团队的精气神和协作意识。在培训期间为学员组织集体庆生、开展拓展活动等，为单一的培训学习营造了温馨、向上的气氛，成为了培训期间的亮点，受到学员的认可和欢迎。

2 贴近现场，坚持务实精准化培训

2.1 “点菜配餐”提高培训教学实效性

职教科要认真落实路局职教培训工作中的“十个环节控制”要求，注重培训需求调查，在编制年度培训计划和下达季、月度学习计划前充分听取现场意见和需求，向技术、安全、设备科及相关科室征询培训建议，让各车间根据管内设备状况、季节变化、人员结构事先进行“点菜”，职教科结合实际进行“配餐”。有针对性地确定培训内容、制定培训方案，同时采取示范演练、现场观摩、集中讨论等方式，力求培训有的放矢，切实提高培训效果和实用性。

2.2 深度介入现场培养实践砺精兵

为了确保宝中线接触网大修、干武二线增建改造、惠银二线设备改造等安全施工、顺利接管，银川供电段积极采取了提前介入、深度介入、边施工边培训的措施。结合段内大修施工在做好施工交底、施工组织的同时，由职教科组织全段各车间工长、工作领导人等骨干人员轮流到施工现场，由施工队长、技术主管进行手把手、一对一的现场培训指导，从施工方案、施工组织、工艺标准、机械工具配置、作业安全风险卡控等方面进行讲解，组织参与施工作业，进行实际操作，不仅使受培人员掌握了新设备、新技术，还有效提高了非正常情况下的应急处置能力。在干武二线等新线改建现场，职教科根据施工进度随时调整培训计划，尤其是变配电、电力专业利用设备安装期间设备不带电、可随时操作、有厂家技术人员可咨询请教的有利机会，组织职工对设备原理结构、操作要领进行现场答疑，确保新线建设“接得住”“管得好”。

2.3 坚持“点式”培训促进职工提素质

长期以来，银川供电段坚持在全段车间班组开展“点式”培训，做到“每天学习一点、理解一点、掌握一点、牢记一点、提高一点”，循序渐进积少成多。将一个培训项目化整为零，将培训计划与安全“四预”管理、供电系统“四会”相结合，即“碰头会”进行风险预判，预分工会上工长、工作领导人要把本次作业主要的设备原理结构、作业程序、技术标准、参数和作业中存在的主要风险以及如何防控这些风险给每一名作业人员讲清楚，对风险关键点进行提问，这就是风险预警和预报，现场安全措施的执行落实就是风险预控。这样的一事一学、一题一训，体现了“干什么学什么”的，实效性强，培训资源投入少，又能收到短平快和“立竿见影”的学习效果。

3 积极引领，带动全员“两化”队伍建设

3.1 积极发挥品牌工作室引领作用

银川供电段“玉苹金牌工作站”自成立以来，不仅在电力设备日常故障处置和开展技术咨询服务等方面受到了用户的广泛赞誉和认可，而且通过“名师带高徒”的形式培养了生产骨干 12 人。2016 年 10 月 20 日，经总公司审批成立的全局首家供电系统“景永峰接触网工铁路技能大师工作室”正式揭牌成立，工作室坚持“课题来自生产，成果应用生产，目标保证安全”的原则，围绕“服务现场、培育人才、技术攻关、引领示范”的工作目标开展工作，先后完成接触网支持定位装置“地面放样法”等 6 项创新成果。工作室结合设备整治、平推、施工验收，专家、骨干成员现场进行作业流程的讲解、技术标准的验收、风险控制的研判。在接到现场问题后迅速做出第一反应和问题解答，为现场施教、传技授艺、强化操作技能、开展技术答疑起到了积极的作用，为专业化、职业化队伍建设也起到了积极作用。

3.2 开展"三队两组"示范进行推标贯标

银川供电段组建接触网、电力、变配电、作业车四个主要专业的"三队两组"培训团队，即"规章讲师队""作业标准示范队""应急处置演练队""专家辅导组""专业攻关学习组"。结合每月安全警示教育日，利用"周学、月练、季赛"活动开展日常作业标准化和故障应急处置演练示范，采取"队长示范、队员演练、职工观摩、集中点评"的模式，确保人人参与、人人掌握、人人达标。同时制定了项目齐全的"推标写实表"，由段各级专业技术干部结合现场盯控，对当日作业进行全过程盯控写实，并对作业中存在的违反安全规章、技术标准、作业标准的问题进行指导、纠正，通过持之以恒的检查指导，使班组、职工养成良好的作业和行为习惯。

3.3 坚持"走出去、请进来"培训战略和群众性技术攻关活动

银川供电段坚持开展大中专生"回炉"教育，组织接触网、变配电检修、电力专业技术骨干、主管工程师赴西南交通大学、华东交通大学接受专业技术再教育，开阔视野，丰富理论知识。各专业技术人员经再教育后回到现场，发现问题、解决问题的能力都得到了明显提升。他们结合现场需求，积极开展立项攻关，进行成果转化，每年为现场节支降耗逾百万元。先后在全路、全局有代表性的专业报刊上发表含金量较高的专业技术论文40余篇，近三年先后委外培训近百人次，为长远发展增添了后劲。此外，我们结合安全生产中的疑难问题，联合同行、高校开展技术攻关，研制了环境在线监测装置和绝缘在线监测装置，提高了科技保安全的能力。同时，我们还注重开展群众性立项攻关活动，努力营造技术交流、技艺传承、学技授艺的良好氛围。每年定期召开QC成果发布会，择优推荐上报参评，连续多年获局、总公司、全国铁道行业优秀QC成果奖，收到了"点亮一盏灯，照亮一大片"的效果。

打造一支积极向上、技术过硬、能力突出的职工队伍是企业安全生产、稳定发展的有力保障，银川供电段坚持敢为人先的工作标准，"向培训要质量，以培训保安全"任重而道远，砥砺前行更是这个时代赋予我们职教人的义不容辞的责任和担当。

沈阳铁路局接触网检测车日常维护保养

付浩月

（中国铁路沈阳局集团有限公司供电检测所）

摘　要：本文以沈阳铁路局接触网检测车为例，介绍了接触网检测车在实际工作中的日常维护保养的内容和需要注意的事项，以便相关专业人员能保障接触网检测车的正常使用，保证接触网检测工作的顺利进行。

关键词：接触网检测车；维护保养；联调联试；供电安全检测监测

1　引言

沈阳铁路局于2001年成立接触网检测室，定员4人。2001年10月配备接触网检测车并投入使用，是国家“八五”工程重点项目——哈大电气化铁路改造工程的配套设施之一，最高运行速度160 km/h。

沈阳铁路局接触网检测车担负着京哈线、沈山线、沈大线、沟海线、沈抚线、沈吉线以及三通线（通大、通四、通霍）等普速铁路的日常检测以及新线验收、高铁联调联试的试验任务。按照计划安排对电气化铁路接触网的参数和状态、弓网关系进行检测。

主要检测参数有：弓网接触力、接触线动态高差、接触线高度、接触线动态拉出值、接触线硬点、弓网燃弧、接触网电压、定位器坡度、受电弓运行环境监视等。

2　检测车主要技术参数

车辆长度/mm：26580

车体长度/mm：25500

车辆宽度/mm：3277

车体宽度/mm：3104

车辆高度/mm：4050

车辆定距/mm：18000

轨距/mm：1435

定员/人：8

自重/t：52

3　维护保养部位和频次

沈阳铁路局接触网检测车没有设置专人负责对车体进行维护保养，接触网检测室在编四人，三人负责检测车的上线检测运行，同时也对车体和设备进行日常维护保养。检测车日常维护保养分为四个部分：接触网检测设备、生活设施、柴油机和车辆车体。

普速铁路每季度巡检一次，在巡检开始之前，需提前两天在车辆段对车体进行整备。参加新线验收和高铁联调联试开始之前，要与轨道检测车、电务检测车共同连挂，然后入车辆段进行车辆整备。检测后，对部分设备需要进行检查维护。见图1、表1。

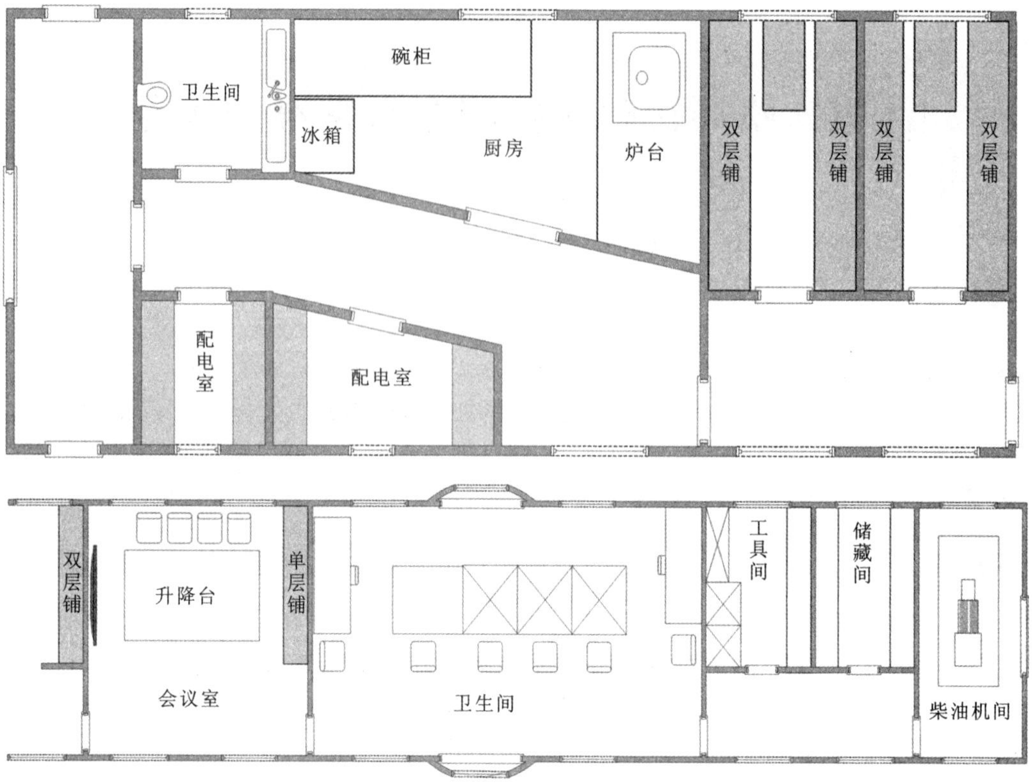

图 1　车体平面布置图

表 1　检测维修装备图

	普速/季度	联调/天	日常	特殊	备注
检测设备	检前/检后	检前/检后	每月	发现问题立即处理或入库处理	如需要可联系设备厂家
柴油机	检前/检后	检前/检后	每月	视情况	检中随时检查
生活设施	检前/检后	检前/检后	每月	随时清扫	注意保持清洁
车辆车体	检前/检后	检前/检后	—	检测中发现问题即联系车辆段安排处理	如需要可联系厂家

4　维护保养内容及注意事项

(1)接触网检测设备。按照维护保养的位置，分为车顶(表 2)、车下、车内三个部分。

表 2　维护保养图

序号	车顶维护内容
1	检查车顶观察窗是否污损
2	检查非接触检测摄像机及探照灯是否污损
3	检查定位器坡度摄像机及探照灯是否污损
4	检查角位移传感器是否正常
5	检查网压互感器是否污损
6	检查光纤绝缘子是否污损
7	检查压力传感器及接线是否正常
8	检查受电弓弓头及压力传感器的连接是否紧密无松动

续表 2

序号	车顶维护内容
9	检查受电弓风动翼片是否变形、脱落
10	检查数据处理单元连线是否正常
11	检查紧固扎带是否正常
12	检查 GPS 天线及连接线是否正常
13	检查受电弓功能是否正常
14	检查受电弓滑板磨耗情况

车顶检测设备维护之前，需保证安全措施，车体应停放在无网区，在有网区，严禁进行车顶的任何作业。在车端门处，安置红色信号旗，夜间开启红色尾灯。在车顶时，必须佩戴安全带，将安全带绑定在固定的构造物附近，防止滑落，然后进行作业，每次登顶作业不能少于两人，相互监护和配合完成相关作业。车顶需要维护的设备，主要是四类：一是车顶加装的各种部件，需检查部件安装固定是否紧密无松动或者有无脱落；二是对车顶各种连接线的固定，包括光缆电缆及其接头固定扎带的检查，目前车上连接线的固定主要采取塑料扎带，少部分采取的是金属扎带，塑料扎带具有耐酸、耐腐蚀、绝缘性良好、不容易老化和承受力比较强等优点，但是在低温的情况下会变得很脆，需要经常检查或更换；三是擦拭设备，擦拭的对象主要是车顶采集镜头护罩、探照灯、激光传感器、各种绝缘子和观察窗；四是受电弓，检查受电弓功能是否正常以及受电弓滑板磨耗情况（图 2），在磨耗较大时应更换滑板。作业结束后，必须检查车顶是否有遗落工具及垃圾，并确保所用工具全部整理妥当。

图 2　受损严重的受电弓滑板

在检测运行过程中，容易发生击打受电弓滑板的情况，需要对检测数据和视频进行分析，查找出击打滑板的具体位置并提供给施工单位或设备所属单位。滑板如果受损严重，需要更换。

遇到雨、雪等恶劣天气，非接触式检测系统将受到干扰，如果有条件登顶，可在检测开始之前登顶，将摄像头擦拭干净即可去除干扰；如果已经开始检测，则将非接触式检测控制单元的加热按钮打开，可以有效减少恶劣天气的影响，待检测结束后再登顶作业。

车下检测设备主要是速度编码器、探照灯、位移补偿传感器及其安装支架，需查看速度编码器安装螺栓是否紧固，探照灯功能是否正常，支架是否松动，位移补偿传感器紧固件是否松动，拉线是否正常，传感器挂点安装支架是否松动，焊缝是否存在裂纹。

车内检测设备主要安装在工作间和工具间。工具间内放置三台 UPS，需要注意的是要保持适宜的环境温度，环境温度的提高会缩短电池的寿命；应定期充电放电，一般每隔 2 ~3 个月应完全放电一次，一次全负荷放电完毕后，按规定需再充电 8 小时以上。工作间放置三个机柜，集中了接触网检测的工控机、控制单元等所有设备，每次维护时，需要将所有设备启动，模拟实际检测环境，保证设备正常启动，各操作软件功能正常，各检测通道数据正常传输。见图 3、表 3。

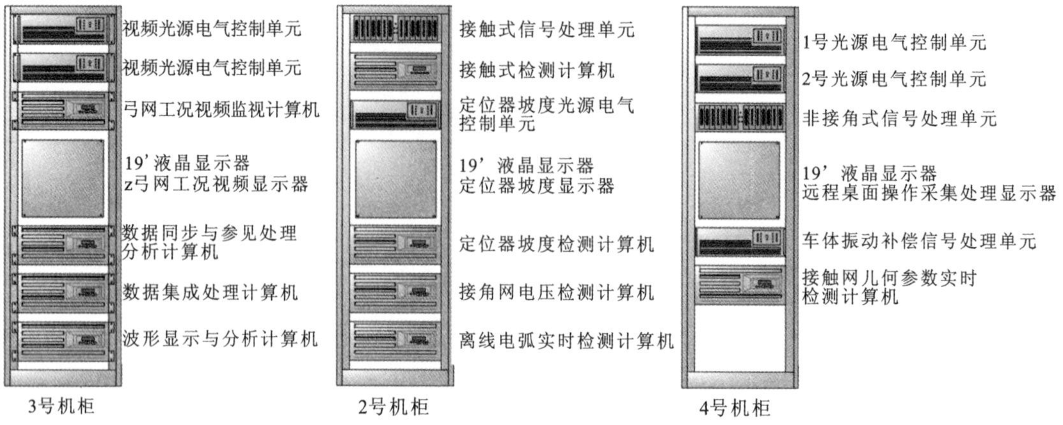

图 3　工作间机位分布图

表 3　工作间维护

序号	工作间维护具体项目
1	检查视频监视工控机是否正常、视频监视软件和播放软件是否正常、存储空间是否充足
2	检查视频监视探照灯控制单元是否正常、探照灯电压电流显示是否正常
3	检查非接触检测工控机是否正常、非接触检测软件是否正常、非接触摄像机是否正常
4	检查非接触检测控制单元是否正常、加热功能是否正常
5	检查非接触检测探照灯控制单元是否正常、探照灯电压电流显示是否正常
6	检查定位器坡度检测工控机是否正常、定位器坡度检测软件是否正常
7	检查视频检测控制单元是否正常
8	检查接触检测工控机是否正常、接触检测软件是否正常、各传感器是否正常
9	检查接触检测控制单元是否正常
10	检查数据同步及预处理工控机是否正常、数据同步及预处理软件是否正常
11	检查波形分析工控机是否正常、波形分析软件是否正常
12	检查数据集成分析工控机是否正常、数据集成分析软件是否正常
13	检查 GPS 及网压工控机是否正常、GPS 及网压软件是否正常
14	检查火花检测工控机是否正常、火花检测软件是否正常

(2)生活设施维护。按功能可划分为卫生区、厨房区、休息区、办公区、储藏区。每次检测前后都要彻底清扫。生活区设施需要注意两个问题：一是保证车体密封。在检测过程中，尤其是新线联调联试过程中，检测列车经过时，道砟的灰尘从各种孔道进入车内，所以在检测前，需要将车内各种孔道临时封堵，包括卫生间地面排水孔和洗手盆排水孔，厨房区地面排水孔和洗手盆排水孔，柴油机间 4 个排水孔。二是沈阳铁路局管内冬季温度较低，为防止水管被冻坏，在温度较低时，需要将车内所有水都排尽，包括集便器剩余用水。

(3)车内使用的柴油机。为英国铂金斯水冷柴油机，功率 60 kW，油箱容积 1000 L。每次检测之前清扫柴油机间，无油污、积尘；工作 200 小时，更换机油和机油滤清器；工作 400 小时，更换燃油、空气滤清器；柴油机日常使用 0#柴油，温度在零下 10℃以内，使用 -10#柴油，温度降低到零下 10℃以下时，使用 -35#柴油。柴油机主要问题有两个：一是蓄电池问题，一定时间要对蓄电池进行充电，长时间不用蓄电池会缓慢放电，最终导致柴油机无法正常启动。二是柴油机散热问题，在检测过程中，需要将柴油机间窗户打开，增加柴油机的散热，但是同时也会使一些飞絮或者灰尘进入柴油机间，侵入水箱的过滤网，严重时甚至会将过滤网堵死，导致柴油机过热停机，车内供电停止，而长时间停电将会影响检测。我们目前使用的方法是利用吸尘器吸尘和清洗过滤网。前者治标不治本，所以当发现柴油机水温过热时，要在检测结束后，清洗散热器过滤网，首先用毛刷将堵塞过滤网上的灰尘和飞絮扫下，由于过滤网上浸有部分油污，需喷中性高效清洗剂，等过了一段时间后，再利用高压喷壶或者水枪冲洗过滤网。

(4)车辆维护。每次检测之前，车辆部门会对检测车进行全面的维护，这时检测车人员需要将车辆存在的问题与车辆部门沟通。沈阳铁路局接触网检测车经常会出现的问题主要集中在柴油机、充电机、真空集便器上。柴油机问题：柴油机启动开关、紧急停止按钮和蓄电池容易发生问题；充电机问题：由于充电机型号特殊，且接近使用年限，有时无法正常充电，车辆部门无该型号备件，需厂家协助维修；真空集便器问题：不工作，主要是配件损坏，而且没有通用配件更换，需向厂家采购。以上这些问题对于接触网检测车功能应用影响较大，需要重点关注。

5　结语

接触网检测车上配属的弓网综合检测装置(1C)是电气化铁路供电安全检测监测装置系统(6C)的重要组成部分，随着新建高速铁路和电气化铁路扩能改造工程的完工，接触网检测任重而道远，提高检测车维护工作的质量和效率，努力克服困难，保证检测的顺利进行，为设备维护单位和施工单位提供精确数据是我们的责任。

提高供电系统作业效率

李 亮

(中国铁路沈阳局集团有限公司长春供电段)

摘 要：通过合理配置高技术装备、优化施工组织结构，提高作业效率，缓解目前供电设备多、维护人员少的尴尬局面。

关键词：铁路；供电系统；人员配置；效率；配合作业

随着新建电化铁路的不断开通，供电专业设备大幅度增多，而设备维护人员却并不增加，导致供电系统开展日常检修、配合工作难度加大，而原有规章要求的基本标配：驻站联络员、地线接挂员、地线防护员、现场防护员、工作领导人等都明确了每个作业需要的最少人员。随着配合工作的增多，车间往往没有足够人员进行配合作业，而实际生产情况又要求供电部门完成如此多的施工、配合任务，这给供电系统带来了极大的考验。笔者通过对供电专业施工情况的调查，发现影响供电作业效率的因素主要有以下几个方面。

1 作业效率低

在开展维修天窗作业时，如果出动1个梯车作业，人员配置应为两边车站驻站2人，两侧地线4人，现场防护人1人，工作领导人1人，推扶梯车4人，梯车作业2人。在所有出动的人员中，只有2人是作业人员，其余12人均为安全防护人员；如果出动1台作业车，则需要轨道车司机2人，节省2人推扶梯车，作业人员增加2~3人，也需要10人进行安全防护，这10个人就是供电专业作业人员的基本配置。因此只有加大作业内容，增大作业范围，才能有效提高供电作业效率，施工越小效率越低。因此供电专业也大力开展集中修，将一年的工作集中在几个月干，这样对运输干扰小，作业时间长、范围广，处理的缺陷也多，有效地提高了生产效率。

解决方案：利用现代化设备开展大型集中修。

利用大天窗、利用机械化开展集中缺陷整治。这个方案主要有三个要点：一是天窗时间长和停电范围大，保证作业内容饱满并有足够时间处理设备缺陷；二是利用现代化装备开展施工作业，只有现代化装备能够保证大范围作业的机动性和有效性，利用检修列停车1次即可对300 m范围内接触网设备的接触悬挂部件进行检查和螺栓紧固工作，并对高差、硬点、拉出值等设备缺陷进行有效整改，方便快捷，同时利用作业车在后辅助，处理支持装置和附加悬挂缺陷；三是集中全段力量开展集中作业，利用检修列、多功能作业车等先进装备有效开展设备检查、整治，并根据6C检测数据综合分析后的缺陷单进行有针对性的设备缺陷整治，提高设备质量。

2. 配合作业多

接触网配合作业多，以长春供电段在2016年普速天窗为例：全年计划天窗1270个、配合969个，占76.3%，实际完成1062个、配合803个，占75.6%。

从图1可以看出，供电专业一年中的检修作业主要集中在4、5、6、10、11月，而配合作业则是在除冬天外的每一个月，而且数量远远大于检修作业。供电专业的大部分精力都在配合作业上，如何提高配合作业效率，则是重点。

解决方案：固化停电单元、合并相关作业。

配合作业往往是多单位施工，每个施工单位的作业范围都不同，但主要作业地点相近，因此导致同一时间、同一地域多家单位施工，供电段需要派驻很多组人员进行配合作业，因此如果能够固化停电单元，

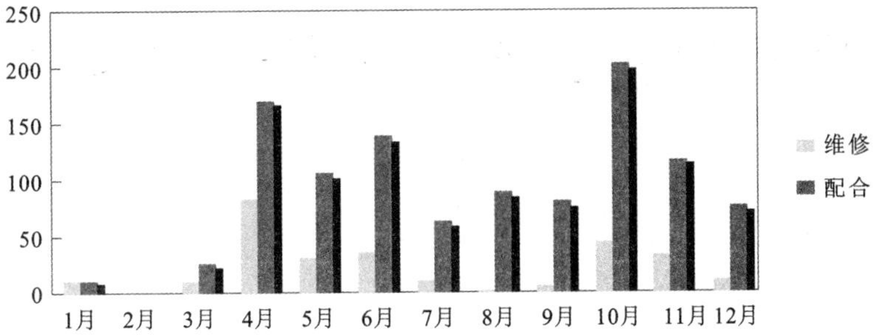

图1 长春供电段检修作业表

施工单位要求配合，只能按照供电系统的停电单元开展停电施工作业，则多个施工单位完全可以利用同一个停电天窗进行作业，能大大提高供电配合效率。而目前配合作业都是由施工单位确定作业范围，供电专业负责停电，这样就导致了配合施工不能合并的困难，而固化停电单元后，可以在同一停电单元内配合多家停电施工作业，只有全部作业结束才恢复送电，保证了供电安全。

3 人员配置不合理

目前，供电车间配置仍然采取供电车间模式，由供电车间负责附近区域的接触网运行、检修、配合等所有作业，没有按照总公司提出的运、检分开的模式开展接触网维护工作，导致施工密集时，人员调配紧张，往往从附近车间抽调，而附近车间又从其他车间抽调，导致人员不熟悉现场，人员流动性大，使施工作业产生了诸多隐患，很多安全措施得不到落实，极易导致安全事故的发生。

解决方案：固化停电范围、合并相关作业。

加快改革步伐，逐步形成新作业模式，检修人员随检修列开展大型施工作业，提高作业效率，运行车间负责驻站防护和现场配合，保证现场作业安全。在配合作业较多的情况下，将检修人员充实到配合作业中，保证作业人力充足，切实保证设备安全、作业人员安全。

以上是笔者的个人工作经验总结，如有不足之处，请大家批评指正。

信号应急发电机微机自动保护功能的设计

刘 念

(中国铁路南昌局集团有限公司南昌供电段)

摘 要: 本文根据本单位管辖范围内一级行车设备信号、通信等备用电源应急发电机组的管、用、养、修具体维护情况,针对每个车站柴油发电机组日常保障及应急供电时遇到的具体应急处置的问题,给出了 ARM 单片机和 DSP 处理器组成的一种综合自动化保护其核心功能的实现方案,以解决信号发电机数据采集、信号处理、保护动作告警和故障录波的完善功能。

关键词: 信号发电机;ARM 单片机;DSP 处理器;嵌入式操作系统;微机保护

0 引言

应急信号发电机是用于车站、信号、通信一级负荷末端设备(贯通自闭线)同时失去供电电源或者应急处置时使用的。我单位管辖范围内的 100 多个站、200 多台 50 ~ 200kVA 老式里卡德系列 4105 内燃式柴油机和交流同步式发电机组管、用、养、修过程中突出暴露了以下问题:

(1)主电源失电或故障跳闸,发电机组不能自动启动;发电机作为备用电源不能自投入到供电设备负荷刀闸的末端使其具备快速投送条件。每次开机试验都要求人为启动—检查—投入—再检查。

(2)缺少集中控制方式,不能直观反映发电机运行状态数据,电压、电流、功率、压力、水温、油温等并不能直接报警告知车站维护人员。发电机故障没有自动保护,只有发电机发生永久故障时维修人员才知道。

(3)发电机用 24 V、100kVA 蓄电池没有自动充电在线监测保养功能,造成蓄电池老化报废、维修成本大。

以上三点主要问题反映出整个信号应急发电机组缺少了一套控制系统以用于采集、测量、保护、告警动作、故障录播。因此本文给出 ARM 单片机和 DSP 处理器组成的微机保护综合测控系统的核心解决办法和构架思路。同时变压器保护、电动机保护甚至负荷保护等都拥有通用性和扩展性。以下为本文解决的主要问题:

(1)概括了信号应急发电机微机保护基本构架和要实现的基本功能与原理,给出了系统软硬件设计总体方案。

(2)具体介绍了微机保护内部核心硬件组成和其工作原理(ARM 和 DSP),给出了核心模块最小运行系统的主要硬件电路、原理图和工作原理(AD 转换、输入和输出模块)。

(3)给出了各子模块的软件设计框图以及程序设计中应注意的问题。

(4)当保护启动后即转入故障处理程序模块时的软件流程图。

(5)工作总结和不足。

1 系统软硬件总体设计方案

发电机的微机保护硬件一般包括以下三大部分,以共同完成整个系统的信号采集,包括配合传感器输入模拟量、模拟量到数字量输入、信号处理、故障处理、信号输出、发出保护动作命令切断发电机或者告警提示、容错复位等功能。

(1)模拟量采集系统:电压电流信号经过机械传感器、电能互感器,滤波电路,通过模数转换器等功能块,将模拟信号转换成微机能够识别的数字信号。

(2)微型机主系统:包括处理器、存储器、时钟、通信接口等,主要有通过对采集的模拟量进行判断分析、处理和控制等功能。ARM 与 DSP 配合能达到对数字信号(DSP)高精度、高速度、高运算能力后经 ARM 机的扩展进行输出和反馈到执行、记录、显示、人机报警模块中去。

(3)开关量输入输出系统：开关量输入输出由微型机的输入输出接口、光电隔离及一些继电器等组成。以完成保护的动作出口，信号出口以及外部信号的接入、人机对话等功能。

系统内部采用 DSP 和 ARM 的双 CPU 架构，将 DSP 强大的信号数据处理能力和 ARM 出色的控制能力结合起来共同完成发电机微机监测、保护综合的相关功能。实现保护、测量、控制、通信监控等功能。系统硬件总体设计框如图 1 所示，保护系统监控发电机的工作状态。其中线路工作状态包括：三相负载的功率、实时电压和电流的大小以及各传感器(油位、压力、温度)的实时状态等信息。正常工作时，通过数据采集模块测量发电机运行参数和了解执行器件(继电器等)的工作状态，然后再将这些参数和状态信息定时通过人机接口模块进行 LCD 显示并通过通信模块向上位机发送。当负载、发电机和其他电源发生故障时，传感器(油位、压力、温度)、电流互感器和电压互感器采集非正常参数，然后经滤波及隔离，再进行 AD 转换，然后 DSP 读取转换结果并进行相应的数据运算处理，DSP 根据定义的保护、报警等保护判据对故障类型做出判断，并发出保护指令由控制模块输出至执行器件(继电器)，以完成对负载、发电机本身的保护。DSP 再将运算结果以及保护动作的信息通过 DSP 自带的主机接口 HPI 通信发送到 ARM 系统，ARM 系统接收来自 DSP 的相关数据，通过控制人机接口模块进行显示、录波，并通过通信模块向上位机发送故障信息和处理结果。

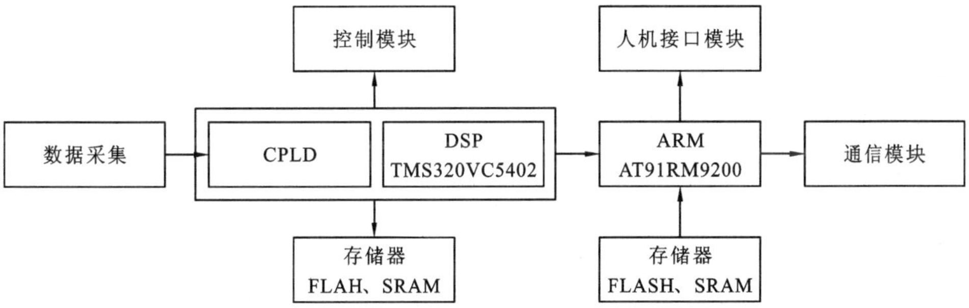

图 1　保护模块系统总框架原理图

2　保护主要硬件

系统保护模块的主要核心硬件包括 ARM 单片机(AT91RM9200)及其外围工作电路，DSP(digital signal processing)专用数字信号处理芯片，AD7656(数字模拟量转换)高集成度，6 通道 16 位集成 AD 芯片及输入输出电路。

2.1　DSP 芯片 TMS320VC5402

DSP 芯片是用于复杂环境下专门对数字信号进行处理的 CPU 现场可编程单片机，可以直接接收、分析、运算、处理、驱动模拟量数字量。本文着重考虑 DSP 运算速度和运算精度以及成本等因素后选择了 TI 公司 TMS320VC5402 的 DSP 处理器，该 DSP 是 TI 公司为实现低功耗、高速实时信号处理而专门设计的 16 位定点数字信号处理器，指令周期可达 10ns，最高频率为 100MHz，采用改进的哈佛结构，具有高度的操作灵活性和运行速度，适应于远程通信、界面显示等实时嵌入式应用的需要，芯片封装如图 2。其主要特点如下。

1. CPU

(1)40 位算数逻辑运算单元(ALU)，包括 1 个 40 位桶形移位寄存器和 2 个独立的 40 位累加器。

(2)17×17 位并行乘法器，与 40 位专用加法器相连，用于非流水线式单周期乘法/累加(MAC)运算。

(3)比较、选择、存储单元，用于加法/比较选择。

(4)双地址生成器，包括 8 个辅助寄存器和 2 个辅助寄存器算数运算单元(ARAU)。

2. 存储器

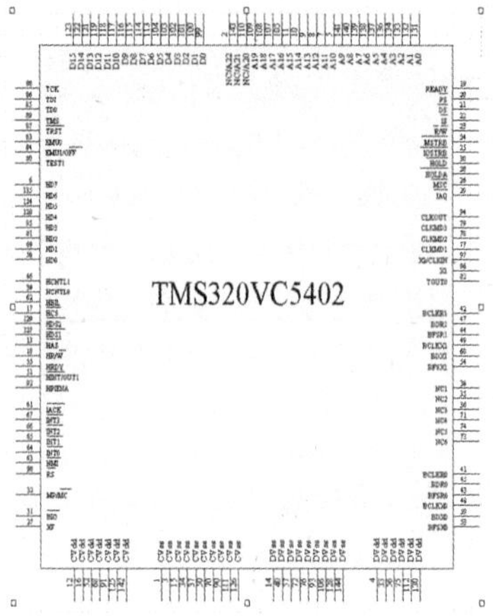

图 2　TMS320VC5402 封装图

(1)最大 1M×16 可寻址存储空间(64 K 字程序存储器,64 K 字数据存储器,以及 64 K 字 I/O 空间)。

(2)片内 4 K 字 ROM。

(3)片内 16K 字双存取 RAM。

3. 片外围电路

(1)用来周期产生中断的定时器。

(2)8 位主机接口(HPI),用来与主设备或主处理器接口。

(3)一个自动缓冲串口(BSP)和时分多路串行口(TDM),都可用作标准同步串口。

(4)锁相环 PLL 时钟发生器,带有内部振荡器或用外部时钟源。在微机保护系统中,DSP TMS320VC5402 是整个系统的核心。TMS320VC5402 外围硬件电路包括时钟电路、复位电路、外部存储器扩展、电源电路以及 JTAG 仿真接口电路等。工作条件如图 2 所示。

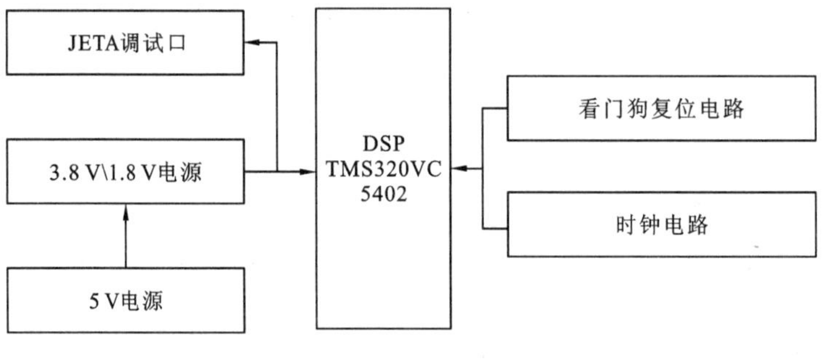

图 3　DSP　TMS320VC5402 工作条件

2.2　AD7665 与 DSP 的接口

微机保护送到 AD7665 进行采样的模拟信号共 11 路,三相保护电流 IAIBIC;零序电压 U_0、负序电压 U_0U_1 和零序电流 I_0,三相测量电流 I_a、I_b、I_c;三相测量电压 U_A、U_B、U_C。本系统选用的 AD 转换器为 16 位高速 AD7665,转换时间为 $1_{\mu s}$,两次转换间隔时间为 $1_{\mu s}$。而多路模拟开关为 16 路高速 M×7506,通道切换时间为 $1_{\mu s}$。本系统软件程序中,在前一次 AD 转换结束之后,即把多路开关切换到下一通道。所以相邻两个通道不同步时间为 2us。第一组 AD 第一通道和最后一个通道不同步时间为 9×2=18 μs。

对于我国电力系统 50 Hz 的工频信号,18 μs 的不同步时间约带来通道间的相位误差为{18/(20×1000)×360 度=0.324 度,可满足保护要求。若有些保护原理对通道间的相位误差较为敏感,则可以把他们安排在一组中相近的通道,进一步减小误差。模数转换器 AD7665 与 DSP 的接口如图 4 所示。

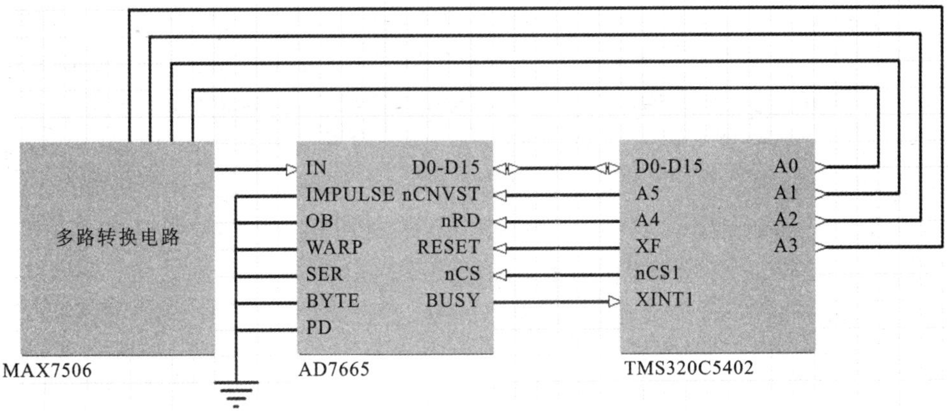

图4　AD7665 与 DSP 连接原理图

2.3　开关量输入采集回路

开关量输入回路包括传 KIN0 传感器、互感器的触点输入，晶闸管开闭的接点输入，还包括设计上外围输入等回路。取微机保护节点进模块装置系统的开关量输入，即接点状态的输入可以分为以下两类。开关量信号首先经过滤波，然后经过隔离，进入 CPU 芯片的输入口，以反映开关量的状态，并做出相应的逻辑运算或判断。对装置内外的开关量进行隔离是十分必要的，这是因为：

(1)隔离装置内外的电气连接。一般来说，传感器互感器辅助触点等执行机构的操作电压都较高，远远超过了微机保护装置的允许范围，不能直接进入保护装置内部，所以必须进行隔离。

(2)增强系统的抗干扰能力，减小干扰造成的影响。自运行的电磁干扰、环境温度湿度等开关量本身的干扰比较大，容易造成系统运行的不稳定，误动或拒动甚至崩溃，影响继电保护的可靠性。开关量输入回路电路如图 5 所示。

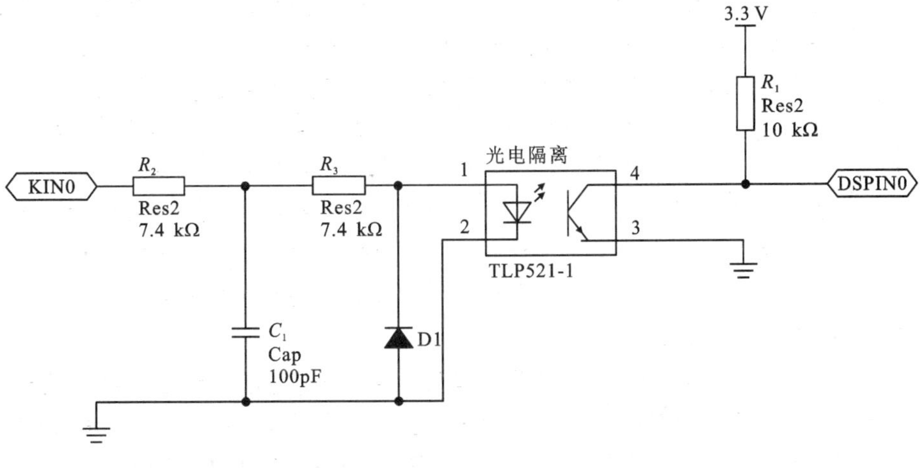

图5　开关量输入回路电路

图 5 中为了去除干扰，开关量信号首先通过 RC 滤波电路滤波，然后经过光电耦合器，最后进入 TMS320VC5402 的输入口。电路中的二极管 D1 是一个反向钳制电压二极管，主要作用是防止 24V 侧产生的反向电压把光电耦合器击穿(光电耦合器的反向耐压值比较低)。

2.4　开关量输出回路

开关量输出回路一般都采用并行输出端口控制有接点的继电器用于发生动作信号投切发电机输出末端负荷或并列解列运行的母线开关断路器。开关量输出部分是对执行器实现控制的出口通道。TMS320VC5402 的 I/O 输出的是 3.3 V 的低电压微电流信号，不足以直接驱动断路器实现各种操作，因此开关量输出回路需要将 CPU 输出的小信号放大为大功率信号，从而驱动后置执行电路。为了提高抗干扰能力，要经过一级的光电隔离。光电耦合器既起到隔离作用，又起到驱动作用。出口回路的稳定性与可靠性直接影响到整个保护的性能，因此需要从软件和硬件两方面来提高可靠性。在硬件电路设计上，本文在数字输出和继电器之间选用光电耦合器 TLP521 来提高出口回路的抗干扰能力；此外，在出口动作时，I/O 有不同的电平输出，OUT0 输出“0”，OUT1 输出“1”，与非门输出“0”，驱动发光二极管。这样能防止在拉合直流电源过程中继电器的短时误动。因为在拉合直流电源时，开同上电复位，OUT0 和 OUT1 都是相同的电平输出，不可能驱动发光二极管，从而防止了误动。当跳闸时，程序令 OUT0 输出“0”，OUT1 输出“1”时，以反相器和与非门电路驱动发光二极发出光脉冲，光敏三极管随之导通，出口继电器励磁。在实际保护装置中应考虑出口的闭锁，以防止保护误动作，因此光敏三极管的集电极必须经启动继电器接点接正电源，形成保护出口的闭锁回路。开关量输出回路电路如图 6 所示。

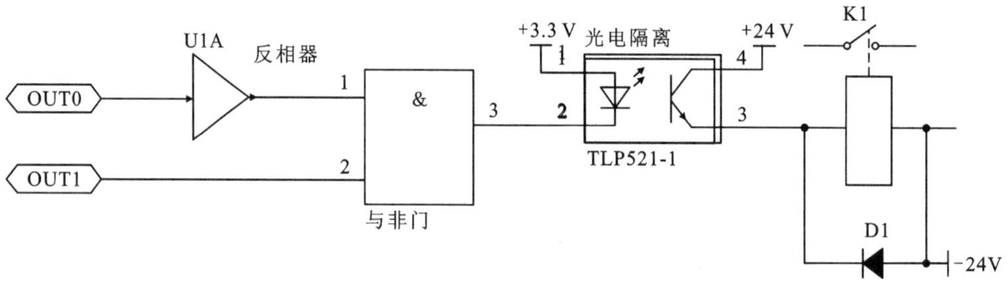

图 6 开关量输出回路

3 模块核心软件工作原理

DSP 和 ARM 芯片的硬件数据交换、通信处理硬件构架上软件的基本流程如下。

3.1 DSP 部分软件工作流程

图 7 为 DSP 部分软件框图，其充分利用了 DSP 强大的中断功能和高效的数据处理能力。程序的初始化结束以后，延时一段时间以等待 ARM 初始化结束。然后 DSP 开中断，DSP 读取定值，并向 ARM 请求时间，接着进入自检程序段，如果自检失败，启动复位电路重启硬件，后进入自检失败处理程序，记录故障信息，并向 ARM 传送故障信息报警，自检成功后 DSP 去读开入量并进行判断，如果有变位信息则记录传给 ARM 显示，上传。如果没有变位信息则 DSP 每隔四个采样周期向 ARM 传送一次全遥信。系统通过 DSP 控制 AD7656 进行采样，每个周期采样 16 点，采样周期为 1.25ms。通过定时器来控制采样中断，进入中断服务程序以后 DSP 先启动多路转换开关选择打开的通道，然后启动 AD 采样，在 BUSY 信号为高电平时 DSP 关闭 AD，读取采样值。其他则通过 DSP FFT 傅里叶计算处理后续保护动作告警信息。

3.2 DSP 和 ARM 通信部分软件设计

双 CPU 间的通信是本系统实现的关键，两 CPU 虽然独立运行，但运行时需要大量的数据进行交换。因为两 CPU 的运行速度不一致，而数据在传输过程中却必须保持同步，两 CPU 间数据交换和通信是影响整个系统正常工作的重要环节。CPU 间的通信大致可分为两种：并行通信和串行通信。本装置对实时性要求较高且数据传输量较大，所以采用的是一种基于 CPLD 的并行通信。如图 8 所示，在 CPLD 内部实现一对 D 触发器(74HC74)，其中 DSP H1 端接 DSP 的 GPIO 口，ARM H2 端接 ARM 的一个中断引脚。系统在初始化或者复位后，DSP 和 ARM 各空读一次，使得 DSP H2(为 DSP 的输入缓冲器满信号，图中未画出)和 ARM H2 无效(低电平)。当 DSP 开始写的时候，写选通经过反相器后形成一个上升沿触发 D 触发器，引起 ARM H2 状态改变通知 ARM 写操作完成可以开始读数据，同时在写完成的时候使 DSP H1 引脚变低，为下一次写操作做准备。ARM 开始读数，当 ARM 将数据读取后，ARM 的读选通端会形成一个上升沿，触发 D 触发器，使 DSP H1 状态改变(变为高电平)通知 DSP 读操作完成，同时将 ARM H2 变低，为下一次读操作做准备。ARM 向 DSP 传输数据时信号原理同上，如图 9、图 10 所示，

CPU 间数据传输时，先发送命令字，高字节为数据类型如表 1 所示，低字节为数据长度，数据发送完后，发一个字的 CRC 校验码。

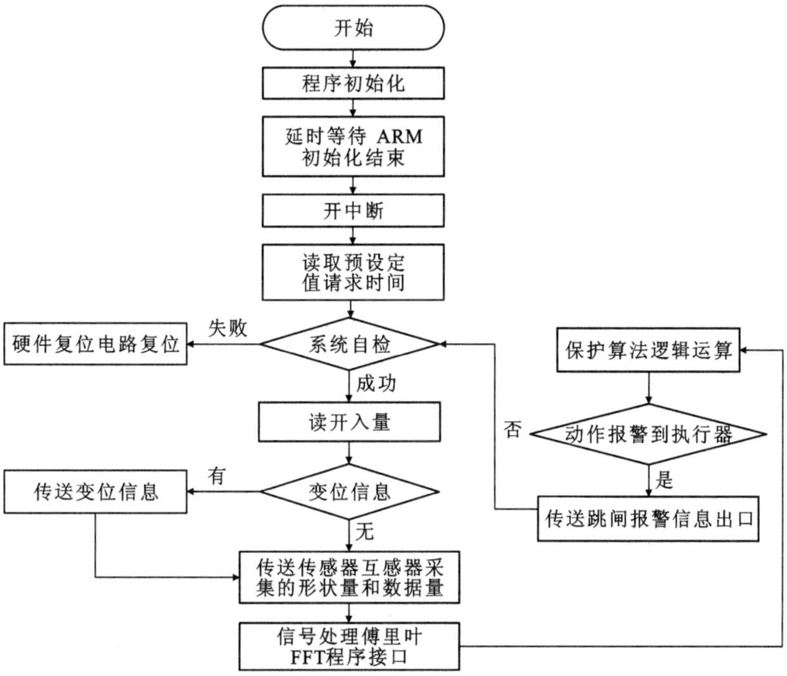

图 7 DSP 部分工作原理图

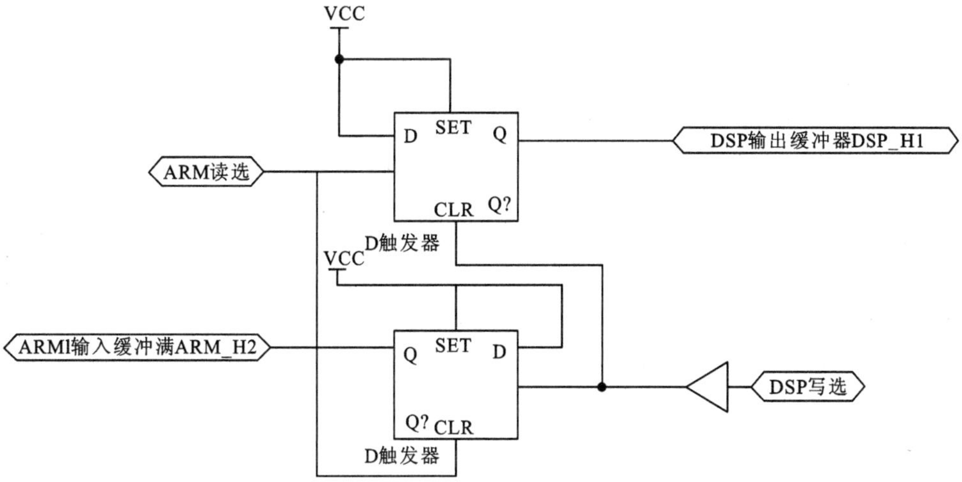

图 8 DSP 和 ARM 通信

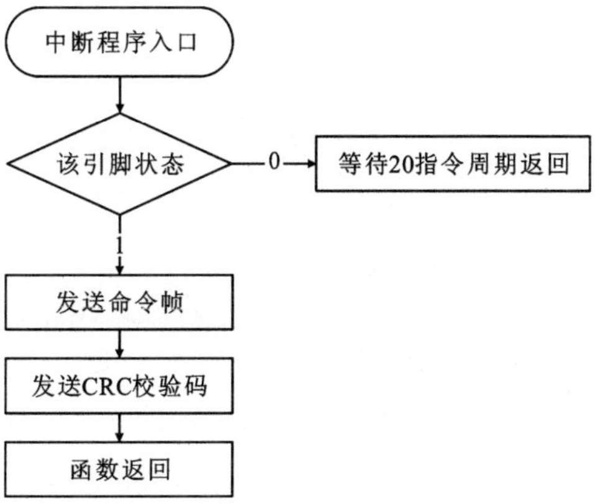

图 9 CPU 中断接收程序

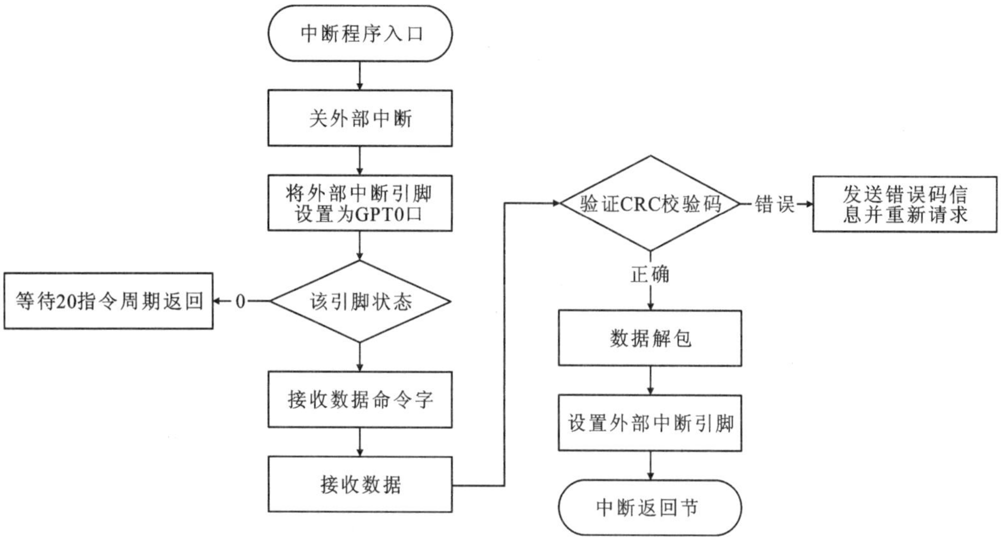

图 10　CPU 查询发送程序

表 1　双 CPU 交换数据类型

DSP TO ARM	数据类型	ARM TO DSP	数据类型
瞬时模拟量	0 * 01	保护定值	0 * 01
开关量变位信息	0 * 02	出口设置	0 * 02
故障录播数据	0 * 03	系统时间	0 * 03
动作信息	0 * 04	控制字	0 * 04
请求定值	0 * 05		
请求时间	0 * 06		

无论数据接收方还是发送方均采用循环队列作为缓冲区，这样可以避免 CPU 在处理数据时被新的数据冲掉，使数据交换更加可靠，其数据结构如下所示：

```
Struct CPU_IN_OUT
{
struct CPU_IN_OUT * next;
uintl6 com_len;              //命令字
uintl6 data[120];            //数据区
uintl6 CRC;                  //CRC 校验码
}
```

4　故障处理程序设计

当保护启动后即转入故障处理程序模块。故障处理程序模块是实现各个保护功能的核心模块，在系统正常时是不执行的，仅当系统故障并启动元件动作后，才执行故障处理程序。当程序进入故障处理程序入口后，首先检查标志字以判定电压回路或电流回路是否有问题，判断各传感器柴油机能否继续运行，若有问题则发报警信号，转告警程序。若求和自检通过，则进入故障运算、分析子程序，各子程序进行分析计算后通过一系列的判据判断，判断线路是否发生故障，并根据判断的结果进行相应的处理，发出动作命令，各子程序之间为“或”关系，当任一子程序发出指令时将执行相应的动作(跳闸或告警)。其流程图如图 11 所示。

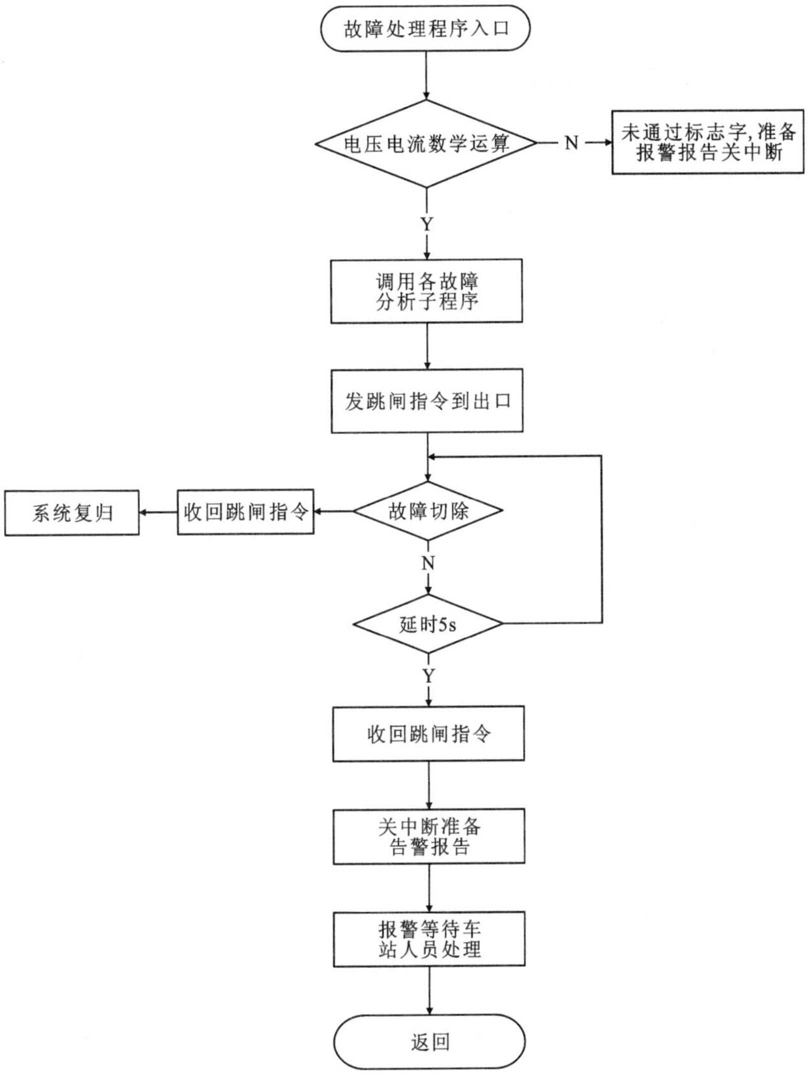

图 11　故障处理流程图

5　工作总结和不足

本文针对信号发电机的具体使用情况以 ARM9 单片机为处理器与以 DSP 数字专用信号处理 CPU 为基础的双核心 CPU 保护模块，用 AD7665 为高精度信号量转换，设计了输入输出电路，实现了微机保护模块最基本的核心电路。由于时间和精力有限，还有以下几点工作尚需继续研究：

(1)对于基于 ARM9 单片机扩展的外围接口和设备，例如基于开发面板的 HDMI 人机接口，有更加直观方便的现场维护定值投退、修改等功能。

(2)建设网络通信和数据交换以及配合组态软件实施 SCADA 实时监控 HDMI 人机界面。

(3)在保证安全稳定性的前提下降低成本，精简外围电路。

参考文献

[1] 刘益青，高伟聪，魏鹏，等. 基于 MCU + DSP 多处理器构架的微机保护硬件平台设计[J]. 电力系统保护与控制，2010，38(10):89 - 91.

[2] 刘凯. ARM 嵌入式接口技术应用[M]. 北京：清华大学出版社，2009.

[3] 兰岚，万伟民. 基于微机继电保护装置的集成化保护和控制系统设计[J]. 电力系统保护与控制，2010，38(8)：11 - 14.

浅谈提高员工安全素质在高铁运营维护的重要性及措施

王帮迎

(中铁电气化局集团有限公司京沪高铁苏州维管段)

摘 要:在中国高速铁路飞速发展的今天,高速铁路供电的运营维护工作尤为重要,铁路供电(维管)段的安全生产也显得越来越重要。为实现站段的可持续安全发展,有多种途径:一是大力提高科学技术水平,建设本质安全型单位;二是规范"法治",促进安全生产;三是细化各职能部门的管理职责,强化管理责任;四是加强安全培训,强化站段主要负责人、专业管理人员及一线员工的安全素质与责任意识,保障安全生产。而在现阶段,提高站段员工安全素质对促进安全生产是最重要的:意识决定行为,行为决定结果,只有提高员工安全意识,才能避免"三违"行为;熟练掌握操作技能,严格执行各项操作规程,才能防止操作失误导致事故;熟练掌握岗位隐患排查治理技术,就能将事故隐患消灭在萌芽状态。因此采取措施提高企业员工的安全素质是实现安全生产的重要途径。

关键词:站段员工;安全素质;措施

0 引 言

随着我国社会主义经济的高速发展,人民物质生活水平极大地丰富了,员工对"安全工作、体面生活"的要求也越来越强烈;而要实现这个需求,必须实现各行业的安全生产。但近几年我国的安全生产形势却不容乐观。虽然国家陆续出台了很多关于安全生产的法律法规,也强化了政府各级部门的监管职责,并加大了各级人员的责任追究力度,加大了对伤亡职工的赔偿力度,但安全生产形势仍然没有得到根本好转。笔者作为一名站段安全管理人员,通过对历年来铁路供电类交通事故的调查了解,发现,绝大多数事故都是由于一线员工安全意识低、法律意识差、操作技能低下等造成的,这些都属于员工安全素质的范畴。因此,站段员工的安全素质对安全生产至关重要,我们必须采取各种措施提高他们的安全素质,才能使站段实现安全生产。

1 提高站段员工安全素质的重要性

一线员工的安全素质主要包括安全意识、安全操作技术、技能、岗位安全风险、隐患排查治理技术等方面。

(1)传统安全管理的强制性、片面性和不灵活性使现阶段站的安全管理形成了"要我安全"的局面。

这种传统的管理模式,难以提高企业员工的安全意识,难以充分调动和发挥员工遵循安全制度的积极性,不能自觉反对违反安全制度的行为。因此要提高员工的安全意识,必须变员工"要我安全"为"我要安全",这样才能主动按规范操作,避免违章作业造成事故。

(2)提高操作技能,避免操作失误造成事故。

通过事故调查,我们发现,超过90%的安全事故都是由于一些单位的一线员工的不安全行为造成的。而习惯性违章,不按操作规程操作,操作失误造成事故又占了绝大多数。因此,规范操作,标准化作业对安全生产尤为重要。

(3)掌握岗位安全风险和隐患排查治理技术,可以将事故消灭在萌芽状态。

各种生产安全事故都是发生在各工种的岗位上,而发生事故的岗位都存在较多的风险,而风险因素由量变到质变就变成了事故隐患,事故隐患如果不及时排查出来进行整治,最终必然导致事故。因此必须提高职工素质,让其掌握岗位安全风险和隐患排查技术能力,才能准确及时地防范风险并整治相关隐患,最终消灭事故。只有这样，才能实现安全生产。

2　提高企业员工安全素质的措施

2.1　采取各种方式，树立员工“我要安全”的观念

“我要安全”的观念是指员工能自觉遵守安全规章制度，规范自己的行为，严格执行安全操作规程。而且能够有意识地反对违反安全规章制度的行为，发现安全隐患及时提出，自己工作范围内的马上进行整改。要让员工明白，自己的生命和健康不光属于自己，还属于自己的家人、亲戚朋友和整个社会。“一人安全，全家幸福”，要把这个观念灌输到每个员工的大脑里并扎根生长。可以采用安全文化走廊、安全座谈、安全预想会、班前安全点名会等多种方式。如果所有员工都能切实做到“我要安全”，那不仅能使“人”的不安全行为得到控制，也能消除“机”的不安全状态，使安全管理人——机系统和谐共存得以实现，从而达到安全生产的目的。

2.2　长期不懈地抓好企业员工的安全培训教育

(1)员工安全素质教育具有长期性、艰巨性、复杂性的特点，而且是一项全员、全方位、全过程的工作。

站段往往因为其不直接产生经济效益并且还常常占用生产时间，所以经常松懈安全教育工作，即使开展，也只是走过场，应付上级检查，这是非常错误的做法。铁路运输站段必须按照《安全生产培训管理办法》的相关规定对员工进行长期不懈的安全培训教育。

(2)加强员工安全生产的思想教育。

通过安全生产政策、方针、法律、法规的学习，使员工自觉遵守安全生产涉及的法律法规，做到懂法、自觉守法。着重解决“为什么要这么做的问题”，要让员工明白，违章作业造成事故就是犯罪，是要进监狱的。通过事故案例的分析讲解，使员工自觉做到消除能够伤害别人的安全隐患，他人出现违反安全规章制度的行为会主动提醒和制止。通过集体荣誉感的培养，员工能把自己的生产工作、行为与单位紧密联系起来，关心集体的荣誉和单位的兴衰。自觉意识到不安全行为易发生工伤事故，一旦发生事故，不仅给自己造成伤害，而且影响班组、车间、单位的声誉，造成企业经济上的巨大损失。通过责任感教育，使员工认识到自我的重要性，无论在自我的家庭中，还是单位、社会中，都充分认识到自己的价值，树立坚定的安全价值观。了解安全生产不仅是单位的需要，更是自身安全的需要。自己的工作、行为要为单位负责，更要为自己、为家庭负责。明白一旦出事故，自身、家庭所受的伤害比对单位和社会的损伤要高得多。这样才会使员工更加注意安全，珍惜生命，时时处处做到安全生产。

(3)加强员工的安全生产技术知识和操作技能教育。

安全生产技术知识教育包括一般安全生产技术知识和专业安全生产技术知识等的教育。加强安全生产技术知识及操作技能教育，使员工有安全生产意识的同时，掌握如何进行安全生产，着重解决“怎么做的问题”，掌握本岗位的安全操作规程和安全生产责任制，掌握本岗位的隐患排查技术。只有这样才能将本岗位的隐患消灭在萌芽状态，才能杜绝事故。

2.3　在班组大力学习推广“岗位风险预控管理”，将班组岗位上的危险因素预先控制。

“风险预控管理体系”是神华集团探索总结出来的，用在班组建设上效果更明显。风险预控管理体系就是运用系统的原理，对各生产系统、各工作岗位中存在的与人、机、环境、管理相关的不安全因素进行全面辨识、分析评估；对辨识评估后的各种不安全因素，有针对性地制定管控标准和措施，明确管控责任人，进行严格的管理和控制；如果每个岗位的每个人员都这样做了，那么一定不会再出现隐患，因为每个危险因素都处于动态受控的状态，这样就从源头上控制了事故的发生，从根本上消灭了事故。

2.4　在站段班组大力推行“岗位达标，人人过关”活动。

这项活动实际上就是各单位安全质量标准化的延伸，现在各单位进行的安全质量标准化建设是针对本单位的，并且存在很大的做假成分。单位要达标的时候，就临时组织一批技术人员突击编写资料，突击组织一批维修人员对厂矿的硬件设施进行维修补正。通过后就不再坚持按标准做了。这样，虽然单位达了标，但单位的基层单位——班组的安全质量仍然没有得到提高，仍然会事故不断。而如果实行“班组安全质量标准化”达标即开展“岗位达标，人人过关”活动，却能让每个岗位上的每个人员操作都实现标准化，

杜绝不规范操作，从而实现安全生产。这项活动的具体做法是：

(1)调查核实本单位各岗位种类。

根据本单位的实际情况，统计出本单位具有的详细岗位名称，并能将全体人员涵盖在这些岗位之中。

(2)制定各岗位工作标准。

各单位根据本单位岗位类别，组织人员编制各岗位安全生产责任制、安全管理制度、操作规程(作业规程)、岗位操作标准、操作注意事项等，经本单位的总工程师(技术负责人)审查批准后实施。

(3)在各岗位所在地点张贴悬挂经批准的本岗位各项工作标准。

如安全生产责任制、安全管理制度、操作规程等，使该岗位人员能随时看见，增加感官认识，切实做到按标准进行各项操作。

(4)各单位组织制定岗位考核评分细则。

按照岗位张贴材料部分、本单位应知应会和各岗位工作标准部分、该岗位人员掌握情况部分等内容以百分制进行细化，制定出本单位每个岗位的量化考核办法。

(5)组织各岗位人员进行分期分批学习并进行考核。

站段组织各岗位所有人员都要进行学习，重点是企业应知应会部分和该岗位经批准的各项工作标准，然后按照批准的百分制考核细则进行考核，各岗位人员达到 90 分为“人人过关”，该岗位所有人员“过关”为“岗位达标”。“岗位达标，人人过关”活动促进了所有员工操作标准化，杜绝了随意性，所以一定会推动班组安全建设，从而实现班组安全生产，最终达到企业安全生产的目的。

通过以上措施，不断提高企业员工的安全素质，使他们从思想上重视安全，从行动上保障安全，并最终实现企业安全生产。

参考文献

[1] 魏玉光．铁路安全风险管理普及读本[M]. 北京：中国铁道出版社，2012.

[2] 张光德．推行风险预控管理体系，建立安全生产长效机制[R]. 2012.

[3] 国家安全生产监督管理总局．企业安全生产标准化基本规范 GB/T 33000—2016)[S]. 2010.

[4] 铁道部运输局．关于推进供电系统安全标准化建设的指导意见[E]. 2012.

善用“反馈机制”提高设备质量

谈华东

（中国铁路上海局集团有限公司合肥供电段）

摘　要： 通过对一款游戏的亲身体验，意识到反馈机制对于人类的强大吸引力，将反馈机制与工作更加紧密地结合，必定能够极大地提高职工的积极性，从而提高工作效率，保障设备质量。

关键词： 设备质量；反馈机制；局限性

不断地提高设备质量，减少电力故障的次数，这是铁路供电人的努力目标。那么应该如何向着这一目标前进呢？一方面，从源头上，把好设计、验收环节的质量关；另一方面，就是思考如何提高现有电力设备的运行质量。

如何提高现有电力设备的运行质量？做到这一点的关键就在于如何调动职工的积极性，从而提高工作效率，更加主动地投入到供电事业中。现阶段，淮南供电车间依据《合肥供电段设备包保管理办法》的规定，将电力设备分工包保到人，对于所管辖设备未发生故障的设备包保人，段每月给予设备包保人 500 元奖励。这一办法一经实施，得到了全体员工的认同。

设备包保办法的实施之所以能迅速在每一位员工心中开花结果，其生命力就在于其提供了一种快速的“反馈机制”。“反馈机制”是什么？有一款游戏叫俄罗斯方块，这款游戏的机制非常简单，画面单调，没有人物没有剧情，且最终一定以玩家的失败告终，却能让玩家“欲罢不能”，成功之处就在于它提供了一种无与伦比的反馈机制。首先，视觉上，方块会不停地一排排消失；其次，得分会不断地上升；最后，不断提高的难度给人以挑战性。这些反馈吸引了我们。本文所讨论的“反馈机制”本质上就是这种吸引力。就工作而言，“只要能够将所包保设备管理好，就可以月底拿到 500 元奖励”，这是设备包保管理办法提供给职工的看得见的“反馈机制”。

然而，工作较游戏复杂，工作中的“反馈机制”存在着局限性。其局限性在于工作中的反馈不能够像游戏那样及时、具体。例如在段季度标准化班组验收中，某一班组达到了优秀班组，获得了奖励，但是就员工个体而言，并没有那么强烈的感觉，因为看不到差异，大家都拿了 200 元。这就打击了为此努力较多员工的积极性，这种反馈就不够区分，不够具体。还有这样一种情况，如果某位员工想要将工作干好，为此比别人付出更多的努力，一天过去了，两天过去了，一个月过去了，结果发现自己和别人得到的奖励基本一样。如果他坚持下去，一年后他会因为自己的努力得到别人没有的奖励（设备质量在其努力下提高了，设备故障减少了）。然而却少有职工可以坚持下去，因为该职工得不到及时的明显的反馈。

所以，如何克服工作中反馈的局限性，对于调动职工积极性尤其重要。有以下三种反馈机制可以改善。

（1）将大反馈分解成小反馈。段半年一次的安全评估，缩短为每季度一次。实行车间对班组的安全评估，每月一次。组织班组内部两长五大员对于班组内部职工的安全评估。对于评估中取得较高分数的车间、班组、职工给予物质奖励。这样，就尽可能合理地缩短了反馈的延时性。

（2）实行目标反馈。建立个人工作目标制度。目标设定为长期目标、中期目标、短期目标。段成立目标设定小组，由技术科分管电力技术工程师任组长，车间电力技术员、电力工区工长任副组长，其他工人管理员为组员。一月份制定长期目标，为期一年，目标由职工自己提出，目标设定小组负责现场核对，判定目标的可行性。将为期一年的长期目标按季度分解，设定为中期目标，按月分解设定为短期目标。如果短期目标实现了，给予奖励；没有实现，给予考核。中期目标和长期目标采取同样的奖惩机制。若个别职工不愿意设置个人目标，则判定为目标未实现（表 1）。

表 1 个人目标完成表

目标分类	内容	自评完成情况	小组复评完成情况
短期			
中期			
长期			

(3)实行差异性反馈。用统计的思考方式，建立职工年度工作质量统计表(表 2)。

表 2 年度工作质量统计表

姓名	一季度	二季度	三季度	四季度
发现设备隐患/处				
拔除设备隐患/处				
巡视、技表完成质量/优、合格、不合格				
自我目标实现情况/是、否				

表格由个人保管，个人填写，季度反馈给车间核对、统计，根据得分排名，然后在班组公示栏公示得分情况，按得分给予差异性的奖惩。

同时，建立电力设备"一杆一档"数据库。在月度职工抽考中，将"一杆一档"作为重点考察内容，根据考试成绩给予差异性的奖惩。

反馈机制给人一种内在的动力，能够吸引职工更加主动地投入到工作当中。所以如何创造性地利用该机制的作用，将该机制和管理办法结合起来，是提高设备质量最有效的措施。克服反馈机制在工作中的局限性，才能够最大程度地发挥反馈机制的吸引力。将大反馈分解成小反馈，实行目标反馈，实行差异性反馈，这三种不同的反馈形式本质上都是为了尽可能地减少工作中反馈机制的局限性。

关于贵广客专线智能箱变 RTU 装置增设 UPS 旁路电源探讨

王　永　张守谋　宿继良

（中国铁建电气化局集团第五工程有限公司桂林供电维管段）

摘　要：针对贵广客专线智能箱变 UPS 电源故障后造成 RTU 装置失电，无法实现箱变智能的问题，提出在 UOS 装置增设一路旁路电源的方法，能在 UPS 装置故障情况下，旁路电源给 RTU 装置自动供电，提高箱变不间断的智能化。

关键词：贵广客专线；智能箱变；不间断；智能化

1　引　言

贵广客专运营至今，从江至阳朔区间电力智能箱变常因 UPS 故障导致控制电源失电，RTU 装置无法正常工作，运动通道断开，调度端无法远方通信，一旦发生故障或事故，无法及时切除，就会严重影响铁路运输安全。

从箱变 UPS 装置输出端加装旁路接触器，UPS 正常工作时，接触器在吸合状态，常分触点闭合、常闭触点断开，UPS 输出电源供 RTU 工作电源，当 UPS 故障无输出电压时，旁路接触器断开，常分触点断开、常闭触点闭合。UPS 装旁供 RTU 工作电源，能提高供电可靠性。

2　UPS 电源工作特性

铁路区间信号电源（供电）是铁路安全运行的重要保障。为确保铁路提速后信号供电的可靠性，快速分断故障区间，彻底改善自闭贯通线的运行条件，需要实现整个供电系统的自动监控。为解决铁路信号供电存在的根本问题，经多年的现场调研，结合国内外的先进技术，并充分利用铁路微机监控、保护等产品的成熟经验和技术，形成了具有铁路供电特点、适合高速铁路供电自动化需求的铁路区间信号电源智能箱变监控系统。铁路信号电源箱式变压器的配套监控设备，同时适用于 35kV 以下（包括 10kV）贯通、自闭线路高压开关以及变压器低压侧的各回路开关的监控，自身可以安装于信号箱变内或者其他遮蔽场所，作为分散安装的测控单元使用（RTU 装置）。

1. RTU 装置具有的功能

（1）实现对铁路智能箱变中高、低压柜的贯通以及自闭电压、电流、开关状态、温度、气压等信号的采集，并计算得到有功功率、无功功率、功率因数、频率等数据。

（2）接收并执行远方或当地遥控命令，实现高低压开关的控制。

（3）开关控制异常，监控电流、电压异常报警。

（4）实时监控电压、电流的异常波动，存储波动的数据，主动上传上位机，并通过图形显示。

（5）具备高压线路故障（短路、接地等）自动隔离以及故障测距功能。

（6）实际开关量变位及故障产生的事件顺序记录。

（7）就地键盘液晶操作功能，可实现当地或远方参数设置，所有参数掉电不丢失。

（8）与 GPS 的校时接口，接收、执行校时命令。

（9）支持光纤、以太网、RS232/485、拨号、GPRS 等多种通信方式。

（10）采集装置本身主要部件及后备电源的状态，故障时能传送报警信息，具备程序自恢复功能。

（11）实现交流、直流、蓄电池自动切换，适应电网供电电源多样性的特点，保证系统可靠性。

2. RTU 性能指标

(1)模拟量：交流工频电量输入允许基本误差极限为 ±0.5%，等级指数为 0.5 级。

(2)状态量：对用机械触点“闭合”和“断开”表示状态量，以无源空触点接入方式；输入回路有电气隔离，采用软件滤波回路，防抖动时间为 32 ms；可以采用用一位码(单遥信)也可以采用两位码(双遥信)表示，其中单遥信：闭合对应二进制码“1”，断开对应二进制码“0”；双遥信：闭合对应二进制码“10”，断开对应二进制码“01”，其他状态非法；遥信状态可以通过定义接点性质取反状态。事件记录站内分辨率≤2 ms。

(3)脉冲量：输入回路采用光电隔离；脉宽≥32ms；接口电平：5 ~ 24V。

(4)信息通道：传输速率为 31.25 kbit/s 或 38.4kbit/s，网络方式下采用的是 10M；比特差错率不大于 5 ~ 10(信噪比 S/N 不大于 17dB，观察时间大于 15min)；

适用于点对点和多点共线等网络结构。工作方式为全双工或者半双工。能适应光纤、无线、专线通道和电话通道等多种通信方式。

(5)故障识别、故障隔离、故障清除和非故障段恢复供电时间：能自动识别故障并清除故障，其时间是由继电保护整定和动作时间决定。一般馈线回路远方终端的故障识别时间包括馈线回路远方终端的故障电流检测及传送到主站的时间和馈线监控单元(主站)的判断时间。这一时间还与馈线回路上的远方终端数目，以及开关是否有重合闸功能等有关。

(6)传输规约(应采用如下标准)：对于点对点全双工通道结构(非配电线载波通道)采用 DL/T634.5 - 101 - 1997 中点对点通信规约的规定。对于多点共线通道结构(非配电线载波通道)采用 DL/T634.5 - 101 - 1997 中快速一校验一过程通信规约两规定。对于网络通道(TCP/IP 协议)采用 IEC870 - 5 - 104 中规定。

(7)遥控输出：触点容量直流 30V/10A，交流 220V/10A。

(8)绝缘电阻：在正常大气条件下绝缘电阻的要求≥5MΩ(用 500V 兆欧表)，在大气压力为 86 ~ 106kPa 下绝缘电阻的要求≥1MΩ(用 500V 兆欧表)湿热条件：温度(40 ±2)℃，相对湿度 90% ~95%。

(9)绝缘强度：在正常试验大气条件下，设备的被试端口(不含通信端口)应能承受 2500V 的 50Hz 交流电压 1min 的绝缘强度试验，无击穿与无闪络现象。

试验部位为非电气连接的两个独立回路之间、各带电回路与金属外壳之间。

对于交流工频电量输入端子与金属外壳之间，电压输入与电流输入的端子组之间都满足施加 50Hz，2kV 电压、持续时间为 1min 的要求。

在进行各项绝缘测试时，同组端子应并接后对金属外壳(大地)进行测试。

(10)抗静电放电的能力：智能信号箱变监控终端应能承受如表 2 规定的静电放电电压值。正常工作条件下，在操作人员通常可接触到的外壳和操作点上，按规定施加静电放电电压，正负极性放电各 10 次，每次放电间隔至少 1s。在静电放电情况下设备的各性能指标均应符合 4.5 条的要求。

表 2 静电放电试验的主要参数

试验项目	级别	试验值
静电放电	4	8kV(接触放电)
工频磁场	4	100/30(连续正弦波 A/m)
阻尼振荡磁场	4	100/30(衰减振荡波 A/m)

(11)耐冲击电压能力：以 5kV 试验电压，1.2/50 μs 冲击波形，按正负两个方向，施加间隔不小于 5 s；用三个正脉冲和三个负脉冲，以下述方式施加于交流工频电量输入回路和装置的电源回路：①接地端和所有连在一起的其他接线端子之间。②依次对每个输入线路端子之间，其他端子接地。③电源的输入和大地之间。冲击试验后，交流工频电量测量的基本误差应满足其等级指数要求。

(12)连续通电的稳定性：设备完成调试后，在出厂前进行不少于72 h连续稳定的通电试验，交直流电压为额定值，各项功能和性能均应符合各项技术要求。

(13)机械振动性能：智能信号箱变监控终端能承受频率f为2～9Hz，振幅为0.3 mm及f为9～500 Hz，加速度为$1m/s^2$屠的振动。对常规运输条件下的振动，远方终端不应发生损坏和零部件受振动脱落现象。

(14)可靠性平均无故障工作时间(MIBF)不低于8760 h。

3　UPS装置技术要求

UPS功能要满足铁路复杂地质环境条件下全天候的工作环境，具有良好的适应高低温度、高低湿度、风沙尘埃、振动冲击的能力，具备满足铁路电力系统电源波动大、负荷变化大、谐波严重的工况条件，具备完善的电池维护、负荷侧故障保护的功能，具备低功耗、长寿命、免维护的能力，采用标准安装结构、功率密度高、快速插接式接线的方案，安装检修快捷方便。

1. UPS装置充电系统技术特点

铅酸蓄电池智能管理模块采用高频开关电源原理、智能数字化设计、内嵌单片机控制。其主要技术特点为：

(1)采用PWM脉宽调制技术，效率优于90%；

(2)无级限流技术，输出电流可根据负载电流大小和蓄电池容量而自动调节；

(3)稳定、低纹波的电压、电流输出满足蓄电池充电和负荷用电的要求；

(4)高效自然冷却，有效地保证了元器件运行的可靠性，寿命更长；

(5)输出采用快速限流措施，允许系统任何形式的短路而不会损坏模块；

(6)其优良的前级识别脉宽保护电路，提高了高频开关电源运行的可靠性。

2. 逆变系统原理(如图1所示)及特点

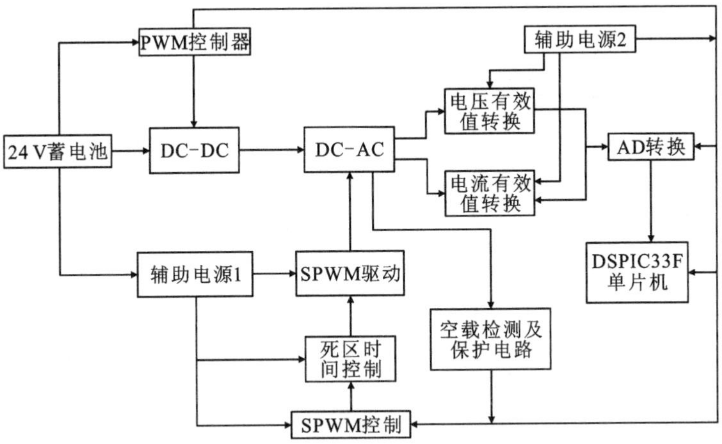

图1　逆变系统原理图

逆变器是通过半导体功率开关的开通和关断作用，把直流电能转变成交流电能的一种变换装置，是整流变换的逆过程。

本产品的逆变输出模块主要考虑以下几个关键的技术难点：

(1)输入电压波动范围DC20～30 V，输入电源部分由充电的浮充输出提供，电压27.2 V，电流小于1A，正常功率小于10 W；

(2)逆变输出AC220 V，50 Hz纯正弦波，过载能力200%，即具有承受2倍过负荷冲击的能力，输出电压波动范围小于5%；

(3)具有完善的短路、过流、过压、欠压功能；

(4)低功耗，输出功率小于2000 VA时，可采用全封闭自冷方式运行；

(5)工作环境温度 -25℃ ~ +65℃，湿度 95%；

(6)抗冲击振动能力 I 级。

3. 主控制系统原理

(1)电源系统输入电压、输出电压、逆变系统电压、输出电流的检测；

(2)实现旁路逻辑，快速切换逻辑；

(3)环控系统；

(4)自检逻辑；

(5)实现电源运行的状态监控；

(6)保护告警等功能；

(7)通过扩展通信接口或通过信号输出完成与其他智能监控系统的数据交换等功能。

4 UPS 旁路电源工作原理

电力智能箱变常因 UPS 故障造成，导致控制电源失电，RTU 装置无法正常工作，运动通道断开，调度端无法远方通信，一旦发生故障或事故，无法及时切除，严重影响铁路运输安全。

1. 工作原理

从 UPS 装置输出端加装旁路接触器，UPS 正常工作时，接触器在吸合状态，常分触点闭合、常闭触点断开，UPS 输出电源供 RTU 工作电源，当 UPS 故障无输出电压时，旁路接触器断开，常分触点断开、常闭触点闭合，UPS 装旁供 RTU 工作电源，提高了供电可靠性。

系统原理图见图 2：

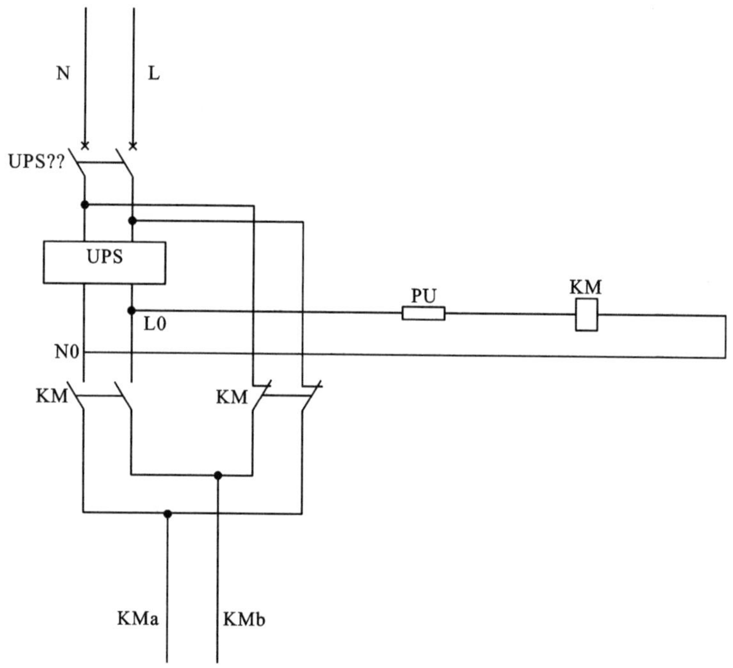

图 2 系统原理图

2. 注意事项

检修作业时：

(1)断开操作电源空气开关、环控开关，防止误操作引发设备、人身触电。

(2)断开 UPS 电源输出端(拔下 UPS 输出端接线)，防止 UPS 电源引发触电。

巡视作业时：

(1)检查新增 UPS 旁路接触器状态，如果 UPS 旁路接触器未吸合，说明 UPS 装置损坏，检查 UPS 装置空气开关是否跳闸，保险是否熔断，内部元件是否损害，及时进行更换维修。

（2）检查新增 UPS 旁路接触器状态，如果 UPS 旁路接触器吸合，则说明 UPS 装置正常工作。

5　结束语

随着我国电气化铁道的快速发展，对电力专业供电质量提出了更高的要求，电力设备供电的稳定性直接影响着运输生产秩序，因此当设备或线路发生故障时，能够快速通过 RTU 装置切除故障区段，恢复非故障区段供电，能大大减少停电时间要求，同时也能够提高设备管理单位劳效比。

浅谈新建供电远动系统工程管理存在的问题及管理思路

陈 乾 张 斌 刘 昱

(中国铁路南宁局集团有限公司柳州供电段)

摘 要：总结新建供电远动系统工程管理中存在的问题，结合上级部门的相关标准和规章制度，提出了一些提高管理水平的思路。

关键词：新建供电远动系统工程；问题；管理思路

1 引 言

新建供电远动系统工程，是指随铁路建设工程同步实施的供电远动系统建设工程，或更新改造项目中涉及的供电远动系统建设工程。随着我国电气化铁路运营里程的快速增长和供电段对远动功能的重视，每年都可新建一些供电远动系统工程，加强新建供电远动系统工程的管理，从源头做好质量控制就显得尤为重要。

2 工作中总结出的相关问题

2.1 设计审查阶段的问题

1. 远动通道方面

供电远动系统因其特殊性，整个系统将由设计院的供电和通信两个专业设计人员完成。在一些工程项目的设计审查阶段，对由通信专业设计人员负责的远动通道方面的设计审查工作，往往容易发生缺漏，如项目设计中缺少通道组网图或结构图、通道接口类型未明确等问题，在开通远动通道时无设计依据，容易影响工程进度。此类问题在一些小型工程项目中尤为凸显，通道方面的设计往往一笔带过。

2. 远动系统功能方面

在审查远动系统的功能时，某些特殊开关的远动功能容易被忽视。如电力系统中的接触网远动网隔电源开关、防灾系统电源开关、三级负荷总开关等，这类开关功能非常重要，需要加强监控，但容易发生未设计遥控功能的情况。

保护装置的定值远程修改、软压板远程投退等扩展功能，也是在设计审查时容易被忽视的，会造成远动系统功能不全。变配电所推行的无人值班模式，是路局实现减员增效目标的有效手段，而远动系统具备的定值远程修改、软压板远程投退等扩展功能，则是实行无人值班模式的必要条件。

部分所亭的综自系统设计缺少GPS校时装置，由主站统一校时。当发生所亭远动通信中断问题后，所内监控系统不能接收到主站的校时指令，保护装置时间容易出现偏差，此时产生的故障报文和其他信号报文将携带错误时标，在远动通信恢复正常后上传至主站，影响调度员对供电系统运行状态的判断。

3. 其他方面

远动装置箱体和柜体的除湿、散热功能容易被忽视。南方低纬度地区属亚热带季风气候，夏季炎热潮湿。安装在室外的如柱上式分段开关的FTU箱、室外箱变RTU柜、网隔RTU箱等，受日照时间长，加之装置自身发热，如没有良好的散热措施，夏季箱体内部温度可达40℃以上。虽目前各厂家的产品说明书中均声称远动装置可在60℃以下保持正常工作，但长期处于高温环境，必然会导致装置电子元器件老化加快，使用寿命减少，故障率升高。高湿度的天气还会造成箱体、柜体内凝露，设备接线端子氧化等。

2.2 施工阶段的问题

供电段远动专业维护管理职工较少，往往在施工阶段的介入不足，至系统远动调试期间远动专业职工才介入，导致诸多施工质量问题不能及时发现并整改。

1. 设备安装方面

远动装置箱体、柜体普遍存在结构紧凑、空间小的问题，供电远动系统被控站一般远动装置、UPS 及其蓄电池、光纤收发器等多个设备集中安装，供电远动系统被控站一般工控机及显示器、通信管理机、GPS 校时装置、交换机、音响告警装置等多个设备集中安装，一旦出现安装布局不合理，如端子与其他设备距离过近、易损设备不易拆卸等情况，就会造成检修维护不便。远动装置箱体、柜体内线缆布线凌乱、标签不完善、蓄电池触头裸露等也是经常出现的问题。

2. 通道光缆施工方面

部分普铁电力所亭距通信机房较远，为解决远动通道，通常需要敷设光缆；在网隔监控系统中，隔开本体处 RTU 箱与网隔监控屏之间，也是敷设光缆来解决通道问题。某些站点的环境复杂，光缆敷设路径涉及穿轨、穿过站场、穿过居民区等。在移交工程竣工资料时，施工方往往无法提供详细、准确的光缆敷设路径图，一旦发生光缆中断的情况，需花费很大的人力物力进行排查，甚至需重新敷设光缆来解决。

在光缆熔接尾纤阶段，也容易发生施工质量问题，如熔接盒安装随意、尾纤接头沾染灰尘和因熔接工艺问题导致丢包率高等。

3. 网隔电源电缆施工方面

网隔监控系统中，网隔机构箱和 RTU 箱的 AC220V 电源，通常是接引自牵引所亭交流屏或附近电力所亭，也易发生电缆敷设路径不明的情况，影响电缆故障时的处置。电缆两端的空开额定电流不匹配也是经常发生的问题，网隔 RTU 箱处的空开额定电流比上级空开额定电流大，电缆线路雷电感应大时造成上级空开越级跳开，网隔失电范围扩大。

4. 施工阶段设备的管理问题

远动系统中的工控机等设备容易发生被用于娱乐消遣而产生垃圾文件或中毒的情况，影响其功能。

2.3　系统调试阶段的问题

1. 线路开通运营前没有完成系统调试

在《关于认真做好高速铁路和客运专线铁路联调联试前提条件有关工作要求的通知》（铁建设〔2010〕67 号）、《高速铁路电力管理规则》（TG/GD109—2015）以及《高速铁路工程静态验收技术规范》（TB10760—2013）等文件、规章中均明确要求高速铁路在进行联调联试前或高速铁路电力设备投运前需完成供电远动系统的系统调试，但实际上因施工进度问题，经常在线路即将开通运营或已经开通运营后才进行供电远动系统调试，而且大部分调试工作只能在天窗点内进行，增加了调试时长和难度。因时间紧迫，在系统调试前需完成单体调试的规定也未能严格执行。

2. 系统信号描述不准确

远动系统信号描述不准确的问题多发生在供电远动系统中，因电力设计图中开关的名称编号通常不符合路局规定的名称编号原则，而远动厂家制作点表时是按照设计图来做的，造成远动调试时系统的信号描述不准确，不符合供电段的运行使用需求，须待厂家根据供电段要求修改正确后再进行调试，一个所亭的远动信号点数量少则几百多则上千，修改耗时长，影响调试工作进度。

此类问题在网隔监控系统中也常见，设计图中远动网隔的编号通常是网隔所在接触网支柱的支柱号，而不是符合路局网隔编号原则的运行编号。

3. 主站端调试有缺漏遗留隐患

厂家在进行主站系统各级监控图形绘制和开关图元参数关联设置时，因各馈线或各开关回路的结构基本一致，厂家通常采用复制粘贴图形，然后再修改各开关图元参数关联设置的方式来制作整个监控图。主站系统通常有两级或三级监控界面，工作量大，易发生开关图元参数关联设置错误的问题。此类问题如调试人员在调试期间未能发现，则会导致主站端不能正确显示供电系统运行状态甚至造成远动操作误动作的安全隐患。

2.4　验收阶段的问题

因供电远动系统调试工作相对滞后，前期建设单位在组织供电系统静态验收、动态验收时，远动系统均不具备验收条件。在远动系统完成调试后，建设单位通常不再单独组织远动系统的验收，也没有办理验收相关书面证明材料。验收工作的不规范，导致在远动系统调试遗留问题的整改、远动设备质保期限等方面容易发生扯皮现象，不利于系统的接管维护。

3　管理思路

3.1　加强设计审查工作

设计审查工作即对系统的主站、通道、被控站方面的设计进行审查，查看设计内容是否符合标准规范、是否符合运行管理需求。设计审查人员需提升业务水平，了解供电远动系统设计相关的标准规范，特别是《铁路供电调度系统设计规范》(TB10117—2008)、《铁路供电远动系统(SCADA)主站暂行技术条件》(TJ/GD013—2015，铁总运〔2015〕88 号)、《铁路电力远动终端装置(RTU)暂行技术条件》(TJ/GD015—2015，铁总运〔2015〕90 号)、《接触网电动隔离开关远动控制优化技术方案》(运供设备函〔2015〕37 号)等四个规范性文件需详细掌握。

对设计过程中容易疏忽或日常工作中总结出来的问题，需一一罗列出来，对照设计进行审查，如局界处所亭的复示功能、保护系统的 GPS 校时功能、双点遥信功能、远动设备的除湿散热功能、系统扩展功能、重要低压负荷开关的远动功能等。远动通道方面，新建高铁线路等大型工程中，通道的设计会严格按照《铁路供电调度系统通信组网技术方案指导意见》(运电通信函〔2012〕428 号)执行，组网结构合理，设计图纸齐全。需要特别注意的是一些涉及被控站数量较少的工程的远动通道设计缺失问题，通道如何组网、采用哪种接口、是否需接口转换等问题均需设计清楚。

审查工作还需注重与供电和电力专业管理人员、调度指挥人员的沟通，根据其对供电系统运行管理的需要，结合日常运行管理经验，向设计员提出相关意见或建议，完善远动系统设计。

3.2　合理安排施工介入工作

在远动专业维护管理职工较少、问题无法在短期内解决的情况下，需要根据实际情况合理安排各项施工介入任务，将部分简单的介入工作交由接触网或电力专业职工，远动专业职工做好介入指导，把控好施工质量。

在设备安装阶段，同一施工标段的同一类型设备，在初期安排远动专业职工介入安装工作，掌握设备的安装过程及箱体、柜体内部线缆的布置，提出相应的安装工艺要求，形成文字记录交代施工方，其余站点远动专业职工则不必介入，施工方根据相同的标准进行安装，系统远动调试期间再由远动专业职工进行核查。部分设备箱体、柜体内部各设备是由厂家在出厂时已安装布置，要积极主动与厂家取得联系，提前了解情况，发现安装布置不便于检修维护的情况需及时提出建议并进行优化。做好施工期间的设备管理也是需要引起重视的，如施工方人员用远动工控机进行娱乐消遣造成工控机中毒、施工环境问题导致设备内部大量积尘、UPS 蓄电池因过度放电导致损坏等情况屡见不鲜，需提醒设备厂家做好设备开机密码设置，督促施工方做好设备保护。

远动通道光缆及网隔电源电缆敷设等施工，介入工作相对简单但也不可忽视。可安排接触网或电力专业职工介入，远动专业提前将介入期间的重点工作形成表格记录或指导书交由介入人员。介入人员需掌握敷设路径，记录线缆首末端位置、长度、路径中的穿轨处、转角处及附近的标识等关键信息，并绘制成草图，同时要求施工方做好详细的敷设路径图形成竣工资料移交给供电段，审核竣工资料时根据介入人员的草图来核对竣工图纸是否与现场实际相符。敷设过程中需注意线缆是否有损伤、特殊地段是否按规定穿管保护、埋深是否符合要求等。光缆敷设完成进行熔接尾纤时，需做好打光测试，注意做好接头的防污保护。电缆敷设介入期间需注意核对首末端空开的额定电流是否匹配，做好电源的台账记录工作；电缆送电前还需进行绝缘检测，排除存在短路点的可能。

3.3　做好系统调试工作

系统调试是对供电远动系统设备及功能的一次全面检验，做好系统调试工作，可确保远动系统的安全、稳定运行，最大限度地发挥远动系统的作用。

1. 检查调试前设备的准备情况

一是督促主站厂家和被控站厂家就通信规约等各方面做好充分的沟通对接，确保后期系统调试顺利开展。二是供电段内部远动专业需提前与供电或电力专业做好沟通，根据设计图明确各开关的名称和运行编号后，交由设备厂家进行远动点表制作及系统各级监控图形绘制。三是对厂家制作的远动点表进行审核。

一方面是检查设计的远动监控需求是否在点表内有所体现，另一方面是检查点表内的各信号描述，是否与供电段提供的名称和运行编号相符。四是检查系统各级监控图形的绘制情况及快捷按钮设置情况，检查系统图、供电臂图、各所亭主接线图和交直流系统图是否与设计图相符，标注的名称编号是否与供电段提供的名称和运行编号相符，各界面的快捷按钮设置及关联是否正确。五是要求施工方和厂家准备好施工图纸资料，重点是开关设备和远动设备之间的端子接线图，调试期间发现问题需根据图纸进行问题查找。同时还需要求厂家准备好易损设备的备品备件，调试过程中发现设备故障及时更换，尽量避免因设备故障影响调试进展。六是需供电或电力专业人员核查开关本体处的名称编号是否正确，避免出现远动调试时开关本体处编号与远动系统内编号不一致的情况。

2. 供电段调试人员的准备工作

一是供电段远动技术管理人员在调试前应组织调试人员进行技术交底，对工程的设计文件进行学习，确保调试人员熟悉设计文件，同时需对《铁路供电远动系统运行维护管理规则》(TG/GD107—2014，铁总运〔2014〕195 号)中的系统调试技术要求进行重点学习、掌握。二是需根据施工方的调试方案，制定好供电段的配合调试方案，重点是调试过程中远动专业人员和其他车间人员之间的分工问题，以及现场调试人员和主站端调试人员的配合问题。三是不能在远动点表内体现出的功能和检查项点，如通道切换、冗余设备切换、各级监控图形核对、UPS 功能检查、扩展功能、校时功能等都需单独记录，并要在调试过程中一一核对确认，确保无漏项。四是各处调试人员应尽量固定，不能随意更换。

3. 调试期间的管理

一是核查远动装置的各项参数设置是否正确，如通信的网关地址、IP 地址及掩码，部分厂家的电力 RTU 装置的遥测越限告警、故障录波等功能需在装置上相应地做功能软压板和定值的设置才能正常使用，开始调试前需向厂家详细了解并检查。二是做好调试记录。调试应在打印出的点表上做好记录，记录调试日期、参与调试的各单位人员、每个远动点或功能的调试结果、遗留问题等，并要求调试人员签字确认。三是每次调试结束后需组织参与调试的各单位召开总结会，总结本次调试的内容、进度、遗留的问题等，有针对性地布置下一次调试工作。四是不可采取模拟信号上传的方式进行调试，确实不具备条件的方可进行模拟调试。遥控调试需以开关的实际动作情况为准；遥信调试需以设备实际产生的信号为准，特别是故障报文的调试，需用继保仪做保护动作试验，核对所内监控后台及主站端产生的故障报文是否正确；遥测调试可在停电前进行核对，或在停电后采用继保仪在采集回路上加量进行核对。五是做好调试期间设备的管理。在远动系统未完成调试前，系统存在的缺陷或施工中存在的隐患如遥控回路接线错误等问题未彻底清除，每次调试结束后需确保远动设备处于关机状态，开关控制方式在“手动位”，防止潜在的安全隐患。六是每个站点调试完毕，确认无远动方面的遗留问题后，需立即备份数据，防止意外发生时无法恢复的情况。七是调试期间调试人员需做好设备履历簿，设备的安装情况、安装环境、设备铭牌等需拍照保存。八是需对设备做好密码设置、上锁等安保措施。

4. 调试结束后的管理

一是将调试遗留问题形成问题库记录，供电段积极督促施工方和厂家进行整改，整改后需调试人员现场检查确认，并在调试问题库内登记消缺和签认。二是调试结束确认系统没有影响供电安全的重大隐患后，需立即办理系统的试投运手续，尽快实现调度端对供电系统的运行监控。三是督促施工方尽快移交远动系统的竣工资料，特别是设备的合格证等在施工期间易丢失的资料，需做好收集保存。四是做好远动设备箱体、柜体门锁钥匙的收集，如网隔机构箱和 RTU 箱的钥匙、RTU 柜的钥匙等。

3.4　系统验收的管理

系统调试结束、遗留问题整改完毕后，需督促施工方办理远动系统的验收手续，办理完验收手续后，远动系统才能正式投运。办理验收手续时需认真检查主站和被控站设备的型式试验报告、产品合格证书、功能检验报告、系统各站点的远动调试记录、遗留问题库整改记录等，验收材料需设备厂家、施工方、建设单位、接管单位进行签认。验收通过的日期即为设备质保期的起始日期，质保期内设备发生故障需设备厂家进行免费维护或更换。

4 结束语

随着近年中国铁路的快速发展，供电远动系统技术趋于成熟，在供电系统安全运营中的作用也越发凸显。但供电段在远动方面的管理基础及经验方面仍然比较欠缺，与接触网专业和电力专业的成熟管理相比仍有差距。如何做好新建供电远动系统工程的管理，从源头上做好质量把控，减少供电段接管后的维护管理压力，确保系统安全稳定运行，是一个值得长期深入研究的课题，需要相关管理人员不断学习、借鉴、总结经验，逐步提高管理水平。本着交流学习的目的，笔者总结了在新建供电远动系统管理中遇到的一些典型问题，并简单地谈了一些各阶段的管理思路，请领导及同仁们指正。

浅谈蓄电池监测及大数据辅助决策

刘　昱　胡金东

（中国铁路南宁局集团有限公司柳州供电段）

摘　要： 通过对目前电源系统中蓄电池运行维护存在的问题进行分析，并结合设备的实际情况，利用大数据探讨新的蓄电池综合管理办法，解决日常检修中维护不到位及浪费蓄电池的问题，确保电源系统稳定可靠。

关键词： 蓄电池；内阻测试；电池检测；大数据

0　引　言

随着电气化铁路数量的不断增长，各种控制系统也在不断增加，与此同时设备的稳定性、可靠性要求也越来越高，设备可靠运行的其中一个必要条件就是供电电源的稳定。系统供电稳定不单是外部输入电源的稳定，更要求系统在无外部电源时可依靠内部蓄电池稳定运行。本文结合日常对蓄电池检修中发现的问题，从监测技术及系统管理方面对蓄电池运行维护提出了解决方法。

1　案例分析及现存问题

1.1　变电所交直流系统电池故障

2017 年 2 月 28 日衡柳线马安变电所交直流屏因电源输入端双切开关故障导致交流两路输入失电，系统转由蓄电池供电，大约在 3 分钟后远动通信管理机失电，远动通信异常，后由值班人员手动切换双切开关后才恢复交流供电。

事后检修人员测试发现，由蓄电池供电时电池电压下降非常快，约在 5 分钟时电压已低至 70V，于是对电池组逐个进行测量，发现其中有四块铅酸蓄电池已无法正常充电，电池容量变得非常低。

车间定期测量电压及检查电池外观等均未发现明显故障，其中主要原因是电池状况无法直接通过测试电压及观察外表进行判断，最直接的办法是进行持续放电测试，通过观察电压及可放电时间进行判定，但对于日常巡视或检修是较难完成的。

1.2　蓄电池维护存在的问题

蓄电池目前主要存在的主要问题就是未能及时准确地掌握电池运行状态，一方面表现为缺少利用技术进行监测的手段，另一方面缺乏系统性的管理。

1. 蓄电池日常测试方法未能准确检测出电池状态

一般蓄电池都是通过电压、电池外观及短时间放电等进行检测的，但随着电池使用时间的增长，内阻逐步增大，电池输出能力会逐步降低，短时间内测量电压或进行放电不一定能发现已损坏的电池，且日常检修不可能长时间对电池进行测试，这样做不仅耗时而且会大大降低劳效，特别是线路上网隔 RTU 监控箱内的电池，数量多且分散，天窗作业时间内是无法按时按质地做好蓄电池检修工作的。

此外蓄电池状况未能准确判断时，一般常用做法是定期对电池进行更换，有的为 1 年，有的为 2 年，但影响电池使用寿命的因素有很多，比如潮湿闷热的环境下，电池寿命会大大降低，而有的运行环境干燥且温度适宜，定期进行更换的做法反而有可能将状态良好的电池提前报废，对环境造成更大污染且浪费维护成本，或者直到电池报废才去换，又会对设备运行造成很大隐患。

2. 对蓄电池无系统性管理

蓄电池的运行状态是随着电池的使用时间逐渐变差的，其出现故障也并非随机性的。在日常检修中维护人员会检测电池并记录下电池的状态，有时也会对电池状态进行粗略的分级，如：良好、合格、不合格，但这只能说明当时电池的状态，而不能作为以后电池评估的依据。从新电池启用到电池寿命用尽，是一个完整的“生命”周期，同时它也会受到外界环境的影响，如湿度、温度、空气中的污染物质等。因此对蓄电池状态进行准确监测及通过数据预评估是很有必要的，再结合环境因素即可估算出电池使用期限，维护人员可据此及时更换电池，以保证后备电源稳定可靠。

2 蓄电池监测技术的研究与应用

2.1 测量蓄电池内阻

蓄电池的内阻值能间接地反映出蓄电池的运行状态，虽然不同生产工艺及材料会使电池有不同的内阻值，但内阻值的大小可作为评估电池状态的一个主要依据，目前内阻测试的常用方法有交流内阻法、直流内阻法，前者工作原理是给蓄电池加一个正弦测试信号，再测出电压响应信号；后者是用设备让电池在短时间内强制通过一个大的恒定直流电流 I，测量电池此时两极的电压 U，再根据以下公式计算电池内阻 R：

$$R = U/I$$

交流法测试电池内阻可在线进行测试，即可以不影响电池正常使用，同时测试速度很快，约在 200 ms 内，但精度误差只能到1%左右，不过它可以通过校正缩小；而直流内阻法不能在线测试，且测试时的大电流对电池损坏也较大，但精度误差可到0.1%。显然交流内阻法是比较适合日常检修的。图 1 为交流内阻法测试时的简化框图。

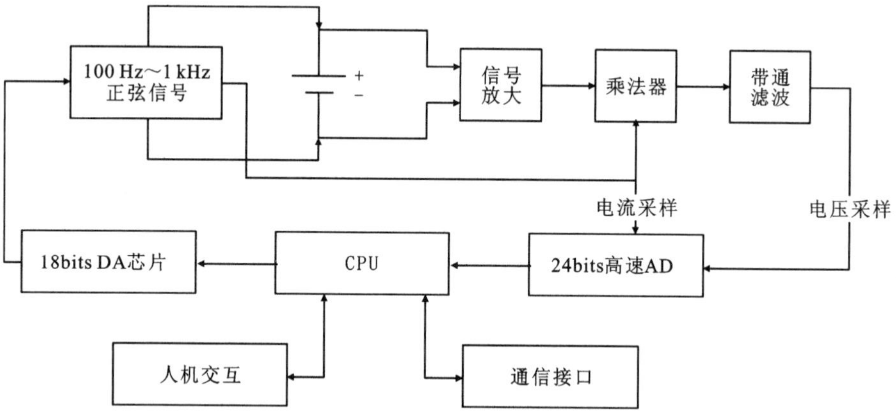

图 1 交流内阻法测试系统简图

CPU 控制 DA 数模转换芯片产生正弦信号，并将其注入到蓄电池两端，设正弦信号为：

$$U_1(\omega t) = A\cos\omega t \tag{1}$$

蓄电池两端产生的响应信号为：

$$U_2(\omega t) = B\cos(\omega t + \theta) \tag{2}$$

令 $\omega = 0$，此时电流为最大值 I，则可算出实部，即电阻部分：

$$r = \frac{B\cos\theta}{I} \tag{3}$$

两信号通过乘法器后有：

（此公式不显示） (4)

k 为乘法器电路放大倍数，其中 $\cos(2\omega t + \theta)$ 为交流部分，可通过滤波器滤除，综合式(3)式(4)可得电池内阻 r：

$$r = \frac{2U}{kAi} \tag{5}$$

电压 U 和电流 I 可通过 AD 转换芯片采样，放大倍数 k 及输入信号幅值 A 已知，通过以上计算可以得出蓄电池内阻的值，但实际测试中，既有电池系统存在的纹波较大，对测试系统造成的干扰较为严重，因此还需增加有源滤波，并通过控制器自动调节滤波范围，以便适应不同的电池环境。

2.2　蓄电池综合管理系统的研究

利用交流小信号测量电池内阻，虽然可评估出电池的状态，但无法准确预估电池使用寿命，对于何时需要更换新电池、何时需进行检测均靠经验去做，不但造成电池的浪费且降低维护人员的劳效比。通过统计、分析电池内阻数据，再结合影响电池使用的外界因素，电池准确的维护需求即可被估算出。

1. 蓄电池充放电系统对电池寿命的影响

蓄电池大部分时间处于浮充状态，不同的系统对电池使用及充放电电流是不同的，频繁充放电及电池过放电均对电池寿命造成很大影响，此外电池串并结构对每节电池的负荷影响也较大，串联提高输出电压，并联提高输出电流，如 UPS 系统中电池组电压越接近逆变输出电压，则对电池组电流需求小，但电池数量则要求多，相应占用空间也大。因此蓄电池系统中电池浮充情况、电池组组成结构、电池放电电流成为估算电池寿命的一个必要因素。

2. 蓄电池内阻与使用寿命的关系

铅蓄电池一般循环次数约为 300 次，在循环充放电过程中电池的内阻会随着循环次数的增加而增大，图 2 为某品牌 38 Ah 铅酸蓄电池测试曲线。

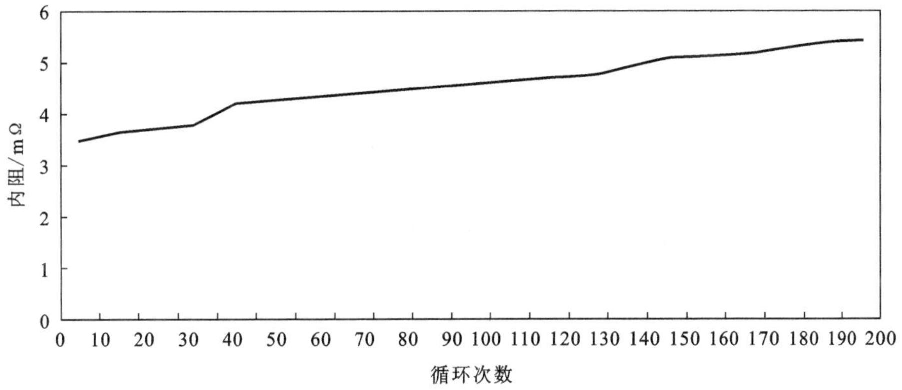

图 2　电池内阻随充放电循环次数变化趋势

随着循环次数的增加，电池内阻逐渐增大，同时其蓄电能力及放电能力也逐渐减弱，在循环次数超过一定值后，电池蓄电能力急剧下降：按恒定电流充电不到原先一半时间即可充满，在恒定电流放电时电压下降速度也更快，到一定极限后蓄电池将无法达到电源系统中的最低放电要求。电池内阻值与电池使用寿命成反比，当内阻大于某个特定值时电池性能将无法满足实际使用需求，这时就必须对电池进行更换。

3. 周围环境对电池寿命影响

温度、湿度均会对电池的运行状态造成影响，温度在 0℃～40℃时电池性能能得到充分发挥，同时也能更好地维持蓄电池的使用寿命及放电时间，温度过高会加速电池板栅的腐蚀和电池水分的损失。湿度过高会引起电池电极表面等处的氧化，进而可能导致电池组串联电阻变大或开路，这也将严重影响蓄电池的使用。

4. 蓄电池监测数据的分析与应用

对于蓄电池状态的检测，单一数据是很难准确分析出其状态的，因为那样往往只能反映出某一方面的指标，综合前文可知，电池内阻可大致体现出电池基本状态，同时电池充放电系统、电池组结构、使用环境又对电池实际的寿命有较大影响，因此可先以内阻数据为基础生成电池评估状态，然后在此基础上加上电池充放电系统、电池组结构、使用环境等扰动因素，即可预估出电池使用期限及需检测维护的时间。

图 3 中各因素的占比值并不固定，各占比会根据历史数据进行适当微调，“其他”则为新增因素和参数校正值。

数据的分析需有大量数据的支持，因此前期需对电池进行数据采样以建立信息库，采样信息包括：每节电池内阻、周围温度和湿度、电池组日常充放电电流等，通过手持测量终端采集数据并以时间、电池编号组成数据标志位存入内存，最后将数据统一上传至数据库汇总，软件将数据进行分组堆放，并进行智能

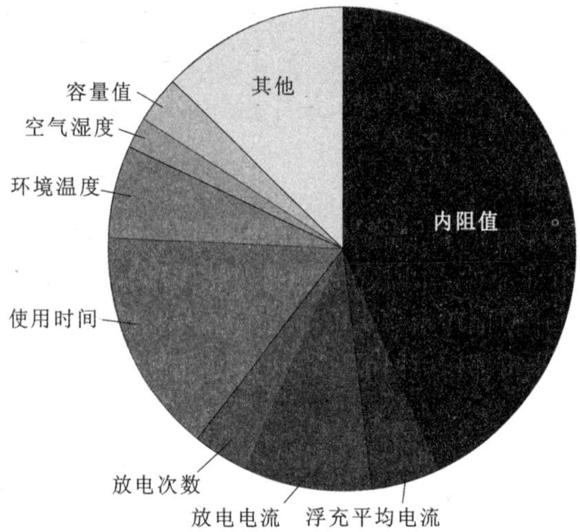

图 3　影响电池寿命的各因素占比

评估分析。

详细的电池测试数据按指定格式进行汇总，并为每一节电池建立一个信息库，以便管理电池的历史信息及评估运行状态，由于各个电池内阻值与使用寿命间并无特定公式可精确算出，只能估算出一个趋势，这必然会带来偏差，因此利用模糊算法分析历史数据来判断本次计算是否需进行补偿，最后系统估算出使用期限及下次检测时间，维护人员则根据结果合理安排检修作业(图 4)。

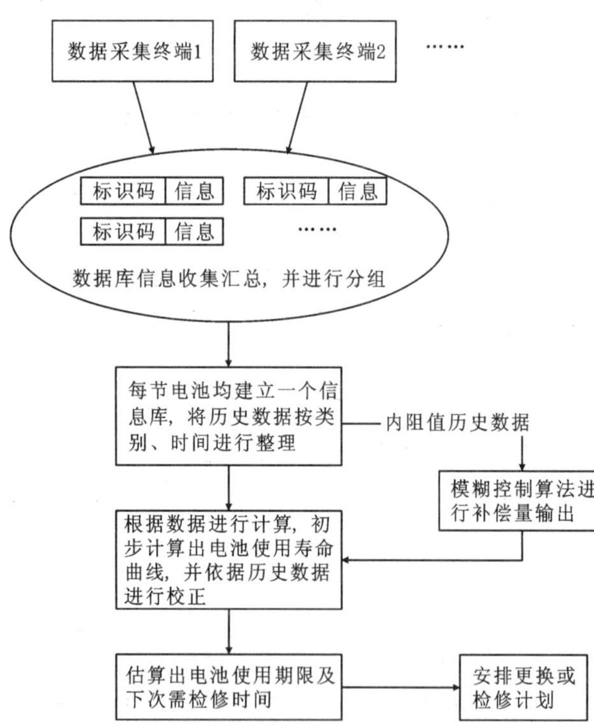

图 4　信息分析处理流程

如图 5 所示，估算曲线 1 为第一次采集数据计算，估算曲线 2 为第一、二次数据积累分析而来，实际运行曲线与计算得来的值始终存在误差，可以通过不断收集数据并进行分析、校正，使估算曲线不断接近真实的情况。

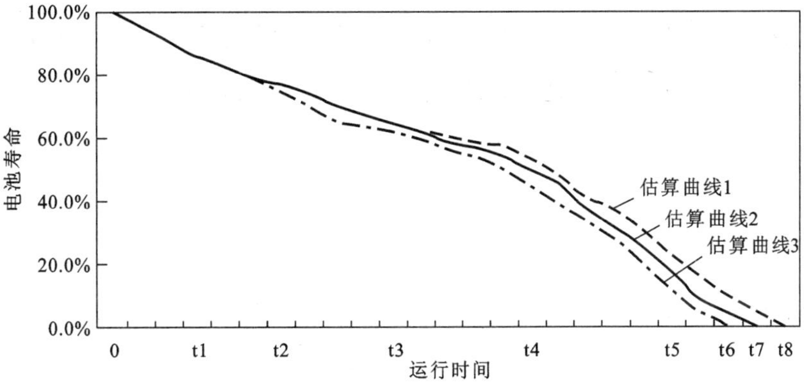

图 5　电池寿命与运行时间估算对比

当然现场实际情况是千变万化的，各种扰动因素的占比也是随机波动的，由特定算法得出的结论是无法等同实际情况的，为提高结果的准确性可利用深度学习的算法进行计算补充，系统根据测试数据库不断自我积累经验，以达到准确判断的目的。

3　结束语

本文介绍了一种新的蓄电池运行维护思路，依据大数据对各处蓄电池进行状态评估及系统管理，并根据分析结果合理安排人力检修，同时节省了很大的维护成本。先利用采集的基础数据进行系统性分析，再结合深度学习算法准确地对电池状况进行预判，达到精确检修的目的，使电池始终处于稳定的运行状态，确保电源系统内的最后一道防线安全可靠。

参考文献

[1] 江丽，李永富．精确测量蓄电池内阻方法的研究[J]．电源世界，2006(6)：28－29.
[2] 谭晓军．电池管理系统深度理论研究：面向大功率电池组的应用技术[M]．广州：中山大学出版社，2014.
[3] 李士勇．模糊控制[M]．哈尔滨：哈尔滨工业大学出版社，2011.
[4] 张重生．深度学习：原理与应用实践[M]．北京：电子工业出版社，2016.

基于提升天津供电段职工现场实作技能培训效果的思路与对策研究

史　伟

(中国铁路北京局集团有限公司天津供电段)

摘　要：天津供电段职工教育培训工作落实总公司、路局的文件精神，结合建段时间不长，新入职人员多，职工适应新技术新设备新环境的能力较欠缺等实际情况，职工教育培训工作一直处于培训规模大、质量要求高、员工需求迫切的阶段。针对设备管辖范围广、人员高度分散、职工技术业务水平参差不齐、各项培训任务多、新职人员集中招入、技术比武的频次渐多标准渐高等特点，科室成员积极适应新形势新要求，齐心协力克服各种困难，在制度建设、档案管理、合规培训、技能竞赛、基地建设、日常培训等方面做了大量的工作，打造了过硬的专业队伍，提升了职工队伍素质，为实现安全标准化供电段提供了强有力的人才保障。

关键词：现场培训；实作技能；培训效果；安全标准

1　引　言

天津供电段成立于 2013 年 8 月 8 日，担负着京沪高铁、京津城际、津山线、北环线及天津站、天津西站枢纽和 9 条支线的生产生活供水供电任务。全段生产车间 14 个，班组 62 个，现有职工 1043 人，维管人员 156 人。

近年来，段领导班子把抓职工队伍建设作为一切工作的基础和关键。职工教育科与各个专业科室紧密配合，积极探索“四个一”(每日一题、每旬一练、每月一考、每季一比)学习方法、评选“季度之星”、主要工种“十必会”专业技能实作项目考核等形式多样的职工培训新模式，依靠全段上下各部门持续发力，认真落实领导班子建段初期提出的“带队伍、提素质、转作风、上水平”的工作思路，坚持高标准定位，起点要高，镜头不换，力度不减，合力共为，在全段掀起了学习热潮，扎实推进各项教育培训任务。针对设备管辖范围广、人员高度分散职工技术业务水平参差不齐、各项培训任务多、新职人员集中招入、技术比武的频次渐多标准渐高等特点，科室成员积极适应新形势新要求，齐心协力克服各种困难，在制度建设、档案管理、合规培训、技能竞赛、基地建设、日常培训等方面做了大量的工作，打造了过硬的专业队伍，提升了职工队伍素质，为实现安全标准化供电段提供了强有力的人才保障。从全年完成“三新”人员资格性培训、主要行车工种适应性培训、班组长轮训、“四新”知识培训、标准化作业培训等培训数量和培训目标上看基本满足了新段快速发展和安全生产的需求。但各项基础工作仍相对薄弱，职工培训质量是否完全满足现场实际需要，特别是职工岗位实作技能培训效果如何，以直接关系到人身安全和设备质量。为更好地提升职工现场实作技能培训效果，职教科利用发放问卷、现场检查、参与日常业务培训、面对面与职工谈心等方式，深入全段 10 个生产车间现场检查调研职工岗位实作技能培训工作开展情况，分析培训效果和存在问题，征求基层意见，并制定有针对性的工作对策，力争全面提升职工现场实作技能培训质量和培训效果，满足生产一线对职工实作技能培训的需求。

2　开展实作培训可借鉴的一些做法

2.1　领导重视、加大投入，是开展好实作培训的保证

职工教育培训工作是一项长期性、基础性工作，需要各级领导和部门高度重视、长抓不懈、务实求实。天津供电段在工作定位上，确立了“大教育、大培训”的理念，把职工教育工作作为基础性工作摆上了重要位置，力求各项工作做到以职工培训为先行，为开展职工培训工作创造了良好的内、外部环境。在职工培训工作的组织推进上基本形成了齐抓共管的工作态势，职教部门与各科室各车间密切配合协同工作。段领

导充分利用月度安全分析会和现场检查工作时机，督促检查职工培训开展情况。在人力、财力、物力投入方面，做到了配齐、配强、多配，突出实训场地建设，加强培训教室的整修力度；在标准化作业培训、岗位技能竞赛方面加大投入，“四个一”（每日一题、每旬一练、每月一考、每季一比）日常培训计划、“季度之星”评选活动、主要工种“十必会”专业技能实作项目考核等活动开展得有声有色，效果显著；在专业实训基地建设上，多方协调争取路局更大投资力度，为开展职工实作培训奠定了良好的基础。

2.2 注重标准、规范操作，是开展好实作培训的前提。

开展实作培训以提高职工动手能力为根本，解决岗上会干、能干好的问题，全面提升职工的岗位作业能力、非正常情况下处理能力和保证安全生产能力。通过近一年的调研，各生产车间、班组在日常培训过程中能够做到实作培训以《铁路职业技能培训规范》中“实作技能知识”为基本，充分结合职工的从业岗位、技能等级、业务素质等实际确定培训内容，本着“干什么、学什么，缺什么、补什么”的原则设定实作培训项目。特别是在全段开展“四个一”（每日一题、每旬一练、每月一考、每季一比）日常培训过程中，能够注重把好“每旬一练”的“现场培训需求分析关”，通过提前对职工岗位作业技能进行调查摸底，提前与技术科相关人员探讨设备检修过程中的问题，摸清受培职工业务技能“短板”，实行因人施教，分类培训，避免脱离实际的无效培训。在资格性培训中认真把好“实作技能考核关”，按其岗位实作技能项目、作业标准、步骤、应急处理等项点，逐项进行实作考核写实，保证职工经培训后实作技能适应岗位作业的需要。

2.3 积极探索、创新方式，是开展好实作培训的手段

通过现场的检查调研，大多数车间班组能够积极开动脑筋、创新培训工作思路，在培训组织方面做到实用化，本着“干什么、学什么，缺什么、补什么”的原则，在培训方式上，大力推行“现场即是课堂”的实作培训理念，充分运用演练设施和现场设备，实行背包教学、现场示范、模拟演练、岗位练兵等多样化的培训方式，以强化指导、实作演练为主，力求有针对性地因人施教，把理论内容融汇于实作培训之中，有效提高职工实作技能。如塘沽供电车间认真结合职工本职工作开展全员的应急处置模拟演练和应急故障处理活动，通过每名职工亲自动手操作，有效地提高了职工岗位实作技能；天津检修车间利用现场检修作业标准化，对作业职工进行实作培训，提高了培训的针对性；天津西供电车间利用召开标准化作业现场会的形式，提高全体职工的标准化作业意识；天津高铁车间组织职工开展挑错学习，方式实用、新颖，职工容易接受等方式，促进了职工实作技能的提高。灵活多样的培训方式满足了不同岗位、不同层次职工的需要，提高了职工实作培训的实效性。

2.4 全员竞赛、岗位练兵，是开展好实作培训的推力

职工实作技能竞赛主要突出职工岗位作业标准化和应急故障处理能力。技能竞赛活动的开展，为职工队伍素质的提高搭建了载体和平台，通过岗位练兵、技术比武的形式，开辟了技能人才培养的有效途径，促进了职工培训的大力开展。检查调研发现，实作技能培训工作开展好的车间班组都特别注重开展职工岗位技能竞赛活动，活动开展真实有效，营造了职工全员学技练功的良好氛围，并能够在各类比赛中表现突出，成绩良好。积极组织职工利用班前、班后的业余时间开展技能培训，通过逐级竞赛、层层选拔，坚持全员参与，在培训内容上注重“针对性”、在考试考核上强调“真实性”、在培训作用上确保“有效性”，有力地推动了职工全员大培训、大练兵。通过竞赛活动的全面开展，达到了职工作业标准化能力普遍增强、非正常情况应急处置能力普遍提高的目的。

2.5 提高效果、强化能力，是开展好实作培训的目标

检验实作培训实效性的根本标志是职工的岗位操作能力是否得到提高。因此，职工实作培训必须在“实际、实用、实效”上下功夫。为保证职工实作培训的实效性，切实开展有针对性的实作培训，着力提高职工的生产作业能力，天津供电段在实作培训内容方面做到了全面优化，针对职工的专业岗位、技能等级、业务素质等实际，突出实作能力培训，每旬确定一个实作培训内容，同时为了避免脱离岗位实用要求的扩大化培训，避免死记硬背的教条式培训，我们将“每日一题”与“每旬一练”结合起来，强化用基础理论知识指导实际操作，让职工在干活中轻松掌握日常业务理论知识，以会干、干得好为真正掌握实作技能的根本标准。去年一年，通过培训从各车间层层选拔、输送了一批技术能手参加路局级技术比武，并获得了电力工组、给水组两个第一名，给水组一个第二名，接触网组一个第四名的优异成绩。

3 开展实作培训需解决的主要问题

3.1 要有效解决实作培训形式化的问题

个别车间理念有偏差，多工种、多岗位、不同层次人员都搞“一锅烩”式的培训，或选择性培训，顾此失彼，完全为了完成培训指标而培训，没有真正认识到开展培训工作的根本目的是让每名职工补全“短板”“会干、能干好”。

3.2 要有效解决实作培训管理不到位的问题

个别车间完成“每旬一练”实作演练项目时针对性不强、脱离现场实际，实作考核走过场。职教科对于异地车间、班组实作演练培训缺乏有效的跟踪、指导与考核，对于这部分培训管理力度不够。

3.3 要有效解决实作培训组织方式不当的问题

个别车间岗位操作技能培训用理论培训方式代替，纸上谈兵，缺少相应的实作练习，职工学习理解困难，动手能力得不到有效提高，削弱了职工学习的质量和学习积极性。

3.4 要有效解决实作演练设备闲置率高的问题

调研发现既有段级、车间级实作演练场利用率都不高，一年只用了几次。反映出一方面实作培训设备设施匮乏，实作培训质量不高；另一方面是因为组织管理不到位，产生了既有设备利用率不高的现象。

3.5 要有效解决工学矛盾突出的问题

由于现场生产任务繁重等因素，施工季节基本没时间学习和培训；由于点多线长管辖范围较大的特点，要集中组织重点培训如班组长培训十分困难；主要行车工种等关键岗位人员脱产适应性培训得不到有效实施。

4 提升职工实作培训效果的对策

4.1 要用务实的作风开展职工实作培训

工作理念是开展好实作培训的重要前提，职教管理干部和专兼职教师在开展工作时要发扬务实的工作作风，充分认识取开展职工实作培训并不是为了完成任务，而是为了提高职工岗位实作技能，让职工“上岗能干活、干活能干好”；在培训组织方面必须要有针对性，“干什么、学什么，缺什么、补什么”，强化实训，因人施教，不搞不分职名、不分层次“一锅烩”式的培训；还要打破培训就要组班、培训就要进课堂、培训就要集中这种形式主义，大力推广“现场就是课堂”的理念，提倡背包教学、现场演练，因地制宜、因时制宜地开展有实效的实作培训。

4.2 要做到实作培训与现场工作有机结合

在实作技能培训组织上，要以岗位需求为导向，以现场实际为依据，以能力提高为重点，按职工需求安排培训，即：本着干啥培啥、缺啥补啥的原则，培训前要认真做好调查摸底，根据职工素质差异和业务短板，做到分工种、分岗位、分层次确定培训方向，达到因人施教，有针对性地开展培训活动。如根据路局运输生产和新技术装备培训需求，及时脱产统一组织对在岗职工进行适应岗位生产要求和安全生产需要的培训；对于季节性培训、实作技能培训可以结合现场岗位设备实际开展培训，确保职工经培训后满足岗位作业需要；对高技能人员，采取送厂家、现场等方式，加强应急故障诊断处理能力提高培训。

4.3 要形式多样搞培训，重效果、调矛盾

在培训形式上，要积极研究创新培训方法，针对培训内容、培训对象的不同，确定不同的培训方式，选择不同的培训方法，因地制宜、因时制宜地开展有实效的培训，杜绝组织形式化和“一锅烩”式的培训，解决好工学矛盾。如：“每日一题”，巩固理论知识，满足理论指导实作的需要；“每旬一练”，由班组长或兼职教师组织，利用工作之余，结合本职岗位操作技能进行现场的模拟演练和示范操作，随时纠正标准化作业方面存在的问题；抓拍现场职工操作问题照片、截取违章操作监控视频截图，组织职工按照标准化作业过程和处置程序对图片挑错，进行直观生动的培训，提高职工参与的热情，有针对性地强化自身作业；如开展应急处置培训演练活动，根据运输生产实际和各岗位作业要求，收集行车安全、劳动安全、应急处置不当等方面的事故，经常性地组织进行应急处置培训演练，提高职工非正常情况下的应急处置能力。如开展“每季一比”活动，要做到以赛代练、以练促赛、赛练帮教，组织车间班组常态化地开展职工全员的岗位

练兵、技术比武活动，并把优秀选手的技能转化成技术成果，在身边推广和应用，以典型引路，全面提高职工岗位实作技能。

4.4　要完善培训管理机制，加强检查指导，建立自觉学习意识

进一步修订培训制度办法，重点是加强培训的实效性、培训内容的确定、不同工种间培训差异化及评价标准等方面重新界定和要求，做到符合现场培训需要。加大车间班组两级教育网的实作培训力度，利用好各车间班组的实训演练场，落实“每旬一练”日常业务演练计划，对项目设定、师资授课、培训指导、项目考核等每个环节、流程都要建立监督评价机制，确保提高实作培训质量。进一步规范“培训、考核和使用、待遇一体化”机制，结合主要工种“十必会”专业技能实作项目考核，充分发挥激励政策的导向作用，真正把培训、考核结果与职工使用、待遇联挂，把职工素质、安全生产业绩与个人收入、提职晋级挂钩。要体现出职工自我主动学习与不主动学习的结果不一样的效果、职工学习质量好与质量不好的结果不一样，实现职工教育培训由“要我学”向“我要学”的转变，从而建立职工自觉学习的意识，激发职工学业务、练技能、保安全的内动力。

参考文献

[1] 董永昌．重视培训质量，服务安全生产[J]．铁路企业教育，2012(1)．
[2] 王晓飞．新背景下创新铁路职工教育培训管理模式研究[J]．才智，2012(6)．
[3] 王丽．试论企业职工教育存在的问题与对策[J]．甘肃科技，2009(7)．

牵引变电所综合培训系统的研制及应用研究

史 伟

(中国铁路北京局集团有限公司天津供电段)

摘 要: 随着高速铁路牵引变电所的建成及投入使用,现有的管理模式已经不再适用,为了解决工作效率低、安全环节弱和规章制度落后等情况,本文利用IT系统,以可视化管理为基础,研制了牵引变电所综合培训系统,该系统的研制及应用让变电所内各项流程更加直观,使所内的信息实现可视化,并能得到更有效的传达,从而实现管理的透明化。

关键词: 高速铁路;牵引变电所;可视化;综合培训

1 引 言

随着高铁铁路的建设开通,越来越多的高速铁路牵引变电所建成使用,而高速铁路牵引变电所现有的管理方式与普通运营线路的管理模式相同,但在高铁上运用原有的管理模式已显露出一定的弊端,如工作效率低、安全环节弱、规章制度落后等情况,原有模式已经不能满足高铁牵引变电所的需求,改进模式势在必行。一套基于可视化管理的牵引变电所综合培训系统可以很好地解决实际需求。可视化管理是指利用IT系统,让管理者有效掌握所内信息,实现管理上的透明化与可视化,这样管理效果可以渗透到各个环节。可视化管理能让变电所所内的各项流程更加直观,使所内的信息实现可视化,并能得到更有效的传达,从而实现管理的透明化。将需管理的对象用一目了然的方式体现出来。

2 系统组成

牵引变电所综合培训系统由3D动画教学部分和智能模拟教学部分组成。

2.1 3D动画教学部分

3D动画教学部分由供电方式、看图说明、设备讲解及标准作业四部分组成。

(1)供电方式部分可对高速铁路概况、供电概述、正常运行方式、故障运行方式等进行讲解,包括进线故障、变压器故障等故障情况下,继电保护切除断路器动作、自投动作等原理介绍。此外,该部分还可以促进变电所值班人员对一、二次设备故障以及短路、跳闸、备自投、自动重合闸、故障点标定等知识的掌握。

(2)看图说明部分介绍了主接线图、原理图等图纸的看图方法、符号意义,讲解设备图纸示例,向学员讲解如何利用符号和缩写来阅读设备图纸。

(3)设备讲解部分对一、二次设备的功能结构、原理、操作等知识进行讲解,可以培养学员对各种保护设备的掌握。

(4)标准作业部分讲解变电所值班人员的值班、巡视、倒闸、工作票办理、交接班、断路器事故跳闸处理(事故录波、故测装置调取)、故障处理、设备检修试验等标准化作业流程。

2.2 智能模拟教学部分

智能模拟教学部分的仿真内容主要为后台仿真、环境仿真、一次设备仿真、二次设备仿真、故障/异常仿真以及规章制度仿真。其仿真结构图如图1所示。

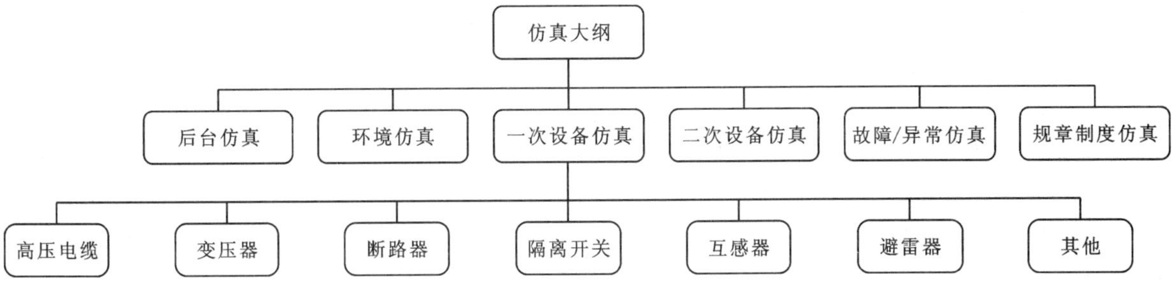

图1　仿真结构图

（1）后台仿真。根据用户提供的主接线图，仿照典型所真实的后台设计的虚拟后台程序，模拟后台操控。

（2）环境仿真。根据用户指定的典型场所，仿真所内环境，包括所内的设施布局、灯光、音效等。其所内仿真如图2所示，室外仿真如图3所示。

图2　所内仿真

图3　室外仿真

（3）一次设备仿真。根据用户提供的主接线图，仿真显示牵引变电所一次设备：包括220kV/2×27.5kV单相牵引变压器，220kV断路器、220kV隔离开关（带接地刀）、220kV电压互感器、220kV电流互感器、220kV隔离开关、55kV断路器、55kV隔离开关、27.5kV电压互感器、27.5kV电流互感器、27.5kV避雷器、27.5kV高压电缆及附件、2×27.5kVGIS开关柜、高压母线、避雷针、集中接地箱等。能真实反映一次设备及其辅助机构（如机构箱等）的外观、运行状态。

（4）二次设备仿真。模拟仿真所内二次设备外观及操作，包括屏盘及其开关、按钮和仪表的布置、显示与真实的设备一致。

（5）故障/异常仿真。对故障的动态响应与参考牵引变电所在故障时的动态响应基本一致，或与运行经验以及工程分析得到的结果相符合，其差异不得影响培训效果。仿真的故障应包括可由仿真运算结果而自然引发的故障、受训人员误操作而发生的故障或教员设置的故障。异常仿真如变压器过负荷、变压器油温超过允许值、电源消失、变压器漏油、变压器匝间轻微短路、电压互感器断线等。设备异常发生时，将引发相应告警信号，相应画面、监视仪表反应和处理结果应与参考牵引变电所一致或相像，其差异不得影响培训效果。

（6）规章制度仿真。仿真培训《牵引变电所运行检修规程》《牵引变电所安全工作规程》中对牵引变电所值班员、助理值班员、值守人员、供电车间变电所检修作业组人员的各项规章制度。仿真系统能仿真培训相关岗位值班、值守、当地倒闸、远动倒闸、检修作业标准化流程。

3　系统研究内容及关键技术

3.1　系统研究内容

（1）系统采用结构化设计，结构简洁，脉络清晰。加入了大量视频、三维动画和背景音乐，把枯燥的查询变为了富于艺术的享受。提供远程监控、管理功能，便于所有终端正常运行、及时维护。采用统一规划、参数化、模块化设计原则。此外，系统提供强大的容错能力，允许出现一些人为和硬件等造成的错误。

(2)系统模拟演练变电所内的牵引供电系统故障、违规操作等处理方式，使变电所值班人员掌握值班、巡视、倒闸、工作票办理、交接班、断路器事故跳闸处理(事故录波、故障测试装置调取)、故障处理、设备检修试验等标准化作业流程。

(3)系统模拟演练变电所内的牵引供电系统相关设备日常操作、各类参数设置，使学员能学习到各种保护设备的功能、原理、电气动作等知识。

(4)系统可培养变电所值班人员的应急故障处理能力，使变电所值班人员掌握一、二次设备故障以及短路、跳闸、备自投、自动重合闸、故障点标定等知识。

3.2 系统关键技术

本系统采用先进的多媒体计算机技术，应用平面图形处理、三维渲染、视频剪辑等技术，制作出了高分辨率的教学动画，既生动形象，又丰富美观。通过高分辨率彩色屏幕，配合教学语音，来讲解铁路供电系统中的供电方式、设备构成、保护原理、标准作业等知识，并通过艺术处理，利用多媒体丰富的图形、图像及数字化处理技术，方便的人机界面，使学员身临其境地学习知识，创造最佳的教学环境，提高学习效率。

仿真功能作为本系统的重要功能之一，其采用 OSG 开发，运用 3D 虚拟现实技术，在计算机上再现牵引变电所、AT 所、分区所及其牵引供电系统一次、二次设备，并且按照实际现场形式、逻辑进行牵引变电所设备运行、设备显示、设备操作以及正常、非正常、事故、事故操作等仿真。仿真功能包括环境仿真，即对变电所控制室盘台设备、通信系统、噪声、灯光效果进行仿真，并且可控制环境仿真的开启与关闭，还可根据现场工作需求，选取典型所进行仿真建模。可实现如下功能：

(1)基本培训功能。包括牵引供电系统正常运行方式，其操作方法按照被仿真对象的操作规程执行。

(2)事故培训功能。仿真培训系统为学员提供了在实际运行中的系统上不可能演练的处理事故的机会，优化事故演习程序，增强学员在实际运行中对系统常见故障的处理能力。

(3)连锁关系。本系统中仿真实际连锁关系包括：开关的连锁关系(遥控合闸、遥控分闸、就地合闸、就地分闸)、母联开关的连锁关系和备自投逻辑的连锁关系等。

4 实际应用

4.1 现场应用

为验证“牵引变电所综合培训系统”是否符合现场作业的要求，能否为铁路安全、优质运行提供可靠保障，在现场测试应用并改进后，将定型后样机在天津供电段组织应用，在津秦客专新兴村变电所进行现场应用。从应用效果看，该系统功能完全实现，达到了设计要求。

4.2 应用结果

通过现场应用，发现该“牵引变电所综合培训系统”具有如下特点，对现场应用帮助较大：

(1)该系统集变电设备相关图纸、变电专业规章制度、设备说明书、设备履历台账、巡视线路图等功能于一体，变电所值班员只需用手触摸就可以了解到该所的任何资料。

(2)由于变电所值班员多为年龄偏大、计算机水平偏低的职工，因此该系统设计得界面美观，操作简便，没有复杂的操作，没有令人眼花缭乱的菜单，变电所值班员只需轻轻触摸屏幕上的相应图标，就可轻松查询到所需信息。

(3)该系统具有模拟作业功能，根据所内情况不同，制作出不同的接线图操作界面，使用户能在不影响设备使用的情况下，模拟变电所后台的所有操作。

5 结 论

该系统的可视化管理模式对提高生产效率，维护设备、人身安全等方面发挥了积极的作用，我国铁路大发展的一项主要工作就是大力发展高速铁路和客运专线，使用可视化管理模式可大幅提高高铁变电所的设备稳定性，增强值班员的主观能动性，使其工作由被动转向主动，使变电值班员作业失误率降低。此外，该系统提高了日常工作效率，降低了所内资料的复杂程度，增强了所内整体管理水平，模拟操作系统也降低了作业人员在作业中的出错率。

电气化铁路接触网及电力线路危树问题研究与解决方案

李朝阳

（中国铁路西安局集团有限公司安全监管办机车车辆验收室）

摘　要： 电气化铁路接触网及电力设备运行环境复杂恶劣，生长在铁路两侧的危树是造成供电设备故障的主要因素之一，也是全路大力推进“九防”供电防灾体系建设的主要原因。在当前高速铁路快速发展的新形势下，在理论和实践的结合上深入探讨危树的由来、实践中的做法等，进而提出有效的解决方案，对于实现铁路总公司“强基达标、提质增效”主题教育活动目标，有效预防供电安全风险具有重要的现实意义。

关键词： 供电危树；隐患治理；问题研究

0　引言

电气化铁路供电设备接触网及电力线路露天设置，运行环境日益复杂恶劣，运行状态极易受到外部环境影响，危树是造成供电设备故障频繁发生的主要外部因素之一，因此中国铁路总公司提出了在供电系统大力推进以“九防”〔九防指防风、防洪（雨）、防雷、防污（雾）闪、防冰、防锈蚀、防异物、防倒树、防鸟害〕为主要内容的供电防灾体系建设，并制定了相应的工作制度和措施，如何科学治理铁路沿线危树隐患，是铁路运输安全管理中重要的系统工程和课题，值得各级管理层和从业人员进行深入的研究，对于当前实现铁路总公司党组“强基达标、提质增效”主题教育活动目标具有重要意义，需要路内相关单位通力合作，挖掘其管理潜能，减少危树给运输安全带来的干扰。

1　铁路线路侧危树由来

1.1　危树定义

危树是指生长在电气化铁路沿线，侵入或者有可能倾倒，或者有可能在大风的作用下侵入、搭接到接触网（电力）设备和线路上，短接供电设备有效绝缘距离造成跳闸、烧伤、烧断供电线索树木的简称，接触网专业危树分为A、B、C三类，电力专业危树分为A、B两类。一般将危树分为铁路防护网内与防护网外两种，树高加3米有可能倾倒而影响运输安全的危树都归在网内一类，网内危树必须利用天窗点停电进行砍伐，严禁利用非停电处理，目的是为确保行车和作业人员人身安全。

1.2　危树种类

目前我国铁路沿线树木主要分为以下几种：一是原铁路林场种植的树木。二是铁路沿线村民住户种植的树木。三是地方政府的园林局、事业单位以及高新区管委会种植的树木。四是自然生长的树木等。同时封山育林绿化环境大量植树，造成供电设备及线路两侧周边生长着大量的树木，部分树木侵入接触网及电力线路安全限界，对设备造成了严重威胁，铁路多起事故均是由于树木侵限造成的。

1.3　危树危害

电气化铁路两侧的各类树木生长迅猛，以钻天杨树、桐树居多。危害就是树木的快速生长接近或者侵入到接触网和电力线路安全范围，增加了短接电气设备绝缘距离的概率，增大了线路两侧树木触及或倾倒后触及接触网及电力设备，以及在风力作用下可引起接触网及电力带电设备接地，中断供电给运输造成的安全风险。接触网设备及线路露天沿铁路线布设，为电力机车提供电能，电力线路也是露天沿铁路线布设，包括电力贯通和自闭线路，为铁路通信、信号设备及铁路职工工作生活提供了电能，运行状态极易受到外部环境影响。据统计，2013年全路共发生牵引供电故障714件，其中外部原因造成的399件故障中，异物侵入接触网（含树木侵限）153件，占牵引供电故障的21.4%，占外部原因的38.3%。共发生电力故障154件，其中外部原因造成停电故障的138件中，异物侵入和倒树45件，占发生电力总故障的29%，占外部原因造成停电故障的 32.6%。

图 1 陇海铁路接触网线路二道网外成片的危树

图 2 沿线住户种植在网外接近接触网回流线的危树

1.4 危树成因

沿线树木生长较快的原因复杂多样，但主要有以下几个方面的原因：一是有管理层过去对电气化铁路沿线私人种植的树木普遍重视程度不足，造成沿线存在有大量私人种植的树木，因此被列为铁路总公司供电防灾体系建设的“九防”(防倒树)之一，被纳入重点防控整治范围。二是铁路二道防护网外大多是农田和荒地、坟地等，已经成为部分人员的生财之道，砍伐不久后还会有人继续在附近种植成排的钻天杨树、梧桐等高大、生长迅速的树木。三是部分区段机械化养路、集中修清筛时将线路上包括列车通过时的排泄物在内的废弃物清除到二道网以外，这些废弃物是天然的肥料，也是促使树木快速生长的因素之一。

1.5 成本支出

按照部分路局规定，除去消耗的人力资源、物力及天窗资源外，对私人及相关单位的费用支出也是一笔不小的成本支出，目前通行的做法是将处理危树费用在运输成本中列支。某供电段 2016 年初第一次共排查危树 918 棵，其中接触网危树 635 棵，电力危树 283 棵，截至 5 月 25 日处理路外危树 913 棵，路内 6 棵，修枝 263 棵，去冠 6 棵，伐除 649 棵，并支出了一笔数额较大的整治费用，在调查走访中我们了解到此项已经成为沿线部分农户的生财之道。

2 危树治理中存在问题

2.1 危树治理形势依然严峻

每年汛期，由强对流天气、狂风暴雨等原因都会引起铁路沿线树木倾倒，影响铁路运输安全，造成供电线路、接触网、电力线路及设备损坏，从而为运输秩序带来不利影响，特别是目前我国高速铁路至今已经建成开通 2 万多公里，一旦因危树等外部环境因素中断供电，影响将是巨大和前所未有的。铁道部 2012 年的统计数据表明，外部因素引发高铁供电故障占全部高铁供电故障的 68%。典型案例是 2002 年 4 月 4 日 ~7 日在京秦线、京广线及成渝线由于大风雨连续发生 6 起倒树造成接触网停电事故，停电时间为 10 小时 42 分。2012 年 7 月 3 日，京沪线南京站上行接触网 186$^{\#}$ - 188$^{\#}$支柱跨中因树木倒伏造成接触线、承力索断线，中断供电 211 分钟，严重影响了运输秩序。

2.2 路内各单位职责不清晰

每年上级都要发出电报，对影响运输、相关基础设施安全的树木提出处理要求，但倒树现象依然存在，对运输安全和秩序的威胁影响也并没有消除。究其原因，主要是各局在处理影响铁路运输的树木时普遍由多部门负责，职责不清。一般的职责范围界定是影响供电接触网、供电线安全以及邻近电力贯通线和变电所等供电设施的危树，由供电段负责调查处理，除影响供电设备的危树外，对可能倾倒侵限或影响行车安全的危树区间由工务段负责；站区(两端进站信号机以内)则由各车务段(公司)、各直属站负责。另外，铁路各级相关部门与地方部门单位协调沟通力度不够，地方在处理危树的工作中也存在着监管不到位、处理不到位等问题，作为实施主体的有关站段责任落实不到位也是危树治理收效不佳的一个主要因素。

2.3 供电系统承担太多责任

近年来，高速电气化铁路迅猛发展，外部环境对供电设备运行构成了巨大威胁，铁路基层供电管理部门及人员为治理树害付出了艰辛的努力。供电系统主动上手，健全并完善供电"九防"体系，通过摸索和探索，在总结近年实践的基础上，探索危树等外部环境整治内在的规律性，建立健全档案、专项攻关、联防联控等制度，对树木采取削枝、去冠、伐除、去根等措施。加强对沿线危树的修剪、砍伐力度，电力架空线路改造为电缆和绝缘导线，提高防树害能力；超前预防、超前防范，提高防灾、抗灾能力，建立管理档案，制定明确有效的供电系统风险控制措施，做到认识到位、制度落实、落实到位、执行有力、打造安全高效的空中安全供电线。

3 消除危树的典型做法

3.1 狠抓危树排查整治

危树排查整治须认真贯彻执行原铁道部《关于加强对沿线危树进行检查清理的通知》(防洪电办[2012]5号)的电报要求，根据近年的实践，站段主要采取以下方式消除危树：一是按照树高加3 m的标准和一米不漏的原则对危树进行排查登记，制定计划组织处理，如某供电段仅去年6月至11月就整治危树8110棵。二是针对林木密集区段，对线路进行改造，将架空线路改造成电缆线路，某供电段一次改造12处，累计改造9.9 km。三是针对一时无法处理的危树及时向相关部门发函，协调解决。

3.2 加强与地方的联系

在防危树倾倒方面，站段积极主动争取地方政府支持及时进行砍伐清理，并逐步采取危树集中区段架空线路改电缆或更换为绝缘导线等措施。铁路沿线危树有不少难砍难伐的地段，站段积极与当地林业部门取得联系，向当地市区环卫园林局、经济开发区、县政府、林业局等产权单位沟通联系危树整治事宜，今年某局供电系统向地方有关单位发函48份，涉及123个路外安全隐患排查整治问题。

3.3 严把整治安全关口

在危树治理过程中，将危树整治分为防护网内与防护网外两种，把树高加3 m有可能倾倒影响行车安全的危树都归在防护网内一类，防护网内危树必须利用天窗点停电进行砍伐，严禁利用非停电时段处理，确保行车安全和砍伐树木作业人员人身安全，防护网外危树可以采取其他作业方式处理，不占用天窗时间。

3.4 紧盯危树整治进度

近年来，站段每周利用周一交班会对各供电车间危树的整治情况进行通报，对危树整治过程中存在的典型问题进行剖析，利用对话会和月度设备质量分析会对危树整治过程中好的做法和经验提出表扬，对执行不力、进度滞后的供电车间提出批评，定期下发危树整治专题通报，明确相关要求，确保危树整治按期完成。

3.5 取得地方政府支持

铁路沿线有许多地方园林局、高新区管委会等单位种植的大批树木，为确保危树整治工作的顺利完成，站段提出希望产权单位将现有杨树砍伐置换成为底矮化树木的建议，被产权单位接受，基本上消除了树木密集区段危树对供电设备运行带来的安全隐患。

4 危树治理的解决方案

4.1 顶层及法律层面的考量

4.1.1 顶层设计出台相关规定

总公司层面，最早可查到的资料是原铁道部运基桥涵〔2007〕401号《关于明确影响行车和相关基础设施安全树木处理职责的通知》，随着高速电气化铁路的迅猛发展，建议总公司层面，联合国家铁路局、公安、司法等部委出台铁路外部环境暨危树治理规范，总公司出台危树治理指导意见，以指导全路的危树治理工作，避免出现较大的管理真空地带；铁路法律事务、政法、公安等部门是否可以商榷国家铁路局从法律层面，函告地方政府，请地方政府以公告形式发布，以制止沿线部分村民在靠近铁路二道防护网处反复种植树木，形成有效的威慑力量。必须有行政手段的介入，多管齐下形成威慑力。先期可以选一个区段作为试点，取得经验后再全面推开，以各部门最大限度发挥作用来降低铁路企业的管理成本，实现总公司提出的“强基达标、提质增效”教育活动的目标。

4.1.2 主动出击释放管理效能

面对日益严重的外部环境问题，路内部分铁路局(公司)先行一步，北京局2015年根据《铁路林业技术管理规则》相关规定，颁布了企业标准《铁路沿线危树处理》，从危树定义、处理原则、处理技术要求、作业流程、安全事项5个方面进行了明确规定，便于危树排查、处理等工作开展，制定《影响供电设备危树标准及工作程序》，各局要按照总公司指导意见，制定更加详细、铁路各系统更加职责明确的、更具有可操作性的《危树处理实施细则》，以指导全路各系统认真履行职责，防止推诿扯皮，从制度上解决危树治理中存在的诸多问题。

4.2 多措并举实施斩草除根

站段目前最常用的是采取修枝、去冠和伐除三种手段，对于较大的树木采用油锯之类的工具，需要高出地面15 cm左右锯掉。砍伐私人和单位的危树，大多在农户田地、荒地及坟场等地，农户及相关单位以赔偿损失为由索要高额费用，所以对支出费用砍伐树木必须做到斩草除根。这需要相关单位付出更多的努力，目前办法不是很多，可以采取挖出树根、浇筑硫酸，还可以采取对树头钻孔，灌注杀草剂，在树头处以厚塑料袋装一公斤食盐，套在树头，以能伸缩胶袋绑紧，盐汁就会渗透使它死亡腐烂(比较环保)等方法。要对支付费用的树木尽量斩草除根，不能一伐了之，一砍了之，尽量延长下个周期不支付或少支付费用的时间。

图3 运用汽车吊砍伐接触网线路附近的危树

图4 天窗点内砍伐接触网线路危树

4.3 路内单位加强巡查监管

目前对支出砍伐费用后的树木，沿线有的农户会继续在此附近种植树苗，相关单位在处理地方危树的同时，必须与危树权属人签订协议，协议中必须明确不复种影响铁路设备安全的植物、路用土地禁种植物等相关条款，有利于保护铁路安全；各铁路站段及网栅管理单位诸如车站、工务等部门必须高度重视，加大巡查力度和频次，纳入各自的职责范围，各管理层面出台相关规定，不能仅靠供电系统一家发挥作用，其他路内单位对发现在二道网边缘种植树木的行为负有采取措施予以制止的责任。

4.4 清除一二道网栅内树木

受地形限制，在一二道网内砍伐的树木要运出来难度较大，所以普遍做法是就地砍伐后仍摆在防护网内，这样的后果是几年后砍倒的树木堆积了一定的高度(一般会有1.5 m左右的高度)，造成的后果一是给此后人员的砍伐和出入带来困难；二是时隔一定时间后部分被砍伐的树木又长出了新的树木(图7)，正可谓是“野火烧不尽，春风吹又生”，因此同样存在着“斩草除根”的问题。经现场实地多次调研、检查及查看发现，将已经砍伐掉的树木清除出一二道网内难度确实非常大，需要统筹考虑规划，制定便于操作的实施方案。

4.5　路地协作委托处置并举

眼睛向外，创新及创造性拓展工作思路，开展路地协作，对于供电线路两侧难以处置的地方危树，站段可以主动与属地县乡级护路站联系、沟通，地方护路部门负责督促危树权属人伐除，并协助树木权属人办理伐树相关手续工作，大力推进危树处理进度。进行委托处置，对于线路两侧难以处置、范围大、数量多的地方危树，由路局环治办协调省级护路办共同组织市、县级护路部门与受影响的铁路设备单位进行现场调查，确定由铁路出资委托、地方补贴、县级护路部门组织处置危树，推进重点危树处理进度。

图5　宝成铁路砍伐后的危树

图6　陇海铁路砍伐危树后的接触网照片

图7　铁路二道防护网栅内砍伐的未清理出网外，不久后又生长出的树木照片

4.6　抓季节性设备整治工作

针对危树等季节性环境特点，下大力气全面抓好供电安全大检查问题的整改。2011年国务院高速铁路安全大检查发现的问题中，涉及供电专业的八个方面38个问题中，外部环境治理是其中之一，因此要针对问题，积极主动，彻底整改，结合供电整章建制、完善供电安全质量管理制度与落实机制建设，建立整改问题库，责任到人，形成闭环管理，稳步实施扎实推进。

4.7　抓环境危险源排查整治

建立健全铁路内部各专业之间、铁路与企业之间、铁路与地方之间联合护路制度，明确双方的责任和义务，对危树进行排查整治。局级单位可以考虑设立铁路运输安全环境专项整治办公室，负责地方危树处理，具体负责组织危树治理工作，负责与地方省市县相关部门对接。将危及铁路供电安全的隐患、需重点整治的处所及时向地方政府进行通报，取得地方政府的大力支持，进一步推动“环境危险源”的治理工作。

4.8 强化供电外部环境整治

建立外部环境危及供电设备运行安全管理机制，建立健全危树等各种危及铁路运输安全的风险因素管理档案，制定相应应急处理预案和恶劣天气下加强巡视与监控的实施办法；加大铁路沿线影响供电设备运行的危树整治力度，大力推进35 kV 及以下地方电力线路横跨接触网线路、电力线路的改造工作，认真落实危树等安全关键部位的防护措施，做好整治，不断提高供电设备抗干扰能力。

5 结束语

近年来，铁路系统在治理危树方面取得了较好的成绩，2014 年，在全路新线开通，供电设备大幅度增加的情况下，通过“九防”措施落实，全路危树灾害造成的供电故障同比下降了 32%。其中全路 14 个供电段当中，4 个维管段实现了“树害、冰雪、大风”等季节性零故障。2014 年全路供电 11 项安全专项整治工作之一的林区架空电力线路入地改造项目取得了突破性进展，各铁路局通过采取“统一台账、分级整治、危树集中区段架空线路入地改造、争取地方政府支持”等措施，积极消除危树隐患，上半年共清理危树 48 万棵，树害引发的故障同比减少 17%。当年对危树严重区段架空电力线路进行电缆入地改造完成 516.6 km，提升了供电设备抵抗外部环境干扰的能力，减小了因危树影响造成接触网及电力线路停电故障的概率。

图 7 陇海铁路砍伐接近接触网线路后的危树

图 8 宝成铁路砍伐电力贯通线路旁的危树

综上所述，危树治理工作涉及《物权法》《林业法》《铁路法》《铁路林业技术管理规则》《铁路安全管理条例》等法律法规，需要综合研究和规划，从本着眼睛向内、挖掘管理潜能方面入手，相关单位、部门可以作为一个课题或者项目开展研究，应该对全路铁路运输管理具有一定的指导意义。

参考文献

[1] 张韬. 浅谈接触网外部环境安全风险及防控措施[C], 世界轨道交通技术及解决方案系列丛书. 中国篇, 2014.
[2] 关于印发《供电安全风险管理实施意见》的通知, 铁道部运输局供电部, 2012.
[3] 关于明确影响行车和相关基础设施安全树木处理职责的通知, 铁道部运输局, 2007.

铁路变配电3D仿真实训体系的建设与应用

刘　翔

（中国铁路广州局集团有限公司长沙供电段）

摘　要： 长沙供电段不断创新职教工作新思路，采用计算机仿真技术（computer simulation technology）这一现代化技术手段，应用系统工程及系统论、控制论、信息论等现代化管理的基本原理，率先在变配电岗位培训中探索实施了铁路变配电3D仿真实训体系，对现有的培训项目各类管理职能进行整合，对各类资源进行优化配置，通过管理创新带动技术创新、制度创新，突破原有的培训项目管理模式，建立与现有培训项目相适应的管理制度、技术体系和培训模块，对变配电3D仿真实训实行系统管理和全过程控制，确保规范培训管理，提高培训质量、培训效率、培训效果，保证安全供电，在全路供电系统起到了较好的示范作用。

关键词： 计算机仿真；铁路变配电；3D；实训体系

广州铁路（集团）公司（以下简称“广铁集团”）长沙供电段地处湖南省中东部，主要担负湖南省内京广高铁、沪昆高铁、长株潭城际、京广普铁、沪昆普铁、石长铁路、洛湛铁路等线路的接触网、变配电、电力及客车上水、生产生活供电设备的运营维护任务。全段有100座各类牵引变电所亭，27座电力配电所，427台箱变，66台自轮运转设备；还担负着9个地区4.2万用户供电、3.7万用户的供水工作。管辖牵引供电设备5681.289条公里，电力设备38968.531换算公里，给水设备4684.33换算公里。全段共设10个科室，调度指挥中心、分析检测室2个生产辅助机构，17个车间；现有2661名在职员工，其中管理人员285人，操作技能人员2376人。2015年以来，长沙供电段在铁路总公司劳卫部、供电部和广铁集团职教处、供电处的指导下，不断创新职教工作新思路，率先在变配电岗位培训中探索实施了铁路变配电3D仿真实训体系，在全路供电系统起到了较好的示范作用。

1　铁路变配电3D仿真实训体系的实施背景

1.1　满足安全发展的需要

随着高铁及新改建铁路在长沙供电段管内的不断开通，运营里程不断增长，大量的新职、转岗人员不断进入到变配电生产岗位。近五年长沙供电段有近410余名新职大学生和转岗人员从事变配电检修和值班（值守）岗位（见图1），平均每年约80人，这些新分配的大学生和转岗人员对变配电专业应急处置、实作技能知识掌握得不彻底，师带徒的质量不高，造成了时有到岗人员素质不高的情况发生，给安全供电带来了隐患。

面对严峻的实际困难，迫切需要立足自身实际，按照“实际、实用、实效”的原则，创新变配电岗位人员培训方式，切实解决企业满足安全发展的人才紧缺问题。

1.2　提升培训质量的需要

变配电实训管理不到位，系统有缺失。首先是没有一个完整的变配电实训项目管理体系，培训的系统化管理有缺失，使得培训的针对性不强，造成了培训中有脱节的现象存在。其次是变配电实训培训资源配置工作没有得到优化，培训工作按照一般理论和实作授课的原则进行资源配置，没有针对实际需要，特别是在无法仿真模拟故障的情况下只是采用理论讲解，而没有增大应急处置技能培训的资源配置，实训质量没有保证。再次是对于变配电实训中出现的新情况、新矛盾、新问题没有做到及时发现、分析，没有及时提出行之有效的解决办法和对策措施，对培训的系统管理不全面，使得培训管理工作部分存在脱节现象。面对提升培训质量的要求，按照培训项目“仿真化、系统化、模块化”的管理原则，创新变配电岗位人员培训手段，切实提高变配电人员培训质量。

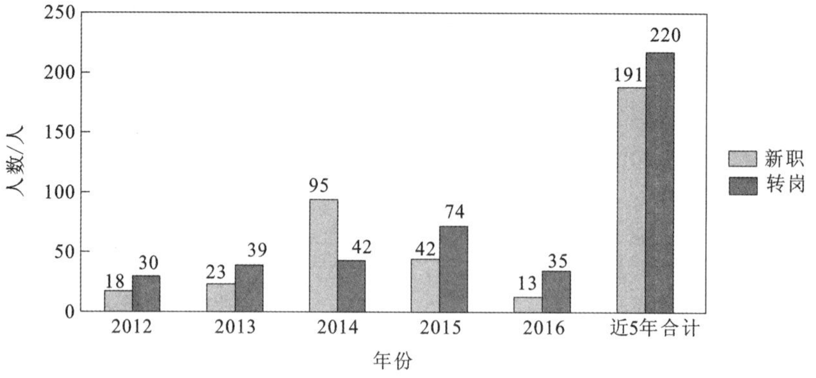

图 1 长沙供电段近五年新职、转岗变配电人员统计图

1.3 创新培训手段的需要

按照传统的培训模式进行培训，要求大而全、面面俱到，容易导致培训重点落实不到位，特别是针对实际设备状况的实际动手培训不到位，尽管根据具体人员素质和设备情况做了一些变更，但还是难以控制变配电培训的质量和进度。特别是变配电专业应急处置的实训，由于设备的智能化程度很高，许多故障无法复制，往往只能在纸面上做文章或对照设备进行讲解，培训缺乏针对性和有效性，显然是消极的、被动的、低效的，使得变配电实训的质量问题不能得到及时克服。面对培训手段存在的问题，迫切需要按照“(实物)演示、(故障)复制、(操作)智能”的原则，创新变配电岗位人员培训手段，切实解决变配电实训手段不适应的问题。

2 铁路变配电 3D 仿真实训体系的内涵及做法

铁路变配电 3D 仿真实训体系采用计算机仿真技术(computer simulation technology)这一现代化技术手段，应用系统工程及系统论、控制论、信息论等现代化管理的基本原理，对现有的培训项目各类管理职能进行整合，对各类资源进行优化配置，通过管理创新带动技术创新、制度创新，突破原有的培训项目管理模式，建立与现有培训项目相适应的管理制度、技术体系和培训模块，对变配电 3D 仿真实训实行系统管理和全过程控制，确保了规范培训管理，提高了培训质量、培训效率、培训效果，保证了安全供电(见图 2)。

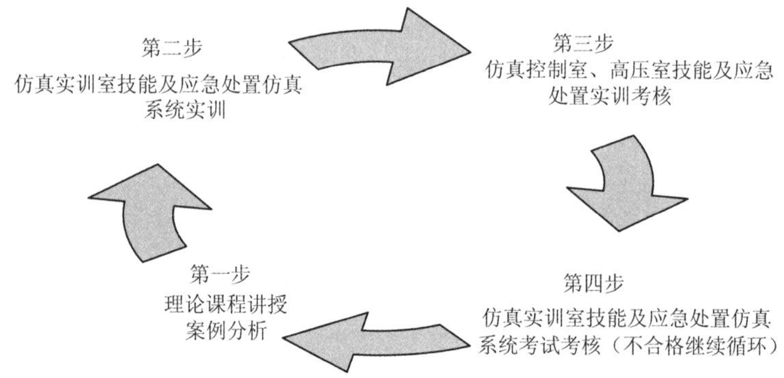

图 2 变配电 3D 仿真实训步骤循环系统图

2.1 推进硬件建设，创造实战化培训条件

1. 明思路，凭实际，定标准

为创造良好的变配电技能训练条件，根据铁路总公司相关管理要求和广铁集团职教处、供电处规定，充分利用现有教育培训资源，积极争取上级和段投资，以“实际、实用、实效”为原则，不断加强变配电培训能力建设。根据长沙供电段变配电设备自动化、智能化程度高的特点，以及对职工实际操作能力要求高的需求，结合现有变配电设备的实际，长沙供电段在变配电技能实训硬件建设中坚持以实际、实效为原则，

坚决摒弃纸上谈兵，坚决摒弃一张考卷定终身的做法，着重于实作技能培训，着重于实训硬件的建设，并明确了功能齐全、标准一致、工艺达标的培训硬件建设标准，按标准制定了推进计划，逐步组织实施建设。

2. 争投资，巧利旧，赢合作

明确了变配电实训场所建设标准后，长沙供电段群策群力，首先是积极争取上级和段内投资，开展培训硬件建设；其次是发挥“顺风耳”“千里眼”的作用，以“收废品”“捡破烂”为名，动员科室、车间积极收集新线建设中的剩余设备、线路改造后更换下来的设备、报废损坏可用设备、退役停用留置设备（见图3）。将上述几类设备修旧利废加工改造成专项、专用实训设备（见图4、图5）；再次是合作共赢，与长沙变配电检修车间合作建设长沙培训基地株洲培训基地普速铁路变配电综合自动化3D仿真实训练兵场，与高铁检测室合作建设高速铁路变配电综合自动化3D仿真实训练兵场，这样既对资源进行了共享，又合理利用了各类经费。2015年3月以来，广铁集团、长沙供电段投入资金50余万元，强力推进了变配电培训能力建设。建成株洲培训基地普速铁路变配电综合自动化3D仿真实训练兵场一座（见图6），长沙培训基地高速铁路变配电综合自动化3D仿真实训练兵场一座（见图7、图8），基本涵盖了长沙供电段管内高速铁路、普速铁路变配电所有设备的实训功能。

图3　高速铁路变配电废旧设备

图4　高速铁路变配电废旧设备在长沙培训基地再利用

图5　变配电废旧试验设备修复后在株洲培训基地再利用

图6　株洲培训基地普速铁路变配电3D仿真实训控制室

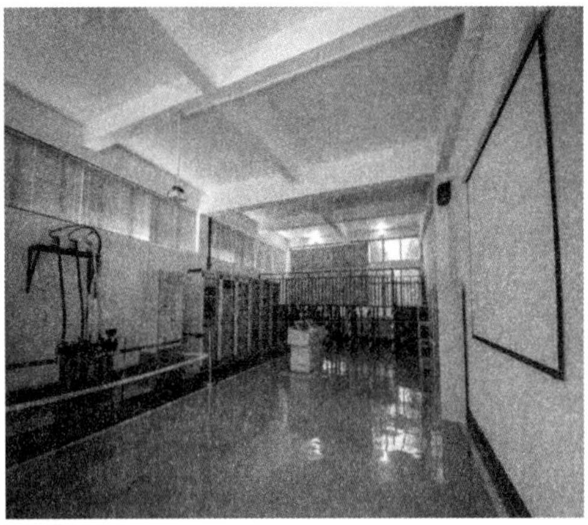

图 7 长沙培训基地高速铁路变配电 3D 仿真实训控制室

图 8 长沙培训基地高速铁路变配电 3D 仿真实训控制室

3. 订制度，上手段，抓落实

为确保变配电综合自动化仿真实训系统化管理各项管理工作顺利实施并见成效，一是制定下发了《变配电综合自动化仿真教室管理办法》《教学设备使用和维护管理办法》《教学工具材料管理办法》等 4 个管理制度，确保了变配电综合自动化仿真实训设施设备事事有人管、件件有落实。二是不断优化各类资源配置。针对变配电综合自动化仿真实训系统化管理特点和要求，我们进行人力资源优化配置，从全段选拔业务能力强、综合素质高的变配电专业人员充实到培训项目组中，并组织进行师资培训。三是在株洲、长沙培训基地变配电综合自动化仿真实训场装设全覆盖的监控装置，并与段相关视频管理系统进行整合，对培训情况进行分析考核，确保了培训的质量。

2.2 应用软件技术，开发仿真化实训系统

长沙供电段广泛应用计算机仿真技术，采用接触网和牵引变电所(含配电)仿真的一体化设计，创新开发了变配电综合自动化 3D 仿真培训系统，仿真培训系统整体技术水平达到了目前国内的领先水平(系统图见图 9)。

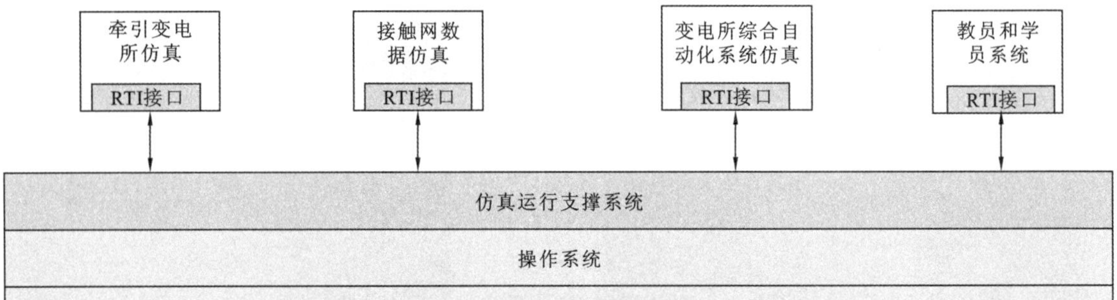

图 9 变配电 3D 仿真培训软件系统图

长沙供电段开发的铁路变配电 3D 仿真培训系统是实施体系管理的重要环节，创新了变配电综合自动化实训的培训手段。

1. 全动态仿真

3D 仿真培训系统采用电磁暂态、机电暂态一体化实时全动态仿真。牵引变电所仿真系统单独运行时，接触网模型为其提供动态运行参数。接触网模型按机电暂态过程建模，在仿真牵引变电所及相邻线路组成的局部接触网按电磁暂态过程建模，使牵引变电所的运行动态参数更加真实，故障录波功能应能满足事故分析培训的要求。可以准确地实现遥信、遥测、遥控、遥调“四遥”功能，牵引变电所所有现场仿真操作以

及变配电故障、设备事故、继电保护和自动装置动作等一系列信息，在仿真应用软件之间场所同步和交互（3D 仿真实训室见图 10）。

图 10　株洲培训基地普速铁路变配电 3D 仿真实训室

2. 立体式仿真

采用虚拟现实技术和多媒体技术实现牵引变电所一、二次设备仿真，实现牵引变电所一、二次设备的三维重现，形象地反映设备的正常、异常、事故状态及其动作过程，使培训具有真实性（3D 仿真图像截图见图 11）。3D 仿真系统完全适应当前牵引供电系统自动化技术发展的要求，特别是牵引变电所综合自动化系统和牵引变电所一、二次设备的发展要求，在一定时期内保持其技术先进性，能满足不同电压等级、不同类型、层次高铁、普速牵引变电所运行、维护人员、调度人员的培训需要。

3. 一体化仿真

3D 仿真系统培训模式配置灵活，既可以配置为牵引变电所培训仿真系统，也可以配置为调度员培训仿真系统，还可以配置为接触网和牵引变电所联合培训仿真系统，增大了培训的灵活性。接触网和牵引变电所（含配电）仿真的一体化可以正确地反映接触网和牵引变电所之间相互作用、相互影响的关系，提高整个仿真培训系统的一致性、真实性和正确性，培训功能更加完善，可以对高铁、普速变配电运用、检修人员进行全方位的仿真培训、考核、演练（3D 仿真实训教室见图 12）。

图 11　铁路变配电 3D 仿真实训系统三维图像截图

图 12　株洲培训基地变配电 3D 仿真多媒体实训教室

4. 交互式仿真

仿真软件支撑系统采用总线式对称体系结构，具有良好的规模可伸缩性和扩充性，能够满足各种规模分布式仿真培训系统的需要，可以实现在广域网上进行远程培训的要求。在充分考虑仿真功能的同时，加强网络培训功能，特别是基于 Web 的远程培训功能，利用网络资源和多媒体技术，建立远程、交互式教学培训平台，实现远程教学培训功能。3D 仿真培训系统具有良好的开放性和可扩充性，能支持第三方硬件和软件的接入和系统升级。可以满足不同层次培训的扩容。

铁路变配电 3D 仿真培训系统采用基于高层体系结构的交互式、分布式仿真软件开发平台，解决分布式仿真培训系统中仿真应用之间互操作性、分布性和时空一致性问题，可以将接触网仿真、牵引变电所仿真和教员与学员系统集成到一个综合的仿真环境中，满足仿真培训系统的目前和未来发展需要。

2.3 投入实际运用，搭建模块化培训平台

1. 培训模块化管理

在硬件、软件建设完成后，长沙供电段不断优化和创新铁路变配电 3D 仿真实训培训项目管理模块平台，运用教学培训模块化管理，进一步规范了铁路变配电 3D 仿真实训教学方案、教学组织、教学实施、质量评估等程序，对铁路变配电 3D 仿真实训培训项目实施系统化管理，确保了培训质量。

2. 明晰子模块清单

优化和创新的变配电综合自动化仿真实训模块化管理平台纳入了所有培训项目管理的各个环节，如在培训项目 3D 仿真教学培训管理模块中涵盖了 3D 仿真巡视培训子模块、3D 仿真设备操作培训子模块、3D 仿真设备故障查找培训子模块、3D 仿真应急处置培训子模块、3D 仿真“五防”培训子模块等子模块，并对其子模块的具体培训内容进行了固化和完善(见图 13)。

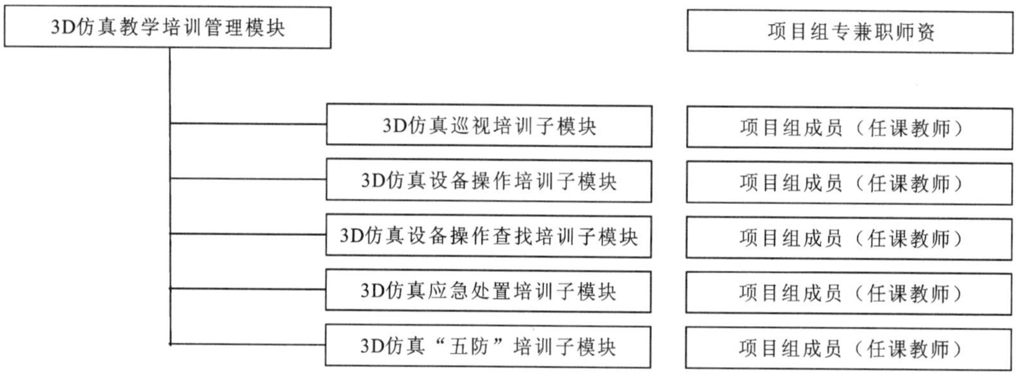

图 13 变配电 3D 仿真培训体系培训模块图

利用计算机仿真培训及网络系统，完善了变配电综合自动化仿真实训培训项目教学培训管理模块中的讲义课件管理子模块、题库试卷管理子模块、教学质量评估子模块、授课过程控制子模块、考试考核管理子模块等子模块(见图 14)，在培训系统中重点对其子模块的具体职责进行了明晰。根据现场对应急处置能力要求高的特点，进一步明晰 3D 仿真应急处置培训子模块、实际设备应急处置培训子模块、综合自动化应急处置子模块、综合项目应急处置子模块的培训管理要求和内容要求，明确了应急处置培训的关键点就是“判断”和“处置”，明确了专兼职教师管理职责，明确了各培训模块间的结合部教学分工和培训工作标准。

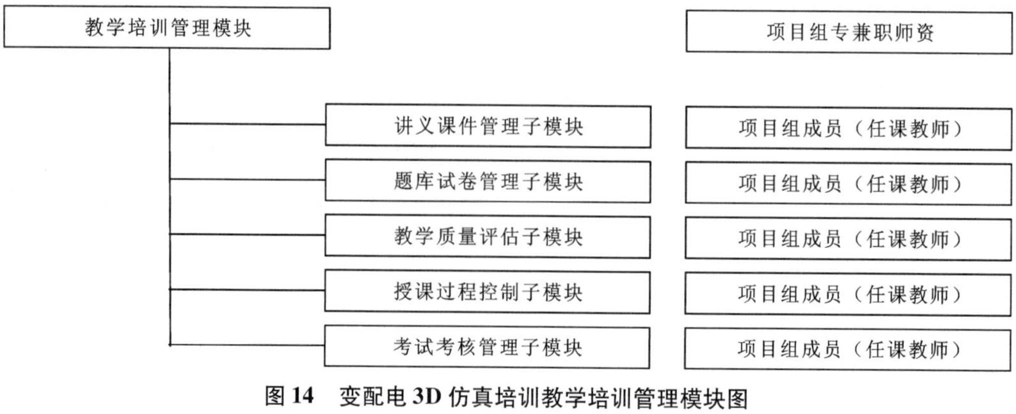

图 14 变配电 3D 仿真培训教学培训管理模块图

3. 建立各类型手册

进一步规范了变配电3D仿真教学培训的管理明细，制定了《变配电3D仿真教学培训系统交互式3D平台使用手册》《变配电3D仿真教学培训系统PCS9700监控使用手册》《变配电3D仿真教学培训系统“五防”模拟屏使用手册》等13个培训实施管理制度，使变配电3D仿真教学培训工作有章可循，规范统一。

2.4　规范管理手段，构建系统化管理网络

变配电综合自动化仿真教学培训系统化管理对于培训管理工作是个新生事物，在实施过程中还需要不断规范和完善。长沙供电段不断充实完善变配电综合自动化仿真教学培训项目系统化管理，明确相应的培训职责和工作目标，进行培训项目管理组织重组，完善培训项目的组织管理，形成管理网络，实施闭环管理。

1. 组织持续调研论证

长沙供电段采用系统工程方法，发挥培训项目组织管理网络的整体优势，以培训质量控制为主体，强化培训质量数据分析工作，对培训质量数据结果用计算机进行系统分析后组织技术论证，解决培训中的技术问题。组织培训项目组成员重点对模拟设备故障和实际设备故障应急处置的培训进行培训前、培训中、培训后的调查和技术论证。利用调查数据和论证方案及时、准确、详细地掌握整个培训过程的信息。只有完全掌握了培训数据，才能做到心中有数、查漏补缺、对症下药，才能制订出完善的培训方案。为此，在实施中分三步对变配电3D仿真实训系统化管理进行了规范。

2. 完善培训组织管理

选拔优秀变配电兼职教师进入培训项目组，根据个人专长明确分工要求，并进行变配电综合自动化3D仿真教学培训系统使用的专项培训，从人员组织方面促进了培训质量的提高。

3. 完善培训技术手段

为了更好地开展仿真教学，利用掌握的实际设备运行数据增加了应急处置仿真培训模块，将应急处置仿真培训模块由10个增加至23个，涵盖了所有变配电设备的故障模拟，从技术手段方面促进了培训质量的提高。

4. 不断完善系统管理

首先，根据培训的质量要求和目标状况综合分析、判断、归类，分轻重缓急；其次，针对不同素质的培训人员（如主、副值班员；使用、检修人员）进行专项方案制订和料、机、具配备及人员安排和分工；最后付之实施，从而具有较强的针对性、有效性，使整个培训过程做到有序可控，从系统管理方面促进了培训质量的提高。

变配电3D仿真实训系统化管理在实践中及时掌握培训中情况，及时发现、分析、研究培训中出现的新情况、新矛盾、新问题，提出行之有效的解决办法和对策措施，最终实现了对变配电3D仿真教学培训的全过程控制和系统管理。

3　铁路变配电3D仿真实训体系的实施效果

通过建设与应用铁路变配电3D仿真实训体系，长沙供电段坚持正确导向、不断完善的原则，让管理人员与职工了解变配电3D仿真实训系统化管理的创新性、必要性，给教育培训工作注入了新的活力。应用的效果主要表现在以下几个方面。

3.1　促进了企业安全生产

变配电3D仿真实训体系的建设与应用，明确了培训的控制内容、程序和方法，规范了培训中的质量控制，使整个培训处于受控状态，任何一项工作都在管理范围内，提高了培训效率和质量，为管内设备变配电安全运营打下了良好的基础。在任务逐年增加、运输日益紧张的情况下，以安全生产为中心的各项工作取得了全面的进展，截至8月10日已经实现了安全生产1297天。

2015年教育培训工作得到了广铁集团职教处的肯定，在年度职教管理评估中获得了广铁集团“优秀单位”称号；2016年10月广铁集团在长沙供电段组织召开全集团职教工作现场会，“变配电3D仿真实训体系建设与应用”这一课题通过展示获得了与会所有站段职教管理人员的好评，并得到了铁路总公司和广铁集团领导的肯定和表扬（见图15）。2017年铁路总公司劳卫部、供电部组织观摩了长沙供电段变配电3D仿真

实训系统的应用后，确定了在长沙供电段举办铁路总公司变电专业职业技能竞赛的决定。

3.2 扩大了企业的培训能力

一方面，确保了资源共享和差异服务并存，提升了培训质量。变配电综合自动化3D仿真实训的管理模块和整体培训框架，能够充分利用已有的信息、知识等各种资源，针对不同的模块内容(如不同的培训对象、不同的培训项目)，进行匹配组合，以求最佳的培训效果，达到提升培训质量的目的。目前长沙供电段拥有的株洲、长沙职工培训基地可同时容纳200人进行供电系统接触网、电力、变配电、作业车等各专业同步实训，大大提升了培训能力。2016年初开始实施变配电3D仿真实训培训项目，共计办班18个，培训1215人次，并承担了湖南省技能鉴定站、湖南铁路科技职业技术学院等部门变电值班员高级工、技师、高级技师实训及考评工作(见图16)。

图15 株洲培训基地变配电3D仿真系统现场会展示

图16 变电值班员技师培训现场

另一方面，促进了整体优化和局部创新的并存，增强了培训的时效性。变配电综合自动化仿真实训体系的应用，提供了较为宽泛的创新路径，如对培训手段的创新、培训对象的组合创新、培训内容的固化创新等。通过各个有机部分的接口优化，也为系统整体和局部创新提供了靶点。培训管理人员可以采取渐进式、局部式、整体式等多种创新模式，增强了培训的时效性。与此同时，由于重点突出、动态反馈、宜于评估，责任明晰，提高了培训质量。通过将培训对象、手段、内容、资源、理念等进行模块化处理，使得实施与优化工作的对象凸现，也将培训工作中结合部和模糊不清的部分理清，对培训各方面的工作提供了一个详实的平台，进一步为提高培训质量提供了保证。

3.3 提升了职工业务素质

变配电3D仿真实训体系的建设与应用，增强了培训工作力度，规范了培训管理，提高了职工的综合素质。由于制定的培训方案经过了多次论证，使不必要的、重复性的工作不再进行，促使主动培训与被动培训进行了有效的结合，提高了培训的效率。首先，计算机三维仿真技术的采用，使职工进入了培训的“游戏世界”，寓教于乐，提高了职工学习的积极性，使职工由被动培训进入了主动培训状态，提高了培训的效率(见图17)。其次，变配电综合自动化仿真实训系统化管理的构建及实施可以针对培训对象的不同需求、人员的差异及上级要求在培训手段、培训资源等各方面进行充分细分，让员工真正成为培训管理体系中的重要组成部分。通过实作技能培训和岗位练兵活动工作的深入开展，进一步激发了职工学业务的积极性，经过层层选拔，2016年长沙供电段参加广铁集团供电系统职业技能竞赛，变电专业获得了广铁集团团体第二名，个人全能第二名，包揽了个人理论第一名、第二名的好成绩；在广铁集团供电系统大学生技术比武活动中，取得了变电专业团体第一名，包揽了个人全能第一名、第二名的好成绩；2017年长沙供电段参加广铁集团供电系统职业技能竞赛，变电专业获得了广铁集团团体第一名，包揽了个人全能第一名、第二名，个人理论第一名、第二名的好成绩；在广铁集团供电系统大学生技术比武活动中，长沙供电段取得了变电专业团体第一名，包揽了个人全能第一名、理论第一名、实作第一名的好成绩，为段争得了荣誉。

图 17　变电值班员仿真培训在“游戏世界”培训现场

参考文献

[1] 康熊. 铁路计算机仿真技术[M]. 北京：中国铁道出版社.
[2] 瞿亮. 计算机仿真技术[M]. 北京：电子工业出版社.
[3] 振邦. 管理学基础[M]. 北京：中国人民大学出版社.
[4] 方振邦，鲍春雷. 管理学原理[M]. 北京：中国人民大学出版社.

接触网运检修分离改革中各工区职责管理探讨

彭兆刚

(中国铁路武汉局集团有限公司襄阳供电段)

摘 要：电气化铁路处于迅速发展阶段，如何确保供电设备安全、优质、高效地运行，我们深感责任重大。按照铁路总公司关于修程修制改革统一部署的要求，以提高设备检修效率、提高供电设备质量、降低修理成本为目标，襄阳供电段不断强化基础管理，不断总结经验得失，积极探索推行接触运检修分离。本文主要对宜万线接触网运检修分离改革，各工区职责管理明确，探讨了各工区间协作关系，为运检修分离改革提供一定的积极实践指导，确保电气化铁路接触网安全稳定运行。

关键词：运检修；分离；改革；职责

1 引 言

宜万线2010年11月21日正式开通运营，是一条世界级的高风险山区铁路。襄阳供电段管辖自宜昌东车站起至凉雾车站止，正线运营里程为288公里。2014年7月1日既有线提速开行动车，2017年调图后，动车运行对数38对。自2010年开通至2016年，已经度过了接触网设备开通后的“保鲜期”。特别是2013年以来，宜万线设备事故、故障呈逐年上升趋势：2013年发生设备故障2件，2014年发生设备故障4件，2015年发生设备故障6件，其中2015年3起检修质量不高造成的设备故障，暴露出宜万线设备检修质量不高，影响供电安全稳定的问题日趋严重。切实提高供电设备质量，提升安全保障能力，成为摆在襄阳供电段面前的一项迫在眉睫的紧迫任务。

2 运检修分离具体实践

1.深入调查研究，精心制定方案

襄阳供电段先后召开两次党政联席(扩大)会，专题研讨运检修分离工作的必要性和可行性；组织各科室、车间多次深入宜万线车间、班组调查研究，对接触网运检修分离方案进行了详细研讨，广泛征求现场意见，结合实际制定了运检修分离定员设置及绩效工资分配办法、运检修分离管理办法等文件，指导运检修分离工作实施。

2.建立准入制度，以车间为单位优化各工区人员调整设置

根据制定的“多劳多得”的收入分配办法，维修工区收入明显提高，成为车间班职工向往的“好去处”。按照建立的“优胜劣汰”准入退出机制，实行周期性考评，以车间接触网工的20%～30%比例成立了1个维修工区；剩余接触网工，则根据工作量变化情况进行相应调整，成立了3个运行工区和1个检测工区。既满足了生产需要，又避免了有限人力资源的浪费。

3.运检修分离的初步成效

(1)生产资源得到合理配置，提高作业劳效。以往分散在车间各个工区用于检修作业的工机具，比如作业车等，可以集中到维修工区使用，使用率大为增加。而其他运行工区日常巡检等不需要的工机具，则不必再配备，减少了设备的投入。还将车间管内各工区的精兵强将集中到专业化维修工区，由于他们业务能力较强，检修的速度快，天窗点的使用效率高，有效地减少了停电次数和时间，减少了对正常行车组织的影响，有利于提高铁路企业的经营效益。同时，辅助人员在设备检修过程中的占比降低，直接从事设备检修人员的比例相应大幅增加，一个接触网维修小组，相当于或比原来两个接触网工区的检修工作量还要多。据统计，2016年宜万线接触网维修工区每次天窗作业完成工作量由0.6公里提升至1.125公里，提高了87.5%，作业劳效大幅提高。完成车间管辖的517条公里设备所需天窗数由862次减为620次，减少了

28.1%，天窗利用率大幅提升。

(2)集中业务能力强职工，提高检修质量。维修工区每一名职工技术业务素质都相对较强，通过明确工区管理职责，完善岗位工作标准，严格检修工艺流程，相对于其他工区，更容易实现管理标准的唯一性、统一性和先进性。经专业化、标准化检修后的供电设备，其质量无疑更高。同时，由于专业化维修工区职工在作业分工中承担的任务相对固定，每天的重复工作使他们成为“熟练工种”，不但有利于检修质量的把控，还可以降低作业和设备的安全风险，有效地提高了检修作业和设备供电的可靠性。2016 年接触网设备检修过程中发现处理典型问题 140 余处。全年车间管辖范围内没有发生因设备检修质量原因引发的事故和故障。

(3)促进职工学习业务技能，提高业务水平。由于准入机制的限制，没有一身“好武艺”，很难进入维修工区。维修工区的职工憋着劲学技术业务，而已在专业化维修工区的职工要想保住自己的岗位，也必须不断提高自己的业务技能。如此一来，就激发了广大职工学技术业务的积极性，不断提高了职工的业务水平。

3 工区职责明确

(1)维修工区职责：按照月度维修计划，负责接触网设备全面检查、二级维修(综合修)和专项整治。

(2)运行工区职责：负责接触网设备日常运行管理，主要是一级修(临时修)、步行巡视检查、单项检查、非常规检查、施工配合和应急处置等，对二级修(综合修)结果进行质量验收。

(3)检测工区：负责设备参数静态检测、6C 装置的运用、维护，并对 6C 系统检测数据进行分析，为设备维修提供依据。

4 工区作业协作关系

(1)维修、运行工区协作关系：①作业前准备，运行工区将设备概况、运行环境、静态测量参数、修前调查问题库及图片、关键风险点等详细资料向维修工区交底。维修工区制作可视化分工资料，维修工区及运行工区共同参与可视化分工。②作业过程卡控，维修工区完成设备检修和作业车平台操作，运行工区负责对检修过程全程跟踪监督，填写检修记录，对设备缺陷处理情况进行拍照存档。运行工区和维修工区共同对维修任务书问题销号情况进行签认，维修任务书由运行工区反馈至车间。③修后质量验收，运行工区对维修工区检修后的区段设备按 5% 的比例抽检验收，包括静态参数测量和网上检查，形成验收报告。④作业车及司机管理，日常管理由运行工区负责，集中修期间，由车间调配，纳入维修工区统一管理。

(2)维修、检测工区协作关系：①静态测量管内接触网设备参数，检测分析 6C 及静态检测数据，发现的二级修设备问题，统计以维修任务书形式下达维修工区，纳入集中修销号。②修后质量验收，检测工区添乘，对检修区段设备“一杆不漏”地巡视监控。

(3)运行、检测工区协作关系：①静态测量管内接触网设备参数，检测分析 6C 及静态检测数据，发现的一级修设备问题，统计以维修任务书形式下达至运行工区，纳入临时修销号。②运行环境整治验收，检测工区添乘，对运行环境整治巡视监控，发现问题，以维修任务书形式下达至运行工区，纳入临时修销号。

5 结束语

在探索改革以来，襄阳供电段运检修分离后接触网检修效率成倍提高，接触网设备检修质量明显提高，职工劳动强度大幅降低。实践证明，实行运检修分离专业管理模式，是破解人员紧张、天窗紧张、机具紧张等问题，解放供电生产力和劳动力的有效途径和必然选择。然而，在全面推行接触网运检修分离过程中，要加强设备检测和分析监控，提高设备隐患提前规避能力；要加强职工业务水平培养，提高设备应急处理能力，保障供电安全，积极稳妥地推进修程修制改革顺利进行。

关于铁路供电段专业技术人才队伍建设的调查与思考

李永强

(中国铁路北京局集团有限公司天津供电段)

摘 要: 针对当前高速铁路建设迅速发展、铁路技术装备不断更新、专业技术标准和要求不断提高的形势,适应铁路现代化建设需要,加强专业技术人才培养,是一项基础性、系统性、战略性任务。本文针对建设专业技术人才队伍这一课题,通过调查、分析当前供电段专业技术人才队伍管理现状,提出如何着眼实际需要,把握政策,健全机制,建立一支数量充足、结构合理、能力胜任的专业技术人才队伍的一些思考。

关键词: 供电; 专业技术; 人才队伍; 建设

在当前高速铁路建设迅速发展、铁路技术装备不断更新、专业技术标准和要求不断提高的形势下,适应铁路现代化建设需要,加强专业技术人才培养,是一项基础性、系统性、战略性任务。作为基层站段,如何着眼实际需要,把握政策,健全机制,建立一支数量充足、结构合理、能力胜任的专业技术人才队伍是我们在实践工作中需要不断思考的重要课题。我们采取统计分析数据、集体座谈、会议交流、个别谈话等形式,对我段专业技术人才队伍现状进行了专题调研。

1 天津供电段专业技术人才队伍作用与结构

1.1 专业技术人才队伍作用

天津供电段主要担负着京沪高铁、津秦高铁、京津城际三大高速,京沪津山两大普速干线,津保客专及 9 条支线(北环线、石德线、津蓟线、津霸线、南曹线、陈塘支线、蓟港线、进港线、泰达支线)的牵引供电、电力、给水设备的养护、维修、监管任务。确保供水供电设备的检修质量和生产安全稳定,进而保证铁路运输安全畅通,离不开广大专业技术人员的辛勤劳动和聪明才智,特别是在当前高速铁路飞速发展的时代,要实施创新发展,全面推进科技创新工作,更应该重视和调动专业技术人员的积极性,激发他们的进取精神,充分发挥他们的技术创新引领作用。

1.2 专业技术人才队伍结构

天津供电段全段干部总人数 195 人,专业技术人员 145 人,专业技术人员占全部干部总人数的 74.4%。其中高级职称 10 人,中级职称 62 人,初级 73 人。对专业技术人才队伍从年龄结构上分析:30 岁以下的 37 人,占专业技术人员总数的 25.5%;30 ~49 岁的 70 人,占专业技术人员总数的 48.3%;50 岁及以上的 38 人,占专业技术人员总数的 26.2%。对全段干部从学历上分析:大学本科学历 142 人(其中硕士学位 3 人)、大学专科学历 47 人、中专 4 人,大学专科及以上学历人员占专业技术人员总数的 96.9%。

2 专业技术人才队伍建设现状分析

2.1 专业技术人才队伍建设意识不强

作为基层站段,面对新形势和新任务,对于做好专业技术人才队伍建设的主动意识还不够强烈,还不能够真正站到全局性和战略性的高度,充分认识加强专业技术人才队伍建设的重要性和必要性。对专业技术人才队伍建设存在基层单位作为落实执行单位,在科技研究、科技开发方面力量单薄、资金有限,专业化管理上技术含量较低,靠经验型管理能够更好地保证生产安全和运输畅通,不需使用太多的高层次专业技术人员的片面思想,致使在专业技术人才队伍建设方面热情不高、重视不够。

2.2 专业技术人才队伍培养力度不足

做为基层站段,点多线长,工作繁杂,安全管理责任重大,做为安全管理核心的专业技术人员大多时间被放到现场作业和安全关键盯控上，忽略了他们在技术水平、业务素质、综合能力等方面的持续提高，追求更多的是经济效益、安全稳定，对如何在安全生产实践中锻炼培养专业技术人才，进行全员性、系统性、长远性的培养缺乏思考和行动，专业技术人才队伍培养力度不够，效果不明显。

2.3　专业技术人才队伍考核机制不全

作为基层站段，安全主题责任重大，在干部考核机制上更多地倾向于安全管理考核，忽视专业技术人才队伍考核。专业技术人才培养的责任主体还不明确，相关职能部门责任意识还不够强，认为专业技术人才培养只是单位人事部门的职责，在一定程度上造成了人事部门在专业技术人才队伍建设工作中"单打一"的不利局面。做为人事部门虽然也感到本单位可用技术人才缺乏、人才素质整体不高，应该下力气抓好专业技术人才队伍建设，但专业技术人才队伍考核制度还不够健全，在落实相关管理机制和措施过程中手段相对较弱，需要不断完善。

3　专业技术人才队伍建设对策

3.1　以管理思想创新为突破，切实加强专业技术人才队伍组织保证

(1)结合贯彻落实路局科技创新工作有关政策要求，通过开展多种形式的政策宣传，统一思想，加强指导，强化各级领导干部及相关职能部门对专业技术人才培养的责任意识，使其能够站在战略高度和全局角度来认识做好专业技术人才培养使用工作对铁路现代化建设的重要性、必要性、紧迫性。

(2)领导干部树立"科学发展、全面加强创新工作，关键在人才"的思想理念，把纳入到领导班子考核体系的人才培养政策及时汇总、反馈领导，增强人才培养尤其是专业技术人才队伍的建设意识。

(3)将专业技术人才培养纳入各级干部的岗位职责与日常重点工作内容之中，把培养优秀专业技术人才作为是否很好履行岗位职责的重要指标之一，动员多方力量广泛参与人才培养，各级组织齐抓共管，相关职能部门协同发挥作用，为专业技术人才培养提供组织保证。

3.2　以管理手段创新为突破，积极开展专业技术人才队伍培养工作

(1)建立创新培养机制，重视对专业技术人员的培养。创新工作的核心是科技创新，科技创新离不开专业技术人员的不断创新。改变目前对专业技术人员管理重使用、轻培养、轻发展、轻创新的现状，积极提供各方面的支持，鼓励专业技术人员去研究、去创新，解决设备上存在的技术问题，在实践中积极探索，研究问题的本质，从技术创新的角度去提高设备质量。

(2)从基层单位长远的发展出发，积极创造条件、创造机会，让专业技术人员接受新技术、新知识、新方法的培训学习，尤其要强化涉及高速、客专等相关专业知识的学习，为企业发展提供更为有力的人才保证，增添持续发展的后劲和内在动力。

(3)全面加强专业技术人才培养，必须把实践锻炼作为工作重点，将实践作为加强专业技术人才培养的关键手段，充分把握、运用好路局一系列新的科技创新及专业技术人才政策，将各级各类专业技术人才安排到生产一线和关键岗位进行深层次的实践，为其实践锻炼提供机会，为其发展提供平台，为其成长铺平道路，激发和引导广大专业技术人员、青年大学生主动参与实践锻炼，通过理论与实践的有机结合，丰富专业知识和现场经验，提高技术业务和管理水平，提升整体能力和综合素质，进行阶梯式培养。

3.3　以管理制度创新为突破，努力完善专业技术人才队伍管理机制

(1)积极创建专业技术人才队伍的工作环境、生活环境。建立完善领导干部联系优秀专业技术人才(青年大学生)的制度，及时掌握优秀人才的思想动态和工作生活情况，帮助解决存在的困难和问题。努力构建完备的专业技术人才生活保障机制，进一步完善优秀专业技术人才、全日制大学生培养锻炼等具体措施，做好优秀人才的梯次锻炼和培养。要认真落实路局《鼓励专业技术人员从事生产一线主要作业岗位工作的指导意见》，优化专业技术人员配置，配齐配强生产一线技术力量，引导他们立足一线岗位，解决实际问题，尽快成长进步。

(2)要健全和完善专业技术人才管理制度，坚持"实用、适用"原则，按照路局科技暨创新政策精神，研究制定段《优秀青年工程师评选管理办法》《科技拔尖人才评选管理办法》《专业技术带头人评选管理办法》《优秀青年大学生评选管理办法》，促进专家性技术人才及后备人才评选工作导向安全生产运输一线、导向经营创效前沿。

(3)丰富专业技术人才激励机制。进一步发挥激励杠杆的作用，鼓励人才创新，把握并运用好路局对专业技术人才的激励政策，在政策允许的范围内，结合我段实际，积极探索推行多种形式的激励政策，逐步合理地拉开收入上的差距，分配重点向一线的关键岗位和经营管理、专业技术人才队伍中勤奋工作并做出突出贡献的人员倾斜。组织优秀专业技术人才、青年大学生成立科研攻关小组，加大节能技改等科技项目的立项和科研成果的推广与转化工作，在课题立项方面，既鼓励技术含量相对较高的单元体开展科研课题研究，也同时鼓励技术含量相对较低的小组模式管理课题的创新；在人员构成方面，既要注重配置高层级技术带头人牵头引领课题研发，又要进一步提高青年专业技术人员在课题小组中的数量和比例，鼓励更多的专业技术人员参与科研攻关，积极为各类专业技术人才成长创造机会，搭建平台。

4 结束语

在当前高速铁路建设迅速发展、铁路技术装备不断更新、专业技术标准和要求不断提高的形势下，适应铁路现代化建设需要，加强专业技术人才培养任重道远，如何打造安全、优质、高效的中国铁路供电网，不仅需要机制创新、技术创新，更需要管理创新、人才创新。

参考文献

[1]铁道部. 铁路专业技术人员管理暂行规定. 1997.

浅谈 DAS9 型接触网作业车撒沙装置改进

贾顺社

（中国铁路太原局集团有限公司供电处）

摘 要：随着铁路电气化里程的不断增加，对接触网设备的日常维修和抢修要求越来越高，势必会造成供电装备的发展日新月异，尤其是新型接触网作业车不断出现，其中液力——机械传动方式的接触网作业车基本成为新开通线路的标准配备，因需求数量较多、供货周期较短，导致研发和现场运用时间普遍较短，在不同程度上存在一些设计缺陷，给后续配属单位使用带来了安全隐患。本文重点对 DAS9 型接触网作业车撒沙装置设计和工作原理进行分析，结合现场使用实际，针对存在的问题提出具体技改方案，并积极对接生产厂家，从源头上消除行车安全隐患。

关键词：电气铁路；作业车；撒沙装置；隐患；改进

配属太原铁路局管内瓦日线的接触网作业车为 DAS9 型，该车为液力—机械传动的四轴作业车，主要用于山西中南部电气化铁路接触网设备的安装、维修、日常检查、保养、抢险等作业，也可兼做牵引车辆，与其他车辆连挂进行接触网的抢修作业。主要由车体、车架、动力传动系统、制动系统、走行系统、液压系统、电气系统、升降回转平台及随车起重机等组成，在作业平台上部和下部均可控制平台的升降、回转。

该型接触网作业车自动撒沙装置的控制，是在制动缸管上安装了压力开关（压力继电器），设计整定值为当400 ±20 kPa 时得电，控制撒沙电磁阀进行撒沙。当遇到紧急情况时，司机采取紧急制动措施，制动缸压力在 5 ~7s 达到 450 kPa，此时开始撒沙。撒沙的风源是总风缸提供的，而且撒沙使用的风量较大，使总风缸的压力不断下降。由于制动缸的风源同样是由总风缸提供的，当总风缸压力降至 450 kPa 及以下时，制动缸的压力也随之下降。当总风缸压力降至不足 400 ±20 kPa 时，制动缸的压力也下降至 400 ±20 kPa，此时安装在制动缸管上的压力开关会断开撒沙电源，撒沙停止。

1 存在问题

自 2015 年 12 月开始使用以来，发现此种撒沙装置设计不合理，虽然解决了当补机时紧急制动的撒沙问题，但也会造成补机总风缸风压不足，致使制动缸压力下降。存在以下行车安全隐患：

（1）会造成总风缸压力不足发生溜逸的危险，还会造成风压不足无法开车，需要较长的泵风时间，耽误列车运行。

（2）停车后还继续撒沙，不但没有意义，长时间的大量撒沙还容易造成占用丢失。

（3）由于沙子的作用，作业车的轮对无法短接轨道电路，还容易造成其后方的信号机显示允许运行的信号，容易发生追尾的危险。

2 技改方案

针对以上行车安全隐患，由于接触网作业车已经制造成型，重新布置管路困难较大，所以只能采取电控撒沙，而不能采用传统的 6 号管直接撒沙方法。经过分析和研究，需采取如下技改方案进行技改。

方案 1：将原来在制动缸管上安装的压力开关（压力继电器）移至自动制动阀的 6 号管上，当自动制动阀离开紧急制动位后，采取排风措施立即停止撒沙。

方案 2：在原有撒沙电路的基础上，串入速度信号，当停车（速度等于 0）后立即停止撒沙。

3 达到效果

（1）必须保证司机在采取紧急制动时能够自动撒沙，当自动制动机手柄离开紧急制动位时立即停止撒沙。

(2)满足在日常运用中司机可以打开操作台的撒沙开关进行撒沙。

4 实施过程

方案2"在原有撒沙电路的基础上，串入速度信号，当停车(速度等于0)后立即停止撒沙"现场实施困难较大，同时由于车辆已经出厂，采取传统的"用6号管直接撒沙"管路布置也比较复杂，现场实施困难较大。经过综合考虑，采取方案1。具体技改过程如下：

1. 材料准备

(1)管座2个：方铁90度加工TB1/4(2分)ZG螺纹，并开直径ϕ1mm的圆通孔。

(2)压力开关2个：PDC-1-016-M-3-4-T\Smartech。

(3)紫铜管2m：内径直径ϕ8mm。

(4)扩口式接头体4个：R1/4-6，一头为1/4(2分)ZG螺纹，另一头为12×1.25螺纹，中间为14mm六方形。

(5)管接螺母4个：GB/T5648B6/12×1.25/不锈钢。

(6)螺堵1个：TB1/4(2分)。

2. 机械方面

(1)取消原来安装在制动缸压力管上的压力开关，用1/4螺堵封堵。

(2)在前后司机台JZ-7型制动机的自动制动阀6号管下接扩口式接头体，用紫铜管扩孔铆接。

(3)紫铜管的另一端同样用接扩口式接头体与管座相接。

(4)管座的另一个孔安装压力开关，并将压力开关的闭合整定值调整为600kPa。调试结果如下：Ⅰ端(平台端)压力达到630kPa压力开关闭合，压力下降至600kPa时压力开关断开；Ⅱ端(非平台端)压力达到610kPa压力开关闭合，压力下降至600kPa时压力开关断开。

3. 电气方面

(1)原来是当制动缸压力达到400±20kPa时，安装在制动缸压力管上的压力开关闭合，KA19继电器得电使前后撒沙电磁阀YV4、YV5得电使撒沙装置都撒沙。

(2)技改为：加装KA20继电器，控制前撒沙，原来的KA19继电器控制后撒沙。Ⅰ端(平台端)的压力开关得电时，KA20得电使YV4撒沙，电磁阀得电打开前部撒沙；Ⅱ端(非平台端)的压力开关得电时，KA19继电器得电，YV5撒沙电磁阀打开后部撒沙。

5 工作原理

(1)在司机采取紧急制动(手柄在紧急制动位)的情况下，使3号管(总风缸管)与自动制动阀6号管(撒沙管)沟通，而总风缸压力调整至700~800kPa，所以将前后的压力开关调整至600~630kPa撒沙是可行的。压力过高会造成总风缸压力不足630kPa时不撒沙，压力过低会造成车辆已经停止但阀座上的排风孔还没有将风压排至停止撒沙的压力值，导致过量撒沙。

(2)为了防止自动制动阀手柄离开紧急制动位，3号管(总风缸管)与自动制动阀6号管(撒沙管)的通路虽然折断，但由于紫铜管及管座内的风压仍然存在，还会继续撒沙，在管座上开有直径ϕ1mm圆通孔，与1/4ZG螺纹孔相通，这时风压通过小孔排出停止撒沙。

(3)原来是KA19继电器得电使前后撒沙电磁阀YV4、YV5得电，而使前后撒沙装置都撒沙，既浪费风源，又会造成过量撒沙；技改后撒沙前后分开比较合理。

6 安全效益

目前，已对接生产厂家对所有出厂的DAS9型接触网作业车都按照方案1进行了技改，消除了行车安全隐患，同时达到以下效果：

(1)避免造成总风缸压力不足发生溜逸的危险和风压不足无法开车，耽误列车运行的后果。

(2)避免了长时间的大量撒沙导致的占用丢失。

(3)避免了过量撒沙，作业车的轮对无法短接轨道电路，不会使其后方的信号机显示允许运行的信号而避免了发生追尾的危险。

附：技改后的实物图片(图 1、图 2)

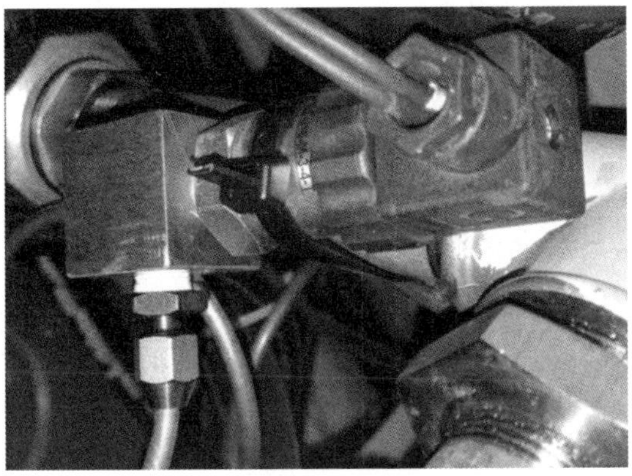

图 1　压力形状与管座的安装情况

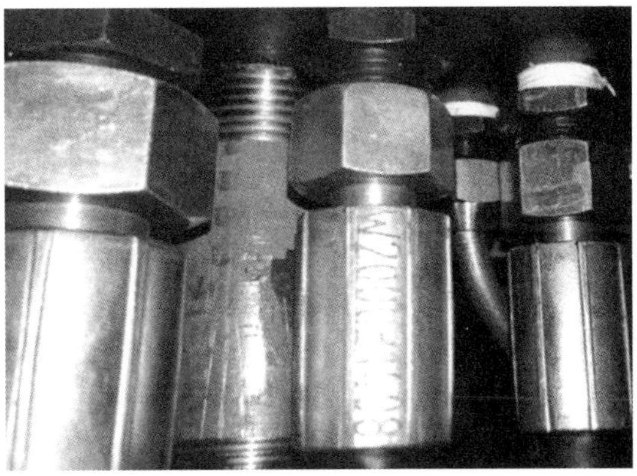

图 2　6 号管与紫铜管的安装情况

参考文献

[1] 电气化铁道接触网综合检修作业车技术条件. TB/T21〔80—2006〕.

[2] 接触网作业车管理规则. 铁总运〔2016〕28 号

[3] DAS 型接触网综合检修车使用保养说明书.

[4] 铁路职工岗位培训教材轨道车司机.

高速铁路牵引供电系统6C检测的应用

张文雍

(中国铁路太原局集团有限公司侯马北供电段)

摘　要：随着铁路供电系统修程修制改革不断深入推进，6C检测分析作为修程修制改革的一个重要组成部分，检测所得数据为检修与运行提供了技术依据。本文通过对6C检测系统在牵引供电设备运营维护过程中的应用进行深入分析，提出针对性的改进措施，为保障牵引供电设备安全运营提供运力支持。

关键词：高速铁路；牵引供电系统；6C检测

1　概述

现阶段我国高速铁路迅速发展，建设规模与质量不断提高，同时对牵引供电设备安全运行提出了更高的要求。为确保高速铁路正常运营秩序，提高牵引供电设备运行的安全性、可靠性，我们应全面深入推进供电安全检测监测系统(6C系统)的应用。本文中笔者详细分析高速铁路牵引供电系统6C监测的应用，提出针对性改进措施，对深入推进铁路修程修制改革具有指导意义。

高速铁路迅速发展对铁路供电系统提出了新的要求。通过构建6C系统保障列车运行的安全与可靠，综合检测牵引供电系统，主要检测：接触网悬挂、附加悬挂、零部件运行状态及检测弓网运行参数。6C检测系统分成两部分：①移动设备检测接触网动态运行状态及接触设备动态运行参数，如接触网零部件的松、脱、断，拉出值、导高、弓网接触力等设备参数，主要设备包含有1C、2C、3C及4C装置；②固定的接触网及供电地面监测设备等装置，如5C装置主要检测受电弓滑板运行状态，6C装置则是固定安装在区间、站场的接触网设备与变电所亭的综合检测装置。

结合铁道部部署分析，可以将6C系统分成三个阶段：①集成现存的分散检测设备，强化设备功能使其具备综合处理性能的安全监控功能；②集中各子系统的数据，实现检测信息的分享与及时互动，有机融合数字，实现信息检测的可视化；③构建开放式的设计架构，根据国内外标准设计软硬件，考虑设备兼容性，还可引入部分检测设备。

综上所述，6C检测系统是一套技术先进、功能完善的系统。高速铁路建设该系统可以有效解决我国铁路传统供电检测方面存在的问题，极大地解决人工检测中带来的安全隐患，实现信息采集共享、数据传送规范化及完善功能。也唯有如此，才能给我国高速铁路牵引供电系统提供最基础、最有效、最可靠的安全保证。

2　6C检测系统运用管理

1C：总公司综合检测车每周对管内大西高铁单行设备进行一次检测，每月完成2次全覆盖监测。我段6C检测人员每次进行随车添乘，对检测过程中发现的较大设备缺陷进行实时报告处理。在当日检测结束后，对1C检测数据进行分析统计，将超限数据通知相关车间进行复测处理。对发现危及行车安全的设备问题及时处理，对一般性设备缺陷问题安排后续天窗处理，每月对1C检测缺陷复核处理情况形成总结报路局供电处。以2017年5月16日大西高铁上行1C检测数据为例，本次共计完成大西高铁上行检测320.7条公里，检测发现超限数据共计320处。发现典型超限数据如图1所示。

2017年5月16日大西高铁上行1C检测出674 km+431 m处(运城北—永济北1674#)导高5462 mm，超过标准导高5300 mm达162 mm，属于一级超限。

2C：我段每周完成一次大西高铁2C添乘检测，在24小时内完成2C检测数据的分析工作，并及时下发2C检测数据分析报告，通知相关车间进行复测处理。2017年上半年我段共完成大西高铁检测15393条

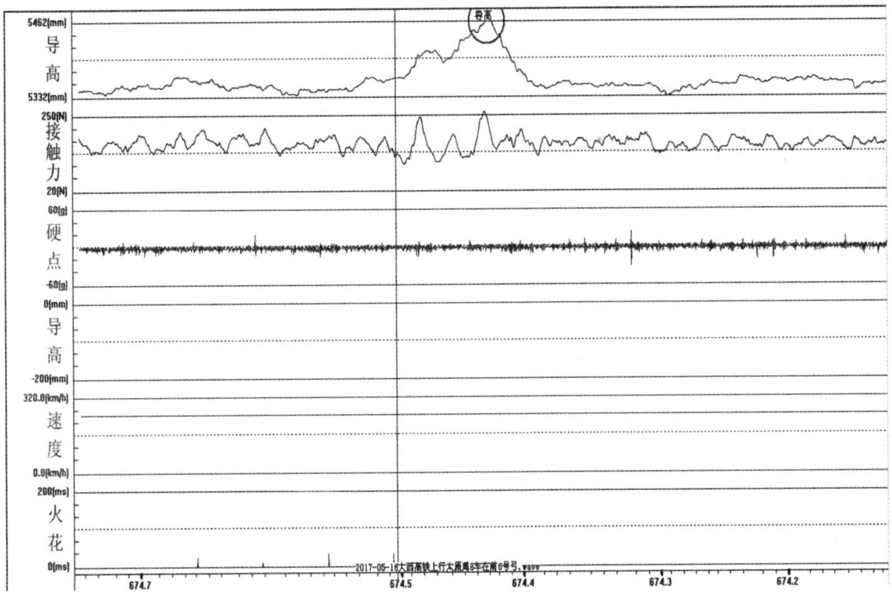

图1　典型超限数据图

公里，发现各类设备缺陷问题197处。典型问题如图2所示。

图2　2017年5月31日2C检测发现侯马西—闻喜西366#承力索断1股

3C：我段利用3C地面接收与分析终端每日对3C报警信息24小时实时不间断盯控分析，发现较大设备缺陷问题及时通知相关技术科室处理，并通过6C检测微信群、日分析报告等形式第一时间将缺陷信息下发至车间进行复核确认。2017年上半年共计发现大西高铁3C报警93处、普速3C报警1023处。典型问题如图3、图4所示。

图 3　报警信息

图 4　现场复核

2017 年 5 月 20 日 3C 发现侯月线桥上站下行 K69 + 327 疑似吸上线线夹发热(69℃)，现场复核确认保护线断股。

3　6C 检测系统应用分析

结合我段 6C 检测实际情况分析系统应用问题，主要表现在以下几个方面：

(1)6C 检测系统功能不完善。例如：1C 检测缺陷数据按照公里标进行定位，无法定位到具体的接触网杆号，且同一行接触网设备 2 次检测缺陷数据公里标存在误差，不能很好地确认重复报警信息；2C 装置对光线要求较严格，隧道补光不足时无法拍摄；3C 装置在站场枢纽地区定位不准确，报警无法显示具体股道，夜间可见光拍摄图像质量不高，给准确分析缺陷位置造成了一定困难。

(2)分析工作量大、分析质量不高。2C、3C、4C 装置图像数据量大，基本依靠人工分析，分析人员业务水平参差不齐，造成部分缺陷问题漏检、漏析。

(3)缺陷数据复核处理环节存在差距，问题得不到闭环管理。

针对以上问题，我段强化组织领导、明确与细化目标，给出了具体解决措施。

3.1　做好设备选型与升级

6C 系统作为一种新型应用与管理系统，其中应用了很多新技术与新工艺，相关工作者应该考虑如何有机结合这些新元素与实际问题，考虑现场需求。只有做好产品选型与性能升级工作，才能满足日常检测应用需要，实现投资收益目标。考察实际情况后，选择公开招标选型等方法，尽量降低各种风险因素的错误影响，选择合适、有用的产品。

3.2　完善机构与人员配置

在 6C 系统应用过程中，设置总公司、路局、站段三级管理模式，建立专职 6C 系统检测机构，配置相关软硬件设施及相关技术人员、数据分析师等，构建统一 6C 系统数据处理中心，将 1C ~ 6C 中各系统数据与设备信息集中起来放置在信息处理中心，实现信息共享与传递。结合修程修制改革，各个供电段实现运检分离，成立专门的供电检测车间，配备具有管理经验的管理人员及具有 6C 检测设备维修和 6C 系统维护经验的技术人员，明确系统内相关人员的责任，推行标准化管理流程。加强与各 6C 技术部门、生产厂家的经验交流，组织 6C 专职人员培训学习，提高检测人员操作设备与分析数据的能力。

3.3　完善数据分析处理工作

6C 系统应用过程中已经构建了相对完善的管理体系，常见有“年评定、季评价、月报告、周总结、日分析”，供电段形成日分析制度，分析每日获取的 6C 数据，形成统计分析表，通报每日发现的缺陷问题，通过 6C 数据处理中心与牵引供电智能化管理系统的相互关联，将 6C 缺陷与车间天窗作业有机结合，指导车间日常维修工作。供电段将每个月发现的问题及时总结，对存在风险的区域制定完善的整改方法并将之落实，实现闭环管理。供电处则应该评估供电段的6C管理工作，以一个月为周期进行，一年评定一次全铁路局的管理工作，及时发现、处理其中存在的问题。

4　6C 检测系统的发展趋势

随着高速铁路技术的发展与完善，为提高供电质量与安全，通过全方位覆盖式的检测监测牵引供电系统，不断提升高铁运营品质，同时保证牵引供电系统安全运行，6C系统应运而生。6C系统还需要不断改进升级，为设备维修提供准确的参数依据和可靠的技术保障。

优化6C图像智能识别工作，提高自动识别接触网零部件典型缺陷的技术，系统运行过程中生成大量图片，现有的人工检索工作强度过大且容易出现错误，不能保证检索的完整性、准确性，采用智能识别技术可以有效解决此问题；6C系统内各子系统之间信息存在关联性，科学合理地运用关联性分析，可以在设备运行状态及预防故障中发挥作用。

最后6C系统运行中生成大量数据与图片，借助数据挖掘技术可以将设备运行状态与设备事故等信息有效关联起来，为供电设备全寿命周期费用管理提供数据支持，降低系统运营成本，提高资金使用效率。

将6C系统作为重点，扩大该系统的交互范围，能在很大程度上提高系统的整体能力。通过构建牵引供电统一的信息交互平台，能构建数据共享体系。只有这样，才能为实现铁路局牵引供电系统的安全运行提供有力保障。

5　结语

高速铁路的建设有力地缓解了铁路运力紧张的情况，特别是随着铁路先进供电技术装备的推广与运用，直接推动了高速铁路接触网水平的提高。供电6C系统直接影响故障查找、分析及处置措施，供电工作者需要不断吸收新技术与新知识，提高自身技术水平与应急处置能力，充分满足高速铁路发展的需求。希望通过本文论述能为高速铁路的进步贡献一份力量。

参考文献

[1] 王志刚. 浅析铁路牵引供电系统防雷技术研究与建议[J]. 价值工程. 2017(6)：11.

[2] 田立江. 铁矿牵引供电系统存在的问题和对策[J]. 硅谷，2013(10)：45 - 47.

[3] 蒋守军. 浅谈直流牵引供电系统馈线保护方法[J]. 山东煤炭科技，2008(1)：56.

[4] 王森，熊列彬，陆良峰. 牵引供电系统继电保护整定计算软件研究[J]. 电气化铁道，2009(4)：16 - 18.

全力推进供电维修体制改革

张 静

(中国铁路郑州局集团有限公司郑州供电段)

摘 要: 推进修程修制改革的探索与实践，是形势任务变化、打破惯性思维、丰富控制手段的需要。

关键词: 检测；6C；创新；设备缺陷；差异管理

随着“米”字形高铁建设加快推进，郑州供电段管内高铁运营里程由 2014 年的 190km 增至目前的 460km，增加 58.6%。高铁设备、运营规模与专业干部、技术骨干不足的矛盾正逐渐显现，传统的运行检修模式难以为继。这种情况下，我们在管内已开通的京广、郑徐高铁和郑开、郑机城际铁路推行供电维修体制改革，能促进制约发展的现实问题得到较好解决。

1. 试点先行

(1)改变生产组织模式。抽调 30 名实作能力强的现场作业人员，成立接触网维修车间，承担京广高铁接触网设备集中修和专项整治任务，将作业单元从工区变为车间，将“散兵游勇”的作业模式变为“大兵团”集中作战。抽调 30 名业务技术骨干，成立郑州检测车间，实现了检测队伍的专业化。调整郑州东高铁供电车间运行工区职能，负责接触网的日常运行管理。调整后，接触网生产任务形成了“运、检、修”各负其责、相互支持、相互卡控的专业管理体系，为维修体制改革提供了组织保障。

(2)强化检测设备运用。在原有 6C 装置运用基础上，进一步拓展 2C、4C、5C、6C 系统功能，实现接触网设备动态巡检、高清成像、定点监控。先后配备 2 台 2C 检测装置，购置 4 台便携式高速摄像机，配置 2 台 4C 检测装置、8 台 5C 检测装置，自行研发、安装 97 套接触网 27.5 kV 电缆屏铠接地在线智能监测装置。按照“常态巡检、实时分析、及时处理”的管理模式，根据季节特点、设备状态、环境变化、应急情况等需求，加大 6C 的巡检和分析力度。2017 年以来，全段 6C 系统中 1C、2C 、4C 累计检测 343 次 106856 公里，发现设备隐患 4434 处。

(3)开展设备精准维修。对于 6C 检测发现的设备缺陷，影响运行的一级缺陷安排由供电车间进行紧急处置；二级缺陷录入问题库、编入维修计划，由维修车间开展集中维修，改变了以往“检修不分”模式下过度修、盲目修的现象。以郑开城际铁路为例，2017 年一季度维修天窗计划 60 个，较去年同期减少 11 个；通过 6C 检测结果，执行设备缺陷分级维修，上网作业比去年同期减少 88 人次，在降低劳动强度的同时，提升了设备质量和运输效率。

2. 把握规律

(1)规范运作模式。2016 年 10 月，我们根据路局维修规程，在深入研讨的基础上，拟定了《修程修制改革实施方案》，重新印发了《高速铁路供电设备管理分工分界》《高铁接触网运行维修实施办法》等具体指导操作文件，再次明确专业、车间分工分界，细化生产组织措施，进一步规范了检测、维修、供电三种职能车间之间的生产组织责任、关系、流程及标准。

(2)创新检修机制。按照新维修规程中关于生产组织模式的要求，每月按时编制各车间月度检测修计划，组织各车间技术员研讨后上网发布，指导各车间按照每日生产计划申请高铁综合维修天窗，确保生产计划与天窗有效衔接。以“现场组织最优，质量控制最佳，上网率最大化”为原则，组织各车间按照职能严格开展接触网“运、检、修”。例如，高铁维修车间组织集中修采用 2 台轨道车、4 台梯车，按照两种检修机具所能覆盖的接触网范围，划分各自检修区域，既保证了作业车运行安全，又提高了检修作业效率；对梯车和作业车都不能覆盖的范围，开展人工登杆检修，杜绝了漏检漏修问题发生。自 2016 年 7 月开展维修体制改革试点起至今，接触网设备检测监测按照周期完成率 100%；接触网全面检查年计划 208 条公里，完成 295 条公里，完成率达 141.8%。

（3）注重差异管理。部分供电设备自身结构复杂、通过车流密度大，所处位置、局部区域易受外部环境影响，故障问题多发，通过日常例行技术规范管理难以保证安全。针对此类情况，我们制定《高速铁路接触网设备差异化管理办法》，根据设备类型、安全运行环境、管理岗位的不同，制定三类差异化管理办法。通过缩短检修周期、开展寿命管理、加强信息化监控、结合岗位盯控等方式，督促现场作业和技术标准落实到位，确保了重点设备和区域供电安全。

3. 强化总结

（1）提高了作业效率。以相同条件下开展 1 个综合维修天窗的接触网全面检查为例，改革之前，供电工区按照分班制进行检修，1 个供电车间 3 个供电工区共计 30 人分散开来进行检修，累计可完成 1500 米作业量。改革后，高铁维修车间 2 个维修工区 30 人开展集中修，累计可完成 3000m 作业量，劳动效率和上网率分别提高 1 倍。

（2）加强了专业管理。接触网“运、检、修”由不同的机构负责，分工更细，形成相互监督和统一的整体。供电车间作为设备管理主体，与维修车间形成了固定的监督与被监督关系。现场作业由分散变为集中，人员、流程及标准运用相对固定，“运、检、修”各项作业更加精细，专业管理的效能更加凸显。

（3）提升了队伍素质。改革前供电工区分班制倒班作业，工区职工上网人数少，大部分职工对设备熟悉程度不够，作业技能不强，严重制约了高铁职工队伍的整体素质。改革后上网率成倍提高，大部分职工有更多机会参加作业，操作技能得到了快速提升，在我段组织的高铁接触网业务考核中，职工通过率达 100%。

（4）稳定了设备质量。通过改革供电维修体制，推进了设备标准化建设，实现了供电设备外观整齐、标准统一、质量稳定。在一季度总公司接触网动态检测中，共发现我段接触网硬点、拉出值超标等问题 39 处，与去年同期相比减少 26 处，降幅 40%。特别是 2017 年一季度，我段高铁接触网实现了设备零故障，为确保高铁安全提供了可靠保障。

供电系统新职人员培养的实践与思考

易江平

(中国铁路广州局集团有限公司供电处)

摘　要: 本文对供电系统新职人员培养的主要做法和实施效果进行了阐述，对供电设备装备现代化的今天的供电系统人才培养提出了一些想法，希望能对构建人才培养有效成长渠道提供借鉴。

关键词: 新职人员；实践；思考

1　概述

广州铁路(集团)公司随着近年来高铁新线的陆续接管，生产规模不断扩大，新职员工人数不断增加，新职人员成为了供电系统新的安全风险源。如何迅速提高供电系统新职人员素质，形成培养系统化、科学化、规范化概念，开展对新职人员培养的探索与实践刻不容缓。

2　新职人员培养的主要做法

供电系统新职人员培养是指运用系统规范的制度管理，明确各级管理职责和实训标准，制订实际实用的模块式教学内容，运用科技创新手段和方法，营造人才成长的良好氛围，促使新入职员工迅速融入生产实际，快速成才。

2.1　建立健全培训机制

1. 调查现状，掌握现场需求

过去新职人员传统培训模式是以完成三级安全教育为主，然后分配到车间班组，通过签订《见习合同》《师徒协议》等形式完成见习期。一方面，由于现场车间班组难以组织系统的体能、技能训练，主要靠平常的业务练兵及老师傅的“传、帮、带”，而老师傅的业务技能也是参差不齐，尤其是对新技术、新设备的运用了解也不足，这就造成了新职人员业务能力不能较快提高，且容易学到一些不按标准流程作业的坏习惯。另一方面，由于新职人员在大部分作业中不具备上岗条件，现场车间班组想用人而不敢用，只能安排见习期的新职人员搞内勤、做台账，也造成了新职人员想学而没有平台、想干又受到限制的情况。因此，要通过对新职人员学习和工作的调研与分析，积极思考如何利用见习期组织新职人员进行集中培训，快速掌握岗位基本技能，满足现场用人需求。

2. 把握特点，做到有的放矢

新职人员，尤其大学生从学校走向社会，学知识和干事业的热情处于最佳状态，具备一定的理论基础，但动手能力差，缺乏团队意识和吃苦耐劳的精神；对薪资待遇、工作环境、企业文化等有较高的期望，但不一定合理。因此，我们结合供电系统特点，在课程编排上，一方面，通过入职心理辅导、修正心理契约、开展安全警示教育和集中军训等形式，在心理上磨砺坚毅意志，强化大学生安全意识和纪律性；通过在供电段学段情、唱段歌、优秀大学生成长分享的形式，尽快融入供电段大家庭，增强团结协作意识和吃苦耐劳精神。另一方面，着重加强体能、实操项目的训练，从而提高大学生的动手能力。

3. 打破陈规，不断完善机制

通过调研与分析，我们认为，传统的新职人员培训模式难以适应铁路快速发展的需求，加上新职人员鲜明的特点，我们打破了以往新职人员完成三级安全教育后，直接分配至车间班组开始见习期的做法，转变为采取统一管理、集中办班培训，经考核鉴定合格后再分配至车间班组进行锻炼学习的方式。同时，确定了新职人员的集中培训的思路，即以军事化管理、模块化设计、集中式办班为模式，以地面实作、高空作业、体能锻炼为重点，从路情教育、岗位认知、安全教育、技能培训和现场巩固五个方面，快速提升新职人员的思想政治、业务素质，最终达到快速成长、早日成才的目标。

2.2 注重培训方案设计

针对新职人员的特点，我们按照实际实效的原则，在培训内容和方式方法上进行研究细化，按半年内“全脱产、全封闭、军事化”的思路，对培训课程进行了全面规划，将理论、实作、体能训练等方面的内容模块化并细化到每一天、每一课时。

1. 注入启迪式教育

新职人员入路第一天，举行见面欢迎会，与新职人员进行心与心的交流，了解新职人员的需求和困难，让新职人员感到安心，引导他们树立正确的职业道德观。通过掌握新职人员思想和心理变化，消除不良因素，使其保持良好的学习工作状态；通过讲解典型事故案例，开展安全警示教育并观看电教片、图片和实物展示，强化其遵章守纪的意识。

2. 注重模块化设计

2014 年，我们首先在接触网专业进行试点，组织新职大学生进行一个月的集中脱产培训，选择最切合现场实际的专业规章及理论、零部件识别、工卡量具使用、基本作业流程、设备检修作业指导书、应急抢修演练等方面的内容和 23 个实操项目及接触网故障进行抢修演练；进行“模块化设计”，分别制作了可视化培训指导书和多媒体课件，然后分专项组织培训。2015 年，在广州供电段率先增加了在接触网作业车司机和电力线路工专业的新职大学生集中脱产培训，同时将脱产培训时间从一个月延长至三个月。2016 年，又在总结前三年新职大学生培训成果经验的基础上，对培训模式和课程内容进行优化，在集团各供电段每个工种开展“模块化设计”的模式组织全脱产培训，时间统一增至三个月至半年。

3. 强化实战性训练

除了落实铁路总公司相关工种培训规范和理论学习外，我们还编制了专项培训课件并逐项落实。特别在动手技能上，要求每一名新职人员必须逐一考核过关，每项培训都是按标准化流程开展培训，并注重标准化作业习惯的培养，通过对作业指导书和作业标准流程的学习，着力提高新职人员的基本动手能力和标准化作业习惯，实际有效的技能训练有力地提高了新职人员的业务技能素质，为其今后的学习和工作奠定了坚实基础。

4. 引入军事化操练

供电接触网、电力设备检修都是高空作业，体能达标是干好工作的一个重要基础，为此，我们在课程中每天固定设置 2 个课时的体能训练课，要求学员每天早上 6 时起床，由军训教员负责组织，进行 3 公里长跑，完成 50 个俯卧撑、抓举 60 斤棒式绝缘子 10 个的体能训练，既提高了新职人员身体素质，也培养了他们适应铁路纪律要求高的工作要求。

2.3 现场实训基地建设

人员培训离不开实训设备保障，为确保供电系统人员培训效果，真正将培训工作落在实处，2014 年，供电处发布了《广铁集团供电系统业务技能培训管理办法（暂行）》（广铁供电函〔2014〕242 号），目标就是解决职工培训“在哪练、练什么、怎么练”的问题，对硬件培训设施标准化，明确了段、车间、班组硬件培训设施标准。

2.4 培训师资力量准备

1. 严格选拔，确保师资质量

新职人员在集中培训进行一系列安全理论、实作技能学习中均容易以授课老师为学习的榜样，老师的工作态度、业务能力、处事风格都会对新职人员产生较大的影响。为此，我们在选择授课老师时均会选择那些对工作认真负责、业务技能水平高、较少生活工作抱怨和牢骚的技师或技术主管人员，甚至是供电段主要领导和各专业科科长担任。2016 年，供电系统各单位共择优选聘了 383 名兼职教师，同时，为了提高兼职教师的授课能力，统一培训标准，各供电段还专门举办了兼职教师培训班，聘请名师进行授课，使兼职教师的水平得到有效提高，并结合工学实际，有针对性地选派专兼职教师负责授课，确保新职人员培训质量。

2. 定期评测，稳定师资水平

在培训过程中，我们一是通过个别约谈，了解师资授课情况；二是通过定期组织谈心、了解培训效果；三是开展不记名课程评价活动；四是开展学员个人考核等方式，对师资总体水平进行测评，真正发挥每一位师资的长处，扎扎实实地推进培训工作。

2.5 新职人员考核验收。

为了确保培训取得预期效果，每个模块培训完毕，都会逐一进行验收过关，同时在每期培训班学习结束后，均由段职教科牵头组织进行结业验收考试。同时，为了保证每个新职人员积极参加培训，供电段还制定了脱产培训制度和考核措施，如广州供电段通过在签订劳动合同中增加《聘用、录用补充劳动合同》的方式，明确在专业工种见习期头半年时间内必须掌握的应知应会内容，对考试成绩优秀的给予提前定职、定级；对违反纪律、达不到培训要求、考试补考不及格的学员按附加合同条款改换为非主要工种见习，直至终止劳动合同。促使大学生认清“人不爱岗，岗不留人”的形势，推进新职人员快速成长、成才。

2.6 组织开展大学生技术比武活动

2014年以来，为促进大学生成长成才，我们专门组织开展大学生业务技能强化培训班暨大学生技术比武活动，提供给他们展示个人风彩的舞台，对技术比武获奖选手给予奖励，并选拔优秀人员参加集团公司大学生培训班，邀请专家学者对他们进行人生规划、职业生涯、社交礼仪、公文写作、党性修养、管理等一系列综合课程传授，促使他们在提高专业技术能力的同时综合素质也能得到明显提升。

3 供电系统新职人员培养的主要成效

近年来，通过组织开展新职人员集中脱产培训，新职人员队伍素质得到快速提高，经过集中脱产培训合格的新职人员(图1)都能承担现场主要设备检修和常见故障处理，受到现场车间班组的欢迎与好评。

3.1 推动供电系统可持续发展

集团公司供电系统坚持“高标准、严要求”的工作理念，从培训课程的设计、培训基地的建设到培训效果的检验、师资力量的产生等全系列的教学设计中，尤其注重引入了“党政正职与新职人员面对面谈心、职业道德教育、安全意识教育”等新举措，为新职人员“上好人生第一课、走好人生第一步”，有效地帮助新职员工在今后的工作中少走弯路。通过不断实践完善，已经初步形成了系统的、全面的、优质的培训“全脱产、全封闭、军事化”的新职人员教育培训机制，为集团公司供电系统的可持续发展奠定了坚实的人才保障。

3.2 提升供电管理现代化水平

供电系统新职人员系统化、规范化的培养带来了供电系统人才的快速成长，新职人员成为了供电系统新技术、新设备运用的主力军，并取得了多项成绩，如供电检测监测系统、无人机巡检设备等技术的投入使用受到了中央媒体的高度关注，2017年春运首日，中央电视台等16家中央媒体对广州供电段开启智慧春运模式进行了采访；铁路总公司到集团公司管内供电系统召开了现场会等。

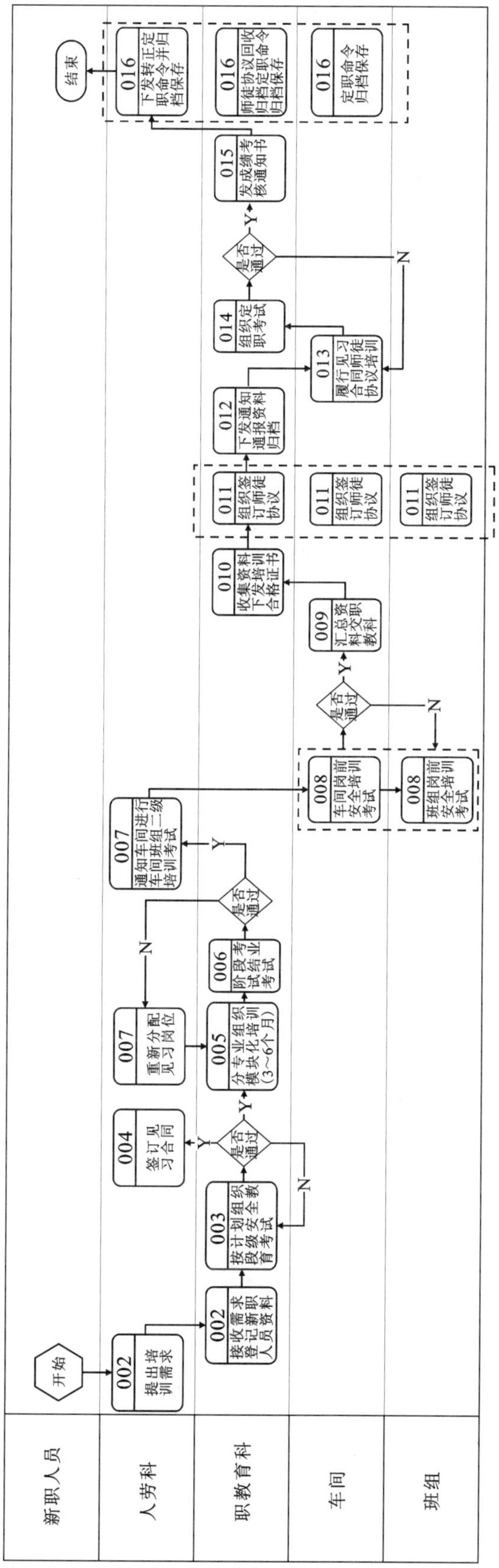

图4　供电系统新职人员培训流程